L'observation internationale des élections dans la région de l'OSCE

Logiques Juridiques

Collection dirigée par Gérard Marcou

Le droit n'est pas seulement un savoir, il est d'abord un ensemble de rapports et pratiques que l'on rencontre dans presque toutes les formes de sociétés. C'est pourquoi il a toujours donné lieu à la fois à une littérature de juristes professionnels, produisant le savoir juridique, et à une littérature sur le droit, produite par des philosophes, des sociologues ou des économistes notamment.

Parce que le domaine du droit s'étend sans cesse et rend de plus en plus souvent nécessaire le recours au savoir juridique spécialisé, même dans des matières où il n'avait jadis qu'une importance secondaire, les ouvrages juridiques à caractère professionnel ou pédagogique dominent l'édition, et ils tendent à réduire la recherche en droit à sa seule dimension positive. A l'inverse de cette tendance, la collection *Logiques juridiques* des Éditions L'Harmattan est ouverte à toutes les approches du droit. Tout en publiant aussi des ouvrages à vocation professionnelle ou pédagogique, elle se fixe avant tout pour but de contribuer à la publication et à la diffusion des recherches en droit, ainsi qu'au dialogue scientifique sur le droit. Comme son nom l'indique, elle se veut plurielle.

Dernières parutions

Hassna MOUBSIT, *La représentation en droit des sociétés,* 2013.

Sous la direction de Géraldine AÏDAN et Émilie DEBAETS, *L'identité de la personne humaine en droit,* 2013.

Sous la direction de Jacques FIALAIRE et Jerry KIMBOO, *Le nouveau droit du procès administratif,* 2013.

Raphaël MATTA-DUVIGNAU, *Gouverner, administrer révolutionnairement : le Comité de salut public (6 avril 1793 - 4 brumaire an IV),* 2013.

Wafa TAMZINI, *Recherches sur la Doctrine de l'administration,* 2013.

Khédija BEN DAHMEN, *Interactions du droit international et du droit de l'union européenne,* 2013.

Andy HYEANS, *La douane au coeur de la stratégie Internationale des entreprises,* 2012.

Alberto LUCARELLI et Michel VERPEAUX, *Régionalisme italien et régionalisme français,* 2012.

Manuel GROS, *Droit administratif. L'angle jurisprudentiel*, 4e édition, 2012.

Amélie NIEMIEC-GOMBERT, *Le rôle du département dans l'adoption*, 2012.

Sylvain Ollier

L'observation internationale des élections dans la région de l'OSCE

Contribution à l'étude de l'effectivité du contrôle électoral

L'Harmattan

5-7, rue de l'École-Polytechnique ; 75005 Paris

http://www.librairieharmattan.com
diffusion.harmattan@wanadoo.fr
harmattan1@wanadoo.fr

ISBN : 978-2-343-01395-4
EAN : 9782343013954

Sommaire

Liste des principaux sigles et abréviations

AFDI : Annuaire Français de Droit International.
AFRI : Annuaire Français des Relations Internationales.
AGNU : Assemblée Générale des Nations Unies.
AJDA : Actualité Juridique Droit Administratif.
AMJIL : American Journal of International Law.
APCE : Assemblée Parlementaire du Conseil de l'Europe.
AP-CEI : Assemblée Parlementaire de la Communauté des États Indépendants.
AP-OSCE : Assemblée Parlementaire de l'Organisation pour la Sécurité et la Coopération en Europe.
AP-OTAN : Assemblée Parlementaire de l'Organisation du Traité de l'Atlantique Nord.
ARYM : Ancienne République Yougoslave de Macédoine.
BIDDH : Bureau des Institutions Démocratiques et des Droits de l'Homme.
CDL : Commission for Democracy through Law (Commission de Venise).
CE : Commission européenne.
CEI : Communauté des États Indépendants.
CIJ : Cour Internationale de Justice.
CMCE : Comité des Ministres du Conseil de l'Europe.
Comité DHNU : Comité des droits de l'Homme des Nations Unies.
Commission de Venise : Commission européenne pour la démocratie par le droit.
Commission DHNU : Commission des droits de l'Homme des Nations Unies.
Commission EDH : Commission européenne des droits de l'Homme.
Conseil DHNU : Conseil des droits de l'Homme des Nations Unies.
Convention EDH : Convention européenne des droits de l'Homme.
Cour EDH : Cour européenne des droits de l'Homme.
CPLRE : Congrès des Pouvoirs Locaux et Régionaux de l'Europe.
CSCE : Conférence pour la Sécurité et la Coopération en Europe.
CSNU : Conseil de Sécurité des Nations Unies.
DUDH : Déclaration universelle des droits de l'Homme.
EJIL : European Journal of International Law.
ENEMO : European Network of Election Monitoring Organizations.
GACEDH : Les Grands Arrêts de la Cour Européenne des Droits de l'Homme, 6e éd.
IDEDH : Institut de Droit Européen des Droits de l'Homme.
IFES : International Foundation for Electoral Systems.
IRI : International Republican Institute.
JCP G : La Semaine juridique Édition générale.

MEB : Mission d'Évaluation des Besoins.
MINUK : Mission Intérimaire des Nations Unies au Kosovo.
MIOE : Mission Internationale d'Observation des Élections.
MOE : Mission d'observation électorale.
MOE-UE : Mission d'Observation Électorale de l'Union Européenne.
NAMFREL : National Citizens' Movement for Free Elections.
NDI : National Democratic Institute.
NED : National Endowment for Democracy.
OCT : Observateur de court terme.
ODIHR : Office for Democratic Institutions and Human Rights.
OEA : Organisation des États Américains.
OLT : Observateur de long terme.
ONU : Organisation des Nations Unies.
OSCE : Organisation pour la Sécurité et la Coopération en Europe.
PE : Parlement européen.
PIDCP : Pacte international relatif aux droits civils et politiques.
RCADI : Recueil des Cours de l'Académie de Droit International.
RDP : Revue du droit public et de la science politique en France et à l'étranger.
RFDA : Revue Française de Droit Administratif.
RFDC : Revue Française de Droit Constitutionnel.
RGDIP : Revue Générale de Droit International Public.
RTDH : Revue Trimestrielle des Droits de l'Homme.
RUDH : Revue Universelle des Droits de l'Homme.
SDN : Société des Nations.
SGNU : Secrétaire Général des Nations Unies.
SEAE : Service européen pour l'action extérieure.
UE : Union Européenne.
USAID : United States Agency for International Development.

Introduction

> « *La validité des principes démocratiques est désormais universellement reconnue. Le droit de tous les citoyens de participer au gouvernement de leur pays grâce à des élections libres et régulières, énoncé à l'article 21 de la Déclaration universelle des droits de l'Homme, n'est pas spécifique à une culture particulière* [...]. *Un des plus grands défis que l'humanité devra relever au XXIe siècle sera de rendre la démocratie aussi universelle dans la pratique. Les nations où la démocratie est déjà bien établie devront être vigilantes pour préserver cet acquis ; elles devront aussi, ensemble, aider les pays où la démocratie fait ses premiers pas* »[1].

De nos jours en France, « *l'élection semble parfois constituer un acte mécanique, désuet, dénué de symbolisme et dont les effets sont d'ailleurs largement connus d'avance ; l'utilité d'y participer étant dès lors fort relative, sinon inexistante* »[2]. Pourtant, cette vision désabusée de l'élection, aussi répandue soit-elle, ignore injustement les nombreuses vertus de ce mode désignation de nos dirigeants politiques.

Cela revient tout d'abord à occulter les nombreux exemples de scrutins à l'issue inattendue, tels l'élection présidentielle française de 2002 ou le référendum sur la ratification du *Traité instituant une Constitution pour l'Europe* en 2005. Ensuite et surtout, c'est négliger un droit fondamental précieux car « *conquis à la suite de luttes politiques, à la suite de luttes sociales et de luttes parfois violentes. Le droit de vote n'est pas un droit qui a été spontanément accordé aux individus ; ce n'est pas un droit naturel au sens où il appartiendrait par nature à l'homme ; il a fallu que les hommes se battent pour conquérir ce droit d'exprimer leurs opinions, leurs pensées par un bulletin de vote* »[3]. Bien que la possibilité d'élire ses représentants par le biais de scrutins libres et transparents semble aujourd'hui naturelle dans certaines sociétés, elle ne constitue qu'une évolution relativement récente, même au sein des États considérés comme d'« anciennes démocraties ». Cela est particulièrement flagrant lorsque l'on se réfère au critère de l'universalité du suffrage. Ainsi, le droit de vote ne fut ainsi accordé aux femmes françaises que par l'ordonnance du 21 avril 1944, sans évoquer les restrictions plus durables dans les Colonies, tandis qu'aux États-Unis, les

---

[1] Déclaration de Kofi Annan, Conférence internationale « Vers une communauté de démocraties », Varsovie, 27 juin 2000.

[2] Pauvert (B.), *Elections et modes de scrutin*, 2e éd., L'Harmattan, 2006, p.9.

[3] Rousseau (D.), « Liberté politique et droit de vote », *in* Cabrillac (R.), Frison-Roche (M.A.) et Revet (T.) (dir.), *Libertés et droits fondamentaux*, 17e éd., Dalloz, 2011, p.338.

Noirs furent largement maintenus à l'écart des urnes jusqu'au *National Voting Rights Act* du 6 août 1965. Enfin, les détracteurs de l'élection semblent oublier l'absence d'alternative crédible à celle-ci. Si le tirage au sort est certainement « *le plus démocratique de tous les procédés de désignation,* […] *quel régime politique prendrait aujourd'hui le risque de jouer ainsi, jusqu'à ses conséquences extrêmes, le jeu de l'égalité entre les citoyens proclamée dans la Constitution ?* »[4].

Au fil du temps, l'élection est donc devenue une règle incontournable en matière de désignation des gouvernants. Elle est la preuve que l'on « *fait confiance au citoyen pour choisir par une démarche rationnelle, prenant en compte son propre intérêt et celui de la communauté, les plus aptes à gouverner la Cité* »[5]. En raison de la place importante progressivement accordée à la légitimité démocratique des gouvernements dans les relations internationales depuis 1945, et bien plus encore depuis la fin de la Guerre froide, se sont développé une multitude d'activités de promotion de la démocratie à travers le monde. Parmi ces entreprises, l'observation internationale des élections est incontestablement devenue l'une des plus importantes et des plus dynamiques. Cette évolution n'est guère étonnante dans la mesure où la tenue d'élections libres et équitables est désormais très largement considérée comme le premier indicateur d'un développement démocratique au sein d'un État.

I. Analyse des termes du sujet

L'organisation de compétitions électorales pluralistes constitue le plus petit dénominateur commun aux innombrables définitions de la démocratie car « *si des élections libres ne suffisent pas à faire une démocratie, il ne peut y avoir de démocratie sans élections libres* »[6].

A. Domaine de l'étude : l'élection au cœur de la démocratie

La prédominance de l'élection parmi les attributs de la démocratie se retrouve tout d'abord dans la définition minimaliste, dite électoraliste ou procédurale, formulée par Joseph Schumpeter. Selon ce dernier, « *la méthode démocratique est le système institutionnel, aboutissant à des décisions politiques, dans lequel des individus acquièrent le pouvoir de statuer sur ces décisions à l'issue d'une lutte concurrentielle portant sur les votes du peuple* »[7]. Pour l'auteur, l'identification d'un régime démocratique

---

[4] Ardant (P.) et Mathieu (B.), *Institutions politiques et droit constitutionnel*, 23e éd., L.G.D.J., 2011, pp.206-207.
[5] Ardant (P.) et Mathieu (B.), *op.cit.*, p.207.
[6] Déclaration de Kofi Annan, *op.cit.*
[7] Schumpeter (J.), *Capitalisme, socialisme et démocratie*, Payot, 1990, p.355.

est donc uniquement subordonnée à l'organisation de processus électoraux concurrentiels comme mode de désignation des gouvernants. Si cette conception minimale a l'avantage de la simplicité et fut adoptée par de nombreux auteurs influents des *democratization studies*[8], elle est jugée simpliste par de nombreux autres. Jean d'Aspremont considère notamment que si « *le critère principal dont témoigne la pratique contemporaine dominante et qui permet de juger du caractère démocratique d'un État est l'élection* », ce critère ne se suffit pas à lui-même[9]. Dans le même sens, Bertrand Pauvert estime qu'il « *ne saurait être question de donner une quelconque valeur mythique à l'élection pour assimiler celle-ci à la garantie de l'existence d'une société démocratique* » car si l'absence d'élections « *révèle sans doute le caractère non démocratique d'une société, leur présence ne garantit pas pour autant celui-ci* »[10]. Plus généralement, la conception de la démocratie défendue par Schumpeter fut critiquée « *pour ne pas aborder suffisamment la question des libertés civiles et politiques* »[11].

En effet, la démocratie véritable ne peut se concevoir sans le respect de diverses libertés individuelles, au premier rang desquelles figurent les libertés d'expression, d'association et de réunion pacifique[12]. Comme le souligne Patrick Wachsmann, « [la] *liberté d'expression est une pierre d'angle sur laquelle repose l'existence même d'une société démocratique* »[13]. Sans elle, il est impossible pour les citoyens d'acquérir une compréhension éclairée des affaires publiques, de participer à un débat politique ouvert et de connaître les opinions de leurs concitoyens[14].

---

[8] Courant de la science politique, principalement américain, dont les écrits visent à déterminer les moyens permettant de favoriser et de pérenniser la démocratisation des États en se fondant sur l'analyse comparée. Voir notamment : Huntington (S.P.), *The third wave. Democratization in the late twentieth century*, University of Oklahoma Press, 1993, p.7 ; Lipset (S.M.), *Political man: The social bases of politics*, Doubleday, 1960, p.57 ; Zakaria (F.), *The Future of Freedom. Illiberal Democracy at Home and Abroad*, W.W.Norton & Company, 2007, pp.18-19.

[9] D'Aspremont (J.), *L'État non démocratique en droit international. Étude critique du droit positif et de la pratique contemporaine*, Pedone, 2008, p.15.

[10] Pauvert (B.), *op.cit.*, p.11.

[11] Thiébault (J.-L.), « Lipset et les conditions de la démocratie », *Revue internationale de politique comparée,* Volume 15, n°3, 2008, p.391.

[12] Voir notamment : Lécuyer (Y.), *Les droits politiques dans la jurisprudence de la Cour européenne des droits de l'Homme*, Thèse sous la direction d'Andriantsimbazovina (J.), Université de La Rochelle, Dalloz-Sirey, 2009, pp.11-13 ; Vinolas (D.), « Respect for fundamental rights, in particular freedom of expression, assembly and association », in *The preconditions for a democratic election, Actes du Séminaire UniDem, Bucarest, 17-18 février 2006*, Collection Science et technique de la démocratie n°43, Editions du Conseil de l'Europe, 2006, pp.11 et s.

[13] Wachsmann (P.), « Participation, communication, pluralisme », *AJDA*, 1998, p.167.

[14] Wachsmann (P.), « Liberté d'expression », *in* Andriantsimbazovina (J.), Gaudin (H.), Marguénaud (J.-P.), Rials (S.) et Sudre (F.) (dir.), *Dictionnaire des droits de l'Homme*, PUF, 2008, pp.631-632.

Etroitement liée à cette dernière, « [la] *liberté de manifestation et de réunion pacifiques recouvre deux formes de libertés d'expression collectives voisines, fondamentales dans une démocratie* »[15]. Similairement, la liberté d'association est indispensable au fonctionnement des partis politiques, acteurs essentiels de la démocratie représentative et pluraliste. La garantie de ces droits substantiels à caractère politique constitue également un préalable indispensable à l'organisation d'élections véritablement libres et équitables. L'État de droit apparait également comme une composante impérative de tout régime démocratique[16]. Si l'instauration d'un État de droit est envisageable en l'absence d'institutions démocratiques, « [il] *n'y a pas de démocratie sans État de droit* »[17]. Cette notion s'est rapidement propagée au début des années 1990 pour devenir une référence incontournable dans le discours des institutions internationales relatif à la démocratie[18]. Les États participants à la Conférence pour la Sécurité et la Coopération en Europe déclarèrent ainsi que « *la démocratie* [était] *un élément inhérent à l'État de droit* »[19]. De même, l'Assemblée Parlementaire du Conseil de l'Europe (APCE) estima que l'État de droit était l'un des principes formant « *la base de toute véritable démocratie* »[20]. Dans un sens similaire, révélateur des liens entre les trois notions étudiées ici, l'Assemblée Générale des Nations Unies (AGNU) qualifia l'État de droit de « *condition essentielle de la protection des droits de l'homme* »[21].

---

15 Szymczak (D.), « Liberté de manifestation et de réunion pacifiques », *in* Andriantsimbazovina (J.) *et al, ibid.*, p.633.

16 Voir notamment : Chevallier (J.), « État de droit », *in* Andriantsimbazovina (J.) *et al, ibid.*, pp.388-390. Pour un aperçu de la doctrine, voir : Millard (E.), « L'État de droit, idéologie contemporaine de la démocratie », *in* Février (J.-M.) et Cabanel (P.) (dir.), *Question de démocratie*, Presses Universitaires du Mirail, 2001, pp. 415-443. Sur la question de la concordance terminologique avec le terme anglais de « *Rule of Law* », voir : Morin (J.-Y.), « L'État de droit : Emergence d'un principe du droit international », *RCADI, Volume 254, 1995, pp.27-28 ;* Troper (M.), *La théorie du droit, le droit, l'État, op.cit.*, p.268 ; Spielmann (D.), « La jurisprudence de la Cour européenne des droits de l'homme sur l'État de droit », *in L'État de droit en droit international - Colloque de Bruxelles*, Société Française pour le Droit International, Pedone, 2009, p.180 ; APCE, Résolution 1594 (2007), *La notion de rule of law*, 23 novembre 2007, §6.1.

17 Troper (M.), *La théorie du droit, le droit, l'État*, PUF, 2001, p.277.

18 Voir notamment : Bodeau-Livinec (P.) et Villalpando (S.), « La promotion de l' "État de droit" dans la pratique des Nations Unies » et Mehdi (R.), « Le respect de l'État de droit en droit européen et dans les relations extérieures de l'Union européenne », *in* Société Française pour le Droit International, *op.cit.*, pp.81-100 et pp.219-238 ; Sicilianos (L.-A.), *L'ONU et la démocratisation de l'État. Systèmes régionaux et ordre juridique universel*, Pedone, 2000, pp.249 et s.

19 *Document de la Réunion de Copenhague de la Conférence sur la Dimension Humaine de la CSCE*, 29 juin 1990, §I.3.

20 APCE, Résolution 1353 (2003), *L'avenir de la démocratie : renforcer les institutions démocratiques*, 25 novembre 2003, §1.

21 AGNU, Résolution 57/221, *Renforcement de l'état de droit*, 18 décembre 2002.

Par conséquent, il existe un triptyque indissociable démocratie / droits de l'Homme / État de droit, « *comme le démontrent de nombreuses constitutions, dans lesquelles ces notions se chevauchent, et plusieurs instruments internationaux où elles paraissent inextricablement entremêlées* »[22]. Ces trois éléments sont ainsi considérés par le Conseil de l'Europe comme le socle de ses principes fondamentaux et se retrouvent dès le préambule du Statut de l'Organisation[23], tandis que pour l'OSCE, ils « *sont étroitement liés et se renforcent mutuellement* »[24]. Des raisonnements analogues se retrouvent dans la *Déclaration universelle sur la démocratie* adoptée par le Conseil Interparlementaire en 1997[25], ou encore dans la résolution 60/1 de l'AGNU du 16 septembre 2005, selon laquelle « *les droits de l'homme, l'état de droit et la démocratie* [...] *sont interdépendants, se renforcent mutuellement et font partie des valeurs et principes fondamentaux, universels et indivisibles de l'Organisation des Nations Unies* »[26].

Au vu de ces éléments, la définition la plus aboutie de la démocratie apparaît être celle élaborée dans une série de résolutions par la Commission des droits de l'Homme des Nations Unies (Commission DHNU), selon laquelle le concept recouvre « *le respect de tous les droits de l'homme et libertés fondamentales, notamment la liberté d'association et de réunion pacifique, la liberté d'expression et d'opinion, et le droit de participer à la conduite des affaires publiques, directement ou par l'intermédiaire de représentants librement choisis, et de voter et d'être élu au cours d'élections authentiques, périodiques et libres, au suffrage universel et égal, et au scrutin secret garantissant la libre expression de la volonté populaire, ainsi qu'un système pluraliste de partis et d'organisations politiques, le respect de l'état de droit, la séparation des pouvoirs, l'indépendance du pouvoir judiciaire, la transparence et l'obligation pour l'administration publique de rendre des comptes, et des médias libres, indépendants et pluralistes* »[27].

---

[22] Morin (J.-Y.), « L'Étatde droit : Emergence d'un principe du droit international », *op.cit., p.29.*

[23] *Déclaration Finale du Deuxième Sommet de Chefs d'État et de Gouvernement du Conseil de l'Europe (Strasbourg, 10-11 octobre 1997).*

[24] OSCE, *Poursuite du renforcement de l'État de droit dans l'espace de l'OSCE*, MC.DEC/7/08/Corr.1, 5 décembre 2008.

[25] *Déclaration universelle sur la démocratie,* adoptée par le Conseil Interparlementaire au Caire le 16 septembre 1997 lors de la 161e session, §8.

[26] AGNU, Résolution 60/1, *Document final du Sommet mondial de 2005*, 16 septembre 2005, §119.

[27] Commission DHNU, Résolution 2002/46, *Nouvelles mesures visant à promouvoir et à consolider la démocratie*, 23 avril 2002, §1 ; Commission DHNU, Résolution 2003/36, *Interdépendance de la démocratie et des droits de l'homme*, 23 avril 2003, §1 ; Commission DHNU, Résolution 2004/30, *Renforcement du rôle des organisations et mécanismes régionaux, sous-régionaux et autres en vue de promouvoir et de consolider la démocratie*, 19

Cette définition tire sa force de sa réitération par l'AGNU dans une résolution de 2004, adoptée par 172 pays membres de l'Organisation sans la moindre opposition et avec seulement quinze abstentions, dont celles de deux États appartenant à la région de l'OSCE : la Biélorussie et le Turkménistan[28].

Toutefois, la construction conceptuelle la plus élargie a été développée par la Cour européenne des droits de l'Homme (Cour EDH) à travers la notion de « société démocratique ». Le Conseil de l'Europe fut pensé dès son origine comme un « club des démocraties », ce dont témoigne le préambule du traité fondateur de l'Organisation, mais aussi le préambule de la *Convention européenne des droits de l'Homme* (Convention EDH) selon lequel le maintien des « *libertés fondamentales qui constituent les assises mêmes de la justice et de la paix dans le monde* [...] *repose essentiellement sur un régime politique véritablement démocratique* ». C'est toutefois la formule de « société démocratique », semblable à celle de l'article 29 de la *Déclaration universelle des droits de l'Homme* (DUDH), que l'on retrouve dans l'énoncé de plusieurs articles de la Convention (articles 6 à 11) et de certains protocoles additionnels. La Cour leva rapidement toute ambigüité sur cette différence terminologique en estimant que le préambule et le reste de la Convention faisaient référence à la même idée de société démocratique[29]. À partir deux arrêts du 7 décembre 1976[30] et en exploitant ce concept vague, donc propice à une grande liberté d'interprétation, sa jurisprudence ordonna progressivement « *l'ensemble du contrôle européen autour de la société démocratique ou de ses valeurs* »[31], au point d'ériger celle-ci « *en directive d'interprétation majeure de la Convention toute entière* »[32]. Outre le droit à des élections libres, qui consacre « *un principe caractéristique* » d'un régime politique véritablement démocratique et « *revêt donc dans le système de la Convention une importance capitale* »[33], et d'autres libertés de nature politique[34], telles les libertés d'expression[35], de

---

avril 2004, §1 ; Commission DHNU, Résolution 2005/32, *Démocratie et état de droit*, 19 avril 2005, §1.

[28] AGNU, Résolution 59/201, *Renforcement du rôle des organisations et mécanismes régionaux, sous-régionaux et autres en vue de promouvoir et de consolider la démocratie*, 20 décembre 2004, §1.

[29] *Lawless c/ Irlande (n°1)*, 14 novembre 1960, req. n°332/57.

[30] *Handyside c/ Royaume-Uni*, 7 décembre 1976, req. n°5493/72, §49, *GACEDH*, pp.74 et s. ; *Kjeldsen, Busk Madsen et Pedersen c/ Danemark*, 7 décembre 1976, req. n°5095/71, 5920/72 et 5926/72, §53 ; *GACEDH*, pp.631 et s.

[31] Lécuyer (Y.), « Société démocratique », *in* Andriantsimbazovina (J.) *et al*, p.905.

[32] Lécuyer (Y.), *ibid.*, p.905 Voir aussi : *Lingens c/ Autriche*, 8 juillet 1986, req. 9815/82, §41.

[33] *Mathieu-Mohin et Clerfayt c/ Belgique*, 2 mars 1985, req. n°9267/81, §47 ; *CDE*, 1988, p.487, note Cohen-Jonathan (G.) ; *JDI*, 1988, p.849, chron. Rolland (P.).

[34] Pour une étude détaillée, voir : Lécuyer (Y.), *Les droits politiques dans la jurisprudence de la Cour européenne des droits de l'Homme*, Dalloz-Sirey, 2009.

[35] *Lingens c/ Autriche*, *op.cit.*, §41.

réunion pacifique et d'association[36], le juge européen a incorporé à « *à* [cette] *notion, parfois de manière un peu désordonnée, des fondements, des valeurs et des droits originaux inconnus des canons ordinaires de la démocratie* »[37] à l'instar du droit à la vie[38], de l'interdiction de la torture et des traitements inhumains et dégradants[39], du droit à un procès à un procès équitable[40] ou encore de l'interdiction de la discrimination[41]. Ainsi, « *la société démocratique a fait contagion et embrassé la quasi-totalité des dispositions de la Convention en dehors de celle où elle est expressément mentionnée* »[42]. Cette interprétation maximaliste de la démocratie, « *norme téléologique privilégiée du contrôle européen* »[43], vise à être confrontée aux limitations imposées par les États dans l'exercice des droits garantis au terme d'un contrôle de proportionnalité. Bien que l'État soit parfois condamné en raison d'une inaction de sa part ayant compromis la jouissance d'un droit fondamental dans une société démocratique, « *le plus souvent, la défense de la société démocratique prend la forme d'une ingérence (condamnation pénale, dissolution, interdictions professionnelles, révocation, saisie de publication, opération de surveillance...) dont la Cour doit apprécier le bien-fondé* »[44]. Une marge d'appréciation est laissée aux États membres dans l'encadrement des droits garantis. Celle-ci varie sensiblement au gré de différentes considérations (consensus au sein des États membres du Conseil de l'Europe, tradition juridique, culture politique, histoire récente...) et laisse dans certains cas transparaître un « *indéterminisme juridique parfois regrettable et préjudiciable à la notion même de société démocratique* »[45]. La Cour se montre ainsi particulièrement indulgente à l'égard des restrictions imposées aux manifestations d'intolérance et de mépris des valeurs démocratiques[46], mais procède à un contrôle strict en matière de contentieux relatif à l'interdiction et à la dissolution des partis politiques[47] ou à la liberté de la presse[48]. En revanche d'autres applications laissent perplexe, telle la marge d'appréciation conséquente ménagée aux États dans

---

[36] *Parti Communiste Unifié de Turquie et autres c/ Turquie*, *op.cit.*

[37] Lécuyer (Y.), « Société démocratique », *op.cit.*, p.906.

[38] *McCann et autres c/ Royaume-Uni*, 27 septembre 1995, req. n°18984/91, §147 ; *GACEDH*, pp.122 et s.

[39] *Soering c/ Royaume-Uni*, 7 juillet 1989, req. n°14038/88, §88 ; *GACEDH*, pp.178 et s.

[40] *Airey c/ Irlande*, 9 octobre 1979, req. n°6289/73, §24 ; *GACEDH*, pp.18 et s.

[41] *Refah Partisi (Parti de la prospérité) et autres c/ Turquie*, Gr. Ch., 13 février 2003, req. n°41340/98, 41342/98, 41343/98 et 41344/98, §119 ; *GACEDH*, pp.622 et s.

[42] Lécuyer (Y.), « Société démocratique », *op.cit.*, pp.906-907.

[43] *Ibid.*, p.907.

[44] *GACEDH*, p.68. Voir aussi : Levinet (M.), « La Convention européenne des droits de l'homme socle de la protection des droits de l'homme dans le droit constitutionnel européen », *RFDC*, n°86, 2011, pp.227-263.

[45] Lécuyer (Y.), « Société démocratique », *op.cit.*, p.907.

[46] *Lawless c/ Irlande (n°1)*, *op.cit.*

[47] *Parti Communiste Unifié de Turquie et autres c/ Turquie*, *op.cit.*, §46.

[48] *Castells c/ Espagne*, 23 avril 1992, req. n°11798/85, §43.

l'encadrement des droit de vote et surtout d'éligibilité[49]. Enfin, la Cour prône parfois l'idée d'une « démocratie apte à se défendre » et recourt à l'article 17 sur l'abus de droit, « *mécanisme* [...] *destiné à empêcher certains individus ou groupes d'individus d'instrumentaliser les droits et libertés conventionnels en vue de leur destruction* »[50]. Cette disposition entraîne une déchéance de la protection conventionnelle pour les personnes utilisant les droits garantis, en particulier la liberté d'expression, afin de porter atteinte à la société démocratique, à l'image de propos remettant en cause « *des faits historiques clairement établis – tel l'Holocauste – dont la négation ou la révision se verrait soustraite par l'article 17 à la protection de l'article 10* »[51].

B. Objet de l'étude : L'observation internationale des élections dans la région de l'Organisation pour la Sécurité et la Coopération en Europe

Afin d'accompagner les États manifestant la volonté d'opérer une transition vers la démocratie et de les assister dans la mise en œuvre de leurs obligations internationales en matière électorale, plusieurs institutions internationales ont élaboré des mécanismes d'observation des élections, en particulier dans la région de l'OSCE.

1. L'observation internationale des élections

Peut-être en raison de la complexité du concept qu'elle recouvre, ou à cause de son caractère évolutif, il n'exista pendant longtemps aucune définition unanimement acceptée de l'observation internationale des élections, même si les principaux représentants de cette activité s'accordaient généralement sur ses éléments constitutifs essentiels. Il fallut attendre la *Déclaration de principes pour l'observation internationale d'élections*, adoptée par de multiples institutions observatrices sous l'égide des Nations Unies le 27 octobre 2005, pour obtenir une première définition internationale. Aux termes de ce texte précurseur[52], l'observation internationale des élections « *consiste à évaluer les processus électoraux*

---

[49] *Zdanoka c/ Lettonie*, Gr. Ch., 16 mars 2006, req. n°58278/00, §115 ; *AJDA*, 2006, p.1718, chron. Flauss (J.-F.) ; *GACEDH*, pp.718 et s. ; *L'Europe des Libertés*, 2006, p.18, chron. Kang-Riou (N.) ; *RTDH*, 2008, n°73, p.195, note Jacquemot (F.).

[50] Levinet (M.), « Le pluralisme confronté à la clause d'interdiction de l'abus de droit de l'article 17 de la Convention Européenne des Droits de l'Homme », *in* Levinet (M.) (dir.), *Pluralisme et juges européens des droits de l'homme*, Bruylant, 2011, p.127.

[51] *Lehideux et Isorni c/ France*, 23 septembre 1998, req. n°55/1997/839/1045, §47 ; *RTDH*, n°38, 1999, p.366, obs. Cohen-Jonathan (G.) ; *Garaudy c/ France (déc.)*, 24 juin 2003, req. n°65831/01 ; *RTDH*, n°59, 2004, p.653, note Levinet (M.).

[52] Voir *infra*, Partie 1, Titre 2, Chapitre 1.

conformément aux principes internationaux qui gouvernent les élections honnêtes et démocratiques et au système juridique du pays où ils se déroulent ». Les objectifs de cette activité sont de « *renforcer l'intégrité des processus électoraux* » à travers « *la dissuasion et la dénonciation des fraudes et des irrégularités* » et par « *des recommandations visant l'amélioration de ces processus* », de « *renforcer la confiance des citoyens* » et de « *renforcer la compréhension internationale par le partage de données d'expérience et d'informations relatives au développement démocratique* »[53]. On distingue généralement deux grandes catégories d'observateurs électoraux : les observateurs techniques, c'est-à-dire des experts électoraux, à l'image des personnels déployés par le Bureau des Institutions Démocratiques et des Droits de l'Homme (BIDDH) de l'OSCE ; et les observateurs parlementaires, qui sont des membres des assemblées parlementaires des Organisations internationales. Dans les deux cas, ils peuvent être comparés à des huissiers de justice dont la tâche consiste à dresser en toutes objectivité et impartialité un procès-verbal de constat, c'est à dire un « cliché juridique » d'une situation précise à un moment précis, en l'occurrence un processus électoral. Ainsi, comme nous le verrons, en tant qu'activité de contrôle régulier et approfondi, l'observation internationale des élections offre un moyen privilégié de procéder à une étude pratique de l'effectivité de la mise en œuvre de normes protectrices des droits de l'Homme. Dans un premier temps, il convient cependant de la distinguer d'autres exercices voisins.

L'observation nationale des élections renvoie à l'observation électorale pratiquée par des organisations non gouvernementales (ONG) ou des groupements de membres de la société civile de l'État dans lequel se déroule le scrutin[54]. Il peut s'agir de groupes civiques, d'associations de protection des droits de l'Homme, d'organisations étudiantes, de groupes religieux. Les observateurs sont recrutés en grande majorité au sein de la population locale et fondent leur contrôle principalement sur le droit électoral national. La taille des missions et le professionnalisme des observateurs sont très variables selon l'organisation et le pays concernés.

Le *monitoring* électoral est parfois considéré par la littérature anglo-saxonne comme une activité distincte de l'observation des élections. La différence entre les deux concepts, particulièrement ténue, ne se retrouve toutefois pas dans la doctrine francophone. Pour certains, le *monitoring* électoral différerait de l'observation car il comporterait une fonction supplémentaire consistant en une évaluation de la performance de

[53] *Déclaration de principe pour l'observation internationale d'élections* et *Code de conduite des observateurs électoraux internationaux et Serment devant accompagner le Code de conduite des observateurs électoraux internationaux*, 2 novembre 2005, CDL-AD (2005) 036, §4. Pour une étude du document, voir *infra*. Partie 1, Titre 2, Chapitre 1.
[54] Voir *infra*, Partie 1, Titre 1, Chapitre 2.

l'administration électorale et du bien-fondé des procédures. Les experts électoraux dépêchés sur le terrain joueraient donc un rôle plus actif que des observateurs classiques, étant investis d'un pouvoir d'intervention lorsque des réglementations ou des procédures ont été violées ou ignorées[55]. Certains estiment également que les missions d'observation impliqueraient une présence plus limitée dans le temps que le *monitoring*[56]. Pour d'autres enfin, l'*election monitoring* renverrait plutôt au travail des observateurs nationaux[57]. Néanmoins, cette différenciation apparaît assez inconsistante et se révèle nettement plus rare depuis la fin des années 1990. Les deux expressions sont donc généralement employées alternativement pour désigner l'observation internationale des élections, comme dans la Déclaration de principes de 2005[58], et seront considérées comme synonymes dans cette étude.

La supervision électorale, ou conduite des élections, en revanche, se distingue plus nettement des concepts précédemment exposés[59]. Si une partie des tâches confiées aux superviseurs se recoupent avec celles des observateurs, le mandat des premiers s'avère beaucoup plus important puisqu'ils ne sont pas contraints par le principe de non-intervention dans le processus électoral imposé aux seconds. Bien au contraire, les superviseurs tendent à se substituer aux autorités nationales dans l'organisation du scrutin et « *certif*[ient] *tous les aspects du processus électoral afin d'en garantir en fin de compte la légitimité* »[60]. Ils disposent donc de pouvoirs très étendus débordant très largement sur la souveraineté nationale de l'État hôte. Ces prérogatives peuvent consister en la signature des protocoles électoraux, l'enregistrement des électeurs et des candidats, la soumission de recours juridictionnels, un droit de transmission des documents officiels relatifs au scrutin ou encore l'adoption de réglementations ou l'émission de recommandations contraignantes à l'intention de l'administration électorale. Par conséquent, il s'agit « *d'opérations à long terme qui exigent un personnel considérable et des ressources matérielles importantes* »[61]. Ce type de missions reste relativement rare, cantonné à des hypothèses très

---

[55] *Code of Conduct: Ethical and Professional Observation of Elections*, International IDEA, 1997, §8.

[56] Bjornlund (E.C.), *Beyond Free and Fair. Monitoring elections and building democracy*, Woodrow Wilson Center Press, Johns Hopkins University Press, 2004, p.40.

[57] Diamond (L.), *The spirit of democracy. The struggle to build free societies throughout the world*, Henry Holt and Company, 2008, p.123.

[58] Voir aussi : *Election Observation. A decade of monitoring elections: the people and the practice*, OSCE/ODIHR, 2005.

[59] Bjornlund (E.C.), *op.cit.*, p.39.

[60] De Raulin (A.), « L'action des observateurs internationaux dans le cadre de l'ONU et de la société internationale », *RGDIP*, n°3, 1995, p.587.

[61] *Ibid.* ; Darnolf (S.), « International electoral support. Helping or hindering democratic elections? », *IPSA-ECPR Joint Conference, Sao Paulo, 16-19 February 2011*, p.4.

spécifiques généralement caractérisées par une incapacité des pouvoirs publics à organiser un scrutin sans assistance extérieure du fait de la faiblesse des structures et ressources étatiques, par exemple à l'issue d'un conflit armé ou dans le cadre de l'accession d'un État à l'indépendance. C'est l'ONU qui assuma la première et le plus fréquemment ce type de mandat, dans un contexte de décolonisation sur la base d'accords de paix organisant une transition vers la souveraineté sous tutelle internationale[62]. En Europe, les cas récents de supervision électorale furent tous l'œuvre de l'OSCE : en Bosnie-Herzégovine entre 1996 et 2000 et, en application d'un mandat délivré par l'ONU, au Kosovo entre 2000 et 2007.

La médiation électorale est l'application au domaine électoral du « *mode de règlement politique des conflits internationaux consistant dans l'interposition d'une tierce puissance qui ne se borne pas à persuader les parties de s'entendre (comme dans les bons offices), mais leur propose une solution* »[63]. Par conséquent, l'absence de contrôle d'un processus électoral induite par la médiation distingue clairement cette dernière de l'observation. La médiation électorale tend à intervenir en amont d'un scrutin, afin d'obtenir l'accord des forces en présence dans un pays pour l'organisation d'une consultation populaire, ou en aval de celle-ci, dans le but de régler un litige consécutif à cette consultation[64]. Une illustration récente de cette activité fut l'intervention, au nom de l'Union africaine, de l'ancien Président de la République d'Afrique du Sud Thabo Mbeki pour tenter de résoudre la crise qui marqua l'élection présidentielle de 2010 en Côte d'Ivoire[65].

L'assistance électorale n'implique pas d'opération de contrôle d'un scrutin, elle intervient avant celui-ci afin d'améliorer son organisation, ou après celui-ci afin de rectifier certaines déficiences, notamment dans l'optique de se conformer aux recommandations formulées par une mission internationale d'observation des élections. Assistance et observation électorales sont donc des opérations distinctes mais grandement complémentaires[66]. Les activités d'assistance électorale révèlent une grande variété dans leur nature et leur ampleur. Ainsi, leurs « *champ d'action* [...] *va de simples remarques à des commentaires sur des projets de lois*

---

62 Darnolf (S.), *ibid.*, p.4.

63 Guinchard (S.) et Debard (T.) (dir.), *Lexique des termes juridiques*, 19e éd., Dalloz, 2011, p.552.

64 Voir notamment : Pastor (R.A.), « Mediating elections », *Journal of Democracy*, Volume 9, n°1, 1998, pp.154-163 ; Carothers (T.), *Aiding democracy abroad. The learning curve*, Carnegie Endowment for International Peace, 1999, p.128.

65 Voir notamment : « Thabo Mbeki begins Ivory Coast mediation mission », *BBC News*, 5 décembre 2010 ; Conseil DHNU, Résolution 14/1, *Situation des droits de l'homme en Côte d'Ivoire à l'issue de l'élection présidentielle de 2010*, 23 décembre 2010.

66 Voir *infra*, Partie 2, Titre 2, Chapitre 1.

électorales, des réalisations de textes et de l'assistance auprès des commissions électorales, des tribunaux ou des acteurs politiques »[67].

Enfin, la notion de contrôle national traditionnel des élections recouvre l'ensemble des garanties constitutionnelles, légales et juridictionnelles en vigueur au plan national et permettant le bon déroulement d'un scrutin. Si elles sont suffisantes dans les États disposant d'une tradition démocratique bien enracinée[68], les problèmes relatifs aux recours juridictionnels, au contenu du droit électoral, à l'indépendance et à l'impartialité des autorités nationales, notamment l'administration électorale, enlèvent tout crédit au contrôle national des élections dans de nombreux pays. Ce n'est que lorsque que ce dernier fonctionne de manière satisfaisante à tous les échelons d'un processus électoral que les missions d'observation électorale de grande ampleur perdent leur intérêt[69]. En Europe, il existe une variété importante d'autorités en charge du contentieux électoral[70]. Ainsi, depuis la Constitution de 1958, le juge électoral en France est principalement le Conseil Constitutionnel[71], compétent pour le contentieux des élections législatives[72], sénatoriales, présidentielles et pour les consultations référendaires[73]. Dans ces deux derniers cas, le rôle du Conseil est plus étoffé puisqu'il porte aussi sur la régularité des opérations et la proclamation des résultats[74]. En revanche, le contentieux des élections locales et européennes échoit au juge administratif, en particulier au Conseil d'État. Par ailleurs, le juge judiciaire et le juge administratif disposent de compétences résiduelles en matière d'actes préparatoires aux scrutins parlementaires et présidentiels[75].

---

67 Owen (B.), *Géopolitique de la démocratie. Constats et enjeux*, Studyrama, 2008, p.98.

68 Garonne (P.), « Le contentieux électoral – Questions de fond », *in* « Le contrôle du processus électoral », *Actes du Séminaire UniDem, Madrid, 23-25 avril 2009*, CDL-UD(2009)006.

69 *Code de bonne conduite en matière électorale*, 5-6 juillet et 18-19 octobre 2002, CDL-AD (2002)23, Rapport explicatif, §89 ; *Report on an internationally recognized status of elections observers*, 26 mars 2009, CDL-AD (2009)020, §16 et 17.

70 Delpérée (F.), « Le contentieux électoral en Europe », *Les Cahiers du Conseil constitutionnel*, n° 13, 2002, p.100.

71 Ghevontian (R.), « Les pouvoirs du Conseil constitutionnel français en matière électorale », *in* « Les standards européens du droit électoral dans le constitutionnalisme européen », *Actes du Séminaire UniDem, Sofia, 28-29 mai 2004*, Collection Science et technique de la démocratie n°39, Editions du Conseil de l'Europe, 2005, p.91.

72 Prunier (G.), « Les recours contentieux électoraux. L'exemple des élections législatives », *Pouvoirs*, n°115, 2005, p.153.

73 Roux (A.), « Une analyse comparative des organes en charge du contrôle électoral, en particulier les organes judiciaires – Le cas français », *in* « Le contrôle du processus électoral », *Actes du Séminaire UniDem, Madrid, 23-25 avril 2009*, CDL-UD(2009)006.

74 Rousseau (D.), *Droit du contentieux constitutionnel*, 9e éd., Montchrestien, 2010, pp.429 et s.

75 Mélin-Soucramanien (F.), « Le Conseil constitutionnel, juge électoral », *Pouvoirs*, n°105, 2003, pp.119 et s.

2. La région de l'OSCE

L'Organisation pour la Sécurité et la Coopération en Europe (OSCE) résulte de l'institutionnalisation progressive de la Conférence pour la Sécurité et la Coopération en Europe (CSCE). Cette dernière consista en une série de réunions multilatérales Est-Ouest itinérantes tenues à partir de 1973 sans périodicité fixe entre la plupart des États européens, l'URSS, le Canada et les États-Unis[76]. À la faveur de la phase de Détente au cours de la Guerre froide, ce processus eut le grand mérite de parvenir à regrouper des États issus de l'Organisation du Traité de l'Atlantique Nord (OTAN), du Pacte de Varsovie et du Mouvement des non-alignés et de permettre l'adoption d'un texte qui s'avéra être « *un jalon dans l'histoire générale des relations internationales* »[77] : l'*Acte final d'Helsinki* du 1er août 1975.

Avec l'effondrement du bloc communiste, auquel la CSCE et en particulier l'*Acte final* contribuèrent incontestablement, les États participants décidèrent, plutôt que de clore le cycle de réunions, « *de re-fonder celui-ci avec de nouvelles missions et structures pour les besoins de la Grande Europe (devenue "entière et libre") de l'après-guerre froide* »[78]. En conséquence, les conférences se poursuivirent, les États participants adoptèrent une multitude d'engagements politiques et juridiques et des institutions permanentes furent progressivement mises en place, si bien qu'en 1995, la CSCE fut rebaptisée OSCE, consacrant « *la transformation de l'OSCE de simple forum en organisation internationale* »[79].

L'OSCE se distingue des autres Organisations européennes abordées dans le cadre de cette étude, en particulier de l'UE et du Conseil du l'Europe, par sa taille et son caractère transatlantique et euro-asiatique. Elle regroupe actuellement 57 États issus de divers sous-ensembles géographiques : Amérique du Nord, Europe occidentale, Europe centrale et orientale, Caucase et Asie Centrale. Or, c'est au sein de cet espace s'étendant de « Vancouver à Vladivostok » que s'est développée avec le plus de vigueur l'observation internationale des élections. La région de l'OSCE apparaît donc particulièrement appropriée pour une étude du phénomène.

---

76 Ghebali (V.-Y.), « La CSCE dans l'Europe de l'après-guerre froide », *Revue de l'OTAN*, Volume 39, n°1, 1991, p.8.

77 Ghebali (V.-Y.), « L'Acte final de la Conférence sur la sécurité et la coopération en Europe et les Nations Unies », *AFDI*, Volume 21, 1975, p.73.

78 Ghebali (V.-Y.), *L'OSCE dans l'Europe post-communiste 1990-1996 : Vers une identité européenne de sécurité*, Bruylant, 1996, p.2.

79 *Ibid.*, p.3.

II. Mise en perspective historique de l'étude

L'histoire de l'observation électorale est intimement liée aux progrès de la démocratie dans le monde, la rareté des États organisant régulièrement des scrutins libres et équitables et la faible place accordée aux principes démocratiques avant 1945 dans les relations internationales expliquent que les exemples de contrôle électoral international se soient limités à quelques cas sporadiques, majoritairement liés à des processus d'autodétermination.

A. De rares expériences d'autodétermination antérieures à 1945

C'est en 1857, dans les Principautés de Moldavie et de Valachie qui forment l'actuelle Roumanie, que se déroulèrent les premières consultations populaires soumises à une évaluation internationale[80]. L'initiative fut entérinée par le *Traité de Paris* de 1856 qui mit fin à la Guerre de Crimée à la suite de la défaite de la Russie face à une coalition européenne. Aux termes de l'article 24 de ce Traité, il fut décidé que la question sensible de l'union des deux Principautés devait être tranchée conformément aux vœux de la population, exprimée par la voie de commissions, ou « Divans ad hoc », élues au suffrage restreint et indirect. Face aux craintes de manipulations du vote, une commission européenne composée d'un représentant de chacune des sept puissances belligérantes fut établie afin de certifier la validité des scrutins, selon une méthodologie majoritairement inconnue. Les élections tenues le 19 juillet 1857 en Moldavie, qualifiées de parodie de vote[81], furent annulées en raison de graves irrégularités orchestrées par l'Empire Ottoman et l'Autriche pour empêcher l'Union. A cet effet, « *les journaux favorables à l'Union furent interdits ainsi que les assemblées politiques, des destitutions de fonctions et des arrestations en masse eurent lieu, les listes électorales et* [les opérations de vote] *furent falsifiées* »[82]. De nouvelles élections eurent lieu en Moldavie le 10 septembre 1857 et en Valachie le 26 septembre et, dans les deux cas, se conclurent par la victoire des partisans de l'Union.

Mis-à-part ce cas quelque peu anecdotique, ce n'est que plusieurs décennies plus tard qu'une première série de contrôle international de consultations populaires survint. Elle procéda d'un regain de vitalité du droit des peuples à disposer d'eux-mêmes en Europe au lendemain de la Première Guerre mondiale, sous l'influence des idées du Président des États-Unis

---

[80] Wambaugh (S.), *A monograph on plebiscites: With a collection of official documents*, Oxford University Press, 1920, p.101. Voir aussi : Beigbeder (Y.), *International monitoring of plebescites, referanda and national elections,* Martinus Nijhof, 1994, pp.78-79.
[81] Wambaugh (S.), *ibid.*, p.114.
[82] Constantinescu (M.), Daicoviciu (C.) et Pscu (S.), *Histoire de la Roumanie des origines à nos jours*, Horvath, 1970, p.268.

Woodrow Wilson, telles qu'exprimées notamment dans ses *Quatorze Points*[83]. Tout d'abord, des Commissions Internationales ou Interalliés observèrent les référendums d'autodétermination organisés, conformément aux traités de paix, en 1920 et 1921 dans les régions du Schleswig, d'Allenstein (Olsztyn), de Marienwerder (Kwidzyn), du bassin de Klagenfurt, de Haute-Silésie et de Sopron. Ces commissions s'étaient vues conférer des pouvoirs généraux d'administration sur les territoires en question afin de s'assurer de la liberté et de l'équité des scrutins, ainsi que du respect du secret du vote[84]. Parallèlement, la Société des Nations (SDN) s'impliqua dans le déroulement et/ou le contrôle de plusieurs référendums d'autodétermination tenus dans le cadre des réajustements territoriaux postérieurs à la Grande Guerre[85]. La principale intervention de l'Organisation en la matière se déroula dans le cadre du référendum d'autodétermination de la Sarre, organisé conformément aux dispositions de l'article 49 du *Traité de Versailles*. Le gouvernement de la région fut confié en 1919 à une Commission internationale représentant la SDN et, à l'expiration d'un délai de quinze ans à partir de l'entrée en vigueur du Traité, la population du territoire dut choisir entre un maintien de son statut, un rattachement à la France ou une incorporation à l'Allemagne. Un Comité fut chargé de régler les questions relatives au droit de suffrage, aux listes et aux circonscriptions électorales ainsi qu'au mode scrutin tandis qu'une Commission référendaire neutre organisa le référendum, qui se déroula le 13 janvier 1935. Environ 950 officiels expérimentés issus principalement du Luxembourg, des Pays-Bas et de Suisse furent déployés afin d'assurer la direction des bureaux de vote, avec l'aide d'un important personnel, soit environ un observateur pour 500 votants, tandis que le dépouillement fut conduit par 360 personnes neutres dans un centre unique[86]. Les électeurs se prononcèrent à une très large majorité pour un rattachement à l'Allemagne et le référendum fut considéré comme un succès pour la SDN en raison de l'efficacité et de l'impartialité de son déroulement. Pour son successeur, l'Organisation des Nations Unies (ONU), cet épisode constitua un précédent utile et prometteur en matière d'activités électorales[87]. Toutefois, ce référendum ne régla pas définitivement l'avenir du territoire de la Sarre puisqu'à la suite de la Seconde Guerre mondiale, il fut disputé entre la

[83] Dobelle (J.-F.), « Article 1 Paragraphe 2 », *in* Cot (J.-P.), Pellet (A.) et Forteau (M.) (dir.), *La Charte des Nations Unies. Commentaire article par article*, Economica, 3e éd., 2005, Volume 1, pp.338-339.

[84] Beigbeder (Y.), *op.cit.*, pp.81-82.

[85] Voir : *Plébiscites exécutés depuis 1920 sous le contrôle d'organisations internationales*, Mémorandum préparé par le Secrétariat des Nations Unies, 20 février 1957, Doc.A/C.4/351.

[86] Pollock (J.K.), « International affairs: The Saar plebiscite », *The American Political Science Review*, Volume 29, n°2, 1935, pp.275 et s.

[87] Beigbeder (Y.), *International monitoring of plebescites, referanda and national elections, op.cit.*, pp.85 et s.

France et République Fédérale Allemande (RFA). Il résulta d'un accord signé entre les deux parties le 21 octobre 1954[88] un statut d'« *européisation* »[89] de la province sous l'égide de l'Union de l'Europe Occidentale (UEO) devant être ratifié par la population sarroise par la voie d'un référendum. Supervisé par une Commission (composée d'un représentant des gouvernements de la Belgique, de l'Italie, du Luxembourg, des Pays-Bas et du Royaume-Uni) responsable devant le Conseil de l'UEO, le référendum se déroula le 23 octobre 1955 au suffrage universel direct. La Commission et ses délégués furent chargés de contrôler la période préélectorale et les opérations de vote et de dépouillement et de certifier les résultats[90], lesquels furent en faveur d'un rattachement à la RFA.

B. Une première phase de développement (1945 - 1989)

Postérieurement à la Seconde Guerre mondiale, la fréquence et la régularité des missions d'observation électorale augmenta quelque peu mais plusieurs facteurs empêchèrent un réel développement de la pratique. Il s'agit en premier lieu de l'existence de nombreux régimes politiques totalitaires communistes à travers le monde[91], notamment dans près de la moitié des États participants de l'OSCE. Ainsi, quinze pays de la région de l'OSCE firent partie de l'Union des Républiques Socialistes Soviétiques (URSS) et ne connurent donc pas d'élection compétitive jusqu'au début des années 1990. La Constitution soviétique du 5 décembre 1936, puis celle du 7 octobre 1977, garantirent bien le suffrage universel, direct, égal et secret, y compris pour les femmes, ainsi que les libertés d'expression, de réunion, de la presse et de manifestation[92]. Cependant, les nombreux scrutins destinés à l'élection des *Soviets* (« conseils ») étaient fondamentalement biaisés par le principe de la candidature unique selon lequel les candidats aux élections importantes étaient choisis sur des listes, ou « nomenclatures », contrôlées par le comité central du Parti communiste. Dès lors, les élections ne reflétaient que « *la ratification d'un choix du parti* » qui ne pouvait « *admettre une compétition électorale, pas plus qu'idéologique* »[93]. Pour

---

[88] *Accord conclu entre le Gouvernement de la République fédérale d'Allemagne et le Gouvernement de la République française sur le statut de la Sarre*, Paris, 23 octobre 1954, Article II.

[89] Merle (M.), « L'accord franco-allemand du 23 octobre 1954 sur le statut de la Sarre », *AFDI*, Volume 1, 1955, pp.128 et s.

[90] *Résolution du Conseil de l'Union de l'Europe Occidentale sur la mise en œuvre du référendum prévu par l'article I de l'accord sur le statut de la Sarre*, Paris, 11 mai 1955.

[91] Pour une typologie des régimes autoritaires et totalitaires, voir : Linz (J.J.), *Régimes totalitaires et autoritaires*, Armand Colin, 2007.

[92] Colas (D.), *Les Constitutions de l'URSS et de la Russie, 1900-1993*, Que sais-je ?, 2e éd., PUF, 1997.

[93] Colas (D.), « Candidature unique », *in* Perrineau (P.) et Reynié (D.) (dir.), *Dictionnaire du vote*, PUF, 2001, p.150.

assurer une participation maximale des électeurs, « [la] *campagne électorale mobilis*[ait] *des millions de propagandistes qui expliqu*[aient] *que voter* [était] *un devoir patriotique* »[94]. En outre, le secret du vote n'était pas appliqué du fait de l'absence d'enveloppes et d'une utilisation très facultative des isoloirs. En vertu du système de vote négatif, les bulletins de vote ne comprenaient que le nom du candidat officiel du Parti et devaient être déposés tel quel dans l'urne en cas de vote favorable. Les personnes souhaitant voter contre le candidat officiel devaient donc se rendre dans l'isoloir pour barrer le nom, ce qui rendait ostensible tout vote contestataire et exposait la personne à des représailles[95].

Similairement, au sein des démocraties populaires d'Europe centrale et orientale[96], la plupart des libertés fondamentales était garanties par les Constitutions. Mais, à l'instar de la situation en URSS, « *leur fonction* [était] *purement déclaratoire et de propagande* »[97] et l'Union Soviétique ne respecta jamais les accords de Yalta du 11 février 1945 en vertu desquels elle s'engagea à « *installer des gouvernements provisoires dans lesquels seront largement représentés tous les éléments démocratiques de la population qui devront, par voie d'élections libres, constituer aussi rapidement que possible des gouvernements répondant à la volonté populaire et enfin de faciliter, si besoin en est, de telles élections* ». Les divers processus électoraux organisés au sein de ces États ne furent que « *de grandes manifestations plébiscitaires* », à « *l'inverse exacte de celles des démocraties pluraliste : liste unique, vote public – le vote secret* [était] *découragé ou considéré comme suspect - et dépouillement secret* »[98]. Cet héritage commun à plus d'une vingtaine d'États participants de l'OSCE s'est donc traduit par l'impossibilité, pendant longtemps, de développer des institutions démocratiques et marqua profondément les pratiques électorales de certains d'entre eux, comme le constata le BIDDH au cours de ses premières missions[99]. Le fait, pour plusieurs de ces pays, de ne jamais avoir expérimenté de régime démocratique a constitué un handicap important dont les effets continuent parfois de se faire sentir.

Parallèlement, entre 1950 et le début des années 1970, prospéra aux États-Unis la théorie dite de la « modernisation » qui, d'un point de vue

---

[94] Lesage (M.), *Les institutions soviétiques*, Que sais-je ?, 2e éd., PUF, 1983, p.62.

[95] Brown (A.), Kaser (M.) et Smith (G.S.), *The Cambridge Encyclopedia of Russia and the former Soviet Union*, *op.cit.*, p.361.

[96] Albanie, Bulgarie, Hongrie, Pologne, République Démocratique Allemande, Roumanie, Tchécoslovaquie et Yougoslavie.

[97] Courtois (S.), *Dictionnaire du communisme*, Larousse, 2007, p.186.

[98] *Ibid.*

[99] Voir notamment : *CSCE/ODIHR Bulletin*, Volume 2, n°2, 1994, p.38 ; *OSCE/ODIHR Bulletin*, Volume 3, n°1, 1994/1995, p.38 ; *OSCE/ODIHR Bulletin*, Volume 3, n°2, 1994/1995, p.47.

général, considérait « *les changements de régime comme la formalisation politique de transformations sociales précédentes* »[100]. Plus précisément, puisant sa source dans les dictatures européennes des années 1930[101], celle-ci postulait en premier lieu que des gouvernements autoritaires sont mieux à même de favoriser la croissance économique dans des États pauvres. Comme le note Guy Hermet, « *elle suggérait* [...] *que l'économie de marché ne prend jamais mieux ses marques que dans le cadre de régimes qualifiés discrètement de "pré-démocratiques" ; autrement dit de dictatures discrètes respectueuses de l'économie de marché* »[102]. En second lieu, ce courant de pensée affirmait que l'industrialisation et le développement économique générait des progrès sociaux et politiques et, à terme, la démocratie. La *théorie de la modernisation* fut défendue par Seymour Martin Lipset pour qui le développement économique engendrerait d'importants changements sociaux, tels l'émergence d'une classe moyenne et une meilleure éducation, permettant l'apparition de la démocratie dont ils sont donc des préconditions[103]. De plus, une fois installée, la démocratie aurait de plus grandes chances de survie dans un État nanti. Or, la *théorie de la modernisation* s'avéra néfaste à une véritable promotion de la démocratie. Elle fut en effet utilisée, voire instrumentalisée, dans le cadre de la Guerre froide pour justifier le soutien accordé à des régimes souvent autoritaires mais appliquant l'économie de marché et prétendument en voie de libéralisation politique[104] afin d'écarter le risque de révolutions de type communiste et d'éviter que ces États concernés ne tombent dans le giron du bloc soviétique[105].

Pour sa part, l'ONU respecta longtemps un *principe d'équivalence des régimes politiques*[106] en vertu duquel le choix de la forme de gouvernement relevait de la compétence nationale au sens de l'article 2§7 de la *Charte des Nations Unies*[107]. En effet, face à la proportion importante d'États

---

[100] Guilhot (N.) et Schmitter (P.C.), « De la transition à la consolidation. Une lecture rétrospective des democratization studies », *Revue Française de Science Politique*, Volume 50, n°4, 2000, p.617.

[101] Franck (T.M.), « The emerging right to democratic governance », *The American Journal of International Law*, Volume 86, n°1, 1992, p.49.

[102] Hermet (G.), *Exporter la démocratie ?*, Les Presses de Sciences Po, 2e éd., 2008, p.96

[103] Lipset (S.M.), *Political man: The social bases of politics*, Doubleday, 1960, pp.45 et s. ; Lipset (S.M.) et Lakin (J.M.), *The democratic century*, University of Oklahoma Press, 2004, pp.139 et s.

[104] Voir par exemple : Kirkpatrick (J.), « Dictatorships and double standards », *Commentary Magazine*, Volume 68, n°5, 1979, p.34.

[105] Guilhot (N.), *The democracy makers. Human rights and the politics of global order*, Columbia University Press, 2005, pp.103 et s.

[106] Sur ce point, voir : Sicilianos (L.-A.), *L'ONU et la démocratisation de l'État. Systèmes régionaux et ordre juridique universel*, Pedone, 2000, pp.27-46.

[107] Guillaume (G.), « Article 2 Paragraphe 7 », *in* Cot (J.-P.), Pellet (A.) et Forteau (M.) (dir.), *op.cit.*, pp.485 et s.

autoritaires ou totalitaires à travers le monde, « *cette manière de voir* [fut] *une condition essentielle à la préservation de l'idée d'universalité des instruments onusiens pendant la guerre froide* »[108]. Ainsi, la primauté donnée à la notion de souveraineté nationale et à ses corollaires, les principes de non-ingérence dans les affaires intérieures et d'autonomie constitutionnelle, interdit une promotion active de la démocratie au sein de l'Organisation mondiale au cours de cette période. La résolution 2625 (XXV) du 24 octobre 1970 de l'AGNU, par laquelle elle proclama un « *droit inaliénable* [pour tout État] *de choisir son système politique, économique, social et culturel sans aucune forme d'ingérence de la part d'un autre État* »[109], illustra la neutralité constante de l'ONU. Cette posture fut confirmée par la jurisprudence de la Cour Internationale de Justice (CIJ), selon laquelle « *aucune règle de droit international n'exige*[ait] *que l'État ait une structure déterminée* »[110], tout « *État posséd*[ant] *le droit fondamental de choisir et de mettre en œuvre comme il l'entend son système politique* »[111], dès lors qu'il n'est pas contraire au droit international[112]. L'ONU condamna bien les pratiques de certains États, telle la politique raciste d'Apartheid en Afrique du Sud[113], mais cela fut au nom des violations des droits de l'Homme perpétrées par ces régimes de façon générale et non spécifiquement pour le non-respect des principes démocratiques[114]. Si le droit à des élections libres fut inscrit dans des instruments internationaux, comme la *Déclaration universelle des droits de l'Homme* du 10 décembre 1948 ou le *Pacte international relatif aux droits civils et politiques* (PIDCP) du 16 décembre 1966, cela n'engendra aucun progrès dans les États autoritaires du fait d'une conjoncture internationale éminemment défavorable au développement de la démocratie. C'est donc au sein des organisations régionales, en particulier le Conseil de l'Europe, grâce au

---

[108] Sicilianos (L.-A.), *op.cit.*, p.39. Voir aussi : Kokoroko (D.), « Souveraineté étatique et principe de légitimité démocratique », *Revue Québécoise de Droit International*, Volume 16, n°1, 2003, pp.37-59.

[109] AGNU, Résolution 2625 (XXV), *Déclaration relative aux principes du droit international touchant les relations amicales et la coopération entre les États conformément à la Charte des Nation Unies*, 24 octobre 1970.

[110] CIJ, *Sahara Occidental*, Avis consultatif du 16 octobre 1975, §94.

[111] CIJ, *Affaire des activités militaires et paramilitaires au Nicaragua et contre celui-ci*, Arrêt du 27 juin 1986, §258.

[112] D'Aspremont (J.), *L'État non démocratique en droit international*, Pedone, 2008, pp.263 et s.

[113] Voir notamment : AGNU, Résolution 1761 (XVII), *Politique d'apartheid de la République sud-africaine*, 6 novembre 1962.

[114] Beigbeder (Y.), *International monitoring of plebescites, referanda and national elections*, *op.cit.*, p.105

développement du système de la Convention Européenne des Droits de l'Homme, « *que la démocratie s'est réfugiée pendant la guerre froide* »[115].

La concomitance de ces différents facteurs explique en grande partie l'absence de véritable propagation de l'observation électorale au cours de cette période. La plupart des cas antérieurs à 1990 se déroulèrent dans des contextes particuliers de décolonisation ou d'administration post-conflit, à l'instar de de l'expérience de l'ONU en Corée. Le 14 novembre 1947, au lendemain de la Guerre de Corée, l'AGNU adopta la résolution 112 établissant une *Commission provisoire des Nations Unies sur la Corée* (UNTCOK), chargée notamment de surveiller le déroulement d'« *élections au scrutin secret, afin de choisir des représentants avec lesquels la Commission pourra se consulter en vue de la réalisation à bref délai par le peuple coréen de la liberté et de l'indépendance* »[116] et, à terme, de constituer un Gouvernement national coréen. En revanche, l'opposition persistante de l'Union Soviétique à une quelconque implication onusienne compromit toute action de la Commission au nord de la ligne de démarcation du 38e parallèle. Des élections furent programmées au sud pour le 10 mai 1948 et le travail d'observation débuta au mois d'avril, portant notamment sur l'enregistrement des électeurs et des candidats[117]. Cependant, le personnel de la Commission n'excéda pas soixante personnes et seuls trente observateurs furent déployés dans un territoire de 100 000 km² comptant près de vingt millions d'habitants[118]. Cet effectif s'avéra également très insuffisant au regard du contexte sécuritaire difficile dans lequel se déroula le scrutin[119]. Les résultats de cette élection « *indéniablement non démocratique* »[120] furent néanmoins endossés par la Commission[121]. Le 19 juillet 1948, la République de Corée fut fondée à Séoul tandis que des élections furent organisées le 25 août au nord, à l'abri des regards des observateurs de l'ONU, et aboutirent à la proclamation du gouvernement de la République populaire démocratique de Corée du Nord le 7 septembre 1948. En 1949, l'UNTCOK fut remplacée par la *Commission des Nations*

---

[115] Vasak (K.), « Étude d'introduction », *in Liberté des élections et observation internationale des élections, Conférence internationale, Université La Laguna, Tenerife, 27 février - 2 mars 1994*, Bruylant, 1995, p.47.

[116] AGNU, Résolution 112 (II), *Question de l'indépendance de la Corée*, 14 novembre 1947, §B.2.

[117] Gordenker (L.), « The United Nations, the United States occupation and the 1948 election in Korea », *Political Science Quarterly*, Volume 73, n°3, 1958, pp.441 et s.

[118] Beigbeder (Y.), *International monitoring of plebescites, referanda and national elections, op.cit.*, p.122-123.

[119] Gordenker (L.), « The United Nations, the United States occupation and the 1948 election in Korea », *op.cit.*, p.447.

[120] Whitehead (L.), « Entreprises de démocratisation : le rôle des acteurs externes », *Critique Internationale*, n°24, 2004, p.114.

[121] AGNU, Résolution 293 (IV), *Question de l'indépendance de la Corée*, 21 octobre 1949.

Unies pour la Corée (UNCOK)[122], invitée à observer les élections de mai 1949. Toutefois, la mission déployée fut d'une ampleur très restreinte, la condamnant à un contrôle superficiel du scrutin et la Commission refusa d'émettre un jugement final et d'enquêter sur les irrégularités constatées[123]. L'année suivante, une nouvelle mission d'observation électorale fut mise en place pour contrôler les élections du 30 mai 1950, mais de nouveau avec un personnel très limité de dix-huit personnes, n'empêchant pourtant pas la Commission d'évaluer positivement le scrutin[124]. L'UNCOK fut finalement remplacée par un dernier organe subsidiaire, la *Commission des Nations Unies pour l'Unification et la Réhabilitation de la Corée*[125] qui conduisit l'observation de treize élections et référendums en Corée du Sud entre 1950 et 1969[126]. Il est à noter que lors des élections de 1952, tenues dans un contexte de profonde crise politique[127], le Gouvernement sud-coréen n'invita pas la Commission à observer le scrutin mais cette dernière le fit de sa propre initiative, ce qui constitue le seul cas de déploiement d'une mission d'observation électorale par les Nations Unies en l'absence de consentement officiel de l'État hôte[128].

La pratique la plus marquante en matière d'observation internationale des consultations populaires avant la fin de la Guerre froide se déroula entre 1956 et 1990 et résulta de l'implication des Nations Unies dans les processus d'autodétermination de territoires sous tutelle et non autonomes. Son action trouva un premier fondement dans les différentes références au droit à l'autodétermination contenues dans la Charte de San Francisco, notamment l'article 1.2[129], qui inclut parmi les objectifs de l'ONU le développement « *entre les nations des relations amicales fondées sur le respect du principe de l'égalité de droits des peuples et de leur droit à disposer d'eux-mêmes* », idée reprise à l'article 73b. Une référence plus explicite concerne les territoires placés sous tutelle de l'ONU puisque l'article 76b dispose que ce régime a notamment pour fin essentielle de « *favoriser* [...] *leur évolution progressive vers la capacité à s'administrer eux-mêmes ou l'indépendance, compte tenu des* [...] *des aspirations librement exprimées des populations intéressées et des dispositions qui pourront être prévues dans chaque accord*

122 AGNU, Résolution 195 (III), *Question de l'indépendance de la Corée*, 12 décembre 1948.
123 Stoelting (D.), « The challenge of UN-monitored elections in independent nations », *Stanford Journal of International Law*, Volume 28, 1992, p.376.
124 *Rapport de la Commission des Nations Unies pour la Corée, couvrant la période du 15 décembre 1949 au 4 septembre 1950.*
125 AGNU, Résolution 376 (V), *Question de l'indépendance de la Corée*, 7 octobre 1950.
126 Beigbeder (Y.), *International monitoring of plebescites, referanda and national elections, op.cit.*, p.124.
127 Ra (J.Y.), « Political crisis in Korea, 1952: The administration, legislature, military and foreign powers », *Journal of Contemporary History*, Volume 27, n°2, 1992, pp.301 et s.
128 Stoelting (D.), *op.cit.*, p.377.
129 Voir sur ce point : Dobelle (J.-F.), *op.cit.*, pp.337-356.

de tutelle ». Le droit de tous les peuples des territoires coloniaux à disposer d'eux-mêmes fut affirmé en 1960 dans la résolution 1514 de l'AGNU qui appela à prendre « [d]*es mesures immédiates* [...] *pour transférer tous pouvoirs aux peuples de ces territoires, sans aucune condition ni réserve, conformément à leur volonté et à leurs vœux librement exprimés, sans aucune distinction de race, de croyance ou de couleur, afin de leur permettre de jouir d'une indépendance et d'une liberté complètes* »[130]. Mais, bien que l'on imagine mal un référendum d'autodétermination crédible sans respect des principes démocratiques, « *aucune exigence démocratique n'était mentionnée* » dans ce texte[131], alors le droit à des élections libres est affirmé par l'article 21 de la DUDH puis garanti l'article 25 du PIDCP. Cette dernière convention protégea également le droit à l'autodétermination de façon générale par son article 1er[132] et, peu après, « [l]*e principe de l'obligation de consulter le peuple colonisé* [fut] *affirmé avec vigueur* »[133] par la CIJ[134].

Au cours de cette période 1956-1990, près d'une trentaine de consultations populaires tenues dans des territoires non autonomes ou sous tutelle furent supervisées et/ou observées par les Nations Unies[135]. L'importance du rôle assumé par l'Organisation dans ce cadre varia grandement en fonction du mandat en vertu duquel elle agissait. En outre, la surveillance ne fut pas « *adoptée, ou acceptée, comme une règle générale, mais seulement dans des cas particuliers* »[136] et de nombreux territoires accédèrent à l'indépendance sans intervention onusienne en matière électorale. Le régime de tutelle servit souvent de vecteur privilégié à une implication étendue de l'Organisation puisqu'il découlait de la combinaison des articles 76 et 85 de la Charte une compétence de l'AGNU pour consulter les populations quant à leurs aspirations dans le cadre d'une levée de la tutelle, avec l'assistance du Conseil de tutelle[137]. Il revenait ainsi à l'ONU de décider de l'opportunité de l'organisation d'une consultation populaire, de

---

130 AGNU, Résolution 1514 (XV), *Déclaration sur l'octroi de l'indépendance aux pays et aux peuples coloniaux*, 14 décembre 1960, §5.

131 Beigbeder (Y.), *Le contrôle international des élections*, LGDJ, 1994, p.39. Voir aussi : Christakis (T.), *Le droit à l'autodétermination en dehors des situations de décolonisation*, La Documentation Française, 1999, pp.40-43.

132 Voir aussi : Comité DHNU, *Observation générale n°12 : Article 1er (Droit à l'autodétermination)*, 13 mars 1984 ; Sicilianos (L.-A.), *op.cit.*, pp.121 et *s.*

133 Daillier (P.), Forteau (M.) et Pellet (A.), *Droit International Public*, 8e éd., L.G.D.J., 2009, p.580.

134 CIJ, *Sahara occidental*, Avis consultatif du 16 octobre 1975, §59.

135 SGNU, Rapport A/46/609, *Renforcement de l'efficacité du principe d'élections périodiques et honnêtes*, 19 novembre 1991.

136 Beigbeder (Y.), *Le contrôle international des élections, op.cit.*, p.40.

137 Merle (M.), « Les plébiscites organisés par les Nations Unies », *AFDI*, Volume 7, 1961, p.427.

ses objectifs et de ses modalités[138]. Pour l'exécution des scrutins, les Nations Unies « *ont bénéficié du concours des autorités locales qui ont assumé la responsabilité de l'organisation juridique et matérielle de la consultation prescrite* » par l'AGNU[139]. A ce stade, le rôle de l'Organisation se concentra sur l'observation de la période préélectorale et des opérations de vote et de dépouillement, mais aussi parfois sur l'arbitrage des différends nés du déroulement du scrutin. Ce dispositif fut par exemple mis en place au Togo sous administration britannique en 1956 ou au Samoa occidental et au Ruanda-Urundi en 1961. Une fonction similaire fut développée progressivement dans le cas des territoires non autonomes. Le mandat d'observation émanait alors de l'AGNU, du Comité spécial de la décolonisation ou du Conseil de Sécurité pour les territoires stratégiques. Toutefois, l'ONU ne joua pas toujours un rôle de supervision électorale et se contenta fréquemment de procéder à une observation du scrutin, tels en Papouasie-Nouvelle-Guinée en 1972, en Somalie française en 1977 ou à Palaos, qui fut le dernier territoire sous tutelle, en 1983, 1986 et 1990. La grande majorité des opérations concerna ainsi des colonies françaises et britanniques en Afrique et des îles du Pacifique[140]. Cependant, les missions déployées arrivaient assez tardivement dans le pays et ne comptaient que rarement plus d'une trentaine d'observateurs, « *même en cas de profonde méfiance de part et d'autre et de conflit ouvert ou latent avec des pays voisins* »[141], limitant nécessairement la fiabilité et l'impact du contrôle électoral mis en œuvre par les Nations Unies. Par ailleurs, au cours de cette période, l'Organisation fut animée par un fort esprit militant anticolonialiste parfois incompatible avec les exigences de neutralité et d'impartialité à l'égard du résultat de la consultation populaire et pouvant conduire à minimiser l'impact des fraudes[142]. Ces missions manifestèrent donc déjà les travers encore fréquemment reprochés aux entreprises modernes d'observation internationale des élections[143]. L'implication des Nations Unies dans la promotion de la décolonisation n'est pas encore complètement terminée puisque l'Organisation considère qu'il reste seize territoires non autonomes à travers le monde. Ainsi, en 2006 et 2007, des référendums sur

---

138 Vignes (G.), « Les consultations populaires dans les territoires sous tutelle », *RGDIP*, 1963, pp.297 et s.
139 Merle (M.), « Les plébiscites organisés par les Nations Unies », *op.cit.*, p.435.
140 Rapport A/46/609, *op.cit.*, Annexe.
141 *Ibid.*, §14.
142 Beigbeder (Y.), *International monitoring of plebescites, referanda and national elections, op.cit.*, pp.144-145 ; Christakis (T.), *op.cit.*, pp.43-48.
143 Voir notamment : Bourgi (A.), « L'observation internationale des élections en question », *in Observatoire permanent de la Coopération française*, Karthala, 1997, p.78 ; Carothers (T.), « The observers observed », *Journal of Democracy*, Volume 8, n°3, 1997, p.17 ; Kaczorowski (N.), « The Office for Democratic Institutions and Human Rights », *in* Schmeets (H.) (dir.), *International election observation and assessment of elections*, Statistics Netherlands & Maastricht University, 2011, pp.86-91.

le statut de l'archipel des Tokélaou, proposant une évolution vers un accord de libre association avec la Nouvelle-Zélande, furent observés par des experts de la Division de l'assistance électorale et des membres du Comité spécial de la décolonisation[144].

Enfin, il convient de mentionner les réalisations précoces de deux autres Organisations internationales. En premier lieu, l'Organisation des États Américains (OEA), déploya plus d'une vingtaine de missions entre 1962 et 1990 à l'occasion de différents types de scrutins nationaux et locaux[145]. L'OEA est d'ailleurs considérée comme la première organisation à avoir envoyé une mission dans un État souverain, dans le cadre des élections générales du 4 février 1962 au Costa Rica[146]. Le Secrétaire général de l'Organisation était alors l'autorité principale chargée de déterminer l'opportunité de l'envoi d'une mission à la suite d'une requête d'un État membre. Au plan technique, ces « *missions étaient composées d'un petit nombre de membres, généralement des diplomates ou politiciens ou juristes en activité ou retraité de pays de la région, avec le soutien d'un petit groupes de fonctionnaires de l'OEA* »[147]. De plus, ces observateurs restaient « *dans la capitale du pays où se déroulaient les élections, et* [...] *ne critiquaient que très rarement la procédure* »[148]. En second lieu, Le Commonwealth des Nations (Commonwealth) s'impliqua dans le contrôle de quatre élections et d'un référendum entre 1964 et 1980[149]. Ces missions pionnières eurent pour caractéristiques communes de s'être déroulé dans des territoires alors contrôlés par le Royaume-Uni et d'avoir constitué des réponses *ad hoc* à des problèmes politiques particuliers plutôt que des étapes d'un projet politique visant à promouvoir la démocratie ou le droit à l'autodétermination. Contrairement à l'OEA, dont les « *observations de première génération participaient davantage de la volonté de démontrer un soutien à des élections démocratiques que de l'observation du processus lui-*

---

[144] Voir notamment : AGNU, Résolution 64/103, *Question des Tokélaou*, 10 décembre 2009, §6 et 7.

[145] Beigbeder (Y.), *International monitoring of plebescites, referanda and national elections*, *op.cit.*, p.232.

[146] Hyde (S.D.), *The pseudo-democrat's dilemma: Why election observation became an international norm*, Cornell University Press, 2011, p.56.

[147] Beigbeder (Y.), *Le contrôle international des élections*, *op.cit.*, p.96.

[148] Kingsley (J.-P.), « Surveillance d'élections : Développement de la démocratie ou tourisme électoral ? », *in* Vettovaglia (J.-P.), Du Bois de Gaudusson (J.), Bourgi (A.), Desouches (C.), Maïla (J.), Sada (H.) et Salifou (A.) (dir.), *Démocratie et élections dans l'espace francophone. Prévention des crises et promotion de la paix Volume II*, Bruylant, 2010, p.197.

[149] Pour une étude des missions plus récentes, voir : Monney Mouandjo (S.), *La démocratie au Sud et les Organisation Internationales : analyse comparée des missions internationales d'observation des élections des pays membres du Commonwealth et des pays membres de l'Organisation Internationale de la Francophonie*, Thèse sous la direction de Bourgi (A.), Université de Reims Champagne-Ardenne, 2008. Voir aussi : Sindjoun (L.) et Monney (S.), « Le Commonwealth », *in* Vettovaglia (J.-P.) (dir.) *et al*, *op.cit.*, p.685.

même »[150], le Commonwealth adopta immédiatement une méthodologie plus perfectionnée lors de ses missions. La première d'entre elles, en Guyane Britannique en 1964, fut composée d'une équipe de « *onze observateurs qui arrivèrent une semaine avant l'élection, rendit visite à 34 des 35 districts de vote, et établit des rencontres avec des partis politiques, des officiels de l'organisation du vote, des journalistes et des électeurs eux-mêmes* »[151]. Cette mission présenta notamment la particularité d'avoir donné lieu à une opinion dissidente de la part d'un observateur, lequel contesta l'appréciation plutôt positive émise par le reste du contingent et mit en exergue l'absence de conditions adéquates, surtout au plan sécuritaire, pour l'organisation d'élections libres et équitables. À l'exception relative du cas du référendum tenu à Gibraltar en 1967, toutes les missions déployées avant 1989 souffrirent de cette importante lacune. En particulier, l'évaluation des élections générales de 1980 en Ouganda se révéla être un échec qui contrecarra toute tentative d'observation électorale par le Commonwealth pendant près de dix ans[152].

III. Intérêt de l'étude

Si la chute du Mur de Berlin le 9 novembre 1989 fut l'un des évènements symbolisant la fin de la Guerre froide et participant à la chute de l'URSS, il ouvrit également une période longue d'environ une décennie au cours de laquelle l'observation internationale des élections et, plus généralement, le droit à des élections libres connurent un essor spectaculaire, en particulier dans la région de l'OSCE. Mais depuis le début des années 2000, la conjoncture s'est en partie inversée et les protagonistes doivent composer avec un contexte international nettement moins favorable.

A. Euphorie démocratique et essor de l'observation électorale (1989-2001)

L'effondrement du bloc soviétique et la volonté de procéder à une transition démocratique affichée par de nombreux États libérés du joug soviétique favorisèrent l'apparition de théories cherchant à appréhender le phénomène. Certaines manifestèrent un optimisme débridé quant aux perspectives de développement de la démocratie à l'échelle mondiale, à l'instar de la *théorie de la fin de l'histoire* du politologue américain Francis

---

150 Kingsley (J.-P.), *op.cit.*, p.197.

151 *Ibid.*

152 Sives (A.), « A review of Commonwealth election observation », *Commonwealth & Comparative Politics*, Volume 39, n°3, 2001, pp.133 et s.

Fukuyama[153]. Ce concept embrasse une vision eschatologique de l'Histoire, « *millénariste libérale* »[154], selon laquelle le vingtième siècle aurait connu le paroxysme de l'affrontement idéologique, illustré par les conflits successifs entre le libéralisme, d'une part, et l'absolutisme, le communisme et le fascisme, d'autre part. La chute du bloc soviétique aurait ouvert la voie au triomphe universel et progressif de la démocratie libérale occidentale comme forme finale de gouvernement humain, bien que l'auteur n'exclue pas la possibilité de régressions temporaires et limitées. Cette consécration résulterait en grande partie de l'absence d'alternative viable, de l'épuisement de toute idéologie concurrente, et aboutirait une transformation progressive des relations internationales en un marché commun au sein duquel la probabilité de conflit interétatique important serait réduite. L'auteur donna ainsi crédit à la théorie kantienne très discutée de la paix démocratique selon laquelle, schématiquement, les États démocratiques ne se feraient pas la guerre entre eux[155].

A côté de cette vision empreinte d'un enthousiasme excessif, voire naïf, une théorie nettement plus crédible, au retentissement important[156], fut proposée par le politologue américain Samuel Huntington avec la *troisième vague de démocratisation*[157]. Elle postule l'existence de trois vagues de transitions démocratiques qui auraient eu lieu au cours de périodes de temps clairement identifiables et pendant lesquelles un nombre important d'États seraient passés de régimes non démocratiques à la démocratie, définie de façon électoraliste dans la lignée de Schumpeter. Chacune des deux premières vagues aurait été suivie par une « contre-vague », c'est-à-dire un mouvement inverse, de plus faible ampleur. La troisième vague aurait débuté le 25 avril 1974, avec le renversement du gouvernement dictatorial portugais

---

153 Fukuyama (F.), « The end of history? », *The National Interest*, 1989, p.3. Cet article fut suivi d'un livre traduit en français : Fukuyama (F.), *La fin de l'histoire et le dernier homme*, Flammarion, 1993.

154 Marks (S.), « The end of History? Reflections on some international legal theses », *EJIL*, Volume 8, n°3, 1997, pp.451 et s.

155 Voir notamment : Kant (E.), *Vers la paix perpétuelle*, Flammarion, 1993 ; Marks (S.), « The end of History? Reflections on some international legal theses », *op.cit.*, pp.463 et s ; Owen (J.O.), « International law and the "liberal peace" », *in* Fox (G.H) et Roth (B.R.) (dir.), *Democratic governance and international law*, Cambridge University Press, 2000, pp.343-385.

156 Voir notamment : Bjornlund (E.C.), *Beyond Free and Fair. Monitoring elections and building democracy*, Woodrow Wilson Center Press, Johns Hopkins University Press, 2004, pp.6-7 ; Carothers (T.), *Aiding democracy abroad. The learning curve*, Carnegie Endowment for International Peace, 1999, p.4 ; Schedler (A.), The logic of electoral authoritarianism, *in* Schedler (A.) (dir.), *Electoral authoritarianism. The dynamics of unfree competition,* Lynne Rienner Pulishers, 2006, p.2 ; Hermet (G.), *Exporter la démocratie ?*, Les Presses de Sciences Po, 2e éd., 2008, p.54.

157 Huntington (S.P.), « Democracy's Third Wave », *Journal of Democracy*, n° 2, Volume 2, 1991, pp.12-34. Article développé ensuite dans un ouvrage : Huntington (S.P.), *The third wave. Democratization in the late twentieth century*, University of Oklahoma Press, 1993.

par la *Révolution des Œillets*. En l'espace d'une quinzaine d'années, des transitions démocratiques se seraient produites dans une trentaine d'États d'Europe, d'Asie et d'Amérique Latine, notamment avec la désagrégation du bloc soviétique. De plus, des États autoritaires auraient connu une libéralisation importante et des mouvements de promotion de la démocratie auraient gagné en force et en légitimité dans d'autres pays. Plusieurs explications furent avancées par l'auteur pour expliquer ce phénomène. En premier lieu figure la perte de légitimité de nombreux régimes autoritaires en raison de la place grandissante accordée aux valeurs démocratiques et aux droits de l'Homme au plan universel, mais aussi du fait de défaites militaires et d'échecs économiques. Il s'agit ensuite de la croissance économique sans précédent que le monde a connue dans les 1960 et qui s'est traduite par une élévation du niveau de vie, de l'éducation et des classes moyennes urbaines. L'auteur reprit donc l'un des traits principaux de la *théorie de la modernisation* en considérant que le développement économique était un générateur important, bien que non suffisant, de transitions démocratiques. En outre, les changements de politique opérés par des acteurs majeurs des relations internationales sont invoqués, notamment les Communautés européennes, qui favorisèrent la démocratisation des États d'Europe méridionale candidats à l'adhésion, la signature de l'*Acte final d'Helsinki* en 1975 dans le cadre de la CSCE, qui suscita des revendications de libéralisation au sein des pays du bloc soviétique, une politique extérieure des États-Unis davantage orientée vers la protection des droits de l'Homme et de la démocratie à partir de 1974, ou encore les débuts de libéralisation économique et de réforme politique menés en URSS par le régime de Mikhaïl Gorbatchev, qui influencèrent les États du bloc communiste. Enfin, l'auteur évoqua une sorte de « *contagion, diffusion, émulation, effet boule de neige, ou même effet domino* »[158]. La chute de régimes autoritaires et l'installation de gouvernements démocratiques dans certains pays auraient encouragé des mouvements similaires dans d'autres États. Huntington clôt sa réflexion en considérant qu'il était impossible de prédire avec certitude l'avenir de la troisième vague mais formula trois hypothèses : la « fin de l'Histoire » avec la poursuite de la vague à travers une « *révolution démocratique mondiale* »[159], la stabilisation de la vague ou l'apparition d'une troisième contre-vague. Si différentes études se sont interrogées sur la validité de la théorie des vagues démocratiques, le raisonnement apparait pour l'essentiel particulièrement solide[160].

---

[158] Huntington (S.P.), *The third wave, ibid.*, p.100.

[159] *Ibid.*, p.280.

[160] Voir notamment : Doorenspleet (R.), « Reassessing the three waves of democratization », *World Politics*, Volume 52, n°3, 2000, pp.384-406 ; Gates (S.), Hegre (H.), Jones (M.P.) et Strand (H.), « Democratic waves? Global patterns of democratization, 1800-2000 », *ECPR/SGIR Meeting*, Turin, 12 au 16 septembre 2007 ; McFaul (M.), « The fourth wave of

Avec la fin de la Guerre froide, laquelle marqua certainement l'apogée de la troisième vague de démocratisation, le rapport de force au sein des Nations Unies est devenu plus favorable à un positionnement pro-démocratique[161] et le principe d'équivalence des régimes politiques fut graduellement réprouvé. En 1988, l'AGNU adopta une résolution novatrice intitulée « *renforcement de l'efficacité du principe d'élections libres et honnêtes* », première d'une longue série. Tout en rappelant le principe d'autonomie constitutionnelle, le texte réaffirma le droit à des élections libres tel que garanti par la DUDH et le PIDCP et condamna les discriminations raciales en matière de droit de vote en vigueur en Afrique du Sud[162]. Toutefois, la réaction des pays hostiles à ce type d'engagement ne tarda pas et dès 1991, dans une attitude quelque peu « *schizophrénique* »[163], l'AGNU adopta régulièrement des résolutions rivales. A la proclamation pro-démocratique[164] répondit à chaque fois une résolution insistant sur le « *respect des principes de la souveraineté nationale et de la non-ingérence dans les affaires intérieures des États en ce qui concerne les processus électoraux* »[165]. Mais à partir de 1995, une évolution progressive des schémas de vote et surtout, de la formulation de ces dernières résolutions, indiqua un affaiblissement de la notion de souveraineté nationale et de ses corollaires face au droit à des élections libres[166]. Ainsi, cette même année, l'AGNU inséra l'exigence selon laquelle « [les] *États devraient instituer les mécanismes et les procédés nécessaires pour garantir la pleine et effective participation des peuples aux processus électoraux* »[167]. En outre, l'existence d'un cercle vertueux entre développement économique et social, respect des droits de l'Homme et démocratie commença à être régulièrement

---

democracy and dictatorship. Noncooperative transitions in the postcommunist world », *World Politics*, Volume 54, 2002, pp.212-244.

161 SGNU, Rapport A/47/277, *Agenda pour la paix. Diplomatie préventive, rétablissement de la paix, maintien de la paix*, 17 juin 1992, §8 et 9 ; Recondo (D.), « Tailleurs de démocratie : L'assistance électorale de l'ONU racontée par ses artisans », *in* Baré (J.-F.) (dir.), *Paroles d'experts. Études sur la pensée institutionnelle du développement*, Karthala, 2006, pp.29 et s.

162 AGNU, Résolution 43/157, *Renforcement de l'efficacité du principe d'élections périodiques et honnêtes*, 8 décembre 1988.

163 Beigbeder (Y.), *International monitoring of plebescites, referanda and national elections, op.cit.*, p.104.

164 Voir notamment : AGNU, Résolution 45/150, 18 décembre 1990 ; AGNU, Résolution 46/137, 17 décembre 1991 ; AGNU, Résolution 47/138, 18 décembre 1992 ; AGNU, Résolution 48/131, 20 décembre 1993.

165 Voir notamment : AGNU, Résolution 45/151, 18 décembre 1990, *Respect des principes de la souveraineté nationale et de la non-ingérence dans les affaires intérieures des États en ce qui concerne les processus électoraux* ; AGNU, Résolution 46/130, 17 décembre 1991 ; AGNU, Résolution 47/130, 18 décembre 1992 ; AGNU, Résolution 48/124, 20 décembre 1993.

166 Goodwin-Gill (G.S.), *Elections libres et régulières. Nouvelle édition augmentée*, Union Interparlementaire, 2006, pp.27 et s.

167 AGNU, Résolution 50/172, 22 décembre 1995, §2 ; AGNU, Résolution 52/119, 12 décembre 1997, §2 ; AGNU, Résolution 54/168, 17 décembre 1999, §2.

invoquée[168], y compris par le Secrétaire général des Nations Unies[169]. Similairement, le parallèle entre démocratie et maintien de la paix devint courant, contribuant à répandre la théorie de la paix démocratique déjà évoquée[170]. Dès lors, « *la promotion des idéaux démocratiques et la création et la consolidation de mécanismes et d'institutions étatiques propres à inscrire ces valeurs dans la réalité* [devinrent] *un des buts essentiels de l'Organisation* »[171]. Ces changements ouvrirent l'espoir d'une évolution vers un plus grand respect des clauses politiques contenues dans les différents instruments universels de protection des droits de l'Homme, en particulier dans le *Pacte international relatif aux droits civils et politiques*. En effet, bien que ce dernier ait été ratifié, par exemple, par l'ex-Yougoslavie le 2 juin 1971 ou par l'URSS le 16 octobre 1973, le droit à des élections libres garanti par son article 25 fut largement ignoré pendant la Guerre froide en dehors des « anciennes démocraties ». L'adoption en 1996, par le Comité des droits de l'Homme des Nations Unies, d'une *Observation générale* fournissant une interprétation large de cette disposition illustra davantage l'intérêt et le potentiel de celle-ci[172].

L'« euphorie démocratique » fut particulièrement sensible en Europe et notamment dans le cadre de la CSCE. Ainsi, dans le *Document de Copenhague* adopté le 29 juin 1990, les États participants « *se félicit*[èrent] *de l'engagement pris* [...] *de parvenir aux idéaux de la démocratie et du pluralisme politique, ainsi que de leur détermination commune d'instaurer des sociétés démocratiques reposant sur des élections libres et sur l'État de droit* »[173]. La formule gagna encore en intensité quelques mois plus tard lorsqu'ils déclarèrent, dans la *Charte de Paris pour une Nouvelle Europe* du 21 octobre 1990, s'« *engag*[er] *à édifier, consolider et raffermir la*

---

168 *L'Union européenne et les aspects extérieurs de la politique des droits de l'Homme : de Rome à Maastricht et au-delà*, Communication de la Commission au Conseil et au Parlement européen, 22 novembre 1995, COM(95) 567 final, §42-43 ; « Déclaration et programme d'action de Vienne », *Conférence mondiale sur les droits de l'Homme, Vienne, 14-25 juin 1993*, 12 juillet 1993, A/CONF.157/23, §8 ; *Déclaration sur les droits de l'homme*, Conseil européen de Luxembourg, 28 et 29 juin 1991 ; Christakis (T.), *op.cit.*, pp.468-470 ; Sicilianos (L.-A.), *L'ONU et la démocratisation de l'État. Systèmes régionaux et ordre juridique universel*, Pedone, 2000, pp.135 et s.

169 SGNU, Rapport A/47/277, *Un agenda pour la paix. Diplomatie préventive, rétablissement de la paix, maintien de la paix*, 17 juin 1992, §81 ; Boutros-Ghali (B.), *An agenda for democratization*, *op.cit.*, §16 et 17.

170 SGNU, Rapport A/47/277, *op.cit.*, §82 ; Boutros-Ghali (B.), *op.cit.*, §17 et s. ; Christakis (T.), *op.cit.*, pp.465-468.

171 Sicilianos (L.-A.), *op.cit.*, p.12.

172 Comité DHNU, *Observation générale n°25, Article 25, Le droit de prendre part à la direction des affaires publiques, le droit de vote et le droit d'accéder, dans des conditions générales d'égalité, aux fonctions publiques*, 12 juillet 1996, CCPR/C/21/Rev.1/Add.7.

173 *Document de la Réunion de Copenhague de la Conférence sur la Dimension Humaine de la CSCE*, 29 juin 1990, préambule.

démocratie comme seul système de gouvernement de nos nations »[174]. Mais l'affirmation la plus éclatante de cette consécration d'un impératif démocratique intervint au sein du Conseil de l'Europe. En 1998, la Cour EDH, interprétant la Convention EDH, juridiquement contraignante pour l'ensemble des États membres de l'Organisation, estima que la démocratie était l'« *unique modèle politique envisagé par la Convention et, partant, le seul qui soit compatible avec elle* »[175]. Ainsi, le maintien d'un régime démocratique fut consacré par le juge européen comme une obligation conventionnelle pour les 47 pays appartenant au Conseil de l'Europe. Or, « *cette affirmation, aussi simple que saisissante, présente un intérêt d'autant plus important qu'elle se situe aux antipodes du principe d'équivalence des régimes politiques et de la prétendue neutralité politique et idéologique des instruments internationaux relatifs aux droits de l'homme* »[176]. Face à cette adhésion sans précédent de la communauté internationale, au moins dans le discours, quant à la primauté du gouvernement démocratique, certains évoquèrent l'émergence d'un droit général et coutumier à la gouvernance démocratique[177], tandis que d'autres, de façon plus mesurée et sans doute plus réaliste, limitèrent ce droit à un « droit international à la participation politique »[178].

Les bouleversements entamés à la fin des années 1980 provoquèrent une généralisation, voire une banalisation, de l'observation internationale des élections[179]. L'activité se détacha alors du contexte spécifique de la décolonisation et du droit, collectif, des peuples à disposer d'eux-mêmes pour devenir une pratique courante destinée à contrôler le respect du droit, individuel, à des élections libres au sein de nombreux États souverains dont le régime démocratique n'était pas encore enraciné. En d'autres termes, l'observation électorale s'éloigna du droit à l'autodétermination externe pour se concentrer sur le droit à l'autodétermination interne. L'essor fut particulièrement important entre 1988 et 1991 et au cours des années 1990, plus de la moitié des scrutins organisés à travers le monde firent l'objet d'une observation internationale[180]. En 1989, les Nations Unies dépêchèrent

---

[174] *Charte de Paris pour une Nouvelle Europe*, 21 novembre 1990.

[175] *Parti Communiste Unifié de Turquie et autres c/ Turquie*, 30 janvier 1998, req. n°19392/92, §45 ; *GACEDH*, pp.60 et s. ; *RTDH*, 1999, n°38, p.314, note Duarté (B.).

[176] Sicilianos (L.-A.), *op.cit.*, p.61. Voir aussi : Christakis (T.), *op.cit.*, pp.503-506 ; Huet (V.), « Vers l'émergence d'un principe de légitimité démocratique en droit international ? », *RTDH*, n°67, 2006, pp.558 et s.

[177] Franck (T.M.), « The emerging right to democratic governance », *op.cit.*, p.46.

[178] Fox (G.H), « The right to political participation in international law », *Yale International Law Journal*, Volume 17, 1992, pp.539-607.

[179] Carothers (T.), « The observers observed », *op.cit.*, pp.17 et s.; Bjornlund (E.C.), *op.cit.*, pp.6 et s.

[180] Kelley (J.), « Assessing the complex evolution of norms: The rise of international election monitoring », *International Organization*, n°62, 2008, p.222.

une mission de supervision et de contrôle électoraux d'une ampleur sans précédent en Namibie afin de garantir l'accession pacifique du territoire à l'indépendance[181]. Une étape supplémentaire fut franchie l'année suivante avec le déploiement d'une mission d'observation électoral au sein d'un État indépendant, le Nicaragua, justifiée par l'existence d'une menace à la paix et à la sécurité régionale ou internationale[182]. Puis, après avoir décliné une demande d'observation de la part de la Roumanie en 1990[183], faute de réelle menace de ce type, l'ONU accepta pour la première fois de mener une mission d'observation dans ce cas de figure en Haïti[184], bientôt suivie par beaucoup d'autres[185]. A travers le monde, une multitude d'organisations internationales commencèrent également à envoyer régulièrement des missions d'observation électorale et, de façon plus globale, à promouvoir activement la démocratie[186]. Mais si le mouvement de généralisation de l'observation électorale fut mondial, c'est certainement au sein de la région de l'OSCE qu'il fut le plus intense. Le Conseil de l'Europe fit office de précurseur sur le continent européen en observant systématiquement les élections nationales se déroulant à partir de 1990 dans les nombreux États candidats à l'adhésion. Ce mouvement fut bientôt suivi par la CSCE et l'Union européenne (UE). Les trois organisations européennes se positionnèrent progressivement comme les principaux promoteurs d'une vérification quasi-systématique des scrutins organisés dans les anciens pays du bloc soviétique. Les effectifs mobilisés par les missions et le temps de présence sur le terrain connurent une augmentation importante, en lien avec le perfectionnement de la méthodologie d'observation électorale. À partir de 1995, le BIDDH de l'OSCE s'imposa comme le chef de file de cette activité en apportant une sophistication essentielle avec le développement de l'observation de long terme. Dans le même temps, face aux aspirations d'intégration européenne de nombreux États d'Europe centrale et orientale,

---

181 SGNU, Rapport A/46/609, *op.cit.*, §15 ; Beigbeder (Y.), *Le contrôle international des élections*, *op.cit.*, pp.49 et s. ; Bjornlund (E.C.), *op.cit.*, p.55 ; Franck (T.M.), « The emerging right to democratic governance », *op.cit.*, p.71.

182 SGNU, Rapport A/46/609, *op.cit.*, §27 à 36 ; Bjornlund (E.C.), *op.cit.*, pp.55-56 ; Franck (T.M.), « The emerging right to democratic governance », *op.cit.*, pp.71-72. ; Stoelting (D.), *op.cit.*, pp.377 et s.

183 Bjornlund (E.C.), *op.cit.*, p.56 ; Garber (L.) et Bjornlund (E.) (dir.), *The New Democratic Frontier. A Country by Country Report on Elections in Central and Eastern Europe*, National Democratic Institute for International Affairs, 1992, p.213 ; Stoelting (D.), *op.cit.*, p.390.

184 SGNU, Rapport A/46/609, *op.cit.*, §37 à 43 ; De Raulin (A.), « L'action des observateurs internationaux dans le cadre de l'ONU et de la société internationale », *op.cit..*, pp.579-580 ; Franck (T.M.), « The emerging right to democratic governance », *op.cit.*, p.72-73. ; Stoelting (D.), *op.cit.*, pp.380 et s.

185 Nguyen (H.D.) et Recondo (D.), « L'ONU, artisan du processus électoral », *Critique Internationale*, n°24, 2004, pp.159-176. ; Stoelting (D.), *op.cit.*, pp.383 et s.

186 Gounelle (M.), « La démocratisation, politique publique internationale », *in Mélanges offerts à Hubert Thierry*, Pedone, 1998, pp.202 et s ; Whitehead (L.), « Entreprises de démocratisation : le rôle des acteurs externes », *op.cit.*, pp.110 et s.

on assista aux débuts de l'instauration d'une « conditionnalité démocratique » en matière d'adhésion à certaines organisations internationales[187], mais aussi pour l'octroi d'aides au développement et la conclusion d'accords préférentiels[188].

B. Pessimisme démocratique, remise en cause et modernisation de l'activité (depuis 2001)

La période d'euphorie s'estompa à partir de la fin des années 1990 avec la répétition des scrutins frauduleux au sein des États d'accueil. Tandis que les justifications fondées sur le manque d'expérience ou l'inadéquation des cadres législatifs et administratifs perdaient de leur crédibilité, la mauvaise volonté de certains États est devenue évidente. À la faveur d'une généralisation du constat selon lequel la troisième vague de démocratisation était terminée[189], une littérature abondante a cherché à appréhender ce phénomène en se penchant sur le cas des États dont le processus de démocratisation semble s'être arrêté quelque part entre l'autoritarisme et la démocratie, dans un « *no-man's-land problématique entre démocratie et dictature* »[190]. Ces études marquèrent « *la fin du paradigme de la transition démocratique* »[191], c'est-à-dire du postulat, auparavant répandu, selon lequel les pays sortis de de la dictature au cours de la troisième vague étaient forcément en transition vers la démocratie et illustrèrent le fait que la démocratie libérale n'était pas le seul horizon possible pour ces pays[192]. Les nombreuses qualifications proposées pour rendre compte de ce type de régimes (« *régime hybride* »[193], « *autoritarisme compétitif* »[194], « *autoritarisme électoral* »[195], ou encore « *semi-autoritarisme* »[196]) ont été

---

[187] Fox (G.H.), « Multinational election monitoring: Advancing international law on the high wire », *Fordham International Law Journal*, Volume 18, 1995, p.1659.
[188] Bourgi (A.), « L'observation internationale des élections en question », *op.cit.*, p.78 ; Carothers (T.), *Aiding democracy abroad. The learning curve*, *op.cit.*, pp.46-48.
[189] Diamond (L.J.), « Is the third wave over? », *Journal of Democracy*, Volume 7, n°3, 1996, p.20 ; Carothers (T.), « A quarter-century of promoting democracy », *Journal of Democracy*, Volume 18, n°4, 2007, p.113.
[190] Carothers (T.), *Aiding democracy abroad. The learning curve*, *op.cit.*, p.109.
[191] Carothers (T.), « The end of the transition paradigm », *Journal of Democracy*, Volume 13, n°1, 2002, pp.5-21.
[192] Kagan (R.), *Le retour de l'Histoire et la fin des rêves*, Plon, 2008, pp.78-114..
[193] Diamond (L.), « Elections without democracy. Thinking about hybrid regimes », *Journal of Democracy*, Volume 13, n°2, 2002, p.21.
[194] Levitsky (S.) et Way (L.A.), « Elections without democracy. The rise of competitive authoritarianism », *Journal of Democracy*, Volume 13, n°2, 2002, p.51.
[195] Schedler (A.), « The logic of electoral authoritarianism », *in* Schedler (A.) (dir.), *Electoral authoritarianism. The dynamics of unfree competition*, *op.cit.*, pp.1 et s.
[196] Ottaway (M.), *Democracy challenged: The rise of semi-authoritarianism*, Carnegie Endowment for International Peace, 2003.

regroupées sous l'appellation de « *démocraties avec adjectifs* »[197] ou « démocraties qualifiées ». Elles ont apporté un éclairage sur un phénomène nouveau propre à des États ayant pour caractéristique commune l'organisation d'« *élections semi-concurrentielles* » au sein de « *régimes à pluralisme limité* »[198]. La théorie ayant connu l'audience la plus large est celle de la *démocratie illibérale*[199]. Elle repose sur une distinction entre la démocratie au sens minimal du terme, réduite à sa dimension électorale, et la démocratie libérale, nommée « libéralisme constitutionnel » et postulant le respect de l'État de droit, de la séparation des pouvoirs, des libertés d'expression, d'association, de religion et du droit de propriété[200]. Ainsi, un nombre important d'États régulièrement considérés comme étant en voie de démocratisation se seraient stabilisés au niveau de la démocratie illibérale, organisant régulièrement des élections partiellement libres, équitables et pluralistes, mais sans volonté de se plier aux règles du libéralisme constitutionnel, à l'instar par exemple de la Russie et du Kazakhstan. Les démocraties illibérales manifesteraient un degré d'autoritarisme variable, allant de la forme légère à des cas proches de la tyrannie, comme la Biélorussie. L'émergence de ce type de démocraties imparfaites serait la conséquence de l'importance exacerbée accordée aux élections par les promoteurs de la démocratie, aux dépens du libéralisme constitutionnel. Malgré son intérêt indéniable, on peut reprocher à cette théorie d'englober des États trop divers pour former une catégorie homogène. Il semble incorrect de qualifier de démocraties, même illibérales, des régimes politiques imposant des entraves telles aux libertés fondamentales et au pluralisme politique que leurs élections ne sont qu'une reproduction des parodies organisées en URSS, à l'image du Turkménistan. En conséquence, si certains évoquèrent de nouveau l'existence d'une obligation internationale coutumière d'être démocratique[201], cette affirmation apparaît excessive en dehors des frontières régionales du Conseil de l'Europe tant la pratique apparaît inégale au-delà[202]. Même au sein de la région de l'OSCE, il semble hasardeux de reconnaître une telle règle au regard de la perpétuation de

---

[197] Collier (D.) et Levitsky (S.), « Democracy "with adjectives": Conceptual innovation in comparative research », *Working Paper 230*, Kellogg Institute for International Studies, 1996.

[198] Hermet (G.), « Elections semi-concurrentielles », *in* Perrineau (P.) et Reynié (D.) (dir.), *Dictionnaire du vote*, *op.cit.*, pp.397-399.

[199] Zakaria (F.), « The rise of illiberal democracy », *Foreign Affairs*, Volume 76, n°6, 1997, pp.22-43 ; Article développé dans un ouvrage : Zakaria (F.), *The Future of Freedom. Illiberal Democracy at Home and Abroad*, W.Norton & Company, 2007.

[200] Zakaria (F.), *The Future of Freedom*, *op.cit*, p.19.

[201] D'Aspremont (J.), *L'État non démocratique en droit international*, Pedone, 2008, pp.263 et s.

[202] Sicilianos (L.-A.), « Le respect de l'État de droit comme obligation internationale », *in* Société Française pour le Droit International, *L'État de droit en droit international - Colloque de Bruxelles*, *op.cit.*, pp.144-148.

régimes autoritaires sans réelle sanction internationale dans quatre des cinq États d'Asie centrale, voire en Biélorussie.

Le pessimisme ambiant a également été alimenté par la théorie du *choc des civilisations*[203] de Samuel Huntington, opportunément redécouverte au lendemain des attentats du 11 septembre 2001. En vertu de cette dernière, loin de réserver une démocratisation universelle et relativement pacifique, l'avenir laisserait plutôt présager le remplacement des conflits idéologiques ou économiques par une multiplication des oppositions de type culturel. L'auteur prédit que les conflits futurs se dérouleraient au niveau des points de contact entre les sept à neuf civilisations qu'il identifia[204], à l'instar de la ligne de fracture séparant l'Europe occidentale des pays majoritairement chrétiens orthodoxes, donc au cœur de la région de l'OSCE. Cette théorie se révèle grandement critiquable en raison des simplifications excessives qu'elle recèle, en sous-estimant l'hétérogénéité des civilisations évoquées et en tendant à faire de la religion le facteur explicatif de tous les conflits à venir, occultant par la même occasion les clivages ethniques, économiques ou politiques[205]. Mais elle a permis de nourrir le débat relatif aux prétentions universelles de la démocratie, lequel s'inscrit dans la cadre plus vaste du débat controversé sur l'universalité des droits et libertés fondamentaux et « *l'édification d'un ordre public mondial des droits fondamentaux* »[206]. Au nom du relativisme culturel et par la voie d'accusations de paternalisme, de néocolonialisme ou d'ethnocentrisme, l'applicabilité des droits de l'Homme à l'ensemble des peuples est remise en cause. En effet, bien que le « *relativisme culturel* [soit] *un courant de pensée d'origine anthropologique, repris par l'ethnologie et la sociologie* », il a progressivement « *investi* [le champ] *des valeurs et de la morale, puis de la politique, en servant de "contestation scientifique" à l'universalité* »[207]. Or, cet argument pourrait être intéressant s'il ne prenait la plupart du temps la forme d'un alibi commode pour s'affranchir du respect des droits humains. Ainsi, la critique assimilant les droits de l'Homme tels que proclamés par la DUDH au reflet d'une culture dominante, au « *produit de la collecte de textes occidentaux* », ne résiste pas à une lecture, « *même parcellaire, des travaux préparatoires* »

---

203 Huntington (S.P.), « The clash of civilizations? », *Foreign Affairs*, Volume 72, n°3, 1993, p.22-49. Article développé dans un ouvrage traduit en français : Huntington (S.P.), *Le choc des civilisations*, Odile Jacob, 2000. ; Voir aussi : Fellous (G.), *Les droits de l'homme. Une universalité menacée*, La Documentation Française, 2010, pp.43-44.

204 Occidentale, Confucianiste, Japonaise, Islamique, Hindoue, Slave-Orthodoxe, Latino-américaine et, selon les versions, Africaine et Bouddhiste.

205 Russett (B.M.), Oneal (J.R.) et Cox (M.), « Clash of Civilizations, or realism and liberalism déjà vu? Some evidence », *Journal of Peace Research*, Volume 37, n°5, 2000, p.583.

206 Levinet (M.), *Droits et libertés fondamentaux*, Que sais-je ?, PUF, 2010, p.29. Voir aussi : Levinet (M.), *Théorie générale des droits et libertés*, 3e éd., Bruylant, 2010, Chapitre 2

207 Fellous (G.), *op.cit.*, p.22.

de ce texte[208]. Quant à la diffusion de la démocratie, cet ouvrage suscita de nombreux écrits visant « *à déterminer si des cultures sont substantiellement résistantes à tout processus de démocratisation* »[209]. Guy Hermet rappelle à cet égard que « *l'émergence de la démocratie a coexisté en Europe et en Amérique du Nord avec des registres culturels qui lui demeuraient étrangers* », donc, « [si] *rien n'assure que ce type de contradiction pourra être surmonté toujours dans le reste du monde, rien non plus n'interdit de penser que le même phénomène d'apaisement des tensions qui en résultèrent ne s'y reproduira pas dans certaines circonstances* »[210]. De façon plus tranchée, la Commission des droits de l'Homme des Nations Unies insista à plusieurs reprises sur « *l'universalité des valeurs de liberté, de respect pour les droits de l'homme et du principe d'élections périodiques et honnêtes au suffrage universel et au scrutin secret* »[211] et « *la compatibilité de l'état de droit et des institutions démocratiques avec l'immense diversité des idées philosophiques, convictions et traditions sociales, culturelles et religieuses qui existent dans le monde* »[212]. Le caractère universel de la démocratie n'exclut pas que celle-ci soit « *susceptible de s'incarner dans des formes multiples afin de mieux s'inscrire dans la réalité des peuples* »[213]. Ces ajustements ne doivent cependant pas conduire à dénaturer les principes démocratiques, à l'instar du concept de « démocratie souveraine » développé par plusieurs États de la CEI, en particulier la Russie[214], par opposition à la démocratie libérale occidentale.

Le contexte de reflux démocratique résultant de l'enracinement de « régimes hybrides » et conduisant certains à évoquer un déclin du droit à la gouvernance démocratique[215] s'est traduit par une multiplication des critiques des États autoritaires contre les entreprises de promotion

---

[208] *Ibid*, p.205.

[209] Guénard (F.), « La promotion de la démocratie : une impasse théorique ? », *Esprit*, 2008, p.133.

[210] Hermet (G.), *Exporter la démocratie ?*, *op.cit.*, p.105.

[211] Commission DHNU, Résolution 2003/36, *Interdépendance de la démocratie et des droits de l'homme*, 23 avril 2003. Voir aussi : Déclaration de Koffi Annan, Conférence internationale « Vers une communauté de démocraties », Varsovie, 27 juin 2000.

[212] Commission DHNU, Résolution 2002/46, *Nouvelles mesures visant à promouvoir et à consolider la démocratie*, 23 avril 2002.

[213] « Discours du Secrétaire Général de l'ONU », *Conférence mondiale sur les droits de l'Homme*, Vienne, 14-25 juin 1993, A/CONF.157/22 du 12 juillet 1993.

[214] Voir notamment : Hassner (P.), « Russia's transition to autocracy », *Journal of Democracy*, Volume 19, n°2, 2008, pp.5-15 ; Klitsounova (A.), « Russia's response : Sovereign democracy strikes back », *in* Emerson (M.) et Youngs (R.) (dir.), *Democracy's plight in the European neighbourhood. Struggling transitions and proliferating dynasties*, Centre for European Policy Studies / FRIDE, 2009, pp.103-111.

[215] D'Aspremont (J.), « Émergence et déclin de la gouvernance démocratique en droit international », *Revue Québécoise de Droit International*, Volume 22, n°2, 2009, pp.57-80 ; Marks (S.), « What has become of the emerging right to democratic governance? », *EJIL*, Volume 22, n°2, pp.507-524.

démocratique[216]. Ces attaques furent favorisées par des évènements ayant terni l'image de ces dernières, à l'instar de la mise en place de « démocraties balistiques » en Irak et en Afghanistan sous l'impulsion des États-Unis[217]. Plus largement, la « guerre contre le terrorisme » menée par divers États occidentaux ayant conduit à de multiples violations des droits de l'Homme, la crédibilité de ces pays en tant que promoteurs du respect des droits humains s'en est trouvée affaiblie[218]. Au sein de la région de l'OSCE, les tensions se sont cristallisées autour des activités d'observation électorale depuis le début des années 2000 avec une véritable fronde menée par un nombre conséquent de pays. Les observateurs électoraux, internationaux comme nationaux, sont accusés de partialité, de politisation ou d'être coupables d'ingérences dans les affaires intérieures de différents États participants ayant connu une « révolution colorée » ou une tentative de révolution. Pour ces détracteurs, les politiques de démocratisation ne seraient qu'un prétexte pour s'implanter dans certains États au nom d'intérêts stratégiques ou économiques[219]. Bien que parfois fondée, cette rhétorique semble surtout relever de la calomnie et d'un relativisme culturel de façade destinés à justifier opportunément de mauvais bilans en matière électorale. Soucieuse de déstabiliser le mécanisme d'observation des élections existant, la Communauté des États Indépendants a pris pour habitude de déployer de « fausses missions » chargées de contredire les évaluations des autres institutions. En tout état de cause, ce contexte d'« hiver démocratique » a inévitablement engendré des conséquences quant au déroulement des missions d'observation électorale et à leurs retombées.

IV. Plan de l'étude

Cette succession, depuis la fin de la Guerre froide, de deux périodes relativement antagonistes quant aux perspectives de développement de la démocratie et à la popularité des activités de promotion démocratique conduit à s'interroger sur l'état du mécanisme d'observation électorale internationale après plus de deux décennies de fonctionnement. Quelles sont les institutions impliquées dans ce domaine et quels rapports entretiennent-elles entre elles ? Quels sont, selon la formule de la *Déclaration de principes pour l'observation internationale d'élections* du 27 octobre 2005, les

---

216 Voir notamment : Carothers (T.), « The backlash against democracy promotion », *Foreign Affairs*, Volume 85, n°2, 2006, pp.55-68.

217 Voir notamment : Hermet (G.), « Dynamiques et stratégies de démocratisation », *Politique Etrangère*, n°4, 2011, pp.809-811.

218 Voir notamment : Ghebali (V.-Y.), « Les droits de l'homme dans la région de l'OSCE : Le bilan problématique des démocraties occidentales », *Relations Internationales*, n°132, 2007, pp.23-31.

219 Recondo (D.), « Tailleurs de démocratie : L'assistance électorale de l'ONU racontée par ses artisans », *op.cit.*, pp.32 et s.

« *principes internationaux qui gouvernent les élections honnêtes et démocratiques* » à la lumière desquels sont évalués les processus électoraux des États accueillant des missions ? Cette évaluation est-elle crédible et suivie d'effets ? La poursuite de cette activité est-elle pertinente ?

Fournir des réponses à toutes ces questions nécessite de recourir à une étude approfondie de l'observation internationale des élections dans la région de l'OSCE mais celle-ci se heurte à différentes complications. Il s'agit tout d'abord d'une difficulté inhérente à la multitude et à l'hétérogénéité des acteurs impliqués dans cette activité. En effet, à des institutions internationales à la taille et au professionnalisme très variables s'ajoutent un grand nombre d'organisations non gouvernementales tout aussi hétéroclites. Similairement, la profusion des engagements juridiques et politiques qui constituent le fondement des évaluations opérées par les acteurs de l'observation électorale rend plus délicate leur appréhension. Ces deux éléments tendent à compliquer tout effort de systématisation et apparaissent inévitablement comme un défi à la cohérence d'ensemble du mécanisme de contrôle électoral développé dans notre région d'étude (Partie 1).

Après avoir apporté un éclairage sur les aspects institutionnels et normatifs de l'observation internationale des élections dans l'espace de l'OSCE, il reste à en apprécier l'effectivité. Cette tâche requiert tout d'abord de procéder à une analyse détaillée du déroulement d'une mission d'observation électorale afin de déterminer si la méthodologie suivie est propre à procéder au contrôle crédible de phénomènes aussi complexes que des processus électoraux. Dans ce cas, la contrainte résulte de l'abondance de la pratique, caractérisée par des centaines de missions déployées dans de nombreux pays sur une période longue de plus de vingt ans. Ensuite, une évaluation de l'effectivité du mécanisme d'observation électorale suppose que soient examinées les retombées éventuelles de celui-ci et leur ampleur. Cet examen passe d'abord par une présentation des divers dispositifs de suivi des recommandations des observateurs électoraux, qu'ils soient technique, politique ou juridictionnel. Il implique ensuite, de façon plus indirecte, que soient étudiés les différents instruments de conditionnalité démocratique développés par l'Union européenne en matière d'adhésion, d'une part, et d'octroi d'aides au développement et de régimes préférentiels, d'autre part (Partie 2).

Partie 1. Un contrôle intégré à une architecture institutionnelle et normative complexe

D'emblée, les fondements institutionnels et normatifs de l'observation électorale internationale dans la région de l'OSCE surprennent par leur complexité, pouvant conduire à une impression de désordre et à un sentiment de confusion.

L'architecture, développée principalement depuis la chute du bloc soviétique, se caractérise d'abord par l'implication concomitante de différentes organisations intergouvernementales, regroupant un nombre d'États membres variable et disposant de moyens inégaux, mais aussi d'organisations non gouvernementales de nature très variée. Toutes ces institutions ont eu tendance à se spécialiser dans des formes particulières d'observation électorale, qu'elle soit technique ou de nature parlementaire, de longue ou de courte durée, en faisant parfois preuve d'un professionnalisme douteux et d'un intérêt très secondaire pour la promotion de la démocratie. De ce foisonnement a rapidement émergé le besoin d'organiser une collaboration entre les nombreux acteurs de l'observation des élections. Plus de deux décennies après les premières expériences sur le sol européen, le constat n'est pas pleinement satisfaisant et des efforts restent à fournir avant de parvenir à l'expression d'un message véritablement cohérent en matière de contrôle électoral international dans notre région d'étude (Titre 1).

Les fondements de l'observation électorale interpellent également par la diversité des règles mobilisées lors de l'évaluation d'une consultation populaire. Demeuré relativement limité en dehors des États occidentaux pendant la longue période de Guerre froide, le droit international électoral a connu un regain d'attention à la faveur de la « troisième vague de démocratisation ». Ce mouvement a rapidement connu ses limites à la fin des années 1990 et le défaut de consensus parmi les États participants de l'OSCE quant à l'élaboration de normes internationales détaillées et contraignantes a engendré un développement important de la *soft law* en matière électorale. Toutefois, au sein des États membres du Conseil de l'Europe, les insuffisances du droit international et européen électoral ont pu en partie être palliées par un renforcement continu de la jurisprudence de la Cour Européenne des Droits de l'Homme relative au droit à des élections libres, laquelle est incontestablement devenue la principale source normative dans ce domaine depuis de nombreuses années (Titre 2).

Titre 1. Une collaboration insuffisante entre acteurs multiples

La compréhension des aires géographiques couvertes par les quatre principales organisations européennes engagées dans l'observation électorale dans la région de l'OSCE et de leurs États membres peut être facilitée par le recours à l'image de cercles concentriques. Le cercle le plus restreint, constitué par l'Union européenne, regroupe 27 États ne nécessitant pas (ou plus) l'envoi de missions d'observation de grande envergure en raison de la qualité de leurs processus électoraux. Ce cercle est englobé dans celui sensiblement plus large formé par les 47 États membres du Conseil de l'Europe. S'ajoutent ici un certain nombre de micro-États, des pays ayant refusé d'adhérer à l'UE et une douzaine d'États qui sont parmi les principaux hôtes des missions d'observation depuis le début des années 1990. Enfin, le groupe du Conseil de l'Europe est intégré au cercle le plus vaste que constituent les 57 États participants de l'OSCE. Mises à part la présence des États-Unis et du Canada, vestige de la Guerre froide donnant à l'organisation une nature transatlantique, de la Mongolie, plus récente[220], ainsi que celle du Saint-Siège, ce dernier cercle se caractérise par la participation de la Biélorussie, dont l'entrée dans le Conseil de l'Europe fut refusée, et des cinq républiques d'Asie Centrale. À l'exception de l'Ouzbékistan et du Turkménistan, ces six États ont également accueilli un grand nombre de missions. Toutefois, à l'intérieur du cercle de l'OSCE se dessine un autre groupe de neuf pays, devenus particulièrement hostiles à l'observation électorale et relativement hermétiques aux principes démocratiques, avec la Communauté des États Indépendants.

C'est donc à l'intérieur de ces différents cercles que s'est développée l'observation internationale des élections dans notre région d'étude et qu'interagit une multitude d'institutions. Toutefois, leur professionnalisme est très variable (Chapitre 1) et cette profusion d'acteurs pousse à s'interroger sur leur capacité de coopération, ainsi que sur la nature des relations entretenues avec les nombreuses organisations non-gouvernementales intervenant dans la région de l'OSCE (Chapitre 2).

[220] *Adhésion de la Mongolie à l'OSCE*, MC.DEC/2/12, 21 novembre 2012.

Chapitre 1. Une multitude d'institutions aux compétences inégales

Au sein de la région de l'OSCE, six institutions, dépendant de cinq organisations intergouvernementales, pratiquent l'observation électorale sur une base plus ou moins régulière. A la différence de la pratique constatée dans d'autres parties du monde, les consultations populaires tenues dans la région de l'OSCE sont uniquement observées par des institutions issues de cette région depuis le retrait des Nations-Unies de cette activité au début des années 1990.

Parmi les nombreuses institutions intervenant dans l'espace de l'OSCE, trois catégories émergent. La première concerne les protagonistes fournissant une expertise technique et déployant des missions de longue durée. Elle ne compte plus que le BIDDH à la suite du choix de la Commission européenne de se spécialiser en dehors de notre région d'étude à partir du début des années 2000 (Section 1). Un deuxième groupe englobe les quatre organes parlementaires que sont l'Assemblée parlementaire de l'OSCE, l'Assemblée parlementaire du Conseil de l'Europe, le Parlement européen et l'Assemblée parlementaire de l'OTAN. Leurs interventions sont concentrées sur les opérations de vote et leurs évaluations ont un caractère politique plus marqué (Section 2). Enfin, il semble indispensable de traiter séparément le cas particulier de la Communauté des États Indépendants (CEI). Celle-ci combine officiellement les deux types d'observation mais en réalité, la méthodologie employée est singulièrement obscure. La CEI s'est engagée dans l'observation électorale dans le seul but de discréditer le mécanisme établit par les autres institutions et d'affaiblir celles-ci, comme le démontre l'attitude ouvertement hostile de ses principaux États membres à l'égard du BIDDH (Section 3).

Section 1 : L'expertise technique et la prépondérance du BIDDH

Dans la région de l'OSCE et au-delà, le Bureau des Institutions Démocratiques et des Droits de l'Homme (BIDDH, *Office for Democratic Institutions and Human Rights* ou ODIHR en anglais), véritable « [c]*heville ouvrière de la dimension humaine de l'OSCE* »[221] est très certainement l'institution la plus renommée en matière d'observation internationale des élections depuis une quinzaine d'années. Plus précisément, le BIDDH jouit d'une compétence indéniable dans le domaine primordial de l'expertise

---

[221] Ghebali (V.-Y.), *L'OSCE dans l'Europe post-communiste 1990-1996 : Vers une identité européenne de sécurité*, Bruylant, 1996, p.451.

technique de long terme (§1). Cette situation explique qu'après plusieurs années d'interventions ponctuelles dans la région de l'OSCE, la Commission européenne (puis le *Service européen pour l'action extérieure*), l'autre pourvoyeur européen d'expertise technique, se soit progressivement éloigné pour finalement se consacrer exclusivement à l'observation électorale en dehors de l'espace de l'OSCE (§2).

§1. Le BIDDH, moteur de la dimension humaine et de l'observation électorale dans la région de l'OSCE

L'histoire du BIDDH est intimement liée à celle de la dimension humaine de l'OSCE (A) dont il est l'institution phare grâce aux activités d'observation électorale (C) développées au cours d'une période de croissance soutenue (B).

A. Le cadre de la dimension humaine de l'OSCE

L'une des réalisations les plus marquantes de la Conférence pour la Sécurité et la Coopération en Europe (CSCE), prédécesseur de l'OSCE, fut l'adoption, le 1er août 1975 de l'*Acte Final d'Helsinki*[222], un accord politique dont « [l'] *un des grands mérites* [...] *fut de faire du thème des droits de l'homme, alors tabou dans les relations Est-Ouest, un objet de dialogue et de coopération* »[223]. En effet, conformément aux préoccupations des États occidentaux, parmi les dix principes énoncés par la *Déclaration sur les principes régissant les rapports mutuels des États participants*, ou Décalogue[224], contenue dans ce document, le Principe VII porta sur le respect des droits de l'Homme et des libertés fondamentales. De plus, l'une des trois « corbeilles », ou domaine majeur de coopération, fut dédiée aux questions humanitaires[225]. La CSCE manifesta ainsi une conception globale et originale de la sécurité, portant à la fois sur les questions politiques et militaires, économiques et environnementales et sur les droits de l'Homme. Les dispositions relatives aux libertés fondamentales eurent une résonance qui dépassa les espoirs de leurs instigateurs puisqu'elles déclenchèrent le développement, au sein du bloc communiste, de divers mouvements

---

[222] Voir notamment : Ghebali (V.-Y.), « L'Acte final de la Conférence sur la sécurité et la coopération en Europe et les Nations Unies », *AFDI*, Volume 21, 1975. pp.73-127 ; Prévost (J.-F.), « Observations sur la nature juridique de l'Acte final de la Conférence sur la Sécurité et la Coopération en Europe », *AFDI*, Volume 21, 1975. pp.129-153.

[223] Ghebali (V.-Y.), *L'OSCE dans l'Europe post-communiste 1990-1996*, *op.cit.*, p.449.

[224] Ghebali (V.-Y.), *La diplomatie de la détente. La CSCE, d'Helsinki à Vienne (1973-1989)*, Bruylant, 1989, pp.71 et s.

[225] Chizhov (V.), « The 30th anniversary of the Helsinki Final Act and the problems of the OSCE », *Helsinki Monitor*, 2005, n°3, p.176.

dissidents dédiés à la défense des droits de l'Homme à travers la surveillance des engagements d'Helsinki[226].

Afin de poursuivre la mise en œuvre des principes dégagés en 1975, d'autres réunions de la CSCE furent organisées entre 1978 et 1989 à Belgrade, Madrid et Vienne. Lors de cette dernière, qui se déroula entre novembre 1986 et janvier 1989[227], l'aboutissement le plus remarquable fut l'élaboration et l'adoption du concept de « dimension humaine de la CSCE », recouvrant « *les engagements* [...] *contractés dans l'Acte final et dans d'autres documents de la CSCE en ce qui concerne le respect de tous les droits de l'homme et de toutes les libertés fondamentales, les contacts entre les personnes et d'autres questions d'ordre humanitaire connexes* »[228]. La force de ce concept fut tout d'abord de « [relier] *les engagements du Principe VII d'Helsinki à ceux de la troisième corbeille* »[229]. Ensuite, il engendra la mise en place d'un échange d'informations en matière de droits de l'Homme, le *Mécanisme de Vienne*[230]. Enfin et surtout, les États participants décidèrent d'organiser une conférence de suivi de ce mécanisme en trois phases, tenues successivement à Paris, Copenhague et Moscou. À la faveur de l'effondrement du bloc soviétique, il s'ensuivit une consolidation déterminante des engagements de la dimension humaine. En particulier, le *Document de Copenhague*, adopté le 29 juin 1990, constitua une étape fondamentale dans l'affirmation du rôle de la CSCE/OSCE en matière de protection des droits de l'Homme[231]. Ce texte proclama « *l'existence d'une conception unique des droits de l'homme en Europe axée notamment sur*

---

[226] Voir notamment : Ghebali (V.-Y.), *La diplomatie de la détente*, *op.cit.*, pp.94 et s. ; Romer (J.-C.), « De l'URSS et la CSCE à la Russie et l'OSCE », *in* Chétail (V.) (dir.), *Conflits, sécurité et coopération. Liber Amicorum Victor-Yves Ghebali*, Bruylant, 2007, pp.464-465 ; Schlager (E.B.), « A hard look at compliance with "soft" law: The case of the OSCE », *in* Shelton (D.) (dir.), *Commitment and compliance: The role of non-binding norms in the international legal system*, Oxford University Press, 2000, pp.355-360.

[227] *Document de clôture de la réunion de Vienne sur les suites de la CSCE*, Vienne, 15 janvier 1989.

[228] Voir : Decaux (E.), « Dimension humaine », *in* Andriantsimbazovina (J.), Gaudin (H.), Marguénaud (J.-P.), Rials (S.) et Sudre (F.) (dir.), *Dictionnaire des droits de l'Homme*, *op.cit.*, pp.291-293.

[229] Ghebali (V.-Y.), *L'OSCE dans l'Europe post-communiste 1990-1996, op.cit.*, p.449. Voir aussi : Decaux (E.), *La Conférence sur la Sécurité et la Coopération en Europe (CSCE)*, Que sais-je ?, PUF, 1992, pp.90 et s.

[230] Sicilianos (L.-A.), « Le mécanisme de la Dimension Humaine », *in* Decaux (E.) et Sicilianos (L.-A.) (dir.), *La CSCE : Dimension Humaine et règlement des différends*, Les Cahiers du CEDIN, n°8, Montchrestien, 1993, pp.159-173.

[231] *Document de la Réunion de Copenhague de la Conférence sur la Dimension Humaine de la CSCE*, 29 juin 1990 ; Sicilianos (L.-A.), *L'ONU et la démocratisation de l'État*, *op.cit.*, pp.90 et s. ; Vigny (J.D.), « Le Document de la Réunion de Copenhague de la Conférence sur la dimension humaine de la CSCE / Introduction et commentaires », *RUDH*, 1990, pp.305-313.

l'État de droit [...] *et la tenue d'élections libres à intervalles réguliers* »[232]. Il fut suivi quelques mois plus tard par la *Charte de Paris pour une Nouvelle Europe*, adoptée le 21 novembre 1990 à l'issue d'un sommet de la CSCE. Si l'apport de cette dernière «*fut inexistant sur le plan normatif*», dans la mesure où elle constitua surtout une confirmation des principes énoncés à Copenhague, elle marqua une étape cruciale pour « *l'institutionnalisation de la dimension humaine* »[233]. La dernière phase de la Conférence de suivi se déroula à Moscou l'année suivante. Elle fut notamment marquée par un renforcement du mécanisme adopté à Vienne grâce à l'instauration du *Mécanisme de Moscou*[234]. Ce dernier prévoit l'envoi, avec le consentement de l'État d'accueil, de missions d'experts destinées à « *aider à résoudre une question ou un problème particulier relevant de la dimension humaine* »[235]. En l'absence d'un accord de l'État visé, le mécanisme envisage également le déploiement de missions de rapporteurs, disposant néanmoins d'un mandat plus restreint.

Au-delà d'une genèse atypique, la CSCE, rebaptisée OSCE à l'occasion du Sommet de Budapest de 1994[236], s'illustre par son statut puisque faute de traité constitutif, elle ne possède pas la personnalité juridique d'Organisation internationale. Le changement de nom de Conférence à Organisation ne fut que sémantique. Si l'OSCE est reconnue comme un accord régional au sens du chapitre VIII de la *Charte des Nations Unies* et bénéficie du statut d'observateur à l'AGNU[237], cette carence provoque régulièrement des problèmes pratiques[238], notamment en matière de protection diplomatique

232 Ghebali (V.-Y.), *L'OSCE dans l'Europe post-communiste 1990-1996*, *op.cit.*, p.451.
233 *Ibid.*, p.453.
234 Decaux (E.), « Mort et résurrection du Mécanisme de Moscou », *AFRI*, Volume VIII, 2007, pp.233-248 ; Decaux (E.), *OSCE Rapporteur's Report on Turkmenistan*, 12 mars 2003, ODIHR.GAL/15/03 ; Sicilianos (L.-A.), « Le mécanisme de la Dimension Humaine », *in* Decaux (E.) (dir.) et Sicilianos (L.-A.) (dir.), *La CSCE : Dimension Humaine et règlement des différends*, Les Cahiers du CEDIN, n°8, Montchrestien, 1993, pp.174-182 ; Stoudmann (G.), « Turkmenistan, a human rights "black hole" », *Helsinki Monitor*, Volume 14, n°2, 2003, pp.117-124.
235 *Document de la Réunion de Moscou de la Conférence sur la Dimension Humaine de la CSCE*, 15 octobre 1991, I.
236 *Document du Sommet de Budapest*, Déclaration du 6 décembre 1994, §3 ; Sapiro (M.), « Changing the CSCE into the OSCE: Legal aspects of a political transformation », *The American Journal of International Law*, Volume 89, n°3, 1995, p.631.
237 Wenig (M.), « The status of the OSCE under international law - Current status and outlook », *OSCE Yearbook*, 1997, pp.375-379 ; Manton (E.), « The OSCE Human Dimension process and the process of customary international law formation », *OSCE Yearbook*, 2005, p.197.
238 Brander (S.), « La personnalité juridique de l'OSCE : une cause plausible ! », *OSCE Magazine*, n°1, 2009, pp.18-23 ; Wohlfeld (M.), « L'institutionnalisation de l'OSCE : Structures, accords de sièges, immunités, budget », *in* Decaux (E.) et Sur (S.) (dir.), *L'OSCE trente ans après l'Acte final de Helsinki. Sécurité coopérative et dimension humaine*, Pedone, 2008, pp.49-53.

des personnels. En dépit de diverses initiatives depuis 1992[239] visant à remédier à cette situation[240], l'adoption d'une *Convention sur la personnalité juridique internationale, la capacité juridique et les privilèges et immunités de l'OSCE*[241] ne semble pas imminente en raison de la difficulté d'aboutir à un consensus parmi les États participants.

B. La création du BIDDH et l'affirmation rapide de son rôle

Fruit d'un compromis entre Américains, qui souhaitaient une dimension humaine forte, et Français, partisans d'un transfert des compétences au Conseil de l'Europe, le BIDDH fut créé par la *Charte de Paris pour une Nouvelle Europe* sous le nom de Bureau des Élections Libres (BEL) et installé à Varsovie en reconnaissance du rôle joué par la Pologne dans la chute du bloc communiste. Le BEL débuta modestement ses activités en avril 1991 avec un personnel réduit à deux personnes. De plus, son mandat restreint ne consistait pas explicitement à observer les élections mais à « *faciliter les contacts et l'échange d'informations sur les élections dans les États participants* »[242].

Cependant, cette situation commença rapidement à évoluer. En juillet de la même année, à l'occasion d'une réunion d'experts sur les minorités nationales tenues à Genève, il fut recommandé aux « *États participants* [de considérer] *favorablement, dans la mesure où la loi le permet, la présence d'observateurs à des élections tenues à un niveau inférieur au niveau national, en particulier là où vivent des minorités nationales, et* [de s'efforcer] *de leur en faciliter l'accès sur les lieux* »[243]. Au mois d'octobre 1991, le BEL dépêcha des missions en Bulgarie et en Pologne[244], mais ses faibles ressources lui permirent seulement de déployer des délégations composées d'un ou deux experts chargés de documenter le déroulement du jour du scrutin[245]. Une avancée primordiale procéda de l'adoption du *Document de la réunion de Moscou* ce même mois, dans lequel les États

---

239 *Décision sur le renforcement des institutions et des structures de la CSCE*, Document de Helsinki, 10 juillet 1992, §25.

240 *Common purpose. Towards a more effective OSCE*, Final report and recommendations of the Panel of Eminent Persons on Strengthening the Effectiveness of the OSCE, 27 juin 2005, 3.1 ; *Renforcement de l'efficacité de l'OSCE*, 6 décembre 2005, MC.DEC/17/05.

241 *Statut juridique et privilèges et immunités de l'OSCE*, MC.DEC/16/06, 5 décembre 2006.

242 *Charte de Paris pour une Nouvelle Europe*, 21 novembre1990, Document complémentaire relatif à la mise en application de certaines dispositions contenues dans la Charte de Paris pour une nouvelle Europe, §G.

243 *Rapport de la Réunion d'experts de la CSCE sur les minorités nationales*, Genève, 19 juillet 1991, III.

244 Hurlburt (H.F.), « The Office for Democratic Institutions and Human Rights: OSCE's response to the challenge of democratization », *OSCE Yearbook*, 1995/1996, p.369.

245 Balian (H.), « Ten years of international election assistance and observation », *Helsinki Monitor*, Volume 12, n°3, 2001, p.197.

participants de la CSCE déclarèrent « *catégoriquement et irrévocablement que les engagements contractés dans le domaine de la dimension humaine de la CSCE* [étaient] *un sujet de préoccupation directe et légitime pour tous les États participants et qu'ils ne relèv*[aient] *pas exclusivement des affaires intérieures de l'État en cause* »[246], fournissant ainsi une justification à une intervention accrue de l'Organisation au plan électoral. Puis, lors de la réunion de la CSCE tenue à Prague en janvier 1992, il fut décidé d'accroître les compétences du BEL à d'autres domaines de la dimension humaine et en conséquence, de le renommer BIDDH[247]. La taille et les responsabilités du Bureau de Varsovie suivirent ensuite une courbe ascendante.

Au cours de l'année 1992, le BIDDH déploya six missions (Estonie, Géorgie, Lituanie, Roumanie, Slovénie et Yougoslavie). Dans un premier temps, il s'appliqua surtout à « [servir] *de point de contact pour faciliter l'assistance logistique et coordonner l'action des institutions, comme le Conseil de l'Europe, et des différents parlements nationaux présents sur le terrain lors d'élections présidentielles ou législatives aussi bien que de référendums constitutionnels* »[248]. En dépit d'une tendance générale à la clémence dans ses évaluations de consultations populaires, laquelle est une caractéristique des missions du début des années 1990[249] et s'explique notamment par une méthodologie très peu développée et centrée sur les opérations de vote, le BIDDH critiqua sévèrement plusieurs scrutins, telles les élections yougoslaves du 20 décembre 1992[250]. Par ailleurs, s'il estima que les élections géorgiennes avaient illustré le besoin de poursuivre une assistance à l'égard de cet État, les évaluations positives émises par les missions envoyées en Slovénie et en Lituanie amenèrent l'institution à conclure que des activités futures d'observation électorale dans ces pays n'apparaissaient plus nécessaires[251]. L'année suivante, le BIDDH dépêcha des missions lors de cinq consultations populaires[252] (Azerbaïdjan à deux reprises, Lettonie et Russie à deux reprises) et un nouveau renforcement de ses fonctions fut convenu, y compris « *dans l'observation globale des*

---

[246] *Document de la Réunion de Moscou de la Conférence sur la Dimension Humaine de la CSCE*, 15 octobre 1991.
[247] *Document de Prague sur le développement ultérieur des institutions et structures de la CSCE*, 31 janvier 1992, §9 à 11.
[248] Decaux (E.), « L'institutionnalisation de la CSCE », *in* Decaux (E.) et Sicilianos (L.-A.) (dir.), *La CSCE : Dimension Humaine et règlement des différends*, Les Cahiers du CEDIN, n°8, Montchrestien, 1993, p.137.
[249] Kaczorowski (N.), « Election monitoring: Lessons learned and possible new orientations », *in* Warner (D.) (dir.), *Consolidating the OSCE*, PSIO Occasional Paper, 2006, p.110 ; *L'observation des élections. Une décennie d'observations électorales : acteurs et pratique*, OSCE-BIDDH, 2005, p.5.
[250] *CSCE/ODIHR Bulletin*, Volume 1, n°1, 1992/1993, pp.13-16.
[251] *Ibid.*, pp.16-17.
[252] *Rapport annuel pour 1993 sur les activités de la CSCE*, p.12.

élections »[253]. Mais c'est au cours du Sommet de Budapest de 1994 que le BIDDH reçut le mandat qui lui permettra de s'affirmer comme l'acteur majeur de l'observation des élections en Europe. Les États participants convinrent tout d'abord que ce dernier devait jouer « *un rôle accru dans l'observation des élections avant, pendant et après le scrutin* »[254]. En insistant sur le fait que des élections n'étaient pas des évènements se résumant à une seule journée, et donc qu'une observation effective supposait un engagement de plusieurs semaines[255], l'OSCE habilita le BIDDH à engager une révolution méthodologique essentielle et ainsi, à remédier à la principale lacune des précédentes entreprises d'observation internationale des élections[256]. Fort de cette incitation, le Bureau de Varsovie développa la méthodologie d'observation de long terme qui a fait sa réputation, impliquant le déploiement d'une Equipe centrale et d'observateurs de court (OCT) et long terme (OLT). Ensuite, le *Document de Budapest* encouragea le BIDDH, « *principale institution de la dimension humaine* »[257], à procéder à une évaluation des « *conditions nécessaires à la liberté et à l'indépendance des médias* », à « *mettre en place, en consultation avec toutes les organisations intéressées, un cadre* » commun en vue d'une coordination des activités d'observation électorale et, enfin, à élaborer « *un manuel pour les observateurs des élections* »[258]. En 1994, le BIDDH déploya déjà dix missions[259], mais souffrit toujours d'un sérieux manque de moyens[260]. Dès l'année suivante, à l'occasion des élections parlementaires tenues en Arménie les 5 et 29 juillet 1995 et en coopération avec les Nations-Unies, le Bureau de Varsovie envoya sa première mission d'observation de long terme, d'une durée d'environ deux mois, conformément au mandat reçu à Budapest[261]. Au cours de la période 1992-1995, l'institution participa à l'observation d'« *une cinquantaine de processus électoraux [...] organisés au sein d'une vingtaine d'États participants de l'Europe centrale et orientale, de l'ex-Yougoslavie et de l'ex-URSS* »[262].

---

[253] *Document du Sommet de Rome*, 1er décembre 1993, IV, 4 ; *Rapport annuel de la CSCE 1994*, II.4, p.15.

[254] *Document du Sommet de Budapest*, 6 décembre 1994, VIII, §12.

[255] Mitchell (G.), « Election observation is more than just a one day event », *OSCE Yearbook*, 1995/1996, p.199

[256] Kaczorowski (N.), *op.cit.*, pp.109-110 ; *L'observation des élections*, *op.cit.*, pp.5-6.

[257] *Document du Sommet de Budapest*, 6 décembre 1994, VIII, §8.

[258] *Ibid.*, §12.

[259] Balian (H.), « Ten years of international election assistance and observation », *op.cit.*, p.198.

[260] Oberschmidt (R.), « Ten years of the Office for Democratic Institutions and Human Rights – An interim assessment », *OSCE Yearbook*, 2001, p.388.

[261] *OSCE/ODIHR Bulletin*, Volume 4, n°1, 1995/1996, p.32.

[262] Ghebali (V.-Y.), *L'OSCE dans l'Europe post-communiste 1990-1996*, *op.cit.*, p.487.

Le perfectionnement se poursuivit puisque lors des élections parlementaires tenues les 26 mai et 2 juin 1996 en Albanie[263], le BIDDH mit en œuvre pour la première fois une nouvelle structure opérationnelle des missions[264], toujours employée de nos jours, consistant en l'action coordonnée d'une équipe centrale et d'observateurs long et court termes[265]. Cette même année, le Bureau de Varsovie publia la première édition du manuel pour les observateurs électoraux demandé officiellement à Budapest[266] et développé en partenariat avec le *Norwegian Helsinki Committee* et le *Bergstraesser Institute*[267]. Ce document, qui retrace la méthodologie suivie lors des missions[268], constitue un modèle du genre et sera repris ou imité par plusieurs Organisations internationales et ONG. L'année suivante, le BIDDH connut une réorganisation de grande ampleur, impliquant notamment un accroissement budgétaire, un remaniement de la direction de l'institution et la création d'une section Élections[269], marquant ainsi le passage au BIDDH moderne. Le Sommet des chefs d'États et de Gouvernements de l'OSCE tenu à Istanbul en 1999 donna aux États participants l'occasion de manifester une nouvelle fois leur confiance unanime à l'égard des activités d'observation électorale du Bureau de Varsovie. Le principe de l'invitation permanente à observer fut réaffirmé et les États rendirent « *hommage au BIDDH pour le rôle qu'il a joué en aidant les pays à élaborer une législation électorale conforme aux principes et engagements de l'OSCE* ». De plus, ils s'engagèrent à *« donner suite sans tarder aux conclusions et recommandations issues de l'évaluation des élections par le BIDDH »*[270]. En 2001, le personnel du BIDDH comptait déjà 80 personnes provenant d'une trentaine d'États participants et disposait d'une structuration bien établie en différentes sections[271]. Jusqu'à cette période le BIDDH n'observa que des élections se déroulant dans des États situés « à l'Est de Vienne », c'est-à-dire dans les pays d'Europe centrale et orientale, du Caucase et d'Asie centrale.

---

263 *Republic of Albania, Parliamentary elections, 26 May and 2 June 1996, OSCE/ODIHR Election Observation Mission Final Report.* Voir aussi : Mitchell (G.), « History and mandate of election observation: the OSCE/ODIHR experience », *in* Schmeets (H.) (dir.), *International election observation and assessment of elections*, Statistics Netherlands & Maastricht University, 2011, pp.74-75.

264 *OSCE/ODIHR Bulletin*, Volume 4, n°3, 1996, pp.27-31.

265 Voir *infra*, Partie 2, Titre 1, Chapitre 2.

266 Glover (A.F.), « The Office for Democratic Institutions and Human Rights 1994-1997 », *OSCE Yearbook*, 1997, p.329 ; *L'observation des élections*, *op.cit.*, p.6.

267 *OSCE/ODIHR Bulletin*, Volume 4, n°1, 1995/1996, p.34.

268 Pour la dernière édition, voir : *Election Observation Handbook*, 6e éd., OSCE-ODIHR, 2010.

269 *Rapport annuel 1997 sur les activités de l'OSCE*, p.26-28.

270 *Déclaration du Sommet d'Istanbul, Charte de Sécurité Européenne*, 19 novembre 1999, §26.

271 Oberschmidt (R.), *op.cit.*, p.388.

C. La structure actuelle du BIDDH

Actuellement, le BIDDH emploie près de 150 personnes issues d'une trentaine de pays dont le travail porte, outre les élections, sur quatre domaines majeurs[272] : la démocratisation, les droits de l'Homme, la tolérance et la non-discrimination[273] et les questions concernant les Roms et les Sinti. Enfin, le BIDDH est chargé d'organiser les grandes réunions annuelles ou pluriannuelles relatives à la mise en œuvre des engagements de la dimension humaine[274]. Les principaux événements sont les *Réunions d'examen* tenues chaque année à Varsovie pendant une dizaine de jours et regroupant des représentants des États membres de l'OSCE et de nombreuses Organisations internationales et ONG[275]. Elles sont présentées comme les plus larges conférences en matière de droits de l'Homme au plan européen[276]. Ces réunions sont notamment complétées par des séminaires annuels dédiés à une thématique spécifique et organisés également dans la ville d'accueil du BIDDH[277].

Le directeur du BIDDH est nommé pour une durée de trois ans renouvelable par décision du Conseil ministériel, sur recommandation du Conseil permanent[278], « *principal organe décisionnel pour les consultations politiques régulières et pour la direction des activités opérationnelles quotidiennes de l'Organisation entre les réunions du Conseil ministériel* »[279]. Le Bureau, par l'intermédiaire de son directeur, « *particip*[e] *à titre consultatif aux discussions* [...] *du Conseil Permanent en faisant rapport à intervalles réguliers sur ses activités et en donnant des informations sur les questions de mise en œuvre* »[280]. Les missions d'observation électorale sont principalement financées par le budget unifié de l'OSCE, approuvé chaque année par consensus au sein du Conseil Permanent[281]. Pour 2012, un budget

---

272 *Qu'est-ce que le BIDDH ?*, Fiche d'information, OSCE-BIDDH, 2009.

273 Voir le dossier dans : *OSCE Yearbook*, 2007, pp.201 à 267.

274 *OSCE Handbook*, *op.cit.*, pp.92-93.

275 Voir : Boumghar (M.), « La dimension humaine de l'OSCE et ses réunions d'examen », *Droits Fondamentaux*, n°1, 2001, pp.181-190 ; Ghebali (V.-Y.), *L'OSCE dans l'Europe post-communiste 1990-1996*, *op.cit.*, pp.472 et s.

276 *The Human Dimension Implementation Meeting*, Factsheet, 2e éd., OSCE-BIDDH, 2009.

277 Voir notamment : *OSCE/ODIHR Human Dimension Seminar on Administration and Observation of Elections*, Varsovie, 8-11 avril 1997, Consolidated Summary ; *OSCE/ODIHR Human Dimension Seminar on Election Processes*, Varsovie, 29-31 mai 2001, Consolidated Summary, (Revised version).

278 Voir par exemple : *Reconduction dans ses fonctions de l'Ambassadeur Janez Lenarčič en tant que Directeur du Bureau des Institutions Démocratiques et des Droits de l'Homme*, MC.DEC/1/11, 30 mai 2011.

279 *Règles de procédure l'Organisation pour la Sécurité et la Coopération en Europe*, 1er novembre 2006, MC.DOC/1/06, II.B. §4. Voir aussi : *OSCE Handbook*, *op.cit.*, p.16.

280 *Document du Sommet de Budapest*, 6 décembre 1994, VIII, §8.

281 Stefan-Bastl (J.), « The importance of the OSCE Permanent Council », *OSCE Yearbook*, 2002, p.341.

de plus de 15 millions d'euros fut alloué au BIDDH, soit près du tiers de l'ensemble des fonds destinés au secrétariat et aux institutions de l'OSCE et environ 10% du budget unifié de l'Organisation. Avec une allocation de plus de six millions d'euros, les activités électorales représentent de loin le principal poste budgétaire du BIDDH[282]. Néanmoins, en dépit d'un nombre d'interventions en progression constante, le budget de l'institution stagne depuis 2009 en raison de dissensions entre États participants, tandis que le budget unifié de l'Organisation a enregistré une réduction significative depuis 2007.

Contrairement aux autres activités du BIDDH, les missions d'observation électorale ne peuvent être financées par les contributions extrabudgétaires volontaires des États[283]. Néanmoins, ces derniers couvrent en général la grande majorité des frais induits par le déploiement des OLT et des OCT. Afin d'assister les États ne disposant pas des moyens suffisants pour financer l'envoi régulier d'observateurs et pour permettre la représentation d'un plus grand nombre de nationalités au sein des missions, dans un souci d'équilibre géographique, le BIDDH met en œuvre depuis 2001 un *fonds volontaire pour la diversification des missions d'observation des élections*[284]. La plupart des observateurs employés par le BIDDH sont directement sélectionnés par les États participants, souvent par l'intermédiaire des ministères des Affaires étrangères[285], bien que le Bureau conserve le droit de refuser les personnes ne correspondant pas aux critères qu'il a fixés[286]. Les personnels déployés n'appartiennent donc pas au BIDDH, à l'exception de certains membres de l'Equipe centrale, mais lui sont rattachés pour le temps de l'intervention.

Les missions du BIDDH se sont toutes déroulées dans des États membres de l'OSCE, à l'exception de l'envoi de quatre équipes d'appui aux élections en Afghanistan en 2004, 2005, 2009 et 2010[287]. Le BIDDH dispensa

---

[282] *Approbation du budget unifié de 2012*, 22 décembre 2011, PC.DEC/1028, pp.2-3.
[283] Strohal (C.), « Democratic elections and their monitoring: Can this OSCE success story be sustained? », *in* Benedek (W.), Karl (W.), Mihr (A.) et Nowak (M.) (dir.), *European Yearbook on Human Rights 2009*, p.260.
[284] *Election Observation Handbook*, *op.cit.*, pp.32-33.
[285] En France, la présélection est assurée par la Délégation des Fonctionnaires Internationaux, laquelle dépend du Ministère des Affaires étrangères et européennes.
[286] Voir *infra*, Partie 2, Titre 1, Chapitre 2.
[287] *Equipe d'Appui aux élections en Afghanistan*, 29 juillet 2004, PC.DEC/622 ; *Election Support Team to Afghanistan, Presidential elections 2004, Final Report with recommendations*, 18 octobre 2004 ; *Equipe d'Appui aux élections en Afghanistan*, 7 juillet 2005, PC.DEC/686 ; *Election Support Team to Afghanistan, Recommendations on 2005 Parliamentary elections*, 6 octobre 2005, SEC.GAL/209/05 ; *Equipe d'Appui aux élections en Afghanistan*, 2 avril 2009, PC.DEC/891 ; *Islamic Republic of Afghanistan, Presidential and Provincial Council elections, 20 August 2009, OSCE/ODIHR Election Support Team Final Report*, 8 décembre 2009 ; *Election Support Team to Afghanistan*, 29 juillet 2010,

également une formation à des observateurs nationaux des Territoires palestiniens en 2005[288]. Ces exemples d'intervention hors zone démontrent que la reconnaissance de la qualité de l'expertise du BIDDH en matière électorale dépasse les frontières de la région de l'OSCE[289]. Enfin, le BIDDH innova en envoyant des équipes d'experts dans le cadre des élections européennes de 2004[290] et 2009. Ce dernier cas constitua le plus important processus électoral tenu dans la région de l'OSCE puisqu'il concerna 375 millions de personnes issues de vingt-sept pays. Le Bureau de Varsovie déploya alors vingt-trois experts qui se rendirent dans quinze pays, dont huit n'avaient encore jamais accueilli de mission du BIDDH[291]. De plus, depuis 2002, le BIDDH est la seule Organisation européenne à déployer régulièrement des missions d'observation « à l'Ouest de Vienne », c'est-à-dire au sein d'États disposant d'institutions démocratiques depuis déjà plusieurs décennies. Cette évolution constitua une réponse aux accusations partiellement légitimes de double standard émanant d'États de la CEI, Russie et Biélorussie en tête[292]. Ainsi, entre 2002 et 2011 et en comptant les experts dépêchés dans le cadre des élections européennes de 2009, des missions furent envoyées dans vingt-et-un pays d'Europe occidentale et d'Amérique du Nord, bien que celles-ci soient de taille limitée et destinées à évaluer certains aspects spécifiques du processus électoral. Au-delà des missions d'observation électorale classiques, le BIDDH tend en effet de plus en plus souvent à recourir à des formes alternatives d'intervention afin de s'adapter au mieux aux besoins des États hôtes : Mission d'observation électorale limitée, Mission d'évaluation des élections, Mission d'évaluation des besoins ou encore Equipe d'experts[293]. Au total, le Bureau de Varsovie aura donc été présent dans 56 des 57 États de l'OSCE, l'exception étant, logiquement, le Saint-Siège. En matière électorale, le BIDDH ne se contente pas d'observer les scrutins mais fournit également aux États intéressés une assistance technique et se propose d'évaluer leur législation électorale, souvent conjointement avec la Commission pour la Démocratie par le Droit du Conseil de l'Europe (Commission de Venise)[294].

PC.DEC/953 ; *Islamic Republic of Afghanistan, Parliamentary elections, 18 September 2010, OSCE/ODIHR Election Support Team Final Report*, 26 novembre 2010.

288 *ODIHR Annual Report 2005*, pp.12-13.

289 Boumghar (M.), « Les enjeux de la dimension humaine », *in* Decaux (E.) et Sur (S.) (dir.), *op.cit.*, p.94

290 *Elections to the European Parliament, 10 to 13 June 2004, OSCE/ODIHR Pre-Election Overview Report*, 3 juin 2004.

291 *Elections to the European Parliament, 4 to 7 June 2009, OSCE/ODIHR Expert Group Report*, 22 septembre 2009, pp.1-3.

292 Voir *infra*, ce Chapitre.

293 Voir *infa*, Partie 2, Titre 1, Chapitre 1.

294 Voir *infra*, Partie 2, Titre 2, Chapitre 1.

Au cours de la période allant de 2000 à 2010, le BIDDH dépêcha près de 120 missions d'observation et d'évaluation électorales, soit plus d'une dizaine par an en moyenne. Avec la multiplication des types de missions et l'élargissement de la gamme des pays observés, le nombre de missions déployées chaque année a tendu à s'accroître significativement : douze missions en 2008[295], seize en 2009[296] et vingt-et-une en 2010[297]. Depuis sa création, le Bureau fut présent lors de 200 processus électoraux, représentant le déploiement de plus de 40 000 observateurs de court et long termes[298]. Mais l'institution a été d'une certaine façon victime de son succès et doit faire face depuis 2003 à l'hostilité affichée de certains États participants de l'OSCE qui tentent régulièrement de l'affaiblir, ainsi qu'à une compétition plus ou moins ouverte avec d'autres institutions envieuses de sa domination[299].

§2. La Commission européenne et le choix d'une spécialisation en dehors de la région de l'OSCE

A la suite d'une série d'interventions dans la région de l'OSCE (A), la Commission européenne (puis le *Service européen pour l'action extérieure*) choisit de recentrer ses interventions en dehors de cette zone, devenant ainsi le pendant du BIDDH dans le reste du monde (B).

A. Une présence ponctuelle dans la région de l'OSCE au cours des premières années

Durant ses premières années d'activité dans le domaine de l'observation des élections, il arriva exceptionnellement que la Commission européenne envoie des observateurs ou octroie un support financier dans le cadre de missions en Europe centrale et orientale. Ainsi, la Commission fit ses premiers pas d'observateurs en Russie, à l'occasion des élections législatives tenues le 12 décembre 1993[300]. Il fut alors mis en place une unité d'observation de l'UE arrivée sur le terrain environ quatre semaines avant le scrutin afin d'observer la campagne électorale, avec notamment l'assistance

---

295 *Rapport annuel 2008 de l'OSCE*, p.72.
296 *Rapport annuel 2009 de l'OSCE*, p.81.
297 *Rapport annuel 2010 de l'OSCE*, p.76.
298 Strohal (C.), *op.cit.*, p.252.
299 Voir *infra*, Partie 1, Titre 1, Chapitre 2.
300 *Communication de la Commission sur les missions d'assistance et d'observation électorales de l'UE*, 11 avril 2000, COM(2000) 191 final, Annexe I, 1, p.29 ; Neunreither (K.), « Bilan de la pratique du Parlement Européen relative à l'observation internationale des élections », *in Liberté des élections et observation internationale des élections,* Conférence internationale, Université La Laguna, Tenerife, 27 février - 2 mars 1994, Bruylant, 1995, pp.122 et s.

de l'Institut européen en matière de surveillance médiatique[301]. Cette unité « *assur*[a] *la coordination des observateurs provenant de l'UE, la coordination sur place avec d'autres organisations internationales et des ONG et la liaison avec les autorités russes compétentes* »[302]. La Commission européenne intervint ensuite en Ukraine en 1994, puis de nouveau en Russie lors des élections législatives de 1995, au cours desquelles elle fut la première institution « *à utiliser l'informatique pour le traitement des questionnaires des observateurs* »[303]. Elle réitéra sa présence sur le sol russe pendant l'élection présidentielle de 1996, avec la création d'une Unité électorale de l'Union Européenne (UEUE)[304] qui fut notamment en charge du déploiement des observateurs de court terme et du traitement de leurs observations[305], puis à l'occasion des élections qui se déroulèrent en Tchétchénie en 1997[306]. En Bosnie-Herzégovine, la Commission assista l'OSCE dans l'organisation et la supervision de plusieurs scrutins en 1996[307], 1997[308] et 1998[309]. Enfin, elle participa à l'observation de diverses consultations populaires tenues dans des États participants de l'OSCE à la fin des années 1990 et au début des années 2000, notamment en Albanie en 1997, en « Ancienne République Yougoslave de Macédoine » (ARYM) en 1998[310] et 2002[311], en Azerbaïdjan en 1998 et 1999, ou encore en Arménie en 1999. Mais l'Organisation refusa cette même année d'envoyer des observateurs au Kazakhstan pour l'élection présidentielle car « *les normes*

---

301 Neunreither (K.), *ibid.*., pp.123 et s.

302 *Communication de la Commission sur les missions d'assistance et d'observation électorales de l'UE, op.cit.*, Annexe I, 1, p.29.

303 *Allocution d'Owen (B.), « Environnement international, processus électoral et consolidation démocratique »*, Actes de la troisième édition des Rencontres organisées par le Centre d'études comparatives des élections (CECE) sur le thème du processus électoral, *29 janvier 2008, III, 6).*

304 *Communication de la Commission sur les missions d'assistance et d'observation électorales de l'UE, op.cit.*, Annexe I, 1, p.29 ; *International Observation of the 1996 Russian Presidential Election: Lessons learned to facilitate field co-operation*, International IDEA, 1997, p.5.

305 Schmeets (H.), « Analysing observer report forms: an overview », *in* Schmeets (H.) (dir.), *International election observation and assessment of elections*, Statistics Netherlands & Maastricht University, 2011, p.153.

306 *Communication de la Commission sur les missions d'assistance et d'observation électorales de l'UE, op.cit.*, Annexe I, 1, p.30.

307 *Conclusions*, Conseil des Affaires générales, 10 juin 1996.

308 *Conclusions*, Conseil des Affaires générales, 24 mars 1997.

309 *Communication de la Commission sur les missions d'assistance et d'observation électorales de l'UE, op.cit.*, Annexe I, 1, p.32.

310 *Former Yugoslav Republic of Macedonia, Parliamentary elections, 18 October and 1st November 1998, OSCE/ODIHR Election Observation Mission Final Report*, 1er décembre 1998, p.3.

311 *Former Yugoslav Republic of Macedonia, Parliamentary elections, 15 September 2002, OSCE/ODIHR Election Observation Mission Final Report*, 20 novembre 2002, p.3.

minimales formellement reconnues par l'UE comme conditions préalables à l'observation n'étaient pas respectées »[312].

Ces expériences furent caractérisées par l'absence de cadre cohérent régissant l'engagement de l'UE en matière d'assistance et d'observation électorales, rendant difficile une étude précise. Ainsi, au plan juridique, l'assistance releva toujours des Communautés européennes (premier pilier) tandis que l'observation dépendit dans certains cas du premier pilier et dans d'autres de la *Politique étrangère et de sécurité commune* (PESC, deuxième pilier). En outre, les structures déployées varièrent grandement selon les missions et si « [les] *actions de grande envergure ont vu la mise en place d'unités électorales européennes,* [...] *celles-ci n'ont pas toujours fonctionné selon les mêmes modalités* »[313]. Une autre illustration de cette confusion procédurale ressortit des méthodes de recrutement des observateurs en raison de « [la] *présence, au cours d'un seul et même exercice électoral, d'observateurs financés directement sur les crédits communautaires et d'observateurs bilatéraux désignés par des États membres de l'UE* »[314]. De plus, la taille des contingents d'observateurs mobilisés fut très inégale, différant selon l'importance politique accordée au scrutin. Enfin, sur le terrain « [le] *soutien électoral de l'UE* [prit] *la forme d'une vaste gamme d'activités telles que l'inscription des électeurs, l'éducation civique, l'assistance aux commissions électorales nationales, l'élaboration des lois électorales, la formation d'agents électoraux et d'observateurs nationaux, le soutien et le contrôle des médias ainsi que l'encouragement à la participation des minorités* »[315].

B. L'affirmation d'un rôle de premier plan dans le reste du monde

Le mouvement d'encadrement textuel des missions d'observation électorale débuta réellement avec l'adoption de la *Communication de la Commission sur les missions d'assistance et d'observation électorales* du 11 avril 2000[316], laquelle fit suite aux *Directives de l'UE concernant l'observation d'élections*[317] et aux *Directives de l'UE concernant des*

---

[312] *Communication de la Commission sur les missions d'assistance et d'observation électorales de l'UE, op.cit.*, Annexe I, 2, p.38. Voir aussi *infra*, Partie 2, Titre 1, Chapitre 1.

[313] *Communication de la Commission sur les missions d'assistance et d'observation électorales de l'UE, ibid.*, p.37.

[314] *Ibid.*, p.37.

[315] *Ibid.*, p.36.

[316] *Ibid.* ; *Mise en œuvre de la communication sur les missions d'assistance et d'observation électorales*, Document de travail des services de la Commission, 19 décembre 2003, SEC(2003) 1472 ; *Election assistance and observation*, Note du Conseil de l'Union Européenne, 26 juin 2001, 9990/01.

[317] Décision 9262/98 du Conseil du 3 juin 1998, *Directives de l'UE concernant l'observation d'élections*, PESC 157 - COHOM 6.

critères communs pour la sélection d'observateurs des élections[318]. Cette communication marqua le commencement d'une nouvelle phase reflétant deux grandes orientations. La première fut que la Commission devait uniquement réaliser des missions d'observation de long terme, couvrant au maximum les périodes préélectorale et postélectorale, et ne pas se contenter de contrôler seulement les opérations de vote[319]. Elle décida alors d'adopter pour l'essentiel la méthodologie d'observation mise au point par le BIDDH, celle-ci constituant une référence dans le monde[320]. La seconde grande orientation, qui découla de la précédente et qui commença à être progressivement mise en œuvre dès 1996, impliqua que la Commission devait déployer ses missions d'observation en dehors de la région de l'OSCE, cette dernière étant déjà couverte de façon satisfaisante par le BIDDH et ses partenaires[321]. Par conséquent, la présence de la Commission dans notre zone d'étude se limite dorénavant à de rares missions d'experts de format très réduit, à l'instar de celles déployée au Kosovo en 2009[322] et 2010-2011[323].

En revanche, la Commission européenne déploie très régulièrement des missions, dénommées *Missions d'Observation Électorale de l'Union Européenne* (MOE-UE), en Afrique, en Asie, au Moyen Orient, en Océanie et en Amérique Latine, parfois en coopération avec d'autres organisations internationales (tels l'Union Africaine, l'Organisation des États Américains ou le Commonwealth des Nations)[324]. Entre 2000 et 2010, des MOE-UE furent présentes dans le cadre de plus de 80 processus électoraux[325]. La répartition des compétences entre différentes institutions de l'Union européenne qui caractérisait ces interventions fut largement modifiée avec l'entrée en service, le 1er décembre 2010, du *Service européen pour l'action*

---

318 Décision 8728/99 du Conseil du 28 mai 1999, *Directives de l'UE concernant des critères communs pour la sélection d'observateurs des élections*, PESC 165 COHOM 4.

319 *Résolution du Parlement européen sur les missions d'observation d'élections de l'UE : objectifs, pratiques et défis futurs*, 8 mai 2008, (2008)0194, §N ; *Handbook for European Union Election Observation*, 2e éd., Commission européenne, 2008, §3.2 ; Meyer-Resende (M.), « Exporting legitimacy: The record of EU election observation in the context of EU democracy support », *Working document n°241*, Centre for European Policy Studies, 2006, pp.3 et s.

320 *Résolution du Parlement européen sur les missions d'observation d'élections de l'UE : objectifs, pratiques et défis futurs*, §6 ; Chambers (R.), *Election observation by the European Parliament in the OSCE Area*, Parlement européen, 2010, §1.1 ; Meyer-Resende (M.), *EU election observation. Achievments, challenges*, Parlement européen, 2008, p.6.

321 *Handbook for European Union Election Observation, op.cit.*, §1.4.

322 Chambers (R.), *op.cit.*, §5.3.

323 *European Union Expert Mission to Kosovo*, Flash report, 24 janvier 2011.

324 Voir notamment : Arnault (V.), « La politique d'observation électorale de l'Union Européenne », *in* Vettovaglia (J.-P.), Du Bois de Gaudusson (J.), Bourgi (A.), Desouches (C.), Maïla (J.), Sada (H.) et Salifou (A.) (dir.), *Démocratie et élections dans l'espace francophone. Prévention des crises et promotion de la paix. Volume II*, Bruylant, 2010, pp.661-669.

325 Chambers (R.), *op.cit.*, §1.1.

extérieure (SEAE). Celui-ci intégra notamment l'ancienne *Direction Générale des Relations Extérieures* (Relex) de la Commission Européenne et récupéra ses attributions en matière d'observation électorale. Ainsi, le SEAE dirige dorénavant la programmation et la mise en œuvre des activités d'observation électorale en dehors de la région de l'OSCE[326]. Le *Groupe de Coordination des Élections* du Parlement européen (PE) tient également un rôle notable et croissant puisqu'il est consulté depuis 2010 sur le choix des pays dans lesquels seront déployées des MOE-UE et sur la sélection du chef observateur des missions, lequel est presque toujours un député européen[327]. Le recrutement des observateurs de long et court termes est effectué par les États membres, bien que la Commission européenne dispose d'un droit de regard sur la composition des effectifs[328]. Enfin, le financement des missions provient essentiellement de l'*Instrument de financement pour la promotion de la démocratie et des droits de l'homme dans le monde*[329], couvrant la période 2007-2013 et succédant à l'*Initiative européenne pour la démocratie et les droits de l'homme* (2000-2006)[330]. Ici encore, du fait de ses attributions en matière budgétaire, le PE est consulté au cours de la procédure d'adoption des programmes pluriannuels et des plans d'action annuels de l'Instrument de financement. En dépit de son grand intérêt, une analyse plus détaillée de ces missions réalisées en dehors de la région de l'OSCE sort du cadre de cette étude.

---

[326] *Projet de décision du Conseil fixant l'organisation et le fonctionnement du service européen pour l'action extérieure*, 25 mars 2010, 8029/10, p.7.

[327] *Résolution du Parlement européen sur les missions d'observation d'élections de l'UE : objectifs, pratiques et défis futurs*, 8 mai 2008, (2008)0194, §T.

[328] *Handbook for European Union Election Observation, ibid.*, §1.5.

[329] *Règlement (CE) n°1889/2006 du Parlement européen et du Conseil du 20 décembre 2006 instituant un instrument financier pour la promotion de la démocratie et des droits de l'homme dans le monde, JO L 386 du 29 décembre 2006.*

[330] *Règlement (CE) n°975/1999 du Conseil du 29 avril 1999 fixant les exigences pour la mise en œuvre des actions de coopération au développement qui contribuent à l'objectif général du développement et de la consolidation de la démocratie et de l'état de droit ainsi qu'à celui du respect des droits de l'homme et des libertés fondamentales*, JO L 120 du 8 mai 1999 ; *Règlement (CE) n°976/1999 du Conseil du 29 avril 1999 fixant les exigences pour la mise en œuvre des actions communautaires autres que celles de coopération au développement, qui, dans le cadre de la politique de coopération communautaire, contribuent à l'objectif général du développement et de la consolidation de la démocratie et de l'état de droit ainsi qu'à celui du respect des droits de l'homme et des libertés fondamentales dans les pays tiers*, JO L 120 du 8 mai 1999 ; *Règlement (CE) n°2242/2004 du Conseil du 22 décembre 2004 modifiant le règlement (CE) n°976/1999 fixant les exigences pour la mise en œuvre des actions communautaires autres que celles de coopération au développement, qui, dans le cadre de la politique de coopération communautaire, contribuent à l'objectif général du développement et de la consolidation de la démocratie et de l'état de droit ainsi qu'à celui du respect des droits de l'homme et des libertés fondamentales dans les pays tiers*, JO *L 390 du 31 décembre 2004* ; Youngs (R.) (dir.), *Survey of European democracy promotion policies 2000-2006*, FRIDE, 2006, pp.61 et s.

Section 2. La diversité de la dimension parlementaire de l'observation européenne

Pas moins de quatre institutions représentent la dimension parlementaire de l'observation des élections dans notre région d'étude. Le rôle central en matière de contrôle électoral joué par l'OSCE grâce au travail du BIDDH est renforcé par les interventions récurrentes de l'Assemblée Parlementaire de l'OSCE (§1). Pionnière de l'observation électorale sur le sol européen, l'Assemblée Parlementaire du Conseil de l'Europe demeure un acteur important de cette activité (§2). Le Parlement européen intervient moins fréquemment que ces deux institutions mais bénéficie du statut de représentant de l'UE dans la région de l'OSCE (§3), tandis que l'implication de l'Assemblée Parlementaire de l'OTAN reste sporadique (§4).

§1. L'Assemblée Parlementaire de l'OSCE, partenaire habituel du BIDDH

Institution relativement récente (A), à l'instar du BIDDH, l'Assemblée Parlementaire de l'OSCE a rapidement choisi de déployer des délégations de parlementaires qui constituent désormais les partenaires les plus récurrents des observateurs du Bureau de Varsovie (B).

A. Les origines récentes de l'institution

Pendant les quinze premières années de son existence, la CSCE/OSCE fut dépourvue d'organe à caractère parlementaire, mais « [ce] *déficit démocratique fut d'une certaine façon compensé par des "Conférences interparlementaires sur la coopération et la sécurité européenne", tenues de 1973 à 1991 dans le cadre l'Union interparlementaire* »[331]. L'idée originale consista à lier une Assemblée parlementaire de la CSCE à l'APCE déjà existante[332], mais cette option fut rapidement abandonnée en raison notamment de l'impossibilité pour certains États participants d'adhérer au Conseil de l'Europe[333]. La *Charte de Paris pour une Nouvelle Europe* appela alors à la création d'une assemblée parlementaire autonome sous l'impulsion des États-Unis, désireux « *de renforcer la dimension euro-américaine de*

[331] Ghebali (V.-Y.), *L'OSCE dans l'Europe post-communiste 1990-1996 : Vers une identité européenne de sécurité*, Bruylant, 1996, p.74.

[332] *Déclaration sur une Alliance de l'Atlantique Nord rénovée publiée par les Chefs d'Étatet de gouvernement participant à la réunion du Conseil de l'Atlantique Nord*, Londres, 6 juillet 1990, §22.

[333] Fuchs (M.) et Pendzich-von Winter (A.), « The OSCE Parliamentary Assembly. Origins, functions, method of work and constituent bodies », *OSCE Yearbook*, 1995/96, p.355 ; Ghebali (V.-Y.), *L'OSCE dans l'Europe post-communiste 1990-1996*, *op.cit.*, p.75 ; Oliver (R.S.), « The Parliamentary Assembly and its political influence in the OSCE ».

l'OSCE et de contribuer à la promotion d'un parlementarisme démocratique dans les pays libérés du joug communiste »[334]. Cette Assemblée parlementaire propre à l'OSCE (AP-OSCE) fut ainsi créée dans le cadre d'une réunion tenue à Madrid les 2 et 3 avril 1991 et organisa sa première session l'année suivante[335]. A l'image de l'APCE, ses membres, au nombre de 323, sont désignés par leur parlement national[336]. Si son Secrétariat se trouve à Copenhague, la session annuelle de l'institution se tient à chaque fois dans une ville différente d'un État membre. Au plan formel, elle est une institution autonome de l'OSCE[337], et non un organe de cette dernière, mais il existe de nombreux liens interinstitutionnels entre les deux entités[338]. Ainsi, lors du Sommet tenu à Istanbul en 1999, les États participants de l'OSCE firent référence à l'Assemblée comme « *l'une des institutions les plus importantes* » de l'Organisation et se réjouirent de son « *rôle croissant, particulièrement dans le domaine du développement démocratique et de l'observation des élections* »[339].

B. Des activités soutenues en matière d'observation électorale

Parmi les responsabilités et buts confiés à l'AP-OSCE figurent l'évaluation de « *la mise en œuvre des objectifs de l'OSCE* » et « *le renforcement et la consolidation des institutions démocratiques dans les États participants de l'OSCE* »[340]. Fondée sur ces dispositions, la décision d'impliquer l'Assemblée dans l'observation des élections fut prise assez rapidement, au cours de sa deuxième session annuelle tenue à Helsinki en juillet 1993[341]. Quelques mois plus tard, l'institution déploya sa première mission en Russie dans le cadre des élections législatives et du référendum constitutionnel du 12 décembre 1993. A cette occasion, une délégation composée de 36 parlementaires issus de 21 pays fut dépêchée pour les

---

[334] Ghebali (V.-Y.), *L'OSCE dans l'Europe post-communiste 1990-1996*, *ibid.*, p.74.

[335] Estrella (R.), « La CSCE et la création d'une assemblée parlementaire », *Revue de l'OTAN*, Volume 39, n°5, 1991, p.23.

[336] *Assemblée parlementaire de l'OSCE*, Fiche d'information, 2007 ; *OSCE Handbook*, *op.cit.*, p.36.

[337] *Règles de procédure de l'Organisation pour la Sécurité et la Coopération en Europe*, 1er novembre 2006, MC.DOC/1/06, II.C. §3.

[338] *Règles de procédure*, *ibid.*, IV.1.D.§1, IV.2.A.§8, V.A. et VI.A.§2 ; Habbeger (B.), « Democratic control of the OSCE: The role of the Parliamentary Assembly », *Helsinki Monitor*, Volume 17, n°2, 2006, p.133.

[339] *Déclaration du Sommet d'Istanbul, Charte de Sécurité Européenne*, 19 novembre 1999, §17 ; Degn (H.), « The OSCE Parliamentary Assembly – Growth in recent years », *OSCE Yearbook*, 2001, p.370 ; Ghebali (V.-Y.), « La Charte de l'OSCE sur la sécurité européenne », *Revue Défense Nationale*, n°2, 2000, p.49.

[340] *Règlement de l'Assemblée Parlementaire de l'Organisation pour la Sécurité et la Coopération en Europe*, 25 mars 2011, art.2.a. et d.

[341] *Final Helsinki Declaration of the CSCE Parliamentary Assembly*, 9 juillet 1993, chap.III, C.

premières élections pluralistes organisées dans cet État[342]. A l'instar de son homologue du Conseil de l'Europe[343], l'AP-OSCE déclara que ces scrutins furent conduits de façon libre et démocratique[344], en dépit d'irrégularités importantes[345]. Entre janvier 1994 et janvier 2010, l'Assemblée déploya 100 missions d'observation électorale dans plus d'une vingtaine d'États, emportant la participation d'environ 3000 parlementaires[346]. Tous ces déplacements se déroulèrent dans la région de l'OSCE, excepté l'envoi de délégations au cours de l'élection présidentielle de 2004 en Algérie[347] et des élections à l'Assemblée constituante de Tunisie en 2011[348]. L'Assemblée comprend une Commission permanente et trois Commissions générales, dont la Commission de la démocratie, des droits de l'Homme et des questions humanitaires[349], chargée de traiter notamment les questions relatives à l'observation électorale. Au plan numérique, les délégations de l'AP-OSCE sont les plus importantes déployées par une institution parlementaire dans la région puisqu'elles dépassent régulièrement les 50 membres. Si, dans la grande majorité des cas, l'AP-OSCE observe conjointement au BIDDH, il lui arrive également de se déplacer seule, comme aux États-Unis et au Royaume-Uni en 2010[350]. Enfin, il convient de préciser que l'institution ne publie pas de rapports finaux au terme de ses missions et, plus généralement, communique assez peu sur ce thème, notamment en comparaison du Bureau de Varsovie ou de l'APCE.

Les missions de l'Assemblée se distinguent nettement de celles du Bureau de Varsovie à trois égards. En premier lieu, les observateurs déployés par l'AP-OSCE sont essentiellement des parlementaires, assistés par des membres du Secrétariat et des accompagnateurs. Ces élus mettent en avant la crédibilité qu'ils tirent de leur expérience personnelle en matière de compétitions électorales et la visibilité qu'ils apportent aux missions. Ensuite, à l'instar des autres parlements pratiquant l'observation électorale,

342 Sakwa (R.), « The Russian Elections of December 1993 », *Europe-Asia Studies*, Volume 47, n°2, 1995, p.195.

343 APCE, *Rapport d'information sur les élections législatives en Russie (12 décembre 1993)*, 4 mars 1994, Doc.7038Ad.I.

344 *The first decade of OSCE PA election observation, December 1993 - December 2003*, p.1.

345 APCE, *Rapport d'information sur les élections législatives en Russie (12 décembre 1993)*, *op.cit.*, Opinion dissidente de Korakas (E.) en annexe ; Beigbeder (Y.), *Le contrôle international des élections*, *op.cit.*, p.103.

346 *The first decade of OSCE PA election observation, December 1993 - December 2003* ; *OSCE PA election observation Second decade, 1st Part, January 2004 - November 2006* ; *OSCE PA election observation, Second decade, 2nd Part, January 2007 – December 2011.*

347 *OSCE PA election observation Second decade, 1st Part, January 2004 - November 2006*, p.4.

348 *OSCE PA election observation, Second decade, 2nd Part, January 2007 – December 2011*, pp.51-52.

349 *Règlement*, art.36.c.

350 *Rapport annuel 2010 sur les activités de l'OSCE*, p.34.

l'Assemblée mène uniquement des missions de court terme, dont la durée ne dépasse pas une semaine, laissant l'observation de longue durée au Bureau de Varsovie. Enfin, le jugement émis par l'AP-OSCE sur le scrutin est en partie de nature politique tandis que l'appréciation du BIDDH est fondamentalement technique[351]. Toutefois, la cohabitation des deux membres de la famille OSCE pâtit depuis plusieurs années de manœuvres de l'AP-OSCE destinée à être reconnue comme l'institution dirigeante dans le domaine de l'observation des élections, au détriment du BIDDH[352].

§2. L'Assemblée Parlementaire du Conseil de l'Europe, partenaire privilégié de l'OSCE

L'APCE est sans aucun doute l'un des acteurs les plus assidus de l'observation électorale en Europe (C), même si l'institution a perdu une partie de l'influence dont elle bénéficiait dans les années 1990 (B), lors de la grande vague d'adhésion des États issus du bloc soviétique au Conseil de l'Europe (A).

A. Une institution pionnière

Plus ancienne organisation européenne à vocation politique, le Conseil de l'Europe fut créé avec la signature du Statut de Londres le 5 mai 1949 dans le but « *de réaliser une union plus étroite entre ses Membres afin de sauvegarder et de promouvoir les idéaux et les principes qui sont leur patrimoine commun et de favoriser leur progrès économique et social* »[353]. Aux termes du préambule de ce Statut, ce patrimoine repose notamment sur les « *principes de liberté individuelle, de liberté politique et de prééminence du droit, sur lesquels se fonde toute démocratie véritable* ». Dès son origine, le Conseil de l'Europe fut doté d'un organe parlementaire, dénommé Assemblée Consultative dans un premier temps, puis Assemblée parlementaire du Conseil de l'Europe (APCE) à partir de 1974 afin de correspondre « *plus exactement au rôle et à la composition de l'Assemblée* »[354]. L'APCE, « *première assemblée européenne de l'histoire du continent* »[355], autoproclamée « *conscience démocratique de l'Europe* »[356], est l'un des deux principaux organes statutaires du Conseil de l'Europe avec le Comité des Ministres.

---

[351] Nothelle (A.), « The OSCE Parliamentary Assembly – Driving Reform », *OSCE Yearbook*, 2006, p.363.
[352] Voir *infra* Partie 1, Titre 1, Chapitre 2.
[353] *Statut du Conseil de l'Europe et résolutions statutaires*, art.1.
[354] *Ibid.*, préambule.
[355] *Le Conseil de l'Europe. 800 Millions d'Européens*, Editions du Conseil de l'Europe, 2003.
[356] *L'APCE en bref*, Brochure, Unité de communication de l'APCE, 2010.

Elle compte 318 membres, nommés ou élus par les parlements nationaux des 47 États membres qui les choisissent en leur sein, et tient chaque année à Strasbourg une session ordinaire divisée en plusieurs parties[357]. Un Bureau, composé principalement du Président, des vingt Vice-présidents et des présidents des groupes politiques et des commissions « *assure la coordination des activités de l'Assemblée et de ses commissions* », mais aussi « *assiste le Président dans ses fonctions et oriente les relations extérieures de l'Assemblée* »[358]. L'APCE compte dix commissions générales, dont les membres sont nommés par le Bureau en assurant une représentation des États proportionnelle à leur taille. Trois de ces commissions sont particulièrement impliquées dans l'observation électorale : la Commission des questions politiques, la Commission des questions juridiques et des droits de l'Homme, et la Commission pour le respect des obligations et engagements des États membres du Conseil de l'Europe (dite Commission de suivi).

La première initiative de l'APCE dans le suivi du processus électoral d'un État eut lieu en 1974, dans le cadre du retour de la Grèce au sein du Conseil de l'Europe[359]. Ce pays, membre depuis 1949, décida de se retirer de l'organisation en 1969 à la suite du déclenchement d'une procédure d'exclusions et du dépôt, par plusieurs États membres, d'une requête devant la Cour Européenne des Droits de l'Homme (Cour EDH), alléguant de nombreuses infractions à la *Convention Européenne des Droits de l'Homme* (Convention EDH)[360]. L'absence de corps politique élu en Grèce du fait de la dissolution du Parlement, ainsi que la prohibition des partis politiques, empêchaient le Peuple d'exprimer ses opinions politiques et constituaient une violation continue de l'article 3 du Premier Protocole additionnel à la Convention EDH (article 3P1)[361]. Une délégation de l'APCE se rendit à Athènes pendant quatre jours, immédiatement après les élections législatives du 17 novembre 1974, les premières tenues au suffrage universel depuis la chute du « régime des colonels ». Le bon déroulement du scrutin amena la délégation à considérer que le régime parlementaire grec était de nouveau conforme aux exigences induites par une appartenance au Conseil de l'Europe[362]. Si elle ne consista qu'en une visite, et non une observation des

---

[357] APCE, *Règlement de l'Assemblée (Résolution 1202 (1999) adoptée le 4 novembre 1999) avec modifications ultérieures du Règlement*, Chap.1.

[358] *Ibid.*, art.13.

[359] Voir : Manin (A.), « La Grèce et le Conseil de l'Europe du 12 décembre 1969 au 28 novembre 1974 », *AFDI*, Volume 20, 1974, pp.875-885.

[360] *Danemark, Norvège, Suède et Pays-Bas c/ Grèce*, 31 mai 1968, req. n°3321/67, 3322/67, 3323/67 et 3344/67.

[361] APCE, Résolution 361 (1968), *Situation en Grèce*, 31 janvier 1968.

[362] APCE, *Réadmission de la Grèce au sein du Conseil de l'Europe*, 27 novembre 1974, Doc.3512.

élections, cette mission constitua un préalable aux futures activités électorales de l'Assemblée.

Curieusement, ce n'est pas en Europe mais en Amérique Latine que se déroulèrent les premières élections observées par l'APCE, dans le contexte du retour progressif de la démocratie au Chili en 1989. Après avoir rappelé sa disposition à soutenir les efforts d'autres régions du monde tendant à promouvoir la démocratie, l'Assemblée créa une « sous-commission mixte Chili »[363]. Composée de huit parlementaires et d'un membre du Secrétariat, elle se rendit au Chili pendant plusieurs jours afin d'observer les élections présidentielles et législatives du 14 décembre 1989, lesquelles furent jugées régulières[364]. Cette mission se révélant très positive au regard de l'accueil reçu et de l'expérience acquise, l'APCE décida de réitérer l'opération avec les États requérant le statut d'invité spécial ou de membre du Conseil de l'Europe. Postérieurement à cette première mission, l'observation des élections par l'Assemblée se situera toujours dans le contexte plus large du suivi des engagements et obligations des États membres ou de l'examen des candidatures à l'adhésion[365].

En 1989, l'APCE institua un statut d'invité spécial destiné à faciliter le processus d'adhésion des pays d'Europe centrale et orientale et du Caucase[366]. À partir de 1990, l'Assemblée fut invitée à observer les premières élections tenues depuis l'indépendance des États bénéficiaires de ce statut et devint ainsi la première institution européenne à déployer régulièrement des missions d'observation électorale sur le sol européen[367]. Entre 1990 et 1992, des délégations furent envoyées en République Démocratique Allemande, Hongrie, Roumanie, Tchécoslovaquie, Bulgarie, Albanie, Pologne, Croatie, Estonie, Lituanie et Slovénie. Ces missions, qui peuvent être vues comme des précurseurs sur le continent, furent de taille relativement réduite et leur méthodologie resta encore peu développée, axée principalement sur le jour du scrutin et les opérations de vote. Leurs conclusions furent très majoritairement positives. En effet, à défaut d'être

---

363 APCE, Directive 449 (1989), *Retour de la démocratie au Chili*, 25 septembre 1989.

364 APCE, *Rapport d'activité du Bureau de l'Assemblée et de la Commission Permanente (21 septembre 1989 – 29 janvier 1990)*, 29 janvier 1990, Doc.6169 Ad.

365 APCE, *Lignes directrices sur l'observation des élections par l'Assemblée parlementaire du Conseil de l'Europe*, 22 février 1999, AS/Bur (1999) 019, §4.

366 APCE, Résolution 917 (1989), *Statut d'invité spécial auprès de l'Assemblée Parlementaire*, 11 mai 1989 ; APCE, Résolution 920 (1989), *Statut d'invité spécial auprès de l'Assemblée Parlementaire (Modification du Règlement de l'Assemblée)*, 5 juillet 1989 ; APCE, Résolution 1009 (1993), *Amendement de l'article 55 bis du Règlement de l'Assemblée (statut d'invité spécial)*, 3 septembre 1993.

367 Flauss (J.-F.), « Les conditions d'admission des pays d'Europe centrale et orientale au sein du Conseil de l'Europe », *EJIL*, Volume 5, n°3, 1994, p.401.

tous jugés équitables[368], l'ensemble des scrutins fut considéré comme libre. La gamme des pays observés ne tarda pas à se diversifier sous l'effet de l'octroi du statut d'invité spécial aux nouveaux États désireux d'adhérer au Conseil de l'Europe[369]. Entre 1990 et 1995, l'APCE supervisa 27 missions dans 22 pays, dont sept missions pour la seule année 1995. Cette expansion soutenue imposa bientôt à l'Assemblée d'encadrer de manière plus précise cette nouvelle activité. En 1996, l'APCE commença donc à formaliser son engagement en matière d'observation impartiale des élections et à clarifier les principes qui sous-tendent cette activité. Il fut décidé de systématiser l'envoi d'une délégation d'observateurs lorsque *« des élections parlementaires* [avaient] *lieu dans un État dont le parlement a demandé ou bénéficie du Statut d'invité spécial auprès de l'Assemblée parlementaire, ou qui a demandé son admission au Conseil de l'Europe »*[370]. Dans le même temps, avec l'instauration de la procédure de suivi et du dialogue post-suivi[371], l'APCE généralisa l'envoi de délégations au sein des nouveaux États membres afin de contrôler le respect des engagements contractés par ces derniers lors de leur adhésion.

B. Une institution devenue secondaire

Pionnière de l'observation électorale sur le continent européen, l'APCE a perdu de son influence depuis la fin des années 1990. Cette situation résulte essentiellement de la modernisation cruciale de l'observation électorale initiée par le BIDDH. En mettant l'accent sur l'observation de long terme et la combinaison entre observateurs de long et court termes, le Bureau de Varsovie permit d'accroître de façon décisive la qualité du contrôle effectué par les missions et, indirectement, relégua au second plan les déploiements de courte durée des institutions parlementaires et en particulier l'APCE[372]. Mais en dépit d'un manque de visibilité, l'Assemblée reste néanmoins l'un des acteurs réguliers de cette activité en Europe, et bénéficie de son insertion dans l'architecture institutionnelle particulièrement complète du Conseil de l'Europe.

---

368 APCE, *Rapport d'information sur les élections parlementaires en Roumanie (20 mai 1990)*, 21 septembre 1990, Doc.6279 Ad.II ; APCE, *Rapport d'information sur les élections parlementaires en Albanie (31 mars – 7 et 14 avril 1991)*, 19 avril 1991, Doc.6406 Ad.II ; APCE, *Rapport d'information sur les élections en Bulgarie (13 octobre 1991)*, 14 janvier 1992, Doc.6543 Ad.I.

369 Haller (B.), « Election observation by the Parliamentary Assembly of the Council of Europe », *Human Rights Law Journal*, Volume 26, n°5/8, 2006, p.160.

370 APCE, *Rapport d'activité du Bureau de l'Assemblée (28 juin – 23 septembre 1996)*, Doc.7633, 13 septembre 1996, Annexe.

371 Voir *infra*, Partie 2, Titre 2, Chapitre 1.

372 Voir aussi : APCE, *Observation des élections*, 6 juillet 1998, Doc.8161.

L'APCE procède par le déploiement de délégations de parlementaires dénommées « commissions *ad hoc* », c'est-à-dire des commissions créées pour remplir une fonction spécifique et qui cessent d'exister une fois leur rapport examiné par l'Assemblée[373]. Les commissions *ad hoc* comptent en moyenne une douzaine de parlementaires, accompagnés de membres du Secrétariat et parfois, de membres de la Commission de Venise. Leur déplacement sur le terrain dure généralement cinq à six jours mais cette présence peut être complétée par le déploiement éventuel de missions préélectorales ou postélectorales. En outre, l'APCE a parfois recours à des types de missions spécifiques[374], de taille réduite, telles la mission d'évaluation des élections[375] ou la présence à l'occasion des élections[376]. Comme les autres institutions parlementaires, les délégations de l'APCE portent un regard avant tout politique sur les processus électoraux observés, dont l'objectif premier est de vérifier « *le plein respect des valeurs et des normes du Conseil de l'Europe* »[377].

C. Un large éventail de consultations populaires observées

En une vingtaine d'années, l'APCE envoya plus de 130 missions d'observation électorale, représentant le déploiement de plus de 1500 parlementaires dans une trentaine de pays. Elle est compétente en premier lieu pour observer les élections nationales se tenant dans les États membres soumis à la procédure de suivi des engagements ou concernés par le dialogue post-suivi[378]. Une répartition des compétences est posée avec le Congrès des Pouvoirs Locaux et Régionaux de l'Europe (CPLRE), lequel se voit confier en principe le soin d'observer les élections locales et régionales[379], mais l'APCE peut participer à l'observation de ces scrutins lorsqu'elle est y est invitée. Dans ce cas, une coopération entre les deux organes du Conseil de l'Europe est prévue. Bien que l'observation des référendums n'ait pas envisagée dans les textes jusqu'en 2004[380], cela n'empêcha pas l'APCE d'accepter dès 1992[381] d'observer ce type de consultation populaire en cas d'invitation.

---

[373] APCE, *Règlement de l'Assemblée (Résolution 1202 (1999) adoptée le 4 novembre 1999) avec modifications ultérieures du Règlement*, art.42.
[374] Voir *infra* Partie 2, Titre 1, Chapitre 1.
[375] APCE, *Lignes directrices pour l'observation des élections par l'Assemblée parlementaire*, Doc.12902, 21 avril 2012, Part 1, Annexe 3, §22.ii.
[376] *Ibid.*, §22.iii.
[377] *Ibid.*, §13.
[378] *Ibid.*, §1 et 3.
[379] Voir *infra*, Partie 1, Titre 1, Chapitre 2.
[380] APCE, *Lignes directrices révisées sur l'observation des élections par l'Assemblée parlementaire du Conseil de l'Europe*, AS/Bur (2004) 14 rév., §20.
[381] APCE, *Rapport d'information sur les élections et le référendum en Lituanie (25 octobre et 15 novembre 1992)*, 20 janvier 1993, Doc.6724 Ad.II.

Par ailleurs, de façon exceptionnelle, l'APCE peut déployer une mission dans un État non membre et sans perspective d'adhésion. L'appréciation de l'opportunité de l'envoi d'une délégation revient au Bureau de l'APCE[382]. Ces missions ont pour objectif de concourir à ce que les valeurs universelles du Conseil de l'Europe *« soient mieux connues, comprises, acceptées et partagées, et multiplier de ce fait le nombre de nations attachées à la démocratie, à la prééminence du droit et au respect des droits de l'homme »*. De cette manière, « *le Conseil de l'Europe contribuerait à la stabilité et à la paix de ses États membres et de ses partenaires extérieurs* »[383]. Ces cas de figure ont eu tendance à se multiplier dernièrement, notamment du fait de la création du statut de « partenaire pour la démocratie » auprès de l'APCE. Destiné principalement aux Républiques d'Asie centrale et aux États participant au processus de Barcelone-Union pour la Méditerranée, ce statut peut être octroyé aux pays souhaitant « *bénéficier de l'expérience de l'Assemblée en matière de renforcement de la démocratie et participer au débat politique sur les enjeux communs dépassant les frontières européennes* »[384] et permet d'être représenté par une délégation au sein de l'APCE. Ainsi, le Kirghizstan[385], qui demanda le statut de partenaire pour la démocratie en 2011, et le Maroc[386], qui l'obtint cette même année, accueillirent une délégation d'observation électorale de l'APCE. Par ailleurs, le Conseil national palestinien conclut un partenariat similaire[387] et devrait recevoir des observateurs de l'APCE lors des élections au Conseil législatif palestinien et à la présidence de l'Autorité palestinienne de 2012[388]. Mais contrairement aux cas des deux autres États partenaires, l'APCE a déjà déployé trois missions d'observation électorale dans les territoires palestiniens, en 1996[389], 2005[390] et 2006[391]. Le Conseil de l'Europe entretient

---

[382] AS/Bur (2004) 14 rév., *op.cit.*, §23.

[383] APCE, Résolution 1506 (2006), *Relations extérieures du Conseil de l'Europe*, 26 juin 2006, §8.

[384] APCE, Résolution 1680 (2009), *Création d'un statut de «partenaire pour la démocratie» auprès de l'Assemblée parlementaire*, 26 juin 2009, §11.

[385] APCE, *Observation de l'élection présidentielle en République du Kirghizstan (30 octobre 2011)*, 24 novembre 2011, Doc.12797, §2.

[386] APCE, *Observation des élections législatives au Maroc (25 novembre 2011)*, 23 janvier 2012, Doc.12832, §8.

[387] APCE, Résolution 1830 (2011), *La demande de statut de partenaire pour la démocratie auprès de l'Assemblée parlementaire présentée par le Conseil national palestinien*, 4 octobre 2011.

[388] APCE, *Activités du Bureau de l'Assemblée et de la Commission permanente (23 janvier 2012)*, 23 janvier 2012, Doc.12830 Partie II, §1.5.4.

[389] APCE, *Rapport d'information sur les élections en Palestine (20 janvier 1996)*, 21 mai 1996, Doc.7560 Ad.I.

[390] APCE, *Observation de l'élection du Président de l'Autorité palestinienne (9 janvier 2005)*, 24 janvier 2005, Doc.10416.

[391] APCE, *Commission* ad hoc *pour l'observation des élections au Conseil Législatif palestinien (25 janvier 2006)*, AS/BUR/AH PAL (2006) 2.

en effet des relations anciennes avec l'Autorité palestinienne, laquelle est notamment représentée au sein de la Commission de Venise.

En dehors de ces situations, l'APCE coopère également avec le Parlement du Kazakhstan sur la base d'un accord conclu le 27 avril 2004 dans le but d'établir un dialogue politique destiné à promouvoir les principes de la démocratie parlementaire, de l'État de droit et du respect des droits de l'Homme et des libertés fondamentales dans ce pays. A plusieurs reprises, l'APCE exprima son souhait de renforcer cette coopération *« afin de permettre au Kazakhstan de s'appuyer, avec de meilleures chances de réussite, sur l'expérience et l'expertise du Conseil de l'Europe en matière de transition démocratique »*[392]. Si les trois premières missions effectuées par l'Assemblée dans ce pays, en 2004[393], 2005[394] et 2007[395] aboutirent à un constat de non-conformité aux normes du Conseil de l'Europe en matière d'élections démocratiques, la mission dépêchée en 2011 s'illustra par des conclusions étonnamment positives, nettement plus favorables que celles formulées par la mission conjointe du BIDDH et de l'AP-OSCE[396]. Puis, de nouveau l'année suivante, lors des élections législatives anticipées, l'APCE publia un rapport final d'une clémence surprenante[397]. Il est certain que ces deux cas n'ont pas contribué à renforcer la crédibilité en tant qu'observateur électoral de l'APCE et, plus largement, des parlementaires[398].

Un autre précédent de déploiement hors-zone résulta du statut d'observateur parlementaire auprès de l'APCE dont bénéficie le Parlement du Mexique depuis 1999[399], lui permettant d'être représenté à Strasbourg par une délégation. Ce statut, officialisé en 1993, peut être accordé à tout État *« qui est prêt à accepter les principes de la démocratie et de la prééminence du droit et le principe en vertu duquel toute personne placée sous sa juridiction doit jouir des droits de l'homme et des libertés fondamentales et qui est désireux de coopérer avec le Conseil de l'Europe »*[400]. En outre, l'Assemblée demanda au Bureau *« d'examiner la possibilité que les*

---

[392] APCE, Résolution 1526 (2006), *Situation au Kazakhstan et relations avec le Conseil de l'Europe*, 17 novembre 2006, §9.

[393] APCE, *Commission* ad hoc *pour l'observation des élections législatives au Kazakhstan (19 septembre 2004)*, 4 octobre 2004, Doc.10306.

[394] APCE, *Observation des élections présidentielles au Kazakhstan (4 décembre 2005)*, 20 janvier 2006, Doc.10789.

[395] APCE, *Observation des élections législatives extraordinaires au Kazakhstan (18 août 2007)*, 1er octobre 2007, Doc.11385.

[396] APCE, *Observation de l'élection présidentielle anticipée au Kazakhstan (3 avril 2011)*, 26 mai 2011, Doc.12615, §3 et 4.

[397] APCE, *Observation des élections législatives anticipées au Kazakhstan (15 janvier 2012)*, 8 mars 2012, Doc.12884.

[398] Voir *infra*, Partie 2, Titre 1, Chapitre 2.

[399] CMCE, Résolution statutaire (99) 32, *Statut d'observateur pour le Mexique auprès du Conseil de l'Europe*, 1er décembre 1999.

[400] CMCE, Résolution statutaire (93) 26, *Statut d'observateur*, 14 mai 1993, §I.

délégations d'observateurs parlementaires participent aux missions d'observation des élections organisées par l'Assemblée »[401]. Parmi les trois pays bénéficiant du statut d'observateur parlementaire, seul le Mexique accueillit une délégation d'observation électorale de l'Assemblée. Après la mission déployée au Chili en 1989, les élections législatives et présidentielles de 2006 au Mexique permirent à l'APCE d'acquérir une seconde expérience en Amérique Latine et « [comptèrent] *parmi les mieux organisées et les mieux conduites que l'Assemblée ait eu à observer jusqu'à présent* »[402]. Enfin, un dernier cas de mission dépêchée à l'extérieur des frontières du Conseil de l'Europe prit place en Tunisie en 2011. A la suite de la « révolution » survenue cette même année, l'APCE se dit « *prête à contribuer à l'organisation et à l'observation des élections de l'Assemblée nationale constituante* »[403] et déploya donc une délégation lors de ce scrutin[404].

§3. Le Parlement européen, représentant de l'UE dans la région de l'OSCE

Le rayon d'action du Parlement européen couvre la quasi-totalité du monde mais peut être scindé en deux zones géographiques complémentaires[405]. D'une part, il participe à certaines *Missions d'Observation Électorale de l'Union Européenne* (MOE-UE) en dehors de la région de l'OSCE par l'envoi de délégations de parlementaires. D'autre part, le Parlement se joint régulièrement aux *Missions Internationales d'Observation des Elections* (MIOE) déployées dans la région de l'OSCE. C'est cette dernière contribution du Parlement européen que nous étudierons ici. Après une période d'interventions sporadiques jusqu'au début des années 2000 (A), le Parlement a régularisé son implication dans la région de l'OSCE, au sein de laquelle il constitue la voix de l'UE en matière d'observation électorale (B).

---

[401] APCE, Résolution 1600 (2008), *Le Conseil de l'Europe et ses États observateurs : situation actuelle et perspectives*, 23 janvier 2008, §30.3.

[402] APCE, *Observation des élections législatives et présidentielles au Mexique (2 juillet 2006)*, 15 septembre 2006, Doc.11016, §37.

[403] APCE, Résolution 1819 (2011), *La situation en Tunisie*, 21 juin 2011, §12.

[404] APCE, *Observation de l'élection d'une Assemblée nationale constituante en Tunisie (23 octobre 2011)*, 24 novembre 2011, Doc.12795.

[405] Borrell Fontelles (J.), « Le Parlement européen et la portée globale de l'observation des élections », *in Actes de la Conférence sur la dimension parlementaire de l'observation des élections : mise en œuvre de normes communes*, Strasbourg, 15 et 16 février 2007, p.18.

A. Des débuts irréguliers dans la région de l'OSCE

Il faut remonter à 1967 pour trouver le « *précédent, probablement le plus significatif du genre, quant à la participation du Parlement européen aux affaires extérieures sur la base des principes démocratiques* »[406]. Cette année-là, à la suite du coup d'État marquant le début de la « dictature des colonels » en Grèce, le Parlement adopta une résolution décidant la suspension de l'accord d'association entre ce pays et la Communauté Economique Européenne[407]. Par la suite, l'instauration de l'élection des membres du Parlement au suffrage universel direct à partir de 1979[408] entraîna un accroissement de l'engagement international de l'institution. Celle-ci développa des contacts parlementaires directs avec de nombreux pays par la voie de délégations interparlementaires permanentes, de l'Assemblée parlementaire paritaire ACP-CEE et dans le cadre des accords d'association contractés notamment avec la Turquie et les États du Groupe de Višegrad (Hongrie, Pologne, République tchèque et Slovaquie)[409].

Le Parlement déploya sa première délégation d'observateurs au Salvador en 1984[410]. Il fut ensuite présent au Nicaragua la même année et en Turquie en 1987 mais « [ce] *n'est qu'à dater de juillet 1989 que l'on* [enregistra] *une intensification des opérations d'observation électorale menées* » par l'institution[411]. Ainsi, au cours de la période 1989-1994, le Parlement répondit favorablement à près de trente demandes d'observation électorale sur la cinquantaine reçue. Bien que la majorité d'entre elles concerna des pays situés en dehors de la région de l'OSCE, le Parlement observa près d'une dizaine de scrutins organisés au sein des États d'Europe centrale et orientale. La première mission d'une taille substantielle fut dépêchée dans le cadre des élections législatives russes de 1993[412]. La présence du Parlement

---

406 Neunreither (K.), « Bilan de la pratique du Parlement Européen relative à l'observation internationale des élections », *in Liberté des élections et observation internationale des élections*, Conférence internationale, Université La Laguna, Tenerife, 27 février - 2 mars 1994, Bruylant, 1995, p.111.

407 *Résolution du Parlement européen sur l'association entre la C.E.E. et la Grèce*, 2 juin 1967 ; Pridham (G.), *Designing democracy. EU enlargement and regime change in post-communist Europe*, Palgrave McMillan, 2005, p.32.

408 *Acte portant élection des représentants au Parlement européen au suffrage universel direct*, annexé à la décision 76/87/CECA, CEE, Euratom du Conseil du 20 septembre 1976.

409 Neunreither (K.), *op.cit.*, pp.112-114.

410 Borrell Fontelles (J.), *op.cit.*, p.17.

411 Neunreither (K.), *op.cit.*, p.115 ; *Report on the implementation of the resolution of the Council and of the member states meeting in the Council on human rights, democracy and development*, Communication from the Commission to the Council and the European Parliament, 28 novembre 1991, SEC(92) 1915 final, B.9.

412 *L'Union européenne et les aspects extérieurs de la politique des droits de l'Homme : de Rome à Maastricht et au-delà*, Communication de la Commission au Conseil et au Parlement européen, 22 novembre 1995, COM(95) 567 final, §83.

européen dans la région de l'OSCE s'accentua par la suite puisque dix-huit missions y furent organisées entre 1995 et 2000 dans onze pays. A l'instar de la Commission européenne, le rôle du Parlement en matière électorale au cours de cette période d'apprentissage, ne fut guère systématisé et consista plutôt en une série de réponses *ad hoc* à des invitations. Il fallut attendre le début des années 2000, soit une dizaine d'années, pour que se mette en place un début de cadre explicitant les conditions et la nature d'une implication de l'institution.

B. Une régularisation des interventions du Parlement européen

C'est seulement en 2001, avec l'adoption d'une résolution faisant suite à la *Communication de la Commission sur les missions d'assistance et d'observation électorales*[413], que le Parlement fit un premier pas significatif en direction d'une codification de ses activités électorales[414]. Il proposa diverses mesures en vue d'un encadrement clair de son rôle d'observateur, notamment la création d'un Groupe de coordination des élections par une décision de la Conférence des Présidents du 8 novembre 2001. Quatre nouvelles années s'écoulèrent avant que soient adoptées par la Conférence des Présidents les premières *Dispositions d'exécution régissant les missions d'observation électorale du Parlement*[415]. Ce document exposa brièvement le mandat et la composition du Groupe de coordination des élections, la procédure et les critères pour le déploiement d'une délégation d'observateurs et les activités de cette dernière. Néanmoins, ces dispositions furent rapidement complétées par des *Lignes directrices sur les délégations d'observateurs électoraux du Parlement* explicitant davantage le déroulement de la phase préparatoire à l'envoi d'une mission et le programme suivi par la délégation une fois sur le terrain[416]. Ces deux textes furent finalement réunis et mis à jour en 2009 à la faveur de l'adoption d'une version plus aboutie des dispositions d'exécution[417], prenant également en compte la *Déclaration de principes relative à l'observation internationale d'élections* et le *Code de bonne conduite à l'usage des observateurs*

---

[413] *Communication de la Commission sur les missions d'assistance et d'observation électorales de l'UE*, 11 avril 2000, COM(2000) 191 final.

[414] *Résolution du Parlement européen sur la communication de la Commission sur les missions d'assistance et d'observation électorales de l'Union Européenne*, 15 mars 2001, (2001)0060, §11 à 29 ; *Rapport du Parlement européen sur la communication de la Commission sur les missions d'assistance et d'observation électorales de l'UE*, 14 février 2001, A5-0060/2001.

[415] PE, *Dispositions d'exécution concernant les délégations d'observation des élections*, Décision de la Conférence des Présidents, 12 mai 2005.

[416] PE, *Guidelines for EP Election Observation Delegations*, Décision de la Conférence des Présidents, 8 juin 2006.

[417] PE, *Dispositions d'exécution concernant les délégations d'observation des élections*, Décision de la Conférence des Présidents, 10 décembre 2009.

électoraux internationaux[418] adoptés sous l'égide de l'ONU le 27 octobre 2005 et approuvés par le Parlement européen le 16 mai 2007. Enfin, plus largement, ses délégations d'observateurs sont soumises aux *Dispositions d'exécution régissant les travaux des délégations* entérinées par la Conférence des Présidents[419].

Aux termes de l'article 1er des *Dispositions régissant les missions d'observation électorale* du Parlement européen, celles-ci poursuivent les objectifs classiques de renforcement de la légitimité des consultations populaires, d'accroissement de la confiance de la population à l'égard des processus électoraux et, le cas échéant, de participation à la résolution des conflits ou à la stabilisation post-conflictuelle. Bien que le pouvoir décisionnel appartienne en dernier ressort à la Conférence des Présidents, l'instance centrale en matière d'observation électorale au sein du Parlement est le Groupe de coordination des élections, chargé de superviser l'ensemble des aspects relatifs à la planification, à l'organisation et à l'évaluation des missions. La composition de ce Groupe est soumise à des règles strictes puisqu'il doit comprendre treize membres issus des différents groupes politiques du Parlement européen, proportionnellement à leur importance respective, et appartenant à divers commissions et délégations[420]. Le Groupe est codirigé par les Présidents de la Commission des Affaires Etrangères et de la Commission du Développement.

La planification des missions est effectuée sur une base semestrielle, à raison de 5 missions environ par tranche de six mois, avec la possibilité de prévoir deux missions supplémentaires par an en cas de circonstances exceptionnelles[421]. Toutes les missions du Parlement doivent être associées à des missions d'observation électorale de long terme déployées par le BIDDH (ou par l'UE en dehors de la région de l'OSCE), tout en maintenant leur indépendance de jugement et leur capacité à agir en tant qu'institution politique[422]. Le Parlement européen est en effet spécialisé dans l'observation de court terme et ses déplacements durent rarement plus d'une semaine. Une délégation compte généralement sept députés européens auxquels s'ajoutent des représentants du Secrétariat général et des groupes politiques. Les

---

418 *Déclaration de principes relative à l'observation internationale d'élections et Code de bonne conduite à l'usage des observateurs électoraux internationaux*, Commémoration à l'Organisation des Nations Unies, 27 octobre 2005.

419 PE, *Dispositions d'exécution régissant les travaux des délégations*, Décision de la Conférence des Présidents, 21 septembre 2006.

420 PE, *Dispositions d'exécution concernant les délégations d'observation des élections*, Décision de la Conférence des Présidents, 10 décembre 2009, art.2 ; Youngs (R.) (dir.), *Survey of European Democracy Promotion Policies 2000-2006*, FRIDE, 2006, pp.60-61.

421 PE, *Dispositions d'exécution concernant les délégations d'observation des élections, op.cit.*, art.3.

422 *Ibid.*, art.7. Voir aussi : *Résolution du Parlement européen sur le renforcement de l'OSCE – un rôle pour l'Union*, 11 novembre 2010, 2010/399, §21.

parlementaires sont tenus de participer pleinement à l'ensemble des travaux de la délégation et de respecter le Code de conduite annexés aux dispositions d'exécution adoptées en 2009[423]. Enfin, il convient de préciser qu'à la différence du Conseil de l'Europe et de l'OSCE, l'UE n'a pas élaboré de document pouvant faire office de cadre normatif lors des missions du Parlement européen. Ce dernier fonde donc ses évaluations sur les textes adoptés par l'ONU et par ses partenaires habituels[424].

Si la taille des délégations du Parlement européen est limitée par rapport aux principaux contingents d'observateurs parlementaires, issus de l'AP-OSCE et de l'APCE, l'institution apporte tout le poids politique et économique de l'UE. De plus, à la différence des autres organes parlementaires participant aux MIOE, le Parlement peut se targuer d'être une assemblée composée exclusivement de parlementaires élus dans le cadre de scrutins respectant les normes électorales internationales, conférant ainsi au message qu'ils délivrent une crédibilité et une autorité incomparables. Entre 2000 et 2010, il envoya trente-deux délégations dans treize pays (y compris le Kosovo) de la région de l'OSCE. A la différence de l'APCE et des deux institutions de l'OSCE, le Parlement européen n'a jamais observé de scrutin se déroulant au sein de l'un de ses États membres, bien qu'il en ait eu la possibilité lors des élections législatives en Bulgarie du 5 juillet 2009 du fait de la présence du MIOE[425]. Ces dernières années, l'activité du Parlement s'est principalement accrue en dehors de la région étudiée, en lien avec la hausse du nombre de MOE-UE.

§4. L'Assemblée Parlementaire de l'OTAN, acteur occasionnel

L'Assemblée Parlementaire de l'Organisation du Traité de l'Atlantique Nord (AP-OTAN) est certainement l'acteur le moins impliqué dans le domaine de l'observation des élections dans la région de l'OSCE, comme l'illustrent le faible nombre de missions déployées et la taille réduite de ses délégations. Créée en 1955 et dénommée Assemblée de l'Atlantique Nord jusqu'en 1999, l'AP-OTAN est une organisation interparlementaire entièrement indépendante de l'OTAN mais constituant un lien entre les parlements nationaux et l'Alliance[426]. L'institution regroupe des parlementaires issus des vingt-huit États membres et des quatorze États associés, ces derniers ne disposant pas de droit de vote au sein de l'AP-

[423] PE, *Dispositions d'exécution concernant les délégations d'observation des élections, op.cit.*, art.6.
[424] *Compendium of International Standards for Elections,* 2e éd., Commission européenne et NEEDS, 2007.
[425] *Republic of Bulgaria, Parliamentary elections, 5 July 2009, OSCE/ODIHR Limited Election Observation Mission Final Report*, 30 septembre 2009, p.3.
[426] *Manuel de l'OTAN*, Bureau de l'information et de la presse de l'OTAN, 2001, p.413.

OTAN. Tous les pays concernés sont également membres de l'OSCE et l'ensemble des États participants de la CEI sont représentés au sein de l'AP-OTAN. Les 257 parlementaires sont désignés « *selon une procédure propre à chaque pays et garantissant que la composition de la délégation reflète la répartition des forces politiques au sein du parlement national* »[427]. La gestion des affaires relatives à l'observation électorale est du ressort de la Sous-commission pour la gouvernance démocratique qui dépend de la Commission sur la dimension civile de la sécurité. Cette dernière est notamment compétente pour traiter des questions de démocratie, de bonne gouvernance et de primauté du droit, ainsi que de libertés publiques, libertés fondamentales, droits de l'Homme et protection des minorités.

L'AP-OTAN déploya sa première mission d'observation électorale en Bosnie-Herzégovine, à l'occasion des élections générales tenues les 12 et 13 septembre 1998. Depuis, l'institution ne s'impliqua jamais de façon régulière dans le domaine de la surveillance électorale, ne dépêchant qu'une dizaine de délégations au total. Les scrutins observés se sont tous déroulés dans la région de l'OSCE, à l'exception des élections législatives et locales de 2005 en Afghanistan[428]. Avec quatre missions reçues, l'Ukraine fut de loin le pays le plus souvent observé par l'AP-OTAN. En règle générale, les délégations de l'institution sont de taille réduite, moins de dix membres (sauf lors de l'élection présidentielle ukrainienne de 2010[429]), et sont intégrées à des MIOE. L'AP-OTAN ne produit pas de rapports détaillés à la suite de ses déplacements mais endosse les conclusions du BIDDH et de ses partenaires habituels.

Section 3. L'observation électorale par la Communauté des États Indépendants ou la provocation comme raison d'être

Organisation récente ayant choisi depuis moins d'une décennie de s'impliquer de façon régulière dans l'observation électorale (§1), le CEI se caractérise principalement par son attitude provocatrice et agressive vis-à-vis des autres institutions et en particulier du Bureau de Varsovie (§2).

§1. Une implication récente de la CEI en matière d'observation électorale

La CEI est profondément marquée par son statut ambigu d'« héritière » de l'URSS dont elle regroupe, ou a regroupé, la majorité des ex-

[427] *Règlement de l'Assemblée parlementaire de l'OTAN*, 2009, 141 GEN 09 F rév. 1, Préambule.
[428] *Rapport de la mission d'observation électorale en Afghanistan*, 17-21 septembre 2005.
[429] *L'Assemblée parlementaire de l'OTAN participe à une mission d'observation électorale en Ukraine*, Communiqué de presse, 14 janvier 2010.

Républiques, mais sur une base volontaire cette fois (A). À partir de 2002, l'organisation décida d'adopter le cadre juridique et institutionnel nécessaire à une intensification de ses activités de contrôle électoral (B).

A. L'URSS pour héritage

Le 8 décembre 1991 à Minsk, après avoir entériné la disparition officielle de « *l'URSS en tant que sujet de droit international et réalité géopolitique* »[430], les chefs d'États russe, ukrainien et biélorusse signèrent l'acte de création d'une nouvelle entité internationale basée à dans cette même ville, la Communauté des États Indépendants (CEI). Les trois membres fondateurs furent rapidement rejoints, à la suite de la signature du *Protocole d'Alma-Ata* le 21 décembre 1991, par huit autres États (Arménie, Azerbaïdjan, Kazakhstan, Kirghizstan, Moldavie, Ouzbékistan, Tadjikistan et Turkménistan)[431]. En 1993, avec l'adhésion de la Géorgie, la CEI réunissait l'ensemble des ex-Républiques soviétiques à l'exception des trois États Baltes. Toutefois, cette même année, l'Ukraine et le Turkménistan refusèrent de signer la *Charte de la CEI* adoptée le 22 janvier à Minsk, limitant leur statut à celui d'État participant. Ainsi, dès les premières années, on constate que « *les relations interétatiques qui se sont tissées dans le cadre de la Communauté sont multiformes et asymétriques, et* [que] *leur clarté juridique laisse grandement à désirer* »[432]. En 2005, le Turkménistan distendit davantage ses liens avec l'entité en optant pour le statut d'État associé[433] et l'année suivante, en réaction à la Deuxième Guerre d'Ossétie du Sud[434], la Géorgie se retira de la CEI[435]. En conséquence, celle-ci ne compte plus que neuf États membres à part entière.

Dépourvue de personnalité juridique internationale aux termes de ses instruments constitutifs, la CEI n'est pas une Organisation internationale au sens strict. Il s'agirait plutôt d'un « *club de chefs d'État méfiants, contraints ou sceptiques, souvent en conflit les uns avec les autres, et engagés dans*

---

[430] Light (M.), « La galaxie CEI 1991-2006 », *Le Courrier des Pays de l'Est*, n°1055, 2006, p.22. Voir aussi : Hazard (I.), « La CEI : Une union en panne ? (1991-1999) », *in* Berton-Hogge (R.) et Crosnier (M.-A.) (dir.), *Les pays de la CEI*, La Documentation Française, 1999, pp.13-35 ; Voitovich (S.A.), « The Commonwealth of Independent States: An emerging institutional model », *EJIL*, Volume 4, n°3, 1993, pp.403-417 ; Yakemtchouk (R.), « La Communauté des États Indépendants : CEI », *AFDI*, Volume 41, 1995, pp.245-280.
[431] Clines (F.X.), « The end of the Soviet Union; 11 soviet states form Commonwealth without clearly defining its powers », *The New York Times*, 22 décembre 1991.
[432] Yakemtchouk (R.), *op.cit.*, p.251.
[433] Kramer (M.), « Russian policy toward the Commonwealth of Independent States. Recent trends and future prospects », *Problems of Post-Communism*, Volume 55, n°6, 2008, p.4.
[434] Voir notamment : Vinet (G.), « L'OSCE et la crise du Caucase de l'été 2008 », *Revue Défense Nationale*, n°1, 2009, pp.27-35.
[435] Kramer (M.), *op.cit.*, p.3.

d'autres coalitions à géométrie variable »[436]. L'architecture institutionnelle de la CEI repose sur le Conseil des Chefs d'État, son organe suprême, auquel sont subordonnés le Conseil des Chefs de gouvernement, le Conseil des ministres des affaires étrangères, l'Assemblée interparlementaire et le Comité exécutif. Néanmoins, « [a]*ucune de ces instances ne dispose de pouvoirs supranationaux : les décisions sont prises par consensus et elles n'ont aucun caractère contraignant pour les États membres* »[437]. Si « *ce sont les relations économiques entre la Russie et ses partenaires de la C.E.I. qui constituent la principale raison d'être* »[438] de l'entité, des efforts de coopération en matière politique sont perceptibles, notamment dans le domaine de l'observation internationale des élections[439]. A cet égard, deux organes, le Comité exécutif et l'Assemblée interparlementaire (AP-CEI) tiennent un rôle prépondérant[440].

Cette dernière fut créée le 27 mars 1992 par l'*Accord d'Alma-Ata* en tant qu'organe consultatif pour la préparation d'actes législatifs. Puis, elle acquit le statut d'organe interétatique de premier plan au sein du système institutionnel de la CEI avec la signature le 26 mai 1995 de la *Convention sur l'Assemblée interparlementaire des États membres de la CEI*, entrée en vigueur le 16 janvier 1996. Basée à Saint-Pétersbourg (article 18) où elle tient au moins deux sessions plénières par an (article 5), l'AP-CEI est composée de délégations de députés élus ou nommés par les parlements des États membres de la CEI (article 3). L'organe suprême de l'institution est le Conseil, composé des chefs des différentes délégations parlementaires et dirigé par un Président élu chaque année (article 9). La tâche principale de l'AP-CEI consiste à discuter et examiner les projets d'intérêt commun, notamment dans le domaine de la convergence et l'harmonisation des législations nationales, à travers l'adoption de modèles d'actes législatifs et de recommandations (article 4).

B. Un cadre obscur en matière d'observation électorale

La quantité d'informations disponible sur les activités d'observation électorale de la CEI est inversement proportionnelle à l'ampleur de la volonté de nuisance dont elles procèdent[441]. Il convient néanmoins de tenter de présenter les grandes lignes du mécanisme instauré. Au sein de l'AP-CEI,

---

436 Lavigne (M.), « C.E.I. (Communauté des États Indépendants) », *Encyclopædia Universalis*. (www.universalis.fr/encyclopedie/communaute-des-etats-independants).

437 Light (M.), *op.cit.*, p.14.

438 Lavigne (M.), *op.cit.*

439 Gorovoi (V.), « CIS Election Observer Missions in Commonwealth States », *International Affairs*, Volume 52, n°2, 2006, pp.79-87.

440 AP-CEI, *Déclaration sur les principes relatifs à l'observation des élections et référendums dans les États participants de la CEI*, 25 novembre 2008, §2.

441 Voir *infra*, Partie 1, Titre 1, Chapitre 2.

l'encadrement de l'observation électorale est assuré par la Commission des affaires juridiques, l'une des différentes commissions permanentes que compte l'institution et qui s'est montrée particulièrement active dans ce domaine, ainsi que par un organe permanent en charge de l'observation électorale, créé en 2002. Par ailleurs, le Comité exécutif de la CEI, successeur du Secrétariat exécutif, s'avère également influent en matière d'observation électorale dans l'architecture institutionnelle de l'Organisation. La CEI emploie une méthodologie inspirée de celle du BIDDH, combinant observation de long et court termes. Ainsi, tandis que la Commission européenne décida, au début des années 2000, de ne plus déployer de mission au sein de la région de l'OSCE afin d'éviter tout chevauchement avec les activités du BIDDH, la CEI a manifestement fait le choix inverse.

Le Conseil des Ministres des affaires étrangères adopta le 26 mars 2004 un *Règlement relatif aux missions d'observation électorale de la CEI*, lequel constitue le document juridique central en la matière au sein de la CEI[442]. Aux termes de celui-ci, les missions sont coordonnées et organisées par le Comité exécutif qui doit rendre compte auprès du Conseil des chefs d'État. Les délégations d'observateurs, dirigées par le directeur du Comité exécutif, sont issues de sources diverses : officiels des États membres, membres de l'Assemblée interparlementaire, de l'Assemblée parlementaire de l'Union de la Russie et de la Biélorussie, du Comité exécutif et de l'Organisation du traité de sécurité collective[443].

À partir de la première mission d'observation électorale, déployée par l'AP-CEI au cours des élections législatives de 1994 au Kazakhstan, cette activité ne fut pratiquée que de manière épisodique pendant près d'une décennie. Sur décision du Conseil des chefs d'État à Minsk, une mission fut envoyée en 2001 lors de l'élection présidentielle en Biélorussie[444]. Une seule mission fut également dépêchée l'année suivante, à l'occasion des élections législatives ukrainiennes, mais il fut décidé d'encadrer cette nouvelle activité. Le 7 octobre 2002, le Sommet de la CEI adopta la *Convention sur les normes en matière d'élections démocratiques, et les droits et libertés fondamentaux dans les États membres de la CEI*[445]. Puis, en avril 2004, conformément à l'article 21 de cette dernière, fut créé le Conseil électoral interétatique[446]. Il s'agit d'un organe collégial supranational spécialisé, basé

---

442 *Regulations about CIS observation missions for presidential and parliamentary elections, as well as referenda in Member States in the CIS, Approved by the Council of Ministers of Foreign Affairs of the CIS*, 26 mars 2004.
443 Gorovoi (V.), *op.cit.*, pp.79-80.
444 *Ibid.*, p.79.
445 Voir *infra*, Partie 1, Titre 2, Chapitre 1.
446 « *Межгосударственном Избирательном Совете* ». Voir : AP-CEI, Résolution n°23-7, *Projet de règlement du Conseil électoral interétatique de la CEI*, 17 avril 2004.

à Moscou et conçu pour faciliter la conduite de l'observation électorale au sein de la CEI. Il interagit principalement avec le Comité exécutif et l'AP-CEI. Il est composé de membres des commissions électorales centrales des États participants de la CEI. Outre une mission consistant à suivre la préparation et la conduite des élections tenues dans les États membres à la lumière de la Convention de 2002 ainsi que l'élaboration de propositions et recommandations pour l'amélioration et l'harmonisation de la législation électorale des États parties à la Convention, ce Conseil organise et dirige les missions d'observation électorale déployée par la CEI.

Cela eut un effet immédiat sur la fréquence des missions puisque vingt-six scrutins furent observés entre 2003 et 2006[447] et une cinquantaine entre 2003 et 2010. Les observateurs de la CEI mettent en avant leur plus grande proximité culturelle et linguistique avec les populations des pays hôtes, mais les missions déployées ne se limitent pas toujours à la zone géographique de la CEI. L'Assemblée interparlementaire observa ainsi les élections présidentielle et législatives de 2000 en Yougoslavie, les élections locales de 2006 en Grande Bretagne et les élections législatives de 2007 et présidentielle de 2008 en Serbie.

En outre, par une résolution du 10 février 2006[448], l'AP-CEI créa en son sein un organe consultatif dénommé *Institut international pour le suivi du développement de la démocratie, du parlementarisme et des droits électoraux des citoyens des États participants de l'AP-CEI*[449]. Basé à Kiev et disposant de filiales à Bichkek et Bakou, cet institut est chargé de trois types d'activités. Tout d'abord, au plan analytique, il étudie l'état actuel et les perspectives de développement des institutions démocratiques, des structures et pratiques parlementaires et des législations électorales des États participants de l'AP-CEI. Il élabore également des recommandations pour la mise en conformité des droits électoraux nationaux avec les normes de droit international en la matière. Ensuite, au plan méthodologique, l'Institut assiste l'AP-CEI dans la préparation de documents relatifs à son domaine de compétence et fournit un soutien aux observateurs électoraux l'AP-CEI et aux missions d'observation de long-terme de la CEI en étudiant la préparation et organisation des élections. Enfin, au plan éducatif, il organise des cours et des programmes de formation à destination des observateurs

---

447 Gorovoi (V.), *op.cit.*, p.79.

448 AP-CEI, Résolution n°5, *Règlement de l'Institut international pour le suivi du développement de la démocratie, du parlementarisme et des droits électoraux des citoyens des États participants de l'AP-CEI*, 10 février 2006.

449 « *Международный институт мониторинга развития демократии, парламентаризма и соблюдения избирательных прав граждан государств — участников МПА СНГ* ».

électoraux des États de la CEI[450]. Dans ses différentes activités, l'Institut est tenu de suivre les principes dégagés par différentes conventions internationales, notamment la DUDH, le PIDCP, la CEDH, la Convention sur les droits électoraux de 2002 ou encore la *Convention des droits de l'Homme et des libertés fondamentales de la CEI* du 26 mai 1995.

§2. Une implication conflictuelle de ses États membres et les tentatives d'abaissement du BIDDH

Plusieurs États de la CEI, au premier rang desquels figurent la Russie et la Biélorussie, ont engagé une offensive visant à réformer l'OSCE et plus particulièrement à amoindrir les capacités d'observation électorale du BIDDH[451]. Certaines requêtes apparurent légitimes et furent prises en compte, notamment une meilleure représentation des nouveaux États membres au sein des missions (bien que la Russie, par exemple, n'ait accepté que tardivement de fournir des observateurs au BIDDH) et un accroissement des interventions dans les « anciennes démocraties ». Mais la plupart d'entre elles sont clairement destinées à museler le BIDDH et à détourner l'attention des graves irrégularités qui affectent les processus électoraux de ces pays. Ainsi, entre 2004 et 2011, plus d'une dizaine de documents et propositions de décision furent élaborés par différentes combinaisons d'États de la CEI en ce sens[452]. A une période marquée par un accroissement progressif des critiques à l'encontre du BIDDH (A),

---

450 Voir aussi : AP-CEI, Résolution n°32-7, *Activités de l'Institut international pour le suivi du développement de la démocratie, du parlementarisme et des droits électoraux des citoyens des États participants de l'AP CEI et ses filiales*, 14 mai 2009.

451 Fawn (R.), « Battle over the box: International election observation missions, political competition and retrenchment in the post-Soviet space », *International Affairs*, Volume 82, n°6, 2006, p.1133 ; Saari (S.), « European democracy promotion in Russia before and after the "colour" revolutions », *Democratization*, Volume 16, n°4, 2009, p.732.

452 Voir notamment : *Food for Thought Paper on OSCE Election Standards and Election Monitoring*, 27 octobre 2004, 27 October 2004, PC.DEL/1022/04 ; *Proposal for MC Decision on OSCE Election Standards and Election Monitoring*, 27 octobre 2004, PC.DEL/1023/04 ; *Draft Decision of the Permanent Council on Further Improvement of OSCE Election Standards and Election Monitoring*, 17 décembre 2004, PC.DEL/1225/04/Corr.1 ; *Food for thought Paper on Further Development of Election Monitoring and Assessment*, 18 novembre 2005, PC.DEL/1184/05 ; *Draft Decision on Elections*, 2 décembre 2005, PC.DEL/1218/05 ; *Questionnaire on OSCE/ODIHR Activities in the Field of Election Monitoring and Assessment*, 6 juillet 2006, PC.DEL/703/06 ; *Proposal for a Ministerial Council Decision on Strengthening and Furthering Election-Related Activities of the OSCE*, 4 décembre 2006, PC.DEL/1157/06 ; *Food for Thought Paper on Basic Principles for the Organization of OSCE Observation of National Elections*, 23 mai 2007, PC.DEL/458/07 ; *Draft Decision on OSCE/ODIHR Observation of National Elections*, 18 septembre 2007, PC.DEL/898/07 ; *Organization of the OSCE/ODIHR Observation of National Elections, Food-for-thought Paper for the Corfu Process*, 15 avril 2010, PC.DEL/241/10/Corr.1 ; *Proposal on a Draft MC Decision on the OSCE Observation of National Elections*, 23 novembre 2011, PC.DEL/1051/11/Rev.2.

succédèrent plusieurs années de tensions exacerbées (B), suivies d'un relatif apaisement (C).

A. Les premières critiques (1999-2003)

Les tensions débutèrent en 1999, année « *marquée par une série de crises qui condui*[sirent] *à une détérioration des relations entre la Russie et une grande partie du monde occidental* »[453]. Il s'agit principalement de l'intervention de l'OTAN au Kosovo, à laquelle la Russie fut opposée, et de la reprise de la guerre menée par cette dernière en Tchétchénie, qui suscita nettement plus de critiques au plan international que la campagne de 1994[454]. A cela s'ajoutèrent un mouvement d'élargissement de l'OTAN en Europe de l'Est, zone d'influence traditionnelle de la Russie, ainsi que le rôle majeur joué par celle-ci dans la perpétuation des « conflits gelés » au Haut-Karabagh, en Ossétie du Sud et en Transnistrie[455]. Le Sommet des Chefs d'État et de Gouvernement de l'OSCE, tenu à Istanbul en novembre 1999, s'ouvrit donc sous de mauvais auspices, mais les États parvinrent tout de même à trouver un compromis pour l'adoption d'une *Charte de Sécurité Européenne*, bien que grandement affaiblie[456]. La Russie s'engagea à retirer ses troupes stationnées en Moldavie et à réduire sa présence militaire en Géorgie en échange de l'absence de condamnation des exactions commises par l'armée russe en Tchétchénie[457]. Mais avec l'arrivée au pouvoir de Vladimir Poutine le mois suivant, la Russie passa d'une politique de négociation avec l'OSCE à une confrontation directe[458] et l'existence d'un « *malaise russe* »[459] devint claire. Lors de la réunion du Conseil ministériel organisée à Vienne en novembre 2000, la Russie refusa de souscrire à une

---

[453] Romer (J.-C.), « De l'URSS et la CSCE à la Russie et l'OSCE », *in* Chétail (V.) (dir.), *Conflits, sécurité et coopération. Liber Amicorum Victor-Yves Ghebali*, *op.cit.*, p.470

[454] Ghebali (V.-Y.), « La crise tchétchène devant l'OSCE », *Revue Défense Nationale*, n°5, 1995, pp.93-102.

[455] Ghebali (V.-Y.), « The OSCE at a crossroad: The difficulty of overcoming Russian-related dilemmas », *in* Ghebali (V.-Y.), Warner (D.) et Gimelli (B.) (dir.), *The future of the OSCE in the perspective of the enlargements of NATO and the EU*, *op.cit.*, pp.17 et s.

[456] Voir : Colard-Fabregoule (C.), « La Charte de sécurité européenne de l'OSCE », *AFRI*, Volume 4, 2003, pp.148-160 ; Ghebali (V.-Y.), « La Charte de l'OSCE sur la sécurité européenne », *Revue Défense Nationale*, n°2, 2000, pp.45-55.

[457] *Déclaration du Sommet d'Istanbul, Document d'Istanbul*, 18 et 19 novembre 1999.

[458] Ghebali (V.-Y.), « Growing pains at the OSCE: The rise and fall of Russia's pan-European expectations », *Cambridge Review of International Affairs*, Volume 18, n°3, 2005, p.379. Voir aussi : Ghebali (V.-Y.), « The reform of the OSCE : Hurdles and opportunities for a new relevance », *in* Ghebali (V.-Y.) et Warner (D.) (dir.), *The reform of the OSCE 15 years after the Charter of Paris for a New Europe: Problems, challenges and risks*, PSIO Occasional Paper 2006, pp.57 et s. ; Zellner (W.), « Russia and the OSCE: From high hopes to disillusionment », *Cambridge Review of International Affairs*, Volume 18, n°3, 2005, p.389.

[459] Ghebali (V.-Y.), « L'OSCE face aux critiques de la Russie de Vladimir Poutine », *Revue Défense Nationale*, n°630, 2001, pp.49.

déclaration ministérielle commune et critiqua sévèrement l'OSCE sur plusieurs points[460]. Il fut notamment reproché à l'Organisation d'accorder une importance démesurée à la dimension humaine par rapport aux autres domaines de coopération. En lien avec ce grief, la Russie estima que le BIDDH bénéficiait d'une autonomie excessive et qu'il appliquait des standards de contrôle en matière électoral plus stricts à l'égard des États situés à « l'Est de Vienne », ignorant leurs spécificités culturelles. S'il est vrai que le personnel des missions d'observation électoral du Bureau de Varsovie était en trop grande partie issu des pays occidentaux à cette époque, la remise en cause de son impartialité et de sa marge de manœuvre apparu largement exagérée[461].

Trois ans plus tard, la réunion du Conseil ministériel à Maastricht, en décembre 2003, se tint également dans un contexte défavorable. Ce dernier résulta de la « révolution des Roses » survenue en Géorgie, laquelle entraîna l'annulation partielle d'élections législatives frauduleuses et la démission du Président Edouard Chevardnadze[462], et des critiques émises par le BIDDH quant à la régularité du référendum organisé en Tchétchénie le 23 mars 2003[463] et des élections législatives russes du 7 décembre suivant[464]. Si la Russie refusa de souscrire à la Déclaration commune rappelant l'engagement pris en 1999 à Istanbul de retirer ses troupes de Moldavie et de Géorgie[465], les États participants adoptèrent néanmoins, comme l'année précédente[466], une décision réaffirmant leurs engagements en matière électorale et leur volonté de travailler avec le BIDDH pour en assurer le respect[467]. Mais la discorde se focalisa de nouveau sur les activités de surveillance électorale du Bureau de Varsovie lorsque la délégation russe auprès de l'OSCE fit une déclaration au nom de neuf États de la CEI (Arménie, Biélorussie,

---

460 *Huitième réunion du Conseil ministériel*, 27 et 28 novembre 2000, Vienne, MC.DOC/2/00.

461 Ghebali (V.-Y.), « Growing pains at the OSCE: The rise and fall of Russia's pan-European expectations », *op.cit.*, pp.379 et s.

462 *Georgia, Parliamentary elections, 2 November 2003, OSCE/ODIHR Election Observation Mission Report, Part 1*, 28 janvier 2004, §I ; « Georgia: What now? », *Europe Report n°151*, International Crisis Group, 3 décembre 2003, pp.6 et s.

463 *Russian Federation, Chechen Republic Referendum, 23 March 2003, Joint Assessment Mission, OSCE/ODIHR Preliminary Statement*, 3 mars 2003.

464 *Russian Federation, Elections to the State Duma, 7 December 2003, OSCE/ODIHR Election Observation Mission Final Report*, 27 janvier 2004. Voir aussi : APCE, *Commission* ad hoc *sur l'observation des élections législatives en Fédération de Russie (7 décembre 2003)*, 22 janvier 2004, Doc.10032 ; *Résolution du Parlement européen 2006/0026 sur la situation en Tchétchénie après les élections et la société civile en Russie*, 19 janvier 2006.

465 *Onzième réunion du Conseil ministériel*, 1er et 2 décembre 2003, Maastricht, MC.DOC/1/03, pp.99-105 et 115. Voir aussi : Socor (V.), « The OSCE and the lessons of Maastricht », *Wall Street Journal Europe*, 5 décembre 2003.

466 *Engagements en matière d'élections*, MC(10).DEC/7, *Dixième réunion du Conseil ministériel*, 6 et 7 décembre 2003, Porto, MC.DOC/1/02, p.48.

467 MC.DEC/5/03, *Onzième réunion du Conseil ministériel*, 1er et 2 décembre 2003, Maastricht, MC.DOC/1/03, p.87.

Kazakhstan, Kirghizstan, Moldavie, Ouzbékistan, Russie, Tadjikistan et Ukraine) au cours de la réunion du Conseil permanent de juillet 2004. Le BIDDH fut encore vivement critiqué et notamment accusé une nouvelle fois d'appliquer un double standard en ne déployant des missions d'observation électorale que dans certains pays, ceux d'Europe centrale et orientale, du Caucase et d'Asie centrale[468]. Ces critiques furent réitérées aux mois de juillet et septembre suivants par plusieurs États de la CEI au cours de réunions de cette Organisation, respectivement à Moscou[469] et à Astana[470]. En novembre 2004, Sergueï Lavrov, Ministre russe des Affaires étrangères, précisa ses griefs dans un article de presse en forme de réquisitoire contre le BIDDH. Il avança que la dimension humaine, et spécifiquement l'observation électorale, avait acquis une place disproportionnée au sein de l'OSCE au détriment des deux autres « corbeilles ». Il dénonça également un déséquilibre géographique, estimant à tort que des missions d'observation étaient uniquement déployées « à l'Est de Vienne », et une récupération politique de ces missions par les États occidentaux[471].

B. L'exacerbation des tensions (2004-2008)

La survenance de la « révolution orange » en Ukraine à la fin de l'année 2004 contribua à exacerber davantage les tensions lors du Conseil ministériel de Sofia[472]. Le Ministre russe critiqua de nouveau une politisation des activités électorales du BIDDH, en se référant notamment aux missions d'observation déployées cette année-là en Ukraine et en Biélorussie[473]. Pourtant, en signe de bonne volonté, il fut décidé de « *créer un groupe de personnes éminentes sur le renforcement de l'efficacité de l'OSCE* », chargé d'« *examin*[er] *l'efficacité de l'Organisation, de ses organes et de ses*

---

468 Tomiuc (E.), « OSCE: Several CIS States rebuke democracy watchdog », *Radio Free Europe / Radio Liberty*, 9 juillet 2004.

469 Bloed (A.), « CIS Presidents attack the functioning of the OSCE », *Helsinki Monitor*, Volume 15, n°3, 2004, pp.220-225.

470 *Appel des États membres de la CEI aux partenaires de l'OSCE*, Astana, 15 septembre 2004 (*Обращение Государств - Участников СНГ к Партнерам по ОБСЕ*) ; Bloed (A.), « CIS countries continue to push for a reform of the OSCE », *Helsinki Monitor*, Volume 15, n°4, 2004, p.299.

471 Lavrov (S.), « Reform will enhance the OSCE's relevance », *Financial Times*, 29 novembre 2004, p.19.

472 De Bresson (H.), « La crise ukrainienne provoque la colère de Moscou contre l'OSCE », *Le Monde*, 8 décembre 2004 ; Balian (H.), « ODIHR's election work: Good value? », *Helsinki Monitor*, Volume 16, n°3, 2005, p.283.

473 De Bresson (H.), « Américains et Russes haussent le ton à l'issue de la conférence de l'OSCE, à Sofia », *Le Monde*, 9 décembre 2004 ; O'Rourke (B.), « OSCE: Blunt Russian criticism raises specter of crisis », *Radio Free Europe / Radio Liberty*, 8 décembre 2004 ; Socor (V.), « Is the OSCE still alive? », *Wall Street Journal Europe*, 5-7 novembre 2004 ; Zagorski (A.), « Make the OSCE institution less dependant on politics, not more », *Helsinki Monitor*, Volume 16, n°3, 2005, p.209.

structures, et [de fournir] *une évaluation compte tenu des défis à relever* », dans le but « *d'insuffler un élan nouveau au dialogue politique et d'élaborer une vision stratégique pour l'Organisation au XXIe siècle* »[474]. Mais la Déclaration du Président en exercice, qui souligna que la plupart des ministres s'étaient « *félicités de la volonté du peuple ukrainien de vivre dans une société libre, ouverte et démocratique* », avaient « *invité toutes les parties et institutions en Ukraine à coopérer pleinement à la mise en œuvre de la décision de la Cour suprême en date du 3 décembre 2004 et à veiller à ce que la répétition du second tour de l'élection présidentielle reflète la volonté du peuple ukrainien* », et qu'ils avaient « *encouragé les États participants à mettre à la disposition du BIDDH de l'OSCE toutes les ressources nécessaires* »[475], rencontra une nouvelle fois l'opposition de la délégation russe. Celle-ci regretta que les critiques émises au cours de l'année « *n'aient pas recueilli l'attention voulue* ». De façon plus inquiétante, la partie russe ajouta « *que, compte tenu des dérives thématiques et géographiques qui persistent dans les activités de l'Organisation et de la pratique généralisée de "deux poids, deux mesures", la question de l'utilité de l'OSCE et de sa capacité à répondre de manière appropriée aux défis modernes et à satisfaire aux intérêts et aux besoins réels des États participants se pos*[ait] *avec plus d'acuité que jamais* »[476].

L'offensive russe contre le BIDDH se poursuivit dès le mois de janvier 2005 lorsqu'au cours d'une réunion du Conseil permanent, le rôle d'arbitre objectif supranational en matière électorale de l'institution fut qualifié d'hypocrisie politique flagrante[477]. Des allégations similaires furent émises trois mois plus tard par le directeur de la Commission électorale centrale de Russie lors d'une *Réunion supplémentaire sur la dimension humaine*, pourtant destinée à apaiser les tensions, et une révision des standards électoraux contenus dans le *Document de Copenhague* fut demandée[478]. L'avènement d'une nouvelle « révolution de couleur », au Kirghizstan cette fois[479], mais aussi le massacre d'Andijan en Ouzbékistan[480], n'aidèrent pas à

---

474 *Création d'un groupe de personnes éminentes sur le renforcement de l'efficacité de l'OSCE*, MC.DEC/16/04, 7 décembre 2004.

475 Déclaration de Passy (S.), Président en exercice de l'OSCE, à la troisième séance plénière de la douzième Réunion du Conseil ministériel de l'OSCE, *Douzième réunion du Conseil ministériel*, 6 et 7 décembre 2004, Sofia, MC.DOC/1/04, §8.

476 Déclaration de la délégation de la Fédération de Russie, Douzième réunion du Conseil ministériel, *ibid.*, p.77.

477 Statement by Mr. Alexey N. Borodavkin, Permanent representative of the Russian federation, at the meeting of the OSCE Permanent Council, 13 janvier 2005, PC.DEL/3/05.

478 *Supplementary Human dimension meeting on Challenges of election technologies and procedures*, Final report, Vienne, 21-22 avril 2005, PC.SHDM.GAL/5/05, p.26-30.

479 « Kyrgyzstan: After the revolution », *Asia Report n°97*, International Crisis Group, 4 mai 2005, pp.2 et s.

480 Voir notamment : *Preliminary findings on the events in Andijan, Uzbekistan, 13 May 2005*, OSCE-BIDDH, 20 juin 2005 ; Boumghar (M.), « Les enjeux de la dimension

calmer la situation, bien que le directeur du BIDDH, en réponse aux allusions faites par la Russie, souligna que le Bureau de Varsovie n'avait en aucun cas causé, promu ou facilité lesdites révolutions[481]. D'autant que quelques semaines auparavant fut publié le rapport du groupe de personnes éminentes demandé à Sofia. Dans son introduction, le document indiqua clairement que son élaboration procédait des critiques émises par certains États membres de la CEI, notamment dans l'« Appel d'Astana », relatives à l'existence d'un double standard, d'un déséquilibre entre les trois dimensions de l'OSCE et d'une focalisation excessive sur les pays situés à l'« est de Vienne »[482]. Dans la partie concernant les activités relevant de la dimension humaine, après avoir insisté sur l'expérience et l'expertise du BIDDH en matière d'observation et d'assistance électorales, le rapport recommanda de développer davantage des critères et une méthodologie assurant la transparence, l'objectivité et le professionnalisme, ainsi qu'une approche garantissant une égalité de traitement entre tous les États participants[483].

Au cours d'une réunion d'experts organisée par le BIDDH à Moscou au mois de novembre 2005[484], un document sur le développement ultérieur de l'observation et de l'évaluation électorales fut distribué aux participants à l'initiative de six pays de la CEI (Arménie, Biélorussie, Kazakhstan, Kirghizstan, Russie et Tadjikistan)[485]. Ce document proposa certaines réformes intéressantes, notamment une diversification accrue de la composition des missions, l'amélioration de la formation des observateurs ou l'utilisation du russe comme seconde langue de travail lors des déploiements dans des pays de la CEI. Mais il envisagea également des réformes qui entraîneraient un affaiblissement certain du BIDDH, telle la nomination des chefs de mission par le Président en exercice de l'OSCE. Les discussions pendant le Conseil ministériel de Ljubljana furent moins tendues que l'année précédente mais pour la troisième fois consécutive, aucune

---

humaine », *op.cit.*, pp.90-92 ; « Uzbekistan : The Andijon uprising », *Asia Briefing n°38*, International Crisis Group, 25 mai 2005.

481 Discours de Strohal (C.), *30 years of Helsinki process : The contribution of the OSCE in a changing world*, Vienne, 20 juillet 2005, p.6. Voir aussi : Balian (H.), « L'OSCE et les élections », *in* Vettovaglia (J.-P.) (dir.) *et al.*, *Démocratie et élections dans l'espace francophone. Prévention des crises et promotion de la paix. Volume II*, Bruylant, 2010, pp.673-674.

482 *Common purpose. Towards a more effective OSCE*, Final report and recommendations of the Panel of Eminent Persons on Strengthening the Effectiveness of the OSCE, 27 juin 2005, p.5.

483 *Ibid.*, §24.

484 *OSCE/ODIHR Expert meeting on election observation*, Summary report, Moscou, 22-23 novembre 2005.

485 *Food for thought Paper on Further Development of Election Monitoring and Assessment*, 18 novembre 2005, PC.DEL/1184/05.

déclaration commune ne put être adoptée à l'issue de la réunion[486]. Dans une *Décision sur le renforcement de l'efficacité de l'OSCE*, il fut demandé au BIDDH, « *en prenant en considération les questions posées par les États participants et en y répondant, en étroite concertation avec ces derniers* », de produire un rapport relatif à « [la] *mise en œuvre des engagements existants* », à « [de] *possibles engagements supplémentaires* », aux « *moyens de renforcer et d'encourager ses activités dans le domaine électoral* » et au « *renforcement de l'efficacité de son assistance aux États participants* »[487].

Le rapport demandé au BIDDH fut présenté lors du Conseil ministériel de Bruxelles de 2006[488]. Le document, très détaillé, prit en compte certaines demandes des États contestataires, notamment une représentation plus équilibrée des États membres de l'OSCE au sein des missions d'observation[489] et une hausse des interventions « à l'Ouest de Vienne »[490]. Cela permit de limiter les dissensions au cours de la réunion, malgré quelques frictions liées à l'élection présidentielle en Biélorussie[491]. Cependant, un groupe d'États de la CEI (Arménie, Biélorussie, Kazakhstan, Kirghizstan, Russie, Tadjikistan et Ouzbékistan) revint à la charge à la faveur du Conseil ministériel tenu à Madrid l'année suivante en proposant un projet de *Décision sur l'observation des élections nationales par le BIDDH de l'OSCE*[492]. Les principales mesures envisagées dans ce document visent à limiter les effectifs des missions d'observation à 50 personnes, à confier la nomination des chefs de missions au Conseil permanent et non plus au BIDDH, à supprimer les conférences de presse postélectorales (bien que les observateurs de la CEI tiennent également ce type de conférences), et à soumettre l'adoption des rapports d'observation à un vote consensuel du Conseil permanent. Si elles étaient adoptées, ces propositions enlèveraient toute raison d'être aux activités de surveillance électorale du BIDDH. Le

---

486 *Treizième réunion du Conseil ministériel*, 5 et 6 décembre 2005, Ljubljana ; Ghebali (V.-Y.), « The 2005 Ljubljana Ministerial Council Meeting », *Helsinki Monitor*, Volume 17, n°1, 2006, pp.4-18 ; Picard (M.), « L'OSCE paralysée par le bras de fer russo-américain », *Le Figaro*, 6 décembre 2005.

487 *Renforcement de l'efficacité de l'OSCE*, MC.DEC/17/05, 6 décembre 2005, §2.

488 *Renforcement de l'efficacité de l'OSCE*, MC.DEC/19/06, 5 décembre 2006.

489 *Common responsibility. Commitments and implementation, Report submitted to the OSCE Ministerial Council in response to MC Decision n°17/05 on Strengthening the Effectiveness of OSCE*, 10 novembre 2006, §E.

490 *Ibid.*, §F. Voir aussi : *Renforcement de l'efficacité de l'OSCE*, MC.DEC/19/06, 5 décembre 2006, Section 2.13. Voir cependant : Statement by Mr. Alexander Yu. Alekseyev, Permanent representative of the Russian Federation at the meeting of the OSCE Permanent Council, PC.DEL/63/04, 29 janvier 2004 ; Statement by Mr. Alyaksandr Sychov, Permanent representative of the Republic of Belarus to the OSCE, at the meeting of the OSCE Permanent Council, PC.DEL/275/05, 7 avril 2005.

491 Déclaration de la délégation de la Biélorussie, *Quatorzième réunion du Conseil ministériel*, 4 et 5 décembre 2006, Bruxelles, p.93.

492 *Draft decision on OSCE/ODIHR observation of national elections*, PC.DEL/898/07, 18 septembre 2007.

nombre limité d'observateurs empêcherait de mener des missions couvrant la majorité du territoire de l'État hôte et donc d'effectuer des observations poussées et crédibles. De même, aucun rapport d'observation négatif ne pourrait être publié du fait du veto inévitable de l'État concerné lors du vote au Conseil permanent. Enfin, cette procédure de vote consensuel nuirait également à la nomination de chefs de missions perçus comme trop critique par l'État hôte. Fort heureusement, la proposition fut rejetée par le Conseil ministériel, amenant la délégation russe à évoquer l'existence d'une « *menace sur les perspectives du BIDDH en tant qu'institution de l'OSCE* » en l'absence d'accord ultérieur sur une réforme du Bureau de Varsovie[493].

La tension culmina avec l'imposition par la Russie de restrictions importantes au travail des observateurs du BIDDH lors des élections de décembre 2007 et mars 2008, en violation flagrante de l'article 8 du *Document de Copenhague*[494]. Face à cette situation, la Présidence finlandaise de l'OSCE déploya de multiples efforts pour tenter de renouer un dialogue constructif et des séminaires sur les questions électorales[495] et sur le vote électronique[496] eurent lieu respectivement à Vienne en juillet et à Helsinki en octobre 2008[497]. Toutefois, au cours du Conseil ministériel de Helsinki en décembre, la Présidence de l'OSCE n'osa pas fermement condamner l'attitude russe et se contenta de se dire « *déçue que le BIDDH et la Commission électorale centrale russe ne se soient pas entendus sur les modalités d'observation des élections présidentielles russes du 2 mars* »[498], tandis que la délégation de Biélorussie en profita pour réaffirmer la « *nécessité de poursuivre la réforme du BIDDH de l'OSCE aux fins d'accroître la transparence de ses activités et de renforcer sa responsabilité à l'égard des organes collectifs de l'OSCE* »[499].

---

493 Déclaration de la Fédération de Russie, *Quinzième réunion du Conseil ministériel*, 29 et 30 novembre 2007, Madrid, pp.98-99.
494 Voir *infra*, Partie 1, Titre 1, Chapitre 2 et Partie 2, Titre 1, Chapitre 1.
495 *OSCE Chairmanship Seminar on Election-Related Issues*, Vienne, 21 et 22 juillet 2008.
496 *OSCE Chairmanship Expert Seminar on Electronic Voting*, Helsinki, 26 et 17 octobre 2008.
497 Evers (F.), « OSCE election observation. Commitments, methodology, criticism », *OSCE Yearbook*, 2009, p.252.
498 *Rapport à la Seizième réunion du Conseil ministériel de l'OSCE sur les questions électorales et les activités d'observation des élections en 2008*, MC.GAL/10/08, 26 novembre 2008, p.4.
499 *Déclaration interprétative au titre du paragraphe IV.1(A)6 des règles de procédure de l'Organisation pour la Sécurité et la Coopération en Europe par la délégation de la Biélorussie*, Pièce complémentaire à la décision MC.DEC/1/08, 14 mai 2008.

C. Un apaisement très relatif (2009-2012)

Grâce aux tentatives de médiation effectuées par les parties, une atténuation des tensions fut perceptible à la suite de ces événements[500]. La Grèce, en charge de la Présidence tournante de l'OSCE en 2009, s'attacha à stimuler un dialogue sur l'ensemble des domaines de compétence de l'organisation par le lancement du « Processus de Corfou »[501], même si la Commission électorale centrale russe profita de la tenue d'un séminaire d'experts sur les organes en charge de l'administration des élections au mois de juillet pour réitérer sa litanie habituelle sur le BIDDH[502]. Par ailleurs, pour la première fois en plusieurs années, le budget unifié de l'OSCE pu être adopté dans les temps[503]. L'accession du Kazakhstan à cette même présidence l'année suivante, un pays ouvertement hostile au BIDDH et au bilan déplorable aux plans de la démocratie et des droits de l'Homme[504] ne fut pas un signe encourageant[505]. Mais celui-ci, soucieux de démontrer sa capacité à assumer sereinement cette charge prestigieuse, s'abstint de toute provocation[506]. De plus, un septième Sommet des Chefs d'État et de Gouvernement de l'OSCE, le premier depuis celui tenu à Istanbul en 1999, put être réuni à Astana en décembre 2010 grâce aux liens privilégiés du Kazakhstan avec les États de la CEI, lesquels avaient empêché toute réunion de ce type depuis onze ans. Toutefois, ce Sommet fut assez décevant et seule une déclaration d'intention sans réelle valeur, adoptée à la dernière minute[507], émergea dans le domaine de la dimension humaine[508].

---

[500] Chambers (R.), *Election observation by the European Parliament in the OSCE Area*, Parlement européen, 2010, §4.1.

[501] Voir notamment : *Avancement du processus de Corfou*, MC.DEC/1/09, 2 décembre 2009 ; *Déclaration ministérielle sur le processus de Corfou de l'OSCE : Confirmer-réexaminer-redynamiser la sécurité et la coopération de Vancouver à Vladivostok*, MC.DOC/1/09/Corr.1, 2 décembre 2009 ; Zellner (W.), « From Corfu to Astana: The way to the 2010 OSCE summit », *Security and Human Rights*, Volume 21, n°3, 2010, p.233.

[502] *Contribution by the Central Election Commission of the Russian Federation at the OSCE Chairmanship expert seminar on electoral management bodies*, 16 juillet 2009, PC.DEL/591/09.

[503] Voir notamment : *EU statement on the 2010 Unified Budget*, at the meeting of the Permanent Council, 23 décembre 2009, PC.DEL/1013/09.

[504] Voir notamment: Bloed (A.), « Kazakhstan at the helm of the OSCE », *Security and Human Rights*, Volume 21, n°1, 2010, p.69 ; Goldstein (J.), « Can a summit advance the OSCE's work in the Human Dimension? », *Security and Human Rights*, Volume 21, n°2, 2010, p.108 ; *OSCE Summit must meet Human Rights preconditions*, Open Society Institute, 2010.

[505] Billette (A.), « La présidence de l'OSCE représente un défi pour le Kazakhstan », *Le Monde*, 2 janvier 2010 ; Pannier (B.), « Doubts rise as Kazakhstan prepares for OSCE Chairmanship », *Radio Free Europe / Radio Liberty*, 5 décembre 2009.

[506] Shkolnikov (V.D.), « The 2010 OSCE Kazakhstan Chairmanship: Carrot devoured, results missing », *Policy Brief n°15*, EUCAM, 2011.

[507] Kemp (W.), « The Astana Summit: A triumph of common sense », *Security and Human Rights*, Volume 21, n°4, 2010, p.259.

Les élections législatives de 2011 et présidentielle de 2012 en Russie firent alors office d'indicateur de l'état des relations entre les États de la CEI et le BIDDH. Elles ne démontrèrent qu'une légère amélioration puisque si le Bureau de Varsovie fut en mesure de dépêcher des missions d'observation complète, elles furent précédées de longues négociations avec les autorités russes qui tentèrent une nouvelle fois de limiter les effectifs déployés[509]. En outre, lors du Conseil ministériel de Vilnius en décembre 2011, un groupe d'État de la CEI (Arménie, Biélorussie, Kazakhstan, Russie et Tadjikistan) présenta un nouveau projet de décision visant à l'établissement d'un groupe de travail formés d'experts et destiné à élaborer des principes de base pour l'observation des élections par l'OSCE[510]. Une fois de plus, il est évident que l'objectif de cette démarche était une renégociation à la baisse du mandat du BIDDH. La présence du Kazakhstan parmi les auteurs de cette proposition démontre par ailleurs que ce pays fait de nouveau parti du groupe ouvertement hostile au BIDDH, après une courte accalmie de façade lors de sa présidence tournante de l'OSCE. Ce constat fut confirmé par la déclaration du Président kazakhstanais, faite au lendemain des élections législatives anticipées de 2012, selon laquelle il limiterait les invitations aux observateurs étrangers à l'avenir[511]. Enfin, le refus du Turkménistan d'inviter le Bureau de Varsovie à observer les élections présidentielles de 2012 fut un autre indice révélateur du fait que la fronde contre l'observation électorale était loin d'être terminée[512].

---

[508] *Déclaration Commémorative d'Astana : Vers une Communauté de Sécurité*, 2 décembre 2010, SUM.DOC/1/10/Corr.1, §6 ; Engoian (A.), « Quel avenir pour l'OSCE ? », *Courrier International*, 3 décembre 2010 ; Evers (F.), « The OSCE Summit in Astana. Expectations and results », *CORE Working paper n°23*, 2011.

[509] Voir *infra*, Partie 2, Titre 1, Chapitre 1.

[510] *Proposal on a Draft MC Decision on the OSCE Observation of National Elections*, 23 novembre 2011, PC.DEL/1051/11/Rev.2.

[511] « Nazarbaïev se débarrasse de l'OSCE », *Libération*, 19 janvier 2012.

[512] Voir *infra*, Partie 2, Titre 1, Chapitre 1.

Chapitre 2. Une synergie incomplète entre observateurs

Les premières années de généralisation de l'observation internationale des élections à l'échelle européenne furent caractérisées par l'émergence d'une multitude d'acteurs opérant en parallèle les uns des autres. De nombreuses Organisations internationales se retrouvaient à surveiller les mêmes scrutins sans pour autant véritablement travailler ensemble. Cette situation a certes pu s'expliquer par la nouveauté du phénomène, mais l'absence d'approche commune eue incontestablement des effets néfastes sur la qualité du contrôle effectué et la cohérence du message porté par ces institutions, ouvrant la voie à la pratique du *forum shopping* par les États observés[513]. Conscientes de cette importante lacune, ces dernières ont progressivement instauré des procédures de coopération, aussi bien intra-institutionnelles qu'interinstitutionnelles. Des progrès indéniables au plan de la synergie furent ainsi accomplis et contribuèrent au renforcement du mécanisme d'observation internationale des élections dans la région de l'OSCE. Mais des lacunes, parfois criantes, demeurent, souvent liées à des questions de concurrence entre institutions et de visibilité (Section 1).

Parallèlement au développement de l'observation internationale des élections par des Organisations internationales, un groupe particulièrement hétérogène d'acteurs non-gouvernementaux s'est également impliqué et spécialisé dans la surveillance électorale. Il comprend tout d'abord de puissantes ONG américaines, de nature parfois quasi-gouvernementale, dépêchant des missions d'observation électorale reconnues pour leur professionnalisme, mais menant également d'autres activités plus controversées en matière de promotion de la démocratie. Ce groupe englobe ensuite une multitude d'organisations d'observateurs nationaux, regroupées pour certaines d'entre elles au sein de réseaux transnationaux, dont la qualité des interventions est très inégale. Cette diversité des acteurs non-gouvernementaux de l'observation électorale dans la région de l'OSCE explique que les Organisations internationales entretiennent des relations ambivalentes avec eux (Section 2).

---

513 Balian (H.), « Ten years of international election assistance and observation », *Helsinki Monitor*, Volume 12, n°3, 2001, p.199 ; Bourgi (A.), « L'observation internationale des élections en question », *in Observatoire permanent de la Coopération française*, Karthala, 1997, pp.77 et s. ; Carothers (T.), « The observers observed », *Journal of Democracy*, Volume 8, n°3, 1997, pp.17 et s. ; Kaczorowski (N.), « Election monitoring: Lessons learned and possible new orientations », *in* Warner (D.) (dir.), *Consolidating the OSCE*, PSIO Occasional Paper, 2006, pp.114-115 ; Kelley (J.), « The more the merrier? The effects of having multiple International Election Monitoring Organizations », *Perspectives on Politics*, Volume 7, n°1, 2009, pp.59 et s.

Section 1 : Une coopération perfectible entre Organisations internationales

Depuis la fin des années 1990, il convient de mettre au crédit des principales organisations observatrices, la CEI mise à part, une réelle amélioration de leur coopération sur le terrain (§1). Mais cette œuvre de rapprochement apparaît toujours incomplète au regard des tensions épisodiques entre différentes institutions et du rôle néfaste de la CEI, amenuisant sensiblement l'effectivité de la surveillance électorale dans la région de l'OSCE (§2).

§1. Des efforts notables de coopération

Le développement de mécanismes de coopération s'est fait aussi bien au sein des Organisations internationales, en particulier le Conseil de l'Europe (A) et l'OSCE (B), qu'entre Organisations, avec l'établissement progressif de liens étroits entre le Conseil de l'Europe et l'OSCE (C) et l'instauration de Missions Internationales d'Observation des Élections (D).

A. Une coopération multiple au sein du Conseil de l'Europe

L'APCE dispose, au sein du Conseil de l'Europe, d'un réseau d'expertise d'une complémentarité sans égale parmi les Organisations européennes avec, outre la Cour EDH au plan juridictionnel, le CPLRE aux niveaux local et régional (1), la Commission de Venise en matière juridique (2) et le Conseil des Élections Démocratiques, de nature transversale (3).

1. Le Congrès des Pouvoirs Locaux et Régionaux de l'Europe

Créé à la suite d'une recommandation du premier Sommet des chefs d'État et de gouvernement du Conseil de l'Europe, tenu à Vienne en 1993, cet organe consultatif de représentation des collectivités locales et régionales succéda en 1994 à la Conférence permanente des pouvoirs locaux et régionaux de l'Europe, elle-même successeur de la Conférence des pouvoirs locaux[514]. Le Congrès des Pouvoirs Locaux et Régionaux de l'Europe (CPLRE) comprend une Chambre des régions et une Chambre des pouvoirs locaux, composées de représentants disposant d'un mandat électif au sein d'une collectivité locale ou régionale au niveau de chaque pays[515]. Il a pour

[514] CMCE, Résolution statutaire (94) 3, *Institution du Congrès des Pouvoirs Locaux et Régionaux de l'Europe* ; Schneider (C.), « L'Europe des régions : la réforme de la Conférence permanente des pouvoirs locaux et régionaux du Conseil de l'Europe », *AFDI*, Volume 40, 1994. pp.597-617.

[515] CMCE, Résolution statutaire (2011) 2, *Congrès des pouvoirs locaux et régionaux du Conseil de l'Europe et la Charte révisée y annexée*, 19 janvier 2011, Art.3 et 4.

compétence première de contrôler l'application de la *Charte européenne de l'autonomie locale*, adoptée le 15 octobre 1985 et entrée en vigueur le 1er septembre 1988, notamment par le biais de missions d'observation électorale.

Le CPLRE observe régulièrement les élections locales et/ou régionales dans les États membres du Conseil de l'Europe, en particulier dans les pays qui furent candidats à l'adhésion à partir de 1990, voire occasionnellement dans des États non membres[516], comme lors des élections municipales de 2008 en Israël. L'institution compte ainsi plus de 100 missions d'observation électorale à son actif. En dépit d'une qualité discutable de son travail due à l'envoi de faibles contingents d'observateurs, en général une quinzaine de personnes en comptant des membres du Secrétariat, et à l'absence, dans la plupart des cas, d'intégration à une mission de long-terme, le CPLRE permet de compléter la mission conduite par l'APCE en matière d'élections nationales et présidentielles. En outre, depuis 2007, les missions d'observation du Congrès associent des membres du Comité des Régions de l'Union Européenne et des associations nationales des pouvoirs locaux et régionaux[517].

Le CPLRE et l'APCE eurent l'occasion de travailler ensemble en mettant en place une délégation commune à plusieurs reprises, comme lors des élections municipales albanaises de 1996, des élections municipales en Bosnie-Herzégovine de 1997, des élections à l'Assemblée Nationale de la Republica Srpska de 1997, ou encore des référendums organisés en ARYM en 2004, en Arménie en 2005 et au Monténégro en 2006. De même, des réunions communes sont parfois organisées lorsque des délégations de l'APCE et du Congrès sont présentes au même moment dans un pays du fait de la concomitance d'élections nationales et locales et/ou régionales[518].

2. La Commission de Venise

La Commission européenne pour la démocratie par le droit, plus connue sous le nom de Commission de Venise, est un *« organe consultatif indépendant qui coopère avec les États membres du Conseil de l'Europe, ainsi qu'avec les États non-membres intéressés, les organisations et organismes internationaux intéressés »* dans le domaine *« des garanties*

---

516 CPLRE, Résolution 306 (2010), *Observation des élections locales et régionales – stratégie et règles du Congrès*, 18 juin 2010 ; CPLRE, Résolution 274 (2008), *Politique du Congrès en matière d'observation des élections locales et régionales*, 2-3 décembre 2008.

517 CPLRE, Résolution 233 (2007) du Congrès, *Observation des élections – Coopération entre le Congrès et les associations nationales des collectivités locales et/ou régionales*, 28 mars 2007.

518 APCE, *Rapport d'information sur les élections législatives en Ukraine (29 mars 1998)*, 20 avril 1998, Doc.8058 Ad.III, §22.

offertes par le droit au service de la démocratie»[519]. Elle ne regroupe pas que des États appartenant au Conseil de l'Europe puisqu'elle compte 57 pays membres et onze États ou entités disposant d'un statut particulier. Ainsi, le Kirghizstan est membre de la Commission, tandis que la Biélorussie est un pays associé et que le Canada, les États-Unis, le Kazakhstan et le Saint-Siège ont le statut d'observateur. Dès sa création en mai 1990, la Commission de Venise fut considérée comme *« un instrument fondamental pour le développement de la démocratie en Europe »*[520]. Ses domaines de prédilection sont, outre l'ingénierie constitutionnelle, la justice constitutionnelle, les institutions démocratiques et les droits fondamentaux, ainsi que les élections et référendums[521].

La Commission de Venise est à l'origine d'une multitude de documents centraux dans l'activité électorale du Conseil de l'Europe, au premier rang desquels figurent le *Code de bonne conduite en matière électorale*[522] et le *Code de bonne conduite en matière référendaire*[523], textes de référence pour l'évaluation des consultations populaires par les missions d'observation de l'APCE. De plus, la CEDH se réfère de plus en plus fréquemment aux documents de la Commission de Venise, dont l'expertise s'avère parfois déterminante dans des affaires ayant traits à des aspects complexes du droit électoral[524]. Par ailleurs, au sein de la région de l'OSCE, la Commission de Venise s'est affirmée comme le principal fournisseur d'avis relatifs aux législations électorales nationales. Sa compétence dans ce domaine est largement reconnue au plan international, notamment par l'UE qui relaie fréquemment les conclusions de l'institution[525]. Ses avis en matière électorale sont le plus souvent rédigés en étroite collaboration avec le BIDDH, à la demande des autorités nationales, mais aussi parfois sur requête de l'APCE, du CPLRE ou d'une autre autorité compétente. Dans la mesure du possible, ils portent sur des projets de lois plutôt que sur des lois déjà en vigueur et visent notamment à corriger des imperfections dans le droit électoral national repérées par les missions d'observation électorale. La Commission de Venise s'est ainsi prononcée à divers degrés sur la législation de la majorité des États ayant intégré le Conseil de l'Europe

---

519 CMCE, Résolution (2002) 3, *Adoption du Statut révisé de la Commission européenne pour la démocratie par le droit*, Art.1.
520 CMCE, Résolution (90) 6, *Accord partiel portant création de la commission européenne pour la démocratie par le droit*, 10 mai 1990.
521 Voir : *La Commission de Venise, l'organe consultatif du Conseil de l'Europe en matière électorale*, 12 mai 2009, CDL-AD(2009)075.
522 *Code de bonne conduite en matière électorale. Lignes directrices et rapport explicatif*, 5-6 juillet et 18-19 octobre 2002, CDL-AD(2002)23.
523 *Code de bonne conduite en matière référendaire*, 19 mars 2007, CDL-AD(2007)008.
524 Voir *infra*, Partie 1, Titre 2, Chapitre 1.
525 Voir *infra*, Partie 2, Titre 2, Chapitre 2.

depuis 1990. Cependant, la mise en œuvre de ces avis et le respect des recommandations qu'ils contiennent s'avèrent parfois lacunaires[526].

En matière d'observation électorale et d'assistance juridique, la Commission de Venise et l'APCE ont signé un accord de coopération le 4 octobre 2004 aux termes duquel cette dernière peut inviter l'Assemblée à examiner les moyens d'améliorer une législation électorale jugée problématique par une délégation d'observateurs électoraux[527]. De plus, lorsque le Bureau de l'APCE décide d'observer un scrutin *« dans un pays où la législation électorale a été précédemment examinée par la Commission de Venise, l'un des rapporteurs de la Commission de Venise sur cette question pourra être invité en qualité de conseiller juridique à participer à la mission d'observation de l'Assemblée »*[528]. Cet accord, mis en œuvre pour la première fois lors de l'élection présidentielle ukrainienne de 2004, a permis la participation de membres de la Commission à de nombreuses missions d'observation électorale de l'APCE, et ainsi de valoriser la complémentarité de ces deux organes.

3. Le Conseil des élections démocratiques

Pont interinstitutionnel en matière électorale au sein du Conseil de l'Europe, le Conseil des élections démocratiques fut créé le 7 mars 2002[529] et devint permanent dès 2003[530]. Organe tripartite, il est composé de quatre représentants de la Commission de Venise, trois de l'APCE et deux du CPLRE. Par ailleurs, le Parlement européen, la Commission européenne, le BIDDH et l'AP-OSCE ainsi que l'Association des Administrateurs d'Élections de l'Europe Centrale et Orientale (ACEEEO) furent invités à se joindre à ses travaux à titre d'observateurs. Le Conseil des élections démocratiques se réunit à Venise quatre fois par an en marge des sessions plénières de la Commission de Venise, généralement la veille de celles-ci[531]. Son but consiste à favoriser la coopération dans le domaine électoral entre la Commission de Venise, organe juridique, et les organes politiques responsables de l'observation des élections, l'APCE et le CPLRE. Il sert

526 Voir *infra*, Partie 2, Titre 2, Chapitre 1.

527 *Accord de coopération entre l'Assemblée parlementaire du Conseil de l'Europe et la Commission Européenne pour la Démocratie par le Droit (Commission de Venise)*, 4 octobre 2004, CDL(2004)102, Art.14.

528 *Ibid.*, Art.15.

529 APCE, Résolution 1264 (2001), *Code de bonne conduite en matière électorale*, 8 novembre 2001, §6.

530 APCE, Résolution 1320 (2003), *Code de bonne conduite en matière électorale*, 30 janvier 2003, §11.

531 *Règlement intérieur du Conseil des Elections Démocratiques*, CDL-EL(2004)009, 18 mars 2004.

ainsi de forum de discussion et d'information sur ces questions et procède à l'adoption des travaux de la Commission.

B. Une coopération encadrée au sein de l'OSCE

L'OSCE compte en son sein deux institutions de premier plan dans le domaine de l'observation électorale. Bien que celles-ci se soient spécialisées dans des formes différentes et complémentaires de surveillance, l'observation technique et de long terme pour le BIDDH et l'observation politique et de court terme pour l'AP-OSCE, il apparut rapidement essentiel de formaliser leur coopération. D'autant que dès les premières années, il exista entre elles une certaine compétition destinée à obtenir la prépondérance en matière d'observation des élections au sein de l'OSCE[532].

En conséquence, un Accord fut signé le 2 septembre 1997 entre les deux institutions[533]. Aux termes du document, un échange d'informations et une collaboration sur le terrain doivent être mis en œuvre lors de la plupart des étapes des missions d'observation électorale. Ces dispositions touchent à la mission d'évaluation des besoins, aux briefings, au support logistique ou encore au déploiement des observateurs. Il est notamment prévu que la direction des observateurs de court terme soit confiée à un membre de l'AP-OSCE, fréquemment son Président, lequel préside également la conférence de presse conjointe tenue le lendemain du scrutin entre le BIDDH et les différents organes parlementaires réunis au sein d'une MIOE. Par ailleurs, si les deux institutions peuvent chacune mettre l'accent sur des points spécifiques du processus électoral dans leur rapport final, l'Accord recommande d'éviter les contradictions directes, tout en admettant que cela ne doit pas remettre en cause l'intégrité des conclusions de chacune. L'Accord fut approuvé par le Conseil ministériel en 2006, qui estima que la « *coopération étroite* » entre le BIDDH et l'AP-OSCE « *renfor*[çait] *considérablement la visibilité de l'action de l'OSCE en matière d'observation des élections, et demand*[a] *au BIDDH de continuer à travailler en partenariat avec l'Assemblée parlementaire lors des missions d'observation des élections sur la base de l'Accord de coopération de 1997* »[534]. Toutefois, comme nous le verrons plus loin, cet Accord n'a pas réglé tous les problèmes de rivalité entre les deux organes de la « famille de l'OSCE ».

---

[532] Furrer (H.-P.), « OSCE-Council of Europe relations: past, present and future », *in* Ghebali (V.-Y.), Warner (D.) et Gimelli (B.) (dir.), *The future of the OSCE in the perspective of the enlargements of NATO and the EU*, PSIO Occasional Paper, 2004, pp.103-104.

[533] *Cooperation Agreement between the OSCE Parliamentary Assembly and the OSCE Office for Democratic Institutions and Human Rights*, 2 septembre 1997 ; *Rapport annuel 1998 sur les activités de l'OSCE*, p.71 ; *OSCE Handbook*, *op.cit.*, pp.93-94.

[534] *Renforcement de l'efficacité de l'OSCE*, 5 décembre 2006, MC.DEC/19/06, §15.

C. Une coopération ancienne entre le Conseil de l'Europe et l'OSCE

Le Conseil de l'Europe, en particulier l'APCE, et l'OSCE entretiennent de longue date des relations privilégiées et l'observation des élections est un domaine révélateur à cet égard. Le rapprochement se régularisa à partir de 1998 et apparut rapidement bénéfique pour les deux organisations[535]. Ainsi, la commission *ad hoc* de l'APCE pour l'observation de l'élection présidentielle de 1998 en Arménie souligna dans son rapport que « *cette coopération* [s'était] *révélée utile pour éviter les doubles emplois et mettre à profit les avantages comparatifs de nos équipes respectives (supériorité numérique de l'OSCE permettant une large couverture du pays, d'une part, et expérience et jugement pondéré des parlementaires, de l'autre)* »[536]. Les deux protagonistes parviendront cependant à des conclusions divergentes sur la régularité du processus électoral, comme cela fut le cas à plusieurs reprises à cette période. Dans un sens plus positif, la délégation présente la même année lors des élections législatives ukrainiennes précisa que « *l'étroite coordination avec l'Organisation pour la sécurité et la coopération en Europe (OSCE)* [avait] *été extrêmement féconde* » et que « *l'OSCE* [s'était] *acquis une réputation en ce qui concerne la collecte d'informations et l'observation d'élections* »[537]. Cette fois, une déclaration commune aux deux Organisations fut publiée à l'issue de la mission. Plus récemment, l'efficacité avec laquelle le Conseil de l'Europe remplaça l'OSCE, soucieuse d'éviter un conflit d'intérêts, en déployant à cinq reprises des missions d'observation électorale de longue durée au Kosovo entre 2001 et 2007 illustra les capacités de coordination entre ces deux Organisations[538].

En outre, un groupe de coordination entre l'OSCE et le Conseil de l'Europe fut mis en place en 2004[539] et une déclaration sur la coopération entre les deux Organisations fut signée l'année suivante[540]. Bien qu'il ne soit pas explicitement question d'observation électorale dans ce document, elles soulignèrent qu'il convenait « *d'examiner diverses formes de coopération entre les deux organisations, telles que des réunions et des activités conjointes, auxquelles participeraient plus activement les États membres et participants, en vue de créer des synergies et d'éviter les doubles emplois*

---

535 Gützkow (J.), « The Council of Europe and the OSCE: How to ensure complementarity and partnership? », *OSCE Yearbook*, 1998, pp.417 et s.

536 APCE, *Rapport d'information sur les élections présidentielles en Arménie (16 et 30 mars 1998)*, 20 avril 1998, Doc.8058Ad.IV, §35.

537 APCE, *Rapport d'information sur les élections législatives en Ukraine (29 mars 1998)*, 20 avril 1998, Doc.8058 Ad.III, §21.

538 Voir *infra*, Partie 2, Titre 1, Chapitre 1.

539 *Renforcement de la coopération entre l'Organisation pour la Sécurité en Europe et le Conseil de l'Europe*, 2 décembre 2004, PC.DEC/637.

540 *OSCE Handbook*, *op.cit.*, p.110.

inutiles, en tenant toutefois le plus grand compte de la différence de nature et de composition des deux organisations, et d'exploiter au mieux leurs avantages comparatifs »[541].

D. Les Missions Internationales d'Observation des Élections et la consécration d'une coopération interinstitutionnelle

Sous l'impulsion de l'APCE, le concept de « Mission Internationale d'Observation des Élections » (MIOE) commença à se développer à partir de 1994. Il vise à structurer et à accroître la collaboration entre les délégations des différentes organisations européennes dépêchées pour observer un même scrutin. Les MIOE regroupent le plus souvent les deux organes de l'OSCE et l'APCE, auxquels se joignent le Parlement européen, l'AP-OTAN et le CPLRE lorsqu'ils sont présents. En revanche, le manque d'impartialité des observateurs de la CEI explique que ces derniers n'aient encore jamais été intégrés à cette structure et qu'aucun cadre n'envisage de coopération entre eux et les autres institutions[542]. Une variante de cette structure, la « Mission Internationale d'Observation d'un Référendum » (MIOR), fut utilisée en 2004 en ARYM et en 2006 à l'occasion du référendum sur le statut de l'État en République du Monténégro[543].

Le mécanisme de la MIOE implique en premier lieu des programmes d'information communs sur le terrain ainsi qu'une coordination des données[544]. Ensuite, des déclarations postélectorales, « *rédigées et négociées lors de réunions de comités directeurs composés des chefs de délégations et de fonctionnaires de haut niveau, sont présentées à l'occasion de conférences de presse conjointes* »[545]. Les *Lignes directrices sur l'observation des élections* de l'APCE prévoient ainsi que « [la] *coopération avec le BIDDH/OSCE et les autres organisations internationales pendant le processus d'observation devra être continue afin d'assurer, autant que possible, une évaluation non divergente des élections* ». Cependant, il est

---

541 *Déclaration sur la coopération entre le Conseil de l'Europe et l'Organisation pour la Sécurité et la Coopération en Europe*, adoptée à Varsovie, 17 mai 2005 ; *Coopération entre l'Organisation pour la Sécurité en Europe et le Conseil de l'Europe*, 28 avril 2005, PC.DEC/670.

542 Voir *infra* ce chapitre.

543 APCE, *Observation du référendum sur le statut de l'État en République du Monténégro (Serbie-Monténégro) (21 mai 2006)*, 23 juin 2006, Doc.10969, §3.

544 APCE, *Observation of elections by the Parliamentary Assembly of the Council of Europe: inter-institutional co-operation, recurrent problems and possible action by the Assembly*, AS/Bur(2009)10, §17.

545 Dronov (V.), « L'Assemblée parlementaire du Conseil de l'Europe (APCE) : gardienne du droit à des élections libres », *in* Vettovaglia (J.-P.), Du Bois de Gaudusson (J.), Bourgi (A.), Desouches (C.), Maïla (J.), Sada (H.) et Salifou (A.) (dir.), *Démocratie et élections dans l'espace francophone. Prévention des crises et promotion de la paix Volume II*, Bruylant, 2010, p.683. Voir aussi *supra*, Partie 2, Titre 1, Chapitre 2.

également précisé que, « *si à l'issue des élections une évaluation finale commune ne peut être réalisée dans le cadre de la MIOE, la commission* ad hoc *de l'Assemblée se réserve le droit d'organiser, le cas échéant, sa propre conférence de presse, et de publier un communiqué de presse distinct contenant son évaluation* »[546]. En outre, les institutions ne produisent pas de rapport final commun puisque le BIDDH, l'APCE et le Parlement européen rédigent chacun leur propre rapport, tandis que l'AP-OSCE et l'AP-OTAN n'en publient jamais. Depuis le début des années 2000, une MIOE a été déployée pour la majorité des scrutins observés simultanément par les différentes Organisations partenaires. Les résultats de la MIOE apparaissent très satisfaisants dans l'ensemble. Ce cadre de coopération a permis de réduire sensiblement les cas de conclusions contradictoires entre les protagonistes, renforçant nettement la clarté et l'autorité du message qu'elles délivrent.

Néanmoins, il n'existe aucune source écrite encadrant cette structure[547], et la quantité d'informations disponibles sur elle est étonnamment réduite au regard de la fréquence de son utilisation. Si le fait d'exposer le fonctionnement de la MIOE dans un accord interinstitutionnel pourrait accroître la reconnaissance de cette structure, voire la développer, et démontrer les efforts notables de synergie réalisés par les organisations, ils semblent que ces dernières préfèrent la flexibilité d'une entente informelle. En outre, les normes de référence du contrôle effectué par les MIOE demeurent assez confuses en raison de la grande diversité des mentions employées au fil du temps. Ainsi, au début des années 2000, lors des premières MIOE, les institutions partenaires se contentèrent généralement d'utiliser des formules du type « *principes démocratiques internationalement reconnus* »[548], ou « standards internationaux en matière d'élections démocratiques »[549]. Puis, aux alentours de 2004, l'énoncé gagna quelque peu en précision avec des références telles que les « *engagements de l'OSCE et du Conseil de l'Europe en matière d'élections démocratiques* »[550] ou les « *standards de l'OSCE, du Conseil de l'Europe et autres standards*

546 APCE, *Lignes directrices pour l'observation des élections par l'Assemblée parlementaire*, Doc.12902, 21 avril 2012, Part 1, Annexe 3, §15.

547 Discours d'orientation de Van der Linden (R.), *Actes de la Conférence sur la dimension parlementaire de l'observation des élections : mise en œuvre de normes communes*, Strasbourg, 15 et 16 février 2007, p.12.

548 *International Election Observation Mission, Russian Federation, 26 March 2000, Election of the President, Statement of Preliminary Findings and Conclusions*, 27 mars 2000, p.1.

549 Voir par exemple : *International Election Observation Mission, Republic of Moldova, Parliamentary Elections, 25 February 2001, Statement of Preliminary Findings and Conclusions*, 26 février 2001, p.1.

550 Voir par exemple : *International Election Observation Mission, Republic of Serbia (Serbia and Montenegro), Presidential Election, 13 June 2004, Statement of Preliminary Findings and Conclusions*, 14 juin 2004, p.1.

européens en matière d'élections démocratiques »[551]. Ce n'est qu'à partir de 2006 que les MIOE commencèrent à mentionner régulièrement le droit national comme source de leur évaluation en évoquant par exemple « *les engagements de l'OSCE et du Conseil de l'Europe, les autres standards internationaux en matière d'élections démocratiques et la législation nationale* »[552]. Depuis 2008, la formulation semble s'être stabilisée aux « *standards et engagements en matière d'élections démocratiques de l'OSCE et du Conseil de l'Europe, et la législation nationale* »[553], marquant ainsi l'abandon de la notion vague d'« *autres standards internationaux* ». Toutefois, si le *Document de Copenhague* est parfois explicitement mentionné, de même que le furent la Convention EDH et sa jurisprudence à une reprise[554], les textes internationaux contenant les normes invoquées ne sont que rarement cités. Cela est particulièrement vrai du *Code de conduite de bonne conduite en matière électorale* de la Commission de Venise qui, bien que non juridiquement contraignant, est le seul document suffisamment précis pour servir de base au contrôle détaillé d'un processus électoral.

§2. Des efforts insuffisants de coopération

S'il est indéniable que de nombreux efforts encourageants ont été faits depuis une quinzaine d'années dans le sens d'une meilleure coopération interinstitutionnelle, ces derniers ont été marqués par des échecs (B) et ont souffert de velléités de remise en cause de la prépondérance du BIDDH au sein des MIOE (C). Cependant, le revers le plus flagrant en termes de collaboration concerne la CEI. Dans la région de l'OSCE, elle est la seule Organisation internationale dépêchant des missions d'observation électorale d'envergure avec laquelle la coopération demeure inexistante dans le cadre des MIOE[555]. Le BIDDH engagea une coopération avec l'AP-CEI en 2002-2003 mais elle s'arrêta rapidement « *étant donné l'approche très partisane de cette institution* »[556], tandis que des propositions ultérieures[557]

---

[551] Voir par exemple : *International Election Observation Mission, Presidential Election, Ukraine, 31 October 2004, Statement of Preliminary Findings and Conclusions*, 1er novembre 2004, p.1.

[552] Voir par exemple : *International Election Observation Mission, Parliamentary Elections, Ukraine, 26 March 2006 Preliminary Statement*, 27 mars 2006, p.1.

[553] Voir par exemple : *International Election Observation Mission, Presidential election, Repiblic of Armenia, 19 February 2008, Statement of Preliminary Findings and Conclusions*, 20 février 2008, p.1.

[554] *International Election Observation Mission, 2001 Elections to the Assembly of the Republic of Albania, Statement of Preliminary Findings & Conclusions*, 25 juin 2001, p.1.

[555] Voir notamment : APCE, *Observation de l'élection présidentielle en République de Serbie, second tour (3 février 2008)*, 23 mars 2008, Doc.11534, §5.

[556] Balian (H.), « L'OSCE et les élections », *in* Vettovaglia (J.-P.) (dir.) *et al.*, *op.cit.*, p.673.

n'aboutirent pas. En effet, les missions d'observation de cette Organisation semblent avoir été instituées dans l'unique but de contredire les conclusions des autres protagonistes lorsqu'elles sont défavorables à un régime politique entretenant des liens privilégiés avec la Russie. Cette attitude provocatrice ne manque pas d'engendrer des conséquences néfastes pour la cohérence d'ensemble de l'observation internationale des élections dans la région de l'OSCE (A).

A. Le déploiement nuisible de missions concurrentes par la CEI

Au-delà de l'opacité suspecte du mécanisme d'observation électorale mis en place par la CEI et de la pauvreté des informations disponibles sur celui-ci en comparaison des autres institutions, l'aspect le plus problématique réside dans le manque d'impartialité et de neutralité manifestés de façon récurrente par les missions d'observation déployées par cette Organisation. Les observateurs de la CEI se sont faits une spécialité de contredire diamétralement et grossièrement les évaluations fournies par les MIOE. Leurs rapports, singulièrement difficiles à se procurer et fruits d'une méthodologie relativement obscure, sont souvent accompagnés de commentaires dénigrant les évaluations des autres observateurs internationaux et critiquant leur prétendu manque d'impartialité, en particulier le BIDDH[558]. Ces « contre-missions » constituent en quelque sorte une réponse aux rapports très critiques publiés à plusieurs reprises par des MIOE au sujet de scrutins tenus dans de nombreux États membres de la CEI. L'objectif est donc de ternir l'image des institutions partenaires et de fournir un brevet d'honorabilité aux régimes autoritaires proches de la Russie, telle la Biélorussie du Président Loukachenko[559], dont ils pourront se prévaloir auprès de leurs opinions publiques.

Une lecture comparative des rapports d'observation produits par les MIOE et par les missions de la CEI illustre clairement l'instrumentalisation à des fins politiques de ces dernières, lesquelles s'apparent davantage à des visites de courtoisie qu'à de véritables missions d'observation électorale[560]. En Ouzbékistan, par exemple, les représentants de la CEI estimèrent que les élections législatives de 2004 et de l'élection présidentielle de 2007 avaient

---

557 Voir notamment : De Donnea (F.-X.) et Petersen (J.), *Mechanisms for election observation. Report of the personal envoys of the Chairman-in-Office of the OSCE*, 16 novembre 2006, III.

558 Strohal (C.), « Democratic elections and their monitoring: Can this OSCE success story be sustained? », *in* Benedek (W.), Karl (W.), Mihr (A.) et Nowak (M.) (dir.), *European Yearbook on Human Rights 2009*, p.256.

559 Levy (C.J.), « Kremlin rules. Electoral rot nearby? The Russians don't see it », *The New York Times*, 17 décembre 2008.

560 Intervention de George (B.), *OSCE/ODIHR Expert meeting on election observation*, Summary report, Moscou, 22-23 novembre 2005, p.8.

été libres et transparentes, excepté quelques lacunes et omissions à caractère technique[561]. Pour sa part, le BIDDH, qui ne déploya que des missions d'observation limitées tant la réunion des conditions minimales pour la tenue d'une compétition électorale crédible semblait compromise, jugea les scrutins clairement en contrariété avec les normes internationales en la matière[562]. L'élection présidentielle ukrainienne tenue en 2004, à l'origine de la « révolution orange », fournit une autre illustration flagrante de cet antagonisme. Les observateurs de la CEI endossèrent les deux premiers tours du scrutin remportés par le candidat « pro-russe » Viktor Ianoukovytch, mais le second tour fut annulé par la Cour Suprême ukrainienne en raison d'importantes fraudes électorales, conformément aux conclusions de la MIOE. Il fut alors ordonné une répétition du second tour, remportée par le candidat « pro-européen » Viktor Iouchtchenko. La mission d'observation de la CEI critiqua sévèrement cette répétition du fait de changements intervenus entre-temps dans la loi électorale, du fonctionnement des commissions électorales, de la couverture médiatique et de fraudes massives lors des opérations de vote[563]. En revanche, les conclusions des autres organisations relevèrent de considérables améliorations à tous ces niveaux du processus électoral[564]. Or, avec 77 experts et observateurs de long terme et plus de 1400 observateurs de court terme, cette MIOE fut la plus importante mission d'observation jamais déployée, permettant d'obtenir une évaluation d'une acuité inégalée à ce jour[565]. Ces différences de jugement se répètent régulièrement, les observateurs de la CEI ne trouvant rien, ou presque rien, à redire lors des élections organisées dans des États régulièrement critiqués par l'OSCE, le Conseil de l'Europe et l'UE pour la faiblesse de leurs

---

561 *Statement of international observers form the Commonwealth of Independent States on the results of the elections to the legislative chamber of Oliy Majlis of Uzbekistan*, 26 décembre 2004 ; *Statement of international observers form the Commonwealth of Independent States on the results of the presidential elections in Uzbekistan*, 23 décembre 2007.

562 *Republic of Uzbekistan, Parliamentary elections, 26 December 2004, OSCE/ODIHR Limited Election Observation Mission Final Report*, 7 mars 2005 ; *Republic of Uzbekistan, Presidential election, 23 December 2007, OSCE/ODIHR Limited Election Observation Mission Final Report*, 23 avril 2008. Voir aussi : Engoian (A.), « Karimov, un dictateur exemplaire », *Courrier International*, 31 décembre 2007.

563 *Report of the Observer Group from the Interparliamentary Assembly of Member Nations of the Commonwealth of Independent States for the repeat second round of the Presidential Election in Ukraine, held on 26 Décember 2004.*

564 *Ukraine, Presidential election, 31 October, 21 November and 26 December 2004, OSCE/ODIHR Final Report*, 11 mai 2005, §I et II ; APCE, *Observation des élections présidentielles en Ukraine – Répétition du second tour de scrutin (26 décembre 2004)*, 13 mai 2005, Doc.10394, §VIII.

565 Schmeets (H.), « Analysing observer report forms: an overview », *in* Schmeets (H.) (dir.), *International election observation and assessment of elections*, Statistics Netherlands & Maastricht University, 2011, p.158.

performances démocratiques, tels l'Arménie, l'Azerbaïdjan, le Kazakhstan, la Russie, le Turkménistan[566] ou encore la Biélorussie.

Les rares cas de concordance de vues entre les observateurs des MIOE et ceux de la CEI sont également révélateurs des intentions de cette dernière. Ils concernent tous des élections remportées de façon relativement conforme aux normes électorales internationales par des candidats prônant une perpétuation ou un resserrement des liens politiques traditionnels avec la Russie plutôt qu'un rapprochement avec l'Union Européenne, comme par exemple les élections législatives[567] et les élections législatives anticipées[568] tenues en Moldavie en 2009, ou l'élection présidentielle ukrainienne de 2010[569].

Cet affrontement par voie de rapports d'observation interposés est inquiétant car il concerne trois Organisations (la CEI, l'OSCE et le Conseil de l'Europe) comptant plusieurs États membres en commun, lesquels pratiquent un double jeu en participant à la fois aux MIOE et aux missions concurrentes. Cette compétition malsaine nuit à la portée du message délivré par les missions d'observation électorale car elle permet aux autorités des États observés de pratiquer la tournée des instances (ou *forum shopping*), c'est-à-dire de ne retenir que les rapports d'observation qui leur sont favorables, ceux de la CEI en général, dans leurs commentaires officiels tout en ignorant ou en dénigrant les autres afin de tromper leurs opinions

---

566 Voir notamment : *Republic of Turkmenistan, Presidential election, 12 February 2012, OSCE/ODIHR Needs Assessment Mission Report*, 3 janvier 2012 ; *Statement regarding the presidential elections in Turkmenistan*, by Mr. Denis Sidorenko, Deputy Head of delegation of the Republic of Belarus to the OSCE, at the meeting of the Permanent Council, 16 février 2012, PC.DEL/125/12/Corr.1 ; *Statement regarding the presidential elections in Turkmenistan*, by Mr. Andrey Kelin, Permanent Representative of the Russian Federation, at the meeting of the OSCE Permanent Council, 16 février 2012, PC.DEL/138/12.

567 *Report of the Observer Group from the Interparliamentary Assembly of Member Nations of the Commonwealth of Independent States for the Parliamentary Election in the Republic of Moldova, held on April 5, 2009* ; *Republic of Moldova, Parliamentary elections, 5 April 2009, OSCE/ODIHR Election Observation Mission Final Report*, 16 juin 2009 ; APCE, *Observation des élections législatives en Moldova (5 avril 2009)*, 27 avril 2009, Doc.11870.

568 *Report of the observer group from the Interparliamentary Assembly of Member Nations of the Commonwealth of Independent States for the parliamentary election in the Republic of Moldova, held on July 29, 2009* ; *Republic of Moldova, Early Parliamentary elections, 29 July 2009, OSCE/ODIHR Election Observation Mission Final Report*, 14 octobre 2009 ; APCE, *Observation des élections législatives anticipées en République de Moldova (29 juillet 2009)*, 14 septembre 2009, Doc.12009.

569 *Statement of the mission of observers from the CIS Interpaliamentary Assembly on results of voting at the Elections of the President of Ukraine on 17 January 2010* ; *Statement of the Mission of observers from the CIS Interparliamentary Assembly on results of the second voting at the Presidential elections in Ukraine*, 7 February 2010 ; *Ukraine, Presidential election, 17 January and 7 February 2010, OSCE/ODIHR Election Observation Mission Final Report*, 28 avril 2010 ; APCE, *Observation de l'élection présidentielle en Ukraine (17 janvier 2010)*, 25 janvier 2010, Doc.12132.

publiques. De surcroît, cela peut décourager les défenseurs des droits de l'Homme qui constatent que des compétitions électorales manifestement flouées sont endossées par une importante Organisation internationale.

B. La contestation de la prédominance du BIDDH au sein des MIOE

La mise en œuvre de MIOE n'exclut pas des tensions épisodiques liées à leur direction et à la visibilité de chaque Organisation au sein de celles-ci. Sans exclure d'éventuels excès dirigistes de la part du BIDDH, ces dissensions semblent souvent procéder d'un refus de l'AP-OSCE (1) et, dans une moindre mesure, de l'APCE (2) d'admettre la suprématie technique et méthodologique incontestable du Bureau de Varsovie. Ce dernier est en effet le seul à assurer la présence de long terme sur le terrain nécessaire à une évaluation complète d'un processus électoral et donc, le seul à pouvoir mener isolément des missions d'observation crédibles. Pour sa part, le Parlement européen est resté extérieur à ces controverses et a pleinement reconnu la nécessité d'une présence de long terme du BIDDH en excluant toute participation à une MIOE en l'absence de celle-ci.

1. La duplicité de l'AP-OSCE

Au cours de ces dernières années, la collaboration interinstitutionnelle au sein des MIOE a régulièrement pâti des relations tumultueuses entretenues par les deux organes de l'OSCE, dues principalement à certaines manœuvres condamnables de l'AP-OSCE, en particulier de son Secrétaire Général, désireux de ravir au BIDDH le *leadership* en matière d'observation électorale au sein de l'OSCE. Si les raisons des attaques répétées menées par certains États de la CEI à l'encontre du BIDDH sont évidentes, l'attitude de l'AP-OSCE à l'égard d'un organe rattaché à la même Organisation internationale est nettement plus étonnante. Ces dissensions au sein de l'OSCE ont amené à quelques reprises l'AP-OSCE à produire un rapport d'observation divergeant de celui du BIDDH, comme par exemple lors des élections législatives serbes de 2007 ou des élections générales tenues aux États-Unis en 2008[570]. Cette situation pesante n'a pas échappé à la commission *ad hoc* déployée par l'APCE lors des élections législatives tenues en 2006 en Ukraine, dont le rapport indiqua que *« la coopération entre les partenaires de la MIOE* [avait] *parfois été difficile. Les rivalités et les querelles internes opposant les deux membres de la famille de l'OSCE en*

---

[570] *Rapport à la Seizième réunion du Conseil ministériel de l'OSCE sur les questions électorales et les activités d'observation des élections en 2008*, 26 novembre 2008, MC.GAL/10/08, p.4.

[furent] *en grande partie responsables* »[571]. Le fait que l'AP-OSCE ait refusé de signer la *Déclaration de principes pour l'observation internationale d'élections* et le *Code de conduite à l'usage des observateurs électoraux internationaux*, à la différence du BIDDH, est aussi un indice révélateur à cet égard.

Dans ses différents documents officiels relatifs à l'observation électorale, l'AP-OSCE n'a de cesse de mentionner l'Accord de coopération de 1997 au point que cela semble devenir une obsession[572]. Elle interprète le texte comme lui conférant la direction des missions déployées par l'OSCE[573], interprétation que rejette à juste titre le BIDDH[574] puisqu'aucune disposition dans l'Accord ne prévoit explicitement une telle répartition des tâches. Seule la direction des observateurs de court terme est officiellement confiée à un coordinateur spécial issu des rangs de l'AP-OSCE. Or, sur le terrain, l'activité de ce dernier est presque inexistante et la coordination est en réalité assurée par les observateurs de long terme, eux-mêmes dirigés par les membres de l'équipe centrale. De façon générale, lorsque l'on met en balance la valeur ajoutée apportée par la présence de l'AP-OSCE avec l'importance cruciale jouée par le BIDDH sur le terrain, l'Accord de coopération semble déjà très favorable à la première.

Mais l'AP-OSCE estime que le rôle généreux que le texte lui confie n'est pas suffisant. Celle-ci a en effet depuis longtemps des velléités de direction de l'observation électorale au sein de l'OSCE, l'une des activités les plus visibles et les plus efficaces de l'Organisation. Déjà en 1995, elle demanda à l'OSCE et à ses États participants « [d']*organiser en priorité des missions d'observation d'élections par* [son] *entremise* »[575]. Mais c'est à partir du

[571] APCE, *Observation des élections législatives en Ukraine (26 mars 2006)*, 8 avril 2006, Doc.10878, §4.

[572] Voir notamment : *Déclaration de Kiev de l'Assemblée Parlementaire de l'OSCE et résolutions adoptées à sa seizième session annuelle*, 5-9 juillet 2007, Chap.III, §121 ; « Résolution sur les missions d'observation », *Déclaration d'Astana de l'Assemblée Parlementaire de l'OSCE et résolutions adoptées à sa dix-septième session annuelle*, 29 juin-3 juillet 2008, p.54, §4 ; « Résolution sur le renforcement de l'OSCE », *Déclaration de Vilnius de l'Assemblée Parlementaire de l'OSCE et résolutions adoptées à sa dix-huitième session annuelle*, 29 juin-3 juillet 2009, p.2, §14 ; « Résolution sur les priorités futures de l'Assemblée Parlementaire de l'OSCE : La prochaine décennie », *Déclaration d'Oslo de l'Assemblée Parlementaire de l'OSCE et résolutions adoptées à sa dix-neuvième session annuelle*, 6-10 juillet 2010, p.20, §23.

[573] Boonstra (J.), « OSCE democracy promotion grinding to a halt? », *FRIDE Working Paper*, n°44, octobre 2007, p.10 ; Nothelle (A.), « The OSCE Parliamentary Assembly – Driving Reform », *OSCE Yearbook*, 2006, p.363 ; Discours d'orientation de Schon (T.), *Actes de la Conférence sur la dimension parlementaire de l'observation des élections*, *op.cit.*, p.69.

[574] Discours d'orientation de Mitchell (G.), *Actes de la Conférence sur la dimension parlementaire de l'observation des élections, ibid.*, p.65.

[575] *Déclaration d'Ottawa de l'Assemblée parlementaire de l'OSCE*, 8 juillet 1995, Chapitre 1, §22.

milieu des années 2000 que les revendications de l'AP-OSCE se sont faites plus pressantes. Dans un rapport interne de 2006 destiné au Président de l'Institution, il fut ainsi demandé à ce que l'AP-OSCE soit officiellement chargée de l'observation électorale au sein de l'OSCE, avec le BIDDH cantonné à un rôle subordonné de soutien ou, à défaut, d'obtenir la responsabilité exclusive pour cette activité. Par ailleurs, l'AP-OSCE n'hésita pas à nier l'existence du mandat permettant au BIDDH d'observer des élections alors que ce mandat a été clairement confié à diverses reprises par des textes majeurs de l'OSCE. D'autres accusations émises par l'Assemblée de Copenhague à l'égard du Bureau de Varsovie furent plus absurdes, tel un prétendu manque d'autonomie financière qui mettrait le BIDDH à la merci des pressions étatiques alors que l'AP-OSCE est tout aussi dépendante des contributions des États participants, ou encore un manque d'impartialité qui transparaîtrait dans les rapports d'observation du BIDDH, dont les conclusions sont pourtant le plus souvent négociées avec l'AP-OSCE. De plus, si la visibilité supplémentaire apportée par les parlementaires est avérée, l'affirmation régulièrement énoncée par l'AP-OSCE de la supériorité des parlementaires en tant qu'observateurs du seul fait de leur qualité d'élu est nettement plus critiquable[576]. En outre, donner la direction des opérations de surveillance électorale à une institution fournissant un jugement essentiellement politique ne ferait que conforter les critiques dénonçant la politisation excessive de ces opérations.

La Présidence belge de l'OSCE décida de charger deux envoyés spéciaux d'« *observer les observateurs* »[577] afin de faire le point sur cette querelle. Mais leur rapport évita de prendre parti et se contenta de prôner la continuation des activités. Il recommanda également, de façon plus surprenante, de favoriser un rapprochement avec la CEI afin de désamorcer les tensions opposant cette dernière à l'OSCE[578]. Or, si l'AP-OSCE décida bien de se rapprocher de la CEI, la raison principale fut manifestement le souhait de former une alliance contre le BIDDH, à défaut de s'être vu reconnaître un rôle de direction en matière d'observation électorale. Ainsi, lors de la trentième session plénière de l'AP-CEI tenue le 3 avril 2008 à St-Petersbourg, les présidents des deux assemblées signèrent un protocole d'accord destiné à l'élaboration de standards communs en matière de surveillance électorale[579]. Il s'ensuivit notamment la mise en place d'un groupe de travail conjoint dont la première réunion se tint le 28 avril de la

---

576 Chambers (R.), *Election observation by the European Parliament in the OSCE Area*, Parlement européen, 2010, §4.2 ; Voir *infra*, Partie 2, Titre 1, Chapitre 1.

577 AP-OSCE, *Report on the 5th Winter meeting*, Vienne, 23-24 février 2006, p.5.

578 De Donnea (F.-X.) et Petersen (J.), *Mechanisms for election observation. Report of the personal envoys of the Chairman-in-Office of the OSCE*, 16 novembre 2006.

579 « President Lennmarker addresses CIS Assembly », *News from Copenhagen*, n°250, 9 avril 2008 ; *Rapport annuel 2008 de l'OSCE*, p.26.

même année à Copenhague. Par ailleurs, lors de l'élection présidentielle ukrainienne de janvier 2010, le chef de la délégation de l'AP-OSCE et le Secrétaire Général de cette institution proposèrent aux autres membres de la MIOE de donner une suite favorable à la demande de la mission d'observation de la l'AP-CEI de se joindre à la déclaration commune publiée à la suite du premier tour du scrutin et d'intégrer la MIOE lors du second tour. Cependant, les autres institutions partenaires refusèrent logiquement un tel rapprochement[580]. Au regard de l'attitude de défiance adoptée de longue date par la CEI à l'encontre de plusieurs organisations observatrices, il aurait été choquant d'accepter une collaboration au milieu d'une mission d'observation, en l'absence de discussions approfondies et alors que la CEI ne s'engageait pas à adopter une méthodologie d'observation impartiale et objective.

2. Les affirmations contestables de l'APCE

Si la coopération entre l'APCE et le BIDDH est satisfaisante dans la grande majorité des cas, elle n'a pas été exclusive de tensions et de désaccords, dus principalement à une certaine concurrence de visibilité. Déjà dans un document daté de 1995, l'Assemblée strasbourgeoise nota que « [la] *coopération entre le Conseil de l'Europe et l'OSCE* [devait] *se développer sur une base clarifiant les missions de chaque organisation, afin d'éviter tout double emploi, préjudiciable en terme de rationalisation de l'action, d'efficacité budgétaire et surtout d'image des institutions européennes, perçues comme proliférantes et redondantes* »[581]. Mais plutôt que de proposer une association sur le terrain, le rapport conclut que « *les missions d'observations des élections dans les États membres pléniers du Conseil de l'Europe ou bénéficiant du statut d'invité spécial à son Assemblée devraient être clairement confiées au Conseil de l'Europe, à charge pour cette organisation de transmettre à l'OSCE le relevé des constatations effectuées* [...] *afin d'éviter la multiplication de missions redondantes (et des frais y afférents)* »[582]. L'année suivante, dans son rapport d'observation faisant suite au deuxième tour de l'élection présidentielle en Russie, la délégation de l'APCE estima qu'il « [fallait] *veiller à ce que le Conseil de l'Europe ne tombe pas dans un état de dépendance absolue vis-à-vis de l'OSCE et que, grâce à une préparation plus approfondie, il organise ses missions de manière autonome* »[583]. Quelques dissensions persistèrent à la fin des années 1990

[580] *European Parliament Election Observation Delegation to the presidential elections in Ukraine*, 17 janvier et 7 février 2010, Final Report, p.3

[581] APCE, *Rapport sur la politique générale du Conseil de l'Europe*, 12 avril 1995, Doc.7280, §41.

[582] *Ibid.*, §42.

[583] APCE, *Rapport d'information sur les élections présidentielles russes, 2^e^tour (3 juillet 1996)*, 6 septembre 1996, Doc.7633Ad.II, §2.

quant à la direction des missions conjointes[584] et à la conciliation, parfois difficile lors de la rédaction d'une déclaration conjointe, de l'appréciation technique du BIDDH avec le jugement de nature politique effectué par l'APCE[585].

Plus récemment, l'APCE exprima également son irritation face à la prépondérance du Bureau de Varsovie au sein des MIOE. A la suite de l'élection présidentielle de 2008 en Azerbaïdjan, elle jugea que les « *relations avec* [les] *partenaires de la délégation du Parlement européen* [avaient] *été cordiales, celles avec le BIDDH plus difficiles* »[586]. De façon plus tranchée, à l'occasion des élections législatives bulgares de 2009, les observateurs de l'APCE estimèrent avoir « *connu quelques frictions initiales dans* [leur] *interaction avec le BIDDH, qui* [chercha] *d'emblée à assumer le rôle d'institution chef de file* »[587]. En outre, après avoir observé un scrutin lors duquel le BIDDH fut absent, l'APCE estima avoir « *développé une grande capacité d'observation et* [disposer] *de tous les moyens pour agir seule* »[588]. Pourtant, moins d'un an avant cette remarque, elle reconnut que le Bureau de Varsovie était la « *seule organisation internationale disposant de la capacité technique de déployer une mission d'observation à grande échelle et de fournir des données à caractère hautement représentatif* »[589]. En l'absence, entre ces deux scrutins, de changement important dans la méthodologie d'observation de l'APCE ou dans leur structure, ce type d'affirmation est surprenant. Il fut pourtant répété de manière encore plus marquée l'année suivante, à l'issue des élections législatives turques tenues en 2007, dont le rapport d'observation mentionna que « *les dispositions logistiques compliquées ainsi que l'analyse statistique* [avaient] *été prises en charge par l'équipe du secrétariat de l'APCE qui* [démontra], *une fois de plus, qu'en cas de nécessité, l'observation d'élections par l'APCE n'avait pas besoin de s'appuyer sur des partenaires mieux équipés disposant de ressources humaines plus importantes, et que l'APCE pouvait, à elle seule, mener à bien une mission d'observation* »[590]. De nouveau, en 2009, à l'occasion des élections législatives en Bulgarie, elle avança que « *cette*

---

[584] APCE, *Observation of elections by the Parliamentary Assembly of the Council of Europe*, 22 février 1999, AS/Bur (1999) 019, §IV.

[585] APCE, *Politique générale : Conseil de l'Europe et OSCE*, 21 septembre 1998, Doc.8202, §40.

[586] APCE, *Observation de l'élection présidentielle en République d'Azerbaïdjan (15 octobre 2008)*, 27 novembre 2008, Doc.11769, §8.

[587] APCE, *Observation des élections législatives en Bulgarie (5 juillet 2009)*, 16 septembre 2009, Doc.12008, §6.

[588] APCE, *Observation du référendum constitutionnel en Serbie (28 et 29 octobre 2006)*, 22 novembre 2006, Doc.11102, §4.

[589] APCE, *Commission* ad hoc *pour l'observation du referendum sur les réformes constitutionnelles en Arménie (27 novembre 2005)*, 22 décembre 2005, Doc.10778, §5.

[590] APCE, *Observation des élections législatives en Turquie (22 juillet 2007)*, 12 septembre 2007, Doc.11367, §5.

observation des élections prouv[a] *une fois de plus que l'APCE* [était] *entièrement équipée pour organiser ses propres missions d'observation des élections sans faire appel à des partenaires nationaux ou à d'autres partenaires institutionnels* »[591]. Or, dans ces trois cas, l'APCE déploya entre douze et trente-six personnes, en comptant les membres du Secrétariat, et les délégations restèrent cinq jours en moyenne dans le pays, alors qu'il est désormais très largement admis que seule une mission de long terme, capable de contrôler les périodes cruciales que sont les phases préélectorale et postélectorale, peut effectuer une observation crédible et complète d'un scrutin. Les remarques de l'APCE semblent donc présomptueuses et désobligeantes à l'égard du BIDDH. Bien que le Conseil de l'Europe ait dépêché à cinq reprises des missions de longue durée au Kosovo[592], en remplacement du BIDDH, ces entreprises furent exceptionnelles et la présence du Bureau de Varsovie reste indispensable à l'APCE pour effectuer une évaluation exhaustive.

C. Des échecs de coopération au sein des MIOE

Principale réussite de la coopération interinstitutionnelle en matière d'observation électorale, les MIOE ont toutefois connu deux revers principaux: l'impossibilité d'adopter un cadre de coopération entre institutions parlementaires (1) et surtout l'absence de réaction commune aux restrictions imposées par la Russie en 2007 et 2008 (2).

1. L'échec de l'établissement d'une troïka parlementaire

L'établissement d'une coopération étroite entre institutions parlementaires en matière d'observation électorale est un projet ancien mais inabouti. Dans le cadre du premier tour de l'élection présidentielle russe de 1996, une collaboration entre l'APCE et l'AP-OSCE sous l'angle de la logistique et du programme fut établie. De l'avis de la commission *ad hoc*, cette « *formule* [s'avéra] *intéressante et rentable* [car] *chaque groupe* [se réunit] *séparément de manière à parvenir à une appréciation autonome après avoir mis en communs les données d'observation des uns et des autres* »[593]. En 1998, l'AP-OSCE alla plus loin et « [recommanda] *que les institutions parlementaires, notamment l'Assemblée parlementaire de l'OSCE, l'Assemblée parlementaire du Conseil de l'Europe, le Parlement*

[591] APCE, *Observation des élections législatives en Bulgarie (5 juillet 2009)*, 16 septembre 2009, Doc.12008, §7.
[592] Voir: Daeschler (F.), « The Council of Europe EOMs in Kosovo 2000–2007 », *in* Schmeets (H.) (dir.), *International election observation and assessment of elections*, Statistics Netherlands & Maastricht University, 2011, pp.106-112.
[593] APCE, *Rapport d'information sur les élections présidentielles russes. Premier tour : 16 juin 1996*, 24 juin 1996, Doc.7560Ad.II, A.

européen et l'Assemblée de l'Atlantique Nord, intensifient leur coopération en matière de surveillance des élections et qu'une répartition appropriée du travail soit établie entre les institutions parlementaires et gouvernementales, notamment le partage des responsabilités entre l'aide à apporter à l'organisation des élections et l'évaluation de la qualité et de l'équité de ces élections »[594]. Quelque mois plus tard, l'APCE proposa de développer la coopération avec son homologue de l'OSCE, « *notamment en ce qui concerne l'observation d'élections, sur la base d'un mémorandum d'accord à conclure entre les deux organisations* »[595], mais ce dernier ne vu jamais le jour. L'année suivante, l'AP-OSCE exprima de nouveau sa volonté en « [soulignant] *la nécessité, pour la surveillance des élections, d'une stratégie commune à l'Assemblée parlementaire de l'OSCE et aux autres assemblées européennes* »[596].

L'initiative la plus importante remonte cependant à 2002, date à laquelle l'APCE proposa de conclure un mémorandum d'accord pour la coopération interparlementaire sur les problèmes relatifs à l'observation électorale avec l'AP-OSCE et le Parlement européen. Ce texte encadrait de façon claire la création et le fonctionnement d'une troïka parlementaire pour les missions où ces trois institutions se trouvaient réunies au sein d'une MIOE[597]. Aux termes du mémorandum, un programme type de réunions conjointes était prévu, de même qu'un communiqué de presse final commun et des rencontres entre les rapporteurs des délégations, les responsables des secrétariats et les représentants du BIDDH. Ce type de dispositions permettrait de ne pas reproduire certains désaccords survenus dans le passé, notamment lors de l'observation des élections parlementaires de 2000 en Bosnie-Herzégovine. A cette occasion, l'APCE regretta en effet de n'avoir pu participer à la conférence de presse organisée par l'AP-OSCE et demanda « *qu'il y ait à l'avenir des accords précis entre le Conseil de l'Europe et l'OSCE sur les occasions et les façons de communiquer à l'opinion publique locale des informations plus complètes sur les monitorings effectués et sur le rôle de nos commissions* ad hoc »[598]. Dans le mémorandum, les membres de la troïka s'engageaient enfin à ne pas chercher « *à jouer le rôle d'institution chef de file* » et à convenir d'une présidence tournante des réunions

---

594 *Déclaration de l'Assemblée parlementaire de l'OSCE à Copenhague*, 10 juillet 1998, §113.

595 APCE, Recommandation 1381 (1998), *Politique générale: Conseil de l'Europe et OSCE*, 22 septembre 1998, §14.

596 *Déclaration de Saint-Pétersbourg de l'Assemblée parlementaire de l'OSCE*, 10 juillet 1999, §121.

597 APCE, *Coopération interparlementaire en matière d'observation des élections, Mémorandum d'accord entre l'Assemblée parlementaire du Conseil de l'Europe, l'Assemblée parlementaire de l'OSCE et le Parlement européen*, 2 septembre 2003, AS/Bur (2003) 65.

598 APCE, *Commission* ad hoc *pour l'observation des élections parlementaires en Bosnie-Herzégovine (11 novembre 2000)*, 18 décembre 2000, Doc.8910, §28.

conjointes[599]. Mais si le Parlement européen se montra intéressé par l'initiative, l'Assemblée Parlementaire de l'OSCE, après s'être dite favorable[600], se retira du projet en 2003 en prétextant de ses problèmes croissants avec le BIDDH. Toutefois, le Parlement européen et le Conseil de l'Europe poursuivirent cet effort de rapprochement en signant un accord de renforcement de la coopération le 28 novembre 2007. Aux termes de celui-ci, les deux institutions acceptèrent notamment de renforcer « *l'excellente coopération qui existe actuellement dans les missions conjointes d'observation des élections,* [...] *notamment dans le cadre des missions internationales d'observation des élections réalisées par l'AP de l'OSCE, l'APCE et le PE* »[601]. De façon générale, comme dans le cadre des MIOE, il semble que les institutions ne souhaitent pas véritablement s'engager sur ce point et préfèrent la souplesse d'une collaboration informelle.

2. L'échec flagrant des élections russes de 2007 et 2008

L'exemple le plus déplorable d'une discorde entre les partenaires des MIOE se déroula lors des scrutins tenus en Russie en 2007 et 2008. L'incident débuta par la décision des autorités russes, en violation de leurs engagements internationaux, de ne pas inviter le Parlement européen et d'imposer des contraintes considérables au travail du BIDDH au cours des élections législatives du 2 décembre 2007. Ces restrictions concernèrent aussi bien les effectifs autorisés que de la durée de la mission d'observation, de sorte que l'Institution préféra l'annulation pure et simple de tout déploiement à l'envoi d'une mission au rabais[602]. Mais plutôt que de suivre la décision du BIDDH en signe de solidarité et de protestation face à l'attitude intolérable des autorités russes, l'APCE et l'AP-OSCE décidèrent de déployer tout de même une mission commune. Or, cette dernière fut composée de seulement 70 parlementaires dans un pays comptant près de 100.000 bureaux de vote et plus de 100 millions d'électeurs. Ainsi, la mission commune ne put couvrir que moins de 0,5% des bureaux de vote et, étant resté moins de dix jours sur le terrain, ne fut pas en mesure d'évaluer convenablement les phases préélectorale et postélectorale[603]. Pourtant, lors

---

599 *Mémorandum d'accord, ibid.*, §V.

600 Discours d'orientation de Dronov (V.), *Actes de la Conférence sur la dimension parlementaire de l'observation des élections, op.cit.*, p.67.

601 *Accord sur le renforcement de la coopération entre l'Assemblée parlementaire du Conseil de l'Europe et le Parlement européen*, 28 novembre 2007, 2).

602 Chivers (C.J.), « Russia working to limit election observers », *The New York Times*, 25 octobre 2007 ; Picard (M.), « L'OSCE lance un avertissement à Moscou », *Le Figaro*, 8 novembre 2007.

603 Anne-Marie Lizin osa pourtant affirmer que cette observation fut « *bien* » faite et que le BIDDH refusa de participer principalement afin d'éviter de « *reconnaître que la majorité de la population russe votait réellement le 2 décembre 2007 pour la liste de Poutine* ».... Voir : Lizin (A.-M.), « Observation, assistance et quelques autres choses… Témoignage », *in*

des précédentes élections, la majorité des fraudes se déroulèrent au cours de ces périodes, ou dans des zones reculées que ne visitèrent pas les parlementaires[604]. De surcroît, aucune évaluation précise de la neutralité des médias ne put être menée en l'absence du BIDDH[605], bien que la Russie soit sujette à des problèmes graves et récurrents dans ce domaine[606]. Un déploiement de si faible ampleur et de si courte durée était donc voué à un rôle de figuration, ce que semblent avoir anticipé les autorités russes en choisissant de ne pas imposer de limitations à ces institutions.

Quelques mois plus tard, la situation fut encore plus regrettable au cours de l'élection présidentielle russe du 2 mars 2008. Tandis que l'AP-OSCE décida finalement de faire preuve de solidarité avec le BIDDH, non présent du fait de restrictions analogues[607], l'APCE choisit de faire cavalier seul. Cependant, elle n'envoya qu'une trentaine de parlementaires durant une dizaine de jours pour couvrir seulement trois régions[608]. On peut donc s'interroger sur la valeur d'un rapport d'observation produit dans ces conditions. Loin de tirer les leçons de cette expérience, l'Institution considéra au contraire que ces deux missions en Russie avaient de nouveau clairement prouvé sa capacité à déployer des missions sans l'aide du BIDDH[609]. Par conséquent, l'AP-OSCE et l'APCE manquèrent manifestement une occasion de démontrer l'importance qu'elles accordaient à leur partenariat avec le BIDDH et d'envoyer un message fort aux États participants de l'OSCE et à la Russie en particulier quant au caractère inacceptable de restrictions imposées au travail des observateurs électoraux.

Vettovaglia (J.-P.), Du Bois de Gaudusson (J.), Bourgi (A.), Desouches (C.), Maïla (J.), Sada (H.) et Salifou (A.) (dir.), *Démocratie et élections dans l'espace francophone. Prévention des crises et promotion de la paix. Volume II*, Bruylant, 2010, p.608.

604 Myagkov (M.), Ordeshook (P.C.) et Shaikin (D.), « On the trail of fraud: Estimating the flow of votes between Russia's elections », in Alvarez (R.M.), Hall (T.E.) et Hyde (S.D.) (dir.), *Election fraud. Detecting and deterring electoral manipulation*, Brookings Institution Press, 2008, pp.196-199. Voir aussi : Sokolov (M.), « Le vote confisqué en Russie. Étude des élections régionales de 2007 », *Les Cahiers Russie*, n°5, 2007.

605 APCE, *Observation des élections législatives dans la Fédération de Russie (2 décembre 2007)*, 20 décembre 2007, Doc.11473, §27.

606 Voir notamment : APCE, *Commission* ad hoc *chargée d'observer les élections présidentielles en Russie (14 mars 2004)*, 26 avril 2004, Doc.10150, §37 ; Fossato (F.), « La télévision, média du pouvoir », *Pouvoirs*, n°112, 2005, pp.49-61 ; Yarochevsky (V.), *Liberté d'expression en Russie et situation des médias*, Parlement européen, 2006.

607 Chivers (C.J.), « European group cancels mission to observe Russian election, citing restrictions », *The New York Times*, 8 février 2008 ; Finn (P.), « Europe election monitors might forgo Russian vote », *The Washington Post*, 30 janvier 2008 ; Mandeville (L.), « Présidentielle : Grave conflit entre Moscou et l'OSCE », *Le Figaro*, 8 février 2008.

608 APCE, *Observation de l'élection présidentielle en Fédération de Russie (2 mars 2008)*, 20 mars 2008, Doc.11536, §2 et 24.

609 APCE, *Observation of elections by the Parliamentary Assembly of the Council of Europe: inter-institutional co-operation, recurrent problems and possible action by the Assembly*, 19 janvier 2009, AS/Bur(2009) 10, §26.

Section 2. Des relations ambivalentes avec les ONG

Les Organisations internationales ne sont pas seules sur le terrain. En effet, dans la plupart des cas, un second groupe de protagonistes intervient simultanément : les organisations non gouvernementales (ONG), c'est-à-dire « *des associations constituées de façon durable par des particuliers dans le but d'atteindre des objectifs non lucratifs* » et pouvant « *être internationales ou nationales et, dans ce dernier cas, s'insérer dans des réseaux transnationaux confédérant diverses organisations nationales* »[610]. En matière d'observation électorale, une grande distinction peut être opérée entre deux types d'ONG. Il s'agit tout d'abord d'un ensemble de grandes organisations, très majoritairement d'origine américaine, dont les activités touchent souvent à la promotion de la démocratie au sens large. Elles disposent de ressources financières importantes leur permettant d'intervenir dans diverses régions du monde avec l'aide de personnels internationaux conséquents. Si leur travail dans le domaine de la surveillance électorale est généralement de bonne qualité, expliquant qu'elles entretiennent des contacts étroits avec les Organisations internationales, certaines de leurs autres activités s'avèrent plus controversées (§1). Il s'agit ensuite des organisations d'observateurs nationaux (ou domestiques). Ce sont des associations dont le champ d'action est fréquemment limité aux scrutins organisés dans leur pays d'origine, bien que certaines se soient récemment regroupées et aient élargi leur zone d'intervention. Leur personnel est généralement recruté localement et ces entités disposent de moyens financiers plus limités, parfois en partie fournis par les ONG américaines. Mais les ONG nationales sont aussi caractérisées par de grandes disparités en termes d'impartialité et de professionnalisme, ayant conduit les Organisations internationales à réguler davantage leurs relations avec elles (§2).

§1. Des contacts réguliers avec les ONG transnationales américaines

Inspiré du modèle des fondations politiques allemandes (A), le *National Endowment for Democracy*, largement financé par des fonds publics, permit l'émergence de deux instituts partisans américains très actifs en matière électorale (B). L'influence des ONG américaines dans le domaine de la promotion de la démocratie ne se limite pas à ces exemples et d'autres organisations bénéficient d'un rayonnement à l'échelle mondiale (C). Cependant, les agissements de certaines d'entre elles ont suscité diverses polémiques (D).

---

[610] Hermet (G.), Badie (B.), Birnbaum (P.) et Braud (P.), *Dictionnaire de la science politique et des institutions politiques*, 7e éd., Armand Colin, 2010, p.209.

A. Le précédent des fondations politiques allemandes

Plusieurs ONG spécialisées dans la promotion de la démocratie ont acquis une dimension mondiale. Si ces organisations sont aujourd'hui pour la plupart américaines, « *les fondations politiques allemandes bénéficient en quelque sorte d'une prime d'antériorité* »[611] pour avoir débuté leurs opérations dès la fin des années 1950[612]. Ces Fondations, ou *Stiftungen*, sont affiliées à un parti politique allemand dont elles promeuvent les intérêts à travers le monde tout en encourageant le développement de pratiques démocratiques. Elles ont donc une importante dimension partisane, tels la *Konrad Adenauer Stiftung*, associée à l'Union chrétienne-démocrate, ou la *Friedrich Ebert Stiftung*, liée au Parti social-démocrate, et cherchent à établir des liens avec des partis partageant la même sensibilité politique. Les activités de ces groupes en matière d'assistance à la démocratie sont très variées mais se concentrent principalement sur le développement de partis politiques fraternels au plan idéologique[613]. En outre, « [m]*algré leur financement public, elles demeurent pourtant juridiquement indépendantes et bénéficient d'une large autonomie ; elles se présentent d'ailleurs volontiers comme des ONG* »[614].

D'abord présentes essentiellement en Amérique du Sud dans un contexte de Guerre froide et d'affrontement avec le communisme, les fondations politiques allemandes ont ensuite diversifié leurs implantations géographiques[615]. En Europe, « *c'est surtout la Fondation Friedrich Ebert qui est reconnue pour son soutien aux mouvements d'opposition et à la démocratisation de l'Espagne et du Portugal dans les années 1970* »[616]. Par la suite, les *Stiftungen* furent très présentes dans les pays d'Europe centrale et orientale en fournissant une assistance à la mise en œuvre des réformes politiques et sociales nécessaires à une adhésion à l'Union Européenne[617]. Encore récemment, ces entités représentaient l'écrasante majorité des budgets investis dans le domaine de la promotion de la démocratie par des

---

611 Pérouse de Montclos (M.-A.), « Les fondations politiques dans les relations internationales », *Politique Etrangère*, Volume 74, n°1, 2009, p.189.

612 Dakowska (D.), « Des experts en démocratisation face aux changements révolutionnaires : le cas des fondations politiques allemandes », *Revue d'études comparatives Est-Ouest*, Volume 38, n°1, 2007, p.10.

613 Carothers (T.), *Aiding democracy abroad. The learning curve*, Carnegie Endowment for International Peace, 1999, p.141.

614 Dakowska (D.), « Les fondations politiques allemandes en Europe centrale », *Critique Internationale*, n°24, 2004, p.142.

615 Pérouse de Montclos (M.-A.), *op.cit.*, p.195.

616 Dakowska (D.), « Les fondations politiques allemandes en Europe centrale », *op.cit.*, p.148.

617 Dakowska (D.), « German political foundations: Transnational party go-betweens in the process of EU enlargement », *in* Kaiser (W.) et Starie (P.) (dir.), *Transnational European Union*, Routledge, 2005, p.150.

fondations politiques européennes[618]. Si les fondations allemandes n'ont jamais directement pratiqué l'observation des élections, elles ont servi de modèle d'inspiration à certains de leurs homologues américains très impliqué dans la surveillance électorale à travers le monde, y compris dans la région de l'OSCE[619].

B. La puissance du *National Endowment for Democracy* et de ses bénéficiaires

Fondé en 1983 à l'initiative de Ronald Reagan[620], le *National Endowment for Democracy* (NED, Fondation nationale pour la démocratie), est une association américaine bipartisane à but non-lucratif destinée à promouvoir la démocratie au niveau international. A l'image des fondations politiques allemandes, le NED dispose d'une nature non gouvernementale, bien qu'il reçoive la majorité de ses subsides de l'État américain à travers une dotation annuelle approuvée par le Congrès[621]. Celle-ci s'éleva ainsi à environ 130 millions de dollars en 2009, représentant plus de 99% de son budget total[622]. Son objectif principal est de redistribuer les fonds reçus à de multiples autres ONG actives dans le domaine de la promotion de la démocratie. Plus de la moitié des sommes est ainsi allouée à quatre bénéficiaires traditionnels : l'*American Center for International Labor Solidarity*, le *Center for International Private Enterprise*, le *National Democratic Institute* (NDI) et l'*International Republican Institute* (IRI)[623], tandis que le reste est versé directement à une multitude d'organismes étrangers[624]. En outre, le NED dispose d'un conseil scientifique, d'un centre de recherche et publie une revue importante dans le domaine des *democratization studies*, le *Journal of Democracy*[625]. Deux des grands bénéficiaires du NED, le NDI et l'IRI, figurent parmi les ONG les plus actives en matière de promotion de la démocratie et d'observation électorale à travers le monde, notamment au sein des États de l'OSCE. Les deux instituts américains furent fondés en

618 Van Wersch (J.) et de Zeeuw (J.), « Mapping european democracy assistance. Tracing the activities and financial flows of political foundations », *Working Paper n°36*, Netherlands Institute of International Relations, 2005, pp.11 et s.
619 Carothers (T.), *Aiding democracy abroad. The learning curve*, *op.cit.*, p.30.
620 « *Promoting Democracy and Peace* », Discours de Ronald Reagan devant le Parlement britannique, 8 juin 1982.
621 Beigbeder (Y.), *Le contrôle international des élections*, LGDJ, 1994, p.150.
622 *2009 Annual Report*, National Endowment for Democracy, p.173.
623 Bjornlund (E.C.), *Beyond Free and Fair. Monitoring elections and building democracy*, Woodrow Wilson Center Press, Johns Hopkins University Press, 2004, p.24.
624 Guilhot (N.), « Les professionnels de la démocratie. Logiques militantes et logiques savantes dans le nouvel internationalisme américain », *Actes de la recherche en sciences sociales*, n°139, 2001, p.62.
625 Guilhot (N.), *The democracy makers. Human rights and the politics of global order*, Columbia University Press, 2005, p.92.

1983, en même temps que le NED, en tant qu'organisations à but non-lucratif. Basées à Washington, ils disposent de nombreux bureaux dans le monde. Outre le NED, leur financement provient majoritairement de l'*United States Agency for International Development* (USAID, Agence des États-Unis pour le Développement International) et du Département d'État américain. Les deux Instituts sont officiellement rattachés aux deux principaux partis politiques américains, le Parti Démocrate pour le NDI et le Parti Républicain pour l'IRI. Cependant, à la différence des fondations politiques allemandes, ils tendent officiellement à maintenir une approche non partisane dans leurs activités.

Le NDI et l'IRI débutèrent l'observation des élections dès 1986 lors de l'élection présidentielle anticipée aux Philippines[626], au cours de laquelle ils collaborèrent avec le *National Citizens' Movement for Free Elections* (NAMFREL)[627]. En Europe, les deux instituts furent présents dès la chute du Mur de Berlin puisqu'ils observèrent de façon conjointe les premières élections multipartites tenues en Bulgarie, Hongrie, Roumanie et Tchécoslovaquie en 1990. Cette même année, le NDI surveilla également les scrutins organisés en République Démocratique Allemande, en Slovénie et en Pologne[628]. Depuis leur création, les deux instituts ont observé plusieurs dizaines de scrutins dans la région de l'OSCE, aux cours desquels des contacts furent souvent entretenus avec les Organisations internationales[629]. En outre, ces Organisations se sont investies de longue date dans la formation et la coordination de groupements d'observateurs domestiques[630]. Exceptionnellement, le NDI fut même chargé par l'ONU d'assurer la coordination des observateurs internationaux lors de missions déployées en dehors de la région de l'OSCE, notamment en Indonésie à l'occasion des élections législatives du 7 juin 1999[631]. Le NDI se distingua également comme étant l'un des initiateurs de la *Déclaration de principes pour l'observation internationale d'élections* et du *Code de conduite à l'usage des observateurs électoraux internationaux* adoptés en 2005, également signés par l'IRI. A l'instar du BIDDH, les deux instituts ont opté pour une méthodologie d'observation de long terme. Leur expérience et la qualité de

---

626 APCE, *Actes de la Conférence sur la dimension parlementaire de l'observation des élections : mise en œuvre de normes communes*, Strasbourg, 15 et 16 février 2007, p.57.

627 Bjornlund (E.C.), *op.cit.*, pp.217-218. Voir *infra* ce chapitre.

628 Garber (L.) et Bjornlund (E.) (dir.), *A Country by Country Report on Elections in Central and Eastern Europe*, National Democratic Institute for International Affairs, 1992, pp.4-5.

629 Voir notamment : *CSCE/ODIHR Bulletin*, Volume 2, n°2, 1994, p.35 ; *OSCE/ODIHR Bulletin*, Volume 4, n°3, 1996, p.30 ; *Republic of Belarus, Presidential election, 9 September 2001, OSCE/ODIHR Limited Election Observation Mission Final Report*, 4 octobre 2001, p.7.

630 Voir notamment : Estok (M), Nevitte (N.) et Cowan (G.), *The quick count and election observation: An NDI handbook for civic organizations and political parties*, National Democratic Institute for International Affairs, 2002.

631 Bjornlund (E.C.), *op.cit.*, p.157.

leur travail leurs permettent de figurer parmi les acteurs les plus compétents de la dimension non-gouvernementale de la surveillance électorale et ils ont indéniablement contribué au développement de l'observation des élections dans la région de l'OSCE. Ils bénéficient également de la valeur ajoutée conférée par le recrutement d'observateurs issus de milieux variés, tels des experts électoraux, d'anciens élus, des membres de la société civile, ou encore des universitaires originaires du monde entier.

C. Un réseau d'autres ONG américaines influentes

Au-delà du NDI et de l'IRI, plusieurs autres ONG américaines sont des acteurs de premier plan en matière de promotion de la démocratie. Il s'agit tout d'abord du *Carter Center*, fondée en 1982 à Atlanta par l'ancien Président américain et prix Nobel de la paix Jimmy Carter[632]. Ce dernier fait figure de pionnier en raison du rôle essentiel qu'il joua à la fin des années 1980 et au début des années 1990 dans le développement et la modernisation de l'observation internationale des élections. Le Centre Carter fut l'une des premières organisations à insister sur l'importance du recomptage impartial des voix par les observateurs internationaux et sur les vertus de la médiation électorale, notamment lors des élections présidentielles au Panama en 1989 et au Nicaragua en 1990[633]. Bien que le Centre ait observé plus de 80 scrutins dans une trentaine de pays, il ne fut jamais actif dans la région de l'OSCE en raison de la présence de nombreuses autre organisations nationales, régionales ou internationales[634]. Comme l'institut « démocrate » et la Division de l'assistance électorale des Nations Unies (UNEAD), le *Carter Center* fut très actif lors de l'élaboration de la *Déclaration de principes pour l'observation internationale d'élections* et du *Code de conduite à l'usage des observateurs électoraux internationaux* du 17 octobre 2005[635].

L'*International Foundation for Electoral Systems* (IFES, Fondation Internationale pour les Systèmes Électoraux) est également un protagoniste incontournable de la promotion de la démocratie. Organisation non partisane à but non lucratif créée en 1987 à l'initiative de l'USAID[636], son siège se trouve à Washington mais elle dispose de bureaux dans 25 pays. Si elle reçoit la grande majorité de son financement du gouvernement des États-

---

[632] Carter (J.), *Beyond the White House: Waging peace, fighting disease, building hope*, Simon & Schuster, 2007, pp.91 et s. ; Anderson (L.), « The ex-Presidents », *Journal of Democracy*, Volume 21, n°2, 2010, p.72.
[633] Bjornlund (E.C.), *op.cit.*, pp.74 et s.
[634] *Actes de la Conférence sur la dimension parlementaire de l'observation des élections*, *op.cit.*, p.57.
[635] Davis-Roberts (A.), Pottie (D.) et Carroll (D.), *Building consensus on principles for international election observation*, The Carter Center, 2006.
[636] Beigbeder (Y.), *Le contrôle international des élections*, *op.cit.*, p.157.

Unis, la Commission européenne et l'OSCE figurent également dans la longue liste des donateurs de l'organisation[637]. L'IFES fut très active en matière d'observation électorale, déployant plus de 45 missions, mais décida de mettre un terme à cette pratique afin d'éviter tout conflit d'intérêts avec son autre grand domaine d'activité, l'assistance électorale[638]. L'organisation privilégie désormais cette dernière, en particulier la réforme des systèmes électoraux, le conseil en matière électorale et la formation des professionnels en charge de l'organisation des scrutins. Elle se présente d'ailleurs comme l'institution la plus en pointe à cet égard[639]. L'IFES a mené de nombreux projets dans la région de l'OSCE et, de ce fait, fut souvent amenée à collaborer avec le BIDDH et les missions permanentes de terrain de l'OSCE. Ainsi, elle conduisit notamment des projets d'assistance électorale en Albanie[640], en Arménie[641], en Azerbaïdjan[642], en Biélorussie[643], en Géorgie[644], au Kosovo[645], en Moldavie[646], ou encore en Bosnie-Herzégovine, où l'organisation participa à l'élaboration du code électoral en coopération avec le Bureau de Varsovie[647]. En outre, l'IFES collabore depuis 1995 avec le NDI et l'IRI dans le cadre du *Consortium for Elections and Political Process Strengthening* (CEPPS, Consortium pour le Renforcement des Élections et des Processus Politiques), établi sous l'égide d'USAID.

En troisième lieu, les *Fondations Soros* sont un réseau de fondations nationales créées par le financier américain d'origine hongroise George Soros[648] et coordonnées depuis 1993 par l'*Open Society Institute* (OSI, Institut pour une Société Ouverte) siégeant à New York et Budapest. À partir de 1984, ces Fondations furent principalement établies dans une multitude de pays de la région de l'OSCE afin d'encourager leur sortie du communisme. Bien que ne pratiquant pas l'observation électorale, l'un des objectifs majeurs affiché par le réseau est de promouvoir la construction de sociétés démocratiques en encourageant la participation de la société civile. Les

---

637 *IFES Annual Report 2010*, p.23.
638 *Actes de la Conférence sur la dimension parlementaire de l'observation des élections*, *op.cit.*, p.60.
639 *IFES Annual Report 2010*, p.1.
640 *Rapport annuel 2000 sur les activités de l'OSCE*, p.8 ; *Rapport Annuel 2001 sur les activités de l'OSCE*, p.10.
641 *Rapport annuel 2000 sur les activités de l'OSCE*, p.45.
642 *Republic of Azerbaijan, Presidential election, 11 October 1998, OSCE/ODIHR Election Observation Mission Final Report*, 11 novembre 1998, p.13.
643 *Rapport annuel 2000 sur les activités de l'OSCE*, p.34.
644 *Rapport annuel sur les activités de l'OSCE en 2003*, p.103
645 *Rapport annuel 1999 sur les activités de l'OSCE*, p.27.
646 *Ibid.*, p.40.
647 *OSCE/ODIHR Bulletin*, Volume 4, n°2, 1996, pp.28-29.
648 Guilhot (N.), « Une vocation philanthropique. Georges Soros, les sciences sociales et la régulation du marché mondial », *Actes de la Recherche en Sciences Sociales*, n°151-152, 2004, p.36.

Fondations, financées en grande partie par la fortune du philanthrope, insistent particulièrement sur l'embauche de personnels locaux et sur le rôle primordial de l'éducation[649].

Enfin, l'ONG non partisane américaine *Freedom House* ne mène pas non plus de missions d'observation électorale mais doit être évoquée en raison de la notoriété internationale qu'elle a acquise pour ses activités de promotion de la démocratie. Créée en 1941[650] et établie à Washington, elle s'est notamment spécialisée dans l'analyse et l'évaluation des performances démocratiques des États avec son rapport *Freedom in the world*, publié chaque année depuis 1972. Ce dernier vise à noter tous les États et territoires du monde selon une échelle allant de 1 à 7 en fonction du degré de protection qu'ils accordent aux droits politiques d'une part et aux libertés civiles d'autre part. Sur la base de ces notations, un classement en trois groupes est effectué : « libre » pour un score de 1 à 2,5, « partiellement libre » pour un score de 3 à 5 et « non libre » pour un score de 5,5 à 7[651]. En outre, *Freedom House* publie régulièrement d'autres rapports relatifs à des groupes d'États, notamment les anciens pays du bloc soviétique[652], ou des thèmes plus précis comme les droits des femmes ou la liberté de la presse[653]. Le financement de l'Organisation provient de multiples sources publiques et privées. En 2010, les principaux donateurs furent USAID, le Département d'État américain et le Fonds des Nations Unies pour la Démocratie[654].

Selon le classement *Freedom in the World* de l'année 2011, fondé sur les observations de l'année précédente, une majorité de 39 pays de l'OSCE sont jugés libres (notamment tous les États membres de l'UE et des États candidats à l'adhésion comme la Croatie, le Monténégro et la Serbie), mais neuf pays, plus le Kosovo, sont qualifiés de partiellement libres (Albanie, Arménie, ARYM, Bosnie-Herzégovine, Géorgie, Kirghizstan, Moldavie, Turquie et Ukraine) et sept sont considérés comme non libres (Azerbaïdjan, Biélorussie, Kazakhstan, Ouzbékistan, Russie, Tadjikistan et Turkménistan)[655]. Par rapport au classement de l'année précédente, il est à noter que le Kirghizstan est sorti de la catégorie des États les plus

---

649 Carothers (T.), *Aiding democracy abroad. The learning curve*, *op.cit.*, pp.273-274.

650 McFadden (R.D.), « George Field, defender of human rights, is dead at 101 », *The New York Times*, 30 mai 2006.

651 *Freedom in the world 2011*, Freedom House, 12 janvier 2011. Pour un autre exemple de classement annuel, voir : « Democracy index 2011. Democracy under stress », Economist Intelligence Unit, *The Economist*, 2011.

652 *Nations in Transit 2010*, Freedom House, 29 juin 2010.

653 *How freedom is won. From civic resistance to durable democracy*, Freedom House, 2005 ; *The OSCE Chairmanship and Kazakhstan. Reform commitments remain unfulfilled*, Freedom House, 2009 ; *Undermining democracy. Strategies and methods of 21st century authoritarians*, Freedom house, 2009.

654 *Freedom House Annual Report 2010*, Freedom House, 4 mai 2011, p.14.

655 Le Saint-Siège n'est pas inclus dans l'étude.

autoritaires pour être intégré au niveau intermédiaire, tandis que l'Ukraine a été rétrogradée de « libre » à « partiellement libre »[656]. Enfin, le rapport s'intéresse également aux territoires sécessionnistes à l'instar de l'Abkhazie, de Chypre du Nord, du Haut-Karabagh, de l'Ossétie du Sud et de la Transnistrie. Les évaluations en matière de démocratie se fondent sur une multitude de sources issues du monde entier (médias, rapports du Département d'État américain, Organisations internationales et ONG), y compris des rapports d'observation électorale, à partir desquelles une équipe d'analystes répond à des séries de questions. En matière de droits politiques, il s'agit d'une dizaine de questions portant sur les processus électoraux, le pluralisme et la participation politique et le fonctionnement du gouvernement. Quant aux libertés civiles, une quinzaine de questions touchent à la liberté d'expression et de religion, à l'État de droit, aux droits des associations et organisations professionnelles, et à l'autonomie personnelle et aux droits individuels. Ces rapports sont très largement utilisés par une multitude d'acteurs impliqués dans la promotion de la démocratie : ONG, Organisations internationales, agences gouvernementales et surtout, universitaires[657].

Néanmoins, un certain nombre de critiques furent émises quant à la fiabilité des évaluations effectuées par l'Organisation. Il fut notamment reproché de donner une définition très large à la notion de démocratie en assimilant celle-ci à la liberté[658]. Par ailleurs, d'autres mirent en avant un manque de neutralité résultant de l'orientation politique des rédacteurs et le fait que les évolutions de la méthodologie au fil des années rendaient peu fiables des comparaisons sur le long terme[659]. De plus, « [les] *questions compren*[draient] *des adjectifs subjectifs limitant la rigueur de l'analyse scientifique* » et l'absence d'« *information sur la manière dont les points sont alloués* » ferait du rapport *Freedom in the world* « *une étude hautement subjective* »[660]. Mais une entreprise aussi complexe que la mesure du degré de démocratie de l'ensemble des États et territoires du monde se prête inévitablement à la critique et s'ils ne peuvent constituer une base suffisante pour des études comparatives approfondies, les rapports de *Freedom House*

---

656 *Freedom in the world 2010*, Freedom House, 12 janvier 2010.

657 Voir par exemple : Bjornlund (E.C.), *op.cit.*, p.43 et s. ; George (B.) et Kimber (S.), « Developments in election observation », *in* Schmeets (H.) (dir.), *International election observation and assessment of elections*, Statistics Netherlands & Maastricht University, 2011, pp.29 et s. ; Huntington (S.P.), *The third wave. Democratization in the late twentieth century*, University of Oklahoma Press, 1993, p.11.

658 Munck (G.L.) et Verkuilen (J.), « Conceptualizing and measuring democracy. Evaluating alternatives indices », *Comparative Political studies*, Volume 35, n°1, 2002, p.9.

659 Giannone (D.), « Political and ideological aspects in the measurement of democracy: The Freedom House case », *Democratization*, Volume 17, n°1, 2010, pp.89-91.

660 *Les indicateurs droits de l'homme et démocratie. Définition et implications*, Parlement européen, 2006, p.13.

fournissent cependant des données utiles pour des analyses moins spécialisées[661].

D. Des pratiques controversées

Le fait que la quasi-totalité du financement du NED provienne de fonds publics est à l'origine de multiples interrogations quant à la réelle indépendance de cette Organisation vis-à-vis du Gouvernement américain et de sa politique étrangère[662]. Ses détracteurs lui reprochent de n'être que la continuation officielle des activités secrètes menées par les États-Unis au temps de la Guerre froide[663]. Il s'agirait en réalité d'une « *stratégie de privatisation de la politique étrangère* » s'inscrivant « *dans la continuité des opérations politiques de la CIA, qui sont théoriquement bannies depuis 1977* »[664]. De même, les liens qui unissent le NDI et l'IRI aux deux principaux partis politiques américains suscitent parfois des questionnements quant à leur indépendance et à leur impartialité réelles. Pour certains, ces ONG « *ne devraient pas effectuer d'observation électorale* » car, « *d'une part elles sont trop liées à leur État de nationalité et, d'autre part, elles sont trop souvent intervenues en amont pour construire, développer et soutenir certains partis politiques qui prennent part à la compétition électorale* »[665]. En outre, l'action de ces ONG n'est soumise à aucun cadre international juridiquement contraignant comparable à celui imposé aux Organisations internationales et aux États.

C'est sans aucun doute la survenance de « révolutions de couleurs » dans plusieurs pays de la région de l'OSCE qui provoqua la vague de critiques la plus vigoureuse à l'encontre des ONG américaines[666]. Ainsi, d'abord apprécié pour la qualité de son travail[667], le réseau de Fondations Soros commença à être fortement critiqué à partir du début des années 2000 pour son implication dans plusieurs de ces révolutions, notamment en Géorgie et en Ukraine[668]. Dans le même sens, les instituts partisans américains[669] et

---

661 Merkel (W.), « Embedded and defective democracies », *Democratization*, Volume 11, n°5, 2004, pp.34-35.

662 Naim (M.), « Democracy's dangerous impostors », *The Washington Post*, 21 avril 2007.

663 Guilhot (N.), *The democracy makers, op.cit.*, pp.83-84 ; Riché (P.), « Le NED ou l'a(r)gent de la liberté », *Libération,* 12 mars 2005.

664 Guilhot (N.), « Les professionnels de la démocratie », *op.cit.*, p.55.

665 Fau-Nougaret (M.), « L'observation internationale non-gouvernementale des élections », *in* Vettovaglia (J.-P.) (dir.) *et al.*, *op.cit.*, p.637.

666 Voir *infra* ce chapitre.

667 Quigley (K.F.F.), *For democracy's sake: Foundations and democracy assistance in central Europe*, Woodrow Wilson Center Press, 1997, p.87.

668 McKinnon (M.), « Georgia revolt carried mark of Soros », *The Globe and Mail*, 26 novembre 2003 ; Owen (B.), *Géopolitique de la démocratie. Constats et enjeux*, Studyrama, 2008, p.96.

Freedom House fournirent des soutiens humains, techniques et financiers massifs aux groupes d'opposition, sans lesquels les révolutions n'auraient peut-être pas pu se produire. Les activités des ONG américaines au cours de ces événements furent parfois assimilées à des ingérences dans les affaires politiques intérieures et provoquèrent en retour des mesures de restriction de la part de plusieurs États, craignant qu'une révolution similaire se produise sur leur sol. Ainsi, les Fondations Soros situées en Ouzbékistan[670], en Russie[671] et au Turkménistan furent contraintes de fermer. Cette question dépasse le cadre de notre étude mais il semble que ces polémiques soient en partie légitimes tant l'ampleur de l'aide apportée par certaines ONG à des mouvements d'opposition fut importante, au point de se demander si les limites acceptables de la promotion de la démocratie ne furent pas franchies. Toutefois, il convient également de relativiser quelque peu l'influence démesurée que certains veulent attribuer aux ONG américaines, voire aux facteurs externes en général, dans les développements électoraux des États concernés, sous-estimant par la même occasion l'autonomie leurs sociétés civiles. Ces critiques apparaissent aussi souvent idéologiquement marquées et révélatrices des réactions parfois excessives que déchaine l'idée de programmes de démocratisation financés par les États-Unis[672]. De surcroît, cela ne doit pas faire oublier que diverses Organisations internationales soutinrent également des activités de promotion de la démocratie dans les pays en question.

§2. Des contacts régulés avec les Organisations d'observateurs nationaux

Les origines de la seconde branche des ONG spécialisées dans l'observation électorale, les organisations d'observateurs nationaux, remontent à l'émergence du NAMFREL aux Philippines au début des années 1980. Au cours de l'élection présidentielle anticipée de 1986, cette organisation déploya près de 500 000 volontaires qui contribuèrent, en réalisant un décompte officieux d'une part importante des bulletins de vote, à contester les résultats officiels du scrutin accordant la victoire au Président sortant, Ferdinand Marcos[673]. Cet exemple fut bientôt suivi par une multitude de groupements à travers le monde et particulièrement dans la région de l'OSCE lors des « révolutions de couleurs » (A). Si une complémentarité

---

669 McIntire (M.), « Democracy group gives donors access to McCain », *New York Times*, 28 juillet 2008.

670 *Open Society Time: Open Society Foundations Highlights, 1979–2010*, *op.cit.*, p.36.

671 Petric (B.), « A propos des révolutions de couleur et du soft power américain », *Hérodote*, n°129, 2008, p.18.

672 Carothers (T.), *Aiding democracy abroad. The learning curve*, *op.cit.*, pp.59 et s.

673 Bjornlund (E.C.), *op.cit.*, pp.214-215.

existe indéniablement entre ces ONG et les Organisations internationales, divers obstacles empêchent une collaboration étroite (B).

A. Un développement important dans la région de l'OSCE

Débutée au lendemain de la désagrégation du bloc soviétique (1), l'action des observateurs nationaux acquit une grande visibilité à la faveur de la vague de « révolutions colorées » (2). Le développement de cette activité permit aux multiples organisations impliquées de se structurer davantage (3) mais provoqua également des réactions hostiles de la part de plusieurs États participants de l'OSCE (4).

1. Les premières expériences des années 1990

Sur le sol européen, c'est au début des années 1990, avec les premières élections postérieures à l'effondrement de l'URSS, qu'apparurent des ONG d'observateurs nationaux. En Bulgarie, la *Bulgarian Association for Free Elections* (BAFE) fut créée quelques mois avant les élections parlementaires de juin 1990 pour mener une évaluation non partisane du premier scrutin pluripartite organisé dans le pays depuis 1931. L'ONG procéda à un décompte des voix exprimées dans environ 10% des bureaux de vote choisis au hasard, mais cet exercice aboutit à un résultat contraire à celui de l'exemple philippin. Il démontra, en confirmant les résultats officiels, que le Parti communiste (rebaptisé socialiste) au pouvoir avait effectivement remporté les élections de façon raisonnablement libre et honnête[674], ce qui limita probablement les réactions hostiles de l'opposition[675]. Des groupements similaires émergèrent progressivement dans la plupart des pays d'Europe centrale et orientale, tels *Pro Democracy* et *LADO* en Roumanie, la *Society for Democratic Culture* en Albanie en 1992, ou encore le *Nonpartisan Committee of Voters* ukrainien en 1994[676].

Mais ce développement suscita l'hostilité de certains gouvernements qui cherchèrent à entraver, voire à prohiber, les activités des ONG d'observateurs domestiques en violation de l'article 8 du *Document de Copenhague*, lequel concerne à la fois les observateurs « *étrangers et nationaux* ». Dès lors, les rapports d'observation du BIDDH commencèrent à inclure le respect des droits des observateurs domestiques parmi les critères d'évaluation des scrutins. De multiples cas d'abus furent alors répertoriés à travers la région de l'OSCE, illustrant la crainte de nombreux régimes face au potentiel de révélation de fraudes électorales de ces ONG. Au titre de ces

---

674 APCE, *Rapport d'information sur les élections parlementaires en Bulgarie (10 et 17 juin 1990)*, 21 septembre 1990, Doc.6279.Ad.I, §4.

675 Garber (L.) et Bjornlund (E.) (dir.), *op.cit.*, pp.149-152.

676 Bjornlund (E.C.), *op.cit.*, pp.224-225.

violations, le BIDDH releva notamment des cas d'interdiction pure et simple[677], le placement d'obstacles administratifs injustifiés[678] ou des intimidations et menaces[679].

2. Des organisations mises en lumière par les « révolutions de couleurs »

Le rôle potentiellement déterminant des ONG d'observateurs domestiques fut démontré avec davantage de force au début des années 2000 à l'occasion de plusieurs « révolutions pacifiques », surnommées « révolutions de couleurs ». La première se déroula en Serbie à la suite de l'élection présidentielle anticipée de septembre 2000. Au terme du premier tour, le Président sortant Slobodan Milosevic, élu en 1997 lors d'un scrutin frauduleux[680], annonça qu'un second tour de scrutin était nécessaire car aucun parti n'avait remporté la majorité absolue. Mais l'opposition, réunie au sein de la coalition de l'Opposition Démocratique de Serbie (DOS) clama qu'elle avait recueilli plus de la moitié des suffrages en se fondant sur les résultats de l'observation électorale menée par le *Center for Free Elections and Democracy* (CeSID), une coalition d'ONG locales serbes[681]. La DOS appela donc à une protestation pacifique, avec l'aide du mouvement étudiant *Otpor !* (résistance), aboutissant à la démission du Président le 7 octobre 2000[682] et à l'organisation d'élections législatives en décembre qui, contrairement aux élections tenues précédemment en Serbie et en

---

677 *OSCE/ODIHR Final statement on the election of Representatives to the Chamber of Counties of the Parliament and of Representatives of local Government and Self-Government bodies of the Republic of Croatia*, 13 avril 1997 ; *Republic of Serbia, Parliamentary election, 21 September 1997, and Presidential election, 21 September and 5 October 1997, OSCE/ODIHR Election Observation Mission Final Report*, 5 novembre 1997.

678 *Republic of Azerbaijan, Parliamentary elections, 5 November 2000 and 7 January 2001, OSCE/ODIHR Election Observation Mission Final Report*, 15 janvier 2001, §V.G ; *Georgia, Parliamentary elections, 31 October and 14 November 1999, OSCE/ODIHR Election Observation Mission Final Report*, 7 février 2000, §IV.F.

679 *Republic of Belarus, Presidential election, 9 September 2001, OSCE/ODIHR Limited Election Observation Mission Final Report*, 4 octobre 2001, §X.C ; *Kyrgyz Republic, Presidential elections, 29 October 2000, OSCE/ODIHR Election Observation Mission Final Report*, 16 janvier 2001, §X.

680 *Republic of Serbia, Rerun of the Presidential election, 7 and 21 December 1997, OSCE/ODIHR Election Observation Mission Final Report*, 22 janvier 1998.

681 Balian (H.), « Ten years of international election assistance and observation », *Helsinki Monitor*, Volume 12, n°3, 2001, p.204 ; *Handbook for Domestic Election Observers*, OSCE-ODIHR, *op.cit.*, p.108 ; Petric (B.), « A propos des révolutions de couleur et du soft power américain », *op.cit.*, p.13.

682 Avioutskii (V.), *Les révolutions de velours*, Armand Colin, 2006, pp.29-43 ; Birch (S.), « The 2000 elections in Yugoslavia: the "bulldozer revolution" », *Electoral Studies*, Volume 21, n°3, 2002, pp.499-511 ; Carothers (T.), « Ousting foreign strongmen: Lessons from Serbia », *Policy Brief n°5*, Carnegie Endowment for International Peace, 2001 ; Cohen (R.), « Who really brought down Milosevic? », *The New York Times*, 26 novembre 2000.

République Fédérale de Yougoslavie, furent généralement conformes aux normes internationales[683].

La méthode de ce renversement, en particulier l'observation électorale nationale et non-partisane associée à la mise en œuvre des méthodes de protestation non-violente souvent développées par le politologue américain Gene Sharp[684], trouva rapidement à s'exporter dans d'autres États de la région de l'OSCE[685] avec l'aide massive d'ONG américaines[686]. Des contacts se nouèrent entre des ONG de promotion de la démocratie de différentes nationalités et des ateliers de formation furent organisés dans divers pays. Ainsi, la « révolution des Roses » de 2003 en Géorgie[687] et la « révolution Orange » de 2004 en Ukraine[688] se déroulèrent selon un schéma proche du cas serbe[689]. Dans les deux cas, des organisations étudiantes, *Kmara* (Géorgie) et *Pora* (Ukraine), s'allièrent à des organisations d'observateurs domestiques, respectivement l'*International Society for Fair Elections and Democracy* (ISFED) et le *Committee of Voters of Ukraine* (CVU)[690], afin de renverser pacifiquement le régime en place à la suite de fraudes électorales massives[691]. En Ukraine, la législation interdisant

---

683 *Republic of Serbia, Federal Republic of Yugoslavia, Parliamentary election, 23 December 2000, OSCE/ODIHR Election Observation Mission Final Report*, 20 février 2000 ; APCE, *Commission* ad hoc *pour l'observation des élections à l'Assemblée nationale de Serbie/République fédérale de Yougoslavie (23 décembre 2000)*, 22 janvier 2001, Doc.8934, §23-24.

684 Voir notamment: Sharp (G.), *From dictatorship to democracy. A conceptual framework for liberation*, The Albert Einstein Institution, 2002. Voir aussi : Avioutskii (V.), *op.cit.*, pp.213-215 ; Foer (F.), « Révolution, mode d'emploi », *Courrier International*, n°770-771-772, 4 août 2005, pp.38-39. Pour certains, ces techniques auraient également eu une influence lors du « Printemps arabe » : Gay Stolberg (S.), « Shy US intellectual created playbook used in a revolution », *The New-York Times*, 16 février 2011 ; Lundin (T.), « Egypte - La révolution qui venait de Serbie », *Presseurop*, 2 mars 2011.

685 *Supplementary Human dimension meeting on Challenges of election technologies and procedures*, Final report, *op.cit.*, pp.42 et s.

686 Avioutskii (V.), « La Révolution orange en tant que phénomène géopolitique », *Hérodote*, n°129, 2008, p.69 ; Dobbs (M.), « U.S. advice guided Milosevic opposition », *The Washington Post*, 11 décembre 2000 ; Petric (B.), « A propos des révolutions de couleur et du soft power américain », *op.cit.*, pp.10 et s. ; Petric (B.), « Observation électorale et réseaux d'ONG transnationaux : le cas du Kirghizstan », *Revue Tiers Monde*, n°193, 2008, pp.91-109 ; Petric (B.), « Le Kirghizstan : Soft power et inflation électorale », *Hérodote*, n°129, 2008, p.163 ; Smith (C.S.), « U.S. helped to prepare the way for Kyrgyzstan's uprising », *The New York Times*, 30 mars 2005.

687 « Georgia: What now? », *Europe Report n°151*, International Crisis Group, 3 décembre 2003, *op.cit.*, pp.6 et s.

688 Voir notamment : APCE, *Respect des engagements et obligations de l'Ukraine*, 19 septembre 2005, Doc.10676, §IV.A.

689 Avioutskii (V.), *op.cit.*, pp.45-56 et 63-89 ; Gangloff (C.), *L'import-export de la démocratie : Serbie, Géorgie, Ukraine, Kirghizistan*, L'Harmattan, 2008, pp.131 et s.

690 *Promoting and defending democracy*, *op.cit.*, p.51.

691 Tucker (J.A.), « Enough! Electoral fraud, collective action problems, and Post-Communist Colored Revolutions », *Perspectives on Politics*, Volume 5, n°3, 2007, p.535.

l'observation domestique, les milliers de membres du CVU observèrent en étant accrédités comme journalistes, même s'ils ne purent obtenir certains documents électoraux[692]. Au Kirghizstan, le succès de la « révolution des tulipes » en 2005 reposa en grande partie sur les actions concertées du mouvement de jeunesse *Kel-Kel*, de la coalition d'opposition *Ata Jurt*, et surtout de *Koalitsia*, une coalition d'ONG locales (presque intégralement financée par le NDI) qui organisa l'observation nationale des élections[693].

3. L'ENEMO ou la structuration du mouvement

Au fil des ans, un véritable réseau d'organisations d'observateurs nationaux commença à prendre forme, puis se structura en 2001 avec la création de l'*European Network of Election Monitoring Organizations* (ENEMO), grâce notamment au financement du NED. Celui-ci regroupe désormais 22 organisations civiques, provenant de 17 États de l'ex-Union soviétique et d'Europe centrale et orientale, ayant observé plus de 140 scrutins et déployé près de 200 000 observateurs[694]. Depuis l'élection présidentielle de 2004 en Ukraine, l'ENEMO déploie régulièrement ses propres missions d'observation de long terme. Sa méthodologie et la structure de ses missions sont grandement empruntées au BIDDH et à l'UE et permettent au réseau de réaliser des missions relativement crédibles et professionnelles. Sur le terrain, l'ENEMO déploie généralement plusieurs centaines d'observateurs, ses contingents dépassant parfois largement ceux des MIOE (900 observateurs lors de l'élection présidentielle ukrainienne de 2010[695]), et travaille souvent en coopération avec l'IFES, le NDI et l'IRI. Au plan normatif, l'ENEMO fonde ses évaluations sur le *Document de Copenhague* et sur la *Déclaration de principe pour l'observation internationale d'élections* et le *Code de conduite des observateurs* adoptés en 2005 sous l'égide de l'ONU[696]. Par ailleurs, l'ENEMO est membre d'une structure plus large, à l'échelle planétaire, le *Global Network of Domestic Elections Monitors* (GNDEM, Réseau mondial d'observateurs nationaux des élections). Soutenu par le NED et USAID, l'objectif du GNDEM est de renforcer et de promouvoir l'observation domestique en regroupant plus

[692] *Ukraine, Presidential election, 31 October, 21 November and 26 December 2004, OSCE/ODIHR Final Report*, 11 mai 2005, §XI.

[693] Avioutskii (V.), *op.cit.*, pp. 173-176 ; Petric (B.), « Observation électorale et réseaux d'ONG transnationaux : le cas du Kirghizstan », *op.cit.*, pp.97-108 ; Petric (B.), « Le Kirghizstan : Soft power et inflation électorale », *op.cit.*, p.159.

[694] *ENEMO EOM in Kosovo Municipal elections 2009*, Final report, p.35.

[695] *ENEMO International Observation Mission to Ukraine Presidential Elections 2010*, Final report, p.1.

[696] *Actes de la Conférence sur la dimension parlementaire de l'observation des élections*, p.70 ; *Supplementary Human dimension meeting on Challenges of election technologies and procedures*, Final report, *op.cit.*, p.43.

d'une centaine d'organisations nationales et de réseaux régionaux issus de tous les continents.

4. Un développement entravé par des mesures nationales de restriction

La vague de changements de régimes consécutive aux « révolutions de couleurs » ne tarda pas à être perçue comme une menace par certains États de la région de l'OSCE. Ces derniers prétextèrent notamment un risque d'ingérence étrangère dans leurs affaires intérieures au motif que la plupart des ONG locales ayant tenu un rôle majeur lors des révolutions furent soutenues par des Organisations internationales (dont l'UE et l'OSCE), mais aussi par les puissantes ONG américaines de promotion de la démocratie[697]. Ils « *interpré*[tèrent] *ces évènements en termes géopolitiques, comme des coups d'État financés par l'Occident, orchestrés par la CIA et destinés à renforcer l'hégémonie de l'Amérique et de ses alliés européens* »[698]. Plusieurs États participants de l'OSCE adoptèrent alors des législations ou des attitudes visant à restreindre[699] ou à interdire[700] l'action des ONG, en dépit des critiques du Bureau de Varsovie.

Ainsi, lors des élections parlementaires anticipées tenues en Moldavie en juillet 2009, la majorité des observateurs du réseau ENEMO, bien qu'invités par les autorités nationales, se virent refuser leurs accréditations sans explication tandis que d'autres personnels, dont le chef de mission, subirent diverses sortes de mauvais traitements de la part de la police moldave. L'ENEMO fut ainsi contraint de quitter le pays pour des raisons de sécurité sans pouvoir mener à terme sa mission d'observation[701]. Plus récemment, l'association russe *Golos*, membre du réseau ENEMO, subit de multiples pressions et intimidations de la part des autorités nationales dans le cadre des élections législatives russes de 2011[702]. Or, les différentes restrictions

---

697 Carothers (T.), « The backlash against democracy promotion », *Foreign Affairs*, Volume 85, n°2, 2006, pp.55-68 ; Genté (R.) et Rouy (L.), « Dans l'ombre des "révolutions spontanées" », *Le Monde Diplomatique*, janvier 2005 ; Jégo (M.), « La révolution ukrainienne, modèle d'exportation », *Le Monde*, 15 février 2005 ; Mathey (R.), « La stratégie politique américaine en Azerbaïdjan », *Hérodote*, n°129, 2008, p.135.

698 Kagan (R.), *Le retour de l'Histoire et la fin des rêves*, Plon, 2008, p.91.

699 Voir notamment : *Republic of Azerbaijan, Presidential election, 15 October 2008, OSCE/ODIHR Election Observation Mission Final Report*, 15 décembre 2008, §XIII.

700 *Republic of Uzbekistan, Presidential election, 23 December 2007, OSCE/ODIHR Limited Election Observation Mission Final Report*, 23 avril 2008, §X.

701 Statement of the European Network of Election Monitoring Organizations on the Cancellation of its observation mission to the July 29, 2009 early parliamentary elections in the Republic of Moldova.

702 *Russian Federation, Elections to the State Duma, 4 December 2011, OSCE/ODIHR Election Observation Mission Final Report*, 12 janvier 2012, p.17 ; *Résolution du Parlement européen sur le prochain sommet Union européenne-Russie du 15 décembre 2011 et sur les*

imposées aux ONG sont généralement contraires aux articles 8 et 10 du *Document de Copenhague*, lesquels garantissent respectivement le droit d'accès des observateurs électoraux et les libertés d'expression, d'action, d'association et de financement des associations de promotion et de protection des droits de l'Homme. De plus, les *Principes fondamentaux sur le statut des organisations non gouvernementales en Europe,* adoptés par le Conseil de l'Europe le 5 juillet 2002, prévoient la possibilité pour ces organisations de solliciter des contributions financières de personnes privées ou morales étrangères[703].

B. Un professionnalisme inégal, frein à une collaboration étroite avec les Organisations internationales

L'observation des élections par des organisations nationales présente divers avantages comparatifs indéniables vis-à-vis des Organisations internationales. Il est tout d'abord évident que les membres de ces ONG connaissent davantage l'histoire, la culture, la langue ou encore les subtilités de la vie politique de leur pays. En tant que nationaux des États hôtes, ils peuvent suivre en détails le déroulement des périodes préélectorale et postélectorale mieux que tout observateur de long terme déployé par une institution internationale. Ensuite, les observateurs nationaux étant déjà sur place, les coûts engendrés par le déploiement s'avèrent relativement faibles et il est donc possible pour les ONG de mobiliser des effectifs très importants couvrant la majeure partie du territoire[704]. De plus, leur structure flexible leur permet de bénéficier d'une réactivité plus grande face aux changements et aux événements imprévus et leur statut tend à leur conférer une liberté de ton plus importante, laquelle tranche parfois avec le langage souvent trop policé et diplomatique des Organisations internationales. Enfin, l'action de ces ONG est moins exposée aux risques de parasitage par des conflits d'intérêts et des pesanteurs politiques freinant parfois l'action des institutions internationales et nuisant à leur effectivité. Cet aspect fut notamment illustré par l'action du réseau ENEMO lors des élections générales tenues en 2010 au Kosovo, les premières à être entièrement organisées par les autorités kosovares. En effet, seule l'ENEMO déploya une mission de long terme puisque les principales Organisations internationales (Conseil de l'Europe, OSCE et UE) en furent empêchées par le défaut de

---

résultats des élections législatives russes du 4 décembre 2011, 14 décembre 2011, (2011)0575, §14.

[703] *Exposé des motifs aux Principes fondamentaux sur le statut des organisations non gouvernementales en Europe*, §56-57.

[704] Carothers (T.), « The observers observed », *Journal of Democracy*, Volume 8, n°3, 1997, p.22 ; Kaczorowski (N.), « Election monitoring: Lessons learned and possible new orientations », *in* Warner (D.) (dir.), *Consolidating the OSCE*, PSIO Occasional Paper, 2006, p.115.

reconnaissance de l'indépendance de l'ancienne province yougoslave par plusieurs de leurs États membres. En conséquence, la présence de ces institutions fut réduite à une délégation de sept députés envoyée par le Parlement européen et une petite équipe de trois experts électoraux dépêchée par la Commission européenne[705].

En revanche, il existe de grandes disparités entre ces ONG en termes de ressources financières, de formation des observateurs, ou encore de méthodologie, suscitant des doutes sur la qualité du travail effectué. En raison d'un manque d'expérience et de financements, certaines organisations manquent de professionnalisme, les personnes déployées n'ont pas une connaissance suffisante de la législation électorale et la coordination entre observateurs s'avère lacunaire. De surcroît, ces organisations sont plus vulnérables aux pressions, intimidations et efforts de discréditations émanant des autorités nationales que des institutions internationales. Mais le principal écueil est certainement lié à la neutralité des organisations d'observateurs nationaux. Leurs personnels sont très souvent des activistes en matière de défense des droits de l'Homme et de la démocratie et, à ce titre, des opposants au régime en place (ou d'anciens opposants à un régime déchu). Par conséquent, ces observateurs sont généralement moins neutres que les experts internationaux quant au résultat des scrutins et cela risque d'influer sur leurs conclusions[706]. Dans un sens plus radical, Bernard Owen estime que l'observation domestique « *est une anomalie dans l'évolution des démocraties* » qui n'a pas lieu d'être « *en dehors des toutes premières élections* ». Pour l'auteur, « [l]*'ambiguïté de ces observations nationales "non engagées", alors que tous les citoyens sont conscients de leur positionnement politique, ne peut que retarder le véritable mouvement vers la participation politique* »[707]. Cette incertitude permanente et légitime quant à la neutralité des observateurs nationaux explique que les Organisations internationales aient préféré développer avec eux une relation fondée sur la complémentarité plutôt que sur la coopération. Le BIDDH reconnaît que l'action des ONG crédibles accroît la transparence des élections et la confiance du public mais préfère qu'elle demeure strictement séparée de son activité afin de conserver son indépendance et ne pas risquer de compromettre sa neutralité[708].

Néanmoins, le Bureau de Varsovie maintient des contacts et des échanges d'informations réguliers avec certaines organisations nationales et a publié un guide pratique à l'intention des observateurs domestiques. Ce document, élaboré en collaboration avec une vingtaine de groupes d'observateurs

---

[705] *European Union Expert Mission to Kosovo*, Flash report, 24 janvier 2011, p.3.
[706] Petric (B.), « Observation électorale et réseaux d'ONG transnationaux », *op.cit.*, pp.97-108.
[707] Owen (B.), *Géopolitique de la démocratie*, *op.cit.*, p.101.
[708] *Election Observation Handbook*, OSCE-ODIHR, *op.cit.*, p.94 ; Kaczorowski (N.), *op.cit.*, p.115.

nationaux de la région de l'OSCE, expose en détails une méthodologie d'observation de long terme inspirée de celle du BIDDH afin d'accroître le professionnalisme de ces organisations[709]. De plus, les missions de terrain de l'OSCE se livrent régulièrement à des activités de formation à destination des organisations nationales d'observateurs électoraux, comme cela fut par exemple le cas en Albanie[710], en Azerbaïdjan[711], au Kazakhstan[712], en Moldavie[713] ou encore au Turkménistan[714]. À la faveur de la structuration des organisations d'observateurs domestiques, il est probable que, tout en maintenant une séparation lors des activités de terrain, les Organisations internationales renforcent leurs contacts avec ces ONG.

[709] *Handbook for Domestic Election Observers*, OSCE-ODIHR, 2003.
[710] *Rapport annuel sur les activités de l'OSCE en 2003*, p.50.
[711] *Rapport annuel 2009 de l'OSCE*, p.60.
[712] *Rapport annuel sur les activités de l'OSCE en 2004*, p.101.
[713] *Rapport annuel 2010 de l'OSCE*, p.65.
[714] *Rapport annuel 2007 de l'OSCE*, p.105.

Conclusion du Titre 1

La multiplicité des institutions engagées dans l'observation électorale internationale dans la région de l'OSCE présente l'avantage indéniable d'empêcher tout monopole, d'assurer une certaines diversité de vues. Toutefois, cette pluralité impose aussi aux acteurs de mettre en place un certain degré de coopération et d'assurer une relative homogénéité dans leurs méthodologies et leurs conclusions. Il est primordial que le message envoyé par les observateurs électoraux ait suffisamment de clarté et de cohérence pour éviter les interprétations divergentes et, avec elles, la pratique de la tournée des instances.

L'instauration de *Missions Internationales d'Observation des Élections* a été sans conteste la réalisation majeure des institutions observatrices européennes en termes de collaboration. Cet effort a porté ses fruits et les déploiements conjoints sont devenus la norme dans la région de l'OSCE. Mais le rôle de meneur que le BIDDH est naturellement appelé à jouer dans ce cadre en raison de sa capacité à effectuer des évaluations de long terme n'est pas encore pleinement accepté par certains partenaires, y compris au sein de la « famille de l'OSCE », et seul le Parlement européen semble avoir tiré les conséquences adéquates de cet état de fait. Les dissensions intervenues récemment lors de la MIOE déployée au Kazakhstan en avril 2011 illustrent la persistance de problèmes de cohésion. A cette occasion, l'APCE choisit en effet « *de tenir sa propre conférence de presse et de faire une déclaration distincte* » au motif que les deux institutions de l'OSCE lui demandèrent d'« *approuv*[er] *un document qu'elles avaient élaboré seules* », la traitant ainsi « *comme un partenaire de second rang* »[715]. Cependant, cet argument de l'abus d'autorité ne résiste guère à une lecture comparative des déclarations. Il semble que la discorde ait davantage été liée à une indulgence excessive de l'APCE, dont la délégation émit un avis étonnement positif sur un scrutin pourtant loin de satisfaire aux normes internationales. Cette divergence d'évaluation est d'autant plus déplorable qu'elle ne fut manifestement pas le fruit d'un processus d'observation crédible, puisque l'APCE ne déploya que cinq parlementaires pendant quatre jours dans deux régions, face aux centaines d'observateurs de l'OSCE, dont vingt-huit observateurs de long terme[716]. Le principal facteur de déstabilisation dans notre région d'étude reste néanmoins le double jeu mené par un groupe

[715] APCE, *Observation de l'élection présidentielle anticipée au Kazakhstan (3 avril 2011)*, 26 mai 2011, Doc.12615, §4.

[716] *Republic of Kazakhstan, Early Presidential election, 3 April 2011, OSCE/ODIHR Election Observation Mission Final Report*, 16 juin 2011, p.3.

d'États, la Russie en tête, à la fois membres de l'OSCE et de la CEI et qui instrumentalisent cette dernière pour nuire à la première. Leur intégration aux MIOE prendra certainement du temps et ne semble pouvoir passer que par le dialogue mais aussi, par un affaiblissement des régimes autoritaires au pouvoir dans ces pays.

Quant aux ONG, leur impressionnante diversité complique tout effort de systématisation. Un certain nombre d'entre elles, les plus professionnelles et les mieux structurées, devraient probablement continuer à s'affirmer dans le paysage européen de l'observation électorale et permettre une plus grande complémentarité avec les Organisations internationales.

Titre 2. Un droit international électoral substantiel comme objet du contrôle

Si une part importante de la tâche d'une mission d'observation des élections consiste à évaluer la conformité d'un processus électoral avec le droit électoral de l'État d'accueil, elle doit avant tout déterminer si ce droit national, et donc le processus électoral dans son ensemble, respecte les règles internationales en matière électorale auxquelles l'État a adhéré. En effet, dans le système juridique français, mais aussi d'une façon générale dans l'ensemble des États de la région de l'OSCE, la notion de droit électoral peut se définir comme « *le corpus des règles constitutionnelles, législatives, règlementaires, administratives* [...] *et jurisprudentielles* [...] *applicables en matière d'élections, auquel les instruments internationaux* [...] *sont susceptibles de s'agréger* »[717]. Or, comme le remarque à juste titre Didier Maus, « [à] *côté de la juxtaposition des droits constitutionnels nationaux, s'est développé, depuis l'après Seconde Guerre mondiale, et encore plus depuis une vingtaine d'années, un ensemble de principes et de règles dont la valeur est souvent floue, mais qui constitue progressivement un véritable corpus international en matière de droit électoral* »[718]. La *Déclaration de principes pour l'observation internationale d'élections*, adoptée le 27 octobre 2005 sous l'égide de l'ONU, va dans le même sens lorsqu'elle souligne que « *d'importants progrès ont été accomplis dans la formulation des normes, principes et obligations régissant l'organisation d'élections honnêtes et démocratiques* » (§18).

Ainsi, un réseau complexe de normes et de principes internationaux en matière électorale forme l'important socle normatif sur lequel se fonde le contrôle opéré par les institutions observatrices[719], même si ces dernières

---

[717] Maligner (B.), *Droit électoral*, Ellipses, 2007, pp.11-12.

[718] Maus (D.), « Elections et constitutionnalisme : vers un droit international des élections ? », in Vettovaglia (J.-P.), Du Bois de Gaudusson (J.), Bourgi (A.), Desouches (C.), Maïla (J.), Sada (H.) et Salifou (A.) (dir.), *Démocratie et élections dans l'espace francophone. Prévention des crises et promotion de la paix. Volume II*, Bruylant, 2010, p.52.

[719] Pour une étude de ces normes, voir : Boda (M.D.), « Juger les élections d'après le droit public international : proposition de cadre », *in* Boda (M.D.) (dir.), *Elections libres et régulières. Un regard neuf. Table ronde internationale sur les normes électorales organisée par l'Union interparlementaire, Genève, novembre 2004*, Union Interparlementaire, 2005, pp.79-101 ; Davis-Roberts (A.) et Carroll (D.J.), « Using international law to assess elections », *Democratization*, Volume 17, n°3, 2010, pp.416-441. Pour des recueils de textes, voir : *Compendium of International Standards for Elections*, 2e éd., Commission européenne et NEEDS, 2007 ; *Existing commitments for democratic elections in OSCE participating States*, OSCE-ODIHR, 2003.

manquent parfois de s'y référer de façon suffisamment précise. Mais l'étude de ce socle est rendue difficile par la profusion de textes à la force juridique, à la précision et au nombre d'États parties très variables qui le composent (Chapitre 1).

De surcroît, le droit européen électoral a été grandement enrichi, en particulier depuis la fin des années 1990, par l'activité jurisprudentielle de la Cour Européenne des Droits de l'Homme en matière de droit à des élections libres et, plus largement, de droits politiques. Au regard de son autorité et de sa créativité, une analyse de cette jurisprudence est devenue indispensable à toute étude du droit européen électoral (Chapitre 2).

Chapitre 1. Une profusion de textes internationaux comme objet principal du contrôle électoral

Comme le nota Karel Vasak, « *on peut considérer que les élections constituent d'une certaine manière la synthèse de tous les droits de l'homme : en effet, pour être libres, les élections supposent que soient respectés tous les droits qui permettent à l'homme de manifester sa liberté. D'un autre côté, les élections libres représentent l'acte de naissance d'une démocratie véritable et, donc, la garantie d'un régime politique voué au respect et à la défense des droits de l'homme. En somme, les élections sont le passage étroit, mais obligé, des droits de l'homme vers la démocratie et, pourrait-on dire, vice versa. On aurait pu, dans ces conditions légitimement s'attendre à ce que les instruments internationaux des droits de l'homme consacrent une grande place à la liberté des élections* »[720].

L'ONU fut la première, en 1948, a véritablement se pencher sur la délicate question d'une protection internationale des droits électoraux. Après le précédent historique que constitua la *Déclaration universelle des droits de l'Homme*, l'Organisation mondiale a progressivement élaboré un vaste ensemble de conventions incluant une protection des droits politiques, aussi bien de façon générale qu'à l'égard de diverses catégories d'individus (Section 1). Mais c'est au plan européen que cette œuvre normative fut le plus efficacement complétée. Au sein du Conseil de l'Europe tout d'abord, par l'adoption de la *Convention Européenne des Droits de l'Homme*[721], assortie d'un contrôle juridictionnel supranational d'une effectivité sans égale à l'échelle internationale, puis par l'élaboration de divers instruments sous l'égide des autres Organisations du continent, tel le *Document de Copenhague* de l'OSCE. Il convient de souligner dès maintenant que de nombreux textes, parfois essentiels, en matière de garantie du droit à des élections libres sont dépourvus de force juridique contraignante. Ils constituent donc de la *soft law*, c'est-à-dire des « *règles dont la valeur normative serait limitée* [...] *parce que les instruments qui les contiennent ne seraient pas juridiquement obligatoires* »[722]. Cette notion extrêmement vaste et hétérogène recouvre deux grands types d'instruments. En premier

---

[720] Vasak (K.), « Étude d'introduction », in *Liberté des élections et observation internationale des élections,* Conférence internationale, Université La Laguna, Tenerife, 27 février - 2 mars 1994, Bruylant, 1995, pp.50-51.

[721] Karagiannis (S.), « L'influence de la Déclaration universelle sur les conventions régionales de protection des droits de l'homme », *L'Observateur des Nations Unies*, Volume 25, n°2, 2008, pp.27-61.

[722] Salmon (J.), « Soft law », *in* Salmon (J.) (dir.), *Dictionnaire de droit international public*, Bruylant, 2001, p.1039.

lieu, il s'agit des recommandations et des décisions des organisations internationales, les premières étant des actes « *propo*[sant] *à* [leurs] *destinataires un comportement donné* »[723] et les secondes des « *acte*[s] *unilatér*[aux] *"autoritaire*[s]*"* »[724]. En second lieu, le terme de *soft law* englobe les « actes concertés non conventionnels », par opposition aux traités au sens de la *Convention de Vienne sur le droit des traités* du 23 mai 1969. La catégorie est ici encore très large puisque, « *adoptés dans les circonstances les plus diverses,* [les actes concertés non conventionnels] *revêtent des formes hétérogènes et reçoivent des dénominations variées : communiqués communs, déclarations, chartes, codes de conduite, arrangements, memoranda, actes finals, protocoles, voire même accords*... »[725]. Les composantes de la *soft law* sont donc particulièrement diverses et le fait de relever de cette catégorie n'ôte pas toute autorité juridique. En effet, comme l'ont démontré des instruments tels que la *Déclaration universelle des droits de l'Homme* ou le *Document de Copenhague* et comme nous le verrons, « *les engagements purement politiques* [...] *peuvent être aussi contraignants pour les États – et parfois davantage – que des engagements juridiques* »[726] (Section 2).

La période favorable au développement de principes électoraux internationaux à la suite de l'effondrement du bloc soviétique fut cependant de courte durée et aucune convention internationale spécialisée en matière électorale ne fut adoptée[727], faute de volonté étatique. Ainsi, depuis près d'une décennie, seuls des instruments non obligatoires bénéficiant d'une portée juridique ou politique moindre ont été adoptés pour répondre au besoin d'encadrer le droit à des élections libres et l'observation électorale (Section 3).

Section 1. Une protection universelle *a priori* garantie par les instruments de l'ONU

Aux termes de l'article premier de la Charte des Nations Unies, adoptée le 26 juin 1945, figure parmi les buts de l'ONU la vaste tâche d'œuvrer à la « [réalisation de] *la coopération internationale* [...] *en développant et en encourageant le respect des droits de l'homme et des libertés fondamentales*

---

723 Daillier (P.), Forteau (M.) et Pellet (A.), *Droit international public*, 8e éd., L.G.D.J., 2009, p.415.
724 *Ibid.*, p.405.
725 *Ibid.*, p.424.
726 Virally (M.), « La distinction entre textes internationaux ayant une portée juridique dans les relations mutuelles entre leurs auteurs et textes qui en sont dépourvus », *AFDI*, Volume 60, 1983, p.233.
727 Pour un ancien projet, voir : *Liberté des élections et observation internationale des élections*, *op.cit.*, pp.325-358.

pour tous »[728]. Le principal accomplissement qui en résulta fut l'élaboration d'une « Charte internationale des droits de l'homme » qui posa les bases d'une garantie universelle des droits électoraux à travers deux de ses instruments constitutifs : la *Déclaration universelle des droits de l'Homme* et le *Pacte international relatif aux droits civils et politiques* (§1). Cette protection de portée générale fut renforcée par un ensemble de traités touchant plus spécifiquement certaines catégories de personnes (§2).

§1. La prépondérance des instruments de la Charte internationale des droits de l'homme

Deux instruments de la *Charte internationale des droits de l'Homme* ont posé les bases d'une garantie universelle du droit à des élections libres. Texte précurseur mais d'une normativité discutée, la *Déclaration universelle des droits de l'Homme* (A) fut efficacement complétée par le *Pacte international relatif aux droits civils et politiques* (B).

A. La DUDH et les prémices d'une protection universelle

Si l'antériorité de la *Déclaration universelle des droits de l'Homme* en matière de protection internationale du droit à des élections libres n'est pas contestée (1), la question de sa normativité fait l'objet d'un débat récurrent (2).

1. Une première disposition universelle en matière électorale

Adoptée par l'AGNU le 10 décembre 1948[729] par 48 voix contre zéro, avec huit abstentions[730], la *Déclaration universelle des droits de l'Homme* (DUDH)[731] est le texte précurseur en matière de protection du droit à des élections libres au plan international. C'est en 1946, lors de la première session du Conseil économique et social de l'ONU (ECOSOC)[732], qu'il fut décidé d'établir, conformément à l'article 68 de la *Charte des Nations Unies*, une Commission des droits de l'Homme (Commission DHNU) dont la première tâche serait de rédiger une déclaration internationale des droits de

---

[728] Une formule similaire est également présente à l'article 55 de la *Charte des Nations Unies*.

[729] AGNU, Résolution 217 (III), *Charte internationale des droits de l'homme*, 10 décembre 1948, §B.

[730] Dont six États de l'ancien bloc soviétique : RSS de Biélorussie, Pologne, Tchécoslovaquie, RSS d'Ukraine, URSS et Yougoslavie.

[731] Cohen-Jonathan (G.), « Déclaration universelle des droits de l'homme », *in* Andriantsimbazovina (J.), Gaudin (H.), Marguénaud (J.-P.), Rials (S.) et Sudre (F.) (dir.), *Dictionnaire des droits de l'Homme*, *op.cit.*, pp.249-258.

[732] Conseil économique et social, Résolution E/27, 22 février 1946. Pour un aperçu des travaux préparatoires, voir : Fellous (G.), *Les droits de l'homme. Une universalité menacée*, La Documentation Française, 2010, pp.192-210.

l'homme[733]. Au cours des deux années qui suivirent, plusieurs avant-projets furent étudiés, dont la version de juin 1947 qui énonçait en son article 30 : *« Tout individu a le droit de prendre une part effective au gouvernement de l'État dont il est ressortissant. L'État doit se conformer à la volonté du peuple, manifestée par des élections démocratiques. Les élections seront périodiques, libres et sincères »*[734]. Cette disposition provisoire fit ensuite l'objet de multiples projets d'amendements, témoignant de la sensibilité du sujet et de la difficulté de trouver une formulation compatible avec les diverses conceptions des droits électoraux. Une fois arrêté au sein de la Commission DHNU, un projet de déclaration fut transmis à l'ECOSOC qui le renvoya à l'Assemblée générale pour discussion. Les délégations s'accordèrent sur une rédaction de l'article 21 en trois paragraphes, exprimant trois idées spécifiques. Le premier paragraphe garantit les formes directe et représentative de la démocratie puisqu'il énonce « *le droit de prendre part à la direction des affaires publiques de son pays, soit directement, soit par l'intermédiaire de représentants librement choisis* ». La deuxième partie de l'article protège le « *droit à accéder, dans des conditions d'égalité, aux fonctions publiques de son pays* ». Le dernier paragraphe, qui est le plus détaillé, fut aussi le plus discuté. Il dispose que « *la volonté du peuple est le fondement de l'autorité des pouvoirs publics; cette volonté doit s'exprimer par des élections honnêtes qui doivent avoir lieu périodiquement, au suffrage universel égal et au vote secret ou suivant une procédure équivalente assurant la liberté du vote* ».

L'insertion, sur proposition de l'URSS[735], des exigences relatives aux caractères universel et secret du suffrage souleva plusieurs objections. Il fut reproché à la notion d'universalité de ne pas tenir compte du fait qu'en pratique, le suffrage n'était jamais complètement universel et que certaines catégories de citoyens étaient privées de droits électoraux pour des raisons liées notamment à l'âge, à la nationalité ou au sexe. Mais on estima qu'il n'était pas nécessaire de faire référence à la capacité juridique des électeurs dans la mesure où les cas d'exceptions étaient couverts par l'article 29 de la DUDH. Le secret du vote provoqua davantage de réactions, principalement quant à sa compatibilité avec la participation de populations analphabètes aux élections. Pour cette raison, Haïti fut le seul pays à s'opposer à l'adoption de l'article 21 lors du vote final[736]. Pour sa part, le Royaume-Uni jugea que cette exigence risquait d'avoir des effets néfastes dans le cadre du

---

[733] Cassin (R.), « La Déclaration universelle et la mise en œuvre des droits de l'homme », *RCADI*, Volume 79, 1951-II, pp.266 et s.

[734] *Avant-projet de la déclaration internationale des droits de l'homme*, E/CN.4/AC.1/3, 4 juin 1947.

[735] *Rapport de la troisième session de la Commission des droits de l'homme*, E/800, p.43.

[736] AGNU, *Cent trente-quatrième séance de la troisième Commission, troisième session*, A/C.3/SR.134, p.472.

processus d'émancipation politique progressive de ses territoires non métropolitains. Un compromis fut trouvé avec l'adjonction à la fin du troisième paragraphe, sur proposition de la Suède, d'un complément à la signification imprécise « *ou suivant une procédure équivalente assurant la liberté du vote* », destiné notamment à « *tenir compte du fait que certains peuples primitifs ne sont pas habitués aux élections telles qu'elles ont lieu chez les peuples civilisés* »[737]... La France fit tout de même valoir que la notion de sincérité du vote demeurait préférable à celle de secret, en prenant pour exemple le fait que certains scrutins tenus dans des cantons suisses pratiquant la démocratie directe se faisaient en public[738]. Le Chili proposa alors d'introduire également la garantie de la sincérité du scrutin, à travers la notion d'honnêteté[739].

Au final, l'article 21 DUDH est incontestablement une disposition ambitieuse et novatrice au regard de son ancienneté, mais certains aspects s'avèrent néanmoins critiquables car ils ont pu nuire à la portée du texte. A titre d'exemple, la Belgique souhaita défendre le multipartisme en proposant d'ajouter que les élections devaient comporter plusieurs listes de candidats. Mais cette requête rencontra l'hostilité de l'URSS, soucieuse de garantir l'hégémonie du Parti communiste en son sein[740]. De même, il est regrettable que certains points n'aient pas été davantage débattus par les rédacteurs. Ainsi, la Norvège estima, mais sans provoquer de réaction, que la notion d'égalité du suffrage était problématique car ce pays accordait plus d'importance aux voix exprimées par les habitants de régions faiblement peuplées afin d'assurer la protection de leur intérêts particuliers[741]. En outre, on n'insista guère sur l'insertion d'une garantie explicite des droits de l'opposition quant à l'égalité dans les moyens d'action électoraux et dans l'accès aux moyens de propagande. La question de l'égalité des droits électoraux entre les habitants des territoires colonisés et les métropolitains, soulevée par le représentant ukrainien à l'égard de l'Empire britannique[742], fut également éludée, tout comme le thème de l'égalité homme-femme en matière de droits politiques[743], pourtant évoqué peu de temps auparavant par l'AGNU[744] et en dépit de la création d'une Commission de la condition de la femme au sein d'ECOSOC.

---

737 AGNU, *Cent trente-deuxième séance de la troisième Commission, troisième session*, A/C.3/SR.132, p.449.
738 *Ibid.*, p.450.
739 AGNU, *Cent trente-troisième séance de la troisième Commission, troisième session*, A/C.3/SR.133, p.463.
740 A/C.3/SR.134, *op.cit.*, p.471.
741 A/C.3/SR.132, *op.cit.*, p.453.
742 A/C.3/SR.133, *op.cit.*, p.461.
743 *Ibid.*, p.461.
744 AGNU, Résolution 56 (I), *Droits politiques de la femme*, 11 décembre 1946.

La déclaration onusienne garantit également d'autres droits indispensables à la pleine réalisation du droit à des élections libres, telles que la liberté d'expression (article 19) et la liberté de réunion et d'association pacifiques (article 20). Par ailleurs, l'article 29 encadre les limitations pouvant être imposées aux droits proclamés en exigeant qu'elles soient « *établies par la loi exclusivement en vue d'assurer la reconnaissance et le respect des droits et libertés d'autrui et afin de satisfaire aux justes exigences de la morale, de l'ordre public et du bien-être général dans une société démocratique* ». Mais contrairement aux dispositions analogues présentes dans la Convention EDH, cette unique référence à la démocratie dans la DUDH n'a qu'une fonction restreinte, illustrée par les âpres discussions ayant précédé son insertion[745] et son positionnement en toute fin de texte[746].

2. Une normativité imprécise

La principale lacune de la DUDH est d'être une proclamation de principes en forme solennelle par le biais d'une résolution de l'AGNU. Elle ne bénéficie donc que d'une valeur de recommandation et, *a fortiori*, n'est pas assortie de mécanisme juridictionnel de contrôle du respect des droits garantis, à l'inverse du système instauré au sein du Conseil de l'Europe. Pourtant, « *la Déclaration universelle devait être suivie d'un système international de protection des droits, faute de quoi elle était menacée d'apparaître comme un splendide aveu d'impuissance de l'ONU dans ce domaine* »[747]. En effet, il fut originellement envisagé de rédiger une convention à caractère contraignant parallèlement à la DUDH, mais ce projet fut reporté par manque de temps et seule une transposition des dispositions de la Déclaration en droit interne peut leur garantir une valeur obligatoire. Ainsi, en France, une jurisprudence constante du Conseil d'État refuse son application directe[748].

Toutefois, cette situation ne doit pas occulter le fait que la DUDH a, selon les termes de René Cassin, « *proclamé un idéal à atteindre et dressé un vaste*

---

[745] AGNU, *Cent cinquante-troisième séance de la troisième Commission, troisième session*, A/C.3/SR.153 ; AGNU, *Cent cinquante-quatrième séance de la troisième Commission, troisième session*, A/C.3/SR.154 ; AGNU, *Cent cinquante-cinquième séance de la troisième Commission, troisième session*, A/C.3/SR.155.

[746] Sicilianos (L.-A.), *L'ONU et la démocratisation de l'État. Systèmes régionaux et ordre juridique universel*, Pedone, 2001, pp.39-45.

[747] Mourgeon (J.), « Les pactes internationaux relatifs aux droits de l'homme », *AFDI*, Volume 13, 1967, p.329.

[748] Voir notamment : CE, *Élection de Nolay*, 18 avril 1951, Rec. p.189 ; CE, *Roujansky*, Ass., 23 novembre 1984, Rec. p.383.

programme positif »[749]. Pour Jorge Castañeda, « *sur certaines libertés fondamentales, la Déclaration peut être considérée comme l'expression de principes généraux de droit* », en particulier en matière de droits civils et politiques, et elle « *a eu une influence décisive pour écarter l'ancienne règle coutumière selon laquelle le respect des droits humains était une affaire qui ressortissait à la juridiction interne des États* »[750]. Pour d'autres, la nature de la DUDH « *n'empêche pas ses dispositions de faire autorité vu leur importance dans le droit coutumier international, d'autant que les États ont fini par les accepter* »[751]. Enfin, la DUDH peut être vue comme un instrument développant les dispositions relatives aux droits de l'Homme des articles 1er et 55 de la Charte des Nations Unies, comme en attestent les travaux préparatoires[752], et bénéficiant ainsi d'une « *valeur conventionnelle au deuxième degré, "par ricochet"* »[753]. En tout état de cause, cette question a perdu de son intérêt pratique avec l'entrée en vigueur du *Pacte international relatif aux droits civils et politiques*, lequel assura sans ambiguïté la positivité des droits proclamés par la Déclaration.

B. Le Pacte international relatifs aux droits civils et politiques et la consécration d'une protection universelle

Adopté au terme d'une période de gestation particulièrement longue (1), le *Pacte international relatifs aux droits civils et politiques* institua un Comité des droits de l'Homme aux fonctions multiples (2) et instaura la première et unique protection universelle juridiquement contraignante du droit à des élections libres (3).

---

749 Cassin (R.), « La genèse de la Charte des droits de l'homme », *Le Courrier de l'Unesco*, janvier 1968.

750 Castañeda (J.), « Valeur juridique des résolutions des Nations Unies », *RCADI*, Volume 129, 1970-I, p.330.

751 Boda (M.D.), « Juger les élections d'après le droit public international : Proposition de cadre », *in* Boda (M.D.) (dir.), *Elections libres et régulières. Un regard neuf. Table ronde internationale sur les normes électorales organisée par l'Union interparlementaire, Genève, novembre 2004*, Union Interparlementaire, 2005, p.82.

752 Voir notamment : *Rapport de la Commission des droits de l'homme à la deuxième session du Conseil économique et social*, E/38/Rev.1, 21 mai 1946, II ; Decaux (E.), « Droit déclaratoire et droit programmatoire », *in* Société Française pour le Droit International, *La protection des droits de l'homme et l'évolution du droit international - Colloque de Strasbourg*, Pedone, 1998, pp.102 et s. ; Levinet (M.), « La référence à la Déclaration universelle des droits de l'Homme dans les instruments internationaux relatifs aux droits et libertés », *Aspects*, Hors-série, 2008, pp.88 et s.

753 Dupuy (P.-M.) et Kerbrat (Y.), *Droit international public*, 10e éd., Dalloz, 2010, p.61.

1. La lente émergence du texte

La rédaction d'un Pacte international débuta immédiatement après l'adoption de la DUDH sur la base de projets antérieurs, conformément au souhait de l'AGNU[754]. Mais cette entreprise s'avèrera nettement plus longue que la précédente, reflétant la difficulté inhérente à la conception d'un texte protecteur des droits fondamentaux à la fois universel et contraignant. On décida de distinguer, en deux instruments séparés, les droits civils et politiques des droits économiques, sociaux et culturels[755]. La phase de rédaction d'avant-projets au sein de la CDHNU fut assez brève. En revanche, la phase de discussion au sein de la troisième Commission de l'AGNU, débutée en 1955, s'éternisa en raison de la tournure passionnée que prirent les débats, du fait notamment de l'arrivée massive de nouveaux États issus de la décolonisation et de l'exacerbation des tensions Est-Ouest[756]. Les deux Pactes, ainsi qu'un *Protocole facultatif au Pacte international relatif aux droits civils et politiques*, furent finalement adoptés le 16 décembre 1966 par l'AGNU[757], mais l'exigence du dépôt de trente-cinq instruments de ratification ou d'adhésion retarda encore d'une décennie leur entrée en vigueur[758]. A la différence de la DUDH, ces Pactes s'adressent aux États et non aux individus, « *consacr*[ant] *un phénomène de collectivisation des droits de l'homme* »[759]. L'ensemble des États participants de l'OSCE (sauf le Saint-Siège[760]) est partie au *Pacte international relatifs aux droits civils et politiques* (PIDCP)[761], le seul qui nous intéresse dans le cadre de cette étude,

[754] AGNU, Résolution 217 (III), *op.cit.*, §B. Pour un aperçu des travaux préparatoires, voir : Bossuyt (M.), « Les travaux préparatoires », *in* Decaux (E.) (dir.), *Le Pacte international relatif aux droits civils et politiques. Commentaire article par article*, Economica, 2010, pp.1-9. Pour une étude détaillée, voir : Bossuyt (M.J.), *Guide to the "Travaux Préparatoires" of the International Covenant on Civil and Political Rights*, Martinus Nijhoff, 1986.

[755] AGNU, Résolution 543 (VI), *Rédaction de deux projets de Pactes internationaux relatifs aux droits de l'homme*, 5 février 1952 ; Cassin (R.), « La Déclaration universelle et la mise en œuvre des droits de l'homme », *op.cit.*, pp.297 et s.

[756] Mourgeon (J.), « Les pactes internationaux relatifs aux droits de l'homme », *op.cit.*, pp.333-334.

[757] AGNU, Résolution 2200 (XXI), *Pacte international relatif aux droits économiques, sociaux et culturels, Pacte international relatif aux droits civils et politiques et Protocole facultatif se rapportant au Pacte international relatif aux droits civils et politiques*, 16 décembre 1966.

[758] Mourgeon (J.), « L'entrée en vigueur des pactes internationaux relatifs aux droits de l'homme », *AFDI*, Volume 22, 1976, p.290.

[759] Sudre (F.), *Droit européen et international des droits de l'homme*, 10e éd., PUF, 2011, p.132.

[760] En raison de son statut particulier, l'absence de participation du Saint-Siège aux conventions évoquées par la suite sera considérée comme implicite.

[761] Dhommeaux (J.), « Pacte international relatif aux droits civils et politiques », *in* Andriantsimbazovina (J.), Gaudin (H.), Marguénaud (J.-P.), Rials (S.) et Sudre (F.) (dir.), *Dictionnaire des droits de l'Homme*, *op.cit.*, pp.735 et s.

mais seuls 51 d'entre eux ont fait de même avec le Protocole facultatif (les exceptions sont les États-Unis, Monaco, le Royaume-Uni et la Suisse).

2. La place centrale du Comité des droits de l'Homme dans le système du Pacte

Le Pacte institue par son article 28 un Comité des droits de l'Homme (Comité DHNU) qui entra en fonction le 1er janvier 1977. Les dix-huit membres qui composent l'organe, des experts indépendants élus pour quatre ans par les États parties, doivent refléter une « *répartition géographique équitable et de la représentation des diverses formes de civilisation ainsi que des principaux systèmes juridiques* » (article 31). Le Comité tient en principe trois sessions ordinaires par an, auxquelles peuvent s'ajouter d'éventuelles convocations extraordinaires (article 3 et 4), et se voit chargé de remplir quatre fonctions principales.

Il s'agit tout d'abord d'une « *fonction de nature administrative* »[762] fondée sur un échange régulier avec les États de rapports relatifs à la mise en œuvre du PIDCP (article 40)[763]. Cette correspondance débute par un rapport initial, transmis par l'État dans un délai d'un an à compter de l'entrée en vigueur de la Convention à son égard. A la suite de ce premier contact, l'échange porte sur des rapports périodiques, produits tous les cinq ans. Depuis 1992[764], au terme de ce dialogue et sur la base de l'examen des rapports étatiques, le Comité DHNU adopte des observations finales qui « *ne sont pas juridiquement contraignantes, mais* [...] *publiées au sein du rapport annuel du Comité transmis à l'Assemblée générale* »[765]. Or, l'expérience a démontré que ces observations pouvaient se révéler relativement critiques à l'égard des États dont le Comité jugeait les efforts insuffisants[766].

Par ailleurs, à partir de 1980, le Comité DHNU s'est progressivement reconnu une fonction d'interprétation des dispositions conventionnelles[767].

---

762 Hennebel (L.), *La jurisprudence du Comité des droits de l'homme des Nations Unies. Le Pacte international relatif aux droits civils et politiques et son mécanisme de protection individuelle*, Bruylant, 2007, p.29.

763 Comité DHNU, *Directives unifiées concernant les rapports présentés par les États parties conformément au Pacte international relatif aux droits civils et politiques*, 26 février 2001, CCPR/C/66/GUI/Rev.2.

764 Comité DHNU, *Rapport annuel*, A/47/40, 9 octobre 1992, §18.

765 Hennebel (L.), *op.cit*, p.32.

766 Chanet (C.), « Le Comité des droits de l'homme : méthodes de travail et cadre juridique d'activité », *in* Sudre (F.) (dir.), *La protection des droits de l'homme par le Comité des droits de l'homme des Nations Unies. Les communications individuelles*, Actes du Colloque de Montpellier, 6-7 mars 1995, IDEDH, pp.9-11.

767 Buergenthal (T.), « The U.N. Human Rights Committee », *Max Planck Yearbook of United Nations Law*, Volume 5, 2001, p.387.

Habilité, au titre de l'article 40§4, à « *étudi*[er] *les rapports présentés par les États parties* » et à leur adresser « *toutes observations générales qu'il jugerait appropriées* », l'organe a procédé à l'adoption de nombreuses *Observations générales*. Ces dernières « *recueillent et codifient toute la richesse des expériences acquises dans la pratique de l'examen des rapports nationaux* »[768]. Par leur intermédiaire, « [le] *Comité communique aux États parties ses vues concernant le sens et la portée des articles du Pacte et* [...] *établit pour lui-même un cadre de lecture qui lui est utile dans toute son activité* »[769]. Une étude des dispositions du PIDCP ne peut donc s'envisager sans un recours aux *Observations générales* car, bien que dépourvues de force obligatoire[770], elles constituent « *la seule interprétation autorisée* » de la Convention et « *bénéficient de l'autorité morale dont s'est doté le* [Comité] *dans l'exercice de sa fonction de contrôle sur plaintes* »[771]. La nature de l'obligation juridique générale imposée aux États parties au PIDCP a fait l'objet en 2007 d'une *Observation générale*[772] dans laquelle le Comité souligne que le Traité emporte des « *obligations erga omnes* ». En outre, si l'obligation générale de respect des dispositions du PIDCP imposée aux États par l'article 2§1[773] « *est à la fois négative et positive* » (§6) elle n'a « *pas en droit international un effet horizontal direct* », afin d'éviter que le Pacte ne se substitue au droit national (§8). Enfin, l'*Observation générale* aborde brièvement la question des réparations en cas de violation d'une disposition du PIDCP. Celles-ci peuvent, « *selon le cas,* [...] *prendre la forme de restitution, réhabilitation, mesures pouvant donner satisfaction (excuses publiques, témoignages officiels), garanties de non-répétition et modification des lois et pratiques en cause aussi bien que la traduction en justice des auteurs de violations de droits de l'homme* » (§16)[774].

Le Comité DHNU exerce ensuite une « *fonction de nature diplomatique* » lorsqu'il met, au titre de la procédure facultative prévue à l'article 41, « *ses bons offices à la disposition des États parties intéressés, afin de parvenir à une solution amiable* »[775] dans le cadre d'un litige lié au respect du PIDCP. Cependant, jusqu'à présent, il ne s'agit que d'une

---

768 Tomuschat (C.), « Les Observations générales », *in* Decaux (E.) (dir.), *Le Pacte international relatif aux droits civils et politiques. Commentaire article par article*, Economica, 2010, p.13.

769 *Ibid.*, p.14.

770 « Débats », *in* Sudre (F.) (dir.), *La protection des droits de l'homme par le Comité des droits de l'homme des Nations Unies. Les communications individuelles*, Actes du Colloque de Montpellier, 6-7 mars 1995, IDEDH, p.191.

771 Sudre (F.), *Droit européen et international des droits de l'homme*, *op.cit.*, p.866.

772 Comité DHNU, *Observation générale n°31, La nature de l'obligation juridique générale imposée aux États parties au Pacte*, 26 mai 2004, CCPR/C/21/Rev.1/Add.13.

773 Voir : Decaux (E.), « Article 2 », *in* Decaux (E.) (dir.), *Le Pacte international relatif aux droits civils et politiques. Commentaire article par article*, *op.cit.*, pp.109-114.

774 Voir aussi : Tomuschat (C.), *op.cit.*, p.21.

775 Hennebel (L.), *op.cit*, p.29.

fonction virtuelle puisque la procédure en question n'a jamais été mise en œuvre.

Enfin, l'organe peut exercer une fonction quasi-juridictionnelle en vertu du Protocole facultatif qui institue une procédure de communications individuelles[776]. L'article 1er de ce dernier reconnaît en effet au Comité DHNU une « *compétence pour recevoir et examiner des communications émanant de particuliers relevant de* [la] *juridiction* [d'un État partie] *qui prétendent être victimes d'une violation, par cet État partie, de l'un quelconque des droits énoncés dans le Pacte* ». Sous réserve du respect d'un certain nombre de conditions de recevabilité[777], parmi lesquelles figurent notamment l'absence d'examen du litige par « *une autre instance internationale d'enquête ou de règlement* » et l'épuisement des voies de recours internes (article 5§2), les particuliers disposent d'un droit recours individuel devant le Comité.

3. Le droit à des élections libres au sens de l'article 25 du Pacte

Premier et unique texte universel juridiquement contraignant protégeant le droit à des élections libres, le *Pacte international relatif aux droits civils et politiques* constitue le plus petit dénominateur commun à l'ensemble des États participants de l'OSCE. En conséquence, il est une norme de référence pour toutes les institutions impliquées dans l'observation des élections dans notre région d'étude. Pourtant, l'élaboration d'une telle clause se heurta aux réticences de nombreux États, en particulier occidentaux[778], à l'image des difficultés rencontrées lors de la rédaction de l'article 3 du Premier Protocole additionnel à la Convention EDH[779]. Bien que le terme démocratie soit absent de l'article 25, on peut désormais considérer, comme le souligne Jean d'Aspremont, que « *le Pacte contient une obligation relative à l'élection démocratique des détenteurs du pouvoir ou ceux qui les contrôlent* »[780].

---

[776] *Ibid.*, pp.29 et s. Voir aussi : *Observation générale n°33, Les obligations des États parties en vertu du Protocole facultatif se rapportant au Pacte international relatif aux droits civils et politiques*, 25 juin 2009, CCPR/C/GC/33 ; Bossuyt (M.), « Les travaux du Comité des Nations Unies des droits de l'homme », *RTDH*, n°17, 1994, pp.31-40 ; Bouziri (N.), *La protection des droits civils et politiques par l'ONU, l'œuvre du Comité des Droits de l'Homme*, L'Harmattan, 2003, pp.505 et s . ; Sudre (F.) (dir.), *La protection des droits de l'homme par le Comité des droits de l'homme des Nations Unies. Les communications individuelles*, Actes du Colloque de Montpellier, 6-7 mars 1995, IDEDH.

[777] Dhommeaux (J.), « La recevabilité des communications individuelles par le Comité des droits de l'homme », *in* Sudre (F.) (dir.), *La protection des droits de l'homme par le Comité des droits de l'homme des Nations Unie*, *op.cit.*, pp.15-32.

[778] Nowak (M.), *U.N. Covenant on Civil and Political Rights. CCPR Commentary*, 2e éd., N.P. Engel, 2005, p.566.

[779] Voir *infra* ce chapitre.

[780] D'Aspremont (J.), *L'État non démocratique en droit international. Étude critique du droit positif et de la pratique contemporaine*, Pedone, 2008, p.90.

Les droits de participation politique sont consacrés par les deux premiers paragraphes de l'article 25 PIDCP[781], dont une interprétation détaillée fut donnée en 1996 par le Comité DHNU dans son *Observation générale n°25*[782]. Si l'énoncé de la clause politique du Pacte peut apparaître assez similaire à celui de l'article 21 DUDH, il s'en distingue à deux égards. Tout d'abord, il ajoute une précision relative à l'interdiction des discriminations au sens de l'article 2 PIDCP et, de façon plus vague, des « *restrictions déraisonnables* » dans la mise en œuvre du droit garanti. Or, cette prohibition peut sembler contradictoire puisque, tandis que l'article 21 DUDH s'adresse à « *toute personne* », de même que les autres droits garantis par le PIDCP, l'article 25 de ce dernier contraste par une formulation en apparence plus étroite renvoyant à « *tout citoyen* ». L'*Observation générale* précise en effet que l'article 25 s'adresse spécifiquement aux citoyens et nécessite donc que les États décrivent « *les dispositions législatives définissant la citoyenneté aux fins de l'exercice des droits protégés* » (§3). Toutefois, cette rédaction permet d'accorder sans ambiguïté des droits subjectifs aux individus, contrairement à une formule s'adressant aux États, laquelle fut proposée lors des travaux préparatoires[783] et se retrouve dans la clause politique de la Convention EDH. Ainsi, le Comité précise dans son *Observation générale* que les droits garantis par cet article sont certes liés au droit des peuples à disposer d'eux-mêmes, protégé par l'article 1er PIDCP, mais s'en distinguent par leur dimension individuelle et sont donc invocables au titre du mécanisme mis en place par le Protocole facultatif[784]. En outre, l'article 25 emporte des obligations positives pour les États parties puisque la disposition mentionne le « droit » mais aussi la « possibilité » de participer aux affaires publiques. Ainsi, l'*Observation générale* note que les États doivent notamment adopter des mesures « *pour surmonter certaines difficultés telles que l'analphabétisme, les obstacles linguistiques, la pauvreté ou les entraves à la liberté de circulation, qui empêchent les détenteurs du droit de vote de se prévaloir effectivement de leurs droits* » (§12).

Le premier paragraphe de l'article 25, identique à celui de l'article 21 DUDH, reconnaît le droit des citoyens de « *prendre part à la direction des affaires publiques, soit directement, soit par l'intermédiaire de représentants librement choisis* ». La notion de « direction des affaires publiques », qui fut

---

[781] Pour une étude détaillée, voir : Boumghar (M.), « Article 25 », *in* Decaux (E.) (dir.), *Le Pacte international relatif aux droits civils et politiques. Commentaire article par article*, *op.cit.*, pp.529-559.

[782] Comité DHNU, *Observation générale n°25, Article 25, Le droit de prendre part à la direction des affaires publiques, le droit de vote et le droit d'accéder, dans des conditions générales d'égalité, aux fonctions publiques*, 12 juillet 1996, CCPR/C/21/Rev.1/Add.7.

[783] Nowak (M.), *op.cit.*, p.568.

[784] Voir aussi : Comité DHNU, *Diergaardt (Captain de la Communauté des Basters de Réhoboth) et consorts c/ Namibie*, 25 juillet 2000, com. n°760/1997.

préférée à celle de « gouvernement de l'État »[785], s'interprète comme englobant de façon générale « *l'exercice du pouvoir politique* » à travers « *l'exercice des pouvoirs législatif, exécutif et administratif* »[786]. L'*Observation générale* confirme clairement que le premier paragraphe envisage aussi bien les mécanismes de consultation populaire mis en œuvre dans le cadre de régimes de démocratie semi-directe, tels le référendum ou les assemblées populaires, que de démocratie représentative, ce qui implique l'organisation de processus électoraux conformes au deuxième paragraphe de l'article 25[787]. En revanche, à l'instar de la jurisprudence européenne, le Comité précisa que la disposition ne couvrait pas « *des questions d'emploi dans le secteur privé telles que l'élection d'un employé au comité d'entreprise d'une société privée* »[788]. Par ailleurs, dans ses constatations relatives à l'affaire *Bwalya c/ Zambie*, le Comité n'osa pas formuler une incompatibilité générale entre le système de parti unique et la clause politique du Pacte, même s'il considéra « *que les limitations apportées à l'activité politique des personnes qui ne sont pas membres du seul parti politique reconnu constitu*[aient] *une restriction abusive du droit de participer à la direction des affaires publiques* »[789]. Cette solution apparaît d'autant plus timorée qu'elle date d'une époque où le nombre d'États parties au PIDCP connaissant un régime de parti unique avait sensiblement faibli à la faveur notamment de la chute du bloc communiste.

Le deuxième paragraphe de l'article 25 énonce de façon classique les attributs du droit de suffrage, c'est-à-dire les droits de « *voter et d'être élu, au cours d'élections périodiques, honnêtes, au suffrage universel et égal et au scrutin secret, assurant l'expression libre de la volonté des électeurs* ». Le champ d'application de la disposition n'est donc pas circonscrit à certains types de scrutins, contrairement à l'article 3 du Premier protocole additionnel à la Convention EDH, limité à l'élection du « corps législatif »[790]. Par ailleurs, au cours des travaux préparatoires, certains firent remarquer que le mot « universel » pouvait sembler redondant avec l'expression « tout citoyen », de même que le terme « égal » avec l'interdiction des discriminations énoncée au début de l'article 25. Mais la majorité des États considéra que le principe de « suffrage égal et universel » avait un sens plus large[791]. Ainsi, la notion d'égalité renvoie de façon générale à la règle classique « *à chacun une voix* »[792], laquelle peut notamment être violée en présence « *d'un découpage des circonscriptions*

---

785 Bossuyt (M.J.), *Guide to the "Travaux Préparatoires"*, *op.cit.*, p.471.

786 *Observation générale n°25*, §5.

787 *Observation générale n°25*, §6 et 7.

788 Comité DHNU, *Karakurt c/ Autriche*, 4 avril 2002, com. n°965/2000, §8.2.

789 Comité DHNU, *Bwalya c/ Zambie*, 14 juillet 1993, com. n° 314/1988, §6.6.

790 Voir *infra* ce chapitre.

791 Bossuyt (M.J.), *Guide to the "Travaux Préparatoires"*, *op.cit.*, p.474.

792 *Observation générale n°25*, §21.

dans lequel il [existe] *des différences importantes entre le nombre d'habitants par siège, en dépit de la loi électorale qui exige que le nombre de sièges soit proportionnel au nombre d'habitants* »[793]. Quant au secret du suffrage, bien qu'il ait été le principe le moins débattu lors la rédaction de la clause politique[794], il conduisit la Suisse à émettre une réserve relative au deuxième paragraphe de l'article 25 selon laquelle la « *disposition sera appliquée sans préjudice des dispositions du droit cantonal et communal qui prévoient ou admettent que les élections au sein des assemblées ne se déroulent pas au scrutin secret* ». En effet, des survivances de démocratie directes existent dans certains cantons sous la forme de *Landsgemeinden* annuelles[795] et, comme le précisa ce pays dans son rapport initial au Comité DHNU, « *ces institutions ne garantissent pas le secret du vote et ne sont donc pas en conformité sur ce point avec les exigences du Pacte,* [mais] *des raisons historiques rendent difficile leur abolition* »[796]. Par ailleurs, en matière de périodicité du suffrage, le Comité estime que cette notion suppose de tenir des scrutins « *à des intervalles suffisamment rapprochés pour que l'autorité du gouvernement continue de reposer sur l'expression libre de la volonté du peuple* »[797].

En outre, le Comité préconise dans l'*Observation générale* de créer « [une] *autorité électorale indépendante* [...] *afin de superviser le processus électoral et de veiller à ce qu'il soit conduit dans des conditions d'équité et d'impartialité* » (§20). Il précise également que l'article 25 laisse aux États le libre choix de leur système électoral, dès lors que celui-ci est « *compatible avec les droits protégés par l'article 25 et* [garantit] *effectivement la libre expression du choix des électeurs* » (§21). En revanche, l'*Observation générale* peut aussi apparaître « *timide* », dans la mesure où elle « *se contente de réaffirmer des constatations qui paraissent dans les comptes rendus analytiques d'examen des rapports périodiques d'États parties depuis la fin des années 1970* », et « *incomplète* » en raison de son silence sur certaines questions importantes telles le financement des partis politiques ou l'observation électorale[798]. Enfin, à l'instar de la DUDH, le PIDCP protège également d'autres droits indispensables à une pleine effectivité du

---

[793] Comité DHNU, *Mátyus c/ Slovaquie*, 22 juillet 2002, com. n°923/2000, §9.2.
[794] Nowak (M.), *op.cit.*, p.582.
[795] Voir : Gaudemet (P.-Y.), « Les Landsgemeinden : Survivance de la démocratie directe », *Pouvoirs*, n°51, 1990, pp.127-132 ; Voutat (B.), « À propos de la démocratie directe. L'expérience helvétique », *in* Bacqué (M.-H.), Rey (H.) et Sintomer (Y.) (dir.), *Gestion de proximité et démocratie participative*, La Découverte, 2005, pp.197-216.
[796] Comité DHNU, *Suisse, Rapport initial au Comité des droits de l'homme*, 26 mai 1995, CCPR/C/81/Add.8, §468.
[797] *Observation générale n°25*, §9.
[798] Schabas (W.A.), « L'Observation générale du Comité des droits de l'homme au sujet de l'Article 25 du Pacte international relatif aux droits civils et politiques », *in* Morin (J.-Y.) (dir.), *Les droits fondamentaux : Universalité et diversité*, Bruylant, 1997, pp.285 et s.

droit à des élections libres, tels la liberté d'expression (article 19)[799], le droit de réunion pacifique (article 21)[800] et la liberté d'association (article 22)[801]. A cet égard, le Comité estima dans ses constatations relatives à l'affaire *Gauthier c/ Canada* qu'il ressortait d'une lecture combinée des articles 19 et 25 que « *les citoyens devraient, notamment grâce aux médias, avoir largement accès aux informations et avoir la possibilité de diffuser des informations et des opinions au sujet des activités des organes élus et de leurs membres* »[802].

4. Une effectivité limitée de la garantie du droit à des élections libres

Dès son origine, en pleine Guerre froide, l'article 25 PIDCP se retrouva inévitablement au cœur des controverses idéologiques opposant les conceptions libérale-occidentale et marxiste-léniniste de la démocratie. Le Pacte fut ratifié par les principaux États démocratiques mais aussi par de nombreux États autoritaires et totalitaires à travers la planète, telle que l'URSS le 16 octobre 1973. Si ces derniers n'émirent aucune réserve quant à la clause politique, ils n'organisèrent pas pour autant des « *élections périodiques, honnêtes, au suffrage universel et égal et au scrutin secret, assurant l'expression libre de la volonté des électeurs* ». Pendant longtemps, le contexte international polarisé empêcha toute véritable promotion du respect de l'article 25 et le Comité DHNU ne put que fermer les yeux sur les violations généralisées de cette disposition.

Avec la chute du bloc soviétique et une propagation, au moins dans le discours, sans précédent de la démocratie libérale dans le monde, la marge de manœuvre du Comité augmenta nettement. Tout en étant conscient du fait qu'il « *ne* [pouvait] *pas jouer dans ce domaine délicat le rôle dynamique que les organes de Strasbourg* [jouaient], *par exemple, au sein du système européen* »[803], celui-ci en profita notamment pour adopter l'*Observation générale n°25* qui a donné une interprétation large de l'article 25 du PIDCP. Mais en dépit de ces efforts, concrètement, la clause politique du Pacte et le Comité DHNU n'ont joué qu'un rôle marginal en matière de promotion du

799 Voir : Comité DHNU, *Observation Générale n°10, Article 19, Liberté d'expression*, 26 juin 1983 ; Comité DHNU, *Observation générale n°34, Article 19 : Liberté d'opinion et liberté d'expression*, 12 novembre 2011, CCPR/C/GC/34. Pour une étude détaillée, voir : Touzé (S.), « Article 19 », *in* Decaux (E.) (dir.), *Le Pacte international relatif aux droits civils et politiques…*, *op.cit.*, pp.447-460.

800 Pour une étude détaillée, voir : Bidault (M.), « Article 21 », *in* Decaux (E.) (dir.), *Le Pacte international relatif aux droits civils et politiques…*, *ibid.*, pp.471-487.

801 Pour une étude détaillée, voir : Decaux (E.), « Article 22 », *in* Decaux (E.) (dir.), *Le Pacte international relatif aux droits civils et politiques…*, *ibid.*, pp.489-498.

802 Comité DHNU, *Gauthier c/ Canada*, 5 décembre 1994, com. n°633/1995, §13.4.

803 Christakis (T.), *Le droit à l'autodétermination en dehors des situations de décolonisation*, La Documentation Française, 1999, p.362.

droit à des élections libres au cours des deux dernières décennies dans la région de l'OSCE.

Cela est dû avant tout à la faiblesse des moyens octroyés au Comité et aux limites imposées à sa fonction quasi-juridictionnelle. En effet, celui-ci ne s'est vu accorder que des pouvoirs restreints par des États hostiles à l'idée de créer une véritable « Cour internationale des droits de l'Homme ». Par conséquent, au terme de la procédure de communication individuelle, l'action du Comité se limite à « *fai*[re] *part de ses constatations* » (article 5§4), lesquelles n'ont en principe pas de valeur juridiquement contraignante pour les États. Certes, le Comité s'est attaché à essayer de garantir une certaine effectivité à ses décisions, principalement par la mise en place d'un « *rapporteur spécial chargé du suivi des constatations* [...], *afin de vérifier que les États parties ont pris des mesures pour* [leur] *donner effet* »[804]. Dès lors, si certains estiment que « *de très nombreux États parties ont donné une suite, de quelque façon qu'elle fût* »[805], à celles-ci et que, dans la majorité des cas, les réponses étatiques pouvaient être « *qualifiées d'entièrement ou partiellement satisfaisantes* »[806], le bilan apparaît particulièrement pauvre dans le cas des États les plus problématiques. D'une façon générale, on reste encore très loin de la sophistication du système de protection issu de la Convention EDH et de l'autorité de la Cour de Strasbourg. Au plan des statistiques aussi, le fossé est incontestable. Au 30 juillet 2010, le Comité avait examiné 1960 communications depuis sa création, plus de trois décennies auparavant, donnant lieu à 731 constatations, dont 589 ayant conclu à des violations du Pacte[807]. Bien qu'une activité de type juridictionnelle ne puisse se résumer à des données comptables, ce chiffre semble pour le moins modeste face aux 2607 arrêts rendus par la Cour EDH pour la seule année 2010[808], surtout pour un organe compétent à l'égard de 114 États.

§2. Une protection universelle précisée par un réseau de conventions spécialisées

Plusieurs autres textes adoptés sous l'égide des Nations Unies et de portée plus restreinte s'intéressent à la protection des droits politiques (A). A l'image du système instauré dans le cadre du Pacte, l'application de la majorité de ces instruments est contrôlée par une série de comités conventionnels (B).

---

[804] Comité DHNU, *Règlement intérieur*, CCPR/C/3/Rev.9, 13 janvier 2011, art.100.
[805] Schmidt (M.G.), « Protocole facultatif... », *op.cit.*, p.862.
[806] Schmidt (M.G.), « Protocole facultatif... », *op.cit.*, p.864
[807] Comité DHNU, *Rapport annuel*, A/65/40 (Vol. I), 11 octobre 2010, §81.
[808] *Analyse statistique 2010*, Cour Européenne des Droits de l'Homme, 2011, p.5.

A. Un réseau de conventions catégorielles protectrices des droits politiques

En premier lieu, deux instruments de portée universelle visent à remédier aux difficultés chroniques dont souffrent les femmes dans l'exercice de leurs droits civiques. Il s'agit tout d'abord la *Convention sur les droits politiques de la femme* du 20 décembre 1952[809], élaborée par la Commission de la condition de la femme et entrée en vigueur le 7 juillet 1954. L'ensemble des États participants de l'OSCE sont parties à ce traité. Les deux premiers articles, assez brefs, concernent les droits de vote et d'éligibilité, dans l'exercice desquels elle garantit une égalité entre les hommes et les femmes et prohibe toute forme de discrimination fondée sur le sexe. Cette Convention, « [q]*uoique générale et limitée dans son objet,* [...] *a constitué un instrument majeur dans le progrès des droits civiques à travers le monde* »[810]. Elle a néanmoins été grandement éclipsée par l'adoption le 18 décembre 1979[811] de la *Convention sur l'élimination de toutes les formes de discrimination à l'égard des femmes* (CEDAW). Principal traité catégoriel et universel visant les femmes, la CEDAW est entrée en vigueur le 3 septembre 1981[812]. Tous les États de l'OSCE l'ont ratifiée ou y ont adhéré, à l'exception notable des États-Unis qui l'ont signée en 1980 mais jamais ratifiée[813]. La Convention reprend et développe, en leur conférant un caractère juridiquement contraignant, les dispositions de la *Déclaration sur l'élimination de la discrimination à l'égard des femmes* du 7 novembre 1967[814]. L'article 1er de la CEDAW définit la discrimination à l'égard des femmes comme étant « *toute distinction, exclusion ou restriction fondée sur le sexe qui a pour effet ou pour but de compromettre ou de détruire la reconnaissance, la jouissance ou l'exercice par les femmes, quel que soit leur état matrimonial, sur la base de l'égalité de l'homme et de la femme, des droits de l'homme et des libertés fondamentales dans les domaines politique, économique, social, culturel et civil ou dans tout autre domaine* ».

---

809 AGNU, Résolution 640 (VII), *Convention sur les droits politiques de la femme*, 20 décembre 1952.

810 Gaspard (F.), « Les droits de la femme : Construction d'un enjeu en relations internationales », *Revue Internationale et Stratégique*, n°47, 2002, p.48.

811 AGNU, Résolution 34/180, *Convention sur l'élimination de toutes les formes de discrimination à l'égard des femmes*, 18 décembre 1979.

812 Pour une étude d'ensemble, voir : *La Convention sur l'élimination de toutes les formes de discrimination à l'égard des femmes et son Protocole facultatif*, Union Interparlementaire / ONU, 2003 ; Bunch (C.), « Women and gender », *in* Weiss (T.G.) et Daws (S.) (dir.), *The Oxford Handbook on the United Nations*, Oxford University Press, 2009, pp.496-511.

813 Voir notamment : Ernst (J.), « U.S. ratification of the Convention on the elimination of all forms of discrimination against women », *Michigan Journal of Gender & Law*, Volume 3, 1995, pp.299-367.

814 AGNU, Résolution 2263 (XXII), *Déclaration sur l'élimination de la discrimination à l'égard des femmes*, 7 novembre 1967.

Ainsi, l'article 7a prohibe toute discrimination dans la jouissance des droits de vote et d'éligibilité et les États parties sont invités à prendre des mesures en ce sens.

En deuxième lieu, l'interdiction des discriminations raciales dans l'exercice des droits politiques est assurée par un traité relativement ancien. A l'instar des autres « *conventions visant à protéger un droit en particulier ou à protéger les individus contre des pratiques violant leurs droits fondamentaux* », dont l'adoption « *est généralement née de sursauts historiques* », la *Convention internationale sur l'élimination de toutes les formes de discrimination raciale* (CIEDR)[815], adoptée le 21 décembre 1965[816] et entrée en vigueur le 4 janvier 1969, constitua une « *réaction au régime d'apartheid en place en Afrique du Sud* »[817]. L'article 5c du traité est d'apparence assez classique, reprenant pour l'essentiel l'article 21 DUDH. Outre le droit de prendre part au gouvernement et à la direction des affaires publiques à tous les échelons ainsi que le droit d'accès égal aux fonctions publiques, cette clause politique protège ainsi les droits de suffrage et d'éligibilité. La CIEDR, qui a obtenu la ratification ou l'adhésion de l'ensemble des États de l'OSCE, précise que dans la jouissance de ces droits, il doit être garanti à tous les citoyens l'égalité devant la loi sans distinction de race, de couleur ou d'origine nationale ou ethnique. Dès lors, « [si] *un État impose à l'exercice de l'un des droits énumérés à l'article 5 de la Convention une restriction qui s'applique en apparence à toutes les personnes relevant de sa juridiction, il doit veiller à ce que cette restriction ne soit, ni dans son objet ni dans son effet, incompatible avec l'article premier de la Convention* »[818].

En troisième lieu, la question des droits politiques des travailleurs migrants est couverte par la *Convention internationale sur la protection des droits de tous les travailleurs migrants et des membres de leur famille*, signée le 18 décembre 1990[819] et entrée en vigueur le 1er juillet 2003. Selon la Division de la population du Département des affaires économiques et sociales de l'ONU, il y avait 190 millions de migrants dans le monde en 2005, soient 3% de la population mondiale. Ce taux est nettement plus élevé

---

815 Meron (T.), « The meaning and reach of the International Convention on the Elimination of All Forms of Racial Discrimination », *The American Journal of International Law*, Volume 79, n°2, 1985, pp.283-318.

816 AGNU, Résolution 2106 (XX), *Convention internationale sur l'élimination de toutes les formes de discrimination raciale*, 21 décembre 1965.

817 Fourçans (C.), « Les conventions internationales spécifiques relatives aux droits de l'homme », *in* Andriantsimbazovina (J.), Gaudin (H.), Marguénaud (J.-P.), Rials (S.) et Sudre (F.) (dir.), *Dictionnaire des droits de l'Homme*, *op.cit.*, p.214.

818 Comité CIERD, *Recommandation générale XX (48)*, 8 mars 1996, Rapport A/51/18, Annexe VIII, A, §2.

819 AGNU, Résolution 45/158, *Convention internationale sur la protection des droits de tous les travailleurs migrants et des membres de leur famille*, 18 décembre 1990.

dans la région de l'OSCE, à laquelle appartiennent huit des dix pays comptant le plus de migrants au sein de leur population. En effet, plus de la moitié des migrants dans le monde vivent dans un État participant de l'OSCE, ce qui représente près de 10% de la population totale de la région[820]. Pourtant, la grande faiblesse de cette Convention est de n'avoir été ratifiée que par 46 États, dont six seulement appartiennent à l'espace de l'OSCE (Albanie, Azerbaïdjan, Bosnie-Herzégovine, Kirghizstan, Tadjikistan et Turquie ; le Monténégro et la Serbie l'ont signée mais pas ratifiée) et aucun n'est membre de l'UE. En effet, « *il s'agit essentiellement des pays d'origine - donc « fournisseurs » de travailleurs de migrants -, alors que les violations des droits de cette catégorie de personnes se produisent, tout particulièrement, dans les pays de destination* »[821]. La notion de travailleur migrant est appréhendée très largement par l'article 2 de la Convention afin de garantir un vaste champ d'application à celle-ci. Les droit électoraux sont abordés à l'article 41§1, aux termes duquel « [l]*es travailleurs migrants et les membres de leur famille ont le droit de prendre part aux affaires publiques de leur État d'origine, de voter et d'être élus au cours d'élections organisées par cet État, conformément à sa législation* ». Il est complété par l'article 42§2, lequel prévoit que « [les] *travailleurs migrants peuvent jouir de droits politiques dans l'État d'emploi, si cet État, dans l'exercice de sa souveraineté, leur accorde de tels droits* ». Les libertés d'expression (article 14) et d'association (article 40) et le droit à un recours juridictionnel (article 18) des travailleurs migrants sont également garantis.

Enfin, la protection des droits politiques des personnes handicapées est assurée par le traité le plus récemment élaboré sous l'égide des Nations Unies en matière de droits de l'Homme, la *Convention relative aux droits des personnes handicapées*, adoptée le 13 décembre 2006[822] et entrée en vigueur le 3 mai 2008. Une majorité d'États de l'OSCE ont signé et/ou ratifié ce texte (saufs la Biélorussie, le Liechtenstein, la Suisse et le Tadjikistan). Aux termes de l'article 1er de la Convention, sont considérées comme handicapées les « *personnes qui présentent des incapacités physiques, mentales, intellectuelles ou sensorielles durables dont l'interaction avec diverses barrières peut faire obstacle à leur pleine et effective participation à la société sur la base de l'égalité avec les autres* ». Une fois encore, il s'agit d'une catégorie particulièrement large de la population puisque selon des estimations de 2010, « [d]*ans le monde, plus d'un milliard de personnes vivent avec un handicap sous une forme ou une*

---

820 *International Migration 2006*, Division de la population, Département des affaires économiques et sociales, ONU.

821 Agbetse (Y.), « La Convention sur les droits des travailleurs migrants : Un nouvel instrument pour quelle protection ? », *Droits fondamentaux*, n°4, 2004, p.48.

822 AGNU, Résolution 61/106, *Convention relative aux droits des personnes handicapées*, 13 décembre 2006.

autre et près de 200 millions d'entre elles ont de très grandes difficultés fonctionnelles »[823]. La participation à la vie politique est abordée par l'article 29a qui consiste en une adaptation des dispositions de l'article 21 DUDH et de l'article 25 PIDCP aux besoins spécifiques des personnes handicapées dans l'exercice de leurs droits de vote et d'éligibilité. La Convention impose notamment l'utilisation de « *procédures, équipements et matériels électoraux* [...] *appropriés* », la protection de la liberté et du secret du vote, ou encore, en cas de nécessité, le « *recours aux technologies d'assistance et aux nouvelles technologies* » ainsi qu'à l'assistance d'une tierce personne lors des procédures de vote. Ces dispositions ont eu un impact au sein du Conseil de l'Europe puisqu'elles ont été reprises par le Comité des Ministres dans le cadre d'une *Recommandation sur la participation des personnes handicapées à la vie politique et publique*[824] et par la Commission de Venise pour l'élaboration d'une *Déclaration interprétative du Code de bonne conduite en matière électorale relative à la participation des personnes handicapées aux élections*[825].

B. Un réseau de comités conventionnels chargés du contrôle de leur application

Parmi les cinq traités susmentionnés, seule la *Convention sur les droits politiques de la femme* n'a pas été suivie par l'instauration d'un comité chargé de surveiller son application. Il s'ensuit que quatre comités conventionnels des Nations Unies sont compétents pour contrôler la mise en œuvre de dispositions protectrices des droits politiques de certaines catégories de personnes. Il s'agit tout d'abord du plus ancien des comités conventionnels onusiens, le Comité pour l'élimination de la discrimination raciale (Comité CIEDR)[826], crée par l'article 8 de la CIEDR et composé de dix-huit experts indépendants. Similairement, l'article 17 de la CEDAW mit en place un *Comité pour l'élimination de la discrimination à l'égard des femmes* (Comité CEDAW) comprenant vingt-trois experts indépendants. Ces deux organes furent ensuite complétés par un *Comité sur les travailleurs migrants* et un *Comité des droits des personnes handicapées* composés respectivement de quatorze experts et de douze puis dix-huit experts. Toutes ces entités disposent de compétences assez analogues à celles du Comité DHNU, c'est-à-dire l'examen de rapports étatiques périodiques sur la base

---

823 *Rapport mondial sur le handicap, Résumé,* Organisation mondiale de la Santé, 2011, p.5.

824 CMCE, Recommandation (2011)14, *La participation des personnes handicapées à la vie politique et publique*, 16 novembre 2011.

825 *Déclaration interprétative du Code de bonne conduite en matière électorale relative à la participation des personnes handicapées aux élections*, 19 décembre 2011, CDL-AD(2011)045.

826 De Gouttes (R.), « Le rôle du comité des Nations Unies pour l'élimination de la discrimination raciale », *RTDH*, 2001, n°46, p.567.

desquels peuvent être formulées des suggestions et recommandations d'ordre général, semblables aux *Observations générales* évoquées précédemment[827]. En matière de garantie des droits politiques, le Comité CEDAW estima ainsi dans sa *Recommandation générale n°23* que si la plupart des États parties « [avaient] *adopté des dispositions constitutionnelles ou juridiques garantissant aux femmes et aux hommes le même droit de voter à toutes les élections et dans tous les référendums publics, les femmes n'en continu*[aient] *pas moins d'éprouver des difficultés à exercer ce droit dans de nombreux pays* »[828]. Par ailleurs, le Comité CIERD a la possibilité depuis 1993[829] de recourir à un mécanisme original consistant en une procédure d'alerte rapide et d'intervention d'urgence[830]. Dans le même sens, la *Convention relative aux droits des personnes handicapées* se distingue par le rôle qu'elle accorde aux ONG, très impliquées dans le processus d'élaboration du texte, et aux institutions nationales de protection et de promotion des droits de l'Homme au suivi de son application (article 33)[831].

En revanche, la reconnaissance d'une compétence pour examiner des communications interétatiques et individuelles n'a pas été automatique puisque seuls le Comité CIERD et le Comité sur les travailleurs migrants l'ont obtenue dès leur origine. Pour le Comité CEDAW et le Comité des droits des personnes handicapées, cette compétence résulte de protocoles facultatifs, à l'image de la démarche suivie dans le cadre du PIDCP. Le Protocole facultatif à la CEDAW fut ainsi adopté le 6 octobre 1999[832] et entra en vigueur le 22 décembre 2000. Il a été ratifié par l'ensemble des États participants de l'OSCE, à l'exception de l'Estonie, des États-Unis, de la Lettonie, de Monaco, de l'Ouzbékistan et du Tadjikistan. Pour sa part, le *Protocole facultatif à la Convention relative aux droits des personnes handicapées*, adopté et entré en vigueur le même jour que celle-ci, ne lie

[827] Tomuschat (C.), *op.cit.*, pp.24-25.

[828] Comité CEDAW, *Recommandation générale n°23. La vie politique et publique*, 1997, §19.

[829] Comité CIERD, *Prévention de la discrimination raciale, alerte rapide et procédure d'urgence*, A/48/18 Annexe III, 24 novembre 1993 ; Comité CIERD, *Directives applicables aux procédures d'alerte rapide et d'intervention d'urgence*, Rapport annuel A/62/18, Annexe, Chapitre III, 5 décembre 2007.

[830] Voir : De Gouttes (R.), « La procédure de prévention d'urgence devant le Comité des Nations Unies pour l'élimination de la discrimination raciale (CERD) », *in* Decaux (E.) (dir.), *Les Nations Unies et les droits de l'homme. Enjeux et défis d'une réforme*, Pedone, 2006, pp.283-286.

[831] De la Hougue (C.), « La Convention internationale relative aux droits des personnes handicapées », *Droits fondamentaux*, n°6, 2006, pp.7-8 ; Pare (M.), « La Convention relative aux droits des personnes handicapées : Quel impact sur le droit international ? », *RGDIP*, 2009, pp.499 et s. ; Zani (M.), « La Convention de l'ONU relative aux droits des personnes handicapées », *L'Observateur des Nations Unies*, Volume 25, n°2, 2008, pp.128-131.

[832] AGNU, Résolution 54/4, *Protocole facultatif à la Convention sur l'élimination de toutes les formes de discrimination à l'égard des femmes*, 6 octobre 1999.

qu'environ la moitié des États participants de l'OSCE, ce qui s'explique en partie par le caractère récent du texte.

Section 2. Une protection efficacement renforcée par le droit européen

L'étude des instruments européens protecteurs des droits électoraux est sensiblement compliquée par leur hétérogénéité. Le texte le plus ancien, la *Convention Européenne des Droits de l'Homme*, est également celui bénéficiant de la plus grande effectivité à l'échelle internationale grâce à l'action énergique de la Cour Européenne des Droits de l'Homme (§1). Pour sa part, le *Document de Copenhague* n'est pas juridiquement contraignant mais son autorité politique est considérable, en raison notamment de son statut de norme de référence pour le mécanisme d'observation électorale de l'OSCE (§2). En revanche, l'action de l'Union européenne s'est limitée à encadrer la citoyenneté européenne (§3), tandis que la Convention adoptée sous l'égide de la CEI pêche gravement par son manque d'effectivité (§4).

§1. La Convention Européenne des Droits de l'Homme et l'instauration d'une protection juridictionnelle effective du droit à des élections libres

Il convient tout d'abord de mentionner trois autres traités du Conseil de l'Europe ayant abordé sous un angle particulier la participation politique. Toutefois, ces Conventions ne seront que brièvement évoquées car elles ne présentent qu'un intérêt secondaire dans le cadre de cette étude. En premier lieu, la *Convention-cadre pour la protection des minorités nationales*[833] du 1er février 1995, entrée en vigueur le 1er février 1998, ne contient pas de disposition dédiée spécifiquement aux droits de vote et d'éligibilité. Il en va de même pour la *Charte européenne de l'autonomie locale* du 15 octobre 1985, entrée en vigueur le 1er septembre 1988, bien qu'il s'agisse du texte de référence pour le Congrès des Pouvoirs Locaux et Régionaux de l'Europe (CPLRE) lors de ses missions d'observation électorale. Si cette lacune fut comblée par l'adoption d'un *Protocole additionnel à la Charte européenne de l'autonomie locale sur le droit de participer aux affaires des collectivités locales* le 16 novembre 2009, lequel garantit aux citoyens « *le droit de participer, en qualité d'électeur ou de candidat, à l'élection des membres du conseil ou de l'assemblée de la collectivité locale dans laquelle ils résident* » (article 1§4.1), le texte peine à recueillir les huit ratifications nécessaires à son entrée en vigueur.

---

[833] Voir : Klebes (H.), « La Convention cadre du Conseil de l'Europe pour la protection des minorités nationales », *RTDH*, n°30, 1997, pp.205-227.

En second lieu, la *Convention sur la participation des étrangers à la vie publique au niveau local*, adoptée le 5 février 1992 à l'initiative du CPLRE et entrée en vigueur le 1er mai 1997, doit être citée pour son article 6§1, aux termes duquel les États parties s'engagent à « *accorder le droit de vote et d'éligibilité aux élections locales à tout résident étranger, pourvu que celui-ci remplisse les mêmes conditions que celles qui s'appliquent aux citoyens et, en outre, ait résidé légalement et habituellement dans l'État en question pendant les cinq ans précédant les élections* ». Cette disposition vise donc, au sein des États membres du Conseil de l'Europe, à étendre à l'ensemble des résidents étrangers sans distinction d'origine un droit déjà en vigueur dans l'UE. Mais ce texte audacieux était sans doute prématuré puisque seuls huit États l'ont ratifié (Albanie, Danemark, Finlande, Islande, Italie, Norvège, Pays-Bas et Suède) et cinq autres l'ont seulement signé (Chypre, Lituanie, République tchèque, Royaume-Uni et Slovénie), en dépit de la possibilité, ménagée par le second paragraphe de l'article 6, de limiter la reconnaissance au seul droit de vote. Plus largement, comme le remarqua Francis Delpérée, « *en Europe il n'y a pas une constitution qui s'aventure, même à petits pas, sur la voie de la reconnaissance à tout étranger du droit de participer aux élections législatives. Le faire reviendrait à toucher au dépôt sacré de la souveraineté* »[834].

Au côté de ces instruments figure la principale réalisation du Conseil de l'Europe et la pierre angulaire du mécanisme européen de protection des droits de l'Homme : la *Convention Européenne des Droits de l'Homme*. Au terme d'une lente gestation (A), le droit à des élections libres fut inséré au bloc conventionnel et permit à la Cour Européenne des Droits de l'Homme de consacrer des droits subjectifs de participation lors de scrutins réguliers (B). En dépit de quelques restrictions regrettables en matière électorale (D), Le contrôle juridictionnel assuré par la Cour de Strasbourg est d'une effectivité sans égale au plan supranational (C).

A. La difficile émergence d'une garantie conventionnelle du droit à des élections libres

Nombreux furent ceux qui soulignèrent l'importance d'une garantie institutionnelle de la démocratie au lendemain du traumatisme de la Seconde Guerre mondiale, symbole des outrances de régimes autoritaires et totalitaires. Mais malgré un accord unanime sur la place centrale occupée par le droit à des élections libres dans l'existence d'un régime démocratique, aucune clause politique ne fut insérée dans la Convention EDH signée à Rome le 4 novembre 1950. A deux reprises, les propositions en ce sens de

---

[834] Delpérée (F.), *Les droits politiques des étrangers*, Que sais-je ?, PUF, 1995, p.11.

l'Assemblée consultative furent rejetées. L'étude des travaux préparatoires[835] révèle, selon Raymond Goy, « *l'ambition de l'Assemblée consultative, avec sa générosité parlementaire, et la résistance du Comité des Ministres, dans son réalisme* »[836]. Une première proposition ambitieuse dans le but d'inclure un article protecteur du droit à de libres élections fut refusée en août 1950 du fait de son prétendu caractère superflu et ambigu et de l'impossibilité de s'accorder sur une rédaction précise. Plusieurs pays se révélèrent hostiles à l'idée d'une clause politique de grande envergure. En particulier, l'expert britannique s'opposa à une consécration conventionnelle du principe de suffrage universel et à une obligation d'introduire un mode de scrutin proportionnel[837]. Ce dernier estimait que le suffrage n'était jamais complètement universel mais toujours soumis à certaines restrictions variables selon les États. Les autres membres du Comité d'experts répondirent que la notion avait un sens suffisamment clair et précis en Europe et n'excluait pas les limitations d'usage, mais le terme suffrage universel fut retiré du projet. Peu après, une seconde navette entre l'Assemblée consultative et le Comité des Ministres s'avéra également improductive. Celui-ci refusa l'insertion de l'article en question afin d'éviter toute précipitation et tout retard dans l'adoption de la Convention EDH. En revanche, il fut décidé que cette clause serait intégrée, au même titre que le droit de propriété et le droit à l'éducation, à un protocole additionnel au terme d'études supplémentaires menées par une conférence d'experts gouvernementaux.

L'absence de garantie des droits électoraux par la Convention venant d'être adoptée suscita de nombreuses réactions au sein de l'Assemblée consultative, motivées notamment par la montée du totalitarisme au sein de l'Union Soviétique voisine. Cependant, le texte proposé par le comité d'experts gouvernementaux, aux prétentions pourtant moindres, fut rejeté par le Comité des Ministres et la convocation d'un second comité d'experts s'avéra nécessaire. La proposition de clause politique dut encore être affaiblie pour permettre, enfin, son adoption. Les références au choix du gouvernement et au respect de la liberté politique des ressortissants des États membres furent ainsi retirées. Raymond Goy souligne que « *l'on est donc passé d'une formule ambitieuse, évoquant les grands principes, à une formule plus modeste, essentiellement électorale, exigeant le droit à de libres élections* »[838]. Le *Premier Protocole additionnel* à la Convention EDH, signé à Paris le 20 mars 1952 et entré en vigueur le 18 mai 1954,

---

[835] *Travaux préparatoires à l'article 3 du Protocole n°1 à la Convention européenne des Droits de l'Homme*, 5 septembre 1986, Cour (86) 36.
[836] Goy (R.), « La garantie européenne du droit à de libres élections législatives : l'article 3 du Ier Protocole additionnel à la Convention de Rome », *RDP*, 1986, p.1278.
[837] Voir aussi : *X. c/ Royaume-Uni (déc.)*, 6 octobre 1976, req. n°7140/75.
[838] Goy (R.), *op.cit.*, p.1290

proclame en effet à son article 3 (article 3P1) que les États « *s'engagent à organiser, à des intervalles raisonnables, des élections libres au scrutin secret, dans les conditions qui assurent la libre expression de l'opinion du peuple sur le choix du corps législatif* »[839]. Ce Protocole lie l'ensemble des États membres du Conseil de l'Europe à l'exception de Monaco (pour des raisons liées à l'article 1er du Protocole[840]) et de la Suisse (une fois de plus pour des raisons liées aux *Landsgemeinden* encore organisées dans certains cantons)[841]. Par conséquent, seuls 45 des 57 États de la région de l'OSCE sont soumis à un mécanisme de contrôle juridictionnel supranational en matière électorale[842].

B. Une consécration de droits civiques dans le cadre de scrutins réguliers

La jurisprudence énergique et désormais abondante de la Cour européenne des droits de l'Homme est venu compenser certaines imprécisions du libellé de la clause politique tout en étendant le champ de la protection conventionnelle, en particulier en reconnaissant l'existence de droits subjectifs de participation (1) et l'obligation d'organiser des élections à intervalles réguliers (2).

1. La reconnaissance de droits subjectifs de participation

La formulation inhabituelle de la disposition révèle les difficultés et les réticences rencontrées par les promoteurs de cet article pour imposer des

---

839 Pour une étude d'ensemble, voir : Cremona (J.J.), « The right to free elections in the European Convention on Human Rights », *in* Mahoney (P.), Matscher (M.), Petzold (H.) et Wildhaber (L.), *Protection des droits de l'Homme : la perspective européenne, mélanges à la mémoire de Rolv Ryssdal*, Carl Heymans Verlag, 2000, pp.309-323 ; *GACEDH*, pp.718-730 ; Herndl (K.), « The case-law of the Commission as regards the right to free elections: Article 3 of Protocol, n°1 », *in* De Salvia (M.) et Villiger (M.), *The birth of European human rights law: liber amicorum Carl Aage Norgaard*, Nomos, 1998, pp.91-99 ; Kaiser (M.), « Le droit à des élections libres… L'application timide d'une disposition ambitieuse », in *Les droits de l'homme au seuil du troisième millénaire. Mélanges en hommage à Pierre Lambert*, Bruylant, 2000, pp.435-465 ; Lécuyer (Y.), *Les droits politiques dans la jurisprudence de la Cour européenne des droits de l'Homme, op.cit.* ; Marcus-Helmons (S.), « Premier Protocole additionnel, Article 3 », *in* Petttiti (L.E.), Decaux (E.) et Imbert (P.H.) (dir.), *La Convention Européenne des Droits de l'Homme. Commentaire article par article,* Economica, 1995, pp.1011-1020 ; Natale (V.), « Le droit à des élections libres ou la construction d'un véritable ordre démocratique européen », *RTDH*, 2006, n°68, pp.939-972.

840 Voir notamment : APCE, *Respect des obligations et des engagements de Monaco*, 8 juin 2007, Doc.11299, §11.1.

841 Voir *supra* ce chapitre.

842 Les exceptions sont : Biélorussie, Canada, États-Unis, Kazakhstan, Kirghizstan, Monaco, Mongolie, Ouzbékistan, Suisse, Tadjikistan, Turkménistan et Saint-Siège. Les deux États nord-américains ne sont pas parties à la *Convention interaméricaine des droits de l'Homme* du 22 novembre 1969.

obligations en matière électorale aux États membres du Conseil de l'Europe. Mais la Cour européenne des droits de l'Homme (Cour EDH) estima que la « *coloration interétatique* » du libellé n'engendrait aucune différence de fond avec les autres droits garantis. En effet, « *elle semble s'expliquer plutôt par la volonté de donner plus de solennité à l'engagement assumé et par la circonstance que dans le domaine considéré se trouve au premier plan non une obligation d'abstention ou de non-ingérence, comme pour la majorité des droits civils et politiques, mais celle, à la charge de l'État, d'adopter des mesures positives pour "organiser" des élections démocratiques* »[843]. Après y avoir vu un droit institutionnel à l'organisation de consultations électorales dans une décision *X. c/ Belgique* du 18 septembre 1961[844], la Commission européenne des droits de l'Homme (Commission EDH), dans le silence du texte, jugea que l'article 3P1 impliquait la reconnaissance du suffrage universel dans une décision *X. c/ RFA* du 6 novembre 1967, relative à un détenu ouest-allemand privé de droit de vote[845]. Néanmoins, il fut immédiatement précisé que ce droit n'était pas absolu et pouvait donc faire l'objet de restrictions sous certaines conditions[846].

La reconnaissance de droits subjectifs de participation fut plus tardive, puisqu'après plusieurs refus initiaux[847], la Commission EDH consacra une garantie directe des droits individuels dans une décision *W., X., Y. et Z. c/ Belgique* du 30 mai 1975, aux termes de laquelle elle conclut que la clause politique protégeait « *en principe le droit de vote et le droit de se porter candidat lors de l'élection du corps législatif* »[848]. Cette reconnaissance fut ensuite validée à l'occasion de la première affaire relative à la clause politique jugée par la Cour EDH. Dans son arrêt *Mathieu-Mohin et Clerfayt c/ Belgique* du 2 mars 1987, celle-ci fit un bref rappel des avancées jurisprudentielles marquantes réalisées par la Commission. Ainsi, « *de l'idée d'un droit "institutionnel" à l'organisation d'élections libres (...), celle-ci est passée à la notion de "suffrage universel" (...) puis, par voie de conséquence, de droits subjectifs de participation : le "droit de vote" et le "droit de se porter candidat lors de l'élection du corps législatif" (...). La Cour marque son accord avec cette dernière conception* » (§51). Cette

[843] *Mathieu-Mohin et Clerfayt c/ Belgique*, 2 mars 1987, req. n°9267/81, §50 ; *Cahiers de Droit Européen*, 1988, p.487, note Cohen-Jonathan (G.) ; *Journal du Droit International*, 1988, p.849, note Rolland (P.).
[844] *X. c/ Belgique (déc.)*, 18 septembre 1961, req. n°1028/61.
[845] *X. c/ R.F.A. (déc.)*, 6 octobre 1967, Ann., 10, 339 (« *this undertaking of the Contracting Parties to hold free elections implies the recognition of universal suffrage* »).
[846] Voir *infra*, Partie 1, Titre 2, Chapitre 2.
[847] *X. c/ R.F.A. (déc.)*, 4 janvier 1960, req. n°530/59 ; *X. c/ Pays-Bas (déc.)*, 11 avril 1961, req. n°787/60 ; *X. c/ Belgique (déc.)*, 30 mai 1961, req. n°1065/61 ; *X. c/ Belgique (déc.)*, 18 septembre 1961, *op.cit.* ; *X. c/ R.F.A. (déc.)*, 6 octobre 1967,*op.cit.*
[848] *W., X., Y. et Z. c/ Belgique (déc.)*, 30 mai 1975, req. n°6745/74 et 6746/74.

reconnaissance fut ensuite confirmée par l'arrêt de Grande chambre *Zdanoka c/ Lettonie* du 16 mars 2006[849].

La Convention EDH protège également les autres droits de nature politique, à savoir la liberté d'expression (article 10) et les libertés de réunion et d'association (article 11). Par ailleurs, l'article 14, qui ne peut être invoqué qu'en combinaison avec une autre disposition de la Convention, précise que « [la] *jouissance des droits et libertés reconnus dans la* [...] *Convention doit être assurée, sans distinction aucune, fondée notamment sur le sexe, la race, la couleur, la langue, la religion, les opinions politiques ou toutes autres opinions, l'origine nationale ou sociale, l'appartenance à une minorité nationale, la fortune, la naissance ou toute autre situation* ». En outre, si la Convention énonce en son article 16 qu'il est possible d'imposer des restrictions dans la jouissance des articles 10, 11 et 14 en matière d'activité politique des étrangers, cette faculté ne fut jamais mise en œuvre[850]. Enfin, le Protocole 12 à la Convention EDH, entré en vigueur le 1er avril 2005, interdit de manière générale toute forme de discrimination et n'est donc pas soumis à la limitation de l'article 14[851].

2. Une obligation d'organiser des élections à intervalles réguliers

Aux termes de l'article 3P1, les États s'engagent à organiser des élections « *à des intervalles raisonnables* ». Diverses affaires ont permis de préciser les implications de cette expression. La question de la suppression des élections fut abordée dans l'*Affaire grecque*, l'un des rares cas de requêtes interétatiques et le seul fondé sur une violation de la clause politique[852]. Ce litige, opposant la Suède, le Danemark, la Norvège et les Pays Bas à la Grèce, trouva sa source dans l'instauration de la « dictature des Colonels » qui domina la Grèce de 1967 à 1974. La Commission EDH releva dans son rapport que l'absence de corps politique élu, découlant de la dissolution du Parlement, ainsi que la prohibition des partis politiques, empêchaient le Peuple d'exprimer ses opinions politiques et constituaient une violation flagrante et continue de l'article 3P1. De plus, celle-ci ne pouvait être justifiée par des raisons liées à l'existence d'un danger public et permanent menaçant la vie de la nation au sens de l'article 15 de la Convention[853]. Visée par une procédure d'exclusion, la Grèce, membre du Conseil de

[849] *Zdanoka c/ Lettonie*, Gr. Ch., 16 mars 2006, req. n°58278/00 ; *GACEDH*, pp.718 et s.

[850] Voir : *Piermont c/ France*, 27 avril 1995, req. n°15773/89 et 15774/89 ; *RTDH*, 1996, n°27, p.353, note Flauss (J.-F.) ; *RUDH*, 1996, p.22, chron. Levinet (M.).

[851] Voir : *La non-discrimination – un droit fondamental, Actes du Séminaire marquant l'entrée en vigueur du Protocole n 12 à la Convention européenne des Droits de l'Homme*, Strasbourg, 11 octobre 2005, Editions du Conseil de l'Europe, 2006.

[852] *Danemark, Norvège, Suède et Pays-Bas c/ Grèce*, 31 mai 1968, req. n°3321/67, 3322/67, 3323/67 et 3344/67.

[853] *Danemark, Norvège, Suède et Pays-Bas c/ Grèce*, rapport du 5 novembre 1969.

l'Europe depuis 1949, décida de se retirer de l'Organisation en 1969[854]. La résolution du Conseil des Ministres qui s'ensuivit préconisa la tenue d'élections libres à l'Assemblée législative nationale dès que les conditions nécessaires pouvaient être remplies. Ces dernières, destinées à assurer la libre expression de l'opinion du Peuple, impliquaient la liberté d'association pour la formation de partis politiques et la liberté de réunion pour la tenue de réunions politiques. Le bon déroulement des élections législatives du 17 novembre 1974, qui firent l'objet d'une visite d'une délégation de l'APCE[855], amena à considérer que le régime parlementaire grec était de nouveau conforme aux exigences d'un État membre du Conseil de l'Europe et le pays réintégra l'Organisation cette même année.

A l'inverse, la Cour EDH a consacré une obligation d'organiser des élections. Elle résulta du premier arrêt de condamnation pour violation du droit à des élections libres rendu par le juge européen, dans l'affaire *Matthews c/ Royaume-Uni*[856]. Le litige portait sur le défaut d'organisation d'élections au Parlement européen à Gibraltar, Territoire d'outre-mer du Royaume-Uni, dont il ne fait constitutionnellement pas partie, mais intégré à l'Union européenne conformément au traité d'adhésion du Royaume-Uni. L'arrêt de Grande Chambre estima que les droits garantis par l'article 3P1 étaient pleinement applicables à Gibraltar, tant pour les scrutins nationaux que pour les élections européennes. Après avoir reconnu au Parlement européen la qualité de corps législatif au sens de la Convention et relevé que les actes de celui-ci emportent des effets notables à Gibraltar, la Cour de Strasbourg considéra que la marge d'appréciation conséquente dont jouissent les États dans le choix des modes de scrutin ne pouvait justifier une privation totale de participation à la désignation des membres de l'assemblée européenne. L'arrêt *Parti Travailliste Géorgien c/ Géorgie* donna une nouvelle occasion à la Cour EDH d'insister sur l'obligation d'organiser des élections[857]. En l'espèce, la Commission électorale centrale géorgienne décida d'annuler les résultats des élections législatives de 2003 dans deux circonscriptions de la République autonome d'Adjarie et de procéder à un nouveau scrutin. Toutefois, ce dernier n'eut pas lieu et 60 000 personnes se trouvèrent privées de la possibilité de se rendre aux urnes. La Cour estima que l'exclusion des deux circonscriptions du processus électoral sans justification valable était incompatible avec un certain nombre de principes de l'État de droit et entraîna une violation du droit d'éligibilité du parti politique requérant.

---

[854] Voir : Manin (A.), « La Grèce et le Conseil de l'Europe du 12 décembre 1969 au 28 novembre 1974 », *AFDI*, Volume 20, 1974, pp.875-885.
[855] Voir *supra*, Partie 1, Titre 1, Chapitre 1.
[856] *Matthews c/ Royaume-Uni*, Gr. Ch., 18 février 1999, req. n°24833/94.
[857] *Parti Travailliste Géorgien c/ Géorgie*, 8 juillet 2008, req. n°9103/04.

Enfin, en matière de régularité des élections, au-delà de la faiblesse du contentieux, il convient de noter une convergence entre la position de la Commission de Venise et la jurisprudence des organes de la Convention dans le sens de l'instauration d'un intervalle de quatre à cinq ans entre les élections législatives. Amenée à se pencher sur la périodicité des élections des Diètes des *Länder* allemands, la Commission EDH valida la règle prévoyant un espacement de cinq ans entre les scrutins. Celle-ci assure que la composition des assemblées reflète les évolutions inévitables de l'opinion publique tout en permettant aux représentants du Peuple de mettre en œuvre leur programme, y compris des politiques complexes nécessitant une action sur le long terme[858].

C. Une protection juridictionnelle d'une remarquable effectivité

En vertu de l'article 1er de la Convention EDH, les États « *reconnaissent à toute personne relevant de leur juridiction les droits et libertés* » énoncés dans la Convention, dont le droit à des élections libres protégé par l'article 3P1. Depuis le 1er novembre 1998 et l'entrée en vigueur du Protocole 11, l'ancien article 25 de la Convention a été remplacé par l'article 34, mettant un terme au système d'acceptation préalable de compétence. La saisine de la Cour est donc ouverte à « *toute personne physique, toute organisation non gouvernementale ou tout groupe de particuliers qui se prétend victime d'une violation* » des droits garantis par la Convention et ses Protocoles imputable à l'un des États parties (article 34)[859], sous réserve du respect des conditions de recevabilité des requêtes prescrites par l'article 35 et précisées par la jurisprudence de la Cour, notamment l'épuisement des voies de recours internes et l'existence d'une violation des droits garantis[860]. Par son ouverture au plus grand nombre, le droit de pétition individuel est « *devenu la pierre angulaire du mécanisme de sauvegarde instauré par la CEDH* »[861].

Sauf cas d'un renvoi de l'affaire devant la Grande Chambre (article 43), les arrêts rendus par la Cour EDH sont définitifs mais obligatoires pour les seuls États parties au litige (article 46§1). Par ailleurs, la Cour statue *in concreto*, si bien que « *l'État est tenu de prendre des mesures individuelles corrigeant la violation dans le cas d'espèce mais reste libre de prendre des mesures générales débordant le cas d'espèce* »[862]. En outre, aux termes de son arrêt *Marckx c/ Belgique* du 13 juin 1979, la Cour estime que sa décision,

[858] *Timke c/ Allemagne (déc.)*, 11 septembre 1995, req. n°27311/95.
[859] Nous n'évoquerons pas la possibilité très peu usitée de recours interétatique.
[860] Pour une étude détaillée, voir : Sudre (F.), *Droit européen et international des droits de l'homme*, *op.cit.*, pp.749-781 ; *GACEDH*, pp.798 et s.
[861] Sudre (F.), *La Convention Européenne des Droits de l'Homme*, Que sais-je ?, 8e éd., PUF, 2010, p.20.
[862] Sudre (F.), *Droit européen et international des droits de l'homme*, *ibid.*, p.803.

« *déclaratoire pour l'essentiel,* [...] *laisse à l'État le choix des moyens à utiliser dans son ordre juridique interne pour s'acquitter de l'obligation qui découle pour lui* » de l'article 46 de la Convention[863], donc pour mettre un terme à la violation constatée. Mais la jurisprudence de la Cour a progressivement érodé ces principes et tend à s'écarter de la règle de l'autorité relative de la chose jugée au profit d'une « autorité de la chose interprétée ». Ainsi, une législation remise en cause par le juge de Strasbourg devra être écartée ou modifiée, sous peine pour l'État partie d'être à nouveau condamné. De même, les autres États contractants ne peuvent ignorer les « *incidences éventuelles que peuvent avoir sur leurs propres systèmes et pratiques juridiques les arrêts prononcés dans d'autres affaires* »[864], car le maintien de dispositions analogues à une législation préalablement censurée par le juge européen l'exposerait à une condamnation. Dès lors, « [c]*ette perspective encourage les autorités nationales à respecter la jurisprudence de la Cour* » et partant, « *à s'aligner sur l'ordre public européen des droits de l'homme* »[865].

C'est à un organe politique, le Comité des Ministres, que l'article 46§2 de la Convention EDH confère la charge de la surveillance de l'exécution des arrêts. Depuis le 1er juin 2010 et l'entrée en vigueur du Protocole 14, le Comité peut décider à la majorité des deux tiers, lorsqu'un État refuse d'exécuter un arrêt, de saisir la Cour par le biais d'un recours en manquement (article 46§4). Mais le Comité des Ministres n'est pas le seul organe du Conseil de l'Europe à remplir cette tâche dans la mesure où, « [q]*uoique non chargée par la Convention de contrôler l'exécution de ses arrêts, la Cour s'est, pour partie, reconnue implicitement ou indirectement cette compétence* »[866] en indiquant aux États défendeurs les mesures individuelles ou de portée générale à prendre. La procédure de l'arrêt pilote, inaugurée par l'arrêt de Grande Chambre *Broniowski c/ Pologne* du 22 juin 2004[867], est une illustration claire de cette « *politique rampante et subreptice* »[868] du juge européen. Cette innovation, destinée à combattre l'engorgement de la Cour par des affaires répétitives, fit notamment suite à deux textes du Comité des Ministres[869] par lesquels ce dernier invita la Cour « *à identifier dans les arrêts où elle constate une violation de la Convention*

[863] *Marckx c/ Belgique*, 13 juin 1979, req. n°6833/74, §58.
[864] APCE, Résolution 1226 (2000), *Exécution des arrêts de la Cour européenne des Droits de l'Homme*, 28 septembre 2000, §3.
[865] Sudre (F.), *Droit européen et international des droits de l'homme*, *op.cit.*, p.823.
[866] Sudre (F.), *Droit européen et international des droits de l'homme*, *op.cit.*, p.816.
[867] *Broniowski c/ Pologne*, Gr. Ch., 22 juin 2004, req. n°31443/96, §34 et s. ; *GACEDH*, pp.819 et s.
[868] *GACEDH*, p.833. Voir aussi : Sermet (L.), « L'obscure clarté de la notion prétorienne d'arrêt pilote », *RGDIP*, 2007, pp.863-878.
[869] Résolution 2004(3), *Arrêts qui révèlent un problème structurel sous-jacent*, 12 mai 2004 ; CMCE, Recommandation (2004) 6, *Amélioration des recours internes*, 12 mai 2004.

ce qui, d'après elle, révèle un problème structurel sous-jacent et la source de ce problème »[870] et à indiquer les mesures de portée générale nécessaires à la résolution de celui-ci. La procédure permet au juge européen « *de geler les affaires répétitives pendantes dans l'attente de la mise en œuvre des mesures générales pertinentes et de l'adoption par l'État des mesures de redressement nécessaires* » et « *de faire obligation à l'État de mettre en place un recours effectif afin d'éviter que ces affaires répétitives ne soient portées devant la Cour* »[871]. En matière électorale, un arrêt pilote fut ainsi rendu à l'encontre du Royaume-Uni[872] en raison du défaut de modification de sa législation relative au droit de vote des détenus, laquelle fut censurée par l'arrêt de Grande Chambre *Hirst (n°2)* du 6 octobre 2005[873]. Mais au-delà de cette première application, la procédure de l'arrêt pilote pourrait être amenée à se développer en matière électorale à l'égard des États dans lesquels les scrutins sont systématiquement entachés de fraudes graves et multiples, révélatrices d'un « problème structurel sous-jacent » dépassant les cas d'espèces soumis à la Cour EDH. Tel est en particulier le cas de l'Azerbaïdjan, dont les élections parlementaires du 6 novembre 2005 furent à l'origine de dix-neuf requêtes, quasiment toutes porteuses d'une violation de la clause politique[874].

D. Une protection amoindrie par certaines limites du contrôle juridictionnel des élections

Bien qu'elle soit d'une effectivité admirable, il est regrettable que la protection juridictionnelle soit circonscrite aux scrutins destinés à l'élection du corps législatif (1) et que le juge européen ait réaffirmé récemment la marge nationale d'appréciation en matière électorale (2).

1. Les frontières étroites de la notion de corps législatif

La rédaction de l'article 3P1 traduit la volonté des États parties de circonscrire son champ d'application à des élections spécifiques, celles visant à la désignation par le Peuple du « corps législatif ». La Commission EDH puis la Cour ont précisé que ce terme devait être interprété en tenant compte des structures établies par les constitutions des Parties

---

[870] CMCE, Résolution 2004(3), *op.cit.*, §I.

[871] Sudre (F.), « L'effectivité des arrêts de la Cour Européenne des Droits de l'Homme », *RTDH*, n°76, 2008, p.926.

[872] *Greens and M.T. c/ Royaume-Uni*, 23 novembre 2010, req. n°60041/08 et 60054/08, §111. Voir *infra*, Partie 1, Titre 2, Chapitre 2.

[873] *Hirst c/ Royaume-Uni (n°2)*, Gr. Ch., 6 octobre 2005, req n°74025/01. Voir *infra*, Partie 1, Titre 2, Chapitre 2.

[874] Voir *infra*, Partie 2, Titre 2, Chapitre 1.

Contractantes[875]. Il fut naturellement fait application de la clause politique aux chambres basses et hautes électives en système bicaméral, et aux Assemblés fédérales et Assemblées des États fédérés en régime fédéral ; mais aussi à d'autres organes dotés de prérogatives importantes en matière législative, tels des collectivités territoriales[876] ou, au terme d'une interprétation évolutive « *audacieuse* »[877], le Parlement européen[878]. En revanche, le juge de Strasbourg refusa toujours la qualité de corps législatif à toutes les entités ne participant que de façon mineure à l'élaboration de la loi, qu'il s'agisse de collectivités locales[879] ou d'organes corporatifs[880]. Quant aux élections présidentielles, s'abritant derrière une conception littérale de la notion de corps législatif, la Cour n'envisage la possibilité d'une application de l'article 3P1 que dans l'hypothèse où il serait « *établi que les fonctions du chef de l'État concerné comprennent l'initiative législative et le pouvoir d'adopter des lois ou incluent de vastes prérogatives en matière de contrôle de l'adoption des lois ou le pouvoir de censurer les principaux organes législatifs* »[881]. Toutefois, toutes les affaires jugées jusqu'ici se sont soldées par une inapplicabilité de la clause politique[882].

---

875 *Moureaux et autres c/ Belgique (déc.)*, 12 juillet 1983, req. n°9267/81 ; *Mathieu-Mohin et Clerfayt c/ Belgique*, 2 mars 1987, req. n°9267/81.

876 *X. c/ Royaume-Uni (déc.)*, 13 mai 1982, req. n°8873/80 ; *Moureaux et autres c/ Belgique (déc.)*, 12 juillet 1983, req. n°9267/81 ; *Timke c/ Allemagne (déc.)*, 11 septembre 1995, req. n°27311/95 ; *Federacion Nationalista Canaria c/ Espagne (déc.)*, 7 juin 2001, req. n°56618/00 ; *Py c/ France*, 11 janvier 2005, req. n°66289/01, §16 et 17.

877 Sudre (F.), *Droit européen et international des droits de l'homme*, 10e éd., PUF, 2011, p.627.

878 *Matthews c/ Royaume-Uni*, Gr. Ch., 18 février 1999, req. n°24833/94, §14 ; *Petites Affiches*, 1999, n°106, p.16, note London (C.) et Llamas (M.) ; *RTDH*, 1999, n°40, p.873, obs. Potteau (A.) ; *RUDH*, 1999, p.253, note Cohen-Jonathan (G.) et Flauss (J.-F.).

879 *X. c/ Royaume-Uni (déc.)*, 12 juillet 1976, req. n°5155/71 ; *Clerfayt, Legros et autres c/ Belgique (déc.)*, 17 mai 1985, req. n°10650/83 ; *Booth-Clibborn et autres c/ Royaume-Uni (déc.)*, 5 juillet 1985, req. n°11391/85 ; *C., S. et T. c/ Royaume-Uni (déc.)*, 8 juillet 1986, req. n°11931/86 ; *Tête c/ France (déc.)*, 10 mars 1988, req. n°11802/85 ; *Cherepkov c/ Russie (déc.)*, 25 janvier 2000, req. n°51501/99 ; *Malarde c/ France (déc.)*, 5 septembre 2000, req. n°46813/99 ; *Salleras Llinares c/ Espagne (déc.)*, 12 octobre 2000, req. n°52226/99 ; *Gorizdra c/ Moldavie (déc.)*, 2 juillet 2002, req. n°53180/99 ; *Krasnov et Skuratov c/ Russie (déc.)*, 14 décembre 2004, req. n°17864/04 et 21396/04 ; *Molka c/ Pologne (déc.)*, 11 avril 2006, req. n°56550/00.

880 *X. c/ Pays-Bas (déc.)*, 1er mars 1983, req. n°9926/82 ; *Fraktion Sozialistischer Gewerkschafter im ÖGB Vorarlberg et 128 de ses membres c/ Autriche (déc.)*, 13 avril 1989, req. n°12387/86.

881 *Boskoski c/ « Ex-République yougoslave de Macédoine » (déc.)*, 2 septembre 2004, req. n°11676/04.

882 *Habsburg-Lothringen c/ Autriche (déc.)*, 14 décembre 1989, req. n°15344/89 ; *Baskauskaite c/ Lituanie (déc.)*, 21 octobre 1998, req. n°41090/98 ; *Guliyev c/ Azerbaïdjan (déc.)*, 27 mai 2004, req. n°35584/02 ; *Boskoski c/ « Ex-République yougoslave de Macédoine » (déc.)*, 2 septembre 2004, req. n°11676/04. Voir aussi : *The Georgian Labour Party c/ Géorgie (déc.)*, 22 mai 2007, req. n°9103/04 ; *Brito da Silva Guerra et Sousa Magno*

Dans un sens similaire, la Cour refusa invariablement d'inclure les consultations référendaires dans la sphère de protection de l'article 3P1[883]. Ainsi, la Cour EDH ne protège que la forme représentative de la démocratie et « *occulte les techniques législatives du phénomène de la démocratie semi-directe pourtant universellement émergente* »[884].

Cette situation ne manque pas d'engendrer un amoindrissement de la protection conventionnelle en matière électorale dans les nombreux pays du Conseil de l'Europe ayant fait le choix du régime présidentiel ou semi-présidentiel, à l'image de la France, ou recourant régulièrement aux référendums. Pourtant, les consultations référendaires et les scrutins présidentiels ne sont pas moins sujets aux irrégularités que les élections législatives et européennes, comme cela fut notamment constaté en 2008 en Arménie et en Azerbaïdjan[885]. La solution la plus consensuelle consisterait sans doute en l'adoption d'un nouveau protocole à la Convention EDH reconnaissant explicitement la compétence de la Cour dans ces domaines, mais convaincre les États membres du Conseil de l'Europe de s'engager sur cette question prendra certainement beaucoup de temps. Une possibilité plus rapide serait une décision du juge européen. A de nombreuses reprises, la Cour de Strasbourg n'hésita pas à faire preuve d'un grand dynamisme interprétatif à l'égard de la Convention dans un souci de renforcement de la protection des droits énoncés, à « *privilégier une interprétation finaliste, ou téléologique, du texte* »[886] à une interprétation littérale. Mais la marge de manœuvre du juge européen a ses limites, en particulier dans un domaine aussi sensible que le droit électoral, et une extension du champ d'application de l'article 3P1 aux scrutins présidentiels et aux référendums provoquerait immanquablement de vives protestations.

---

c/ Portugal (déc.), 17 juin 2008, req. n° 26712/06 et 26720/06 ; *Paksas c/ Lituanie*, Gr. Ch., 6 janvier 2011, req. n°34932/04.

[883] *X. c/ Royaume-Uni (déc.)*, 3 octobre 1975, req. n°7096/75 ; *Bader c/ Autriche (déc.)*, 15 mai 1996, req. n°26633/95 ; *Nurminen et autres c/ Finlande (déc.)*, 26 février 1997, req. n°27881/95 ; *Castelli et autres c/ Italie (déc.)*, 14 septembre 1998, req. n°35790/97 et 38438/97 ; *Hilbe c/ Liechtenstein (déc.)*, 7 septembre 1999, req. n°31981/96 ; *Borghi c/ Italie (déc.)*, 20 juin 2002, req. n°54767/00 ; *Z. c/ Lettonie (déc.)*, 26 juin 2006, req. n°14755/03.

[884] Jacquemot (F.), *Le standard européen de société démocratique*, Thèse sous la direction de Sudre (F.), Université de Montpellier I, 2006, p.443.

[885] *Republic of Armenia, Presidential election, 19 February 2008, OSCE/ODIHR Election Observation Mission Final Report*, 30 mai 2008 ; *Republic of Azerbaijan, Presidential election, 15 October 2008, OSCE/ODIHR Election Observation Mission Final Report*, 15 décembre 2008.

[886] Sudre (F.), *Droit européen et international des droits de l'homme*, *op.cit.*, p.245.

2. Une réaffirmation regrettable de la marge nationale d'appréciation en matière électorale

Les organes de la Convention EDH ont assuré une extension spectaculaire des droits garantis par l'article 3P1 grâce à la construction d'une jurisprudence audacieuse. L'arrêt *Mathieu-Mohin et Clerfayt c/ Belgique* marqua le début d'une longue période pendant laquelle la Cour imposa aux États membres une réduction progressive de leur marge d'appréciation, traditionnellement très large dans ce domaine emblématique de la souveraineté, au bénéfice d'un renforcement de la protection offerte par le droit à des élections libres[887]. Mais cette attitude téméraire ne manqua pas de susciter des réactions hostiles et la Cour fut amenée à réduire significativement l'étendue de son contrôle à partir de son arrêt de Grande Chambre *Zdanoka c/ Lettonie* du 16 juin 2006[888]. En l'espèce, une citoyenne lettone, appartenant à la communauté russophone de ce pays et ancienne membre du Parti communiste, fut déchue de son droit d'éligibilité en vertu d'une loi dite de lustration au motif principal qu'elle avait tenté de s'opposer à la déclaration d'indépendance de la Lettonie en 1990. Par l'effet d'un « *revirement de jurisprudence d'envergure* »[889], la Cour infirma l'arrêt de section[890] en écartant toute violation de l'article 3P1 et réaffirma « *l'ample marge d'appréciation dont jouissent les États contractants* » en la matière (§116c). Dans un arrêt fort détaillé, à la dimension pédagogique certaine, le juge européen effectua un retour remarqué[891] à la *théorie des limitations implicites*[892]. Ainsi, lorsqu'un État impose une limite au droit à des élections libres, il n'est pas tenu par une liste restreinte de buts légitimes, comme sous l'empire du régime des articles 8 à 11. Il dispose donc d'une liberté d'action importante, seulement bornée par le respect des objectifs généraux de la Convention et du principe de prééminence du droit. Cette résurgence de la notion de limitation implicite « *signifie également que la Cour n'applique pas les critères traditionnels de "nécessité" ou de "besoin social impérieux"*

[887] Voir notamment : *Matthews c/ Royaume-Uni*, 2 mars 1987, req. n°9267/81 ; *Podkolzina c/ Lettonie*, 9 avril 2002, req. n°46726/99 ; *Aziz c/ Chypre*, 22 juin 2004, req. n°69949/01 ; *Melnitchenko c/ Ukraine*, 19 octobre 2004, req. n°17707/02 ; *Hirst c/ Royaume-Uni (n°2)*, Gr. Ch., 6 octobre 2005, req. n°74025/01.

[888] *Zdanoka c/ Lettonie*, Gr. Ch., 16 mars 2006, req. n°58278/00, §115 ; *AJDA*, 2006, p.1718, chron. Flauss (J.-F.) ; *GACEDH*, p.718 et s. ; *L'Europe des Libertés*, 2006, p.18, note Kang-Riou (N.) ; *RTDH*, 2008, n°73, p.195, obs. Jacquemot (F.). Voir aussi *infra*, Partie 1, Titre 2, Chapitre 2.

[889] *AJDA*, 2006, p.1718, chron. Flauss (J.-F.).

[890] *Zdanoka c/ Lettonie*, 17 juin 2004, req. n°58278/00 ; *AJDA*, 2004, p.1819, chron. Flauss (J.-F.) ; *RDP*, 2005, p.811, chron. Levinet (M.).

[891] Depuis son adoption, l'arrêt *Zdanoka c/ Lettonie* est notamment considéré comme le « grand arrêt » relatif à l'article 3P1 par les rédacteurs du *GACEDH*, remplaçant après presque deux décennies l'arrêt *Mathieu-Mohin et Clerfayt c/ Belgique*.

[892] Voir : *Mathieu-Mohin et Clerfayt c/ Belgique*, 2 mars 1987, req. n°9267/81, §52.

qui sont utilisés dans le cadre des articles 8 à 11 » mais s'attache à évaluer la proportionnalité de la mesure et l'existence d'une atteinte à la libre expression de l'opinion du Peuple. De même, une mesure de restriction à l'article 3P1 nécessite un degré d'individualisation moindre que dans le cadre des articles 8 à 11 (§116d).

En outre, le juge européen souligna « *la nécessité d'apprécier toute législation électorale à la lumière de l'évolution politique du pays concerné, ce qui implique que des caractéristiques inacceptables dans le cadre d'un système peuvent se justifier dans le contexte d'un autre* » (§116c), s'engageant ainsi « *dans la voie discutable du "double standard"* »[893]. Enfin, la Cour EDH, à l'instar de la Commission de Venise[894], estime qu'il importe de contrôler moins strictement les restrictions au droit d'éligibilité que celles imposées au droit de vote. Ainsi, « *alors que le critère relatif à l'aspect "actif" de l'article 3 du Protocole n° 1 implique d'ordinaire une appréciation plus large de la proportionnalité des dispositions légales privant une personne ou un groupe de personnes du droit de vote, la démarche adoptée par la Cour quant à l'aspect "passif" de cette disposition se limite pour l'essentiel à vérifier l'absence d'arbitraire dans les procédures internes conduisant à priver un individu de l'éligibilité* » (§116e). Cette affirmation d'un reflux prétorien, également sensible dans une autre affaire jugée par la formation plénière de la Cour, *Yumak et Sadak c/ Turquie*[895], s'avère regrettable au regard de l'ineffectivité du contrôle juridictionnel national en matière électoral dans un nombre significatif d'États membres du Conseil de l'Europe. Mais en dépit de ces restrictions, l'application de l'article 3P1 et des autres dispositions garantissant des droits de nature politique par la Cour EDH continue d'engendrer une jurisprudence dynamique qui, par son autorité et sa densité, constitue la source majeure du droit électoral européen[896].

§2. Le caractère atypique du Document de Copenhague

Emblématique d'une époque d'optimisme exacerbé en l'avenir de la démocratie, le *Document de Copenhague* innova par son contenu audacieux en matière électorale (A). Bien que le projet de renforcement du texte soit sans cesse repoussé (B) et que sa nature coutumière soit incertaine (C), il bénéficie d'une autorité politique considérable (D).

---

[893] Sudre (F.), *Droit européen et international des droits de l'homme*, *op.cit.*, p.632.
[894] *Code de bonne conduite en matière électorale*, *op.cit.*, Rapport explicatif, §6d.
[895] *Yumak et Sadak c/ Turquie*, Gr. Ch., 8 juillet 2008, req. n°10226/03 ; *RFDC*, n°78, 2009, p.423, note Levinet (M.).
[896] Voir *infra*, Partie 1, Titre 2, Chapitre 2.

A. Un texte innovant

À la faveur des « *profonds changements politiques et de société en Europe centrale et orientale* [et de] *l'abaissement des frontières idéologiques* »[897], les 35 États participants à la CSCE réunis à Copenhague en juin 1990 adoptèrent le *Document de la Réunion de Copenhague de la Conférence sur la dimension humaine de la CSCE* (Document de Copenhague)[898]. Ce texte visa à poser « *les bases d'un espace démocratique fondé sur la démocratie pluraliste, la prééminence du droit et le respect des droits de l'homme et des libertés fondamentales* »[899]. Si, dans un premier temps, le Document sembla avoir été quelque peu éclipsé par l'adoption quelque mois plus tard de la *Charte de Paris pour une Nouvelle Europe*, il constitue bien le texte de référence dans le cadre de la *Dimension humaine* et l'instrument international exposant le mieux les composantes indispensables d'une démocratie pluraliste, notamment par ses articles 5 à 8 qui détaillent avec une précision jusqu'alors inégalée les éléments constitutifs d'une élection libre et équitable[900]. Comme le souligne Emmanuel Decaux, « [l]*oin de constituer un banal "doublon" d'engagements antérieurs, il permet ainsi un véritable enracinement des droits, fondés désormais sur une conception commune de l'individu* »[901]. En matière d'observation électorale, il forme le socle normatif sur lequel reposent encore aujourd'hui les activités du BIDDH et de l'AP-OSCE.

L'article 7 de ce texte est un exemple particulièrement abouti de clause politique. Outre les éléments traditionnellement pris en compte par ce type de dispositions, tels les droits d'éligibilité et de vote dans le cadre d'élections libres au scrutin secret et au suffrage universel, de nombreux aspects spécifiques du droit à des élections libres sont expressément énoncés. Ainsi, le Document proclame que, dans au moins une chambre du parlement national, tous les sièges doivent être librement disputés dans le cadre d'un vote populaire. De même doivent être protégés le droit de créer, en toute liberté et égalité, des partis ou autres organisations politiques, ou encore le droit au déroulement de campagnes politiques dans un climat d'équité et de liberté, permettant un libre accès aux médias sur la base de la non-discrimination pour tous les acteurs politiques et toutes les personnes désirant participer aux élections.

---

[897] Vigny (J.D.), « Le Document de la Réunion de Copenhague de la Conférence sur la dimension humaine de la CSCE / Introduction et commentaires », *RUDH*, 1990, p.311.
[898] *Document de la Réunion de Copenhague de la Conférence sur la Dimension Humaine de la CSCE*, 29 juin 1990.
[899] Vigny (J.D.), *op.cit.*, p.305.
[900] Voir notamment : Franck (T.M.), « The emerging right to democratic governance », *The American Journal of International Law*, Volume 86, n°1, 1992,, p.67.
[901] Decaux (E.), « La Réunion de Copenhague de la Conférence sur la dimension humaine de la CSCE (5-29 juin 1990) », *RGDIP*, 1990, pp.1029-1030.

Une innovation majeure réside dans la consécration du rôle de l'observation internationale des élections à travers le principe de l'invitation permanente. Aux termes de l'article 8 du *Document de Copenhague*, les États signataires s'engagent ainsi à inviter « *des observateurs de tout autre État participant à la CSCE, ainsi que de toute institution et organisation privée compétente qui le souhaiterait, à suivre le déroulement des opérations de leurs élections nationales, dans la mesure prévue par la loi* ». En contrepartie, les observateurs ne doivent « *pas s'immiscer dans les opérations électorales* ». Cette disposition fournit donc une justification explicite aux missions d'observation électorale déployées régulièrement par le BIDDH, l'AP-OSCE et leurs partenaires et, en principe, prémunit ces institutions contre les accusations d'ingérence dans les affaires intérieures des États d'accueil.

B. Un approfondissement différé

Au cours de la Réunion de Porto du Conseil ministériel de l'OSCE en 2002[902], puis lors de celle tenue à Maastricht l'année suivante, il fut demandé au Conseil permanent « *d'élaborer des engagements supplémentaires en matière d'élections qui complètent les engagements existants* », notamment au regard de « *la confiance de l'électorat dans tout le processus, la transparence des procédures électorales et la responsabilité des autorités chargées de la conduite des élections* »[903]. Cette idée d'un renforcement du *Document de Copenhague* dans le but de répondre plus efficacement aux nouveaux défis lancés à la liberté et l'équité des élections fut alors relayée lors des Réunions supplémentaires sur la dimension humaine de 2004, dédiée aux standards et engagements en matière électorale[904], et de 2005, relative aux défis des technologies et procédures électorales[905]. Le BIDDH organisa donc une réunion d'experts sur cette question en septembre 2005 qui aboutit à l'adoption d'une *Note explicative sur de possibles engagements supplémentaires pour des élections démocratiques*. Celle-ci confirma que l'élaboration d'un « *Document de Copenhague Plus* » devait se concentrer sur trois notions clés qui se renforcent mutuellement : transparence, responsabilité et confiance des citoyens[906].

---

[902] *Engagements en matière d'élections*, MC(10).DEC/7, Dixième réunion du Conseil ministériel, 6 et 7 décembre 2002, Porto, MC.DOC/1/02, p.48.

[903] MC.DEC/5/03, Onzième réunion du Conseil ministériel, 1er et 2 décembre 2003, Maastricht, MC.DOC/1/03, p.87.

[904] *Electoral standards and commitments*, Supplementary Human Dimension Meeting, Final Report, Vienne, 15 et 16 juillet 2004, PC.SHDM.GAL/11/04, p.59.

[905] *Supplementary Human dimension meeting on Challenges of election technologies and procedures*, Final Report, *op.cit.*, pp.38 et s.

[906] « OSCE/ODIHR Explanatory note on possible additional commitments for democratic elections », 11 octobre 2005, *Common responsibility. Commitments and implementation, Report submitted to the OSCE Ministerial Council in response to MC Decision n°17/05 on*

Tout d'abord, la transparence est destinée à permettre aux citoyens de s'assurer que leur droit à la tenue d'une élection reflétant leur volonté est respecté. Cette notion large concerne divers aspects d'un scrutin et, au premier chef, les nouvelles technologies électorales à l'instar du vote électronique. A cet égard, le BIDDH recommande de permettre une vérification par les intervenants nationaux. De plus, l'accès pour les observateurs (nationaux et internationaux) doit être soigneusement conçu et réalisé de manière à garantir le secret du vote, tout en préservant les électeurs contre la fraude et les influences indues. En outre, tout nouveau mode de scrutin doit être transparent, vérifiable, justifiable, fiable et sécurisé, mais aussi être perçu comme tel par les électeurs. Enfin, il convient d'établir un partage clair des responsabilités entre les fournisseurs, les organismes de certification et les administrateurs des élections et il doit être possible de procéder à un nouveau dépouillement des votes. La transparence intéresse également le traitement des recours juridictionnels en matière électorale et le financement des campagnes électorales. Quant à ce dernier point, elle exige notamment une divulgation de toutes les informations relatives aux contributions financières et aux dépenses de campagne.

Ensuite, un *Document de Copenhague* actualisé devrait mettre en exergue le principe de responsabilité. Il s'ensuit que les autorités publiques, en particulier les autorités électorales, doivent être politiquement impartiales et ne pas employer de ressources étatiques au profit d'un candidat spécifique. Les médias publics doivent également faire preuve de responsabilité en assurant une couverture globale, équitable, objective et impartiale des processus électoraux. Ce principe s'avère aussi essentiel en matière de traitement des infractions à caractère électoral. La législation doit ainsi précisément encadrer ces dernières et prévoir des voies de recours efficaces et des sanctions proportionnelles à la gravité de l'infraction. Il est impératif que les responsables soient jugés et punis afin d'écarter tout sentiment d'impunité.

Dernièrement, le troisième principe envisagé a trait à la confiance du public. La note explicative du BIDDH souligna que des consultations publiques à grande échelle devaient être organisées pour l'adoption des décisions portant sur des sujets primordiaux, tels que le choix du système électoral ou l'élaboration de la législation électorale. Il incombe également aux autorités étatiques d'assurer une participation éclairée de tous les citoyens, notamment les femmes et les minorités, aux scrutins en leur procurant l'éducation et les informations nécessaires. La confiance du public doit aussi être recherchée par la mise en place d'une administration électorale composée de personnes qualifiées et respectées, dont la

Strengthening the Effectiveness of OSCE, Annexe 1, pp.83-90. Voir aussi : Kaczorowski (N.), « Election monitoring: Lessons learned and possible new orientations », *op.cit.*, pp.117-120.

nomination est encadrée légalement et qui exercent leurs fonctions avec professionnalisme, impartialité et responsabilité. Enfin, la présence d'observateurs électoraux nationaux, partisans ou non, et internationaux contribue significativement à accroître la confiance du public. Ils doivent donc être invités à suivre le déroulement des consultations populaires organisées à tous les échelons, dans la mesure autorisée par la loi, et bénéficier d'un accès total et sans entrave à l'ensemble des stades des processus électoraux.

Si la réforme du *Document de Copenhague* paraissait bien engagée, elle périclite depuis 2006. Les tensions importantes entre États de l'OSCE relatives aux activités d'observation électorale du BIDDH n'ont certainement pas favorisé l'adoption d'engagements supplémentaires en matière d'élections. Une réforme dans ce domaine faisait partie des revendications des États contestataires mais ces derniers souhaitaient surtout des modifications engendrant un affaiblissement du Bureau de Varsovie. La célébration du vingtième anniversaire de l'adoption du *Document de Copenhague* en juin 2010 était l'occasion idéale de relancer le processus d'enrichissement du texte. Cependant, le sujet ne fut que timidement évoqué par la délégation américaine[907]. L'élaboration d'un « *Document de Copenhague Plus* » apparaît donc plus que jamais suspendue.

C. Une normativité coutumière incertaine

L'OSCE est par excellence une entité qui brouille les frontières classiques du droit. Organisation internationale qui n'en est pas vraiment une, faute de traité constitutif[908], la majorité des textes adoptés sous son égide ne sont pas juridiquement contraignants, bien qu'ils s'en rapprochent à de nombreux égards. De prime abord, le *Document de Copenhague* n'est ni un traité international au sens de l'article 2 de la *Convention de Vienne sur le droit des traités* du 23 mai 1969, ni une source du droit au sens de l'article 38§1 du Statut de la CIJ. Il s'agit donc d'un engagement politique, un acte concerté non-conventionnel[909], c'est-à-dire de la *soft law*. Il ne fut pas enregistré auprès du Secrétariat de l'ONU selon la procédure prévue à l'article 102 de la *Charte des Nations Unies* et son adoption en fut grandement facilitée, le texte n'ayant pas eu à être ratifié par les différents parlements nationaux. Bien qu'adopté par consensus, les États participants

---

[907] Intervention de Haltzel (M.), *OSCE Copenhagen Anniversary Conference*, Session 1, 10 juin 2010.

[908] Voir *supra*, Partie 1, Titre 1, Chapitre 1.

[909] Roucounas (E.), « Remarques sur la portée juridique des engagements CSCE concernant la dimension humaine », *in* Decaux (E.) et Sicilianos (L.-A.) (dir.), *La CSCE : Dimension Humaine et règlement des différends*, Les Cahiers du CEDIN, n°8, Montchrestien, 1993, pp.89-113.

souhaitèrent manifestement élaborer un texte non contraignant juridiquement, à l'instar de l'*Acte final d'Helsinki* (même si, comme le rappela la CIJ, certaines dispositions de celui-ci, « *telles que les principes de non-emploi de la force et de non-intervention,* [ont] *un caractère coutumier* »[910]) et de la *Charte de Paris pour une nouvelle Europe*[911].

Toutefois, certains se sont interrogés sur la possible acquisition d'une valeur coutumière en droit international de ce Document « *aux accents normatifs prononcés* »[912]. Il est vrai que les termes employés dans cet instrument devenu un texte européen majeur en matière de protection des droits de l'Homme sont particulièrement forts et précis. Tandis que certains considèrent que le *Document de Copenhague* n'est qu'« *un droit vert qui a certainement besoin de "mûrir" pour devenir vraiment obligatoire* »[913], d'autres estiment que l'« [on] *peut y voir l'expression d'une opinio juris et l'élément d'une règle coutumière européenne de respect des droits de l'homme* »[914]. Mais cette question semble quelque peu dépassée car, de la même manière que des dispositions relatives aux droits des minorités ont acquis une valeur normative à l'égard de certains États par le biais de leurs insertions dans plusieurs conventions internationales[915], les dispositions concernant les élections contenues dans le Document ont été reprises progressivement. En effet, si le *Document de Copenhague* était un texte novateur en 1990, on peut considérer que la quasi-totalité de ses apports sont désormais couverts par l'article 25 PIDCP tel qu'interprété par l'*Observation générale n°25* du Comité DHNU[916]. De plus, pour les États membres du Conseil de l'Europe, ces éléments sont juridiquement contraignants du fait de leur intégration à la jurisprudence de la Cour EDH relative à l'article 3P1. Certains affirment même que « *l'élection "démocratique" des détenteurs du pouvoir ou de ceux qui les contrôlent est devenue, comme le respect de*

910 CIJ, *Activités militaires et paramilitaires au Nicaragua et contre celui-ci*, Arrêt du 27 juin 1986, §264.
911 Voir notamment : Hillgenberg (H.), « A fresh look at soft law », *EJIL*, Volume 10, n°3, 1999, pp.504-505.
912 Boumghar (M.), « Les enjeux de la dimension humaine », *in* Decaux (E.) et Sur (S.) (dir.), *op.cit.*, p.75.
913 Vasak (K.), « Les normes internationales relatives aux élections et leur mise en œuvre », *in* Vettovaglia (J.-P.), Du Bois de Gaudusson (J.), Bourgi (A.), Desouches (C.), Maïla (J.), Sada (H.) et Salifou (A.) (dir.), *Démocratie et élections dans l'espace francophone. Prévention des crises et promotion de la paix Volume II*, Bruylant, 2010, p.77.
914 Sudre (F.), *Droit européen et international des droits de l'homme*, *op.cit.*, p.167. Voir aussi : Manton (E.), « The OSCE Human Dimension process and the process of customary international law formation », *OSCE Yearbook*, 2005, pp.195-214.
915 Voir notamment : Fastenrath (U.), « The Legal Significance of CSCE/OSCE Documents », *OSCE Yearbook*, 1995/96, p.417.
916 Comité DHNU, *Observation générale n°25, Article 25, Le droit de prendre part à la direction des affaires publiques, le droit de vote et le droit d'accéder, dans des conditions générales d'égalité, aux fonctions publiques*, 12 juillet 1996, CCPR/C/21/Rev.1/Add.7. Voir *supra* ce chapitre.

nombreux droits de l'homme, une exigence du droit international coutumier »[917].

En conséquence, la question d'une éventuelle force obligatoire ne se pose vraiment que pour l'article 8, relatif à l'invitation des observateurs électoraux. On peut néanmoins se demander « *quel est l'intérêt de reconnaître le caractère de norme juridique à des normes qui ne sont pas obligatoires ? Comme l'a montré Michel Virally, ce n'est pas parce que ces normes n'ont pas de caractère obligatoire qu'elles n'auraient pas de signification. Elles peuvent avoir une portée politique et leur violation constituera un acte inamical. Mais elles ne recevront en aucun cas la sanction d'une autorité judiciaire ou arbitrale* »[918]. Or, en tout état de cause, on voit mal devant quel juge l'article 8 du *Document de Copenhague* pourrait être invoqué efficacement. Les cas de refus d'invitation sont très rares mais cette disposition ne semble pas pour autant pouvoir s'analyser comme une règle obligatoire tant il serait abusif d'utiliser la contrainte juridique pour imposer la présence d'observateurs à un État récalcitrant, en violation de sa souveraineté. En revanche, dans cette circonstance, il serait « *politiquement justifié* [de] *recourir à tout l'arsenal des mesures de rétorsion, souvent plus efficaces que les mesures juridiques : représentations, protestations, rappel de diplomates, ajournement de visites diplomatiques, interruption de négociations en cours, arrêt de la coopération dans des domaines variés, rupture des relations diplomatiques ou commerciales, etc* »[919]. Il s'ensuit que le Document semble être un texte dont l'autorité doit avant tout s'analyser en termes politique et moral.

D. Une autorité politique indiscutable

Plusieurs textes adoptés dans le cadre de la CSCE se distinguent des autres instruments de *soft law* par leur portée politique considérable. Ainsi, « *l'expérience montre que* [l'*Acte final d'Helsinki* et la *Charte de Paris pour une nouvelle Europe*] *ne sont, en fait, ni moins respectés, ni moins contraignants que des traités en bonne et due forme : souvent adoptés à la suite de longue négociations et de manière solennelle, ils exercent une pression très grande sur leur destinataires (qui sont en général leurs auteurs)* »[920]. De surcroît, « *cette pression est encore accrue lorsque l'acte*

---

[917] D'Aspremont (J.), *L'État non démocratique en droit international. Étude critique du droit positif et de la pratique contemporaine*, Pedone, 2008, p.285.

[918] Jacqué (J.-P.), « Acte et norme en droit international public », *RCADI*, Volume 227, 1991, p.389.

[919] Virally (M.), « La distinction entre textes internationaux ayant une portée juridique dans les relations mutuelles entre leurs auteurs et textes qui en sont dépourvus », *AFDI*, Volume 60, 1983, p.338.

[920] Daillier (P.), Forteau (M.) et Pellet (A.), *Droit international public*, 8e éd., L.G.D.J., 2009, p.428.

concerté prévoit des procédés particuliers de publicité ou d'examen périodique »[921]. Le *Document de Copenhague* s'inscrit clairement dans cette catégorie de textes dépourvus de force obligatoire mais d'une effectivité incontestable, laquelle n'aurait sans doute pas pu être atteinte par un traité classique[922], en particulier pour ses dispositions en matière électorale.

En effet, la place centrale occupée par les articles 6 à 8 du *Document de Copenhague* parmi les normes de référence du mécanisme de surveillance électorale de l'OSCE a grandement accru l'autorité de ces dispositions[923]. Ces dernières constituent le socle juridique systématique du contrôle électoral mis en œuvre à travers les missions d'observation des élections du BIDDH et de l'AP-OSCE[924]. Depuis l'adoption du texte et avec la multiplication des missions déployées dans les « anciennes démocraties », la totalité des États participants de l'OSCE ont volontairement accueillis des observateurs électoraux sur leur sol (à l'exception du cas particulier du Saint-Siège). Similairement, l'écrasante majorité d'entre eux se plie au principe de l'invitation permanente énoncé à l'article 8 du Document. Ainsi, en dépit de la limitation de souveraineté qu'induit la présence d'observateurs étrangers, plus de deux cent processus électoraux furent évalués au sein des États participants de l'OSCE, constituant le mécanisme le plus efficace de suivi des engagements pris au titre de la dimension humaine.

Il est également révélateur que même les États les plus hostiles au BIDDH n'aient jamais remis en cause le principe même de l'observation électorale ou les dispositions du *Document de Copenhague* utilisées lors du contrôle, mais uniquement la méthodologie du Bureau de Varsovie et sa focalisation sur certains pays. Ainsi, en 2007 et 2008, la Russie prit tout de même soin d'inviter le BIDDH et si l'invitation fut assortie de sévères restrictions, celles-ci provoquèrent une vague de critiques à l'égard de ce pays. De plus, tous les États participants prétendent respecter les engagements pris à Copenhague et certains ont même proposé leur renforcement. Par ailleurs, les dispositions en matière électorale du Document furent réaffirmées à maintes reprises et de façon consensuelle par les États participants de l'OSCE[925]. Enfin, il convient de rappeler que d'importantes réunions d'examen de la mise en œuvre des engagements

---

[921] *Ibid.* Voir aussi : Schlager (E.B.), « A hard look at compliance with "soft" law: The case of the OSCE », *in* Shelton (D.) (dir.), *Commitment and compliance: The role of non-binding norms in the international legal system*, Oxford University Press, 2000, pp.346-372.

[922] Weckel (P.), « La mutation juridique de la C.S.C.E. », *in* Sudre (F.) (dir.), *La CSCE et les droits de l'homme : journée d'étude organisée par l'IDEDH le 9 avril 1993*, Les Cahiers de l'IDEDH, n°3,1994, pp.40 et s.

[923] Christakis (T.), *Le droit à l'autodétermination en dehors des situations de décolonisation*, La Documentation Française, 1999, pp.442-446 ; Roucounas (E.), *op.cit.*, pp.111-112.

[924] *Election Observation Handbook*, *op.cit.*, pp.17 et s.

[925] Evers (F.), « OSCE election observation. Commitments, methodology, criticism », *OSCE Yearbook*, 2009, p.237.

adoptés au titre de la dimension humaine sont organisées chaque année par le BIDDH[926].

§3. L'Union européenne et la dimension électorale de la citoyenneté européenne

Les missions d'observation électorale du Parlement européen fondent leur contrôle sur les instruments de l'OSCE, du Conseil de l'Europe et de l'ONU. En effet, l'œuvre normative de l'Union européenne apparaît pour le moins limitée au plan électoral au regard de l'importance qu'elle accorde aux principes démocratiques. Jusqu'à présent, son action dans ce domaine a essentiellement consisté à encadrer la dimension électorale de la citoyenneté européenne.

Instituée en 1992 par le *traité sur l'Union européenne* et approfondie en 1997 par le *traité d'Amsterdam*, la citoyenneté européenne se superpose à la citoyenneté nationale des nationaux des États membres de l'UE[927]. La Cour de Justice de l'Union européenne (CJUE) insiste sur son importance dans le cadre du projet européen et estime que « *le statut de citoyen de l'Union a vocation à être le statut fondamental des ressortissants des États membres permettant à ceux parmi ces derniers qui se trouvent dans la même situation d'obtenir, indépendamment de leur nationalité et sans préjudice des exceptions expressément prévues à cet égard, le même traitement juridique* »[928]. Parfois dénigrée pour son manque de concrétisation, « [on] *pourrait, au contraire, souligner sa valeur mobilisatrice, anticipatrice d'une communauté politique aujourd'hui encore imprécise* »[929]. L'un des aspects les plus marquants du développement d'une citoyenneté européenne effective fut la reconnaissance du droit de vote et d'éligibilité aux élections municipales et aux élections du Parlement européen pour les citoyens de l'UE résidant dans un État membre dont ils ne sont pas ressortissants. Cette avancée a permis d'entamer le principe traditionnel, appliqué très largement à travers le monde, consistant à n'accorder des droits électoraux qu'aux seuls nationaux[930]. Ces droits emblématiques d'une citoyenneté transnationale furent consacrés par l'article 22 du *Traité sur le fonctionnement de l'Union*

---

926 Voir *supra*, Partie 1, Titre 1, Chapitre 1.

927 Blumann (C.), « Citoyenneté européenne », *in* Andriantsimbazovina (J.), Gaudin (H.), Marguénaud (J.-P.), Rials (S.) et Sudre (F.) (dir.), *Dictionnaire des droits de l'Homme*, *op.cit.*, pp.152-159.

928 CJUE, *Rudy Grzelczyk contre Centre public d'aide sociale d'Ottignies-Louvain-la-Neuve*, Arrêt du 20 septembre 2001, C-184/99, Rec.2001, p.I-06193, §31 ; *Revue Trimestrielle de Droit Européen*, n°3, 2003, p.561, note David (F.).

929 Le Pors (A.), *La Citoyenneté*, Que sais-je ?, 3e éd., PUF, 2002, p.107.

930 Turpin (D.), « Citoyenneté et nationalité », *in* Andriantsimbazovina (J.), Gaudin (H.), Marguénaud (J.-P.), Rials (S.) et Sudre (F.) (dir.), *Dictionnaire des droits de l'Homme*, *op.cit.*, pp.147-151 ; Delpérée (F.), *Les droits politiques des étrangers*, Que sais-je ?, PUF, 1995.

européenne (TFUE) et par les articles 39 et 40 de la *Charte des droits fondamentaux de l'Union européenne* (CDFUE)[931], laquelle a acquis une valeur juridiquement contraignante depuis l'entrée en vigueur du *Traité de Lisbonne* le 1er décembre 2009. Cependant, ces droits ne sont pas absolus et leurs modalités d'exercice furent définies par deux directives du Conseil de l'UE.

La directive 93/109 du 6 décembre 1993[932] encadre l'élection des membres du Parlement européen, laquelle se tient au suffrage universel direct depuis 1979 en vertu de l'acte du 20 septembre 1976[933] et selon un système électoral uniforme depuis 2004, à savoir le scrutin proportionnel de liste ou de vote unique transférable (avec possibilité de scrutin de liste préférentiel)[934]. Aux termes de l'article 3 de la directive 93/109, le citoyen européen doit, pour exercer ses droits électoraux, réunir « *les conditions auxquelles la législation de l'État membre de résidence subordonne le droit de vote et d'éligibilité de ses ressortissants* », telle une condition de résidence (article 5). Cependant, ces droits ne sont pas réservés aux seuls citoyens européens et la CJUE précisa que rien « *ne s'oppos*[ait] *à ce que les États membres octroient ce droit de vote et d'éligibilité à des personnes déterminées ayant des liens étroits avec eux, autres que leurs propres ressortissants ou que les citoyens de l'Union résidant sur leur territoire* »[935]. En revanche, un ressortissant de l'UE ne pourra plus exercer son droit de vote ou d'éligibilité dans son État d'origine s'il décide de le faire valoir dans son État de résidence (article 4). Si le vote obligatoire est en vigueur dans l'État de résidence, cette obligation s'imposera au ressortissant communautaire inscrit sur les listes électorales de cet État (article 8). Par ailleurs, des dispositions visent à empêcher qu'un ressortissant communautaire déchu de ses droits électoraux dans son pays d'origine puisse contourner cette mesure par l'effet du déplacement dans un autre État

---

931 Burgorgue-Larsen (L.), « Charte des droits fondamentaux de l'Union européenne », *in* Andriantsimbazovina (J.), Gaudin (H.), Marguénaud (J.-P.), Rials (S.) et Sudre (F.) (dir.), *Dictionnaire des droits de l'Homme*, *ibid.*, pp.127-134 ; Burgorgue-Larsen (L.), Levade (A.) et Picod (F.) (dir.), *Traité établissant une Constitution pour l'Europe. Commentaire article par article. Partie II : la Charte des droits fondamentaux de l'Union*, Bruylant, 2005.

932 *Directive 93/109/CE du Conseil du 6 décembre 1993 fixant les modalités de l'exercice du droit de vote et d'éligibilité aux élections au Parlement européen pour les citoyens de l'Union résidant dans un État membre dont ils ne sont pas ressortissants*, JO L 329 du 31 décembre 1993.

933 *Acte portant élection des représentants au Parlement européen au suffrage universel direct, annexé à la décision 76/87/CECA, CEE, Euratom du Conseil du 20 septembre 1976*, JO L 278 du 8 octobre 1976.

934 *Décision 2002/772/CE, Euratom du Conseil du 25 juin 2002 et du 23 septembre 2002 modifiant l'Acte portant élection des représentants au Parlement européen au suffrage universel direct*, JO L 283 du 21 octobre 2002, art.1er.

935 CJUE, *Royaume d'Espagne contre Royaume-Uni de Grande-Bretagne et d'Irlande du Nord*, Gr. Ch., Arrêt du 12 septembre 2006, C-145/04, Rec.2006, p.*I-07917*, §78.

de l'UE. Ainsi, en matière de droit d'éligibilité, la déchéance dans l'État d'origine est également valable dans l'État de résidence (article 6), tandis que ce dernier conserve une marge d'appréciation pour le droit de vote (article 7). Enfin, l'article 14 autorise l'État à imposer une condition de résidence plus longue lorsque « *la proportion de citoyens de l'Union, qui y résident sans en avoir la nationalité et qui ont atteint l'âge de voter, dépasse 20 % de l'ensemble des citoyens de l'Union en âge de voter et qui y résident* ». Seul le Luxembourg a bénéficié d'une dérogation en application de cette disposition[936].

La mise en œuvre de la directive s'est avérée décevante jusqu'à présent dans la mesure où les droits de vote et d'éligibilité sont restés très peu utilisés par les ressortissants communautaires[937]. Ce constat est à rapprocher du faible taux de participation, de surcroît en régression constante, des citoyens européens dans leur ensemble[938] et au fait que, « [p]*our l'instant, les élections européennes gardent une signification qui est d'abord nationale, même si nous assistons aux premières formes d'un espace public européen : intérêt des électeurs pour les élections des pays voisins, rôle accru du Parlement européen, etc* »[939]. Les élections européennes de juin 2009 n'ont fait que renforcer ce constat. Le taux de participation de ce premier scrutin à vingt-sept ne fut que de 43,2% sur l'ensemble de l'UE, notamment en raison d'un taux extrêmement bas au sein des douze États ayant intégré l'Union en 2004 et 2007 (28,6%). Ainsi, « [l'] *ancienneté de l'intégration européenne et celle de l'implantation de la démocratie* [se sont imposées] *de nouveau comme des facteurs déterminants de la participation au scrutin européen* »[940].

---

936 Pour un exemple de dérogation, voir : *Rapport de la Commission au Parlement européen et au Conseil sur l'octroi d'une dérogation en vertu de l'article 19, paragraphe 2, du traité CE, présenté conformément à l'article 14, paragraphe 3, de la directive 93/109/CE relative au droit de vote et d'éligibilité des citoyens de l'Union aux élections au Parlement européen*, 20 décembre 2007, COM(2007) 846 final.

937 *Rapport de la Commission au Parlement européen et au Conseil sur l'application de la directive 93/109/CE*, 7 janvier 1998, COM(97) 731 final ; *Communication de la Commission sur l'application de la directive 93/109/CE lors des élections au Parlement européen de juin 1999*, 18 décembre 2000, COM(2000) 843 final ; *Communication de la Commission sur les Elections européennes de 2004*, 12 décembre 2006, COM(2006) 790 final.

938 Jacqué (J.-P.), *Droit institutionnel de l'Union européenne*, *op.cit.*, pp.248-250. Voir aussi : Prantl (H.), Le syndrome de l'urne vide, *Courrier International*, n°971, 11 juin 2009, p.14.

939 Schnapper (D.), « Citoyenneté européenne, » *in* Dulphy (A.), Manigand (C.), Bertoncini (Y.), Kahn (S.) et Chopin (T.) (dir.), *Dictionnaire critique de l'Union européenne*, Armand Colin, 2008, p.50.

940 Chopin (T.) et Deloy (C.), « Les élections européennes de 2009. Résultats, bilan perspectives », *L'État de l'Union 2010. Rapport Schuman sur l'Europe*, 2010, p.174.

La directive 94/80 du 19 décembre 1994[941], relative aux élections municipales, reprend la plupart des dispositions applicable aux élections européennes. En revanche, les dérogations s'avèrent plus nombreuses que dans le cas précédent. Ainsi, la Belgique est nommément autorisée à imposer une durée de résidence plus longue dans certaines communes caractérisées par la présence d'un fort pourcentage de ressortissants communautaires. Mais les dérogations principales furent inscrites à la demande de la France en matière d'éligibilité des ressortissants communautaires afin de prendre en compte la révision constitutionnelle préalable à la ratification du *traité sur l'Union européenne*[942]. Aux termes de l'article 5§3 et §4, les États membres de l'UE peuvent réserver à leurs nationaux l'exercice des « *fonctions de chef, d'adjoint ou de suppléant ou encore de membre du collège directeur de l'exécutif d'une collectivité locale de base* » et « *la désignation des électeurs d'une assemblée parlementaire* [et] *l'élection des membres de cette assemblée* ». Une évaluation de la mise en œuvre de cette directive est grandement limitée par la rareté des informations disponibles, mais il semble que le taux de participation des ressortissants communautaires aux élections municipales dépasse sensiblement celui des élections européennes[943].

§4. La Convention sur les normes en matière d'élections démocratiques, et les droits et libertés électoraux dans les États de la Communauté des États Indépendants

Au sein de la CEI, la consécration des droits inhérents à la tenue d'élections libres et équitables est venue de deux Traités sur lesquels, à l'image de l'ensemble des activités de cette Organisation, peu d'informations sont disponibles, ce qui reflète probablement la faible effectivité de ces textes. Il s'agit tout d'abord de la *Convention des droits de l'Homme et des libertés fondamentales de la CEI*, adoptée à Minsk le 26 mai 1995 et entrée en vigueur le 11 août 1998. Une Commission des droits de l'Homme de la CEI, organe consultatif institué par l'article 33 de la *Charte de la CEI* et situé à Minsk, est chargée de veiller au respect de son exécution. Sont ainsi protégés par la Convention la liberté d'expression (article 11), les libertés de réunion pacifique et d'association (article 12), ainsi que le droit de participation à la conduite des affaires publiques et les droits de vote et

---

941 *Directive 94/80/CE du Conseil du 19 décembre 1994 fixant les modalités de l'exercice du droit de vote et d'éligibilité aux élections municipales pour les citoyens de l'Union résidant dans un État membre dont ils n'ont pas la nationalité*, JO L 368 du 31 décembre 1994.

942 Article 88-3 de la Constitution française, créé par l'article 5 de la loi n°92-554 du 25 juin 1992 constitutionnelle ajoutant à la Constitution un titre « Des Communautés européennes et de l'Union européenne » ; Conseil constitutionnel, Décision n° 92-308 DC du 9 avril 1992.

943 *Rapport de la Commission au Parlement européen et au Conseil sur l'application de la directive 94/80/CE du Conseil fixant les modalités de l'exercice du droit de vote et d'éligibilité aux élections municipales*, 30 mai 2002, COM(2002) 260 final.

d'éligibilité (article 29)[944]. Ce dernier article, qui se contente de reprendre les dispositions de la DUDH et du PIDCP, fut détaillé dans un instrument ultérieur entièrement dédié aux questions électorales. Toutefois, dans l'ensemble, « *on est loin du système de contrôle judiciaire exercé par la Cour européenne des droits de l'homme, qui reste aujourd'hui le seul moyen pour les citoyens de la Russie, de l'Ukraine, de la Moldavie, de la Géorgie, de l'Arménie et de l'Azerbaïdjan de lutter contre les violations des droits de l'homme* »[945].

Lors de la réunion du Comité permanent de l'AP-CEI du 7 décembre 2000, à la suite d'une proposition de la Commission électorale centrale russe, il fut décidé d'élaborer une d'élaborer une convention internationale en matière électorale. En 2001, le projet de Convention fut transmis au BIDDH qui décela un potentiel positif pour le développement ultérieur des processus électoraux dans le pays de la CEI en voie de démocratisation. La *Convention sur les normes en matière d'élections démocratiques et les droits et libertés électoraux dans les États de la CEI*[946] fut signée le 7 octobre 2002 à Chisinau par sept chefs d'États de l'Organisation et entra en vigueur le 24 novembre 2003[947]. Elle a été ratifiée par seulement cinq États (Arménie, Kirghizstan, Moldavie, Russie et Tadjikistan). Il s'agit du premier texte juridiquement contraignant exclusivement dédié aux élections adopté en Europe mais cet atout est largement contrebalancé par le nombre limité d'États parties. De surcroît, ces derniers comptent parmi ceux les plus fréquemment critiqués par les MIOE du fait de la non-conformité de leurs processus électoraux avec les standards internationaux, ce qui laisse présager un contrôle déficient du respect des droits énoncés. Cette Convention est très similaire à un projet de traité issu de l'*Association of European Election Officials* (ACEEEO)[948] qui a été envisagée par ses rédacteurs comme une

---

944 *Convention des droits de l'homme et des libertés fondamentales de la Communauté des États Indépendants (Minsk, 26 mai 1995) et Statut de la Commission des droits de l'homme de la Communauté des États Indépendants (Moscou, 24 septembre 1993)*, CDL(2007)81.

945 Tkatova (R.), « Les particularités du développement de l'État de droit dans la Communauté des États Indépendants », *in* Société Française pour le Droit International, *L'État de droit en droit international - Colloque de Bruxelles*, Pedone, 2009, p.313.

946 *Convention on the standards of democratic elections, electoral rights and freedoms in the member states of the Commonwealth of Independent States*, 11 octobre 2006, CDL-EL(2006)031 ; *Compendium of International Standards for Elections*, 2e éd., Commission européenne et NEEDS, 2007, pp.121 et s.

947 *Electoral standards and commitments, Supplementary Human Dimension Meeting, Final Report*, Vienne, 15 et 16 juillet 2004, pp.25-26.

948 *Draft Convention On Election Standards, Electoral Rights and Freedoms*, CDL(2003)57 ; *Avis sur le projet de convention de l'ACEEEO sur les standards, les droits et les libertés en matière électorale*, 17 mars 2004, CDL-AD(2004)010 ; *Tableau comparatif du Code de bonne conduite en matière électorale et du projet de Convention de l'ACEEEO sur les standards, les droits et les libertés en matière électorale*, 4 mars 2004, CDL-EL(2004)008 ; Ghebali (V.-Y.), « Debating election and election monitoring standards at the OSCE: Between technical needs and politicization », *OSCE Yearbook*, 2005, pp.223-224.

base possible pour un éventuel texte juridiquement contraignant codifiant l'ensemble de l'acquis en matière électorale dans la région de l'OSCE[949].

A la demande du Secrétaire Général du Conseil de l'Europe, la Convention fut transmise pour avis à la Commission de Venise. Celle-ci nota en premier lieu qu'aux termes du préambule, « *les États membres déclar*[aient] *appliquer les dispositions de la Convention sur la base de leur Constitution, de la législation nationale et de la politique pertinente de l'État, et affirment vouloir prendre en considération les traditions nationales et historiques, ce qui tend*[ait] *à limiter considérablement la portée de la Convention* »[950]. Ensuite, la Commission de Venise releva qu'en dépit de la présence des « *caractéristiques essentielles du patrimoine électoral européen* »[951], un certain nombre de dispositions étaient insatisfaisantes. Ainsi, l'article 1§7 prohibe toute participation des étrangers aux campagnes électorales et l'article 18 autorise sans nuance la privation des droits électoraux des personnes en détention. De même, l'article 12§3 interdit aux partis politiques et aux candidats de bénéficier de contributions financières étrangères, ce qui s'avère contraire à un avis de la Commission de Venise[952]. Une autre lacune importante est l'absence de mention du respect nécessaire de « *la liberté d'expression et la liberté de la presse, la libre circulation à l'intérieur du territoire national, la liberté de réunion et la liberté d'association à des fins politiques, y compris la création de partis politiques, conditions préalables à des élections démocratiques* »[953]. En outre, aux articles 14 et 15, la Convention traite en détails de l'observation électorale et en particulier de l'observation internationale. Or, s'il est louable de vouloir encadrer le travail des observateurs, il est à craindre que les dispositions soient abusivement interprétées afin d'entraver le déroulement des missions d'observation, notamment l'article 15§7 relatif au retrait des accréditations. Enfin, sur un plan plus général, la Commission de Venise constate qu'« [un] *certain nombre de garanties apparaissent deux fois, voire plus souvent, dans la Convention, et pas toujours sous la même forme, ce qui risque de donner lieu à des malentendus* »[954].

---

[949] PC.SHDM.GAL/11/04, *op.cit.*, p.25. Voir aussi : *Actes de la Conférence sur la dimension parlementaire de l'observation des élections : mise en œuvre de normes communes*, *op.cit.*, pp.43-44.

[950] *Avis relatif à la Convention sur les normes en matière d'élections démocratiques et les droits et libertés électoraux dans les États membres de la Communauté des États Indépendants*, 19 mars 2007, CDL-AD(2007)007, §8.

[951] *Ibid.*, §73.

[952] *Avis dur l'interdiction des contributions financières aux partis politiques provenant de sources étrangères*, 31 mars 2006, CDL-AD(2006)014.

[953] CDL-AD(2007)007, *op.cit.*, §40.

[954] *Ibid.*, §72.

Section 3. Une multiplication des instruments de *soft law* en droit international électoral

Dans la région de l'OSCE, depuis le début des années 2000, de nombreux textes juridiquement non contraignants sont intervenus dans le domaine du droit à des élections libres (§1) et de l'observation des élections (§2). Cette situation s'explique principalement par un besoin d'encadrer davantage ces matières en dépit d'un manque de volonté des États de s'engager dans l'élaboration d'un traité spécialisé (la Convention de la CEI, d'application très limitée, mise à part). Toutefois, bien que non obligatoires, ces textes ne sont pas dépourvus de toute portée juridique et permettent de nourrir la réflexion sur ces thèmes. Ils peuvent notamment servir de référence à la Cour EDH, faisant office de « *sources externes dont elle alimente son interprétation évolutive* »[955]. En effet, « [la] *spécificité de l'objet et du but de la Convention* [...] *autorise la Cour européenne à se référer au droit international sans être toujours bridé par lui, soit que les règles invoquées soient elles-mêmes suffisamment vagues ou souples pour autoriser cette liberté, soit que le droit international constitue une invite à faire progresser la garantie accordée* »[956]. Le juge européen affirme ainsi « *invariablement devoir prendre en considération les instruments et rapports internationaux pertinents, en particulier ceux d'autres organes du Conseil de l'Europe, pour interpréter les garanties offertes par la Convention et déterminer s'il existe dans le domaine concerné une norme européenne commune* »[957].

§1. L'encadrement du droit à des élections libres par les codes de bonne conduite de la Commission de Venise

Au plan européen, les réalisations marquantes relatives au droit à des élections libres intervenues ces dernières années ont été le fait de la Commission de Venise avec l'adoption de codes de bonne conduite en matière électorale (A) et référendaire (B).

A. Le Code de bonne conduite en matière électorale

Dès son origine, le *Code de bonne conduite en matière électorale* a été conçu pour combler l'absence de texte réunissant l'ensemble des critères caractérisant une élection libre et démocratique et ainsi, uniformiser et

---

955 Gonzalez (G.), « Avant-propos introductif », *in* Gonzalez (G.) (dir.), *Les sources internationales dans la jurisprudence de la Cour européenne des droits de l'homme*, Les Cahiers de l'IDEDH, n°11, 2007, p.312.

956 *Ibid.*

957 *Tanase c/ Moldavie*, Gr. Ch., 27 avril 2010, req. n°7/08, §176. Voir aussi : *RTDH*, 2009, n°79, p.851, obs. Flauss (J.-F.).

objectiver les standards d'évaluation utilisés par les missions d'observation électorale[958]. En effet, « [f]*aute d'un document de référence pouvant servir de fil conducteur standard, les avis formulés par des équipes successives d'observateurs différents ont parfois manqué d'homogénéité* »[959]. La jurisprudence de la Cour EDH avait dégagé de nombreux principaux essentiels quant au droit à des élections libres, mais certaines questions n'ayant encore jamais été soulevées par un recours, il demeurait des zones d'ombre. L'APCE chargea donc la Commission de Venise de créer en son sein un groupe de travail, futur Conseil des élections démocratiques, réunissant des représentants de l'APCE et du CPLRE et d'élaborer avec lui un document exhaustif retraçant l'ensemble du patrimoine électoral européen[960]. Le Code fut adopté par la Commission de Venise en juillet 2002 pour les lignes directrices et au mois d'octobre suivant pour le rapport explicatif[961]. Le texte fut endossé en janvier 2003 par l'APCE qui estima qu'il « *constitu*[ait] *une initiative majeure dans l'harmonisation des normes relatives à l'organisation et à l'observation des élections, et dans la définition des procédures et des conditions dans lesquelles le processus électoral doit être organisé* »[962]. De même, le CPLRE décida de diffuser largement le Code auprès de ses membres afin qu'il puisse « *servir de référence dans le cadre de la tenue d'élections aux échelons local et régional* »[963].

Les deux organes parlementaires du Conseil de l'Europe proposèrent d'aller plus loin en recommandant au Comité des Ministres de constituer un groupe d'experts chargé de réfléchir à la transformation du Code en une véritable convention juridiquement contraignante[964]. Toutefois, cette initiative ne reçut pas un écho favorable du Comité qui estima qu'une telle démarche serait prématurée et qu'il était d'abord « *important de laisser la*

---

[958] APCE, *Code de bonne conduite en matière électorale*, Doc.9267, 15 octobre 2001.

[959] Clerfayt (G.), « L'héritage électoral européen et le Code de bonne conduite en matière électorale », *in* « Les standards européens du droit électoral dans le constitutionnalisme européen », *Actes du Séminaire UniDem, Sofia, 28-29 mai 2004*, Collection Science et technique de la démocratie n°39, Editions du Conseil de l'Europe, 2005, pp.29-30.

[960] APCE, Résolution 1264 (2001), *Code de bonne conduite en matière électorale*, 8 novembre 2001. Voir aussi : *Le patrimoine électoral européen*, 18 février 2002, CDL(2002)7rév., pp.11 et s. ; Garonne (P.), « Le patrimoine électoral européen », *RDP*, 2001, n°5, p.1419.

[961] *Code de bonne conduite en matière électorale. Lignes directrices et rapport explicatif*, 5-6 juillet et 18-19 octobre 2002, CDL-AD(2002)23.

[962] APCE, Résolution 1320 (2003), *Code de bonne conduite en matière électorale*, 30 janvier 2003, §5. Voir aussi : APCE, *Garantir l'utilisation du Code de bonne conduite en matière électorale*, 17 janvier 2011, Doc.12469.

[963] CPLRE, Résolution 148 (2003), *Code de bonne conduite en matière électorale*, 21 mars 2003, §7.

[964] APCE, Recommandation 1595 (2003), *Code de bonne conduite en matière électorale*, 30 janvier 2003 ; CPLRE, Recommandation 124 (2003), *Code de bonne conduite en matière électorale*, 21 mars 2003.

technologie progresser, notamment sur la question du vote électronique »[965]. Le Comité se contenta, dans une déclaration solennelle, d'inviter les États membres à s'inspirer du Code, « *dans le respect de leurs traditions nationales démocratiques, lors de l'élaboration et l'application de la législation électorale et à déployer des efforts soutenus pour lui assurer une diffusion plus large au sein des milieux concernés* »[966]. L'argument consistant à suspendre la force obligatoire d'un ensemble complet de règles en matière électorale au seul développement du vote électronique est pour le moins douteux et semble plutôt destiné à masquer l'absence prévisible de consensus des États membres sur une telle convention. Mais il est certainement préférable de n'avoir qu'un code non obligatoire plutôt qu'un traité au rabais[967], tirant vers le bas les normes de référence afin d'arracher le consentement des États les plus réfractaires[968]. Or, ces derniers sont nombreux, y compris au sein des « anciennes démocraties », dont le haut-niveau de protection des droits électoraux ne garantit pas d'être exempt de toute lacune. Cet échec est toutefois partiellement compensé par le développement important de la jurisprudence de la Cour EDH relative à l'article 3P1 depuis le début des années 2000[969].

Le texte est divisé en deux parties correspondant, d'une part, « *à la définition et aux implications concrètes des principes du patrimoine électoral européen* », c'est-à-dire « *les principes constitutionnels du droit électoral, tels que le suffrage universel, égal, libre, secret et direct* » et, d'autre part « *aux conditions de leur mise en œuvre* » à travers le respect nécessaire des « *conditions-cadres d'un État démocratique fondé sur la primauté du droit, telles que les droits fondamentaux, la stabilité du droit électoral et des garanties procédurales effectives* »[970]. Enfin, en octobre 2010, le Conseil des élections démocratiques et la Commission de Venise adoptèrent une *Déclaration interprétative du Code relative à la participation des personnes handicapées aux élections*[971]. Quatre des cinq principes du patrimoine électoral européen définis par le Code furent ainsi complétés par des dispositions spécifiques aux personnes handicapées afin de garantir à ces

---

[965] CMCE, *Code de bonne conduite en matière électorale, Réponse à la Recommandation APCE 1595 (2003)*, 13 octobre 2003, CM/AS(2003)Rec1595 final, §7.

[966] *Déclaration du Comité des Ministres sur le Code de bonne conduite en matière électorale*, 13 mai 2004, CM(2004)83 final.

[967] Raustiala (K.) et Slaughter (A.-M.), « International law, international relations and compliance », *in* Carlsnaes (W.E.), Risse (T.) et Simmons (B.A.) (dir.), *Handbook of International Relations*, Sage Publications, 2002, pp.551-552.

[968] Voir en ce sens : Allocution de Buquicchio (G.), *International Conference on electoral legislation and practice in Council of Europe Member States*, 16 décembre 2008, CDL-EL(2008)006, p.8.

[969] Voir *infra* Partie 1, Titre 2, Chapitre 2.

[970] CDL-AD(2002)23, *op.cit.*, Rapport explicatif, §2.

[971] *Déclaration interprétative du Code de bonne conduite en matière électorale relative à la participation des personnes handicapées aux élections*, *op.cit.*

dernières un suffrage universel, égal, libre et secret. Cette déclaration interprétative permet ainsi de prendre en compte l'adoption, le 13 décembre 2006, de la *Convention des Nations Unies sur les droits des personnes handicapées* à laquelle il est fait référence à deux reprises.

Le *Code de bonne conduite en matière électorale* fait de l'observation des élections l'une des garanties procédurales assurant la mise en œuvre des principes du patrimoine électoral européen[972]. Il constitue indéniablement le document le plus détaillé à l'échelle internationale dans le domaine des élections et constitue l'instrument de référence pour les missions d'observation électorale déployées par l'APCE et le CPLRE. Aussi est-il parfois cité par ces missions dans leurs rapports d'observation, comme par exemple dans le cadre des élections législatives russes de 2007 au sujet de l'impartialité et de la neutralité de l'État en matière de campagne électorale ou de l'abus de ressources administratives[973]. Pour certains, le Code serait déjà l'expression d'une *opinio juris* dans la mesure où il est largement accepté par les États comme outil d'évaluation de leurs processus électoraux par les missions d'observation électorale, et de leur législation électorale par la Commission de Venise[974]. Il est également de plus en plus cité par la Cour EDH parmi les sources de droit et les pratiques internationales sur lesquelles elle fonde son appréciation sur le terrain de l'article 3P1, et tend donc à acquérir une portée juridique par ce biais[975] et peut être, à terme, une valeur obligatoire « *par imprégnation des législations nationales* »[976].

B. Le Code de bonne conduite en matière référendaire

Afin de prendre pleinement en considération les spécificités des consultations référendaires vis-à-vis des élections, la Commission de Venise publia en 2007 un *Code de bonne conduite en matière référendaire*[977]. Ce document fit suite aux nombreuses initiatives du Conseil de l'Europe dans le domaine des référendums, dont il constitua en quelque sorte

[972] CDL-AD(2002)23, *op.cit.*, Rapport explicatif, §3.2.
[973] APCE, *Observation des élections législatives dans la Fédération de Russie (2 décembre 2007)*, 20 décembre 2007, Doc.11473, §11 et 42.
[974] Mifsud Bonnici (U.), *Electoral standards of the Council of Europe*, CDL-EL (2008)006, *ibid.*, p.36
[975] Voir par exemple : *Melnitchenko c/ Ukraine*, 19 octobre 2004, req. n°17707/02, §29 ; *Hirst c/ Royaume-Uni (n°2)*, Gr. Ch., 6 octobre 2005, req. n°74025/01, §32 ; *Yumak et Sadak c/ Turquie*, Gr. Ch., 8 juillet 2008, req. n°10226/03, §54.
[976] Maus (D.), « Elections et constitutionnalisme : vers un droit international des élections ? », *in* Vettovaglia (J.-P.), Du Bois de Gaudusson (J.), Bourgi (A.), Desouches (C.), Maïla (J.), Sada (H.) et Salifou (A.) (dir.), *Démocratie et élections dans l'espace francophone. Prévention des crises et promotion de la paix Volume II*, Bruylant, 2010, p.56
[977] *Code de bonne conduite en matière référendaire*, 19 mars 2007, CDL-AD (2007)008.

l'aboutissement[978], et s'appuya sur l'expertise internationalement reconnue de la Commission de Venise à cet égard[979]. L'APCE tend à encourager le recours au référendum comme « *moyen d'ancrer solidement la légitimité démocratique des décisions politiques, de renforcer la responsabilité des institutions représentatives, d'accroître l'ouverture et la transparence de la prise de décision, et de stimuler la participation directe du corps électoral au processus politique* », tout en insistant sur la nécessité d'encadrer cette pratique « *afin de réduire tout abus possible, y compris le risque d'un usage de cet instrument pour contourner le principe de la primauté du droit ou pour miner la légitimité d'institutions représentatives* »[980]. Elle s'est donc félicitée de l'adoption d'un texte rendu particulièrement indispensable ces dernières années en raison d'une hausse du recours au référendum et de « *la perception publique de son impact politique* » au sein des États membres du Conseil de l'Europe[981]. Au sein de cette Organisation, le document fut également endossé par le Comité des Ministres[982] et le CPLRE[983].

A la différence de son prédécesseur dans le domaine électoral, le *Code de bonne conduite en matière référendaire* adopte une structure tripartite. Une première partie est consacrée aux principes du patrimoine électoral européen envisagés sous l'angle du référendum, ce qui exclut notamment toute référence au droit d'éligibilité. Elle est suivie d'une partie relative aux conditions de leur mise en œuvre dans laquelle il est précisé que les « observateurs référendaires » doivent pourvoir assister à la procédure de récolte des signatures dans le cadre d'un référendum à la demande d'une fraction du corps électoral ou d'initiative populaire[984]. La dernière partie met l'accent sur les règles spécifiques au référendum comme le quorum, l'unité de la matière, de la forme et du rang, ou encore le respect du parallélisme des formes.

---

978 CMCE, Recommandation (96) 2, *Les référendums et les initiatives populaires au niveau local*, 15 février 1996 ; APCE, Résolution 1121 (1997), *Instruments de la participation des citoyens dans la démocratie représentative*, 22 avril 1997 ; *Lignes directrices sur le référendum constitutionnel à l'échelle nationale*, 11 juillet 2001, CDL-INF(2001)10 ; *Le référendum en Europe. Analyse des règles juridiques des États européens*, 20 octobre 2005, CDL-AD(2005)034.

979 Voir notamment : *Avis sur la compatibilité avec les normes internationales applicables de la législation en vigueur au Monténégro concernant l'organisation de référendums*, 19 décembre 2005, CDL-AD(2005)041.

980 APCE, Recommandation 1704 (2005), *Référendums : vers de bonnes pratiques en Europe*, 29 avril 2005, §5 et 8.

981 APCE, Résolution 1592 (2007), *Code de bonne conduite en matière référendaire*, 23 novembre 2007, §1.

982 CMCE, *Code de bonne conduite en matière référendaire, Réponse à la Recommandation APCE 1821 (2007)*, 15 décembre 2008, CM/AS(2008)Rec1821 final.

983 CPLRE, Résolution 235 (2007), *Code de bonne conduite en matière référendaire*, 31 mai 2007.

984 CDL-AD(2007)008, *op.cit.*, II.3.2b.

§2. L'encadrement de l'observation électorale par la *soft law*

Cet encadrement résulte de deux textes majeurs adoptés dans le cadre des Nations Unies (A) et de la Commission de Venise (B), ainsi que de documents d'un intérêt plus douteux élaborés sous l'égide de la CEI (C).

A. La Déclaration de principes pour l'observation internationale d'élections et le Code de conduite à l'usage des observateurs électoraux internationaux

La *Déclaration de principes pour l'observation internationale d'élections* (Déclaration de principes) et le *Code de conduite à l'usage des observateurs électoraux internationaux* (Code de conduite) sont les premiers documents à vocation universelle entièrement dédiés à l'observation internationale des élections. Leur élaboration participa de la volonté de diverses Organisations internationales et ONG d'établir un noyau dur de principes internationaux afin de mettre un terme à certaines lacunes chroniques qui ont entamé l'efficacité et la crédibilité de cette activité. Ces déficiences résidaient dans les grandes disparités de méthodologie et de professionnalisme constatées entre les diverses organisations impliquées, sources de conclusions divergentes favorables à la pratique de la tournée des instances par les États hôtes. A l'initiative du *National Democratic Institute* (NDI) et de la Division de l'Assistance Électorale des Nations Unies (UNEAD), un processus informel de consultations débuta en 2001. Puis les deux Organisations, rejointes par le *Carter Center*, formèrent un secrétariat commun et trois réunions regroupant une multitude d'Organisations internationales et d'ONG furent organisées en 2003 et 2004 à Atlanta, Johannesburg et Bruxelles (accueillie par la Commission européenne) afin de mettre au point un projet de Déclaration de principes et de Code de conduite, ensuite transmis à la Commission de Venise pour avis[985]. Les participants parvinrent à un consensus définitif en juillet 2005 et les textes, inspirés de la méthodologie du BIDDH[986], furent transmis aux organisations pour approbation[987].

Les documents furent officiellement adoptés par vingt-deux Organisations internationales, ONG et institutions au cours d'une cérémonie

---

[985] *Draft Declaration of principles and draft code for international election observation and draft pledge to accompany the code of conduct for international election observer*, 19 novembre 2004, CDL-EL(2004)025 ; *Comments on the draft Declaration of principles and draft code for international election observation and draft pledge to accompany the code of conduct for international election observer*, 19 novembre 2004, CDL-EL(2004)026.

[986] *Common responsibility. Commitments and implementation, Report submitted to the OSCE Ministerial Council in response to MC Decision n°17/05 on Strengthening the Effectiveness of OSCE*, 10 novembre 2006, pp.36-37.

[987] Davis-Roberts (A.), Pottie (D.) et Carroll (D.), *Building consensus on principles for international election observation*, The Carter Center, 2006.

organisée aux Nations Unies le 27 octobre 2005[988]. Il a été convenu que les textes devaient restés ouverts afin de permettre leur adoption ultérieure par d'autres entités. Ainsi, en 2011, le nombre de signataires était passé à trente-cinq, incluant la quasi-totalité des institutions (APCE, BIDDH, Commission européenne, Commission de Venise, CPLRE, Parlement européen,) et ONG (ENEMO, IFES, IRI, NDI) opérant dans la région de l'OSCE. Les deux principaux absents sont la CEI, ce qui n'est guère étonnant au regard de son positionnement à contre-courant des autres Organisations, et surtout l'AP-OSCE. Cette dernière justifie son abstention en mettant en avant certaines imperfections des documents, principalement l'absence de référence à la dimension parlementaire de l'observation électorale, mais aussi la nature trop drastique des quatorze conditions énoncées par la Déclaration de principes (§12) qu'un État doit remplir pour qu'une mission y soit déployée[989], ou encore la disposition (§22) imposant à une organisation signataire s'écartant des prescriptions de la Déclaration de principes de préciser dans une déclaration publique les raisons de cette décision et d'accepter de répondre aux éventuelles questions des autres organisations signataires à ce propos.

L'un des principaux intérêts de la Déclaration de principes est de fournir la première définition largement acceptée au plan mondial de l'observation électorale internationale (§4)[990]. D'un point de vue général, ce premier effort encourageant de codification s'avère assez bref mais a le grand mérite d'aborder la plupart des points essentiels, tels que l'identification des éléments du processus électoral soumis au contrôle (§5), le recrutement des observateurs (§6), les déclarations et les rapports (§7), la nécessité d'une coopération entre organisations (§8), le respect de la souveraineté de l'État d'accueil (§9) ou encore les garanties que l'État hôte doit accorder aux missions (§12). Par ailleurs, la Déclaration souligne l'importance de la méthodologie d'observation de long terme pour procéder à une évaluation crédible en précisant « *que les effectifs et la durée des missions d'observation électorale internationales doivent être suffisants afin d'évaluer en toute indépendance et impartialité, dans un pays donné, les processus électoraux et toutes leurs composantes critiques – période préélectorale, jour des élections et période postélectorale – sauf si*

[988] *Déclaration de principe pour l'observation internationale d'élections et Code de conduite des observateurs électoraux internationaux et Serment devant accompagner le Code de conduite des observateurs électoraux internationaux*, 2 novembre 2005, CDL-AD(2005)036. Voir aussi : Ghebali (V.-Y.) et Kazadi (N.), « La Déclaration de principes pour l'observation internationale d'élections de l'UNEAD du 7 juillet 2005, suivie des commentaires de l'OIF », *in* Vettovaglia (J.-P.) (dir.) *et al.*, *op.cit.*, p.104.

[989] APCE, *Actes de la Conférence sur la dimension parlementaire de l'observation des élections*, *op.cit.*, p.71.

[990] Voir *supra* introduction générale.

l'observation ne porte que sur une seule composante ou un petit nombre d'entre elles » (§19).

Le Code de conduite, accompagné d'un serment que doivent prêter tous les observateurs, comprend une douzaine de principes que les membres des missions d'observation doivent s'engager à respecter. Ces règles visent essentiellement à éviter toute ingérence des observateurs dans le processus électoral qu'ils sont chargés d'observer, notamment en leur imposant des devoirs d'impartialité, de moralité, de discrétion et plus généralement de respect de la souveraineté, des lois et de la culture de l'État hôte. En revanche, le Code de conduite est plutôt évasif sur la question primordiale des suites à donner en cas de non-respect par un observateur des principes énoncés. La décision d'imposer une sanction, retrait de l'accréditation ou renvoi de la mission, est laissée à la discrétion du chef de mission[991].

Ces documents n'ont pas de valeur juridiquement contraignante et aucun mécanisme de sanction n'est prévu si une organisation ne se conforme pas à ses engagements. Il est d'ailleurs précisé à la fin de la Déclaration qu'il s'agit de « *documents techniques ne nécessitant aucune action de la part des organes politiques des organisations y souscrivant – assemblées, conseils ou conseils d'administration – encore qu'une telle action serait favorablement accueillie* » (§24). Mais les parties ont adhéré à une série de principes et de standards méthodologiques qui, selon certains, pourraient acquérir une valeur coutumière en droit international avec le temps[992]. Le fait que ces documents aient été adoptés sous l'égide des Nations Unies et par la quasi-totalité des principales organisations observatrices renforce incontestablement leur autorité. En outre, l'APCE recommanda au Comité des Ministres « *de veiller à ce que les États membres reconnaissent comme il se doit la Déclaration de principes pour l'observation internationale d'élections, le Code de conduite à l'usage des observateurs électoraux internationaux et les lignes directrices sur un statut internationalement reconnu des observateurs d'élections en ce qui concerne les observateurs nationaux et internationaux* » et « *de veiller à promouvoir les documents susmentionnés, notamment en les diffusant auprès de toutes les parties prenantes à l'organisation et à l'observation d'élections* »[993].

Depuis l'adoption de la Déclaration de principes et du Code de conduite, les principales entités signataires, ou signataires potentielles, se réunissent chaque année sur un continent différent afin de discuter de leur mise en

[991] Van Aaken (A.) et Chambers (R.), « Accountability and independence of international election observers », *International Organizations Law Review*, Volume 6, n°2, 2009, p.547.

[992] Davis-Roberts (A.), Pottie (D.) et Carroll (D.), *Building consensus on principles for international election observation*, *op.cit.*, p.6.

[993] APCE, Recommandation 1945 (2010), *Un statut internationalement reconnu pour les observateurs d'élections*, 12 novembre 2010, §2.1 et 2.2.

œuvre. Une première série de deux réunions journalières se tint à Londres en 2006 (à l'initiative du Secrétariat du Commonwealth), suivie par des séminaires organisés à Washington en 2007 (Organisation des États Américains), à Maputo en 2008 (*Electoral Institute of Southern Africa*), à Varsovie en 2009 (BIDDH), à Atlanta en 2010 (*Carter Center*) et à Bruxelles en 2011 (Parlement européen et Service européen pour l'action extérieure). Ces réunions ont acquis une importance certaine dans la mesure où elles constituent le plus important rassemblement périodique mondial spécifiquement dédié à l'observation internationale des élections. Ainsi, bien que les avancées concrètes apparaissent limitées, certaines orientations générales sont déterminées pour l'avenir et l'ensemble des questions cruciales relatives à la discipline peuvent être régulièrement débattues par tous les acteurs de premier plan. Il s'agit principalement de la mise en œuvre de la Déclaration de principes et du Code de conduite, des normes internationales en matière électorale, de la coordination entre organisations, de l'amélioration de la méthodologie des missions, du suivi des recommandations des missions, du vote électronique, ou encore de la participation des femmes aux processus électoraux. En outre, depuis 2008, les participants sont invités à réfléchir et débattre sur trois cas d'étude relatifs à des scrutins récents, tels le Caucase lors de la réunion de 2008, la Moldavie en 2009 ou la Biélorussie en 2011.

Enfin, Le *Global Network of Domestic Elections Monitors* initia en juillet 2010, sur la base des commentaires des différents membres et avec l'aide du *National Democratic Institute*[994], une *Déclaration de principes globaux pour l'observation non partisane des élections par les organisations civiques* et un *Code de conduite pour les observateurs électoraux civiques et non partisans*[995]. A l'instar de la *Déclaration de principes pour l'observation internationale d'élections* et du *Code de conduite à l'usage des observateurs électoraux internationaux* desquels ils s'inspirent, les deux documents sont ouverts à la signature d'un maximum d'organisations concernées et ont reçu notamment le soutien du BIDDH, du Parlement européen et de l'UNEAD[996].

[994] *Global domestic election monitoring network seeks to share experience*, NDI Reports, 2011, p.2.

[995] *Declaration of global principles for non-partisan election observation and monitoring by citizen organizations and Code of conduct for non-partisan citizen election observers and monitors.*

[996] Voir notamment : *OSCE/ODIHR Director highlights vital role of domestic election observers at launch of declaration at UN*, Communiqué de presse de l'OSCE, 3 avril 2012.

B. Les Lignes directrices relatives à un statut internationalement reconnu des observateurs d'élections

Dans le cadre du rapport sur les mécanismes d'observation électorale présenté en 2006 par les envoyés spéciaux du Président en exercice de l'OSCE, il fut recommandé d'élaborer un code de conduite commun aux observateurs parlementaires[997]. La *Conférence sur la dimension parlementaire de l'observation des élections*, organisée à Strasbourg sous l'égide de l'APCE et prévue en février 2007, fut alors envisagée comme un cadre adéquat pour lancer cette initiative[998]. Au cours de cette Conférence, les représentants d'une multitude d'Organisations internationales et d'ONG « [admirent] *la nécessité d'un statut internationalement reconnu des observateurs d'élections qui pourrait être inscrit dans la législation nationale* »[999] et qui s'étendrait donc à l'ensemble des observateurs. L'APCE se dit prête à débuter ce projet, et sa Commission des affaires juridiques et des droits de l'homme chargea en mai 2008 la Commission de Venise de réfléchir à la rédaction d'un tel statut[1000]. Les études menées par cette dernière, sur la base des rapports d'observation de l'APCE et du BIDDH, confirmèrent « *la diversité des dispositions régissant* [le statut des observateurs électoraux], *voire l'absence d'un tel statut ou de garanties suffisantes à cet égard dans les législations électorales nationales* », et conclurent que « [des] *améliorations* [étaient] *possibles et recommandées dans les législations nationales de la plupart des États membres considérés, quel que soit le degré de développement démocratique de ceux-ci* »[1001]. Le travail d'élaboration aboutit finalement en décembre 2009 avec l'adoption par la Commission de Venise des *Lignes directrices relatives à un statut internationalement reconnu des observateurs d'élections*[1002].

A la différence de la Déclaration de principes, les rédacteurs des Lignes directrices ont tenus à inclure les « *observateurs à la fois internationaux et nationaux d'élections, dont les droits et obligations devraient être aussi semblables que possibles* » car « *il n'existe* [...] *aucun instrument international en vigueur qui garantisse des droits et obligations similaires*

[997] De Donnea (F.-X.) et Petersen (J.), *Mechanisms for election observation*, 16 novembre 2006, §II.6.
[998] *Ibid.*, §6.
[999] APCE, *Actes de la Conférence sur la dimension parlementaire de l'observation des élections*, *op.cit.*, p.92.
[1000] APCE, *Un statut internationalement reconnu aux observateurs d'élections*, Note d'information, 6 mai 2008, AS/Jur(2008)17 ; *Rapport relatif à un statut internationalement reconnu des observateurs d'élections*, 26 mars 2009, CDL-AD(2009)020rev.
[1001] *Résumé des recommandations relatives à un statut internationalement reconnu des observateurs d'élections*, 15 juin 2009, CDL-AD(2009)026, §25.
[1002] *Lignes directrices relatives à un statut internationalement reconnu des observateurs d'élections*, 14 décembre 2009, CDL-AD(2009)059.

aux observateurs nationaux d'élections » (§5 et 6). Après quelques remarques d'ordre général, le document souligne que les observateurs devraient être autorisés à évaluer l'ensemble du processus électoral, qu'il s'agisse de la période préélectorale, des opérations de vote ou de la phase postélectorale. Une ultime partie expose les droits et les devoirs des observateurs, que les « *États sont invités à transposer soigneusement en droit interne* ». Au titre des droits figurent notamment des règles détaillées en matière d'accréditation, de liberté d'expression et d'accès aux informations. Enfin, les devoirs mis à la charge des observateurs sont assez similaires à ceux du Code de conduite précité mais précisent que toute sanction consécutive à un manquement à ces règles doit respecter le principe de proportionnalité. L'APCE appela les États membres du Conseil de l'Europe à mettre en œuvre les Lignes directrices « *tout en veillant à ce* [qu'elles] *ne fassent pas double emploi avec les normes fixées dans la Déclaration de principes pour l'observation internationale des élections et dans le Code de conduite à l'usage des observateurs électoraux internationaux* »[1003]. Elle invita également le Comité des Ministres à « *lancer de nouveaux travaux sur le cadre réglementaire régissant le statut des observateurs d'élections, notamment en envisageant de transformer les lignes directrices* [...] *en recommandation du Comité des Ministres* »[1004]. Mais celui-ci répondit, au terme d'un délai d'un an, ne pas avoir « *été en mesure, pour l'instant, de parvenir à un accord sur d'éventuels travaux supplémentaires sur le cadre réglementaire régissant le statut des observateurs d'élections* »[1005].

Enfin, il convient de noter que le Royaume-Uni fit œuvre pionnière dans ce domaine en adoptant en 2010 un *Code de conduite sur l'observation des élections* soumis pour avis à la Commission de Venise. Cette dernière nota que l'existence d'un tel « *instrument législatif indépendant et spécifique en la matière, au lieu d'un document venant s'inscrire dans un code électoral général, montr*[ait] *que le Royaume-Uni se situ*[ait] *à l'avant-garde sur cette question* »[1006]. Fondant son appréciation sur divers documents de référence tels les *Lignes directrices relatives à un statut internationalement reconnu des observateurs d'élections*, le *Code de bonne conduite en matière électorale*, la *Déclaration de principes pour l'observation internationale d'élections*, le *Code de conduite des observateurs électoraux internationaux* ou encore les manuels d'observation électorale du BIDDH et de l'UE, la

---

[1003] APCE, Résolution 1771 (2010), *Un statut internationalement reconnu pour les observateurs d'élections*, 12 novembre 2010, §14.

[1004] APCE, Recommandation 1945 (2010), *Un statut internationalement reconnu pour les observateurs d'élections*, 12 novembre 2010, §2.3.

[1005] APCE, *Un statut internationalement reconnu pour les observateurs d'élections, Réponse du Comité des Ministres*, 23 novembre 2011, Doc.12798, §5.

[1006] *Avis sur le Code de conduite sur l'observation des élections du Royaume-Uni*, 22 décembre 2010, CDL-AD(2010)045, §31.

Commission conclut que le code était compatible avec les documents susmentionnés tout en recommandant diverses modifications mineures.

C. Les documents adoptés par la Communauté des États Indépendants

Sur la base de la Convention sur les droits électoraux de la CEI, l'AP-CEI adopta le 20 décembre 2002 des *Recommandations pour les observateurs électoraux internationaux de la CEI.* Après une première révision le 4 décembre 2004, une version actualisée de ces recommandations fut adoptée le 3 décembre 2009[1007]. Ce document, extrêmement détaillé, est en quelque sorte le pendant pour la CEI du manuel d'observation électorale du BIDDH. Il synthétise tous les aspects relatifs au déploiement d'une mission d'observation de long terme, depuis l'accréditation des observateurs jusqu'aux éléments devant figurer dans le rapport final, en passant par la surveillance de la campagne électorale et des procédures spéciales de vote. Il contient également quelques règles de conduite pour les observateurs et, en annexe, un formulaire type utilisé par les observateurs de court terme lors de leurs passages dans les bureaux de vote.

Par ailleurs, l'Assemblée interparlementaire adopta le 25 novembre 2008 une déclaration détaillant divers principes relatifs à l'observation des élections et des référendums : respect de la souveraineté de l'État hôte, transparence, universalité, professionnalisme, réciprocité, impartialité et efficacité[1008]. Il fut présenté comme le premier instrument international obligatoire imposant un ensemble des principes relatifs à l'observation internationale des élections ainsi que des règles de conduite à l'intention des observateurs internationaux. Ce document peut être vu comme une réponse à la Déclaration de principes et au Code de conduite adoptés en 2005 sous l'égide de l'ONU, auxquels la CEI n'a pas souscrit. Ainsi, de la même manière que la Convention de 2002 (ou le projet de convention européenne dans le domaine électoral rédigé conjointement par la CEI et l'ACEEEO), manifestement inspirée du *Code de bonne conduite en matière électorale*, se voulait le premier instrument international contraignant spécialisé en matière électorale, la CEI semble vouloir faire taire ses détracteurs en prétendant être à l'avant-garde du droit international électoral avec l'édiction de textes obligatoires dans ce domaine, tandis que les autres organisations ne créent que la *soft law*. Mais, comme dans le cas de la *Convention des droits de l'homme de la CEI* et de la plupart des textes adoptés sous l'égide de la CEI, l'effectivité des droits et principes contenus dans ces documents apparaît

---

[1007] AP-CEI, Résolution n°33-5, *Nouvelle édition des recommandations pour l'observation des élections et des référendums par la CEI*, 3 décembre 2009.

[1008] AP-CEI, *Déclaration sur les principes relatifs à l'observation des élections et référendums dans les États participants de la CEI*, 25 novembre 2008.

plus que relative faute de mécanisme de contrôle adéquat et surtout, de volonté des États membres. En effet, aucune amélioration significative des scrutins organisés par ces derniers ou des missions d'observation de la CEI n'a été perceptible depuis l'adoption de cet arsenal normatif.

§3. Une profusion d'autres initiatives non contraignantes en matière électorale

Au cours des deux dernières décennies, le Conseil de l'Europe (A) et l'OSCE (B) ont multiplié les initiatives dans le domaine électoral, principalement sous la forme de de résolutions, de recommandations, de guides pratiques et de lignes directrices.

A. Au sein du Conseil de l'Europe

L'APCE adopte trois types de textes : des recommandations, destinées au Comité des Ministres ; des avis, relatifs aux demandes d'adhésion, des projets de convention ou d'autres textes qui lui sont soumis par le Comité des Ministres ; et des résolutions, qui expriment son propre point de vue. Ce sont ces dernières qui contiennent le plus d'indications relatives au droit à des élections libres, telles les résolutions sur la situation de la démocratie en Europe[1009], sur la démocratie électronique[1010] ou la participation des femmes à la vie politique[1011]. De même, le Comité des Ministres, instance décisionnelle de l'Organisation, s'est montré relativement actif en matière électorale à travers notamment l'adoption de recommandations non obligatoires. Celles-ci sont destinées aux États membres et visent à promouvoir une harmonisation des législations nationales sur un sujet particulier, tels la participation équilibrée des femmes et des hommes à la prise de décision politique et publique[1012], la corruption dans le financement

---

1009 Voir notamment : APCE, Résolution 1747 (2010), *La situation de la démocratie en Europe et l'évolution de la procédure de suivi de l'Assemblée*, 23 juin 2010.

1010 APCE, Résolution 1120 (1997), *Incidences des nouvelles technologies de communication et d'information sur la démocratie*, 22 avril 1997 ; APCE, Résolution 1591 (2007), *Vote à distance*, 23 novembre 2007 ; APCE, Résolution 1653 (2009), *La démocratie électronique*, 30 janvier 2009.

1011 APCE, Résolution 1489 (2006), *Mécanismes visant à garantir la participation des femmes à la prise de décision*, 17 mars 2006 ; APCE, Résolution 1710 (2010), *Augmenter la représentation des femmes en politique par les systèmes électoraux*, 27 janvier 2010. Voir aussi : APCE, Résolution 1705 (2010), *Les seuils électoraux et autres aspects des systèmes électoraux ayant une incidence sur la représentativité des parlements dans les États membres du Conseil de l'Europe*, 27 janvier 2010.

1012 CMCE, Recommandation (2003) 3, *Participation équilibrée des femmes et des hommes à la prise de décision politique et publique*, 12 mars 2003.

des partis politiques et des campagnes électorales[1013], la couverture de ces campagnes par les médias[1014] ou encore le vote électronique[1015]. Enfin, dans une moindre mesure, le CPLRE a également participé à cet élan[1016].

Mais l'institution la plus en pointe au sein du Conseil de l'Europe en matière électorale est la Commission de Venise, ce qui semble logique au regard de son mandat. Depuis sa création, celle-ci a élaboré, outre les documents déjà évoqués, de très nombreux rapports, avis, études ou guides relatifs aux élections et aux référendums[1017]. Parmi ses autres travaux, on peut notamment citer la rédaction de *Lignes directrices sur l'analyse des médias au cours des missions d'observation électorale*[1018] et d'un *Code de bonne conduite en matière de partis politiques*[1019]. Ce dernier vient compléter les deux codes précédemment étudiés et couronne « *l'expérience et les réalisations* [considérables] *de la Commission de Venise concernant les partis politiques* [...], *tant sous la forme d'instruments généraux que sous celle d'avis spécifiques* » (§2). De même, la Commission de Venise adopta un *Rapport sur le calendrier et l'inventaire des critères politiques d'évaluation d'une élection* destiné à « *présenter un texte politique concis, fondé sur les normes existantes, et de le mettre à la disposition des observateurs parlementaires pour faciliter leur tâche et les aider à concentrer leurs efforts sur les points capitaux à examiner* »[1020]. Au plan juridictionnel, les avis et rapports de la Commission sont particulièrement

---

[1013] CMCE, Recommandation (2003) 4, *Règles communes contre la corruption dans le financement des partis politiques et des campagnes électorales*, 8 avril 2003.

[1014] CMCE, Recommandation (99) 15, *Mesures concernant la couverture des campagnes électorales par les médias*, 9 septembre 1999 ; CMCE, Recommandation (2007) 15, *Mesures concernant la couverture des campagnes électorales par les médias*, 7 novembre 2007.

[1015] CMCE, Recommandation (2004) 11, *Normes juridiques, opérationnelles et techniques relatives au vote électronique*, 30 septembre 2004 ; CMCE, Recommandation (2004) 15, *La gouvernance électronique (« e-gouvernance »)*, 15 décembre 2004 ; CMCE, Recommandation (2009) 1, *La démocratie électronique*, 18 février 2009.

[1016] CPLRE, Résolution 134 (2002), *Le droit de vote individuel des femmes : une exigence démocratique*, 6 juin 2002 ; CPLRE, Recommandation 182 (2005), *La participation de la population aux affaires et élections locales*, 9 novembre 2005.

[1017] Voir notamment : *Rapport sur les systèmes électoraux. Tableau de l'offre et critères de choix*, 4 février 2004, CDL-AD(2004)003 ; *Rapport sur le droit électoral et l'administration des élections en Europe*, 12 juin 2006, CDL-AD(2006)018 ; *Guide pour l'évaluation des élections*, 15 juin 2006, CDL-AD(2006)021.

[1018] *Guidelines on media analysis during election observation missions,* 16 juin 2009, CDL-AD(2009)031.

[1019] *Code de bonne conduite en matière de partis politiques et rapport explicatif*, 3 juin 2009, CDL-AD(2009)021. Voir aussi : APCE, Résolution 1546 (2007), *Code de bonne conduite des partis politiques*, 17 avril 2007 ; APCE, Résolution 1736 (2010), *Code de bonne conduite en matière de partis politiques*, 21 mai 2010.

[1020] *Rapport sur le calendrier et l'inventaire des critères politiques d'évaluation d'une élection*, 21 octobre 2010, CDL-AD(2010)037, §6.

cités et suivis par la Cour EDH et sont devenus des outils d'évaluation importants en matière de droits politiques.

B. Au sein de l'OSCE

En vue d'encadrer et d'objectiver le travail des observateurs, le Bureau de Varsovie a produit divers guides pratiques et lignes directrices au premier rang desquels figurent le *Manuel d'observation des élections*[1021] et le *Guide pratique pour les observateurs de long terme*[1022]. Dans le même sens, le BIDDH a adopté un guide sur la résolution des litiges en matière électorale[1023], des *Lignes directrices pour l'examen de la législation électorale*[1024], des *Lignes directrices sur la liberté de réunion pacifique*[1025] et, en coopération avec la Commission de Venise, des *Lignes directrices sur la législation en matière de partis politiques*[1026]. Ces documents exposent la méthodologie utilisée par le BIDDH lors de ses interventions et seront évoqués par la suite[1027].

Enfin, il convient d'évoquer les *Recommandations de Lund sur la participation effective des minorités nationales à la vie publique*, adoptées le 1er septembre 1999[1028] et élaborées par un groupe d'experts internationaux sur initiative du Haut-Commissaire de l'OSCE pour les minorités nationales (HCMN). Elles furent conçues comme un moyen d'encourager la stabilité des États comptant au sein de leur population des minorités nationales en permettant une participation accrue de ces dernières à la vie publique. En matière électorale, les Recommandations encouragent notamment les États à « *garantir le droit des personnes appartenant à des minorités nationales de prendre part à la conduite des affaires publiques, notamment grâce au droit de voter ou de se porter candidat, sans discrimination* » (§7). En outre, elles prônent « *la liberté de créer des partis politiques basés sur des caractéristiques communautaires* » (§8), l'adoption d'un système électoral assurant la « *représentation et l'influence des minorités* » (§9), ainsi qu'un « *découpage des circonscriptions électorales* [permettant] *aux minorités nationales d'être représentées de manière équitable* » (§10). Si les

---

1021 *Election Observation Handbook*, 6e éd., OSCE-ODIHR, 2010.

1022 *Handbook for Long-term Election Observers. Beyond election day observation*, OSCE-ODIHR, 2007.

1023 *Resolving election disputes in the OSCE area. Towards a standard election dispute monitoring system*, OSCE-ODIHR, 2000.

1024 *Guidelines for reviewing a legal framework for elections*, OSCE-ODIHR, 2001.

1025 *Guidelines on freedom of peaceful assembly*, 2e éd., OSCE-ODIHR, 2010 ; *Handbook on monitoring freedom of peaceful assembly*, OSCE-ODIHR, 2011.

1026 *Guidelines on political party regulation*, OSCE-ODIHR & Venice Commission, 2011.

1027 Voir *infra* Partie 2, Titre 1.

1028 *Les Recommandations de Lund sur la participation effective des minorités nationales à la vie publique & Note explicative*, 1er septembre 1999.

Recommandations de Lund ne sont pas un document contraignant, ni politiquement ni juridiquement, ni même un document officiel de l'OSCE, elles constituent des références importantes dans l'action du HCNM[1029]. De plus, les éléments relatifs aux élections furent utilisés par la Cour EDH[1030] et développés en 2001 par le BIDDH dans le cadre de *Lignes directrices pour aider la participation des minorités nationales au processus électoral* afin de servir de grille d'évaluation à ses missions d'observation électorale[1031].

[1029] Heintze (H.-J.), « The Lund Recommendations on the Effective Participation of National Minorities in Public Life », *OSCE Yearbook*, 2000, pp.259 et s.

[1030] *Grosaru c/ Roumanie*, 2 mars 2010, req. n°78039/01, §25.

[1031] *Guidelines to assist national minority participation in the electoral process*, OSCE-ODIHR, 2001.

Chapitre 2. Une jurisprudence européenne dynamique comme objet complémentaire du contrôle électoral

Comme le remarque la Commission de Venise dans son *Code de bonne conduite en matière électorale*, « [la] *démocratie est, avec les droits de l'homme et la primauté du droit, l'un des trois piliers du patrimoine constitutionnel européen* » et « *ne se conçoit pas sans des élections respectant un certain nombre de principes permettant de les considérer comme démocratiques* »[1032]. Ces principes fondamentaux, que sont le suffrage universel, égal, libre secret et direct, « *constituent un aspect spécifique du patrimoine constitutionnel européen, qu'il est légitime de dénommer patrimoine électoral européen* ». S'il revient en premier lieu aux droits nationaux de garantir les principes du patrimoine électoral européen, les nombreuses affaires portées devant les organes de la Convention EDH ont démontré que l'intervention d'un juge supranational était également parfois nécessaire.

Face à l'absence de consensus parmi les États participants de l'OSCE quant à l'élaboration d'une convention européenne juridiquement contraignante en matière électorale et au regard de la multiplication de textes relevant de la *soft law*, la jurisprudence de la Cour Européenne des Droits de l'Homme a constitué la seule source vivante d'obligations supranationales dans ce domaine à l'égard des États membres du Conseil de l'Europe. Pourtant, l'essor fut particulièrement long. Il a fallu attendre la fin des années 1980 pour qu'une requête[1033] passe enfin le filtre de la recevabilité et que le Cour EDH valide les nombreux principes dégagés par l'ancienne Commission EDH au fil des décisions rendues depuis sa création, puis dix années supplémentaires pour que la Cour produise un deuxième arrêt relatif à l'article 3P1[1034]. Mais à partir du premier constat de violation du droit à des élections libres[1035], la Cour de Strasbourg a construit en un temps réduit une jurisprudence audacieuse au regard des critiques engendrées par l'intervention d'un juge supranational dans ce domaine sensible,

[1032] *Code de bonne conduite en matière électorale. Lignes directrices et rapport explicatif*, 5-6 juillet et 18-19 octobre 2002, CDL-AD(2002)23, Rapport explicatif, §1.

[1033] *Mathieu-Mohin et Clerfayt c/ Belgique*, 2 mars 1987, req. n°9267/81 ; *Cahiers de Droit Européen*, 1988, p.487, note Cohen-Jonathan (G.) ; *Journal du Droit International*, 1988, p.849, note Rolland (P.).

[1034] *Gitonas et autres c/ Grèce, 1er juillet 1997*, req. n°18747/91, 19376/92, 19379/92, 28208/95 et 27755/95.

[1035] *Matthews c/ Royaume-Uni*, Gr. Ch. 18 février 1999, req. n°24833/94 ; *Petites Affiches*, 1999, n°106, p.16, note London (C.) et Llamas (M.) ; *RTDH*, 1999, n°40, p.873, obs. Potteau (A.) ; *RUDH*, 1999, p.253, note Cohen-Jonathan (G.) et Flauss (J.-F.).

emblématique de la souveraineté des États, et en dépit des bornes parfois discutables qu'elle a posé à son action.

La jurisprudence européenne a donc joué un rôle crucial dans l'encadrement et la protection des principes du patrimoine électoral européen (Section 1), mais aussi dans la garantie des « *conditions de leur mise en œuvre* », à travers le respect nécessaire des « *conditions-cadres d'un État démocratique fondé sur la primauté du droit, telles que les droits fondamentaux, la stabilité du droit électoral et des garanties procédurales effectives* »[1036] (Section 2).

Section 1. La protection des principes du patrimoine électoral européen

Parmi les cinq principes constitutifs du patrimoine électoral européen, la jurisprudence strasbourgeoise s'est concentrée sur l'universalité du suffrage (§1), à l'égalité du suffrage (§2) et à la liberté du suffrage (§3).

§1. Une protection de l'universalité du suffrage

Cette protection a principalement consisté à encadrer les nombreuses exceptions imposées au principe de suffrage universel (A). La Cour EDH s'est également prononcée sur des questions relatives aux listes électorales (B) et aux conditions de présentation des candidatures à un scrutin (C).

A. Un encadrement des multiples exceptions au principe de suffrage universel

Une abondante jurisprudence a permis au juge européen de connaître d'exceptions aussi diverses que l'impositions d'un âge minimum (1), de conditions de nationalité (2) ou de résidence (3), d'exclusions des droits politiques fondées sur le passé judiciaire et la santé mentale (4), d'incompatibilités électives et professionnelles (5), ou encore le recours aux lois de lustration (6).

1. Un âge minimum requis

L'âge constitue l'une des conditions les plus classiques pour l'obtention du droit de vote et ne semble généralement pas poser de difficulté particulière au sein des États membres du Conseil de l'Europe. En revanche, la Commission EDH fut amenée à se prononcer sur cette question en matière

---

1036 CDL-AD(2002)23, *op.cit.*, Rapport explicatif, §2. Voir aussi : *Le patrimoine électoral européen*, 18 février 2002, CDL(2002)7rév.

d'éligibilité dans la décision *W., X., Y. et Z. c/ Belgique* du 30 mai 1975. En l'espèce, une disposition imposant d'avoir atteint l'âge de 25 ans pour être éligible à la Chambre des Représentants et de 40 ans pour le Sénat fut critiquée par des membres d'un parti politique formé de jeunes personnes car elle empêchait leur candidature. Après avoir rapidement validé l'âge minimum imposé dans le premier cas, la Commission s'arrêta un peu plus longuement sur le cas du Sénat. Elle conclut également à l'absence de violation au motif qu'il n'était pas inconventionnel d'exiger, dans un système bicaméral, que l'une des chambres soit « *composée de personnes à qui l'âge a permis d'acquérir une plus longue expérience politique* »[1037]. Cette décision est en accord avec les prescriptions du *Code de bonne conduite en matière électorale*, lequel dispose qu'« *il est concevable de prévoir un âge plus élevé* » pour le droit d'éligibilité que pour le droit de vote mais, « *sous réserve de fonctions particulières considérées comme liées à un certain âge (sénateur, chef de l'État), l'âge de 25 ans ne devrait pas être dépassé* »[1038]. Par ailleurs, l'APCE appela récemment les États membres du Conseil de l'Europe « *à étudier la possibilité d'abaisser l'âge de vote à 16 ans dans tous les pays et pour tout type d'élections* » et « *l'âge minimum d'éligibilité aux différents types d'élections* [...] *dans tous les cas où cela paraît souhaitable* »[1039].

2. Une condition de nationalité

Une seule affaire portée devant le prétoire de Strasbourg concerna une condition de nationalité quant à l'exercice du droit de suffrage. Un ressortissant allemand résidant de longue date à Milan contesta son exclusion de la vie politique locale résultant de son impossibilité de voter lors de scrutins locaux et régionaux. La Commission EDH déclara la requête irrecevable car « *la citoyenneté, la résidence et l'âge font partie des critères couramment appliqués dans les États parties à la Convention* »[1040]. Cette décision s'écarte des prescriptions du Code de bonne conduite recommandant « *d'octroyer le droit de vote sur le plan local après une certaine durée de résidence* »[1041]. Toutefois, le requérant a normalement pu bénéficier par la suite de la mise en œuvre de la *Convention sur la participation des étrangers à la vie publique au niveau local*, ratifiée par l'Italie, et, en tant que ressortissant communautaire, de l'application de l'article 22 du *Traité sur le fonctionnement de l'Union européenne* et des

[1037] *W., X., Y. et Z. c/ Belgique (déc.)*, 30 mai 1975, req. n°6745/74 et 6746/74.
[1038] CDL-AD(2002)23, *op.cit.*, Rapport explicatif, §6a.
[1039] APCE, Résolution 1826 (2011), *Renforcement de la démocratie par l'abaissement de la majorité électorale à 16 ans*, 23 juin 2011, §7.
[1040] *Luksch c/ Italie (déc.)*, 21 mai 1997, req. n°27614/95.
[1041] CDL-AD(2002)23, *op.cit.*, Rapport explicatif, §6b.

articles 39 et 40 de la *Charte des droits fondamentaux de l'Union européenne*.

En matière d'éligibilité, le contentieux relatif à la nationalité s'est focalisé sur la question des binationaux. La Commission EDH eut d'abord à connaître du cas d'un député bulgare disposant également de la nationalité américaine et déchu à ce titre de son mandat parlementaire par la Cour Constitutionnelle de Bulgarie, bien que sa candidature ait été valablement enregistrée. Cependant, le requérant n'ayant pas mis en cause directement la règle empêchant un double national de siéger au Parlement, la Commission ne se prononça pas sur la conventionalité d'une telle disposition[1042]. Cet aspect fut cependant pleinement abordé dans l'arrêt de Grande Chambre rendu le 27 avril 2010 dans le cadre de l'affaire *Tanase c/ Moldavie*[1043]. En l'espèce, un parlementaire moldave bénéficiant aussi de la nationalité roumaine contesta une loi conditionnant l'éligibilité des binationaux à un renoncement à leur seconde nationalité ou à l'engagement d'une procédure en ce sens. Tout d'abord, dans les cas où la plurinationalité est autorisée, la Cour note l'existence d'un consensus au sein des États membres du Conseil de l'Europe sur le fait que « *la possession de plus d'une nationalité ne doit pas être un motif d'inéligibilité à la charge de député, même si la population présente une certaine diversité ethnique et que le nombre de députés plurinationaux risque d'être élevé* » (§172). Toutefois, au regard de la situation particulière de la Moldavie, notamment la part importante de binationaux au sein de sa population et l'indépendance récente du pays, laquelle peut impliquer une fragilité des institutions démocratiques, la Cour reconnut « *qu'immédiatement après la déclaration d'indépendance de la Moldova, en 1991, il ait pu être justifié d'interdire la députation aux plurinationaux* » (§173). Mais cette interdiction ayant été instaurée en 2008, seules des mesures individualisées liées à des « *raisons particulièrement impérieuses* » pouvaient la couvrir, et non un « *principe général que tous les binationaux sont une menace pour la sécurité et l'indépendance nationales* » (§174). De plus, les nombreux binationaux que compte la Moldavie ont également le droit « *d'être représentées par des députés qui expriment leurs préoccupations et leurs opinions politiques* » (§174). Le juge européen appuya son raisonnement sur le fait que « *la Commission de Venise, l'ECRI, l'Assemblée parlementaire du Conseil de l'Europe et la Commission pour le respect des obligations* [étaient] *unanimes dans leurs critiques visant l'interdiction en* cause » (§177), laquelle était également contraire à l'article 17 de la *Convention européenne sur la nationalité* ratifiée par la Moldavie. Il ressortit donc que la mesure en question était disproportionnée au but poursuivi et constituait une violation de la clause politique. Enfin, il convient

[1042] *Gantchev c/ Bulgarie (déc.)*, 25 novembre 1996, req. n°28858/96.
[1043] *Tanase c/ Moldavie*, Gr. Ch., 27 avril 2010, req. n°7/08.

de noter que la Cour rappela qu'une législation analogue était en vigueur en Bulgarie[1044], laissant planer une menace de condamnation sur ce pays.

3. Une condition de résidence

Confrontée une seule fois à une condition de résidence en matière d'éligibilité, la Cour EDH reconnut que des conditions plus strictes que pour le droit de vote pouvaient être fixées dans ce domaine[1045]. En l'espèce, l'exigence d'avoir résidé cinq ans sur le territoire national pouvait se justifier par la nécessité d'avoir acquis « *des connaissances suffisantes pour mener à bien les missions confiées aux parlementaires* » (§57). Mais le raisonnement ayant conduit à relever une violation de la clause politique fut davantage motivé par un défaut de clarté de la loi en cause et d'un manque d'équité procédurale.

En revanche, la jurisprudence strasbourgeoise regorge d'affaires liées à une règle nationale restreignant la capacité civique active pour des questions de résidence. Un premier groupe de litiges, qui se soldèrent tous par des décisions d'irrecevabilité, concerna la privation du droit de vote imposée à des personnes expatriées. D'une manière générale, la Cour et la Commission EDH estimèrent que la soumission du droit de vote à une condition de résidence dans le pays concerné était justifiée par différentes raisons cumulables, à savoir, « *d'abord, le fait qu'un citoyen non résident est concerné moins directement ou moins continuellement par les problèmes quotidiens de son pays et qu'il les connaît moins bien ; ensuite, le fait qu'il peut être difficile pour les candidats au Parlement d'exposer les différents choix électoraux aux citoyens résidant à l'étranger ainsi que l'absence d'une influence quelconque d'un citoyen résidant à l'étranger sur la sélection des candidats et sur la formulation de leurs programmes électoraux ; en outre, la corrélation existant entre le droit de vote lors d'élections parlementaires et le fait d'être directement visé par les actes des organes politiques ainsi élus ; enfin, le souci légitime que peut éprouver le législateur de limiter l'influence des citoyens résidant à l'étranger dans des élections sur des questions certes fondamentales, mais qui touchent en premier lieu les personnes résidant dans le pays* »[1046].

1044 *Gantchev c/ Bulgarie (déc.)*, 25 novembre 1996, req. n°28858/96.

1045 *Melnitchenko c/ Ukraine*, 19 octobre 2004, req. n°17707/02 ; *RDP*, 2005, p.811, chron. Levinet (M.).

1046 *Hilbe c/ Liechtenstein (déc.)*, *op.cit.* Voir aussi : *X c/ Royaume-Uni (déc.)*, 11 décembre 1976, req. n°7566/76 ; *X. c/ Royaume-Uni (déc.)*, 28 février 1979, req. n°7730/76 ; *Alliance des Belges de la Communauté Européenne c/ Belgique (déc.)*, 10 mai 1979, req. n°8612/79 ; *Luksch c/ Allemagne (déc.)*, 21 mai 1997, req. n°35385/97 ; *Doyle c/ Royaume-Uni (déc.)*, 6 février 2007, req. n°30158/06.

L'autre pan de la jurisprudence relative aux conditions de résidence quant au droit de vote, également exempt de tout constat de violation, porta sur la mise en œuvre de conditions de résidence au plan local. Ces litiges concernèrent des régions disposant d'un statut particulier au sein de leur État de rattachement. Ainsi, la Commission EDH eut à se prononcer sur l'impossibilité pour les habitants de Jersey de voter aux élections du Parlement britannique. Pour valider la restriction, le juge européen s'appuya sur la particularité du statut constitutionnel de l'Ile, « *territoire britannique et l'une des îles britanniques* » mais ne faisant « *pas partie intégrante du territoire du Royaume-Uni lui-même* », et releva l'existence d'organes législatifs locaux élus dans des conditions assurant la libre expression des habitants de Jersey[1047]. Dans une autre affaire, des requérants contestèrent une impossibilité de voter aux élections régionales tenues dans la région autonome italienne du Trentin-Haut-Adige du fait d'une condition de résidence continue dans le territoire pendant les quatre années précédant le scrutin. La Commission conclut que cette exigence était proportionnée au but légitime de protection des minorités linguistiques face à un risque de « *dilution* », car seules les personnes ayant rempli celle-ci, qu'elles soient ou non natives de la région, étaient raisonnablement au fait du contexte économique, social et politique local[1048]. Cette décision respecta les recommandations du *Code de bonne conduite en matière électorale* selon lesquelles, pour « *les élections locales et régionales, l'exigence d'une certaine durée de résidence n'apparaît pas incompatible avec le principe du suffrage universel, si elle ne dépasse pas quelques mois ; un délai plus long ne peut être admis que pour la protection des minorités nationales* »[1049].

Enfin, l'affaire la plus commentée fut celle traitée dans l'arrêt *Py c/ France* du 11 janvier 2005, mêlant droit à de libres élections et droit à l'autodétermination. La Cour EDH jugea qu'une condition de résidence de dix ans exigée pour voter aux élections du Congrès et des Assemblées de province de Nouvelle-Calédonie ne constituait pas une violation de l'article 3P1[1050]. En premier lieu, la Cour admis la légitimité du but poursuivi par cette restriction, c'est-à-dire la limitation du droit de vote aux personnes justifiant d'attaches solides avec la Nouvelle-Calédonie. Ensuite, le juge européen reconnut que la règle litigieuse pouvait « *paraître disproportionnée au but poursuivi* » (§57). Mais la Cour se référa à l'article 56§3 de la

[1047] *X. c/ Royaume-Uni (déc.)*, 13 mai 1982, req. n°8873/80.
[1048] *Polacco et Garofalo c/ Italie (déc.)*, 15 septembre 1997, req. n°23450/94.
[1049] CDL-AD(2002)23, *op.cit.*, Rapport explicatif, §6c.
[1050] *Py c/ France*, 11 janvier 2005, req. n°66289/01 ; *AJDA*, 2005, p.118, note De Montecler (M.-C.) ; *AJDA*, 2005, p.551, chron. Flauss (J.-F.) ; *JCP G*, 2005, I, p.159, n°20, chron. Sudre (F.) ; *JCP G*, 2005, I, p.145, n°24, note Boiteau (C.) ; *RFDA*, 2006, p.139, note Roblot-Troizier (A.) et Sorbara (J.-G.) ; *RTDH*, 1999, n°40, p.948, obs. Eoche–Duval (C.).

Convention, la « *clause coloniale* »[1051] permettant aux États de tenir compte des nécessités locales des territoires d'outre-mer dans la mise en œuvre des droits garantis. L'application de cette disposition que l'on pouvait croire tombée en désuétude requiert de la part de l'État « *la preuve décisive et manifeste d'une nécessité* »[1052], laquelle doit « *revêtir un caractère impérieux* » lorsqu'elle a trait « *au statut juridique particulier d'un territoire* » (§60). Si cette clause « *est généralement présentée de manière négative* », son troisième paragraphe peut cependant se prêter à « *une approche positive, en tant que disposition permettant de préserver les particularismes des territoires en matière de droits fondamentaux* »[1053]. C'est vers cette lecture que semble avoir penché le juge européen en estimant qu'« *après une histoire politique et institutionnelle tourmentée, cette condition de dix ans de résidence fixée par le statut du 19 mars 1999* [avait] *constitué un élément essentiel à l'apaisement du conflit meurtrier* » (§62). En outre, la Cour EDH se rangea derrière les constatations du Comité DHNU dans l'affaire *Gillot c/ France* du 15 juillet 2002[1054] selon lesquelles la restriction en cause se justifiait notamment par le fait qu'elle s'inscrivait dans le cadre d'un processus d'autodétermination (§63). Jean-François Flauss souligne toutefois que cette référence « *constitue largement un simple alibi* » car « *les raisons qui justifient, le cas échéant, la condition de résidence de dix ans pour la participation à un scrutin d'autodétermination ne sont pas ipso facto pertinentes en ce qui concerne l'élection d'une assemblée législative appelée à siéger deux ou trois lustres avant que soit organisé le scrutin d'autodétermination* »[1055]. Ainsi, comme l'a noté Frédéric Sudre, cet arrêt de non violation, rendu à l'unanimité, « *paraît plus dicté par des considérations d'opportunité politique que de rigueur juridique* »[1056]. Il convient enfin de préciser que la Cour valida une autre condition de résidence de dix ans, imposée aux résidants d'Aruba pour voter aux élections de la chambre basse néerlandaise. Toutefois, cette espèce différait de la précédente dans la mesure où les requérants avaient la possibilité de voter aux élections du Parlement d'Aruba, lequel envoie des délégués au Parlement néerlandais[1057].

[1051] Sudre (F.), *Droit européen et international des droits de l'homme*, 10e éd., PUF, 2011, p.751.

[1052] *Tyrer c/ Royaume-Uni*, 25 avril 1978, req. n°5856/72, §58. Voir aussi : *Piermont c/ France*, 27 avril 1995, req. n°15773/89 et 15774/89 ; *RTDH*, 1996, n°27, p.353, note Flauss (J.-F.) ; *RUDH*, 1996, p.22, chron. Levinet (M.).

[1053] Grabarczyk (K.), « Le pluralisme en "trompe-l'œil" : la clause d'application territoriale de la Convention Européenne des Droits de l'Homme », *in* Levinet (M.) (dir.), *Pluralisme et juges européens des droits de l'homme*, Bruylant, 2011, p.154.

[1054] Comité DHNU, *Gillot c/ France*, 15 juillet 2002, com. n°932/2000, §14.7.

[1055] Flauss (J.-F.), *AJDA*, *op.cit*, p.551.

[1056] Sudre (F.), *JCP G*, *op.cit.*, p.1456.

[1057] *Sevinger et Eman c/ Pays-Bas (déc.)*, 6 septembre 2007, req. n° 17173/07 et 17180/07.

4. Les exclusions des droits politiques fondées sur le passé judiciaire et la santé mentale

Tandis que les recours relatifs à une exclusion des droits politiques en raison du passé pénal des requérants furent fréquents (a), seule une affaire traita de restrictions imposées pour des motifs de santé mentale (b).

a. La prise en compte du passé judiciaire

Un nombre important d'affaires portées devant de prétoire de Strasbourg touchèrent à une privation de droits civiques consécutive à une condamnation judiciaire infligées aux requérants. Une première source de litiges, relative à une déchéance perpétuelle des droits de vote et d'éligibilité pour collaboration avec l'ennemi au cours de la Seconde Guerre mondiale, apparaît désormais épuisée du fait de l'écoulement du temps. Les restrictions en cause furent invariablement validées par la Commission EDH qui estima que « *la ratio legis des lois privant les condamnés pour incivisme de certains droits politiques et plus spécialement du droit de vote* [était] *d'empêcher certaines catégories de personnes qui* [abusèrent gravement] *de leur droit de participer à la vie publique de leur pays de faire à l'avenir mauvais usage de leurs droits politiques, afin d'éviter des atteintes à la sûreté de l'État ou aux fondements d'une société démocratique* »[1058]. Il semble assez improbable que le juge européen admette que des restrictions aussi radicales puissent être infligées à l'avenir en dehors de ce contexte particulier. Ces instances peuvent néanmoins être rapprochées d'un cas très particulier soumis à la Cour et relatif à l'inéligibilité parlementaire à vie infligée à un ancien chef d'État destitué pour violation grave de la Constitution et manquement au serment constitutionnel[1059]. Le juge européen considéra la restriction disproportionnée en raison essentiellement du « *caractère définitif et irréversible de l'inéligibilité au mandat législatif qui atteint le requérant* » (§112).

La majeure partie du contentieux électoral lié au passé judiciaire concerna des restrictions temporaires accessoires à une condamnation en justice. En matière civile, l'Italie fit l'objet d'une remarquable série de dix arrêts de violation en raison d'une législation instaurant une déchéance du droit de vote en cas de faillite personnelle[1060]. La Cour de Strasbourg conclut

[1058] *X. c/ Pays-Bas (déc.)*, 19 décembre 1974, req. n° 6573/74 ; *X. c/ Belgique (déc.)*, 3 décembre 1979, req. n°8701/79 ; *Van Wambeke c/ Belgique (déc.)*, 12 avril 1991, req. n°16692/90. Voir aussi : *X. c/ Belgique (déc.)*, 18 septembre 1961, req. n°1028/61.

[1059] *Paksas c/ Lituanie*, Gr. Ch., 6 janvier 2011, req. n°34932/04 ; *JCP G*, 2011, n°5, p.123, note Gonzalez (G.).

[1060] *Albanese c/ Italie*, 23 mars 2006, req. n°77924/01 ; *Campagnano c/ Italie*, 23 mars 2006, req. n°77955/01 ; *Vitiello c/ Italie*, 23 mars 2006, req. n°77962/01 ; *Bova c/ Italie*, 24 mai 2006, req. n°25513/02 ; *Pantuso c/ Italie*, 24 mai 2006, req. n°21120/02 ; *Chiumiento c/*

au caractère illégitime de la mesure litigieuse, laquelle poursuivait « *une finalité de caractère essentiellement afflictif, visant à dévaloriser et punir le failli en tant qu'individu indigne et couvert d'infamie pour la seule raison qu'il a fait l'objet d'une procédure de faillite civile* »[1061].

Au plan pénal, une première condamnation[1062] résulta de la radiation automatique des listes électorales d'un ressortissant italien soupçonné d'appartenir à un groupe mafieux et de ce fait, soumis à une mesure de surveillance spéciale de la police. La Cour jugea que le but poursuivi par la restriction, à savoir empêcher un membre présumé de la mafia d'exercer son droit de vote en faveur d'autres membres de la mafia, était légitime mais que son application fut disproportionnée en l'espèce car le requérant avait déjà été acquitté[1063]. Un deuxième cas de violation de la clause politique trouva également son origine dans une mesure de surveillance spéciale de la police italienne. Dans cet arrêt, la période de neuf mois ayant précédé l'application d'une mesure de radiation des listes électorales prévue pour une durée d'une année fut considérée comme excessive, notamment car ce retard eut pour conséquence d'empêcher le requérant de participer à deux scrutins. Ce constat fut renforcé par la prolongation injustifiée de la mesure de surveillance spéciale et, partant, de la radiation des listes électorales, pendant une année supplémentaire[1064].

L'arrêt majeur en matière d'influence du passé pénal sur la privation de droits politiques fut rendu par la Grande Chambre le 6 octobre 2005 dans l'affaire *Hirst c/ Royaume-Uni (n°2)*[1065]. La Cour estima que la règle entraînant la déchéance du droit de vote des personnes condamnées pour une infraction poursuivait le but légitime de prévention du crime et de renforcement du sens civique et du respect de l'État de droit (§74). Concernant la proportionnalité de la mesure, le juge européen considéra que l'absence d'« *approche européenne commune [...] en la matière ne saurait de toute façon être déterminant pour la question à trancher* » (§81), ignorant

---

Italie, 24 juin 2006, req. n°3649/02 ; *La Frazia c/ Italie*, 24 juin 2006, req. n°3653/02 ; *Vertucci c/ Italie*, 29 juin 2006, req. n°29871/02 ; *Vincenzo Taiani c/ Italie*, 13 juillet 2006, req. n°3638/02 ; *Taiani c/ Italie*, 20 juillet 2006, req. n°3641/02. Voir aussi un cas particulier en matière d'éligibilité : *Follet c/ France (déc.)*, 1er juillet 1992, req. n°15178/89.

1061 *Albanese c/ Italie*, 23 mars 2006, req. n°77924/01, §48.

1062 Pour les nombreuses décisions d'irrecevabilité, voir : *X. c/ R.F.A. (déc.)*, 6 octobre 1967, Ann., 10, 339 ; *H. c/ Pays-Bas (déc.)*, 4 juillet 1983, req. n°9914/82 ; *Holland c/ Irlande (déc.)*, 14 avril 1998, req. n°24827/94 ; *M.D.U. c/ Italie (déc.)*, 28 janvier 2003, req. n°58540/00 ; *Druzenko et autres c/ Ukraine (déc.)*, 15 janvier 2007, req. n°17674/02 et 39081/02 ; *Niedzwiedz c/ Pologne (déc.)*, 11 mars 2008, req. n°1345/06 ; *Imrek c/ Turquie*, 24 juin 2008, req. n°38276/02.

1063 *Labita c/ Italie*, 6 avril 2000, req. n°26772/95.

1064 *Vito Santo Santoro c/ Italie*, 1er juillet 2004, req. n°36681/97.

1065 *Hirst c/ Royaume-Uni (n°2)*, Gr. Ch., 6 octobre 2005, req. n°74025/01 ; *European Human Rights Law Review*, 2004, p.436, note Foster (S.) ; *JCP G*, 2004, I, p.161, n°18, chron. Sudre (F.) ; *RDP*, 2005, p.811, chron. Levinet (M.).

ainsi « *de façon discutable, le défaut de consensus européen* » selon Michel Levinet[1066]. La Grande Chambre fit toutefois une référence opportune à un arrêt de la Cour Suprême du Canada ayant déclaré inconstitutionnelle une disposition analogue[1067]. La Cour de Strasbourg poursuivit en qualifiant la législation contestée d'« *instrument sans nuance, qui dépouille du droit de vote, garanti par la Convention, un grand nombre d'individus* », s'appliquant automatiquement aux détenus condamnés, quelle que soit la durée de leur peine et indépendamment de la nature ou de la gravité de l'infraction. Or, une telle restriction « *générale, automatique et indifférenciée* » à un droit garanti par la Convention « *outrepasse une marge d'appréciation acceptable, aussi large soit-elle* » (§82), et emporte violation du droit à des élections libres.

Cette position fut confirmée par la Cour à plusieurs reprises à l'égard d'autres États[1068] et réitérée dans le cas du Royaume-Uni en raison du défaut de modification de la législation à l'origine de la violation constatée dans l'arrêt *Hirst*[1069]. En effet, dans l'affaire *Greens et M.T. c/ Royaume-Uni*, la Cour décida de mettre en œuvre la procédure de *l'arrêt pilote* puisque, « *en dépit des exhortations que le Comité des Ministres a adressées au fil des ans au Royaume-Uni, pour qu'il exécute l'arrêt, le risque de requêtes répétitives devant la Cour européenne s'est concrétisé* »[1070]. Cette dernière releva qu'elle avait enregistré plus de 1500 requêtes soulevant un grief analogue et que le Royaume-Uni comptait 70 000 détenus dans une situation semblable, tous requérants potentiels[1071]. Plutôt que de préciser, parmi les différentes options possibles, la mesure la plus adaptée pour remédier au problème, la Cour préfère imposer un délai de 6 mois à compter de la date à laquelle l'arrêt sera devenu définitif pour introduire les modifications législatives (§115), délai ensuite prolongé[1072].

1066 *GACEDH*, p.727.

1067 *Sauvé c/ Canada (Directeur général des élections)*, 31 octobre 2002, [2002] 3 R.C.S. 519, 2002 CSC 68.

1068 *Calmanovici c/ Roumanie*, 1er juillet 2008, req. n° 42250/02 ; *Frodl c/ Autriche*, 8 avril 2010, req. n°20201/04 ; *Scoppola n°3 c/ Italie*, 18 janvier 2011, req. n°126/05.

1069 Abrahamson (E.), « Disenfranchisement of prisoners with particular reference to Hirst-v-The United Kingdom (N°2), ECHR Application 74025/01 », *in Electoral Management bodies, 6th European Conference « Enhancing participation in elections », The Hague, 30 November - 1 December 2009, and 7th European Conference « Every voter counts », London, 22-23 June 2010, Selected reports*, 21 avril 2011, CDL-EL(2011)003, pp.88 et s.

1070 CMCE, *Décision relative à l'affaire Hirst n° 2, arrêt du 06/10/2005 - Grande Chambre*, 15 septembre 2010, CM/Del/Dec(2010)1092/6, §3.

1071 *Greens and M.T. c/ Royaume-Uni*, 23 novembre 2010, req. n°60041/08 et 60054/08, §111.

1072 *Décision affaires n° 16 - Hirst n° 2 ; Greens et M.T contre le Royaume-Uni*, 12 septembre 2011, CM/Del/Dec(2011)1120/16.

b. La prise en compte de la santé mentale

Une seule affaire portée devant la Cour, jugée dans l'arrêt *Alajos Kiss c/ Hongrie* du 20 mai 2010[1073], souleva la question de la restriction du droit à des élections libres pour des motifs liés à la santé mentale. En l'espèce, après avoir été diagnostiqué comme maniaco-dépressif, le requérant fut placé sous un régime de protection partielle (équivalent à la curatelle) entraînant une déchéance automatique du droit de vote. La Cour reconnut que la mesure litigieuse poursuivait le but légitime de limiter la participation aux affaires publiques aux seuls citoyen capables d'évaluer les conséquences de leurs décisions et d'effectuer des choix conscients et judicieux (§38). Cependant, quant à la proportionnalité de l'ingérence, le juge européen souligna que la marge d'appréciation des États se trouvait substantiellement réduite en matière de restrictions imposées à une groupe socialement vulnérable, ayant subi de considérables discriminations dans le passé, telles les personnes souffrant de troubles mentaux (§42). D'autant que cette mesure avait un effet notable puisqu'une déchéance semblable touchait 0,75% de la population en âge de voter. Par un raisonnement comparable à celui tenu dans l'arrêt *Hirst*, auquel elle se référa, la Cour conclut que la mesure était disproportionnée au but poursuivi en raison de son caractère automatique et indifférencié ne permettant pas une évaluation judiciaire individualisée de la nécessité d'une privation du droit de vote.

5. Les incompatibilités électives et professionnelles

Cette source de restrictions au droit d'éligibilité, à l'origine de plusieurs litiges devant le juge de Strasbourg, n'a curieusement pas été envisagée explicitement pas le *Code de bonne conduite en matière électorale*. Trois types de cas se présentèrent aux organes de la Convention[1074]. En premier lieu, l'interdiction du cumul de mandats parlementaires fut abordée par un requérant anglo-irlandais dont l'élection à l'Assemblée d'Irlande du Nord fut entachée de nullité car ce dernier était également membre du Parlement de la République d'Irlande, pays ne faisant pas partie du Commonwealth. La Commission EDH considéra que « *la condition selon laquelle on ne* [devait] *pas être membre d'un autre corps législatif* [était] *une exigence compatible* » avec l'article 3P1, et que la « *distinction ainsi faite entre les parlementaires d'un pays faisant partie du Commonwealth et les autres* [trouvait] *une justification raisonnable et objective dans la tradition de l'histoire propre au*

[1073] *Alajos Kiss c/ Hongrie*, 20 mai 2010, req. n°38832/06 ; *RTDH*, n°90, 2012, p.347, note Dos Santos (J.).Voir aussi : *The right to political participation of persons with mental health problems and persons with intellectual disabilities*, Agence Européenne des Droits Fondamentaux, 2010.

[1074] Voir aussi : *Seyidzade c/ Azerbaïdjan*, 3 décembre 2009, req. n°37700/05.

Commonwealth et dans les liens particuliers unissant les membres du Commonwealth britannique »[1075].

En deuxième lieu, l'incompatibilité entre une fonction élective et un poste de fonctionnaire fut à l'origine de deux arrêts de la Cour EDH. Dans une première affaire, trois requérants se plaignirent de l'annulation de leur élection au Parlement grec du fait de l'exercice de fonctions publiques au cours des trois années précédant le scrutin[1076]. La Cour jugea que l'inéligibilité en cause se retrouvait dans différents pays européens et poursuivait deux finalités essentielles au bon fonctionnement d'un régime démocratique, à savoir, « *d'une part, assurer l'égalité des moyens d'influence entre les candidats de diverses tendances politiques car les titulaires de fonctions publiques peuvent parfois être abusivement avantagés au détriment des autres; d'autre part, préserver le corps électoral de pressions de ces titulaires qui, en raison même de leurs fonctions, sont amenés à prendre de nombreuses et importantes décisions et disposent d'un grand prestige aux yeux de leurs administrés de sorte qu'ils pourraient orienter leur choix électoral* » (§40). Dès lors, en dépit du constat d'une certaine complexité de la réglementation grecque en matière de cumul de fonctions, la Cour contredit clairement les conclusions de la Commission EDH (§38) et valida la restriction. Un second litige fut soumis à la Cour par quatre requérants britanniques employés au sein de collectivités locales et mettant en cause la législation leur interdisant de se porter candidats aux élections et de participer à des campagnes électorales[1077]. La Cour écarta toute violation de l'article 3P1 au motif que la restriction visait le but légitime de garantie de l'impartialité politique des intéressés et était proportionnée à ce but du fait de la possibilité de démissionner pour recouvrir leur droit d'éligibilité.

En troisième et dernier lieu, le juge européen eut à se prononcer sur l'interdiction faite à certains professionnels du droit d'exercer une fonction élective. Dans une première affaire, relative au refus d'enregistrement de la candidature d'une magistrate aux élections parlementaires pour cause d'incompatibilité de fonctions, la Cour adopta un raisonnement similaire aux deux litiges précédemment évoqués pour déclarer la requête irrecevable. La décision insista sur l'importance de « *l'indépendance, l'impartialité et la neutralité* » des membres du pouvoir judiciaire, « *valeurs communes aux États signataires de la Convention* », et conclut que « *l'inéligibilité des juges, dont l'équivalent se retrouve dans plusieurs États membres du Conseil de l'Europe* » avait pour objectif fondamental de « *garantir à tous les*

[1075] *M. c/ Royaume-Uni (déc.)*, 7 mars 1984, req. n°10316/83.

[1076] *Gitonas et autres c/ Grèce*, 1er juillet 1997, req. n°18747/91, 19376/92, 19379/92, 28208/95 et 27755/95 ; *RFDA*, 1998, p.1007, obs. Levinet (M.).

[1077] *Ahmed et autres c/ Royaume-Uni*, 2 septembre 1998, req. n°22954/93.

justiciables les droits protégés par l'article 6 § 1 de la Convention »[1078]. En revanche, l'issue fut toute autre dans l'arrêt *Lykourezos c/ Grèce*, rendu le 15 juin 2006 à propos de la déchéance du mandat parlementaire d'un avocat pour cause d'incompatibilité professionnelle absolue et rétroactive[1079]. Mais il est regrettable que la Cour, sans doute bridée par l'arrêt *Zdanoka c/ Lettonie* rendu peu de temps auparavant, ait refusé de se prononcer sur la conventionalité d'une telle interdiction absolue, et se soit contentée de remarquer qu'il s'agissait d'une « *incompatibilité que l'on rencontre rarement au sein des autres États européens* » (§53). En outre, le requérant invoqua également l'article 8 de la Convention au motif que l'obligation « *de renoncer à ses fonctions parlementaires pour pouvoir poursuivre son activité professionnelle – domaine privilégié pour le développement de la personnalité, des talents et des aptitudes de tout individu* » entraînait « *une ingérence injustifiable dans sa vie privée et professionnelle* » (§59), mais la Cour refusa de se placer sur ce terrain[1080]. Ce sont des considérations liées au principe de confiance légitime qui furent déterminantes en l'espèce.

6. Les lois de lustration

Cette cause de déchéance des droits civiques fut abordée une première fois dans l'arrêt *Zdanoka c/ Lettonie* du 16 mars 2006[1081]. Celui-ci occupe une place fondamentale dans la jurisprudence de la Cour en raison des principes généraux d'interprétation de l'article 3P1 qu'il contient[1082]. En l'espèce, l'application d'une loi dite de lustration entraîna l'inéligibilité d'une citoyenne lettone appartenant à la communauté russophone de ce pays et ancienne membre du Parti communiste letton (PCL) au motif qu'elle avait activement participé aux activités du PCL ayant visé à remettre en cause la déclaration d'indépendance de cet État. La Cour admit tout d'abord que la restriction poursuivait le but acceptable de protection de l'indépendance de l'État, de l'ordre démocratique et de la sécurité nationale. Quant à la proportionnalité de la mesure litigieuse, le juge européen estima qu'elle devait s'apprécier « *compte dûment tenu* [du] *contexte politico-historique très spécifique* », lequel impliquait une ample marge d'appréciation étatique (§121). De plus, la législation litigieuse prévoyait un degré d'individualisation suffisant dans l'application des restrictions et « *n'avait pas pour objet principal de sanctionner les personnes ayant activement*

1078 *Brike c/ Lettonie (déc.)*, 29 juin 2000, req. n°47135/99.

1079 *Lykourezos c/ Grèce*, 15 juin 2006, req. n°33554/03 ; *AJDA*, 2006, p.1717, chron. Flauss (J.-F.).

1080 Voir à ce sujet l'opinion en partie dissidente des juges Spielmann et Tulkens.

1081 *Zdanoka c/ Lettonie*, Gr. Ch., 16 mars 2006, req. n°58278/00 ; *AJDA*, 2006, p.1718, chron. Flauss (J.-F.) ; *L'Europe des Libertés*, 2006, p.18, note Kang-Riou (N.) ; *RTDH*, 2008, n°73, p.195, obs. Jacquemot (F.).

1082 Voir *supra*, Partie 1, Titre 2, Chapitre 1.

milité au sein du PCL, mais plutôt de protéger l'intégrité du processus démocratique en excluant la participation aux travaux d'un corps législatif démocratique de ceux qui avaient joué un rôle actif et dirigeant dans un parti directement impliqué dans la tentative de renversement par la violence du régime démocratique nouvellement établi » (§122).

L'arrêt releva également, au regard des événements postérieurs à la déclaration d'indépendance de la Lettonie, que « *le corps législatif pouvait raisonnablement présumer que les principaux leaders du PCL avaient une position antidémocratique, sauf si les intéressés, par leurs actions, avaient renversé cette présomption, par exemple en se dissociant concrètement du PCL à l'époque des faits* », ce que la requérante n'a pas fait (§123). Si une mesure analogue n'aurait pu être admise dans un État disposant d'institutions démocratiques anciennes, elle fut jugée acceptable pour un État au contexte historico-politique particulier comme la Lettonie. En outre, « *les autorités lettonnes, tant législatives que judiciaires,* [étaient] *les mieux placées pour apprécier les difficultés qu'impliqu*[ait] *l'établissement et la sauvegarde de l'ordre démocratique* » (§134). La Cour insista également sur l'existence d'un mécanisme de réexamen régulier de la nécessité du maintien de la législation concernée. En conséquence et contrairement à l'arrêt de chambre, aucune violation ne fut constatée, mais la Grande Chambre précisa qu'il convenait de « *mettre un terme à bref délai* » à la mesure litigieuse, et que « *toute inaction du corps législatif letton à cet égard pourrait amener la Cour à revenir sur sa conclusion* » (§135).

La loi de lustration lettone fut également au centre de la deuxième affaire examinée par la Cour dans ce domaine, bien que « *fondamentalement différente de l'affaire Ždanoka* » (§124)[1083]. En l'espèce, le requérant, ancien membre du KGB, fut déclaré inéligible pour avoir été l'un des « *agents des organes de sûreté publique, de renseignements ou de contre-espionnage de l'URSS, de la RSS de Lettonie ou d'un État étranger* » (§117). La Cour parvint au même constat que dans l'affaire précédente quant à la légitimité du but poursuivi par la mesure. En revanche, l'arrêt releva une disproportion de la mesure au regard de cet objectif et partant, une violation de l'article 3P1. La Cour estima tout d'abord que la catégorie visée par la loi de lustration, les anciens agents du KGB, était trop large et ne permettait pas une individualisation adéquate des mesures restrictives en fonction des agissements précis des personnes concernées. Ensuite, la biographie du requérant était vierge de tout « *acte – au sens large du terme – susceptible de témoigner d'une opposition ou d'une hostilité au rétablissement de l'indépendance de la Lettonie et de son ordre démocratique* » (§128). De

---

1083 *Adamsons c/ Lettonie*, 24 juin 2008, req. n°3669/03 ; *Republic of Latvia, Saeima elections, 5 October 2002, OSCE/ODIHR Election Observation Mission Final Report*, 20 novembre 2002, pp.3-5.

surcroît, le requérant ne fut « *officiellement reconnu inéligible qu'en 2002, c'est-à-dire très tardivement, après dix ans d'une carrière militaire et politique remarquable dans la Lettonie restaurée* » (§129). Il n'existait donc pas de raison particulièrement impérieuse justifiant l'inéligibilité du requérant, bien au contraire puisque ce dernier eut « *amplement l'occasion de prouver sa loyauté envers l'État letton et son attachement aux valeurs démocratiques* » (§129).

B. Un encadrement de la tenue des listes électorales

Selon la Commission de Venise, « [l]*a tenue correcte des listes électorales* », également dénommées registres électoraux, « *présente un caractère essentiel dans la garantie du suffrage universel* »[1084]. A cet égard, un premier litige fut porté devant la Commission EDH par une requérante protestant contre l'inscription de son nom de femme mariée sur les registres électoraux[1085]. Le juge européen écarta toute restriction au droit à des élections libres et analysa la mesure litigieuse « *comme une modalité de l'exercice* » de ce droit. La Commission ne releva aucune discrimination en l'espèce car la procédure était conforme à la « *réalité de la société néerlandaise contemporaine* » et « *le registre électoral* [avait] *surtout une fonction administrative et en soi n'affect*[ait] *pas la population directement* ». Dans une autre requête, un Français établit hors de France et revenu s'installer en métropole mit en cause la procédure de radiation et de réinscription sur les listes électorales. Après avoir constaté un manque de diligence du requérant pour effectuer ces démarches, la Cour estima « *que l'obligation de respecter, dans le délai réglementaire, les formalités de radiation puis d'inscription sur une nouvelle liste, ne réduisait pas les droits du requérant au point de les atteindre dans leur substance même et de les priver de leur effectivité* ». En outre, la décision précisa que « *la procédure de révision annuelle des listes électorales* » poursuivait le but légitime d'« *assurer l'établissement des listes électorales dans des conditions de temps et de contrôle satisfaisantes* », ainsi que de « *permettre le bon déroulement des opérations de vote et d'éviter les manœuvres frauduleuses* »[1086].

Enfin, la Cour se pencha plus longuement sur les rapports entre les listes électorales et la clause politique dans le cadre d'une affaire complexe[1087], étroitement liée à la survenance de la « Révolution des Roses » en Géorgie en novembre 2003[1088]. Consécutivement à l'annulation partielle d'élections

---

[1084] CDL-AD(2002)23, *op.cit.*, Rapport explicatif, §7.
[1085] *X. c/ Pays-Bas (déc.)*, 3 mai 1983, req. n°9250/81.
[1086] *Benkaddour c/ France (déc.)*, 18 novembre 2003, req. n°51685/99.
[1087] *Parti Travailliste Géorgien c/ Géorgie*, 8 juillet 2008, req. n°9103/04.
[1088] Voir *supra*, Partie 1, Titre 1, Chapitre 2.

législatives frauduleuses et à la démission du Président Edouard Chevardnadze qui s'ensuivit, une nouvelle élection présidentielle fut programmée pour le mois de janvier 2004 et des élections législatives pour le 28 mars suivant. En vue de remédier à l'inexactitude des registres électoraux qui entacha les élections annulées, la Commission électorale centrale prit deux mesures. D'une part, quant à l'élection présidentielle, elle prescrivit aux électeurs de se rendre dans les bureaux de vote et de remplir des formulaires spéciaux pour pouvoir voter et, d'autre part, concernant les élections législatives, elle enjoignit aux bureaux de vote de publier des listes électorales préliminaires et aux électeurs de vérifier leur inscription et de demander une éventuelle radiation. Un parti politique géorgien contesta ces mesures dans le cadre des élections législatives de 2004. La Cour considéra tout d'abord que le système d'enregistrement des électeurs avait une influence indéniable sur l'équité du vote et partant, sur l'effectivité du droit d'éligibilité (§83). Elle insista ensuite sur la particularité du contexte « postrévolutionnaire » de l'affaire et sur la brièveté du délai dont avaient disposé les autorités pour remédier aux graves carences du système en vigueur, justifiant ainsi une modification de la législation électorale juste avant les scrutins (§89). La Cour reconnut également une vaste marge d'appréciation aux États contractants en matière de listes électorales (§90) et, au terme d'une étude de droit comparé, valida l'instauration d'un mécanisme participatif d'inscription sur les registres électoraux, lequel se retrouve dans diverses démocraties européennes (§91). Enfin, eu égard aux circonstances particulières de l'affaire, le juge européen, s'appuyant largement sur les conclusions des missions d'observation électorale successives du BIDDH et sur les prescriptions de la Commission de Venise, écarta toute violation de l'article 3P1 au motif que le système en cause n'avait pas constitué une fraude électorale mais un effort pour remédier aux défaillances constatées dans ce domaine.

C. Un encadrement des procédures de présentation des candidatures

Le juge européen se prononça sur les deux procédures les plus répandues, à savoir le dépôt d'une caution (1) et la collecte d'un certain nombre de signatures (2), mais également sur l'exigence de déclarations préalables (3).

1. <u>L'exigence de dépôt d'une caution</u>

A cinq reprises, la Commission EDH déclara irrecevables des requêtes dirigées contre la réglementation française subordonnant la présentation d'une liste de candidats au dépôt d'un cautionnement, lequel n'est remboursé qu'aux listes ayant obtenu plus de 5% des suffrages exprimés. Elle estima invariablement que ce mécanisme tendait à l'objectif de favoriser l'émergence de « *courants de pensée suffisamment représentatifs* », but légitime que « *que visent également des dispositions analogues dans d'autres systèmes juridiques européens* »[1089].

La Cour ne s'exprima qu'une seule fois sur ce point, dans un arrêt *Soukhovetsky c/ Ukraine* du 28 mars 2006, à l'occasion duquel elle valida la jurisprudence de la Commission EDH et développa quelque peu l'argumentation[1090]. En l'espèce, un requérant souhaitant présenter sa candidature aux élections législatives contestait l'obligation de verser une caution d'un montant d'environ 160 euros. Après avoir évoqué « *la participation de l'État aux frais de campagne des candidats inscrits, visant à assurer que ceux-ci se trouvent sur un pied d'égalité* » (§61), la Cour reconnut la légitimité du but poursuivi par la règle litigieuse, destinée à « *responsabilis*[er] *davantage les personnes se présentant aux élections et limit*[er] *celles-ci aux candidats sérieux tout en empêchant un usage abusif des fonds publics* » (§62). Afin d'apprécier la proportionnalité de la règle en cause, le juge européen eut notamment recours à une étude de droit comparé révélant que la somme demandée était l'une des plus faibles d'Europe et pris en compte un rapport conjoint de la Commission de Venise et du BIDDH approuvant la fixation d'un cautionnement beaucoup plus important en Arménie, pays à la situation économique comparable à celle de l'Ukraine[1091] (§70). En outre, la difficulté à « *réunir la somme requise avec leurs seuls revenus personnels* » pouvait être surmontée par les candidats en faisant « *appel à des sources extérieures de financement pour mener à bien leur campagne électorale* » (§71). Enfin, si l'impossibilité de récupérer la somme versée en cas d'échec dans l'obtention d'un siège au Parlement soit une règle que l'on rencontre rarement dans les systèmes électoraux européens, la Cour la valida en considération de son faible montant et des coûts d'organisation des élections à la charge de l'État (§72).

2. L'exigence du recueil de signatures

En principe, la jurisprudence des organes de la Convention n'estime pas contraire au droit à des élections libres l'exigence de la collecte d'un certain nombre de signatures pour la présentation d'une candidature. Ainsi, la Commission EDH déclara irrecevable une requête mettant en cause une règle imposant la collecte de 200 signatures pour présenter une liste de

---

[1089] *Tête c/ France (déc.)*, 9 décembre 1987, req. n°11123/84 ; *Fournier c/ France (déc.)*, 10 mars 1988, req. n°11406/85 ; *Tête c/ France (déc.)*, 10 mars 1988, req. n°11802/85 ; *Desmeules c/ France (déc.)*, 3 décembre 1990, req. n°12897/87 ; *André c/ France (déc.)*, 18 septembre 1995, req. n°27759/95.

[1090] *Soukhovetsky c/ Ukraine*, 28 mars 2006, req.n°13716/02

[1091] *Projet d'avis conjoint sur le projet d'amendements au code électoral de l'Arménie*, version du 19 avril 2005, CDL-EL(2005)010.

candidats aux élections à la Diète provinciale autrichienne, « *exigence à laquelle tout parti politique ayant quelque chance de succès peut aisément satisfaire* »[1092]. Dans le même sens, elle valida une loi espagnole prescrivant le recueil des signatures de 1% des personnes inscrites sur les listes électorales d'une Province pour présenter une candidature aux élections sénatoriales espagnoles. Le requérant soutint qu'une telle législation était discriminatoire car le nombre de signatures exigé était très variable selon la population de la Province concernée, mais le juge européen rejeta toute violation au motif que le pourcentage requis était le même pour toutes les circonscriptions électorales[1093]. Enfin, la Cour eut à statuer non sur « *le nombre de signatures exigées mais plutôt* [sur] *les modalités que doivent revêtir la présentation de ces signatures et, notamment, l'exigence de les faire accompagner des attestations d'inscription des signataires aux cahiers électoraux* ». La requête fut déclarée irrecevable car il n'est pas disproportionné de rejeter une candidature ne respectant pas cette procédure visant « *le but légitime de s'assurer que les signataires possèdent la capacité électorale et que chacun d'entre eux ne soutient qu'une candidature* »[1094].

3. L'exigence de déclarations préalables

La Cour estima « *qu'imposer à un candidat aux élections au parlement national de communiquer des renseignements exacts sur sa situation professionnelle et son affiliation à un parti poursui*[vait] *un but légitime aux fins de l'article 3 du protocole n° 1* » (§44)[1095]. Toutefois, des omissions ou erreurs mineures et involontaires ne doivent pas conduire au rejet d'une candidature. Ces observations sont également applicables à l'exigence d'une déclaration préalable de patrimoine de la part des candidats[1096].

§2. Une protection de l'égalité du suffrage

Les affaires parvenues devant le prétoire de Strasbourg abordèrent trois aspects du principe de suffrage égal : l'égalité de la force électorale, c'est-à-dire l'égale répartition des sièges entre circonscriptions (A), l'égalité des chances (B) et l'interdiction des discriminations envers les minorités nationales (C).

[1092] *X. c/ Autriche (déc.)*, 12 juillet 1976, req. n°7008/75.

[1093] *Asensio Serqueda c/ Espagne (déc.)*, 9 mai 1994, req. n°23151 /94.

[1094] *Brito da Silva Guerra et Sousa Magno c/ Portugal (déc.)*, 17 juin 2008, req. n° 26712/06 et 26720/06. Voir aussi : *R.H. c/ R.F.A. (déc.)*, 2 mars 1987, req. n°11728/85.

[1095] *Krasnov et Skouratov c/ Russie*, 19 juillet 2007, req. n°17864/04 et 21396/04.

[1096] *Sarukhanyan c/ Arménie*, 27 mai 2008, req. n°38978/03. Voir aussi : *Antonenko c/ Russie (déc.)*, 23 mai 2006, req. n°42482/02 ; *Parti Conservateur Russe des Entrepreneurs et autres c/ Russie*, 11 janvier 2007, req. n°55066/00 et 55638/00.

A. L'égalité de la force électorale

Si la question de l'égalité de décompte des voix ne fut jamais directement abordée devant les organes de la Convention, une requête fut formée sur le terrain de l'égalité de la force électorale par une ressortissante française mettant en cause une absence de révision des limites des circonscriptions électorales en fonction de l'évolution démographique. La Cour nota que le découpage électoral de 1986 était fondé « *sur des bases essentiellement démographiques, afin d'assurer une représentation équitable en fonction du poids démographique de chacune des circonscriptions* ». En l'espèce, les écarts de population constatés entre les circonscriptions se justifiaient par « *la prise en compte d'impératifs d'intérêt général* » telles que les « *réalités naturelles que constituent certains ensembles géographiques* » et les « *solidarités qui les unissent* », et ne pouvaient être introduits « *que dans une mesure limitée et en fonction d'impératifs précis et strictement énoncés* ». En conséquence, la Cour approuva le système de découpage électoral en cause, lequel « *entour*[ait] *l'octroi du droit de vote de conditions reflétant les soucis de participation des citoyens mais également de connaissance de la situation particulière des régions concernées* ». L'absence de redécoupage électoral préalable aux élections législatives de 2002, en dépit du recensement effectué en 1999, s'expliquait par « *la nécessité, légitime dans une société démocratique, de faire précéder cette opération d'expertises et de consultations approfondies* »[1097].

B. L'égalité des chances

La Commission de Venise rappelle que « [l']*égalité des chances doit être assurée entre les partis et les candidats et conduire l'État à se montrer impartial envers ceux-ci et à leur appliquer la même loi de manière égale* »[1098]. Cette neutralité doit se manifester en matière de financement public de temps d'antenne de radio et de télévision (1) et de financement public des partis politiques et des campagnes électorales (2).

1. <u>Le financement public de temps d'antenne de radio et de télévision</u>

Ce point du droit électoral est particulièrement caractéristique des interactions nombreuses entre le droit à des élections libres et la liberté d'expression. Dans trois affaires voisines, la Commission EDH déclara irrecevables des requêtes contestant la réglementation française en matière

---

[1097] *Bompard c/ France (déc.)*, 4 avril 2006, req. n°44081/02. Voir aussi : *X. c/ Islande (déc.)*, 8 décembre 1981, req. n°8941/80 ; Comité des droits de l'homme, *Mátyus c/ Slovaquie*, 22 juillet 2002, com. n°923/2000.

[1098] CDL-AD(2002)23, *op.cit.*, Rapport explicatif, §18.

de répartition du temps d'antenne de radio et de télévision pour la propagande électorale. Les décisions opposèrent aux requérants la marge d'appréciation reconnue aux États dans ce domaine, bien que « *la réglementation en matière du temps d'antenne réservé à la radio et à la télévision pour la propagande électorale et la distinction qui est faite entre listes de groupements représentés à l'Assemblée Nationale ou au Sénat et les autres listes* [puisse] *susciter quelques doutes* »[1099]. Plus généralement, les organes de la Convention estiment que « *le temps d'antenne réservée à la radio et à la télévision pour une campagne électorale n'est pas illimité et que l'adoption de certains critères s'impose afin de garantir une répartition équitable de ce temps* »[1100]. Dès lors, il n'est pas au contraire aux articles 10 et 14 d'attribuer « *un temps d'antenne aux seuls partis politiques qui présentent des candidats à 12,5% au moins des sièges lors d'une élection afin de faciliter l'expression d'opinions politiques de nature à présenter un intérêt général et susciter un large soutien public* »[1101]. Devant la Cour, un petit parti politique letton se plaignit de ne pas avoir été invité aux débats télévisés, à l'inverse des formations importantes, et de n'avoir reçu que du temps d'antenne gratuit à des horaires désavantageux. Le juge européen précisa que l'article 3P1 ne garantissait, « *en tant que tel, aucun droit, pour un parti politique, de se voir attribuer un temps d'antenne à la radio ou à la télévision en période préélectorale* ». Si cette requête fut déclarée irrecevable, la Cour admit cependant « *qu'un problème pourrait effectivement se poser dans des circonstances exceptionnelles, par exemple si, en période d'élections, un parti politique se verrait refuser toute espèce de possibilité d'émissions alors que d'autres partis se verraient accorder du temps d'antenne* »[1102].

2. Le financement public des partis politiques et des campagnes électorales

Plusieurs affaires portées devant les organes de la Convention touchèrent aux mécanismes de financement public des activités politiques. A l'occasion de trois requêtes dirigées contre la France, la Commission EDH estima qu'une règle prévoyant le remboursement des frais de propagande aux seules listes de candidats ayant obtenu plus de 5% des suffrages exprimés poursuivait le but légitime de la promotion de « *courants de pensée*

[1099] *Tête c/ France (déc.)*, 9 décembre 1987, req. n°11123/84 ; *Fournier c/ France (déc.)*, 10 mars 1988, req. n°11406/85 ; *Tête c/ France (déc.)*, 10 mars 1988, req. n°11802/85.
[1100] *Antonopoulos c/ Grèce (déc.)*, 29 mars 2001, req. n°58333/00.
[1101] *Huggett c/ Royaume-Uni (déc.)*, 28 juin 1995, req. n°24744/94.
[1102] *Partija Jaunie Demokrati et Partija Musu Zeme c/ Lettonie (déc.)*, 29 novembre 2007, req. n°10547/07 et 34049/07

suffisamment représentatifs »[1103]. Raisonnant par analogie avec ces affaires, elle fit le même constat à propos d'une loi limitant l'aide financière de l'État aux seuls partis politiques ayant recueilli plus de 3% des votes exprimés lors des précédentes élections législatives. Le juge européen précisa également que la Convention ne garantissait pas « *aux partis politiques ou à leurs membres le droit de recevoir une aide financière de l'État* »[1104]. Toujours dans un domaine voisin, la Commission EDH valida la législation française instaurant un plafonnement des dépenses de campagne des candidats à la députation et un mécanisme contrôlant son respect[1105]. En effet, ces dispositions « *tendent à assurer une certaine égalité entre les candidats et participent ainsi directement à la garantie de "la libre expression de l'opinion du peuple sur le choix du corps législatif"* ». La sanction d'inéligibilité pouvant résulter de leur application s'analyse « *comme un moyen pertinent de contraindre lesdits candidats au respect de ces règles* ».

Un litige plus complexe fut jugé par la Cour en matière de prohibition du financement d'un parti politique par une personne morale de droit étranger[1106]. En l'espèce, un parti français vit rejetée sa demande d'agrément d'association de financement au motif que l'essentiel de ses ressources était constitué de subventions du Parti nationaliste basque espagnol. La Cour estima rapidement qu'une mesure de ce type poursuivait le but légitime de « *défense de l'ordre* » (§43). Elle concéda également que « *l'interdiction du financement des partis politiques par des États étrangers* [était] *nécessaire à la préservation de la souveraineté nationale* » (§47). S'appuyant sur un avis détaillé de la Commission de Venise illustrant la grande diversité d'approches parmi les États du Conseil de l'Europe en matière de recueil de fonds étrangers par les partis politiques, la Cour considéra que l'impossibilité de percevoir des fonds de partis étrangers n'emportait pas violation de l'article 11 de la Convention. Elle souligna à cet égard que le parti requérant pouvait disposer d'autres sources de financement, tels que les cotisations de ses membres, les dons de personnes physiques, un soutien financier accordé par d'autres partis politiques français, voire le système de financement public. Dès lors, la restriction litigieuse ne fit que placer le parti « *dans une situation qui n'est autre que celle de tout petit parti politique désargenté* » (§51). Il est toutefois regrettable que la Cour ne se soit pas davantage prononcée sur « *le choix opéré par le législateur français de ne*

1103 *Tête c/ France (déc.)*, 9 décembre 1987, req. n°11123/84 ; *Fournier c/ France (déc.)*, 10 mars 1988, req. n°11406/85 ; *Tête c/ France (déc.)*, 10 mars 1988, req. n°11802/85.

1104 *New Horizons et autres c/ Chypre (déc.)*, 10 septembre 1998, req. n°40436/98. Voir aussi : *Orujov c/ Azerbaïdjan*, 26 juillet 2011, req. n°4508/06.

1105 *Masson c/ France (déc.)*, 14 septembre 1999, req.n°41944/98. Voir aussi : *Cheminade c/ France (déc.)*, 26 janvier 1999, req. n°31599/96.

1106 *Parti Nationaliste Basque – Organisation Régionale d'Iparralde c/ France*, 7 juin 2007, req. n°71251/01 ; *Dalloz*, 2007, p.3048, note Lécuyer (Y.).

pas faire d'exception à cette prohibition au profit des partis politiques constitués dans d'autres États membres de l'Union » (§48).

c. La prohibition des discriminations envers les minorités nationales

Une première application combinée du droit à des élections et de l'interdiction de la discrimination résulta de l'arrêt *Aziz c/ Chypre* rendu le 22 juin 2004 à propos d'un Chypriote turc interdit de voter dans la zone grecque de l'Ile[1107]. La Cour constata d'abord l'impossibilité, depuis 1963, de mettre en œuvre « *les articles de la Constitution relatifs à la représentation parlementaire de la communauté chypriote turque et aux quotas devant être respectés par les deux communautés* » et l'absence de mesure législative destinée à remédier à cette situation (§26). En conséquence, une violation de l'article 3P1 découla de l'incapacité pour le requérant « *d'exprimer son opinion quant au choix des membres du corps législatif du pays dont il est ressortissant et où il a toujours vécu* » (§29). Procédant ensuite à une lecture combinée des articles 3P1 et 14, le juge européen nota que la différence de traitement constatée était uniquement fondée sur l'appartenance du requérant à la communauté chypriote turque. Or, en l'absence « *de motifs objectifs et raisonnables propres à justifier pareille différence de traitement* » (§37), celle-ci constituait une discrimination entraînant une violation combinée des articles 3P1 et 14.

Un autre cas flagrant de discrimination dans la jouissance des droits électoraux en raison de l'origine ethnique fut traité dans l'arrêt de Grande Chambre *Sejdic et Finci c/ Bosnie-Herzégovine* du 22 décembre 2009[1108]. En l'espèce, deux requérants, un Rom et un Juif, ne purent se porter candidats à la présidence de la Bosnie-Herzégovine et à la Chambre des peuples de l'Assemblée parlementaire en application de dispositions constitutionnelles et législatives réservant ces postes électifs aux seules personnes appartenant aux trois « peuples constituants », à savoir les Bosniaques, les Croates et les Serbes. En premier lieu, quant aux élections à la Chambre des peuples, organe dont les membres sont élus au suffrage indirect et doté de pouvoirs législatifs conséquents, la Cour admit l'applicabilité de l'article 3P1. Elle nota également que les dispositions litigieuses, introduites à la suite des *Accords de Dayton* du 14 décembre 1995, visaient à rétablir la paix après

---

[1107] *Aziz c/ Chypre*, 22 juin 2004, req. n°69949/01, §26. Voir aussi : Comité DHNU, *Debreczeny c/ Pays-Bas*, 3 avril 1995, com. n°500/1992.

[1108] *Sejdic et Finci c/ Bosnie-Herzégovine*, Gr. Ch., 22 décembre 2009, req. 27996/06 et 34836/06 ; *JCP G*, 2010, n°3, p.66, chron. Sudre (F.) ; *AJDA*, 2010, p.1007, chron. Flauss (J.-F.) ; *American Journal of International Law*, 2010, n°204, p.636, obs. Milanovic (M.) ; Scholsem (J.-C.), « L'arrêt *Sejdic et Finci c. Bosnie-Herzégovine*. La Cour européenne des droits de l'homme face à une société ethnique », in *Liber Amicorum Michel Melchior*, Anthemis, 2010, pp.489-501.

« *un conflit brutal marqué par des faits de génocide et d'"épuration ethnique"* » (§45). Toutefois, la Cour insista sur les importants progrès constatés depuis cette date, notamment la réduction du risque d'un conflit armé, l'introduction d'un premier amendement à la Constitution, ou encore l'élection comme membre du Conseil de Sécurité des Nations Unies. En outre, s'il serait peut-être prématuré d'abandonner totalement les mécanismes de partage du pouvoir en vigueur, la Cour se référa aux avis de la Commission de Venise[1109] démontrant que d'autres mécanismes « *ne conduis*[ant] *pas automatiquement à l'exclusion totale des représentants des autres communautés* » étaient envisageables (§48). Enfin, l'arrêt rappela que la Bosnie-Herzégovine s'était engagée à revoir rapidement les dispositions en cause dans le cadre de son adhésion au Conseil de l'Europe en 2002 et de la ratification d'un *Accord de stabilisation et d'association* avec l'UE en 2008. Par conséquent, la Cour conclut que le maintien des discriminations en question emportait violation de l'article 14 combiné avec l'article 3P1.

En second lieu, quant aux élections à la présidence de la Bosnie-Herzégovine, les requérants se placèrent d'office sur le terrain de l'article 1er du Protocole 12 (1P12) du fait de l'inapplicabilité probable de l'article 3P1 à une élection présidentielle. Après avoir reconnu l'applicabilité de l'article 1P12, lequel « *énonce une interdiction générale de la discrimination qui va bien au-delà de la clause de l'article 14 puisqu'il garantit la jouissance sans discrimination de tout droit reconnu en droit interne* »[1110], la Cour releva une violation de cette disposition pour les raisons invoquées à l'égard de l'élection à la Chambre des peuples. Mais cette solution adoptée par une majorité écrasante risque d'être lourde de conséquences, car si la Cour peut se targuer d'« *avoir fait prévaloir, une fois de plus sans faiblesse, le principe de l'interdiction de la discrimination ethnique* »[1111], sans doute par peur de créer un dangereux précédent, « [l']*intérêt du rétablissement de la paix, pourtant reconnu comme but compatible avec les objectifs généraux de la Convention tels que reflétés dans son préambule,* [fut] *totalement occulté* »[1112]. Comme le rappela avec force l'opinion dissidente du juge Bonello, « [ces] *deux affaires peuvent apparaître comme les plus simples que la Cour ait jamais eues à traiter, mais en même temps elles sont peut-être parmi les plus insidieuses* ». A juste titre, le juge maltais mit en garde contre une Cour se croyant « *mieux placée que les autorités nationales pour déterminer à partir de quel moment on peut dire que les anciennes fractures se sont consolidées* », une Cour qui s'est « *sentie obligée de désavouer la*

1109 *Mémoire Amicus Curiae dans les affaires Sejdic et Finci c. Bosnie-Herzégovine (Requêtes n° 27996/06 et 34836/06) en instance devant la Cour Européenne des Droits de l'Homme*, 22 octobre 2008, CDL-AD(2008)27.

1110 *JCP G*, 2010, n°3, p.67, chron. Sudre (F.).

1111 *AJDA*, 2010, p.1007, chron. Flauss (J.-F.).

1112 *Ibid.*, p.1008.

Constitution de Dayton, mais [...] *n'a pas éprouvé la nécessité de la remplacer par quelque chose d'aussi propice à la paix* ». Les difficultés rencontrées par les autorités nationales pour réformer les dispositions condamnées illustrent clairement la complexité de cette affaire[1113].

Enfin, deux cas touchèrent des points particuliers des droits des minorités nationales en matière électorale[1114]. En premier lieu, à la suite d'une requête mettant en cause le refus d'enregistrement d'une liste de candidats rédigée en frison aux élections parlementaires néerlandaises, la Commission EDH aboutit à un constat d'irrecevabilité aux motifs « *que rien n'empêchait les requérants de soumettre une traduction en néerlandais de leur demande d'enregistrement du nom du parti et de la liste des candidats* », et que le droit d'utiliser une langue donnée pour un scrutin n'était protégé par aucune disposition de la Convention[1115]. En second lieu, la Cour estima que le refus d'enregistrement d'une association pouvait être fondé sur le choix par celle-ci de la dénomination d'« organisation d'une minorité nationale », laquelle pouvait permettre d'acquérir un statut particulier ouvrant droit à des privilèges électoraux[1116].

§3. Une protection de la liberté du suffrage et de la libre expression de la volonté de l'électeur

Les requêtes relatives à la liberté du suffrage portèrent sur le vote par correspondance (A) et, de façon plus résiduelle, sur le vote obligatoire (B) et l'intention de vote (C).

A. Le vote par correspondance

Dans une première affaire, la Commission EDH déclara irrecevable la requête formée par des ressortissants italiens résidant au Maroc et se plaignant de l'absence de dispositions dans la législation italienne autorisant le vote par correspondance ou au Consulat dont les expatriés relèvent. Elle estima qu'« *on ne saurait faire grief à l'Italie de ne pas adopter de telles mesures* » en raison des problèmes qu'ils soulèvent, « [c]*ertains pays* [considérant] *comme incompatible avec leur souveraineté nationale le fait de*

1113 Voir : APCE, Résolution 1725 (2010), *Besoin urgent d'une réforme constitutionnelle en Bosnie-Herzégovine*, 29 avril 2010 ; APCE, *Observation des élections générales en Bosnie-Herzégovine (3 octobre 2010)*, 11 novembre 2010, Doc.12432 ; *Résolution du Parlement européen sur la situation en Bosnie-et-Herzégovine*, 17 juin 2010, 2010/0238, §15.

1114 Voir aussi : *Magnago et Südtiroler Volkspartei c/ Italie (déc.)*, 15 avril 1996, req. n°25035/94 ; *Grosaru c/ Roumanie*, 2 mars 2010, req. n°78039/01.

1115 *Fryske Nasjionale Partij et autres c/ Pays-Bas (déc.)*, 12 décembre 1985, req. n°11100/84. Voir aussi : *Clerfayt, Legros et autres c/ Belgique (déc.)*, 17 mai 1985, req. n°10650/83 ; *Birk-Levy c/ France (déc.)*, 21 septembre 2010, req. n°39426/06.

1116 *Gorzelik c/ Pologne*, 17 février 2004, req. n°44158/98.

permettre aux étrangers d'exercer sur leur territoire des droits politiques à l'égard de l'État dont ils sont ressortissants »[1117]. Une autre requête, relative à des marins italiens auxquels on refusait la possibilité d'exprimer leur suffrage par correspondance, fut également jugée irrecevable par la Cour, faute de preuve d'un empêchement de voter à une élection précise[1118]. Mais c'est à l'occasion d'un litige relatif à l'impossibilité pour des ressortissants grecs expatriés d'exercer leur droit de suffrage par correspondance, que la Grande Chambre confirma la jurisprudence de la Commission, écartant la solution retenue en section[1119]. Au terme d'une étude de droit comparé approfondie qui l'amena à se pencher sur la *Convention américaine relative aux droits de l'Homme*, la *Charte africaine des droits de l'Homme et des peuples*, différents textes de la Commission de Venise et de l'APCE, ou encore la pratique de la majorité des États membres du Conseil de l'Europe, la Cour considéra qu'« *aucun des instruments juridiques examinés* [...] *ne permet*[tait] *de conclure que, en l'état actuel du droit, les États* [avaient] *l'obligation de rendre possible l'exercice du droit de vote par les citoyens résidant à l'étranger* »[1120]. En outre, bien qu'un article de la Constitution grecque habilite le législateur à fixer les modalités d'exercice du droit de vote pour les électeurs expatriés, « *il ne l'y oblige pas pour autant* » et ce n'est pas au juge européen « *d'indiquer aux autorités nationales à quel moment ni de quelle manière elles devraient mettre en œuvre* » cette disposition (§76). Enfin, même si les requérants « *entret*[enaient] *des liens continus et étroits avec la Grèce et suiv*[aient] *de près les développements politiques, économiques et sociaux dans leur pays, dans le but d'y participer activement* » (§79), les « *perturbations d'ordre financier, familial et professionnel* » découlant de l'obligation de se rendre en Grèce pour voter n'étaient pas « *disproportionnées au point d'atteindre le droit de vote en question dans sa substance même* » (§80).

B. Le vote obligatoire

A l'occasion d'une requête ancienne, un ressortissant autrichien invoquait une incompatibilité entre le principe de liberté des élections et l'obligation de voter, en vigueur dans le Land du Vorarlberg où il résidait. Mais la Commission EDH estima que le terme d'élections libres signifiait « *non des élections ou le vote n'est pas obligatoire, mais des élections où l'acte de faire un choix électoral est libre* »[1121]. Une autre affaire traita d'un requérant

---

[1117] *X. et Association Y. c/ Italie (déc.)*, 6 mai 1981, req. n°8987/80.
[1118] *Miccio et autres c/ Italie (déc.)*, 15 janvier 2002, req. n°47787/99.
[1119] *Sitaropoulos et autres c/ Grèce*, 8 juillet 2010, req. n°42202/07 ; *JCP G*, 2011, n°4, 2011, p.187, chron. Sudre (F.). Voir aussi : *Rapport sur le vote à l'étranger*, 24 juin 2011, CDL-AD(2011)022.
[1120] *Sitaropoulos et Giakoumopoulos c/ Grèce*, Gr. Ch., 15 mars 2012, req. n°42202/07, §75.
[1121] *X. c/ Autriche (déc.)*, 22 avril 1965, req. n°1718/62.

de même nationalité contestant une loi instituant une obligation de voter à l'élection du Président de la Fédération autrichienne sous peine de sanction pénale. Il reprochait notamment l'utilisation de bulletins officiels ne permettant pas selon lui de récuser l'un des deux candidats, mais contraignant à voter pour l'un ou pour l'autre. La Commission EDH déclara la requête irrecevable au motif que l'exigence en cause ne constituait qu'une obligation de se présenter aux urnes et que le requérant n'était pas obligé de choisir l'un des deux candidats indiqués sur le bulletin de vote officiel puisqu'il conservait la possibilité de déposer un bulletin blanc dans l'urne ou de rendre son bulletin non valable[1122].

C. L'intention de vote

Dans l'affaire *Parti Conservateur Russe des Entrepreneurs c/ Russie*, un requérant se plaignit de l'exclusion du parti politique pour lequel il souhaitait voter dans le cadre d'élections législatives, ce qui aurait obligé les partisans de ce parti à modifier leur choix, voire à ne pas voter du tout[1123]. Mais la Cour estima qu'une intention de vote contrariée ne pouvait être à l'origine d'une requête pour violation du droit de suffrage. En effet, une telle intention « *est essentiellement une démarche intellectuelle intervenant dans le for intérieur de la personne, et son existence ne peut être ni prouvée ni réfutée tant qu'elle ne s'est pas manifestée par l'acte consistant à voter ou à remettre un bulletin blanc ou nul* ». De surcroît, « *les préférences des électeurs ne sont pas figées mais peuvent évoluer avec le temps, sous l'influence des événements politiques et de la campagne électorale* » (§76). Un constat inverse ouvrirait la voie à un nombre virtuellement illimité de requêtes. Enfin, l'arrêt précisa que « *plus de vingt-cinq partis politiques et blocs électoraux représentant une large gamme d'opinions et de programmes politiques* » et que le requérant avait la possibilité de voter « contre tous les autres » (§80).

Section 2. La protection des conditions de mise en œuvre des principes du patrimoine électoral européen

Le Code de bonne conduite en matière électorale rappelle que « [la] *garantie des principes du patrimoine électoral européen n'est possible que si certaines conditions cadres sont remplies* »[1124]. Ces dernières ont trait au respect des droits fondamentaux, en particulier des droits de nature politique

---

[1122] *X. c/ Autriche (déc.)*, 22 mars 1972, req. n°4622/70.

[1123] *Parti Conservateur Russe des Entrepreneurs et autres c/ Russie*, 11 janvier 2007, req. n°55066/00 et 55638/00.

[1124] *Code de bonne conduite en matière électorale. Lignes directrices et rapport explicatif*, 5-6 juillet et 18-19 octobre 2002, CDL-AD(2002)23, Rapport explicatif, §58.

(§1), à la garantie d'une stabilité du droit électoral (§2), à l'instauration de garanties procédurales (§3) et, enfin, au choix du système électoral, pour lequel la Cour laisse une grande liberté de choix aux États parties (§4).

§1. Une protection des autres droits fondamentaux de nature politique

Le droit à des élections libres est un droit de nature transversale, il comporte des interactions nombreuses et croissantes avec d'autres droits garantis par la Convention, au premier rang desquelles se trouvent les libertés d'expression (A), d'association (B) et de réunion (C). La Cour estime ainsi qu'« [il] *existe indéniablement un lien entre* [les articles 10, 11 et 3P1], *à savoir la nécessité de garantir le respect du pluralisme d'opinions dans une société démocratique par l'exercice des libertés civiques et politiques* »[1125]. Le second paragraphe de ces dispositions précise que les restrictions aux droits visés doivent être prévues par la loi et constituer des mesures nécessaires dans une société démocratique à la poursuite de certains buts limitativement énumérés.

A. La liberté d'expression

Selon les termes employés par les organes de la Convention, la liberté d'expression « *constitue l'un des fondements essentiels d'une société démocratique, l'une des conditions primordiales de son progrès et de l'épanouissement de chacun* »[1126]. A cet égard, il importe de distinguer entre la liberté de propagande politique (1), la liberté d'expression du personnel politique (2) et la liberté de la presse en matière politique (3).

1. La liberté de propagande politique

Dans l'affaire *Bowman c/ Royaume-Uni*, une requérante fut condamnée pour la diffusion, en période préélectorale, de tracts anti-avortement destinés à inciter les électeurs de sa circonscription à voter en faveur d'un candidat opposé à cette pratique[1127]. Une loi interdisait en effet de « *le fait, pour toute personne non autorisée, de consacrer plus de 5 livres sterling (GBP), en période préélectorale, à la communication aux électeurs d'informations visant à favoriser ou à obtenir l'élection d'un candidat* » (§13). La Grande Chambre rappela en premier lieu que l'interdépendance et le renforcement mutuel existants entre les « *élections libres et la liberté d'expression,*

1125 *Zdanoka c/ Lettonie*, Gr. Ch., 16 mars 2006, req. n°58278/00, §115.

1126 *Lingens c/ Autriche*, 8 juillet 1986, req. n°9815/82, §41.

1127 *Bowman c/ Royaume-Uni*, Gr. Ch., 19 février 1998, req. n°24839/94 ; *RTDH*, 2000, n°41, p.54, obs. Levinet (M.). Voir aussi : *Sokolowski c/ Pologne*, 29 mars 2005, req. n°75955/01 ; *Donaldson c/ Royaume-Uni (déc.)*, 25 janvier 2011, req. n°56975/09.

notamment la liberté du débat politique », lesquels formaient « *l'assise de tout régime démocratique* », et nécessitaient, « *en période préélectorale, de permettre aux opinions et aux informations de tous ordres de circuler librement* » (§42). Toutefois, elle tempéra cette affirmation et reconnut que dans certains cas, au cours de la période électorale, il pouvait être nécessaire « *de prévoir certaines restrictions à la liberté d'expression, alors qu'elles ne seraient habituellement pas admissibles, afin de garantir "la libre expression de l'opinion du peuple sur le choix du corps législatif"* » (§43). En l'espèce, la Cour admit que la restriction litigieuse « *avait pour but légitime la protection des droits d'autrui, à savoir les candidats et les électeurs de la circonscription* » (§38). Néanmoins, la mesure fut jugée disproportionnée et emporta violation de l'article 10.

La jurisprudence strasbourgeoise reflète une conception plus restrictive de la liberté d'expression politique lorsqu'elle s'exerce au sein de la fonction publique. Elle tolère, sous certaines conditions, l'imposition d'une obligation de neutralité politique, voire de loyauté politique, aux fonctionnaires pouvant conduire à leur révocation. Ces restrictions peuvent notamment s'appliquer aux enseignants[1128], aux hauts-fonctionnaires[1129] ou encore aux membres des forces armées[1130]. Toutefois, une obligation de loyauté trop générale, appliquée « *de manière égale à tous les fonctionnaires, quels que soient leurs fonctions et leur rang* », et selon laquelle « *tout fonctionnaire, quelles que soient ses propres opinions sur la question, doit renoncer sans équivoque à tous les groupements et mouvements que les autorités compétentes jugent hostiles à la Constitution* » viole l'article 10 de la Convention[1131].

En matière d'interdiction de la propagande politique à la télévision, une affaire complexe concerna la validité, au regard des articles 10 et 3P1, d'un ordre ministériel interdisant à une chaîne de télévision irlandaise de diffuser toute déclaration du porte-parole du *Sinn Fein*. La Commission EDH conclut à l'irrecevabilité de la requête en soulignant que les restrictions en cause visaient à prévenir l'utilisation de ce type de médias par des organisations terroristes et leurs partisans. Le juge européen insista également sur la difficulté d'instaurer un contrôle effectif des informations diffusées par voie

---

1128 *Glasenapp c/ Allemagne*, 28 août 1986, req. n°9228/80 ; *Kosiek c/ Allemagne*, 28 août 1986, req. n°9704/82.

1129 *Ahmed et autres c/ Royaume-Uni*, 2 septembre 1998, req. n°22954/93

1130 *Rekvenyi c/ Hongrie*, Gr. Ch., 20 mai 1999, req. n°25390/94 ; *RTDH*, 2000, n°41, p.107, obs. Callewaert (J.).

1131 *Vogt c/ Allemagne*, Gr. Ch., 26 septembre 1995, req. n° 17851/91, §59 ; *AFDI*, 1995, p.498, chron. Coussirat-Coustère (V.) ; *Journal du Droit International*, 1996, p.242, chron. Decaux (E.) ; *RTDH*, 1996, n°27, p.405, obs. Sudre (F.) ; *RUDH*, 1996, p.24, chron. Levinet (M.).

de radio et de télévision en comparaison de la presse écrite[1132]. Un premier cas de violation de l'article 10 fut relevé au bénéfice d'une association suisse dédiée à la protection des animaux en raison du refus de la société privée chargée de la publicité télévisée en Suisse de diffuser leur spot télévisé[1133]. Ce refus était fondé sur le « *caractère manifestement politique* » du message litigieux (§12), en application de la loi suisse interdisant la propagande politique à la radio et à la télévision. La Cour considéra tout d'abord que la publicité en question avait une portée politique dans la mesure où elle traduisait « *des opinions controversées tenant à la société moderne en général, qui sont au centre de divers débats politiques* » (§57). Elle reconnut également que l'interdiction de diffusion visait un but légitime car elle « *servait à garantir* […] *l'indépendance du diffuseur, à préserver le débat politique d'une influence commerciale indue, à assurer une certaine égalité des chances entre les différentes forces sociales et à soutenir la presse écrite, qui demeurait libre de faire paraître des publicités à caractère politique* » (§61). Toutefois, cette interdiction sélective de la publicité politique n'apparaissait pas « *procéder d'un besoin particulièrement impérieux* » (§74) et l'association requérante ne constituait pas « *un puissant groupe financier qui, avec son projet de publicité, visait à restreindre l'indépendance du diffuseur, influencer l'opinion publique, ou compromettre l'égalité des chances entre les différentes forces sociales* » (§75). Elle « *souhaitait seulement participer au débat général en cours sur la protection et l'élevage des animaux* » (§75), et « *le seul moyen pour l'association requérante de toucher l'ensemble du public suisse était de passer par les programmes télévisés nationaux de la Société suisse de radiodiffusion, qui sont les seuls programmes diffusés dans tout le pays* » (§77). De surcroît, les publicités en cause ne présentaient pas « *un caractère perturbant* » expliquant leur interdiction de diffusion (§76). Ainsi, la Cour conclut à une violation de l'article 10 en l'espèce. Ce raisonnement fut fidèlement transposé dans un arrêt touchant de manière plus évidente au débat politique, relatif à une amende infligée à une chaine de télévision locale norvégienne pour avoir diffusé des messages publicitaires pour la section régionale d'un parti politique norvégien[1134].

2. Les limites à la liberté d'expression du personnel politique

Comme le souligna la Cour, « [p]*récieuse pour chacun, la liberté d'expression l'est tout particulièrement pour un élu du peuple ; il représente*

[1132] *Purcell et autres c/ Irlande*, 16 avril 1991, req. n°15404/89.
[1133] *VgT Verein Gegen Tierfabriken c/ Suisse*, 28 juin 2001, req. n°24699/94.
[1134] *TV Vest AS & Rogaland Pensjonistparti c/ Norvège*, 11 décembre 2008, req. n°21132/05 ; *RTDH*, 2010, n°81, p.163, obs. Vandeburie (A.).

ses électeurs, signale leurs préoccupations et défend leurs intérêts »[1135]. La liberté d'expression politique n'est cependant pas absolue et parmi les limites communément admises, figure l'incitation à la haine raciale ou à la violence. Ainsi, deux requérants néerlandais contestaient, d'une part, leur condamnation « *pour avoir été trouvés en possession, en vue de les distribuer, de tracts considérés comme incitant à la discrimination raciale* » et, d'autre part, le rejet de leurs candidatures aux élections municipales[1136]. Mais la Commission EDH leur opposa l'article 17 de la Convention, relatif à l'abus de droit. Cette déchéance de la protection conventionnelle fut appliquée en raison de l'idéologie véhiculée par le parti des requérants, fondée « *sur une conception du monde qui accorde à chaque nation un État* » et sur « *la conviction qu'il est de l'intérêt général d'un État que sa population soit ethniquement homogène* ». Le juge européen considéra qu'un tel projet politique constituait une incitation à la haine raciale, et que les requérants cherchaient à utiliser la Convention pour fonder un droit de se livrer à des activités contraires à la lettre et à l'esprit de la Convention et qui contribuerait à la destruction des droits et libertés garantis. Dans un sens comparable, la Cour déclara irrecevable la requête d'un élu local appartenant à une minorité nationale et condamné « *pour avoir incité, dans l'exercice de sa charge, à la haine nationale, raciale et religieuse, à la contestation et à l'intolérance* »[1137].

Dans une affaire *Piermont c/ France*, une députée européenne allemande, militante écologiste et pacifiste, fut expulsée de Polynésie française et interdite d'entrée en Nouvelle-Calédonie par les autorités françaises afin d'assurer « *la défense de l'ordre et l'intégrité du territoire* » (§70)[1138]. Quant à l'expulsion de Polynésie française, la Cour nota que les propos reprochés à la requérante, dénués d'appel « *à la violence ou au désordre* », furent « *tenus au cours d'une manifestation pacifique autorisée* » et « *s'inscrivai*[ent] *donc dans le cadre d'un débat démocratique en Polynésie* » (§77). De plus, son intervention ne provoqua aucun trouble ou désordre particulier. La Cour aboutit aux mêmes conclusions quant à l'interdiction d'entrée en Nouvelle-Calédonie et considéra qu'il y avait eu violation de l'article 10 dans les deux cas. Au cœur de l'affaire *Incal c/ Turquie*, se trouvait un membre du bureau d'un parti politique mettant en cause sa condamnation pénale du fait de sa contribution à la préparation d'un tract incitant prétendument à la

---

[1135] *Castells c/ Espagne*, 23 avril 1992, req. n°11798/85, §42.

[1136] *Glimmerveen et Hagenbeek c/ Pays-Bas (déc.)*, 11 octobre 1979, req. n°8348/78 et 8406/78.

[1137] *Osmani et autres c/ « ex-République yougoslave de Macédoine » (déc.)*, 11 octobre 2001, req. n°50841/99. Voir aussi : *Le Pen c/ France (déc.)*, 20 avril 2010, req. n°18788/09 ; *Gollnisch c/ France (déc.)*, 7 juin 2011, req. n°48135/08. Pour une application nettement plus discutable, voir : *Willem c/ France*, 16 juillet 2009, req. n°10883/05.

[1138] *Piermont c/ France*, 27 avril 1995, req. n°15773/89 et 15774/89 ; *RTDH*, 1996, n°27, p.353, note Flauss (J.-F.) ; *RUDH*, 1996, p.22, chron. Levinet (M.).

violence[1139]. La Cour précisa que la liberté d'expression était particulièrement précieuse « *pour les partis politiques et leurs membres actifs* », lesquels « *représentent leurs électeurs, signalent leurs préoccupations et défendent leurs intérêts* ». Dès lors, « *des ingérences dans la liberté d'expression d'un homme politique, membre d'un parti de l'opposition* », nécessitaient la mise en œuvre d'un contrôle strict (§46). De plus, « [les] *limites de la critique admissible sont plus larges à l'égard du gouvernement que d'un simple particulier, ou même d'un homme politique* » (§54). En l'espèce, la Cour conclut à une violation de la liberté d'expression après avoir relevé que les tracts litigieux « *ne sauraient* […], *lus dans leur contexte, passer pour une incitation à l'usage de la violence, à l'hostilité ou à la haine entre citoyens* » (§50) et que la peine infligée au requérant, notamment un emprisonnement, était particulièrement radicale. Une violation de l'article 6§1 fut également relevée au motif que le requérant, un civil, fut jugé « *devant une juridiction composée, même en partie seulement, de militaires* » (§72)[1140]. En outre, comme cela fut souligné dans une affaire *Castells c/ Espagne*, les ingérences dans la liberté d'expression d'un parlementaire de l'opposition critiquant le gouvernement par voie de presse « *commandent à la Cour de se livrer à un contrôle des plus stricts* »[1141].

La diffamation constitue l'autre principale limite à la liberté d'expression du personnel politique, comme l'illustra une décision d'irrecevabilité rendue à l'égard d'une femme politique contestant sa condamnation pour ce motif. En l'espèce, la requérante devait se confronter à une adversaire politique dans le cadre d'un débat télévisé. Mais, face à l'absence de cette dernière, la requérante la qualifia en direct de voleuse et l'accusa de s'être volontairement abstenue de participer au débat. La Cour estima qu'il avait été conforme à l'article 10 de la Convention d'infliger à la requérante un avertissement officiel, publié dans un journal, et de la condamner à financer un spot télévisé de 50 secondes permettant à la personne diffamée de démentir les propos litigieux[1142].

3. La liberté de la presse en matière politique

Les organes de la Convention ont élaboré une jurisprudence particulièrement protectrice de la liberté d'expression par voie de presse, résultant en une « *valorisation spectaculaire de la liberté de la presse* »[1143]. Dans une affaire *Lingens c/ Autriche*, un journaliste autrichien contesta sa

---

1139 *Incal c/ Turquie*, 9 juin 1998, req. n°41/1997/825/1031.
1140 Voir aussi : *Güzel c/ Turquie (n°1)*, 4 avril 2006, req. n°54479/00.
1141 *Castells c/ Espagne*, 23 avril 1992, req. n°11798/85, §42-43.
1142 *Vitrenko et autres c/ Ukraine (déc.)*, 16 décembre 2008, req. n°23510/02.
1143 *GACEDH*, p.650.

condamnation pour diffamation du Chancelier fédéral[1144] en vertu d'une législation poursuivant, selon la Cour, le but légitime de protection de la réputation ou des droits d'autrui. Le juge européen effectua un rappel de certains principes dégagées par sa jurisprudence, notamment le fait que « *le pluralisme, la tolérance et l'esprit d'ouverture sans lesquels il n'est pas de "société démocratique"* » nécessitaient de protéger la liberté d'expression « *non seulement pour les "informations" ou "idées" accueillies avec faveur ou considérées comme inoffensives ou indifférentes, mais aussi pour celles qui heurtent, choquent ou inquiètent l'État ou une fraction quelconque de la population* »[1145]. De plus, « [c]*es principes revêtent une importance spéciale pour la presse* »[1146], à laquelle il revient « *de communiquer des informations et des idées sur les questions débattues dans l'arène politique* » (§41). Après avoir considéré que « *la liberté de la presse fourni*[ssait] *à l'opinion publique l'un des meilleurs moyens de connaître et juger les idées et attitudes des dirigeants* », la Cour estima que « *les limites de la critique admissible* [étaient] *plus larges à l'égard d'un homme politique, visé en cette qualité, que d'un simple particulier* », puisque le premier s'exposait « *inévitablement et consciemment à un contrôle attentif de ses faits et gestes tant par les journalistes que par la masse des citoyens* ». L'homme politique peut également bénéficier d'une protection de sa réputation, mais il doit « *montrer une plus grande tolérance* » (§42). En outre, les écrits litigieux s'inscrivaient dans le cadre d'« *une controverse politique post-électorale* » au cours de laquelle les protagonistes utilisèrent des moyens « *ne présent*[ant] *rien d'inhabituel dans les durs combats de la vie politique* » (§43). De surcroît, les propos du requérant ne s'analysaient pas comme une évocation de faits, dont la véracité pourrait se prouver, mais comme des jugements de valeur et ne se prêtaient donc pas « *à une démonstration de leur exactitude* » (§46). Dès lors, la restriction litigieuse fut disproportionnée et viola l'article 10 de la Convention.

La jurisprudence européenne démontre une tolérance à l'égard de la liberté de la presse en matière politique d'autant plus grande que les propos tenus par les hommes politiques apparaissent choquants, sont formulés « *dans un style incisif, provocateur et* [...] *plutôt polémique* »[1147], ou qu'ils

---

[1144] *Lingens c/ Autriche*, 8 juillet 1986, req. n°9815/82. Voir aussi : *Krone Verlag GmbH & Co. Kg c/ Autriche*, 26 fécrier 2002, req. n°34315/96 ; *Unabhängige Initiative Informationsvielfalt c/ Autriche*, 26 février 2002, req. n°28525/95 ; *Colombani et autres c/ France*, 25 juin 2002, req. n°51279/99 ; *RTDH*, 2003, n°55, p.982, obs. Wachsmann (P.) ; *Vides Aizsardzības Klubs c/ Lettonie*, 27 mai 2004, req. n°57829/00 ; *Lyachko c/ Ukraine*, 10 août 2006, req. n°21040/02 ; *Dupuis et autres c/ France*, 7 juin 2007, req. n°1914/02 ; *Fatullayev c/ Azerbaïdjan*, 22 avril 2010, req. n°40984/07. En matière de satire, voir : *Alves da Silva c/ Portugal*, 20 octobre 2009, req. n°41665/07.

[1145] *Handyside c/ Royaume-Uni*, 7 décembre 1976, req. n° 5493/72, §49.

[1146] *Sunday Times c/ Royaume-Uni*, 26 avril 1979, req. n°6538/74, §65.

[1147] *Lopes Gomes da Silva c/ Portugal*, 28 septembre 2000, req. n°37698/97, §35.

constituent « *des déclarations publiques pouvant prêter à critique* »[1148]. Dès lors, ces derniers s'exposent volontairement « *à une réaction virulente des journalistes et du public* »[1149]. La Cour prend également en compte le fait que le débat litigieux soit « *susceptible d'avoir des répercussions sur l'évolution démocratique ultérieure* » de l'État concerné[1150]. Enfin, la liberté de la presse en matière politique « *vise également la contestation radicale de la politique gouvernementale – y compris dans le contexte de la lutte contre le terrorisme – sous réserve que les opinions émises n'incitent pas à la violence* »[1151].

B. La liberté d'association à des fins politiques

Bien que l'énoncé de l'article 11 ne fasse pas mention des partis politiques, « *la liberté d'association vaut, au premier chef, pour les partis politiques* » selon Frédéric Sudre[1152]. En raison du « *projet de modèle global de société qu'ils proposent et par leur capacité de réaliser ces projets une fois arrivés au pouvoir, les partis politiques se distinguent des autres organisations intervenant dans le domaine politique* »[1153] et font donc l'objet d'une protection spécifique de la part du juge européen. La Cour estime que, « *malgré son rôle autonome et la spécificité de sa sphère d'application, l'article 11 doit s'envisager aussi à la lumière de l'article 10* »[1154]. Joël Andriantsimbazovina précise que « *la lecture triangulaire des articles 10 et 11 de la Convention et de l'article 3 du Protocole 1 place les partis politiques au centre de gravité de la vie politique et fait de ces partis les pourvoyeurs inlassables du débat politique, cœur et ossature de la notion de "société démocratique"* »[1155].

[1148] *Oberschlick c/ Autriche (n°2)*, 1er juillet 1997, req. n°47/1996, §29 ; *RTDH*, 1998, n°35, p.593, obs. Peyrou-Pistoulet (S.). Voir aussi : *Scharsach et News Verlagsgesellschaft mbH c/ Autriche*, 13 novembre 2003, req. n°39394/98.

[1149] *Oberschlick c/ Autriche*, 23 mai 1991, req. n°11662/85, §61 ; *RTDH*, 1992, n°11, p.383, obs. Lambert (P.).

[1150] *Feldek c/ Slovaquie*, 12 juillet 2001, req. n°29032/95, §81.

[1151] *GACEDH*, p.658. Voir notamment : *Sürek c/ Turquie*, 8 juillet 1999, req. n°26682/95

[1152] Sudre (F.), *Droit européen et international des droits de l'homme*, *op.cit.*, p.614. Voir aussi : *Guidelines on political party regulation*, OSCE-ODIHR & Venice Commission, 2011.

[1153] Blet (R.), « La promotion des partis non démocratiques et les médias », *in* Lambert (P.) (dir.), *Les partis liberticides et la Convention européenne des droits de l'homme*, Bruylant, 2005, p.26.

[1154] *Parti Communiste Unifié de Turquie et autres c/ Turquie*, 30 janvier 1998, req. n°19392/92, §42 ; *GACEDH*, pp.695 et s.

[1155] *GACEDH*, p.702.

C'est par un arrêt *Parti Communiste Unifié de Turquie et autres c/ Turquie*[1156] que la Cour de Strasbourg consacra l'entrée des partis politiques dans le domaine de protection de la liberté d'association. Elle justifia cette décision par le fait que les partis politiques étaient « *une forme d'association essentielle au bon fonctionnement de la démocratie* », laquelle occupe une place cruciale dans le système de la Convention (§25). En l'espèce, le parti requérant fut dissout une dizaine de jours après sa création, notamment pour avoir adopté, dans le nom du parti, le terme prohibé « communiste » et « *poursuivi des activités propres à porter atteinte à l'intégrité territoriale de l'État et à l'unité de la nation* » (§9). Cette dissolution eut également pour effet d'interdire aux fondateurs et dirigeants du parti d'exercer des fonctions similaires dans toute autre formation politique. Il ressortit de l'arrêt l'affirmation « *d'une marge d'appréciation réduite, laquelle se double d'un contrôle européen rigoureux* » en matière de liberté d'association des partis politiques, notamment « *quand il s'agit de la dissolution de tout un parti politique et de l'interdiction frappant ses responsables d'exercer à l'avenir toute autre activité similaire* » (§46). La Cour précisa que « *le nom que se donne un parti politique ne saurait, en principe, justifier une mesure aussi radicale que la dissolution, à défaut d'autres circonstances pertinentes et suffisantes* » (§54). Après avoir examiné le programme du parti requérant, elle conclut que la « *dissolution immédiate et définitive* [de celui-ci] *prononcée avant même ses premières activités et assortie d'une interdiction pour ses dirigeants d'exercer toute autre responsabilité politique* » avait violé l'article 11. Il sera le premier d'une longue série d'arrêts de condamnation relatifs à la dissolution d'un parti politique turc[1157].

Néanmoins, la protection accordée par la Convention aux partis politiques n'est pas illimitée, comme le démontra avec force l'affaire *Refah Partisi c/ Turquie*[1158]. La Grande Chambre estima qu'un parti politique pouvait « *promouvoir un changement de la législation ou des structures légales ou constitutionnelles de l'État à deux conditions : 1. les moyens utilisés à cet effet doivent être légaux et démocratiques ; 2. le changement*

[1156] *Parti Communiste Unifié de Turquie et autres c/ Turquie*. Voir aussi : *Parti Communiste d'Allemagne c/ R.F.A. (déc.)*, 20 juillet 1957, req. n°250/57 ; *Parti Républicain de Russie c/ Russie*, 12 avril 2011, req. n°12976/07.

[1157] *Parti Socialiste et autres c/ Turquie*, 25 mai 1998, req. n°21237/93 ; *Parti de la Liberté et de la Démocratie (ÖZDEP) c/ Turquie*, 8 décembre 1999, req. n°23885/94 ; *Yazar et autres c/ Turquie*, 9 avril 2002, req. n°22723/93, 22724/93 et 22725/93 ; *Dicle pour le Parti de la Démocratie (DEP) c/ Turquie*, 10 décembre 2002, req. n°25141/94 ; *Parti de la Démocratie et de l'Evolution et autres c/ Turquie*, 26 avril 2005, req. n°39210/98 et 39974/98.

[1158] *Refah Partisi (Parti de la prospérité) et autres c/ Turquie*, Gr. Ch., 13 février 2003, req. n°41340/98, 41342/98, 41343/98 et 41344/98 ; *GACEDH*, pp.622 et s. ; *RFDC*, 2004/1, n° 57, p.207, note Levinet (M.). Voir aussi : Dupeux (J.-Y.), « La dissolution des partis liberticides dans la jurisprudence de la Cour européenne », *in* Lambert (P.) (dir.), *Les partis liberticides et la Convention européenne des droits de l'homme*, *op.cit.*, pp.75 et s.

proposé doit lui-même être compatible avec les principes démocratiques fondamentaux ». En conséquence, « *un parti politique dont les responsables incitent à recourir à la violence ou proposent un projet politique qui ne respecte pas la démocratie ou qui vise la destruction de celle-ci ainsi que la méconnaissance des droits et libertés qu'elle reconnaît, ne peut se prévaloir de la protection de la Convention contre les sanctions infligées pour ces motifs* » (§98), ce qui laisse à penser qu'une application de l'article 17 eut été envisageable[1159]. Dans son évaluation de la présence d'un besoin social impérieux sous-tendant la dissolution d'un parti politique, la Cour se concentre sur trois critères, à savoir « *i. s'il existe des indices montrant que le risque d'atteinte à la démocratie, sous réserve d'être établi, est suffisamment et raisonnablement proche ; ii. si les actes et discours des dirigeants et des membres du parti politique pris en considération dans le cadre de l'affaire sont imputables à l'ensemble du parti ; iii. si les actes et les discours imputables au parti politique constituent un tout qui donne une image nette d'un modèle de société conçu et prôné par le parti, et qui serait en contradiction avec la conception d'une "société démocratique"* » (§104). En l'espèce, la conventionalité de la dissolution du principal parti politique turc fut admise car ce dernier visait à instaurer le système multi juridique de la *Shari'a* et un régime théocratique. Or, un tel projet politique était manifestement incompatible avec l'idéal démocratique de la Convention EDH et avec le principe de laïcité turc. Au terme d'une « *démonstration* [qui] *impose le respect* », il est appréciable que « *la Cour de Strasbourg n'*[ait] *pas tergiversé à l'occasion de la première affaire où se posait devant elle, de façon frontale, la question de la conformité à la CEDH de l'éventuelle instauration, au sein d'un pays membre du Conseil de l'Europe, d'un État religieux* »[1160]. Dans un sens comparable, la dissolution peut être justifiée par les liens qu'entretient un parti politique avec une organisation terroriste, dont il ressort que ses actes et ses discours reflètent « *une image nette d'un modèle de société* [...] *en contradiction avec le concept de "société démocratique"* » et présentent « *un fort danger pour la démocratie* »[1161]. De plus, le fait pour les membres d'un tel parti de ne pouvoir présenter leur candidature sous l'étiquette de la formation dissoute n'enfreint pas l'article 3P1[1162].

[1159] Levinet (M.), « Le pluralisme confronté à la clause d'interdiction de l'abus de droit de l'article 17 de la Convention Européenne des Droits de l'Homme », *in* Levinet (M.) (dir.), *Pluralisme et juges européens des droits de l'homme*, Bruylant, 2011, pp.141-142.

[1160] Levinet (M.), *RFDC*, 2004, n° 57, p.221.

[1161] *Herri Batasuna et Batasuna c/ Espagne*, 30 juin 2009, req. n°25803/04 et 25817/04, §91-93.

[1162] *Etxeberria, Barrena Arza, Nafarroako Autodeterminazio Bilgunea et Aiarako et autres c/ Espagne*, 30 juin 2009, req. n°35579/03, 35613/03, 35626/03 et 35634/03 ; *Herritarren Zerrenda c/ Espagne*, 30 juin 2009, req. n°43518/04 ; *Aukera Gutziak c/ Espagne (déc.)*, 9 février 2010, req. n°36623/05

La liberté d'association impliquant également le droit de fonder un parti politique, la Cour encadre étroitement les formalités d'enregistrement de ces formations. L'évaluation de l'existence d'un besoin social impérieux justifiant le refus d'enregistrement se fonde sur les mêmes critères qu'en matière de dissolution[1163]. Il s'agit d'une mesure radicale, devant être prévue par la loi[1164] et applicable seulement aux cas les plus graves. Dès lors, en « *l'absence de projet politique* [...] *de nature à compromettre le régime démocratique dans le pays et/ou à l'absence d'une invitation ou d'une justification de recours à la force à des fins politiques* », la Cour estime que le refus d'enregistrement porte atteinte à la liberté d'association[1165]. De même, le projet politique d'un parti peut préconiser l'autonomie, voire la sécession d'une région, sans être automatiquement en contradiction avec les principes de la démocratie et justifier un refus d'enregistrement[1166].

Enfin, dans une affaire touchant à la fois à la liberté d'association et à la liberté de réunion pacifique, la Cour précisa que le caractère provisoire d'une interdiction d'activités infligée à un parti politique n'était pas « *un élément déterminant s'agissant de la proportionnalité de cette mesure car même une interdiction provisoire* [pouvait] *avoir un "effet inhibiteur" sur l'exercice par le parti de sa liberté de s'exprimer et de poursuivre ses buts politiques* », particulièrement si la mesure fut prise à la veille d'un scrutin[1167].

C. La liberté de réunion pacifique

Le droit de réunion pacifique constitue « *un droit fondamental dans une société démocratique* » et, à l'image de la liberté d'expression à laquelle il est étroitement lié[1168], l'un des fondements de cette société. L'article 11 englobe « *à la fois les réunions privées et les réunions sur la voie publique* »[1169]. En matière de réunion privée, « *il incombe aux autorités publiques de garantir le bon fonctionnement d'une association ou d'un parti politique, même quand ceux-ci heurtent ou mécontentent des éléments hostiles aux idées ou revendications légales qu'ils veulent promouvoir* » afin

---

1163 *Partidul Comunistilor (Nepeceristi) et Ungureanu c/ Roumanie*, 3 février 2005, req. n°46626/99, §48.
1164 *Parti Présidentiel de Mordovie c/ Russie*, 5 décembre 2004, req. n°65659/01.
1165 *Linkov c/ République Tchèque*, 7 décembre 2006, req. n°10504/03, §45.
1166 *Organisation Macédonienne Unie Ilinden – Pirin et autres c/ Bulgarie*, 20 octobre 2005, req. n°59489/00.
1167 *Parti Populaire Démocrate-chrétien c/ Moldavie*, 14 février 2006, req. n°28793/02, §77.
1168 Voir aussi : *Rai, Allmond et « Negotiate Now » c/ Royaume-Uni (déc.)*, 6 avril 1995, req. n° 25522/94.
1169 *Rassemblement Jurassien et Unité Jurassienne c/ Suisse (déc.)*, 10 octobre 1979, req. n°8191/78 ; *Guidelines on Freedom of Peaceful Assembly*, 2e éd., OSCE-ODIHR, 2010 ; *Handbook on Monitoring Freedom of Peaceful Assembly*, OSCE-ODIHR, 2011.

de ne pas « *dissuader d'autres associations ou partis politiques de s'exprimer ouvertement sur des sujets brûlants de la collectivité* » par crainte des « *brutalités que leur infligeraient leurs adversaires* » (§37)[1170]. Quant aux réunions sur la voie publique, qui incluent également les défilés publics, il est possible « *de les soumettre à une procédure d'autorisation* », ne serait-ce que pour permettre aux autorités nationales « *de s'assurer du caractère pacifique d'une réunion* »[1171]. La liberté de réunion pacifique appartient à tous ceux ayant l'intention d'organiser une réunion pacifique et le fait que des tiers envisagent la tenue d'une contre-manifestation violente n'entraîne pas la perte de cette liberté[1172]. En effet, « *le droit de contre-manifester ne saurait aller jusqu'à paralyser l'exercice du droit de manifester* »[1173]. En conséquence, « *une liberté réelle et effective de réunion pacifique ne s'accommode pas d'un simple devoir de non-ingérence de l'État* », mais « *appelle parfois des mesures positives, au besoin jusque dans les relations interindividuelles* » (§32). Le caractère pacifique de la réunion, déterminant pour bénéficier de la protection conventionnelle, fait défaut lorsque « *les organisateurs ou les participants ont des intentions de violence qui conduisent à des troubles publics* »[1174]. Quant aux décisions d'interdiction, la Cour estime que « [des] *mesures radicales de nature préventive visant à supprimer la liberté de réunion et d'expression en dehors des cas d'incitation à la violence ou de rejet des principes démocratiques – aussi choquants et inacceptables que peuvent sembler certains points de vue ou termes utilisés aux yeux des autorités, et aussi illégitimes les exigences en question puissent-elles être – desservent la démocratie, voire, souvent, la mettent en péril* » et emportent violation de l'article 11[1175].

Enfin, la Cour accorde une place éminente à la liberté de participer à une réunion pacifique autorisée dont il découle « *qu'elle ne peut subir une quelconque limitation, même pour un avocat, dans la mesure où l'intéressé ne commet par lui-même, à cette occasion, aucun acte répréhensible* »[1176]. Une autre illustration de cette protection, liée à la liberté de circulation, résulta du constat de violation de l'article 11 du fait de l'absence « *de loi applicable* [règlementant] *la délivrance aux Chypriotes turcs résidant dans le nord de Chypre d'autorisations de traverser la ligne "verte" pour se rendre dans le sud de l'île afin de se réunir pacifiquement avec des Chypriotes grecs* »[1177].

1170 *Ouranio Toxo et autres c/ Grèce*, 20 octobre 2005, req. n°74989/01.
1171 *Rassemblement Jurassien et Unité Jurassienne c/ Suisse (déc.)*.
1172 *Christians against Racism and Facism c/ Royaume-Uni (déc.)*, 16 juillet 1980, req. n°8440/78.
1173 *Plattform « Artze für das Leben » c/ Autriche*, 21 juin 1988, req. n°10126/82.
1174 *G. c/ R.F.A. (déc.)*, 6 mars 1989, req. n°13079/87.
1175 *Güneri et autres c/ Turquie*, 12 juillet 2005, req. n°42853/98, 43609/98 et 44291/98, §76.
1176 *Ezelin c/ France*, 26 avril 1991, req. n°11800/85, §53 ; *GACEDH*, pp.687 et s.
1177 *Djavit An c/ Turquie*, 20 février 2003, req. n°20652/92, §67.

§2. Une protection de la stabilité du droit électoral

Aux termes du *Code de bonne conduite en matière électorale*, « [l]*es éléments fondamentaux du droit électoral* [...] *ne devraient pas pouvoir être modifiés moins d'un an avant une élection, ou devraient être traités au niveau constitutionnel ou à un niveau supérieur à celui de la loi ordinaire* »[1178]. Dans l'affaire *Petkov et autres c/ Bulgarie*, une loi de lustration, autorisant les partis politiques à radier de leurs listes respectives des candidats désignés comme collaborateurs des anciens services de sécurité de l'État, fut adoptée environ deux mois avant des élections législatives[1179]. Moins de deux semaines avant le scrutin, il fut décidé que le rejet des candidatures pour ce motif pouvait être effectué par les commissions électorales régionales, mais cette décision fut annulée par la Cour administrative suprême quatre jours avant l'échéance électorale. Les candidatures des trois requérants furent radiées par une commission électorale régionale en vertu de la loi de lustration, mais ces radiations furent par la suite déclarées nulles et non avenues conformément à l'arrêt de la juridiction suprême. Cependant, les requérants ne furent pas réinscrits sur la liste des candidats et ne purent participer au scrutin. La Cour conclut à une violation de l'article 3P1 au motif que les difficultés pratiques auxquelles les autorités électorales furent confrontées, à l'origine de la non-réinscription des candidats, résultèrent de l'adoption d'une loi électorale et de modalités d'application à une date trop proche de l'échéance électorale, en contradiction avec les recommandations du Conseil de l'Europe concernant la stabilité de la législation électorale. Cette stabilité s'avère essentielle au respect du principe de confiance légitime[1180].

§3. L'instauration de garanties procédurales

Diverses garanties procédurales furent consacrées par la jurisprudence européenne en matière électorale. Elles portent sur la composition et le fonctionnement de l'administration électorale (A), l'équité procédurale et la clarté du droit électoral (B), le droit d'exercer son mandat une fois élu (D) et l'existence d'un système de recours effectif, notamment quant à l'annulation d'un scrutin (E). Enfin, bien que la Cour ne se soit jamais prononcée sur l'observation des élections, une requête aborda directement la question (C).

[1178] *Code de bonne conduite en matière électorale. Lignes directrices et rapport explicatif*, 5-6 juillet et 18-19 octobre 2002, CDL-AD(2002)23, Lignes directrices, II.2.b.

[1179] *Petkov et autres c/ Bulgarie*, 11 juin 2009, req. n°77568/01, 178/02 et 505/02. Voir aussi : *Zdanoka c/ Lettonie*, Gr. Ch., 16 mars 2006, req. n°58278/00 ; *Paschalidis, Koutmeridis et Zaharakis c/ Grèce*, 10 avril 2008, req. n°27863/05, 28422/05 et 28028/05 ; *Parti Travailliste Géorgien c/ Géorgie*, 8 juillet 2008, req. n°9103/04 ; *Tanase c/ Moldavie*, Gr. Ch., 27 avril 2010, req. n°7/08 ; *Sitaropoulos et autres c/ Grèce*, 8 juillet 2010, req. n°42202/07.

[1180] *Lykourezos c/ Grèce*, 15 juin 2006, req. n°33554/03.

A. La composition et le fonctionnement de l'administration électorale

Dans l'affaire *Parti Travailliste Géorgien* précitée, le requérant estimait que la composition des commissions électorales était inéquitable du fait de la présence majoritaire de membres liés au parti au pouvoir[1181]. Au terme d'une étude la législation applicable en la matière au sein de divers États membres du Conseil de l'Europe, la Cour estima qu'il n'existait pas de système uniforme quant à la composition et au fonctionnement des commissions électorales. Une marge d'appréciation doit être ménagée aux États à cet égard afin qu'ils organisent leur administration électorale selon des critères historiques et politiques qui leurs sont propres. En l'espèce, la Cour jugea que « *la composition des commissions électorales* [révélait] – *à tous les niveaux – des lacunes dans le système des freins et contrepoids aux pouvoirs présidentiels et montr*[ait] *que ces commissions ne pouvaient guère faire preuve d'indépendance par rapport aux pressions politiques extérieures* ». Cependant, en l'absence de « *preuve d'un cas concret d'abus de pouvoir ou de fraude électorale commis au sein d'une commission électorale* » au détriment du requérant, aucune violation du droit à des élections libres ne fut relevée (§110).

B. L'équité procédurale et la clarté du droit électoral

Ces deux questions sont intimement liées dans la mesure où un manque de clarté du droit électoral implique une importante liberté d'interprétation laissée aux autorités électorales nationales. Celle-ci risque d'entraîner une interprétation arbitraire des dispositions légales, à l'origine d'une atteinte dans la jouissance des droits électoraux et d'une violation du principe de confiance légitime[1182]. À la faveur de la décision *Gantchev c/ Bulgarie*, la Commission EDH jugea dans un premier temps qu'aucune garantie procédurale dans le contrôle de l'éligibilité au Parlement d'un candidat ne pouvait être déduite de la Convention[1183]. Mais cette affirmation fit l'objet d'un revirement de jurisprudence dans l'arrêt *Podkolzina c/ Lettonie*, à l'origine du premier constat de violation du droit d'éligibilité[1184]. En l'espèce, la requérante, membre de la minorité russophone de Lettonie, figurait sur une liste de candidats aux élections législatives. Cependant, après l'enregistrement de la liste par la Commission électorale centrale, elle fut soumise à une série d'examens inopinés portant sur sa maîtrise de la langue

---

1181 *Parti Travailliste Géorgien c/ Géorgie*, 8 juillet 2008, req. n°9103/04.

1182 *Adamsons c/ Lettonie*, 24 juin 2008, req. n°3669/03.

1183 *Gantchev c/ Bulgarie (déc.)*, 25 novembre 1996, req. n°28858/96.

1184 *Podkolzina c/ Lettonie*, 9 avril 2002, req. n°46726/99 ; *AJDA*, 2002, p.500, chron. Flauss (J.-F.) ; *American Journal of International Law*, 2003, p.664, obs. Hoffmeister (F.) ; *RFDC*, 2003, p.425, chron. Levinet (M.).

lettone, en dépit du certificat officiel de connaissance de cette langue qu'elle avait fourni. A la suite de ces tests, elle fut rayée de la liste des candidats en raison de son prétendu niveau insuffisant en letton, à la différence des huit autres candidats effectivement examinés. La Cour estima d'abord qu'il ne lui appartenait pas de « *prendre position sur le choix de la langue de travail d'un parlement national* » et que « *le fait d'exiger qu'un candidat aux élections des membres du parlement national ait une connaissance suffisante de la langue officielle poursui*[vait] *un but légitime* » (§34). Après avoir émis « *les plus grands doutes quant à la base légale* » de ce nouvel examen linguistique, lequel porta essentiellement sur les opinions politiques de l'intéressée, l'arrêt conclut « *qu'en l'absence de toute garantie d'objectivité et quel qu'*[ait été] *le but poursuivi par ce deuxième examen, la procédure appliquée à la requérante* [fut] *en tout état de cause incompatible avec les exigences d'équité procédurale et de certitude légale à respecter en matière d'éligibilité de candidats* » (§36). Une lecture comparée de cet arrêt avec la décision antérieurement rendue par le Comité DHNU dans une affaire similaire témoigne d'une convergence de vues entre les deux institutions[1185].

L'arrêt *Podkolzina* peut également être rapproché de trois affaires concernant l'Azerbaïdjan dans lesquelles la Cour releva des violations de la clause politique en raison du rejet de candidatures, au terme d'une procédure expéditive et arbitraire, pour cause d'activités de campagne illégales[1186]. Similairement, le manque de garanties procédurales dans la détermination de l'éligibilité des candidats à une élection fut sanctionné dans des affaires relatives à des conditions de résidence[1187] et de déclaration préalable de patrimoine[1188]. Dans une affaire *Kovach c/ Ukraine*, la Cour critiqua l'imprécision des dispositions du droit électoral relatives aux conditions d'annulation des résultats électoraux au sein des circonscriptions, aboutissant à une décision arbitraire de la Commission électorale[1189]. Elle fit un constat similaire dans l'affaire *Seyidzade c/ Azerbaïdjan* à propos d'une loi instaurant une inéligibilité pour les personnes membres du clergé engagées dans une activité religieuse professionnelle[1190]. La clarté insuffisante du droit électoral fut déterminante dans la violation de l'article 3P1 relevée dans

---

1185 Comité DHNU, *Ignatane c/ Lettonie*, 25 juillet 2001, com. n°884/1999.

1186 *Abil c/ Azerbaïdjan*, 21 février 2012, req. n°16511/06 ; *Khanhuseyn Aliyev c/ Azerbaïdjan*, 21 février 2012, req. n°19554/06 ; *Atakishi c/ Azerbaïdjan*, 28 février 2012, req. n°18469/06.

1187 *Melnitchenko c/ Ukraine*, 19 octobre 2004, req. n°17707/02.

1188 *Parti Conservateur Russe des Entrepreneurs et autres c/ Russie*, 11 janvier 2007, req. n°55066/00 et 55638/00. Voir aussi : *Antonenko c/ Russie (déc.)*, 23 mai 2006, req. n°42482/02.

1189 *Kovach c/ Ukraine*, 7 février 2008, req. n°39424/02.

1190 *Seyidzade c/ Azerbaïdjan*, 3 décembre 2009, req. n°37700/05.

l'arrêt *Grosaru c/ Roumanie*[1191]. En l'espèce, la Cour jugea que les dispositions de la loi électorale relatives aux minorités nationales « *n'énon*[çaient] *pas clairement les modalités à suivre pour l'attribution du mandat parlementaire correspondant à l'organisation gagnante représentant une minorité nationale* » (§49) et dès lors, « *ne répondaient pas à l'époque des faits aux exigences de précision posées dans sa jurisprudence* » (§52).

C. L'observation des élections

Une seule affaire concerna directement l'observation électorale[1192]. En l'espèce, une organisation nationale d'observateurs allégua l'utilisation frauduleuse, au cours de la période précédant des élections législatives, des fonds de certains partis politiques en vue d'obtenir une couverture médiatique favorable par diverses chaines de télévision. Elle invoqua une violation de l'article 10 de la Convention au motif que la Commission électorale centrale avait refusé de lui transmettre des documents destinés à étayer ces accusations. Mais l'affaire se solda par une décision d'irrecevabilité pour non épuisement des voies de recours internes.

D. Le droit d'exercer son mandat une fois élu

La garantie du droit à de libres élections serait illusoire si, une fois valablement élue, une personne pouvait être arbitrairement déchue de son mandat. Le droit d'exercer son mandat une fois élu fut d'abord reconnu par la Commission EDH[1193], avant d'être confirmé par la Cour dans un arrêt *Selim Sadak et autres c/ Turquie*[1194]. En l'espèce, treize députés furent déchus de leurs mandats en même temps que fut prononcée la dissolution du parti politique auquel ils appartenaient en raison de discours tenus à l'étranger par l'ancien président de cette formation et d'une déclaration écrite émanant de son comité central. La Cour constata que la restriction litigieuse fut adoptée comme conséquence automatique de la dissolution de leur parti politique, indépendamment des « *activités politiques menées à titre personnel* » par les requérants (§37). Eu égard à « *la sévérité extrême de la mesure litigieuse* » (§38), elle conclut que celle-ci avait porté atteinte à « *la substance même du droit d'être élus et d'exercer leur mandat, reconnu aux*

1191 *Grosaru c/ Roumanie*, 2 mars 2010, req. n°78039/01 ; *RTDH*, 2010, n°83, p.705, obs. Muylle (K.) ; *RTDH*, 2011, n°85, p.153, obs. Bouhon (F.).

1192 *Geraguyn Khorhurd Patgamavorakan Akumb c/ Arménie (déc.)*, 14 avril 2009, req. n°11721/04.

1193 *M. c/ Royaume-Uni (déc.)*, 7 mars 1984, req. n°10316/83 ; *Gantchev c/ Bulgarie (déc.)*, 25 novembre 1996, req. n°28858/96.

1194 *Selim Sadak et autres c/ Turquie*, 11 juin 2002, req. n°25144/94, 26149/95 à 26154/95, 27100/95 et 27101/95.

requérants par l'article 3 du Protocole n° 1, et [...] *au pouvoir souverain de l'électorat qui les* [avait] *élus députés* » (§40).

Ce principe fut réaffirmé dans des affaires similaires relatives à des sanctions de déchéance de mandats parlementaires et d'inéligibilité consécutives à la dissolution d'un parti politique[1195], mais aussi dans le cas de déchéances de mandats liées à l'instauration d'une incompatibilité professionnelle rétroactive[1196], ou à un revirement de jurisprudence imposant le décompte rétroactif des votes blancs émis lors d'un scrutin[1197]. Il convient également de mentionner un cas particulier portant sur la déchéance d'un mandat de Président de la République à la suite d'une procédure de destitution, ou *impeachment*, c'est-à-dire « *une procédure formelle de mise en accusation qui permet au pouvoir législatif de destituer le chef de l'État, un haut fonctionnaire ou un juge, pour avoir commis une violation de la loi ou de la Constitution* »[1198]. Toutefois, la Cour jugea qu'une dénonciation par le requérant de « *sa destitution ou son inéligibilité à la Présidence de la République* » était « *incompatible ratione materiae avec les dispositions de la Convention* », ne concernant pas l'élection d'un corps législatif (§72).

Enfin, la question de l'exigence d'une prestation de serment doit être abordée dans la mesure où elle peut conduire à une impossibilité d'exercer son mandat une fois élu. Selon la jurisprudence de la Cour, il est compatible avec l'article 3P1 d'imposer aux députés de prêter un serment d'allégeance au monarque régnant et de faire dépendre de son accomplissement l'accès aux facilités offertes par le parlement, cette exigence pouvant « *raisonnablement s'interpréter comme une obligation pour les intéressés d'affirmer leur loyauté envers les principes constitutionnels qui constituent la base, notamment, du fonctionnement de la démocratie représentative dans l'État* [concerné] »[1199]. En revanche, l'exigence d'une prestation de serment sur les Evangiles revient à « *soumettre l'exercice d'un mandat qui vise à représenter au sein du Parlement différentes visions de la société à la condition d'adhérer au préalable à une vision déterminée du monde* »[1200]. Cette règle contrevient à la liberté de pensée, de conscience et de religion

---

[1195] *Ilicak c/ Turquie*, 5 avril 2007, req. n°15394/02 ; *Kavakçi c/ Turquie*, 5 avril 2007, req. n°71907/01 ; *Silay c/ Turquie*, 5 avril 2007, req. n°8691/02 ; *Sobaci c/ Turquie*, 29 novembre 2007, req. n°26733/02 ; *Kiliçgedik et autres c/ Turquie*, 14 décembre 2010, req. n°4517/04, 4527/04, 4985/04, 4999/04, 5115/04, 5333/04, 5340/04, 5343/04, 6434/04, 10467/04 et 43956/04.

[1196] *Lykourezos c/ Grèce*, 15 juin 2006, req. n°33554/03.

[1197] *Paschalidis, Koutmeridis et Zaharakis c/ Grèce*, 10 avril 2008, req. n°27863/05, 28422/05 et 28028/05. Voir aussi : *Kovach c/ Ukraine*, 7 février 2008, req. n°39424/02.

[1198] *Paksas c/ Lituanie*, Gr. Ch., 6 janvier 2011, req. n°34932/04, §60.

[1199] *McGuiness c/ Royaume-Uni (déc.)*, 8 juin 1999, req. n°39511/98 ; *RFDC*, 2000, p.856, obs. Flauss (J.-F.).

[1200] *Buscarini et autres c/ Saint-Marin*, 18 février 1998, req. n°24645/94, §39 ; *RTDH*, 2000, n°42, p.266, obs. Flauss (J.-F.).

garantie par l'article 9 de la Convention, et plus particulièrement à la liberté négative de religion, c'est-à-dire « *celle d'adhérer ou non à une religion et celle de la pratiquer ou de ne pas la pratiquer* » (§34).

E. L'existence d'un système de recours effectif et l'annulation d'un scrutin

Comme le souligne le *Code de bonne conduite en matière électorale*, « [a]*fin que les règles du droit électoral ne restent pas lettre morte, leur non-respect doit pouvoir être contesté devant un organe de recours* »[1201]. Encore faut-il que ce système de recours soit effectif (2) et qu'il n'engendre pas l'annulation abusive d'un scrutin (3). Au préalable, il convient d'évoquer l'inapplicabilité de l'article 6§1 au contentieux électoral et la question de l'immunité de juridiction accordée aux parlementaires pour les propos tenus au Parlement (1).

1. L'inapplicabilité de l'article 6§1 de la Convention au contentieux électoral et la question des immunités parlementaires

L'inapplicabilité des garanties du procès équitable au contentieux électoral fut d'abord affirmée par la Commission EDH au motif « *que les droits de caractère politique ne rentr*[aient] *pas dans la notion de droits et obligations de caractère civil au sens de l'article 6 par. 1 de la Convention* »[1202], conformément à l'avis d'une partie de la Commission selon lequel, « *même au prix d'une interprétation extensive, il est des droits énoncés dans la Convention qui ne pourront pas être qualifiés de droits civils (par exemple, le droit à des élections libres – article 3 du Protocole additionnel)* »[1203]. Cette position fut confirmée par la Commission[1204], puis par la Cour dans une affaire *Pierre-Bloch c/ France* relative à un député déclaré inéligible pendant un an et démissionnaire de son mandat pour dépassement du plafond légal en matière de dépenses de campagne électorale[1205]. Fondée sur « *une distinction contestable entre les droits "civils" et les droits "politiques"* », l'inapplicabilité de l'article 6§1 de la Convention au contentieux électoral « *aboutit à un résultat pour le moins étrange au regard de l'idéal de justice qu'incarne le procès*

[1201] CDL-AD(2002)23, *op.cit.*, Rapport explicatif, §92.

[1202] *Priorello c/ Italie (déc.)*, 6 mai 1985, req. n°11068/84.

[1203] *König c/ R.F.A.*, Rapport de la Commission du 14 décembre 1976, §89.

[1204] *Asensio Serqueda c/ Espagne (déc.)*, 9 mai 1994, req. n°23151 /94 ; *Estrosi c/ France (déc.)*, 30 juin 1995, req. n°24359/94

[1205] *Pierre-Bloch c/ France*, 21 octobre 1997, req. n°24194/94 ; *AJDA*, 1998, p.65, note Burgorgue-Larsen (L.) ; *Journal des Tribunaux – Droit Européen*, 1998, p.106, note Priso (S.) ; *RFDA*, 1998, p.999, note Jan (P.) ; *RTDH*, 1998, n°34, p.348, obs. Flauss (J.-F.).

"équitable" »[1206]. La jurisprudence strasbourgeoise considère par ailleurs que l'octroi d'une immunité de juridiction aux parlementaires pour les propos tenus au Parlement n'enfreint pas l'article 6§1 dans la mesure où celle-ci constitue une limitation implicite admise au droit d'accès à un tribunal[1207]. Ce privilège « *vise les buts légitimes que constituent la protection de la liberté d'expression au Parlement et le maintien de la séparation des pouvoirs entre le législatif et le judiciaire* » (§77). Mais il ne s'applique plus dès lors que les propos litigieux sont tenus « *en dehors d'une chambre législative* », sans lien avec « *l'exercice de fonctions parlementaires stricto sensu* »[1208].

2. L'effectivité du système national de recours juridictionnels

Dans une affaire ancienne, la Commission EDH estima qu'il n'était pas contraire aux articles 13 et 3P1 d'exiger qu'un recours constitutionnel en contestation du résultat d'une élection soit contresigné par cent électeurs[1209]. En effet, « [il] *est ni déraisonnable ni arbitraire - compte tenu des principes régissant une société démocratique - que les droits procéduraux liés à l'exercice du droit de se porter candidat ou de proposer des candidats, correspondent au caractère des élections, en tant que processus politique public, et que ces droits soient définis en conséquence de façon à ne pouvoir être exercés par un particulier agissant isolément, mais uniquement avec l'appui d'un nombre minimum précis de personnes ayant les mêmes opinions* ». De plus, il s'agit d'une « *condition que tout groupe susceptible d'assumer des responsabilités politiques, même en dehors du Parlement, peut aisément remplir* ».

Après avoir relevé une violation de l'article 3P1 dans l'arrêt déjà abordé *Parti Conservateur Russe des Entrepreneurs et autres c/ Russie*, la Cour jugea également que l'article 13 de la Convention avait été enfreint en raison de l'absence de recours effectif pour se plaindre de la violation des droits électoraux[1210]. En effet, la décision de rejet de la candidature des requérants ne pouvait être contestée que dans le cadre d'une procédure dont l'ouverture était décidée discrétionnairement par un représentant de l'État. L'issue fut identique dans l'affaire *Petkov et autres c/ Bulgarie* déjà évoquée[1211]. La Cour releva une violation de l'article 13 du fait de l'impossibilité pour les requérants de bénéficier d'un recours effectif pour obtenir réparation de la

[1206] Sudre (F.), *Droit européen et international des droits de l'homme*, *op.cit.*, p.390.
[1207] *A. c/ Royaume-Uni*, 17 décembre 2002, req. n°35373/97.
[1208] *Cordova c/ Italie (n°2)*, 30 janvier 2003, req. n°45649/99.
[1209] *X. c/ R.F.A. (déc.)*, 7 mai 1979, req. n°8227/78.
[1210] *Parti Conservateur Russe des Entrepreneurs et autres c/ Russie*, 11 janvier 2007, req. n°55066/00 et 55638/00.
[1211] *Petkov et autres c/ Bulgarie*, 11 juin 2009, req. n°77568/01, 178/02 et 505/02.

violation de leur droit à de libres élections. Les intéressés n'étaient pas habilités à saisir eux-mêmes la juridiction compétente, laquelle ne semblait pas disposer d'un contrôle suffisamment étendu pour se pencher sur la substance même du grief formulé par les requérants et y remédier de manière effective. Dans l'affaire *Grosaru c/ Roumanie* précitée, une violation de l'article 13 combinée avec l'article 3P1 résulta du manque d'impartialité des organes chargés d'examiner les contestations du requérant car ils étaient composés en grande partie de représentants de partis politiques[1212]. De surcroît, la Cour nota qu'aucun tribunal national ne s'était prononcé sur l'interprétation de la disposition légale ayant conduit au refus d'attribution d'un mandat de député au requérant.

Traitée uniquement sur le terrain de l'article 3P1, l'affaire *Namat Aliyev c/ Azerbaïdjan* s'avère primordiale dans le cadre de cette étude en raison du rôle important joué par l'observation électorale en tant qu'élément de preuve[1213]. En l'espèce, le requérant, candidat aux élections législatives du 6 novembre 2005, allégua de la survenance d'une multitude d'irrégularités graves dans le déroulement du processus électoral, de sorte que le caractère démocratique du scrutin dans son ensemble s'en trouva compromis et que son droit d'éligibilité fut bafoué. Il contesta également l'absence de recours juridictionnel effectif pour remédier à ces défaillances. La Cour commença par rejeter l'argument du Gouvernement selon lequel la fraude n'avait pas eu d'influence significative sur le résultat final de l'élection. Il convient en effet de distinguer entre la sanction de la fraude et les effets de celle-ci, position qui s'oppose partiellement à celle traditionnellement adoptée par le Conseil constitutionnel français en matière d'annulation de scrutins parlementaires[1214]. Le juge européen souligna ensuite la gravité et le sérieux des assertions de fraudes électorales effectuées par le requérant, lesquelles étaient fondées sur des éléments de preuve convaincants, notamment des attestations signées par des observateurs officiels, et corroborées indirectement par le rapport final de la mission d'observation électorale déployée par le BIDDH[1215]. Or, face à ces arguments tangibles, les différents organes amenés successivement à se prononcer sur le litige, commissions électorales et tribunaux, écartèrent tous les plaintes du requérant sans procéder à une instruction approfondie et crédible. A cet égard, la Cour se référa de nouveau au rapport d'observation du BIDDH qui signala que le traitement des recours par les commissions électorales avait été généralement défectueux. Elle nota également qu'au-delà du cas du

---

[1212] *Grosaru c/ Roumanie*, 2 mars 2010, req. n°78039/01.

[1213] *Namat Aliyev c/ Azerbaïdjan*, 8 avril 2010, req. n°18705/06.

[1214] Maligner (B.), *Droit électoral*, Ellipses, 2007, pp.762 et 766 ; Rousseau (D.), *Droit du contentieux constitutionnel*, 9e éd., Montchrestien, 2010, pp.425-429.

[1215] *Republic of Azerbaijan, Parliamentary elections, 6 novembre 2005, OSCE/ODIHR Election Observation Mission Final Report*, 6 février 2006.

requérant, le respect par l'État de son obligation positive d'organiser des élections libres et impartiales était en cause et que les tribunaux auraient dû procéder à des investigations détaillées en raison du risque avéré de fraudes électorales à grande échelle. En conséquence, l'inaction des autorités nationales en vue de protéger le droit d'éligibilité du requérant emporta violation de l'article 3P1.

3. Le contrôle de l'annulation d'un scrutin

De par le risque de violation à grande échelle des droits électoraux qu'elle comporte, il est crucial que l'annulation totale ou partielle d'un scrutin puisse faire l'objet d'un contrôle du juge européen. Bien que la marge d'appréciation étatique demeure large dans ce domaine, la Cour conserve néanmoins la faculté de contrôler le caractère arbitraire d'une décision de révision du résultat d'un scrutin, à l'image de l'affaire *Kovach c/ Ukraine*[1216]. En l'espèce, le juge européen conclut à la violation de l'article 3P1 au motif que la décision de la Commission électorale d'annuler les résultats d'un scrutin dans quatre districts électoraux avait été arbitraire en raison d'un défaut manifeste de motivation. Dans l'affaire *Parti Travailliste Géorgien c/ Géorgie* précitée, la Cour jugea que l'annulation des résultats d'élections législatives dans deux circonscriptions de la République autonome d'Adjarie n'avait pas été décidée de façon transparente et cohérente[1217]. En effet, la Commission électorale centrale ne fournit pas de motifs pertinents et suffisants justifiant cette décision et ne la pourvut pas de garanties procédurales appropriées contre un abus de pouvoir. En revanche, le refus des autorités nationales d'annuler tout ou partie des résultats d'une élection, en dépit d'irrégularités dans le déroulement de celle-ci, est compatible avec l'article 3P1 dès lors que cela n'a pas entraîné d'effet notable sur l'issue du scrutin et qu'il n'y a donc pas eu d'interférence dans la libre expression du Peuple[1218]. Enfin, dans l'affaire *Kerimova c/ Azerbaïdjan*, une requérante ayant remporté l'élection législative dans sa circonscription contesta l'annulation du scrutin par les autorités électorales en raison de fraudes commises par des membres de l'administration électorale au bénéfice d'un de ses adversaires. La Cour estima que cette annulation avait été infondée, arbitraire et contraire au droit électoral national, lequel prohibait l'annulation des résultats d'un scrutin basée sur le constat de fraudes commises en faveur d'un candidat battu. En prononçant

1216 *Kovach c/ Ukraine*, 7 février 2008, req. n°39424/02.
1217 *Parti Travailliste Géorgien c/ Géorgie*, 8 juillet 2008, req. n°9103/04.
1218 *I.Z. c/ Grèce (déc.)*, 28 février 1994, req. n°18997/91 ; *Babenko c/ Ukraine (déc.)*, 4 mai 1999, req. n°43476/98.

l'invalidation, les autorités nationales ne firent que concrétiser la tentative d'influence frauduleuse[1219].

§4. L'affirmation d'une grande liberté quant au choix du système électoral

La jurisprudence européenne ménage une vaste marge d'appréciation étatique quant au choix du mode de scrutin (A), y compris pour l'instauration de seuils électoraux (B).

A. Le choix du mode de scrutin

Une première mise en cause d'un mode de scrutin concerna l'application du scrutin majoritaire à un tour au Royaume-Uni[1220]. En l'espèce, le membre d'un parti politique estimait que celui-ci défavorisait sa formation, contrairement à la représentation proportionnelle. Mais la Commission EDH considéra que l'article 3P1 ne pouvait s'interpréter « *comme imposant un système électoral déterminé* [garantissant] *que le nombre total des suffrages exprimés pour chaque candidat ou groupe de candidats* [devait] *nécessairement et toujours se refléter dans la composition de l'assemblée législative* ». Elle se référa aux travaux préparatoires de l'article 3P1, en particulier aux déclarations de la délégation britannique, pour appuyer cette interprétation. Ce constat fut confirmé dans une affaire similaire à l'occasion de laquelle la Commission EDH précisa que l'article 3P1 « *n'ajout*[ait] *aucune condition d'"égalité" à celle du "scrutin secret"* »[1221]. En outre, le système de la majorité simple « *a toujours été reconnu comme permettant la "libre expression de l'opinion du peuple", même s'il fonctionne au détriment des petits partis* », comme le démontra le juge européen par référence aux États démocratiques ayant reconnu un droit fondamental à l'égalité de vote et appliquant néanmoins ce système électoral.

La répartition proportionnelle eut aussi son lot de contempteurs, mais les différentes requêtes se soldèrent également par des décisions d'irrecevabilité. Ainsi, dans l'affaire *Lindsay et autres c/ Royaume-Uni* fut critiquée l'application du système du vote unique transférable en Irlande du Nord lors des élections européennes, tandis que le reste du Royaume-Uni était soumis au scrutin majoritaire[1222]. Selon la Commission EDH, ce mode de scrutin permet « *la représentation de la minorité là où les électeurs se prononcent généralement en fonction de considérations ethniques ou confessionnelles et où un groupe est clairement minoritaire dans toutes les circonscriptions*

[1219] *Kerimova c/ Azerbaïdjan*, 30 septembre 2010, req. n°20799/06.
[1220] *X. c/ Royaume-Uni (déc.)*, 6 octobre 1976, *op.cit.*
[1221] *Parti Libéral, Mme R. et M.P. c/ Royaume-Uni (déc.)*, 18 décembre 1980, req. n°8765/79.
[1222] *Lindsay et autres c/Royaume-Uni (déc.)*, 8 mars 1979, req. n°8364/78.

électorales ». Dès lors, une telle situation se retrouvant en Irlande du Nord, l'application d'un système tenant compte des caractéristiques particulières de cette région devrait être considérée, contrairement aux allégations des requérants, comme facilitant la libre expression de l'opinion du Peuple. Une autre requête fut introduite contre l'Islande en raison des disparités de poids des voix selon les circonscriptions découlant de l'application du système de représentation proportionnelle[1223]. La Commission nota que ces différences résultaient « *des mouvements migratoires qui* [eurent] *lieu des régions faiblement peuplées vers les régions à forte densité de population* », mais que ce mode de scrutin permettait néanmoins de « *garantir aux habitants des régions peu peuplées une certaine représentation au Parlement aux dépens du poids des suffrages exprimés dans les régions très peuplées* ».

Dans son premier arrêt rendu sur le terrain de l'article 3P1, *Mathieu-Mohin et Clerfayt c/ Belgique*, relatif à l'impossibilité pour les électeurs de langue française résidant en région flamande de voter pour des candidats francophones lors de l'élection du Conseil Flamand, le juge européen précisa sa jurisprudence sur les modes de scrutin[1224]. Il insista notamment sur l'importante marge d'appréciation dont bénéficient les États dans ce domaine, « *eu égard à la diversité dans l'espace, et à la variabilité dans le temps, de leurs lois en la matière* », dont il découle l'absence d'« *obligation d'introduire un système déterminé* [...] *tel que la proportionnelle ou le vote majoritaire à un ou à deux tours* ». En outre, « [les] *systèmes électoraux cherchent à répondre à des objectifs parfois peu compatibles entre eux : d'un côté refléter de manière approximativement fidèle les opinions du peuple, de l'autre canaliser les courants de pensée pour favoriser la formation d'une volonté politique d'une cohérence et d'une clarté suffisantes* », et doivent « *s'apprécier à la lumière de l'évolution politique du pays* » (§54).

B. L'instauration de seuils électoraux

La jurisprudence des organes de la Convention reflète, quant à l'instauration de seuils électoraux, une grande tolérance qui confine parfois au laxisme. De façon prévisible, diverses décisions d'irrecevabilité furent rendues à l'égard de requérants critiquant l'obligation, fréquente au sein des pays membres du Conseil de l'Europe, de recueillir de 4 à 5% des suffrages émis à l'échelle nationale ou locale pour l'octroi de sièges à un corps législatif. Le juge européen estima que ces règles étaient proportionnées au but légitime qu'elles poursuivaient, à savoir « *favoriser la formation de*

[1223] *X. c/ Islande (déc.)*, 8 décembre 1981, req. n°8941/80.

[1224] *Mathieu-Mohin et Clerfayt c/ Belgique*, 2 mars 1987, req. n°9267/81 ; *Cahiers de Droit Européen*, 1988, p.487, note Cohen-Jonathan (G.) ; *Journal du Droit International*, 1988, p.849, chron. Rolland (P.).

courants de pensée suffisamment représentatifs »[1225]. Un même constat clôtura une requête critiquant l'instauration d'un seuil électoral dans la communauté autonome espagnole des Iles Canaries prévoyant « *deux conditions ayant un caractère alternatif, à savoir l'obtention soit de 30 % au moins des suffrages valables émis dans une circonscription insulaire individuelle, soit de 6 % au moins des suffrages valables émis dans la totalité de la communauté autonome* »[1226].

En revanche, la validation d'un seuil électoral de 10 %, « *le plus élevé de tous les seuils appliqués en Europe* » (§127), imposé lors des élections législatives turques pour être représenté au Parlement s'avère nettement plus critiquable[1227]. Ainsi, lors des élections législatives de 2002, plus de 45% des suffrages exprimés ne donnèrent lieu à aucune représentation au Parlement turc. La Cour ne releva pas de violation au motif que le seuil en question était « *assorti des correctifs et autres garanties qui en ont circonscrit les effets en pratique* ». Pourtant, elle qualifie elle-même ces correctifs et garanties de « *stratagèmes qui ne contribuent pas à la transparence du processus électoral* » (§147). Dès lors, on ne peut qu'approuver l'opinion dissidente commune des juges Tulkens, Vajic, Jaeger et Sikuta rappelant que la « *tenue d'élections libres constitue l'un des fondements de la justice et de la paix en Europe ; elle est indispensable au développement d'une démocratie politique/pluraliste effective et donc de la prééminence du droit et du respect des droits de l'homme* ». Or, on « *voit mal comment ces objectifs fondamentaux, qui sous-tendent non seulement la Convention mais aussi l'ensemble du système du Conseil de l'Europe, peuvent être atteints s'ils reposent sur des règles électorales qu'il faut détourner* […] *pour les rendre compatibles avec la Convention* ». Cette solution est d'autant plus regrettable qu'elle est contraire aux avis émis dans trois résolutions[1228] (la dernière fut adoptée dix jours avant l'arrêt), une recommandation[1229] et un rapport d'observation électorale de l'APCE[1230].

[1225] *Tête c/ France (déc.)*, 9 décembre 1987, req. n°11123/84 ; *Fournier c/ France (déc.)*, 10 mars 1988, req. n°11406/85 ; *Tête c/ France (déc.)*, 10 mars 1988, req. n°11802/85 ; *Magnago et Südtiroler Volkspartei c/ Italie (déc.)*, 15 avril 1996, req. n°25035/94 ; *Gorizdra c/ Moldavie (déc.)*, 2 juillet 2002, req. n°53180/99 ; *Partija Jaunie Demokrati et Partija Musu Zeme c/ Lettonie (déc.)*, 29 novembre 2007, req. n°10547/07 et 34049/07.

[1226] *Federacion Nationalista Canaria c/ Espagne (déc.)*, 7 juin 2001, req. n°56618/00.

[1227] *Yumak et Sadak c/ Turquie*, Gr. Ch, 8 juillet 2008, req. n°10226/03.

[1228] APCE, Résolution 1380 (2004), *Respect des obligations et engagements de la Turquie*, 22 juin 2004, §6 ; APCE, Résolution 1547 (2007), *Situation des droits de l'homme et de la démocratie en Europe*, 18 avril 2007, §58 ; APCE, Résolution 1619 (2008), *Situation de la démocratie en Europe - Fonctionnement des institutions démocratiques en Europe et évolution de la procédure de suivi de l'Assemblée*, 25 juin 2008, §5.3.

[1229] APCE, Recommandation 1791 (2007), *Situation des droits de l'homme et de la démocratie en Europe*, 18 avril 2007, §17.10.

[1230] APCE, *Observation des élections législatives en Turquie (22 juillet 2007)*, 12 septembre 2007, Doc.11367, §59.

Conclusion du Titre 2

Au regard de ces multiples sources normatives et textuelles du contrôle électoral dans la région de l'OSCE, l'existence d'un véritable droit international et surtout européen en matière électorale est évidente. Nonobstant ce développement remarquable de l'encadrement du droit à des élections libres au plan supranational, l'évolution apparaît encore inachevée à plusieurs égards. En premier lieu, à l'exception négligeable de la Convention de la CEI, seuls des textes non-contraignants juridiquement, le *Code de bonne conduite en matière électorale* de la Commission de Venise et l'*Observation générale n°25* du Comité des droits de l'Homme, sont suffisamment détaillés pour fournir une base d'évaluation complète à une mission d'observation électorale, faute d'adoption d'une convention internationale spécialisée en matière électorale.

Ensuite, la garantie de droits électoraux par les instruments onusiens manque singulièrement d'effectivité en comparaison du système de la Convention EDH. Cette moindre autorité est à mettre en relation avec les pouvoirs restreints reconnus aux organes conventionnels de l'ONU, en particulier l'absence de compétence de type juridictionnelle. Si le « *rêve d'une "Cour universelle des droits de l'homme" n'est pas totalement utopique,* [...] *il faudra certainement patienter des décennies avant de le voir se réaliser...* »[1231]. Le manque de centralisation doit aussi être mentionné puisqu'au total, le réseau de comités onusiens se compose de neuf organes. Cette fragmentation conduit à s'interroger sur leur coordination, laquelle « *apparaît* [...] *comme la clé de l'efficacité d'un système, dont la complexité est le résultat d'un développement empirique, sans vision d'ensemble, sur le base de traités adoptés au fil du temps* »[1232]. Des efforts d'harmonisation des procédures et des méthodes de travail ont été effectués mais le système reste lourd et contraignant, pour les États comme pour l'ONU. Alors que l'augmentation du nombre de communications individuelles accroît sans cesse la charge de travail des Comités, les rapports périodiques devant être transmis à ces différents organes représentent « *une tâche onéreuse, aussi bien en temps qu'en ressources humaines* [...], *à*

[1231] Eudes (M.), « Rapport général », *in* Decaux (E.) (dir.), *Les Nations Unies et les droits de l'homme. Enjeux et défis d'une réforme*, *op.cit.*, p.269. Voir aussi : Callejon (C.), « La coordination entre les comités conventionnels », *in* Decaux (E.) (dir.), *Le Pacte international relatif aux droits civils et politiques. Commentaire article par article*, *op.cit.*, pp.36-41.
[1232] Callejon (C.), *ibid.*, p.29.

laquelle ne peuvent faire face la majorité des États parties »[1233]. Diverses pistes de réformes ont été évoquées, notamment celles de rapports unifiés et de la fusion des Comités en un organe unique. En effet, il serait plus cohérent pour les États de produire un seul rapport englobant l'ensemble de leurs obligations dans le champ électoral, qu'elles soient générales ou spécifiques aux femmes, aux travailleurs migrants ou aux personnes handicapées.

Enfin, bien que la Cour EDH ait développé une jurisprudence sophistiquée et audacieuse dans le domaine électoral, on ne peut que regretter les bornes imposées par le carcan de la notion de « corps législatif » et la réaffirmation d'une large marge nationale d'appréciation. Toutefois, cette dernière limitation mérite d'être relativisée car depuis l'arrêt *Zdanoka*, le juge européen n'a cessé de maintenir un contrôle vigilant sur les restrictions apportées au droit à des élections libres, comme l'illustre la profusion d'arrêts de violations récents. Ce choix est particulièrement louable en considération de l'ampleur des fraudes encore régulièrement constatées par les missions d'observation électorale dans divers États membres du Conseil de l'Europe. En effet, l'existence d'un système national effectif de recours juridictionnels en matière électorale fait souvent défaut dans ces pays, laissant planer un sentiment d'impunité pour les auteurs des malversations et permettant la reproduction de ces dernières au fil des scrutins[1234]. Dès lors, le maintien d'un contrôle européen intense, voire son amplification, est plus que jamais déterminant et peut constituer un signe fort de soutien des institutions démocratiques encore fragiles de certains États membres du Conseil de l'Europe.

[1233] Schmidt (M.G.), « L'amélioration technique des procédures des comités », *in* Decaux (E.) (dir.), *Les Nations Unies et les droits de l'homme*, *op.cit.*, p.287.

[1234] Voir par exemple : *Namat Aliyev c/ Azerbaïdjan*, 8 avril 2010, req. n°18705/06.

Conclusion de la Partie 1

Au terme de cette étude de l'architecture institutionnelle et normative complexe sur laquelle repose le contrôle électoral européen, on constate que certains protagonistes ont acquis une place incontournable dans ce système grâce à leur spécialisation dans des domaines complémentaires.

En premier lieu, il s'agit bien évidemment du BIDDH, véritable pierre angulaire du mécanisme européen d'observation des élections sans laquelle toute évaluation crédible des processus électoraux serait compromise. Ensuite vient la Commission de Venise, laquelle a su s'imposer comme la source privilégiée d'expertise juridique en matière électorale dans la région de l'OSCE. Outre son activité de conseil dans le domaine de la législation électorale, régulièrement menée en collaboration avec le Bureau de Varsovie, la Commission s'est distinguée par l'élaboration d'une multitude d'instruments utiles à l'évaluation des consultations populaires et constituant autant de recueils de bonnes pratiques en matière électorale. En outre, au plan juridictionnel, la Cour EDH semble de plus en plus appelée à jouer, pour les États membres du Conseil de l'Europe, un rôle de recours supranational effectif permettant de sanctionner des fraudes électorales grossières et répétées lorsque les juridictions nationales s'en avèrent incapables. Elle constitue également la source la plus féconde d'obligations en matière électorale dans la région de l'OSCE. Enfin, on ne saurait ignorer l'influence du Parlement européen qui, en dépit d'une présence limitée dans notre zone d'étude, bénéficie de l'aura conférée par son rattachement à l'Union européenne, seul véritable « club des démocraties » à la puissance économique et à l'attractivité sans commune mesure au niveau international.

Outre le cas de l'AP-OTAN, à l'implication très résiduelle, et celui de la CEI, dont l'activité reste essentiellement cantonnée à un rôle de provocation, deux principales institutions apparaissent donc quelque peu en retrait de cette architecture. L'APCE, tout d'abord, a clairement perdu son statut de chef de file acquis au début des années 1990. La relative faiblesse de ses moyens, la concurrence d'autres institutions et certains choix critiquables ont nettement réduit son influence. Elle demeure toutefois un acteur crédible grâce à sa constance, la démonstration de sa capacité à remplacer efficacement le BIDDH, comme cela fut exceptionnellement le cas au Kosovo, et plus généralement, son appartenance au Conseil de l'Europe, lequel reste le « gardien des droits de l'Homme » en Europe. En revanche, la valeur ajoutée des interventions de l'AP-OSCE semble plus incertaine. Ces dernières années, elle s'est grandement déconsidérée du fait de sa rivalité exacerbée avec le BIDDH, ou même de son rejet de la Déclaration de principes de 2005, et son influence est apparue comme majoritairement négative.

Partie 2. Un contrôle électoral performant aux retombées limitées

Au fil des années et des interventions, la méthodologie d'observation électorale des institutions s'est constamment améliorée. Des efforts notables ont été faits, en particulier par le BIDDH, pour encadrer précisément les conditions d'envoi d'une mission et leur déroulement opérationnel. Ce travail long et progressif a permis aux missions d'acquérir un degré de perfectionnement élevé, conduisant à des évaluations relativement crédibles et complètes des processus électoraux organisés dans les États participants de l'OSCE et, ainsi, à dépasser les jugements essentiellement impressionnistes caractérisant les missions dépêchées jusqu'à la fin des années 1990. Les rapports d'observations des principales institutions, à l'exception notable de la CEI, fournissent donc depuis plus d'une décennie des informations détaillées et fiables sur le degré de respect du droit international et européen électoral par les États de la région (Titre 1).

Cependant, les procédures de suivi des missions, qu'elles soient technique, politique ou juridictionnelle, n'ont pas connu un développement comparable. Les constats répétés de fraudes électorales dans certains pays de la région de l'OSCE en sont une illustration nette. Plus largement, le fait qu'un nombre non négligeable d'États participants de l'OSCE n'aient toujours pas, plus de vingt ans après l'effondrement du bloc soviétique, organisé des processus électoraux raisonnablement conformes à leurs engagements internationaux en la matière pousse à s'interroger sur l'effectivité du mécanisme d'observation internationale des élections dans notre région d'étude. Cet échec partiel doit être mis en relation avec la faiblesse du développement de dispositifs de conditionnalité démocratique en matière d'adhésion aux Organisations internationales et d'octroi d'aides au développement et de régimes préférentiels, dans le cadre desquels les rapports d'observation électorale peuvent constituer des éléments d'évaluation importants. L'expérience de l'Union européenne est certainement la plus significative à cet égard mais de nombreuses lacunes persistent (Titre 2).

Titre 1. Une approche complète des processus électoraux

Depuis la première génération de missions d'observation électorale dans la région de l'OSCE, un changement s'est lentement opéré quant à la nature des fraudes constatées. A l'origine concentrées le jour du vote et consistant en des manipulations assez grossières telles que des bourrages d'urnes, les fraudes électorales ont eu tendance à se sophistiquer, à devenir plus insidieuses et à se reporter sur des périodes au cours desquelles la présence des observateurs internationaux est moins prégnante[1235]. Conformément au mandat reçu à Budapest par le BIDDH de « *jou*[er] *un rôle accru dans l'observation des élections avant, pendant et après le scrutin* »[1236], la méthodologie de long terme du Bureau de Varsovie s'est systématisée et amplifiée à partir des élections législatives arméniennes de 1995, afin de dépasser les évaluations approximatives des premières missions, fondées presque exclusivement sur le déroulement des opérations de vote[1237]. Le contrôle des périodes préélectorale, centrée sur la campagne électorale, et postélectorale a donc acquis au fil des années une place fondamentale. Cette évolution explique ainsi le sentiment désormais largement partagé selon lequel aucune observation crédible d'un scrutin ne peut se faire sans présence de long terme[1238] (Chapitre 2).

Mais le déploiement d'une mission d'observation électorale suppose le respect d'une variété de conditions préalables garantissant la crédibilité de l'opération et le respect de la souveraineté de l'État d'accueil. Une préparation rigoureuse, débutant plusieurs mois en amont du scrutin, s'avère donc indispensable pour garantir une intervention efficace (Chapitre 1).

1235 Simpser (A.), « Unintended consequences of election monitoring », *in* Alvarez (R.M.), Hall (T.E.) et Hyde (S.D.) (dir.), *Election fraud. Detecting and deterring electoral manipulation*, Brookings Institution Press, 2008, pp.216-234. Voir aussi : Bader (M.), « The challenges of OSCE electoral assistance in the former Soviet Union », *Security and Human Rights*, Volume 22, n°1, 2011, pp.11-12 ; Bjornlund (E.C.), *Beyond Free and Fair. Monitoring elections and building democracy*, Woodrow Wilson Center Press, Johns Hopkins University Press, 2004, pp.282-283 ; Carothers (T.), « The observers observed », *Journal of Democracy*, Volume 8, n°3, 1997, p.22 ; Eicher (P.), « Improving OSCE election observation », *Security and Human Rights*, Volume 20, n°4, 2009, p.269.

1236 *Document du Sommet de Budapest*, 6 décembre 1994, VIII, §12.

1237 *L'observation des élections. Une décennie d'observations électorales : acteurs et pratique*, OSCE-BIDDH, 2005, pp.5-7 ; Kaczorowski (N.), « Election monitoring: Lessons learned and possible new orientations », *in* Warner (D.) (dir.), *Consolidating the OSCE*, PSIO Occasional Paper, 2006, pp.110-112 ; Mitchell (G.), « Election observation is more than just a one day event », *OSCE Yearbook*, 1995/1996, pp.199-210.

1238 Bjornlund (E.C.), *op.cit.*, pp.141-142.

Chapitre 1. Une préparation minutieuse des missions

En tant qu'exercice complexe, impliquant l'intervention en pays étranger d'un grand nombre de personnes, le déploiement d'une mission doit être précédé d'une phase préparatoire comprenant une multitude d'étapes. Face aux risques d'accusations d'empiétement sur la souveraineté de l'État dont le processus électoral est contrôlé, le déploiement d'une mission doit s'analyser comme la conséquence de l'acceptation d'une requête émanant d'un État (Section 1).

Il s'ensuit pour les institutions la nécessité de déterminer quel type de mission répondra le mieux aux caractéristiques du pays d'accueil et du scrutin à observer. Elles doivent également procéder au recrutement d'observateurs bénéficiant des qualités indispensables à l'évaluation impartiale d'une consultation populaire, mais certains processus de sélection s'avèrent insatisfaisants (Section 2).

Section 1. Une intervention soumise à l'acceptation d'une invitation

La présence d'une mission d'observation implique la recherche constante d'un équilibre entre le respect de la souveraineté de l'État hôte et les nécessités d'un contrôle approfondi. En conséquence, un assujettissement à la règle d'invitation préalable est fondamentale (§1). Mais la réception d'une invitation à observer valable n'est pas toujours suivie d'une intervention des institutions observatrices car celle-ci est également conditionnée à la réunion de divers facteurs, appréciée notamment par le biais de l'envoi d'une mission exploratoire (§2).

§1. La règle de l'invitation préalable, garante du respect de la souveraineté étatique et de la bonne préparation de la mission

Le principe de non-ingérence dans les affaires intérieures des États, lequel découle directement du principe cardinal en droit international public de souveraineté étatique, fut énoncé clairement par l'article 2§7 de la *Charte des Nations Unies*. Il pesa de tout son poids au cours de la période de Guerre froide, nuisant au développement du contrôle électoral, même après la très large adoption du *Pacte international relatif aux droits civils et politiques*. Ainsi, « [a]*vant le début de la vague de démocratisation, vers la fin des années 80, nombreux étaient les régimes de par le monde qui avaient tendance à voir dans l'observation internationale des élections un empiètement sur leur souveraineté nationale* »[1239]. Toutefois, un tournant décisif s'opéra à partir du début des années 1990 puisque « *la notion de souveraineté nationale* [évolua] *et la communauté internationale* [intervint] *à plusieurs occasions, essentiellement sous l'égide de l'ONU, pour éviter des catastrophes humaines, même sans y avoir été invitée par le gouvernement du pays hôte* »[1240]. L'affaiblissement relatif du principe de souveraineté nationale face aux impératifs de respect des droits de l'Homme profita également au droit à des élections libres. Selon Jean d'Aspremont, avec la multiplication des instruments internationaux garantissant ce droit, il n'est pas « *déraisonnable d'affirmer que certaines interventions ayant pour objet l'élection démocratique des détenteurs effectifs du pouvoir d'un autre État, ou ceux qui les contrôlent, ne tombent désormais plus sous le coup de la prohibition de l'intervention dans les affaires intérieures* »[1241]. Toutefois, la controverse voyant dans l'observation internationale des élections une forme d'ingérence dans les affaires intérieures des États concernés (ou encore de néocolonialisme ou d'impérialisme) et le recours au droit d'ingérence pour pratiquer ce contrôle ont pu être dépassés par le développement d'une règle devenue incontournable pour l'ensemble des institutions : l'invitation préalable de l'État hôte. Consacrée par des dispositions propres à chacune d'entre elles (B), la règle reste soumise à un ensemble commun de conditions de validité (A).

A. Un ensemble de principes communs en matière d'invitation

Il est inévitable que le déploiement de plusieurs centaines d'observateurs étrangers à travers tout le territoire d'un État et pendant toutes les étapes d'un moment aussi crucial pour sa vie politique qu'une élection puisse être perçue comme un empiètement sur la souveraineté de cet État. Mais, dans la mesure où « [l'] *intervention de la communauté internationale dans l'observation des élections se fait à la demande de l'État concerné* », celle-ci doit s'analyser « *comme une limitation volontaire de sa souveraineté par l'État* »[1242]. La règle de l'invitation préalable de l'État hôte fut d'abord appliquée par l'ONU lorsqu'elle n'agissait pas en vertu d'un mandat donné par l'Assemblée Générale ou le Conseil de Sécurité des Nations Unies, ou lorsqu'elle n'était pas chargée de la supervision du scrutin, afin de se prémunir contre les accusations d'ingérence dans les affaires intérieures des

---

[1239] Tostensen (A.), Faber (D.) et de Jong (K), « Vers une approche intégrée de l'observation des élections ? La professionnalisation des missions d'observation des élections de longue durée », *Rapport n°7*, European Centre for Development Policy Management, 1997, p.14.
[1240] *Ibid.*, p.15.
[1241] D'Aspremont (J.), *L'État non démocratique en droit international. Étude critique du droit positif et de la pratique contemporaine*, Pedone, 2008, p.91.
[1242] Kokoroko (D.), « Souveraineté étatique et principe de légitimité démocratique », *Revue Québécoise de Droit International*, Volume 16, n°1, 2003, p.46.

États concernés. Ainsi, au début des années 1990, l'AGNU prit soin de mentionner le plus souvent possible dans sa série de résolutions sur le « *renforcement de l'efficacité du principe d'élections périodiques et honnêtes* » que les activités de l'ONU en matière électorale étaient menées à la demande des États[1243]. En retour, les résolutions « concurrentes » sur le « respect des principes de la souveraineté nationale et de la non-ingérence dans les affaires intérieures des États en ce qui concerne les processus électoraux », soutenues par les États hostiles à une promotion du droit à des élections libres par l'ONU, ne purent dénoncer l'observation des élections comme une atteinte à la souveraineté des États concernés mais seulement « [réaffirmer] *qu'il* [n'était] *pas toujours nécessaire que l'Organisation des Nations Unies apporte une assistance électorale aux États Membres, sauf dans des circonstances spéciales, en cas par exemple de décolonisation, dans le cadre de processus de paix de portée régionale ou internationale ou à la demande de certains États souverains, sur la base de résolutions adoptées par le Conseil de sécurité ou l'Assemblée générale dans chaque cas particulier et dans le strict respect des principes de la souveraineté et de la non-ingérence dans les affaires intérieures des États* »[1244].

L'impératif d'une invitation fut rapidement repris par l'ensemble des Organisations internationales dépêchant des missions d'observation électorale à travers le monde. Il se retrouve naturellement dans la *Déclaration de principes pour l'observation internationale d'élections*. Après avoir précisé que « [les] *missions d'observation électorale internationales doivent être menées dans le respect de la souveraineté du pays où se déroulent les élections* » (§9), le texte rappelle que « [p]*our qu'une mission d'observation électorale internationale puisse remplir sa tâche de manière crédible et efficace* », il est nécessaire que le pays hôte « [a]*dresse une invitation ou indique de tout autre manière sa volonté d'accueillir une mission d'observation électorale internationale dans le respect des critères établis par l'organisation concernée* » (§12.a). La réception d'une invitation préalable émanant des autorités compétentes de l'État concerné constitue ainsi depuis longtemps une condition indispensable à l'envoi d'une mission pour toutes les institutions observatrices de la région de l'OSCE et les exemples de refus d'invitation y sont relativement rares. On peut toutefois mentionner le cas de l'APCE en Biélorussie en 2004[1245] et du BIDDH pour le référendum constitutionnel de 2005 en Arménie. A cette

[1243] Voir notamment : AGNU, Résolution 45/150, 18 décembre 1990, §8 ; AGNU, Résolution 46/137, 17 décembre 1991, §7 ; AGNU, Résolution 47/138, 18 décembre 1992, §4 et 6 ; AGNU, Résolution 48/131, 20 décembre 1993, §2, 3, 4 et 6.

[1244] AGNU, Résolution 46/130, 17 décembre 1991, §4 ; AGNU, Résolution 47/130, 18 décembre 1992, §4 ; AGNU, Résolution 48/124, 20 décembre 1993, §4 ; AGNU, Résolution 49/180, 23 décembre 1994, §4

[1245] APCE, *Rapport d'activité du Bureau de l'Assemblée et de la Commission Permanente (8 octobre 2004 – 24 janvier 2005)*, 20 janvier 2005, Doc.10405 Partie 1, §48.

dernière occasion, les autorités nationales justifièrent de façon peu convaincante leur refus « *par le fait que l'observation des référendums* [n'était] *pas expressément mentionnée au paragraphe 8 du Document de Copenhague* »[1246], bien que le Bureau de Varsovie ait rappelé qu'il avait déjà été invité à plusieurs reprises à observer des référendums au titre de cette disposition et qu'il se tenait prêt à déployer une petite équipe d'observateurs. Mais il semble que la décision des autorités arméniennes ait surtout été provoquée par le rapport très critique de la mission exploratoire menée par le Bureau de Varsovie un mois avant la consultation populaire[1247]. Plus récemment, le Turkménistan n'invita pas le BIDDH à observer le scrutin présidentiel de 2012[1248] tandis que le Président kazakhstanais, manifestement irrité par l'évaluation négative publiée par la MIOE à propos des élections législatives tenues cette même année[1249], déclara que les autorités de son pays « *n'inviter*[aient] *plus au Kazakhstan les experts employés par on ne sait qui et qui critiquent nos élections* »[1250].

Les institutions appliquent communément certaines règles relatives à la validité de l'invitation reçue. En premier lieu, l'invitation doit être explicitement adressée à l'institution observatrice. Par conséquent, une invitation générale envoyée à toutes les organisations susceptibles d'observer le scrutin ne sera pas valable, comme le jugea l'APCE à l'occasion des élections législatives tenues en 2009 en Bulgarie[1251]. En outre, elle doit émaner des autorités compétentes de l'État hôte. Il peut s'agir du Gouvernement, de l'administration électorale ou encore de l'ambassade du pays concerné dans l'État où siège l'organisation invitée. Les institutions européennes refusent d'observer les élections ou les référendums se déroulant dans des entités sécessionnistes non reconnues internationalement. Ainsi, elles déclinent régulièrement les invitations parvenant des autorités de républiques autoproclamées, tels le Haut-Karabagh[1252], l'Ossétie du Sud[1253]

1246 APCE, *Commission* ad hoc *pour l'observation du referendum sur les réformes constitutionnelles en Arménie (27 novembre 2005)*, 22 décembre 2005, Doc.10778, §5.

1247 *Republic of Armenia, Constitutional Referendum, 27 November 2005, OSCE/ODIHR Needs Assessment Mission Report (24-25 October 2005)*, 10 novembre 2005, pp.1-2.

1248 *EU statement on the presidential elections in Turkmenistan*, at the meeting of the Permanent Council, 16 février 2012, PC.DEL/128/12 ; Najibullah (F.), « Primer: Turkmenistan's Presidential Election », *Radio Free Europe / Radio Liberty*, 12 février 2012.

1249 *International Election Observation Mission, Republic of Kazakhstan, Early Parliamentary Elections, 15 January 2012, Statement of Preliminary Findings and Conclusions*, 16 janvier 2012.

1250 « Nazarbaïev se débarrasse de l'OSCE », *Libération*, 19 janvier 2012.

1251 APCE, *Observation des élections législatives en Bulgarie (5 juillet 2009)*, 16 septembre 2009, Doc.12008, Annexe 3.

1252 Voir notamment : APCE, *Rapport d'activité du Bureau de l'Assemblée et de la Commission Permanente (29 avril – 20 juin 2005)*, 20 juin 2005, Doc.10589, §40.

ou la Transnistrie[1254]. Dans un sens comparable, les élections générales de 2010 au Kosovo furent les premières organisées par les seules autorités kosovares et non plus par l'OSCE comme le prévoyait la résolution 1244 du Conseil de Sécurité des Nations Unies[1255]. Or le défaut de reconnaissance de la déclaration d'indépendance du Kosovo par nombre d'États de la région de l'OSCE empêcha le déploiement de missions par l'OSCE et le Conseil de l'Europe, pourtant invités à observer.

Par ailleurs, l'invitation doit être reçue suffisamment en avance pour permettre la mise en place adéquate d'une mission, un délai minimum de trois mois avant le jour du scrutin étant généralement considéré comme idéal. A cet égard, la Déclaration de principes de 2005 énonce que le déploiement d'une mission « *crédible et efficace* » suppose la réception d'une invitation « *suffisamment tôt avant les élections pour permettre l'analyse de tous les processus qui concourent à l'organisation d'élections honnêtes et démocratiques* » (§12.a)[1256]. L'élection présidentielle tenue en Biélorussie en 2001, au cours de laquelle le BIDDH ne put commencer son travail que trois semaines avant la date du scrutin en raison d'une invitation volontairement envoyée en retard, en fournit une illustration. En effet, cela l'empêcha d'observer certaines étapes cruciales du processus électoral, comme la formation des commissions électorales, la collecte des signatures par les candidats et l'enregistrement de leur candidature ainsi que la première semaine de campagne électorale[1257]. Le problème se répéta à l'occasion des élections locales de 2003, contrecarrant l'envoi d'une MOE par le Bureau de Varsovie[1258]. En 2004, lors du scrutin suivant, le BIDDH souligna qu'il put déployer sa première mission d'observation complète en

---

1253 *Report on Electoral Standards in the Republic of South Ossetia*, Intervention du National Forum « Ossetia Accuses », Human Dimension Implementation Meeting 2011, 3 octobre 2011, HDIM.NGO/0305/11.

1254 Voir notamment : Hill (W.H.), « The Transdniestrian settlement process – Steps forward, steps back : The OSCE Mission to Moldova in 2005/2006 », *OSCE Yearbook*, 2006, pp.171-172 ; APCE, *Rapport d'activité du Bureau de l'Assemblée et de la Commission Permanente (7 octobre 2005 – 23 janvier 2006)*, Doc.10794, 23 janvier 2006, §57 ; APCE, *Rapport d'activité du Bureau de l'Assemblée et de la Commission Permanente (30 juin – 2 octobre 2006)*, 28 septembre 2006, Doc.11036, §30.

1255 CSNU, Résolution 1244(1999), 10 juin 1999, §5.

1256 Voir aussi : *Lignes directrices relatives à un statut internationalement reconnu des observateurs d'élections*, 14 décembre 2009, CDL-AD(2009)059, §III.1.2.

1257 *Republic of Belarus, Presidential election, 9 September 2001, OSCE/ODIHR Limited Election Observation Mission Final Report*, 4 octobre 2001, p.7. Voir aussi: *OSCE/ODIHR Bulletin*, Volume 4, n°1, 1995/1996, p.33 ; APCE, *Observation des élections législatives en Bulgarie (5 juillet 2009)*, 16 septembre 2009, Doc.12008, §1.

1258 Voir notamment : *EU statement on Belarus*, at the Meeting of the Permanent Council, 18 février 2003, PC.DEL/138/03 ; *Statement on Belarus*, as delivered by Ambassador Stephan M. Minikes, United States Mission to the OSCE, at the Meeting of the Permanent Council, 18 février 2003, PC.DEL/152/03.

Biélorussie, ayant pour la première fois reçu à temps une invitation à observer de la part de ce pays[1259].

Au regard du « *travail préparatoire important, à la fois dans le calendrier, sur le plan budgétaire, mais aussi pour le choix des observateurs* » qu'induit l'envoi d'une mission, la Commission de Venise recommande aux institutions observatrices de décliner les invitations tardives, à l'instar de l'APCE pour l'élection présidentielle de 2004 en ARYM[1260]. Outre le fait qu'« *elles rendront difficilement possible la mise en place d'une mission répondant à ces contraintes* », les invitations tardives sont en effet « *généralement le signe de la recherche d'une caution internationale sans véritable volonté de coopération* »[1261]. Similairement, le choix d'organiser des élections anticipées à brève échéance, lesquelles engendrent nécessairement une invitation tardive, peut parfois être vu un moyen détourné de contrecarrer le déploiement d'une mission d'observation exhaustive tout en limitant les possibilités pour l'opposition de participer pleinement à la campagne électorale. Une illustration de ce cas de figure est notamment fournie par les élections municipales de 2006 en Géorgie[1262] ou le scrutin présidentiel de 2011[1263] et les élections parlementaires de 2012 au Kazakhstan[1264]. Néanmoins, certaines circonstances exceptionnelles peuvent justifier une invitation tardive. Ainsi, l'élection présidentielle turkmène de 2007 fut programmée à brève échéance à la suite du décès du Président en exercice, conformément aux dispositions constitutionnelles[1265].

1259 *International Election Observation Mission, Republic of Belarus, Parliamentary Elections, 17 October 2004, Statement of Preliminary Findings and Conclusions*, 18 octobre 2004, p.1.

1260 APCE, *Rapport d'activité du Bureau de l'Assemblée et de la Commission Permanente (30 janvier – 26 avril 2004)*, 26 avril 2004, Doc.10146 Partie 2, §19. Pour les nombreux cas de refus opposés par l'ONU, voir les rapports du Secrétaire général des Nations Unies sur le « Renforcement de l'efficacité du principe d'élections périodiques et honnêtes » : A/47/668, 18 novembre 1992, pp.23 et 25 ; A/48/590, 18 novembre 1993, p.25 ; A/49/675, 17 novembre 1994, pp.16 et 19 ; A/50/736, 8 novembre 1995, p.17 ; A/52/474, 16 octobre 1997, pp.8 et 13 ; A/54/491, 25 octobre 1999, pp.10, 11, 14 et 19 ; A/56/344, 19 octobre 2001, p.20.

1261 *Guide pour l'évaluation des élections*, 15 juin 2006, CDL-AD(2006)021, p.4

1262 *Georgia, Municipal elections, 5 October 2006, OSCE/ODIHR Limited Election Observation Mission Final Report*, 20 décembre 2006, p.1-3.

1263 « Early Kazakh election set for April amid opposition criticism », *Radio Free Europe / Radio Liberty*, 4 février 2011.

1264 *Republic of Kazakhstan, Early Parliamentary Elections, 15 January 2012, OSCE/ODIHR Election Observation Mission Interim Report n°1 (13–21 December 2011)*, 22 décembre 2011, p.2.

1265 *Turkmenistan, Presidential election, 11 february 2007, OSCE/ODIHR Needs Assessment Mission Report*, 18 janvier 2007, p.1.

B. Des ajustements spécifiques aux différentes organisations en matière d'invitation

La formulation la plus claire et la plus audacieuse en matière d'invitation à observer est venue de la CSCE/OSCE en 1990. Par l'article 8 du *Document de Copenhague*, les États participants instaurèrent une règle d'invitation permanente aux « *observateurs de tout autre État participant à la CSCE, ainsi que de toute institution et organisation privée compétente* », dès lors qu'ils « *s'engag*[eaient] *à ne pas s'immiscer dans les opérations électorales* ». Cette disposition fut confirmée l'année suivante lors de la Réunion de Moscou, au cours de laquelle les États déclarèrent « *catégoriquement et irrévocablement que les engagements contractés dans le domaine de la dimension humaine de la CSCE* [étaient] *un sujet de préoccupation directe et légitime pour tous les États participants et qu'ils ne* [relevaient] *pas exclusivement des affaires intérieures de l'État en cause* »[1266]. Le principe de l'invitation permanente fut ainsi réitéré à plusieurs reprises par les institutions de l'OSCE[1267]. Il concerne au premier plan le BIDDH et l'AP-OSCE, mais aussi toutes les autres institutions intervenant dans la région de l'OSCE ainsi que les observateurs nationaux.

Toutefois, depuis la survenance de vives tensions entre des États de la CEI et le BIDDH, cette règle fut quelque peu assouplie. En effet, en 2007, les pays contestataires manifestèrent explicitement leur souhait de revenir sur le principe de l'invitation permanente à observer. Selon eux, le déploiement d'une mission d'observation ne devrait se faire qu'à la demande expresse de l'État hôte[1268]. La sixième édition du *Manuel d'observation des élections* du BIDDH, parue en 2010, semble se faire l'écho de cette revendication. Alors que l'édition précédente, datée de 2005, affirmait clairement que « [t]*ous les États participants de l'OSCE doivent tenir le BIDDH informé de leurs échéances électorales et faire parvenir à temps au Bureau une invitation officielle, de préférence au moins trois mois avant le jour du scrutin* »[1269], la nouvelle version s'avère plus nuancée. Elle énonce que si en principe une invitation formelle n'est pas nécessaire en vertu de l'article 8 du *Document de Copenhague*, la pratique a été que les États fassent parvenir une invitation écrite au BIDDH en temps voulu afin de réaffirmer leur engagement et leur volonté de recevoir des observateurs[1270].

[1266] *Document de la réunion de Moscou de la conférence sur la dimension humaine de la CSCE*, 15 octobre 1991.

[1267] *Déclaration du Sommet de Helsinki de la CSCE*, 10 juillet 1992, §8 ; *Charte de Sécurité Européenne, Document du Sommet d'Istanbul*, 18 et 19 novembre 1999, §25 ; *Renforcement de l'efficacité de l'OSCE*, 5 décembre 2006, MC.DEC/19/06, Section 2, §10.

[1268] *Draft decision on OSCE/ODIHR observation of national elections*, 18 septembre 2007, PC.DEL/898/07.

[1269] *Manuel d'observation des élections*, 5e éd., OSCE-BIDDH, 2005, p.13.

[1270] *Election Observation Handbook*, 6e éd., OSCE-ODIHR, 2010, p.15.

Pour sa part, l'APCE décida en 1996 qu'elle n'avait pas besoin d'invitation formelle pour déployer ses observateurs lorsque *« des élections parlementaires* [avaient] *lieu dans un État dont le parlement a demandé ou bénéficie du Statut d'invité spécial auprès de l'Assemblée parlementaire, ou qui a demandé son admission au Conseil de l'Europe »*[1271]. De plus, en 1997, l'APCE créa une Commission pour le respect des obligations et engagements pris par les États membres du Conseil de l'Europe, dite Commission de suivi[1272], dont le mandat consiste à veiller au respect des obligations contractées par tous les États membres aux termes du Statut du Conseil de l'Europe, des conventions auxquelles ils ont adhéré, ainsi que des engagements pris lors de l'adhésion. Aux termes des *Lignes directrices sur l'observation des élections* par l'APCE, les scrutins organisés dans les pays concernés par la procédure de suivi sont systématiquement observés[1273]. L'envoi de missions d'observation dans ces pays est considéré comme « *un droit inaliénable de l'Assemblée* »[1274].

L'APCE considère cependant qu'« *il est toujours préférable d'agir en vertu d'une invitation officielle, étant donné qu'elle constitue la meilleure garantie que les observateurs pourront s'entretenir avec les personnes importantes pour leur mission* »[1275]. De plus, elle estime que le refus d'envoyer une telle invitation constitue un critère d'évaluation en soi[1276]. Le refus d'accueillir une mission d'observation peut donner lieu à un débat lors de la partie de session ou de la réunion de la Commission permanente suivant les élections en question, lequel peut déboucher sur des sanctions telles que le gel de la procédure d'adhésion ou la contestation des pouvoirs de la délégation nationale concernée[1277]. Quant au CPLRE, il « *n'organisera une mission d'observation électorale que s'il y est invité par les autorités du pays concerné* », mais « *adoptera une démarche active et exprimera le souhait d'être invité à observer des élections locales ou régionales à*

[1271] APCE, *Rapport d'activité du Bureau de l'Assemblée (28 juin – 23 septembre 1996)*, 13 septembre 1996, Doc.7633, Annexe.
[1272] APCE, Résolution 1115(1997), *Création d'une commission de l'Assemblée pour le respect des obligations et engagements pris par les États membres du Conseil de l'Europe (commission de suivi)*, 29 janvier 1997.
[1273] APCE, *Lignes directrices sur l'observation des élections par l'Assemblée parlementaire du Conseil de l'Europe*, AS/Bur (1999) 019, §21.
[1274] APCE, *Lignes directrices révisées sur l'observation des élections par l'Assemblée parlementaire du Conseil de l'Europe*, AS/Bur (2004) 14 rév., §20.
[1275] Dronov (V.), « L'Assemblée parlementaire du Conseil de l'Europe (APCE) : gardienne du droit à des élections libres », *in* Vettovaglia (J.-P.), Du Bois de Gaudusson (J.), Bourgi (A.), Desouches (C.), Maïla (J.), Sada (H.) et Salifou (A.) (dir.), *Démocratie et élections dans l'espace francophone. Prévention des crises et promotion de la paix*, Volume II, Bruylant, 2010, p.681.
[1276] APCE, *Lignes directrices pour l'observation des élections par l'Assemblée parlementaire*, Doc.12902, 21 avril 2012, Part 1, Annexe 3, §17.i.
[1277] *Ibid.*, §2.

l'intention des autorités des pays pour lesquels le processus de suivi politique mis en œuvre par le Congrès aura fait apparaître certaines faiblesses en matière de démocratie territoriale »[1278].

De la même manière, les institutions de l'UE respectent la règle de l'invitation préalable. Dans un document de travail de la Commission européenne relatif à la mise en œuvre de la communication sur les missions d'assistance et d'observation électorales, il est ainsi noté que « [p]*our des raisons opérationnelles politiques et pratiques, les MOE ont besoin du soutien du gouvernement du pays d'accueil. Aucune MOE ne peut réaliser son mandat contre la volonté du gouvernement d'accueil. L'UE a donc généralement besoin d'une invitation écrite du gouvernement ou des autorités électorales. Les MOE envoyées sur la base d'invitations ambiguës ou verbales ont débouché sur des problèmes (Zimbabwe 2002, Pakistan 2002)* »[1279]. Pour sa part, le Parlement européen considère que « [c]*onformément aux normes internationales, les missions d'observation des élections organisées par le PE sont effectuées en réponse à une invitation officielle émanant du pays concerné (gouvernement ou commission électorale)* ». Il est néanmoins précisé que « [si] *le PE a un intérêt politique à surveiller les élections, il devrait toutefois proposer lui-même d'envoyer une délégation* »[1280]. Une invitation préalable constitue ainsi de l'un des critères sur lesquels la Conférence des Présidents se fonde pour autoriser l'envoi d'une délégation d'observation du PE à la suite d'une requête du Groupe de coordination des élections[1281]. Il convient également de rappeler que la Commission européenne a une approche similaire pour le déploiement de MOE-UE[1282].

Enfin, la CEI ne fait pas exception à la règle puisque l'exigence d'une invitation préalable se retrouve dans tous les documents de l'Organisation. La *Convention sur les normes en matière d'élections démocratiques et les droits et libertés électoraux dans les États de la CEI* prévoit en son article 15§3 que les observateurs internationaux doivent bénéficier d'une invitation appropriée. Il est également prévu que les organes statutaires de la CEI puissent émettre des demandes d'invitation. Dans le même sens, les *Recommandations pour les observateurs électoraux de la CEI* de 2009

[1278] CPRLE, Résolution 306 (2010), *Observation des élections locales et régionales – stratégie et règles du Congrès*, 18 juin 2010, §10 et 11.
[1279] *Mise en œuvre de la communication sur les missions d'assistance et d'observation électorales*, 19 décembre 2003, SEC(2003)1472, §2.1.2, p.6
[1280] *Rapport du Parlement européen sur la communication de la Commission sur les missions d'assistance et d'observation électorales de l'UE*, 14 février 2001, A5-0060/2001, p.27.
[1281] PE, *Dispositions d'exécution concernant les délégations d'observation des élections*, Décision de la Conférence des Présidents, 10 décembre 2009, article 4.
[1282] *Handbook for European Union Election Observation*, 2e éd., Commission européenne, 2008, pp.6, 26 et 95.

prévoient que l'accréditation d'observateurs résulte d'une invitation émise par les autorités compétentes de l'État hôte (§1.2.1). Mais le document le plus détaillé à cet égard est incontestablement la Déclaration de principes adoptée en 2008 par l'AP-CEI. Après avoir développé un principe de respect de la souveraineté nationale (§1.1), la Déclaration énonce des principes d'universalité (§1.3) et de réciprocité (§1.3) selon lesquels les États membres de la CEI s'engagent à inviter les observateurs électoraux internationaux.

§2. La pratique généralisée des missions exploratoires et la décision d'envoi d'une mission

Le déploiement de missions exploratoires s'est généralisé depuis le début des années 2000, en particulier sous l'impulsion du BIDDH. Dans la plupart des cas, ce dernier a recours à des Missions d'évaluation des besoins (A) permettant de recueillir des informations précieuses lors de l'appréciation des multiples facteurs influençant la décision d'envoi d'une mission (B).

A. Une prépondérance des Missions d'évaluation des besoins du BIDDH

Au sein de l'espace de l'OSCE, deux institutions ont développé une pratique consistant à envoyer des missions exploratoires dans l'État hôte plusieurs semaines, voire plusieurs mois, avant la tenue de la consultation populaire. Elles sont principalement destinées à estimer le degré de préparation du scrutin, l'atmosphère régnant dans le pays concerné, mais aussi à déterminer si l'envoi d'une mission est possible et recommandable et, dans l'affirmative, à évaluer le type et le taille de mission la plus appropriée[1283]. Curieusement, les missions exploratoires n'ont pas été envisagées par la Déclaration de principes de 2005.

L'APCE nomme ce type de déploiement « mission pré-électorale » et leur fréquence augmenta régulièrement à partir de l'an 2000. Le choix de recourir à une mission pré-électorale revient au Bureau de l'institution[1284], parfois sur recommandation d'une précédente délégation[1285]. En principe composée de cinq parlementaires issus de différents groupes politiques et accompagnés de membres du Secrétariat, elle a lieu environ un mois avant la date des élections et s'étale sur trois à quatre jours. Au terme de la mission, des recommandations sont émises quant à l'état d'avancement de la préparation

---

[1283] Bjornlund (E.C.), *op.cit.*, p.142.

[1284] APCE, *Lignes directrices pour l'observation des élections par l'Assemblée parlementaire*, Doc.12902, 21 avril 2012, Part 1, Annexe 3, §22.i.

[1285] APCE, *Commission* ad hoc *pour l'observation de l'élection présidentielle en Arménie – Deuxième tour (5 mars 2003)*, 31 mars 2003, Doc.9742 Ad., §28.

de l'élection. Toujours au sein du Conseil de l'Europe, le CPRLE procède également à l'envoi régulier de missions pré-électorales depuis 2010[1286].

Toutefois, l'institution la plus en pointe dans ce domaine est certainement le BIDDH. S'il commença dès les premières années à envoyer des missions préélectorales de taille très réduites[1287], c'est à partir de 1996 que ces missions apparurent dans leur forme moderne, intitulées « Missions d'Evaluation des Besoins » (MEB, *Needs Assessment Mission* ou NAM en anglais) selon la terminologie de l'OSCE[1288] (également employée par l'ONU[1289]). Après quelques années d'utilisation irrégulière[1290], les MEB et la publication de leurs conclusions ont véritablement commencé à se généraliser à partir de 2003. En principe, ce type de mission est envoyé plusieurs mois en amont de la consultation populaire. Dès lors, le déploiement d'une MEB sera rendue impossible en cas de réception tardive de l'invitation à observer, comme cela fut le cas au Kazakhstan dans le cadre de l'élection présidentielle anticipée de 2011, qui furent étrangement planifiées à une échéance extrêmement courte, inférieure à deux mois[1291]. En général, la « *MEB s'étale sur plusieurs jours et est composée de membres du Département des élections du BIDDH* », mais peut aussi comprendre « *le futur Chef ou le chef-adjoint ou le responsable logistique de l'éventuelle MOE, ainsi que d'autres experts dont les compétences seraient nécessaires ou appropriées* »[1292]. Par ailleurs, aux termes de l'*Accord de coopération* de 1997 entre le BIDDH et l'AP-OSCE, le recours à une MEB doit être initié en consultation entre les deux institutions de l'OSCE. De plus, l'AP-OSCE peut dépêcher un représentant si elle estime que cela est approprié. Enfin, l'Accord précise que le BIDDH doit tenir son partenaire parlementaire informé des conclusions de la MEB, laquelle devra avoir pris en compte tous les rapports antérieurs concernant l'État hôte produits par ces deux institutions.

1286 CPLRE, Résolution 306 (2010), *Observation des élections locales et régionales – stratégie et règles du Congrès*, 18 juin 2010, Annexe 1, §1.

1287 Voir par exemple : *CSCE/ODIHR Bulletin*, Volume 1, n°1, 1992/1993, p.14 ; *CSCE/ODIHR Bulletin*, Volume 2, n°2, 1994, p.33.

1288 *Republic of Armenia, Presidential election, 24 September 1996, OSCE/ODIHR Election Observation Mission Final Report.*

1289 Voir par exemple : SGNU, Rapport A/56/344, *Renforcement de l'efficacité du principe d'élections périodiques et honnêtes*, 19 octobre 2001, pp.8-9.

1290 Voir notamment : *Republic of Azerbaijan, Presidential election, 11 October 1998, OSCE/ODIHR Election Observation Mission Final Report*, 11 novembre 1998 ; *Republic of Albania, Referendum on the Constitution, 22 November 1998, Observation Mission Joint Preliminary Statement*, 23 novembre 1998 ; *Republic of Kazakhstan, Presidential elections, 10 January 1999, OSCE/ODIHR Assessment Mission Final Report*, 5 février 1999.

1291 « Early Kazakh election set for April amid opposition criticism », *Radio Free Europe / Radio Liberty*, 4 février 2011.

1292 *Manuel d'observation des élections, op.cit.*, p.27.

A l'instar d'une mission d'observation classique, les membres de la MEB sont amenés à dialoguer avec un grand nombre d'interlocuteurs clés du processus électoral : membres de l'administration électorale, autorités étatiques, représentants des partis politiques, des médias de la société civile, ou encore des membres des missions de terrain de l'OSCE, des représentations diplomatiques de États participants et d'autres Organisations internationales[1293]. Dans le cadre de ses investigations, la MEB doit analyser de multiples éléments, tels l'existence de conditions minimales pour la tenue d'un scrutin crédible, transparent et professionnel, le pluralisme politique et médiatique, le respect des droits fondamentaux, la confiance de la population dans le processus électoral, la mise en œuvre de recommandations précédentes ou encore la valeur ajoutée d'une éventuelle activité d'observation[1294]. A la lumière de l'ensemble de ces considérations, la Mission d'évaluation des besoins produit un rapport proposant ou non l'envoi d'une mission et, dans l'affirmative, ses diverses caractéristiques. Le rapport est ensuite transmis au Conseil permanent et circule parmi les États participants de l'OSCE avant d'être rendu public[1295].

Enfin, il convient de préciser que le Parlement européen ne conduit pas de missions exploratoires dans l'espace de l'OSCE mais se fonde sur celles du BIDDH, sa présence sur le terrain étant en principe conditionnée au déploiement d'une mission de long terme. En revanche, cette méthodologie a été reprise par la Commission européenne, laquelle déploie des missions dites « exploratoires » préalablement à l'envoi éventuel d'une MOE-UE. Composée de cinq à neuf personnes, elles se rendent sur le terrain de quatre à six mois avant la date prévue du scrutin et restent environ deux semaines. Le programme suivi est très similaire à celui d'une MEB, mais à la différence de ces dernières, le rapport produit au terme de la mission exploratoire est à usage interne[1296].

B. Les facteurs déterminant la décision de déploiement d'une mission

Cinq critères principaux sont pris en compte par les institutions lorsqu'elles doivent déterminer s'il convient de répondre favorablement à une invitation à observer une consultation populaire. Il s'agit tout d'abord de la capacité à faire face au coût substantiel et aux besoins en personnels qualifiés induits par le déploiement d'une mission (1). La nécessité d'assurer

---

[1293] *Election Observation Handbook*, *op.cit.*, p.26.
[1294] *Ibid.*, pp.26-27.
[1295] *Common responsibility. Commitments and implementation, Report submitted to the OSCE Ministerial Council in response to MC Decision n°17/05 on Strengthening the Effectiveness of OSCE*, 10 novembre 2006, p.37.
[1296] *Handbook for European Union Election Observation*, *op.cit.*, pp.93-95.

la sécurité des membres de celle-ci est un autre aspect essentiel (2). Ensuite, la tenue d'un scrutin respectant certaines conditions minimales caractérisant une élection démocratique doit être assurée (3). Enfin, les institutions tendent à refuser une invitation à observer quand l'envoi d'une mission risque d'engendrer un conflit d'intérêts (4) ou lorsqu'une liberté de travail n'est pas garantie par l'État hôte (5).

1. Les ressources humaines et financières

En raison de leur budget et de leur personnel limités, ainsi que du grand nombre de consultations populaires qui se tiennent chaque année dans la région de l'OSCE, les institutions observatrices sont amenées à faire des choix. Le BIDDH explique ainsi « *la priorité donnée aux activités d'observation électorale se déroulant dans des démocraties naissantes ou en voie de consolidation, — ces pays étant en effet généralement ceux qui bénéficient le plus des MOE internationales et de leurs recommandations* » au regard de leur « *impact* [...] *sur la promotion de la démocratie et des droits de l'homme* ». Même si aucune élection n'est techniquement parfaite, une MEB peut conclure que la réunion de l'ensemble des éléments essentiels à la tenue d'un scrutin démocratique, éventuellement corroborée par de précédentes missions d'observation, limite grandement la valeur ajoutée d'une activité d'observation[1297] et préférer se concentrer sur des cas *a priori* plus problématiques. En outre, bien qu'il observe occasionnellement des scrutins locaux ou des référendums, le Bureau de Varsovie « *met en général l'accent sur les élections directes visant à pourvoir les institutions étatiques au niveau national* »[1298].

Il en va de même pour le Parlement européen qui doit faire face à une contrainte supplémentaire. Bien que celui-ci déploie des missions de plus faible ampleur, pour une courte durée et uniquement dans des démocraties récentes, son champ d'intervention couvre le monde entier et le nombre de scrutins potentiellement observables est donc extrêmement important. Ainsi, lorsque le Groupe de coordination des élections établit sa liste semestrielle d'élections à observer, il doit tenir « *compte du nombre indicatif de cinq pays par semestre, soit dix pays par an, avec la possibilité, dans des cas exceptionnels, d'ajouter deux pays par an* ». De plus, les « *demandes spécifiques d'autorisation de délégations d'observation* » soumises à la

---

[1297] *Election Observation Handbook, op.cit.*, p.27. Voir notamment : *Czech Republic, Parliamentary elections, 28-29 May 2010, OSCE/ODIHR Needs Assessment Mission Report*, 16 avril 2010, p.2 ; *Ireland, Early parliamentary Elections, 25 February 2011, OSCE/ODIHR Needs Assessment Mission Report*, 23 février 2011, p.3 ; *Principality of Liechtenstein, 2009 Parliamentary elections, OSCE/ODIHR Needs Assessment Mission Report*, 12 janvier 2009, p.3 ; *Sweden, General Elections, 19 September 2010, OSCE/ODIHR Needs Assessment Mission Report*, 28 juillet 2010.

[1298] *Manuel d'observation des élections*, *op.cit.*, p.13-14.

Conférence des présidents doivent être faites « [d]*ans le respect des limites du cadre budgétaire fixé par le Bureau* »[1299]. Il doit en outre essayer de répartir ses ressources équitablement entre ses deux zones d'action (OSCE et en dehors), ce qui l'amène à être présent lors de cinq à six scrutins environ chaque année dans notre région d'étude. En revanche, l'APCE bénéficiant des mêmes avantages que le PE mais avec un territoire à couvrir limité aux États soumis à la procédure de suivi des engagements et au dialogue postsuivi[1300] (saufs cas exceptionnels[1301]), elle peut se permettre de dépêcher des délégations lors de tous les scrutins nationaux tenus dans ces pays.

2. La situation sécuritaire

La sécurité est un deuxième facteur déterminant. C'est à l'État hôte qu'incombe au premier chef la responsabilité d'assurer la protection et la sécurité des personnels des missions d'observation. Même si les problèmes sécuritaires sont sensiblement moins prégnants pour les missions déployées dans la région de l'OSCE que dans le cadre, notamment, des MOE-UE[1302], toutes les institutions attachent une importance cruciale aux questions de sécurité. Par conséquent, lorsqu'il n'est pas possible de garantir une protection suffisante aux observateurs, la mission sera annulée. Toutefois, à notre connaissance, il n'y a pas encore eu de cas de renoncement pour raisons de sécurité car au-delà d'un certain degré de dangerosité, l'ampleur de la mission sera nettement réduite ou il y a de fortes chances que le scrutin lui-même ne puisse se dérouler. Il convient tout de même de mentionner ici le cas du référendum sur la Constitution[1303] et les lois électorales organisé en Tchétchénie en 2003. Les institutions décidèrent de ne pas déployer de MOE classique dans cette province russe minée par un long conflit séparatiste[1304] après qu'une mission d'évaluation conjointe du BIDDH, de l'APCE et du CPLRE ait émis un avis négatif[1305]. Il fut recommandé d'envoyer une seconde mission d'évaluation conjointe mais, à la suite du désistement du Conseil de l'Europe en raison des problèmes de sécurité, seuls quelques

---

1299 *Dispositions d'exécution concernant les délégations d'observation des élections*, *op.cit.*, article 3.

1300 Voir *infra*, Partie 2, Titre 2, Chapitre 1.

1301 Voir *supra*, Partie 1, Titre 1, Chapitre 1.

1302 *Handbook for European Union Election Observation*, *op.cit.*, p.105-108.

1303 *Avis sur le projet de Constitution de la République Tchétchène*, 24 mars 2003, CDL-AD(2003)002.

1304 Voir par exemple : Gerber (T.P.) et Mendelson (S.E.), « Les droits de l'Homme et la guerre en Tchétchénie », *Pouvoirs*, n°112, 2005, pp.79-109.

1305 *Russian Federation, Chechen Republic Referendum, 23 March 2003, Joint Assessment Mission OSCE/ODIHR Preliminary Statement*, 3 mars 2003. Voir aussi : APCE, Résolution 1315 (2003), *Evaluation des perspectives de résolution politique du conflit en République tchétchène*, 29 janvier 2003 ; APCE, Résolution 1323 (2003), *La situation des droits de l'homme en République tchétchène*, 2 avril 2003.

experts du BIDDH firent le déplacement[1306]. Il faut également évoquer l'exemple plus récent du Kirghizstan, où le BIDDH renonça à déployer les 300 observateurs à court terme initialement prévus lors du référendum constitutionnel tenu en juin 2010 en raison de violents heurts dans le sud du pays[1307] et requalifia la mission d'observation classique en mission restreinte[1308].

On peut rapprocher ces illustrations du cas de l'Afghanistan, bien que situé en dehors de la région de l'OSCE. Dans le cadre de quatre scrutins tenus entre 2004 et 2010, le BIDDH préféra dépêcher des équipes d'appui plutôt que des missions complètes afin de pouvoir jouer un rôle plus actif lors des opérations électorales, mais aussi du fait de la situation sécuritaire particulièrement difficile dans ce pays[1309]. Le Bureau de Varsovie fut donc amené à prendre des mesures de sécurité très renforcées, en coopération avec les Nations Unies et l'OTAN notamment, pour assurer l'intégrité de son personnel[1310]. En outre, contrairement à la pratique habituelle, les noms des membres de l'équipe ne furent pas rendus publics avant le terme de la mission, seulement leurs nationalités. Cela ne fut pas la première fois que le BIDDH fit appel à une autre Organisation pour l'épauler en matière de sécurité. Ainsi, lors des élections législatives de 2002 en ARYM, l'OSCE demanda à l'OTAN de fournir une assistance aux observateurs en cas d'urgence.

3. L'existence d'un cadre démocratique

Le troisième critère décisif pour l'envoi d'une MOE est le plus complexe à mesurer et constitue la principale raison d'être des MEB. Il s'agit de la

---

1306 Balian (H.), « Building on imperfection: Reflections on the Chechen referendum », *Helsinki Monitor*, Volume 14, n°2, 2003, p.85. Voir aussi : APCE, *Rapport d'activité du Bureau de l'Assemblée et de la Commission Permanente (31 janvier – 31 mars 2003)*, 18 mars 2003, Doc.9740 Partie I ; Politkovskaïa (A.), « En Tchétchénie, l'OSCE démissionne et l'Europe perd son âme », *Courrier International*, n°637, 16 janvier 2003, p.16 ; Retchkalov (V.), « A Grozny, ce référendum que personne n'attend », *Courrier International*, n°644, 6 mars 2003, p.10.

1307 Voir notamment : *Report of the Independent International Commission of Inquiry into the events in Southern Kyrgyzstan in June 2010*, Kyrgyzstan Inquiry Commission, 3 mai 2011 ; Petric (B.), « Pogroms contre les Ouzbeks à Och au Kirghizstan », *Hérodote*, n°138, 2010, pp.58-65..

1308 *Kyrgyz Republic, Constitutional referendum, 27 June 2010, OSCE/ODIHR Limited Referendum Observation Mission Final Report*, 27 juillet 2010, pp.3-5.

1309 *Election Support Team to Afghanistan, Presidential elections 2004, Final Report with recommendations*, 18 octobre 2004, p.4 ; *Election Support Team to Afghanistan, Recommendations on 2005 Parliamentary elections*, 6 octobre 2005, SEC.GAL/209/05, p.2 ; *Islamic Republic of Afghanistan, Parliamentary elections, 18 September 2010, OSCE/ODIHR Election Support Team Final Report*, 26 novembre 2010, p.3.

1310 *Islamic Republic of Afghanistan, Presidential and Provincial Council elections, 20 August 2009, OSCE/ODIHR Election Support Team Final Report*, 8 décembre 2009, pp.6-9.

réunion de certaines conditions minimales permettant d'envisager la tenue d'un processus électoral au moins en partie démocratique. Dès lors que le pluralisme est inexistant, que les droits de participation politique sont bafoués et, éventuellement, que l'absence de volonté politique de mettre en œuvre les recommandations de précédentes missions est flagrante, il y a peu de chances que les institutions se déplacent[1311]. Ces dernières préfèrent généralement ne pas déployer de mission plutôt que de prendre le risque que leur simple présence soit interprétée comme une légitimation d'un scrutin qui sera certainement manipulé[1312]. Le Parlement européen estime que « *les élections dans le cadre desquelles* [il] *a le statut d'observateur doivent garantir le respect des droits démocratiques* ». Par conséquent, « [d]*ans le cas où les conditions minimums fixées dans les lignes directrices de l'UE ne sont pas remplies, le PE devrait décliner toute invitation d'envoi d'une délégation* »[1313]. Cela explique notamment le refus de ce dernier de se rendre au Kazakhstan en 1999[1314], puis de nouveau en 2011 et 2012. Similairement, l'AP-OSCE n'observa pas l'élection présidentielle de 2004 en Russie[1315] et le BIDDH déclina les invitations de la Yougoslavie (Serbie et Monténégro) en 1992[1316] et du Tadjikistan en 1995[1317], de même que celle du Turkménistan quatre ans plus tard car le cadre légal et la période pré-électorale enfreignaient de façon trop criante les engagements de l'OSCE en matière électorale[1318]. Dans le cas où des institutions décideraient tout de même de se rendre dans un État dans lequel se tient « *un processus électoral clairement antidémocratique* », la Déclaration de principes de 2005 leur recommande de « *faire des déclarations publiques pour s'assurer que leur présence n'implique pas* » une légitimation du scrutin (§11).

Cependant, certains jugent que les observateurs doivent tout de même se déplacer dans ce type de situation afin de constater les fraudes et de les

---

[1311] *Election Observation Handbook, op.cit.*, p.27.

[1312] Voir : *Elections Guidelines for Determining Involvement in International Election Observation*, International IDEA, 2000, p.11 et 16 ; *Republic of Uzbekistan, Legislative Chamber elections, OSCE/ODIHR Needs Assessment Mission Report*, 13 octobre 2004., p.2.

[1313] *Rapport du Parlement européen sur la communication de la Commission sur les missions d'assistance et d'observation électorales de l'UE*, 14 février 2001, A5-0060/2001, p.27.

[1314] *Communication de la Commission sur les missions d'assistance et d'observation électorales de l'UE*, 11 avril 2000, COM(2000) 191 final, Annexe I, 2, p.38.

[1315] George (B.) et Kimber (S.), « Developments in election observation », *in* Schmeets (H.) (dir.), *International election observation and assessment of elections*, Statistics Netherlands & Maastricht University, 2011, p.40.

[1316] *CSCE/ODIHR Bulletin*, Volume 1, n°1, 1992/1993, p.14.

[1317] *Rapport annuel 1995 sur les activités de l'OSCE*, p.7 ; *Republic of Tajikistan, Elections to the Parliament, 27 February 2000, OSCE/ODIHR and United Nations Organization Joint Election Observation Mission Final Report*, 17 mai 2000, p.3.

[1318] *Turkmenistan, Parliamentary elections, 12 December 1999, OSCE/ODIHR Needs Assessment Mission Report*, 11 novembre 1999, p.2. Voir aussi : Brown (B.), « Governance in Central Asia: The case of Turkmenistan », *Helsinki Monitor*, Volume 14, n°3, 2003, pp.206-217.

exposer publiquement. Le BIDDH semble avoir trouvé une solution intermédiaire consistant en l'envoi de missions réduites, comme en Biélorussie en 2000[1319] et en 2001[1320], en Ouzbékistan en 2007[1321] et en 2009[1322], ou au Turkménistan en 2008[1323] et 2012[1324]. Ainsi, le Bureau de Varsovie n'a pas refusé depuis plusieurs années de se rendre dans certains pays, en dépit d'irrégularités flagrantes et prévisibles, afin de maintenir un dialogue sans pour autant procéder à une véritable observation. Parfois, l'envoi d'une mission malgré des problèmes graves et récurrents peut aussi s'expliquer par des considérations politiques. Cela fut clairement illustré par le cas de l'élection présidentielle au Kazakhstan en 2011, pays qui n'a pas connu d'élection libre et régulière depuis son indépendance en 1991 et a même été accusé d'espionner des observateurs électoraux[1325], mais dont la Présidence tournante de l'OSCE venait à peine de s'achever. De plus, le scrutin en question fut décidé à très brève échéance, ce qui prévint le déploiement d'une MEB, et au terme d'une controverse quant à la possible tenue d'un referendum sur l'extension du mandat du Président en exercice[1326]. Le choix du BIDDH de déployer une mission d'observation complète sembla donc moins motivé par les progrès démocratiques très relatifs affichés au fil des élections par ce pays que par les conséquences politiques qu'aurait engendré un refus.

En revanche, la CEI n'a manifestement opté pour aucune de ces logiques puisque si elle envoie systématiquement des MOE dans les pays les plus

---

[1319] *Republic of Belarus, Parliamentary elections, 15 and 29 October 2000, OSCE/ODIHR Technical Assessement Mission Final Report*, 30 janvier 2001, p.1.

[1320] *Republic of Belarus, Presidential election, 9 September 2001, OSCE/ODIHR Limited Election Observation Mission Final Report*, 4 octobre 2001, p.7.

[1321] *Republic of Uzbekistan, Presidential elections, 23 December 2007, OSCE/ODIHR Needs Assessment Mission Report*, 4 décembre 2007, p.2.

[1322] *Republic of Uzbekistan, Parliamentary elections, 27 December 2009, OSCE/ODIHR Needs Assessment Mission Report*, 6 novembre 2009, p.2 ; *Republic of Uzbekistan, Parliamentary elections, 27 December 2009, OSCE/ODIHR Election Assessment Mission Final Report*, 7 avril 2010, p.3.

[1323] *Turkmenistan, Early Parliamentary elections, 14 December 2008, OSCE/ODIHR Needs Assessment Mission Report*, 29 octobre 2008, pp.2-3.

[1324] *Republic of Turkmenistan, Presidential election, 12 February 2012, OSCE/ODIHR Needs Assessment Mission Report*, 3 janvier 2012, pp.2-3. Voir aussi : Chabounts (N.), « Une présidentielle pour la parade », *Courrier International*, n°1110, 9 février 2012, p.28.

[1325] Chivers (C.J.), « Case of spy vs. vote monitor in Kazakhstan? Some clues surface », *The New York Times*, 17 août 2007.

[1326] Voir : *OSCE human rights chief voices concern about possible referendum on extension of Kazakh president's term of office*, ODIHR Press Office, 14 janvier 2011; Barry (E.), « Monitors Fault Voting in Kazakh Election », *The New York Times*, 4 avril 2011 ; Bowyer (A.C.), *Kazakhstan's Predictable Election*, IFES, 1er avril 2011 ; Courtney (W.), « The Father of Kazakhstan », *The New York Times*, 5 avril 2011.

autoritaires de la région de l'OSCE, l'objectif n'est pas d'exposer les fraudes mais plutôt de fournir une caution internationale à l'un de ses membres[1327].

4. Le risque de conflit d'intérêts

Un autre aspect que les institutions doivent prendre en compte touche au conflit d'intérêts que pourrait engendrer l'envoi d'une MOE[1328]. Cette contrainte fut clairement illustrée par l'expérience de l'OSCE en Bosnie-Herzégovine. Alors que l'organisation fut chargée, en vertu des *Accords de Dayton*[1329], de superviser la préparation et le déroulement des six scrutins tenus entre 1996 et 2000[1330], le BIDDH et l'AP-OSCE dépêchèrent tout de même des missions d'observation conjointes à quatre reprises, entre 1996 et 1998[1331]. En évaluant des scrutins que le Bureau de Varsovie avait organisés, les institutions de l'OSCE se trouvèrent dans une situation où elles furent à la fois juges et parties, s'exposant à des critiques soulignant un potentiel manque d'indépendance et d'impartialité[1332]. Ce conflit d'intérêts manifeste poussa le BIDDH à s'abstenir lors des élections parlementaires de 2000, mais le scrutin fut néanmoins observé par l'AP-OSCE et la Mission permanente de l'OSCE en Bosnie-Herzégovine[1333].

1327 Voir *supra*, Partie 1, Titre 1, Chapitre 2.

1328 Bjornlund (E.C.), *Beyond Free and Fair. Monitoring elections and building democracy*, Woodrow Wilson Center Press, Johns Hopkins University Press, 2004, p.138.

1329 *Accords de Dayton*, Paris, 21 novembre 1995, Annexe 3, art.III ; *Décision sur l'action de l'OSCE pour la paix, la démocratie et la stabilité en Bosnie-Herzégovine*, Cinquième Réunion du Conseil ministériel, Budapest, 8 décembre 1995, MC(5).DEC/1.

1330 *OSCE Handbook*, *op.cit.*, pp.42-43 ; *Rapport annuel 1996 sur les activités de l'OSCE*, p.10 ; Frowick (R.H.), « The OSCE Mission to Bosnia and Herzegovina », *OSCE Yearbook*, 1995/96, pp.163-174 ; *Rapport annuel 1997 sur les activités de l'OSCE*, pp.11-12 ; Calic (M.-J.), « The OSCE's contribution to the democratization of Bosnia and Herzegovina », *OSCE Yearbook*, 1997, pp.145-157 ; *Rapport annuel 1998 sur les activités de l'OSCE*, pp.15-16 ; *Rapport annuel 1999 sur les activités de l'OSCE*, pp.14-15 ; *Rapport annuel 2000 sur les activités de l'OSCE*, p.13 ; *Rapport annuel 2001 sur les activités de l'OSCE*, p.15.

1331 *The elections in Bosnia and Herzegovina, 14 September 1996, Preliminary Statement of the Co-ordinator for International Monitoring (CIM)* ; *Bosnia and Herzegovina, Municipal elections, 13 and 14 September 1997, OSCE/ODIHR Election Observation Mission Final Report*, 15 septembre 1997 ; *Bosnia and Herzegovina, Republika Srpska National Assembly elections, 22-23 November 1997, OSCE/ODIHR Election Observation Mission Final Report* ; *Bosnia and Herzegovina, General elections, 12 and 13 September 1998, OSCE/ODIHR Election Observation Mission Final Report*, 13 octobre 1998.

1332 Kaczorowski (N.), « Election monitoring: Lessons learned and possible new orientations », *in* Warner (D.) (dir.), *Consolidating the OSCE*, PSIO Occasional Paper, 2006, pp.121-122 ; Van Binsbergen (W.) et Abbink (J.), « International Election Observation: A discussion on policy and practice », *in* Abbink (J.) (dir.), *Election Observation and Democratization in Africa*, Palgrave McMillan, p.273.

1333 APCE, *Commission* ad hoc *pour l'observation des élections parlementaires en Bosnie-Herzégovine*, 18 décembre 2000, Doc.8910, §10.

Afin de ne pas être confrontée de nouveau à cette combinaison de mandats difficilement compatibles avec le maintien d'une stricte impartialité, l'OSCE décida de faire appel au Conseil de l'Europe dans le cadre des élections tenues entre 2000 et 2007 au Kosovo[1334]. Cette ancienne province d'ex-Yougoslavie fut placée sous administration de l'ONU le 10 juin 1999 en vertu de la résolution 1244 du Conseil de Sécurité des Nations Unies[1335]. Au cours de cette période d'administration onusienne, l'OSCE se vit confier la charge de l'organisation et de la supervision des scrutins dans le cadre de la *Mission Intérimaire des Nations Unies au Kosovo*[1336]. Le BIDDH ayant décidé de ne pas observer les élections municipales d'octobre 2000 afin d'exclure tout conflit d'intérêts, les Nations Unies et l'OSCE se tournèrent donc vers le Conseil de l'Europe en lui demandant de se charger de l'observation du processus électoral en lieu et place du BIDDH. Le Comité des Ministres du Conseil de l'Europe répondit favorablement à cette demande[1337] et l'Organisation mit en place, pour la première fois, une Mission d'Observation Électorale du Conseil de l'Europe (MOECE)[1338]. La structure et la méthodologie employées, calquées sur celles du BIDDH, ayant donné satisfaction, elles furent de nouveau utilisées lors des élections à l'Assemblée du Kosovo de 2001[1339], 2004[1340] et 2007[1341], et des élections municipales d'octobre 2002[1342]. Cependant, l'AP-OSCE sembla une nouvelle fois moins soucieuse d'un risque de conflit d'intérêts puisqu'elle dépêcha une délégation lors du scrutin de 2001.

[1334] Voir : Daeschler (F.), « The Council of Europe EOMs in Kosovo 2000–2007 », *in* Schmeets (H.) (dir.), *International election observation and assessment of elections*, *op.cit.*, pp.106-112.

[1335] CSNU, Résolution 1244(1999), 10 juin 1999, §5.

[1336] *Mission de l'OSCE au Kosovo*, 1er juillet 1999, PC.DEC/305 ; *Rapport présenté par le Secrétaire Général des Nations Unies en application du paragraphe de la résolution 1244 (1999) du Conseil de Sécurité*, S/1999/672, 12 juin 1999, §13 ; Everts (D.W.), « The OSCE Mission in Kosovo », *OSCE Yearbook*, 2001, pp.138-143 ; *Rapport annuel 2000 sur les activités de l'OSCE*, pp.23-24 ; *Rapport annuel 2000 sur les activités de l'OSCE*, pp.32-33 ; *Rapport annuel sur les activités de l'OSCE en 2002*, p.25 ; *Rapport annuel sur les activités de l'OSCE en 2003*, p.60 ; *Rapport annuel sur les activités de l'OSCE en 2004*, p.60 ; *Rapport annuel 2005 sur les activités de l'OSCE*, p.64 ; *Rapport annuel 2006 sur les activités de l'OSCE*, p.61 ; *Rapport annuel 2007 sur les activités de l'OSCE*, p.68.

[1337] *Mandat pour l'observation du processus électoral au Kosovo*, Groupe de rapporteurs pour la stabilité démocratique, 13 juin 2000, GR-EDS(2000)43.

[1338] *Final Report of the Council of Europe Election Observation Mi*ssion, SG/Inf(2000)44.

[1339] *Final Report*, 2e ed., Council of Europe Election Observation Mission – 2001 Kosovo Assembly Elections, SG/Inf(2002)1.

[1340] *Final Report*, Council of Europe Election Observation Mission for the 2004 Kosovo Assembly Elections (CEEOM IV).

[1341] *Final Report*, Council of Europe Election Observation Mission in Kosovo (CEEOM V), 2007.

[1342] *Final Report*, Council of Europe Election Observation Mission for the 2002 Kosovo Municipal Assembly Elections (CEEOM III), SG/Inf(2002)49.

5. La liberté de travail de l'institution

Enfin le dernier facteur influant sur la décision de déploiement touche à la liberté de l'institution de conduire librement le type de mission qu'elle a jugé optimal. Ainsi, « [p]*our garantir l'efficacité de ses missions d'observation, le BIDDH exige de la part du gouvernement hôte un certain nombre d'assurances qui garantiront que la mission d'observation sera en mesure d'exercer ses activités comme il se doit* »[1343]. Cela implique que l'État hôte ne doit pas imposer de limitations injustifiées au travail des observateurs, en particulier sur certains aspects cruciaux. Ces derniers concernent d'abord la mise en place de la mission en tant que telle. Le BIDDH souhaite ainsi pouvoir « [é]*tablir une mission conformément à un calendrier permettant l'observation de l'ensemble des phases du processus électoral* » et « [d]*écider lui-même du nombre d'observateurs nécessaires pour constituer une MOE viable* »[1344]. Ensuite, certains droits essentiels au travail des observateurs doivent être garantis. Ces droits ont été énoncés de façon détaillée par la Déclaration de principes de 2005 (§12) et surtout, par les *Lignes directrices de la Commission de Venise relatives à un statut internationalement reconnu des observateurs d'élections*[1345]. Le BIDDH en a donné la liste condensée suivante :

- « *Recevoir les accréditations nécessaires à l'ensemble de ses observateurs par l'intermédiaire d'une procédure simple et non discriminatoire ;*
- *Obtenir toutes les informations nécessaires concernant le processus électoral de la part des autorités, et ce à tous les niveaux et en temps opportun ;*
- *Rencontrer les candidats, membres de tous les partis politiques, représentants de la société civile et toutes les personnes qu'il juge nécessaire de rencontrer ;*
- *Etre libre de se rendre dans toutes les régions du pays hôte pendant le processus électoral et le jour du scrutin, sans restriction aucune ou nécessité de donner une notification préalable ;*
- *Bénéficier d'un accès illimité à tous les bureaux de vote, commissions électorales et centres de dépouillement et de décompte du pays ; et enfin*
- *Etre en mesure de faire des déclarations publiques* »[1346].

1343 *Manuel d'observation des élections*, *op.cit.*, p.23.
1344 *Ibid.*, p.23.
1345 *Lignes directrices relatives à un statut internationalement reconnu des observateurs d'élections*, 14 décembre 2009, CDL-AD(2009)059, §III.1. Voir aussi : *Convention sur les normes en matière d'élections démocratiques, et les droits et libertés électoraux dans les États de la Communauté des États Indépendants*, art.15 ; *Recommandations pour l'observation des élections et des référendums par la CEI*, 2009, §1.5 ; *Handbook for European Union Election Observation*, *op.cit.*, pp.95-96.
1346 *Manuel d'observation des élections*, *op.cit.*, pp.23-24.

L'ensemble de ces conditions est généralement explicitement mentionné dans un mémorandum d'accord signé entre l'État hôte et l'institution observatrice avant le déploiement. De plus, en vertu de l'article 8 du *Document de Copenhague*, le BIDDH évalue systématiquement dans quelle mesure les droits des observateurs nationaux et internationaux sont assurés au sein du pays d'accueil. Pour éviter toute ambigüité, il recommande régulièrement que ces droits soient insérés dans la législation électorale, mais de nombreux États n'ont pas encore procédé à cette modification. A cet égard, la Commission de Venise note que si « [p]*lusieurs pays, principalement les pays d'Europe centrale et orientale, ont modifié leur législation électorale afin de la rendre compatible avec le Document de Copenhague de l'OSCE de 1990 et d'autres standards internationaux* », en revanche, « *la plupart des pays d'Europe occidentale n'ont pas mis en œuvre de telles normes internationales dans leur législation, probablement par l'absence de suivi international et la confiance qu'inspire leur processus électoral* »[1347].

Un premier cas de retrait d'une mission en raison de restrictions imposées par l'État hôte au travail des observateurs intervint en Albanie en 1996 après que les autorités nationales aient imposé au BIDDH une réduction du nombre d'observateurs de court terme[1348]. Mais l'absence de l'une des conditions énumérées par le Bureau de Varsovie n'entraîna pas systématiquement l'annulation de la mission prévue. A l'occasion de l'élection présidentielle de 2006 en Biélorussie, la MIOE composée du BIDDH et l'AP-OSCE mena son travail d'observation à son terme bien que neuf observateurs de courte durée du Bureau de Varsovie et dix-neuf parlementaires se soient vus refuser leur visa ou le droit d'entrer sur le territoire de l'État hôte[1349]. Dans un sens comparable, lors des élections législatives arméniennes de 2007, l'État d'accueil s'opposa à la délivrance de visas pour les observateurs turcs recrutés par le BIDDH[1350]. La même année, les autorités ouzbèkes n'accordèrent au Bureau de Varsovie qu'une

[1347] *Résumé des recommandations relatives à un statut internationalement reconnu des observateurs d'élections*, 15 juin 2009, CDL-AD(2009)026, §6.

[1348] Mitchell (G.), « History and mandate of election observation: The OSCE/ODIHR experience », *in* Schmeets (H.) (dir.), *International election observation and assessment of elections*, *op.cit.*, p.75.

[1349] *Republic of Belarus, Presidential election, 19 March 2006, OSCE/ODIHR Election Observation Mission Final Report*, 7 juin 2006, p.4. Voir aussi : APCE, *Rapport de la commission* ad hoc *sur l'observation des élections législatives en Turquie (3 novembre 2002)*, 20 décembre 2002, Doc.9621 Ad.VI.

[1350] *Republic of Armenia, Parliamentary elections, 12 May 2007, OSCE/ODIHR Election Observation Mission Final Report*, 10 septembre 2007, p.3 ; *Statement on the Armenia Election Observers*, as delivered by Deputy Chief of Mission Kyle Scott, United States Mission to the OSCE, at the Meeting of the Permanent Council, 10 mai 2007, PC.DEL/420/07 ; *Statement by Ambassador Yusuf Buluç*, Permanent representative of Turkey to the OSCE, at the Meeting of the Permanent Council, 10 mai 2007, PC.DEL/422/07.

invitation conditionnée au déploiement d'un maximum de trente observateurs et pour une durée limitée. Mais l'institution ayant prévu de n'envoyer qu'une mission restreinte d'une vingtaine de personnes, les restrictions n'eurent pas d'influence sur son activité[1351].

Les cas les plus emblématiques de restrictions furent le fait de la Russie dans le cadre des élections législatives de 2007[1352] et de l'élection présidentielle de 2008[1353]. A deux reprises, cet État fit volontairement parvenir les invitations à observer au dernier moment et imposa de telles contraintes aux missions du BIDDH que ce dernier préféra à juste titre ne pas se déplacer. Tandis qu'environ 400 observateurs furent déployés par le Bureau de Varsovie au cours des scrutins précédents en Russie[1354], seuls 70 observateurs furent autorisés par les autorités nationales dans chacun de ces deux cas[1355], ce qui, au regard de l'immensité du pays et de sa population, rendait impossible une observation crédible. De surcroît, il fut imposé au BIDDH de limiter ses activités aux deux semaines précédant le scrutin. Face à une violation aussi flagrante par la Russie de l'article 8 du *Document de Copenhague*, il est pour le moins regrettable que l'AP-OSCE et l'APCE aient accepté d'envoyer des délégations d'observation, respectivement, lors des élections législatives[1356] et pour les deux scrutins[1357].

[1351] *Republic of Uzbekistan, Presidential elections, 23 December 2007, OSCE/ODIHR Limited Election Observation Mission Interim Report*, p.2 ; *Statement on the Elections in Uzbekistan*, as delivered by Ambassador Julie Finley, United States Mission to the OSCE, at the Meeting of the Permanent Council, 17 janvier 2008, PC.DEL/21/08.

[1352] Chivers (C.J.), « Russia working to limit election observers », *The New York Times*, 25 octobre 2007 ; Picard (M.), « L'OSCE lance un avertissement à Moscou », *Le Figaro*, 8 novembre 2007 ; *The Carter Center Supports OSCE/ODIHR Decision Not to Observe Russian Elections*, The Carter Center, 20 November 2007.

[1353] Chivers (C.J.), « European group cancels mission to observe Russian election, citing restrictions », *The New York Times*, 8 février 2008 ; Finn (P.), « Europe election monitors might forgo Russian vote », *The Washington Post*, 30 janvier 2008 ; Harding (L.), « Monitors to boycott Russian election in row over restrictions », *The Guardian*, 17 février 2008 ; Mandeville (L.), « Présidentielle : Grave conflit entre Moscou et l'OSCE », *Le Figaro*, 8 février 2008.

[1354] *Russian Federation, Elections to the State Duma, 7 December 2003, OSCE/ODIHR Election Observation Mission Final Report*, 27 janvier 2004, p.3 ; *Russian Federation, Presidential election, 14 March 2004, OSCE/ODIHR Election Observation Mission Final Report*, 2 juin 2004, p.3.

[1355] Voir notamment : *Statement regarding the presidential elections in Russia*, by Mr. Alexey Borodavkin, Permanent representative of the Russian Federation, at the meeting of the OSCE Permanent Council, 31 janvier 2008, PC.DEL/82/08.

[1356] OSCE-PA, *Russian Federation, Parliamentary elections, 2 December 2007, Preliminary Statement*, 3 décembre 2007.

[1357] APCE, *Commission* ad hoc *chargée d'observer les élections présidentielles en Russie (14 mars 2004)*, 26 avril 2004, Doc.10150 ; APCE, *Observation de l'élection présidentielle en Fédération de Russie (2 mars 2008)*, 20 mars 2008, Doc.11536. Voir aussi *supra*, Partie 1, Titre 1, Chapitre 2.

En 2011, lors des élections parlementaires suivantes, le BIDDH fut en mesure de déployer une mission d'observation électorale mais au prix d'un long marchandage avec les autorités russes quant aux nombre d'observateurs. Il apparaît clairement que la mission d'évaluation dépêchée plusieurs mois avant le scrutin par le Bureau de Varsovie avait anticipé une réaction hostile en limitant le contingent requis et en privilégiant l'observation de long terme, recommandant l'envoi de 60 OLT et seulement 200 OCT[1358]. Pourtant, ce chiffre fut jugé trop important par la Commission électorale centrale qui affirma que seules des délégations de 40 à 100 personnes seraient accréditées[1359]. Un compromis fut finalement trouvé, le BIDDH acceptant de réduire à 40 le nombre d'OLT déployés[1360]. La situation empira à l'occasion de l'élection présidentielle de 2012 puisque le contingent d'OCT dû être abaissé à 160 personnes[1361]. S'il est appréciable que des missions aient pu être présentes et effectuer une évaluation crédible du scrutin, il est à craindre que ces limitations créent un précédent et qu'à l'avenir, d'autres États cherchent également à contraindre le Bureau de Varsovie à réduire le personnel de ses missions.

Section 2 : La détermination des aspects opérationnels et humains de la future mission

Consécutivement au choix de dépêcher une mission dans le cadre d'une consultation populaire donnée, deux aspects restent à déterminer. Il s'agit en premier lieu, pour l'APCE et le BIDDH, du choix du type de mission dans la mesure où ces deux institutions ont diversifié leurs types d'intervention afin d'en maximiser l'effectivité et de gérer au mieux leurs ressources (§1). En second lieu se pose la question du recrutement du personnel des missions. Depuis les premières expériences des années 1990, des efforts notables ont été faits pour accroître le professionnalisme des observateurs déployés et éviter l'envoi de « touristes électoraux », qui ont parfois discrédité les missions de première génération[1362], et prévenir les conflits d'intérêts.

[1358] *Russian Federation, State Duma Elections, 4 December 2011, OSCE/ODIHR Pre-Election Assessment Report (17-22 August 2011)*, 14 septembre 2011.

[1359] Barry (E.), « Russia again at odds with West over election monitors », *The New York Times*, 14 septembre 2011.

[1360] *Russian Federation, Elections to the State Duma, 4 December 2011, OSCE/ODIHR Election Observation Mission Final Report*, 12 janvier 2012, p.16.

[1361] *Russian Federation, Presidential Election, 4 March 2012, OSCE/ODIHR Election Observation Mission Interim Report, (26 January – 13 February 2012)*, p.7.

[1362] Carothers (T.), « The observers observed », *Journal of Democracy*, Volume 8, n°3, 1997, p.18 ; Tostensen (A.), Faber (D.) et de Jong (K), « Vers une approche intégrée de l'observation des élections ? La professionnalisation des missions d'observation des élections de longue durée », *Rapport n°7*, European Centre for Development Policy Management, 1997, p.15.

Néanmoins, de sérieuses lacunes demeurent, particulièrement quant à la sélection des observateurs parlementaires (§2).

§1. Un accroissement de l'effectivité des interventions par une diversification des formats de missions

Depuis le début des années 2000, le BIDDH (B) et, dans une moindre mesure, l'APCE (A) ont élargi leur gamme de formats de missions.

A. Par l'Assemblée Parlementaire du Conseil de l'Europe

A côté de la mission d'observation électorale classique (1), l'APCE a développé trois autres types de déploiements moins fréquents (2). Le choix de déployer l'un des quatre formats de mission à la disposition de l'APCE revient à son Bureau, auquel incombe la responsabilité de mettre en place les commissions *ad hoc*.

1. La mission d'observation des élections

Il s'agit du type de mission choisi dans l'écrasante majorité des cas. La mission d'observation des élections classique compte en principe de cinq à trente membres, mais il est possible d'aller au-delà en cas de circonstances exceptionnelles, comme lors des élections législatives de 2005 en Azerbaïdjan, considérées comme « *un test décisif pour la crédibilité démocratique du pays* »[1363] et observées par une délégation de 44 parlementaires. Depuis de nombreuses années, il est très rare que l'APCE se déplace seule, comme ce fut le cas en Russie lors de l'élection présidentielle de 2008. Ses délégations travaillent généralement en collaboration plus ou moins étroite avec les deux institutions de l'OSCE, voire avec le Parlement européen et l'AP-OTAN.

Les commissions *ad hoc* de l'APCE ont une présence sur le terrain d'une durée moyenne de cinq jours (à raison de trois jours de rencontres avec différents interlocuteurs impliqués dans le processus électoral, une journée d'observation des opérations de vote et une journée consacrée aux conférences de presse et à la publication de la déclaration préliminaire). Cette durée, relativement courte mais commune aux institutions parlementaires, peut être étendue par l'envoi de missions préélectorales ou postélectorales[1364]. Par ailleurs, les *Lignes directrices sur l'observation des élections* de l'APCE prévoient que « [l']*assistance logistique aux*

[1363] APCE, Résolution 1456 (2005), *Fonctionnement des institutions démocratiques en Azerbaïdjan*, 22 juin 2005, §1.

[1364] APCE, *Lignes directrices pour l'observation des élections par l'Assemblée parlementaire*, Doc.12902, 21 avril 2012, Part 1, Annexe 3, §17.viii.

délégations de l'Assemblée chargées d'observer les élections, et en particulier l'organisation du programme de la mission d'observation, devrait incomber au parlement national, afin de compléter de manière appropriée le programme d'observation à court terme mis en œuvre par le BIDDH/OSCE »[1365].

2. Les autres types de mission

En dehors du cadre le plus fréquemment usité par l'APCE, la classique mission d'observation des élections, cette institution décide exceptionnellement de recourir à des structures alternatives. Il s'agit en premier lieu de la mission d'évaluation des élections, à la taille réduite. Rarement utilisées, elles comprennent en principe entre trois et cinq parlementaires, ce qui permet de garantir un minimum d'équilibre politique et géographique au sein de la délégation[1366]. En deçà de trois membres, la mission est annulée[1367], à l'image de celle prévue pour observer le premier tour de l'élection présidentielle serbe de 2008[1368]. Ces missions ne sont pas en mesure de procéder à un contrôle détaillé des opérations de vote mais elles assurent néanmoins une présence de l'Assemblée sur le terrain et donc, le recueil d'informations sur le scrutin concerné. Ce fut ainsi le cas pour les élections législatives bulgares en 2005[1369]. En outre, une mission d'évaluation des élections procède parfois d'une requalification d'une mission d'observation dont les effectifs s'avèrent insuffisants, notamment du fait du désistement de parlementaires, à l'instar de la délégation déployée pour le second tour de l'élection présidentielle serbe de 2008[1370].

Une autre variante, la présence à l'occasion des élections, s'avère très peu usité. Elle n'implique pas la mise en place d'une commission *ad hoc* mais seulement la nomination d'un ou plusieurs rapporteurs de la Commission de suivi ou de la Commission des questions politiques et, exceptionnellement, de membres du Bureau. Il n'est pas procédé à une évaluation officielle de l'élection et les conclusions ne font normalement pas l'objet d'un rapport mais d'une note à l'intention du Bureau de l'APCE[1371]. Bien avant la généralisation de l'envoi de missions d'observation électorale, la présence d'une délégation de l'Assemblée en Grèce immédiatement après les

---

1365 *Ibid.*, §14.
1366 *Ibid.*, §22.ii.
1367 *Ibid.*, §23.
1368 APCE, *Observation de l'élection présidentielle en République de Serbie, second tour (3 février 2008)*, 23 mars 2008, Doc.11534, §3.
1369 APCE, *Observation des élections parlementaires en Bulgarie (25 juin 2005)*, 12 septembre 2005, Doc.10663, §3.
1370 APCE, *Observation de l'élection présidentielle en République de Serbie, second tour (3 février 2008)*, 23 mars 2008, Doc.11534, §3.
1371 APCE, *Lignes directrices*, *op.cit.*, §22.iii.

élections législatives du 17 novembre 1974 fut qualifiée de visite. Par ailleurs, les parlementaires de la commission *ad hoc* pour les élections législatives en Turquie de 2002 estimèrent que cette mission devait être considérée comme une « *visite de parlementaires représentant l'Assemblée du Conseil de l'Europe* », en raison d'un refus de la part des autorités turques de fournir des accréditations[1372].

Enfin, un dernier format peut être évoqué, la mission d'enquête, composée de seulement trois membres. Elle ne figure pas dans les *Lignes directrices* et ne fut employée qu'une seule fois, pour le référendum constitutionnel du 24 novembre 1996 en Biélorussie. Mais cette mission eut un réel impact puisque ses conclusions, très négatives, participèrent significativement à la décision de suspension du statut d'invité spécial de ce pays.

B. Par le Bureau des Institutions Démocratiques et des Droits de l'Homme

Le BIDDH a fortement diversifié ses formats de missions depuis une dizaine d'années afin de mieux s'adapter aux caractéristiques spécifiques des différents types de scrutins qu'il est amené à observer[1373]. En fonction des conclusions des MEB, le Bureau de Varsovie peut dépêcher une mission d'observation complète (1), une mission d'observation restreinte (2), une mission d'évaluation (3) ou une équipe d'experts (4). Le choix repose sur les besoins de l'État d'accueil, mais aussi sur la valeur ajoutée apportée par chaque type de présence du BIDDH[1374]. Toutefois, la catégorisation entre les diverses missions n'est pas toujours d'une grande clarté et la décision de recourir à une forme plutôt qu'à une autre semble parfois davantage motivée par des considérations d'opportunité et de ressources disponibles.

1. La mission d'observation électorale complète

Elle fut le seul format disponible pendant de nombreuses années. Si elle ne représente plus qu'environ la moitié des missions déployées par le BIDDH, la mission complète[1375] apporte une précision inégalée dans l'observation et reste le format privilégié. Elle est employée dans des États dont les consultations populaires sont encore marquées par des difficultés importantes mais n'apparaissant pas entièrement compromises par avance.

1372 APCE, *Rapport de la commission* ad hoc *sur l'observation des élections législatives en Turquie (3 novembre 2002)*, 20 décembre 2002, Doc.9621Ad.VI.

1373 Darnolf (S.), « International electoral support. Helping or hindering democratic elections? », *IPSA-ECPR Joint Conference, Sao Paulo, 16-19 February 2011*, p.2.

1374 *Election Observation Handbook*, 6e éd., OSCE-ODIHR, 2010, p.27.

1375 *Ibid.*, pp.29-30.

Elle implique une présence sur le terrain relativement longue, d'une durée de six à huit semaines, afin de couvrir les étapes les plus importantes du processus électoral, depuis le début officiel de la campagne électoral jusqu'au règlement des litiges consécutifs au scrutin.

Le MOE complète se distingue également par l'importance de son personnel, se chiffrant habituellement en centaines de personnes. Parmi celles-ci, trois grandes catégories émergent. Il s'agit tout d'abord de l'Equipe Centrale (*Core Team*), comprenant environ une dizaine d'analystes expérimentés, pour la plupart recrutés directement par le BIDDH, qui constitueront l'encadrement de la mission. Ils sont assistés d'observateurs de long terme (OLT), entre dix et quarante en général, chargés d'assurer une présence tout au long du processus électoral dans les différentes régions du pays d'accueil afin de recueillir des informations et de préparer l'arrivée des observateurs de court terme (OCT). Ces derniers sont de loin les plus nombreux puisqu'ils arrivent par centaines au cours de la semaine précédant les opérations de vote et repartent quelques jours après celles-ci. Malgré l'insistance sur le fait qu'une élection ne se limite pas à la journée du vote et l'importance croissante accordée aux périodes préélectorale et postélectorale, les OCT restent indispensables à la réalisation d'une observation exhaustive de par l'immense quantité d'informations qu'ils collectent le jour du scrutin.

2. La mission d'observation électorale restreinte

Une mission d'observation électorale restreinte (*Limited Election Observation Mission*, ou LEOM) se distingue uniquement du format précédent par l'absence d'observateurs de court terme. Cette différence peut être justifiée par deux raisons opposées.

Premièrement, son utilisation peut résulter du sentiment, exprimé par la MEB, qu'une observation de long terme et les recommandations qui en découleront pourraient être bénéfiques pour l'État concerné, mais que les opérations de vote ne poseront vraisemblablement pas de difficulté particulière[1376]. Ce type de situation se retrouve essentiellement parmi les États ayant déjà accueilli une ou plusieurs missions complètes, mais dont l'amélioration progressive des scrutins a fini par rendre un déploiement massif inutile. Il s'agit donc, dans une certaine mesure, d'un signe de réussite des entreprises d'observation précédentes et des efforts mis en œuvre par l'État d'accueil. Ce cas de figure se présenta pour la première fois en Croatie, à l'occasion des élections parlementaires de 2003[1377], et concerna

---

[1376] *Ibid.*, p.30.
[1377] *Republic of Croatia, Parliamentary elections, 23 November 2003, OSCE/ODIHR Election Observation Mission Final Report*, 20 janvier 2004, p.2.

par la suite des pays membres de l'Union européenne (Lettonie en 2006[1378] et 2010[1379], Bulgarie en 2009[1380] et 2011[1381] ou Roumanie en 2009[1382]) ou candidats à l'adhésion (Croatie 2007[1383] et 2009-2010[1384], Serbie en 2008[1385] et 2012). Un cas particulier toucha au scrutin présidentiel tenu au États-Unis en 2008, lors duquel le BIDDH envoya une mission restreinte afin notamment d'étudier en détails la mise en œuvre de l'importante loi électorale fédérale adoptée en 2002 (*Help America Vote Act*, ou HAVA)[1386].

A l'inverse, le choix d'une mission restreinte peut aussi être dû à l'anticipation de déficiences sérieux en raison d'un cadre législatif inadapté et de l'absence de pluralisme politique[1387]. Dès lors, le déploiement, toujours complexe, d'observateurs de court terme semble inutile. Mais en raison d'une volonté de dialogue affichée par l'État concerné et de la valeur ajoutée que pourraient apporter des recommandations du Bureau de Varsovie, celui-ci envoie néanmoins une Equipe Centrale et des OLT. Cette hypothèse est toutefois rare puisque, jusqu'à présent, elle ne s'est réalisée qu'à deux reprises en Ouzbékistan[1388]. Enfin, des missions restreintes furent également dépêchées dans des cas spécifiques, comme la répétition partielle d'un scrutin (Azerbaïdjan en 2006[1389]), une élection programmée très tardivement

---

1378 *Republic of Latvia, Parliamentary elections, 7 October 2006, OSCE/ODIHR Limited Election Observation Mission Final Report*, 8 février 2007.

1379 *Latvia, Parliamentary elections, 2 October 2010, OSCE/ODIHR Limited Election Observation Mission Final Report*, 10 décembre 2010.

1380 *Republic of Bulgaria, Parliamentary elections, 5 July 2009, OSCE/ODIHR Limited Election Observation Mission Final Report*, 30 septembre 2009.

1381 *Republic of Bulgaria, Presidential and Municipal elections, 23 and 30 October 2011, OSCE/ODIHR Limited Election Observation Mission Final Report*, 5 janvier 2012.

1382 *Romania, Presidential elections, 22 November and 6 December 2009, OSCE/ODIHR Limited Election Observation Mission Final Report*, 17 février 2010.

1383 *Republic of Croatia, Parliamentary elections, 25 November 2007, OSCE/ODIHR Limited Election Observation Mission Final Report*, 30 avril 2008.

1384 *Republic of Croatia, Presidential elections, 27 December 2009 and 10 January 2010, OSCE/ODIHR Limited Election Observation Mission Final Report*, 7 avril 2010

1385 *Republic of Serbia, Presidential election, 20 January and 3 February 2008 , OSCE/ODIHR Limited Election Observation Mission Final Report*, 29 août 2008 ; *Republic of Serbia, Early Parliamentary elections, 11 May 2008, OSCE/ODIHR Limited Election Observation Mission Final Report*, 29 août 2008.

1386 *United States of America, General elections, 4 November 2008, OSCE/ODIHR Limited Observation Mission Final Report*, 13 mars 2008.

1387 *Election Observation Handbook, op.cit.*, p.30.

1388 *Republic of Uzbekistan, Parliamentary elections, 26 December 2004, OSCE/ODIHR Limited Election Observation Mission Final Report*, 7 mars 2005 ; *Republic of Uzbekistan, Presidential election, 23 December 2007, OSCE/ODIHR Limited Election Observation Mission Final Report*, 23 avril 2008.

1389 *Republic of Azerbaijan, Partial Repeat Parliamentary elections, 13 May 2006, OSCE/ODIHR Limited Election Observation Mission, Annex to the Final Report on the 6 November 2005 Parliamentary elections*, 23 juin 2006.

(Géorgie en 2006[1390]), ou encore des élections locales dont l'importance politique apparaît secondaire (Moldavie en 2011[1391]).

3. La mission d'évaluation électorale

Le BIDDH peut aussi opter pour l'envoi d'une mission d'évaluation électorale (*Election Assessment Mission*, ou EAM)[1392]. Dans ce cas, la composition, la durée et l'objectif de la mission diffèrent davantage des formats précédents. Elle prévoit généralement l'intervention d'une douzaine d'analystes, soit l'équivalent d'une équipe centrale, pour une période d'environ deux semaines incluant le jour du scrutin. Le but consistant à n'évaluer que certains points spécifiques du processus électoral, précédemment identifiés par une MEB, le personnel est choisi en fonction de ses compétences à cet égard. En outre, la taille de la mission ne permettant pas de couvrir l'ensemble du pays d'accueil, seules certaines régions sont visitées. A la différence des cas susmentionnés, une mission d'évaluation électorale ne produit pas de rapports intérimaires et n'organise pas de conférence de presse immédiatement après le jour du vote, seul un rapport final contenant des recommandations est publié. Le choix de faire appel à ce format de mission peut se fonder sur deux cas de figure rappelant ceux à l'origine d'une mission restreinte, mais de façon plus marquée.

Il peut s'agir, en premier lieu, de l'hypothèse d'un scrutin dont l'issue apparaît irrémédiablement compromise du fait de graves carences touchant des éléments essentiels à la tenue d'une compétition électorale crédible. Plutôt que de refuser tout déploiement, comme cela fut le cas par le passé, le BIDDH opte pour une solution moins abrupte en maintenant un contact avec les autorités de l'État en question. Ici encore, les exemples sont peu nombreux, seuls le Kazakhstan (en 1999[1393]), l'Ouzbékistan (en 1999[1394] et 2009[1395]) et le Turkménistan[1396] furent concernés.

[1390] *Georgia, Municipal elections, 5 October 2006, OSCE/ODIHR Limited Election Observation Mission Final Report*, 20 décembre 2006.

[1391] *Republic of Moldova, Local Elections, 5 and 19 June 2011, OSCE/ODIHR Limited Election Observation Mission Final Report*, 28 novembre 2011.

[1392] *Election Observation Handbook, op.cit.*, p.30 ; *Common responsibility. Commitments and implementation, Report submitted to the OSCE Ministerial Council in response to MC Decision n°17/05 on Strengthening the Effectiveness of OSCE*, 10 novembre 2006, p.39.

[1393] *Republic of Kazakhstan, Presidential elections, 10 January 1999, OSCE/ODIHR Assessment Mission Final Report*, 5 février 1999, p.3.

[1394] *Republic of Uzbekistan, Election of Deputies to the Oliy Majlis (Parliament), 5 and 19 December 1999, OSCE/ODIHR Limited Election Assessment Mission Final Report*, 28 avril 2000, p.1.

[1395] *Republic of Uzbekistan, Parliamentary elections, 27 December 2009, OSCE/ODIHR Election Assessment Mission Final Report*, 7 avril 2010, pp.2-3.

[1396] *Republic of Turkmenistan, Presidential election, 12 February 2012, OSCE/ODIHR Needs Assessment Mission Report*, 3 janvier 2012, pp.2-3.

En revanche, l'envoi d'une mission d'évaluation électorale pour des raisons opposées à celles évoquées précédemment représente depuis plusieurs années le type de déploiement le plus fréquent après la mission complète. Il se déroule alors dans des États jouissant d'une tradition démocratique bien enracinée, dont les processus électoraux sont les plus respectueux des normes de contrôle du BIDDH et où, au regard du haut degré de confiance manifesté par toutes les parties prenantes aux scrutins quant à l'intégrité de ces derniers, la présence d'OLT et d'OCT est jugée inutile. Pendant plus d'une décennie, le Bureau de Varsovie concentra ses observations sur les anciens États du bloc soviétique pour des raisons d'efficacité, bien qu'il ait parfois été invité par des démocraties établies, à l'instar des États-Unis dans le cadre de l'ensemble des élections présidentielles et de mi-mandat tenues depuis 1996[1397]. Mais l'écart entre les démocraties occidentales et certains pays d'Europe centrale et orientale s'est réduit progressivement. Déjà en 1999, l'AP-OSCE « [recommanda] *que les élections des démocraties établies soient également observées. Il serait utile que les démocraties naissantes apprennent comment les élections sont organisées dans les pays qui ont une expérience plus longue des élections à plusieurs partis. Même les pays expérimentés tireraient profit de critiques et de recommandations d'observateurs extérieurs* »[1398]. Néanmoins, l'élément déclencheur fut sans doute le fiasco de l'élection présidentielle aux États-Unis en 2000, lequel rappela brutalement que même les régimes démocratiques les plus anciens pouvaient connaître certaines carences graves[1399]. Tout scrutin étant perfectible, ces pays peuvent aussi bénéficier de recommandations ciblées sur des faiblesses récurrentes[1400].

Le BIDDH commença donc à dépêcher des missions d'évaluation électorale à « l'ouest de Vienne » à partir de l'élection présidentielle française de 2002[1401]. Ce mouvement s'est encore amplifié avec la découverte d'importants cas de fraude au vote postal au Royaume-Uni en

---

[1397] *Observation of U.S. elections. As delivered by Chargé d'Affaires Paul W. Jones to the Permanent Council*, OSCE Press release, 4 novembre 2004.

[1398] *Déclaration de Saint-Pétersbourg de l'Assemblée parlementaire de l'OSCE*, 10 juillet 1999, §122.

[1399] Deysine (A.-E.), *op.cit.*, pp.121 et s. ; Jarreau (P.), « Sous l'œil de l'OSCE, pour conjurer le "cauchemar" de 2000 », *Le Monde*, 5 octobre 2004 ; Mostafavi (H.), « Présidentielle américaine. L'angoisse de la fraude », *Courrier International*, 11 août 2004.

[1400] Voir : Eschenbächer (J.-H.), « Évaluation des élections dans les démocraties établies », *OSCE Magazine*, n°2, 2010, pp.30-31 ; Eschenbächer (J.-H.) et Knoll (B.), « Observing elections in "Long-Standing Democracies": Added value or waste of money? », *OSCE Yearbook*, 2010, pp.247-263.

[1401] *Republic of France, Presidential elections, 21 April and 5 May 2002, Report of OSCE/ODIHR Assessment*, 4 juin 2002 ; Kaczorowski (N.), « Election monitoring: Lessons learned and possible new orientations », *in* Warner (D.) (dir.), *Consolidating the OSCE*, PSIO Occasional Paper, 2006, p.116.

2005[1402] et les critiques répétées de plusieurs pays de la CEI quant à un manque d'égalité de traitement entre les États participants de l'OSCE en matière d'observation électorale, résultant d'un prétendu acharnement du BIDDH sur les « nouvelles démocraties »[1403]. En dépit de l'évidente mauvaise foi de la plupart des pays contestataires, il est indéniable que l'envoi de missions dans les États d'Europe occidentale et d'Amérique du Nord est une initiative louable. Mis à part le Saint-Siège, qui n'organise pas de consultations populaires, tous les pays situés à « l'Ouest de Vienne » ont reçus des missions d'évaluation des besoins, lesquelles ont presque toujours été suivies de missions d'évaluation électorale voire de déploiements plus importants. En outre, plusieurs pays d'Europe centrale et orientale ayant adhéré à l'UE depuis 2004 ont été progressivement intégrés à la catégorie des États ne nécessitant plus de missions d'observation de grande ampleur en raison de leurs progrès au plan électoral.

La diversification de la gamme des pays contrôlés a permis de mettre en lumière diverses carences longtemps éclipsées par une focalisation sur les pays en voie de démocratisation. On peut citer par exemple la concentration des médias en Italie[1404], le vote électronique en Belgique[1405], l'enregistrement des partis politiques en Allemagne[1406], ou encore le vote des personnes à mobilité réduite en Grèce[1407]. La France, bien que félicitée pour la « *grande qualité* » de l'administration de l'élection présidentielle de 2007, ou pour sa législation électorale qui « *constitue un cadre solide pour*

[1402] *United Kingdom of Great Britain and Northern Ireland, General election, 5 May 2005, OSCE/ODIHR Assessment Mission Report*, 5 août 2005, pp.8-9 ; *United Kingdom of Great Britain and Northern Ireland, General election, 6 May 2010, OSCE/ODIHR Assessment Mission Report*, 9 juillet 2010, pp.8-9 ; APCE, *Demande d'ouverture d'une procédure de suivi en vue d'enquêter sur la fraude électorale au Royaume-Uni*, 13 mars 2007, AS/Mon (2007) 38 ; Laville (S.), « Judge slates "banana republic" postal voting system », *The Guardian*, 5 avril 2005.

[1403] Strohal (C.), « Democratic elections and their monitoring: Can this OSCE success story be sustained? », *in* Benedek (W.), Karl (W.), Mihr (A.) et Nowak (M.) (dir.), *European Yearbook on Human Rights 2009*, pp.258-59.

[1404] *Italy, Parliamentary elections, 9-10 April 2006, OSCE/ODIHR Election Assessment Mission Report*, 11 septembre 2007, pp.19-20. ; *Italy, Parliamentary elections, 13 and 14 April 2008, OSCE/ODIHR Election Assessment Mission Report*, 5 septembre 2008, pp.18-19.

[1405] *Belgium, Federal elections, 10 June 2007, OSCE/ODIHR Election Assessment Mission Final Report*, 19 octobre 2007, pp.10-14.

[1406] *Federal Republic of Germany, Elections to the Federal Parliament (Bundestag), 27 September 2009, OSCE/ODIHR Election Assessment Mission Report*, 14 décembre 2009, p.12 ; Bruneau (C.), « Des élections allemandes placées sous surveillance », *Le Figaro*, 11 août 2009 ; Egert-Wienss (C.), « Information about recent elections in Germany », *in Electoral Management bodies, 6th European Conference « Enhancing participation in elections », The Hague, 30 November - 1 December 2009, and 7th European Conference « Every voter counts », London, 22-23 June 2010, Selected reports*, 21 avril 2011, CDL-EL(2011)003, p.13.

[1407] *Greece, Early Parliamentary elections, 4 October 2009, OSCE/ODIHR Election Assessment Mission Report*, 23 décembre 2009, pp.4-6.

l'organisation d'élections démocratiques »[1408], ne fut pas non plus exempte de tout reproche. Le Bureau de Varsovie mit notamment en avant l'absence de reconnaissance de l'observation électorale par la législation, le manque de respect du secret du vote des détenus, les difficultés rencontrées par les gens du voyage pour exercer leur droit de vote, la perfectibilité du système de vote électronique ou encore la complexité des règles de couverture de la campagne par les médias.

4. L'équipe d'experts

Le dernier format de mission à la disposition du BIDDH est l'équipe d'experts[1409]. Elle constitue une sorte de choix par défaut, utilisé lorsque les autres configurations s'avèrent inadaptées pour différentes raisons, notamment le caractère supranational du scrutin en question, à l'instar des élections européennes de 2009[1410]. Une équipe d'experts peut également être destinée à fournir une aide technique aux missions de terrain de l'OSCE dans le cadre du suivi de consultations populaires d'importance secondaire, de type élections partielles, élections locales ou référendums[1411]. Mais il peut aussi s'agir de scrutins nationaux dont l'issue apparaît définitivement compromise, telles l'élection présidentielle de 2007[1412] et les élections législatives de 2008[1413] au Turkménistan. Une équipe d'experts se compose habituellement d'une demi-dizaine de spécialistes, mais ce nombre peut grandement varier selon les circonstances, comme pour les élections européennes de 2009, au cours desquelles 23 experts furent mobilisés. A l'instar des OCT, leur présence sur le terrain est assez brève et se concentre sur la semaine du scrutin. En 2010, des missions de ce type furent ainsi dépêchées à l'occasion des élections locales en Ukraine et au Turkménistan et du référendum constitutionnel en Moldavie[1414]. Plus récemment, une équipe d'experts évalua la préparation et la conduite d'un projet pilote de vote par Internet lors des élections locales de 2011 en Norvège[1415]. Toutefois, ces interventions sont moins connues car, de façon regrettable,

---

1408 *France, Election présidentielle, 22 avril et 6 mai 2007, Rapport de la Mission d'Evaluation Electorale de l'OSCE/BIDDH*, 4 octobre 2007, p.1.

1409 *Election Observation Handbook*, *op.cit.*, p.32 ; *Common responsibility. Commitments and implementation, Report submitted to the OSCE Ministerial Council in response to MC Decision n°17/05 on Strengthening the Effectiveness of OSCE*, 10 novembre 2006, p.39.

1410 *Elections to the European Parliament, 4 to 7 June 2009, OSCE/ODIHR Expert Group Report*, 22 septembre 2009.

1411 Voir par exemple : *Annual Report*, OSCE/ODIHR, *2005*, p.12 ; *Annual Report*, OSCE/ODIHR, 2006, p.13.

1412 *Annual Report*, OSCE/ODIHR, 2007, p.14.

1413 *Annual Report*, OSCE/ODIHR, 2008, p.15.

1414 *Rapport annuel 2010 sur les activités de l'OSCE*, p.76.

1415 *Norway, Internet Voting Pilot Project, Local Government Elections, 12 September 2011, OSCE/ODIHR Election Expert Team Report*, 2 mars 2012.

leurs conclusions ne sont généralement pas rendues publiques. Par leur nature atypique, les équipes d'experts peuvent être rapprochées des équipes d'appui aux élections envoyées à quatre reprises en Afghanistan. En raison de la situation particulière de ce pays en proie à de graves problèmes de sécurité et situé en dehors de la région de l'OSCE, le BIDDH opta pour le format *sui generis* de l'équipe d'appui, à mi-chemin entre la supervision et l'évaluation électorales[1416].

§2. Une sélection perfectible du personnel des missions

Dans le cas d'un déploiement maximal, une MOE comprendra trois catégories de personnes : l'Equipe centrale, les observateurs de long terme (OLT) et les observateurs de court terme (OCT). Cependant, si, en l'état de nos connaissances, le recrutement des personnels techniques semble avoir atteint une fiabilité satisfaisante (A), des problèmes notables persistent au plan de la sélection des membres des délégations parlementaires, particulièrement en matière de conflits d'intérêts (B).

A. Un recrutement satisfaisant des analystes et des observateurs techniques

Le processus de sélection des différentes catégories de personnels techniques des missions présente plusieurs similarités (1). Eu égard à leurs fonctions distinctes, le recrutement des membres de l'Equipe centrale (2), d'une part, et des observateurs de long et court terme (3), d'autre part, révèle toutefois certaines particularités.

1. Les traits communs aux deux catégories

Il revient à la mission d'évaluation des besoins de déterminer l'ampleur du personnel idéale au regard de l'activité prévue et des moyens disponibles, l'objectif étant de disposer des effectifs nécessaires à l'obtention d'une image suffisamment fidèle du processus électoral. Les candidats sont principalement sélectionnés en vertu de leurs qualifications et de leur expérience. A cet égard, la Déclaration de principes de 2005 insiste sur le fait que « *les membres des missions* […] *doivent avoir des compétences politiques et professionnelles suffisamment diverses et posséder une*

[1416] *Election Support Team to Afghanistan, Presidential elections 2004, Final Report with recommendations*, 18 octobre 2004 ; *Election Support Team to Afghanistan, Recommendations on 2005 Parliamentary elections*, 6 octobre 2005, SEC.GAL/209/05 ; *Islamic Republic of Afghanistan, Presidential and Provincial Council elections, 20 August 2009, OSCE/ODIHR Election Support Team Final Report*, 8 décembre 2009 ; *Islamic Republic of Afghanistan, Parliamentary elections, 18 September 2010, OSCE/ODIHR Election Support Team Final Report*, 26 novembre 2010.

réputation et des qualités d'intégrité éprouvées pour pouvoir observer et juger les processus et principes électoraux à la lumière de leurs connaissances en la matière, mais aussi en ce qui concerne les instruments internationaux relatifs aux droits de l'homme, le droit électoral comparé, les pratiques administratives (y compris l'utilisation de l'ordinateur et autres technologies électorales), les processus politiques comparés et la situation propre à chaque pays » (§20). Les membres des Equipes centrales doivent justifier de plusieurs années d'expérience en matière d'observation ou d'administration électorale, notamment en tant qu'observateurs de long terme, tandis que ces derniers ont souvent été observateurs de court terme dans un premier temps.

Le BIDDH cherche aussi à assurer une diversité des nationalités, afin de refléter la variété des traditions électorales des États participants de l'OSCE, ainsi qu'une parité entre les sexes[1417], conformément aux termes de la Déclaration de principes selon lesquels « *il importe que les hommes et les femmes et les différentes nationalités soient représentés de manière équilibrée au sein des missions d'observation électorale internationales, au niveau des membres mais aussi des dirigeants* » (§20). Tandis que dans les années 1990, les membres des MOE étaient essentiellement issus des pays occidentaux, au point d'être parfois qualifiés d'« observateurs occidentaux »[1418], 43 des 56 États de l'OSCE étaient représentés en moyenne dans une mission du BIDDH en 2007[1419].

Cette évolution résulta notamment de la mise en place en 2001 d'un *Fonds volontaire pour la diversification des missions d'observation des élections*. Ce fonds favorise la participation d'observateurs, normalement quatre OLT et vingt OCT par mission, issus de dix-sept pays du Caucase, d'Asie centrale et d'Europe de l'Est et du Sud-est en couvrant une partie des coûts engendrés par leur déploiement[1420]. En outre, si les observateurs recrutés doivent être des nationaux de l'un des pays participants de l'OSCE, ils ne peuvent avoir la nationalité de l'État d'accueil pour des soucis évidents de neutralité. Ils doivent également maîtriser l'anglais, qui est la langue de travail des missions, voire, idéalement, la langue principale du pays visité ou

---

[1417] *Election Observation Handbook, op.cit.*, p.32. Voir aussi : Décision 8728/99 du Conseil du 28 mai 1999, *Directives de l'UE concernant des critères communs pour la sélection d'observateurs des élections* ; *Handbook for European Union Election Observation*, 2e éd., Commission européenne, 2008, pp.97-100.

[1418] *L'observation des élections. Une décennie d'observations électorales : acteurs et pratique*, OSCE-BIDDH, 2005, p.13.

[1419] Discours de clôture de Lenarcic (J.), *OSCE Chairmanship Seminar on Election-Related Issues*, Vienne, 21 et 22 juillet 2008.

[1420] *Election Observation Handbook, op.cit.*, pp.32-33 ; *L'observation des élections, op.cit.*, pp.14-15 ; Kaczorowski (N.), *op.cit.*, p.117.

une langue de communication courante dans celui-ci (fréquemment le russe dans la région de l'OSCE).

Enfin, tous les membres des MOE travaillent pour le BIDDH, et non pour leur État d'origine, et sont tenus de respecter le *Code de conduite des observateurs du BIDDH* sous peine de s'exposer à un retrait de leur accréditation. Ce document d'une dizaine d'articles, similaire au Code de conduite accompagnant la Déclaration de principes de 2005 et aux obligations énumérées par les *Lignes directrices de la Commission de Venise relatives à un statut internationalement reconnu des observateurs d'élections*[1421], reprend les règles classiques auxquelles les observateurs doivent se conformer, telles l'impartialité, le respect des lois du pays hôte, le professionnalisme, la non-ingérence dans le processus électoral observé, le port de l'accréditation ou encore, la stricte adhérence à la méthodologie du BIDDH[1422].

2. Le recrutement de l'équipe centrale

Elle se compose en moyenne d'une douzaine de membres que l'on peut scinder en deux groupes : la composante analytique et la composante opérationnelle. La première constitue le noyau principal de l'équipe et se compose du chef de mission, de son adjoint et d'un panel d'analystes spécialisés[1423]. Des analystes en matière électorale, politique, juridique et statistique ainsi qu'un spécialiste des médias, un coordinateur des observateurs à long terme et un officier de liaison parlementaire sont systématiquement présents, tandis que la présence d'analystes dans le domaine de la participation politique des femmes et/ou des minorités nationales, du vote électronique ou de l'enregistrement des électeurs, bien que de plus en plus fréquente, dépendra de la situation dans le pays d'accueil. La composante opérationnelle est celle qui demeure le plus longtemps sur le terrain afin de faciliter le début et la fin de la mission. Elle comprend généralement des experts en sécurité, en finance, en matière opérationnelle et en passation de contrats[1424].

Toutes ces personnes sont directement recrutées par le Bureau de Varsovie par le biais d'appels à candidatures diffusés sur son site Internet[1425]. Des efforts importants ont été faits pour assurer une diversification des nationalités des membres des équipes centrales. Ainsi, alors les experts recrutés au cours de l'an 2000 provenaient de seulement

---

1421 *Lignes directrices relatives à un statut internationalement reconnu des observateurs d'élections*, 14 décembre 2009, CDL-AD(2009)059, §III.2.
1422 *Election Observation Handbook, op.cit.*, pp.33-34.
1423 *Election Observation Handbook, op.cit.*, pp.37-42.
1424 *Ibid.*, pp.42-44.
1425 *Ibid.*, p.32.

seize pays de l'OSCE, ce chiffre est passé à trente-huit en 2007[1426]. Cela a également été favorisé par un accroissement sensible des effectifs des équipes centrales. Souvent inférieur à dix personnes dans les années 1990, le nombre d'experts mobilisés dépasse maintenant régulièrement la quinzaine dans les États les plus étendus[1427]. L'équipe centrale du BIDDH compta ainsi vingt-deux membres pour les élections législatives kazakhes de 2007[1428] et vingt-trois personnes pour l'élection présidentielle ukrainienne de 2010[1429].

3. Le recrutement des observateurs de long et court termes

Les OCT et les OLT représentent l'écrasante majorité des effectifs des missions et sont généralement recrutés par les États participants à la demande du BIDDH. Quelques semaines avant leurs dates prévisionnelles de déploiement, le Bureau de Varsovie fait parvenir à chaque État une *note verbale* lui demandant de recruter jusqu'à 10% du nombre total d'OLT et d'OLT requis. L'essentiel des frais induits sont couverts par les États, sauf lorsqu'ils bénéficient du fonds volontaire pour la diversification. Pour illustration, le coût de déploiement d'un OCT pour une semaine s'élève en moyenne à 2500 euros. Environ 90% de cette somme est à la charge de l'État, correspondant principalement aux frais d'avion, d'hôtel, de restauration, d'interprétation et de chauffeur, tandis que les 10% restant, liés essentiellement à des coûts de briefing, de transport et de communication, sont couverts par le BIDDH. Exceptionnellement, des OCT peuvent être recrutés localement parmi les personnels des ambassades des États participants de l'OSCE ou des missions de terrain des OIG et ONG, comme en Azerbaïdjan en 1995[1430], en ARYM en 2002[1431] ou au Kirghizstan en 2005[1432].

Une question récurrente, mais difficile à évaluer en raison du nombre important et de la grande diversité des personnes recrutées chaque année, touche au niveau de formation des observateurs. Si le BIDDH se réserve en

[1426] Discours de clôture de Lenarcic (J.), *OSCE Chairmanship Seminar on Election-Related Issues*, Vienne, 21 et 22 juillet 2008.
[1427] Darnolf (S.), « International electoral support. Helping or hindering democratic elections? », *IPSA-ECPR Joint Conference, Sao Paulo, 16-19 February 2011*, pp.16-17.
[1428] *Republic of Kazakhstan, Parliamentary elections, 18 August 2007, OSCE/ODIHR Election Observation Mission Final Report*, 30 octobre 2007, p.3.
[1429] *Ukraine, Presidential election, 17 January and 7 February 2010, OSCE/ODIHR Election Observation Mission Final Report*, 28 avril 2010, p.3.
[1430] *Report of the OSCE/UN Joint Electoral Observation Mission in Azerbaijan on Azerbaijan's 12 November 1995 Parliamentary Election and Constitutional Referendum*, janvier 1996, p.20.
[1431] *Former Yugoslav Republic of Macedonia, Parliamentary elections, 15 September 2002, OSCE/ODIHR Election Observation Mission Final Report*, 20 novembre 2002, p.3.
[1432] *Kyrgyz Republic, Parliamentary elections, 27 February and 13 March 2005, OSCE/ODIHR Election Observation Mission Final Report*, 20 mai 2005, p.3.

principe le droit de refuser les candidatures proposées lorsqu'elles s'avèrent manifestement incompatibles avec les fonctions à remplir, il reste grandement tributaire des États à cet égard[1433]. Toutefois, bien que certains pays continuent parfois de recruter des personnes insuffisamment préparées[1434], le professionnalisme des observateurs s'est progressivement accru depuis les années 1990 grâce à la mise en place de formations spécifiques, aux niveaux international et national (notamment *Network of Europeans for Electoral and Democracy Support*, ou NEEDS, financé par la Commission européenne)[1435], mais aussi du fait de l'expérience acquise au fil des missions déployées régulièrement depuis plus d'une vingtaine d'années. La multiplication des missions d'observation a donc favorisé l'apparition d'observateurs « professionnels » et permis au BIDDH de disposer d'un important vivier de personnes expérimentées. Ainsi, les observateurs peu compétents restent minoritaires et leur influence est grandement diluée du fait du nombre important d'OCT déployés et du brassage opéré entre eux lors de la constitution des binômes.

Le nombre optimal d'OLT et d'OCT est déterminé par la MEB en considération de divers éléments. Ces derniers sont principalement le nombre d'électeurs et de bureaux de vote, la taille de l'État hôte et le nombre de subdivisions administratives. Le BIDDH prend également en compte les éventuelles missions précédentes dans le pays concerné afin d'estimer si les effectifs furent optimaux[1436]. Le nombre moyen d'observateurs demandés par mission est d'environ 20 OLT et 250 OCT mais les variations sont importantes. Par exemple, une moyenne de 15 OLT et 150 OCT est requise pour un pays de taille réduite comme le Monténégro[1437], mais ces chiffres sont multipliés par cinq ou six dans le cas de l'Ukraine où, par exemple, 60 OLT et 600 OCT furent dépêchés lors de l'élection présidentielle de 2010[1438]. En outre, un personnel plus important pourra être mobilisé lorsqu'une contestation des résultats par certains acteurs nationaux semble probable, ou dans le cas d'un scrutin faisant suite à un conflit[1439], à l'instar des élections législatives de 2002 en ARYM, tenues un an après des troubles

---

[1433] Eicher (P.), « Improving OSCE election observation », *Security and Human Rights*, Volume 20, n°4, 2009, p.274.

[1434] Kaczorowski (N.), *op.cit.*, p.121.

[1435] Eriksson (A.), « How to improve election observation missions? », *in* Schmeets (H.) (dir.), *International election observation and assessment of elections*, Statistics Netherlands & Maastricht University, 2011, pp.192-194.

[1436] *Election Observation Handbook*, *op.cit.*, p.27.

[1437] Voir par exemple : *Republic of Montenegro, Early Parliamentary elections, 29 March 2009, OSCE/ODIHR Election Observation Mission Final Report*, 10 juin 2009, p.3.

[1438] *Ukraine, Presidential election, 17 January and 7 February 2010, OSCE/ODIHR Election Observation Mission Final Report*, 28 avril 2010, p.3.

[1439] *Common responsibility. Commitments and implementation, Report submitted to the OSCE Ministerial Council in response to MC Decision n°17/05 on Strengthening the Effectiveness of OSCE*, 10 novembre 2006, p.38.

violents. La MIOE comprit alors 869 OCT, chiffre impressionnant pour un pays de faible dimension et comptant à peine plus d'un million et demi d'électeurs[1440]. Par ailleurs, les effectifs du BIDDH sont très fréquemment complétés par des observateurs parlementaires qui viennent s'ajouter aux OCT. D'une manière générale, le nombre d'observateurs requis par le Bureau de Varsovie a connu un accroissement régulier au fil des années, bien qu'il tende désormais à se stabiliser. Ainsi, la première mission envoyée par le BIDDH en Albanie, pour les élections législatives de 1996, ne compta que 3 OLT et 50 OCT[1441], tandis que 26 OLT et 300 OCT furent présents pour le scrutin de 2009[1442]. Plus récemment, alors que 200 OCT furent demandés à l'occasion du référendum de 2004 en ARYM[1443], ce chiffre passa à 250 lors des élections législatives tenues deux ans plus tard[1444], puis à 300 pour le scrutin présidentiel de 2009[1445].

Toutefois, une comparaison entre le nombre d'observateurs requis par les missions d'évaluation des besoins et les contingents effectivement fournis par les États participants révèle que les demandes du BIDDH ne sont régulièrement pas satisfaites[1446]. Les élections législatives russes de 2003 en fournissent une nette illustration puisque sur les 60 OLT demandés par la MEB[1447] pour couvrir ce pays immense comptant près de 100 millions d'électeurs, seuls 38 furent recrutés par les État membres[1448]. De même, plus récemment, lors de l'élection présidentielle de 2009 au Kirghizstan, la mission ne put compter que sur 200 OCT[1449] alors que la MEB estima à 300 le nombre optimal[1450]. Sachant qu'un groupe de deux observateurs de court

---

[1440] *Former Yugoslav Republic of Macedonia, Parliamentary elections, 15 September 2002, OSCE/ODIHR Election Observation Mission Final Report*, 20 novembre 2002, p.3.

[1441] *Republic of Albania, Parliamentary elections, 26 May and 2 June 1996, OSCE/ODIHR Election Observation Mission Final Report*, p.1.

[1442] *Republic of Albania, Parliamentary elections, 28 June 2009, OSCE/ODIHR Election Observation Mission Final Report*, 14 septembre 2009, p.4.

[1443] *Former Yugoslav Republic of Macedonia, 7 November 2004 Referendum, Report of the OSCE/ODIHR Expert Visit (13-16 September 2004)*, 28 septembre 2004, p.2.

[1444] *Former Yugoslav Republic of Macedonia, Parliamentary Elections, 5 July 2006, OSCE/ODIHR Needs Assessment Mission Report (8 – 11 May 2006)*, 19 mai 2006, p.2.

[1445] *Former Yugoslav Republic of Macedonia, 2009 Presidential and Municipal Elections, OSCE/ODIHR Needs Assessment Mission Report (9 - 12 December 2008)*, 19 décembre 2008, p.3.

[1446] Pour des exemples plus anciens, voir : *OSCE/ODHIR Bulletin*, Volume 5, n°1, 1996/1997, pp.46 et 48

[1447] *Russian Federation, Elections to the State Duma, 7 December 2003, OSCE/ODIHR Needs Assessment Mission Report (8-10 October 2003)*, 28 octobre 2003, p.2.

[1448] *Russian Federation, Elections to the State Duma, 7 December 2003, OSCE/ODIHR Election Observation Mission Final Report*, 27 janvier 2004, p.3.

[1449] *Kyrgyz Republic, Presidential Election, 23 July 2009, OSCE/ODIHR Election Observation Mission Final Report*, 22 octobre 2009, p.3.

[1450] *Kyrgyz Republic, Presidential Election, 23 July 2009, OSCE/ODIHR Needs Assessment Mission Report (23 - 25 April 2009)*, 11 mai 2009, p.3.

terme visite en moyenne dix bureaux de vote le jour de scrutin, ce sont donc près de 500 bureaux qui ne purent être contrôlés par la mission. Pour les élections législatives de 2010 en Azerbaïdjan, le sous-effectif toucha à la fois les OLT, au nombre de 22 contre les 30 requis, et les OCT, 300 au lieu de 450[1451]. Des différences aussi importantes entre les recommandations des MEB et le nombre d'observateurs mis à disposition des missions réduit inévitablement leurs possibilités de surveillance et, mécaniquement, la fiabilité de leurs évaluations.

Certains États contribuent plus significativement que d'autres à l'envoi d'observateurs, les États les plus représentés sont l'Allemagne, les États-Unis et, plus récemment, la Russie. Rapportés aux poids démographique et économique, les pays scandinaves et la Suisse s'avèrent aussi particulièrement actifs tandis que la France, l'Espagne ou l'Italie apparaissent plus faiblement impliqués. On peut cependant parfois s'interroger sur les motivations poussant un État habituellement peu représenté à déployer subitement un important contingent d'observateurs, à l'instar du Kazakhstan qui envoya neuf OLT (huit pour la Russie) dans le cadre de la mission d'observation des élections générales de 2008 aux États-Unis[1452]. Il est difficile de ne pas voir un lien entre cet intérêt soudain pour l'observation électorale et les accusations de partialité du BIDDH auxquelles s'est livré cet État, en prétextant notamment que l'élection présidentielle américaine de l'an 2000 avait démontré que les « anciennes démocraties » n'étaient pas plus vertueuses au plan électoral que les États de la CEI. Cette présence massive pourrait donc être vue comme un moyen de recueillir des éléments supplémentaires pour soutenir ce type d'argumentation.

B. Une sélection imparfaite des observateurs parlementaires

Des carences importantes et fréquentes ressortent du processus de sélection des observateurs parlementaires (2) et celles-ci ne peuvent s'expliquer uniquement par la complexité des règles de composition des délégations d'observation électorale (1).

1. Des procédures de sélection complexes

Dans le cas de l'APCE, les membres des commissions *ad hoc* sont nommés sur la base des propositions émises par les cinq groupes politiques

---

[1451] *Republic of Azerbaijan, Parliamentary Elections, 7 November 2010, OSCE/ODIHR Needs Assessment Mission Report (21 - 24 June 2010)*, 13 juillet 2010, p.3 ; *Republic of Azerbaijan, Parliamentary Elections, 7 November 2010, OSCE/ODIHR Election Observation Mission Final Report*, 25 janvier 2011, p.3.

[1452] *OSCE ODIHR Long Term Observers, Limited Election Observation Mission to USA General Election, 4 November 2008.*

représentés au sein de l'Institution, dont l'importance numérique doit être reflétée au sein de la délégation[1453], sauf lorsqu'il est décidé de privilégier une présence forte de l'Assemblée[1454]. Le système de nomination prévoit également le respect de la parité homme-femme[1455] et d'une balance géographique entre les membres[1456]. Le Bureau désigne ensuite un président de la commission qui fait également office de rapporteur. Avant 2004, ces fonctions étaient généralement confiées à deux personnes différentes. Il établit les programmes d'observation des élections et d'évaluation de la situation politique dans le pays, et procède, en théorie, à la rédaction du rapport final. En théorie, les groupes politiques président à tour de rôle les commissions. La mission chargée d'évaluer les élections parlementaires de 2005 en Bulgarie fit office d'exception car, au regard de la dimension réduite de la délégation, il fut décidé de ne pas élire de porte-parole ou de rapporteur, les trois membres jugeant préférable de présenter au Bureau un rapport commun[1457]. Par ailleurs, les délégations comprennent des membres du Secrétariat et parfois, des rapporteurs de la Commission des questions politiques, de la Commission des questions juridiques et des droits de l'Homme et de la Commission de suivi pour le pays en question. Enfin, en vertu de l'accord de coopération entre l'APCE et la Commission de Venise, un ou deux membres de cette dernière peuvent se joindre à la délégation en qualité de conseiller juridique[1458].

Une délégation type du Parlement européen comporte sept parlementaires, sélectionnés parmi les différents groupes politiques selon la méthode D'Hondt afin d'assurer une représentation des groupes proportionnelle à leur importance numérique au sein du l'Institution. Seuls les membres de cette dernière peuvent composer les délégations d'observateurs, accompagnés de personnels du Secrétariat et parfois de représentants des groupes politiques. La délégation doit comprendre un minimum de trois députés en deçà duquel la mission sera annulée. De même, les membres doivent impérativement être issus d'au moins deux groupes politiques et représenter au moins deux nationalités[1459]. Le Parlement européen tend à accroître ses efforts pour assurer une représentation

---

1453 APCE, *Lignes directrices pour l'observation des élections par l'Assemblée parlementaire*, Doc.12902, 21 avril 2012, Part 1, Annexe 3, §17.iv.

1454 *Ibid.*, §17.x.

1455 *Ibid.*, §17, xi.

1456 *Ibid.*, §17, xiii.

1457 APCE, *Observation des élections parlementaires en Bulgarie (25 juin 2005)*, 12 septembre 2005, Doc.10663, §3.

1458 *Accord de coopération entre l'Assemblée parlementaire du Conseil de l'Europe et la Commission Européenne pour la Démocratie par le Droit (Commission de Venise)*, CDL(2004)102, 4 octobre 2004.

1459 *Dispositions d'exécution concernant les délégations d'observation des élections*, Décision de la Conférence des Présidents, 10 décembre 2009, art.5.

équilibrée des sexes au sein de ses délégations, aussi bien dans la région de l'OSCE qu'en dehors. Ainsi, dans le prolongement de ses résolutions du 22 avril 2009[1460] et du 7 mai 2009[1461], le Parlement adopta un rapport étudiant spécifiquement les activités d'observation électorale et notamment, le taux de participation de femmes aux délégations[1462]. Il convient enfin de préciser que les délégations sont accompagnées sur le terrain par des fonctionnaires de la Direction Générale des Politiques Externes de l'Union du Parlement européen et des groupes politiques. Quelques semaines avant le déploiement, une réunion d'information est organisée entre les membres de la mission au cours de laquelle un chef de délégation est élu. Ce dernier « *a, en principe, une expérience précédente en tant que membre d'une délégation d'observation électorale du Parlement ou en tant que chef d'une MOE-UE* »[1463]. Les parlementaires reçoivent des informations techniques et pratiques relatives à la future mission et sont tenus de signer le *Code de conduite des députés au Parlement européen qui participent à des délégations d'observation des élections*, annexé aux dispositions d'exécution[1464]. Le document reprend les grands principes des codes de conduite évoqués précédemment, suivis de dispositions spécifiques. Les députés doivent notamment « *garant*[ir] *leur participation pleine et entière à l'ensemble des travaux de la délégation, de la première réunion d'information à la conférence de presse finale* ». De façon plus originale, le Code prévoit diverses sanctions en cas de non-respect des dispositions. Ainsi, « *le chef de la délégation du Parlement est habilité à exclure de la délégation le député auteur de l'infraction* ». Inversement, « *la délégation peut, à la majorité des suffrages, mettre un terme au mandat du chef de délégation si elle estime qu'il s'est rendu coupable d'une infraction grave* ». Enfin, le parlementaire fautif peut recevoir l'une des sanctions prévues au chapitre 4 du règlement du PE et « *peut se voir interdit de toute participation aux délégations d'observation des élections pour la durée restante de la législature* ».

Contrairement à ses deux partenaires réguliers au sein des MIOE, l'AP-OSCE n'a publié aucun document explicitant la procédure de constitution d'une délégation d'observation électorale. Ce curieux manque de

---

[1460] *Résolution du Parlement européen sur l'approche intégrée de l'égalité entre les hommes et les femmes dans le cadre des travaux des commissions et des délégations*, 22 avril 2009, (2008)0240.

[1461] *Résolution du Parlement européen sur la prise en compte du principe d'égalité entre les femmes et les hommes dans les relations extérieures de l'UE et dans la construction de la paix et la consolidation nationale*, 7 mai 2009, (2008)0372.

[1462] Hall (F.), *Report on gender mainstreaming in the European Parliament election observation activities*, Groupe de coordination des élections, Parlement européen, 2010.

[1463] *Dispositions d'exécution concernant les délégations d'observation des élections*, Décision de la Conférence des Présidents, 10 décembre 2009, art.5.

[1464] *Ibid.*, art.6.

transparence nous oblige donc à limiter nos explications à quelques généralités. La gestion des activités d'observation électorale revient à la Commission de la démocratie, des droits de l'Homme et des questions humanitaires, dite Troisième Commission. Dans sa résolution relative aux missions d'observation adoptée en 2008, l'AP-OSCE « [pria] *les chefs des missions parlementaires d'observation électorale de n'accepter d'inscriptions aux missions que si les observateurs s'engage*[aient] *à assister à tout le processus de remise des instructions avant la mission ainsi qu'à la réunion de fin de mission ; les chefs de mission peuvent admettre des exceptions si la demande est dûment justifiée* »[1465]. L'une des particularités de l'AP-OSCE réside dans l'ampleur de ses délégations d'observation, très souvent plus importantes que celles des autres institutions parlementaires réunies. D'une quarantaine de membres en moyenne, elles peuvent atteindre des niveaux impressionnants, comme lors de la répétition du second tour de l'élection présidentielle ukrainienne de 2004, où une délégation de 92 parlementaires fut déployée, ou lors du premier tour de l'élection présidentielle tenue dans ce même pays en 2010, observé par 117 députés de l'institution, soit plus du tiers de l'ensemble de ses membres[1466]. Si l'Institution s'efforce de maintenir une diversité des nationalités au sein de ses délégations, en revanche la parité homme-femme semble encore loin d'être assurée.

2. Des problèmes récurrents de composition des délégations parlementaires

La composition de délégations d'observateurs parlementaires peut parfois s'avérer complexe car en plus d'une balance des nationalités et des sexes, les institutions cherchent également à assurer une représentation équilibrée des groupes politiques. Ainsi, l'APCE nota dans un rapport d'observation qu'« *il serait souhaitable que les groupes politiques s'investissent davantage pour trouver des candidats à des missions d'observation d'élections afin de soutenir le principe d'une représentation pluraliste de l'Assemblée et d'un équilibre politique* »[1467]. De plus, l'agenda souvent chargé des parlementaires peut les amener à limiter leur implication dans cette activité, notamment leur temps de préparation à la mission, et il peut arriver que

[1465] « Résolution sur les missions d'observation », *Déclaration d'Astana de l'Assemblée Parlementaire de l'OSCE et résolutions adoptées à sa dix-septième session annuelle*, 29 juin-3 juillet 2008, p.54, §6.

[1466] *International Election Observation Mission, Presidential election (Repeat Second Round), Ukraine 26 December 2004, Statement of Preliminary Findings and Conclusions*, 27 décembre 2004, p.21.

[1467] APCE, *Observation des élections législatives et présidentielle au Mexique (2 juillet 2006)*, 15 septembre 2006, Doc.11016, §3.

certains voient en l'observation électorale un moyen de faire du tourisme dans un pays lointain aux frais de leur organisation de rattachement.

En outre, les institutions parlementaires aiment à répéter que leurs observateurs ont une compétence inégalable au seul motif qu'ils ont personnellement participé à des compétitions électorales[1468]. Mis à part le fait que cette assertion soit presque toujours énoncée par des parlementaires, ce qui relève souvent de l'autocongratulation douteuse, elle paraît largement erronée. En effet, au regard de l'impressionnante variété des traditions électorales, des modes de scrutins, des paysages politiques et des considérations historiques au sein des États participants de l'OSCE, on voit mal comment la participation à un scrutin en Finlande ou en Grèce, par exemple, ferait d'une personne un spécialiste incomparable des processus électoraux organisés en Arménie ou au Tadjikistan. La bonne tenue d'une consultation populaire repose sur une myriade de règles techniques et juridiques dont la connaissance est essentielle à toute évaluation crédible, mais les parlementaires semblent parfois croire en être dispensés du seul fait de leur statut d'élu.

De surcroît, contrairement au Parlement européen, l'APCE et surtout l'AP-OSCE comptent parmi leurs membres de nombreux parlementaires élus dans le cadre de scrutins dont le caractère démocratique fut sérieusement remis en question par des missions d'observation. Dans le cas de pays n'ayant pas encore connu d'élection jugée au moins en partie conforme aux normes internationales et dont la vie politique est outrageusement dominée par le parti politique au pouvoir, lequel est logiquement présumé être le principal bénéficiaire des fraudes électorales, la crédibilité en tant qu'observateur électoral de députés issus de ce parti apparaît plus que limitée. On peut par exemple s'interroger sur l'expertise en matière d'élection démocratique apportée par les quatre députés kazakhs et le député biélorusse membres de la délégation de l'AP-OSCE ayant observé l'élection présidentielle de 2004 aux États-Unis[1469]. Il semble pourtant évident que l'un des premiers critères pour faire partie d'une délégation d'observation parlementaire devrait être d'avoir été élu de façon non frauduleuse. Jusqu'à présent, seul le Parlement européen respecte pleinement cette règle, ses membres étant désignés par la voie d'élections européennes conformes aux principes démocratiques.

[1468] Voir notamment: *Résolution sur l'observation des élections*, Déclaration de Vilnius de l'Assemblée Parlementaire de l'OSCE et résolutions adoptées à sa dix-huitième session annuelle, 29 juin-3 juillet 2009, p.4, §9 ; Discours de Soares (J.) et Batelli (R.), *Conférence sur la dimension parlementaire de l'observation des élections : mise en œuvre de normes communes*, Strasbourg, 15 et 16 février 2007, pp.14 et 42 ; Discours d'Oliver (S.), OSCE Chairmanship Seminar on Election-Related Issues, Vienne, 21 et 22 juillet 2008.

[1469] *OSCE PA election observation, Second decade, 1st Part, January 2004 - November 2006*, p.8.

Par ailleurs, l'immense majorité des députés membres des institutions observatrices sont rattachés à des partis politiques européens, disposant de multiples ramifications à l'échelle continentale. De plus, la participation de ces parlementaires à de telles institutions révèle souvent un intérêt spécifique pour les relations internationales pouvant se traduire par des contacts étroits avec des homologues issus d'autres États de la région de l'OSCE, notamment par le biais de groupes d'amitiés parlementaires. En conséquence, bien que fort délicats à établir les risques de manque d'impartialité, de voir des parlementaires « *faire passer leurs amitiés politiques avant le respect du suffrage universel* »[1470], sont réels. En limitant notre étude aux députés français, on constate que les situations ambigües sont relativement courantes. Ainsi, la délégation de l'AP-OSCE ayant observé les élections législatives kazakhstanaises de 2007 compta parmi ses membres le Vice-Président du groupe d'amitié parlementaire France-Kazakhstan[1471]. De même, la Vice-Présidente du groupe d'amitié France-Bosnie-Herzégovine observa les élections générales de 2010 dans ce pays au sein de la délégation de l'APCE[1472]. Un cas particulièrement révélateur concerna l'élection présidentielle de 2008 en Arménie, observée par une délégation de l'APCE comprenant le Président, le Vice-Président et le Secrétaire du groupe d'amitié parlementaire avec cet État[1473]. Dans le même sens, certains pays fort bien pourvus en ressources naturelles mais fort problématiques au plan démocratique financent des groupes de réflexion visant à la promotion de leurs intérêts à l'étranger, y compris au sein de parlements étrangers. Or, l'appartenance à un tel organisme apparait clairement incompatible avec les fonctions d'observateur électoral impartial[1474].

Les risques de conflit d'intérêts sont d'autant plus importants que, contrairement au cas des MOE-UE, les députés intervenant dans la région de l'OSCE observent parfois des scrutins se tenant dans un État voisin de leur pays d'origine. L'exemple le plus récurrent de risques de conflit d'intérêts concerna la présence massive de parlementaires roumains au sein des délégations envoyées en Moldavie, pays qui entretient des liens très étroits et particuliers avec la Roumanie. Plusieurs délégations de l'AP-OSCE présentèrent une telle surreprésentation, notamment lors des élections

---

1470 Bourgi (A.), « L'observation internationale des élections en question », in *Observatoire permanent de la Coopération française*, Karthala, 1997, p.87.

1471 *OSCE PA election observation, Second decade, 2nd Part, January 2007 – December 2011*, p.7.

1472 APCE, *Observation des élections générales en Bosnie-Herzégovine (3 octobre 2010)*, 11 novembre 2010, Doc.12432, p.2.

1473 APCE, *Observation de l'élection présidentielle en Arménie (19 février 2008)*, 14 avril 2008, Doc.11564, p.2.

1474 European Stability Initiative, *Caviar diplomacy. How Azerbaijan silenced the Council of Europe*, 2012, p.18..

législatives de 1998 (13 députés roumains sur 31)[1475], de 2001 (17 sur 30)[1476] et de 2005 (23 sur 53)[1477]. Plus récemment, lors des élections législatives d'avril 2009, trois des sept membres de la délégation du Parlement européen furent roumains. Quelques mois plus tard, à l'occasion d'un nouveau scrutin parlementaire, la délégation du PE comporta non seulement trois parlementaires roumains, mais fut en plus dirigée par l'un d'entre eux. L'année suivante, la situation atteignit son comble puisque le PE dépêcha une délégation de seulement quatre membres mais comprenant tout de même trois députés roumains dont, une fois de plus, le chef de délégation. L'APCE releva d'ailleurs à ce propos « *qu'il appart*[enait] *à chaque institution parlementaire, faisant partie de la MIOE, d'assurer l'équilibre politique et à la fois géographique de sa délégation d'observation des élections conformément à ses propres procédures internes* » et que « *cette configuration de la délégation du Parlement européen n'*[avait] *pas facilité le travail de la MIOE, en particulier au cours des négociations du texte de la déclaration commune* »[1478].

L'écueil du manque d'impartialité susceptible d'apparaître lorsque des parlementaires sont appelés à évaluer la régularité de l'élection de leurs pairs n'est pas nouveau. En effet, les conflits d'intérêts que peut engendrer l'observation parlementaire ne sont pas sans rappeler, *mutatis mutandis*, le système de « vérification des pouvoirs » en vigueur en France sous les IIIe et IVe Républiques. En vertu de celui-ci, « *au lendemain des élections, chaque assemblée examinait la situation de chacun de ses membres et procédait éventuellement à l'invalidation des parlementaires qui avaient été élus irrégulièrement* »[1479]. Or, ce mécanisme de contrôle entre pairs fut « *souvent plus politique que juridique et* [donna] *lieu, notamment sous la IVe République, à de sérieux abus* »[1480], en particulier au cours des élections législatives de 1956, marquées par l'invalidation arbitraire de l'élection de onze députés. Ainsi, lors du passage à la Ve République en 1958, la « vérification des pouvoirs » fut remplacée par un contrôle de type juridictionnel.

Les institutions parlementaires devraient donc se montrer nettement plus strictes à cet égard afin de se conformer pleinement aux dispositions de la

---

1475 *The first decade of OSCE PA election observation, December 1993 - December 2003*, p.17.
1476 *Ibid.*, p.32.
1477 *OSCE PA election observation Second decade, 1st Part, January 2004 - November 2006*, p.14.
1478 APCE, *Observation des élections législatives anticipées en Moldova (28 novembre 2010)*, 24 janvier 2011, Doc.12476, pp.2-3.
1479 Roux (A.), « Une analyse comparative des organes en charge du contrôle électoral, en particulier les organes judiciaires – Le cas français », *in* « Le contrôle du processus électoral », *Actes du Séminaire UniDem, Madrid, 23-25 avril 2009*, CDL-UD(2009)006, p.2.
1480 Roux (A.), *ibid.*, p.2.

Déclaration de principes de 2005 selon lesquelles « [n]*ul ne peut faire partie d'une mission internationale d'observateurs électoraux s'il se trouve dans une situation de conflit d'intérêts politique, économique ou autre susceptible de nuire à l'exactitude et à l'impartialité des observations ou des conclusions relatives à la nature du processus électoral* » (§6). D'autant que certaines formes de conflits d'intérêt, en particulier celles impliquant des intérêts économiques et financiers, sont extrêmement délicates à déceler. Face au manque de moyens, et parfois de volonté, des institutions parlementaires quant à la détection des conflits d'intérêts, il pourrait être pertinent de mettre l'accent sur la transparence. Ainsi, à l'image des déclarations de situation patrimoniale effectuées par les eurodéputés lors de leur entrée en fonction[1481], il pourrait être imposé aux parlementaires de remplir, préalablement à leur participation à une mission d'observation électorale, des déclarations de conflits d'intérêts pouvant résulter de leur présence dans une délégation.

[1481] *Règlement du Parlement européen*, 7ème législature, juin 2011, art.9 et Annexe I.

Chapitre 2. Une approche globale des processus électoraux

La version moderne de l'observation électorale fut inaugurée par le BIDDH à l'occasion des élections parlementaires des 26 mai et 2 juin 1996 en Albanie. Plusieurs missions de longue durée furent déployées à partir de 1995[1482] mais c'est lors de ce scrutin que commença à être appliquée une nouvelle structure opérationnelle fondée sur la distinction en observateurs de long et court termes[1483]. Bien que ces premiers observateurs de long terme n'aient été que trois et firent également office d'équipe centrale, ce qui semble très insuffisant au regard des standards actuels, leur présence permit de procéder à un contrôle plus poussé de la campagne électorale et de rencontrer de nombreux interlocuteurs locaux tels que des membres de la Commission électorale centrale et des représentants du Gouvernement, des partis politiques et d'ONG. Ces premiers observateurs de long terme purent également préparer de façon plus efficace l'arrivée d'une cinquantaine d'observateurs de court terme[1484]. À la faveur de ce déploiement renforcé, la mission fut en mesure de rendre compte du déroulement du processus électoral avec une plus grande acuité. Si cette expérience pionnière constitua une avancée majeure en matière d'observation électorale, elle illustra également la sensibilité de cette activité puisque le rapport critique qui s'ensuivit engendra plusieurs mois de tensions entre le Bureau de Varsovie et l'État hôte[1485].

Depuis la seconde moitié des années 1990, une mission complète doit ainsi contrôler l'essentiel d'un processus électoral, depuis le début de la campagne électorale jusqu'au traitement des recours contentieux relatifs au scrutin, et suppose la participation de plusieurs catégories de personnels : les membres de l'équipe centrale, les observateurs de long terme (OLT) et les observateurs de court terme (OCT). Une couverture globale d'une consultation populaire nécessite donc une présence au cours de trois périodes principales. Il s'agit tout d'abord de la phase préélectorale et en particulier de deux éléments pouvant compromettre l'ensemble du déroulement de l'élection : l'enregistrement des électeurs et la campagne électorale. Le

1482 *OSCE/ODIHR Bulletin*, Volume 4, n°1, 1995/1996, pp.32-34 ; *OSCE/ODIHR Bulletin*, Volume 4, n°2, 1996, pp.30-31.

1483 *OSCE/ODIHR Bulletin*, Volume 4, n°3, 1996, pp.27-31.

1484 *Republic of Albania, Parliamentary elections, 26 May and 2 June 1996, OSCE/ODIHR Election Observation Mission Final Report.*

1485 Mitchell (G.), « History and mandate of election observation: The OSCE/ODIHR experience », *in* Schmeets (H.) (dir.), *International election observation and assessment of elections*, Statistics Netherlands & Maastricht University, 2011, pp.74-75.

contrôle est assuré par les membres de l'équipe centrale au niveau national et les observateurs de long terme au plan régional (Section 1). Le suivi de la période électorale et de son moment crucial, le jour du scrutin, intervient ensuite, caractérisé par l'arrivée massive d'observateurs de court terme et la mobilisation de toutes les ressources de la mission (Section 2). Le processus d'observation se termine par le contrôle du début de la période postélectorale, parfois très sensible, et dans laquelle nous incluons les recours contentieux et l'investiture des élus (Section 3).

Section 1. Un contrôle indispensable de la période préélectorale

Le contrôle de la phase préélectorale est devenu un aspect fondamental de toute mission d'observation complète en raison de l'ampleur des fraudes pouvant être commises au cours de cette période. Une observation détaillée est assurée par l'équipe centrale (§1), chargée de l'encadrement et de l'orientation de la mission depuis le quartier général de celle-ci, généralement situé dans la capitale de l'État d'accueil, et les observateurs de long terme, répartis dans les régions (§2). Ils ont notamment pour tâche de préparer l'arrivée massive des observateurs de court terme (§3) et de publier des rapports d'observation intérimaires (§4), parfois avec l'aide des membres des missions de terrains de l'OSCE.

§1. Le rôle de direction et d'orientation de l'équipe centrale

Jusqu'à la fin des années 1990, la direction des missions sur le terrain étaient seulement assurée par un « coordinateur sur site », souvent accompagné d'un assistant[1486]. Ce rôle est désormais rempli par une équipe centrale (ou *Core Team*), principalement composée d'un Chef de mission et de son adjoint (A), assistés d'un nombre variable d'analystes et d'experts (B) ainsi que de personnels locaux.

A. La direction de la mission

Au sommet de la hiérarchie d'une mission d'observation électorale (MOE) se trouve le Chef de mission[1487], généralement un ancien diplomate ou un homme politique ayant assumé des fonctions parlementaires ou

---

[1486] *OSCE/ODIHR Bulletin*, Volume 4, n°3, 1996, p.29 ; *OSCE/ODIHR Bulletin*, Volume 5, n°1, 1996/1997, p.41. Voir par exemple : *Republic of Armenia, Presidential election, 24 September 1996, OSCE/ODIHR Election Observation Mission Final Report*, p.1.

[1487] Van der Wind (O.), « The perspective of the Head of Mission in an OSCE/ODIHR Election Observation Mission », *in* Schmeets (H.) (dir.), *International election observation and assessment of elections*, Statistics Netherlands & Maastricht University, 2011, pp.262-270.

gouvernementales. Nommé par le directeur du Bureau de Varsovie[1488], il est « *responsable en étroite coordination et collaboration avec le département des élections du BIDDH de l'ensemble des travaux de cette mission* »[1489]. Son rôle touche à la fois à la direction du personnel et à la supervision des activités de la mission, notamment l'élaboration des multiples rapports et déclarations et l'organisation des réunions d'information. Le Chef de mission est également chargé de la représentation officielle de celle-ci, c'est-à-dire « [l']*établissement et le maintien du contact avec les autorités locales, l'administration électorale, les principaux partis politiques, les candidats, la société civile, d'autres groupes d'observateurs, la communauté diplomatique en poste et les organisations internationales* », ainsi que « [l']*établissement de relations avec les médias, la préparation des déclarations publiques de la MOE ainsi que la coordination avec le porte-parole du BIDDH* »[1490]. De même, il préside la conférence de presse organisée pour marquer le début officiel des activités de la mission et destinée à informer les autorités nationales et la population des objectifs et de la méthodologie de la mission.

Le Chef de mission travaille en étroite collaboration avec un chef adjoint dont la tâche consiste à l'assister dans l'ensemble des activités précitées, voire à le représenter. Il s'agit fréquemment d'experts électoraux ayant déjà participé à de multiples MOE, d'abord en tant qu'observateurs de terrain, puis de membres d'équipes centrales. En raison de leur connaissance fine des divers ressorts d'une mission, ils sont en charge de la supervision des aspects les plus techniques, tels que la coordination des publications, « *la préparation des réunions de briefing, l'élaboration d'un plan de déploiement équilibré et représentatif et l'organisation des réunions de débriefing* ». Par ailleurs, « [d]*ans les MOE de taille plus restreinte, le chef adjoint peut également occuper un des postes d'expert ou d'analyste* »[1491] et, dans les missions de grande ampleur, la présence d'un rapporteur, comme lors de l'élection présidentielle de 2010 en Ukraine, peut amener le chef adjoint à se focaliser sur l'encadrement de la mission[1492].

B. Les analystes et experts

Les analystes et experts composent l'essentiel du personnel de l'équipe centrale et jouent un rôle crucial dans le recueil et l'analyse des informations

---

[1488] *Common responsibility. Commitments and implementation, Report submitted to the OSCE Ministerial Council in response to MC Decision n°17/05 on Strengthening the Effectiveness of OSCE*, 10 novembre 2006, §122 ; De Donnea (F.-X.) et Petersen (J.), *Mechanisms for election observation. Report of the personal envoys of the Chairman-in-Office of the OSCE*, 16 novembre 2006, General Conclusions, §II.1.
[1489] *Manuel d'observation des élections*, 5ème éd., OSCE-BIDDH, 2005, p.30.
[1490] *Ibid.*
[1491] *Ibid.*, p.31.
[1492] *Election Observation Handbook*, 6ème éd., OSCE-ODIHR, 2010, p.39.

indispensables à la mission pour effectuer une évaluation détaillée du processus électoral dans son ensemble. Nous n'évoquerons ici que les profils principaux.

L'analyste juridique est principalement chargé d'évaluer « *si le cadre légal et sa mise en œuvre sont conformes aux engagements de l'OSCE et à d'autres principes universels* » et « *si la législation nationale est appliquée dans son ensemble et en toute impartialité* »[1493]. L'objectif premier d'une MOE étant d'évaluer la conformité d'une consultation populaire aux normes nationales et internationales en la matière, le rôle de l'expert juridique est donc fondamental. Son analyse porte sur l'ensemble des phases du processus électoral, à commencer par les conditions d'octroi des droits de vote et d'éligibilité et l'enregistrement des électeurs et candidats[1494]. Il doit également contrôler la mise en œuvre d'éventuelles précédentes recommandations de MOE et avis conjoints du BIDDH et de la Commission de Venise au sujet du cadre légal du scrutin. L'expert juridique est logiquement amené à se pencher en détails sur certains des aspects les plus sensibles d'une consultation populaire, à l'image du système électoral ou des règles de financement des partis politiques[1495]. Avec l'analyste électoral, il « *suit de plus l'ensemble du contentieux lié aux élections, les plaintes déposées, les cas examinés par les tribunaux et les appels* » afin « *d'évaluer si des voies de recours efficaces sont ou non à la disposition des plaignants et si le système judiciaire est impartial lorsqu'il est amené à trancher des cas liés aux élections* »[1496].

Pour sa part, l'analyste politique se focalise sur la participation des divers protagonistes à la campagne électorale, y compris la société civile et les ONG[1497]. Il sert notamment « *de principal agent de liaison entre la MOE et les candidats et partis politiques* », et « *peut également être le principal contact avec les observateurs électoraux nationaux* »[1498].

[1493] *Manuel d'observation des élections*, *op.cit.*, p.31.

[1494] Voir notamment : *Guidelines for Reviewing a Legal Framework for Elections*, OSCE-ODIHR, 2001 ; *Existing commitments for democratic elections in OSCE participating States*, OSCE-ODIHR, 2003 ; *International Electoral Standards. Guidelines for reviewing the legal framework of elections*, International IDEA, 2002 ; *Guidelines on political party regulation*, OSCE-ODIHR & Venice Commission, 2011.

[1495] Voir sur ce point : *Actes de la Conférence sur « les standards internationaux du financement des partis politiques et des campagnes électorales », Astana, 1er décembre 2008*, 20 janvier 2009, CDL(2008)148.

[1496] *Manuel d'observation des élections*, *op.cit.*, p.32. Voir aussi : *Resolving Election Disputes in the OSCE Area: Towards a Standard Election Dispute Monitoring System*, OSCE-ODIHR, 2000.

[1497] Voir aussi : *Guidelines on Freedom of Peaceful Assembly*, 2e éd., OSCE-ODIHR, 2010, pp.93 et s.

[1498] *Manuel d'observation des élections*, *op.cit.*, p.32. Voir aussi : *Code de bonne conduite en matière de partis politiques et rapport explicatif*, 3 juin 2009, CDL-AD(2009)021.

L'analyste électoral, à l'instar des deux experts précédents, occupe un poste clé au sein de l'équipe centrale. Son objet d'analyse est l'administration électorale de l'État d'accueil, aussi bien au regard de sa structure et de sa composition que de son fonctionnement. En outre, il « *évalue également les réglementations et procédures électorales, la conception et l'impression des bulletins de vote, l'efficacité des commissions électorales de niveau autre que national et se penche aussi sur d'autres questions de la compétence de l'administration électorale* »[1499]. Son expertise porte aussi sur deux moments phares d'un processus électoral au cours desquels les fraudes sont récurrentes : l'inscription des électeurs sur les registres électoraux[1500] et l'enregistrement des candidats. Enfin, il « *examine* [...] *le dépouillement des bulletins ainsi que les procédures de décompte des voix et analyse la production des résultats finaux afin de vérifier leur conformité avec les dispositions légales et les procédures administratives* »[1501].

En lien avec la multiplication et la diversification des moyens de communication, le BIDDH déploie systématiquement un spécialiste des médias depuis la fin des années 1990. Celui-ci « *coordonne une équipe d'analyse chargée d'évaluer la qualité et le nombre des principaux médias électroniques et imprimés, les modalités de leur publication et leur contenu pendant le processus électoral* »[1502]. Leur étude, à la fois qualitative et quantitative, vise à apprécier le caractère impartial et équilibré de la couverture médiatique et la possibilité pour les électeurs de faire un choix éclairé. Ce travail est crucial puisque les médias de masse constituent généralement la principale source d'information de la population. Or, comme le rappelle la Commission de Venise, « *l'incapacité des médias à fournir des informations neutres sur la campagne électorale et les candidats est l'un des problèmes les plus fréquents lors d'élections* »[1503]. Le spécialiste des médias doit également connaître et évaluer la législation nationale en la matière, ainsi que la performance des autorités de contrôle et des voies de recours en cas de contentieux. Du fait de la nature transversale de son activité et des informations qu'il collecte, le spécialiste des médias entretient des contacts étroits avec les autres membres de l'équipe centrale, en particulier avec les membres sus-évoqués[1504]. Les données recueillies

---

1499 *Manuel d'observation des élections*, *ibid.*, 2005, p.32.

1500 *Handbook for the Observation of Voter Registration*, OSCE/ODIHR, 2012.

1501 *Manuel d'observation des élections*, *op.cit.*, p.32.

1502 *Ibid.*, p.32.

1503 *Code de bonne conduite en matière électorale. Lignes directrices et rapport explicatif*, 5-6 juillet et 18-19 octobre 2002, CDL-AD(2002)23, Rapport explicatif, §19.

1504 Pour une étude détaillée des fonctions de spécialiste des médias, voir : *Guidelines on media analysis during election observation missions*, 16 juin 2009, CDL-AD(2009)031 ; *Rapport sur le suivi des médias pendant les missions d'observation des élections*, 31 mars 2005, CDL-AD(2004)047. Voir aussi : Kužel (R.), « MEMO 98 – methodology of monitoring permettent également au Représentant de l'OSCE pour la liberté des médias de bénéficier de compléments d'informations sur le pays hôte[1505].

Depuis les élections présidentielles et parlementaires tenues en Roumanie en l'an 2000[1506], le BIDDH a intégré à sa méthodologie une évaluation de la participation politique de groupes souvent sous-représentés, les femmes et les minorités nationales[1507]. En fonction du pays hôte, il a ainsi parfois recours à des experts dont le travail se concentre sur la participation en tant que candidat, électeur et membre de l'administration électorale de ces franges de la population. Ils sont chargés à la fois de rédiger des analyses et de sensibiliser les autres membres de la mission, en particulier le reste de l'équipe centrale et les OLT. Ces analystes sont essentiellement déployés dans le cadre de scrutins législatifs ou locaux, en raison du nombre important de candidats qu'impliquent ce type de processus électoraux. A l'instar du cas des élections générales de 2010 en Bosnie-Herzégovine, il peut arriver que la même personne soit chargée de l'expertise relative à la participation politique des femmes et des minorités nationales. Outre le *Document de Copenhague*, les analystes en participation des femmes fondent leur évaluation sur les conventions internationales pertinentes, le *Pacte international relatif aux droits civils et politiques* et la CEDAW[1508], ratifiées par la majorité des États participants de l'OSCE, ainsi que sur des textes adoptés par cette Organisation, le *Document de Moscou* de 1991[1509] et la *Charte de Sécurité Européenne* de 1999[1510]. Le BIDDH s'est illustré par la publication d'un manuel dédié à l'observation de la participation des femmes aux élections, afin de garantir que cette question soit prise en compte par les missions, même en l'absence d'analyste spécialisé[1511]. Les analystes en participation politique des minorités sont parfois issus du personnel du Haut-Commissaire pour les Minorités Nationales de l'OSCE avec lequel le

---

media during Elections », *in* Schmeets (H.) (dir.), International election observation and assessment of elections, Statistics Netherlands & Maastricht University, 2011, pp.200-208.

1505 *Mandate of the OSCE Representation on Freedom of the Media*, PC.DEC/193, 5 novembre 1997, §2 et 5. Voir aussi : Eudes (M.), « La liberté des médias », *in* Decaux (E.) et Sur (S.) (dir.), *L'OSCE trente ans après l'Acte final de Helsinki. Sécurité coopérative et dimension humaine*, Pedone, 2008, pp.125-137.

1506 *Romania, Parliamentary and Presidential elections, 26 November and 10 December 2000, OSCE/ODIHR Election Observation Mission Final Report*, 15 janvier 2001, pp.2 et 8-10.

1507 Voir aussi : *Human Dimension Seminar on Election Processes, Consolidated Summary, (Revised version)*, Varsovie, 29 au 31 mai 2001, , pp.21-23.

1508 Voir par exemple : *Republic of Cyprus, Parliamentary elections, 22 May 2011, OSCE/ODIHR Election Assessment Mission Final Report*, 7 septembre 2011, pp.13-15.

1509 *Document de la réunion de Moscou de la conférence sur la dimension humaine de la CSCE*, 15 octobre 1991, §40.

1510 *Charte de Sécurité Européenne, Document d'Istanbul*, 18 et 19 novembre 1999, §23.

1511 *Handbook for Monitoring Women's Participation in Elections*, OSCE-ODIHR, 2004. Voir aussi : Binder (C.), « International election observation by the OSCE and the political participation of women », *Helsinki Monitor*, Volume 18, n°3, 2007, pp.224-236.

BIDDH entretient des contacts réguliers[1512]. Leurs évaluations contribuent notamment à garantir une mise en œuvre satisfaisante des *Recommandations de Lund sur la participation effective des minorités nationales à la vie publique*[1513].

Enfin, depuis quelques années, le BIDDH tend à renforcer et diversifier la composition des équipes centrales par le recrutement d'analystes spécialisés dans des aspects spécifiques des processus électoraux[1514]. Ainsi, lors de l'élection présidentielle ukrainienne de 2010, un rapporteur et des experts en passation de marchés et en enregistrement des électeurs furent mobilisés. De même, le BIDDH dépêcha trois analystes en nouvelles technologies de vote au Kazakhstan à l'occasion des élections présidentielles de 2005 et législatives de 2007.

§2. Les observateurs de long terme, relais indispensables dans les régions

Les OLT font office de relais permanents de l'équipe centrale dans les différentes régions de l'État d'accueil[1515]. A leur arrivée dans le pays, après avoir reçu les informations nécessaires de la part de l'équipe centrale, ils sont regroupés par équipes de deux personnes de nationalités différentes et, si possible, de sexes différents. Une fois arrivés dans leur zone de déploiement, les OLT sont d'abord chargés d'établir un maximum de contacts avec divers types d'interlocuteurs, notamment les autorités locales, les différents partis politiques, des candidats, des représentants des médias et d'ONG, mais aussi des experts ou analystes tels que des politologues ou des universitaires. Par ailleurs, les OLT sont encouragés à rencontrer, lorsqu'ils sont présents, des groupes d'observateurs électoraux nationaux crédibles et des membres des missions de terrain de l'OSCE. En somme, l'objectif est de collecter des informations aussi variées et fiables que possible[1516].

Le rôle des OLT consiste ensuite à évaluer plusieurs éléments fondamentaux du processus électoral, à commencer par l'efficacité de l'administration électorale aux niveaux régional et/ou local afin de compléter le travail fait au plan national par l'analyste électoral. A cet effet, ils doivent

[1512] *Election Observation Handbook, op.cit.*, pp.40-41.

[1513] *Guidelines to assist national minority participation in the electoral process*, OSCE-ODIHR, 2001.

[1514] Darnolf (S.), « International electoral support. Helping or hindering democratic elections? », *IPSA-ECPR Joint Conference, Sao Paulo, 16-19 February 2011*, p.17 ; Eicher (P.), « Improving OSCE election observation », *Security and Human Rights*, Volume 20, n°4, 2009, p.273.

[1515] Groen (B.M.), « The long term observer », *in* Schmeets (H.) (dir.), *International election observation and assessment of elections*, Statistics Netherlands & Maastricht University, 2011, pp.252-257.

[1516] *Handbook for Long-term Election Observers*, OSCE-ODIHR, 2007, pp.7-8.

assister aux réunions des commissions afin de juger de leur efficacité, notamment dans la résolution de questions difficiles, et de la confiance dont elles bénéficient au sein de la population, sans pour autant interférer dans leur fonctionnement. A l'instar de l'expert juridique, les OLT doivent également suivre le traitement des recours juridictionnels liés au scrutin à venir. Leurs observations doivent en particulier porter sur l'équité, l'impartialité et la célérité des instances judiciaires[1517]. Par ailleurs, il est impératif que les OLT se familiarisent avec le système d'enregistrement des électeurs en vigueur dans l'État hôte en raison de la complexité de cette procédure et de l'importance des risques d'irrégularités[1518]. Bien que l'enregistrement soit généralement accompli avant l'arrivée de la mission, les observateurs doivent vérifier l'exactitude des listes et le respect de la procédure prévue, notamment la possibilité d'effectuer les corrections nécessaires. Il est demandé aux OLT d'accorder une attention particulière aux risques d'exclusion de groupes de la population parfois marginalisés, tels que les femmes ou les minorités nationales, et de personnes auxquelles des procédures spécifiques sont appliquées, comme les militaires, les prisonniers et les personnes déplacées ou hospitalisées[1519]. Dans le même sens, l'enregistrement des candidats est également évalué par les OLT dans leur zone de déploiement, particulièrement les cas de rejets de candidatures. Il convient alors de déterminer si le refus est justifié, non fondé sur une erreur technique mineure ou motivé par des considérations politiques, et de suivre l'éventuel recours qui s'ensuit[1520]. Enfin, il revient aux OLT de préparer l'arrivée des OCT, y compris des parlementaires, dans leur zone d'action[1521].

Le suivi du déroulement de la compagne électorale aux plans régional et local est sans doute la principale tâche confiée aux OLT. L'étude du respect des droits fondamentaux inhérents à la tenue d'une campagne régulière, particulièrement les libertés d'expression, de réunion[1522] et d'association est donc prépondérante. Les OLT sont ainsi chargés de rencontrer les principaux candidats et représentants de partis politiques de leur région afin de recueillir leurs avis et d'assister à un maximum de meetings et réunions de campagne. Leur attention doit se focaliser sur les éventuels faits d'interdiction de manifestation, d'incidents violents, d'intimidation ou de harcèlement. Les cas de détournement et d'utilisation abusive de ressources publiques ou de

---

1517 *Ibid.*, pp.9-10.

1518 *Rapport sur les possibilités de fraude électorale basée sur une manipulation de chiffres*, 22 décembre 2010, CDL-AD(2010)043, pp.9 et s. ; *Handbook for the Observation of Voter Registration*, OSCE/ODIHR, 2012.

1519 *Handbook for Long-term Election Observers*, *op.cit.*, pp.10-12.

1520 *Ibid*, pp.12-13.

1521 *Ibid.*, pp.23-31.

1522 *Guidelines on Freedom of Peaceful Assembly*, 2e éd., OSCE-ODIHR, 2010 ; *Handbook on Monitoring Freedom of Peaceful Assembly*, OSCE-ODIHR, 2011.

non-respect des règles de financement de la campagne électorale doivent également être rapportés et documentés autant que possible[1523]. Il revient aussi aux OLT d'évaluer la qualité de la couverture médiatique dans leur aire de travail, notamment en rencontrant des représentant des médias, publics et privés, et en interrogeant des candidats, voire des électeurs[1524]. Enfin, tout au long de leurs activités, il est demandé à ces observateurs d'être sensibles aux questions relatives à la participation des femmes et des minorités nationales au processus électoral[1525].

Au cours de la période préélectorale, trois sortes de rapports peuvent être produits par les OLT à destination de l'équipe centrale. Il s'agit tout d'abord, et principalement, de rapports hebdomadaires destinés à rendre compte régulièrement de leurs observations, dans lesquels ils doivent distinguer entre les incidents confirmés et ceux allégués, entre les faits personnellement observés et ceux rapportés par un tiers. Les OLT peuvent également être amenés à rédiger des rapports flashs, portant sur des événements exceptionnels, tels des violations graves de la loi, une décision juridictionnelle importante ou encore, tout cas de violence à leur encontre ou d'obstruction à leur travail. Enfin, des dossiers relatifs aux plaintes et aux principaux problèmes portés à la connaissance de l'OLT doivent être établis afin de déterminer s'ils ont été traités de manière satisfaisante et de créer une base de données pouvant permettre d'effectuer des comparaisons[1526].

§3. La détermination complexe du plan de déploiement des observateurs idéal

L'élaboration du plan de déploiement est une responsabilité conjointe de l'équipe centrale et des OLT dans leur zone d'intervention[1527]. L'objectif est de maximiser l'utilisation des ressources humaines afin de couvrir un nombre de zones géographiques aussi important et diversifié que possible. Pour obtenir une couverture équilibrée et un échantillon représentatif, différents critères sont combinés, tels une balance entre zones urbaines et rurales, le nombre d'OCT disponibles, l'identification de lieux sensibles, l'accessibilité, la sécurité, les temps de déplacement, les éventuelles zones habitées par des minorités nationales ou la localisation des bureaux de vote spéciaux. En outre, le plan de déploiement du BIDDH n'est jamais rendu public à l'avance pour conserver l'effet de surprise et ne pas avertir les fraudeurs potentiels, mais aussi pour préserver la sécurité des

1523 *Handbook for Long-term Election Observers*, *op.cit.*, pp.13-15.
1524 *Ibid.*, 2007, pp.15-16.
1525 *Ibid.*, pp.16-17.
1526 *Ibid.*, pp.19-21.
1527 *Ibid.*, pp.24-25.

observateurs[1528]. En revanche, le fait que le nombre et la localisation des bureaux visités par les missions de la CEI soient parfois préalablement annoncés, et même déterminés en accord avec les autorités nationales, est particulièrement révélateur du professionnalisme affiché par cette institution en matière d'observation électorale[1529].

Toutefois, la mise en place d'un déploiement optimal des observateurs peut être troublée par certaines contraintes. Il s'agit en premier lieu du manque de mobilité des observateurs parlementaires. Ces derniers tendent parfois à ne vouloir se déplacer que dans la capitale de l'État hôte ou dans les principales villes et rechignent à se rendre dans les zones rurales ou éloignées des grands centres urbains[1530]. Pourtant, pour des raisons d'équité et d'efficacité, tous les membres des missions doivent accepter d'être déployés dans des régions isolées, même si cela implique une visibilité et un confort moindres, ou des temps de trajet plus difficilement compatibles avec l'emploi du temps généralement chargé des observateurs parlementaires.

La seconde difficulté entravant parfois le bon déploiement des observateurs concerne essentiellement quatre États participants de l'OSCE, dont une partie du territoire est difficilement accessible. Ces difficultés peuvent résulter de conditions sécuritaires incompatibles avec l'envoi d'observateurs et la tenue d'un scrutin crédible, comme dans la province indépendantiste russe de Tchétchénie, où le BIDDH renonça à tout déploiement lors de l'élection présidentielle de 2000[1531]. Similairement, l'APCE nota à propos des élections législatives tenues quelque mois auparavant qu'« *il n'*[avait] *pas été possible, pour des raisons de sécurité, de suivre le déroulement des élections en Ossétie du Nord ou en Ingouchie* »[1532]. L'inaccessibilité aux observateurs peut également découler

---

[1528] *Election Observation Handbook*, *op.cit.*, p.70. Voir aussi : Schmeets (H.), « Analysing observer report forms: an overview », *in* Schmeets (H.) (dir.), *International election observation and assessment of elections*, Statistics Netherlands & Maastricht University, 2011, pp.148-149.

[1529] Gorovoi (V.), « CIS Election Observer Missions in Commonwealth States », *International Affairs*, Volume 52, n°2, 2006, p.81.

[1530] De Donnea (F.-X.) et Petersen (J.), *Mechanisms for election observation. Report of the personal envoys of the Chairman-in-Office of the OSCE*, 16 novembre 2006, General Conclusions, §III.

[1531] *Russian Federation, Presidential election, 26 March 2000, OSCE/ODIHR Election Observation Mission Final Report*, 19 mai 2000, p.17. Voir aussi : APCE, *Rapport d'information sur les élections parlementaires en Russie (17 décembre 1995)*, 22 janvier 1996, Doc.7430 Ad.V, §11 à 15 ; APCE, *Rapport d'information sur les élections présidentielles russes, Deuxième tour : 3 juillet 1996*, 6 septembre 1996, Doc.7633 Ad.I, §8 ; *Rapport sur la mission d'information en République tchétchène (26-28 Novembre 2005)*, Mission conjointe de l'Assemblée Parlementaire du Conseil de l'Europe et du Congrès des Pouvoirs Locaux et Régionaux, CG/BUR(12)99, 10 février 2006.

[1532] APCE, *Commission* ad hoc *pour l'observation des élections législatives en Russie (19 décembre 1999)*, 24 janvier 2000, Doc.8623, §2. Voir aussi : *Georgia, Extraordinary* d'un défaut de contrôle effectif de régions sécessionnistes par les autorités étatiques, entraînant généralement une impossibilité d'y organiser le scrutin tenu dans le reste du pays. En Moldavie, malgré diverses tentatives, aucune consultation populaire nationale, et donc aucune activité d'observation, ne purent se tenir dans la province séparatiste de Transnistrie[1533]. Une situation similaire se retrouve au Haut-Karabagh, région de l'Azerbaïdjan occupée par l'Arménie[1534], et dans les provinces sécessionnistes géorgiennes d'Abkhazie et d'Ossétie du Sud[1535].

§4. Les rapports intérimaires, sources d'indications tendancielles fiables

Les évaluations effectuées par l'équipe centrale et les OLT donnent lieu à la publication de rapports intérimaires au cours de la période préélectorale[1536]. Au nombre variable de un à trois, ces documents d'une dizaine de pages en moyenne permettent de faire régulièrement le point sur l'état d'avancement des préparatifs du scrutin et l'atmosphère de la campagne électorale. En identifiant les principales faiblesses nuisant à la période préélectorale, les rapports intérimaires fournissent des indications tendancielles souvent révélatrices de la qualité du processus électoral dans son ensemble. Ainsi, lors des élections législatives tenues en Azerbaïdjan en 2005, les trois rapports intérimaires indiquèrent une dégradation progressive de la situation, laissant clairement présager une incompatibilité du scrutin avec les normes de référence. En effet, de multiples irrégularités figurant dans le rapport final[1537] de la mission du BIDDH touchèrent la période préélectorale et se retrouvèrent déjà dans les évaluations intermédiaires, notamment de nombreuses infractions aux libertés de réunion, de manifestation et d'expression, un fonctionnement défectueux des commissions électorales, le manque de recours effectifs ou encore une couverture médiatique de la campagne électorale biaisée en faveur du parti

---

Presidential election, 4 January 2004, OSCE/ODIHR Election Observation Mission Report, 28 février 2004, p.5.

1533 Voir notamment : APCE, *Observation des élections législatives en Moldova (5 avril 2009)*, 27 avril 2009, Doc.11870, §21 ; *Republic of Moldova, Early Parliamentary elections, 28 November 2010, OSCE/ODIHR Election Observation Mission Final Report*, 26 janvier 2011, p.8.

1534 Voir notamment : *Republic of Azerbaijan, Parliamentary Elections, 7 November 2010, OSCE/ODIHR Election Observation Mission Final Report*, 25 janvier 2011, p.5.

1535 Voir notamment : *Georgia, Partial Repeat Parliamentary elections, 28 March 2004, OSCE/ODIHR Election Observation Mission Report, Part 2*, 23 juin 2004, p.4.

1536 *L'observation des élections. Une décennie d'observations électorales : acteurs et pratique*, OSCE-BIDDH, 2005, p.29.

1537 *Republic of Azerbaijan, Parliamentary elections, 6 November 2005, OSCE/ODIHR Election Observation Mission Final Report*, 6 février 2006.

au pouvoir[1538]. Similairement, les anomalies massives constatées lors de l'élection présidentielle organisée la même année au Kazakhstan[1539] furent en grande partie annoncées dès les deux rapports intérimaires[1540]. Ce constat reflète l'influence décisive des semaines précédant le scrutin dans la tenue d'une consultation populaire et démontre sans ambiguïté la nécessité de recourir à une méthodologie d'observation de long terme.

Au plan formel, la structure des rapports intérimaires est analogue à celle des rapports finaux et inclut notamment un résumé des constatations visant à donner des pistes aux autorités nationales afin de rectifier, dans la mesure du possible, certaines imperfections mises en lumière avant le jour du vote[1541]. De surcroît, à la différence des missions de l'UE, dont les rapports intérimaires sont réservés à un usage interne[1542], le BIDDH publie ces documents depuis 2005 environ. La publication assure aux rapports une plus large audience au sein de la population et accroît donc leurs chances d'exercer une influence en vue de corriger des anomalies.

Toutefois, lorsqu'ils sont particulièrement critiques, les rapports intérimaires peuvent également irriter les autorités nationales et engendrer des pressions sur les membres de la mission, comme l'illustra le cas des élections parlementaires de 2007 en Arménie. Les autorités demandèrent à plusieurs reprises à la mission du BIDDH de leur notifier en avance les rapports intérimaires et les conclusions des observations de long terme[1543]. Mais le Bureau de Varsovie refusa car bien qu'un dialogue régulier soit toujours instauré entre une mission et l'État hôte, la transmission avant publication des rapports aux autorités pour commentaires serait manifestement contraire à la méthodologie d'observation. Le BIDDH insista sur le fait que les autorités avaient à leur disposition les mécanismes nécessaires à l'identification et au règlement d'irrégularités aux niveaux légal et électoral. Mais, ce refus ne manqua de provoquer des réactions hostiles et le troisième rapport intérimaire, de même que le rapport

---

[1538] *Republic of Azerbaijan, Parliamentary elections, 6 November 2005, OSCE/ODIHR Election Observation Mission Interim Report n°1 (5-23 September 2005)* ; *Interim Report n°2 (24 September – 7 October 2005)* ; *Interim Report n°3 (8 October – 21 October 2005).*

[1539] *Republic of Kazakhstan, Presidential election, 4 December 2005, OSCE/ODIHR Election Observation Mission Final Report*, 21 février 2006.

[1540] *Republic of Kazakhstan, Presidential election, 4 December 2005, OSCE/ODIHR Election Observation Interim Report n°1 (17–26 October 2005)* ; *Interim Report n°2 (27 October–16 November 2005).*

[1541] Voir notamment : *Statement on the Interim Report of the ODIHR Election Observation Mission*, by the Permanent Representative of the Republic of Kazakhstan to the OSCE, Ambassador Doulat Kuanyshev, at the Meeting of the Permanent Council, 10 novembre 2005, PC.DEL/1144/05.

[1542] *Handbook for European Union Election Observation*, 2ème éd., Commission européenne, 2008, p.175.

[1543] *Republic of Armenia, Parliamentary elections, 12 May 2007, OSCE/ODIHR Election Observation Mission Interim Report n°3 (18 April – 2 May 2007)*, p.8.

intérimaire postélectoral, furent publiquement critiqués par les autorités, tant au plan de leur contenu que de la méthodologie suivie pour leur élaboration[1544]. Dans un sens comparable, la délégation de la Biélorussie auprès de l'OSCE intervint lors d'une séance du Conseil permanent afin de contredire les conclusions défavorables du premier rapport intérimaire de la mission dépêchée par le BIDDH lors de l'élection présidentielle de 2006[1545].

Section 2. Le jour du scrutin et la mobilisation de toutes les ressources

Au cours de la semaine des opérations électorales, une présence renforcée de la mission est garantie par le déploiement d'observateurs de court terme (OCT), dont les effectifs se comptent généralement en centaines afin de permettre un contrôle efficace de cette étape centrale et intense. Le jour du scrutin, les OCT sont principalement chargés d'observer les opérations de vote (§1), mais aussi les procédures de dépouillement et de tabulation des voix, au cours desquels les irrégularités sont courantes (§2). Les données recueillies doivent être immédiatement analysées pour être intégrées dès le lendemain à un rapport préliminaire de la mission, dont l'élaboration est parfois la source de tensions entre institutions (§3).

§1. Une observation massive des opérations de vote

La semaine au cours de laquelle se tiennent les opérations de vote est marquée par l'arrivée de plusieurs centaines d'observateurs de court terme, constituant une « armée » de contrôleurs. Après avoir reçu des instructions pendant deux jours dans la capitale de l'État hôte, les OCT sont déployés à travers le pays et regroupés en équipes de deux personnes de nationalités[1546] et, si possible, de sexes différents. Le jour du scrutin, les binômes visitent environ une dizaine de bureaux de vote chacun et remplissent des formulaires récapitulatifs, dont la nature varie selon le type d'activité. L'évaluation mêle les impressions personnelles des observateurs et le questionnement des personnes présentes. Il s'agit principalement des agents électoraux, mais aussi des électeurs afin d'apprécier « *leur compréhension*

[1544] *Republic of Armenia, Parliamentary elections, 12 May 2007, OSCE/ODIHR Election Observation Mission Final Report*, 10 septembre 2007, p.3.

[1545] *Statement on the interim report of the OSCE Office for Democratic Institutions and Human Rights on the elections in Belarus*, by Mr. Alyaksandr Sychov, Permanent representative of the Republic of Belarus, at the meeting of the OSCE Permanent Council, 9 mars 2006, PC.DEL/212/06.

[1546] Voir : Van Peski (C.) et Schmeets (H.), « The "C-factor": Impact of the nationality of observers on observing elections », *in* Schmeets (H.) (dir.), *International election observation and assessment of elections*, Statistics Netherlands & Maastricht University, 2011, p.184.

des procédures de vote et leur confiance dans le processus électoral »[1547]. Les observateurs peuvent également établir des contacts avec des observateurs nationaux partisans et non-partisans, dans la mesure où ces derniers peuvent détenir des informations intéressantes, mais toujours en s'assurant de ne pas être assimilés à eux. Par ailleurs, « *certaines personnes* [étant] *susceptibles de manipuler les informations qu'elles communiquent aux OCT* », ces derniers « *doivent* [...] *faire preuve de discernement lorsqu'ils évaluent la pertinence des informations reçues* » et « *toujours faire la différence entre les informations fondées sur leurs propres observations et les informations rapportées par des tiers* »[1548].

L'observation proprement dite débute par un contrôle de l'environnement du bureau de vote afin de vérifier notamment l'accessibilité du bureau aux personnes handicapées[1549], l'absence de matériels de propagande, l'existence éventuelle de tensions suspectes ou encore la présence injustifiée de forces de sécurité. Au sein des bureaux, les questions posées portent d'abord sur le personnel électoral, sa composition, son éventuelle affiliation politique, son niveau de formation et son respect des procédures. Les OCT vérifient ensuite la présence et la bonne utilisation du matériel électoral, notamment les listes électorales, et des bulletins de vote, en portant une attention particulière à la mise en œuvre des consignes de sécurité. Chaque visite dure en moyenne vingt à trente minutes, sauf en cas de fraude flagrante, laquelle devra être rapportée aux OLT dès que possible.

En cas d'irrégularités, il est demandé aux observateurs d'essayer de distinguer entre un « *manque d'expérience ou de formation* » et « *une intention délibérée de compromettre l'intégrité du processus* »[1550]. Dans tous les cas, ils « *doivent attirer l'attention des agents électoraux sur les irrégularités, mais s'abstenir de leur donner des conseils ou des instructions ou encore d'aller à l'encontre de leurs décisions* »[1551]. Par ailleurs, lorsque des irrégularités sont constatées ou soupçonnées, le bureau peut faire l'objet d'une seconde visite au cours de la journée et les observateurs « *doivent expliquer aux témoins* [...] *qu'ils ont le droit de porter plainte par les voies de recours officielles internes* »[1552].

Outre une majorité de visites classiques de bureaux de vote (A), les OCT doivent fréquemment procéder au contrôle de procédures spéciales de vote, parfois vectrices de fraudes importantes (B), et des opérations de vote de

---

1547 *Manuel d'observation des élections*, *op.cit.*, p.61.

1548 *Ibid.* ; Bjornlund (E.C.), *Beyond Free and Fair. Monitoring elections and building democracy*, Woodrow Wilson Center Press, Johns Hopkins University Press, 2004, p.150.

1549 Voir par exemple : *Republic of Bulgaria, Parliamentary elections, 25 June 2005, OSCE/ODIHR Election Assessment Mission Final Report*, 2 novembre 2005, p.15.

1550 *Manuel d'observation des élections*, *op.cit.*, p.57 ; Bjornlund (E.C.), *op.cit.*, p.150.

1551 *Manuel d'observation des élections*, *ibid.*

1552 *Ibid.*, p.61.

catégories spécifiques de la population, lesquelles sont davantage exposées aux pressions et intimidations (C).

A. Une prépondérance des visites classiques de bureaux de vote

La journée de travail des OCT débute généralement « *par observer l'ouverture d'un bureau de vote pour voir si elle se déroule conformément aux règles, si les urnes sont vides et dûment scellées, si le bureau de vote a bien reçu et peut justifier le nombre d'urnes et tout autre matériel nécessaire au vote, et si la commission est au courant des procédures à suivre* »[1553]. La fiche synthétique que les observateurs remplissent à cette occasion comprend ainsi une vingtaine de points de contrôle permettant d'avoir une vue relativement complète de la procédure d'ouverture d'un bureau[1554], sur laquelle les OCT doivent émettre une évaluation générale en choisissant entre quatre possibilités (très bon, bon, mauvais ou très mauvais)[1555].

Ensuite, tout au long de la journée du scrutin, les observateurs se rendent dans une dizaine de bureaux de vote environ afin de contrôler, en plus des éléments déjà mentionnés, les procédures de vote. Ils remplissent à cet effet un formulaire plus détaillé que le précédent, comportant une soixantaine de points de contrôle. Les OCT doivent notamment s'enquérir de la présence et de la bonne utilisation du matériel nécessaire puis vérifier le déroulement du vote de plusieurs électeurs. La transparence, le secret et la liberté du vote sont particulièrement scrutés afin de détecter toute forme d'irrégularité, tels que le vote en groupe, le vote multiple, le vote en carrousel ou encore le bourrage d'urne, lequel est suspecté en cas de présence de paquets de bulletins de vote dans l'urne ou d'un nombre de bulletins manifestement supérieur à ce qu'il devrait être au regard du taux de participation. A l'instar de la procédure précédente, les observateurs précisent dans chaque bureau leur sentiment général quant au déroulement des opérations de vote[1556]. Toutefois, les fraudes commises dans les bureaux classiques au cours des opérations de vote, autrefois majoritaires mais trop visibles, ont eu tendance à sensiblement diminuer depuis une dizaine d'années au profit d'autres types de manipulations plus subtiles.

B. Un risque de manipulation des procédures spéciales de vote

Ce terme générique recouvre une grande variété de procédures destinées à permettre aux personnes ne pouvant se rendre dans leur bureau de vote le jour du scrutin d'exercer leur droit de suffrage ou, plus largement, d'éviter

---

1553 *L'observation des élections*, *op.cit.*, pp.25-26.
1554 *Election Observation Handbook*, *op.cit.*, p.109.
1555 Schmeets (H.), *op.cit.*, pp.145-146.
1556 *Election Observation Handbook*, *op.cit.*, pp.110-111.

aux électeurs de se déplacer. Les principales sont le vote mobile, le vote par correspondance, le vote par procuration et le « vote des absents », d'une part (1), et le vote électronique, d'autre part (2). Ces procédures spéciales ont une nature ambivalente car s'il est évident qu'elles permettent à un plus grande nombre d'électeurs de remplir leur devoir civique, et donc d'accroître le taux de participation à un scrutin, elles sont davantage perméable aux manipulations, leur mise en œuvre s'avérant plus complexe et parfois délicate à observer[1557].

1. Le vote mobile, le vote par correspondance, le vote par procuration et le « vote des absents »

La Commission de Venise se montre quelque peu méfiante vis-à-vis de ces techniques en raison du risque de fraudes sensiblement accru qui en découle. A l'égard du vote par correspondance (ou vote postal, ou encore vote à distance), elle note ainsi qu'il « *ne* [doit] *pas être encourag*[é] *si des problèmes d'organisation des services postaux s'ajoutent aux difficultés inhérentes à ce type de vote, notamment le risque accru de "vote familial"* »[1558]. Elle considère toutefois qu'il a l'avantage de « *permettre de voter aux personnes hospitalisées, aux détenus, aux personnes à mobilité réduite et aux électeurs résidant à l'étranger* »[1559] et reste préférable au recours aux urnes mobiles. Mais dans le cas où ce dernier dispositif serait « *néanmoins retenu, il doit être soumis à des conditions strictes, permettant d'éviter la fraude, notamment par la présence auprès de l'urne mobile de plusieurs membres de la commission électorale du bureau de vote, représentant différentes tendances politiques* »[1560]. Le BIDDH va dans le même sens et préconise le suivi des urnes mobiles par des OCT dans le but d'évaluer notamment le respect du secret du vote, pouvant être compliqué par l'absence d'isoloirs, et que le nombre d'électeurs concerné par cette procédure n'est pas anormalement élevé[1561]. Quant au vote par

---

[1557] *Rapport sur le droit électoral et l'administration des élections en Europe*, 12 juin 2006, CDL-AD(2006)018, §150-153.

[1558] *Code de bonne conduite en matière électorale. Lignes directrices et rapport explicatif*, 5-6 juillet et 18-19 octobre 2002, CDL-AD(2002)23, Rapport explicatif, §39. Voir aussi : *Rapport sur la compatibilité du vote à distance et du vote électronique avec les standards du Conseil de l'Europe*, 18 mars 2004, CDL-AD(2004)012 ; APCE, Résolution 1591 (2007), *Vote à distance*, 23 novembre 2007.

[1559] CDL-AD(2002)23, *op.cit.*, Rapport explicatif, §39. Voir aussi : *Rapport sur le vote à l'étranger*, 24 juin 2011, CDL-AD(2011)022 ; *Swiss Confederation, Federal elections, 21 October 2007, OSCE/ODIHR Assessment Mission Report*, 3 avril 2008, pp.16-17.

[1560] CDL-AD(2002)23, *ibid.*, Rapport explicatif, §40. Voir aussi : Lallemand (J.-C.), « Biélorussie 2006. Manipulation électorale dans une dictature post-soviétique », *Les Cahiers Russie*, n°2, 2006, p.17.

[1561] *Election Observation Handbook*, *op.cit.*, p.76. Voir par exemple : *Republic of Belarus, Parliamentary elections, 28 September 2008, OSCE/ODIHR Election Observation Mission* correspondance, le Bureau de Varsovie recommande à ses observateurs de contrôler « *si les bulletins arrivés par la poste sont parvenus avec suffisamment d'avance et s'ils ont été sécurisés avant le jour de l'élection* », voire d'« *assister au dépouillement et au décompte des voix et se faire une impression générale du processus* »[1562]. La découverte de cas de fraude électorale à Birmingham, lors des élections locales tenues en 2004 au Royaume-Uni, démontra que même les démocraties les plus anciennes n'étaient pas à l'abri de manipulations et rappela la nécessité d'assortir le recours au vote postal d'un certain nombre de mesures de contrôle[1563]. Enfin, les observateurs s'attachent également à vérifier les cas de vote par procuration, c'est-à-dire la représentation d'un électeur absent par un autre électeur de son choix[1564], et le « vote des absents », correspondant au cas d'un électeur votant dans un bureau de vote autre que celui qu'il fréquente habituellement[1565].

2. Le vote électronique

La notion de vote électronique renvoie à divers systèmes, mais seuls deux ont connu un développement significatif ces dernières années : le vote électronique à distance, par le biais d'Internet, et l'urne électronique (ou machine à voter)[1566]. La mise en œuvre de ces technologies et les défis qu'elles engendrent sont l'un des thèmes les plus discutés en matière d'élections et d'observation électorale depuis plusieurs années[1567], mais

Final Report, 28 novembre 2008, p.20 ; *Republic of Kazakhstan, Presidential election, 4 December 2005, OSCE/ODIHR Election Observation Mission Final Report*, 21 février 2006, p.24 ; *Russian Federation, Elections to the State Duma, 7 December 2003, OSCE/ODIHR Election Observation Mission Final Report*, 27 janvier 2004, p.21.

1562 *Manuel d'observation des élections*, *op.cit.*, pp.62-63.

1563 *United Kingdom of Great Britain and Northern Ireland, General election, 5 May 2005, OSCE/ODIHR Assessment Mission Report*, 5 août 2005, pp.8-9 ; *United Kingdom of Great Britain and Northern Ireland, General election, 6 May 2010, OSCE/ODIHR Assessment Mission Report*, 9 juillet 2010, pp.8-9 ; APCE, *Demande d'ouverture d'une procédure de suivi en vue d'enquêter sur la fraude électorale au Royaume-Uni*, 13 mars 2007, AS/Mon (2007) 38 ; Laville (S.), « Judge slates "banana republic" postal voting system », *The Guardian*, 5 avril 2005.

1564 Voir par exemple : *Former Yugoslav Republic of Macedonia, Municipal elections, 10 September 2000, OSCE/ODIHR Election Observation Mission Final Report*, 17 novembre 2000 p.14.

1565 Voir par exemple : *Republic of Hungary, Parliamentary elections, 11 April 2010, OSCE/ODIHR Election Assessment Mission Report*, 9 août 2010, p.11.

1566 Buchsbaum (T.M.), « Is E-Voting relevant for the OSCE? », *OSCE Yearbook*, 2004, p.491 ; Laflandre (M.), « Le vote électronique : état des lieux », *in* Owen (B.) (dir.), *Le processus électoral, permanences et évolutions. Actes du colloque réuni au Sénat le 22 novembre 2005*, Studyrama, 2006, pp.162-165.

1567 Voir notamment : Recommandation Rec(2004)11 du Comité des Ministres aux États membres sur les normes juridiques, opérationnelles et techniques relatives au vote électronique, 30 septembre 2004 ; *Challenges of Election Technologies and Procedures*, l'attention dont elles bénéficient apparaît quelque peu disproportionnée au regard de l'ampleur de leur utilisation effective et semble donc relever en partie de l'effet de mode.

Les arguments mobilisés en faveur de l'introduction du vote électronique sont notamment une plus grande rapidité et simplicité dans l'obtention des résultats et des économies résultant d'une réduction du personnel électoral nécessaire et d'une diminution de la consommation de papier. L'utilisation d'Internet pourrait également accroître la participation aux scrutins en évitant aux électeurs de se déplacer. En revanche, les détracteurs du vote électronique mettent en avant les risques non négligeables d'utilisation incorrecte, de piratage des systèmes ou de manipulation à des fins frauduleuses. Les procédures de vote électronique n'ayant pas atteint un niveau de développement garantissant leur infaillibilité, elles bénéficient généralement d'une confiance moindre de la part des populations que le vote traditionnel. De plus, dans le cas du vote à distance par Internet, l'absence d'agents électoraux lors de la procédure de vote risque de faciliter des pratiques contraires aux principes de liberté et de secret du vote tels que le vote familial ou l'achat de voix. Enfin, le recours à ces technologies implique un coût financier important que tous les États participants de l'OSCE ne peuvent supporter et une utilisation généralisée du suffrage à distance par Internet suppose également un haut niveau d'équipement technologique parmi la population. L'ensemble de ces considérations explique que, jusqu'à présent, les expériences de vote électronique aient été presque exclusivement menées dans des pays relativement prospères où des missions d'observation à grande échelle ne sont plus jugées nécessaires en raison de la fiabilité de leurs processus électoraux.

La Commission de Venise considère que « [le] *vote électronique doit être sûr et fiable. Il est sûr si le système peut résister aux attaques délibérées ; il est fiable si, par lui-même, il fonctionne, quelles que soient les déficiences du matériel ou du logiciel. En outre, l'électeur doit pouvoir obtenir confirmation de son vote et le corriger, si nécessaire, dans le respect du secret du vote* ». Elle ajoute une précision concernant plus directement les observateurs électoraux, selon laquelle « *la transparence du système doit être garantie, en ce sens que son fonctionnement correct doit pouvoir être*

Supplementary Human Dimension Meeting, Final Report, Vienne, 21 et 22 avril 2005 ; Krimmer (R.) (dir.), *Electronic Voting 2006*, 2nd International Workshop Co-organized by Council of Europe, ESF TED, IFIP WG 8.5 and E-Voting.CC, Castle Hofen, Bregenz, 2 au 4 août 2006 ; *Developing a Methodology for Observing Electronic Voting*, The Carter Center, octobre 2007 ; *La démocratie électronique : un pari audacieux*, Actes de la 5e session du Forum pour l'avenir de la démocratie, Madrid, 15-17 octobre 2008, Editions du Conseil de l'Europe, 2009 ; Recommandation CM/Rec(2009)1 du Comité des Ministres aux États membres sur la démocratie électronique, 18 février 2009 ; *E-voting handbook. Key steps in the implementation of e-enabled elections*, Editions du Conseil de l'Europe, 2010.

vérifié »[1568]. Or, qu'il s'agisse de vote par Internet ou d'urne électronique, ces procédures posent de réels problèmes de méthodologie puisqu'elles reposent sur des technologies très complexes, variables selon les pays, que seuls des experts en informatique maîtrisent. Même si la présence de ces derniers au sein des équipes centrales devient plus courante et même si les OLT et les OCT sont en mesure d'observer quelques aspects des opérations de vote[1569], il serait beaucoup trop long, technique et coûteux de dispenser aux milliers d'observateurs déployés chaque année par le BIDDH les formations approfondies nécessaires à un véritable contrôle.

Des expériences de vote à distance par Internet furent menées dans plusieurs États participants de l'OSCE[1570], notamment l'Autriche, l'Espagne, la Norvège[1571], les Pays-Bas, le Royaume-Uni, la Suisse ou encore la France, où il fut proposé en 2003 aux Français expatriés aux États-Unis pour élire leurs représentants au Conseil supérieur des Français de l'étranger (devenu Assemblée des Français de l'étranger en 2004)[1572]. Toutefois, seule l'Estonie fait véritablement figure de précurseur dans ce domaine, avec l'introduction du vote par Internet à grande échelle à partir des élections locales de 2005[1573]. Deux ans plus tard, ce pays fut le premier au sein de la région de l'OSCE à mettre en œuvre ce système au niveau national pour des élections législatives. A cette occasion, le BIDDH envoya une mission d'évaluation dont le vote par internet fut l'un des principaux thèmes d'étude, comme en témoigne le déploiement de quatre experts dans ce domaine. Le rapport insista sur les efforts des autorités estoniennes pour assurer la fiabilité du système, mais souligna également les risques de piratage et de manipulation, sans évoquer les difficultés méthodologiques particulières qu'entraîne

---

1568 CDL-AD(2002)23, *op.cit.*, Rapport explicatif, §43 et 44

1569 *OSCE/ODIHR Discussion paper in preparation of Guidelines for the observation of electronic voting*, ODIHR.GAL/73/08, 28 octobre 2008, pp.20-22.

1570 Buchsbaum (T.M.), *op.cit.*, p.493 ; Buchsbaum (T.), E-Voting: International developments and lessons learnt, *in* Prosser (A.) et Krimmer (R.) (dir.), *Electronic Voting in Europe. Technology, Law, Politics and Society*, Workshop of the ESF TED Programme together with GI and OCG, Schloß Hofen/Bregenz, 7-9 juillet 2004, pp.33-37 ; Laflandre (M.), « Le vote électronique : état des lieux », *in* Owen (B.) (dir.), *Le processus électoral, permanences et évolutions. Actes du colloque réuni au Sénat le 22 novembre 2005*, Studyrama, 2006, pp.165-168 ; *Actes de la Deuxième conférence européenne des administrations électorales, Strasbourg, 10-11 février 2005*, 12 décembre 2005, CDL-EL(2005)049, pp.69-102. Voir aussi : *Rapport sur la compatibilité du vote à distance et du vote électronique avec les standards du Conseil de l'Europe*, 18 mars 2004, CDL-AD(2004)012.

1571 *Norway, Internet Voting Pilot Project, Local Government Elections, 12 September 2011, OSCE/ODIHR Election Expert Team Report*, 2 mars 2012.

1572 Loi n°2003-277 du 28 mars 2003 tendant à autoriser le vote par correspondance électronique des Français établis hors de France pour les élections de l'Assemblée des Français de l'étranger, modifiée par la Loi n°2004-805 du 9 août 2004 tendant à modifier la loi n° 82-471 du 7 juin 1982 relative au Conseil supérieur des Français de l'étranger.

1573 Hernandez (O.), « L'Estonie, paradis du vote électronique », *Le Monde*, 4 mars 2011.

l'observation d'opérations de vote de ce type, généralement effectuées dans des lieux privés[1574]. De nouveau, lors des élections législatives de 2011, le BIDDH consacra une large part de son évaluation à la question du vote par Internet. Il nota les efforts effectués pour améliorer ce système, notamment aux plans de la sécurité et des possibilités de contrôle par des observateurs, ainsi que le haut degré de confiance dont il bénéficie au sein de la population. Il estima tout de même que des progrès pouvaient encore être faits sur différents points, tels que le cadre légal ou la certification par un organe indépendant[1575].

L'utilisation d'urnes électroniques à fait l'objet d'expérimentations variées parmi les États participants de l'OSCE mais ici encore, il s'agit essentiellement de démocraties établies. Ainsi, en France, lors de l'élection présidentielle de 2007, « *83 villes, -soit environ 1,5 millions d'électeurs ou quelque 3% de l'électorat-* [utilisèrent] *le vote électronique* »[1576]. Le BIDDH, qui dépêcha deux experts dans ce domaine, fit diverses recommandations visant notamment d'accroître la transparence des procédures d'agrément des machines, « *d'améliorer l'ergonomie et la maniabilité de ces machines de vote et d'intensifier les campagnes d'information à l'attention des électeurs* »[1577]. Des expérimentations analogues furent menées dans plusieurs autres pays (tels la Belgique[1578], les États-Unis[1579] ou la Finlande[1580]), au terme desquelles certains États comme l'Allemagne[1581] ou les Pays-Bas[1582] décidèrent de renoncer à cette technologie. Mais le recours aux urnes électroniques se révèle nettement plus

---

[1574] *Republic of Estonia, Parliamentary elections, 4 March 2007, OSCE/ODIHR Election Assessment Mission Final Report*, 22 juin 2007, §VII.

[1575] *Estonia, Parliamentary elections, 6 March 2011, OSCE/ODIHR Election Assessment Mission Report*, 16 mai 2011, §VI.

[1576] *France, Election présidentielle, 22 avril et 6 mai 2007, Rapport de la Mission d'Evaluation Electorale de l'OSCE/BIDDH*, 4 octobre 2007, p.10.

[1577] *Ibid.*, pp.12-13. Voir aussi : Mazars (M.) et Verrier (B.), « Les "machines à voter" à l'épreuve du scrutin présidentiel de 2007 », *in* Centre d'analyse stratégique, *Organiser l'expression citoyenne*, La Documentation Française, 2007, pp.85-92.

[1578] *Kingdom of Belgium, Local Elections, 8 October 2006, OSCE/ODIHR Expert Visit on New Voting Technologies Report.*

[1579] *United States of America, General elections, 5 November 2002, OSCE/ODIHR Election Assessment Mission Report, Implementation of Election Reforms*, 15 janvier 2003, pp.7 et 11 ; *United States of America, General elections, 4 November 2008, OSCE/ODIHR Limited Observation Mission Final Report*, 13 mars 2008, §VI.

[1580] *Republic of Finland, Parliamentary elections, 17 April 2011, OSCE/ODIHR Needs Assessment Mission Report (25-27 January 2011)*, 15 février 2011, p.5.

[1581] *Federal Republic of Germany, Elections to the Federal Parliament (Bundestag), 27 September 2009, OSCE/ODIHR Election Assessment Mission Report*, 14 décembre 2009, p.5.

[1582] *The Netherlands, Early Parliamentary elections, 9 June 2010, OSCE/ODIHR Election Assessment Mission Report*, 9 septembre 2010, pp.15-17 ; Ruddijs (H.), « Electronic voting in The Netherlands », *in* Schmeets (H.) (dir.), *International election observation and assessment of elections*, Statistics Netherlands & Maastricht University, 2011, pp.298-301.

problématique quand il concerne des pays dont les processus électoraux sont encore loin de se conformer aux normes internationales, à l'image du Kazakhstan. Les experts en vote électronique envoyés par le BIDDH à trois reprises entre 2004 et 2007 mirent en évidence des problèmes récurrents de transparence et de fiabilité du système, du fait notamment d'un manque de certification indépendante, de l'absence de trace sur papier des votes permettant de procéder à des vérifications[1583], ou encore une certaine vulnérabilité aux attaques[1584]. Ces lacunes compromirent la confiance du public et amena le Kazakhstan à écarter l'usage d'urnes électroniques à partir du scrutin présidentiel de 2011[1585].

C. Un risque de pressions sur les catégories spécifiques de la population

Il s'agit en premier lieu des militaires, pour lesquels la Commission de Venise préconise, « [l]*orsqu'ils n'ont pas la possibilité de rentrer à leur domicile le jour du vote* », qu'ils « *soient inscrits dans les bureaux de vote proches de leur caserne* » ou, « *lorsque la caserne est trop éloignée du bureau de vote le plus proche* », que « [des] *commissions spéciales* [soient] *constituées au sein des unités militaires pour superviser la période pré-électorale, afin d'éviter que les supérieurs imposent ou ordonnent des choix politiques* »[1586]. Le BIDDH reconnaît également les pressions dont peuvent faire l'objet les membres de l'armée, comme l'obligation « *de voter devant leurs officiers* »[1587] ou « *de voter pour un candidat déterminé* »[1588], et recommande donc à ses observateurs de contrôler les opérations de vote se déroulant dans des casernes ou des bases[1589].

1583 Voir : CDL-AD(2002)23, *op.cit.*, Rapport explicatif, §42.

1584 *Republic of Kazakhstan, Parliamentary elections, 19 September and 3 October 2004, OSCE/ODIHR Election Observation Mission Final Report*, 15 décembre 2004, pp.7-9 ; *Republic of Kazakhstan, Presidential election, 4 December 2005, OSCE/ODIHR Election Observation Mission Final Report*, 21 février 2006, §VI ; *Republic of Kazakhstan, Parliamentary elections, 18 August 2007, OSCE/ODIHR Election Observation Mission Final Report*, 30 octobre 2007, pp.24-25.

1585 *Republic of Kazakhstan, Early Presidential election, 3 April 2011, OSCE/ODIHR Election Observation Mission Final Report*, 16 juin 2011, p.9.

1586 CDL-AD(2002)23, *op.cit.*, Rapport explicatif, §41.

1587 Voir par exemple : *Republic of Armenia, Parliamentary elections, 25 May 2003, OSCE/ODIHR Election Observation Mission Final Report*, 31 juillet 2003, p.18 ; *Ukraine, Parliamentary elections, 31 March 2002, OSCE/ODIHR Election Observation Mission Final Report*, 27 mai 2002, p.21.

1588 Voir par exemple : *Republic of Armenia, Parliamentary election, 30 May 1999, OSCE/ODIHR Election Observation Mission Final Report*, 30 juillet 1999, p.21.

1589 *Manuel d'observation des élections*, 5e éd., OSCE-BIDDH, 2005, p.62. Voir par exemple : *Republic of Azerbaijan, Presidential election, 15 October 2008, OSCE/ODIHR Election Observation Mission Final Report*, 15 décembre 2008, pp.9-10 ; *Republic of Kazakhstan, Parliamentary elections, 18 August 2007, OSCE/ODIHR Election Observation*

Une deuxième catégorie englobe des électeurs étant dans l'impossibilité de se rendre dans des bureaux de vote classiques : les prisonniers et les personnes hospitalisées ou en maisons de retraite. Les observateurs du BIDDH accordent une attention particulière à ces personnes car elles « *représentent au même titre que les soldats une part de l'électorat particulièrement vulnérable aux actes d'intimidation* »[1590]. Outre la mise en place d'une procédure de vote par correspondance, les dispositions particulières destinées à leur permettre d'exercer leur droit de suffrage peuvent consister en l'instauration de bureaux de vote spéciaux. Avec une population carcérale estimée à plus de 4 millions de personnes dans l'espace de l'OSCE en 2008 (dont plus de la moitié pour les États-Unis et près d'un million pour la Russie)[1591], le droit de vote des détenus constitue un sujet sensible dans certains États. Ainsi, les OCT peuvent visiter des lieux de détention afin d'observer les opérations de vote qui s'y déroulent[1592], mais il arrive régulièrement que ces derniers soient totalement privés de droits civiques[1593] contrairement aux normes internationales et notamment à la jurisprudence de la CEDH[1594]. Dans le même sens, les observateurs du BIDDH sont parfois amenés à contrôler les bureaux de vote installés dans des hôpitaux ou des maisons de retraite[1595].

En outre, comme évoqué précédemment, il est demandé aux observateurs d'accorder une attention particulière à la participation des femmes et des minorités nationales au processus électoral. Dans ce dernier cas, des binômes d'OCT peuvent être spécialement désignés pour visiter des bureaux de vote situés dans des zones marquées par une forte concentration de groupes minoritaires[1596], à l'instar des Grecs en Albanie, des Azéris et Arméniens en

---

Mission Final Report, 30 octobre 2007, p.10 ; *Republic of Montenegro, Presidential election, 5 and 19 October 1997, OSCE/ODIHR Election Observation Mission Final Report*, 19 novembre 1997, p.22.

1590 *Manuel d'observation des élections*, *op.cit.*, p.62.

1591 Walmsley (R.), *World Prison Population List*, 8e éd., International Centre for Prison Studies, 2009 ; Aebi (M.F.) et Delgrande (N.), *Council of Europe Annual Penal Statistics - SPACE I - Survey 2008*, PC-CP (2010) 07, 22 mars 2010.

1592 Voir par exemple : *Ukraine, Presidential election, 17 January and 7 February 2010, OSCE/ODIHR Election Observation Mission Final Report*, 28 avril 2010, p.22 ; *Latvia, Parliamentary elections, 2 October 2010, OSCE/ODIHR Limited Election Observation Mission Final Report*, 10 décembre 2010, p.8.

1593 Voir par exemple : *United Kingdom of Great Britain and Northern Ireland, General election, 6 May 2010, OSCE/ODIHR Assessment Mission Report*, 9 juillet 2010, pp.6-7 ; *Elections to the European Parliament, 4 to 7 June 2009, OSCE/ODIHR Expert Group Report*, 22 septembre 2009, pp.18-19 ; *Republic of Uzbekistan, Presidential election, 23 December 2007, OSCE/ODIHR Limited Election Observation Mission Final Report*, 23 avril 2008, p.18.

1594 Voir *supra*, Partie 1, Titre 2, Chapitre 2.

1595 *Ukraine, Parliamentary elections, 31 March 2002, OSCE/ODIHR Election Observation Mission Final Report*, 27 mai 2002, p.21.

1596 *Guidelines to assist national minority participation in the electoral process*, OSCE-ODIHR, 2001, p.65.

Géorgie, des Ouzbèkes au Kirghizstan, des Gagaouzes en Moldavie ou des Kurdes en Turquie[1597].

La dernière catégorie de la population pouvant bénéficier d'arrangements spécifiques en matière de vote correspond aux personnes déplacées au sein de leur pays (ou déplacés internes, *Internally displaced persons* ou IDP en anglais). Il s'agit d'une question prégnante puisqu'elle concerne treize pays, soit près du quart des États participants de l'OSCE. Certains d'entre eux comptent sur leur sol des proportions significatives d'IDP, représentant parfois une part importante de l'électorat, comme en Azerbaïdjan, en Bosnie-Herzégovine, à Chypre, en Géorgie ou en Serbie[1598]. Les *Principes directeurs relatifs au déplacement de personnes à l'intérieur de leur propre pays*, adoptés le 16 octobre 1998 sous l'égide du Haut-Commissariat des Nations Unies pour les Réfugiés (UNHCR)[1599], garantissent à ces personnes, « *qu'elles vivent dans des camps ou ailleurs* », le « *droit de voter et de prendre part aux affaires gouvernementales et publiques, y compris le droit d'accéder aux moyens nécessaires pour exercer ce droit* », sans « *aucune discrimination résultant de leur déplacement* » (Principe 22.d). En 2003, le texte fut « [pris] *en considération* [...] *comme cadre utile aux travaux de l'OSCE et aux efforts des États participants visant à ce que les déplacements internes bénéficient d'une plus grande attention* »[1600]. Pourtant, les déplacés internes, dont le nombre total avoisinerait les trois millions dans l'espace de l'OSCE, rencontrent encore fréquemment des difficultés pour exercer leurs droits électoraux, en particulier pour leur inscription sur les registres électoraux[1601]. Les observateurs déployés par le BIDDH sont donc tenus d'évaluer dans quelle mesure les personnes déplacées ont pu participer au processus électoral en question, notamment lorsque des bureaux de vote spécifiques ont été établis[1602].

1597 Voir par exemple : *Republic of Albania, Local Government elections, 12 October 2003 and 25 January 2004, OSCE/ODIHR Election Observation Mission Final Report*, 25 février 2004, p.18 ; *Georgia, Parliamentary elections, 21 May 2008, OSCE/ODIHR Election Observation Mission Final Report*, 9 septembre 2008, pp.18-19 ; *Republic of Moldova, Early Parliamentary elections, 28 November 2010, OSCE/ODIHR Election Observation Mission Final Report*, 26 janvier 2011, pp.17-18 ; *Kyrgyz Republic, Constitutional referendum, 27 June 2010, OSCE/ODIHR Limited Referendum Observation Mission Final Report*, 27 juillet 2010, p.16 ; *Republic of Turkey, Early Parliamentary elections, 22 July 2007, OSCE/ODIHR Election Assessment Mission Report*, 27 novembre 2007, pp.19-21.

1598 *Internal Displacement, Global Overview of Trends and Developments in 2010*, Internal Displacement Monitoring Centre, Norwegian Refugee Council, 2011, pp.57-68.

1599 *Principes directeurs relatifs au déplacement de personnes à l'intérieur de leur propre pays*, UNHCR, E/CN.4/1998/53/Add.2, 16 octobre 1998.

1600 *Tolérance et non-discrimination*, MC.DEC/4/03, §13, Onzième réunion du Conseil ministériel, 1er et 2 décembre 2003, Maastricht, MC.DOC/1/03, p.86.

1601 Mooney (E.) et Jarrah (B.), « Displaced and disenfranchised: Internally Displaced Persons and elections in the OSCE region », *Ethnopolitics*, Volume 4, n°1, 2005, pp.235 et s.

1602 Voir par exemple : *Republic of Uzbekistan, Parliamentary elections, 26 December 2004, OSCE/ODIHR Limited Election Observation Mission Final Report*, 7 mars 2005, §XII ;

§2. Un renforcement opportun de l'observation du dépouillement et de la tabulation des voix

Aux termes de l'article 7.4 du *Document de Copenhague*, les États participants de l'OSCE doivent « *veill*[er] *à ce que les votes* [...] *soient recensés et présentés avec objectivité, les résultats officiels étant rendus publics* ». Afin de contrôler le respect de cette règle essentielle à la crédibilité et à la transparence du scrutin, les observateurs doivent contrôler, d'une part, la clôture du scrutin et le dépouillement des voix et, d'autre part, la consolidation des résultats. Ces étapes particulièrement complexes débutant au cours de la soirée et se poursuivant généralement tout au long de la nuit, il peut être difficile pour des observateurs ayant entamé leur journée de travail tôt le matin de conserver une lucidité suffisante. Par conséquent, des équipes d'OCT sont de plus en plus souvent affectées spécifiquement à cette tâche afin de pallier les éventuels problèmes de fatigue.

Conformément aux recommandations de la Commission de Venise[1603], le dépouillement se déroule dans la plupart des cas au sein des bureaux de vote. Chaque binôme d'OCT poursuit donc sa journée d'observation en se rendant dans un bureau choisi au hasard afin d'y évaluer la clôture du scrutin et le décompte des voix. Dans l'hypothèse où les bulletins sont comptés dans un centre de dépouillement, « [une] *équipe d'observateurs doit suivre le transport des urnes jusqu'au centre de dépouillement et évaluer si les procédures de sécurité des bulletins et de prévention des fraudes durant le transport sont adéquates* »[1604]. Les OCT sont tenus de remplir une fiche synthétique spécifique[1605], comportant une soixantaine de points de contrôle relatifs notamment à l'ouverture des urnes, au décompte des voix, au dressage des procès-verbaux et à la transparence de la procédure.

Le dépouillement (ou décompte) des voix est une étape fondamentale de tout processus électoral. Le BIDDH recommande à ses observateurs de faire preuve d'une particulière vigilance car « [l']*expérience a montré que la fraude électorale se produit davantage pendant le dépouillement des bulletins ou le décompte des voix que pendant le scrutin* »[1606]. En effet, il arrive régulièrement qu'une évaluation positive des opérations de vote soit

---

Republic of Serbia, Early Parliamentary elections, 11 May 2008, OSCE/ODIHR Limited Election Observation Mission Final Report, 29 août 2008, p.8.

1603 CDL-AD(2002)23, *op.cit.*, Rapport explicatif, §45 ; *Rapport sur le droit électoral et l'administration des élections en Europe*, 12 juin 2006, CDL-AD(2006)018, §154-161.

1604 *Manuel d'observation des élections*, *op.cit.*, p.65.

1605 *Election Observation Handbook*, 6e éd., OSCE-ODIHR, 2010, pp.112-113.

1606 *Manuel d'observation des élections*, *op.cit.*, p.65. Voir aussi : *Rapport sur les possibilités de fraude électorale basée sur une manipulation de chiffres*, 22 décembre 2010, CDL-AD(2010)043, pp.20-22 ; Lallemand (J.-C.), « Biélorussie 2006. Manipulation électorale dans une dictature post-soviétique », *Les Cahiers Russie*, n°2, 2006, pp.20-21.

suivie de problèmes sérieux lors du dépouillement. Il peut s'agir d'irrégularités involontaires, dues à la nature souvent complexe de la procédure de décompte[1607], mais aussi de fraudes délibérées, tels le bourrage d'urne ou la falsification de procès-verbaux[1608]. L'Espagne constitue un cas particulier en raison d'une « *pratique tout à fait insolite et incompatible avec les normes internationales : tous les bulletins comptés sont détruits par les membres du bureau de vote immédiatement après le dépouillement, ce qui rend tout second dépouillement impossible* »[1609]. Bien que le BIDDH ait recommandé « *l'adoption de dispositions légales visant à conserver les bulletins dépouillés au moins jusqu'à l'épuisement de tous les recours éventuels et la proclamation des résultats définitifs* »[1610], le système n'a pas été modifié[1611].

Le processus de tabulation (ou consolidation des résultats) est une étape toute aussi cruciale, au cours de laquelle les irrégularités s'avèrent courantes. Une fois le décompte effectué, « *les résultats de chaque bureau de vote sont généralement transmis à une commission électorale régionale où les résultats régionaux sont consolidés avant d'être transmis au niveau national* »[1612]. Des OCT sont donc chargés de suivre la transmission des résultats préliminaires, généralement effectuée par fax, téléphone ou par voie informatique, ainsi que le transport du matériel électoral à destination du centre régional où la consolidation est ensuite évaluée. Ici encore, des formulaires spéciaux[1613] composés d'une trentaine de questions doivent être remplis par les observateurs afin de rendre compte de la transparence et de l'exactitude de la procédure jusqu'à la publication des résultats. Parmi les irrégularités fréquemment constatées, comme au Kazakhstan lors de l'élection présidentielle de 2011[1614], figurent l'opacité des opérations de

---

1607 Voir par exemple : *Republic of Moldova, Local elections, 3 and 17 June 2007, OSCE/ODIHR Election Observation Mission Final Report*, 21 septembre 2007, pp.21-22 ; *Ukraine, Parliamentary elections, 26 March 2006, OSCE/ODIHR Election Observation Mission Final Report*, 23 juin 2006, p.23

1608 Voir par exemple : *Republic of Armenia, Parliamentary elections, 25 May 2003, OSCE/ODIHR Election Observation Mission Final Report*, 31 juillet 2003, pp.18-19 ; *Republic of Azerbaijan, Parliamentary elections, 5 November 2000 and 7 January 2001, OSCE/ODIHR Election Observation Mission Final Report*, 15 janvier 2001, p.20.

1609 *Rapport sur le droit électoral et l'administration des élections en Europe*, 12 juin 2006, CDL-AD(2006)018, §159

1610 *Ibid.* Voir aussi : *Spain, Parliamentary elections, 14 March 2004, OSCE/ODIHR Election Assessment Mission Report*, 27 avril 2004, p.4.

1611 *Spain, Parliamentary elections, 9 March 2008, OSCE/ODIHR Election Assessment Mission Report*, 28 août 2008, p.20.

1612 *Manuel d'observation des élections*, *op.cit.*, p.67. Voir aussi : CDL-AD(2002)23, *op.cit.*, Rapport explicatif, §50-51 ; *Rapport sur le droit électoral et l'administration des élections en Europe*, *op.cit.*, §162-165.

1613 *Election Observation Handbook*, *op.cit.*, p.114.

1614 *Republic of Kazakhstan, Early Presidential election, 3 April 2011, OSCE/ODIHR Election Observation Mission Final Report*, 16 juin 2011, pp.23-24. Voir aussi par exemple :

tabulation, c'est-à-dire des restrictions au travail de contrôle des observateurs, et des rectifications arbitraires en cas d'incohérences dans les résultats obtenus.

À partir de l'expérience pionnière du *National Citizens' Movement for Free Elections* (NAMFREL) aux Philippines en 1986, les organisations d'observateurs nationaux ont développé une méthode efficace de contrôle de la consolidation des résultats, plus fiable que des sondages effectués à la sortie des bureaux de vote, dénommée décompte rapide (*quick count*) ou présentation tabulaire parallèle (*parallel vote tabulation* ou PVT)[1615]. Elle consiste en la collecte des résultats du décompte des voix dans un maximum de bureaux de vote afin de permettre aux observateurs de procéder à leur propre tabulation, ensuite comparée aux résultats officiels. Pour être véritablement opérationnelle, cette méthode suppose que les observateurs se fondent sur un échantillon représentatif de bureaux de vote[1616] et des données exactes, lesquelles dépendent de la régularité du dépouillement. Dans l'affirmative, des divergences flagrantes de conclusions avec la procédure officielle peuvent ainsi permettre de révéler l'existence de fraudes, comme cela fut le cas lors de l'élection présidentielle anticipée de 2000 en Serbie, ce qui participa au renversement du régime de Slobodan Milosevic[1617].

§3. Le défi de la production d'une évaluation préliminaire commune

L'ensemble des données collectées au cours de la journée du scrutin sont centralisées auprès de l'équipe centrale. Une course contre la montre s'engage alors pour analyser cette somme considérable d'informations afin d'être en mesure de rendre publique dès le lendemain une évaluation préliminaire commune du scrutin (B). L'élaboration de celle-ci est une étape éminemment complexe et sensible (C). Avant la publication, les contacts avec les médias doivent être encadrés afin de garantir la cohérence du message délivré par la mission (A).

Russian Federation, Presidential election, 14 March 2004, OSCE/ODIHR Election Observation Mission Final Report, 2 juin 2004, pp.24-25.

1615 Bjornlund (E.C.), *Beyond Free and Fair. Monitoring elections and building democracy*, Woodrow Wilson Center Press, Johns Hopkins University Press, 2004, pp.279-288. Voir aussi : Estok (M), Nevitte (N.) et Cowan (G.), *The quick count and election observation: An NDI handbook for civic organizations and political parties*, National Democratic Institute for International Affairs, 2002.

1616 *Rapport sur les possibilités de fraude électorale basée sur une manipulation de chiffres*, 22 décembre 2010, CDL-AD(2010)043, p.27.

1617 Birch (S.), « The 2000 elections in Yugoslavia: The "bulldozer revolution" », *Electoral Studies*, Volume 21, n°3, 2002, p.505.

A. Un indispensable encadrement des contacts avec les médias

Tout au long de la mission et plus encore le jour du scrutin, il est nécessaire d'encadrer les contacts des membres de celle-ci avec les médias. Les différents codes de conduite des observateurs électoraux, tel celui accompagnant la Déclaration de principes de 2005, leurs imposent de « *s'abstenir de faire des commentaires personnels sur leurs observations ou conclusions auprès des médias ou du public avant que la mission d'observation électorale n'ait fait de déclaration, à moins que les dirigeants de la mission ne leur ait expressément donné l'ordre d'agir autrement* ». En conséquence, jusqu'à la publication de la déclaration préliminaire, les observateurs sont tenus de se contenter d'« *expliquer la nature de la mission d'observation, ses activités et autres questions jugées appropriées par la mission d'observation et renvoyer les médias et les autres personnes intéressées aux membres de la mission d'observation désignés à cette fin* ».

En effet, n'ayant pas accès à l'ensemble des informations, la majorité des observateurs n'ont qu'une image partielle et subjective du processus électoral, laquelle peut être très variable en fonction de leur zone de déploiement. Il est donc impératif pour la crédibilité de la mission qu'ils ne prennent pas le risque d'émettre des conclusions divergeant de celles contenues dans le rapport préliminaire, en dépit des sollicitations dont ils peuvent faire l'objet en cette période d'intense pression médiatique. Il peut cependant arriver que cette règle soit enfreinte, y compris par la direction de la mission, à l'instar du chef de l'équipe d'appui aux élections envoyée par le BIDDH en Afghanistan en 2004[1618]. De même, dans le cadre de l'élection présidentielle de 2006 en Biélorussie, un observateur russe de la mission du Bureau de Varsovie se vit retirer son accréditation pour avoir violé le Code de conduite des observateurs en publiant un commentaire sur le scrutin en contradiction avec les conclusions de la mission[1619].

B. La contrainte de l'analyse des données collectées

Il revient à l'équipe centrale de recueillir et de traiter les milliers de fiches synthétiques remplies par les OCT le jour de l'élection, ainsi que leurs

---

1618 Darnolf (S.), « International electoral support. Helping or hindering democratic elections? », *IPSA-ECPR Joint Conference, Sao Paulo, 16-19 February 2011*, p.18.

1619 *EU Statement on the conduct of some OSCE/ODIHR election observers*, at the meeting of the Permanent Council, 30 mars 2006, PC.DEL/304/06 ; *Statement on withdrawal of accreditation of a Russian OSCE ODIHR observer in Belarus*, by Mr. A.N. Borodavkin, Permanent representative of the Russian Federation, at the meeting of the Permanent Council, 30 mars 2006, PC.DEL/319/06 ; *Statement on the report of the OSCE Office for Democratic Institutions and Human Rights on the results of the presidential elections in Belarus*, by Mr. Alexey Borodavkin, Permanent representative of the Russian Federation, at the meeting of the Permanent Council, 13 juillet 2006, PC.DEL/738/06.

commentaires relatifs aux « *principales irrégularités ou problèmes majeurs observés le jour du scrutin, tels que les actes de violence, le bourrage des urnes ou toute autre fraude électorale et refus d'admettre les observateurs dans les bureaux de vote* »[1620]. Par ailleurs, des réunions de fin de mission sont organisées entre les OLT et les OCT dès le lendemain du scrutin afin d'échanger leurs conclusions.

L'unité statistique de la mission joue un rôle déterminant au cours de cette phase de la mission puisqu'elle est « *charg*[ée] *de la compilation d'analyses statistiques reflétant les données clés rassemblées le jour du scrutin* »[1621]. Ces analyses se fondent sur les différents types de fiches synthétiques, dont la configuration a grandement évolué au fil du temps pour gagner en précision et en efficacité. D'apparence assez simpliste au début des années 1990, les formulaires ont été progressivement sophistiqués et diversifiés par le recours à des instituts spécialisés, notamment *Statistics Netherlands* (*Centraal Bureau voor de Statistiek*, ou CBS)[1622]. L'analyse effectuée est qualitative et quantitative dans la mesure où sont prises en compte à la fois la récurrence et la gravité des irrégularités constatées. Les statisticiens transcrivent en pourcentages les différents problèmes observés ainsi que les évaluations générales mentionnées dans chaque type de formulaire. En fonction de l'importance de ces différents taux, dont l'appréciation repose en partie sur l'expérience acquise au cours des dizaines de missions déployées auparavant, l'équipe centrale est en mesure de rendre compte de façon raisonnablement fiable de la qualité du déroulement du jour du scrutin[1623]. Ces données sont ensuite combinées avec les renseignements collectés tout au long de la période préélectorale par l'équipe centrale et les OLT, permettant d'obtenir une évaluation préliminaire du processus électoral. En conséquence, cette phase est particulièrement exigeante puisqu'elle implique d'analyser et de synthétiser une quantité impressionnante d'informations en un temps très court pour être apte à publier une évaluation préliminaire dès le lendemain.

[1620] *Manuel d'observation des élections*, *op.cit.*, p.69.

[1621] *Manuel d'observation des élections*, *ibid.*, p.32.

[1622] Schmeets (H.), « Analysing observer report forms: An overview », *in* Schmeets (H.) (dir.), *International election observation and assessment of elections*, Statistics Netherlands & Maastricht University, 2011, pp.145-146.

[1623] Schmeets (H.), *ibid.*, pp.149-153 ; *Election Observation Handbook*, *op.cit.*, pp.84-85. Voir aussi : Stoudmann (G.), « The use of statistics on OSCE/ODIHR Election Observation Missions », *Conférence de l'Association Internationale pour la Statistique Officielle « Statistique, développement et droits de l'homme »*, Montreux, 4 - 8 septembre 2000.

C. Une difficile élaboration d'une déclaration préliminaire commune et dépolitisée

La publication d'une évaluation préliminaire constitue sans doute un des moments les plus périlleux d'une mission. Depuis les premières missions déployées dans la région de l'OSCE, une évolution importante est notable quant à la formulation (1) et à la sévérité de ces déclarations (2). Mais le principal problème auquel sont confrontées les institutions participant à une MIOE au moment de la rédaction d'une déclaration commune touche à la politisation des conclusions pouvant être encouragée par les observateurs parlementaires (3).

1. La formulation de la déclaration préliminaire

Une fois l'ensemble des données en possession de l'équipe centrale, elle doit se livrer à l'exercice délicat de la rédaction d'une déclaration préliminaire synthétisant le travail de la mission et émettant une appréciation sur le processus électoral en tant que tel (et non sur les résultats du scrutin). Cette déclaration est un élément particulièrement sensible puisqu'il s'agit souvent du seul document qui sera retenu par la majorité des protagonistes du scrutin et du public, le rapport final n'étant publié qu'environ deux mois plus tard, lorsque les feux des projecteurs sont déjà éteints depuis longtemps[1624]. Elle est généralement rendue publique lors d'une conférence de presse tenue le lendemain après-midi du scrutin. Dès lors, « [il] *arrive que la déclaration préliminaire soit rendue publique alors que les procédures de décompte des voix et de calcul des résultats ne sont pas encore achevées* » et, « [d]*ans la plupart des cas, la publication intervient avant la proclamation des résultats officiels et avant la résolution des plaintes et des recours concernant les élections* »[1625]. Au cours de cette conférence, en cas de déploiement d'une MIOE, le chef de la délégation de l'AP-OSCE s'exprime en premier, suivi des autres institutions à tour de rôle.

Dans la formulation de leurs évaluations, les institutions cherchent perpétuellement à s'affranchir des jugements réducteurs et manichéens focalisés sur les termes « libre et équitable » (*free and fair*), utilisés abusivement jusqu'au début des années 1990[1626]. En dépit de la pression du public et des médias, avides de formules simples, les observateurs internationaux s'attachent à faire preuve de nuances dans leurs évaluations afin de refléter davantage la complexité des processus électoraux qu'ils

[1624] Bjornlund (E.C.), *op.cit.*, pp.144-146. Voir aussi Owen (B.), *Géopolitique de la démocratie. Constats et enjeux*, Studyrama, 2008, p.100.
[1625] *Manuel d'observation des élections*, *op.cit.*, p.71.
[1626] Voir par exemple : *CSCE/ODIHR Bulletin*, Volume 1, n°1, 1992/1993, p.13.

contrôlent[1627]. Ainsi, le BIDDH articule ses conclusions autour de sept notions principales, présentes dans l'article 7 du *Document de Copenhague* et dans divers textes internationaux, en vertu desquelles un scrutin doit être périodique, honnête, libre, juste, respecter le suffrage universel et égalitaire ainsi que le secret du vote[1628]. Au fil des années et des scrutins, les institutions ont donc progressivement élargi leur champ sémantique, même si tout effort de synthèse en quelques phrases d'un cycle électoral s'étalant sur plusieurs semaines a nécessairement quelque chose de simpliste. La formule la plus couramment utilisée dans les conclusions des observateurs renvoie au respect des « standards et engagements internationaux en matière d'élections démocratiques ». Les institutions cherchent également à déterminer si le scrutin a « reflété la volonté du peuple » et si, malgré des irrégularités et/ou un contexte difficile, il révèle des « progrès accomplis » par les pays et constitue « un pas vers la démocratie »[1629]. Le choix des mots reste néanmoins délicat en raison des conséquences importantes pouvant découler du jugement des observateurs électoraux internationaux[1630].

2. La sévérité de la déclaration préliminaire

Les observateurs électoraux sont encore régulièrement critiqués, parfois à juste titre, pour leur manque de sévérité ou, plus précisément, pour une certaine tendance à tempérer des conclusions négatives[1631]. Mais la relative tolérance dont faisaient preuve les institutions dans les années 1990 à l'égard des irrégularités commises par des pays sortant d'une longue période de totalitarisme ou d'autoritarisme s'est émoussée. Cette évolution est liée au constat de plus en plus évident que la plupart des fraudes étaient dorénavant

---

[1627] Bjornlund (E.C.), *op.cit.*, pp.94-121 ; Carothers (T.), « The observers observed », *Journal of Democracy*, Volume 8, n°3, 1997, pp.22-23 ; Carothers (T.), *Aiding democracy abroad. The learning curve*, Carnegie Endowment for International Peace, 1999, pp.133-134 ; Elklit (J.) et Svensson (P.), « What makes elections free and fair? », *in* Diamond (L.J.) et Plattner (M.F.) (dir.), *The global divergence of democracies*, Johns Hopkins University Press, 2001, pp.200-212 ; Goodwin-Gill (G.S.), *Elections libres et régulières. Nouvelle édition augmentée*, Union Interparlementaire, 2006, p.83 ; Katz (R.S.), « Principes démocratiques et évaluation du caractère "libre et régulier" des élections », *in* Boda (M.D.) (dir.), *Elections libres et régulières. Un regard neuf. Table ronde internationale sur les normes électorales organisée par l'Union interparlementaire, Genève, novembre 2004*, Union Interparlementaire, 2005, pp.39-40 ; Schmeets (H.), *op.cit.*, pp.146-148.

[1628] *Manuel d'observation des élections*, *op.cit.*, pp.20-22.

[1629] Voir par exemple : *International Election Observation Mission, Republic of Tajikistan, Parliamentary Elections, 28 February 2010, Statement of Preliminary Findings and Conclusions*, 1er mars 2010, p.1.

[1630] Voir *infra* ce chapitre.

[1631] Voir notamment : *International Election Observation Mission, Georgia, Extraordinary Presidential election, 5 January 2008, Statement of Preliminary Findings and Conclusions*, 6 janvier 2008 ; Hassel (F.), « Les observateurs n'ont rien vu », *Courrier International*, n°898, 17 janvier 2008, p.9.

intentionnelles, et non plus dues à des difficultés techniques et/ou financières.

L'exemple de la Russie est particulièrement révélateur à cet égard. Le plus grand État du monde a bénéficié pendant près d'une décennie d'une certaine bienveillance de la part des organisations observatrices, sans doute par optimisme quant aux aspirations démocratiques de ce pays. En dépit d'irrégularités généralisées, les diverses consultations populaires tenues dans les années 1990 ne furent que mollement critiquées. Mais avec la répétition des fraudes au fil des scrutins et une « *transition autocratique* »[1632] devenue trop criante, un changement de ton s'est clairement fait sentir dans le discours des institutions. Ainsi, le rapport préliminaire publié à la suite du second tour de l'élection présidentielle de 1996 releva des problèmes généralisés en matière de secret du vote, d'impartialité des médias ou d'égalité des moyens disponibles entre candidats, mais estima néanmoins que cela n'avait pas affecté le résultat d'un scrutin marquant une consolidation de la démocratie en Russie[1633]. Quatre ans plus tard, le constat fut similaire malgré des irrégularités analogues[1634]. En revanche, lors des élections législatives de 2003, le contraste fut saisissant. La déclaration préliminaire releva que le scrutin n'avait pas respecté de nombreux engagements de l'OSCE et du Conseil de l'Europe en matière d'élections démocratiques et s'interrogea sur la volonté de la Russie de se conformer à ses engagements au regard des infractions à la législation nationale commises par les autorités[1635]. Cette tendance se confirma puisque le jugement fut également sévère à l'occasion de l'élection présidentielle tenue quelque mois après[1636]. La fin de l'indulgence des institutions, et notamment du BIDDH, vis-à-vis de la Russie est manifestement l'un des facteurs explicatifs des attaques répétées de ce pays contre les observateurs

[1632] Hassner (P.), « Russia's transition to autocracy », *Journal of Democracy*, Volume 19, n°2, 2008, pp.5-15. Voir aussi : Mendelson (S.E.), « Democracy assistance and political transition in Russia: Between success and failure », *International Security*, Volume 25, n°4, 2001, pp.68-106 ; Mendras (M.), « Les institutions politiques en danger », *Pouvoirs*, n°124, 2005, p.13 ; Mendras (M.), *Le citoyen en danger. Droits de l'Homme et libertés dans la Russie poutinienne*, Parlement européen, 2008.

[1633] *International Observer Mission, Election for President of the Russian Federation, Second round of voting, Final Statement of the OSCE/ODIHR Observer Mission*, 5 juillet 1996. Pour des évaluations antérieures, également symptomatiques d'une grande tolérance à l'égard de la Russie, voir : *CSCE/ODIHR Bulletin*, Volume 1, n°2, 1993, pp.27-28 ; *CSCE/ODIHR Bulletin*, Volume 2, n°1, 1994, pp.20-22

[1634] *Russian Federation, Presidential election, 26 March 2000, International Election Observation Mission, Statement of Preliminary Findings & Conclusions*, 27 mars 2000.

[1635] *International Election Observation Mission, Russian Federation, State Duma elections, 7 December 2003, Statement of Preliminary Findings and Conclusions*, 8 décembre 2003, p.1.

[1636] *International Election Observation Mission, Russian Federation, Presidential election, 14 March 2004, Statement of Preliminary Findings and Conclusions*, 15 mars 2004.

électoraux et des restrictions qu'il imposa à leur travail lors les scrutins législatif et présidentiel suivants.

3. La négociation d'une déclaration commune et l'écueil de la politisation des conclusions

Un des principaux problèmes auxquels sont confrontés les observateurs au moment de la rédaction de la déclaration préliminaire consiste à s'accorder sur la teneur de leurs conclusions communes. En effet, depuis le début des années 2000, la grande majorité des missions déployées dans la région de l'OSCE sont des MIOE, réunissant le BIDDH et un nombre variable d'institutions parlementaires. Parmi les objectifs majeurs de cette collaboration figure la publication d'un rapport préliminaire commun et donc, négocié. Or, c'est souvent à ce stade des MIOE que les problèmes de coopération précédemment évoqués se manifestent. Les tensions s'avèrent relativement fréquentes lorsqu'il s'agit de combiner les évaluations techniques du BIDDH avec l'appréciation essentiellement politique des observateurs parlementaires, et l'accord sur un texte commun intervient parfois très peu de temps avant la tenue de la conférence de presse[1637]. Il peut même arriver que les dissensions au cours de la phase de négociations soient telles qu'elles conduisent une institution à se désolidariser des autres membres de la MIOE et à publier une déclaration préliminaire séparée, à l'image de l'APCE lors de l'élection présidentielle de 2011 au Kazakhstan[1638]. Contrairement au BIDDH et à l'AP-OSCE[1639], l'APCE estima que le scrutin avait « *reflét*[é] *la volonté des électeurs du Kazakhstan* »[1640] malgré la reconnaissance d'une multitude d'irrégularités sérieuses, notamment en matière de libertés de réunion et d'expression, d'enregistrement des candidats ou de recours juridictionnels. Le fait que le Président en exercice ait été réélu avec plus de 95% des suffrages et un taux de participation de 90% donne une indication de l'inconséquence de la déclaration de l'APCE, laquelle sembla davantage dictée par des considérations politiques et un manque de lucidité des membres de la commission *ad hoc* que par de soudains progrès démocratiques du pays hôte. Bien que chaque institution ait le droit de ne pas partager les conclusions de

---

1637 Voir par exemple : Chambers (R.), *Election observation by the European Parliament in the OSCE Area*, Parlement européen, 2010, §3.3 ; Ismailov (E.), « An analysis of the 2003 Presidential Election in the Azerbaijan Republic », in *Election assessment in the South Caucasus (2003-04)*, International IDEA, 2004, pp.53-54.

1638 *Déclaration de la délégation d'observateurs de l'Assemblée parlementaire du Conseil de l'Europe*, 4 avril 2011. Voir aussi : APCE, *Lignes directrices pour l'observation des élections par l'Assemblée parlementaire*, Doc.12902, 21 avril 2012, Part 1, Annexe 3, §15.

1639 *Republic of Kazakhstan, Early Presidential election, 3 April 2011, OSCE/ODIHR Election Observation Mission Final Report*, 16 juin 2011.

1640 APCE, *Observation de l'élection présidentielle anticipée au Kazakhstan (3 avril 2011)*, 26 mai 2011, Doc.12615, §7.

ses partenaires habituels, des disparités importantes de jugement ouvrent grand la voie à une pratique de la tournée des instances par l'État d'accueil. Ainsi, le Kazakhstan ne manqua pas de se prévaloir de ce rapport devant le Conseil permanent de l'OSCE et de le citer aux cotés des conclusions d'autres institutions observatrices aux intentions douteuses, telles que la CEI et l'Organisation de Coopération de Shanghai, afin de prétendre une nouvelle fois que les critiques du BIDDH n'étaient que le reflet de sa sévérité excessive envers les anciens pays du bloc communiste[1641]. De même, il a été démontré que les députés critiques de la dictature en Azerbaïdjan ont été progressivement réduits au silence au sein de l'APCE et que certains membres influents de cette institution ont activement soutenus des évaluations positives des élections tenues dans ce pays en 2008 et 2010, en dépit de fraudes massives[1642].

Les institutions parlementaires aiment à insister sur la nature politique de leur rôle, à l'instar de l'APCE qui estime qu'elle doit mettre « *l'accent sur l'objectif politique de sa participation au processus d'observation : le plein respect des valeurs et des normes du Conseil de l'Europe* »[1643]. Mais parfois, il y a manifestement une confusion dans le discours des institutions parlementaires et dans l'esprit de certains députés entre l'activité d'observation électorale en tant que telle et ses conséquences politiques, entre la science politique et l'agenda politique, entre la déduction impartiale et le parti-pris. L'observation électorale entretient une relation ambivalente et complexe avec la politique puisqu'elle porte sur le moment crucial de la vie politique d'un pays qu'est l'élection et qu'elle implique une part non négligeable d'analyse politique. Mais elle est, et doit rester, une activité essentiellement technique et juridique. Comme l'a fort justement remarqué le Directeur du BIDDH, l'avenir de l'observation électorale apparaît compromis si elle devient politisée, si elle s'écarte des faits et preuves collectés sur le terrain par les observateurs[1644]. Tels des huissiers de justice

---

[1641] *Statement by the Permanent Representative of the Republic of Kazakhstan to the OSCE, Ambassador Kairat Abdrakhmanov*, at the Meeting of the Permanent Council, 7 avril 2011, PC.DEL/321/11. Voir aussi : *Statement on the presidential elections in Kazakhstan*, by Mr. Alyaksandr Sychov, Permanent representative of the Republic of Belarus to the OSCE, at the meeting of the OSCE Permanent Council, 7 avril 2011, PC.DEL/338/11.

[1642] European Stability Initiative, *Caviar diplomacy. How Azerbaijan silenced the Council of Europe*, 2012.

[1643] APCE, *Lignes directrices*, *op.cit.*, §13. Voir aussi : *Observation of elections by the Parliamentary Assembly of the Council of Europe: inter-institutional co-operation, recurrent problems and possible action by the Assembly*, AS/Bur(2009) 10, 19 janvier 2009, §5.

[1644] Discours de clôture de Lenarcic (J.), OSCE Chairmanship Seminar on Election-Related Issues, Vienne, 21 et 22 juillet 2008. Voir aussi : Kaczorowski (N.), « The Office for Democratic Institutions and Human Rights », *in* Schmeets (H.) (dir.), *International election observation and assessment of elections*, Statistics Netherlands & Maastricht University, 2011, pp.86-91 ; *Common responsibility. Commitments and implementation, Report submitted* dressant de manière impartiale et objective un procès-verbal, les observateurs électoraux sont avant tout chargés de vérifier la conformité d'un processus électoral avec son cadre juridique national et international. Des conséquences substantielles peuvent découler du verdict d'une mission et le seul fait de critiquer un scrutin irrégulier est souvent vu par les détracteurs de l'observation électorale comme une attaque politiquement motivée envers le régime en place. Par conséquent, la crédibilité des observateurs est fondamentale et elle ne peut être obtenue que par une stricte neutralité au plan politique. La politisation des missions d'observation ne fait que renforcer les critiques auxquelles font déjà face les observateurs et assimiler les MIOE à l'exemple déplorable des missions de la CEI.

Cette insistance des observateurs parlementaires, en particulier l'AP-OSCE et l'APCE, sur le caractère politique de leurs évaluations, lequel serait particulièrement nécessaire et complémentaire du travail technique du BIDDH, semble aussi être un moyen de se démarquer dans le cadre d'une concurrence larvée entre institutions, notamment au plan médiatique. Sans nier la compétence de beaucoup de députés, en particulier en matière de diplomatie, et la visibilité importante qu'ils apportent aux missions, les observateurs parlementaires ne restent que quelques jours dans l'État d'accueil et leur vision du processus électoral est donc partielle par rapport à celle du BIDDH. Mais leurs opinions tendent à acquérir un poids disproportionné lors de la rédaction des déclarations préliminaires. Cela est particulièrement dommageable pour la crédibilité des MIOE lorsque l'attitude de certains parlementaires apparaît motivée par la poursuite d'un agenda politique, dont la conséquence est souvent une minimisation des irrégularités observées[1645]. Ainsi, lors des élections législatives anticipées de 2010 en Moldavie, l'APCE releva que la surreprésentation roumaine au sein de la délégation du Parlement européen « [n'avait] *pas facilité le travail de la MIOE, en particulier au cours des négociations du texte de la déclaration commune* »[1646]. Une lecture comparative des rapports produits à cette occasion par le BIDDH[1647], l'APCE et le PE[1648] laisse apparaître la moindre sévérité de ce dernier, en conclusion duquel la rapporteuse n'hésite pas à affirmer que le PE devrait revoir sa position au sein des MIOE afin de faire davantage valoir son expérience en matière d'observation électorale et son

to the OSCE Ministerial Council in response to MC Decision n°17/05 on Strengthening the Effectiveness of OSCE, 10 novembre 2006, p.45.

1645 Eicher (P.), « Improving OSCE election observation », *Security and Human Rights*, Volume 20, n°4, 2009, p.270.

1646 APCE, *Observation des élections législatives anticipées en Moldova (28 novembre 2010)*, 24 janvier 2011, Doc.12476, pp.2 et 3.

1647 *Republic of Moldova, Early Parliamentary elections, 28 November 2010, OSCE/ODIHR Election Observation Mission Final Report*, 26 janvier 2011.

1648 *European Parliament Election Observation Delegation to the early parliamentary elections in the Republic of Moldova, 28 novembre 2010, Final Report.*

travail quotidien dans le domaine des affaires étrangères. L'année précédente, une résolution du Parlement européen relative aux troubles postérieurs aux élections législatives d'avril 2009 en Moldavie « *soulign*[a] *les écarts considérables existant entre le rapport préliminaire de l'OSCE/BIDDH sur l'organisation des élections et les plaintes relatives à de nombreuses irrégularités formulées par un nombre considérable d'ONG moldaves* » et « [fit] *observer que ces écarts* [devaient] *être pris en considération lors de tout réexamen futur des activités de surveillance électorale de l'OSCE/BIDDH et des participations de l'Union à des MIOE* »[1649]. Or, une déclaration préliminaire doit retranscrire les évaluations d'une mission de long terme, impliquant la participation de plusieurs centaines d'observateurs, et non relayer les revendications d'ONG locales parfois politiquement orientées. De surcroît, la résolution oublie soigneusement de mentionner que cette déclaration préliminaire fut endossée par la délégation du PE déployée à l'occasion de ce scrutin et à laquelle certains auteurs de la résolution participèrent. Ces affirmations démontrent la propension de certains parlementaires à s'affranchir des standards méthodologiques d'une observation impartiale au nom de considérations politiques.

Plus généralement, on voit mal en quoi consiste la prétendue particularité du contrôle « politique » opéré par les institutions parlementaires, si ce n'est un prétexte commode pour dénaturer une évaluation raisonnablement impartiale et objective par des considérations politiques imprécises et fluctuantes selon les délégations et les institutions. La coexistence de deux types de contrôle lors d'une même mission semble bien être l'un des principaux écueils de la méthodologie d'observation des MIOE. Une mission d'évaluation peut difficilement rester véritablement commune si toutes ses composantes n'appliquent pas les mêmes standards. Il convient de rétablir une frontière stricte entre l'évaluation en tant que telle, qui doit être impartiale, objective et uniforme pour l'ensemble des États observés, et les suites politiques découlant de ces évaluations. Certes, les observateurs ne peuvent être hermétiques à certaines considérations historiques et politiques et ignorer qu'un scrutin marqué par des irrégularités peut tout de même représenter une avancée louable pour un pays sortant par exemple d'une période de troubles sociaux importants. Mais ce n'est qu'au moment où les conclusions des missions sont relayées et débattues au sein d'instances politiques que l'essentiel des considérations politiques et pratiques doivent intervenir, en fonction des réalités propres à chaque institution. Sur le terrain, ces dernières doivent donc toutes se plier à la méthodologie du

---

[1649] *Résolution du Parlement européen sur la situation en République de Moldavie*, 7 mai 2009, 2009/0384, §23.

BIDDH ou se donner les moyens de déployer des missions de long terme de grande envergure.

Section 3. Une phase postélectorale potentiellement cruciale

Le rôle de la mission lors de la période postérieure aux opérations de vote vise à vérifier que le processus ne se détériore pas une fois le moment central du jour du scrutin passé, certains évènements pouvant conduire à modifier les conclusions présentées dans la déclaration préliminaire (§1). Au terme d'une période d'analyse de plusieurs semaines, un rapport final, véritable synthèse de la mission, parfois plus critique que la première évaluation, est publié (§2).

§1. Les dernières étapes nécessaires du processus d'observation

La mission des OCT prend fin la plupart du temps dès le lendemain de la publication de la déclaration préliminaire, tandis que les OLT restent sur place encore une semaine et l'équipe centrale, deux semaines. Mais cette planification peut être soumise à diverses modifications puisque « [les] *modalités d'observation des développements post-électoraux dépend*[ent] *dans une large mesure de la spécificité de la situation* »[1650]. Le BIDDH procède parfois à la publication de rapports intérimaires postélectoraux afin de rendre compte d'éléments intervenant entre la déclaration préliminaire et le rapport final[1651]. L'observation de la phase postélectorale peut porter sur trois éléments que sont la proclamation des résultats et le traitement des recours, régulièrement déficients (A), les éventuelles tensions résultant du scrutin et de l'évaluation donnée par les observateurs (B) et l'investiture des élus, généralement suivie à distance par la mission (C).

A. La proclamation des résultats et le contrôle du traitement des litiges

L'évaluation de la proclamation des résultats du scrutin consiste pour la mission à s'assurer qu'ils ont été « *proclamés de façon exacte, honnête et en temps utile* », mais « [en] *aucun cas elle ne peut confirmer, invalider ou certifier les résultats d'une élection* »[1652]. Avec la modernisation des moyens technologiques à la disposition des administrations électorales, des résultats provisoires sont généralement annoncés dans la nuit suivant les opérations

---

[1650] *Manuel d'observation des élections*, *op.cit.*, p.73.
[1651] Voir par exemple : *Republic of Armenia, Parliamentary elections, 12 May 2007, OSCE/ODIHR Election Observation Mission Post Election Interim Report (13 – 22 May 2007) ; Republic of Moldova, Parliamentary elections, 5 April 2009, OSCE/ODIHR Election Observation Mission Post Election Interim Report (6-17 April 2009).*
[1652] *Manuel d'observation des élections*, *op.cit.*, p.73.

de vote ou le lendemain[1653]. Mais, comme le rappelle le *Code de bonne conduite en matière électorale*, une proclamation de résultats partiels risque d'induire le public en erreur, lequel « *doit donc être clairement informé que le résultat final peut être très différent des résultats provisoires et qu'un renversement total de tendance est même possible, sans qu'il n'y ait aucune manipulation* »[1654]. Par ailleurs, la Commission de Venise recommande une publication des résultats par bureau de vote car un « [é]*lément important de la transparence tient à la capacité des électeurs et des représentants des partis à vérifier les procès-verbaux des résultats publiés au niveau des bureaux de vote et à les comparer avec les résultats publiés par les commissions électorales d'un niveau supérieur* »[1655]. Une publication détaillée permet également aux observateurs électoraux de se livrer à ce type de comparaisons, conduisant parfois à la découverte de manipulations des résultats officiels, comme cela fut par exemple le cas au Kazakhstan en 2007[1656]. En outre, le processus de publication peut être retardé par certaines difficultés, tel le fonctionnement défectueux de commissions électorales locales constaté lors des élections législatives albanaises de 2005[1657]. Dans les deux cas, la Commission de Venise estime que ces irrégularités « *risquent* […] *de miner la confiance du public dans le processus électoral et de susciter des oppositions* »[1658]. Les résultats définitifs ne sont proclamés qu'au terme du traitement de l'ensemble des recours contentieux pouvant entraîner leur modification, bien que cette règle ne soit pas toujours respectée[1659].

La dernière phase de la méthodologie d'observation classique consiste à suivre le traitement des litiges postélectoraux, particulièrement lorsqu'ils portent sur une question importante ou qu'ils sont susceptibles de conduire à une annulation partielle[1660] ou totale[1661] du scrutin[1662]. Des observateurs

---

[1653] Voir par exemple : *Kyrgyz Republic, Constitutional referendum, 27 June 2010, OSCE/ODIHR Limited Referendum Observation Mission Final Report*, 27 juillet 2010, p.20.

[1654] *Code de bonne conduite en matière électorale. Lignes directrices et rapport explicatif*, 5-6 juillet et 18-19 octobre 2002, CDL-AD(2002)23, Rapport explicatif, §51.

[1655] *Rapport sur le droit électoral et l'administration des élections en Europe*, 12 juin 2006, CDL-AD(2006)018, §165. Voir aussi : *Rapport sur les possibilités de fraude électorale basée sur une manipulation de chiffres*, 22 décembre 2010, CDL-AD(2010)043, p.25 ; *Republic of Tajikistan, Parliamentary elections, 27 February and 13 March 2005, OSCE/ODIHR Election Observation Mission Final Report*, 31 mai 2005, p.21.

[1656] *Republic of Kazakhstan, Parliamentary elections, 18 August 2007, OSCE/ODIHR Election Observation Mission Final Report*, 30 octobre 2007, pp.29-30.

[1657] *Republic of Albania, Parliamentary elections, 3 July 2005, OSCE/ODIHR Election Observation Mission Final Report*, 7 novembre 2005, p.21.

[1658] *Rapport sur le droit électoral et l'administration des élections en Europe*, *op.cit.*, §164.

[1659] Voir par exemple : *Republic of Azerbaijan, Parliamentary Elections, 7 November 2010, OSCE/ODIHR Election Observation Mission Final Report*, 25 janvier 2011, p.23.

[1660] Voir par exemple : *Republic of Azerbaijan, Parliamentary elections, 6 November 2005, OSCE/ODIHR Election Observation Mission Final Report*, 6 février 2006, pp.23-26 ; *Republic of Albania, Parliamentary elections, 3 July 2005, OSCE/ODIHR Election* peuvent alors être spécifiquement chargés de rester dans le pays afin d'apprécier leur règlement. Ainsi, « [la] *MOE doit évaluer l'importance des cas en appel et si le processus de recours s'est avéré jusque-là efficace et fiable* »[1663]. Or, les problèmes sont particulièrement courants dans ce domaine. Ils concernent le plus souvent des refus massifs et injustifiés d'accueillir des recours[1664], le rejet des plaintes sans réelle investigation de la part des autorités[1665], ou pour des motifs techniques, voire sans véritable justification légale[1666]. Comme le fait remarquer la Commission de Venise, « [c]*ertains pays sont encore imprégnés d'une "culture d'impunité" concernant les infractions liées aux élections* »[1667], laquelle explique en partie que les observateurs électoraux dénoncent toujours les mêmes irrégularités au fil des missions. Une situation de ce type fut notamment dénoncée par l'APCE dans le cas de l'Arménie, relevant que « *malgré des réformes législatives réussies, les tribunaux manqu*[aient] *toujours de l'indépendance nécessaire pour inspirer confiance à la population en tant qu'arbitres impartiaux, notamment dans le contexte des différends électoraux* »[1668].

Toutefois, au regard de la récurrence des problèmes constatés parmi les États membres du Conseil de l'Europe, la faiblesse du contentieux devant la Cour EDH est frappante. Les raisons pourraient être un manque d'information des requérants quant aux voies de recours supranationales, la peur de représailles ou un découragement face au coût et à la longueur des procédures devant le prétoire de Strasbourg[1669]. Toutefois, une série d'arrêts

---

Observation Mission Final Report, 7 novembre 2005, pp.21-23 ; *Georgia, Partial Repeat Parliamentary elections, 28 March 2004, OSCE/ODIHR Election Observation Mission Report, Part 2*, 23 juin 2004, p.4 ; *Republic of Azerbaijan, Parliamentary elections, 5 November 2000 and 7 January 2001, OSCE/ODIHR Election Observation Mission Final Report*, 15 janvier 2001, pp.15-16.

[1661] Voir par exemple : *Ukraine, Presidential election, 31 October, 21 November and 26 December 2004, OSCE/ODIHR Final Report*, 11 mai 2005, p.32.

[1662] Voir : Kvakkestad (A.), « Cancellation of election results. Lessons learned from election observation », *in* « L'annulation des résultats des élections », *Actes du Séminaire UniDem, La Valette, 14-15 novembre 2008*, CDL-UD(2008)006.

[1663] *Manuel d'observation des élections*, *op.cit.*, p.74.

[1664] Voir par exemple : *Republic of Armenia, Presidential election, 19 February 2008, OSCE/ODIHR Election Observation Mission Final Report*, 30 mai 2008, pp.25-27.

[1665] Voir par exemple : *Georgia, Extraordinary Presidential election, 5 January 2008, OSCE/ODIHR Election Observation Mission Final Report*, 4 mars 2008, p.23.

[1666] Voir par exemple : *Republic of Belarus, Parliamentary elections, 28 September 2008, OSCE/ODIHR Election Observation Mission Final Report*, 28 novembre 2008, p.22.

[1667] *Rapport sur le droit électoral et l'administration des élections en Europe*, *op.cit.*, §174.

[1668] APCE, Résolution 1609 (2008), *Fonctionnement des institutions démocratiques en Arménie*, 17 avril 2008, §6.3.

[1669] Voir aussi : Vasak (K.), « Étude d'introduction », *in Liberté des élections et observation internationale des élections*, Conférence internationale, Université La Laguna, Tenerife, 27 février - 2 mars 1994, Bruylant, 1995, pp.54-55.

récents semblent indiquer que le nombre affaires relatives à des irrégularités constatées lors de missions d'observation électorale est en augmentation, notamment dans le cas de l'Azerbaïdjan, condamné à de multiples reprises en moins de deux années[1670].

B. Des développements postélectoraux parfois tendus

Les observateurs doivent rendre compte des événements pouvant survenir au cours de la période sensible suivant l'annonce des résultats. Si « [d]*ans les perspectives classiques, la longue tension politique ayant culminé le jour de l'élection doit nécessairement se relâcher dès la publication des résultats officiels, entraînant un éclaircissement immédiat du climat politique* »[1671], la réalité est parfois fort différente. Les perdants peuvent ne pas les accepter[1672], en particulier dans les pays où les institutions démocratiques restent faiblement enracinées[1673] et lorsque les résultats sont serrés. Comme le note le préambule de la Déclaration de principes de 2005, en apportant une expertise extérieure et impartiale, l'observation électorale internationale contribue à « *renforcer la confiance des citoyens* » et à « *réduire le risque de conflits autour des élections* ». Elle joue désormais un rôle notable dans l'acceptation ou le rejet des résultats du scrutin par les différents protagonistes et donc, dans le déclenchement d'éventuelles protestations. L'exemple des « révolutions colorées » en fournit une illustration assez nette[1674]. Mais au-delà de ces cas emblématiques qui aboutirent au renversement des régimes en place, on constate depuis 2003 et la « Révolution des Roses » en Géorgie une multiplication des manifestations postélectorales suivies d'incidents violents au sein des États participants de l'OSCE.

Ici encore, les événements débutèrent par de grands rassemblements dénonçant des processus électoraux manifestement floués et évalués comme tel par les MIOE, mais ces « tentatives de révolutions de couleur » avortèrent

---

[1670] Voir *infra*, Partie 2, Titre 2, Chapitre 1.

[1671] Oliva (F.), « Vainqueurs et vaincus : deux faces de la même médaille ? Ou comment accepter le verdict des urnes », *in* Vettovaglia (J.-P.), Du Bois de Gaudusson (J.), Bourgi (A.), Desouches (C.), Maïla (J.), Sada (H.) et Salifou (A.) (dir.), *Démocratie et élections dans l'espace francophone. Prévention des crises et promotion de la paix Volume II*, Bruylant, 2010, p.455.

[1672] Thompson (M.R.) et Kuntz (P.), « After defeat: When do rulers steal elections? », *in* Schedler (A.) (dir.), *Electoral authoritarianism. The dynamics of unfree competition,* Lynne Rienner Pulishers, 2006, p.113-128. Voir aussi : Beaulieu (E.) et Hyde (S.D.), « In the shadow of democracy promotion: Strategic manipulation, international observers, and elections boycotts », *Comparative Political Studies*, Volume 42, n°3, 2009, pp.392-415.

[1673] Anderson (C.J.) et Mendes (S.M.), « Learning to lose: Election outcomes, democratic experience and political protest potential », *British Journal of Political Science*, Volume 36, n°1, 2006, pp.91-111.

[1674] Voir *supra*, Partie 1, Titre 2, Chapitre 2.

à la suite d'une répression brutale des autorités, à l'instar des élections de 2003[1675] et 2005[1676] en Azerbaïdjan et du scrutin présidentiel arménien de 2008[1677]. Les cas plus graves et les plus violents de ces dernières années concernèrent les élections présidentielles tenues en Biélorussie. Dès l'annonce des résultats du scrutin de 2006 et le constat que ces processus électoraux avaient une nouvelle fois largement violé les engagements internationaux de ce pays en la matière, d'importantes manifestations se déroulèrent dans la capitale. La réponse des autorités fut un recours démesuré à la force et une vague d'arrestations touchant notamment des candidats aux scrutins et des journalistes[1678]. La situation se répéta à la suite de l'élection de 2010[1679], assortie d'une décision des autorités de ne pas renouveler le mandat du bureau de l'OSCE à Minsk[1680]. Ces violences entraînèrent notamment le déclenchement, à l'initiative de quatorze États participants de l'OSCE, du *Mécanisme de Moscou*, aboutissant à la publication d'un rapport d'expertise particulièrement critique à l'égard de la Biélorussie[1681]. En revanche, les événements survenus dans le cadre des élections législatives d'avril 2009 en Moldavie différèrent des exemples précédents. En effet, les violences furent majoritairement commises par des manifestants déçus de la défaite de leur camp, bien que le scrutin ait été évalué de façon relativement positive par les observateurs électoraux[1682].

[1675] *Republic of Azerbaijan, Presidential election, 15 October 2003, OSCE/ODIHR Election Observation Mission Final Report*, 12 novembre 2003, pp.26-27 ; Alizadeh (Z.), « The OSCE and elections in Azerbaijan », *Helsinki Monitor*, Volume 16, n°2, 2005, pp.127-131.

[1676] *Republic of Azerbaijan, Parliamentary elections, 6 November 2005, OSCE/ODIHR Election Observation Mission Final Report*, 6 février 2006, p.24.

[1677] *Republic of Armenia, Presidential election, 19 February 2008, OSCE/ODIHR Election Observation Mission Final Report*, 30 mai 2008, pp.27-28 ; Gueyras (J.), « Dangereuse instabilité en Arménie », *Le Monde Diplomatique*, avril 2008 ; Tavernise (S.), « Thousands in Armenia protest results of presidential election », *The New York Times*, 21 février 2008.

[1678] *Republic of Belarus, Presidential election, 19 March 2006, OSCE/ODIHR Election Observation Mission Final Report*, 7 juin 2006, pp.25-26. Voir aussi : Lallemand (J.-C.), Biélorussie 2006. « Manipulation électorale dans une dictature pos-soviétique », *Les Cahiers Russie*, n°2, 2006, pp.22-23.

[1679] *Republic of Belarus, Presidential election, 19 December 2010, OSCE/ODIHR Election Observation Mission Final Report*, 22 février 2011, pp.22-24. Voir aussi : *Shattering Hopes. Post-Election Crackdown in Belarus*, Human Rights Watch, mars 2011.

[1680] Voir notamment : *Statement in response to the Statement by Mr. Audronius Ažubalis, Minister for Foreign Affairs of Lithuania and Chairperson-in-Office of the OSCE*, by Mr. Alyaksandr Sychov, Permanent Representative of the Republic of Belarus to the OSCE, at the meeting of the Permanent Council, 13 janvier 2011, PC.DEL/19/11.

[1681] Decaux (E.), *OSCE Rapporteur's report on Belarus*, 16 juin 2011, ODIHR.GAL/39/11/Corr.1.

[1682] *Republic of Moldova, Parliamentary elections, 5 April 2009, OSCE/ODIHR Election Observation Mission Final Report*, 16 juin 2009, pp.1-3 et 23-25. Voir aussi : Barry (E.), « After protests, Moldovan opposition claims election fraud », *The New York Times*, 10 avril 2009 ; Loukianov (F.), « Une caricature de "révolution colorée" », *Courrier International*, 10 avril 2009.

C. Le suivi à distance de l'investiture des élus

Le dernier stade du processus d'observation consiste, conformément à l'article 7.9 du *Document de Copenhague*, à s'assurer « *que les candidats qui obtiennent le nombre nécessaire de voix requis par la loi soient dûment investis de leur fonction, et qu'il leur soit permis de conserver celle-ci jusqu'à ce que leur mandat arrive à expiration ou qu'il y soit mis un terme pour toute autre raison d'une manière prescrite par la loi conformément à des procédures parlementaires et constitutionnelles démocratiques* ». Mais la prise de fonctions intervenant généralement plusieurs semaines après le scrutin, donc après le départ de l'ensemble des membres de la mission d'observation, cette étape est suivie à distance et les éventuels problèmes sont abordés dans le rapport final[1683]. Ils peuvent résulter par exemple de l'instauration de règles selon lesquelles « *les députés perdent leur mandat s'ils quittent le parti sur la liste duquel ils ont été élus, s'ils en sont exclus, ou si leur parti cesse son activité* »[1684], comme cela fut constaté au Kazakhstan en 2007. Or, la Cour EDH jugea à plusieurs reprises que ce type de déchéance, appliquée malgré l'absence de comportement répréhensible de la part de l'élu, était contraire au droit d'exercer son mandat une fois élu découlant de l'article 3P1 de la Convention EDH[1685].

§2. Le rapport final, synthèse tardive de la mission

Dans la région de l'OSCE, seules quatre des six principales institutions observatrices publient un rapport final, les exceptions étant l'AP-OSCE et l'AP-OTAN. Publié quatre à huit semaines après la fin du processus électoral, le rapport final représente la synthèse de l'ensemble du travail de chaque institution et se révèle parfois plus critique que la déclaration préliminaire (A). Il se distingue notamment des autres rapports par l'émission de recommandations destinées à améliorer les scrutins futurs (B). A l'instar de la pratique suivie par les MOE-UE[1686], le rapport final du BIDDH est parfois formellement présenté aux autorités de l'État hôte afin de discuter de son contenu et d'établir un dialogue avec les multiples

---

[1683] *Manuel d'observation des élections*, *op.cit.*, p.75.

[1684] APCE, *Observation des élections législatives extraordinaires au Kazakhstan (18 août 2007)*, Doc.11385, §11 ; *Republic of Kazakhstan, Parliamentary elections, 18 August 2007, OSCE/ODIHR Election Observation Mission Final Report*, 30 octobre 2007, p.8.

[1685] Voir notamment : *Selim Sadak et autres c/ Turquie*, 11 juin 2002, req. n°25144/94, 26149/95 à 26154/95, 27100/95 et 27101/95 ; *Ilicak c/ Turquie*, 5 avril 2007, req. n°15394/02 ; *Kavakçi c/ Turquie*, 5 avril 2007, req. n°71907/01 ; *Silay c/ Turquie*, 5 avril 2007, req. n°8691/02 ; *Sobaci c/ Turquie*, 29 novembre 2007, req. n°26733/02 ; *Kiliçgedik et autres c/ Turquie*, 14 décembre 2010, req. n°4517/04, 4527/04, 4985/04, 4999/04, 5115/04, 5333/04, 5340/04, 5343/04, 6434/04, 10467/04 et 43956/04.

[1686] *Handbook for European Union Election Observation*, 2e éd., Commission européenne, 2008, p.179.

protagonistes impliqués dans le processus électoral en vue du suivi des recommandations[1687].

A. La teneur et la sévérité du rapport final

Le rapport final est le document le plus complet produit par les institutions dans le cadre d'une MOE puisqu'il doit couvrir la totalité du processus électoral, y compris les développements postélectoraux. En outre, à la différence de la déclaration préliminaire, il n'est pas négocié par les différents participants des MIOE et constitue donc souvent un document plus personnel à chaque institution. Mais sa publication tardive, plusieurs semaines après le pic de médiatisation se produisant aux alentours du jour du vote, implique généralement une audience assez faible. Cette moindre diffusion du rapport final est particulièrement regrettable au regard de l'importance de ce document. Contrairement à la déclaration préliminaire, publiée en quelque sorte dans l'urgence, l'écoulement d'un certain laps de temps a permis aux institutions de prendre le recul nécessaire à une analyse détaillée de l'ensemble des données collectées sur le terrain, loin du tumulte et de la pression de la semaine électorale.

D'un point de vue général, on constate une tendance à une plus grande sévérité des rapports finaux, en particulier ceux du BIDDH, par rapport aux déclarations préliminaires[1688]. Cette différence s'explique parfois par une certaine politisation de ces dernières et la volonté de trouver un compromis entre institutions, comme évoqué précédemment. Lors de l'élaboration du rapport final, le Bureau de Varsovie n'a pas à composer avec ses partenaires parlementaires, souvent à l'origine d'une atténuation des critiques. Mais la raison principale est une analyse plus poussée des données disponibles et la prise en compte d'une période postélectorale parfois déterminante, comme lors de l'élection présidentielle arménienne de 2008[1689]. Ainsi, le rapport final est davantage en mesure d'apprécier « *si les irrégularités observées ou les violations de la loi rapportées constituent des incidents isolés ou si elles obéissent à un schéma systématique susceptible de menacer l'intégrité du processus électoral* », et donc « *dans quelle mesure le processus électoral s'est déroulé de manière à bénéficier de la confiance des candidats et des*

[1687] *ODIHR Annual Report 2010*, p.14.

[1688] Chambers (R.), *Election observation by the European Parliament in the OSCE Area*, Parlement européen, 2010, §3.4 ; Tomiuc (E.), « OSCE Election-monitoring chief defends office's record », *Radio Free Europe / Radio Liberty*, 9 mai 2009 ; Withmore (B.), « Moldova vote controversy highlights doubts over monitoring », *Radio Free Europe / Radio Liberty*, 21 avril 2009.

[1689] *Republic of Armenia, Presidential election, 19 February 2008, OSCE/ODIHR Election Observation Mission Final Report*, 30 mai 2008.

électeurs et à quel point les autorités politiques se sont efforcées d'organiser de véritables élections démocratiques »[1690].

Trois institutions parmi celles participant aux MIOE produisent chacune leur propre rapport final. Les rapports produits par le PE et l'APCE, généralement rédigés par des membres du Secrétariat et approuvés par les rapporteurs, sont plus succincts que ceux du BIDDH et abordent peu la période postélectorale, ce qui s'explique par l'absence de personnel sur le terrain pour contrôler cette phase. Leur originalité consiste essentiellement à mettre en perspective les résultats de la mission dans le cadre des relations entre l'Organisation dont ils dépendent et le pays d'accueil. Il en résulte un risque de divergences pouvant ouvrir la voie à une tournée des instances de la part des États hôtes. Néanmoins, les cas de contradiction manifeste, comme cela fut par exemple le cas entre le BIDDH et l'APCE à l'occasion de l'élection présidentielle de 1998 en Arménie[1691] ou celle de 2011 au Kazakhstan[1692], sont devenus très rares depuis la généralisation des missions conjointes, et toutes les institutions partenaires tendent à s'en tenir majoritairement aux conclusions déterminées en commun par ce biais. Un nouveau contre-exemple regrettable eut récemment lieu au Kazakhstan lors des élections législatives anticipées de 2012. La délégation de l'APCE refusa tout d'abord de souscrire au rapport intérimaire du Bureau de Varsovie, jugé trop critique, et organisa sa propre conférence de presse en début de mission[1693]. Une déclaration négociée entre le BIDDH, l'AP-OSCE et l'APCE fut tout de même publiée au terme de la mission mais cette dernière institution s'écarta fortement des conclusions communes dans son rapport final. Bien que ne disposant que des observations effectuées par un contingent de onze parlementaires arrivé 48 heures avant le scrutin et qui resta cantonné à la capitale du pays, l'APCE n'hésita pas à conclure que les graves carences constatées en matière de dépouillement et de tabulation furent « *sans conséquences sur les résultats de l'élection* » et que les cas de bourrage des urnes et de falsification de signatures d'électeurs furent « *le fait de membres trop zélés des commissions électorales* » sans lien avec les autorités[1694].

[1690] *Manuel d'observation des élections*, *op.cit.*, p.81.

[1691] APCE, *Rapport d'information sur les élections présidentielles en Arménie (16 et 30 mars 1998)*, Doc.8058 Ad.IV, 20 avril 1998, p.7-8 ; *Republic of Armenia, Presidential election, 16 and 30 March 1998, OSCE/ODIHR Election Observation Mission Final Report*, 9 avril 1998, p.3.

[1692] APCE, *Observation de l'élection présidentielle anticipée au Kazakhstan (3 avril 2011)*, 26 mai 2011, Doc.12615 ; *Republic of Kazakhstan, Early Presidential election, 3 April 2011, OSCE/ODIHR Election Observation Mission Final Report*, 16 juin 2011.

[1693] APCE, *Observation des élections législatives anticipées au Kazakhstan (15 janvier 2012)*, 8 mars 2012, Doc.12884, §5.

[1694] *Ibid.*, §37 et 41.

B. L'émission de recommandations

L'un des principaux traits caractéristiques du rapport final touche à l'émission de recommandations, adressées aux autorités du pays hôtes en vue d'améliorer les processus électoraux à venir. Elles illustrent le fait que l'observation électorale n'est pas une activité à vocation punitive, uniquement destinée à critiquer l'État hôte, comme certains détracteurs l'affirment, mais qu'elle a pour finalité essentielle de favoriser une diffusion des meilleures pratiques en matière électorale. En fonction de l'ampleur des irrégularités constatées, les recommandations peuvent porter sur plusieurs dizaines de points, touchant l'ensemble des phases du processus électoral. Elles consistent essentiellement en des mesures techniques et juridiques et l'instauration de programmes de formation ou d'éducation civique. Si, le cas échant, le BIDDH rappelle que des recommandations précédemment émises n'ont pas été mises en œuvre, il se refuse généralement à les répéter dans leur intégralité. Les recommandations formulées par l'APCE et le PE sont nettement plus brèves et recoupent fréquemment celles du Bureau de Varsovie. Enfin, bien que cela soit implicite, les institutions rappellent parfois leur disponibilité pour aider les autorités de l'État hôte à mettre en œuvre lesdites recommandations à travers des programmes d'assistance électorale[1695].

Relativement brèves dans les premières années, les recommandations émises par le BIDDH se sont progressivement faites de plus en plus précises et détaillées. Cette évolution procède notamment du constat que leur effectivité pouvait être accrue par une formulation plus soignée et ciblée. En outre, certains estiment que l'accent devrait être mis sur la dimension politique des recommandations au motif qu'au-delà des questions techniques et juridiques, seule une réelle volonté politique des autorités nationales peut permettre leur mise en œuvre[1696]. Dans un souci de clarté et de pédagogie, il serait utile que les institutions fassent un inventaire détaillé, par exemple dans les rapports de mission préélectorale, des recommandations antérieures suivies par le pays d'accueil et de celles demeurant sans réponse.

[1695] Voir *infra*, Partie 2, Titre 2, Chapitre 1.

[1696] Eicher (P.), « Improving OSCE election observation », *Security and Human Rights*, Volume 20, n°4, 2009, pp.271-272.

Conclusion du Titre 1

Au terme de cette étude du déroulement opérationnel d'une mission d'observation, la question de la capacité à détecter et dissuader effectivement les fraudes demeure. Comme le souligne Bernard Maligner, il convient de distinguer les « *délinquants électoraux ordinaires* », c'est-à-dire « *les auteurs d'une délinquance électorale banale, largement exempte d'esprit de fraude* »[1697], des véritables fraudeurs, définis comme « *les personnes poursuivant comme objectif de violer délibérément la loi pénale dans le but intentionnellement recherché d'altérer la sincérité du scrutin ou de fausser ses résultats* »[1698]. C'est à une distinction analogue que recourt manifestement le BIDDH lorsqu'il recommande à ses observateurs de faire la part des choses, en cas de constat d'irrégularités, entre « *un manque d'expérience ou de formation* » et « *une intention délibérée de compromettre l'intégrité du processus* »[1699]. Le terme de fraude électorale englobe donc de façon générale l'ensemble des actions volontaires et contraires à la loi destinées à orienter le résultat d'une élection dans un sens déterminé. Il s'agit ainsi d'une notion extrêmement vaste, le « *menu de la manipulation* »[1700] recouvrant aussi bien des fraudes opérées très tôt dans le cycle électoral, à l'image du *gerrymandering* (c'est-à-dire une « *opération de découpage ne respectant aucune autre considération que celle de l'opportunité politique, au risque d'aboutir à des délimitations artificielles*

[1697] Maligner (B.), *Droit électoral*, Ellipses, 2007, p.261.

[1698] *Ibid.*, p.276.

[1699] *Manuel d'observation des élections*, *op.cit.*, p.57.

[1700] Schedler (A.), « The menu of manipulation », *Journal of Democracy*, Volume 13, n°2, 2002, pp.36-50. Voir aussi : Case (W.), « Manipulative skills: How do rulers control the electoral arena? », *in* Schedler (A.) (dir.), *Electoral authoritarianism*, *op.cit.*, pp.95-112 ; Darnolf (S.), « Assessing electoral fraud in new democracies: A new strategic approach », *IFES White Paper*, IFES, 2011 ; Lehoucq (F.), « Electoral fraud: Causes, types, and consequences », *Annual Review of Political Science*, Volume 6, n°1, 2003, pp.233-256 ; López-Pintor (R.), « Assessing electoral fraud in new democracies: A basic conceptual framework », *IPSA-ECPR Joint Conference, Sao Paulo, 16-19 February 2011* ; Nguyen (H.D.), « Fraudes et prévention de fraudes », *in* « Elections in a changing world », *8th European Conference of Electoral management bodies, Vienna, 12 - 13 May 2011*, 5 avril 2012, CDL-EL(2012)002, pp.153-158 ; Owen (B.), « Les fraudes électorales », *Pouvoirs*, 2007/1, n°120, pp.133-147 ; Toth (Z.), « Electoral fraud and abuse », *in* « Lutte contre la fraude électorale - Le contentieux électoral », *Actes de la 4e Conférence européenne des administrations électorales, Strasbourg, 20-21 septembre 2007*, 30 septembre 2008, CDL-EL(2008)005, pp.129-143.

et tourmentées »[1701]), que les irrégularités « traditionnelles » se déroulant le jour du vote comme l'achat de voix (c'est-à-dire le fait, pour des partis politiques ou des candidats, d'offrir ou de promettre des biens ou des services aux électeurs en échange de leurs voix)[1702], le bourrage d'urne ou la falsification de procès-verbaux[1703], en passant par des exemples plus anecdotiques, comme la désormais célèbre « fraude à la chaussette »[1704].

De façon générale, la capacité des observateurs à détecter les fraudes est clairement illustrée par le nombre incalculable d'irrégularités graves révélées au fil des rapports d'observation. La fronde menée par plusieurs États fraudeurs de la CEI à l'encontre du BIDDH peut ainsi être vue comme une conséquence de son habilité à dénoncer les tricheries. En revanche, de nombreuses autres fraudes présumées ne peuvent être formellement dénoncées, faute de preuve irréfutable[1705]. Il s'agit notamment de certaines formes de malversations beaucoup plus insidieuses et donc, difficiles à identifier, telles les pressions, les intimidations, les rejets de candidatures, la manipulation des médias ou les abus de ressources administratives[1706]. Ces irrégularités, auxquelles les fraudeurs tendent de plus en plus à recourir afin de tromper la surveillance des observateurs, ont principalement lieu au cours de la période préélectorale. En outre, certaines d'entre elles, potentiellement décisives, se déroulent parfois longtemps en amont du scrutin et supposent une évaluation complexe pour être détectées, à l'instar de la falsification des listes d'électeurs ou du *gerrymandering*. De ce constat découle la nécessité

[1701] Hermet (G.), Badie (B.), Birnbaum (P.) et Braud (P.), *Dictionnaire de la science politique et des institutions politiques*, 7e éd., Armand Colin, 2010, p.130.

[1702] Voir par exemple : *Republic of Armenia, Parliamentary elections, 12 May 2007, OSCE/ODIHR Election Observation Mission Final Report*, 10 septembre 2007, §VII.C ; *Republic of Bulgaria, Presidential and Municipal elections, 23 and 30 October 2011, OSCE/ODIHR Limited Election Observation Mission Final Report*, 5 janvier 2012, pp.1-3 ; Fileva (L.), « On leur donne 20 leva pour qu'ils votent pour nous », *Courrier International*, 27 octobre 2011.

[1703] Voir par exemple : *Rapport sur les possibilités de fraude électorale basée sur une manipulation de chiffres*, 22 décembre 2010, CDL-AD(2010)043.

[1704] Voir : « Fraude à la chaussette : un an avec sursis pour l'auteur », *Le Monde*, 21 décembre 2011 ; CE, Élections municipales de Perpignan (Pyrénées orientales), 23 avril 2009, n°322243 ; *AJDA*, 2009, p.1326, note Vila (J.-B.).

[1705] Bjornlund (E.C.), *Beyond Free and Fair. Monitoring elections and building democracy*, Woodrow Wilson Center Press, Johns Hopkins University Press, 2004, pp.151-154 ; Hartlyn (J.) et McCoy (J.), « Observer paradoxes: How to assess electoral manipulation », *in* Schedler (A.) (dir.), *Electoral authoritarianism. The dynamics of unfree competition*, Lynne Rienner Pulishers, 2006, pp.41-54 ; Myagkov (M.), Ordeshook (P.C.) et Shakin (D.), *The forensics of election fraud. Russia and Ukraine*, Cambridge University Press, 2009, pp.14-17.

[1706] Simpser (A.), « Unintended consequences of election monitoring », *in* Alvarez (R.M.), Hall (T.E.) et Hyde (S.D.) (dir.), *Election fraud. Detecting and deterring electoral manipulation*, *op.cit.*, pp.216-234. Voir aussi : Bjornlund (E.C.), *Beyond Free and Fair*, *op.cit.*, p.282-283 ; Carothers (T.), « The observers observed », *Journal of Democracy*, Volume 8, n°3, 1997, p.22 ; Eicher (P.), *op.cit.*, p.269.

de poursuivre le renforcement de la présence des observateurs au-delà de la semaine du vote afin de couvrir une portion plus large du cycle électoral, mais aussi d'assurer au BIDDH la disponibilité de personnels en nombre suffisant.

Par ailleurs, il est indéniable que la présence d'observateurs électoraux impartiaux emporte un effet dissuasif et concourt à une réduction sensible des fraudes. Ce lien de causalité fut notamment démontré de façon convaincante lors des opérations de vote par une étude relative à l'élection présidentielle arménienne tenue en 2003, au cours de laquelle le déploiement d'une MIOE semble avoir conduit à une diminution sensible des suffrages recueillis par le Président en exercice dans les bureaux de vote visités, aboutissant à l'organisation d'un second tour de scrutin[1707]. Similairement, une étude postérieure parvint à une conclusion comparable dans le cas de l'élection présidentielle de 2004 en Ukraine[1708].

Enfin, d'autres mécanismes de contrôle méritent d'être envisagés afin de réduire les fraudes commises le jour du scrutin. L'une des pistes explorées est l'installation de caméras de surveillance dans les bureaux de vote, comme cela fut le cas en Azerbaïdjan lors de l'élection présidentielle de 2008 et du référendum de 2009[1709] ou en Russie au cours du scrutin présidentiel de 2012[1710]. Toutefois, ces équipements coûteux s'avèrent généralement inefficaces pour contrôler certaines des phases les plus sensibles et complexes, tels le dépouillement et la tabulation. Une autre méthode proposée consiste en la combinaison d'observateurs mobiles et d'observateurs stationnaires, restant toute la journée dans le même bureau de vote, mais cela exige un personnel très important, dont ne disposent

---

1707 Hyde (S.D.), « The observer effect in international politics: Evidence from a natural experiment », *World Politics*, Volume 60, n°1, 2007, pp.37-63. Voir aussi : Hyde (S.D.), « How international election observers detect and deter fraud », *in* Alvarez (R.M.), Hall (T.E.) et Hyde (S.D.) (dir.), *Election fraud. Detecting and deterring electoral manipulation*, Brookings Institution Press, 2008, pp.201-215 ; Hyde (S.D.), *The pseudo-democrat's dilemma: Why election observation became an international norm*, Cornell University Press, 2011, pp.133-142.

1708 Regalia (M.), « Working for democracy: the effectiveness of election observation », *in* Schmeets (H.) (dir.), *International election observation and assessment of elections*, Statistics Netherlands & Maastricht University, 2011, pp.212-236.

1709 Herron (E.S.), « The effect of passive observation methods on Azerbaijan's 2008 presidential election and 2009 referendum », *Electoral Studies*, Volume 29, n°3, 2010, pp.417-424. Voir aussi : *Republic of Azerbaijan, Presidential election, 15 October 2008, OSCE/ODIHR Election Observation Mission Final Report*, 15 décembre 2008, pp.9 et 22 ; *Republic of Azerbaijan, Parliamentary Elections, 7 November 2010, OSCE/ODIHR Election Observation Mission Final Report*, 25 janvier 2011, pp.19 et 23.

1710 *International Election Observation, Russian Federation, Presidential Election, 4 March 2012, Statement of Preliminary Findings and Conclusions*, 5 mars 2012, p.5.

généralement pas les missions[1711]. Une dernière possibilité repose sur le développement de l'observation nationale et citoyenne des scrutins, à l'instar des nombreux électeurs qui se mobilisèrent lors de l'élection présidentielle de 2012 en Russie afin de surveiller le déroulement du jour du scrutin dans leur bureau de vote[1712]. Ce type d'observation peut en effet permettre de compléter les évaluations des missions internationales et contribuer à lutter contre l'impunité dont bénéficient les fraudeurs dans certains États participants de l'OSCE.

Cette persistance des irrégularités interroge également sur la qualité du suivi des missions et sur la capacité des différents acteurs du contrôle électoral international à relayer correctement leurs conclusions et à leur donner effet.

1711 Schmeets (H.), « Analysing observer report forms: An overview », *in* Schmeets (H.) (dir.), *International election observation and assessment of elections*, Statistics Netherlands & Maastricht University, 2011, p.159.

1712 *International Election Observation, Russian Federation, Presidential Election, 4 March 2012, Statement of Preliminary Findings and Conclusions*, 5 mars 2012, pp.9-10 ; Barry (E.) et Kishkovsky (S.), « Russian turnout includes thousands of eager election observers », *The New York Times*, 4 mars 2012 ; Lally (K.) et Englund (W.), « Russians voting - and watching », *Washington Post*, 4 mars 2012 ; Louis (C.), « Russie : mobilisation pour surveiller les urnes », *Le Figaro*, 28 février 2012.

Titre 2. Un contrôle à la portée aléatoire

Après plus de deux décennies d'observation internationale des élections dans la région de l'OSCE, un constat s'impose : les recommandations des observateurs restent encore fréquemment ignorées par les autorités des États concernés, conduisant trop souvent les observateurs à relever les mêmes anomalies d'un scrutin à l'autre. Cette situation révèle clairement les limites du mécanisme d'observation électorale développé au sein de la région de l'OSCE et explique que l'envoi de missions soit toujours nécessaire dans de nombreux pays de notre zone d'étude, plus de deux décennies après la chute du communisme. Comme a pu le constater le BIDDH, l'écoulement du temps a progressivement entamé la crédibilité de justifications fondées sur le manque d'expérience ou l'inadéquation des cadres législatifs et administratifs. En effet, au fil des missions, il est devenu évident que les irrégularités récurrentes observées au sein de plusieurs États participants de l'OSCE avaient deux sources principales.

Il s'agit en premier lieu de l'existence d'un climat politique particulièrement tendu et polarisé, parfois lié à un manque de maturité des acteurs politiques et restreignant la capacité de certains pays à opérer les réformes nécessaires, comme en Albanie[1713], en ARYM, en Bosnie-Herzégovine[1714], en Géorgie, au Kirghizstan, en Moldavie[1715], ou encore en Ukraine. En second lieu, un nombre conséquent d'États participants de l'OSCE laissent transparaître un manque manifeste de volonté politique de procéder aux réformes nécessaires ou de les mettre en œuvre de bonne foi et orchestrent régulièrement des campagnes de fraudes électorales à grande échelle. Parmi les problèmes les plus régulièrement relevés figurent l'utilisation abusive de ressources administratives, les entraves aux droits d'éligibilité, les pressions, intimidations et menaces sur l'opposition et les électeurs, la manipulation des médias, le détournement du décompte et de la tabulation des voix, ou encore l'ineffectivité des recours juridictionnels[1716]. On peut estimer que ces irrégularités concernent en priorité huit États

---

[1713] Voir par exemple : APCE, Résolution 1709 (2010), *Fonctionnement des institutions démocratiques en Albanie*, 29 janvier 2010.

[1714] Voir par exemple : APCE, Résolution 1725 (2010), *Besoin urgent d'une réforme constitutionnelle en Bosnie-Herzégovine*, 29 avril 2010.

[1715] Voir par exemple : APCE, Résolution 1692 (2009), *Fonctionnement des institutions démocratiques en Moldova : mise en œuvre de la Résolution 1666 (2009)*, 2 octobre 2009.

[1716] Voir notamment : Rapport de Janez Lenarcic, *OSCE Review Conference*, Varsovie, 30 septembre 2010, RC.GAL/3/10.

participants de l'OSCE, tous d'anciennes républiques soviétiques : l'Arménie, l'Azerbaïdjan, la Biélorussie, le Kazakhstan, l'Ouzbékistan, la Russie, le Tadjikistan et le Turkménistan.

Il convient donc d'étudier les moyens dont disposent les différentes institutions européennes pour tenter de faire appliquer les recommandations formulées par les missions d'observation et d'améliorer la qualité des processus électoraux tenus dans la région de l'OSCE. Le premier outil consiste à assurer un triple suivi des réformes préconisées par les observateurs : technique, par le biais de programmes d'assistance électorale ; politique, à travers les organes politiques des Organisations observatrices et les organes de protection des droits de l'Homme des Nations Unies ; et juridictionnel, par l'intermédiaire de la Cour Européenne des Droits de l'Homme (Chapitre 1). Le second outil est moins direct et repose sur la mise en place de mécanismes dits de *conditionnalité démocratique*. Ils se retrouvent principalement dans les procédures établies par l'UE en matière d'adhésion de nouveaux États membres, d'octroi d'aides au développement et de conclusion d'accords préférentiels, notamment dans le cadre de la Politique européenne de voisinage (Chapitre 2).

Chapitre 1. Un suivi lacunaire des recommandations

L'observation des élections et l'assistance électorale sont les deux composantes de la dimension électorale de la promotion de la démocratie. Alors que la première est centrée sur la période du scrutin entendue au sens large, la seconde s'inscrit au contraire dans le temps beaucoup plus long s'écoulant entre deux consultations populaires. Le suivi des recommandations formulées par les observateurs électoraux illustre les liens étroits qui unissent observation et assistance électorales et leur finalité commune d'amélioration de la qualité des processus électoraux. Cette question s'avère essentielle puisqu'à défaut de prise en compte des recommandations et de mise en œuvre effective des réformes nécessaires, l'observation électorale en est réduite à un rôle de documentation périodique d'irrégularités et de fraudes récurrentes. Parallèlement au développement sans précédent de l'observation des élections, l'assistance électorale a également connu un essor important à partir du début des années 1990, permettant aux États désireux de se conformer aux recommandations des observateurs électoraux de disposer de nombreux outils à cet effet. Dans la région de l'OSCE, l'offre d'assistance électorale est particulièrement importante grâce aux programmes développés par l'OSCE, le Conseil de l'Europe et l'ONU. Mais ces réformes ne peuvent être imposées de l'extérieur et leur efficacité reste donc grandement tributaire de l'existence d'une véritable volonté politique de changements au sein des États bénéficiaires (Section 1).

Le suivi technique des recommandations est accompagné d'un suivi politique d'intensité variable au sein de l'OSCE, des organes de protection des droits de l'Homme de l'ONU et de la Commission de suivi de l'APCE, destiné à encourager la mise en œuvre des changements nécessaires à un rapprochement des standards électoraux européens. Toutefois, ici encore, l'efficacité et les moyens de pression s'avèrent limités face aux États récalcitrants (Section 2). En dernier recours, des répercussions au plan juridictionnel peuvent découler des missions d'observation dans la mesure où les rapports des observateurs tendent à être de plus en plus utilisés par la Cour Européenne des Droits de l'Homme. Ce type de suivi reste peu développé mais a connu une croissance soutenue et encourageante depuis le début des années 2000 (Section 3).

Section 1. Un important potentiel de suivi technique par le biais de l'assistance électorale

Selon une définition de l'ONU, l'assistance électorale « *est employée dans les cas où sont fournis divers services d'assistance technique, notamment des analyses, des conseils, du matériel, ou une formation, aux institutions gouvernementales en réponse à des besoins spécifiques du pays dans le cadre d'un processus électoral* »[1717]. Sa finalité peut donc se résumer à « *doter les pays de la capacité d'organiser à l'avenir des élections sans aide extérieure ou presque* »[1718]. Plus précisément, il convient de distinguer deux principaux modes d'interventions des programmes d'assistance électorale. Les premiers « *relèvent de la logistique : recensement des électeurs et établissement de listes électorales et de listes d'émargement fiables, fourniture de matériel électoral (bulletins de vote, urnes, isoloirs, etc.), soutien au processus d'acheminement de ce matériel, à la collecte et au rassemblement des résultats* », tandis que les seconds « *relèvent du droit : participation à l'élaboration de la loi électorale et des textes qui en permettront l'application sur le terrain, ou encore soutien aux juridictions chargées du contentieux* »[1719].

Les premières formes d'assistance électorale furent fournies par l'ONU à partir des années 1960 et par des fondations liées aux principaux partis politiques allemands dès les années 1970. A l'instar de l'observation électorale, ce n'est qu'avec la fin de la Guerre froide que l'activité connut une véritable expansion. Au sein de la région de l'OSCE, il existe ainsi plusieurs institutions impliquées dans l'octroi d'assistance électorale. Il s'agit en premier lieu de l'ONU, même si l'Organisation à tendance à concentrer ses interventions en Afrique, en Asie et en Amérique latine (§1). Les autres grands fournisseurs d'assistance électorale, le BIDDH, lequel a développé un partenariat efficace avec la Commission de Venise (§2) et les missions permanentes de terrain de l'OSCE (§3), mènent une action efficace en dépit du manque de volonté, voire de l'hostilité de certains États. En revanche, l'Union européenne[1720] n'agit que marginalement dans notre zone

---

[1717] SGNU, Rapport A/46/609, *Renforcement de l'efficacité du principe d'élections périodiques et honnêtes*, 19 novembre 1991, §8.

[1718] « Assistance électorale », *Notions Essentielles n°14*, PNUD, 2003, p.1.

[1719] Masclet (J.-C.), « De l'observation électorale à l'assistance juridique électorale », *in* Owen (B.) (dir.), *Le processus électoral, permanences et évolutions. Actes du colloque réuni au Sénat le 22 novembre 2005*, Studyrama, 2006, p.177. Voir aussi : Darnolf (S.), « International electoral support. Helping or hindering democratic elections? », *IPSA-ECPR Joint Conference, Sao Paulo, 16-19 February 2011*, pp.3-11.

[1720] Voir notamment : *Methodological Guide on Electoral Assistance*, Commission européenne, 2006 ; *Règlement (CE) n°1889/2006 du Parlement européen et du Conseil du 20 décembre 2006 instituant un instrument financier pour la promotion de la démocratie et des droits de l'homme dans le monde.*

d'étude et l'action de grandes ONG américaines, de moins en moins fréquente, ne sera pas évoquée.

§1. L'ONU, un acteur mondial à la présence limitée dans la région de l'OSCE

Après avoir été un acteur important de l'observation électorale, y compris dans la région de l'OSCE, l'ONU laissa progressivement cette activité aux Organisations européennes à partir de la fin des années 1990[1721] pour se concentrer sur l'assistance technique, dont elle est certainement le principal fournisseur au plan mondial. Le système onusien d'assistance électorale repose sur les activités complémentaires d'une multitude d'organes (A), mais leurs interventions dans la région de l'OSCE tendent à se raréfier (B).

A. Une architecture institutionnelle complexe en matière d'assistance électorale

En raison de la complexité parfois déroutante du mécanisme d'assistance électorale de l'ONU et du manque de clarté des compétences respectives des entités intervenantes, des efforts importants de rationalisation ont été effectués par l'Organisation. Depuis 1992, le Coordonnateur des Nations Unies pour les activités d'assistance électorale est le Secrétaire général adjoint aux affaires politiques. Il a « *pour mission de garantir la cohérence administrative et la compatibilité des mesures d'ordre politique et technique au regard de toutes les activités d'assistance électorale menées par le système des Nations Unies* »[1722]. Il dirige la Division de l'assistance électorale des Nations Unies (UNEAD), rattachée au Département des affaires politiques. L'UNEAD fait office de « *pivot des activités d'assistance électorale au sein du système des Nations Unies, en vertu des fonctions assignées à la Division, à savoir : a) assurer la cohérence dans le traitement des demandes émanant des États Membres; b) assurer une coordination et un examen minutieux des demandes de vérification électorale et acheminer les demandes d'assistance électorale vers le bureau ou programme approprié; c) s'appuyer sur l'expérience acquise pour instituer une mémoire institutionnelle; d) établir et maintenir une liste d'experts internationaux susceptibles de fournir une assistance électorale; et e) maintenir le contact avec des organisations intergouvernementales régionales et autres pour*

[1721] Voir par exemple : SGNU, Rapport A/56/344, *Renforcement de l'efficacité du principe d'élections périodiques et honnêtes*, 19 octobre 2001, pp.9 et 14.

[1722] SGNU, Rapport A/64/304, *Affermissement du rôle des Nations Unies aux fins du renforcement de l'efficacité du principe d'élections périodiques et honnêtes et de l'action en faveur de la démocratisation*, 14 août 2009, §9.

établir des arrangements de travail avec elles »[1723]. Sur le terrain, deux cas de figure doivent être distingués.

Dans le cadre d'une opération de maintien de la paix ou d'une situation post-conflit, l'assistance électorale est conduite directement par le Département des opérations de maintien de la paix ou par les missions politiques spéciales qu'administre le Département des affaires politiques, généralement en lien avec un mandat émanant du Conseil de sécurité ou de l'Assemblée générale. Dans notre zone d'étude, des missions de maintien de la paix comprenant une composante électorale furent menées en Bosnie-Herzégovine, au Kosovo et au Tadjikistan. Toutefois, dans les deux premiers cas, c'est l'OSCE qui fut chargée de la mise en œuvre de l'essentiel de la dimension électorale.

En dehors de ces hypothèses minoritaires, le Programme des Nations Unies pour le Développement (PNUD) est le « *principal organe d'exécution de l'Organisation pour ce qui est de l'appui électoral à long terme* »[1724] et de ce fait, entretient parfois des relations avec le BIDDH et les missions de terrain de l'OSCE[1725]. En outre, de façon plus restreinte, un grand nombre d'autres acteurs est amené à jouer un rôle en matière d'assistance électorale. Créé en 2005, le Fonds des Nations Unies pour la Démocratie finance des projets de représentants de la société civile relatifs à la promotion des droits de l'Homme, au renforcement des institutions démocratiques et à la participation aux processus électoraux. La contribution du Haut-Commissariat des Nations Unies aux droits de l'Homme consiste à « *donner des avis sur le respect des droits de l'homme dans le cadre des élections. Il a préparé des directives pour l'analyse de lois électorales, la mise en œuvre d'activités d'informations publiques et la fourniture d'une assistance technique* »[1726]. Pour sa part, le Programme des Volontaires des Nations Unies gère le déploiement d'un nombre important de personnels travaillant dans les missions de terrain des Nations Unies, notamment dans le domaine électoral. Enfin, il convient de citer à titre résiduel le Fonds de développement des Nations Unies pour la femme, le Bureau des Nations

---

[1723] SGNU, Rapport A/60/431, *Affermissement du rôle de l'Organisation des Nations Unies aux fins du renforcement de l'efficacité du principe d'élections périodiques et honnêtes et de l'action en faveur de la démocratisation*, 14 octobre 2005, §7.

[1724] SGNU, Rapport A/64/304, *op.cit.*, §12. Voir notamment : « Assistance électorale », *Notions Essentielles n°14*, PNUD, 2003 ; *UNDP and electoral assistance: Ten years of experience*, PNUD, 1999 ; *Electoral Assistance Implementation Guide*, PNUD, 2007 ; *Revised note of guidance on electoral assistance*, Département des Affaires Politiques et PNUD, 2010.

[1725] Voir par exemple : *Rapport annuel 2000 sur les activités de l'OSCE*, pp.8 et 45 ; *Rapport annuel sur les activités de l'OSCE en 2003*, p.103 ; *Rapport annuel sur les activités de l'OSCE en 2004*, p.106.

[1726] SGNU, Rapport A/64/304, *op.cit.*, §15.

Unies pour les services d'appui aux projets et le Département des affaires économiques et sociales.

B. Une présence en voie de raréfaction dans la région de l'OSCE

En raison de l'hostilité manifestée pendant longtemps par de nombreux États à l'égard des activités électorales de l'ONU, l'Organisation insiste fréquemment sur le fait qu'elle « *ne fournit une assistance électorale que sur la demande expresse de l'État Membre concerné* » afin « *de respecter rigoureusement la souveraineté nationale et d'éviter tout ce qui pourrait constituer une immixtion dans les affaires intérieures d'un État* »[1727], même si, comme nous l'avons évoqué, cette assistance peut également découler d'un mandat confié par le Conseil de sécurité ou l'Assemblée générale. A l'instar de la procédure suivie par le BIDDH préalablement à l'envoi d'une mission d'observation des élections, l'ONU recourt à des missions d'évaluation des besoins pour déterminer le type et l'ampleur de l'assistance électorale qui sera fournie[1728].

Outre l'observation d'un scrutin, à laquelle l'Organisation ne procède plus dans notre région d'étude, l'aide apportée peut consister en une assistance au processus électoral, c'est-à-dire en la fourniture de « *services consultatifs lors de la mise en place d'un nouveau système électoral ou de l'actualisation ou restructuration d'un système existant* »[1729]. Ainsi, le PNUD mena en Albanie un projet destiné à remédier aux insuffisances des registres électoraux et à « *créer un centre de traitement des données afin de simplifier l'organisation des scrutins et de produire et distribuer les cartes d'électeurs pour les élections législatives de 2001* »[1730]. L'objectif de l'intervention peut également être de procéder à un renforcement de la capacité de l'État d'accueil à organiser seul des élections conformes aux normes internationales par la création ou la modification des institutions nécessaires, ou par la formation des administrateurs et personnels électoraux. Enfin, un autre type d'assistance, le plus complexe et le plus large, touche au système électoral dans son ensemble. Il « *requiert une analyse détaillée et une conception soigneuse des systèmes et des processus électoraux afin qu'ils soient parfaitement adaptés à l'environnement politique et juridique du pays, qu'ils permettent aux partis politiques d'être correctement*

[1727] Voir par exemple : SGNU, Rapport A/48/590, *Renforcement de l'efficacité du principe d'élections périodiques et honnêtes*, 18 novembre 1993, §4 ; SGNU, Rapport A/49/675, *Renforcement de l'efficacité du principe d'élections périodiques et honnêtes*, 17 novembre 1994, §3.

[1728] SGNU, Rapport A/56/344, *op.cit.*, pp.8-9.

[1729] *Ibid.*, p.9.

[1730] *Ibid.*, p.15.

représentés et qu'ils soient bien intégrés dans le cadre politique général »[1731].

Au total, l'ONU a fourni des services d'assistance électorale à près d'une dizaine d'États participants de l'OSCE et au Kosovo. Une de ses principales interventions se déroula au Tadjikistan dans le cadre de la *Mission d'observation des Nations Unies au Tadjikistan* (MONUT)[1732]. Au terme de la guerre civile, en 1997, le mandat de la mission fut étendu afin notamment d'inclure une collaboration « *avec la Commission centrale chargée d'organiser des élections et un référendum* »[1733]. Ainsi, trois missions furent dépêchées en 1998 et 1999 dans le but d'évaluer la législation électorale et le cadre général des élections[1734]. Les activités d'assistance, menées en coopération avec l'OSCE, prirent fin à la suite des élections législatives tenues en 2000, lesquelles furent observées conjointement par le BIDDH et l'ONU[1735].

§2. Le BIDDH et la Commission de Venise, piliers de l'expertise juridique

Le BIDDH se tient toujours disponible pour aider les autorités de l'État hôte à mettre en œuvre les recommandations des observateurs à travers des programmes d'assistance électorale. Toutefois, en raison de ses ressources humaines et financières limitées, le Bureau de Varsovie reconnaît qu'il n'est pas en mesure d'assurer un suivi approfondi et systématique de tous ses déploiements[1736]. Il est cependant aidé dans sa tâche par l'action énergique de la Commission de Venise, dont l'ingénierie électorale constitue l'une des compétences premières. Les deux institutions sont devenues une référence au niveau européen, notamment pour l'UE, et même mondial en matière d'assistance législative électorale (A). En outre, leurs interventions se sont diversifiées pour couvrir une vaste gamme de besoins (B). Mais le travail d'assistance s'avère dénué d'effet lorsque les réformes préconisées ne sont pas appliquées de bonne foi par les autorités de l'État concerné (C).

[1731] *Ibid.*, p.10.
[1732] Voir : CSNU, Résolution 968(1994), 16 décembre 1994.
[1733] CSNU, Résolution 1138(1997), 14 novembre 1997, §6.b.
[1734] SGNU, Rapport A/54/491, *Renforcement de l'efficacité du principe d'élections périodiques et honnêtes*, 25 octobre 1999, p.18.
[1735] *Republic of Tajikistan, Elections to the Parliament, 27 February 2000, OSCE/ODIHR and United Nations Organization Joint Election Observation Mission Final Report*, 17 mai 2000.
[1736] *Election Observation Handbook*, 6e éd., OSCE-ODIHR, 2010, p.98.

A. Une activité d'assistance dominée par la réforme des législations électorales

La principale activité menée au titre de l'assistance électorale par le BIDDH et la Commission de Venise porte sur la réforme de la législation électorale de l'État d'accueil. S'il arrive que chacune des institutions travaille indépendamment, elles ont commencé à développer une collaboration dès le début des années 1990. Depuis 1998, la Commission de Venise et le BIDDH ont coopéré pour l'élaboration de la majorité de leurs avis juridiques[1737] et depuis 2002, les deux institutions rendent généralement des avis communs[1738]. Elles ont ainsi fourni une assistance de ce type à près d'une vingtaine d'États participants de l'OSCE, y compris d'anciennes démocraties telle que la Norvège[1739]. Les avis peuvent porter aussi bien sur l'intégralité du code électoral[1740] que sur certaines dispositions[1741], mais il est préférable qu'ils soient sollicités lorsque le texte est à l'état de projet plutôt que postérieurement à son adoption. Pour sa part, la Commission de Venise a émis, seule ou avec le BIDDH, plus de soixante avis en vingt ans. Elle est parfois amenée à jouer un rôle plus actif et à intervenir dans l'urgence, notamment en « *Albanie en 1997, où elle a participé à la rédaction d'un code électoral révisé qui puisse faire l'objet d'un certain consensus et conduire à des élections rétablissant l'État, qui avait tout simplement cessé de fonctionner ; au Monténégro en 2005, où il fallait examiner quelles règles pouvaient être appliquées au référendum sur l'indépendance ;* [en] *Géorgie dans la période qui a suivi la* "révolution des roses"*, où il s'agissait de faire au mieux pour que les élections puissent avoir une certaine crédibilité, malgré certains problèmes importants, touchant par exemple les listes électorales* »[1742]. La Commission de Venise a été particulièrement active à l'égard des principaux États d'accueil des missions d'observation. Un exemple notable est une nouvelle fois celui de l'Albanie, où l'Institution prit part au processus de rédaction de la législation électorale en 1997, en 2000 et en 2003, dans le cadre d'une commission bipartisane. De même, en 1997, la

---

[1737] *Common responsibility. Commitments and implementation, Report submitted to the OSCE Ministerial Council in response to MC Decision n°17/05 on Strengthening the Effectiveness of OSCE*, 10 novembre 2006, §149.

[1738] *La Commission de Venise en 2002. Rapport annuel d'activités*, 15 mars 2003, CDL-RA(2002)001, §V.4.

[1739] *Avis conjoint sur la législation électorale de la Norvège*, 22 décembre 2010, CDL-AD(2010)046.

[1740] Voir par exemple : *Avis conjoint sur le Code électoral de la République d'Albanie*, 13 mars 2009, CDL-AD(2009)005.

[1741] Voir par exemple : *Avis conjoint sur le projet d'amendements au Code électoral de la République d'Azerbaïdjan*, 23 juin 2008, CDL-AD(2008)011.

[1742] *La Commission de Venise, l'organe consultatif du Conseil de l'Europe en matière électorale*, 12 mai 2009, CDL-AD(2009)075, 4.

Commission fut chargée de rédiger un premier projet de loi électorale en Bosnie-Herzégovine.

Par ailleurs, en collaboration avec l'*International Institute for Democracy and Electoral Assistance* (International IDEA), le BIDDH a publié des lignes directrices relatives à l'évaluation des législations électorales[1743]. Elles sont destinées en premier lieu à identifier les principales composantes d'un cadre juridique régissant des élections démocratiques et les standards minimaux applicables à chacune de ses composantes. Elles permettent ensuite de faciliter la tâche des personnes chargées de procéder à l'évaluation et d'assurer l'uniformité, la fiabilité, la cohérence et la précision de leur travail. Elles visent enfin à constituer un guide pour les parlements nationaux lorsqu'ils décident de rédiger ou de modifier des lois électorales. Les standards sur lesquels se fondent les lignes directrices sont issus des principaux instruments internationaux en matière électorale (la DUDH, le PIDCP, la Convention EDH, le *Document de Copenhague* et la *Charte de Paris pour une nouvelle Europe*), ainsi que sur les jurisprudences de la Cour EDH et du Comité des droits de l'Homme des Nations Unies.

B. Une panoplie d'autres activités d'assistance électorale

Le BIDDH mène diverses activités de suivi, telles que le déploiement d'Equipes d'experts électoraux ou l'organisation de tables rondes et de séminaires destinés à discuter des recommandations émises par les observateurs. Le Bureau de Varsovie « *peut également prodiguer des conseils sur certaines questions spécifiques telles que l'inscription des électeurs sur les listes, l'échange d'expériences avec les réseaux d'observateurs nationaux et la mise en œuvre adéquate des recommandations* »[1744]. En outre, certaines questions dépassent le champ électoral. Elles nécessitent une approche transversale « *par le biais de programmes à plus long terme, tels que ceux dont l'objectif est de protéger les droits de l'homme, de renforcer les institutions démocratiques, de respecter l'État de droit et de promouvoir la société civile dans l'ensemble des États participants* »[1745]. Enfin, il convient de préciser que le BIDDH « *ne fournit aucune assistance électorale juste avant ou pendant la période d'observation des élections* »[1746], afin d'éviter toute modification de dernière minute, conformément aux bonnes pratiques en la matière, et pour respecter le principe de non-intervention des observateurs dans les processus électoraux qu'ils contrôlent.

[1743] *Guidelines for Reviewing a Legal Framework for Elections*, OSCE-ODIHR, 2001.
[1744] *Manuel d'observation des élections*, 5e éd., OSCE-BIDDH, 2005, p.83.
[1745] *Ibid.*
[1746] *Ibid.*

Dans le même sens, la « *Commission de Venise organise également des ateliers de formation à l'attention des acteurs du processus électoral, qu'il s'agisse des membres des commissions électorales, des juges chargés du contentieux électoral, des représentants des partis politiques ou des observateurs électoraux* »[1747]. Des ateliers de ce type furent ainsi organisés en Albanie, en Arménie, en Azerbaïdjan, en Lettonie, en Moldavie et en Ukraine. Depuis 1992, la Commission a également contribué à développer le concept des *Universités pour la démocratie* (UniDem). Dans ce cadre, des séminaires « *regroup*[ant] *des spécialistes de haut niveau (personnalités du monde politique ou académique, membres de Cours constitutionnelles ou instances équivalentes)* » sont tenus plusieurs fois par an, notamment dans le domaine électoral[1748]. Enfin, une autre réalisation marquante de la Commission est l'organisation chaque année, depuis 2005, d'une Conférence européenne des administrations électorales[1749].

C. Une assistance inefficace en l'absence de volonté politique

Le principal écueil en matière de réforme des droits électoraux est le manque de volonté politique d'en faire une application correcte. En effet, une révision de la législation électorale d'un État menée conformément aux recommandations du BIDDH et de la Commission de Venise peut être rendue inopérante si elle est délibérément détournée à des fins frauduleuses par les autorités nationales. Un exemple révélateur à cet égard nous est fourni par l'Arménie, avec laquelle la Commission de Venise et le BIDDH ont beaucoup coopéré. Ainsi, les deux institutions considérèrent conjointement en 2003 « *que les problèmes que pos*[aient] *les élections en République d'Arménie* [étaient] *bien souvent causés moins par le Code*

1747 *La Commission de Venise, l'organe consultatif du Conseil de l'Europe en matière électorale*, *op.cit.*, §24.

1748 Voir notamment : « Les nouvelles tendances du droit électoral dans le Grande Europe », *Actes du Séminaire UniDem, Sarajevo, 17-18 avril 1998*, Collection Science et technique de la démocratie n°25, Editions du Conseil de l'Europe, 1999 ; « Les standards européens du droit électoral dans le constitutionnalisme européen », *Actes du Séminaire UniDem, Sofia, 28-29 mai 2004*, Collection Science et technique de la démocratie n°39, Editions du Conseil de l'Europe, 2005 ; « Organisation of elections by an impartial body », *Actes du Séminaire UniDem, Belgrade, 24-25 juin 2005*, Collection Science et technique de la démocratie n°41, Editions du Conseil de l'Europe, 2006 ; « The preconditions for a democratic election », *Actes du Séminaire UniDem, Bucarest, 17-18 février 2006*, Collection Science et technique de la démocratie n°43, Editions du Conseil de l'Europe, 2006 ; « Le contrôle du processus électoral », *Actes du Séminaire UniDem, Madrid, 23-25 avril 2009*, CDL-UD(2009)006.

1749 Voir notamment : « Développement et codification des standards internationaux en matière électorale », *Actes de la 3e Conférence européenne des administrations électorales, Moscou, 22-23 mai 2006*, 16 juillet 2007, CDL-EL(2006)037 ; « Lutte contre la fraude électorale - Le contentieux électoral », *Actes de la 4e Conférence européenne des administrations électorales, Strasbourg, 20-21 septembre 2007*, 30 septembre 2008, CDL-EL(2008)005.

électoral que par le fait qu'il n'[était] *pas suffisamment appliqué et par le manque de volonté politique du pouvoir exécutif s'agissant de la tenue d'élections démocratiques* »[1750]. Quatre ans plus tard, à l'occasion de nouveaux amendements apportés au code électoral, le BIDDH et la Commission de Venise soulignèrent que celui-ci constituait « *une bonne base pour organiser des élections véritablement démocratiques* » et que le « *véritable défi* » tenait à « *l'exercice de la volonté politique par toutes les parties intéressées et la mise en œuvre de bonne foi de la législation électorale* »[1751].

Le cas de l'Azerbaïdjan est également emblématique du risque qu'une législation adéquate soit vidée de son sens par une application malhonnête. Les deux institutions partenaires jugèrent que le code électoral de ce pays « *offr*[ait] *un cadre exhaustif pour la conduite d'élections et de référendums, et à bien des égards, il sembl*[ait] *correspondre aux normes et codes de bonne conduite internationaux* », mais précisèrent néanmoins que « *cela ne dispens*[ait] *en rien d'assurer une bonne mise en œuvre, dont la nécessité* [se fit] *vivement sentir ces dernières années* »[1752]. D'autres États participants de l'OSCE sont coutumiers de ce type de détournement, à l'instar de la Biélorussie[1753] ou, dans une moindre mesure, de la Géorgie[1754].

§3. Les missions permanentes de l'OSCE, relai nécessaire sur le terrain

Fortement implantées au sein des principaux États d'accueil de MOE, les missions de terrain de l'OSCE participent efficacement à la mise en œuvre des recommandations des observateurs (A), bien que leurs capacités d'action soient très faibles dans les pays les plus autoritaires de notre zone d'étude (B).

A. Une présence importante sur le terrain

Les missions permanentes de terrain de l'OSCE jouent un rôle clé dans le suivi de la mise en œuvre par les États des réformes électorales préconisées par le BIDDH et/ou la Commission de Venise. Elles opèrent en vertu d'un

---

[1750] *Recommandations conjointes sur le droit électoral et l'administration des élections en Arménie*, 17 décembre 2003, CDL-AD(2003)21, §62.

[1751] *Avis conjoint relatif aux amendements au code électoral de la République d'Arménie*, 15 mai 2007, CDL-AD(2007)13, §47. Voir aussi : APCE, Résolution 1532 (2007), *Respect des obligations et engagements de l'Arménie*, 23 janvier 2007, §4.2.2.

[1752] *Avis conjoint final sur le code électoral de la République d'Azerbaïdjan*, 22 octobre 2003, CDL-AD(2003)15, §60.

[1753] *Avis conjoint relatif à la législation électorale de la République du Belarus*, 17 octobre 2006, CDL-AD(2006)028, §87.

[1754] *Avis conjoint sur le code électoral de la Géorgie tel que modifié jusqu'en mars 2010*, 9 juin 2010, CDL-AD(2010)013, §76.

mandat spécifique confié par un organe politique de l'OSCE, généralement le Conseil permanent, et devant être renouvelé chaque année. Le nombre, la dénomination et le mandat des missions permanentes ont sensiblement évolué au fil des années et des évènements[1755]. Plusieurs d'entre elles ont fermé parce que leur mandat avait été rempli, comme pour les missions en Estonie et en Lettonie en 2001, ou la Mission en Croatie, réduite en 2008 à un Bureau à Zagreb à la faveur d'une amélioration de la situation sur le terrain[1756], puis close en 2011[1757]. Dans d'autres cas, le mandat de la mission ne fut pas renouvelé pour des raisons politiques, à l'image de la Mission permanente en Géorgie, fermée en 2009 sous l'impulsion de la Russie à la suite de la Deuxième Guerre d'Ossétie du Sud, ou de celle située en Biélorussie en 2010, close du fait d'une décision des autorités nationales prise dans la foulée de l'élection présidentielle de décembre 2010[1758]. Au total, en 2012, l'OSCE maintenait une présence permanente dans quatorze États participants des Balkans, d'Europe orientale, du Caucase et d'Asie centrale, ainsi qu'au Kosovo, pour un coût total représentant plus de 60% du budget unifié de l'Organisation[1759]. La principale exception est la Russie, qui s'est toujours opposée au déploiement sur son sol d'une mission disposant d'un mandat national et qui exigea en 2002 la fermeture, après plusieurs années de fonctionnement difficile, du Groupe d'assistance de l'OSCE en Tchétchénie[1760].

Presque toutes les missions permanentes ont pour mandat d'assister leur État d'accueil dans la mise en œuvre des engagements adoptés au titre de la dimension humaine. Une part importante des activités qu'elles mènent sont financées par le biais de contributions extrabudgétaires versées par les États participants et la Commission européenne. En raison de leur présence permanente au plus près des autorités nationales, les missions constituent un

---

[1755] *Survey of OSCE Field Operations*, 9 octobre 2009, SEC.GAL/165/09. Voir aussi : Athanasiou (E.), « Les missions de longue durée et les activités de terrain », *in* Decaux (E.) et Sur (S.) (dir.), *L'OSCE trente ans après l'Acte final de Helsinki. Sécurité coopérative et dimension humaine*, Pedone, 2008, pp.105-116 ; Ghebali (V.-Y.), « The OSCE long-term missions: A creative tool under challenge », *Helsinki Monitor*, Volume 15, n°3, 2004, pp.202-219 ; Huber (M.), « The effectiveness of OSCE Missions », *Helsinki Monitor*, Volume 14, n°2, 2003, pp.125-135 ; Maddalon (P.), « Les missions de longue durée de l'OSCE », *Revue Belge de Droit International*, Volume 36, n°2, 2003, pp.452-495.

[1756] Nickel (M.) et Cenan (D.), « The OSCE's slow withdrawal from Croatia », *OSCE Yearbook*, 2007, pp.129-141 ; Ackermann (A.) et Loda (C.), « The closure and restructuring of OSCE field operations: The case of the OSCE Mission to Croatia », *OSCE Yearbook*, 2008, pp.209-220.

[1757] *Closure of the OSCE Office in Zagreb*, 15 décembre 2011, PC.DEC/1026.

[1758] Voir *supra*, Partie 2, Titre 1, Chapitre 2.

[1759] *Approbation du budget unifié de 2012*, 22 décembre 2011, PC.DEC/1028.

[1760] Inki (J.), « The closure of the OSCE Assistance Group to Chechnya: A defining moment for the OSCE? », *OSCE Yearbook*, 2003, pp.181-195 ; Shihab (S.), « Moscou se débarrasse du "groupe d'assistance" de l'OSCE en Tchétchénie », *Le Monde*, 2 janvier 2003, p.3.

relai crucial du BIDDH au sein des États participants. Elles ont mené de nombreux projets de réforme ayant permis la mise en œuvre de recommandations de missions d'observation. L'un des axes majeurs d'intervention des missions est la réforme de la législation électorale, notamment par la présentation et la promotion des avis du BIDDH et de la Commission de Venise, comme cela fut par exemple le cas en Albanie[1761], en Arménie[1762], en ARYM[1763], en Azerbaïdjan[1764] ou en Géorgie[1765]. Un autre domaine important et sensible dans lequel les missions permanentes jouent un rôle notable est celui de l'amélioration des listes d'électeurs, à l'instar des activités menées en Albanie[1766], en Arménie[1767] ou en Ukraine[1768]. Le soutien aux administrations électorales constitue la troisième composante principale de l'assistance fournie sur le terrain. Une action de ce type fut ainsi fournie pendant plusieurs années en Bosnie-Herzégovine afin de mettre sur pied une commission électorale nationale chargée de prendre la relève de l'OSCE, laquelle supervisa les différents scrutins tenus dans le pays entre 1996 et 2000[1769]. Quelques années plus tard, un processus similaire se déroula au Kosovo[1770]. Des programmes de moindre ampleur eurent lieu dans plusieurs autres États participants, notamment en ARYM où la Mission « [dispensa] *aux membres de la Commission électorale d'État des formations portant sur l'amélioration de la capacité de communiquer, de se présenter et de travailler en équipe, sur la formation de formateurs et sur la planification stratégique* »[1771].

[1761] *Rapport annuel sur les activités de l'OSCE en 2003*, p.49. ; Imholz (K.), « The OSCE Presence in Albania: From a state of emergency to a consolidated State », *OSCE Yearbook*, 2001, pp.163-165.

[1762] *Rapport annuel sur les activités de l'OSCE en 2004*, p.94.

[1763] *OSCE Annual Report 2008*, p.43.

[1764] *Rapport annuel sur les activités de l'OSCE en 2002*, p.44 ; Burkhard (P.), « The OSCE Office in Baku », *OSCE Yearbook*, 2003, pp.175-178 ; Pavesi (M.), « Activities of the OSCE Office in Baku: Moving forward with a common aim », *OSCE Yearbook*, 2005, pp.182-183.

[1765] *OSCE Annual Report 2008*, p.56.

[1766] *Rapport annuel 2005 sur les activités de l'OSCE*, p.48 ; Rozès (A.), « The OSCE Presence in Albania: The role of field stations and their activities », *OSCE Yearbook*, 2005, p.120.

[1767] *Rapport annuel sur les activités de l'OSCE en 2003*, p.105.

[1768] *Rapport annuel 2006 sur les activités de l'OSCE*, p.81.

[1769] *Rapport annuel 1999 sur les activités de l'OSCE*, pp.14-15 ; *Rapport annuel 2000 sur les activités de l'OSCE*, p.13 ; Prsa (M.), « The OSCE Mission to Bosnia and Herzegovina », *OSCE Yearbook*, 2002, p.157 ; Davidson (D.), « Ten years of the OSCE Mission to Bosnia and Herzegovina: Reflections on a decade and thoughts on the future », *OSCE Yearbook*, 2005, p.126.

[1770] *Rapport annuel sur les activités de l'OSCE en 2003*, p.60 ; *Rapport annuel sur les activités de l'OSCE en 2004*, p.60 ; *Rapport annuel 2005 sur les activités de l'OSCE*, p.64 ; *Rapport annuel 2006 sur les activités de l'OSCE*, p.61.

[1771] *Rapport annuel 2010 de l'OSCE*, p.57.

De surcroît, les missions permanentes de l'OSCE se livrent régulièrement à des activités de formation à destination des organisations nationales d'observateurs électoraux, comme cela fut notamment le cas en Albanie[1772], en Azerbaïdjan[1773], au Kazakhstan[1774] ou en Moldavie[1775]. Enfin, une multitude d'autres initiatives d'assistance électorale de nature plus ciblée sont menées par les missions de terrain, tels par exemple l'achat et la livraison d'urnes transparentes en Arménie[1776], la traduction dans les langues locales de publications de l'OSCE relatives aux élections en ARYM[1777], la production de spots télévisés et radios dans le cadre de programmes d'éducation civique au Tadjikistan[1778] et en Ukraine[1779], ou encore la promotion de la participation politique des femmes en Albanie[1780].

B. Une faible marge de manœuvre au sein des États les plus autoritaires

De toute évidence, les possibilités d'intervention en vue d'une mise en œuvre des recommandations des missions d'observation s'avèrent nettement plus restreintes dans les États les plus autoritaires de la région de l'OSCE. La faiblesse des budgets alloués en 2010 aux missions permanentes situées en Biélorussie, au Kazakhstan, en Ouzbékistan ou au Turkménistan est un indice révélateur de cette contrainte[1781]. Ainsi, en Ouzbékistan, la mission de l'OSCE ne mène pas de projets en matière électorale mais se limite à des activités de formation à l'égard de la société civile. Au Turkménistan[1782], les initiatives d'assistance électorale ont eu légèrement tendance à se développer à la suite du décès, fin 2006, du Président à vie Saparmurat Niyazov[1783]. Elles demeurent cependant très peu poussées, essentiellement circonscrites à la sphère de la sensibilisation, comme l'organisation de visites d'études dans d'autres États participants de l'OSCE pour des membres de la Commission

---

1772 *Rapport annuel sur les activités de l'OSCE en 2003*, p.50.
1773 *Rapport annuel 2009 de l'OSCE*, p.60.
1774 *Rapport annuel sur les activités de l'OSCE en 2004*, p.101 ; Kelchewsky (A.), « The OSCE Centre in Astana at ten : Activities and new directions », *OSCE Yearbook*, 2009, p.221.
1775 *Rapport annuel 2010 de l'OSCE*, p.65.
1776 *Rapport annuel sur les activités de l'OSCE en 2003*, p.104.
1777 *Rapport annuel 2009 de l'OSCE*, p.46.
1778 *Rapport annuel 2010 de l'OSCE*, p.87.
1779 *Rapport annuel 2007 de l'OSCE*, p.90.
1780 *OSCE Annual Report 2008*, p.31.
1781 *Approbation du budget unifié de 2010*, 22 décembre 2009, PC.DEC/923, Annexe, pp.6 et 88
1782 Brown (B.), « Turkmenistan and the OSCE », *OSCE Yearbook*, 2001, pp.109-111.
1783 Djikić (I.), « The OSCE Centre in Ashgabad : The way ahead », *OSCE Yearbook*, 2007, pp.151-152. Voir aussi : Brown (B.), « Governance in Central Asia : The case of Turkmenistan », *Helsinki Monitor,* Volume 14, n°3, 2003, pp.206-217.

électorale centrale afin d'« *étudier les bonnes pratiques et les méthodes modernes d'organisation d'élections* »[1784].

La Biélorussie est un exemple caractéristique de l'impossibilité pour les missions de terrain de poursuivre des activités en matière d'assistance électorale en l'absence de volonté des autorités nationales. Le Groupe de conseil et d'observation de l'OSCE en Biélorussie[1785], créé en 1997 avec notamment « *pour mandat d'aider les autorités biélorusses à promouvoir les institutions démocratiques* » et prédécesseur du Bureau de l'OSCE à Minsk[1786], nota ainsi en 2001 que « *le Gouvernement biélorusse* [avait] *voulu rendre plus difficiles les conditions légales et administratives dans lesquelles* [s'exerçaient] *les activités du Groupe en essayant d'imposer des restrictions au financement des réseaux d'observation des élections, en imposant des conditions strictes pour le projet "Jeunesse et démocratie" et en permettant une campagne publique de style KGB contre les activités consultatives du Groupe destinées, en prévision des élections présidentielles, à appuyer le conseil consultatif des partis d'opposition et la coalition des candidats de l'alliance démocratique* »[1787]. La décision des autorités biélorusses de fermer brutalement la mission de l'OSCE en 2010 ne fit que conforter ce constat[1788] et concrétiser une volonté évidente depuis de nombreuses années.

Section 2. Un suivi politique insuffisant des missions

Le suivi politique des missions peut jouer un rôle crucial en incitant les États hôtes à appliquer les recommandations des observateurs et à mettre en œuvre des programmes d'assistance électorale, mais il apparaît clairement insuffisant dans notre zone d'étude. La question s'avère particulièrement sensible car lorsqu'un rapport d'observation très critique est relayé au sein d'une instance politique, cela conduit indirectement les membres de cette instance à remettre en cause la légitimité démocratique des gouvernants et parlementaires de l'État hôte, donc de leurs interlocuteurs. Au sein de l'OSCE, ce suivi est faible en raison de l'absence de procédure spécifique et

---

1784 *Rapport annuel 2010 de l'OSCE*, p.77. Voir aussi : *OSCE Annual Report 2011*, p.65.

1785 Wieck (H.-G.), « The Advisory and Monitoring Group of the OSCE in Belarus », *Helsinki Monitor*, Volume 11, n°1, 2000, pp.48-60 ; Wiersma (J.M.), « Belarus - The assessment of a mission », *Helsinki Monitor*, Volume 13, n°2, 2002, pp.146-156.

1786 Abadjian (V.), « The OSCE Office in Minsk : Three years between Scylla and Charybdis », *Helsinki Monitor*, Volume 17, n°1, 2006, pp.39-56 ; Ulakhovich (V.), « Belarus and the OSCE », *OSCE Yearbook*, 2005, pp.97-109 ; Zapf (U.), « Relations running hot and cold : The reopened OSCE Mission in Minsk and its political prospects », *OSCE Yearbook*, 2003, pp.139-148.

1787 *Rapport Annuel 2001 sur les activités de l'OSCE*, pp.39-40.

1788 Voir notamment : *Statement in response to the Statement by Mr. Audronius Ažubalis, Minister for Foreign Affairs of Lithuania and Chairperson-in-Office of the OSCE*, by Mr. Alyaksandr Sychov, Permanent Representative of the Republic of Belarus to the OSCE, at the meeting of the Permanent Council, 13 janvier 2011, PC.DEL/19/11.

des dissensions qui divisent les États participants (§1), tandis que dans le cadre du Conseil de l'Europe, un mécanisme élaboré a été instauré mais celui-ci pâtit du manque de moyens de pression efficace à l'égard des États les plus récalcitrants (§2). Enfin, il convient d'aborder le cas des organes de protection des droits de l'Homme de l'ONU, le Comité des droits de l'Homme et le Conseil des droits de l'Homme, au sein desquels les références à l'observation électorale restent timides (§3). Pour sa part, l'UE ne déploie pas de missions d'observation dans ses États membres et n'a pas mis en place de procédure de suivi politique des recommandations émises par les délégations du Parlement européen déployées dans la région de l'OSCE. Une forme de contrôle politique est cependant assurée dans le cadre plus large du mécanisme de conditionnalité démocratique qui sera étudié au chapitre suivant.

§1. Un suivi politique minime au sein de l'OSCE

Malgré un grand nombre de déclarations d'intention de la part des principaux organes de l'OSCE depuis plus d'une décennie (A), le suivi des conclusions des observateurs électoraux demeure superficiel et épisodique (B).

A. Une succession de déclarations d'intention générales

À partir de la fin des années 1990, plusieurs États participants ayant accueilli une succession de missions d'observation, les suites données aux recommandations devinrent un sujet de préoccupation pour l'OSCE. Le thème fut officiellement abordé en 1998 par l'AP-OSCE qui « [constata] *que certains gouvernements ne mett*[aient] *pas en œuvre les recommandations du BIDDH concernant les procédures d'élection* »[1789]. En conséquence, elle « [pria] *instamment les gouvernements* » de le faire et « [proposa] *d'élaborer un mécanisme efficace permettant de donner suite aux recommandations de chaque mission d'observation des élections* » en vertu duquel « [le] *suivi devrait être assuré en coopération et en consultation avec le BIDDH et le gouvernement concerné et consister notamment à aider les jeunes démocraties à appliquer les recommandations des missions d'observation des élections en mettant en place leurs systèmes et modes d'élection* »[1790]. La même année, la question fut également abordée dans le cadre d'un rapport intérimaire du Président en exercice de l'OSCE présenté lors de la Réunion d'Oslo du Conseil ministériel et relatif à un projet de « Document-charte de sécurité européenne ». Il fut relevé que « [les] *États participants devraient*

[1789] *Déclaration de l'Assemblée parlementaire de l'OSCE à Copenhague*, 10 juillet 1998, §102.
[1790] *Ibid.*, §111-112.

donner rapidement suite aux recommandations faites par le BIDDH après une élection. Le BIDDH devrait proposer à l'État en question son aide à la mise en œuvre de ces recommandations et devrait rendre compte au Conseil permanent de l'état d'avancement de cette mise en œuvre »[1791].

Ce souhait devint un engagement politique l'année suivante à l'occasion du Sommet d'Istanbul, au cours duquel fut adoptée la *Charte de sécurité européenne*. Il fut alors convenu « *de donner suite sans tarder aux rapports d'évaluation des élections présentés par le BIDDH et à ses recommandations* »[1792]. L'AP-OSCE insista également sur la « *la nécessité de mettre au point un suivi plus efficace des rapports sur l'observation des élections* » et proposa à cet effet « *d'établir un mécanisme obligeant chaque État participant dont les élections ont été observées de répondre aux observations et recommandations des observateurs de l'OSCE. Les gouvernements devraient aussi faire savoir dans quelle mesure ils entendent mettre en œuvre les recommandations des observateurs* »[1793].

Cet impératif fut de nouveau exprimé à diverses reprises par la suite. Ainsi, lors de la Réunion du Conseil ministériel à Porto en 2002, les États participants furent invités « *à tenir davantage compte des recommandations faites par le BIDDH à l'issue de l'observation des élections* »[1794]. En raison d'un bilan insatisfaisant, une décision adoptée lors du Conseil ministériel suivant « [chargea] *le BIDDH d'examiner les moyens d'améliorer l'efficacité de son assistance aux États participants pour le suivi des recommandations faites dans les rapports d'observation des élections par le BIDDH et d'informer le Conseil permanent des progrès accomplis dans l'exécution de cette tâche* »[1795]. La question fut également abordée par le panel de personnes éminentes[1796] qui soulignèrent dans leur rapport de 2005 que les États participants et le Bureau de Varsovie devraient être encouragés à accorder plus d'attention au suivi postélectoral à travers le dialogue et un soutien pratique et coopératif. Le rapport ajouta que le BIDDH devrait faire

---

1791 *Rapport intérimaire du Président en exercice sur les travaux consacrés en 1998 au Document-charte sur le sécurité européenne, Septième réunion du Conseil ministériel*, 2 et 3 décembre 1998, Oslo, MC.DOC/1/98, Annexe 2, p.75.

1792 « Charte de sécurité européenne », *Document d'Istanbul*, 18 et 19 novembre 1999, §25.

1793 *Déclaration de Saint-Pétersbourg de l'Assemblée parlementaire de l'OSCE*, 10 juillet 1999, §120.

1794 « Engagements en matière d'élections », *Dixième réunion du Conseil ministériel*, 6 et 7 décembre 2002, Porto, MC(10).DEC/7.

1795 « Elections », *Onzième réunion du Conseil ministériel*, 1er et 2 décembre 2003, Maastricht, MC.DEC/5/03.

1796 *Création d'un groupe de personnes éminentes sur le renforcement de l'efficacité de l'OSCE*, MC.DEC/16/04, 7 décembre 2004.

rapport au Conseil permanent sur le suivi électoral après consultation avec l'État concerné[1797].

Dans le même esprit, l'AP-OSCE « [invita] *les États participants à se conformer aux engagements existants de l'OSCE en matière d'élections et aux recommandations relatives à la tenue d'élections démocratiques, libres et équitables* » et « [recommanda] *que le BIDDH et l'Assemblée parlementaire de l'OSCE, en coopération étroite avec d'autres organisations et institutions internationales qui assurent la surveillance électorale dans les États participants de l'OSCE, envisagent les façons d'améliorer l'efficacité du concours qu'ils apportent aux États participants qui en font la demande pour la mise en œuvre des normes et engagements électoraux de l'OSCE ainsi que des recommandations des missions d'observation des élections* »[1798]. En 2010, dans le cadre du *Processus de Corfou*, un groupe de onze États participants fit circuler un document contenant des propositions visant à améliorer le suivi des missions. Plusieurs d'entre elles pourraient s'avérer utiles, telles que des visites du BIDDH dans les États hôtes dans les trois mois suivants la publication des rapports finaux ou la présentation par les États d'accueil, devant le Comité Dimension Humaine et/ou le Conseil Permanent, des activités de suivi mises en œuvre[1799].

B. Des résultats limités en pratique

En dépit de cette multitude de proclamations de portée générale et du nombre conséquent de conclusions négatives émises chaque année par le BIDDH et le l'AP-OSCE dans leurs rapports d'observation, le suivi politique des missions reste particulièrement faible. Cette situation résulte de l'absence de procédure spécifique au sein des organes de l'OSCE et notamment du Conseil permanent. En raison de son statut de « *principal organe décisionnel pour les consultations politiques régulières et pour la direction des activités opérationnelles quotidiennes de l'Organisation entre les réunions du Conseil ministériel* »[1800], réunissant chaque semaine les représentants de l'ensemble des États participants et de différentes institutions de l'OSCE, il semblerait logique que la responsabilité d'un

[1797] *Common purpose. Towards a more effective OSCE*, Final report and recommendations of the Panel of Eminent Persons on Strengthening the Effectiveness of the OSCE, 27 juin 2005, §24.d.

[1798] « Résolution sur l'amélioration de la mise en œuvre des normes et engagements électoraux de l'OSCE et de l'efficacité de ses activités en matière de surveillance électorale », *Déclaration de Washington, DC de l'Assemblée Parlementaire de l'OSCE et résolutions adoptées à sa quatorzième session annuelle, 1-5 juillet 2005*, §21 et 22.

[1799] *Corfu Process : Food-for-thought paper on improving the follow-up to election observation reports' recommendations*, 14 juin 2010, PC.DEL/238/10/Rev.3.

[1800] *Règles de procédure l'Organisation pour la Sécurité et la Coopération en Europe*, 1er novembre 2006, MC.DOC/1/06, II.B. §4. Voir aussi : *OSCE Handbook, op.cit.*, p.16.

mécanisme de suivi incombe au Conseil permanent. Mais la sensibilité du sujet, due aux tensions qui entourent les activités électorales du BIDDH depuis le début des années 2000, et les ressources limitées de l'OSCE expliquent sans doute cette lacune.

Si les discussions qui se tiennent au Conseil permanent concernent parfois les questions électorales, leur contenu reste relativement superficiel. Il s'agit le plus souvent de déclarations faites par les délégations des États-Unis, de la Présidence de l'UE, du Canada et de la Norvège reprenant brièvement les conclusions des observateurs de l'OSCE et encourageant l'État hôte s'y conformer[1801]. Ces interventions provoquent parfois des réactions hostiles de la part des États concernés, tels le Kazakhstan en 2005[1802] et 2011[1803] ou la Biélorussie en 2006[1804], qui en profitent pour raviver la controverse sur les activités d'observation électorale de l'OSCE et

---

[1801] Voir par exemple : *Declaration by the Presidency on behalf of the European Union on the Presidential Elections in Georgia on 5 January 2008*, at the meeting of the Permanent Council, 17 janvier 2008, PC.DEL/32/08 ; *Statement on the Elections in Georgia*, as delivered by Ambassador Julie Finley, United States Mission to the OSCE, at the meeting of the Permanent Council, 17 janvier 2008, PC.DEL/20/08 ; *Intervention on Georgia*, Delegation of Canada to the OSCE, at the Meeting of the Permanent Council, 17 janvier 2008, PC.DEL/26/08 ; *Statement on the Presidential Elections in Georgia 5 January 2008*, as delivered by Deputy Permanent Representative Mr. Asbjørn Brandsrud, 17 janvier 2008, PC.DEL/18/08.

[1802] *EU Statement in response to the final report by the IEOM Kazakhstan*, at the meeting of the Permanent Council, 19 janvier 2005, PC.DEL/28/05 ; *Statement on the Fall 2004 Parliamentary Elections in Kazakhstan*, as delivered by Ambassador Stephan M. Minikes, United States Mission to the OSCE, at the meeting of the Permanent Council, 19 janvier 2005, PC.DEL/35/05 ; *Statement by Mr. Rakhat M. Aliyev, Permanent representative of the Republic of Kazakhstan to the OSCE*, at the meeting of the OSCE Permanent Council, 19 janvier 2005, PC.DEL/37/05.

[1803] *EU statement on presidential elections in Kazakhstan*, at the Meeting of the Permanent Council, 7 avril 2011, PC.DEL/318/11 ; *Statement by the Permanent Representative of the Republic of Kazakhstan to the OSCE, Ambassador Kairat Abdrakhmanov*, at the meeting of the Permanent Council, 7 avril 2011, PC.DEL/321/11 ; *Statement on the assessments of the presidential elections in Kazakhstan*, by Mr. Oleg Burmistrov, Deputy Permanent representative of the Russian Federation, at the meeting of the Permanent Council, 7 avril 2011, PC.DEL/332/11 ; *Statement on the presidential elections in Kazakhstan*, by Mr. Alyaksandr Sychov, Permanent representative of the Republic of Belarus to the OSCE, at the meeting of the Permanent Council, 7 avril 2011, PC.DEL/338/11 ; *Statement on Elections in Kazakhstan*, As delivered by Chargé d'Affaires, a.i. Carol Fuller, United States Mission to the OSCE, at the meeting of the Permanent Council, 7 avril 2011, PC.DEL/340/11.

[1804] *Statement on the report of the OSCE Office for Democratic Institutions and Human Rights on the results of the presidential elections in Belarus*, by Mr. Alexey Borodavkin, Permanent Representative of the Russian Federation, at the meeting of the Permanent Council, 13 juillet 2006, PC.DEL/738/06 ; *Statement on the results of the monitoring of the elections in the Republic of Belarus*, by Mr. Alyaksandr Sychov, Permanent Representative of the Republic of Belarus to the OSCE, at the meeting of the Permanent Council, 13 juillet 2006, PC.DEL/745/06 ; *Response to Belarus*, as delivered by Ambassador Julie Finley, United States Mission to the OSCE, at the meeting of the Permanent Council, 18 juillet 2006, PC.DEL/770/06.

remettre en cause la méthodologie du BIDDH, l'accusant d'acharnement sur les États de la CEI ou relayant parfois les conclusions biaisées des missions déployées par cette dernière Organisation[1805]. Ces débats démontrent la difficulté d'assurer un véritable suivi politique des missions tant que persistera cet affrontement entre deux blocs résolument opposés.

De façon plus épisodique, d'autres organes de l'OSCE invitèrent des États à mettre dûment en œuvre les recommandations émises par les observateurs électoraux, à l'instar du Conseil ministériel vis-à-vis de l'Albanie[1806] et du Kosovo (République fédérale de Yougoslavie)[1807] ou de l'AP-OSCE à l'égard de la Biélorussie[1808] et de l'Afghanistan[1809]. Enfin, la question est parfois de façon plus informelle dans d'autres enceintes de l'OSCE, telles les Réunions sur la mise en œuvre des engagements relevant de la Dimension Humaine se tenant chaque année à Varsovie. Ainsi, au cours de l'édition 2011, l'Albanie[1810] et la Norvège[1811] firent un point sur les réformes effectuées afin de se conformer aux recommandations du BIDDH, tandis que le Kazakhstan se contenta de juger mal-fondés tous les commentaires défavorables contenus dans le rapport final relatif à l'élection présidentielle de 2011[1812].

[1805] *Statement regarding the presidential elections in Turkmenistan*, by Mr. Denis Sidorenko, Deputy Head of delegation of the Republic of Belarus to the OSCE, at the meeting of the Permanent Council, 16 février 2012, PC.DEL/125/12/Corr.1 ; *Statement regarding the presidential elections in Turkmenistan*, by Mr. Andrey Kelin, Permanent Representative of the Russian Federation, at the meeting of the OSCE Permanent Council, 16 février 2012, PC.DEL/138/12.

[1806] « Déclarations du Conseil ministériel », *Neuvième réunion du Conseil ministériel*, 3 et 4 décembre 2001, Bucarest, MC(9).DEC/2/Corr.1, §8.

[1807] « Déclarations du Conseil ministériel », *Dixième réunion du Conseil ministériel*, 6 et 7 décembre 2002, Porto, MC.DOC/1/02, p.22.

[1808] « Résolution sur le Belarus », *Déclaration de Rotterdam de l'Assemblée Parlementaire de l'OSCE et résolutions adoptées à sa douzième session annuelle, 5 au 9 juillet 2003*.

[1809] « Résolution sur l'Afghanistan », *Déclaration de Bruxelles de l'Assemblée Parlementaire de l'OSCE et résolutions adoptées à sa quinzième session annuelle, 3-7 juillet 2006*, §4.

[1810] *Statement of the Delegation of Albania, on Democratic election and follow up on of election observation recommendations in Albania*, Human Dimension Implementation Meeting 2011, 30 septembre 2011, HDIM.DEL/0251/11.

[1811] *Statement by Norway for Working session 8 : Democratic elections and electoral observation*, Human Dimension Implementation Meeting 2011, 30 septembre 2011, HDIM.DEL/0244/11.

[1812] *Comment of the Central Election Commission of the Republic of Kazakhstan of 2 August 2011 to the Final Report of OSCE/ODIHR Election Observation Mission at early presidential election in Kazakhstan, conducted on 3 April 2011*, Human Dimension Implementation Meeting 2011, 30 septembre 2011, HDIM.DEL/0259/11.

§2. Un suivi politique élaboré mais peu contraignant au sein du Conseil de l'Europe

Le Conseil de l'Europe se distingue des autres Organisations européennes par la mise en place de plusieurs procédures de suivi des engagements contractés par les États membres[1813] en matière de démocratie et donc, de droit à des élections libres. La plus ancienne et la plus effective est celle élaborée par l'APCE (A), dans le cadre de laquelle l'observation des élections constitue un élément d'appréciation important (B). Des mécanismes de moindre importance ont également été instaurés par d'autres organes du Conseil de l'Europe (C).

A. L'ancienneté de la procédure de suivi de l'APCE

Instaurée dans le but d'encadrer l'adhésion des États issus du bloc soviétique (1), la procédure se sophistiqua progressivement, notamment avec la mise en place d'une Commission de suivi et d'un dialogue postsuivi (2). Depuis les débuts du mécanisme, l'observation électorale ne cessa d'être considérée comme un outil d'évaluation privilégié (3).

1. L'encadrement de la procédure d'adhésion et le rôle central de l'APCE

Dès 1949, l'APCE obtint d'être consulté par le Comité des Ministres dans le cadre de toute procédure d'adhésion et s'imposa progressivement comme l'organe central dans ce domaine au sein du Conseil de l'Europe. Ainsi, l'Assemblée gère le « *processus d'examen de la préparation des pays candidats à l'adhésion* », au terme duquel elle émet un avis déterminant puisqu'« [il] *est généralement reconnu que, politiquement, le Comité des ministres ne pourrait pas outre-passer un avis négatif de l'Assemblée* »[1814]. Avec la fin de la Guerre froide, une vague d'États d'Europe centrale et orientale et du Caucase manifestèrent le souhait d'adhérer au Conseil de l'Europe[1815]. Toutefois, face à la faiblesse, voire à l'inexistence, de la tradition démocratique de ces pays, l'Organisation encadra plus strictement

---

[1813] Pour une étude exhaustive de la question, voir : Ailincai (M.), *Le suivi du respect des droits de l'homme au sein du Conseil de l'Europe*, Thèse sous la direction de Schneider (C.), Université Grenoble II – Pierre Mendès-France, 2009.

[1814] Malenovsky (J.), « Suivi des engagements des États membres du Conseil de l'Europe par son Assemblée parlementaire : une course difficile entre droit et politique », *AFDI*, Volume 43, 1997, p.636.

[1815] Flauss (J.-F.), « Les conditions d'admission des pays d'Europe centrale et orientale au sein du Conseil de l'Europe », *EJIL*, Volume 5, n°3, 1994, pp.401-422 ; Hondius (F.), « L'ouverture à l'Est du Conseil de l'Europe : quel droit pour la Nouvelle Europe », *in* Peyrot (B.) et Sudre (F.) (dir.), *Les Cahiers de l'IDEDH*, n°2, 1993, pp.22-57.

les conditions d'adhésion afin de demeurer un « club de démocraties ». Un premier pas fut l'institution en 1989 d'un statut d'invité spécial au sein de l'APCE permettant d'associer aux travaux de l'Institution les assemblées législatives nationales des États européens non membres ayant signé l'*Acte final d'Helsinki* du 1er août 1975 puis la *Charte de Paris pour une nouvelle Europe* du 21 novembre 1990, accepté les autres instruments adoptés au cours des conférences de la CSCE et ratifié les Pactes des Nations Unies relatifs aux droits civils et politiques et aux droits économiques, sociaux et culturels[1816]. Puis, à l'occasion du Sommet du Conseil de l'Europe de Vienne en 1993, les États durcirent davantage les conditions d'adhésion en déclarant que cette dernière « *présuppos*[ait] *que l'État candidat ait mis ses institutions et son ordre juridique en conformité avec les principes de base de l'État démocratique soumis à la prééminence du droit et au respect des droits de l'homme* », que « [l]*es représentants du peuple* [aient] *été choisis par la voie d'élections libres et honnêtes, au suffrage universel* », ainsi que « *l'engagement de signer la Convention européenne des droits de l'homme et d'accepter à brève échéance l'ensemble de ses dispositions de contrôle* »[1817].

Or, après une première vague d'intégration rapide d'États d'Europe centrale et orientale[1818], les importantes lacunes présentées par les autres candidats risquaient de rallonger leur procédure d'adhésion de façon déraisonnable. L'Assemblée décida donc de systématiser « *une pratique consistant à délivrer des avis favorables, qui pour autant ne manquaient pas de signaler toutes les insuffisances et d'exiger qu'il y soit mis un terme dans la période suivant l'adhésion du candidat au Conseil de l'Europe* »[1819]. La pratique commença timidement en 1993, puis fut largement développée à partir de 1995 et de l'avis relatif à l'adhésion de la Lettonie[1820]. Ainsi, tous les avis suivants comportèrent une liste d'engagements toujours plus

[1816] APCE, Résolution 917 (1989), *Statut d'invité spécial auprès de l'Assemblée Parlementaire*, 11 mai 1989 ; APCE, Résolution 920 (1989), *Statut d'invité spécial auprès de l'Assemblée Parlementaire (Modification du Règlement de l'Assemblée)*, 5 juillet 1989 ; APCE, Résolution 1009 (1993), *Amendement de l'article 55 bis du Règlement de l'Assemblée (statut d'invité spécial)*, 3 septembre 1993.

[1817] *Déclaration de Vienne du Sommet du Conseil de l'Europe*, 9 octobre 1993.

[1818] Avis n°153 (1990), *Demande d'adhésion de la Hongrie au Conseil de l'Europe*, 2 octobre 1990 ; Avis n°154 (1990), *Demande d'adhésion de la Pologne au Conseil de l'Europe*, 2 octobre 1990 ; Avis n°155 (1991), *Demande d'adhésion de la République fédérative tchèque et slovaque au Conseil de l'Europe*, 30 janvier 1991 ; Avis n°161 (1992), *Demande d'adhésion de la Bulgarie au Conseil de l'Europe*, 5 mai 1992 ; Avis n°168 (1993), *Demande d'adhésion de la Lituanie au Conseil de l'Europe*, 11 mai 1993 ; Avis n°169(1993), *Demande d'adhésion de la Slovénie au Conseil de l'Europe*, 12 mai 1993 ; Avis n°170 (1993), *Demande d'adhésion de l'Estonie au Conseil de l'Europe*, 13 mai 1993.

[1819] Malenovsky (J.*), op.cit.*, p.636.

[1820] Avis n°183 (1995), *Demande d'adhésion de la Lettonie au Conseil de l'Europe*, 31 janvier 1995.

nombreux et plus précis, portant fréquemment sur la signature et la ratification de conventions internationales, mais aussi sur la modification de législations internes, sur des réformes en matière de droits de l'Homme ou encore sur le règlement pacifique de conflits. Au total, ce sont donc dix-huit États membres qui ont contracté des engagements auprès de l'APCE au moment de leur adhésion au Conseil de l'Europe.

Jusqu'en 1995, l'APCE n'imposa pas d'engagements spécifiques en matière électorale autre que la ratification du Premier Protocole additionnel à la Convention EDH et se contenta généralement d'affirmer sa confiance dans la volonté et la capacité de l'État concerné de procéder aux réformes démocratiques nécessaires[1821]. Cette situation commença à changer avec l'avis relatif à l'adhésion de l'Ukraine qui précisa que de nouvelles lois sur les élections et sur les partis politiques seraient adoptées dans l'année suivant son entrée au Conseil de l'Europe[1822]. Puis, il fut demandé à la Croatie de « *se conformer, bien avant les prochaines élections, aux recommandations faites par les observateurs du Conseil de l'Europe et d'autres organisations internationales aux dernières élections, en ce qui concerne en particulier la fixation d'un nombre de sièges pour la Diaspora, la représentation de la minorité, les listes électorales, le secret du scrutin, la nécessité de renforcer l'indépendance de l'organisme de radiotélévision (HRT) et de procéder à un recensement de la population le plus tôt possible* »[1823]. Trois ans plus tard, la Géorgie dut s'engager « *à amender, dans un délai de trois ans après son adhésion, la loi relative à l'autonomie et à l'administration locale en vue de permettre l'élection de tous les maires au lieu de leur nomination* »[1824]. Par la suite, la pratique se généralisa et il fut explicitement demandé à cinq États candidats de modifier leur législation électorale, notamment à l'Azerbaïdjan qui s'engagea à « *réviser la législation en matière d'élections, en particulier la loi sur la commission électorale centrale et la loi électorale, en tenant compte des recommandations faites par les observateurs internationaux lors des scrutins passés, de façon à ce que les prochaines élections législatives qui auront lieu en automne 2000 confirment définitivement les progrès effectués et que leurs résultats soient acceptés par la majorité des partis politiques participant aux élections, et qu'elles puissent être considérées*

[1821] Avis n°188 (1995), *Demande d'adhésion de la Moldova au Conseil de l'Europe*, 27 juin 1995 ; Avis n°189 (1995), *Demande d'adhésion de l'Albanie au Conseil de l'Europe*, 29 juin 1995 ; Avis n°191 (1995), *Demande d'adhésion de l'ex-République yougoslave de Macédoine au Conseil de l'Europe*, 27 septembre 1995.

[1822] Avis n°190 (1995), *Demande d'adhésion de l'Ukraine au Conseil de l'Europe*, 26 septembre 1995, §12.v.

[1823] Avis n°195 (1996), *Demande d'adhésion de la Croatie au Conseil de l'Europe*, 24 avril 1996, §9.xix.

[1824] Avis n°209 (1999), *Demande d'adhésion de la Géorgie au Conseil de l'Europe*, 27 janvier 1999, §10.ii.h.

comme libres et équitables par des observateurs internationaux »[1825]. En revanche, s'il n'est guère étonnant qu'aucun engagement dans ce domaine n'ait été demandé à Monaco[1826], il est plus surprenant que l'avis relatif à l'adhésion de la Russie n'ait pas abordé la question électorale[1827].

Il est à noter enfin que la Biélorussie, auquel le statut d'invité spécial fut accordé en 1992, ne parvint jamais à dépasser cette étape pour des raisons liées à ses insuffisances au plan démocratique. Le rapport de la commission *ad hoc* chargée par l'APCE de mener une mission d'enquête lors du référendum constitutionnel de 1996 recommanda la suspension du statut d'invité spécial de la Biélorussie[1828], laquelle intervint en 1997[1829], suivie l'année suivante par la suspension de la procédure d'adhésion[1830]. L'Assemblée estima ainsi en 2006 que « *l'ouverture du Conseil de l'Europe aux États de l'Europe centrale et orientale aspirant à adhérer à la communauté des démocraties européennes* [avait] *été un instrument essentiel de la transformation démocratique de ces États et* [avait] *permis aux valeurs démocratiques de triompher dans l'ensemble des États européens, à l'exception du Belarus* »[1831].

2. La mise en place des procédures de suivi

Le développement de l'adhésion sous conditions et du statut d'invité spécial incita l'APCE à mettre en place un mécanisme de contrôle du respect des engagements contractés par les États concernés. Une première version instaurée en 1993 confiait le suivi des engagements des nouveaux États membres à la Commission des questions juridiques et des droits de l'Homme, tandis que le suivi des invités spéciaux incombait à la Commission des questions politiques. Toutes deux étaient chargées de faire rapport à intervalles de six mois au Bureau de l'APCE jusqu'à ce que tous les engagements soient respectés[1832]. En 1997, le mécanisme adopta sa

---

1825 Avis n°222 (2000), *Demande d'adhésion de l'Azerbaïdjan au Conseil de l'Europe*, 28 juin 2000, §14.iii.a.

1826 Avis n°250 (2004), *Demande d'adhésion de la principauté de Monaco au Conseil de l'Europe*, 27 avril 2004.

1827 Avis n°193 (1996), *Demande d'adhésion de la Russie au Conseil de l'Europe*, 25 janvier 1996.

1828 APCE, *Rapport d'information sur la visite à Minsk (Belarus) de la commission* ad hoc *(24-27 novembre 1996)*, 24 janvier 1997, Doc.7699Ad.IV.

1829 *Ibid.*, Doc.7699.

1830 APCE, *Rapport d'activité du Bureau et de la Commission Permanente de l'Assemblée (25 septembre 1998 – 25 janvier 1999)*, 25 janvier 1999, Doc.8292Ad.II.

1831 APCE, Résolution 1506 (2006), *Relations extérieures du Conseil de l'Europe*, 26 juin 2006, §4.

1832 APCE, Directive n°485 (1993), *Politique générale du Conseil de l'Europe*, 3 février 1993 ; APCE, Directive n°488 (1993), *Respect des engagements pris par les nouveaux États membres*, 29 juin 1993 ; APCE, Résolution 1031(1994), *Respect des engagements pris par les* configuration moderne avec la création d'une Commission de l'Assemblée pour le respect des obligations et engagements pris par les États membres du Conseil de l'Europe, dite Commission de suivi, au motif que « *la procédure de suivi* [avait] *entraîné une charge de travail considérable pour les commissions concernées* »[1833], mais aussi afin de donner un caractère plus politique au mécanisme[1834]. La Commission est compétente à l'égard de l'ensemble des États membres puisqu'elle « *est chargée de veiller au respect des obligations contractées par les États membres aux termes du Statut du Conseil de l'Europe, de la Convention européenne des droits de l'homme et de toutes les autres conventions de l'organisation auxquelles ils sont parties, ainsi qu'au respect des engagements pris par les autorités des États membres lors de leur adhésion au Conseil de l'Europe* »[1835]. Dans sa version la plus récente, la Commission compte 84 membres, proposés par les groupes politiques et nommés par le Bureau en assurant un équilibre en les tendances politiques et les groupes régionaux. Par ailleurs, il s'agit de la seule commission de l'Assemblée ayant l'obligation statutaire de soumettre un rapport annuel d'activité[1836].

Une procédure de suivi peut être ouverte au minimum six mois après l'adhésion d'un État à la demande des commissions générales de l'Assemblée, de la Commission de suivi, du Bureau de l'Assemblée ou d'un quorum de membres de l'Assemblée[1837]. En pratique, une procédure de suivi a été entamée de façon quasi automatique à l'égard de tous les pays ayant adhéré à partir de 1997. Pour chaque État visé, deux rapporteurs sont désignés selon des règles devenues beaucoup plus strictes en 2010. Chaque corapporteur « *ne doit pas effectuer le suivi de plus d'un pays à la fois* » et « *ne doit pas être originaire d'un pays voisin ou d'un pays entretenant des relations particulières avec le pays suivi* ». De plus, « *les corapporteurs sont nommés pour une durée maximale de cinq ans* » et « *doivent être originaires de pays différents et appartenir à des groupes politiques distincts* »[1838]. Leur

---

États membres au moment de leur adhésion au Conseil de l'Europe, 14 avril 1994 ; *Déclaration du Comité des Ministres sur le respect des engagements pris par les États membres du Conseil de l'Europe*, 10 novembre 1994 ; Directive n°508 (1995), *Respect des obligations et engagements contractés par les États membres du Conseil de l'Europe*, 26 avril 1995.

[1833] APCE, Résolution 1115 (1997), *Création d'une commission de l'Assemblée pour le respect des obligations et engagements pris par les États membres du Conseil de l'Europe (commission de suivi)*, 29 janvier 1997, §3.

[1834] Ailincai (M.), *op.cit.*, pp.89 et s.

[1835] APCE, Résolution 1115 (1997), *op.cit.*, §5.

[1836] *Evolution de la procédure de suivi de l'Assemblée*, Doc.11214, 30 mars 2007.

[1837] APCE, Résolution 1115 (1997), *op.cit.* ; APCE, Résolution 1425 (2005), *Révision des mandats des commissions de l'Assemblée*, 28 janvier 2005 ; APCE, Résolution 1515 (2006), *Evolution de la procédure de suivi de l'Assemblée (mai 2005 – juin 2006)*, 29 juin 2006.

[1838] APCE, Résolution 1710 (2010), *Mandat des corapporteurs de la commission de suivi*, 12 mars 2010, §5.1.

rôle consiste principalement à préparer au moins une fois tous les deux ans un rapport qui sera présenté à l'APCE. Le document doit comporter « *un projet de résolution présentant des propositions claires pour l'amélioration de la situation dans le pays concerné et éventuellement un projet de recommandation à l'intention du Comité des Ministres* »[1839]. Lorsqu'un État suivi ne respecte pas de façon persistante ses engagements ou refuse de coopérer avec la Commission de suivi, l'APCE peut le sanctionner « *en adoptant une résolution et/ou une recommandation, ou en refusant de ratifier les pouvoirs d'une délégation parlementaire nationale au début de sa session ordinaire suivante, ou en annulant des pouvoirs ratifiés dans le courant de la même session ordinaire* »[1840]. Si la situation perdure, l'Assemblée peut recommander au Comité des Ministres de suspendre l'État suivi, conformément à l'article 8 du *Statut du Conseil de l'Europe*.

À partir de 1997, un autre mécanisme de suivi des engagements commença à apparaître car « *lorsque l'Assemblée parlementaire décidait de clôturer une procédure de suivi, elle déclarait en même temps son intention de poursuivre le dialogue avec les autorités nationales sur certaines questions mentionnées dans les Résolutions adoptées, se laissant le choix de rouvrir le cas échéant une procédure si de nouveaux éclaircissements ou un renforcement de la coopération s'avéraient nécessaires* »[1841]. Le Bureau de l'Assemblée décida d'institutionnaliser ce mécanisme de « dialogue postsuivi » en 2000[1842]. Confiée dans un premier temps au Président ou au Vice-président de la Commission de suivi[1843], la responsabilité du dialogue postsuivi fut transférée en 2010 à des rapporteurs « *nommés selon les mêmes règles et critères que ceux qui s'appliquent aux corapporteurs engagés dans la procédure de suivi* »[1844]. Toutefois, seul un rapporteur est désigné pour chaque pays concerné par un dialogue postsuivi et seul un rapport tous les quatre ans doit être présenté à l'APCE. Un dialogue postsuivi est généralement entamé un an après la clôture de la procédure de suivi et permet à « *la commission* [de poursuivre le] *dialogue sur les suites accordées par les autorités de cet État aux mesures recommandées par*

[1839] APCE, *La procédure de suivi de l'Assemblée parlementaire*, AS/Mon/Inf(2011)07, 27 avril 2011, §II.
[1840] APCE, Résolution 1115 (1997), *op.cit.*, §12.
[1841] AS/Mon/Inf(2011)07, *op.cit.*, §II.
[1842] APCE, *Rapport d'activité du Bureau de l'Assemblée (28 janvier – 3 avril 2000)*, 3 avril 2000, Doc.8689, §6 ; Résolution 1412 (2004), *Evolution de la procédure de suivi de l'Assemblée*, 23 novembre 2004, §2.
[1843] APCE, Résolution 1431 (2005), *Ouverture d'une procédure de suivi et dialogue postsuivi*, 18 mars 2005, §ii.
[1844] APCE, Résolution 1710 (2010), *Mandat des corapporteurs de la commission de suivi*, 12 mars 2010, §5.2.

l'Assemblée dans ses textes adoptés, clôturant la procédure de suivi, ou sur toute autre question découlant des obligations de cet État »[1845].

En 2011, dix États étaient encore soumis à la procédure de suivi (Albanie, Arménie, Azerbaïdjan, Bosnie-Herzégovine, Géorgie, Moldavie, Monténégro, Russie, Serbie et Ukraine). Celle-ci fut clôturée pour neuf autres pays (Lituanie et République Tchèque en 1997, Slovaquie en 1999, ARYM, Bulgarie et Croatie en 2000, Lettonie en 2001, Turquie en 2004 et Monaco en 2009). Par ailleurs, le dialogue postsuivi concernait quatre États en 2011 (ARYM, Bulgarie, Monaco et Turquie) et fut clôturé avec sept pays (Estonie en 2001, Lituanie et Roumanie en 2002, Croatie en 2003, République tchèque en 2004 et Lettonie et Slovaquie en 2005)[1846]. Enfin, un groupe de parlementaires requit l'ouverture d'une procédure de suivi à l'encontre du Royaume-Uni à la suite de la découverte de cas de fraude électorale en 2005[1847]. Mais le Bureau écarta cette demande après enquête car en dépit d'une « *vulnérabilité du système électoral, il n'exist*[ait] *aucun doute qu'au Royaume-Uni les élections* [étaient] *menées de manière démocratique et assur*[aient] *la libre expression de l'opinion du peuple* »[1848].

3. Une place importante de l'observation électorale dans le mécanisme de suivi

Depuis son origine, l'observation des élections a avant tout été envisagée par l'APCE comme un des moyens permettant d'évaluer le niveau de développement de la démocratie au sein des États candidats à l'adhésion au Conseil de l'Europe. C'est donc naturellement que cette activité fut associée au dispositif de suivi des engagements dès les débuts de celui-ci. Ainsi, en 1994, l'APCE qualifia ce mécanisme de « *moyen de stimuler et de guider la consolidation de la démocratie dans les États devenus membres* » après 1989[1849]. Les *Lignes directrices sur l'observation des élections par l'Assemblée* imposent que les scrutins organisés dans les États concernés par la procédure de suivi soient systématiquement observés[1850]. L'envoi de missions d'observation dans ces pays est même considéré par l'APCE

[1845] APCE, Résolution 1425 (2005), *Révision des mandats des commissions de l'Assemblée*, 28 janvier 2005, Annexe.
[1846] AS/Mon/Inf(2011)07, *op.cit.*, §II et Annexe.
[1847] APCE, *Demande d'ouverture d'une procédure de suivi en vue d'enquêter sur la fraude électorale au Royaume-Uni*, 28 juin 2006, Doc.10993.
[1848] APCE, *Demande d'ouverture d'une procédure de suivi en vue d'enquêter sur la fraude électorale au Royaume-Uni*, 13 mars 2007, AS/Mon (2007) 38.
[1849] APCE, Résolution 1031 (1994), *Respect des engagements pris par les États membres au moment de leur adhésion au Conseil de l'Europe*, 14 avril 1994.
[1850] APCE, *Lignes directrices révisées sur l'observation des élections par l'Assemblée parlementaire*, Doc.12902, 21 avril 2012, Part 1, Annexe 3, §1.

comme « *un droit inaliénable* »[1851]. Dans le cas d'un État engagé dans un dialogue postsuivi, il revient au Bureau de l'Assemblée de déterminer s'il convient d'y envoyer une mission d'observation électorale[1852]. En pratique, cette possibilité fut utilisée à de nombreuses reprises, notamment en Bulgarie (2001, 2005 et 2009), en ARYM (2002, 2004, 2006 et 2008) et en Turquie (2007). Lorsqu'un État manque de coopération avec l'APCE ou refuse d'accueillir une mission d'observation électorale, il encourt les mêmes sanctions que celles prévues au titre de la procédure de suivi[1853].

Par ailleurs, la Commission de suivi est fréquemment associée « *à l'observation des élections dans les États membres faisant l'objet d'un suivi: en règle générale, ses rapporteurs prennent part aux missions préélectorales ou d'observation dans les pays de leur ressort* » et « [les] *conclusions de ces missions sont systématiquement prises en compte dans les rapports de suivi sur les pays concernés* »[1854]. Cependant, depuis 2010, les lignes directrices relatives à l'observation des élections prévoient que « [les] *rapporteurs chargés du suivi ou du post-suivi d'un pays donné devront, certes, être encouragés à faire partie de commissions* ad hoc *pour l'observation d'élections mais ne devront pas briguer la présidence desdites commissions* » afin « *de faire la distinction entre l'observation des élections en tant que telles et les activités de suivi ou de post-suivi dans le contexte desquelles les conclusions d'une commission* ad hoc *font l'objet d'un suivi* »[1855]. Enfin, la Commission est également représentée au Conseil des élections démocratiques du Conseil de l'Europe.

B. Un suivi inégal des missions d'observation électorale par la Commission de suivi

Si la procédure de suivi (1) et le dialogue postsuivi (2) pèchent tous deux par manque de sévérité, la seconde souffre également d'une régularité insuffisante.

1. Un relai régulier mais indulgent dans le cadre de la procédure de suivi

La procédure de suivi menée par l'APCE conduit très fréquemment à relayer les conclusions et recommandations émises par les délégations

---

[1851] *Ibid.*, §2.
[1852] *Ibid.*, §3.
[1853] *Ibid.*, §2.
[1854] APCE, *L'évolution de la procédure de suivi de l'Assemblée (juin 2010 – mai 2011)*, 6 juin 2011, Doc.12634, §B.85.
[1855] APCE, *Activités du Bureau et de la Commission permanente de l'Assemblée (9 octobre 2010 – 22 janvier 2011)*, 22 janvier 2011, Doc.12477 Partie I, §14.

d'observation électorale et les MIOE. Il apparaît nettement que les évaluations des observateurs constituent un moyen privilégié pour la Commission de suivi de déterminer si les engagements en matière électorale pris par les nouveaux États membres ont été respectés et, plus largement, d'apprécier la capacité d'un État à remplir les obligations de nature démocratique découlant d'une adhésion au Conseil de l'Europe. Ainsi, après une période de stagnation de plusieurs années[1856], l'APCE « *se félicit*[a] *des progrès significatifs effectués par la Croatie pour respecter ses engagements et obligations en tant qu'État membre depuis son adhésion au Conseil de l'Europe le 6 novembre 1996 et, en particulier, depuis les élections parlementaires et présidentielles qui se sont déroulées au début de l'an 2000* »[1857]. Ces progrès, consistant notamment en l'adoption d'une nouvelle loi électorale en conformité avec les recommandations de l'APCE, amenèrent cette dernière à clore la procédure de suivi en 2003.

En revanche, le parcours de la plupart des autres pays ayant intégré le Conseil de l'Europe à partir de 1995 s'avère bien moins satisfaisant. Un nombre important de nouveaux États membres n'ont toujours pas été jugés pleinement aptes à remplir leur obligations plus d'une décennie après leur adhésion et la procédure de suivi, qui semblait avoir été initialement instaurée pour une période relativement courte, s'éternise. En 2011, l'APCE souligna ainsi qu'il « [était] *regrettable de constater que de graves problèmes continu*[aient] *d'entraver le bon déroulement des élections dans un certain nombre de pays soumis à une procédure de suivi* »[1858]. Dans la majorité des cas, la persistance d'irrégularités importantes au fil des consultations populaires et les conclusions négatives des observateurs électoraux qui s'ensuivirent eurent une influence notable dans le prolongement de la période de suivi.

Parmi les exemples les plus révélateurs de cette incapacité à se rapprocher des normes démocratiques du Conseil de l'Europe, l'Arménie et l'Azerbaïdjan figurent en bonne place. A l'égard du premier État, l'APCE exprima en 2004 « *sa profonde déception sur le déroulement des élections – présidentielle en février et mars 2003, et législatives en mai 2003 – qui* [donnèrent] *lieu à de graves irrégularités et à des fraudes massives* » et invita les autorités arméniennes « *à réviser le Code électoral, en étroite coopération avec le Conseil de l'Europe* » et le BIDDH, ainsi qu'à « *enquêter sérieusement sur les fraudes électorales et à mettre fin à l'impunité*

[1856] APCE, Résolution 1185 (1999), *Respect des obligations et engagements de la Croatie*, 29 avril 1999, §8 et 9.
[1857] APCE, Résolution 1223 (2000), *Respect des obligations et engagements de la Croatie*, 26 septembre 2000, §1.
[1858] APCE, Résolution 1827 (2011), *L'évolution de la procédure de suivi de l'Assemblée (juin 2010 – mai 2011)*, 24 juin 2011, §9.

judiciaire des auteurs des fraudes, d'ici à la fin 2004 »[1859]. Cependant, après quelques progrès « *dans la voie du respect de ses obligations et engagements* »[1860], les graves fraudes électorales qui entachèrent l'élection présidentielle de 2008, considérée comme un test de l'engagement démocratique du pays, et les incidents violents qui la suivirent amenèrent l'APCE à mettre en cause « *la crédibilité de l'Arménie en tant que membre du Conseil de l'Europe* » et à « *envisager la possibilité de suspendre le droit de vote de la délégation arménienne auprès de l'Assemblée à l'ouverture de la partie de session de juin 2008 si aucun progrès considérable n'avait été accompli d'ici là* »[1861]. Mais la sanction ne fut pas appliquée afin d'encourager une nouvelle évolution positive de la situation[1862] et dans l'attente des élections législatives prévues en 2012, que les membres de la Commission de suivi souhaitent être « *suivies par des observateurs internationaux en nombre suffisant pour qu'ils soient présents dans un maximum de bureaux de vote* »[1863].

Le cas de l'Azerbaïdjan démontre que la tolérance de l'APCE se mue parfois en un laxisme coupable. A la suite du scrutin présidentiel de 2003, l'APCE souligna ainsi que celui-ci « [n'avait] *pas satisfait à bien des égards aux normes internationales généralement reconnues* » et que « [si] *aucun progrès* [n'était] *constaté d'ici à juin 2004, il pourrait être demandé à l'Assemblée de réexaminer la ratification des pouvoirs de la délégation parlementaire d'Azerbaïdjan auprès du Conseil de l'Europe* »[1864]. La menace ne fut pas mise à exécution mais l'APCE décida de faire des élections législatives suivantes « *un test décisif pour la crédibilité démocratique du pays* »[1865]. Or, la qualité particulièrement exécrable du scrutin fut considérée comme « *tomb*[ant] *sous le coup des dispositions de l'article 8.2.b du Règlement de l'Assemblée, à savoir "le manque de respect persistant des obligations et engagements"* »[1866]. Cependant, bien que contestés pour des raisons substantielles, les pouvoirs de la délégation

---

[1859] APCE, Résolution 1361 (2004), *Respect des obligations et engagements de l'Arménie*, 27 janvier 2004, §12.
[1860] APCE, Résolution 1532 (2007), *Respect des obligations et engagements de l'Arménie*, 23 janvier 2007, §9.
[1861] APCE, Résolution 1609 (2008), *Fonctionnement des institutions démocratiques en Arménie*, 17 avril 2008, §13.
[1862] APCE, Résolution 1620 (2008), *Mise en œuvre par l'Arménie de la Résolution 1609 (2008) de l'Assemblée, 25 juin 2008*, §3 ; APCE, Résolution 1643 (2009), *Mise en œuvre par l'Arménie des Résolutions 1609 (2008) et 1620 (2008) de l'Assemblée*, 27 janvier 2009, §11.
[1863] APCE, *Le fonctionnement des institutions démocratiques en Arménie*, 15 septembre 2011, Doc.12710, B, §57.
[1864] APCE, Résolution 1358 (2004), *Fonctionnement des institutions démocratiques en Azerbaïdjan*, 27 janvier 2004, §6.i et 16.
[1865] APCE, Résolution 1480 (2006), *Contestation pour des raisons substantielles des pouvoirs non encore ratifiés de la délégation parlementaire d'Azerbaïdjan*, 25 janvier 2006, §2.
[1866] *Ibid.*, §10.

azerbaïdjanaise furent ratifiés et une nouvelle chance fut laissée au pays pour faire ses preuves, lors de la répétition partielle des élections législatives en 2006. Ces dernières ne laissèrent transparaître aucune amélioration notable mais l'APCE ne mis pas en œuvre la sanction pour autant, au motif « *que la coopération entre le Conseil de l'Europe et l'Azerbaïdjan demeur*[ait] *indispensable au développement de la démocratie, de la prééminence du droit et du respect des droits de l'homme dans ce pays* »[1867].

Pour certains, l'exemple de l'Azerbaïdjan illustre le choix par le Conseil de l'Europe d'une « *approche non conflictuelle, axée sur le long terme et fondée sur la logique de la persuasion* »[1868], la mise à l'écart d'une réaction répressive fondée sur la sanction au profit d'une réponse constructive axée sur la coopération[1869]. Il s'ensuit un tiraillement entre l'imposition d'une sanction méritée et l'idée selon laquelle seuls le dialogue et la coopération peuvent être susceptibles d'engendrer des progrès. Ainsi, bien qu'aucune consultation populaire dépourvue de fraudes et d'irrégularités massives n'ait été tenue en Azerbaïdjan plus d'une décennie après son adhésion au Conseil de l'Europe, aucune sanction ne fut prise à l'encontre de ce pays et cela alors qu'une contestation ou un réexamen des pouvoirs d'une délégation nationale apparaît comme une sanction d'une sévérité relativement modeste au regard de la gravité et de la récurrence des violations des principes fondamentaux du Conseil de l'Europe. Face à tant de mauvaise volonté de la part des autorités nationales, on ne peut toutefois être que sceptique quant à la pertinence d'une telle approche et craindre une perte de crédibilité du Conseil de l'Europe en tant que gardien de la démocratie, de l'État de droit et des droits à l'Homme. D'autant qu'une étude a clairement révélé les moyens de pression dont a fait usage ce pays, souvent proches de la corruption, afin de réduire au silence les instances de suivi de l'APCE et influencer les conclusions des observateurs électoraux de l'Assemblée[1870]. Tout ceci démontre les limites des moyens de pression dont dispose l'APCE face à un État récalcitrant, *a fortiori* dépourvu de perspective d'adhésion à l'UE et riche en ressources naturelles. En revanche la vague de condamnations prononcées ces dernières années par la Cour EDH à l'encontre de l'Azerbaïdjan pour violations du droit à des élections libres rappelle toute l'utilité de la contrainte juridictionnelle lorsque le suivi politique s'avère inefficace.

[1867] APCE, Résolution 1505 (2006), *Mise en œuvre de la Résolution 1480 (2006) sur la contestation des pouvoirs de la délégation parlementaire d'Azerbaïdjan*, 26 juin 2006, §12.
[1868] APCE, Résolution 1155 (1998), *Evolution des procédures de suivi de l'Assemblée (avril 1997 - avril 1998)*, 21 avril 1998, §3.i.
[1869] Sur ce point, voir : Ailincai (M.), *op.cit.*, pp.312 et s.
[1870] European Stability Initiative, *Caviar diplomacy. How Azerbaijan silenced the Council of Europe*, 2012.

Par contre, la situation de la Bosnie-Herzégovine diffère de celle des deux États du Caucase. La qualité des processus électoraux de ce pays a sensiblement progressé depuis son entrée au Conseil de l'Europe mais il ne parvient pas à réformer une disposition sensible de sa Constitution limitant l'accès à certaines fonctions électives aux membres des trois peuples dits « constituants ». En dépit de l'engagement pris lors de son adhésion, des demandes répétées de l'APCE[1871] et d'une condamnation par la Cour EDH[1872], la Bosnie-Herzégovine s'est avérée dans l'incapacité de procéder au changement requis. Par conséquent, les rapporteurs de la Commission de suivi considérèrent qu'en l'absence de modification avant les élections législatives de 2010, « *la légitimité démocratique des membres de la délégation de Bosnie-Herzégovine auprès de l'Assemblée pourrait être mise en question* »[1873]. Aucune réforme ne fut adoptée et l'APCE souligna donc que, « [b]*ien que globalement libres et justes, ces élections* [furent] *tenues sur la base d'un cadre constitutionnel et juridique en violation de la Convention européenne des droits de l'homme* [...] *et ses protocoles* »[1874]. Ainsi, « *regre*[ttant] *vivement qu'aucun effort digne de ce nom n'ait été déployé par les autorités* » (§3), elle conclut que « [si] *les amendements nécessaires* [n'étaient] *pas adoptés en temps utile avant les prochaines élections en 2014,* [...] *le maintien de la qualité de membre du Conseil de l'Europe de la Bosnie-Herzégovine pourrait être menacé* » (§5).

Un autre cas de figure concerne des pays pour lesquels aucun engagement précis sur le plan électoral ne fut imposé lors de l'adhésion mais qui restent maintenus en période de suivi en raison notamment d'une certaine faiblesse de leurs performances électorales. Il s'agit par exemple de l'Albanie, pour laquelle l'APCE considérait en 2004 « *qu'il* [était] *souhaitable de maintenir la procédure de suivi jusqu'à ce que les autorités albanaises aient progressé davantage dans le respect des obligations générales et des engagements particuliers* », tel qu'« *organiser des élections pleinement conformes aux normes internationales* »[1875]. Mais les progrès furent minimes et en 2010, soit quinze ans après son adhésion, l'APCE devait encore demander aux

---

[1871] Voir notamment : APCE, Résolution 1383 (2004), *Respect des obligations et engagements de la Bosnie-Herzégovine*, 23 juin 2004, §3 ; APCE, Résolution 1513 (2006), *Réforme constitutionnelle en Bosnie-Herzégovine*, 29 juin 2006, §10 ; Résolution 1626 (2008), *Respect des obligations et engagements de la Bosnie-Herzégovine*, 30 septembre 2008, §8.

[1872] *Sejdic et Finci c/ Bosnie-Herzégovine*, Gr. Ch., 22 décembre 2009, req. 27996/06 et 34836/06 ; Voir *supra.*, Partie 1, Titre 2, Chapitre 2

[1873] APCE, *Le besoin urgent d'une réforme constitutionnelle en Bosnie- Herzégovine*, Doc.12222, 27 avril 2010, §46.

[1874] APCE, Résolution 1855 (2012), *Le fonctionnement des institutions démocratiques en Bosnie-Herzégovine*, 24 janvier 2012, §2.

[1875] APCE, Résolution 1377 (2004), *Respect des obligations et engagements de l'Albanie*, 29 avril 2004, §18.

autorités de ce pays « *de mettre en œuvre les recommandations de la commission* ad hoc *de son Bureau, qui a observé les élections de juin 2009, en vue d'améliorer, en coopération étroite avec la* [Commission de Venise], *le cadre législatif électoral et de renforcer les capacités d'administration électorale* »[1876]. Egalement entrée au Conseil de l'Europe en 1995, la Moldavie peine toujours à remplir ses obligations au plan démocratique. Ainsi, à la suite des élections locales de 2007, l'APCE jugeait « *préoccupant que certains aspects du processus électoral ne soient toujours pas conformes aux normes européennes relatives au caractère démocratique des consultations électorales* »[1877] et les événements violents survenus dans le cadre du scrutin législatif d'avril 2009 n'ont certainement pas contribué à une évaluation plus positive[1878]. En revanche, la Russie apparaît bénéficier d'une certaine clémence de la part de l'APCE en matière électorale. L'institution souligna bien, au lendemain du scrutin présidentiel de 2003 et des élections législatives de 2004, que « *le manque de pluralisme et la partialité des médias audiovisuels constitu*[aient] *un obstacle insurmontable à la conduite d'élections réellement libres et équitables, et au bon fonctionnement de la démocratie dans son ensemble* »[1879]. Mais depuis, la question électorale semble avoir été éclipsée par la Deuxième Guerre d'Ossétie du Sud qui éclata en 2008[1880], malgré les graves irrégularités ayant terni les scrutins de 2007 et 2008 et la controverse relative aux limitations imposées au travail des observateurs électoraux du BIDDH dans ce cadre. De plus, six ans se sont écoulés entre l'examen de deux rapports de suivi par l'APCE au lieu des deux années prévues. L'Assemblée demanda toutefois à la Russie de « *remédier aux problèmes en suspens liés au droit électoral, en éliminant notamment les restrictions relatives à l'enregistrement des partis*

[1876] APCE, Résolution 1709 (2010), *Fonctionnement des institutions démocratiques en Albanie*, 29 janvier 2010, §8.

[1877] APCE, Résolution 1572 (2007), *Respect des obligations et des engagements de la Moldova*, 2 octobre 2007, §11.

[1878] APCE, Résolution 1666 (2009), *Fonctionnement des institutions démocratiques en Moldova*, 29 avril 2009 ; APCE, Résolution 1692 (2009), *Fonctionnement des institutions démocratiques en Moldova : mise en œuvre de la Résolution 1666 (2009)*, 2 octobre 2009.

[1879] APCE, Résolution 1455 (2005), *Respect des obligations et engagements de la Fédération de Russie*, 22 juin 2005, §11.

[1880] APCE, Résolution 1631 (2008), *Réexamen, pour des raisons substantielles, des pouvoirs déjà ratifiés de la délégation russe*, 1er octobre 2008 ; APCE, Résolution 1633 (2008), *Conséquences de la guerre entre la Géorgie et la Russie*, 30 septembre et 2 octobre 2008 ; APCE, Résolution 1647 (2009), *Mise en œuvre de la Résolution 1633 (2008) sur les conséquences de la guerre entre la Géorgie et la Russie*, 28 janvier 2009 ; APCE, Résolution 1683 (2009), *La guerre entre la Géorgie et la Russie : un an après*, 29 septembre 2009 ; APCE, Résolution 1687 (2009), *Réexamen, pour des raisons substantielles, des pouvoirs déjà ratifiés de la délégation russe (article 9 du Règlement de l'Assemblée)*, 1er octobre 2009.

et des candidats, et [d'] *abaisser encore le seuil de représentation au parlement* »[1881].

Enfin, la survenance de « révolutions de couleurs » dans certains nouveaux États membres du Conseil de l'Europe fut également à l'origine d'un rééchelonnement ou d'une prorogation de la phase de suivi, comme dans le cas de la Géorgie, marquée par la « Révolution des Roses » en 2003. L'APCE décida dans ce cas « *qu'il* [était] *nécessaire de négocier avec les nouvelles autorités géorgiennes de nouveaux délais aux termes desquels elles seront tenues de respecter les engagements que la Géorgie a souscrits lors de son adhésion au Conseil de l'Europe, et de revoir ces engagements* »[1882]. Dans un sens comparable, après avoir débuté sur des bases particulièrement conflictuelles[1883], allant jusqu'à la menace de suspension[1884], les relations avec l'Ukraine s'apaisèrent sensiblement à la suite de la « Révolution Orange » de 2004[1885].

2. Un suivi inconsistant dans le cadre du dialogue postsuivi

En 2011, quatre États membres aux profils très variés faisaient l'objet d'un dialogue postsuivi avec l'APCE, mais l'accompagnement s'avère moins systématique dans ce cadre du fait du caractère plus espacé des rapports de suivi. Il s'agit en premier lieu de l'ARYM, dont la procédure de suivi fut manifestement clôturée trop tôt, dès l'an 2000[1886]. Or, le pays connaît encore d'importantes difficultés à remplir ses obligations de membre, notamment au plan démocratique. Cela fut illustré en 2009 par les recommandations des observateurs électoraux selon lesquelles le pays « *devrait renforcer sa coopération avec la commission de suivi de l'APCE dans le cadre du dialogue post-suivi* »[1887]. Il pourrait même être préférable de relancer le mécanisme de suivi à son égard afin d'assurer une surveillance plus rigoureuse. En deuxième lieu, la Bulgarie a la particularité d'être le seul État membre de l'UE engagé dans un dialogue postsuivi. Si les processus électoraux organisés par ce pays reçurent des évaluations plutôt positives de

---

1881 Résolution 1827 (2011), *L'évolution de la procédure de suivi de l'Assemblée (juin 2010 – mai 2011)*, 24 juin 2011, §18.1.8.

1882 APCE, Résolution 1363 (2004), *Fonctionnement des institutions démocratiques en Géorgie*, 28 janvier 2004, §13.

1883 Voir notamment : APCE, Résolution 1179 (1999), *Respect des obligations et engagements de l'Ukraine*, 27 janvier 1999, §15 ; APCE, Résolution 1244 (2001), *Respect des obligations et engagements de l'Ukraine*, 26 avril 2001, §8.

1884 APCE, Résolution 1364 (2004), *Crise politique en Ukraine*, 29 janvier 2004, §18.

1885 APCE, Résolution 1466 (2005), *Respect des obligations et engagements de l'Ukraine*, 4 octobre 2005, §4 et 15.

1886 APCE, Résolution 1213 (2000), *Respect des obligations et engagements de « l'ex-République yougoslave de Macédoine »*, 5 avril 2000, §14.

1887 APCE, *Observation de l'élection présidentielle dans «l'ex-République yougoslave de Macédoine » (22 mars et 5 avril 2009)*, 27 avril 2009, Doc.11866, §59.

la part des observateurs de l'APCE[1888], « *le fonctionnement de la justice, la lutte contre la corruption, l'indépendance des médias et les droits des personnes appartenant à des minorités* »[1889] apparurent insuffisantes et expliquent la persistance de la procédure. Ensuite, la Turquie se distingue des États étudiés précédemment par l'ancienneté de sa qualité de membre du Conseil de l'Europe. Bien que le pays ait adhéré en 1949, l'APCE décida en 1996 de le soumettre à une procédure de suivi[1890]. Celle-ci fut clôturée en 2004 et l'Assemblée invita la Turquie à procéder à des réformes sur douze points, dont deux furent préconisées par les observateurs de l'Assemblée[1891] : un abaissement du seuil électoral de 10% et une révision de la législation relative aux partis politiques[1892]. Le seuil fut finalement validé par la Cour EDH[1893] mais les problèmes récurrents de dissolution abusive de partis politiques conduisirent l'APCE à « *demand*[er] *à sa commission de suivi d'intensifier son dialogue postsuivi avec la Turquie, de suivre de près l'évolution du fonctionnement démocratique de ses institutions d'État et, en particulier, le processus de rédaction de la Constitution, et de considérer sérieusement, le cas échéant, la possibilité de rouvrir la procédure de suivi de la Turquie* »[1894]. En dernier lieu, Monaco fait également figure de cas atypique au regard de sa taille et de sa tradition démocratique. Sa participation au dialogue postsuivi tient au caractère récent de son adhésion au Conseil de l'Europe, en 2007. Les évaluations de la Commission de suivi sont globalement positives mais l'APCE souligna notamment que le pays devait encore ratifier le Premier Protocole additionnel à la Convention EDH et, en écho aux recommandations des observateurs électoraux[1895], adopter une législation sur le financement des partis politiques[1896].

1888 APCE, *Commission* ad hoc *pour l'observation des élections parlementaires en Bulgarie*, 25 juin 2001, Doc.9134 ; APCE, *Observation des élections parlementaires en Bulgarie (25 juin 2005)*, 12 septembre 2005, Doc.10663 ; APCE, *Observation des élections législatives en Bulgarie (5 juillet 2009)*, 16 septembre 2009, Doc.12008.

1889 APCE, Résolution 1730 (2010), *Dialogue postsuivi avec la Bulgarie*, 30 avril 2010, §7.

1890 APCE, Recommandation 1298 (1996), *Respect par la Turquie des engagements concernant la réforme constitutionnelle et législative (suites à donner à la Recommandation 1266 (1995))*, 25 avril 1996

1891 APCE, *Rapport de la commission* ad hoc *sur l'observation des élections législatives en Turquie (3 novembre 2002)*, 20 décembre 2002, Doc.9621.Ad.VI.

1892 APCE, Résolution 1380 (2004), *Respect des obligations et engagements de la Turquie*, 22 juin 2004, §23.ii et vii.

1893 *Yumak et Sadak c/ Turquie*, Gr. Ch., 8 juillet 2008, req. n°10226/03.

1894 APCE, Résolution 1622 (2008), *Fonctionnement des institutions démocratiques en Turquie : développements récents*, 26 juin 2008, §20. Voir *supra.*, Partie 1, Titre 2 , Chapitre 2.

1895 APCE, *Commission* ad hoc *pour l'observation des élections législatives à Monaco (9 février 2003)*, 18 mars 2003, Doc.9741, §22 ; APCE, *Observation des élections législatives à Monaco (3 février 2008)*, 20 mars 2008, Doc.11535, §25

1896 APCE, Résolution 1566 (2007), *Respect des obligations et des engagements de Monaco*, 28 juin 2007, §7 et 19.1 ; APCE, Résolution 1690 (200), *Respect des obligations et engagements de Monaco*, 1er octobre 2009, §5.1 et 9.

C. Une variété d'autres mécanismes de suivi d'importance mineure

Le premier mécanisme complémentaire de suivi a été développé par le Comité des Ministres sur les pas de celui de l'APCE. Il puise son fondement juridique dans la *Déclaration sur le respect des engagements pris par les États membres* adoptée le 10 novembre 1994 par le Comité des Ministres et consiste en un système complexe se décomposant en trois procédures mais, en raison de la nature essentiellement diplomatique et confidentielle de ces dernières, seul un bref aperçu peut en être donné dans cette étude. La première procédure, qui découle directement de la Déclaration de 1994, permet au Comité d'examiner « *les questions du respect des engagements concernant la situation de la Démocratie, des Droits de l'Homme et de l'État de Droit dans tout État membre* » transmise par un autre État, le Secrétaire Général ou une recommandation de l'APCE (§1). Les deux cas de saisine du Comité, par le Secrétaire Général en 2000 et par l'APCE en 2003[1897], concernèrent la situation en Tchétchénie. En outre, les modalités de mise en œuvre de la Déclaration de 1994, adoptées par le Comité des Ministres le 20 avril 1995 permettent à une délégation ou au Secrétaire Général de demander que « *la situation dans tout État membre soit inscrite à l'ordre du jour* » d'une réunion de suivi (§4). Le cas s'est produit une seule fois en 2002, à la suite d'une demande du Secrétaire Général relative à la situation en Moldavie. La deuxième procédure fut mise en place en 1996 et consiste en un suivi thématique, c'est-à-dire une vérification du respect des engagements de tous les États membres centrée sur des sujets précis. Parmi la dizaine de thèmes contrôlée jusqu'en 2007, certains touchèrent plus ou moins directement à la question électorale, tels la liberté d'expression et d'information, le fonctionnement et protection des institutions démocratiques, la démocratie locale ou la liberté d'association. Le suivi thématique fut entièrement révisé en 2007 afin notamment d'éviter les doubles-emplois[1898]. Enfin, la dernière procédure vise à assurer un suivi post-adhésion spécifique à l'égard de deux groupes de nouveaux États membres : l'Arménie et l'Azerbaïdjan d'une part, et la Bosnie-Herzégovine, la Géorgie, la Serbie et le Monténégro d'autre part. Les rapports disponibles relatifs au premier groupe de pays révèlent que le respect des obligations électorales compta parmi les points du contrôle. Ainsi, les rapporteurs insistèrent à plusieurs reprises sur « *la nécessité de réformer le Code et la pratique électorale selon les recommandations de la mission internationale d'observation des élections* »[1899]. Néanmoins, la réalité du contrôle exercé

[1897] APCE, Recommandation 1600 (2003), *La situation des droits de l'homme en République tchétchène*, 2 avril 2003, §4.

[1898] Voir notamment : *Arrangements futurs pour le suivi thématique du Comité des Ministres*, CM/Monitor(2007)1F, 23 mai 2007.

[1899] Voir par exemple : *Groupe de suivi (GT-SUIVI.AGO), 5e Rapport d'avancement des travaux*, CM(2004)215, 21 décembre 2004, §63.

par le Comité des Ministres est bien incertaine et ces trois procédures occupent une place très subalterne par rapport au mécanisme de l'APCE.

En deuxième lieu, un mécanisme de suivi a été développé à partir de 2000 par le Congrès des pouvoirs locaux et régionaux de l'Europe et consiste en un contrôle du respect de la *Charte européenne de l'autonomie locale*[1900]. Toutefois, cette procédure ne sera pas évoquée davantage en raison de son importance secondaire et du rôle résiduel joué par l'observation électorale dans ce cadre. En troisième et dernier lieu, il convient de préciser que le Commissaire aux droits de l'Homme du Conseil de l'Europe assure également une mission de suivi puisqu'au-delà d'une fonction de promotion, il a pour mandat de « *contribu*[er] *à la promotion du respect effectif et de la pleine jouissance des droits de l'homme dans les États membres* »[1901]. Toutefois, son action ne porte pas véritablement sur le domaine électoral, même s'il a parfois à connaître de situations en lien avec un scrutin, comme dans le cas de l'Arménie par exemple[1902], et qu'il vérifie le respect de droits indispensables à la tenue de consultations populaires démocratiques, telles les libertés d'expression et de réunion.

§3. Un suivi politique timide au sein des organes de protection des droits de l'Homme des Nations Unies

Une influence des conclusions des observateurs électoraux peut être décelée dans le cadre de la procédure de contrôle sur rapports du Comité des droits de l'Homme (A) et du mécanisme d'Examen périodique universel instauré en 2007 par le Conseil des droits de l'Homme (B), mais elle demeure faible et éparse.

A. Le Comité des droits de l'Homme et la procédure de contrôle sur rapports

Si aucune mention d'un rapport d'observation électorale n'a été faite jusqu'à présent par le Comité des droits de l'Homme dans une constatation rendue à la suite d'une communication individuelle, des références se retrouvent sporadiquement dans le cadre de la procédure de contrôle sur rapports, notamment car certains pays se prévalent des conclusions des observateurs internationaux. Ainsi, l'ARYM souligna dans son rapport

---

1900 Voir sur ce point : CPLRE, Résolution 307 (2010), *Modalités de suivi des obligations et des engagements contractés par les États membres du Conseil de l'Europe au titre de leur ratification de la Charte européenne de l'autonomie locale (STCE no°122)*, 18 juin 2010.

1901 Résolution CM(99)50, *Commissaire aux droits de l'Homme du conseil de l'Europe*, 21 mai 1999, art.3.b.

1902 *Report by Thomas Hammarberg Commissioner for Human Rights of the Council of Europe following his visit to Armenia from 18 to 21 January 2011*, CommDH(2011)12, 9 mai 2011.

périodique de 2007 que « [les] *élections locales tenues le 13 mars 2005* [furent] *évaluées par la mission d'observation OSCE/BIDDH comme ayant été tenues en conformité avec le document de Copenhague de l'OSCE, et conformément aux autres normes internationales pour des élections démocratiques* », mais précisa également que quelques problèmes graves se déroulèrent, en particulier vingt-sept cas de bourrages d'urnes[1903]. Le rapport de l'ARYM insista aussi sur le fait que le référendum tenu en 2004 fut « *évalué comme ayant été tenu pour l'essentiel conformément aux normes démocratiques déterminées par l'OSCE et le Conseil de l'Europe* », en dépit de quelques irrégularités[1904]. Dans les observations finales qui firent suite à ce rapport, le Comité « [nota] *avec préoccupation que les élections de 2005 auraient été entachées d'irrégularités, en particulier que certains groupes minoritaires n'auraient pas disposé d'un nombre suffisant de bulletins de vote, mais relèv*[a] *que l'État partie fai*[sait] *des efforts pour régler ces problèmes* » et invita l'ARYM à « *prendre des mesures pour que les futures élections se déroulent d'une manière garantissant pleinement la libre expression de la volonté des électeurs* »[1905]. Dans le même sens, la *Mission Intérimaire des Nations Unies au Kosovo* (MINUK) rappela dans son rapport de 2006 que « *quelque 2000 superviseurs internationaux* » organisèrent les scrutins tenus en 2000, 2001 et 2002, et que « *quelque 12000 observateurs nationaux et plus de 200 observateurs internationaux du Conseil de l'Europe et d'autres organisations internationales* [observèrent] *le déroulement du scrutin lors de chaque élection* ». Selon la MINUK, cette « *présence de superviseurs internationaux et d'observateurs* [empêcha] *les irrégularités et* [renforça] *la crédibilité des résultats des élections* »[1906]. En outre, certains États mettent en avant le fait d'avoir révisé leur code électoral en coopération avec l'OSCE et/ou la Commission de Venise, tels l'Albanie[1907], l'ARYM[1908] ou la Moldavie[1909].

A l'inverse, parmi les points évoqués dans le cadre du contrôle de l'Azerbaïdjan en 2008, le Comité demanda des éclaircissements quant aux « *mesures* [...] *prises pour que les nombreuses irrégularités* [...] *commises*

[1903] *Ex-République yougoslave de Macédoine, Deuxième rapport périodique*, 12 février 2007, CCPR/C/MKD/2, §502 et 503.
[1904] *Ibid.*, §508.
[1905] *Ex-République yougoslave de Macédoine, Observations finales du Comité des droits de l'homme*, 17 avril 2008, CCPR/C/MKD/CO/2, §18.
[1906] *Kosovo (Serbie-et-Monténégro), Rapport soumis au Comité des droits de l'homme par la Mission d'Administration Intérimaire des Nations Unies au Kosovo sur la situation des droits de l'homme au Kosovo depuis le mois de juin 1999*, 13 mars 2006, CCPR/C/UNK/1, §245.
[1907] *Albanie, Rapport initial au Comité des droits de l'homme*, 16 février 2004, CCPR/C/ALB/2004/1, §1283.
[1908] CCPR/C//MKD/2, *op.cit.*, §512 et 523.
[1909] *République de Moldova, Deuxième rapport périodique*, 26 décembre 2007, CCPR/C/MDA/2, §711.

lors des élections présidentielles de 2003, des élections législatives de 2005 et du deuxième tour des élections de 2006, lors desquelles des observateurs nationaux et internationaux [constatèrent] *le manque d'impartialité des commissions électorales, l'ingérence des autorités locales dans le processus électoral, les processus de vote, de décompte des voix et de saisie des données, et dans le processus de traitement des contestations, ne se reproduisent à l'avenir* »[1910]. Toutefois, dans ses observations finales, le Comité se contenta de se dire « *préoccupé par les nombreuses informations faisant état d'irrégularités commises en particulier pendant les élections parlementaires de 2005 mais aussi dans le contexte des élections présidentielles de 2008* » et incita timidement l'Azerbaïdjan à « *prendre les mesures nécessaires pour assurer à tous ses citoyens l'exercice des droits garantis à l'article 25 du Pacte, compte dûment tenu de l'Observation générale n° 25 du Comité* »[1911]. Cette conclusion apparut d'autant plus timorée que lors du cycle précédent, le Comité avait déjà demandé de « *prendre toutes les mesures voulues pour que le processus électoral se déroule dans des conditions conformes aux dispositions de l'article 25* »[1912].

Cependant, ce sont surtout les absences qui s'avèrent frappantes dans le cadre de cette procédure de contrôle puisque le Comité ne fit presque jamais référence aux fraudes électorales massives constatées[1913] et dûment documentées par les observateurs internationaux, lorsqu'il contrôla certains des États les plus autoritaires de la région de l'OSCE. L'organe se contenta généralement de courtes remarques euphémiques relatives aux problèmes de liberté d'association pour les partis politiques[1914], de liberté des médias[1915] ou de liberté de réunion[1916]. Tel fut notamment le cas avec l'Ouzbékistan, que le

---

[1910] *Liste des points à traiter à l'occasion de l'examen du Troisième rapport périodique de l'Azerbaïdjan (CCPR/C/AZE/3)*, 25 novembre 2008, CCPR/C/AZE/Q/3, §20.
[1911] *Azerbaïdjan, Observations finales du Comité des droits de l'homme*, 13 août 2009, CCPR/C/AZE/CO/3, §17.
[1912] *Azerbaïdjan, Observations finales du Comité des droits de l'homme*, 12 novembre 2001, CCPR/CO/73/AZE, §24.
[1913] *Fédération de Russie, Observations finales du Comité des droits de l'homme*, 1er décembre 2003, CCPR/CO/79/RUS, §23 ; *République kirghize, Observations finales du Comité des droits de l'homme*, 24 juillet 2000, CCPR/CO/69/KGZ, §23.
[1914] *Azerbaïdjan, Observations du Comité des droits de l'homme*, 3 août 1994, CCPR/C/79/Add.38, §13 et 19 ; *Fédération de Russie, Observations finales du Comité des droits de l'homme*, 24 novembre 2009, CCPR/C/RUS/CO/6, §27 ; *Kazakhstan, Observations finales du Comité des droits de l'homme*, 21 juillet 2011, CCPR/C/KAZ/CO/1, §27 ; *Ouzbékistan, Observations finales du Comité des droits de l'homme*, 26 avril 2001, CCPR/CO/71/UZB, §23 ; *Ouzbékistan, Observations finales du Comité des droits de l'homme*, 26 avril 2005, CCPR/CO/83/UZB, §21 ; *Ouzbékistan, Observations finales du Comité des droits de l'homme*, 7 avril 2010, CCPR/C/UZB/CO/3, §25.
[1915] *Arménie, Observations finales du Comité des droits de l'homme*, 19 novembre 1998, CCPR/C/79/Add.100, §21 ; CCPR/C/KAZ/CO/1, *op.cit.*, §25 ; *Belarus, Observations finales du Comité des droits de l'homme*, 19 novembre 1997, CCPR/C/79/Add.86, §17.
[1916] CCPR/C/KAZ/CO/1, *ibid.*, §26.

Comité qualifia de pays en « *période de transition après un régime totalitaire* »[1917]. Or, cet État est toujours dirigé par l'ancien Premier secrétaire du Parti communiste, devenu Président de la République après l'indépendance en 1991, et le BIDDH s'est refusé à quatre reprises à déployer une mission d'observation électorale complète en raison de l'absence de conditions minimales pour la tenue d'un scrutin crédible[1918]. La réalité de cette transition est donc pour le moins discutable. En conséquence, le Comité devrait davantage se prononcer sur les questions électorales afin de ne pas donner l'impression que le droit à des élections libres est un droit d'importance secondaire.

B. Le Conseil des droits de l'Homme et l'Examen périodique universel

En raison du caractère récent et novateur de la procédure (1), il est trop tôt pour tirer des conclusions sur le rôle joué par l'observation électorale dans le cadre de l'Examen périodique universel, même si le bilan s'avère mitigé à l'issue du premier cycle (2).

1. Une procédure récente et originale

En 2007, à la faveur de la transformation de la Commission des droits de l'Homme des Nations Unies en Conseil des droits de l'Homme (Conseil DHNU)[1919], un nouveau mécanisme de vérification du respect des droits de l'Homme par l'ensemble des États membres de l'ONU fut institué : l'Examen périodique universel (EPU)[1920]. Aux termes de la Résolution 5/1 adoptée le 18 juin 2007 par le Conseil DHNU, il vise notamment à « [c]*ompléter les autres mécanismes relatifs aux droits de l'homme sans faire double emploi* »[1921]. L'EPU se fonde principalement sur la *Charte des Nations Unies*, la DUDH et les autres conventions internationales en matière

---

[1917] CCPR/CO/71/UZB, *op.cit.*, §3.

[1918] *Republic of Uzbekistan, Election of Deputies to the Oliy Majlis (Parliament), 5 and 19 December 1999, OSCE/ODIHR Limited Election Assessment Mission Final Report*, 28 avril 2000, p.1 ; *Republic of Uzbekistan, Legislative Chamber elections, OSCE/ODIHR Needs Assessment Mission Report*, 13 octobre 2004, pp.1-2 ; *Republic of Uzbekistan, Presidential elections, 23 December 2007, OSCE/ODIHR Needs Assessment Mission Report*, 4 décembre 2007, pp.1-2 ; *Republic of Uzbekistan, Parliamentary elections, 27 December 2009, OSCE/ODIHR Needs Assessment Mission Report*, 6 novembre 2009, p.2.

[1919] AGNU, Résolution 60/251, *Conseil des droits de l'homme*, 15 mars 2006. Pour une étude détaillée, voir : Callejon (C.), *La réforme de la commission des droits de l'Homme des Nations Unies de la Commission au conseil des droits de l'Homme*, Pedone, 2008.

[1920] Fassassi (I.), « L'examen périodique universel devant le Conseil des droits de l'homme des Nations Unies », *RTDH*, n°79, 2009, pp.739-761.

[1921] Conseil DHNU, Résolution 5/1, *Mise en place des institutions du Conseil des droits de l'homme*, 18 juin 2007, Annexe, §3.f.

de droits de l'Homme auxquelles l'État est partie. Chaque État doit être contrôlé tous les quatre ans, ce qui implique tout de même l'examen de 48 pays chaque année par le Conseil. Les informations sur lesquelles s'appuie l'organe pour procéder à l'EPU sont essentiellement fournies par l'État concerné dans un exposé écrit, par le Haut-Commissariat aux droits de l'Homme à travers une compilation de documents officiels pertinents des Nations Unies et par la société civile et des Organisations régionales. Un rapport établi par trois rapporteurs tirés au sort donne lieu à une discussion au sein du Conseil, suivie par l'adoption d'un document final contenant des recommandations à l'adresse de l'État contrôlé et, éventuellement, des engagements pris par ce dernier, ainsi qu'une offre d'assistance technique et de moyens de la part de la communauté internationale. Une originalité de la procédure réside dans le fait que le rapport final distingue les recommandations acceptées par l'État concerné de celles qui ne l'ont pas été.

À partir du deuxième cycle d'EPU, lequel débuta en juin 2012, il est prévu que l'examen se concentre, « *entre autres, sur la mise en œuvre des recommandations acceptées et l'évolution de la situation des droits de l'homme dans l'État examiné* »[1922]. Dans ce cadre, le Conseil DHNU pourrait « *prévoir des mesures de suivi particulières* »[1923] mais aucune précision n'est fournie quant au type de mesure envisagé. De même, « [a]*près avoir épuisé tous les efforts pour encourager un État à coopérer à la procédure d'examen périodique universel* », le Conseil serait habilité à « [se pencher] *sur les cas de non-coopération persistante* »[1924] mais ici encore, la formule employée est pour le moins vague et au regard de la nature essentiellement coopérative de la procédure, il est peu probable que le contrôle débouche sur une quelconque sanction.

2. L'influence incertaine de l'observation électorale

Au terme d'une étude des documents relatifs au premier cycle de l'EPU, ce mécanisme apparaît comme un moyen plus efficace pour relayer les conclusions des observateurs électoraux et assurer un suivi des missions que le contrôle sur rapports opéré par le Comité DHNU. Toutefois, ce n'est qu'à la fin du deuxième cycle d'examen qu'il sera véritablement possible d'apprécier cette efficacité à travers la mise en œuvre effective des recommandations et les moyens employés pour faire pression sur les États réfractaires. A l'instar de la pratique constatée dans le cadre de la procédure de contrôle sur rapports du Comité, certains États soulignent dans leurs rapports préliminaires les améliorations apportées à leur législation

1922 Conseil DHNU, Résolution 16/21, *Réexamen des activités et du fonctionnement du Conseil des droits de l'homme*, 12 avril 2011, Annexe, §6.
1923 Conseil DHNU, Résolution 5/1, *op.cit.*, §37.
1924 *Ibid.*, §38.

électorale[1925] ou insistent sur la présence d'observateurs internationaux lors de leurs scrutins[1926] et vont parfois jusqu'à se prévaloir de conclusions positives[1927] ou de l'absence d'irrégularités graves[1928].

Toutefois, pour la plupart des États problématiques de la région de l'OSCE, ce sont les contributions fournies par le Haut-Commissariat aux droits de l'Homme, d'une part, et la société civile et les Organisations régionales, d'autre part, qui s'avèrent les plus instructives. Ainsi, dans le cas de l'Ouzbékistan, le premier rappela opportunément une résolution de l'AGNU très critique à l'égard de la situation des droits de l'Homme dans ce pays[1929], tandis que les secondes ne manquèrent pas de dénoncer l'ampleur des violations au droit à des élections libres qui se déroulèrent lors des élections législatives de 2004 et présidentielle de 2007[1930]. La procédure d'Examen périodique universel se distingue donc utilement des autres mécanismes par la tribune qu'elle offre au Haut-Commissariat et à la société civile pour relayer les conclusions des observateurs et, plus largement, interpeler certains États sur leur bilan déplorable en matière électorale[1931].

Néanmoins, ces contributions peuvent également offrir un canal à la CEI pour mentionner les résultats biaisés des missions qu'elle déploie, conduisant parfois à des affirmations contradictoires et à une impression de confusion. Une illustration claire de cet écueil ressort des documents produits dans le cadre de l'examen de la situation en Biélorussie. Si, dans un premier temps, le résumé des contributions de la société civile et des Organisations régionales souligna explicitement que « *toutes les élections et tous les référendums qui se sont déroulés au Belarus* [furent] *déclarés par*

1925 *Arménie, Rapport national*, 17 février 2010, A/HRC/WG.6/8/ARM/1, §16 ; *Géorgie, Rapport national*, 8 novembre 2010, A/HRC/WG.6/10/GEO/1, §65 et 67-68 ; *Kirghizistan, Rapport national*, 22 janvier 2010, A/HRC/WG.6/8/KGZ/1, §29 ; *Moldova, Rapport national*, 19 juillet 2011, A/HRC/WG.6/12/MDA/1, §64-66.

1926 *Albanie, Rapport national*, 17 août 2009, A/HRC/WG.6/6/ALB/1, §40 ; *Ex-République yougoslave de Macédoine, Rapport national*, 23 février 2009, A/HRC/WG.6/5/MKD/1, §13 ; *Turkménistan, Rapport national*, 15 septembre 2008, A/HRC/WG.6/3/TKM/1, §2.

1927 *Géorgie, Rapport national*, 8 novembre 2010, A/HRC/WG.6/10/GEO/1, §51 et 66 ; *Moldova, Rapport national*, 19 juillet 2011, A/HRC/WG.6/12/MDA/1, §67.

1928 *Kirghizistan, Rapport national*, 22 janvier 2010, A/HRC/WG.6/8/KGZ/1, §30.

1929 *Ouzbékistan, Compilation établie par le Haut-Commissariat aux droits de l'homme*, 25 septembre 2008, A/HRC/WG.6/3/UZB/2, §40 ; AGNU, Résolution 60/174, *Situation des droits de l'homme en Ouzbékistan*, 16 décembre 2005.

1930 *Ouzbékistan, Résumé établi par le Haut-Commissariat aux droits de l'homme*, 16 septembre 2008, A/HRC/WG.6/3/UZB/3, §34.

1931 Voir notamment : *Tadjikistan, Compilation établie par le Haut-Commissariat aux droits de l'homme*, 25 juillet 2011, A/HRC/WG.6/12/TJK/2, §58-59 ; *Turkménistan, Compilation établie par le Haut-Commissariat aux droits de l'homme*, 29 septembre 2008, A/HRC/WG.6/3/TKM/2, §33 et 40 ; *Kirghizstan, Compilation établie par le Haut-Commissariat aux droits de l'homme*, 17 février 2010, A/HRC/WG.6/8/KGZ/2, §42 ; *Russie, Résumé établi par le Haut-Commissariat aux droits de l'homme*, 1er décembre 2008, A/HRC/WG.6/4/RUS/3, §45.

l'OSCE et par les missions d'observation des élections du BIDDH comme non conformes aux règles internationales relatives à la démocratie, à la liberté et à la transparence du processus électoral », puis que le « *Comité des affaires politiques de l'Assemblée parlementaire du Conseil de l'Europe* [nota] *que les élections parlementaires de septembre 2008* [n'avaient] *pas été conformes aux normes européennes de liberté et d'équité* »[1932], une analyse opposée s'ensuivit. En effet, le paragraphe suivant rappela que les observateurs de la CEI ne « [constatèrent] *aucun fait susceptible de mettre en doute la légitimité et le caractère démocratique des élections présidentielles et parlementaires* »[1933].

La phase suivante du mécanisme, consistant en une discussion entre États au terme de laquelle sont émises des recommandations, révèle une faiblesse qui n'est pas sans rappeler les déviances qui conduisirent à la réforme de la Commission des droits de l'Homme. Lors des discussions, les États dont le bilan en matière de protection des droits de l'Homme est le plus critiquable tendent à se complimenter mutuellement plutôt que de se livrer à une évaluation objective de la situation. A titre d'illustration, on peut notamment citer la Russie qui félicita la Biélorussie pour « *l'élan positif en ce qui concerne la protection des droits civils et politiques* »[1934], ou le Tadjikistan qui nota « *que le Kazakhstan avait renforcé la protection des droits de l'homme et les principes démocratiques et qu'il s'efforçait encore de consolider la démocratie et l'État de droit, comme l'attestait la nomination du Kazakhstan à la présidence de l'Organisation pour la sécurité et la coopération en Europe pour l'année 2010* »[1935]. Cette pratique, sans doute inévitable lors d'une procédure de contrôle des droits de l'Homme à vocation universelle et non-juridictionnelle, s'avère clairement nuisible à la crédibilité de l'exercice.

C'est toutefois au cours de cette étape qu'il est le plus souvent fait référence aux conclusions des observateurs électoraux, principalement par le biais de la formulation de recommandations. A diverses reprises, des États ont en effet invité le pays examiné à se conformer aux recommandations des missions d'observation ou, de façon plus large, à améliorer leurs processus électoraux. Bien qu'il soit trop tôt pour se prononcer avec certitude sur l'influence de ces demandes, la position exprimée à leur égard par les États examinés fournit des indications sur leur volonté de s'y conformer. Ainsi, certains accueillent favorablement les recommandations, à l'instar de

---

[1932] *Belarus, Résumé établi par le Haut-Commissariat aux droits de l'homme*, 17 février 2010, A/HRC/WG.6/8/BLR/3, §45-46.
[1933] *Ibid.*, §47.
[1934] *Belarus, Rapport du Groupe de travail sur l'Examen périodique universel*, 21 juin 2010, A/HRC/15/16, §23.
[1935] *Kazakhstan, Rapport du Groupe de travail sur l'Examen périodique universel*, 23 mars 2010, A/HRC/14/10, §52.

l'Arménie[1936] du Kirghizstan[1937], ou les acceptent au moins partiellement, telle la Géorgie[1938]. De telles réponses ne garantissent pas une mise en œuvre effective mais l'issue apparaît nettement plus compromise dans les autres cas. Il peut s'agir d'abord de situations dans lesquelles le pays examiné estime déjà, contre toute évidence, mettre en œuvre la recommandation, à l'image du Kazakhstan[1939] et de l'Ouzbékistan[1940]. L'autre possibilité consiste à refuser expressément les demandes. Telle est l'attitude adoptée par la Biélorussie, auquel il fut recommandé de « *continuer à travailler avec l'Organisation de l'OSCE pour les institutions démocratiques et les droits de l'homme sur la réforme électorale, en vue d'assurer que le processus électoral et le cadre législatif soient pleinement conformes aux normes internationales, notamment au Pacte international relatif aux droits civils et politiques, bien avant la tenue de l'élection présidentielle de 2011* »[1941]. L'État rétorqua qu'il n'y avait « *pas lieu de modifier la loi électorale bélarussienne* » et que « [t]*outes les dispositions des traités internationaux auxquels le Belarus est partie concernant les élections* [étaient] *intégrées dans la législation et mises en pratique* »[1942]. Enfin, on peut s'étonner une nouvelle fois que certains pays comme l'Azerbaïdjan, le Turkménistan ou l'Ukraine n'aient même pas été interpelés quant à leurs manquements en matière de protection du droit à des élections libres.

Section 3. Une influence notable et croissante de l'observation électorale au sein de la Cour Européenne des Droits de l'Homme

Les rapports d'observation électorale s'affirment progressivement comme des éléments de preuve potentiellement décisifs devant la Cour EDH. Aux termes de l'article 38 de la Convention EDH, la Cour procède à l'établissement des faits par un examen contradictoire de l'affaire avec les

[1936] *Arménie, Rapport du Groupe de travail sur l'Examen périodique universel*, 6 juillet 2010, A/HRC/15/9, §93.37.

[1937] *Kirghizistan, Rapport du Groupe de travail sur l'Examen périodique universel*, 16 juin 2010, A/HRC/15/2, §76.9, 76.10, 76.11, 76.92, 76.93, 76.94, 76.95, 76.96, 76.97, 76.98 et 76.99.

[1938] *Géorgie, Rapport du Groupe de travail sur l'Examen périodique universel*, 16 mars 2011, A/HRC/17/11, §106.16 ; *Géorgie, Rapport du Groupe de travail sur l'Examen périodique universel, Additif*, 31 mai 2011, A/HRC/17/11/Add.1, p.3.

[1939] *Kazakhstan, Rapport du Groupe de travail sur l'Examen périodique universel*, 23 mars 2010, A/HRC/14/10, §97.9 et 97.15 ; *Kazakhstan, Rapport du Groupe de travail sur l'Examen périodique universel, Additif*, 1er juin 2010, A/HRC/14/10/Add.1, pp.3 et 5.

[1940] *Ouzbékistan, Rapport du Groupe de travail sur l'Examen périodique universel*, 9 mars 2009, A/HRC/10/83, §106.18 ; *Ouzbékistan, Rapport du Groupe de travail sur l'Examen périodique universel, Additif*, 13 mars 2009, A/HRC/10/83/Add.1, §66-69.

[1941] *Belarus, Rapport du Groupe de travail sur l'Examen périodique universel*, 21 juin 2010, A/HRC/15/16, §98.37.

[1942] *Belarus, Rapport du Groupe de travail sur l'Examen périodique universel, Additif*, 15 septembre 2010, A/HRC/15/16/Add.1, §105.

représentants des parties. Cette étape présente une importance indéniable dans la mesure où une violation des droits garantis ne peut être sanctionnée que si elle est établie « *au-delà de tout doute raisonnable* ». Pour fonder sa conviction, la Cour EDH a recours à une grande variété de moyens de preuve, parmi lesquels figurent les documents produits par d'autres institutions internationales de protection des droits de l'Homme. Cette utilisation présente un double avantage car elle « *réduit en principe la difficulté de preuve qui se dresse devant le requérant qui manque d'un pouvoir d'expertise suffisant lorsqu'il entend démontrer l'existence de conditions générales contraires à la Convention* » et, parallèlement, « *réduit également la charge des organes de la Convention qui n'ont pas à procéder à des mesures d'instruction à la fois longues et complexes* »[1943]. C'est dans cet esprit que les conclusions des missions d'observation électorale tendent à être de plus en plus fréquemment utilisées par la Cour de Strasbourg afin de « *compléter davantage sa description de la situation factuelle et juridique relative à une question donnée* »[1944] (§1), mais aussi dans certains cas à l'appui de la motivation de sa décision (§2).

§1. Un élément d'appréciation en voie d'expansion

Un premier emploi d'un rapport d'observation électorale par la Cour EDH se trouve dans l'arrêt rendu le 11 janvier 2007 dans l'affaire *Parti Conservateur Russe des Entrepreneurs c/ Russie*, relative au refus de la Commission électorale centrale russe d'enregistrer une candidature aux élections législatives de 1999 pour cause de déclaration de patrimoine inexacte[1945]. Néanmoins, cette référence fut limitée à la citation, dans la partie « en fait » et dans la sous-partie « documents internationaux pertinents », d'un court extrait du rapport final de la mission déployée par le BIDDH lors de ce scrutin[1946] et n'apparaît pas avoir eu une réelle influence sur le raisonnement du juge européen.

Le recours aux conclusions des observateurs internationaux fut plus convaincant dans le deuxième cas d'utilisation, dans le cadre d'une autre affaire russe concernant le droit d'éligibilité. Dans son arrêt *Krasnov et Skouratov c/ Russie* du 19 juillet 2007[1947], la Cour de Strasbourg se prononça

[1943] Deshayes (F.), *Contribution à une théorie de la preuve devant la Cour Européenne des Droits de l'Homme*, Thèse sous la direction de Sudre (F.), Université Montpellier I, 2002, p.204.
[1944] Eudes (M.), *La pratique judiciaire interne de la Cour européenne des droits de l'homme*, Pedone, 2005, p.250.
[1945] *Parti Conservateur Russe des Entrepreneurs et autres c/ Russie*, 11 janvier 2007, req. n°55066/00 et 55638/00, §42.
[1946] *Russian Federation, Election to the State Duma, 19 December 1999, OSCE/ODIHR Election Observation Mission Final Report*, 13 février 2000.
[1947] *Krasnov et Skouratov c/ Russie*, 19 juillet 2007, req. n°17864/04 et 21396/04.

sur les requêtes déposées par deux candidats aux élections parlementaires de 2003 se plaignant d'avoir été frappés d'inéligibilité pour avoir fourni des informations erronées dans leurs demandes d'enregistrement. La Cour estima d'abord que M. Krasnov avait « *délibérément fourni des renseignements en grande partie inexacts susceptibles de tromper les électeurs* » et écarta toute violation de la clause politique (§51). En revanche, le juge européen s'attarda plus longtemps sur le cas de M. Skouratov et considéra que les juridictions nationales avaient exposé des motifs contradictoires et dépourvus de base légale pour rejeter la candidature du requérant. Cette appréciation fit écho aux constatations du Bureau de Varsovie[1948], mentionnées dans l'arrêt, selon lesquelles, « *dans un certain nombre de cas, des tribunaux et des commissions électorales inférieures* [avaient] *écarté des candidats de manière sélective pour des irrégularités mineures* ». Comme l'a relevé la Cour, les observateurs du BIDDH avaient d'ailleurs précisément mentionné la situation de M. Skouratov, estimant que sa demande d'inscription avait été refusée « [par] *une décision qui évoqu*[ait] *une application incohérente et sélective des règles en vigueur* » (§36).

Un autre cas de prise en compte du travail de missions d'observation électorale par le juge européen résulte de l'arrêt de Grande Chambre *Yumak et Sadak c/ Turquie* du 8 juillet 2008[1949]. Cette affaire porta sur la compatibilité avec l'article 3P1 d'un seuil électoral de 10 % imposé lors des élections législatives turques de 2002 pour être représenté au Parlement. Pour la première fois, la Cour fit référence aux conclusions d'une mission dans le corps de son raisonnement, déclarant qu'elle « *attach*[ait] *aussi de l'importance aux considérations des organes du Conseil de l'Europe qui concord*[aient] *quant au caractère exceptionnel et élevé du seuil litigieux et préconis*[aient] *l'abaissement de celui-ci* » (§130). En effet, les observateurs électoraux de l'APCE soulignèrent en 2002 qu'il découlait l'application du seuil litigieux « *qu'environ 44 % des votes exprimés* [n'étaient] *pas représentés au Parlement* »[1950], puis recommandèrent son abaissement en 2007[1951], à l'instar de trois résolutions[1952] et d'une recommandation[1953] de

---

[1948] *Russian Federation, Elections to the State Duma, 7 December 2003, OSCE/ODIHR Needs Assessment Mission Report (8-10 October 2003)*, 28 octobre 2003, pp.17-18.

[1949] *Yumak et Sadak c/ Turquie*, Gr. Ch, 8 juillet 2008, req. n°10226/03. Voir aussi : *Sejdic et Finci c/ Bosnie-Herzégovine*, Gr. Ch., 22 décembre 2009, req. 27996/06 et 34836/06, §24.

[1950] APCE, *Rappport de la commission* ad hoc *sur l'observation des élections législatives en Turquie (3 novembre 2002)*, 20 décembre 2002, Doc.9621.Ad.VI.

[1951] APCE, *Observation des élections législatives en Turquie (22 juillet 2007)*, 12 septembre 2007, Doc.11367, §59.

[1952] APCE, Résolution 1380 (2004), *Respect des obligations et engagements de la Turquie*, 22 juin 2004, §6 ; APCE, Résolution 1547 (2007), *Situation des droits de l'homme et de la démocratie en Europe*, 18 avril 2007, §58 ; APCE, Résolution 1619 (2008), *Situation de la démocratie en Europe - Fonctionnement des institutions démocratiques en Europe et évolution de la procédure de suivi de l'Assemblée*, 25 juin 2008, §5.3.

cette Institution. Pourtant, la décision de la juridiction est en contradiction avec les recommandations mentionnées puisqu'elle écarta, au terme d'un raisonnement pour le moins critiquable[1954], toute violation de la clause politique (§147). En outre, à la différence des deux arrêts précités, la Cour EDH choisit de faire référence aux conclusions de l'APCE et non à celles du BIDDH, bien que les rapports finaux du Bureau de Varsovie aient abordé la question de façon plus approfondie, estimant que l'application du seuil devait être reconsidérée car elle aboutissait à une distorsion de l'objectif essentiel du système de représentation proportionnelle[1955].

§2. Un élément d'appréciation potentiellement décisif

Au-delà des exemples évoqués ci-dessus, on constate l'émergence récente de cas dans lesquels le juge européen fait explicitement référence aux rapports d'observation électorale dans la motivation de sa décision, sans doute car « *il ressent le besoin de conforter sa motivation strictement juridique par un renvoi aux observations d'une entité reconnues "sur le terrain"* »[1956]. L'influence déterminante que peuvent avoir les conclusions des observateurs électoraux sur l'appréciation de la Cour EDH fut illustrée une première fois par l'arrêt *Parti Travailliste Géorgien c/ Géorgie*, également rendu le 8 juillet 2008[1957]. Cette affaire complexe, dont les faits sont indissociables du contexte troublé de la « Révolution des Roses » survenue en Géorgie en novembre 2003, comportait trois parties liées respectivement à l'inscription des électeurs sur les listes électorales, à la composition des commissions électorales et à la privation de droit de vote subie par les électeurs de deux circonscriptions. C'est dans le cadre du premier volet que le juge européen s'appuya le plus nettement sur les rapports finaux du BIDDH[1958], dont il cita de larges extraits au titre des motifs de droit (§49 à 53). Ainsi, il est précisé que « [c]*ompte tenu des conclusions du rapport de la mission d'observation électorale du BIDDH de l'OSCE sur l'élection parlementaire du 2 novembre 2003* [...], *la Cour souscri*[vit] *à la thèse du Gouvernement selon laquelle l'une des principales*

[1953] APCE, Recommandation 1791 (2007), *Situation des droits de l'homme et de la démocratie en Europe*, 18 avril 2007, §17.10.

[1954] Voir *supra*, Partie 1, Titre 2, Chapitre 2.

[1955] *Republic of Turkey, Parliamentary elections, 3 November 2002, OSCE/ODIHR Assessment Report*, 4 décembre 2002, IV.D ; *Republic of Turkey, Early Parliamentary elections, 22 July 2007, OSCE/ODIHR Election Assessment Mission Report*, 27 novembre 2007, V.

[1956] Eudes (M.), *op.cit.*, p.270.

[1957] *Parti Travailliste Géorgien c/ Géorgie*, 8 juillet 2008, req. n°9103/04.

[1958] *Georgia, Parliamentary elections, 2 November 2003, OSCE/ODIHR Election Observation Mission Report, Part 1*, 28 janvier 2004 ; *Georgia, Partial Repeat Parliamentary elections, 28 March 2004, OSCE/ODIHR Election Observation Mission Report, Part 2*, 23 juin 2004.

raisons de l'échec de l'élection parlementaire du 2 novembre 2003 [fut] *le défaut de listes électorales exactes* » (§85). De nouveau, lors de l'appréciation des changements règlementaires intervenus peu de temps avant la tenue d'un nouveau scrutin législatif, le juge européen considéra, « *comme* [le reconnut] *le BIDDH de l'OSCE dans le rapport de sa mission d'observation électorale sur l'élection parlementaire complémentaire du 28 mars 2004* [...], [que] *la situation relative aux listes électorales s'était quelque peu améliorée après l'adoption du décret litigieux* » (§86). Il est à noter que l'arrêt se fonde encore sur les conclusions du BIDDH pour le troisième volet de l'affaire (§127). En conséquence, la Cour EDH fit appel pour la première fois de manière incontestable et déterminante à l'expertise des observateurs électoraux du Bureau de Varsovie afin de trancher une question intimement liées à des faits précis dont seuls les rapports d'observation fournissent un compte rendu détaillé et objectif.

L'arrêt *Namat Aliyev c/ Azerbaïdjan* du 8 avril 2010 est certainement celui illustrant avec le plus de clarté les rôles complémentaires que peuvent jouer les observateurs électoraux et la Cour EDH en matière de lutte contre les fraudes électorales. Le requérant à l'origine de l'affaire estima que son droit d'éligibilité avait été violé en raison des fraudes massives qui entachèrent les élections législatives du 6 novembre 2005 et du rejet sans véritables investigations des différents recours qu'il intenta devant des instances et juridictions nationales. Or, le rapport final de la mission d'observation déployée par le BIDDH lors de ce scrutin, qui atteste nettement de l'ampleur des malversations[1959], pesa de façon déterminante sur la décision du juge européen quant aux deux volets de la requête. Bien que le rapport ne contienne aucune indication concernant précisément la circonscription du requérant, la Cour releva que les fraudes observées étaient en grande partie analogues à celles dénoncées par celui-ci et apparaissaient avoir été commises à grande échelle (§78). Puis, après s'être référé une nouvelle fois au rapport final du Bureau de Varsovie pour illustrer les manquements sérieux constatés dans le traitement des recours individuels par la Commission électorale centrale (§84), le juge européen critiqua le refus exprimé par la Cour d'Appel et la Cour Suprême d'examiner les attestations signées par des observateurs officiels en tant qu'éléments de preuve à l'appui des allégations du requérant. Dès lors, le travail des observateurs électoraux s'avéra déterminant dans le constat d'une violation du droit d'éligibilité et, plus largement, de l'obligation positive de l'Azerbaïdjan d'organiser des élections libres en vertu de l'article 3P1.

Par ailleurs, le même rapport final du BIDDH fut cité par la Cour à l'occasion d'autres arrêts de violation de la clause politique de la Convention

[1959] *Republic of Azerbaijan, Parliamentary elections, 6 novembre 2005, OSCE/ODIHR Election Observation Mission Final Report*, 6 février 2006.

EDH[1960]. Enfin, il convient de noter que ce même scrutin du 6 novembre 2005 donna lieu à sept autres requêtes similaires à celle de l'affaire de *Namat Aliyev*. Toutefois, elles furent jointes par la Cour et rayées du rôle à la suite d'une déclaration unilatérale des autorités azerbaidjanaises par laquelle elles reconnurent une violation de l'article 3P1 dans chaque cas et s'engagèrent à verser aux requérants une somme similaire à celle déboursée dans l'affaire *Namat Aliyev*. La déclaration précisa également que le code électoral avait été révisé conformément aux recommandations de la Commission de Venise en vue d'améliorer la procédure d'examen des requêtes par les commissions électorales, que le Gouvernement prendrait toutes les mesures nécessaires pour que les recours relatifs à des irrégularités électorales soient effectivement traités et qu'un plan d'action pour soutenir les élections législatives de novembre 2010 et prévoyant des formations et séminaires dans ce domaine avait été adopté conjointement avec le Conseil de l'Europe[1961].

Cependant, la réforme du cadre législatif à laquelle la déclaration fait référence fut loin d'être satisfaisante puisque la Commission de Venise et le BIDDH se montrèrent particulièrement critiques dans leur avis conjoint sur le projet d'amendements, notamment eu égard à la « *composition des commissions électorales* » et aux « *décisions prises en matière de plainte et de recours* ». Les deux institutions estimèrent que, « [vu] *le temps consacré à ces questions, l'absence de prise en considération de ces recommandations dans les amendements* [était] *préoccupante* »[1962]. De plus, les élections législatives suivantes, tenues le 7 novembre 2010, furent une nouvelle fois marquées par de nombreuses lacunes et irrégularités aux plans de la composition des commissions électorales et du traitement des recours[1963]. Sachant que le scrutin du 6 novembre 2005 engendra dix-neuf requêtes devant la Cour EDH et que toutes, à l'exception d'une[1964], étaient porteuses d'une violation de l'article 3P1, une nouvelle vague de recours est très probable, voire même un arrêt pilote du juge européen[1965].

[1960] *Kerimova c/ Azerbaïdjan*, 30 septembre 2010, req. n°20799/06, §30 ; *Mammadov c/ Azerbaïdjan (n°2)*, 10 janvier 2012, req. n°4641/06, §28 ; *Hajili c/ Azerbaïdjan*, 10 janvier 2012, req. n°6984/06, §21. Voir aussi : *Orujov c/ Azerbaïdjan*, 26 juillet 2011, req. n°4508/06.

[1961] *Gambar et autres c/ Azerbaïdjan*, 9 décembre 2010, req. n°4741/06, 19552/06, 22457/06, 22654/06, 24506/06, 36105/06 et 40318/06.

[1962] *Avis conjoint sur le projet d'amendements au Code électoral de la République d'Azerbaïdjan*, 23 juin 2008, CDL-AD(2008)011, §4.

[1963] *Republic of Azerbaijan, Parliamentary Elections, 7 November 2010, OSCE/ODIHR Election Observation Mission Final Report*, 25 janvier 2011, §V, XIII et XVI.

[1964] *Guliyev c/ Azerbaïdjan (n°2)*, 4 octobre 2011, req. n°35559/05.

[1965] Voir *supra*, Partie 1, Titre 2, Chapitre 1.

Chapitre 2. Une influence variable de l'observation électorale dans la conditionnalité démocratique de l'Union européenne

La notion de conditionnalité politique connaît un succès grandissant depuis la fin de la Guerre froide. Elle peut se définir comme la « *subordination de l'engagement ou de la poursuite d'une coopération avec un État tiers, ou encore l'acceptation de sa participation à une organisation (adhésion, suspension, exclusion), au respect par ce dernier d'un certain nombre de conditions politiques* ». C'est à une sous-catégorie de conditionnalité politique que nous nous intéresserons exclusivement dans le cadre de cette étude, à savoir la conditionnalité démocratique, laquelle se focalise uniquement sur « *l'une des composantes essentielles – mais non exclusive – de la conditionnalité politique, à savoir l'impératif démocratique* »[1966]. Plus précisément, il s'agira d'apprécier le rôle joué par l'observation électorale comme élément d'évaluation du respect de cette conditionnalité démocratique dans le champ des relations développées par l'Union européenne avec les États de la région de l'OSCE. D'emblée, il convient de souligner que l'influence des conclusions des observateurs internationaux est inévitablement tributaire de l'existence d'une réelle conditionnalité de ce type. L'effectivité de cette dernière est donc un élément préalable indispensable.

Bien que le Conseil de l'Europe puisse être considéré comme la première Organisation internationale à avoir véritablement posé les bases d'une conditionnalité démocratique à l'adhésion des pays issus de la désagrégation du bloc soviétique, le mécanisme ne fut pas appliqué avec suffisamment de rigueur, entraînant l'entrée de nombreux États au bilan douteux en la matière[1967]. Pour sa part, l'OSCE n'imposa jamais de conditions en matière électorale dans le cadre de sa procédure d'adhésion. Il faut ainsi se tourner

---

[1966] Schneider (C.) et Tucny (E.), « Réflexions sur la conditionnalité politique appliquée à l'élargissement de l'Union Européenne aux pays d'Europe Centrale et Orientale », *Revue d'Études Comparatives Est-Ouest*, Volume 33, n°3, 2002, p.11. Voir aussi : Fau-Nougaret (M.), *La conditionnalité démocratique. Étude de l'action des Organisations internationales*, Thèse sous la direction de Du Bois de Gaudusson (J.) et Grard (L.), Université Bordaux IV, 2004 ; Pridham (G.), « Change and continuity in the European Union's political conditionality: Aims, approach, and priorities », *Democratization*, Volume 14, n°3, 2007, p.446–471 ; Schneider (C.), « Au cœur de la coopération internationale de l'Union européenne : Quelle stratégie à venir pour la conditionnalité politique ? », *in* Thierry (H.) (dir.), *Droit international et coopération internationale - Hommage à Jean-André Touscoz*, France Europe Editions, 2007, pp.750-778 ; Smith (K.E.), *European Union foreign policy in a changing world*, 2e éd., Polity Press, 2008, pp.142-168.

[1967] Voir *supra.*, Partie 2, Titre 2, Chapitre 1.

vers l'Union européenne, seule Organisation observatrice composée exclusivement d'États démocratiques, pour trouver le dispositif de conditionnalité le plus sophistiqué à l'échelle internationale. Cette instauration se fit très progressivement, au fil des élargissements et des bouleversements politiques ayant marqué les États avec lesquels l'UE entretenait des relations internationales. Il fallut les candidatures de trois pays d'Europe méridionale pour que l'Organisation commence à s'interroger sur la place qu'elle accordait en son sein au respect des principes démocratiques. Mais c'est avec la désagrégation du bloc soviétique et la vague de demandes d'adhésion émanant des Pays d'Europe centrale et orientale que l'établissement du mécanisme connut une avancée déterminante, tandis que l'observation internationale des élections se développait rapidement (Section 1).

Si les États ayant participé aux élargissements de 2004 et 2007 se conformèrent relativement vite aux standards démocratiques de l'UE, ne permettant qu'une faible influence de l'observation électorale, tel n'est pas le cas des candidats plus récents, en particulier pour la majorité située dans les Balkans occidentaux. Les conclusions des observateurs internationaux sont devenues un outil systématique d'évaluation pour l'UE, donnant naissance à un rapport mutuellement profitable. Tandis que l'UE bénéficie du travail des missions d'observation électorale, principalement celles du BIDDH, les rapports des observateurs ont considérablement gagné en audience et en influence du fait de leur utilisation par l'UE. Le pouvoir d'attraction incomparable qu'exerce l'Organisation sur les États candidats incite ces derniers à mettre en œuvre les recommandations des observateurs, leur donnant une sorte d'autorité par ricochet. Bien que l'UE s'avère parfois trop laxiste dans l'application de sa conditionnalité démocratique, l'appréciation émise par les missions d'observation électorale est devenue un élément incontournable pour les États candidats (Section 2).

En revanche, le bilan est nettement plus négatif quant aux onze autres États de la région de l'OSCE, dépourvus de perspectives d'adhésion à moyen terme mais avec lesquels l'UE entretient des relations multiples. Les conclusions des observateurs électoraux sont régulièrement relayées par l'Organisation mais leur influence reste faible en raison d'un mécanisme de conditionnalité démocratique d'une effectivité très limitée (Section 3).

Section 1. La lente genèse d'une conditionnalité démocratique à l'adhésion

L'instauration graduelle d'une conditionnalité démocratique fut amplement influencée par deux évènements majeurs. Le premier procéda des demandes d'adhésion de trois États d'Europe méridionale marqués par des périodes de dictature : l'Espagne, la Grèce et la Portugal (§1). Il s'agit ensuite et surtout de la vague de candidatures des pays issus de la dissolution du bloc soviétique (§2). Dans les deux cas, les progrès rapides effectués par les États candidats sur la voie de la démocratie et le faible développement de l'observation internationale des élections au temps des cinq premiers élargissements expliquent l'influence tardive et marginale de celle-ci sur l'évaluation du respect des critères démocratiques.

§1. Les élargissements aux pays d'Europe méridionale et les débuts d'une conditionnalité démocratique

Si quelques références se retrouvent au cours des années 1960 (A), il fallut attendre la fin des années 1970 pour que la démocratie commence à être régulièrement et explicitement mentionnée comme un critère d'adhésion (B).

A. L'immixtion de la question démocratique en matière d'adhésion

La grande majorité des États ayant adhéré antérieurement à 2004 étaient des démocraties établies de longue date. À l'exception du cas particulier de l'Allemagne de l'Est, la question d'un développement suffisant des institutions démocratiques commença donc à se poser avec trois pays d'Europe occidentale ayant connu des périodes dictatoriales depuis la fin de la Seconde Guerre Mondiale : l'Espagne, la Grèce et le Portugal. Le premier de ces États à demander son accession à la Communauté économique européenne (CEE) fut la Grèce dès 1959, aboutissant à la signature d'un *Accord d'Association* le 9 juillet 1961[1968], premier accord de ce type signé par la Communauté, conformément à l'ancien article 238 du *Traité instituant la Communauté Européenne*. Au mois de décembre suivant, un rapport[1969] de la Commission politique de l'Assemblée parlementaire européenne (ex Parlement européen), « *intimement lié aux négociations* [...] *menées à propos de l'entrée de plusieurs États dans la C.E.E* » (§3), précisa les aspects politiques et institutionnels de l'adhésion ou de l'association à la Communauté, prélude à l'introduction d'une conditionnalité démocratique. Aux termes de ce document, la « *garantie de l'existence d'une forme d'État démocratique, au sens d'une organisation politique libérale* », est expressément considérée comme « *une condition à l'adhésion* ». Il en découle que des « *États dont les gouvernements n'ont pas de légitimation*

[1968] *Accord créant une association entre la Communauté économique européenne et la Grèce*, 9 juillet 1961, JO L 26 du 12 février 1963. Voir aussi : Maresceau (M.), « Bilateral agreements concluded by the European Community », *RCADI*, Volume 309, 2004, pp.321-325

[1969] *Rapport fait au nom de la commission politique de l'Assemblée parlementaire européenne sur les aspects politiques et institutionnels de l'adhésion ou de l'association à la Communauté par M. Willi Birkelbach, Rapporteur*, 19 décembre 1961.

démocratique et dont les peuples ne participent aux décisions du gouvernement ni directement ni par des représentants élus librement, ne peuvent prétendre être admis dans le cercle des peuples qui forment les Communautés européennes » (§25).

L'Espagne, soumise à la dictature franquiste, déposa pourtant sa candidature le 9 février 1962[1970]. Cette requête suscita une certaine division au sein des États membres et des institutions communautaires. Refuser la candidature risquait d'isoler l'Espagne et de faire perdre un moyen de pression sur son régime en vue d'une libéralisation, mais son acceptation aurait signifié un affaiblissement du critère politique et sa subordination aux intérêts économiques. L'impératif politique l'emporta finalement, écartant tout processus d'association au profit d'un simple accord économique signé en 1970[1971] (ce qui contribua à renforcer l'opposition démocratique dans ce pays[1972]). Entre temps, l'instauration en Grèce de la « dictature des colonels » en 1967 provoqua une neutralisation de l'*Accord d'Association* cette même année jusqu'au rétablissement de la démocratie en 1974. En raison de ses répercussions négatives aux plans économique et politique, cette sanction participa dans une certaine mesure à affaiblir la dictature et à favoriser sa chute[1973]. Si l'attitude de la CEE à l'égard de ces deux pays révéla que la conditionnalité politique devait être davantage précisée, elle démontra surtout que le non-respect des principes démocratiques était un obstacle rédhibitoire à une pleine intégration à l'Organisation européenne[1974].

B. Les premières adhésions des États d'Europe méridionale et la multiplication des références à la démocratie

Au retour de la démocratie, la Grèce put finalement adhérer le 1er janvier 1981, au terme de six années de négociations. Après s'être limitées à un accord de coopération économique signé en 1972[1975], les relations entre la CEE et le Portugal évoluèrent également vers une adhésion de ce pays. À la faveur de la survenance de la « révolution des Œillets » en avril 1974 et de

[1970] Crespo MacLennan (J.), *Spain and the process of European integration, 1957-85*, Palgrave McMillan, 2000, p.50.

[1971] Guirao (F.), « Association or trade agreement? Spain and the EEC, 1957-64 », *Revue d'Histoire de l'Intégration Européenne*, Volume 3, n°1, 1997, pp.103-120.

[1972] Pridham (G.), *Designing democracy. EU enlargement and regime change in post-communist Europe*, Palgrave McMillan, 2005, p.31.

[1973] Coufoudakis (V.), « The European Economic Community and the "freezing" of the Greek Association, 1967-1974 », *Journal of Common Market Studies*, Volume 16, n°2, 1977, pp.114-131.

[1974] Pridham (G.), *Designing democracy*, *op.cit.*, p.32.

[1975] Andresen-Leitão (N.), « Portugal's European integration policy, 1947-72 », *Revue d'Histoire de l'Intégration Européenne*, Volume 7, n°1, 2001, pp.25-35.

l'organisation des premières élections législatives libres et équitables l'année suivante, le Portugal postula officiellement en 1977. Similairement, l'Espagne renouvela sa demande la même année, après la tenue d'un premier scrutin législatif conforme aux exigences démocratiques. Les procédures d'adhésion des deux États ibériques furent menées en parallèle et aboutirent en 1986. A l'instar de la Grèce, l'Espagne et le Portugal considérèrent leur intégration européenne comme une garantie de consolidation de leurs jeunes institutions démocratiques[1976].

Au cours de cette période, les États de la CEE insistèrent davantage sur l'éminence de la démocratie parmi les valeurs communes aux membres de l'Organisation. Ainsi, la démocratie représentative fut d'abord intégrée aux « *éléments fondamentaux de l'identité européenne* », de même que le règne de la loi et le respect des droits de l'Homme[1977]. Puis, lors du Conseil européen de Copenhague le 8 avril 1978, les chefs d'État et de Gouvernement affirmèrent « *que le respect et le maintien de la démocratie représentative et des droits de l'homme dans chacun des États membres constitu*[aient] *des éléments essentiels de l'appartenance aux Communautés européennes* »[1978]. Le mois suivant, la Commission européenne fit plusieurs fois références à la démocratie dans l'avis positif qu'elle rendit sur la demande d'adhésion du Portugal[1979]. De même, dans une résolution de 1979 par laquelle il se prononça favorablement à l'entrée des trois pays méditerranéens, le Parlement européen « *se félicit*[a] *de ce que la Grèce, le Portugal et l'Espagne soient passés de régimes dictatoriaux à des régimes de démocratie parlementaire et pluraliste* »[1980]. Cette déclaration fut confirmée à l'occasion du Conseil européen de Stuttgart du 19 juin 1983[1981] et par le préambule de l'Acte unique européen des 17 et 28 février 1986. Quant à ce dernier texte, Linos-Alexandre Sicilianos note que « [ce] *n'est certainement une coïncidence si la première mention de la démocratie a été introduite dans l'ordre "constitutionnel" communautaire peu après l'adhésion de l'Espagne et du Portugal, issus de longues périodes dictatoriales* »[1982].

1976 Huntington (S.P.), *The third wave*, University of Oklahoma Press, 1993, p.88 ; Pridham (G.), *Designing democracy*, *op.cit.*, p.72.

1977 *Déclaration sur l'identité européenne*, Conseil européen de Copenhague, 14 décembre 1973, §1.

1978 *Déclaration sur la démocratie*, Conseil européen de Copenhague, 8 avril 1978.

1979 *Avis de la Commission sur la demande d'adhésion du Portugal*, 19 mai 1978.

1980 *Résolution du Parlement européen sur les perspectives d'élargissement de la Communauté. Première partie : Aspects politiques et institutionnels*, 18 janvier 1979.

1981 *Déclaration solennelle sur l'Union européenne*, Conseil européen de Stuttgart, 19 juin 1983, §1.2.

1982 Sicilianos (L.-A.), *L'ONU et la démocratisation de l'État*, Pedone, 2001, p.113.

§2. Les élargissements de 2004 et 2007 et le développement soutenu d'une conditionnalité démocratique

La fin de la Guerre froide et l'effondrement du bloc soviétique à partir de 1989 imposèrent rapidement aux États membres de préciser le mécanisme de conditionnalité démocratique afin de répondre efficacement aux aspirations d'intégration européenne des Pays d'Europe Centrale et Orientale (PECO). Ce mouvement consista en une multiplication des références à l'obligation d'être un État démocratique pour intégrer l'Organisation, en particulier avec l'adoption des critères de Copenhague (A) et, de façon plus pragmatique, à l'insertion de clauses spécifiques dans les *Accords d'association* (B). L'impératif démocratique gagna encore en autorité avec l'adoption de l'*Agenda 2000* et la signature de *Partenariats pour l'adhésion* (C) dont le suivi de la mise en œuvre fut caractérisé par l'apparition de l'observation électorale comme élément d'appréciation (D).

A. L'affirmation du caractère démocratique de l'Organisation

Dès 1991, le Conseil européen estima que l'impératif démocratique devait s'appliquer dès l'accession à l'indépendance des PECO, voire conditionner leur reconnaissance. Ainsi, la *Déclaration sur les lignes directrices sur la reconnaissance des nouveaux États en Europe orientale et en Union soviétique* et la *Déclaration sur la Yougoslavie*, adoptées le 16 décembre 1991, subordonnèrent toute reconnaissance, entre autres conditions, au « *respect des dispositions de la Charte des Nations Unies et des engagements souscrits dans l'Acte Final d'Helsinki et la Charte de Paris, notamment en ce qui concerne l'État de droit, la démocratie et les droits de l'homme* ». Il est vrai que ces déclarations demeurent des engagements purement politiques et que seuls les États sont compétents en matière de reconnaissance. Mais les conditions posées ont pu permettre d'obtenir des nouveaux États, « *par l'attrait que peut exercer la promesse d'une reconnaissance, avec tous les avantages politique, économique et financier inhérents aux relations qui s'ensuiv*[ent], *des engagements susceptibles d'orienter leur politique* » dans un sens favorable aux principes démocratiques[1983]. L'année suivante, le *Traité sur l'Union Européenne* (TUE) vint confirmer et approfondir le préambule de l'*Acte unique* en intégrant une référence primordiale à la notion de démocratie à l'article F§1, lequel dispose que l'Organisation « *respecte l'identité nationale de ses États*

[1983] Charpentier (J.), « Les déclarations des Douze sur la reconnaissance des nouveaux États », *RGDIP*, 1992, p.352.

membres, dont les systèmes de gouvernement sont fondés sur les principes démocratiques »[1984].

C'est toutefois au cours du Conseil européen tenu à Copenhague en juin 1993 que fut adoptée la pierre angulaire du mécanisme de conditionnalité démocratique. Au cours de cette réunion, les États membres énoncèrent les trois « critères de Copenhague »[1985] que les PECO doivent remplir préalablement à leur adhésion. Outre une condition économique et la capacité d'assumer les obligations induites par l'adhésion, notamment l'intégration de l'« acquis communautaire », les États candidats doivent bénéficier d'« *institutions stables garantissant la démocratie, la primauté du droit, les droits de l'homme, le respect des minorités et leur protection* »[1986]. Ces critères furent confirmés au cours du Conseil européen tenu à Madrid en décembre 1995. Une étape supplémentaire fut franchie avec l'adoption du *Traité d'Amsterdam* le 2 octobre 1997. Ce dernier modifia l'article F§1 TUE, qui devint l'article 2 en vertu duquel « [l']*Union est fondée sur les valeurs de respect de la dignité humaine, de liberté, de démocratie, d'égalité, de l'État de droit, ainsi que de respect des droits de l'homme, y compris des droits des personnes appartenant à des minorités* ». En outre, le *Traité d'Amsterdam* compléta l'article O TUE (devenu article 49 TUE) en précisant qu'un État pouvait demander à devenir membre de l'Union dès lors qu'il respectait les principes du nouvel article 2 TUE[1987]. Par conséquent, la conformité aux principes démocratiques fut explicitement érigée au rang de condition d'adhésion à l'Union aux termes du droit primaire.

B. L'extension aux PECO des clauses suspensives relatives au respect des principes démocratiques et des droits de l'Homme

L'insertion de clauses suspensives relatives au respect des principes démocratiques et des droits de l'Homme est une pratique ancienne des Communautés européennes, mais longtemps circonscrite au partenariat économique avec les États d'Afrique, des Caraïbes et du Pacifique (ACP) établit dans le cadre des Conventions de Lomé, lequel constitua un « *laboratoire expérimental* »[1988]. Le mécanisme de clauses suspensives au

[1984] Pingel (I.), *De Rome à Lisbonne. Commentaire article par article des traités UE et CE*, 2e éd., Bruylant, 2010, pp.27 et s.
[1985] Kahn (S.), « Critères de Copenhague », *in* Dulphy (A.), Manigand (C.), Bertoncini (Y.), Kahn (S.) et Chopin (T.) (dir.), *Dictionnaire critique de l'Union européenne*, Armand Colin, 2008, pp.100-101.
[1986] *Conclusions de la Présidence*, Conseil européen de Copenhague, 21 et 22 juin 1993, §7.A.iii.
[1987] Pingel (I.), *op.cit.*, pp.236 et s.
[1988] Schneider (C.) et Tucny (E.), *op.cit.*, p.16. Voir aussi : Candela Soriano (M.), « L'Union européenne et la protection des droits de l'homme dans la coopération au développement : le

sens de l'article 60§3.b de la *Convention de Vienne sur le droit des traités* du 23 mai 1969 fut étendu à la plupart des accords d'association signés entre décembre 1991 et juin 1996 avec les dix PECO concernés par les élargissements de 2004 et 2007. Lors du Conseil européen de Luxembourg de juin 1991, les États membres adoptèrent la *Déclaration sur les droits de l'Homme* aux termes de laquelle « *le respect, la promotion et la sauvegarde des droits de l'homme constituent un facteur essentiel des relations internationales et l'une des pierres angulaires de la coopération européenne ainsi que des relations entre la Communauté et ses États membres et les pays tiers* ». Or, ce souci est également reflété par la « *politique de coopération et par l'inscription de clauses relatives aux Droits de l'Homme dans des accords économiques et de coopération avec des pays tiers* »[1989]. Ces clauses se virent ensuite octroyer un « *fondement juridique solide* »[1990] par l'article 11 TUE qui précisa que « *le développement et le renforcement de la démocratie et de l'État de droit, ainsi que le respect des droits de l'homme et des libertés fondamentales* » comptaient parmi les objectifs de la Politique étrangère et de sécurité commune (PESC).

Les accords d'association signés entre les PECO et les Communautés comprirent généralement des clauses « élément essentiel » de deux types[1991], remplaçant les clauses « fondement » à la légalité douteuse au regard du droit des traités[1992]. Dans un premier temps, il s'agit de clauses dites « baltes », car introduites initialement dans les accords de coopération signés avec les trois États baltes en 1991, puis également à la Slovénie en 1992. Elle permettait aux parties de suspendre avec effet immédiat l'application de l'accord dans sa totalité ou partiellement en cas d'atteinte grave à ses dispositions essentielles, mais, du fait « *de son unilatéralisme excessif* », elle fut « *pratiquement dénuée de toute portée* »[1993]. À partir de 1993 et l'*Accord d'association* avec la Bulgarie, la Communauté préféra recourir à la clause dite « bulgare », qui fut également appliquée à la Roumanie, la République Tchèque et la Slovaquie par la suite. Nettement plus souple et modérée, cette clause permet, sauf en cas d'urgence spéciale, de recourir à des procédures

---

rôle de la conditionnalité politique », *RTDH*, n°52, 2002, pp.875 et s. ; Musso (C.), « Les clauses "droits de l'homme" dans la pratique communautaire », *Droits fondamentaux*, n°1, 2001, pp.69 et s. ; Rideau (J.), « *Le rôle de l'Union européenne en matière de protection des droits de l'homme », RCADI,* Volume 265, 1997, pp.380 et s ; *Clauses relatives aux droits de l'homme et à la démocratie dans les accords internationaux de l'UE*, Parlement européen, 2005.

[1989] *Déclaration sur les droits de l'homme*, Conseil européen de Luxembourg, 28 et 29 juin 1991.

[1990] Sicilianos (L.-A.), *L'ONU et la démocratisation de l'État*, *op.cit.*, pp.108-109.

[1991] Rideau (J.), *op.cit.*, pp.389 et s.

[1992] Schneider (C.) et Tucny (E.), *op.cit.*, pp.16 et s.

[1993] Musso (C.), « Les clauses "droits de l'homme" dans la pratique communautaire », *Droits fondamentaux*, n°1, 2001, p.76.

de consultation préalablement à une éventuelle suspension de l'accord. Ces différentes clauses suspensives ne furent jamais mises en œuvre et, d'une manière plus générale, seule la Slovaquie rencontra des difficultés pour satisfaire au critère démocratique.

C. L'Agenda 2000 de la Commission européenne et le renforcement de la conditionnalité démocratique

Entre 1994 et 1996, dix PECO demandèrent leur adhésion à l'UE. Cette vague de requêtes encouragea la Commission européenne à renforcer la stratégie de pré-adhésion à partir de son *Agenda 2000*, publié le 16 juillet 1997[1994]. L'axe essentiel de ce renforcement fut la mise en place de *Partenariats pour l'adhésion*. Ceux-ci consistèrent, d'une part, en une série d'engagements précis pris par des États candidats dans différents domaines, notamment la démocratie, et, d'autre part, en la mise à disposition des candidats de moyens financiers importants en vue de soutenir leur préparation à l'adhésion. L'évaluation des progrès effectués par les candidats fut confiée à la Commission, chargée d'en faire rapport annuellement au Conseil européen et éventuellement de recommander à celui-ci l'ouverture de négociations d'adhésion si elles ne l'avaient pas encore été. Le Conseil adopta ultérieurement un règlement encadrant les modalités d'établissement des *Partenariats pour l'adhésion*[1995]. Le principal instrument financier de préadhésion fut le programme PHARE, institué à l'origine en vue de soutenir les réformes et la transition économique et politique en Pologne et Hongrie[1996], puis progressivement étendu à l'ensemble des PECO.

Dans le cadre de l'*Agenda 2000*, la Commission exprima également ses avis sur les demandes d'adhésion des PECO. A cette occasion, elle se livra à une analyse détaillée du respect des critères de Copenhague par les candidats, permettant de clarifier les implications de ces critères à la formulation très générale. Quant au critère politique, elle estima que « [d]*ans l'ensemble, les constitutions des pays candidats garantiss*[aient] *les libertés démocratiques* » et avaient « *mis en place des institutions démocratiques* ». De plus, ces États avaient « *organisé des élections libres et équitables, permettant l'alternance de différents partis politiques au pouvoir* ».

[1994] *Agenda 2000 - Le défi de l'élargissement,* Communication de la Commission, 16 juillet 1997, COM(97) 2000 final. Voir aussi : Goybet (C.), « Agenda 2000 : la Commission européenne prépare l'Europe élargie à l'Est », *Revue du Marché Commun et de l'Union Européenne*, 1997, pp.509-511.

[1995] *Règlement (CE) n°622/98 du Conseil du 16 mars 1998 relatif à l'assistance en faveur des États candidats dans le cadre de la stratégie de pré-adhésion et, en particulier, à l'établissement de partenariats pour l'adhésion*, JO *L 085 du 20 mars 1998*.

[1996] *Règlement (CEE) n°3906/89 du Conseil, du 18 décembre 1989, relatif à l'aide économique en faveur de la République de Hongrie et de la République populaire de Pologne*, JO L 375 du 23 décembre 1989.

Toutefois, cette appréciation positive fut tempérée par le fait que « [c]*ertains pays candidats – au-delà du jeu normal des élections - ne connaiss*[aient] *pas une stabilité des institutions permettant un fonctionnement régulier des pouvoirs publics et une consolidation de la démocratie* ». Ainsi, la Commission conclut que « [m]*ême si des progrès rest*[aient] *à faire dans plusieurs pays candidats pour l'exercice effectif de la démocratie et la protection des minorités, un seul État candidat - la Slovaquie - ne rempli*[ssait] *pas les conditions politiques fixées par le Conseil européen de Copenhague* ». En effet, ce dernier pays pâtit « *de l'instabilité de ses institutions, de leur manque d'ancrage dans la vie politique et des déficiences dans le fonctionnement de la démocratie* »[1997].

Après une étude de l'ensemble des conditions d'admission, la Commission recommanda d'ouvrir des négociations d'adhésion avec cinq PECO (Estonie, Hongrie, Pologne, République Tchèque et Slovénie) et Chypre. Ces États présentaient tous « *les caractéristiques d'une démocratie, dotée d'institutions stables garantissant la primauté du droit, les droits de l'homme, le respect des minorités et leur protection* », bien qu'un bémol porta sur ce dernier point en raison d'une intégration insuffisante de la minorité russophone en Estonie. Si la Commission ne mentionna pas expressément l'observation électorale parmi les « *nombreuses sources d'information* » sur lesquelles elle s'appuya pour mener son analyse relative au respect du critère politique de Copenhague, elle y fit implicitement référence lorsqu'elle affirma avoir pris en compte « *les évaluations d'organisations internationales (en particulier Conseil de l'Europe et OSCE)* ». Les conclusions de la Commission furent entérinées quelques mois plus tard lors du Conseil européen de Luxembourg[1998]. Puis, à l'occasion du Conseil européen d'Helsinki de décembre 1999, il fut décidé d'ouvrir des négociations d'adhésion avec « le groupe d'Helsinki », c'est-à-dire cinq autres PECO (Bulgarie, Lettonie, Lituanie, Roumanie et Slovaquie) et Malte. En outre, la possibilité pour ces États de rattraper ceux ayant déjà débuté les négociations, dénommés « groupe de Luxembourg », fut réaffirmée[1999].

D. Le suivi des Partenariats pour l'adhésion et l'apparition de l'observation électorale comme élément d'appréciation

Le 30 mars 1998, le Conseil de l'UE signa des *Partenariats pour l'adhésion* avec chacun des dix PECO candidats. Parmi ces derniers, seule la

---

[1997] *Agenda 2000 - Avis de la Commission sur la demande d'adhésion de la Slovaquie à l'Union européenne*, 15 juillet 1997, DOC/97/20.

[1998] *Conclusions de la Présidence*, Conseil européen de Luxembourg, 12 et 13 décembre 1997, DOC97/24.

[1999] *Conclusions de la Présidence*, Conseil européen d'Helsinki, 10 et 11 décembre 1999, §11 et 12.

Slovaquie se vit imposer des objectifs en matière de renforcement de la démocratie, principalement l'organisation à court terme d'« *élections présidentielles, nationales et locales libres et loyales en 1998* »[2000]. Cet État fut également chargé d'adopter à moyen terme de « *nouvelles mesures visant à assurer le respect de la Constitution et des droits de l'opposition, à garantir l'indépendance du pouvoir judiciaire et à encourager et renforcer le fonctionnement des institutions démocratiques et des organisations non gouvernementales (ONG), l'indépendance des médias (notamment la radio et la télévision)* ».

Cette même année, conformément à l'*Agenda 2000*, la Commission commença à produire des rapports annuels de suivi des progrès des États candidats. Les neuf PECO remplissant déjà le critère politique de Copenhague ne connurent pas de régression particulière à cet égard. Ces rapports confirmèrent la présomption d'utilisation des rapports des missions internationales d'observation des élections dans les évaluations de la Commission. À l'exception de trois pays (Lituanie[2001], Pologne et Slovénie), tous les PECO accueillirent une mission au cours de la période de contrôle. Dans les cas de la Hongrie et de la République Tchèque, la Commission se référa aux conclusions positives du BIDDH au sujet des élections législatives tenues dans ces pays en 1998[2002] et 2002[2003]. Quant à la Bulgarie, la Commission se fit l'écho du jugement mitigé émis par le Bureau de Varsovie à la suite des élections législatives de juin 2001, tout en soulignant que les autorités bulgares avaient « *pris note* [des] *recommandations* »[2004]. Dans le rapport suivant, il fut précisé que le BIDDH avait décidé de ne pas envoyer de mission de suivi des élections présidentielles de novembre 2001[2005], ce qui signifie que le pays avait atteint un degré de maturité démocratique suffisant pour ne plus nécessiter de mission d'observation électorale de grande ampleur. Si la Commission ne fit pas référence à la mission du BIDDH lors des élections présidentielle et parlementaires tenues

---

2000 *Décision 98/262/CE du Conseil du 30 mars 1998 concernant les principes, priorités, objectifs intermédiaires et conditions du partenariat pour l'adhésion de la République slovaque*, JO L 121 du 23 avril 1998, Annexe, §3.1 et 3.2. Voir aussi : *OSCE/ODIHR Bulletin*, Volume 3, n°1, 1994/1995, p.38.

2001 Voir aussi : *OSCE/ODHIR Bulletin*, Volume 5, n°1, 1996/1997, pp.49-51

2002 *Rapport régulier de la Commission sur les progrès accomplis par la Hongrie sur la voie de l'adhésion*, 1998, p.8 ; *Rapport régulier de la Commission sur les progrès accomplis par la République Tchèque sur la voie de l'adhésion*, 1998, p.8.

2003 *Rapport régulier 2002 de la Commission sur les progrès accomplis par la Hongrie sur la voie de l'adhésion*, SEC(2002) 1404, p.30 ; *Rapport régulier 2002 de la Commission sur les progrès accomplis par la République Tchèque sur la voie de l'adhésion*, SEC(2002) 1402, p.22.

2004 *Rapport régulier 2001 de la Commission sur les progrès accomplis par la Bulgarie sur la voie de l'adhésion*, SEC(2001) 1744, p.16.

2005 *Rapport régulier 2002 de la Commission sur les progrès accomplis par la Bulgarie sur la voie de l'adhésion*, 9 octobre 2002, SEC(2002) 1400, p.21.

en Roumanie en 2000, elle mentionna le rapport globalement positif de la mission d'évaluation déployée à l'occasion des élections suivantes, en novembre 2004[2006]. Quant à la Lettonie, le rapport de suivi de 2002 nota que les élections législatives du mois d'octobre avaient « *été régulières et transparentes, conformes aux standards internationaux et aux engagements sur les élections démocratiques* »[2007], mais ne se référa pas aux conclusions de la mission d'observation envoyée par le Bureau de Varsovie[2008].

Enfin, la Slovaquie, seul État défaillant au plan démocratique selon l'*Agenda 2000*, commença dès 1998 à démontrer des progrès conformes aux engagements exprimés dans le *Partenariat pour l'adhésion*. La Commission constata que le BIDDH avait jugé que les élections législatives de septembre 1998, caractérisées par un fort « *taux de participation démontr*[ant] *le haut degré de maturité démocratique de la population* », avaient été « *libres, équitables et bien organisées* », en dépit d'une impartialité insuffisante de la télévision publique et de l'adoption d'une loi électorale controversée relative aux minorités. Mais le rapport conclut que la Slovaquie ne se conformait pas encore au critère politique de Copenhague, notamment du fait d'un « *manque de stabilité dans les institutions garantes de la démocratie, de l'État de droit et de la défense des droits de l'homme* »[2009]. Le pas fut franchi l'année suivante, en partie grâce à l'organisation d'un scrutin présidentiel approuvé par le BIDDH qui observa des élections « *efficacement organisées, dans le respect de la loi électorale slovaque et des engagements contractés dans le cadre de l'OSCE* »[2010]. La Slovaquie était cependant invitée par la Commission à poursuivre ses efforts afin de « *pérenniser la stabilité des institutions démocratiques* »[2011].

Le 9 octobre 2002, la Commission se prononça favorablement à l'entrée dans l'Union de tous les PECO, saufs la Bulgarie et la Roumanie. Cette décision fut entérinée lors du Conseil européen de Copenhague de décembre 2002[2012], ouvrant la voie à la signature d'un traité d'adhésion le 16 avril

---

[2006] *Roumanie, Rapport global de suivi 2005*, 25 octobre 2005, SEC (2005) 1354, p.9.

[2007] *Rapport régulier 2002 de la Commission sur les progrès accomplis par la Lettonie sur la voie de l'adhésion*, SEC(2002) 1405, p.20.

[2008] *Republic of Latvia, Saeima elections, 5 October 2002, OSCE/ODIHR Election Observation Mission Final Report*, 20 novembre 2002 ; APCE, *Rapport de la commission* ad hoc *pour l'observation des élections parlementaires en Lettonie (5 octobre 2002)*, Doc.9621Ad.III, 8 novembre 2002.

[2009] *Rapport régulier de la Commission sur les progrès accomplis par la Slovaquie sur la voie de l'adhésion*, 1998.

[2010] *Rapport régulier de la Commission sur les progrès accomplis par la Slovaquie sur la voie de l'adhésion*, 13 octobre 1999, p.13.

[2011] *Rapport régulier de la Commission sur les progrès accomplis par la Slovaquie sur la voie de l'adhésion*, 13 octobre 1999, p.20.

[2012] *Conclusions de la Présidence, Conseil européen de Copenhague*, 12 et 13 décembre 2002, 15917/02.

2003 et à une entrée effective dans l'UE le 1er mai 2004, au terme d'un processus d'adhésion exceptionnellement long et exigeant au plan démocratique. Les deux États exclus, insuffisamment préparés, durent attendre jusqu'au 1er janvier 2007 pour rejoindre l'Organisation. Cependant, au regard des problèmes récurrents rencontrés par ces derniers en matières d'État de droit et de corruption[2013], y compris au plan électoral[2014], on peut se demander si cette décision ne fut pas quelque peu prématurée et si le maintien du statut de candidats pendant quelques années supplémentaires n'aurait pas été plus favorable à une mise en œuvre des réformes nécessaires.

Section 2. La consécration de l'influence de l'observation électorale en matière de conditionnalité démocratique à l'adhésion

L'élargissement est probablement l'outil le plus puissant dont dispose l'UE en matière de politique étrangère. Le pouvoir d'attraction sans commune mesure de l'Organisation, combiné à une conditionnalité démocratique rigoureuse, a permis de renforcer largement l'influence des rapports d'observation électorale, auxquels l'UE recourt systématiquement comme élément d'appréciation. Parmi les neuf États candidats officiels ou potentiels à l'adhésion, une distinction s'impose entre, d'une part, le vaste groupe d'États des Balkans occidentaux, pour lesquels les conclusions des observateurs électoraux s'avèrent potentiellement déterminantes (§2) et, d'autre part, deux États aux parcours plus atypiques que sont la Turquie et l'Islande (§1).

§1. Les trajectoires singulières et opposées de la Turquie et de l'Islande

Alors que la candidature récente de l'Islande, ancienne démocratie de taille très modeste, semble en bonne voie pour aboutir rapidement (B), la demande d'adhésion de la Turquie se heurte depuis plusieurs décennies à divers obstacles, en dépit d'une amélioration continue de la qualité de ses processus électoraux (A).

[2013] Voir notamment : *Progrès réalisés par la Bulgarie au titre du mécanisme de coopération et de vérification*, Rapport de la Commission au Parlement européen et au Conseil, 20 juillet 2011, COM(2011) 459 final ; *Progrès réalisés par la Roumanie au titre du mécanisme de coopération et de vérification*, Rapport de la Commission au Parlement européen et au Conseil, 20 juillet 2011, COM(2011) 460 final.

[2014] *Republic of Bulgaria, Presidential and Municipal elections, 23 and 30 October 2011, OSCE/ODIHR Limited Election Observation Mission Final Report*, 5 janvier 2012, pp.1-3 ; *Rapport intérimaire sur les progrès réalisés par la Bulgarie au titre du mécanisme de coopération et de vérification*, Rapport de la Commission au Parlement européen et au Conseil, 8 février 2012, COM(2012) 57 final, p.7 ; Fileva (L.), « On leur donne 20 leva pour qu'ils votent pour nous », *Courrier International*, 27 octobre 2011.

A. La Turquie, l'éternelle candidate

Par rapport aux autres États officiellement candidats à l'adhésion, la Turquie dénote par l'ancienneté et la densité de ses liens avec l'UE. Dès 1963[2015], elle signa un *Accord d'association* avec la CEE mais, en 1980, à la suite d'un coup d'État militaire, la Communauté gela ses relations avec la Turquie jusqu'au retour d'un gouvernement civil en 1983. Puis le pays déposa sa candidature en avril 1987. Cependant sa demande d'adhésion fut rejetée par la Commission qui invoqua, outre le contentieux relatif à Chypre et une économie inadaptée, une protection des droits de l'Homme insuffisante pour une démocratie[2016].

Puis, aucune analyse objective de la situation de la démocratie en Turquie ne fut publiée jusqu'à l'*Agenda 2000*, dans lequel la Commission nota que le pays bénéficiait « *d'un gouvernement et d'un Parlement issus d'élections démocratiques et pluralistes* » mais que son bilan « *en matière de respect des droits de la personne et de la liberté d'expression rest*[ait] *largement en deçà de la norme européenne* »[2017]. Le Conseil européen de Luxembourg de décembre 1997 approuva l'éligibilité de la Turquie à l'adhésion et prévit que celle-ci serait soumise au même mécanisme de contrôle de la part de la Commission que les États concernés par les élargissements de 2004 et 2007 sans pour autant se joindre à eux[2018]. Toutefois, la Turquie réagit négativement et estima être victime d'un traitement discriminatoire en raison de son exclusion de ces deux vagues d'adhésions[2019]. Elle obtint finalement le statut de candidat officiel à l'issue du Conseil européen tenu à Helsinki en décembre 1999[2020].

Le 26 février 2001, un *Partenariat pour l'adhésion* fut instauré[2021]. Sur la base de ce dernier, une multitude d'objectifs à court et moyen termes dans le

[2015] *Accord créant une association entre la Communauté économique européenne et la Turquie*, 12 septembre 1963, JO L 217 du 29 décembre 1964.
[2016] *Avis de la Commission sur la demande d'adhésion de la Turquie à la Communauté*, 20 décembre 1989, SEC(89) 2290 final.
[2017] *Agenda 2000 - Le défi de l'élargissement,* Communication de la Commission, 16 juillet 1997, COM(97) 2000 final, VI.
[2018] *Conclusions de la Présidence*, Conseil européen de Luxembourg, 12 et 13 décembre 1997, DOC97/24, §31.
[2019] Akdemir (M.) et Semo (M.), « Turquie : L'ire antieuropéenne », *Libération*, 17 décembre 1997 ; Pope (N.), « Les Turcs ne cachent pas leur amertume et menacent de suspendre le dialogue avec Bruxelles », *Le Monde*, 16 décembre 1997.
[2020] *Conclusions de la Présidence*, Conseil européen d'Helsinki, 10 et 11 décembre 1999, §12.
[2021] *Règlement (CE) n°390/2001 du Conseil du 26 février 2001 concernant l'assistance à la Turquie dans le cadre de la stratégie de préadhésion, et notamment l'instauration d'un partenariat pour l'adhésion,* JO *L 058 du 28 février 2001.*

champ politique furent identifiées[2022] et régulièrement réaffirmées[2023]. Les exigences démocratiques touchent essentiellement aux libertés d'expression, d'association et de réunion pacifique, ainsi qu'à la promotion du développement de la société civile et à la ratification du PIDCP (ce qu'elle fit le 23 septembre 2003). En revanche, aucun objectif relatif au droit électoral ne fut mentionné, conformément à l'appréciation constante selon laquelle les scrutins tenus en Turquie depuis les années 1990 respectent le critère politique de Copenhague. Ainsi, dès 1998 et son premier *rapport régulier sur les progrès accomplis par la Turquie sur la voie de l'adhésion*, la Commission jugea que « [d]*epuis 1982 aucune irrégularité majeure* [n'avait] *été observée à l'occasion des élections* »[2024], sans toutefois préciser les sources sur lesquelles elle fonda cette appréciation. Cependant, d'un point de vue global, la Commission estima l'année suivante que « *même si les fondements d'un système démocratique exist*[aient] *en Turquie, le pays ne rempl*[issait] *toujours pas les critères politiques de Copenhague* »[2025]. Ce n'est qu'à partir de 2002 que des progrès significatifs furent enregistrés à cet égard[2026]. En particulier, dans son rapport de suivi de 2003, la Commission rappela l'appréciation du BIDDH selon laquelle les élections parlementaires de 2002 s'étaient « *tenues dans le respect des normes internationales et que les réformes constitutionnelles et juridiques substantielles mises en œuvre au cours des deux dernières années* [avaient] *encore amélioré le cadre juridique global pour les élections* »[2027]. La tendance se poursuivit les années suivantes, y compris au plan électoral puisque les scrutins législatifs postérieurs furent positivement évalués par le Bureau de Varsovie et le l'APCE, en dépit de la controverse persistant autour du seuil électoral de

---

[2022] *Décision 2001/235/CE du Conseil du 8 mars 2001 concernant les principes, priorités, objectifs intermédiaires et conditions du partenariat pour l'adhésion de la République de Turquie, JO L 85 du 24 mars 2001*, Annexe, §4.2.

[2023] *Décision 2003/398/CE du Conseil du 19 mai 2003 concernant les principes, priorités, objectifs intermédiaires et conditions du partenariat pour l'adhésion de la République de Turquie, JO L 145 du 12 juin 2003*, Annexe, §4 ; *Décision 2006/35/CE du Conseil du 23 janvier 2006 concernant les principes, priorités, objectifs intermédiaires et conditions du partenariat pour l'adhésion de la République de Turquie, JO L 88 du 25 mars 2006*, Annexe, §3.1 ; *Décision 2008/157/CE du Conseil du 18 février 2008 concernant les principes, priorités, objectifs intermédiaires et conditions du partenariat pour l'adhésion de la République de Turquie*, JO *L 51 du 26 février 2008*, Annexe, §3.1.

[2024] *Rapport régulier de la Commission sur les progrès accomplis par la Turquie sur la voie de l'adhésion*, 1998, p.11.

[2025] *Rapport régulier 1999 de la Commission sur les progrès accomplis par la Turquie sur la voie de l'adhésion*, 13 octobre 1999, §1.4.

[2026] *Rapport régulier 2002 de la Commission sur les progrès accomplis par la Turquie sur la voie de l'adhésion*, 9 octobre 2002, SEC(2002) 1412, §1.5.

[2027] *Rapport régulier 2003 de la Commission sur les progrès accomplis par la Turquie sur la voie de l'adhésion*, p.18.

10%[2028] et des tensions et violences ayant terni la campagne électorale de 2011[2029]. Mais si les performances de la Turquie en matière électorale apparaissent suffisantes pour une adhésion, de multiples lacunes l'empêchent encore de satisfaire pleinement au critère politique de Copenhague[2030].

B. L'Islande, vers une procédure accélérée pour une démocratie établie

La spécificité de l'Islande tient en premier lieu, par opposition à la Turquie, au caractère récent de sa candidature à l'UE. Ce petit pays nordique a entretenu pendant longtemps des relations privilégiées avec l'Organisation européenne, notamment en participant à l'Espace économique européen et en rejoignant l'Espace Schengen. Mais ce n'est qu'après avoir été durement touché par la crise financière mondiale en 2008 que le pas vers l'adhésion fut franchi[2031]. Le 16 juillet 2009, l'Islande présenta ainsi une demande en vue de rejoindre l'UE[2032], à laquelle la Commission répondît favorablement le 24 février 2010. Cette dernière nota que le pays était « *une démocratie qui fonctionn*[ait] *bien, dotée d'institutions fortes* » et « *une république parlementaire aux traditions de démocratie représentative et de séparation des pouvoirs profondément ancrées* »[2033], rejoignant en cela les conclusions de la mission d'évaluation électorale envoyée par le BIDDH lors des élections législatives anticipées de 2009[2034].

Les négociations entre l'UE et l'Islande débutèrent officiellement le 17 juin 2010[2035]. A l'instar de l'Autriche, de la Finlande et de la Suède lors de l'élargissement de 1995, le bilan particulièrement favorable de l'Islande aux plans démocratique et économique semble largement accélérer son processus d'adhésion. Cette caractéristique, ainsi que sa très faible population et l'absence de controverse quant à son caractère européen, expliquent en

---

[2028] *Turquie, Rapport de suivi 2007*, 6 novembre 2007, SEC(2007) 1436, pp.6-7. Voir aussi *supra* Partie 1, Titre 2, Chapitre 2.

[2029] *Turkey 2011 Progress Report*, 12 octobre 2011, SEC(2011) 1201 final, p.8.

[2030] Voir notamment : *Résolution du Parlement européen sur le rapport 2010 sur les progrès accomplis par la Turquie*, 9 mars 2011, (2011)0090.

[2031] Peel (Q.), « Pour l'Islande, la route de Bruxelles est encore longue », *Courrier International*, n°966, 7 mai 2009, p.16.

[2032] Barber (T.), « L'Islande donne un nouveau souffle à l'élargissement », *Courrier International*, n°977, 23 juillet 2009, p.10.

[2033] *Avis de la Commission sur la demande d'adhésion de l'Islande à l'Union européenne*, 24 février 2010, COM(2010) 62, p.5. Voir aussi : *Iceland 2010 Progress Report*, 9 novembre 2010, SEC(2010) 1328, p.6 ; *Iceland 2011 Progress Report*, 12 octobre 2011, SEC(2011) 1202 final, p.5 ; *Résolution du Parlement européen sur le rapport de suivi 2011 concernant l'Islande*, 14 mars 2012, (2012)0084, §3.

[2034] *Iceland, Early Parliamentary elections, 25 April 2009, OSCE/ODIHR Election Assessment Mission Report*, 28 juillet 2009, pp.1-2.

[2035] *Negotiating Framework*, juillet 2010, DOC.12228/10.

grande partie la différence de traitement dont bénéficie ce pays par rapport la Turquie.

§2. Les Balkans occidentaux, symboles de l'influence de l'observation électorale

La conditionnalité démocratique imposée aux États des Balkans occidentaux résulta d'abord de l'adoption d'une *Approche régionale* par l'UE, avant d'être remplacée à partir de 2000 par un mécanisme plus ambitieux reposant sur le *Processus de stabilisation et d'association* et des *Partenariats européens* (A). Avec la reconnaissance officielle de la candidature à l'adhésion de la Croatie en 2004, une distinction commença à s'opérer entre les candidats officiels (B) et les candidats potentiels (C).

A. De l'Approche régionale au Processus de stabilisation et d'association

À partir de 1996, au lendemain des conflits en ex-Yougoslavie, l'UE commença à développer une *Approche régionale*, stratégie de rapprochement propre à plusieurs pays du Sud-est de l'Europe (Albanie, ARYM, Bosnie-Herzégovine, Croatie et République fédérale de Yougoslavie)[2036]. La Roumanie et la Bulgarie, initialement concernées, furent rapidement écartées en raison de leur statut de candidats officiels. L'année suivante, l'Organisation décida de conditionner l'approfondissement de relations bilatérales avec les pays concernés au respect de certains principes économiques et politiques. Au titre de la seconde catégorie figuraient notamment l'« [e]*ngagement crédible d'entreprendre des réformes démocratiques et de respecter les normes généralement reconnues en matière de droits de l'homme et des droits des minorités* » et la « [t]*enue à intervalles raisonnables d'élections libres et régulières, auxquelles participent, dans des conditions d'égalité, tous les citoyens adultes par un vote secret, et mise en œuvre intégrale et correcte des résultats de ces élections* »[2037].

[2036] *Conclusions du Conseil des Affaires générales du 26 février 1996*. Voir aussi : *Principes communs appelés à présider aux relations contractuelles avec certains pays du sud-est de l'Europe*, Rapport de la Commission au Conseil et au Parlement européen, 2 octobre 1996, COM(96) 476 ; *Règlement (CE) n°1628/96 du Conseil du 25 juillet 1996 relatif à l'aide à la Bosnie-Herzégovine, à la Croatie, à la République fédérale de Yougoslavie et à l'ancienne République yougoslave de Macédoine*, JO L 204 du 14 août 1996 ; *Règlement (CEE) n°3906/89 du Conseil, du 18 décembre 1989, relatif à l'aide économique en faveur de la République de Hongrie et de la République populaire de Pologne*, JO L 375 du 23 décembre 1989.

[2037] *Conclusions du Conseil des Affaires générales*, 27 avril 1997.

Le suivi de ces engagements donna lieu à la publication par la Commission de cinq rapports dits de conditionnalité entre octobre 1997 et février 2000. L'étude de ces documents révèle que l'Institution s'est grandement reposée sur les évaluations des missions d'observation électorale du Conseil de l'Europe et de l'OSCE pour apprécier le respect des principes démocratiques par les États visés[2038]. A tel point que la Commission estima notamment à l'égard de la Croatie que la mise en œuvre des recommandations des observateurs internationaux était une condition préalable à sa reconnaissance du caractère libre et équitable des élections[2039]. D'un point de vue général, les rapports de conditionnalité notèrent des progrès significatifs au plan démocratique de l'ensemble du groupe d'États, à l'exception de la République fédérale de Yougoslavie qui connut une régression continue. Toutefois, l'apport de l'observation électorale au mécanisme de contrôle mérite d'être quelque peu nuancé au cours de cette période. La méthodologie suivie jusqu'au début des années 2000 par les institutions, en particulier le BIDDH, n'était pas encore pleinement établie et ces dernières révélaient une tendance à la clémence à l'égard des États hôtes, au nom d'un certain optimisme quant à leur volonté de réforme.

Une étape importante fut franchie le 10 juin 1999, dans un contexte marqué par la Guerre du Kosovo, lorsque fut adopté le *Pacte de stabilité pour l'Europe du Sud-est* (PSESE)[2040], réunissant dans le cadre d'une initiative originale une trentaine d'États (principalement l'Europe des quinze, les États balkaniques, les États-Unis et la Russie) et une dizaine d'Organisations internationales (notamment l'Union européenne, l'OSCE[2041]

[2038] *Regional Approach to the countries of South-Eastern Europe: Compliance with the conditions set out in the Council Conclusions of 29 April 1997. Part A: Bosnia-Herzegovina, Croatia, Federal Republic of Yugoslavia*, 3 octobre 1997, §2.1 et 3.1 ; *Regional Approach to the countries of South-Eastern Europe: Compliance with the conditions set out in the Council Conclusions of 29 April 1997. Part B: The former Yugoslav Republic of Macedonia, and Albania*, 3 octobre 1997, §1.1 et 2.1 ; *Regional Approach to the countries of South-Eastern Europe: Compliance with the conditions set out in the Council Conclusions of 29 April 1997*, 30 mars 1998, SEC(1998)586, §3.1, 4.1 et 5.1 ; *Regional Approach to the countries of South-Eastern Europe: Compliance with the conditions set out in the Council Conclusions of 29 April 1997*, 19 octobre 1998, SEC(98) 1727, §1.1, 2.1, 4.1 et 5.1 ; *Regional Approach to the countries of South-Eastern Europe: Compliance with the conditions set out in the Council Conclusions of 29 April 1997*, 17 mai 1999, SEC(99) 714, §5.1.

[2039] SEC(98)1727, *op.cit.*, 1727, p.8.

[2040] *Pacte de stabilité pour l'Europe du Sud-est*, Document de Cologne, 10 juin 1999.

[2041] Voir notamment : Sporrer (W.), « The OSCE and the Stability Pact for South Eastern Europe: Can a new relationship improve performance? », *Helsinki Monitor*, Volume 14, n°1, 2003, pp.11-21 ; Zipper de Fabiani (H.), « L'OSCE et les Balkans. Au-delà de l'expérience des Pactes de stabilité, quelles réussites et quelles leçons ? », *in* Decaux (E.) et Sur (S.) (dir.), *L'OSCE trente ans après l'Acte final de Helsinki. Sécurité coopérative et dimension humaine*, Pedone, 2008, pp.191-199.

et le Conseil de l'Europe)[2042]. Ce vaste projet fut conçu pour favoriser la coopération et la stabilisation régionales à travers une approche globale incluant la mise en place par l'UE d'un nouveau programme, le *Processus de stabilisation et d'association* (PSA), destiné à favoriser l'adhésion des États de la région. Prenant acte du bilan mitigé de l'*Approche régionale*, la Commission décida de proposer avec le PSA « *une nouvelle approche renforcée* » permettant de mettre en œuvre « *des incitations plus qu'auparavant aux pays concernés* » et d'imposer « *des conditions plus exigeantes, tant politiques qu'économiques, ainsi que d'insister sur la nécessité de coopération régionale* »[2043]. Le PSA visa donc à engager de nouvelles relations contractuelles fondées sur la conclusion d'*Accords de stabilisation et d'association* (ASA) avec cinq États des Balkans occidentaux (Albanie, ARYM, Bosnie-Herzégovine, Croatie et République fédérale de Yougoslavie) et remplaçant un éventuel accord de coopération antérieur.

Le cinquième et dernier rapport de conditionnalité publié en février 2000 marqua une transition avec le nouveau processus puisqu'il porta sur le respect des conclusions relatives à l'*Approche régionale* et au PSA[2044]. Cette évaluation confirma la détérioration de la démocratie en République fédérale de Yougoslavie et les progrès effectués par les quatre autres États, en particulier la Croatie à la suite des élections législatives et présidentielles tenues en janvier et février 2000[2045]. En juin de cette même année, lors de sa réunion de Santa Maria da Feira, le Conseil européen estima que les cinq pays des Balkans occidentaux étaient « *des candidats potentiels à l'adhésion à l'UE* » et émit l'idée d'un sommet réunissant ces États et l'UE[2046]. La

2042 Ghebali (V.-Y.), « Le lancement du "Pacte de stabilité" pour l'Europe du Sud-est », *AFRI*, Volume I, 2000, pp.227-242 ; Majza (B.), « Un Pacte de stabilité pour l'Europe du Sud-est : Vers l'"européanisation" des Balkans ? », *AFRI*, Volume I, 2000, pp.243-255 ; Sebastian (S.), « The Balkans. European inducements », *in* Youngs (R.) (dir.), *The European Union and democracy promotion: A critical global assessment*, Johns Hopkins University Press, 2010, pp.38-58 ; Vukadinovic (N.), « Le Pacte de stabilité pour l'Europe du Sud-est », *AFRI*, Volume I, 2000, pp.256-264.

2043 *Communication de la Commission au Conseil et au Parlement européen du 26 mai 1999 sur le processus de stabilisation et d'association en faveur des pays de l'Europe du Sud-est*, COM(1999) 235 final, pp.3-4.

2044 *Regional Approach to the countries of South-Eastern Europe: Compliance with the conditions set out in the Council Conclusions of 29 April 1997*, 9 février 2000, SEC(2000) 168/2.

2045 *Republic of Croatia, Parliamentary elections (House of Representatives), 2 and 3 January 2000, OSCE/ODIHR Election Observation Mission Final Report*, 25 avril 2000 ; APCE, *Commission* ad hoc *pour l'observation des élections législatives en Croatie (3 janvier 2000)*, 24 janvier 2000, Doc.8624 ; *Republic of Croatia, Extraordinary Presidential elections, 24 January and 7 February 2000, OSCE/ODIHR Election Observation Mission Final Report*, 31 mai 2000 ; APCE, *Commission* ad hoc *pour l'observation des élections présidentielles en Croatie (24 janvier et 7 février 2000)*, 7 février 2000, Doc.8658.

2046 *Conclusions de la Présidence*, Conseil européen de Santa Maria da Feira, 19 et 20 juin 2000, §67 et 75.

première rencontre de ce type fut organisée à Zagreb le 24 novembre 2000, au cours de laquelle les participants se félicitèrent du « *changement démocratique en Croatie* » et de « *la victoire des forces démocratiques en RFY aux élections du 24 septembre* » et lancèrent officiellement le PSA[2047]. Par ailleurs, une nouvelle stratégie d'assistance, dénommé *Assistance communautaire pour la reconstruction, le développement et la stabilisation* (CARDS), fut ensuite créée afin de soutenir financièrement la mise en œuvre des objectifs du PSA. Or, il fut décidé de conditionner le bénéfice de cette assistance communautaire au respect de certains principes, notamment les « *principes démocratiques et de l'État de droit* » et les « *conditions définies par le Conseil dans ses conclusions du 29 avril 1997* [...] *en ce qui concerne l'engagement des bénéficiaires à procéder à des réformes démocratiques* »[2048]. CARDS fut remplacé par l'*Instrument d'aide de préadhésion* (IAP) pour la période 2007-2013 mais le principe de conditionnalité démocratique demeure[2049].

C'est avec la signature des premiers ASA, dès 2001, qu'une différenciation entre futurs candidats officiels et potentiels commença à s'opérer parmi les États balkaniques occidentaux. De plus, à partir de 2002, la Commission commença à publier pour chacun d'entre eux des rapports de suivi sur une base annuelle afin d'apprécier la mise en œuvre du PSA. Cependant, à la suite du rapport annuel de 2003[2050], lequel souligna la persistance de certaines lacunes au sein des pays des Balkans occidentaux, il fut décidé de compléter le PSA par le recours un nouveau type d'accords : les *Partenariats européens*. Ces derniers sont destinés à « *inventorier les réformes à entreprendre à court et à moyen terme par les pays concernés, sous la forme d'une liste de mesures* [servant] *de référence pour mesurer les progrès réalisés et* [orientant] *l'assistance accordée dans le cadre du programme CARDS* ». Ces mesures prioritaires sont principalement déterminées sur la base des rapports annuels de la Commission, lesquels « *tiennent dûment compte des critères d'adhésion de Copenhague et d'éléments spécifiques aux Balkans occidentaux, notamment la conditionnalité définie en 1997* », et le suivi de la mise en œuvre des

---

[2047] *Déclaration Finale*, Sommet de Zagreb, 24 novembre 2000.

[2048] *Règlement (CE) n°2666/2000 du Conseil du 5 décembre 2000 relatif à l'aide à l'Albanie, à la Bosnie-et-Herzégovine, à la Croatie, à la République fédérale de Yougoslavie et à l'ancienne République yougoslave de Macédoine et abrogeant le règlement (CE) n°1628/96 ainsi que modifiant les règlements (CEE) n°3906/89 et (CEE) n°1360/90 et les décisions 97/256/CE et 1999/311/CE*, JO L 306 du 7 décembre 2000, art.5.

[2049] *Règlement (CE) n°1085/2006 du Conseil du 17 juillet 2006 établissant un instrument d'aide de préadhésion (IAP)*, JO L 210 du 31 juillet 2006, art.21.

[2050] *Le processus de stabilisation et d'association en faveur de l'Europe du Sud-Est, Deuxième rapport annuel*, 26 mars 2003, COM(2003) 139 final.

Partenariats européens est assuré par ces mêmes rapports annuels[2051]. Finalement, en juin 2003, le Conseil européen de Thessalonique confirma la vocation des pays balkaniques à adhérer à l'UE[2052]. A travers tous les documents de suivi produits dans le cadre de ces mécanismes, les institutions européennes s'appuyèrent très largement sur les rapports des observateurs électoraux internationaux pour évaluer la régularité des scrutins organisés au sein des États concernés.

B. Le cas des candidats officiels

Les premiers ASA furent signés avec l'ARYM en mars 2001 et avec la Croatie au mois d'octobre suivant. L'article 2 de ces documents énonça notamment, au titre de ses éléments essentiels, « [le] *respect des principes démocratiques et des droits de l'homme tels qu'ils sont proclamés dans la Déclaration universelle des droits de l'homme et tels qu'ils sont définis dans l'Acte final d'Helsinki et la Charte de Paris pour une nouvelle Europe* [et] *le respect des principes du droit international et de l'État de droit* »[2053]. Tandis que l'ARYM frôla la guerre civile en 2001, la transition démocratique progressa rapidement en Croatie à la faveur du changement de Gouvernement intervenu en 2000 et, plus généralement, cette dernière s'affirma comme l'État des Balkans occidentaux le plus avancé sur la voie de l'adhésion[2054]. En conséquence, la Croatie présenta sa candidature en février 2003. Son statut de candidat fut officiellement validé en juin 2004 par le Conseil européen de Bruxelles[2055] à la suite de l'avis favorable rendu par la Commission aux termes duquel celle-ci souligna que le pays « *dispos*[ait] *d'institutions démocratiques stables qui fonctionn*[aient] *correctement, respect*[aient] *les limites de leurs compétences et coop*[éraient] *entre elles* » et que les « *élections de 2000 et 2003* [avaient] *été libres et équitables* »[2056].

[2051] *Les Balkans occidentaux et l'intégration européenne*, Communication de la Commission au Conseil et au Parlement européen, 21 mai 2003, COM(2003) 285 final, §2

[2052] *Conclusions de la Présidence*, Conseil européen de Thessalonique, 19 et 20 juin 2003, 11638/03, §41. Voir aussi : Heimerl (D.), « UE-Balkans occidentaux. Après le sommet de Thessalonique de juin 2003 », *Le Courrier des Pays de l'Est*, n°1039, 2003, pp.31-39.

[2053] *Accord de stabilisation et d'association entre les Communautés européennes et leurs États membres, d'une part, et l'ancienne République yougoslave de Macédoine, d'autre part*, 26 mars 2001, JO L 84 du 20 mars 2004, art.2 ; *Accord de stabilisation et d'association entre les Communautés européennes et leurs États membres, d'une part, et la République de Croatie, d'autre part*, 29 octobre 2001, JO L 26 du 28 janvier 2005, art.2.

[2054] Voir notamment : *Croatie, Processus de stabilisation et d'association – Rapport 2002*, 4 avril 2002, SEC(2002) 341, §2.1 ; *Croatie, Processus de stabilisation et d'association – Rapport 2003*, 26 mars 2003, SEC(2003) 341, §2.1.

[2055] *Conclusions de la Présidence*, Conseil européen de Bruxelles, 17 et 18 juin 2004, 10679/2/04, §33.

[2056] *Avis sur la demande d'adhésion de la Croatie à l'Union européenne*, 20 avril 2004, COM(2004) 257 final, §1.4. Voir aussi : *Republic of Croatia, Parliamentary elections (House of Representatives), 2 and 3 January 2000, OSCE/ODIHR Election Observation Mission*

Le 13 septembre 2004, un *Partenariat européen* fut adopté pour la Croatie mais ce dernier n'établit aucun objectif prioritaire dans le domaine électoral[2057]. En revanche, du fait de l'actualisation des priorités opérée en 2005 avec l'adoption d'un *Partenariat pour l'adhésion*, il fut demandé à l'État de procéder à court terme à l'adoption d'une « *législation électorale cohérente et permanente régissant, dans la transparence, des questions telles que les listes d'électeurs, le vote à l'étranger et le financement des campagnes électorales* »[2058]. Cette demande fit écho au rapport de suivi établi la même année par la Commission et reprenant les conclusions émises par les observateurs du Comité national pour les élections et de l'ONG locale GONG à la suite du scrutin présidentiel de 2005, selon lesquelles les principales irrégularités relevées consistèrent en des cas de double vote à l'étranger « *sembl*[ant] *être dues à des lacunes dans la procédure de vote et dans la gestion des listes d'électeurs* »[2059]. L'exigence ne fut pas reprise lors de l'actualisation du Partenariat effectuée en 2007[2060] en raison de l'adoption d'une loi relative aux listes électorales en Croatie, en dépit de l'évaluation mitigée donnée par la Commission de Venise et du BIDDH au sujet du texte[2061]. Les rapports de suivi postérieurs se contentèrent de souligner la bonne tenue des scrutins suivants, tout en évoquant, à la suite des observateurs du BIDDH[2062], la nécessité de poursuivre la réforme du cadre légal, de l'administration électorale et des registres électoraux[2063]. Finalement, les efforts consentis par la Croatie dans tous les domaines aboutirent à la signature le 9 décembre 2011 d'un traité d'adhésion

Final Report, 25 avril 2000 ; *Republic of Croatia, Extraordinary Presidential elections, 24 January and 7 February 2000, OSCE/ODIHR Election Observation Mission Final Report*, 31 mai 2000 ; *Republic of Croatia, Parliamentary elections, 23 November 2003, OSCE/ODIHR Election Observation Mission Final Report*, 20 janvier 2004.

2057 *Décision du Conseil du 13 septembre 2004 relative aux principes, aux priorités et aux conditions figurant dans le partenariat européen avec la Croatie*, 2004/648/CE.

2058 *Décision 2006/145/CE du Conseil du 20 février 2006 relative aux principes, aux priorités et aux conditions figurant dans le partenariat pour l'adhésion de la Croatie et abrogeant la décision 2004/648/CE, JO L 55 du 25 février 2006*, Annexe, §3.1.

2059 *Croatie, Rapport de suivi 2005*, 9 novembre 2005, SEC(2005) 1424, §B.1.1.

2060 *Décision 2008/119/CE du Conseil du 12 février 2008 relative aux principes, aux priorités et aux conditions figurant dans le partenariat pour l'adhésion avec la Croatie et abrogeant la décision 2006/145/CE*, JO *L 42 du 16 février 2008.*

2061 *Avis conjoint sur le projet de loi relatif aux listes électorales en Croatie*, 16 juillet 2007, CDL-AD(2007)030. Voir aussi : *Croatie, Rapport de suivi 2007*, 6 novembre 2007, SEC(2007) 1431, §2.1.

2062 *Republic of Croatia, Parliamentary elections, 25 November 2007, OSCE/ODIHR Limited Election Observation Mission Final Report*, 30 avril 2008, pp.1-2 ; *Republic of Croatia, Presidential elections, 27 December 2009 and 10 January 2010, OSCE/ODIHR Limited Election Observation Mission Final Report*, 7 avril 2010, pp.1-2.

2063 *Croatia 2008 Progress Report*, 5 novembre 2008, SEC(2008) 2694, §2.1 ; *Croatia 2009 Progress Report*, 14 octobre 2009, SEC(2009) 1333, §2.1 ; *Croatia 2010 Progress Report*, 9 novembre 2010, SEC(2010) 1326, §2.1.

prévoyant l'entrée du pays dans l'UE le 1er juillet 2013[2064]. Pour la Commission, « [le] *brillant parcours européen de la Croatie montre la voie aux autres pays visés par l'élargissement* » et « [a]*vec l'entrée dans l'UE du premier pays des Balkans occidentaux, l'avenir européen de la région devient réalité* »[2065].

Le cas du Monténégro se rapproche sensiblement de celui de la Croatie dans le champ électoral. Lorsqu'il proclama son indépendance de la Serbie le 3 juin 2006, un nouveau processus d'adhésion s'ouvrit[2066]. La Commission précisa dans son premier rapport de suivi que les élections législatives tenues quelques mois après furent positivement évaluées par le BIDDH, mais que celui-ci identifia néanmoins quelques faiblesses[2067]. Dès lors, le *Partenariat européen* adopté le 22 janvier 2007 précisa qu'une des priorités à court terme serait de « *dépolitiser l'administration électorale, améliorer son fonctionnement, notamment en ce qui concerne l'annonce des résultats, codifier la législation électorale, établir des règles pour la couverture des campagnes électorales par les médias et introduire des règles garantissant la transparence de l'octroi de sièges, conformément aux normes européennes* [et] *instaurer un cadre transparent pour le financement des campagnes électorales* »[2068]. En outre, à moyen terme, le Monténégro fut encouragé à « [c]*ontinuer à prévoir des normes élevées en ce qui concerne l'organisation des élections* [et à] *mettre en œuvre un cadre transparent pour le financement de la campagne* »[2069]. Les années suivantes démontrèrent la capacité du Monténégro à remplir ces objectifs. Ainsi, l'élection présidentielle de 2008[2070] et les élections législatives anticipées de

---

2064 *Traité d'adhésion : Traité relatif à l'adhésion de la République de Croatie*, 7 novembre 2011, 14409/11.

2065 *Stratégie d'élargissement et principaux défis 2011-2012*, Communication de la Commission au Parlement européen et au Conseil, 12 octobre 2011, COM(2011)666 final, §5.6.

2066 Cazala (J.), « L'accession du Monténégro à l'indépendance », *AFDI*, Volume 52, 2006, pp.160-177 ; Radulović (M.), « Montenegro's journey towards EU accession », *in* Rupnik (J.) (dir.), « The Western Balkans and the EU: "The hour of Europe" », *Chaillot Paper n°126*, Institut d'Études de Sécurité, 2011, pp.79-93.

2067 *Montenegro 2006 Progress Report*, 8 novembre 2006, SEC(2006) 1388, §2.1. Voir aussi : *Republic of Montenegro, Parliamentary elections, 10 September 2006, OSCE/ODIHR Election Observation Mission Final Report*, 28 décembre 2006.

2068 *Décision 2007/49/CE du Conseil du 22 janvier 2007 relative aux principes, aux priorités et aux conditions figurant dans le partenariat européen avec le Monténégro, JO L 195 du 27 juillet 2007*, Annexe, §3.1.

2069 *Ibid.*, 2007/49/CE, Annexe, §3.2.

2070 *Montenegro 2008 Progress Report*, 5 novembre 2008, SEC(2008) 2696, §2.1 ; *Republic of Montenegro, Presidential election, 6 April 2008, OSCE/ODIHR Election Observation Mission Final Report*, 1er septembre 2008.

2009[2071] furent considérées, dans presque tous leurs aspects, conformes aux normes de l'OSCE et du Conseil de l'Europe en la matière. La Commission considéra en 2010 que les standards électoraux étaient largement satisfaisants au Monténégro[2072] et donna une suite positive[2073] à la demande de candidature présentée par le pays deux ans auparavant. Le statut de candidat du Monténégro fut officiellement reconnu lors du Conseil européen de décembre 2010[2074]. L'attention se focalisa donc sur la poursuite de la réforme électorale, laquelle fut menée conformément aux recommandations du Bureau de Varsovie et de la Commission de Venise[2075]. En 2011, la Commission européenne estima finalement que le « *Monténégro* [était] *parvenu au degré nécessaire de conformité aux critères d'adhésion, notamment aux critères politiques fixés à Copenhague* »[2076].

En revanche, l'ARYM se distingue des autres États candidats par la récurrence des irrégularités constatées au fil des nombreux scrutins organisées entre 2000 et 2011, amenant les institutions européennes à se pencher davantage sur les conclusions des observateurs électoraux. Ainsi, dans son rapport de 2002 relatif au *Processus de stabilisation et d'association*, la Commission fit référence aux faiblesses identifiées par le BIDDH lors des scrutins tenus entre 1998 et 2000 et considéra que la mise en conformité de la législation avec les recommandations de celui-ci devait être une priorité en vue des élections législatives de 2002[2077]. Ces dernières se déroulèrent de façon satisfaisante, ce que la Commission expliqua notamment « *par le réexamen, dans l'ensemble réussi, du cadre juridique adopté en juin et par l'action efficace du gouvernement et de la commission électorale nationale* »[2078].

L'ARYM postula à l'adhésion en avril 2004 et, deux mois plus tard, un *Partenariat européen* n'indiquant aucun objectif au plan électoral fut

---

[2071] *Montenegro 2009 Progress Report*, 14 octobre 2009, SEC(2009) 1336, §2.1 ; *Republic of Montenegro, Early Parliamentary elections, 29 March 2009, OSCE/ODIHR Election Observation Mission Final Report*, 10 juin 2009.
[2072] *Analytical Report accompanying the Commission Opinion on Montenegro's application for membership of the European Union*, 9 novembre 2010, SEC(2010) 1334.
[2073] *Avis de la Commission sur la demande d'adhésion du Monténégro à l'Union européenne*, 9 novembre 2010, COM(2010)670.
[2074] *Conclusions*, Conseil européen, 16 et 17 décembre 2010, EUCO 30/1/10, §10.
[2075] *Montenegro 2011 Progress Report*, 12 octobre 2011, SEC(2011) 1204 final, §2.1 ; *Avis conjoint sur le projet de loi portant modification de la loi sur l'élection des conseillers locaux et des députés du Parlement du Monténégro*, 17 juin 2011, CDL-AD(2011)011.
[2076] *Stratégie d'élargissement et principaux défis 2011-2012*, *op.cit.*, §5.21.
[2077] *Ancienne République yougoslave de Macédoine, Processus de stabilisation et d'association – Rapport 2002*, 4 avril 2002, SEC(2002) 342, §2.1.1 et 2.4.
[2078] *Ancienne République yougoslave de Macédoine, Processus de stabilisation et d'association – Rapport 2003*, 26 mars 2003, SEC(2003) 342, §2.1.1.

adopté[2079]. Le Conseil européen lui conféra le statut de candidat officiel en décembre 2005[2080], conformément à l'avis positif rendu par la Commission le mois précédent. Pourtant, cette dernière ne manqua pas de souligner que si le pays « *dispos*[ait] *d'institutions démocratiques stables qui fonctionnent correctement* [...], *les élections locales qui se* [déroulèrent] *en 2005* [donnèrent] *lieu à un ensemble de graves irrégularités* ». Par conséquent, la Commission considéra que la « *mise en œuvre adéquate et opportune des recommandations* [du BIDDH] *et l'engagement des partis politiques à cet égard jouer*[aient] *un rôle déterminant pour garantir l'intégrité pleine et entière des prochaines élections législatives* »[2081]. En réaction à cette mauvaise performance, la mise en œuvre des recommandations du Bureau de Varsovie « *à temps avant les prochaines élections* » figura parmi les priorités essentielles à court terme assignées à l'ARYM lors de l'actualisation du *Partenariat européen* en 2005. Il fut également demandé à l'État de « [r]*emédier aux lacunes constatées dans le processus électoral et garantir la régularité et l'équité des prochaines élections parlementaires* », ainsi que de « [p]*oursuivre en justice les fraudes et les irrégularités* »[2082]. Toutefois, si la situation s'améliora quelque peu lors des élections législatives tenues en 2006 puisque des efforts d'application des recommandations du BIDDH et poursuite des fraudeurs furent enregistrés, la Commission nota que des fraudes importantes telles que des cas de bourrage d'urne et d'intimidation avaient une nouvelle fois été relevées par les observateurs internationaux[2083]. La nouvelle mouture du *Partenariat européen*, adoptée en 2008, supprima la priorité essentielle en matière électorale mais incita l'ARYM à « [v]*eiller à que toutes les futures élections se déroulent conformément au code électoral* » et à « [r]*endre des décisions rapides sur toute irrégularité en matière électorale et infliger des sanctions à caractère dissuasif* »[2084].

2079 *Décision 2004/518/CE du Conseil du 14 juin 2004 relative aux principes, aux priorités et aux conditions figurant dans le partenariat européen avec l'ancienne République yougoslave de Macédoine, JO L 222 du 23 juin 2004.*

2080 Conclusions de la Présidence, Conseil européen de Bruxelles, 15 et 16 décembre 2005, 15914/1/05, §24.

2081 *Avis de la Commission concernant la demande d'adhésion à l'Union européenne présentée par l'ancienne République yougoslave de Macédoine*, 9 novembre 2005, COM(2005) 562 final, §B.1.

2082 *Décision 2006/57/CE du Conseil du 30 janvier 2006 relative aux principes, aux priorités et aux conditions figurant dans le partenariat européen avec l'ancienne République yougoslave de Macédoine et abrogeant la décision 2004/518/CE,* JO *L 35 du 7 février 2006,* Annexe, §3.1.

2083 *The former Yugoslav Republic of Macedonia 2006 Progress Report*, 8 novembre 2006, SEC(2006) 1387, §2.1.

2084 *Décision 2008/212/CE du Conseil du 18 février 2008 relative aux principes, aux priorités et aux conditions figurant dans le partenariat pour l'adhésion avec l'ancienne République yougoslave de Macédoine et abrogeant la décision 2006/57/CE, JO L 80 du 19 mars 2008,* Annexe, §3.1.

Mais la situation empira sensiblement au cours des élections législatives anticipées de 2008, notamment en raison d'un nombre élevé d'actes violents et d'irrégularités pendant la campagne électorale et le jour du scrutin. La Commission souligna donc dans son rapport de suivi qu'il était essentiel que les fraudeurs soient punis, ce qui n'avait pas été suffisamment fait à la suite des élections de 2006. Elle exprima néanmoins sa satisfaction à l'égard de la réaction rapide des autorités macédoniennes qui décidèrent d'instaurer un plan d'action pour la mise en œuvre des recommandations du BIDDH et amendèrent le code électoral conformément à ces dernières[2085]. Cet élan positif se poursuivit puisque les deux scrutins postérieurs reflétèrent des progrès significatifs et une détermination réelle des autorités nationales de se conformer aux conclusions du Bureau de Varsovie[2086]. La Commission prit acte de cette évolution, tout en précisant que diverses réformes devaient encore être effectuées[2087]. Dès 2009, elle conclut néanmoins que le pays « *satisfai*[sait] *suffisamment aux critères politiques fixés par le Conseil européen de Copenhague en 1993 et le processus de stabilisation et d'association* »[2088].

C. Le cas des candidats potentiels

Lors du lancement du *Processus de stabilisation et d'association*, l'Albanie ne fut pas jugée immédiatement prête à débuter les négociations d'un ASA mais cette perspective fut laissée ouverte en cas d'amélioration de la situation économique et politique[2089]. Au plan électoral, les trois rapports relatifs au PSA publiés par la Commission européenne entre 2002 et 2004 soulignèrent la récurrence des irrégularités et les faiblesses observées dans

---

2085 *The former Yugoslav Republic of Macedonia 2008 Progress Report*, 5 novembre 2008, SEC(2008) 2695, Annexe, §2.1.

2086 *Former Yugoslav Republic of Macedonia, 2009 Presidential and Municipal Elections, OSCE/ODIHR Needs Assessment Mission Report (9 - 12 December 2008)*, 19 décembre 2008 ; *Former Yugoslav Republic of Yugoslavia, Presidential and Municipal elections, 22 March and 5 April 2009, OSCE/ODIHR Election Observation Mission Final Report*, 30 juin 2009 ; *Avis conjoint sur le code électoral révisé de « l'ex-République yougoslave de Macédoine »*, 5 août 2009, 17 octobre 2011, CDL-AD(2011)027.

2087 *The former Yugoslav Republic of Macedonia 2009 Progress Report*, 14 octobre 2009, SEC(2009) 1335, Annexe, §2.1 ; *The former Yugoslav Republic of Macedonia 2010 Progress Report*, 9 novembre 2010, SEC(2010) 1332, Annexe, §2.1 ; *The former Yugoslav Republic of Macedonia 2011 Progress Report*, 12 octobre 2011, SEC(2011) 1203 final, Annexe, §2.1.

2088 *Stratégie d'élargissement et principaux défis 2009-2010*, Communication de la Commission au Conseil et au Parlement européen, 14 octobre 2009, COM(2009) 533, §5.8.

2089 *Rapport de la Commission sur la faisabilité de négocier un accord de stabilisation et d'association avec l'Albanie*, 24 novembre 1999, COM(1999) 599 final ; *Travaux du groupe de contact à haut niveau UE-Albanie, en vue de la préparation de la négociation d'un accord de stabilisation et d'association avec l'Albanie*, Rapport de la Commission au Conseil, 6 juin 2001, COM(2001) 300 final.

l'organisation des scrutins[2090]. L'institution jugea donc que l'une des priorités de l'Albanie devait être la « *mise en œuvre des recommandations de l'OSCE/BIDDH* » et l'« [o]*rganisation d'élections libres et équitables totalement conformes aux normes internationales en la matière* »[2091]. Ces éléments se retrouvèrent au titre des objectifs prioritaires à court et moyen termes figurant dans le *Partenariat européen* adopté en 2004[2092]. Néanmoins, le rapport de suivi de 2005 se fit de nouveau l'écho de l'appréciation mitigée formulée par le Bureau de Varsovie, cette fois au sujet des élections législatives de 2005. La Commission conclut donc que « [les] *insuffisances observées durant les élections* [avaient montré qu'il y avait] *lieu d'améliorer encore les lois et pratiques électorales et qu'il* [était] *urgent aussi de continuer à améliorer le registre civil* »[2093].

D'un point de vue général, le pays est fortement desservi par un climat politique tendu et un manque de dialogue entre partis politiques, lesquels s'avèrent néfastes aux initiatives de mise en œuvre des recommandations des observateurs électoraux. En dépit des incitations répétées à l'adoption d'une attitude plus constructive des acteurs politiques et des demandes de mise en conformité des processus électoraux avec les normes internationales, notamment à travers les *Partenariats européens* révisés de 2006[2094] et 2008[2095] et l'ASA signé en 2006[2096], les rapports de suivi de la Commission ne purent que constater la faiblesse des progrès réalisés par l'Albanie au plan électoral[2097]. Dans l'avis qu'elle formula en novembre 2010 au sujet de la demande d'adhésion du pays, la Commission estima que le pays devait « *consentir des efforts supplémentaires considérables* » pour satisfaire au critère politique de Copenhague et qu'à ce titre, « *modifier le cadre législatif*

2090 *Albania, Stabilisation and Association Report 2002*, 4 avril 2002, SEC(2002) 339, §2.1 ; *Albanie, Stabilisation et Association - Rapport 2003*, 26 mars 2003, SEC(2003) 339, §2.1 ; *Albanie, Stabilisation et Association - Rapport 2004*, 30 mars 2004, SEC(2004) 374, §2.1.

2091 SEC(2003) 339, *ibid.*, §2.4.

2092 *Décision 2004/519/CE du Conseil du 14 juin 2004 relative aux principes, priorités et conditions figurant dans le partenariat européen avec l'Albanie*, JO L 223 du 24 juin 2004, Annexe, §3.1 et 3.2.

2093 *Albanie, Rapport de suivi 2005*, 9 novembre 2005, SEC(2005) 1421, §B.1.1.

2094 *Décision 2006/54/CE du Conseil du 30 janvier 2006 relative aux principes, aux priorités et aux conditions figurant dans le partenariat européen avec l'Albanie et abrogeant la décision 2004/519/CE, JO L 35 du 7 février 2006,* Annexe, §3.1 et 3.2.

2095 *Décision 2008/210/CE du Conseil du 18 février 2008 relative aux principes, aux priorités et aux conditions figurant dans le partenariat européen avec l'Albanie et abrogeant la décision 2006/54/CE, JO L 80 du 19 mars 2008*, Annexe, §3.1.

2096 *Accord de stabilisation et d'association entre les Communautés européennes et leurs États membres, d'une part, et la République d'Albanie, d'autre part*, 12 juin 2006, JO L 107 du 28.4.2009.

2097 *Albania 2006 Progress Report*, 8 novembre 2006, SEC(2006) 1383, §2.1 ; *Albania 2007 Progress Report*, 6 novembre 2007, SEC(2007) 1429, §2.1 ; *Albania 2008 Progress Report*, 5 novembre 2008, SEC(2008) 2692, §2.1 ; *Albania 2009 Progress Report*, 14 octobre 2009, SEC(2009) 1337, §2.1.

des élections dans le respect des recommandations de l'OSCE/BIDDH » et « *veiller à ce que les élections se déroulent conformément aux normes européennes et internationales* » devaient une nouvelle fois être considérés comme des priorités essentielles[2098]. Les élections locales du 9 mai 2011 ne firent pourtant que confirmer la polarisation excessive de la vie politique albanaise et les difficultés chroniques rencontrées par ce pays en matière électorale[2099].

A l'instar de l'Albanie, la Bosnie-Herzégovine illustre la difficulté d'opérer un rapprochement des normes électorales internationales dans un contexte politique tourmenté. Toutefois, dans ce cas, les tensions résultent de l'équilibre politique fragile qui fut instauré entre les trois principales communautés ethniques bosniennes par les *Accords de Dayton* en 1996. En outre, l'ensemble des scrutins tenus entre 1997 et 2000 furent supervisés par l'OSCE, empêchant toute évaluation réelle de la capacité des autorités nationales à organiser des consultations populaires en conformité avec les standards internationaux en la matière. Ce ne fut donc qu'à partir des élections générales de 2002 que la Commission européenne put véritablement apprécier cet aspect. Elle nota ainsi que les élections s'étaient « *bien déroulées* [...] *pratiquement sans violence* » et que « [les] *accents nationalistes* [avaient] *été moins virulents* »[2100]. La Commission releva cependant dans un autre rapport que seuls 30% du coût de ce scrutin avait pu être couverts par les autorités bosniennes et que « [la] *faiblesse de l'assise financière de la BiH* [pouvait] *constituer une menace pour la durabilité de sa démocratie* »[2101]. Par conséquent, le *Partenariat européen* adopté le 14 juin 2004 fixa comme objectif d'« *assumer la pleine responsabilité de l'organisation et du financement* » des prochaines élections[2102]. Le but fut atteint dès les élections municipales de 2004[2103] et confirmé par la suite. Au-delà, les évaluations du BIDDH sur tous les scrutins organisés à partir de 2002 furent relativement positives et reprises par la Commission[2104]. En raison des progrès réguliers et importants effectués par la Bosnie-

---

[2098] *Avis de la Commission sur la demande d'adhésion de l'Albanie à l'Union européenne*, 9 novembre 2010, COM(2010) 680, §C.

[2099] *Albania 2011 Progress Report*, 12 octobre 2011, SEC(2011) 1205 final, §2.1.

[2100] *Bosnie-et-Herzégovine, Stabilisation et Association – Rapport 2003*, 26 mars 2003, SEC(2003) 340, §2.1.1.

[2101] *État d'avancement de la Bosnie-Herzégovine à négocier un accord de stabilisation et d'association avec l'Union européenne*, Rapport de la Commission au Conseil, 18 novembre 2003, COM(2003) 692 final, §B.1.1.2.

[2102] *Décision 2004/515/CE du Conseil du 14 juin 2004 relative aux principes, priorités et conditions figurant dans le partenariat européen avec la Bosnie-et-Herzégovine, JO L 221 du 22 juin 2004,* Annexe, §3.1 et 3.2.

[2103] *Bosnia and Herzegovina 2005 Progress Report*, 9 novembre 2005, SEC(2005) 1422, §B.1.1.

[2104] *Bosnia and Herzegovina 2006 Progress Report*, 8 novembre 2006, SEC(2006) 1384, §2.1 ; *Bosnia and Herzegovina 2010 Progress Report*, 9 novembre 2010, SEC(2010) 1331, §2.1.

Herzégovine dans de nombreux domaines, un *Accord de stabilisation et d'association* put finalement être signé le 16 juin 2008[2105]. Toutefois, l'attention des institutions européennes se focalisa progressivement sur un point particulier devenu la principale lacune du pays en matière électorale, à savoir l'incompatibilité entre certaines dispositions constitutionnelles et la Convention EDH[2106]. La question devint encore plus prégnante à la suite de l'arrêt de violation rendu le 22 décembre 2009 par la Cour EDH dans l'affaire *Sejdic et Finci c/ Bosnie-Herzégovine*[2107]. Le règlement de ce problème apparaît donc nécessaire à toute reconnaissance de la capacité de cet État à satisfaire le critère politique de Copenhague[2108].

Pour sa part, la Serbie connut une amélioration très rapide de sa situation au plan démocratique après les évènements du mois d'octobre 2000 qui aboutirent au renversement du régime de Slobodan Milosevic. Tandis que les différents scrutins organisés avant cette date furent très négativement évalués par les observateurs électoraux, comme le releva la Commission[2109], celle-ci nota en 2002 que « [d]*epuis l'arrivée au pouvoir du nouveau régime, c'est-à-dire une période relativement courte, Belgrade* [avait] *prouvé sans ambiguïté sa détermination politique à entreprendre les réformes qui s'imposent* »[2110]. Les discussions se concentrèrent donc sur la révision de la loi électorale[2111], jugée incompatible avec les standards européens en la

2105 *Accord de stabilisation et d'association entre les Communautés européennes et leurs États membres, d'une part, et la Bosnie-et-Herzégovine, d'autre part*, 16 juin 2008, non publié au JO.

2106 *Décision 2006/55/CE du Conseil du 30 janvier 2006 relative aux principes, aux priorités et aux conditions figurant dans le partenariat européen avec la Bosnie-et-Herzégovine et abrogeant la décision 2004/515/CE, JO L 35 du 7 février 2006*, Annexe, §3.1 ; *Décision 2008/211/CE du Conseil du 18 février 2008 relative aux principes, aux priorités et aux conditions figurant dans le partenariat européen avec la Bosnie-et-Herzégovine et abrogeant la décision 2006/55/CE, JO L 80 du 19 mars 2008*, Annexe, §3.1.

2107 *Sejdic et Finci c/ Bosnie-Herzégovine*, Gr. Ch., 22 décembre 2009, req. 27996/06 et 34836/06. Voir *supra.*, Partie 1, Titre 2, Chapitre 2.

2108 *Bosnia and Herzegovina 2011 Progress Report*, 12 octobre 2011, SEC(2011) 1206 final, §1.2, 1.3 et 2.1.

2109 *Regional Approach to the countries of South-Eastern Europe: Compliance with the conditions set out in the Council Conclusions of 29 April 1997. Part A: Bosnia-Herzegovina, Croatia, Federal Republic of Yugoslavia*, 3 octobre 1997, §3.1 ; *Regional Approach to the countries of South-Eastern Europe: Compliance with the conditions set out in the Council Conclusions of 29 April 1997*, 30 mars 1998, SEC(1998) 586, §3.1.

2110 *République fédérale de Yougoslavie, Stabilisation et Association – Rapport 2002*, 4 avril 2002, SEC(2002) 343, §1.

2111 *Ibid.*, §2.4 ; *Serbie-et-Monténégro, Stabilisation et Association – Rapport 2002*, 26 mars 2003, SEC(2003) 343, §2.1.1 et 2.4 ; *Serbia and Montenegro, Stabilisation and Association Report 2004*, 30 mars 2004, SEC(2004) 376, §2.1.1 ; *Serbia 2006 Progress Report*, 8 novembre 2006, SEC(2006) 1389, §2.1 ; *Serbia 2007 Progress Report*, 6 novembre 2007, SEC(2007) 1435, §2.1.

matière[2112]. Ainsi, ce point fut systématiquement considéré comme un objectif prioritaire à court terme par le *Partenariat européen* adopté en 2004 et révisé en 2006 et 2008[2113]. En outre, un ASA fut signé le 29 avril 2008[2114] et, cette même année, le BIDDH décida de ne déployer que des missions d'observations limitées lors des élections présidentielles et parlementaires, preuve de la confiance de l'Institution en la bonne tenue des scrutins[2115]. Il fallut cependant de nombreuses années avant que le processus de réforme du cadre légal aboutisse à un résultat conforme aux recommandations du BIDDH et de la Commission de Venise[2116]. Dans son avis du 12 octobre 2011 relatif à la demande d'adhésion à l'UE présentée par la Serbie en 2009, la Commission estima que « [d]*epuis 2001, les élections organisées en Serbie* [avaient] *systématiquement été conformes aux normes internationales* » et que « [la] *législation électorale* [avait] *récemment été alignée sur les normes européennes* »[2117]. En conséquence, elle demanda que le statut de candidat soit accordé à ce pays dès que de « *nouvelles avancées sur la voie de la normalisation des relations avec le Kosovo* » auraient été réalisées[2118], lequel statut fut finalement accordé dès le 1er mars 2012[2119].

2112 *Assessment of election legislation in the Federal Republic of Yugoslavia and Serbia*, OSCE/ODIHR, 30 août 2000 ; *Assessment of the laws on parliamentary and presidential elections in the Republic of Serbia (FRY)*, OSCE/ODIHR, 21 avril 2001.

2113 *Décision 2004/520/CE du Conseil du 14 juin 2004 relative aux principes, priorités et conditions figurant dans le partenariat européen avec la Serbie-et-Monténégro, y compris le Kosovo selon le statut défini par la résolution 1244 du Conseil de sécurité de l'Organisation des Nations unies du 10 juin 1999*, *JO L 227 du 26 juin 2004*, Annexe, §6 ; *Décision 2006/56/CE du Conseil du 30 janvier 2006 relative aux principes, aux priorités et aux conditions figurant dans le partenariat européen avec la Serbie-et-Monténégro, y compris le Kosovo selon le statut défini par la résolution 1244 du Conseil de sécurité des Nations unies du 10 juin 1999, et abrogeant la décision 2004/520/CE*, *JO L 35 du 7 février 2006*, Annexe, §6 ; *Décision 2008/213/CE du Conseil du 18 février 2008 relative aux principes, aux priorités et aux conditions figurant dans le partenariat européen avec la Serbie, y compris le Kosovo selon le statut défini par la résolution 1244 du Conseil de sécurité des Nations unies du 10 juin 1999 et abrogeant la décision 2006/56/CE*, *JO L 80 du 19 mars 2008*, Annexe 2.

2114 *Accord de stabilisation et d'association entre les Communautés européennes et leurs États membres, d'une part, et la Serbie, d'autre part*, 29 avril 2008, *JO L 28 du 30 janvier 2010*.

2115 *Republic of Serbia, Presidential election, 20 January and 3 February 2008, OSCE/ODIHR Limited Election Observation Mission Final Report*, 29 août 2008 ; *Republic of Serbia, Early Parliamentary elections, 11 May 2008, OSCE/ODIHR Limited Election Observation Mission Final Report*, 29 août 2008.

2116 *Recommandations conjointes sur les lois sur les élections législatives, présidentielles et locales, et l'administration des élections en République de Serbie*, 23 mars 2006, CDL-AD(2006)013 ; *Avis conjoint sur les projets de lois relatives à la législation électorale de la Serbie*, 12 octobre 2009, CDL-AD(2009)039.

2117 *Avis de la Commission sur la demande d'adhésion de la Serbie à l'Union européenne*, 12 octobre 2011, COM(2011) 668 final, §B.1.

2118 COM(2011) 668 final, *ibid.*, §C.

2119 *Conclusions*, Conseil européen, 1er et 2 mars 2012, EUCO 4/12.

Le Kosovo constitue justement un cas particulièrement complexe pour l'UE. Cette dernière considère que l'ancienne province serbe, selon le statut défini par la résolution 1244 du Conseil de sécurité des Nations Unies[2120], est un candidat potentiel à l'adhésion. À partir de 2005, la Commission commença à publier des rapports de suivi propres au Kosovo[2121] et non plus intégrés à ceux de la Serbie. Toutefois, ces documents contiennent peu d'informations relatives aux nombreux scrutins qui se sont tenus, sous la supervision de l'OSCE, et ne mentionnent jamais de façon explicite les missions d'observation électorale déployées par le Conseil de l'Europe[2122]. En outre, le Partenariat adopté en 2004 et ses actualisations inclurent à la fois la Serbie et le Kosovo[2123]. Les versions révisées de 2006 et 2008 assignèrent comme priorité à court terme de « [t]*enir des élections libres, justes et transparentes* » et de « [r]*enforcer la commission électorale centrale indépendante et pluriethnique* », tout en « [veillant] *à ce que des lieux de vote adéquats soient fournis à toutes les communautés pour exercer leur droit de vote et que toutes les mesures nécessaires soient prises, notamment en matière de sécurité* » et en « [permettant] *aux personnes déplacées et aux réfugiés de participer aux élections, même si leur capacité à retourner au Kosovo est réduite* »[2124]. Alors qu'un transfert de compétences dans l'administration des élections est progressivement organisé par l'OSCE au profit des autorités kosovares, la Commission releva davantage de défaillances dans ce domaine. Elle nota ainsi que les élections locales de 2009, premier scrutin à être administré par la Commission électorale centrale du Kosovo avec le soutien de l'OSCE, avaient révélé diverses lacunes quant au système électoral[2125]. Dans le même sens, le rapport de suivi 2011 insista sur les multiples dysfonctionnements observés lors des élections générales anticipées de 2010[2126], sans toutefois faire référence à la mission d'expertise dépêchée par l'UE[2127].

Enfin, il convient de noter que la déclaration unilatérale d'indépendance du Kosovo, effectuée le 17 février 2008 par le Parlement des institutions provisoires et jugée conforme au droit international par la CIJ[2128] ainsi que la reconnaissance du pays par 22 des 27 États membres de l'UE (et la Croatie) ont compliqué la situation pour l'UE. En effet, la résolution 1244 du Conseil

---

2120 CSNU, Résolution 1244(1999), 10 juin 1999.

2121 *Kosovo (tel que défini par la résolution 1244 du Conseil de sécurité des Nations unies), Rapport de suivi 2005*, 9 novembre 2005, SEC(2005) 1423.

2122 Voir *supra*, Partie 2, Titre 1, Chapitre 1.

2123 *Décision 2004/520/CE, op.cit.*

2124 *Décision 2006/56/CE, op.cit.*, Annexe, §6 ; *Décision 2008/213/CE ,op.cit.*, Annexe 3.

2125 *Kosovo 2010 Progress Report*, 9 novembre 2010, SEC(2010)1329, §2.1.

2126 *Kosovo 2011 Progress Report*, 12 octobre 2011, SEC(2011) 1207 final, §2.1.

2127 *European Union Expert Mission to Kosovo*, Flash report, 24 janvier 2011.

2128 *Conformité au droit international de la déclaration unilatérale d'indépendance relative au Kosovo*, Avis consultatif du 22 juillet 2010.

de sécurité des Nations unies, à laquelle elle fait encore systématiquement référence, réaffirme la souveraineté et l'intégrité territoriale de la République fédérale de Yougoslavie (devenue la Serbie) mais cette mention apparaît désormais obsolète. Il va donc falloir à terme que l'UE clarifie sa position sur ce point et sur les perspectives d'adhésion du Kosovo en tant qu'État indépendant[2129].

Section 3. Une conditionnalité démocratique ineffective dans l'octroi d'avantages économiques et financiers

En dépit de formulations ambitieuses, le bilan du mécanisme de conditionnalité démocratique est nettement plus modeste dans le cadre de la *Politique européenne de voisinage* (§2) et des *Accords de partenariat et de coopération* signés avec les autres États de la région de l'OSCE (§1).

§1. Le rôle marginal de l'observation électorale dans le cadre des Accords de partenariat et de coopération

A travers le cadre contractuel instauré par les *Accords de partenariat et de coopération*, l'UE s'est dotée des instruments nécessaires pour mettre en œuvre une conditionnalité démocratique (A) mais son utilisation est restée minime jusqu'à présent (B).

A. Une conditionnalité démocratique énoncée

À partir de 1994, le rapprochement entre l'UE et les douze anciennes Républiques soviétiques (toutes à l'exception des États baltes) n'ayant pas vocation à adhérer à moyen terme se concrétisa avec la conclusion d'*Accords de partenariat et de coopération* (APC)[2130]. Onze États situés aussi bien en Europe orientale (Ukraine, Russie, Moldavie et Biélorussie), dans le Caucase méridional (Arménie, Azerbaïdjan et Géorgie) qu'en Asie centrale (Kazakhstan, Kirghizstan, Ouzbékistan et Turkménistan) signèrent ainsi des APC entre 1994 et 1998. Seul le Tadjikistan fit exception en ne

---

[2129] Surroi (V.), « The unfinished state(s) in the Balkans and the EU: the next wave », *in* Rupnik (J.) (dir.), « The Western Balkans and the EU: "The hour of Europe" », *Chaillot Paper n°126*, Institut d'Études de Sécurité, 2011, pp.111-120.

[2130] Hillion (C.), « Partnership and Cooperation Agreements between the EU and the New Independent States of the Ex-Soviet Union », *European Foreign Affairs Review*, Volume 3, n°3, 1998, pp.399-420 ; Maresceau (M.), « Bilateral agreements concluded by the European Community », *RCADI*, Volume 309, 2004, pp.423-451 ; Petrov (R.), « The Partnership and Co-Operation Agreements with the Newly Independent States », *in* Ott (A.) et Inglis (K.) (dir), *Handbook on European Enlargement: A Commentary on the Enlargement Process*, T.M.C. Asser Press, 2002, pp.175-194.

concluant un tel accord qu'en 2004, en raison notamment des troubles internes que connut le pays.

Les APC ont pour finalité d'encadrer les relations bilatérales entre chacun de ces États et l'UE et de favoriser le dialogue dans différents domaines, principalement politique, économique et financier. Ils établissent un régime mutuellement profitable pour les parties puisque celles-ci s'accordent de multiples avantages dans des domaines tels que l'échange des marchandises, les investissements ou encore la coopération économique. En outre, une aide de plusieurs milliards d'euros fut fournie aux États signataires pour les assister dans l'application des accords, par le biais de l'instrument financier TACIS (*Technical Assistance to the Commonwealth of Independent States*)[2131] jusqu'en 2006, puis via l'*Instrument européen de voisinage et de partenariat*[2132] qui le remplaça. La mise en œuvre des APC est supervisée dans chaque cas par un Conseil de coopération se réunissant au moins une fois par an, assisté d'un Comité de coopération et d'une Commission parlementaire de coopération.

A plusieurs reprises, les APC mettent l'accent sur l'importance du respect des principes démocratiques. Ainsi, ils précisent en préambule que les parties « *sont fermement engag*[ées] *à mettre intégralement en œuvre toutes les dispositions et tous les principes contenus dans l'acte final de la conférence sur la sécurité et la coopération en Europe (CSCE),* [...] *dans la charte de Paris pour une nouvelle Europe et dans le document "Les défis du changement" de la CSCE d'Helsinki de 1992* ». Un autre paragraphe préliminaire insiste sur « *l'importance capitale de l'État de droit et du respect des droits de l'homme,* [...] *de la mise en place d'un système fondé sur le multipartisme et des élections libres et démocratiques* ». A l'instar des ASA, l'un des éléments essentiels de ces accords, énoncé à l'article 2, est « [le] *respect de la démocratie, des principes de droit international et des droits de l'Homme consacrés notamment par l'Acte final d'Helsinki et la Charte de Paris pour une nouvelle Europe* ». Par ailleurs, la quasi-totalité des APC (saufs ceux signés avec le Kazakhstan et le Kirghizstan) prévoient l'établissement d'un dialogue politique régulier destiné notamment à « *encourag*[er] *les parties à coopérer sur les questions relatives au renforcement de la stabilité et de la sécurité en Europe, au respect des principes de la démocratie, au respect et à la promotion des droits de*

2131 *Règlement (CE, EURATOM) n°99/2000 du Conseil du 29 décembre 1999 relatif à la fourniture d'une assistance aux États partenaires d'Europe orientale et d'Asie centrale*, JO *L 012 du 18 janvier 2000.*

2132 Règlement (CE) n°1638/2006 du Parlement européen et du Conseil du 24 octobre 2006 arrêtant des dispositions générales instituant un instrument européen de voisinage et de partenariat.

l'homme [...] *et à se consulter, si nécessaire, sur ces questions* »[2133]. En outre, les accords conclus avec six États (ceux du Caucase, Ouzbékistan, Tadjikistan et Turkménistan) instaurent une coopération « *pour toutes les questions concernant l'établissement ou le renforcement des institutions démocratiques, notamment celles requises pour renforcer l'État de droit et la protection des droits de l'homme et des libertés fondamentales conformément aux principes du droit international et de l'OSCE* ». Ces dispositions vont même jusqu'à préciser que « [c]*ette coopération englobe des programmes d'assistance technique destinés à fournir une aide, notamment, pour la rédaction des législations et des règlements pertinents, la mise en œuvre de cette législation* [...] *et le fonctionnement du système électoral* »[2134]. Enfin, un mécanisme de sanction est envisagé puisqu'aux termes des APC, lorsque l'une « *partie considère que l'autre n'a pas rempli une des obligations que lui impose* [l'] *accord, elle peut prendre les mesures appropriées* »[2135]. En somme, une véritable conditionnalité démocratique est énoncée dans le cadre des *Accords de partenariat et de coopération*.

B. Une conditionnalité démocratique négligée

Les APC doivent être ratifiés par l'ensemble des États membres avant de pouvoir entrer en vigueur pour une durée de dix ans, puis éventuellement reconduits chaque année. Dans la plupart des cas, ce processus fut complété entre 1997 et 1999 (en 2010 pour le Tadjikistan), mais des considérations liées au respect des droits de l'Homme et de la démocratie sont à l'origine du blocage de certains d'entre eux. Ainsi, l'APC conclu avec la Biélorussie[2136] est suspendu depuis 1997[2137] en raison « *du grave recul de la démocratie et des droits de l'homme et, notamment, du remplacement du parlement élu démocratiquement par une assemblée nationale désignée par le président, en violation de la constitution de 1994* » et de l'absence de progrès depuis

[2133] Voir par exemple : *Accord de partenariat et de coopération entre les Communautés européennes et leurs États membres, d'une part, et l'Ukraine, d'autre part*, 14 juin 1994, JO L 49 du 19 février 1998, art.6

[2134] Voir par exemple : *Accord de partenariat et de coopération entre les Communautés européennes et leurs États membres, d'une part, et la République d'Arménie, d'autre part*, 22 avril 1996, JO L 239 du 9 septembre 1999, art.68.

[2135] Voir par exemple : *Accord de partenariat et de coopération établissant un partenariat entre les Communautés européennes et leurs États membres, d'une part, et la Fédération de Russie, d'autre part*, 24 juin 1994, JO L 327 du 28 novembre 1997, art.107.2.

[2136] *Accord de Partenariat et de Coopération établissant un partenariat entre les Communautés européennes et leurs États membres, d'une part, et la République du Belarus, d'autre part*, 6 mars 1995, non publié au JO.

[2137] *Conclusions du Conseil des Affaires générales*, 15 septembre 1997.

lors[2138]. De même, l'accord signé avec le Turkménistan[2139] n'est toujours pas entré en vigueur du fait des graves lacunes de cet État en matière de démocratisation et d'État de droit. Ces mesures furent cependant appliquées de façon inconsistante puisque les APC conclus avec d'autres États autoritaires, tels l'Azerbaïdjan, le Kazakhstan ou l'Ouzbékistan ne connurent pas ce sort. En 1995, la Commission nota que « *dans toutes les républiques* [d'Asie centrale] *à l'exception de la Kirghizie, la manière dont les élections et les référendums se* [déroulaient était] *préoccupante* », justifiant que « *l'UE* [ait] *renoncé à envoyer des observateurs pour les élections de décembre dernier en Ouzbékistan, de février 1995 au Tadjikistan et pour le référendum du mois d'avril au Kazakhstan* »[2140]. Pourtant, des APC établissant le respect de la démocratie comme élément essentiel furent rapidement conclus avec le Kazakhstan[2141] et l'Ouzbékistan[2142].

Une fois les accords entrés en vigueur, l'UE semble également faire preuve d'un certain laxisme dans la mise en œuvre de la conditionnalité. Ainsi, le respect des principes démocratiques n'a eu aucune répercussion sur les relations entretenues avec les pays signataires, en dépit du bilan désastreux de la plupart d'entre eux. A plusieurs reprises, la question électorale fut pourtant abordée lors des réunions des Conseils de coopération, comme en 2007, lorsque l'UE souligna avec l'Arménie et l'Azerbaïdjan qu'il était très important que les scrutins prévus pour l'année suivante se tiennent en pleine conformité avec les engagements du BIDDH et du Conseil de l'Europe et correspondent aux normes internationales en matière d'élections démocratiques[2143]. De même, en 2009, l'UE appela les autorités ouzbèkes à faire en sorte que les prochaines élections parlementaires respectent les standards internationaux[2144]. Dans les trois cas,

2138 *L'Europe élargie - Voisinage : un nouveau cadre pour les relations avec nos voisins de l'Est et du Sud*, Communication de la Commission au Conseil et au Parlement européen, 11 mars 2003, COM(2003) 104 final.

2139 *Accord de partenariat et de coopération établissant un partenariat entre les Communautés européennes et leurs États membres, d'une part, et la République du Turkménistan, d'autre part*, 25 mai 1998, non publié au JO.

2140 *Les relations de l'UE avec les nouveaux États indépendants d'Asie centrale*, Communication de la Commission, 10 octobre 1995, COM(95) 206 final, p.5.

2141 *Accord de partenariat et de coopération entre les Communautés européennes et leurs États membres, d'une part, et la République du Kazakhstan, d'autre part*, 23 janvier 1995, JO L 196 du 28 juillet 1999, art.2.

2142 *Accord de partenariat et de coopération établissant un partenariat entre les Communautés européennes et leurs États membres, d'une part, et la République d'Ouzbékistan, d'autre part*, 29 avril 1996, JO L 229 du 31 août 1999, art.2.

2143 *EU-Armenia Cooperation council, 8th meeting, Luxembourg, 16 October 2007*, Communiqué de Presse, 13967/07 (Presse 241) ; *EU-Azerbaijan Cooperation council, 8th meeting, Luxembourg, 16 October 2007*, Communiqué de Presse, 13968/07 (Presse 242).

2144 *Ninth meeting of the Cooperation Council between the European Union and the Republic of Uzbekistan, Brussels, 14 September 2009*, Communiqué de Presse, 13279/09 (Presse 267).

les nombreuses irrégularités constatées lors des scrutins[2145] restèrent dénuées de conséquences. Même au-delà des questions électorales, le constat est identique, comme l'illustra le cas de l'Ouzbékistan à la suite du massacre survenu à Andijan en 2005[2146]. En raison notamment du refus des autorités de ce pays de coopérer avec la mission d'enquête mise en place par l'OSCE dans le cadre du *Mécanisme de Moscou*, un embargo sur les armes et des restrictions de voyage furent adoptées, accompagnés d'une suspension des réunions du Conseil de coopération[2147]. Mais ces restrictions furent progressivement levées et, en 2009, les relations bilatérales reprirent normalement, malgré l'absence de toute amélioration de la situation[2148]. Similairement, on notera que les multiples violations des droits de l'Homme commises par la Russie en Tchétchénie n'entraînèrent jamais de suspension de l'Accord.

§2. L'application décevante de la conditionnalité démocratique dans le cadre de la Politique européenne de voisinage

La *Politique européenne de voisinage* constitue la principale réalisation de l'UE en matière de relations extérieures avec les États de la région de l'OSCE dépourvus de perspective d'adhésion à moyen terme. Inspirée du mécanisme d'adhésion, elle renforce et élargit sensiblement les relations bilatérales nées des APC tout en posant clairement les bases d'un mécanisme de conditionnalité démocratique (A). Mais l'application de ce dernier est particulièrement décevante et les conclusions des observateurs internationaux n'ont donc qu'un impact très réduit sur les États partenaires (B). La pratique est encore plus alarmante pour les États exclus de la PEV avec lesquels l'UE a conclu des partenariats spécifiques (C).

[2145] *Republic of Armenia, Presidential election, 19 February 2008, OSCE/ODIHR Election Observation Mission Final Report*, 30 mai 2008 ; *Republic of Azerbaijan, Presidential election, 15 October 2008, OSCE/ODIHR Election Observation Mission Final Report*, 15 décembre 2008 ; *Republic of Uzbekistan, Parliamentary elections, 27 December 2009, OSCE/ODIHR Election Assessment Mission Final Report*, 7 avril 2010.

[2146] Voir notamment : *Preliminary findings on the events in Andijan, Uzbekistan*, OSCE/ODIHR, 20 juin 2005 ; « Uzbekistan: The Andijon uprising », *Asia Briefing n°38*, International Crisis Group, 25 mai 2005

[2147] *Conclusions du Conseil des Affaires générales et relations extérieures*, 3 octobre 2005.

[2148] Hall (M.), « The EU and Uzbekistan: Where to go from here? », *in* Melvin (N.J.) (dir.), *Engaging Central Asia. The European Union's new strategy in the heart of Eurasia*, Centre for European Policy Studies, 2008, pp.68-80 ; Emerson (M.) et Boonstra (J.) (dir.), *Into Eurasia. Monitoring the EU's Central Asia strategy*, Centre for European Policy Studies / FRIDE, 2010, pp.68-70 ; Warkotsch (A.), « Central Asia », *in* Youngs (R.) (dir.), *The European Union and democracy promotion: A critical global assessment*, Johns Hopkins University Press, 2010, p.107.

A. L'instauration d'une conditionnalité démocratique explicite

Si les premières lignes d'une *Politique européenne de voisinage*[2149] (PEV) furent esquissées dès 2002[2150], l'idée d'une telle initiative se précisa vraiment l'année suivante avec la publication d'une communication de la Commission. A la veille de la plus importante vague d'adhésion que l'UE ait connue, laquelle impliqua un bouleversement des frontières de l'Organisation, ce document se proposa d'« *explor*[er] *les possibilités d'un renforcement du cadre des relations que l'Union entretient avec les pays voisins qui n'ont actuellement aucune perspective d'adhésion* »[2151]. L'idée sous-jacente est que le soutien du « *développement politique et économique de ses voisins* [est] *le meilleur moyen de s'assurer paix et sécurité et prospérité à long terme* »[2152]. Approuvée dans son principe par le Conseil des Affaires générales[2153] et par le Conseil de l'UE[2154], les contours de la PEV commencèrent à être précisément définis à la suite de l'adoption par la Commission d'un document d'orientation du 12 mai 2004[2155]. Ainsi, au plan géographique, il fut décidé d'appliquer la Politique à trois États d'Europe de l'Est (Biélorussie, Moldavie et Ukraine) et à dix pays participants du processus euro-méditerranéen (Algérie, Autorité palestinienne, Égypte, Israël, Jordanie, Liban, Libye, Maroc, Syrie et Tunisie)[2156], auxquels s'ajoutèrent les trois pays du Caucase du Sud. Quant à la Russie, la création d'un partenariat stratégique fondé sur quatre domaines de coopération fut préférée à la PEV.

L'élément central sur lequel repose la relation entre chaque État concerné par la Politique et l'UE est le plan d'action. Ce document, non juridiquement contraignant et adopté conjointement au cas par cas, identifie les domaines d'action prioritaires, c'est-à-dire « *un certain nombre de domaines-clés qui requièrent une action spécifique : dialogue politique et réforme, commerce*

2149 Voir notamment : Cremona (M.), « The European Neighbourhood Policy. More than a partnership? », *in* Cremona (M.) (dir.), *Developments in EU External Relations Law*, Oxford University Press, 2008, pp.244-299 ; Smith (K.E.), « The outsiders: the European neighbourhood policy », *International Affairs*, n°81, 2005, pp.757-773.

2150 Patten (C.) et Solana (J.), *Lettre conjointe sur l'Europe élargie*, 7 août 2002 ;

2151 *L'Europe élargie - Voisinage : un nouveau cadre pour les relations avec nos voisins de l'Est et du Sud*, Communication de la Commission au Conseil et au Parlement européen du 11 mars 2003, COM(2003) 104 final. Voir aussi : *Jeter les bases d'un nouvel instrument de voisinage*, Communication de la Commission, 1er juillet 2003, COM(2003) 393 final.

2152 *Travailler ensemble. La Politique européenne de voisinage*, Commission européenne, 2007, p.5.

2153 *Conclusions du Conseil des Affaires générales et des Affaires extérieures*, 16 juin 2003.

2154 *Stratégie européenne de sécurité, Une Europe sûre dans un monde meilleur*, Conseil européen de Bruxelles, 12 décembre 2003.

2155 *Politique européenne de voisinage, Document d'orientation*, Communication de la Commission, 12 mai 2004, COM(2004) 0373 final.

2156 N'étant pas situés dans la région de l'OSCE, ces dix pays seront exclus de cette étude.

et mesures préparant les partenaires à une participation progressive au marché intérieur, justice et affaires intérieures, énergie, transports, société de l'information, environnement, recherche et innovation, politique sociale et contacts entre communautés »[2157]. Parmi ces priorités figurent systématiquement des actions en matière électorale. Le suivi de la mise en œuvre des plans d'action est confié aux organismes créés dans le cadre des APC ainsi qu'à la Commission européenne, chargée d'établir des rapports d'avancement périodiques. En contrepartie des efforts réalisés par les États pour se conformer aux objectifs, des mesures incitatives sont prévues. Comme le précisa la Commission, « [la] *PEV constitue un partenariat pour la réforme qui offre des gains proportionnels aux mises : plus un partenaire noue des relations étroites avec l'Union, plus celle-ci pourra lui apporter un soutien plein et entier sur le plan politique et économique ou dans le cadre d'une coopération financière et technique* »[2158]. Le *Traité de Lisbonne* procura une base légale aux relations entretenues par l'UE avec ses voisins dans le cadre de la PEV. L'article 8 du *Traité sur l'Union Européenne* dispose dorénavant que « [l']*Union développe avec les pays de son voisinage des relations privilégiées, en vue d'établir un espace de prospérité et de bon voisinage, fondé sur les valeurs de l'Union et caractérisé par des relations étroites et pacifiques reposant sur la coopération* » et qu'à cette fin, « *l'Union peut conclure des accords spécifiques* » pouvant « *comporter des droits et obligations réciproques* »[2159].

Un pas important en matière de conditionnalité fut franchi avec le lancement, lors du Sommet de Prague du 7 mai 2009, d'une nouvelle initiative propre aux six États d'Europe orientale et du Caucase méridional dénommée *Partenariat oriental*. Elle vise à approfondir les relations existant entre l'UE et les États partenaires sur le fondement d'« *engagements en faveur des principes du droit international et des valeurs fondamentales que sont notamment la démocratie, l'État de droit et le respect des droits de l'homme et des libertés fondamentales, ainsi que de l'économie de marché, du développement durable et de la bonne gouvernance* »[2160]. L'élément central du *Partenariat oriental* est la possibilité pour les États de conclure des *Accords d'association* (AA) pouvant s'analyser comme des APC renouvelés et renforcés comportant une multitude d'avantages pour les bénéficiaires. Néanmoins, comme le souligna la Commission « [les] *négociations ne* [peuvent] *être lancées, et les relations ultérieurement*

[2157] COM(2004) 0373 final, *op.cit.*, p.3.

[2158] *Une politique européenne de voisinage forte*, Communication de la Commission au Parlement européen et au Conseil, 5 décembre 2007, COM(2007) 774 final, §1.

[2159] Van Elsuwege (P.) et Petrov (R.), « Article 8 TEU: Towards a new generation of agreements with the neighbouring countries of the European Union? », *European Law Review*, Volume 36, n°5, pp.688-703.

[2160] *Déclaration commune adoptée lors du sommet du Partenariat oriental*, Prague, 7 mai 2009.

renforcées, que s'il est démontré que suffisamment de progrès ont été accomplis en matière de démocratie, d'État de droit et de respect des droits de l'homme, en ce qui concerne notamment la conformité du cadre législatif et des pratiques électorales aux normes internationales, et que les pays coopèrent pleinement avec le Conseil de l'Europe, l'OSCE/BIDDH et les instances des Nations unies chargées des droits de l'homme »[2161]. Il apparaît donc que ces accords induisent une conditionnalité démocratique renforcée par rapport aux APC.

Une aide financière substantielle à la réalisation des objectifs inscrits dans les plans d'action est accordée aux États partenaires par le biais du programme TACIS, remplacé à partir de 2007 par l'*Instrument européen de voisinage et de partenariat* (IEVP). Créé le 24 octobre 2006[2162], l'IEVP vise à doter l'Union d'un « *nouveau cadre réglementant la planification et la fourniture des activités d'assistance* » menées dans la sphère de la PEV et à l'égard de la Russie. Pour la période 2007-2013, un budget total de 12 milliards d'euros fut arrêté. L'article 1er du Règlement instituant l'IEVP souligne que l'UE « *se fonde sur les valeurs que sont la liberté, la démocratie, le respect des droits de l'homme et des libertés fondamentales et l'État de droit, et cherche à promouvoir ces valeurs auprès des pays voisins au travers du dialogue et de la coopération* ». L'article 28 prévoit en outre que l'assistance communautaire peut être suspendue en cas de non-respect de ces principes par un pays partenaire, auquel cas elle serait « *utilisée avant tout pour venir en aide aux acteurs non étatiques, pour des mesures en faveur des droits de l'homme et des libertés fondamentales et des mesures de soutien au processus de démocratisation dans les pays partenaires* ». Pour tous les États associés à la PEV, l'UE adopta des documents de stratégie exposant les objectifs de l'assistance européenne pour la période 2007-2013 et, à chaque fois, furent mentionnés « *le renforcement de la démocratie et de la bonne gouvernance, la suprématie du droit, les droits de l'homme et les libertés fondamentales* ».

En 2011, en réaction aux changements multiples intervenus dans les pays partenaires de la PEV, l'UE décida de renouveler son approche en la matière. La Commission estima ainsi que cette nouvelle stratégie devait avoir pour objectifs principaux d'« *apporter une aide accrue aux partenaires qui s'emploient à approfondir la démocratie* […] *et à garantir d'autres droits de l'homme et droits civils* », de « *soutenir le développement d'une économie solidaire* », de « *renforcer les deux dimensions régionales* » et de

---

[2161] *Partenariat oriental*, Communication de la Commission au Parlement européen et au Conseil, 3 décembre 2008, COM(2008) 823 final, §3.1. Voir aussi : *Eastern Partnership*, 3 décembre 2008, SEC(2008) 2974/3.

[2162] Règlement (CE) n°1638/2006 du Parlement européen et du Conseil du 24 octobre 2006 arrêtant des dispositions générales instituant un instrument européen de voisinage et de partenariat.

« *fournir les mécanismes et les instruments adéquats pour atteindre ces objectifs* ». Elle souligna entre outre que « [le] *renforcement du soutien de l'UE à ses voisins* [serait] *conditionnel* » dans la mesure où il serait proportionnel aux « *progrès accomplis en ce qui concerne l'établissement et la consolidation de la démocratie, ainsi que le respect de l'État de droit* ». A l'inverse, « [l']*UE poursuivra sa stratégie consistant à limiter ses relations avec les gouvernements qui commettent des violations des droits de l'homme et des normes démocratiques, notamment en adoptant des sanctions ciblées ainsi que d'autres mesures stratégiques* »[2163]. Un tel repositionnement semble inévitablement approprié et attrayant mais il est déjà arrivé que des annonces similaires faites par le passé ne soient véritablement suivi d'effet. Il faudra toutefois plusieurs années avant d'évaluer si cette nouvelle PEV tient ses promesses ambitieuses.

B. Une mise en œuvre insuffisante de la conditionnalité avec les États partenaires

Dès 2004, les grandes orientations de chaque plan d'action commencèrent à être déterminées[2164] et c'est avec l'Ukraine et la Moldavie que les premiers documents furent adoptés en février 2005. L'ensemble des plans d'action formulent des priorités dans le domaine électoral et de multiples références aux travaux du BIDDH et de la Commission de Venise figurent dans les rapports de suivi de la Commission. Cependant, dans le cas de l'Europe orientale (1) comme dans celui du Caucase méridional (2), les performances des États n'eurent quasiment aucune répercussion sur leurs relations avec l'UE.

1. <u>Les États d'Europe orientale</u>

Dans le but de parvenir à un « [r]*enforcement de la stabilité et de l'efficacité des institutions garantes de la démocratie et de l'État de droit* », des objectifs prioritaires en matière électorale comparables furent insérés dans les plans d'action de l'Ukraine et de la Moldavie. Dans le cas de la première, il s'agit d'« [a]*ssurer la conduite démocratique des élections présidentielles (2004) et parlementaires (2006) conformément aux principes de l'OSCE et aux recommandations de l'OSCE/BIDDH, en ce qui concerne*

[2163] *Une stratégie nouvelle à l'égard d'un voisinage en mutation*, Communication conjointe au Parlement européen, au Conseil, au Comité économique et social européen et au Comité des régions, 25 mai 2011, COM(2011) 303, pp.2-3.

[2164] *Propositions de la Commission en faveur de plans d'action dans le cadre de la Politique Européenne de Voisinage (PEV)*, Communication de la Commission au Conseil, 9 décembre 2004, COM(2004) 795 final ; *Politique européenne de voisinage, Recommandations pour l'Arménie, l'Azerbaïdjan et la Géorgie, et pour l'Égypte et le Liban*, Communication de la Commission au Conseil, 2 mars 2005, COM(2005) 72 final.

notamment la presse », tandis que pour la seconde, la priorité consiste à « [v]*eiller au déroulement démocratique des élections législatives de 2005 conformément aux normes européennes et remédier aux lacunes restantes identifiées dans les recommandations émises par l'OSCE/BIDDH* ». Ces deux États ont cependant rencontré des difficultés pour se conformer à ces objectifs, comme le releva la Commission au fil de ses rapports de suivi réguliers.

Après de la « Révolution Orange » de 2004, laquelle n'entraîna curieusement aucune modification du plan d'action négocié avec l'ancien gouvernement, l'Ukraine connut d'abord une période d'amélioration de la conduite de ses scrutins[2165]. Ainsi, la Commission nota, à la suite de la Mission Internationale d'observation des Élections, qu'en dépit de quelques « *points faibles* », les élections locales de 2006 « *s'étaient déroulées "en grande partie" en conformité avec les engagements de l'OSCE et du Conseil de l'Europe ainsi que d'autres normes internationales pour des élections démocratiques* » et que « [de] *manière générale, les droits civils et politiques, tels que la liberté d'expression et de réunion,* [avaient] *été respectés* »[2166]. Les conclusions globalement positives émises par les observateurs électoraux à l'occasion du scrutin suivant, les élections parlementaires anticipées de 2007, furent également relayées par la Commission[2167]. Mais la situation commença à se détériorer cette même année, dans un contexte de crise politique, en raison d'une mise en œuvre insuffisante des recommandations des observateurs[2168] puis de l'adoption de modifications de la législation électorale[2169] évaluées très négativement par le BIDDH et la Commission de Venise[2170]. Malgré la bonne tenue du scrutin présidentiel de 2010, les élections locales qui suivirent furent largement critiquées par les observateurs électoraux[2171] et l'Ukraine s'engagea une nouvelle fois dans une réforme électorale ne prenant pas en compte le besoin

---

2165 De Tinguy (A.), « La détermination européenne de l'Ukraine », *in* Rupnik (J.) (dir.), *Les banlieues de l'Europe. Les politiques de voisinage de l'Union européenne*, Presses de Science Po, 2007, pp.41-73 ; Solonenko (I.) et Jarabik (B.), « Ukraine », *in* Youngs (R.) (dir.), *Is the European Union Supporting Democracy in its Neighbourhood?*, FRIDE, 2008, pp.81-98.

2166 *Rapport de suivi PEV, Ukraine*, 4 décembre 2006, SEC(2006) 1505/2, p.4 ; *Évaluation d'ensemble*, 4 décembre 2006, SEC(2006) 1504/2, §3.

2167 *ENP Progress Report Ukraine*, 3 avril 2008, SEC(2008) 402, §2.

2168 *ENP Progress Report Ukraine*, 23 avril 2009, SEC(2009) 515/2, §2.

2169 *ENP Progress Report Ukraine*, 12 mai 2010, SEC(2010) 524, §2.

2170 *Avis conjoint sur la loi portant modification de certaines dispositions législatives relatives à l'élection du Président de l'Ukraine adopté par la Verkhovna Rada d'Ukraine le 24 juillet 2009*, 12 octobre 2009, CDL-AD(2009)040.

2171 CPRLE, *Elections locales en Ukraine (31 octobre 2010)*, 2 mars 2011, CG(20)7.

d'adopter un code électoral unifié et cohérent[2172]. Dès lors, la Commission souligna que cette question serait une priorité pour l'UE à l'avenir[2173].

La Moldavie a connu une trajectoire similaire à celle de l'Ukraine dans la mesure où le pays est entré dans une crise politique importante à partir de 2009, laquelle a impacté défavorablement sur ses performances dans le domaine électoral[2174]. Aux conclusions globalement positives émises par les observateurs électoraux au sujet des élections législatives de 2005[2175] et des élections locales de 2007[2176], succéda une période troublée. Cette dernière débuta en 2008 avec l'adoption d'amendements à la législation électorale que la Commission de Venise et le BIDDH qualifièrent de « *régression* » dans leur opinion commune[2177]. L'année suivante fut marquée par les évènements violents qui se déroulèrent à la suite des élections législatives d'avril 2009, puis par la tenue d'un nouveau scrutin législatif au mois de juillet du fait de l'incapacité du Parlement à élire un Président de la République. La Commission européenne mentionna les conclusions mitigées du BIDDH à l'égard de ces deux processus électoraux et considéra, plus largement, que les relations entre l'UE et la Moldavie avaient souffert de cette instabilité[2178]. L'impossibilité persistante de désigner un chef de l'État aboutit à la répétition du scrutin parlementaire, précédée de l'adoption controversée d'une réforme de la loi électorale[2179].

Dans l'ensemble toutefois, l'Ukraine et la Moldavie ont progressé, bien que lentement, sur la voie du respect de leurs engagements au titre de la PEV. En contrepartie, un *Accord d'association* avec l'Ukraine fut paraphé le 30 mars 2012[2180] tandis que des négociations ont débuté en janvier 2010 avec la Moldavie[2181]. Tel n'est pas le cas de la Biélorussie, le troisième État d'Europe orientale initialement concerné par la PEV. Comme le soulignait déjà la Commission en 2004 dans son document d'orientation, « [l]*orsque les réformes politiques et économiques fondamentales auront été menées à*

2172 *Avis conjoint sur le projet de loi relative à l'élection des députés du peuple de l'Ukraine*, 6 décembre 2011, CDL-AD(2011)037.

2173 *ENP Country Report on Ukraine*, 25 mai 2011, SEC(2011) 646, §2.

2174 Popescu (N.) et Wilson (A.), « Moldova's fragile pluralism », *in* Emerson (M.) et Youngs (R.) (dir.), *Democracy's plight in the European neighbourhood. Struggling transitions and proliferating dynasties*, Centre for European Policy Studies / FRIDE, 2009, pp.92-102.

2175 *ENP Progress Report, Moldova*, 4 décembre 2006, SEC(2006) 1506/2, p.3.

2176 *ENP Progress Report Moldova*, 3 avril 2008, SEC(2008) 399, §2.

2177 *ENP Progress Report Republic of Moldova*, 23 avril 2009, SEC(2009) 514/2, §2 ; *Avis conjoint sur le code électoral de la Moldova en vigueur le 10 avril 2008*, 4 novembre 2008, CDL-AD(2008)022..

2178 *ENP Progress Report Republic of Moldova*, 12 mai 2010, SEC(2010) 523,§1 et 2.

2179 *ENP Country report: Republic of Moldova*, 25 mai 2011, SEC(2011) 643, §2 ;

2180 *European Union and Ukrainian negotiators initial Association Agreement, including deep and comprehensive free trade area*, 30 mars 2012, MEMO/12/238.

2181 *Implementation of the Eastern Partnership: Report to the meeting of Foreign Affairs Ministers, December 13, 2010*, 3 décembre 2010, p.2.

bien, la Biélorussie pourra recourir pleinement à la PEV », mais jusqu'à présent les relations sont restées superficielles en raison du « *système autoritaire qui prévaut dans ce pays* »[2182].

2. Les États du Caucase méridional

Les plans d'action relatifs aux trois États du Caucase du Sud furent tous adoptés en novembre 2006, intégrant à chaque fois des prescriptions en matière électorale. Dans le cas de l'Arménie, l'objectif se focalisa sur la réforme du cadre électoral et l'amélioration de l'administration électorale conformément aux recommandations du BIDDH et de la Commission de Venise. Le plan d'action pour l'Azerbaïdjan alla plus loin en demandant également de « *veiller à ce que les élections se déroulent en parfaite conformité avec les engagements de l'OSCE et les autres normes internationales relatives aux élections démocratiques* ». Mais c'est la Géorgie qui reçut les instructions les plus détaillées, l'UE considérant comme une action prioritaire de « [v]*eiller à ce que les élections locales (2006), législatives (2008) et présidentielles (2009) en Géorgie se déroulent conformément aux normes internationales, par la mise en œuvre des recommandations de l'OSCE/BIDDH et du Conseil de l'Europe, notamment en ce qui concerne la nécessité de disposer d'un registre électoral fiable et de mettre en place une commission électorale efficace et transparente* ».

Après plusieurs années de contrôle du respect de ces objectifs, le bilan de la Géorgie s'avère mitigé mais laisse apparaître des efforts d'alignement malgré un contexte politique interne et international difficile. Comme le releva la Commission européenne[2183], les observateurs électoraux saluèrent certaines améliorations constatées lors des élections présidentielles et parlementaires de 2008 et des élections locales de 2010 mais soulignèrent également la persistance d'importantes irrégularités telles que le détournement de ressources administratives, l'intimidation de l'opposition ou le non-respect des règles en matière de dépouillement et de tabulation[2184]. La Géorgie fit néanmoins preuve de bonne volonté en entamant un vaste projet de réforme du code électoral associant l'OSCE, la Commission de

---

2182 COM(2004) 0373 final, *op.cit.*, p.12.

2183 *ENP Progress Report Georgia*, 3 avril 2008, SEC(2008) 393, §2 ; *ENP Progress Report Georgia*, 23 avril 2009, SEC(2009) 513/2, §2 ; *ENP Progress Report Georgia*, 12 mai 2010, SEC(2010) 518, §2 ; *ENP Country report: Georgia*, 25 mai 2011, SEC(2011) 649, §2 ; *Mise en œuvre de la politique européenne de voisinage en 2007*, Communication de la Commission au Parlement et au Conseil, 3 avril 2008, COM(2008) 164, §3.

2184 *Georgia, Extraordinary Presidential election, 5 January 2008, OSCE/ODIHR Election Observation Mission Final Report*, 4 mars 2008 ; *Georgia, Parliamentary elections, 21 May 2008, OSCE/ODIHR Election Observation Mission Final Report*, 9 septembre 2008 ; *Georgia, Municipal elections, 30 May 2010, OSCE/ODIHR Election Observation Mission Final Report*, 13 septembre 2010.

Venise et la PNUD[2185]. Tel ne fut pas le cas de l'Arménie et, surtout, de l'Azerbaïdjan. À l'exception relative des élections parlementaires de 2007, les scrutins organisés par la première entre 2006 et 2011 furent vivement critiqués par les observateurs internationaux[2186]. De surcroît, les évènements violents survenus au cours de la période postélectorale de l'élection présidentielle de 2008[2187] ternirent davantage le bilan de l'Arménie[2188]. Mais au sein du groupe du Caucase méridional, l'Azerbaïdjan est incontestablement l'État qui effectua le moins de progrès dans la mise en œuvre des objectifs prioritaires inclus dans son plan d'action[2189]. Les processus électoraux organisés furent invariablement jugés incompatibles avec les normes internationales dans ce domaine[2190] et aucun effort réel ne fut enregistré pour mettre en œuvre les recommandations des observateurs ou réformer le code électoral[2191]. Bien qu'elle ait pris soin de préciser dans l'introduction du plan d'action pour l'Azerbaïdjan que « [t]*oute infraction à ces normes et principes par l'une ou l'autre partie au plan d'action aboutir*[ait] *à la suspension immédiate de sa mise en œuvre* », l'UE n'adopta étonnamment aucune sanction.

Au regard de cette évolution peu flatteuse de la situation électorale au sein des États du Caucase méridional, en particulier l'Arménie et l'Azerbaïdjan, il est encore plus déconcertant que l'UE ait tout de même

---

2185 *Avis conjoint sur le code électoral de la Géorgie tel que modifié jusqu'en mars 2010*, 9 juin 2010, CDL-AD(2010)013 ; *Avis conjoint sur le nouveau projet de code électoral de la Géorgie*, 19 décembre 2011, CDL-AD(2011)043.

2186 *Republic of Armenia, Presidential election, 19 February 2008, OSCE/ODIHR Election Observation Mission Final Report*, 30 mai 2008 ; CPLRE, *Premières élections du maire d'Erévan, Arménie (31 mai 2009)*, 21 septembre 2009, CPL(17)5.

2187 Giragosian (R.), « Armenia's crisis for the non-democrats », *in* Emerson (M.) et Youngs (R.) (dir.), *Democracy's plight in the European neighbourhood*, *op.cit.*, pp.84-91.

2188 *ENP Progress Report Armenia*, 3 avril 2008, SEC(2008)392, §2 ; *ENP Progress Report Armenia*, 23 avril 2009, SEC(2009) 511/2, §2 ; *ENP Progress Report Armenia*, 12 mai 2010, SEC(2010) 516, §2 ; *ENP Country report: Armenia*, 25 mai 2011, SEC(2011) 639, §2.

2189 *ENP Progress Report Azerbaijan*, 3 avril 2008, SEC(2008)391, §2 ; *ENP Progress Report Azerbaijan*, 23 avril 2009, SEC(2009) 512/2, §2 ; *ENP Progress Report Azerbaijan*, 12 mai 2010, SEC(2010) 519, §2 ; *ENP Country report: Azerbaijan*, 25 mai 2011, SEC(2011) 640, §2 ; *Implementation of the European Neighbourhood Policy in 2008*, Communication de la Commission au Parlement européen et au Conseil, 23 mars 2009, COM(2009) 188/3, §2 ; Alieva (L.), « Azerbaijan: Power in the petro-state », *in* Emerson (M.) et Youngs (R.) (dir.), *Democracy's plight in the European neighbourhood*, *op.cit.*, pp.112-119 ; Boonstra (J.), « Azerbaidjan », *in* Youngs (R.) (dir.), *Is the European Union Supporting Democracy in its Neighbourhood?*, *op.cit.*, pp.123-143.

2190 *Republic of Azerbaijan, Presidential election, 15 October 2008, OSCE/ODIHR Election Observation Mission Final Report*, 15 décembre 2008 ; CPLRE, *Elections municipales d'Azerbaïdjan (23 décembre 2009)*, 8 février 2010, CPL(18)2 ; *Republic of Azerbaijan, Parliamentary Elections, 7 November 2010, OSCE/ODIHR Election Observation Mission Final Report*, 25 janvier 2011.

2191 *Avis conjoint sur le projet d'amendements au Code électoral de la République d'Azerbaïdjan*, 23 juin 2008, CDL-AD(2008)011.

décidé d'entamer des négociations pour un *Accord d'association* avec ces trois pays en juillet 2010[2192]. Ce choix apparaît contraire aux objectifs fixés par la Commission et n'augure pas un renforcement de la conditionnalité démocratique défaillante appliquée dans le cadre des APC.

C. Une conditionnalité inopérante avec les États non-associés à la Politique européenne de voisinage

Insuffisante avec les États d'Europe orientale et du Caucase méridional, la conditionnalité démocratique de l'UE se révèle franchement inopérante à l'égard de la Russie (1) et des Républiques d'Asie centrale (2).

1. Un partenariat stratégique avec la Russie

Dans le cas de la Russie, plutôt qu'une application de la PEV, il fut décidé lors du sommet de Saint-Pétersbourg du 31 mai 2003[2193] de mettre en place un Partenariat stratégique reposant sur quatre espaces communs de coopération, parmi lesquels figure un espace de liberté, de sécurité et de justice relatif notamment aux droits de l'Homme et à la démocratie. Ce choix de recourir à un mécanisme spécifique est révélateur du statut privilégié dont bénéficie la Russie dans ses relations avec l'UE. Comme le nota la Commission, cette situation s'explique par « *le rôle fondamental joué par la Russie en termes de géopolitique et de sécurité, tant au niveau international que régional* », mais aussi certainement par le fait que le pays soit « *un grand fournisseur de produits énergétiques de l'UE* »[2194].

Lors des premières discussions, l'UE semblait prête à aborder de front la question de la démocratie et des élections avec la Russie. Ainsi, en 2004, elle nota que « *les rapports de certaines organisations internationales, dont l'OSCE et le Conseil de l'Europe, le déroulement des élections de la Douma en décembre 2003, la situation en Tchétchénie et les signes d'une application sélective de la loi suscit*[aient] *des interrogations quant à l'engagement et à la capacité de la Russie à défendre les valeurs fondamentales européennes et universelles et à poursuivre ses réformes en matière de démocratie* »[2195]. Pourtant, bien que les feuilles de route, documents détaillant la teneur des quatre espaces et comparables aux plans d'action de la PEV, affirmèrent que la coopération au sein de l'espace de

[2192] *Implementation of the Eastern Partnership: Report to the meeting of Foreign Affairs Ministers, December 13, 2010*, 3 décembre 2010, p.2.
[2193] *Déclaration conjointe*, 11e Sommet Russie-UE, Saint-Pétersbourg, 31 mai 2003, 9937/03 (Presse 154).
[2194] *L'Union européenne et la Russie : Voisins proches, acteurs internationaux, partenaires stratégiques*, Commission européenne, 2007, p.3.
[2195] *Les relations avec la Russie*, Communication de la Commission au Conseil et au Parlement européen, 10 février 2004, COM(2004) 106 final, §2.

liberté, de sécurité et de justice était sous-tendue par une « *adhésion à des valeurs communes, notamment à la démocratie et à l'État de droit* »[2196], aucun objectif spécifique ne fut retenu dans ce domaine. De même, à la différence des documents de stratégie d'assistance européenne adoptés pour les États associés à la PEV, celui de la Russie reste particulièrement évasif au sujet du renforcement de la démocratie et des droits de l'Homme.

Le suivi des engagements apparait pour le moins vague puisqu'il est assuré « [d]*ans la mesure du possible* [...] *dans le cadre des mécanismes existants, notamment par le Conseil de partenariat permanent ou à l'occasion d'autres réunions ministérielles rassemblant les ministres chargés des questions de liberté, de sécurité et de la justice ou d'autres réunions dont la configuration peut être créée ou désignée à cette fin par les parties* », ainsi que par un éventuel « *dialogue informel* »[2197]. A cette multitude de configurations s'ajoutent les « consultations sur les droits de l'Homme »[2198], tenues deux fois par an depuis mars 2005[2199] et dérivant des dialogues de l'UE en matière de droits de l'Homme avec les pays tiers[2200]. Toutefois, ces exercices se révèlent peu transparents et sont largement critiqués, y compris au sein de l'UE, pour leur faible efficacité[2201]. Contrairement aux rapports élaborés dans le cadre de la PEV, les rapports de suivi du Partenariat stratégique n'abordent presque pas la question électorale. Ainsi, l'impossibilité pour le BIDDH de déployer des observateurs lors des élections législatives de 2007 et de l'élection présidentielle de 2008 en raison des restrictions russes ne firent l'objet que d'une phrase dans les rapports de ces années-là[2202]. Plus généralement, à l'image du Partenariat dans son ensemble, ces documents donnent clairement la priorité aux questions relatives à l'espace économique commun. Les rapports de suivi s'avèrent particulièrement pauvres au sujet des droits de l'Homme et peu critiques au regard de l'ampleur des atteintes

---

[2196] « Feuille de route pour l'espace commun de liberté, de sécurité et de justice », *Feuilles de route, 15e Sommet UE-Russie, Moscou le 10 mai 2005*, 11 mai 2005, 8799/05 ADD 1 (Presse 110), Préambule.

[2197] *Ibid.*, §IV.

[2198] Voir notamment : *The European Union-Russian Federation human rights Consultations*, 18 novembre 2010, 16606/10 (Presse 309) ; *The European Union-Russian Federation human rights Consultations*, 5 mai 2011, 9828/11 (Presse 123) ; *The European Union-Russian Federation human rights Consultations*, 29 novembre 2011, A 488/11.

[2199] *EU Annual Report on Human Rights 2005*, §3.3.3.

[2200] *Lignes directrices de l'UE sur les dialogues en matière de droits de l'Homme avec les pays tiers*, Conseil de l'Union européenne, 2009.

[2201] Guillet (S.), « Dialogues droits de l'homme, dialogue politique : éléments de synthèse », *Droits Fondamentaux*, n°6, 2007, pp.1-32 ; Le Huerou (A.), « Les consultations sur les droits de l'homme entre l'UE et la Russie », Parlement européen, 2007 ; Youngs (R.) et Shapovalova (N.), *EU human rights policy towards Russia*, Parlement européen, 2011, pp.10-11.

[2202] *EU-Russia Common Spaces - 2007 Progress Report*, 7 avril 2008, 8134/08, p.34 ; *EU-Russia Common Spaces Progress Report 2008*, 24 avril 2009, p.40.

constatées dans ce domaine, s'apparentant davantage à une froide énumération de violations dépourvue de conséquence[2203]. Seul le Parlement européen, au travers de ses multiples résolutions[2204], semble déterminé à aborder franchement et publiquement le sujet. En particulier, à la suite du scrutin législatif de 2011, il adopta une résolution très critique par laquelle il « *demand*[a] *que de nouvelles élections libres et régulières soient organisées après l'inscription de tous les partis d'opposition* » et « *invit*[a] *le président du Conseil européen, le président de la Commission, la haute représentante / vice-présidente à soulever la question des élections du 4 décembre lors du sommet* » UE-Russie de décembre 2011[2205]. Or, le thème fut bien abordé par le Président du Conseil européen, mais en des termes nettement plus timorés[2206]. De nouveau, au lendemain du scrutin présidentiel de 2012, le Parlement européen adopta une résolution relayant véritablement les conclusions des observateurs électoraux[2207].

2. Une stratégie pour l'Asie centrale

Parmi tous les États hôtes réguliers de missions d'observation électorale de la région de l'OSCE, les cinq Républiques d'Asie centrale sont celles dont les relations avec l'UE sont les plus lâches. En raison de leur exclusion du champ d'application de la PEV et d'une absence de perspective d'adhésion à l'UE, ces États ne sont soumis à aucun mécanisme de suivi exigeant, bien qu'ils appartiennent à une région particulièrement problématique aux plans de la démocratie et des droits de l'Homme[2208]. En 2007, le Conseil de l'UE adopta bien une *Stratégie pour un nouveau partenariat avec l'Asie centrale*, destinée à renouveler ses relations avec les

---

2203 Voir aussi : *EU-Russia Common Spaces Progress Report 2009*, 22 avril 2010, pp.43-44 ; *EU-Russia Common Spaces Progress Report 2010*, 29 mars 2011, pp.48-50.

2204 Voir notamment : *Résolution du Parlement européen sur l'état de droit en Russie*, 17 février 2011, (2011)0066 ; *Résolution du Parlement européen sur les meurtres de défenseurs des droits de l'homme en Russie*, 17 septembre 2009, (2009)0022 ; *Résolution du Parlement européen sur la Russie*, 13 mars 2008, (2008)0105 ; *Résolution du Parlement européen sur les relations entre l'Union européenne et la Russie après l'assassinat de la journaliste russe Anna Politkovskaïa*, 25 octobre 2006, (2006)0448.

2205 *Résolution du Parlement européen sur le prochain sommet Union européenne-Russie du 15 décembre 2011 et sur les résultats des élections législatives russes du 4 décembre 2011*, 14 décembre 2011, (2011)0575, §17 et 18.

2206 *Remarks of Herman Van Rompuy, President of the European Council, following the 28th EU-Russia Summit*, 15 décembre 2011, EUCO 162/11 (Presse 500).

2207 *Résolution du Parlement européen sur le résultat des élections présidentielles en Russie*, 15 mars 2012, (2012)0088.

2208 Voir notamment : Zhovtis (E.), « Democratisation and human rights in Central Asia: Problems, development prospects and the role of the International Community », *in* Melvin (N.J.) (dir.), *Engaging Central Asia*, *op.cit.*, pp.20-42.

cinq États à travers une double approche, à la fois bilatérale et régionale[2209]. La coopération porte sur sept domaines prioritaires, dont un touchant aux droits de l'Homme, à l'État de droit, à la bonne gouvernance et la démocratisation. Néanmoins, aucune initiative en matière électorale ne fut prévue. Par ailleurs, des dialogues sur les droits de l'Homme analogues aux consultations sur les droits de l'Homme tenues avec la Russie sont organisés régulièrement avec les cinq Républiques, mais ces réunions présentent les mêmes lacunes.

Globalement, la démocratie et les droits de l'Homme apparaissent comme secondaires en comparaison d'objectifs stratégiques et en particulier énergétiques[2210]. Les trois États les plus autoritaires de la région sont également d'importants producteurs de pétrole et de gaz[2211] (le Kazakhstan, le Turkménistan et, dans une moindre mesure, l'Ouzbékistan) et il n'est certainement pas anodin que le document de stratégie précise dès son introduction que « [la] *dépendance de l'UE par rapport aux sources d'énergie extérieures et la nécessité de diversifier la politique d'approvisionnement afin d'accroître la sécurité énergétique ouvrent de nouvelles perspectives de coopération entre l'UE et l'Asie centrale* »[2212]. Même les deux résolutions adoptées sur le sujet par le Parlement européen, pourtant habituellement zélé sur le thème des droits de l'Homme dans cette région, semblent s'intéresser davantage aux enjeux énergétiques qu'aux questions de démocratie et de respect des libertés fondamentales[2213]. Toutefois, il se montra nettement plus critique dans le cas spécifique du Kazakhstan à la suite des évènements survenus à Zhanaozen le 16 décembre 2011 et des élections législatives de 2012, soulignant notamment « *que la coopération économique* [devait] *aller de pair avec la coopération politique et reposer sur la volonté politique de mettre en œuvre et de défendre des valeurs communes* »[2214].

[2209] *L'UE et l'Asie centrale : stratégie pour un nouveau partenariat*, Conseil de l'Union européenne, 2007 ; *European Community Regional Strategy Paper for Assistance to Central Asia for the period 2007-2013.*

[2210] Crawford (G.), « EU human rights and democracy promotion in Central Asia: From lofty principles to lowly self-interests », *Perspectives on European Politics and Society, Volume* **9**, n°2, 2008, pp.172-191 ; Salvagni (A.L.), « Quel rôle pour l'Union européenne en Asie centrale ? », *Le Courrier des Pays de l'Est*, n°1057, 2006, pp.24 et s.

[2211] Dave (B.), « The EU and Kazakhstan: Is the pursuit of energy and security cooperation compatible with the promotion of human rights and democratic reforms? », *in* Melvin (N.J.) (dir.), *Engaging Central Asia*, *op.cit.*, pp.43-67 ; Emerson (M.) et Boonstra (J.) (dir.), *Into Eurasia. Monitoring the EU's Central Asia strategy,op.cit.*, §4.2.5.

[2212] *L'UE et l'Asie centrale : stratégie pour un nouveau partenariat*, *op.cit.*, p.3.

[2213] *Résolution du Parlement européen sur une stratégie européenne en Asie centrale*, 20 février 2008, (2008)0059 ; *Résolution du Parlement européen sur l'état de la mise en œuvre de la stratégie européenne en Asie centrale*, 15 décembre 2011, (2011)0588.

[2214] *Résolution du Parlement européen sur le Kazakhstan*, 15 mars 2012, (2012)0089, §A.

Conclusion du Titre 2

En matière de mise en œuvre des recommandations des observateurs électoraux et, plus généralement, de respect du droit à des élections libres, une distinction apparaît nettement entre deux groupes d'États hôtes.

Le premier rassemble les pays pour lesquels des progrès, ou au moins un minimum de bonne volonté, sont perceptibles. Il s'agit d'abord, selon l'appellation de l'UE, des Balkans occidentaux (Albanie, ARYM, Bosnie-Herzégovine, Croatie, Kosovo, Monténégro et Serbie). Ces États ont connu un renforcement réel, bien qu'inégal, du respect du droit à des élections libres. Certains d'entre eux sont progressivement devenus des démocraties stables ne requérant plus le déploiement de missions d'observation à grande échelle. D'autres ont effectué des progrès plus limités mais sont desservis par une situation interne instable et/ou un manque de maturité de leur classe politique. Pour tous, le statut de candidat potentiel ou officiel à l'adhésion à l'UE s'avère être un moyen puissant d'encourager les réformes électorales. Il s'agit ensuite de l'ensemble plus hétéroclite regroupant environ cinq pays. En son sein se trouvent des États dont la transition démocratique tarde à s'enraciner et dont l'avenir européen est lointain ou inexistant, tels les pays ayant connu une « révolution colorée » (Géorgie, Kirghizstan et Ukraine) et la Moldavie. Enfin, il est possible d'y raccrocher l'Arménie. Bien que les avancées en matière électorale soient nettement moins évidentes que dans les cas précédents, cet État a le mérite de connaitre le pluralisme et l'alternance politiques depuis son indépendance et a manifesté, délibérément ou contraint par une situation économique et sociale difficile, une certaine volonté de tenir compte des incitations internationales.

En revanche, le second ensemble regroupe les sept pays les plus autoritaires de la région de l'OSCE, particulièrement hermétiques aux critiques des observateurs électoraux. Le pluralisme politique y est fortement limité, voire inexistant, et les scrutins sont systématiquement et grossièrement détournés en faveur d'une personne ou d'un parti qui monopolise le pouvoir, parfois depuis plus de vingt ans. Il s'agit de pays dépourvus de perspective d'adhésion à l'UE mais souvent largement pourvus en ressources naturelles (Azerbaïdjan, Kazakhstan, Ouzbékistan, Russie et Turkménistan). Si le régime en place au Tadjikistan peut s'avérer moins autoritaire que la plupart de ceux au pouvoir dans les six autres pays, il semble que cela soit moins une expression de bonne volonté que la conséquence d'un État pauvre en ressources naturelles et affaibli par une longue guerre civile[2215]. Il serait bien sûr erroné de réduire le phénomène de transition démocratique aux questions d'adhésion à l'UE, de dépendance aux aides internationales ou de richesse en ressources énergétiques. Mais le bilan de deux décennies d'observation des élections dans la région de l'OSCE semble bien contribuer à donner corps à la théorie de la « malédiction des ressources naturelles »[2216]. De plus, tous ces États, en particulier la Biélorussie, bénéficient manifestement des effets d'une certaine « promotion de l'autocratie » conduite par la Russie et ses alliés, notamment la Chine[2217].

[2215] Markowitz (L.P.), « Tajikistan: Authoritarian reaction in a postwar state », *Democratization*, Volume 19, n°1, 2012, pp.98-119.

[2216] Voir notamment : Ross (M.L.), « Does oil hinder democracy? », *World Politics*, n°53, 2001, pp.325-361 ; Schubert (S.R.), *Being rich in energy resources. A blessing or a curse*, Parlement européen, 2007 ; Youngs (R.), « Energy: A reinforced obstacle to democracy? », Center for European Policy Studies, *Working document n°299*, 2008.

[2217] Bader (J.), Grävingholt (J.) et Kästner (A.), « Would autocracies promote autocracy? A political economy perspective on regime-type export in regional neighbourhoods », *Contemporary Politics*, Volume 16, n°1, 2010, pp.81-100 ; Burnell (P.), « Is there a new autocracy promotion? », *Working Paper n°96*, FRIDE, 2010 ; Kagan (R.), *Le retour de l'Histoire et la fin des rêves*, Plon, 2008, pp.78-114.

Conclusion de la Partie 2

Depuis le début des années 2000, il n'est pas déraisonnable d'affirmer que l'observation électorale telle qu'elle est pratiquée sur le terrain par les Missions Internationales d'Observation des Élections est particulièrement fiable et crédible. L'avancée cruciale est à mettre au crédit du BIDDH qui, à partir de 1995, a inauguré le déploiement d'observateurs de long terme. Cette évolution a permis aux observateurs de disposer du temps nécessaire pour dépasser les jugements partiels et focalisés sur les opérations de vote caractéristiques des premières missions. A cette sophistication décisive de la méthodologie s'est ajouté le bénéfice de l'expérience. Au fil des missions dépêchées depuis plus de deux décennies, les institutions ont accru leur connaissance du fonctionnement des processus électoraux au sein des États hôtes et un vaste vivier d'observateurs expérimentés, spécialistes des droits électoraux nationaux et du droit international électoral, s'est constitué. En conséquence, malgré une politisation encore trop fréquente des évaluations, l'abondant corpus de rapports d'observation fournit une somme inégalée d'informations fiables sur la qualité des consultations populaires organisées par les États participants de l'OSCE depuis la fin de la Guerre froide et contient une quantité considérable de recommandations pertinentes pour leur amélioration.

Néanmoins, le suivi des missions d'observation électorale est lacunaire à bien des égards. Un nombre important d'États recevant régulièrement des MOE peine à mettre en œuvre les recommandations des observateurs ou fait preuve d'une évidente mauvaise volonté. Pour surmonter ces obstacles, il est donc impératif de perfectionner les différents mécanismes de suivi. Si l'assistance technique s'est grandement diversifiée et renforcée, offrant dorénavant une vaste panoplie d'expertises, sa réussite reste fortement tributaire du souhait des États de les mettre en œuvre de bonne foi. Le suivi juridictionnel se développe de façon très encourageante grâce au dynamisme de la Cour EDH, permettant de pallier en partie l'ineffectivité du contrôle juridictionnel national de certains pays. Mais six États parmi les plus problématiques de la région de l'OSCE échappent à la juridiction du juge européen et le mécanisme quasi-juridictionnel de communications individuelles devant le Comité DHNU est loin de fournir une alternative efficace.

En tout état de cause, la mise en œuvre des recommandations ne peut reposer uniquement sur la contrainte juridictionnelle, elle doit d'abord être favorisée par un suivi politique adéquat. Une transition démocratique n'a aucune chance d'aboutir si elle est imposée de l'extérieur sans le consentement de la majorité de la population et de sa classe politique. Or, le suivi politique des missions constitue sans doute le principal point faible, en particulier au sein de l'OSCE, paralysée depuis de nombreuses années par l'offensive menée par des États de la CEI contre l'observation électorale et la promotion de la démocratie en général. De plus, bien que le Conseil de l'Europe ait mis en place une procédure relativement élaborée dans ce domaine, la tolérance excessive dont il fait preuve face aux États récalcitrants et les moyens de pression limités dont il dispose réduisent largement son efficacité. Enfin, ici encore, les mécanismes onusiens n'assurent pas un relai efficace aux conclusions des observateurs internationaux. Il est vrai que la conjoncture internationale, caractérisée par une perpétuation de nombreux régimes autoritaires et une progression de la démocratie plus limitée que ce que l'on a pu espérer au lendemain de la Guerre froide, ne se prête guère à un interventionnisme trop marqué de l'ONU. Mais la frontière entre retenue et laxisme est mince et le droit à des élections libres semble parfois traité comme un droit d'importance secondaire pour lequel les organes de protection des droits de l'Homme de l'ONU ne semblent pas prêts à faire preuve de d'audace.

Plus largement, le suivi des missions bénéficieraient grandement du développement généralisé au plan international d'une véritable conditionnalité démocratique[2218]. Jusqu'à présent, c'est l'Union européenne qui s'est montrée la plus avancée sur ce point, en particulier dans le cadre de son mécanisme d'adhésion. Toutefois, les faiblesses sont évidentes dès que les relations concernent des États sans perspective d'intégration à moyen terme et les clauses de conditionnalité démocratique n'emportent que peu d'effet. On constate notamment que les considérations liées à la démocratie sont presque systématiquement écartées lorsqu'elles entrent en conflit avec des intérêts stratégiques ou économiques et qu'en dépit des discours, la *realpolitik* l'emporte nettement sur les principes[2219]. La lutte contre le terrorisme et la recherche de la sécurité énergétique comptent ainsi parmi les plus farouches ennemis de la promotion du droit à des élections libres. Il convient donc que l'UE adopte une attitude plus ferme et vertueuse dans ce domaine et rationalise sa pratique des sanctions. Comme le releva le Parlement européen, « *un aspect essentiel d'une politique efficace à l'égard des régimes autoritaires doit consister à établir l'équilibre entre une diplomatie coercitive, englobant des mesures restrictives, assortie d'une communication claire, et des options constructives ne faisant pas appel à la force mais aux ressources des politiques extérieures de l'UE et des États*

[2218] Voir notamment : Youngs (R.), « The end of democratic conditionality: Good riddance? », *Working Paper n°102*, FRIDE, 2010.
[2219] D'Aspremont (J.), « Émergence et déclin de la gouvernance démocratique en droit international », *Revue Québécoise de Droit International*, Volume 22, n°2, 2009, pp.57-80.

membres préférant un dialogue critique et progressif à l'isolement »[2220]. Quant aux relations bilatérales entretenues individuellement par les États participants avec des pays d'accueil de missions, une étude partielle laisse suggérer que les résultats ne sont guère plus encourageants, mises à part quelques rares exceptions[2221].

2220 *Recommandation du Parlement européen à l'intention du Conseil contenant une proposition de recommandation du Parlement européen à l'intention du Conseil sur la définition d'une politique cohérente vis-à-vis des régimes autoritaires contre lesquels l'Union européenne applique des mesures restrictives, lorsqu'ils exercent des intérêts personnels et commerciaux à l'intérieur des frontières de l'Union européenne*, 2 février 2012, (2012)0018.

2221 Youngs (R.) (dir.), *Survey of European Democracy Promotion Policies 2000-2006*, FRIDE, 2006.

Conclusion Générale

Plus de deux décennies après la fin de la Guerre froide, l'espoir d'une progression rapide vers un respect généralisé du droit à des élections libres au sein des États participants de l'OSCE semble lointain. Plusieurs d'entre eux ont su tirer avantage du déploiement répété de missions d'observation électorale performantes. Ils ont tenu compte des recommandations des observateurs, profité des mécanismes d'assistance électorale et ont connu une nette amélioration de la qualité de scrutins. En revanche, un nombre non négligeable d'États participants n'a effectué que des progrès très limités et ne manifeste aucune volonté véritable de procéder aux réformes nécessaires. Au contraire, ils ont adopté une attitude ouvertement provocatrice, révélatrice des tensions qui entourent les entreprises de promotion de la démocratie et qui se sont cristallisées autour de l'observation électorale.

L'enracinement de ces régimes autoritaires interroge sur l'utilité de continuer à déployer des missions complexes et coûteuses qui semblent réduites à relever les mêmes violations à intervalle régulier, sans réelle perspective de changement. Cependant, même si de nombreuses missions sont dépêchées dans certains États sans qu'aucune amélioration significative n'ait été enregistrée, l'exercice n'est pas vain pour autant. L'observation électorale joue également son rôle lorsqu'elle est réduite à constater des fraudes. En consignant ces faits avec un regard objectif et non partisan, elle apporte une preuve de leur survenance. Ainsi, elle assure qu'ils ne seront pas oubliés et apporte une contradiction quasi-scientifique indispensable aux discours officiels des États d'accueil.

Si « [l'] *erreur des années 1990 a été de croire que la démocratie était inéluctable* […] *cet optimisme excessif a fait place, dans certains milieux, à un pessimisme lui aussi excessif* »[2222]. Il est vrai que les perspectives de démocratisation sont *a priori* très réduites dans certains pays de notre région d'étude et que de nombreuses conditions doivent être réunies pour la réussite d'un tel processus. De surcroît, les désillusions furent nombreuses à la suite d'un changement de régime. Mais tout de même, la possibilité de transitions démocratiques ne doit pas être écartée et des esquisses de démocratisation apparaissent par endroit. Le développement exponentiel des moyens de communication, lequel rend de plus en plus difficile le filtrage des

[2222] Kagan (R.), *Le retour de l'Histoire et la fin des rêves*, Plon, 2008, p.140.

informations reçues par la population[2223] et « *érode l'autorité traditionnelle* »[2224], pourrait notamment favoriser ces phénomènes. Déjà, lors des « révolutions colorées », les médias jouèrent un rôle important en permettant une diffusion rapide et massive des informations et « [ce] *n'est pas par hasard si ces révolutions ne se sont pas produites au Turkménistan ou en Ouzbékistan, où les médias sont complètement muselés* »[2225]. Plus récemment, les différentes révolutions du « Printemps arabe », survenues dans des États où les chances de démocratisation semblaient presque inexistantes, illustrèrent de nouveau le potentiel des moyens de communication dans le renversement de régimes autoritaires[2226].

Or, l'observation des élections permet à la société civile de disposer d'informations fiables sur les véritables pratiques électorales de ses représentants et, parfois, conduit à les dénoncer massivement. Une transition démocratique nécessite l'adhésion de la majorité de la population mais il est souvent difficile pour celle-ci de connaître la réalité de comportements autoritaires dans des États où la liberté d'expression est largement bafouée et où les médias sont dominés par une propagande officielle. En démontrant publiquement l'absence de légitimité démocratique de nombreux dirigeants, le contrôle électoral international peut constituer un puissant vecteur de changement. Cette faculté fut clairement illustrée par les diverses « révolutions colorées » et par les multiples manifestations d'hostilité de la part de plusieurs États de la CEI à l'encontre du BIDDH et de ses partenaires. L'observation électorale, qu'elle soit internationale ou domestique, profite de cette évolution technologique qui permet aux conclusions des missions de bénéficier d'une audience croissante et cela peut contribuer, à terme, à des prises de conscience et à des réactions citoyennes. Au sein de l'espace de l'OSCE, les multiples protestations qui se déroulèrent en Russie en réponse aux fraudes constatées lors des élections législatives du 4 décembre 2011[2227], semblent aller dans ce sens[2228]. Elles montrèrent que «

[2223] Voir notamment : *Les ennemis d'Internet. Rapport 2012*, Reporters Sans Frontières, 12 mars 2012, p.4.

[2224] Thorgeirsdottir (H.), « How do modern media influence the electorate? », *in* « Elections in a changing world », *8th European Conference of Electoral management bodies, Vienna, 12 - 13 May 2011*, 5 avril 2012, CDL-EL(2012)002, p.81.

[2225] Genté (R.), « Des révolutions médiatiques », *Hérodote*, n°129, 2008, p.39.

[2226] Voir notamment : Manrique (M.) et Mikail (B.), « The role of new media and communication technologies in Arab transitions », *Policy Brief n°106*, FRIDE, 2011 ; *Les ennemis d'Internet. Rapport 2011*, Reporters Sans Frontières, 12 mars 2011, p.4. Voir aussi : Kienle (E.), « Les "révolutions" arabes », *Critique Internationale*, n°54, 2012, pp.103-117.

[2227] Voir notamment : Jégo (M.), « En Russie, de nombreuses voix s'élèvent pour dénoncer les fraudes électorales », *Le Monde*, 6 décembre 2011 ; Le Huérou (A.), « Les mouvements de protestation : une nouvelle génération dans la rue », *in* De Tinguy (A.) (dir.), *A l'Est, du nouveau. Les élections 2011-2012 en Russie à l'heure du "printemps russe"*, Dossier du CERI - Sciences Po, 2012.

[le peuple russe] *aspirait à davantage de démocratie, y compris à des élections libres et équitables et à une profonde réforme du système électoral* »[2229], au point que certains s'empressèrent d'évoquer un éventuel « printemps russe »[2230].

En conséquence, si le droit à la gouvernance démocratique apparaît en déclin depuis plusieurs années, il est encore loin d'avoir disparu. L'organisation d'élections libres et équitables « *restera très probablement un standard de référence pour évaluer la légitimité des gouvernements* »[2231]. Même au sein des « anciennes démocraties », une marge de progression existe et l'avis des observateurs peut s'avérer précieux. Dès lors, l'observation internationale des élections n'est pas prête de disparaître. Les institutions doivent néanmoins redoubler d'efforts pour faire en sorte qu'elle demeure une activité de suivi des engagements juridiques des États hôtes menée de façon objective et impartiale. Il est donc impératif qu'elle reste dépolitisée et qu'il soit mis un terme à certains excès, en particulier ceux qui ternissent la dimension parlementaire de l'observation électorale. Il importe également que les institutions internationales, mais aussi les États dans leurs relations bilatérales, s'attachent à garantir une portée plus conséquente aux conclusions des observateurs et plus généralement aux principes démocratiques, y compris lorsque ces derniers entrent en conflit avec des intérêts stratégiques ou économiques. En outre, la complémentarité entre l'observation électorale et le contrôle juridictionnel de la Cour EDH devrait être davantage exploitée afin de pallier aux insuffisances des institutions nationales et de mettre un terme au sentiment d'impunité des fraudeurs. Un véritable droit international électoral existe et ne cesse de s'étoffer, mais la volonté politique de le respecter et de le promouvoir fait encore trop souvent défaut.

Quoi qu'il en soit, cette étude ne prétend pas avoir épuisé le thème de l'observation des élections par les Organisations internationales. Il s'agit d'un phénomène mondial qui dépasse largement les frontières de la région de l'OSCE. Depuis la fin de la Guerre froide, et encore davantage depuis le début des années 2000, plusieurs institutions sont devenues des pourvoyeuses régulières de missions en dehors de notre zone d'étude, tels le

---

2228 Lebedev (A.C.), « La toile de la protestation Internet et critique du pouvoir en Russie », *in* De Tinguy (A.) (dir.), *ibid.* Voir aussi : *Mapping digital media: Russia*, Open Society Foundations, 2011, pp.36-41.

2229 *Résolution du Parlement européen sur le résultat des élections présidentielles en Russie*, 15 mars 2012, (2012)0088, §G.

2230 Carrère d'Encausse (H.), « Un printemps russe ? », *Le Figaro*, 6 janvier 2012 ; Guetta (B.), « Le printemps russe ou les trois erreurs de Poutine », *Libération*, 14 décembre 2011 ; De Tinguy (A.), « Européens et américains face au "printemps russe" », *in* De Tinguy (A.) (dir.), *ibid.*

2231 D'Aspremont (J.), « Émergence et déclin de la gouvernance démocratique en droit international », *Revue Québécoise de Droit International*, Volume 22, n°2, 2009, p.72.

Commonwealth des Nations, l'Organisation des États Américains, l'Organisation internationale de la Francophonie ou l'Union Africaine. L'entreprise la plus emblématique et la plus proche des accomplissements du BIDDH est cependant à mettre au crédit de l'UE. Ainsi, entre 2000 et 2010, des *Missions d'Observation Électorale de l'Union Européenne* (MOE-UE)[2232] furent envoyées dans le cadre de plus de quatre-vingt processus électoraux à travers le monde[2233].

La méthodologie employée par l'UE est empruntée au BIDDH[2234] et s'avère donc également très efficace. Elle permet de couvrir les périodes les plus sensibles d'un processus électoral et associe une équipe centrale, des observateurs de court et long termes et des observateurs parlementaires. Les contingents sont toutefois légèrement moins importants que ceux déployés par les institutions partenaires des MIOE, généralement entre cent et deux-cents personnes. S'ils sont également d'origines moins diverses, car issus exclusivement des 27 États membres de l'UE ainsi que du Canada, de Norvège et de Suisse, un brassage des nationalités et une parité des sexes tendent à être assurés parmi les observateurs au sein des missions de l'UE. En outre, les normes sur lesquelles se fondent le contrôle électoral diffèrent quelque peu, bien que les principes soient largement similaires. Ainsi, les MOE-UE ne peuvent se référer à la Convention EDH ou au *Document de Copenhague*, propres, respectivement, aux régions du Conseil de l'Europe et de l'OSCE. En revanche, outre les diverses conventions onusiennes, plusieurs textes juridiquement contraignants trouvent à s'appliquer, tels, selon les pays, la *Convention américaine relative aux droits de l'Homme* du 22 novembre 1969 (en particulier la clause politique contenue à l'article 23) et la *Charte africaine des droits de l'Homme et des peuples* du 27 juin 1981. D'autres documents, bien que dépourvus de force obligatoire, peuvent également s'avérer pertinents, à l'instar de la *Déclaration d'Harare* du Commonwealth du 20 octobre 1991 ou des *Principes et directives régissant les élections démocratiques* adoptés par la Communauté de développement d'Afrique australe le 17 août 2004.

L'expérience des MOE-UE est comparable en de nombreux points à celle des MIOE mais les défis auxquels sont confrontés les observateurs de l'UE apparaissent encore plus nombreux et complexes que ceux rencontrés dans la

---

2232 Voir notamment : Arnault (V.), « La politique d'observation électorale de l'Union Européenne », *in* Vettovaglia (J.-P.), Du Bois de Gaudusson (J.), Bourgi (A.), Desouches (C.), Maïla (J.), Sada (H.) et Salifou (A.) (dir.), *Démocratie et élections dans l'espace francophone. Prévention des crises et promotion de la paix Volume II*, Bruylant, 2010, pp.661-669.

2233 Chambers (R.), *Election observation by the European Parliament in the OSCE Area*, Parlement européen, 2010, §1.1.

2234 *Handbook for European Union Election Observation,* 2e éd., Commission européenne, 2008. Voir aussi : *Compendium of International Standards for Elections,* 2e éd., Commission européenne et NEEDS, 2007.

région de l'OSCE. Cela est dû en particulier à un environnement souvent moins favorable à la tenue de scrutins libres et équitables. Ces difficultés supplémentaires sont d'abord liées à une situation sécuritaire souvent plus problématique dans les États hôtes où interviennent les MOE-UE et pouvant décupler le coût d'un déploiement. L'élection présidentielle de 2010 en Côte d'Ivoire[2235] ou les élections législatives de 2008 au Pakistan, notamment, l'illustrèrent clairement. Dans ce dernier cas, plus d'une centaine de personnes, dont la dirigeante de l'un des principaux partis politiques, trouvèrent la mort au cours de la campagne électorale. La mission renonça ainsi à observer les rassemblements politiques et à se rendre dans certaines régions particulièrement sensibles du pays[2236]. Comme évoqué précédemment[2237], le choix du BIDDH de déployer par quatre fois des équipes d'appui plutôt que des missions d'observation électorale classiques en Afghanistan fut essentiellement motivé par cette considération. En outre, aux complications liées à la sécurité s'ajoutent parfois d'autres soucis résultant d'importantes carences en matière d'infrastructures et d'équipements, comme par exemple à l'occasion des élections législatives de 2008 au Cambodge[2238]. Plus récemment, lors de l'élection présidentielle de 2010 en Guinée, la MOE-UE constata à titre d'illustration que « [d]*ans une majorité des préfectures observées, l'acheminement du matériel* [avait] *été marqué par de sérieuses difficultés logistiques, notamment en raison du manque de moyens de transport à la disposition des* [Commissions électorales sous-préfectorales indépendantes] »[2239]. On peut également mentionner les obstacles, plus fréquemment rencontrés par les MOE-UE, que peuvent engendrer un faible niveau d'alphabétisation au sein de la population de l'État d'accueil. Cela fut par exemple souligné en Ethiopie, au cours des élections générales de 2010[2240], et lors de l'élection présidentielle anticipée de 2009 en Guinée-Bissau, où les observateurs notèrent que le fort taux d'illettrisme compliqua le déploiement d'observateurs nationaux ou la participation des femmes au scrutin[2241].

2235 *Côte d'Ivoire, Election Présidentielle, 31 octobre – 28 novembre 2010, Rapport final de la Mission d'Observation Electorale de l'Union Européenne*, 25 janvier 2011. Voir aussi : Conseil DHNU, Résolution 14/1, *Situation des droits de l'homme en Côte d'Ivoire à l'issue de l'élection présidentielle de 2010*, 23 décembre 2010.

2236 *Islamic Republic of Pakistan, National and Provincial Assembly Elections, 18 February 2008, European Union Election Observation Mission Final Report*, 16 avril 2008, §I et II.B.

2237 Voir *supra*, Partie 2, Titre 1, Chapitre 1.

2238 *Kingdom of Cambodia, National Assembly Elections, 27 July 2008, European Union Election Observation Mission Final Report*, 13 octobre 2008, §V.B.

2239 *République de Guinée, Election présidentielle de 2010, Rapport final de la Mission d'Observation Electorale de l'Union Européenne*, 25 février 2011, §8.1.1.

2240 *Ethiopia, House of People's Representatives and State Council Elections, May 2010, European Union Election Observation Mission Final Report*, 8 novembre 2010, §V.E.

2241 *Guinea Bissau, Early Presidential Election, 28 June – 26 July 2009, European Union Election Observation Mission Final Report*, §IV.D et X.A.

Un autre défi que doit relever l'UE dans son activité d'observation électorale découle de l'immensité de sa zone d'intervention. La région de l'OSCE compte 57 États, mais seule une quinzaine d'entre eux accueille régulièrement des MIOE. Par contraste, l'espace que doivent potentiellement couvrir les MOE-UE comprend le reste du monde, soient près de 140 pays répartis entre l'Afrique, l'Amérique Latine, l'Asie, le Moyen Orient et l'Océanie. Une proportion non négligeable de ces États organise régulièrement des élections sans disposer d'un régime démocratique stable et pourraient donc bénéficier de la présence d'observateurs électoraux. En raison des moyens nécessairement limités de l'Organisation, cette multitude et cette hétérogénéité des lieux d'intervention des MOE-UE rend difficile une présence régulière. Alors que le BIDDH s'est rendu une dizaine de fois dans des États comme l'Albanie ou l'ARYM, rares sont les pays à avoir reçu plus de trois missions de l'UE, ce qui complique incontestablement tout travail de suivi des progrès électoraux sur le long terme. En somme, cette étude pourrait être utilement complétée par une analyse détaillée de la pratique des Missions d'observation électorale de l'UE. Ainsi pourrait être donnée une image à la mesure du phénomène global que constitue l'observation internationale des élections.

Bibliographie sélective

Ouvrages, manuels et actes de colloques et conférences

- **Alvarez** (R.M.), **Hall** (T.E.) et **Hyde** (S.D.) (dir.), *Election fraud. Detecting and deterring electoral manipulation*, Brookings Institution Press, 2008.
- **Andriantsimbazovina** (J.), **Gaudin** (H.), **Marguénaud** (J.-P.), **Rials** (S.) et **Sudre** (F.) (dir.), *Dictionnaire des droits de l'Homme*, PUF, 2008.
- **Beigbeder** (Y.), *International monitoring of plebescites, referanda and national elections,* Martinus Nijhof, 1994.
- **Beigbeder** (Y.), *Le contrôle international des élections*, LGDJ, 1994.
- **Bjornlund** (E.C.), *Beyond Free and Fair. Monitoring elections and building democracy*, Woodrow Wilson Center Press, Johns Hopkins University Press, 2004.
- **Bossuyt** (M.J.), *Guide to the « Travaux Préparatoires » of the International Covenant on Civil and Political Rights*, Martinus Nijhoff, 1986.
- **Carothers** (T.), *Aiding democracy abroad. The learning curve*, Carnegie Endowment for International Peace, 1999.
- **Cot** (J.-P.), **Pellet** (A.) et **Forteau** (M.) (dir.), *La Charte des Nations Unies. Commentaire article par article*, Economica, 3e éd., 2 Volumes, 2005.
- **D'Aspremont** (J.), *L'État non démocratique en droit international. Étude critique du droit positif et de la pratique contemporaine*, Pedone, 2008.
- **Decaux** (E.), *Droit international public*, 7e éd., Dalloz, 2010.
- **Decaux** (E.) (dir.), *Le Pacte international relatif aux droits civils et politiques. Commentaire article par article*, Economica, 2010.
- **Decaux** (E.) (dir.), *Les Nations Unies et les droits de l'homme. Enjeux et défis d'une réforme*, Pedone, 2006.
- **Decaux** (E.) et **Sicilianos** (L.-A.) (dir.), *La CSCE : Dimension Humaine et règlement des différends*, Les Cahiers du CEDIN, n°8, Montchrestien, 1993.
- **Decaux** (E.) et **Sur** (S.) (dir.), *L'OSCE trente ans après l'Acte final de Helsinki. Sécurité coopérative et dimension humaine*, Pedone, 2008.
- *Environnement international, processus électoral et consolidation démocratique*, Actes de la troisième édition des Rencontres organisées par le Centre d'études comparatives des élections (CECE), 29 janvier 2008.
- **Ghebali** (V.-Y.), *L'OSCE dans l'Europe post-communiste 1990-1996 : Vers une identité européenne de sécurité*, Bruylant, 1996.
- **Ghebali** (V.-Y.), *La diplomatie de la détente. La CSCE, d'Helsinki à Vienne (1973-1989)*, Bruylant, 1989.

- **Goodwin-Gill** (G.S.), *Élections libres et régulières. Nouvelle édition augmentée*, Union Interparlementaire, 2006.
- **Hennebel** (L.), *La jurisprudence du Comité des droits de l'homme des Nations Unies. Le Pacte international relatif aux droits civils et politiques et son mécanisme de protection individuelle*, Bruylant, 2007.
- **Hermet** (G.), *Exporter la démocratie ?*, Les Presses de Sciences Po, 2e éd., 2008.
- **Hermet** (G.), **Badie** (B.), **Birnbaum** (P.) et **Braud** (P.), *Dictionnaire de la science politique et des institutions politiques*, 7e éd., Armand Colin, 2010.
- **Huntington** (S.P.), *The third wave. Democratization in the late twentieth century*, University of Oklahoma Press, 1993.
- **Hyde** (S.D.), *The pseudo-democrat's dilemma: Why election observation became an international norm*, Cornell University Press, 2011.
- **Kelley** (J.G.), *Monitoring democracy: When international election observation works, and why it often fails*, Princeton University Press, 2012.
- **Kostakos** (G.) (dir.), *Democratic Elections and the Mediterranean*, Hellenic Foundation for European and Foreign Policy (ELIAMEP), 1999.
- **Lambert** (P.) (dir.), *Les partis liberticides et la Convention européenne des droits de l'homme*, Bruylant, 2005.
- **Levinet** (M.), *Théorie générale des droits et libertés*, 3e éd., Bruylant, 2010.
- **Levinet** (M.) (dir.), *Pluralisme et juges européens des droits de l'homme*, Bruylant, 2011.
- *Liberté des élections et observation internationale des élections,* Conférence internationale, Université La Laguna, Tenerife, 27 février - 2 mars 1994, Bruylant, 1995.
- **Maligner** (B.), *Droit électoral*, Ellipses, 2007.
- **Myagkov** (M.), **Ordeshook** (P.C.) et **Shakin** (D.), *The forensics of election fraud. Russia and Ukraine*, Cambridge University Press, 2009.
- **Nowak** (M.), *U.N. Covenant on Civil and Political Rights. CCPR Commentary*, 2e éd., N.P. Engel, 2005.
- **Owen** (B.), *Géopolitique de la démocratie. Constats et enjeux*, Studyrama, 2008.
- **Owen** (B.) (dir.), *Le processus électoral, permanences et évolutions. Actes du colloque réuni au Sénat le 22 novembre 2005*, Studyrama, 2006.
- **Pauvert** (B.), *Élections et modes de scrutin*, 2e éd., L'Harmattan, 2006.
- **Perrineau** (P.) et **Reynié** (D.) (dir.), *Dictionnaire du vote*, PUF, 2001.
- **Pettiti** (L.-E.), **Decaux** (E.) et **Imbert** (P.-H.) (dir.), *La Convention européenne des droits de l'homme : commentaire article par article*, 2e éd. Economica, 1999.
- **Rousseau** (D.), *Droit du contentieux constitutionnel*, 9e éd., Montchrestien, 2010.
- **Schedler** (A.) (dir.), *Electoral authoritarianism. The dynamics of unfree competition,* Lynne Rienner Pulishers, 2006.

- **Schmeets** (H.) (dir.), *International election observation and assessment of elections*, Statistics Netherlands & Maastricht University, 2011.
- **Sharp** (G.), *From dictatorship to democracy. A conceptual framework for liberation*, The Albert Einstein Institution, 2002.
- **Sicilianos** (L.-A.), *L'ONU et la démocratisation de l'État. Systèmes régionaux et ordre juridique universel*, Pedone, 2001.
- **Société Française pour le Droit International**, *L'État de droit en droit international - Colloque de Bruxelles*, Pedone, 2009.
- **Sudre** (F.), *Droit européen et international des droits de l'homme*, 10e éd., PUF, 2011.
- **Sudre** (F.) (dir.), *La CSCE et les droits de l'homme : journée d'étude organisée par l'IDEDH le 9 avril 1993*, Les Cahiers de l'IDEDH, n°3,1994.
- **Sudre** (F.) (dir.), *La protection des droits de l'homme par le Comité des droits de l'homme des Nations Unies. Les communications individuelles*, Actes du Colloque de Montpellier, 6-7 mars 1995, Les Cahiers de l'IDEDH, n°4, 1995.
- **Sudre** (F.), **Marguénaud** (J.-P.), **Andriantsimbazovina** (J.), **Gouttenoire** (A.) et **Levinet** (M.), *Les grands arrêts de la Cour européenne des Droits de l'Homme*, 6e éd., PUF, 2011.
- **Vettovaglia** (J.-P.), **Du Bois de Gaudusson** (J.), **Bourgi** (A.), **Desouches** (C.), **Maïla** (J.), **Sada** (H.) et **Salifou** (A.) (dir.), *Démocratie et élections dans l'espace francophone. Prévention des crises et promotion de la paix Volume II*, Bruylant, 2010.
- **Wambaugh** (S.), *A monograph on plebiscites: With a collection of official documents*, Oxford University Press, 1920.
- **Youngs** (R.) (dir.), *Is the European Union Supporting Democracy in its Neighbourhood?*, FRIDE, 2008.
- **Youngs** (R.) (dir.), *Survey of European Democracy Promotion Policies 2000-2006*, FRIDE, 2006.
- **Youngs** (R.) (dir.), *The European Union and democracy promotion: A critical global assessment*, Johns Hopkins University Press, 2010.
- **Zakaria** (F.), *The Future of Freedom. Illiberal Democracy at Home and Abroad*, W.W.Norton & Company, 2007.

Thèses

- **Christakis** (T.), *Le droit à l'autodétermination en dehors des situations de décolonisation*, La Documentation Française, 1999.
- **Fau-Nougaret** (M.), *La conditionnalité démocratique. Étude de l'action des Organisations internationales*, Thèse sous la direction de Du Bois de Gaudusson (J.) et Grard (L.), Université Bordaux IV, 2004
- **Galland** (Y.), *La protection par le droit international des droits politiques*, Thèse sous la direction de Wachsmann (P.), Université Strasbourg III – Robert Schuman, 2000.

- **Jacquemot** (F.), *Le standard européen de société démocratique*, Thèse sous la direction de Sudre (F.), Université Montpellier I, 2006.
- **Kokoroko** (K.D.), *Contribution à l'étude de l'observation internationale des élections*, Thèse sous la direction de Breillat (D.), Université de Poitiers, 2005.
- **Lécuyer** (Y.), *Les droits politiques dans la jurisprudence de la Cour européenne des droits de l'Homme*, Dalloz-Sirey, 2009.
- **Moine** (A.), *L'émergence d'un principe d'élections libres en droit international public*, Thèse sous la direction de Mouton (J.-D.), Université Nancy II, 1998.
- **Monney Mouandjo** (S.), *La démocratie au Sud et les Organisation Internationales : analyse comparée des missions internationales d'observation des élections des pays membres du Commonwealth et des pays membres de l'Organisation Internationale de la Francophonie*, Thèse sous la direction de Bourgi (A.), Université de Reims Champagne-Ardenne, 2008.
- **Ndoumou** (F.D.), *Les missions d'observation des élections*, Thèse sous la direction de Zorgbibe (C.), Université Paris I – Panthéon-Sorbonne, 2002.

Articles

- **Alizadeh** (Z.), « The OSCE and elections in Azerbaijan », *Helsinki Monitor*, Volume 16, n°2, 2005, pp.127-131.
- **Anderson** (C.J.) et **Mendes** (S.M.), « Learning to lose: Election outcomes, democratic experience and political protest potential », *British Journal of Political Science*, Volume 36, n°1, 2006, pp.91-111.
- **Avioutskii** (V.), « La Révolution orange en tant que phénomène géopolitique », *Hérodote*, n°129, 2008, pp.69-99.
- **Balian** (H.), « Building on imperfection: Reflections on the Chechen referendum », *Helsinki Monitor*, Volume 14, n°2, 2003, p.85-88.
- **Balian** (H.), « ODIHR's election work: Good value? », *Helsinki Monitor*, Volume 16, n°3, 2005, pp.280-286.
- **Balian** (H.), « Ten years of international election assistance and observation », *Helsinki Monitor*, Volume 12, n°3, 2001, pp.197-209.
- **Beaulieu** (E.) et **Hyde** (S.D.), « In the shadow of democracy promotion: Strategic manipulation, international observers, and elections boycotts », *Comparative Political Studies*, Volume 42, n°3, 2009, pp.392-415.
- **Bergman** (K.) et **Gunnarsdottir** (U.), « La gestion des rouages de l'observation des élections. Ses aspects essentiels au Kazakhstan », *OSCE Magazine*, n°3, 2007, pp.12-14.
- **Binder** (C.), « International election observation by the OSCE and the political participation of women », *Helsinki Monitor*, Volume 18, n°3, 2007, pp.224-236.
- **Binder** (C.), « International election observation by the OSCE and the human right to political participation », *European Public Law*, Volume 13, n°1, 2007, pp.133-158.

- **Birch** (S.), « The 2000 elections in Yugoslavia: the "bulldozer revolution" », *Electoral Studies*, Volume 21, n°3, 2002, pp.499-511.
- **Bloed** (A.), « CIS countries continue to push for a reform of the OSCE », *Helsinki Monitor*, Volume 15, n°4, 2004, pp.299-304.
- **Bloed** (A.), « CIS Presidents attack the functioning of the OSCE », *Helsinki Monitor*, Volume 15, n°3, 2004, pp.220-225.
- **Boda** (M.D.) (dir.), *Élections libres et régulières. Un regard neuf. Table ronde internationale sur les normes électorales organisée par l'Union interparlementaire, Genève, novembre 2004*, Union Interparlementaire, 2005.
- **Boonstra** (J.), « OSCE democracy promotion grinding to a halt? », *Working Paper n°44*, FRIDE, 2007.
- **Bossuyt** (M.) et **Decaux** (E.), « De la "Commission" au "Conseil" des droits de l'homme, un nom pour un autre ? », *Droits Fondamentaux*, n°5, 2005, pp.1-6.
- **Botoko-Claeysen** (C.), « L'O.S.C.E. et l'observation des élections : Le rôle du Bureau des Institutions Démocratiques et des Droits de l'Homme (B.I.D.D.H.) », *RTDH*, n°45, 2001, pp.55-76.
- **Boumghar** (M.), « La dimension humaine de l'OSCE et ses réunions d'examen », *Droits fondamentaux*, n°1, 2001, pp.181-190.
- **Bourgi** (A.), « L'observation internationale des élections en question », in *Observatoire permanent de la Coopération française*, Karthala, 1997, pp.77-88.
- **Buchsbaum** (T.M.), « Is E-Voting relevant for the OSCE? », *OSCE Yearbook*, 2004, pp.489-503.
- **Bunce** (V.), « Comparative democratization. Big and bounded generalizations », *Comparative Political Studies*, Volume 33, n°6/7, 2000, pp.703-734.
- **Bunce** (V.J.) et **Wolchik** (S.L.), « Favorable conditions and electoral revolutions », *Journal of Democracy*, Volume 17, n°4, 2006, pp.5-18.
- **Burnell** (P.), « Is there a new autocracy promotion? », *Working Paper n°96*, FRIDE, 2010.
- **Carothers** (T.), « The backlash against democracy promotion », *Foreign Affairs*, Volume 85, n°2, 2006, pp.55-68.
- **Carothers** (T.), « The end of the transition paradigm », *Journal of Democracy*, Volume 13, n°1, 2002, pp.5-21.
- **Carothers** (T.), « The observers observed », *Journal of Democracy*, Volume 8, n°3, 1997, pp.17-31.
- **Cassin** (R.), « La Déclaration universelle et la mise en œuvre des droits de l'homme », *RCADI*, Volume 79, 1951-II, pp.237-367.
- *Caviar diplomacy. How Azerbaijan silenced the Council of Europe*, European Stability Initiative, 2012.
- **Chambers** (R.), *Election observation by the European Parliament in the OSCE Area*, Parlement européen, 2010.

- **Chizhov** (V.), « The 30th anniversary of the Helsinki Final Act and the problems of the OSCE », *Helsinki Monitor*, Volume 16, n°3, 2005, pp.176-179.
- **Clark** (J.), « Election observation missions: Making them count », *Africa program occasional paper series, n°5*, Woodrow Wilson International Center for Scholars, 2006.
- **Collier** (D.) et **Levitsky** (S.), « Democracy "with adjectives": Conceptual innovation in comparative research », *Working Paper n°230*, Kellogg Institute for International Studies, 1996.
- **Conry** (B.), « Loose cannon: The National Endowment for Democracy », *Foreign Policy Briefing n°27*, Cato Institute, 1993.
- **Crawford** (G.), « EU human rights and democracy promotion in Central Asia: From lofty principles to lowly self-interests », *Perspectives on European Politics and Society,* Volume 9, n°2, 2008, pp.172-191.
- **Cremona** (J.J.), « The right to free elections in the European Convention on Human Rights », *in* Mahoney (P.), Matscher (M.), Petzold (H.) et Wildhaber (L.) (dir.), *Protection des droits de l'Homme : la perspective européenne, mélanges à la mémoire de Rolv Ryssdal*, Carl Heymans Verlag, 2000, pp.309-323.
- **D'Aspremont** (J.), « Émergence et déclin de la gouvernance démocratique en droit international », *Revue Québécoise de Droit International*, Volume 22, n°2, 2009, pp.57-80.
- **Dakowska** (D.), « Des experts en démocratisation face aux changements révolutionnaires : le cas des fondations politiques allemandes », *Revue d'études comparatives Est-Ouest*, Volume 38, n°1, 2007, pp.5-28.
- **Dakowska** (D.), « German political foundations: Transnational party go-betweens in the process of EU enlargement », *in* Kaiser (W.) et Starie (P.) (dir.), *Transnational European Union*, Routledge, 2005, pp.150-169.
- **Dakowska** (D.), « Les fondations politiques allemandes en Europe centrale », *Critique Internationale*, n°24, 2004, pp.140-157.
- **Darnolf** (S.), « International electoral support. Helping or hindering democratic elections? », *IPSA-ECPR Joint Conference, Sao Paulo, 16-19 February 2011.*
- **Davis** (H.), « Constitutional reform in the United Kingdom and the right to free and fair elections », *European Human Rights Law Review*, 1999, pp.411-419.
- **Davis-Roberts** (A.) et **Carroll** (D.J.), « Using international law to assess elections », *Democratization*, Volume 17, n°3, 2010, pp.416-441.
- **Davis-Roberts** (A.), **Pottie** (D.) et **Carroll** (D.), *Building consensus on principles for international election observation*, The Carter Center, décembre 2006.
- **De Donnea** (F.-X.) et Petersen (J.), *Mechanisms for election observation. Report of the personal envoys of the Chairman-in-Office of the OSCE*, 16 novembre 2006.
- **De Raulin** (A.), « L'action des observateurs internationaux dans le cadre de l'ONU et de la société internationale », *RGDIP*, n°3, 1995, pp.567-604.
- **Decaux** (E.), « La Réunion de Copenhague de la Conférence sur la dimension humaine de la CSCE (5-29 juin 1990) », *RGDIP*, n°4, 1990, pp.1019-1034.

- **Decaux** (E.), « Mort et résurrection du Mécanisme de Moscou », *AFRI*, Volume 8, 2007, pp.233-248.
- **Degn** (H.), « The OSCE Parliamentary Assembly – Growth in recent years », *OSCE Yearbook*, 2001, pp.365-372.
- **Delpérée** (F.), « Le contentieux électoral en Europe », *Les Cahiers du Conseil constitutionnel*, n° 13, 2002, pp.100-110.
- **Diamond** (L.J.), « Elections without democracy. Thinking about hybrid regimes », *Journal of Democracy*, Volume 13, n°2, 2002, pp.21-35.
- **Eicher** (P.), « Improving OSCE election observation », *Security and Human Rights*, Volume 20, n°4, 2009, pp.264-276.
- **Eschenbächer** (J.-H.) et **Knoll** (B.), « Observing elections in "Long-Standing Democracies": Added value or waste of money? », *OSCE Yearbook*, 2010, pp.247-263.
- **Eschenbächer** (J.-H.), « Évaluation des élections dans les démocraties établies », *OSCE Magazine*, n°2, 2010, pp.30-31.
- **Estrella** (R.), « La CSCE et la création d'une assemblée parlementaire », *Revue de l'OTAN*, Volume 39, n°5, 1991, pp.23-26.
- **Eudes** (M.), « Vers l'abolition des dernières restrictions au droit de vote ? Étude des frontières du corps électoral », *RTDH*, n°67, 2006, pp.575-595.
- **Evers** (F.), « OSCE election observation. Commitments, methodology, criticism », *OSCE Yearbook*, 2009, pp.235-255.
- **Fastenrath** (U.), « The Legal Significance of CSCE/OSCE Documents », *OSCE Yearbook*, 1995/96, pp.411-427.
- **Fawn** (R.), « Battle over the box: International election observation missions, political competition and retrenchment in the post-Soviet space », *International Affairs*, Volume 82, n°6, 2006, pp.1133-1153.
- **Flauss** (J.-F.), « Les conditions d'admission des pays d'Europe centrale et orientale au sein du Conseil de l'Europe », *EJIL*, Volume 5, n°3, 1994, pp.401-422.
- **Fox** (G.H.), « Election monitoring: The international legal setting », *Wisconsin International Law Journal*, Volume 19, 2001, pp.295-319.
- **Fox** (G.H.), « Multinational election monitoring: Advancing international law on the high wire », *Fordham International Law Journal*, Volume 18, 1995, pp.1658-1667.
- **Franck** (T.M.), « The emerging right to democratic governance », *The American Journal of International Law*, Volume 86, n°1, 1992, pp.46-91.
- **Frolov** (V.), « Democracy by remote control », *Russia in Global Affairs*, Volume 3, n°4, 2005, pp.171-176.
- **Fuchs** (M.) et **Pendzich-von Winter** (A.), « The OSCE Parliamentary Assembly. Origins, functions, method of work and constituent bodies », *OSCE Yearbook*, 1995/96, pp.355-364.
- **Fukuyama** (F.), « The end of history? », *The National Interest*, 1989, pp.3-18.

- **Garber** (L.) et **Bjornlund** (E.) (dir.), *The New Democratic Frontier. A Country by Country Report on Elections in Central and Eastern Europe*, National Democratic Institute for International Affairs, 1992.
- **Garonne** (P.), « Le patrimoine électoral européen », *RDP*, n°5, 2001, pp.1419-1454.
- **Genté** (R.), « Des révolutions médiatiques », *Hérodote*, n°129, 2008, pp.37-68.
- **Ghebali** (V.-Y.) (dir.) et **Warner** (D.) (dir.), « The reform of the OSCE 15 years after the Charter of Paris for a New Europe: Problems, challenges and risks », *PSIO Occasional Paper*, 2006.
- **Ghebali** (V.-Y.) (dir.), **Warner** (D.) (dir.) et **Gimelli** (B.) (dir.), « The future of the OSCE in the perspective of the enlargements of NATO and the EU », *PSIO Occasional Paper*, 2004.
- **Ghebali** (V.-Y.), « Debating election and election monitoring standards at the OSCE: Between technical needs and politicization », *OSCE Yearbook*, 2005, pp.215-229.
- **Ghebali** (V.-Y.), « Growing pains at the OSCE: The rise and fall of Russia's pan-European expectations », *Cambridge Review of International Affairs*, Volume 18, n°3, 2005, pp.375-388.
- **Ghebali** (V.-Y.), « L'OSCE face aux critiques de la Russie de Vladimir Poutine », *Revue Défense Nationale*, n°630, 2001, pp.42-50.
- **Ghebali** (V.-Y.), « La Charte de l'OSCE sur la sécurité européenne », *Revue Défense Nationale*, n°2, 2000, pp.45-55.
- **Ghebali** (V.-Y.), « The OSCE long-term missions: A creative tool under challenge », *Helsinki Monitor*, Volume 15, n°3, 2004, pp.202-219.
- **Giannone** (D.), « Political and ideological aspects in the measurement of democracy: The Freedom House case », *Democratization*, Volume 17, n°1, 2010, pp.68-97.
- **Glover** (A.F.), « The Office for Democratic Institutions and Human Rights 1994-1997 », *OSCE Yearbook*, 1997, pp.327-334.
- **Gorovoi** (V.), « CIS Election Observer Missions in Commonwealth States », *International Affairs*, Volume 52, n°2, 2006, pp.79-87.
- **Goy** (R.), « La garantie européenne du droit à de libres élections législatives : l'article 3 du Ier Protocole additionnel à la Convention de Rome », *RDP*, 1986, pp.1275-1326.
- **Haller** (B.), « Election Observation by the Parliamentary Assembly of the Council of Europe », *Human Rights Law Journal*, Volume 26, n°5/8, 2006, pp.160-165.
- **Hassner** (P.), « Russia's transition to autocracy », *Journal of Democracy*, Volume 19, n°2, 2008, pp.5-15.
- **Herron** (E.S.), « The effect of passive observation methods on Azerbaijan's 2008 presidential election and 2009 referendum », *Electoral Studies*, Volume 29, n°3, 2010, pp.417-424.

- **Hodgson** (M.N.), « When to accept, when to abstain: A framework for U.N. election monitoring », *New York University Journal of International Law and Politics*, n°25, 1992, pp.137-173.

- **Huet** (V.), « Vers l'émergence d'un principe de légitimité démocratique en droit international ? », *RTDH*, n°67, 2006, pp.547-573.

- **Huntington** (S.P.), « The clash of civilizations? », *Foreign Affairs*, Volume 72, n°3, 1993, p.22-49.

- **Hurlburt** (H.F.), « The Office for Democratic Institutions and Human Rights: OSCE's response to the challenge of democratization », *OSCE Yearbook*, 1995/1996, pp.369-375.

- **Hyde** (S.D.), « The observer effect in international politics: Evidence from a natural experiment », *World Politics*, Volume 60, n°1, 2007, p.37-63.

- **Kaczorowski** (N.), « Election monitoring: Lessons learned and possible new orientations », *in* Warner (D.) (dir.), *Consolidating the OSCE*, PSIO Occasional Paper, 4/2006, 2006, p.107.

- **Kaiser** (M.), « Le droit à des élections libres... L'application timide d'une disposition ambitieuse », *in Les droits de l'homme au seuil du troisième millénaire. Mélanges en hommage à Pierre Lambert*, Bruylant, 2000, pp.435-465.

- **Kelley** (J.), « Assessing the complex evolution of norms: The rise of international election monitoring », *International Organization*, n°62, 2008, pp.221-255.

- **Kelley** (J.), « The more the merrier? The effects of having multiple International Election Monitoring Organizations », *Perspectives on Politics*, Volume 7, n°1, 2009, pp.59-64.

- **Kokoroko** (D.), « Souveraineté étatique et principe de légitimité démocratique », *Revue Québécoise de Droit International*, Volume 16, n°1, 2003, pp.37-59.

- **Lallemand** (J.-C.), « Biélorussie 2006. Manipulation électorale dans une dictature post-soviétique », *Les Cahiers Russie,* n°2, 2006.

- **Lehoucq** (F.), « Electoral fraud: causes, types, and consequences », *Annual Review of Political Science*, Volume 6, n°1, 2003, pp.233-256.

- **Levinet** (M.), « La Convention européenne des droits de l'homme socle de la protection des droits de l'homme dans le droit constitutionnel européen », *RFDC*, n°86, 2011, pp.227-263.

- **Levinet** (M.), « La référence à la Déclaration universelle des Droits de l'homme dans les instruments internationaux relatifs aux droits et libertés », *Aspects*, Hors-série, 2008, pp.83-99.

- **Light** (M.), « La galaxie CEI 1991-2006 », *Le Courrier des Pays de l'Est*, n°1055, 2006, pp.14-25.

- **Löwenhardt** (J.), « A clash of observations », *Helsinki Monitor*, Volume 16, n°1, 2005, pp.1-3.

- **Mair** (S.), « Elections observation: Roles and responsibilities of long-term election observers », *Rapport n°22*, European Centre for Development Policy Management, 1997.

- **Manton** (E.), « The OSCE Human Dimension process and the process of customary international law formation », *OSCE Yearbook*, 2005, pp.195-214.
- **Marcus-Helmons** (S.), « Premier Protocole additionnel, Article 3 », *in* Petttiti (L.E.), Decaux (E.) et Imbert (P.H.) (dir.), *La Convention Européenne des Droits de l'Homme. Commentaire article par article,* Economica, 1995, pp.1011-1020.
- **Markard** (J.) et **Narten** (J.), « Promoting democracy by means of international election observation: The ODIHR election observation mission to Albania », *OSCE Yearbook*, 2005, pp.231-242.
- **Merino** (P.), « The Office for Democratic Institutions and Human Rights », *OSCE Yearbook*, 1998, pp.383-391.
- **Merle** (M.), « Les plébiscites organisés par les Nations Unies », *AFDI*, Volume 7, 1961, p.425-445.
- **Meyer-Resende** (M.), *EU election observation. Achievments, challenges*, Parlement européen, 2008.
- **Meyer-Resende** (M.), « Exporting legitimacy: The record of EU election observation in the context of EU democracy support », *Working document n°241*, Centre for European Policy Studies, 2006.
- **Mitchell** (G.), « Election observation is more than just a one day event », *OSCE Yearbook*, 1995/1996, pp.199-210.
- **Mooney** (E.) et **Jarrah** (B.), « Displaced and disenfranchised: Internally Displaced Persons and elections in the OSCE region », *Ethnopolitics*, Volume 4, n°1, 2005, pp.29-48.
- **Morin** (J.-Y.), « L'État de droit : Emergence d'un principe du droit international », *RCADI*, Volume 254, 1995, pp.9-462.
- **Mourgeon** (J.), « L'entrée en vigueur des pactes internationaux relatifs aux droits de l'homme », *AFDI*, Volume 22, 1976, pp.290-304.
- **Mourgeon** (J.), « Les pactes internationaux relatifs aux droits de l'homme », *AFDI*, Volume 13, 1967, pp.326-363.
- **Natale** (V.), « Le droit à des élections libres ou la construction d'un véritable ordre démocratique européen », *RTDH*, n°68, 2006, pp.939-972.
- **Nguyen** (H.D.) et **Recondo** (D.), « L'ONU, artisan du processus électoral », *Critique Internationale*, n°24, 2004, pp.159-176.
- **Nothelle** (A.), « The OSCE Parliamentary Assembly – Driving Reform », *OSCE Yearbook*, 2006, pp.347-373.
- **Oberschmidt** (R.), « Ten years of the Office for Democratic Institutions and Human Rights – An interim assessment », *OSCE Yearbook*, 2001, pp.387-400.
- **Owen** (B.), « Les fraudes électorales », *Pouvoirs*, 2007/1, n°120, pp.133-147.
- **Pastor** (R.A.), « Mediating elections », *Journal of Democracy*, Volume 9, n°1, 1998, pp.154-163.

- **Pérouse de Montclos** (M.-A.), « Les fondations politiques dans les relations internationales », *Politique Etrangère*, Volume 74, n°1, 2009, pp.189-200.
- **Petric** (B.), « Observation électorale et réseaux d'ONG transnationaux : le cas du Kirghizstan », *Revue Tiers Monde*, n°193, 2008, pp.91-109.
- **Petric** (B.), « A propos des révolutions de couleur et du soft power américain », *Hérodote*, n°129, 2008, pp.7-20.
- **Petric** (B.), « Le Kirghizstan : Soft power et inflation électorale », *Hérodote*, n°129, 2008, pp.145-165.
- **Recondo** (D.), « Tailleurs de démocratie : L'assistance électorale de l'ONU racontée par ses artisans », *in* Baré (J.-F.) (dir.), *Paroles d'experts. Études sur la pensée institutionnelle du développement*, Karthala, 2006, pp.29-56.
- **Ross** (M.L.), « Does oil hinder democracy? », *World Politics*, n°53, 2001, pp.325-361.
- **Saari** (S.), « European democracy promotion in Russia before and after the "colour" revolutions », *Democratization*, Volume 16, n°4, 2009, p.732.
- **Schedler** (A.), « The menu of manipulation », *Journal of Democracy*, Volume 13, n°2, 2002, pp.36-50.
- **Schmeets** (J.J.G.), « The assessment of elections in the OSCE region, 1996-2010 », *ECPR Conference*, Dublin, 30 août-1er septembre 2010.
- **Schneider** (C.) et **Tucny** (E.), « Réflexions sur la conditionnalité politique appliquée à l'élargissement de l'Union Européenne aux pays d'Europe Centrale et Orientale », *Revue d'Études Comparatives Est-Ouest*, Volume 33, n°3, 2002, pp.11-44.
- **Schneider** (C.), « L'Union Européenne et la conditionnalité politique », *Contribution au Forum sur la contribution du droit international et du droit européen à la définition et à la défense de la démocratie, de l'état de droit et du respect des droits de l'homme*, Nijni Novgorod, 2004.
- **Schubert** (S.R.), *Being rich in energy resources. A blessing or a curse*, Parlement européen, 2007.
- **Sives** (A.), « A review of Commonwealth election observation », *Commonwealth & Comparative Politics*, Volume 39, n°3, 2001, pp.132-149.
- **Sokolov** (M.), « Le vote confisqué en Russie. Étude des élections régionales de 2007 », *Les Cahiers Russie*, n°5, 2007.
- **Stoelting** (D.), « The challenge of UN-monitored elections in independent nations », *Stanford Journal of International Law*, Volume 28, 1992, pp.371-424.
- **Stoudmann** (G.), « The use of statistics on OSCE/ODIHR Election Observation Missions », *Conférence de l'Association Internationale pour la Statistique Officielle « Statistique, développement et droits de l'homme »*, Montreux, 4 au 8 septembre 2000.
- **Strohal** (C.), « Democratic elections and their monitoring: Can this OSCE success story be sustained? », *in* Benedek (W.), Karl (W.), Mihr (A.) et Nowak (M.) (dir.), *European Yearbook on Human Rights 2009*, pp.247-264.

- **Tostensen** (A.), **Faber** (D.) et **de Jong** (K), « Vers une approche intégrée de l'observation des élections ? La professionnalisation des missions d'observation des élections de longue durée », *Rapport n°7*, European Centre for Development Policy Management, 1997.
- **Van Aaken** (A.) et **Chambers** (R.), « Accountability and independence of international election observers », *International Organizations Law Review*, Volume 6, n°2, 2009, pp.541-580.
- **Van Binsbergen** (W.) et **Abbink** (J.), « International Election Observation: A discussion on policy and practice », *in* Abbink (J.) (dir.), *Election Observation and Democratization in Africa*, Palgrave McMillan, 2000, pp.257-276.
- **Vasak** (K.), « Réflexion sur l'observation internationale des élections », *in Actes de la troisième réunion préparatoire au symposium de Bamako : Les élections (avril 2000)*, Organisation Internationale de la Francophonie.
- **Vignes** (G.), « Les consultations populaires dans les territoires sous tutelle », *RGDIP*, 1963, pp.297-356.
- **Vigny** (J.D.), « Le Document de la Réunion de Copenhague de la Conférence sur la dimension humaine de la CSCE / Introduction et commentaires », *RUDH*, 1990, pp.305-313.
- **Virally** (M.), « La distinction entre textes internationaux ayant une portée juridique dans les relations mutuelles entre leurs auteurs et textes qui en sont dépourvus », *AFDI*, Volume 60, 1983, pp.166-257 et 307-327.
- **Voitovich** (S.A.), « The Commonwealth of Independent States: An emerging institutional model », *EJIL*, Volume 4, n°3, 1993, pp.403-417.
- **Whitehead** (L.), « Entreprises de démocratisation : le rôle des acteurs externes », *Critique Internationale*, n°24, 2004, pp.109-124.
- **Yakemtchouk** (R.), « La Communauté des États Indépendants : CEI », *AFDI*, Volume 41, 1995, pp.245-280.
- **Youngs** (R.) et **Shapovalova** (N.), *EU human rights policy towards Russia*, Parlement européen, 2011.
- **Youngs** (R.), « Energy: A reinforced obstacle to democracy? », *Working document n°299*, Center for European Policy Studies, 2008.
- **Youngs** (R.), « Is European democracy promotion on the wane? », *Working document n°292*, Center for European Policy Studies, 2008.
- **Youngs** (R.), « The end of democratic conditionality: good riddance? », *Working Paper n°102*, FRIDE, 2010.
- **Zagorski** (A.), « Make the OSCE institution less dependant on politics, not more », *Helsinki Monitor*, Volume 16, n°3, 2005, pp.209-213.
- **Zakaria** (F.), « The rise of illiberal democracy », *Foreign Affairs*, Volume 76, n°6, 1997, pp.22-43.
- **Zellner** (W.), « Russia and the OSCE: From high hopes to disillusionment », *Cambridge Review of International Affairs*, Volume 18, n°3, 2005, pp.389-402.

Index

Table des Matières

L'Europe aux éditions L'Harmattan

Dernières parutions

DÉSUNION (LA) EUROPÉENNE
Pourquoi ça ne marche pas ?
Dupont Federici Thomas
Le renforcement de l'intégration européenne semble être la solution pour sortir de la crise financière, économique et sociale que nous vivons depuis 2008. Or, l'idée de s'orienter vers une Union politique est rejetée par les populations. L'Euroscepticisme grandit, la crise prenant donc un nouveau visage pour devenir une crise politique. Cet ouvrage montre les raisons du refus du fédéralisme et avance également certaines solutions.
(13.00 euros, 112 p.)
ISBN : 978-2-343-00127-2, ISBN EBOOK : 978-2-296-53171-0

COOPÉRATION (LA) TERRITORIALE EN EUROPE
L'exemple de la frontière franco-espagnole
Trille Stéphanie - Préface de Nicole Belloubet
La coopération territoriale en Europe est un phénomène en constant développement. La frontière franco-espagnole est le théâtre de cette coopération, permettant d'observer les interactions constantes entre le local et l'européen, l'un et l'autre se légitimant dans cette interaction. Cette coopération participe au développement de la citoyenneté européenne, mais elle témoigne aussi de la complexité de la mise en œuvre de ces principes d'action publique au sein d'une réalité territoriale complexe.
(Coll. Inter-National, 15.50 euros, 154 p.)
ISBN : 978-2-336-00672-7, ISBN EBOOK : 978-2-296-53057-7

RUSSIE (LA), L'EUROPE ET LA MÉDITERRANÉE DANS LA CRISE
Guichard Jean-Paul, Berthomieu Claude, Ponomarenko Elena
L'Union européenne est fortement secouée par la crise ; les pays de la Méditerranée et des Balkans aussi. La Russie, avec ses matières premières, semble épargnée pour le moment. Cet ouvrage montre la diversité des modalités d'adaptation de ces différents pays face à la crise.
(Coll. L'esprit économique, série Le Monde en Questions, 35.00 euros, 342 p.)
ISBN : 978-2-336-29282-3, ISBN EBOOK : 978-2-296-53076-8

PRESSE (LA) QUOTIDIENNE EN GRANDE-BRETAGNE
Une analyse socio-historique de l'information médiatique
Zegout Kamel
Cet ouvrage étudie l'évolution de la presse quotidienne en décryptant les valeurs historiquement prônées et les pratiques effectives. Basé sur une approche socio-historique, il scrute les rapports de sens entre les mises en forme de l'information et la manière dont celles-ci s'intègrent dans le cadre d'une stratégie entrepreneuriale soucieuse de la pérennité économique de l'entreprise de presse.
(20.50 euros, 194 p.)
ISBN : 978-2-336-29352-3, ISBN EBOOK : 978-2-296-53199-4

GABRIEL BETHLEN
Prince de Transylvanie et roi élu de Hongrie (1580-1629)
Harai Dénes
Parmi les princes de Transylvanie se distingue un homme dont le règne constitue, selon les contemporains et les historiens, l'âge d'or de la Transylvanie. Il s'agit de Gabriel Bethlen, prince

de 1613 à 1629, et roi élu de Hongrie en 1620-1621. Pragmatique, tolérant, bâtisseur, vassal du sultan et allié du roi de France, ce prince calviniste se révèle un chef de guerre redoutable et un diplomate habile qui gouvernait efficacement son État à l'époque de la guerre de Trente Ans.
(Coll. Histoire Hongroise, 30.00 euros, 302 p.)
ISBN : 978-2-343-00137-1, ISBN EBOOK : 978-2-296-53111-6

ICH BIN EINE TERRORISTIN
Gaudissart Valérie
Une belle nuit, Violette, 11 ans et 3 mois, va ficher le camp. Dans son baluchon, quelques chocos BN, l'urne des cendres de sa grand-mère communiste chérie et un livre : *Les Lettres de prison* de Rosa Luxemburg, sa Rosa, cette « grande grande grande révolutionnaire allemande », assassinée en 1919, dont elle se sent l'héritière. Elle ira donc marcher dans ses pas, s'enfoncera de plus en plus loin vers l'Est et essaiera de changer le monde à sa manière...
(20.00 euros)
ISBN : 978-2-336-00804-2

AUTOUR DE RITA JONES
La Gran Via de Rita Jones – Ich bin ein Berliner
Morder Joseph
Ce DVD comprend 2 films. «La Gran Via de Rita Jones» (1996, 47 min). Avec Marie Nadouce. Aïda erre dans les rues de Madrid sur les traces de sa grand-mère, une certaine Rita Jones, star du music-hall d'origine juive allemande, déportée pendant la seconde guerre mondiale... «Ich Bin Ein Berliner» (1998, 51 min). Avec Erich Gockel. Chronique de la relation du réalisateur avec Berlin à travers des images du passé et celles des changements du présent.
(20.00 euros)
ISBN : 978-2-336-00797-7

MALGRÉ LES TÉNÈBRES
Une rencontre spirituelle avec Auschwitz
Auschwitz, c'est l'endroit le plus sinistre du monde. Pourtant, de nos jours, des foules y viennent rien que pour voir et faire du tourisme. Comment s'y rendre sans tomber dans le piège de la visite banale ? Bernhard Glassman Roshi, maître Zen de New York, s'est posé la question et a trouvé la solution : « La retraite Auschwitz ». Le film raconte l'histoire de cinq participants, en suivant leur développement intérieur pendant la retraite. Comment changent-ils ? Tant de convictions s'ébranlent…
(20.00 euros)
ISBN : 978-2-336-00809-7

EUROPE PARTAGÉE, EUROPE DES PARTAGES
Sous la direction de Dufoulon Serge et Rouet Gilles
La crise actuelle serait peut-être une occasion de dessiner de nouvelles alliances, de nouvelles solidarités et de nouveaux équilibres au sein de l'Union européenne. Mais comment cette Europe partagée en politique peut-elle devenir une Europe des partages par et pour les citoyens ? L'Europe se construit du local des quotidiens plus que du global des institutions. Une Europe partagée, c'est une Europe qui se vit au quotidien. Il reste à apprécier, à découvrir voire à définir un projet collectif, européen.
(Coll. Local et Global, 23.50 euros, 240 p.)
ISBN : 978-2-343-00021-3, ISBN EBOOK : 978-2-296-51600-7

MONTÉE (LA) DU RACISME ET DE LA XÉNOPHOBIE EN EUROPE
Diagne Ousmane
Ce livre s'intéresse, parallèlement à l'histoire du racisme, à des phénomènes nouveaux tels que la «cyberhaine» et la «négrophobie». L'auteur pose un regard universel sur le phénomène du racisme et son extension et s'interroge sur sa présence institutionnelle par le biais de la représentation politique.
(11.50 euros, 92 p.)
ISBN : 978-2-296-99554-3, ISBN EBOOK : 978-2-296-53018-8

RISQUES (LES) PSYCHOSOCIAUX EN EUROPE
Analyse jurisprudentielle
Droit communautaire, Allemagne, Belgique, Espagne, France, Italie, Pays-Bas, Royaume-Uni, Suède
Sous la direction de Loïc Lerouge
Les risques psychosociaux au travail sont désormais l'objet de l'attention du législateur au sein des pays de l'Union européenne, mais à des degrés divers. Certains pays ont adapté des législations depuis un certain nombre d'années, d'autres ne s'y sont attelés que récemment. La portée et le recul sur ces textes sont aussi différents. Le rôle du juge est ici essentiel. Cet ouvrage propose ainsi d'étudier les risques psychosociaux au prisme de la jurisprudence.
(21.00 euros, 212 p.)
ISBN : 978-2-336-29091-1, ISBN EBOOK : 978-2-296-51562-8

EUROPE (L') À LA RECHERCHE DE SON PROJET SOCIAL
Sous la direction de Geneviève Duché et Ewa Bogalska-Martin
La crise financière, la crise économique et la dette publique dévoilent la fragilité de la construction d'une zone euro privée des moyens d'une vraie politique économique et monétaire, ainsi que l'impact du fonctionnement des marchés financiers non régulés et déconnectés de l'économie réelle. L'absence de projet social cohérent devient, en ces temps de crise, particulièrement préjudiciable pour le devenir de la construction européenne.
(Coll. La Librairie des Humanités, 27.00 euros, 258 p.)
ISBN : 978-2-336-29104-8, ISBN EBOOK : 978-2-296-51680-9

CONSTRUIRE L'ESPACE POLITIQUE EUROPÉEN. HISTORIOGRAPHIES, POLITIQUES ET TERRITOIRES
Building the european political space Historiography, Policies and Territories
Sous la direction d'Ariane Landuyt et Denis Rolland
La construction de l'espace européen est un sujet complexe. La crise économique et financière a ramené au coeur du débat l'architecture institutionnelle de l'Europe et son niveau de légitimation démocratique. La mise en oeuvre d'une politique plus solidaire requiert en effet la réalisation concrète d'un espace de démocratie. Tels sont certains des aspects qu'abordent ici nombre de spécialistes européens de haut niveau. (Articles en français et en anglais.)
(Coll. Inter-National, 30.00 euros, 292 p.)
ISBN : 978-2-296-99742-4, ISBN EBOOK : 978-2-296-51606-9

EUROPE CENTRALE ET ORIENTALE DEPUIS 1989
Changer le monde avec des mots
Sous la direction de Brigitte Gautier
La transition de 1989 en Europe de l'Est, redevenue ainsi «Europe centrale et orientale», a bouleversé le continent européen et les visions de l'histoire. Les changements ont influencé la langue, l'histoire et la littérature des différents pays. Il existe un avant et un après-1989 de la langue, qui devient plus riche, parfois anarchique, plus précise et surtout plus joyeuse. La littérature est là pour le prouver. Elle se réapproprie le passé de façon ludique et dévoile la complexité du présent.
(21.00 euros, 214 p.)
ISBN : 978-2-336-29278-6, ISBN EBOOK : 978-2-296-53025-6

DIFFICILE (LA) COHABITATION ETATS-NATIONS / EUROPE
Riva Jeanne
Si l'Union européenne exerce une force d'attraction, elle exerce aussi une force de répulsion, notamment en période de crise. Se pose ainsi la question de la cohabitation entre les 27 États membres de l'UE et l'UE elle-même, sur les plans spatial (jusqu'où l'UE s'étendra-t-elle ?), temporel (sera-t-elle durable ?), politique (qu'adviendront les souverainetés nationales ?) et social. Où en est donc le projet européen ?
(Coll. Intelligence stratégique et géostratégie, 21.00 euros, 202 p.)
ISBN : 978-2-336-29207-6, ISBN EBOOK : 978-2-296-51620-5

REGARDS SUR LA «CRISE» GRECQUE
Sous la direction de Joëlle Dalègre
Ce livre décrypte les phénomènes et les stéréotypes dominants concernant la Grèce et apporte des compléments, souvent introuvables par ailleurs, sur les réalités. Il peut se lire au niveau de l'Europe et à celui de la Grèce, considérée à la fois comme laboratoire expérimental des recettes néolibérales et comme cas particulier. Pourquoi la Grèce a-t-elle été élue premier «maillon faible» ? En quoi consiste son «sauvetage» ? Pourquoi persister dans un traitement destructeur ? La Grèce change-t-elle et en quoi ?
(27.50 euros, 266 p.)
ISBN : 978-2-343-00005-3, ISBN EBOOK : 978-2-296-53033-1

APPRENDRE L'HISTOIRE À L'ÉCOLE COMMUNISTE
Mémoire et crise identitaire à travers les manuels scolaires roumains
Marin Gabriel - Préface de Violeta Barbu
La manipulation du passé sous le régime national-communiste de Nicolae Ceausescu a laissé dans la société roumaine de profondes traces. L'auteur utilise un corpus de manuels d'histoire parus avant et après 1989, afin de comprendre ce qui a amené la société roumaine à une sorte d'hypomnésie à l'égard de son passé communautaire. La destruction symbolique et physique du passé est liée à la fonction de l'École en tant qu'institution du transfert social intergénérationnel pendant le communisme.
(Coll. Chemins de la Mémoire, série XXe siècle, 39.50 euros, 412 p.)
ISBN : 978-2-336-29040-9, ISBN EBOOK : 978-2-296-51720-2

HELENA RETROUVÉE – Récits polonais
Cain Larissa
Fin décembre 1942, une petite fille s'échappe du ghetto de Varsovie. Elle est accueillie par quatre femmes dont Helena, 15 ans, qui lui fait partager sa vie. Dans la chaleur de ce foyer, elle retrouve un peu de bonheur mais bientôt elle doit de nouveau fuir. Dans le chaos de l'après-guerre, elle tente de retrouver cette famille, en vain. Soixante ans après, un message venu de Pologne permet de chaleureuses retrouvailles... Trois autres récits évoquent la vie clandestine de jeunes traqués.
(Coll. Mémoires du XXe siècle, 11.50 euros, 88 p.)
ISBN : 978-2-343-00174-6, ISBN EBOOK : 978-2-296-53001-0

VERS UNE SOCIÉTÉ SANS CLASSE ?
Le cas de la société suisse contemporaine (1970-2008)
Tillmann Robin
Ce livre est consacré à une évaluation des thèses du déclin, voire de la fin, des classes sociales. La Suisse est caractérisée par une tertiarisation importante de l'économie, un chômage faible et des niveaux de rémunération élevés. Malgré cela, les analyses effectuées, au sujet de l'évolution de la structure sociale, du monde du travail, des ressources économiques et sociales, montrent que ces thèses peuvent être réfutées.
(Coll. Logiques sociales, 24.50 euros, 246 p.)
ISBN : 978-2-296-99824-7, ISBN EBOOK : 978-2-296-52989-2

ÉTAT (L') CANDIDAT À L'UNION EUROPÉENNE
Memeti-Kamberi Lendita
Cet ouvrage traite des aspects juridiques d'un État candidat à l'adhésion à l'Union Européenne. Fondée sur une analyse générale de l'évolution des conditions d'adhésions et des relations qui lient l'État candidat à l'UE, avec une attention particulière consacrée à la stratégie de préadhésion, cette étude démontre que la candidature d'adhésion à l'UE est une situation particulière, qui oscille entre le statut d'État tiers et celui d'État membre.
(Coll. Droit, Société et Risque, 55.00 euros, 640 p.)
ISBN : 978-2-336-00454-9, ISBN EBOOK : 978-2-296-51284-9

L'HARMATTAN, ITALIA
Via Degli Artisti 15; 10124 Torino

L'HARMATTAN HONGRIE
Könyvesbolt ; Kossuth L. u. 14-16
1053 Budapest

ESPACE L'HARMATTAN KINSHASA
Faculté des Sciences sociales,
politiques et administratives
BP243, KIN XI
Université de Kinshasa

L'HARMATTAN CONGO
67, av. E. P. Lumumba
Bât. – Congo Pharmacie (Bib. Nat.)
BP2874 Brazzaville
harmattan.congo@yahoo.fr

L'HARMATTAN GUINÉE
Almamya Rue KA 028, en face du restaurant Le Cèdre
OKB agency BP 3470 Conakry
(00224) 60 20 85 08
harmattanguinee@yahoo.fr

L'HARMATTAN CAMEROUN
BP 11486
Face à la SNI, immeuble Don Bosco
Yaoundé
(00237) 99 76 61 66
harmattancam@yahoo.fr

L'HARMATTAN CÔTE D'IVOIRE
Résidence Karl / cité des arts
Abidjan-Cocody 03 BP 1588 Abidjan 03
(00225) 05 77 87 31
etien_nda@yahoo.fr

L'HARMATTAN MAURITANIE
Espace El Kettab du livre francophone
N° 472 avenue du Palais des Congrès
BP 316 Nouakchott
(00222) 63 25 980

L'HARMATTAN SÉNÉGAL
« Villa Rose », rue de Diourbel X G, Point E
BP 45034 Dakar FANN
(00221) 33 825 98 58 / 77 242 25 08
senharmattan@gmail.com

L'HARMATTAN TOGO
1771, Bd du 13 janvier
BP 414 Lomé
Tél : 00 228 2201792
gerry@taama.net

Achevé d'imprimer par Corlet Numérique - 14110 Condé-sur-Noireau
N° d'Imprimeur : 101305 - Dépôt légal : septembre 2013 - *Imprimé en France*

www.ingramcontent.com/pod-product-compliance
Lightning Source LLC
LaVergne TN
LVHW021136061026
849535LV00002B/257

* 9 7 8 2 3 4 3 0 1 3 9 5 4 *

THIN REINFORCED CONCRETE SHELLS

Special Analysis Problems

THIN REINFORCED CONCRETE SHELLS

Special Analysis Problems

VICTOR GIONCU

Department of Civil Engineering
The "Traian Vuia" Polytechnic Institute
Timişoara, Romania

A Wiley—Interscience Publication

EA

EDITURA ACADEMIEI
Bucureşti

JOHN WILEY & SONS
Chichester • New York • Brisbane • Toronto

This book is the revised English version of the Romanian book
PLĂCI CURBE SUBŢIRI DE BETON ARMAT
published in 1974
by EDITURA ACADEMIEI, Calea Victoriei 125, Bucureşti, 71021

Library of Congress Cataloging in Publication Data:

Gioncu, Victor.
Thin reinforced concrete shells.
Revised translation of the author's Plăci curbe subţiri de beton armat.

A Wiley–Interscience publication.
Bibliography: p.
1. Shells (Engineering) 2. Reinforced concrete construction.
I. Title.

TA683.5.S4G5613 624'.1834 78–10388
ISBN 0 471 99735 8

PRINTED IN ROMANIA

Contents

Preface to the English edition

The ideas presented in this book stem from the author's experience in the design of several reinforced concrete shell roofs.

The application in practice of the theoretical studies of the behaviour of shells raises some difficulties since most of the assumptions currently used are not applicable to reinforced concrete shells. Thus, the deformations produced by the concrete creep and shrinkage, usually neglected, essentially modify in time the state of stress. The manner in which the edge members are constructed does not agree with the assumptions used in calculations. The influence of the prestressing of edges and settlement of supports on the state of stress and the limit state of strength and stability are aspects of particular importance, which are unfortunately scattered in the literature. It is for this reason that it was not intended that this book should provide a complete treatment of all types of shells, but only to treat the implications of the use of reinforced concrete in the building of shells.

In comparison with the original Romanian edition, published five years ago, this English version includes three new chapters (Chapters 1, 2 and 8). Two of the remaining chapters (Chapters 6 and 7) have also been improved.

I would like to take this opportunity to express my gratitude to John Wiley & Sons Limited and to Editura Academiei for the joint publication of this edition, and to Professor Dr. Doc. Mircea Soare and Mr. Sorin Moşoiu for their English translation of the book. Thanks are also due to all those who by reading the manuscript have helped me to improve it.

VICTOR GIONCU

Notation

Geometrical terms

a, b	mid-shell spans,
b, h	dimensions of the edge members,
b_s	dimensions of the supporting columns,
b_c, h_c	dimensions of the central members,
b'_p	active width,
c, d	radius and depth of the buckled shell,
d_0, d_t	displacements of the shell and edge members, instantaneous and at the time t, respectively,
e, e_c	eccentricities of connection of the shell with the edge and central members, respectively,
f	vault rise of the edge members,
h_s	height of the supporting columns,
k	number of intervals of the mid-span when applying finite differences,
l	height of the cylindrical shell,
r_1, r_2	normal radii of curvatures,
r_{12}, r_{21}	radii of geodetic torsion,
r_0	normal radius of spherical domes,
s	length of a curve on the middle surface,
s_0, s_t	settlements of the soil, instantaneous and at the time t, respectively,
u, v, w	displacements in the direction of the co-ordinates,
u', v', w'	displacements in horizontal and vertical directions, respectively,
u_G, v_G, w_G	displacements of the edge member centroid,
u_c, v_c, w_c	displacements at the level of connection between the shell and edge members,
u_t, v_t, w_t	displacements at the time t,
x, y, z	Cartesian co-ordinates,
A, A_c	areas of the cross sections of the edge and central members, respectively,
A_{aa}	reinforcement area in the edge members,
A_b	area of the cross section of prestressed concrete ties,
A_z, A_{az}	area of the cross section of metallic ties,
A_p	area of the cross section of prestressing reinforcement,
A_a	reinforcement area of shell per unit length,
A_α, A_β	area of reinforcing bars in the shell in the directions α, β,
A_{ac}	area of the reinforcement at the corner,
I, I_c	moments of inertia (in bending) of the edge and central members, respectively,
I_r, J	twisting moments of inertia,
I_s	moments of inertia (in bending) of the columns,

R_1, R_2	principal radii of curvature,
R_{12}, R_{21}	principal radii of geodetic torsion,
W	normal displacement of the shell, dimensionless,
α_1, α_2, α_3	curvilinear co-ordinates,
γ_{12}, γ_{xy},	shear strain,
δ	shell thickness,
δ_p	wall thickness
ε_1, ε_2, ε_x, ε_y	strains in the direction of the co-ordinate axes,
ε_0, ε_t	strains, instantaneous and at the time t, respectively,
ε_G	strains of the edge members,
$\varepsilon_{cl,t}$	creep strains,
ε_{ct}	shrinkage strains,
$\bar{\varepsilon}_c$	final shrinkage strain,
φ_1, φ_2, ω_1, ω_2, ψ_1, ψ_2	angles on the middle surface of the shell,
$\varkappa_1$, $\varkappa_2$, $\varkappa_x$, $\varkappa_y$	changes of normal curvatures,
$\varkappa_{12}$, $\varkappa_{21}$, $\varkappa_{xy}$, $\varkappa_{yx}$	twist of a shell,
χ_1, χ_2, χ_x, χ_y	changes of the tangent slopes,
χ_3, χ_z	rotations about the normal,
μ	Poisson's ratio,
ξ, η	co-ordinate axes,
Δ_H, Δ_V, Δ_{Ht}, Δ_{Vt}	horizontal and vertical displacement of the corners, instantaneous and at the time t, respectively, and
Δ	mesh size.

Forces, elastic constants, loads

e_0, e_t	forces in the shell and edge members, instantaneous and at the time t, respectively,
f_t	function characterizing the variation in time of forces and displacements,
g, g_c	own weight at the edge and central members, respectively,
g_i	cover weight per unit curved area,
g_t	own weight at the time t,
p_{cr}	critical loading of the shell,
$p_{cr,i}$, $p_{cr,s}$	lower and upper critical loads, respectively,
$p_{cr,r}$	critical load of the actual shell with imperfections,
p_r	failure load,
p_t	load intensity at the time t,
$p_{\max}$, $p_{\min}$	maximum and minimum loads, respectively,
p	service load,
p_c	standard load,
q_{cr}	radial critical load,
$q_{cr,i}$, $q_{cr,s}$	lower and upper radial critical loads, respectively,
t	time, measured from the concrete casting,
z	snow load,

D_0	instantaneous extensional rigidity per unit length,
E_0, E_t	Young's modulus, instantaneous and at the time t, respectively,
E_z	Young's modulus of metallic ties,
F_0, F_t	stress functions, instantaneous and at the time t, respectively,
G_0, G_t	transverse modulus of elasticity, instantaneous and at the time t, respectively,
H_x, H_y, V	horizontal and vertical reactions,
H_{cx}, H_{cy}, V_c	corner reactions,
K_0	instantaneous flexural rigidity of the shell, per unit length,
M_1, M_2, M_x, M_y	bending moments per unit length of the shell,
M_{12}, M_{21}, M_{xy}, M_{yx}	twisting moments per unit length of the shell,
M_t	moments at the time t,
M, M_c	bending moments in the edge and central members, respectively,
M_r	twisting moments in the edge members,
M_{xc}, M_{yc}	corner moments,
N_1, N_2, N_x, N_y	axial forces in the shell, per unit length,
N_{12}, N_{21}, N_{xy}, N_{yx}	shear forces in the shell, per unit length,
N_t	axial or shear forces at the time t,
N_α, N_β	forces in the directions α, β,
P_1, P_c	axial forces in the edge and central beams, respectively,
P_t	axial forces at the time t,
Q_1, Q_2, Q_x, Q_y	transverse shear forces, per unit length,
R_t	tensile strength of concrete,
R_{pr}	prismatic strength of concrete,
R_a, R_{aa}	strength of reinforcing bars in the shell and edge members, respectively,
R_{az}	strength of metallic ties,
R_{Nx}, R_{Ny}	resultants of corner forces,
S_{p0}, S_{pt}	prestressing force in the initial stage and at the time t, respectively,
X_{z0}, X_{zt}	axial forces in the metallic ties, instantaneous and at the time t, respectively,
φ_t	constant of concrete creep,
$\bar{\varphi}$	final characteristic constant of creep,
φ_{st}	constant of soil creep,
σ_1, σ_2, σ_x, σ_y	axial stresses,
σ_{cr}	critical stresses,
$\sigma_{cr,i}$, $\sigma_{cr,s}$	lower and upper critical stresses, respectively,
$\sigma_{cr,r}$	critical stresses of actual shells with imperfections,
$\sigma_{cr,e}$	elastic critical stresses
$\sigma_{cr,ep}$	elastic-plastic critical stresses
σ_c	yield point,
τ_{12}, τ_{21}, τ_{xy}, τ_{yx}	shear stresses, and
τ	intermediate time.

Part 1

GENERAL PROBLEMS

CHAPTER 1

A new material for an old structural conception

For thousands of years the main building materials man had at his disposal were timber, stone and brick, each used according to the existing quantity, need and skill. Timber, characterized by that it works upon one direction, led to the introduction of the column and beam. The use of stone for these elements was very good for columns, working in compression, but for beams subjected to bending higher quality stones were necessary, which could not be found in all inhabited areas. Observing nature, man has discovered that lower quality stones can be used for constructing high strength arches. They were the first plane curved structures working upon a single direction, where the main force was compression. The necessity of covering larger and larger surfaces led to the discovery of vault systems, built in stone (Fig. 1.1). They represent the first structures working in compression with spatial behaviour.

The dearth of timber and stone in Mesopotamia facilitated the erection of brick vaults. The first type of vault was the cylindrical one, constructed without scaffoldings. Another system often used was the half-spherical dome which covered circular surfaces. The replacing of the circular planform by the square planform implied the alteration of the execution technique and this passing from one planform to another raised difficult problems. The merit of using and spreading the vault techniques lies with the Orient.

The Roman epoch also witnessed a large use of vault systems (Fig. 1.2). In the construction of roofs of thermae, the humidity of rooms and the necessity of heating the walls through ducts did not permit the use of wood. In this manner stone or brick vaults developed, particularly those consisting of intersected cylinders. The dome on circular planform was used for temples, the most representative being that of the Pantheon in Rome erected in the 2nd c.A.D. (Fig. 1.3). The erection of a dome with a span of 43.20 m could not have been possible without the experience gained in the construction of smaller domes for thermae, such as the Baiae and Avernae thermae with spans of 21.5 and 38 m. The dome was erected by casting in casings a plain concrete of variable thickness and weight, greater at the springing and smaller at the crown.

For the Byzantine architecture the dome of Hagia Sophia, built in Constantinople (Fig. 1.4), is representative. The dome has a span of

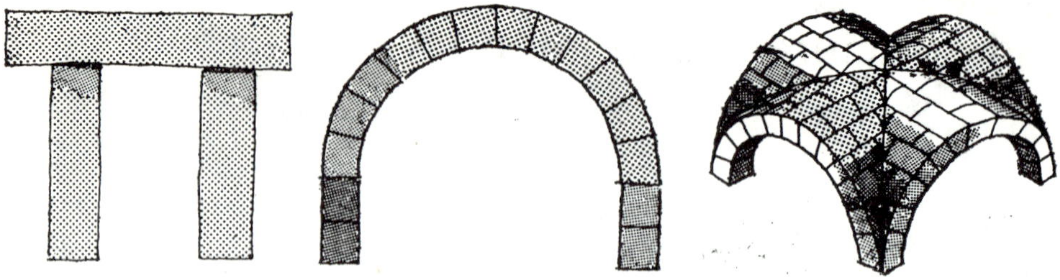

Fig. 1.1. – From flat elements to space structures.

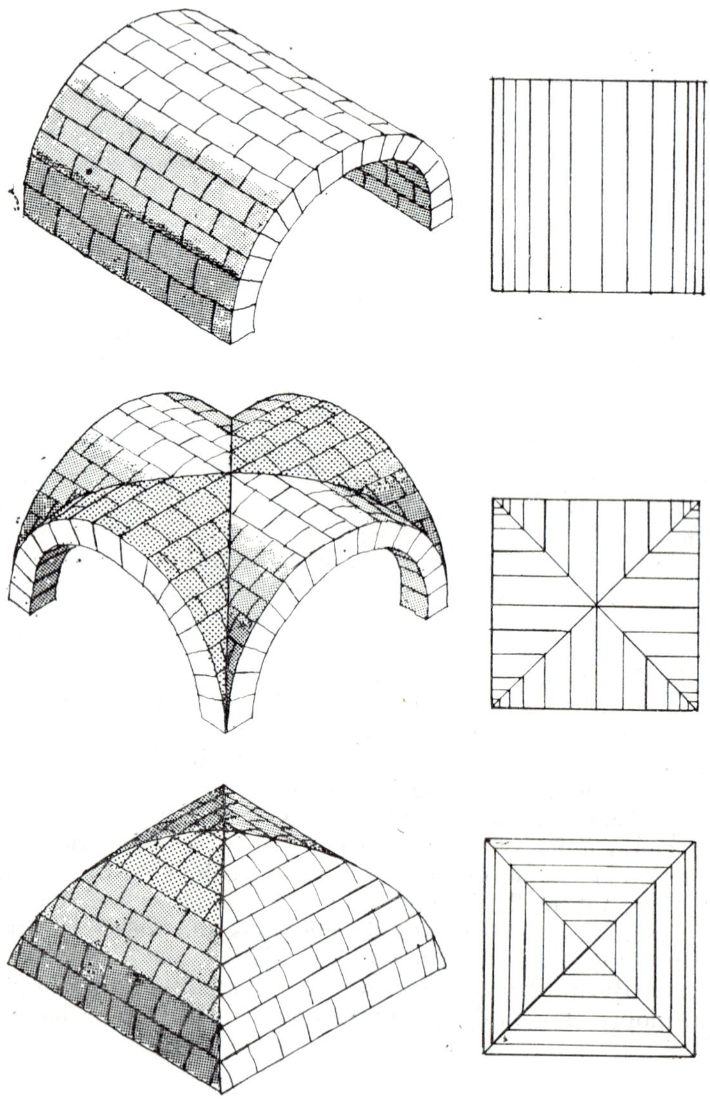

Fig. 1.2. – Roman vaults : cylinders and groined vaults.

Fig. 1.3. – The vault of the Pantheon in Rome, an example of the genius of Roman builders.

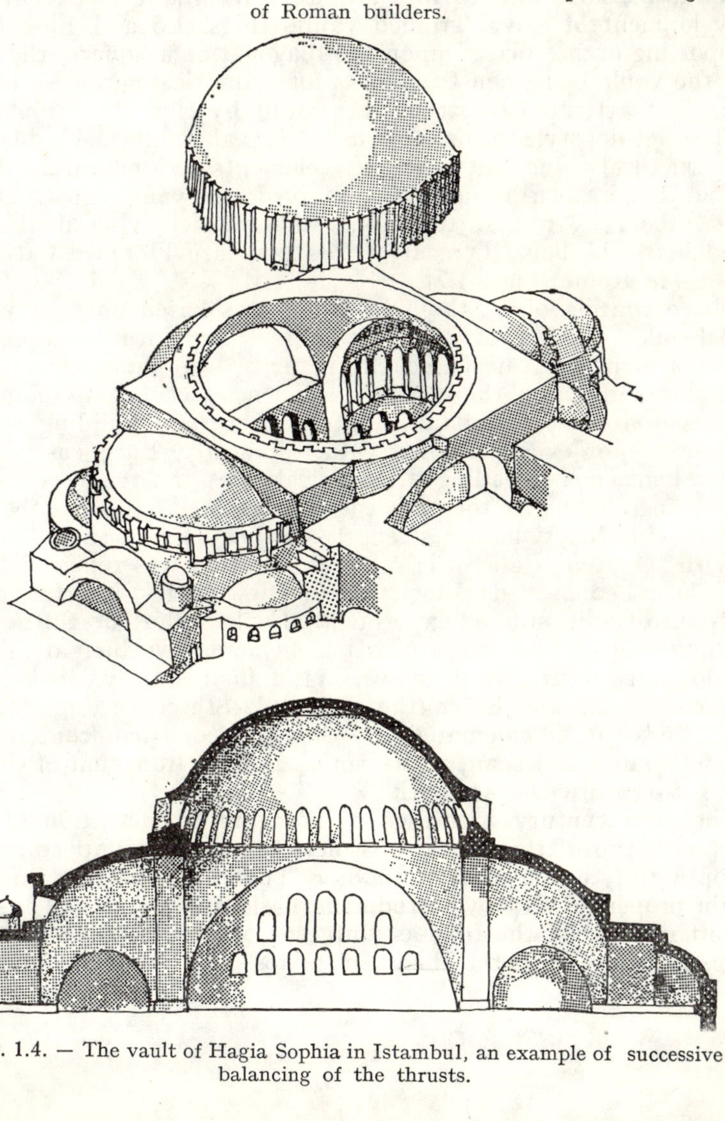

Fig. 1.4. – The vault of Hagia Sophia in Istambul, an example of successive balancing of the thrusts.

31 m and is supported on four pendantives which transform the circular plan into a square plan.

For the early medieval period the Roman churches are significant. The frequent fires of the wooden roofs caused by torches and candles imposed the construction of roofs consisting of stone or brick. Thus, cylindrical vaults were built, reinforced by arches, which, however, were heavy and subjected to considerable thrusts. So, the crossed-vault system developed, obtained from the intersection of two equal cylinders; they were advantageous in that the thrusts were concentrated only at the supporting points, leaving the walls free to carry large windows. Their construction was, however, very difficult since each voussoir had to be differently shaped and the edges could be hardly closed. The attempts to construct groined vaults of larger dimensions and to find an easier technique of execution led to the development of ogival groined vaults (Figs. 1.5 and 1.6). The ogives are supporting arches placed upon the diagonal of a square, the remaining part of the vault being constructed as for cylindrical surfaces. They represent the first attempts to structure a vault by ribs.

The Gothic style begins by using ogival vaults such placed as to have a structural value, but later these elements became purely decorative.

The Renaissance architecture, revived the vault constructions and improved them by a new technique, that of achieving double surfaces stiffened between them. Typical of this kind are Florence Cathedral and St. Peter's in Rome (Figs. 1.7).

The execution of all these buildings was based only on experience, empirical rules handed over by forerunners and intuitive application of the laws of structural mechanics. Experience was gained from successful works but mainly from those where deficiencies occurred. In many cases the vaults of roofs cracked immediately after their building and had to be demolished, or even collapsed catastrophically. Each case was a step towards advancement, leading to empirical rules and to the understanding of the manner in which the structure works. At that time the architect had to combine functionality, strength and beauty in a single whole.

With the Renaissance the mere observation was replaced by experiments. Thus, Leonardo da Vinci was the first to test the failure of steel wires. Galileo Galilei studied experimentally the failure of cantilever beams and commented on the stress distribution across the height. These were the foundations of structural analysis, later furthered by Hooke, Mariotte, Bernoulli, Coulomb and Euler (the 17th and 18th centuries). For the first time buildings can be calculated and the architect is confronted only with their functionality and beauty. His work separates from that of the engineer who was to ensure the strength.

The 19th century witnessed a strong interpenetration of technical sciences with the mathematical abstracting. The first important step was the adopting of the physical methods of bodies, by putting into evidence the main properties and by introducing basic assumptions. Thus, in 1849, Kirchhoff introduced the first assumptions on the distribution of stresses in plates and developed the theory of plates, later supplemented for shells

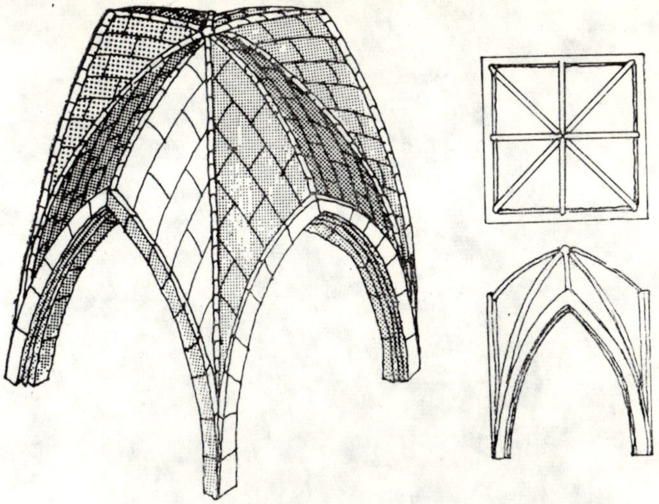

Fig. 1.5. – The Gothic vaults, pure intuitive engineering.

Fig. 1.6. – The vaults of the cathedral in Amiens (France), a perfection of Gothic structures.

Fig. 1.7. — Dome of St. Peter's Basilica, Rome : increasing of the rigidity by provision of double layers.

Fig. 1.8. — Dome of the Constantza Mosque (Romania), amongst the first reinforced concrete domes in the world.

Fig. 1.9. — Dome of the Planetarium, Jena.

by Love. The complex theory put forth for shells in 1874 by Aron is quite remarkable. The theoretical studies were not the only ones which characterized this century. About 1800 the first metallic bridges were constructed followed, as a result of the increased steel production, by the first steel civil constructions.

The discovery of reinforced concrete put at the disposal of builders a new material whose possibilities are immense. It has in compression the properties of stone and in tension the properties of steel. It can be cast into any form desired by the builder and can be used for massive constructions which imitate stone or brick structures, for frames, which are inspired from wooden constructions, or for membranes (plates or shells). Shells are forms quite appropriate for reinforced concrete, as in their construction the main properties of concrete are fully made use of. If in the case of flat plates, which work in bending, some inconveniences still exist, one may say that with shells, where the main stresses are due to compression, concrete found its best use. Indeed, the construction of stone or brick domes was in the past a remarkable achievement but the great consumption of materials increased greatly the construction weight. Constructed of concrete, of a very small thickness, their weight is considerably reduced; thus, whilst the weight of the dome of St. Peter's in Rome is of 10000 tones, that of a similar reinforced concrete dome is of about 330 t, that is about 30 times less.

The large possibilities open to builders led at the beginning of the 20th century to the construction of reinforced concrete shells. It is worth recalling that one of the earliest domes in reinforced concrete is that of the Constantza Mosque in Romania (Fig. 1.8), built in 1905 by the Romanian engineer Gogu Constantinescu.

The real golden age of shells began, however, in 1920, when W. Bauersfeld and F. Dischinger settled the problems of the theory and erection of domes and cylinders. Thus, the Jena planetarium was constructed in 1926 (Fig. 1.9), the Frankfurt am Main market halls in 1926 and the Leipzig market halls in 1927. The first hyperbolic paraboloids were constructed by Giorgo Baroni from 1934 through 1937. In 1934 E. Torroja constructed the first dome on polygonal boundary (Fig. 1.10) and in 1935 the roof of the Zarzuela stand. In 1938, as an expression of the variety of forms which can be built in reinforced concrete R. Maillart constructed the Cement Hall in Zürich.

The second world war interrupted for a time the building of reinforced concrete shell structures. But in 1947 they won again their place, by the halls of the Brynmawr Rubber plant covered with elliptical paraboloids. In 1948 Nervi started the construction of the Turin exhibition hall. In the United States of America two remarkable shell roofs were constructed in 1954–1955, the St. Louis air station and the auditorium of the Massachusetts Institute of Technology. In France the noteworthy structures of this kind are the Rouen market hall, constructed in 1955, and the exhibition hall of the National Center of Industry and Technology (Fig. 1.11) built in 1957, which so far is the largest span reinforced concrete structure.

Fig. 1.10. – The Algeciras Market, among the first shells on polygonal boundary.

Fig. 1.11. – The CNIT Exhibition Hall, Paris : an example of a double layer shell.

Fig. 1.12. — The Small Sports Palace in Rome.

Fig. 1.13. — Reinforced concrete introduces new shapes, the hypar shells: Chapel in Monterrey, Mexico.

Fig. 1.14. — Interior of St. Louis Airstation and interior of a Gothic Church.

Fig. 1.15. – Interior of the CNIT Exhibition Hall and interior of a Gothic Church.

Fig. 1.16. – Interior of the Small Sports Palace and interior of the Pantheon in Rome.

Two remarkable structures were built in Rome in 1958 and 1959 by L. Nervi,the Small Sports Palace (Fig. 1.12) and the Sports Palace. In the United States the Hawaii market place was constructed in 1957. F. Candela built in Mexico several remarkable shell structures, such as the Xochimilco restaurant and the Coyoacon and Monterrey Chapels (Fig. 1.13). Noteworthy for the 1960—1970 period are the Grenoble skating rink, the Dortmund concert hall and the Hanover swimming pool.

The examples above are only a few of the numerous structures of this kind constructed the world over, but they have been chosen as they could be the most representative for the respective time and could illustrate the evolution of such structural systems. In a retrospect of time the evolution of the structural conception and techniques of execution is obvious. From plane elements consisting of beams and arches to dome shaped elements, from domes to intersected cylinders and ogival domes, the evolution is remarkable; the replacing of the very heavy dome consisting of a single layer by the one, much higher, consisting of two stiffened layers was a bold conception; finally, the passing from stone and brick domes to thin shells, due to the appearance of reinforced concrete was a new conquest of the engineering thought. If one compares the structure of the roof of the St. Louis air station with ogival domes (Fig. 1.14) or the double-layered roof of the National Center of Industry and Technique in Paris, with the interior of a Gothic Church (Fig. 1.15) or the Small Sports Palace in Rome with the Dome of the Pantheon (Fig. 1.16), striking similarities can be observed as concerns the structural conception. Thus, reinforced concrete shells are a natural continuation of stone or brick domes, through the rational use of the properties of a new material, the reinforced concrete.

CHAPTER 2

Specific aspects in the analysis of reinforced concrete shells

2.1. Present state of the art

A rational design of a structure must ensure both a normal serviceability, which might be endangered by a too great deformation or a too strong cracking, and a sufficient safety against the structure collapse, which might result from its failure or loss of stability.

In the first case a solution can be found by knowing the state of stress and strain of the structure and taking account of the actual behaviour under load. This domain has been much studied and a rich literature exists. In the traditional manner thin shells are designed by proceeding from the differential equations established in the "technical theory", which adopted a series of behaviour assumptions amongst which that of perfectly elastic bodies. Lately, great efforts have been made for improving this theory by abandoning some of these assumptions. Such studies, otherwise of importance, improve the theory by approximately 1 per cent as concerns the precision in determining the forces but sometimes lose sight of the fact that in the design of structures there are some factors which are not completely known and, therefore, can alter by 100 per cent the magnitude of forces. For an experienced designer, accustomed to properly master the play of forces when concerned with other structural forms, these gaps in designing may cause him distrust and he may easily abandon the idea of suggesting the design of a shell structure. We refer here to many insufficiently solved problems, such as the combined working of the shell with the edge members, the influence of corner displacements, the edge prestressing, the effect of shrinkage and creep a.s.o., which can essentially alter the state of stress as compared to that determined in a traditional manner either in membrane theory or in bending theory. The engineers' standpoint is generally that the differential equations of shells determined in the frame of the technical theory are acceptable in design but a more correct approach of some aspects characteristic of the manner in which these structures are constructed in reinforced concrete is necessary.

For the second aspect, that of safety against collapse, a solution can be found by knowing the ultimate carrying capacity and the strength or stability capacity. Because of the shell reduced thickness, instability is the most important phenomenon and was the cause of most catastrophical collapses. It should be noticed, however, that the limit strength state is still of importance for a more accurate proportioning and a proper reinforcing.

But how is the loss of stability checked up in design at present? There exists a great number of theoretical and experimental research works in this respect, mainly stimulated by problems requiring a solution in the construction of spaceships or submarines. Yet, their results have not been sufficiently used in the field of civil engineering or have not been related to the specific aspects of these structures.

In the specialist literature instability problems are either not dealt with at all or only overall relations are given, without specifying the assumptions used for their determination or the factors which influence most the instability. And the structural designer quite inclined to perform lengthy calculations for determining the state of stress and strain, which in many cases yield constructional reinforcements in almost the whole structure, verifies only briefly and often incorrectly this phenomenon, decisive for the carrying capacity of the structure.

It is for this reason that the present book attempts to clarify a small part of the many problems appearing in the design of shells. Thus, it requires a background of knowledge in this domain as it discusses new aspects or some earlier problems.

2.2. Main properties of concrete and reinforced concrete

Concrete is a material with very heterogeneous properties which change as a function of the magnitude, nature and duration of loadings. In reinforced concrete, due to the presence of two materials with so different mechanical properties, the behaviour is even more influenced by loadings. In the following we shall briefly describe some aspects strictly required to approach the calculation problems. For details concerning the behaviour of reinforced concrete the reader is referred to the well-documented monograph [6].

The stress-strain diagram for loads applied in a relatively short time is shown in Figure 2.1 a; it can be observed that the concrete tensile strength is much lower than the compressive strength and that the range of elastic behaviour extends only up to 30–50 per cent of the failure stress. In the case of biaxial compression, characteristic of the behaviour of shells, the concrete strength increases (Fig. 2.1b) and so does the range of elastic behaviour (Figure 2.1 c). In the case of long-term loading, creep deformations of viscous nature superpose over the instantaneous deformations (Fig. 2.2 a, b). If the stresses are small (in the range of elastic behaviour) (Fig. 2.2 a) the creep deformations are proportional to the elastic ones (this range corresponds to linear creep). In the case of imposed deformations the stresses

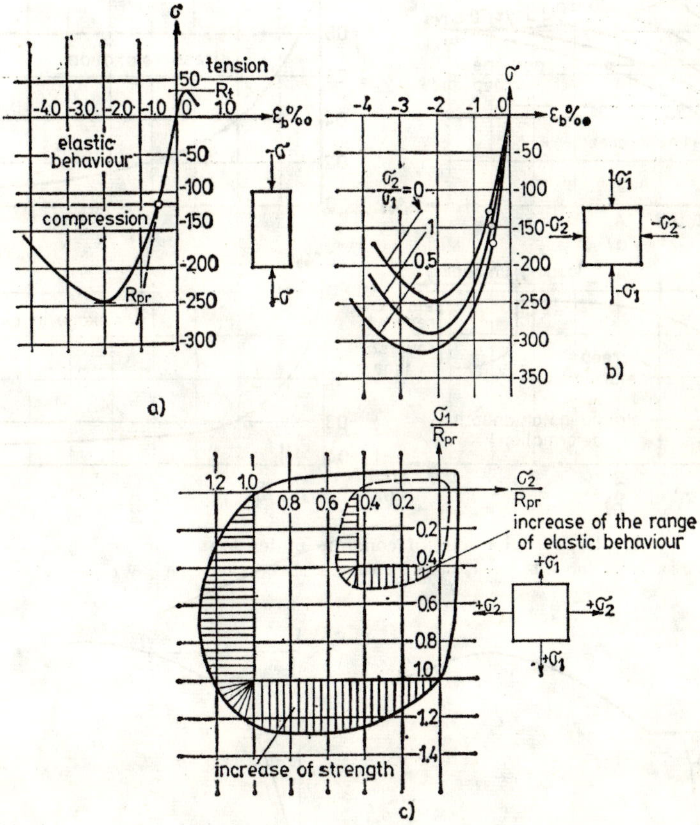

Fig. 2.1. — Behaviour of concrete under short-term loadings :
a) monoaxial loadings ; b) biaxial loadings ; c) increase of strength.

decrease in time as a consequence of relaxation (Fig. 2.2 c). Concrete also shows shrinkage strains which occur in the absence of stresses (Fig. 2.2 d).

The reinforcement bars in concrete have practically an identical behaviour in tension and compression (Fig. 2.3 a). A diagramatic representation shows a range of elastic behaviour followed by a yield flat line, characteristic of plastic strains; the strain hardening zone is eliminated from calculations because of the very great strains appearing at the end of the yield. The reinforcement in prestressed concrete ordinarily does not show a yield flat

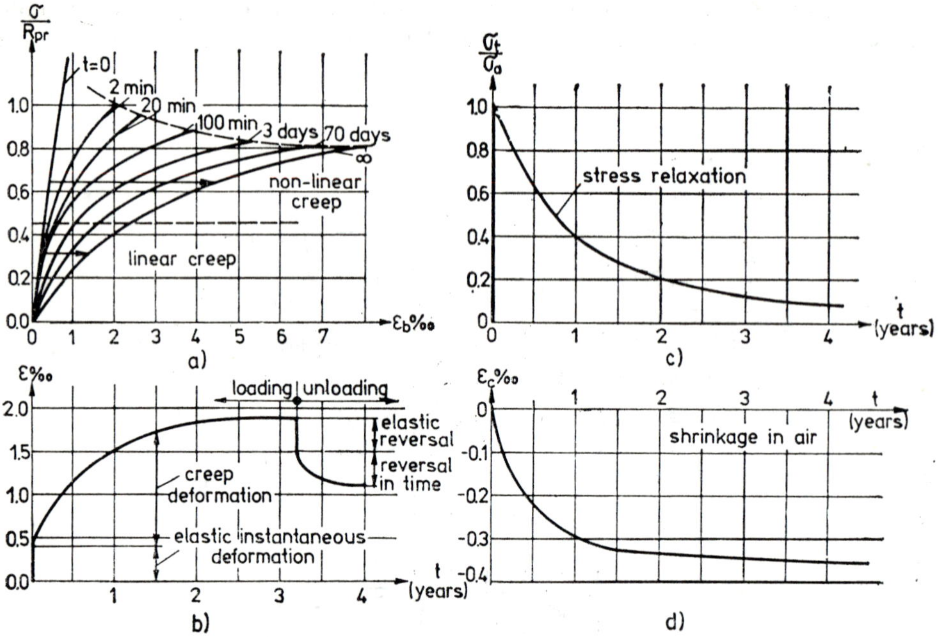

Fig. 2.2. — Behaviour of concrete under long-term loadings;
a) load-deformation curve; b) time-deformation curve; c) effect of relaxation; d) concrete shrinkage.

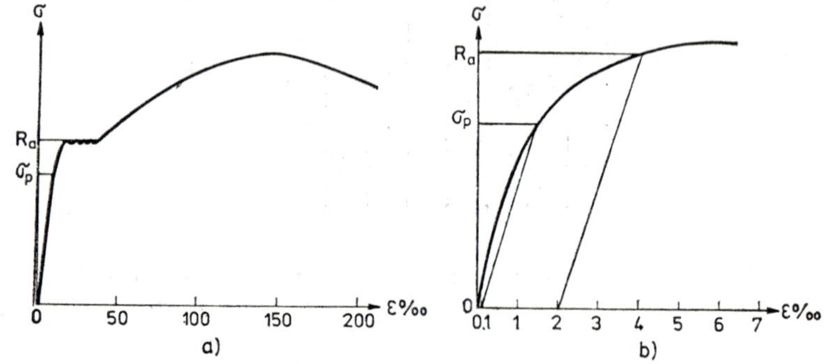

Fig. 2.3. — Behaviour of steel
a) steel with yield flat portion; b) steel without yield flat portion.

line, and, therefore, the elastic behaviour has been conventionally limited to 0.001 per thousand for strain and to 0.2 per thousand for yield stress (Fig. 2.3 b).

With reinforced concrete, the behaviour problems are much more complex than those appearing for plain concrete (Fig. 2.4). The increase of loads from zero to the maximum value is marked by a number of changes in the behaviour of reinforced concrete members.

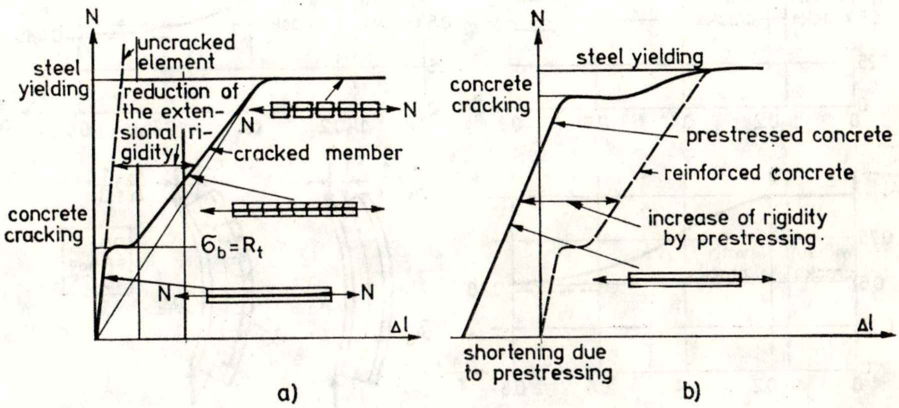

Fig.— 2.4. — Behaviour of concrete in tension;
a) reinforced concrete; b) prestressed concrete.

Thus, under small loads a tie behaves elastically, the whole section, both of concrete and of reinforcement, contributing to the taking over of the loads. After the concrete cracking, which occurs when the tensile strength R_t is exceeded, the reinforcement alone must take over the loads in the cracked zone, but between cracks concrete still works. When the reinforcement yields, the cracks are so large and so close to one another that concrete can no longer be relied on as contributing to the taking over of the loads. Therefore, the tensile rigidity of a reinforced concrete tie changes fundamentally under load. In the case of prestressed concrete ties the range of crackless behaviour is considerably larger than in the case of reinforced concrete (Figure 2.4 b). The same thing happens in the case of some beams working in bending, the moment-curvature diagrams being similar to those shown in Fig. 2.4. Under centric compression the rigidity of a member is provided by the concrete, the contribution of the reinforcement being rather reduced. In the case of eccentric compression the rigidity changes function of the eccentricity $e = M/N$ (Fig. 2.5). If the eccentric force acts in the core of the section, the whole section takes over the load, but if the force is applied outside the core the rigidity of the member is the lower the greater is the eccentricity, tending asymptotically towards the rigidity of the member working in bending. The torsional rigidity is much influenced by cracking; in exchange, the presence of axial compression forces (produced by loads or prestressing) considerably improves the behaviour of the twisted member. The concrete viscous strains (creep and shrinkage)

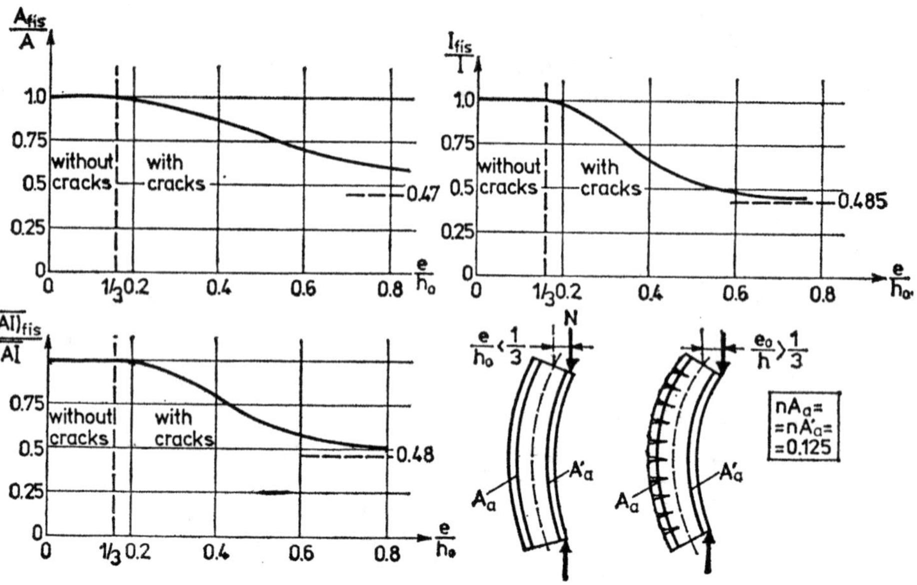

Fig. 2.5. — Stiffness of reinforced concrete subjected to eccentric compression.

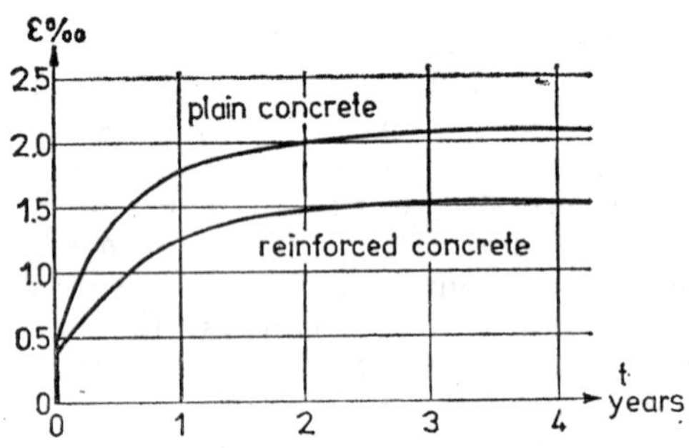

Fig. 2.6. — Influence of creep on reinforced concrete.

are more reduced in reinforced concrete than in plain concrete as the reinforcement and the cracks partially prevent their occurrence (Fig. 2.6).

It is of these properties of the reinforced concrete that account must be taken when discussing the behaviour of shells.

2.3. Behaviour under loads of reinforced concrete shells

A shell consists of an ensemble of reinforced concrete members and its behaviour is described by the summation, according to certain rules, of the behaviour of each member. For the sake of exemplification we consider the shell shown in Figure 2.7, consisting of a dome on square planform which discharges on arches with prestressed ties and is supported at corners on vertical columns. In the following, we shall discuss only the behaviour of

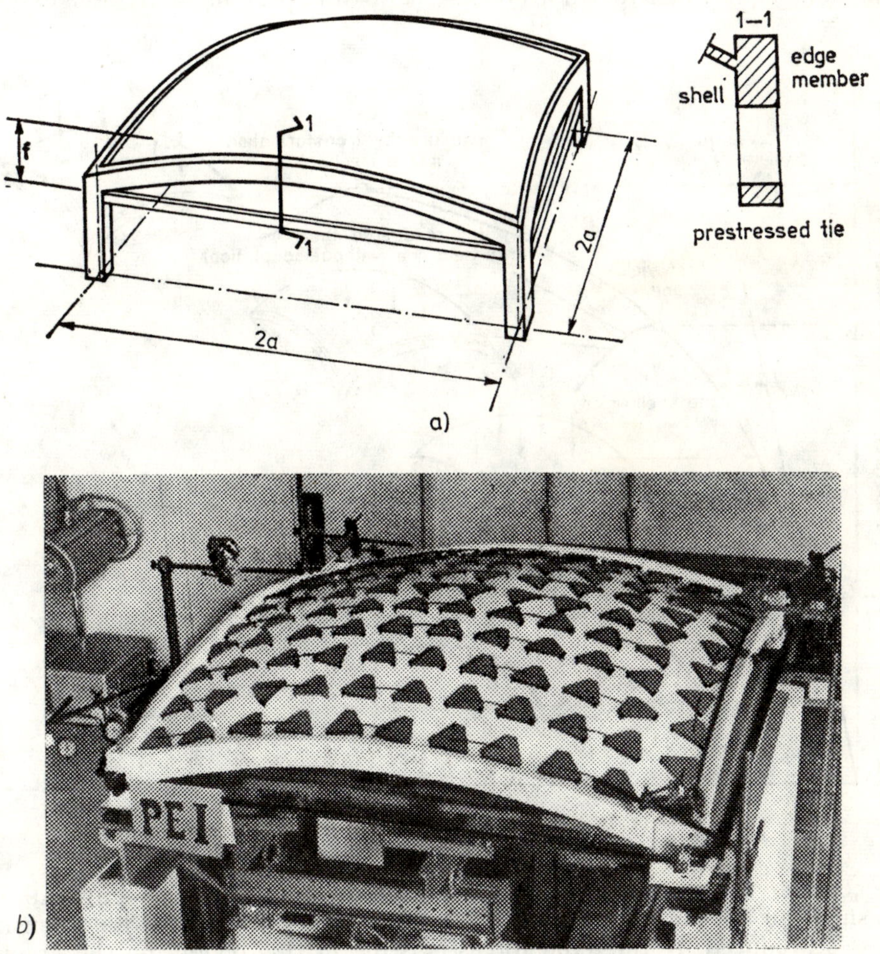

Fig. 2.7. – Dome on square planform :
a) structural elementes ; b) dome model [7].

the shell and of the edge members, as the problem of the combined working with the columns belongs to the well-known domain of the behaviour of frames with curved bars.

Figure 2.8 shows the behaviour of the structure from the beginning of loading down to its collapse, assuming that no instability phenomena occur and that the loads are short-termed.

The first stage, corresponding to small loads, is characterized by an elastic behaviour because all the stresses in the structure are within limits of proportionality with the strains. An elastic analysis of the structure supplies a correct image of the state of stress and strain. The range of elastic behaviour ends when the first cracks begin to appear in the regions where

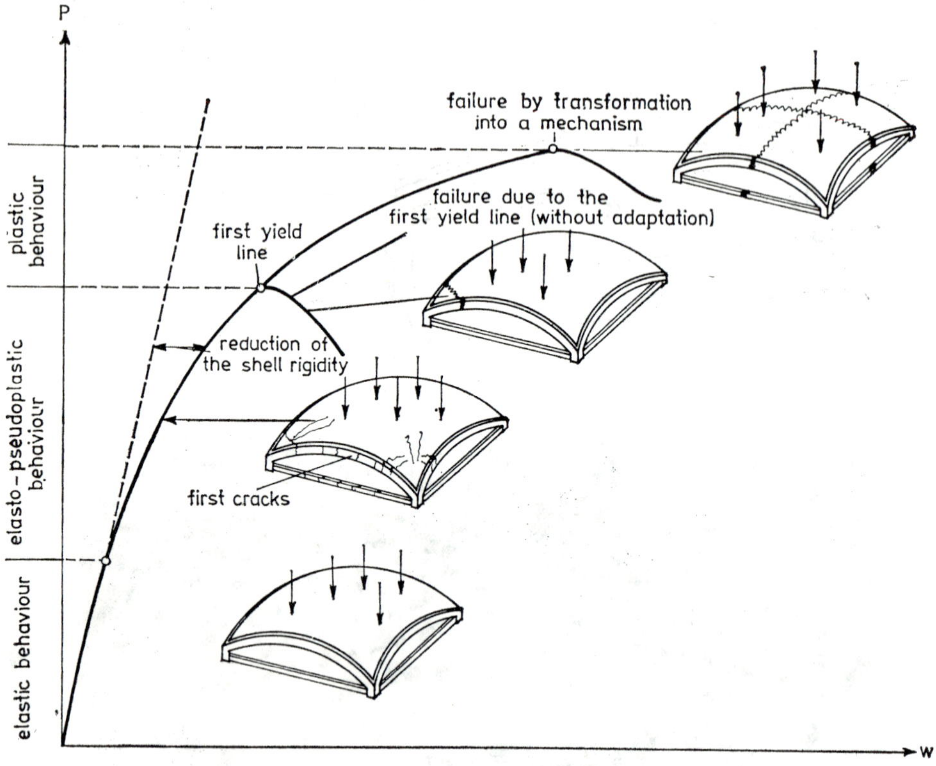

Fig. 2.8. — Shell behaviour under loadings, without buckling.

the concrete tensile strength has been exceeded. As shown in Figure 2.9, in the shell can appear the cracks F—1 at the corners, due to the high tensile stresses produced by the axial forces existing in this region, or the cracks F—2 produced by the bending moments which assume maximum values in the contact area of the shell with the edge members. In arches can appear the cracks F—3 at the span centre, or the cracks F—4 over a third of the edge, produced by high bending moments. In ties the cracks F—5 can occur when the prestressing stresses are cancelled and the concrete tensile stresses are exceeded. The cracks F—1 and F—2 in the shell are local and do not change at all the overall elastic behaviour of the structure. The cracks F—3 and F—4 in the edge arches weaken the rigidity of these members and change the distribution of stresses between shell and arches without altering the elastic behaviour of the structure. The cracks F—5 in ties reduce substantially the rigidity of these members and produce large deformations and considerable stresses in shell and arches; however, they do not change essentially the elastic behaviour. Therefore, the domain of behav-

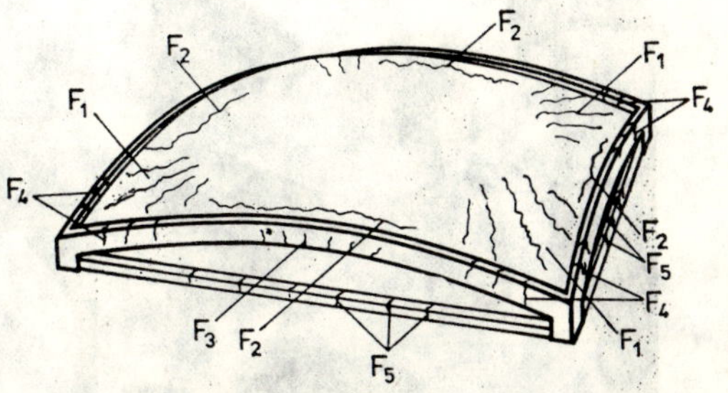

Fig. 2.9. — Occurring of cracks in the shell, arches and ties.

iour in which the tensile zones are cracked (with plastic strains), but the reinforcement still works in the elastic stage and the overall behaviour of the structure has the characteristics of the elastic domain, has been called elasto-pseudoplastic behaviour. Here too, an analysis in the elastic stage

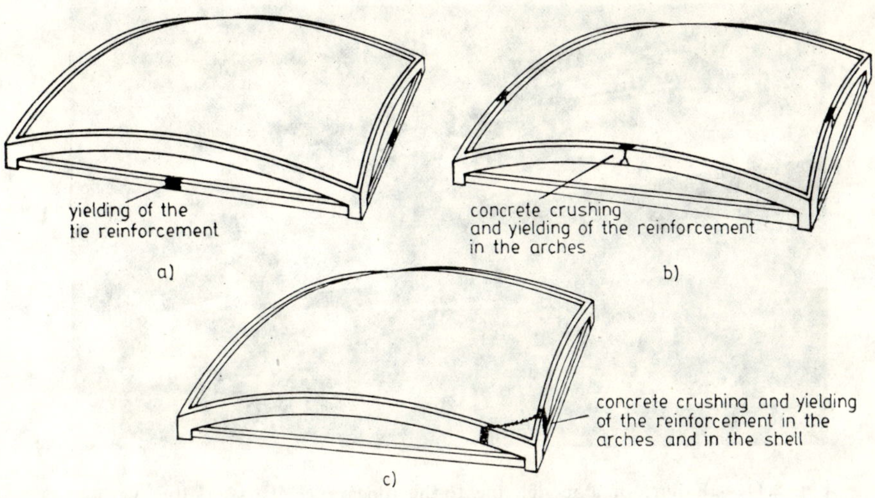

Fig. 2.10. — Occurring of plastic hinges :
a) in ties; b) in arches; c) in arches and shell.

can be used, taking obviously into account the decrease of the rigidity of arches and ties. The first plastic deformations which can essentially alter the structure behaviour are those produced by the yielding of the tie reinforcement or by the appearance of plastic hinges in the edge members (Fig. 2.10). These plastic deformations may mean the failure of the structure if this one is not capable of plastic adaptability, as it happened in the testing of a dome model on square planform [7] (Fig. 2.11). In this case the criterion of elastic failure can be used since till the moment of collapse the

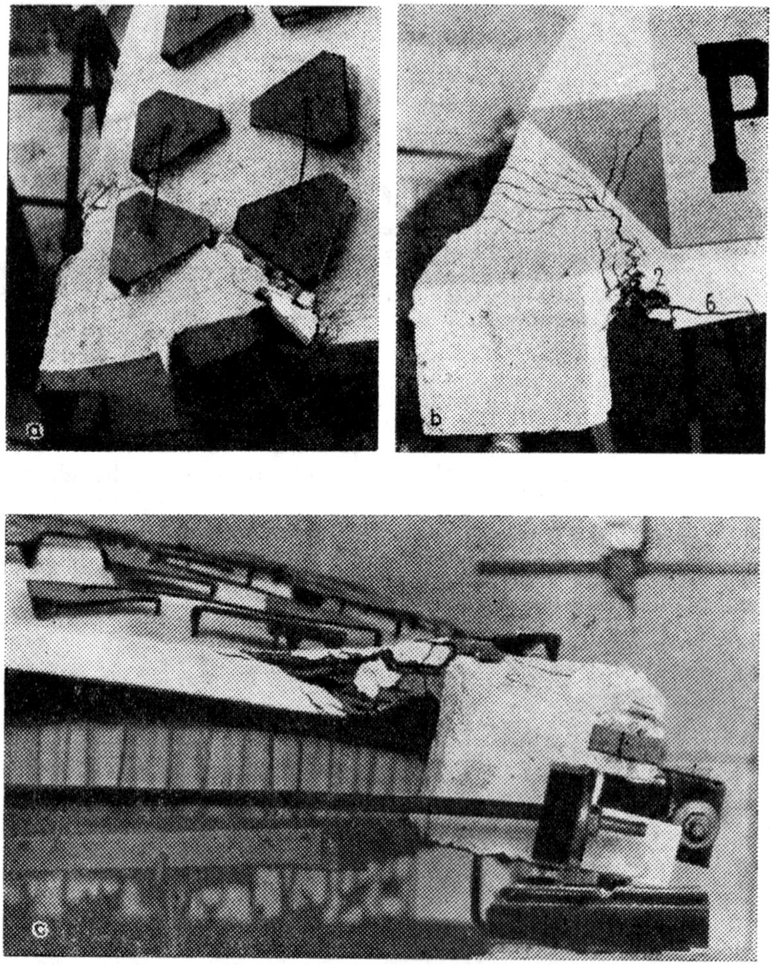

Fig. 2.11.— Failure of a model due to the appearance of a yield line, without possibility of plastic adaptation.

structure behaviour is practically elastic. However, the failure due to plastic deformations of a limited zone of the structure does not necessarily mean the collapse of the whole structure as well. The collapse of such a shell occurs only when a mechanism is forming (Fig. 2.12). The behaviour of the structure after the formation of a plastic hinge or the yielding of the reinforcement is characteristic of the range of plastic behaviour (Fig. 2.8).

If the loads are long-termed, then viscous creep deformations superpose over the instantaneous deformation. In the range of elastic behaviour the creep is linear; due to the character of elastic behaviour, the principles of

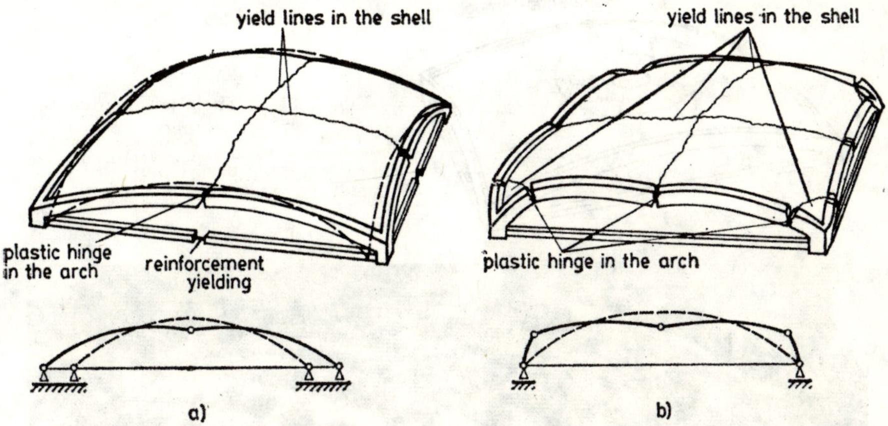

Fig. 2.12. – Failure mechanisms:
a) ties affected; b) ties unaffected.

linear creep can be also used in the elasto-pseudoplastic range, but the coefficient of proportionality with elastic deformations must be lowered due to the presence of cracks (Fig. 2.13). Creep deformations can lead to

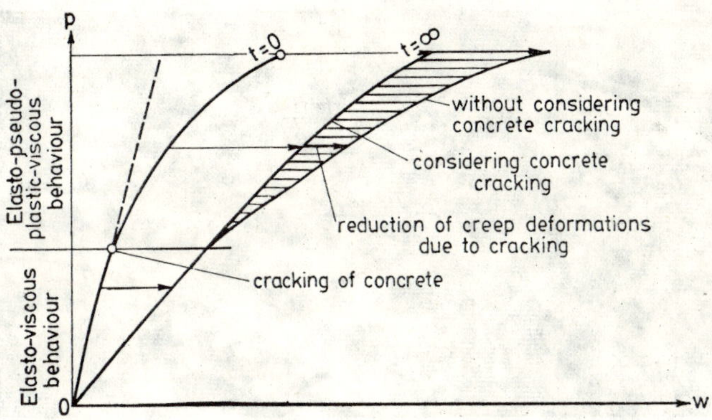

Fig. 2.13. – Influence of creep on long-term loadings.

a series of changes in the distribution of loads amongst various members of the structure, the final situation being essentially different from the initial one.

Due to the shell reduced thickness with respect to the curvature radius, and because of the fact that in most of the shell surface we are confronted with compression stresses the instability phenomena are of a particular impor-

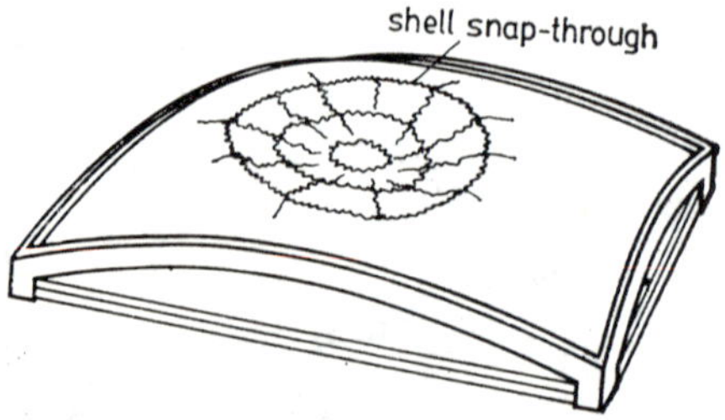

Fig. 2.14. — Shell failure due to buckling.

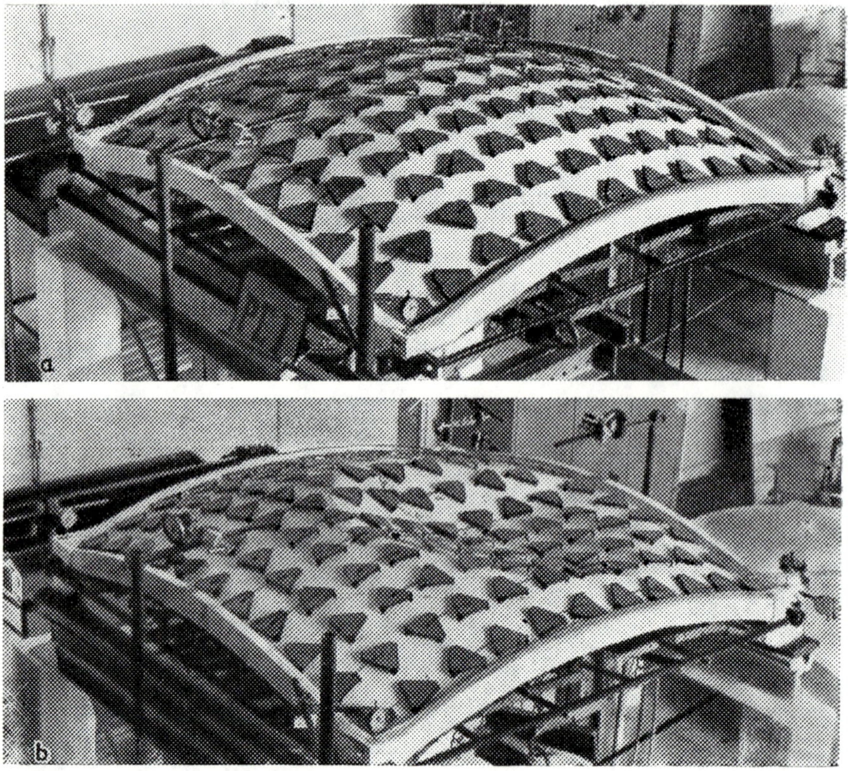

Fig. 2.15. — Buckling of a shell model [7]:
a) before buckling; b) after buckling

tance. With domes on square planform the loss of stability occurs by a snap through (Figs. 2.14 and 2.15, according to [7]), which may appear in any of the three zones mentioned earlier (Fig. 2.16). The critical loads corresponding to the elastic range can be also used in the elasto-pseudoplastic range, considering of course the change of rigidity of the cracked members. Large deformations in the range of plastic behaviour can,

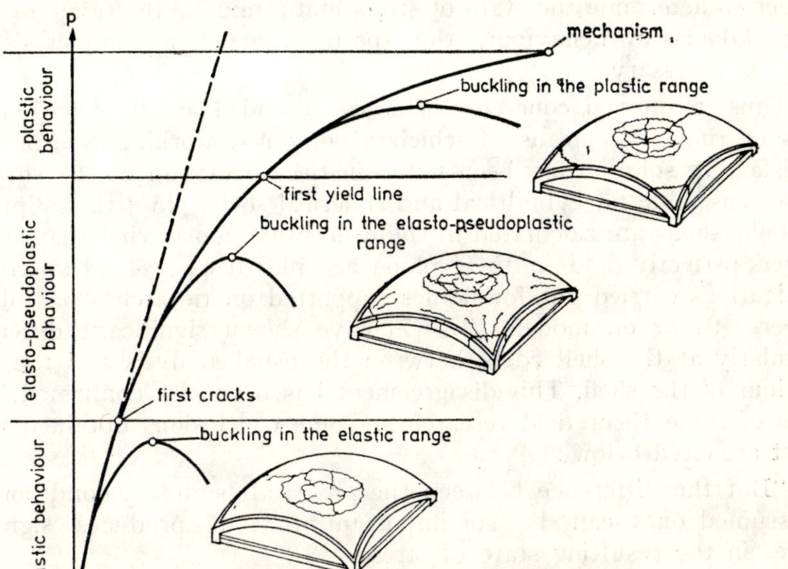

Fig. 2.16. – Shell buckling in the elastic, elasto-pseudoplastic and plastic ranges.

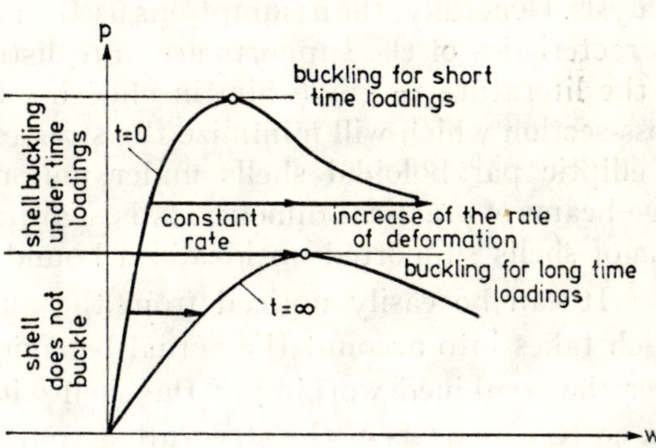

Fig. 2.17. – Influence of creep on buckling.

however, considerably reduce the critical load (Fig. 2.16). Long-term loads will also have a great influence on the loss of stability, as they considerably reduce the critical loads by the great deformations they produce (Fig. 2.17).

2.4. Analysis problems of thin reinforced concrete shells

In order to determine the state of stress and strain in the range of elastic and pseudoelastic behaviour, the specification of a number of main aspects is necessary.

Thus, reinforced concrete shells are provided at edges with beams, arches or rings, by means of which a combined working is established. A satisfactory solution has been found in the calculation of the shell-edge member ensemble for cylindrical and spherical shells [15]; the elliptic and hyperbolic shells are calculated in the usual way, considering that at edges members perfectly rigid in their plane are placed [1], [4]. Experimental investigations carried out for domes supported on tie arches on full-scale members [9] or on models [2], [7] have shown significant differences, particularly at the shell edges between the usual analysis and the actual behaviour of the shell. This disagreement has been also confirmed by the results of some theoretical researches. Some conclusions obtained in this respect are cited below:

"But the difference between the practical boundary conditions and the assumed ones can be so important that it produces significant changes in the resulting state of stress" [3].

"The examples shown indicate that the variation of the stiffnesses of the edge beam has considerable influence only in the region of the shell near the boundaries, for shells of positive Gaussian curvature" [13].

"In the design of shallow translational shells, the designer is faced with the problem of selecting edge members which are compatible with his analysis. Generally, the assumptions used in the analysis for the deformation characteristics of the supports are unrealistic and, at present, there is little in the literature to guide him in choosing the optimum area and shape of cross-section which will minimize the stresses in the shell ... The behaviour of elliptic paraboloidal shells under uniform normal loading with elastic edge beams of practical dimensions is significantly different from the behaviour of shells supported on idealized boundaries" [14].

It can be easily noticed from the above that a method of analysis which takes into account the actual behaviour of the shell should also consider the combined working of the shell with the edge members. Likewise, in a correct analysis of the structure account must be taken of the influence of corner displacements as a result of the settlement of supports, prestressing of ties, unsymmetrical loads, shrinkage and creep of reinforced concrete a.s.o.

The loss of ultimate carrying capacity of shells occurs when the limit state of stability or strength is reached. In order to determine the limit load of strength, account must be taken of the actual stress-strain curves of the concrete and reinforcement. For homogeneous materials attempts have been made to establish theories for the analysis of shallow shells, taking into account the elasto-plastic deformations. These theories are reviewed in detail in [8].

With reinforced concrete, because of the anisotropy resulting from the reinforcement in two directions and because of the difference between the working stresses in compression and in tension, mathematical difficulties do not permit at present a solution to the problem. Therefore, the assumption of rigid-plastic body is ordinarily used, taking into account that when determining the ultimate load of strength, the various stress-strain curves lead to the same result [11]. This assumption greatly simplifies the calculation but the method has the disadvantage of not being able to follow the behaviour of the structure from the beginning of loading down to collapse, as it yields only the ultimate value. In order to determine the ultimate load of strength of reinforced concrete shells, yield lines are used, as a generalization from plates.

There is a great number of theoretical studies and experimental research works for the determination of critical loads, but only a few deal with the influence of boundary conditions, which can substantially reduce the value of these loads [2], [7]. Likewise, creep and plastic deformations greatly reduce the critical loads [4].

Another important problem in the analysis of reinforced concrete shells is that of the failure criterion. In [4] it has been considered that both the method based on an elastic analysis and that established by the ultimate carrying capacity of plastic failure can be used, but the latter is discussed in detail only in the case of long cylinders, domes on circular planform and polyhedral plates, for which sufficient experimental data are available. In [5] it is shown that the determination of forces, displacements and stability can be performed in the elastic range only. An analysis on the basis of the ultimate carrying capacity can be used only as a check of the elastic failure criterion; it cannot be used as a unique criterion in design, with the exception of some cases where its applicability can be proved.

Considering the reduced number of experimental research works carried out for determining the ultimate load of plastic failure (most of them being on rather small models) and the complexity of an experimental program, which could clear up all the aspects of the problem, the present work has adopted the point of view presented in [5]. Thus, the analysis method presented here requires the following conditions:

— to design the structure on the basis of forces determined by elastic analysis, taking into account the long-term deformations of concrete, and

— to check the condition that the analysis load is smaller than the ultimate one, determined on the basis of a stability and strength analysis.

In solving problems related to the analysis of shells there are two main possibilities of approaching the problem :

— to establish some relations of a general character on the basis of which the designer be able to perform his calculations, using each time computers for solving specific cases, and

— to establish some simple methods of analysis based on ready to use formulae, diagrams and tables, the design being much simplified to the detriment of the accuracy of the solution.

The former way has the advantage of permitting a more thorough study of the state of stress and strain but implies a lengthy time of design and is therefore justifiable only in special cases (very large spans, special loading conditions a.s.o.). The latter way of approach is recommended in many works, of which we take the liberty to cite :

"The need for some simplified methods concerning the analysis of shells is deeply felt in the world of designers. In spite of the considerable increase of the references assigned to this type of construction, it is undoubtedly that many an engineer still consider the design of a shell as a specialist's domain and the abundance of publications referring to this technique, far from encouraging them, risks to estrange them from a field which seems to require a very special training. In addition, the perfecting of a simple analysis procedure is equally very useful to the well-informed designer. A simple analysis method represents a useful means for the designer, enabling not only to control the structure but also to determine the sizes, beforehand. In other words, the existence of a simplified analysis method may be considered as a factor of progress, at the same time contributing to the shell technique, to the perfecting of the economic conditions of construction..." [10]

"In view of the fact that a shell roof rarely corresponds to the mathematical model assumed for the analysis (with regard to the shell geometry, boundary conditions, materials characteristics and external loads), it may be concluded that an exact analysis of shell structures not necessarily provides more reliable information on the stress condition of the surface than statistical methods" [1].

To the above we should add the fact that in reinforced concrete shells most part of the surface is constructively reinforced, so that an accurate analysis is of no economic efficiency. Exception is made by the shell edges and corners where the reinforcement can be determined by a stress analysis and where a more accurate calculation can lead to savings of materials.

2.5. Basic assumptions

The analysis assumptions used in the theory of shells are the following :

(a) The shell thickness is small with respect to the other sizes, e.g. with respect to the curvature radii. Thus, shells can be classified as follows :

— very thin shells $\frac{\delta}{R} < \frac{1}{200}$,

— thin shells $\frac{1}{200} < \frac{\delta}{R} < \frac{1}{25}$,

— thick shells $\frac{1}{25} < \frac{\delta}{R} < \frac{1}{10}$,

— very thick shells $\frac{1}{10} < \frac{\delta}{R} < \frac{1}{5}$.

Shells used for roofs usually range within the first category. Therefore, all the terms of order $\frac{\delta}{R}$ can be neglected with respect to 1, without introducing an error greater than 5 per cent [15].

(b) The own weight acts in the middle surface, but the other loads are applied on the faces of the shell. Because of the small shell thickness, it is considered that all the loads are distributed over the middle surface of the shell.

(c) Concrete is considered as a continuous, homogeneous and isotropic material, the influence of cracking (which introduces states of discontinuity) and of reinforcement (which produces a state of anisotropy) being neglected. Account can be taken of the corresponding reduction or increase of the rigidity of members by introducing equivalent sections. If the stresses remain below the limit of proportionality ($\sigma < 0.5\ R_{pr}$) the short-term strains are elastic, while for the long term ones the theory of linear concrete creep can be used. It is also considered that the absolute values of stresses (elastic or creep strains) are independent of the size of stresses (compression and tension) and of their nature (the creep relations, determined for normal stresses can be also used in the case of shear stresses).

(d) To determine the state of stress and strain, the Love-Kirchhoff's three simplifying assumptions are used [15]. First, it is considered that the points situated on a normal to the undeformed middle surface remain on a straight line after deformation ; secondly, the stresses normal to the surfaces which are parallel to the middle plane are negligible ; thirdly, the shell thickness is not modified by deformation. These approximations introduce errors of the order $\frac{\varepsilon}{R}$ (ε being a displacement component), which may be neglected if $\varepsilon \ll \delta$. They allow the study of the state of stress and strain as a plane problem, but meanwhile introduce some contradictions; for designing purposes, however, they have only a theoretical character and practically do not influence the result.

(e) In the study of the state of stress and strain small deformations with respect to the shell thickness are considered, which permits the use of the linear theory. Since the creep is linear, the principle of superposition can be applied. However, when the shell stability is examined, these deformations can no longer be neglected, as they are very small and the calculation is performed by means of the non-linear theory.

References

1. Aass, A., *Simplified analysis of rectangular domes*, IASS Symposium, Budapest, 1965, vol. 1, 5–28.
2. Abu-Sitta, S. H., *Experimental studies of shell models*, IASS Congress, Mexico, 1967.
3. Abu-Sitta, S. H., *The influence of practical boundary conditions on synclastic shells, IASS Symposium*, Budapest, 1965, vol. 1, 29–48.
4. Academia U.R.S.S., *Instrucțiuni pentru proiectarea acoperișurilor și planșeelor din plăci curbe subțiri de beton armat* (Translation from Russian), Editura tehnică, București, 1963.
5. Aci Committee 335, *Concrete shell structures, Practice and Commentary*, Journal of the American Concrete Institute, *9*, 1964, 1081–1108.
6. Avram C., Facaoaru, L., Filimon, I., Mirsu, O., Tertea, I., *Rezistențe și deformațiile betonului*, Editura tehnică, București, 1971.
7. Gioncu, V., *Comportarea și calculul cupolelor de beton armat rezemate pe arce cu tiranți*, Doctoral thesis, Institutul Politehnic Timișoara, 1971.
8. Hodge, P. G., *Limit analysis of rotationally symmetric plates and shells*, International Series in Theoretical and Applied Mechanics, Prentice-Hall, 1963.
9. Levi F., *Studio sperimentale del comportamento di una volta sottile a doppia curvature*, Giornale del genio civile, *3*, 1957, 163–181.
10. Levi, F., *Méthodes simplifiées de calcul des voiles minces à courbure Gaussienne nulle*, Rapport général des sessions III et IV, IASS Colloquium, Brussels, 1961.
11. Massonet, Cr., Save, M., *Calcul plastique des constructions. Structures spatiales*, Editeur C.B.L.I.A., Bruxelles, 1963.
12. Paduard, A., *Address of closure*, Proceedings of the Colloquium, Brussels, 1961.
13. Padilla, J., Schnobrich, W. C., *Doubly curved shallow shells with elastic supports*, Large Span Shells, IASS Congress, Leningrad, Vol. I, 483–495.
14. Simmonds, S. H., Quapp, D. H., *Behaviour of elliptical paraboloid shells having edge members with finite stiffness*, IASS, Colloque, Madrid, 1969.
15. Soare, M., Beleș, A., *Calculul plăcilor curbe subțiri*, Editura tehnică, București, 1969.

Part 2

STATE OF STRESS AND STRAIN

CHAPTER 3

Equations of reinforced concrete shells

3.1. Geometrical determination of the middle surface

A shell is defined if the equation of the middle surface (the geometrical locus of all points equally spaced from the upper and lower surface of the shell) and the variation of its thickness, measured upon the normal, are known. A surface referred to a system of rectangular co-ordinates $Oxyz$ can be defined by means of three parametric equations

$$x = f_1(\alpha_1, \alpha_2),\ y = f_2(\alpha_1, \alpha_2),\ z = f_3(\alpha_1, \alpha_2) \tag{3.1a}$$

where α_1 and α_2 are the curvilinear co-ordinates of the surface (Fig. 3.1) ; the shell is defined if, in addition, the variation of thickness $\alpha_3 = \pm \frac{1}{2}\delta(\alpha_1, \alpha_2)$ is known. The lines $\alpha_1 =$ const. and $\alpha_2 =$ const. represent families of curves called parametric curves or co-ordinate lines. They may intersect at a certain angle ; if this angle is of 90°, the co-ordinate lines are orthogonal. If we eliminate from (3.1a) the parameters α_1 and α_2, we obtain the implicit form of the surface equation

$$F(x, y, z) = 0\,; \tag{3.1 b}$$

if z is expressed as a function of the other variables, we obtain the explicit form

$$z = f(x, y). \tag{3.1 c}$$

If we consider that both curvilinear co-ordinates vary with respect to a single parameter

$$\alpha_1 = \alpha_1(\beta)\,;\ \alpha_2 = \alpha_2(\beta) \tag{3.2}$$

a curve is obtained on the surface. The distance between two points on this curve is

$$ds^2 = E\,d\alpha_1^2 + 2F\,d\alpha_1\,d\alpha_2 + G\,d\alpha_2^2 \tag{3.3}$$

where

$$E = \left(\frac{\partial x}{\partial \alpha_1}\right)^2 + \left(\frac{\partial y}{\partial \alpha_1}\right)^2 + \left(\frac{\partial z}{\partial \alpha_1}\right)^2. \tag{3.4 a}$$

$$F = \frac{\partial x}{\partial \alpha_1}\,\frac{\partial x}{\partial \alpha_2} + \frac{\partial y}{\partial \alpha_1}\cdot\frac{\partial y}{\partial \alpha_2} + \frac{\partial z}{\partial \alpha_1}\,\frac{\partial z}{\partial \alpha_2}. \tag{3.4 b}$$

$$G = \left(\frac{\partial x}{\partial \alpha_2}\right)^2 + \left(\frac{\partial y}{\partial \alpha_2}\right)^2 + \left(\frac{\partial z}{\partial \alpha_2}\right)^2, \tag{3.4 c}$$

are the coefficients of Lamé's first quadratic form [3], [6]. If the lengths are measured along the lines $\alpha_1 =$ const. and $\alpha_2 =$ const., we have

$$ds_1 = A_1\,d\alpha_1;\; ds_2 = A_2 d\alpha_2 \tag{3.5a,b}$$

where

$$A_1 = \sqrt{E} \text{ and } A_2 = \sqrt{G}. \tag{3.6a,b}$$

With respect to the lines $\alpha_1 =$ const. and $\alpha_2 =$ const., the sides spaced at the distances $d\alpha_1$ and $d\alpha_2$ change as follows (Fig. 3.1)

$$ds_1' = A_1 d\alpha_1 + \frac{\partial}{\partial \alpha_2}(A_1\,d\alpha_1)\,d\alpha_2 = \left(A_1 + \frac{\partial A_1}{\partial \alpha_2}\,d\alpha_2\right)d\alpha_1 \tag{3.7a}$$

$$ds_2' = A_2 d\alpha_2 + \frac{\partial}{\partial \alpha_1}\cdot(A_2\,d\alpha_2)\,d\alpha_1 = \left(A_2 + \frac{\partial A_2}{\partial \alpha_1}\,d\alpha_1\right)d\alpha_2. \tag{3.7 b}$$

The angle formed on the surface by the two co-ordinate lines $\alpha_1 =$ = const. and $\alpha_2 =$ const. is the angle θ and is given by the following relation [3], [6]

$$\cos\theta = \frac{F}{A_1 A_2} \tag{3.8}$$

If the two co-ordinate lines are orthogonal, then

$$F = 0 \tag{3.9}$$

The radii of normal curvature of the lines of co-ordinates α_1 and α_2 are r_1 and r_2 (Fig. 3.2). The angles at the centre of curvature $d\varphi_1$ and $d\varphi_2$ are determined from the relations

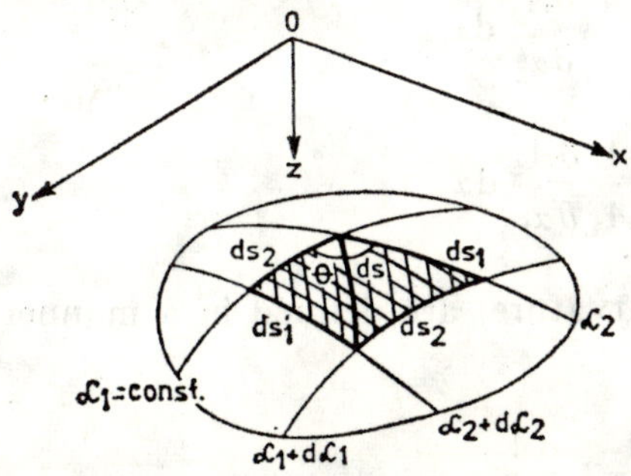

Fig. 3.1. — Co-ordinate systems.

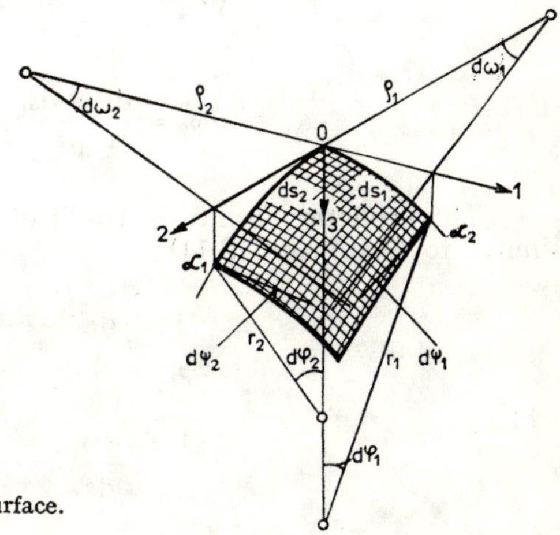

Fig. 3.2. — Geometrical elements of the surface.

$$d\varphi_1 = \frac{ds_1}{r_1} = \frac{A_1\, d\alpha_1}{r_1}; \quad \frac{1}{r_1} = \frac{d\varphi_1}{ds_1} \tag{3.10 a, b}$$

$$d\varphi_2 = \frac{ds_2}{r_2} = \frac{A_2\, d\alpha_2}{r_2}; \quad \frac{1}{r_2} = \frac{d\varphi_2}{ds_2} \tag{3.10 c, d}$$

To the system of curvilinear co-ordinates α_1, α_2 we attach the system of rectangular axes 0123, the axes 01 and 02 being tangent to the curves $\alpha_2 =$ const. and $\alpha_1 =$ const., respectively (Fig. 3.2); if tangents are also drawn to the curves $\alpha_1 + d\alpha_1$ and $\alpha_2 + d\alpha_2$, we observe that the slopes are changed by the angles $d\psi_1$ and $d\psi_2$, respectively, and the projections of the tangents upon the plane 102 make the angles $d\omega_1$ and $d\omega_2$, respectively.

In a manner similar to (3.10), the torsional curvatures (and the curvature radii) of the surface can be defined

$$\frac{1}{r_{12}} = \frac{d\psi_1}{ds_1} = \frac{1}{A_1}\frac{d\psi_1}{d\alpha_1}, \tag{3.11 a}$$

$$\frac{1}{r_{21}} = \frac{d\psi_2}{ds_2} = \frac{1}{A_2}\frac{d\psi_2}{d\alpha_2}. \tag{3.11 b}$$

The angles $d\omega_1$ and $d\omega_2$ can be calculated taking into account that the lengths measured on the curve are practically equal to those projected on the plane 102; thus, we have

$$d\omega_1 = \frac{ds_1' - ds_1}{ds_2} = \frac{1}{A_2}\frac{\partial A_1}{\partial \alpha_2} d\alpha_1,$$

$$d\omega_2 = \frac{ds_2' - ds_2}{ds_1} = \frac{1}{A_1}\frac{\partial A_2}{\partial \alpha_1} d\alpha_2.$$

The geodetic curvatures (radii of curvature) are defined in a manner similar to (3.10) and (3.11)

$$\frac{1}{\rho_1} = \frac{d\omega_1}{ds_1} = \frac{1}{A_1 A_2}\frac{\partial A_1}{\partial \alpha_2},$$

$$\frac{1}{\rho_2} = \frac{d\omega_2}{ds_2} = \frac{1}{A_1 A_2}\frac{\partial A_2}{\partial \alpha_1}. \qquad (3.12\ a,b)$$

The surfaces may have curves with zero torsion curvatures

$$\frac{1}{r_{12}} = \frac{1}{r_{21}} = 0 \qquad (3.13a)$$

and in such a case r_1 and r_2 become principal radii of curvature

$$r_1 = R_1;\ r_2 = R_2. \qquad (3.13\ b,\ c)$$

The lines of co-ordinates α_1 and α_2, which on the surface represent curves of zero torsion curvatures, are called principal lines of co-ordinates. If, in exchange there exist curves of zero normal curvatures

$$\frac{1}{r_1} = 0;\ \frac{1}{r_2} = 0, \qquad (3.14\ a,b)$$

the radii of torsion curvature become

$$r_{12} = R_{12};\ r_{21} = R_{21}, \qquad (3.14\ c,d)$$

and the respective lines are asymptotic directions of the surface. If the lines of co-ordinates correspond to these directions, they are asymptotic lines of co-ordinates.

For a general characterization of the surface form, the Gauss total curvature, denoted by K, is defined as

$$K = \frac{1}{R_1 R_2}. \tag{3.15}$$

Depending on the sign of this curvature, the following main surface types can be distinguished (Fig. 3.3):

— with positive total curvature, for $K > 0$, also termed elliptical,
— with zero total curvature, for $K = 0$, also termed parabolic,
— with negative total curvature, for $K < 0$, also termed hyperbolic.

3.2. Differential equations in curvilinear co-ordinates

3.2.1. Stress resultants and couple stresses in shells

We shall cut out a differential element of the shell through the planes containing the curves α_1, α_2, $\alpha_1 + d\alpha_1$, and $\alpha_2 + d\alpha_2$ (Fig. 3.4a), and in the middle plane we shall define an intrinsic system of axes 0123. If on each face of the element infinitesimal surfaces dA are considered at distances α_3 from the middle surface and the resulting stresses are put into evidence, we have:

— on the face $\alpha_1 =$ const., the normal stress σ_1, and the shear stresses τ_{12} and τ_{13}, and

— on the face $\alpha_2 =$ const., the normal stress σ_2 and the shear stresses τ_{21} and τ_{23}.

According to our assumptions, the shell can be replaced by its middle surface. Thus, if these stresses are added across the shell thickness, we obtain,

— the normal forces

$$N_1 = \int_{-\frac{\delta}{2}}^{\frac{\delta}{2}} \sigma_1 \, dA_2 = \int_{-\frac{\delta}{2}}^{\frac{\delta}{2}} \sigma_1 \left(1 - \frac{\alpha_3}{r_2}\right) d\alpha_3 \cong \int_{-\frac{\delta}{2}}^{\frac{\delta}{2}} \sigma_1 \, d\alpha_3, \tag{3.16 a}$$

$$N_2 = \int_{-\frac{\delta}{2}}^{\frac{\delta}{2}} \sigma_2 \, dA_1 = \int_{-\frac{\delta}{2}}^{\frac{\delta}{2}} \sigma_2 \left(1 - \frac{\alpha_3}{r_1}\right) d\alpha_3 \cong \int_{-\frac{\delta}{2}}^{\frac{\delta}{2}} \sigma_2 \, d\alpha_3, \tag{3.16 b}$$

Fig. 3.3. — Types of surfaces :

a) with positive total curvature ; b) with zero total curvature ; c) with negative total curvature.

— the shear forces

$$N_{12} = \int_{-\frac{\delta}{2}}^{\frac{\delta}{2}} \tau_{12}\left(1 - \frac{\alpha_3}{r_2}\right) d\alpha_3 \cong \int_{-\frac{\delta}{2}}^{\frac{\delta}{2}} \tau_{12}\, d\alpha_3, \tag{3.16 c}$$

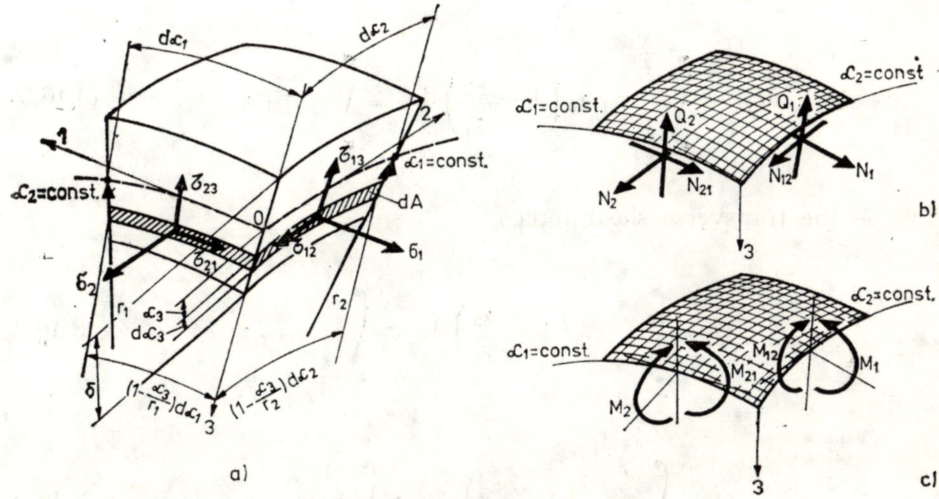

Fig. 3.4. — Internal forces in a shell:
a) normal and shear stresses; b) axial forces, shear forces and transverse shear forces c) bending and twisting moments.

$$N_{21} = \int_{-\frac{\delta}{2}}^{\frac{\delta}{2}} \tau_{21}\left(1 - \frac{\alpha_3}{r_1}\right) d\alpha_3 \cong \int_{-\frac{\delta}{2}}^{\frac{\delta}{2}} \tau_{21}\, d\alpha_3, \tag{3.16 d}$$

— the bending moments

$$M_1 = \int_{-\frac{\delta}{2}}^{\frac{\delta}{2}} \sigma_1\, \alpha_3\left(1 - \frac{\alpha_3}{r_2}\right) d\alpha_3 \cong \int_{-\frac{\delta}{2}}^{\frac{\delta}{2}} \sigma_1\alpha_3\, d\alpha_3, \tag{3.16 e}$$

$$M_2 = \int_{-\frac{\delta}{2}}^{\frac{\delta}{2}} \sigma_2\, \alpha_3\left(1 - \frac{\alpha_3}{r_1}\right) d\alpha_3 \cong \int_{-\frac{\delta}{2}}^{\frac{\delta}{2}} \sigma_2\alpha_3\, d\alpha_3, \tag{3.16 f}$$

— the torsion moments

$$M_{12} = \int_{-\frac{\delta}{2}}^{\frac{\delta}{2}} \tau_{12}\, \alpha_3 \left(1 - \frac{\alpha_3}{r_2}\right) d\alpha_3 \cong \int_{-\frac{\delta}{2}}^{\frac{\delta}{2}} \tau_{12}\, \alpha_3\, d\alpha_3, \tag{3.16 g}$$

$$M_{21} = \int_{-\frac{\delta}{2}}^{\frac{\delta}{2}} \tau_{21}\, \alpha_3 \left(1 - \frac{\alpha_3}{r_1}\right) d\alpha_3 \cong \int_{-\frac{\delta}{2}}^{\frac{\delta}{2}} \tau_{21}\, \alpha_3\, d\alpha_3, \tag{3.16 h}$$

— the transverse shear forces

$$Q_1 = \int_{-\frac{\delta}{\delta}}^{\frac{\delta}{2}} \tau_{13} \left(1 - \frac{\alpha_3}{r_2}\right) d\alpha_3 \cong \int_{-\frac{\delta}{2}}^{\frac{\delta}{2}} \tau_{13}\, d\alpha_3, \tag{3.16 i}$$

$$Q_2 = \int_{-\frac{\delta}{2}}^{\frac{\delta}{2}} \tau_{23} \left(1 - \frac{\alpha_3}{r_1}\right) d\alpha_3 \cong \int_{-\frac{\delta}{2}}^{\frac{\delta}{2}} \tau_{23}\, d\alpha_3. \tag{3.16 j}$$

In relations (3.16) we have neglected the terms α_3/r_1 and α_3/r_2 with respect to 1, according to the assumption discussed in Chapter 2. It may be observed that after these simplifications, the duality of tangential stresses can be extended to shear forces and torsion moments

$$N_{12} = N_{21} \text{ and } M_{12} = M_{21}. \tag{3.17}$$

It is found that between the shear forces and the torsion moments there exists the relation

$$N_{12} - N_{21} - \frac{M_{12}}{r_1} + \frac{M_{21}}{r_2} = 0, \tag{3.18}$$

which can be identically verified if we use relations (3.16 c, d, g, h) in which the previous simplifications were not introduced.

Figure 3.4 b, c shows the stress resultants referred to the middle surface. They are positive if :

— N_1 and N_2 are tensile forces ;
— N_{12} and N_{21} tend to decrease the angle between them ;

— M_1 and M_2 stretch the fibres of the lower surface of the shell ($\alpha_3 = + \delta/2$);

— M_{12} and M_{21} produce clockwise rotation for an observer looking towards increasing α_2 and decreasing α_1, respectively;

— Q_1 and Q_2 are directed towards the upper face of the shell in the sections α_1, α_2 = const.

3.2.2. Equilibrium equations

To establish the state of stress in a shell, we must examine a shell element subjected to the action of loads and forces on all the sectioned faces. As the problem has been reduced to the middle surface, we consider first a differential element, acted upon by the axial and shear forces as well as by the applied loads (Fig. 3.5 a) and on this the force equations are written down; for the axis 01 this equation is of the form

$$\Sigma P^1 = P^1_{N1} + P^1_{N2} + P^1_{N12} + P^1_{N21} + P^1_{Q1} + P^1_{Q2} + P^1_p = 0$$

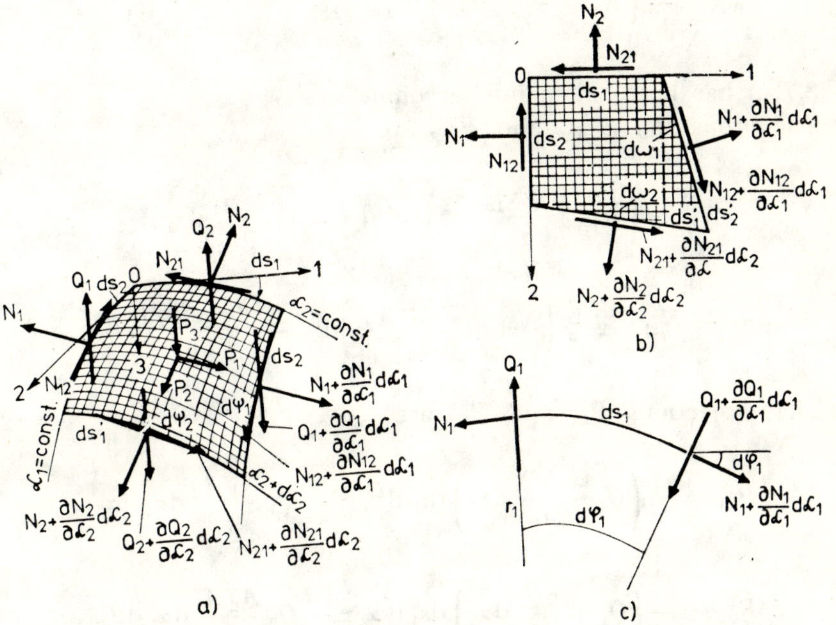

Fig. 3.5. — Equilibrium of axial forces, shear and transverse shear forces: a) shell element; b) projection of forces upon the 102 plane; c) projection of forces upon the 103 plane.

where $P^1_{N1}, \ldots P^1_{Q2}, P^1_p$ are the projections corresponding to the forces $N_1, \ldots Q_2$ and to the loads. In the following relations account is taken of the fact that the angles of projections on the axes are small and, consequently, their cosine can be considered equal to 1 and the sine equal to the argument. Taking also account of (3.7 b) we get

$$P^1_{N1} = - N_1\, ds_2 + \left(N_1 + \frac{\partial N_1}{\partial \alpha_1} d\alpha_1\right) ds'_2 =$$

$$= - N_1 A_2\, d\alpha_2 + \left(N_1 + \frac{\partial N_1}{\partial \alpha_1} d\alpha_1\right)\left(A_2 + \frac{\partial A_2}{\partial \alpha_1} d\alpha_1\right) d\alpha_2 \simeq$$

$$\simeq \frac{\partial (A_2 N_1)}{\partial \alpha_1} d\alpha_1\, d\alpha_2$$

in which the higher order infinitely small quantities have been neglected

$$P^1_{N2} = - \left(N_2 + \frac{\partial N_2}{\partial \alpha_2} d\alpha_2\right) ds'_1\, d\omega_2 \simeq - N_2 \frac{\partial A_2}{\partial \alpha_1} d\alpha_1\, d\alpha_2$$

and (3.7 a) has been taken into account.

The projections P^1_{N12} and P^1_{N21} are

$$P^1_{N12} = \left(N_{12} + \frac{\partial N_{12}}{\partial \alpha_1} d\alpha_1\right) ds'_2\, d\omega_1 \simeq N_{12} \frac{\partial A_1}{\partial \alpha_2} d\alpha_1\, d\alpha_2$$

$$P^1_{N21} = - N_{21}\, ds_1 + \left(N_{21} + \frac{\partial N_{21}}{d\alpha_2} \partial \alpha_2\right) ds'_1 \simeq \frac{\partial (A_1 N_{21})}{\partial \alpha_2} d\alpha_1\, d\alpha_2$$

The projections P_{Q1} and P_{Q2} are

$$P^1_{Q1} = - \left(Q_1 + \frac{\partial Q_1}{\partial \alpha_1} d\alpha_1\right) ds'_2\, d\varphi_1 \simeq - Q_1 \frac{A_1 A_2}{r_1} d\alpha_1\, d\alpha_2$$

$$P^1_{Q2} = - \left(Q_1 + \frac{\partial Q_1}{\partial \alpha_2} d\alpha_2\right) ds'_1\, d\psi_2 \simeq - Q_2 \frac{A_2 A_1}{r_{21}} d\alpha_1\, d\alpha_2.$$

The load projection upon the axis 01 is

$$P^1_p = p_1 A_1 A_2\, d\alpha_1\, d\alpha_2,$$

p_1 being the load upon the direction of the axis 01, uniformly distributed on the unit area of the shell. Finally, we get the equilibrium equation

$$\frac{1}{A_1 A_2}\left[\frac{\partial(A_2 N_1)}{\partial \alpha_1} - N_2 \frac{\partial A_2}{\partial \alpha_1} + N_{12}\frac{\partial A_1}{\partial \alpha_2} + \frac{\partial(A_1 N_{21})}{\partial \alpha_2}\right] - \frac{Q_1}{r_1} - \frac{Q_2}{r_{21}} + p_1 = 0.$$

Similarly, we deduce the projection equation upon the axis 02. The projection equation upon the axis 03 is

$$\Sigma P^3 = P^3_{N1} + P^3_{N2} + P^3_{N12} + P^3_{N21} + P^3_{Q1} + P^3_{Q2} + P^3_p = 0.$$

where

$$P^3_{N1} = \left(N_1 + \frac{\partial N_1}{\partial \alpha_1} d\alpha_1\right) ds_2' \, d\varphi_1 \simeq N_1 \frac{A_1 A_2}{r_1} d\alpha_1 \, d\alpha_2$$

$$P^3_{N2} \simeq N_2 \frac{A_1 A_2}{r_2} d\alpha_1 \, d\alpha_2$$

$$P^3_{N12} = \left(N_{12} + \frac{\partial N_{12}}{\partial \alpha_1} d\alpha_1\right) ds_2' \, d\psi_1 \simeq N_{12} \frac{A_1 A_2}{r_{12}} d\alpha_1 \, d\alpha_2$$

$$P^3_{N21} \simeq N_{21} \frac{A_1 A_2}{r_{21}} d\alpha_1 \, d\alpha_2$$

$$P^3_{Q1} = -\, Q_1 \, ds_2 + \left(Q_1 + \frac{\partial Q_1}{\partial \alpha_1} d\alpha_1\right) ds_2' \simeq \frac{\partial(A_2 Q_1)}{\partial \alpha_1} d\alpha_1 \, d\alpha_2$$

$$P^3_{Q2} \simeq \frac{\partial(A_1 Q_2)}{\partial \alpha_2} d\alpha_1 \, d\alpha_2$$

$$P^3_p = p_3 A_1 A_2 \, d\alpha_1 \, d\alpha_2$$

whence

$$\frac{N_1}{r_1} + \frac{N_2}{r_2} + \frac{N_{12}}{r_{12}} + \frac{N_{21}}{r_{21}} + \frac{1}{A_1 A_2}\left[\frac{\partial(A_2 Q_1)}{\partial \alpha_1} + \frac{\partial(A_1 Q_2)}{\partial \alpha_2}\right] + p_3 = 0.$$

If on the same differential element the bending and torsional moments are applied (Fig. 3.6), we obtain the equilibrium equations of moments about the axes. Thus

$$\Sigma^1_m = m^1_{M1} + m^1_{M2} + m^1_{M12} + m^1_{M21} + m^1_{Q1} + m^1_{Q2} = 0$$

where

$$m_{M1}^{1} = \left(M_1 + \frac{\partial M_1}{\partial \alpha_1} d\alpha_1\right) ds_2' \, d\omega_1 \simeq M_1 \frac{\partial A_1}{\partial \alpha_2} d\alpha_1 \, d\alpha_2$$

$$m_{M2}^{1} = M_2 \, ds_1 - \left(M_2 + \frac{\partial M_2}{\partial \alpha_2} d\alpha_2\right) ds_1' \simeq - \frac{\partial (A_1 \, M_2)}{\partial \alpha_2} d\alpha_1 \, d\alpha_2$$

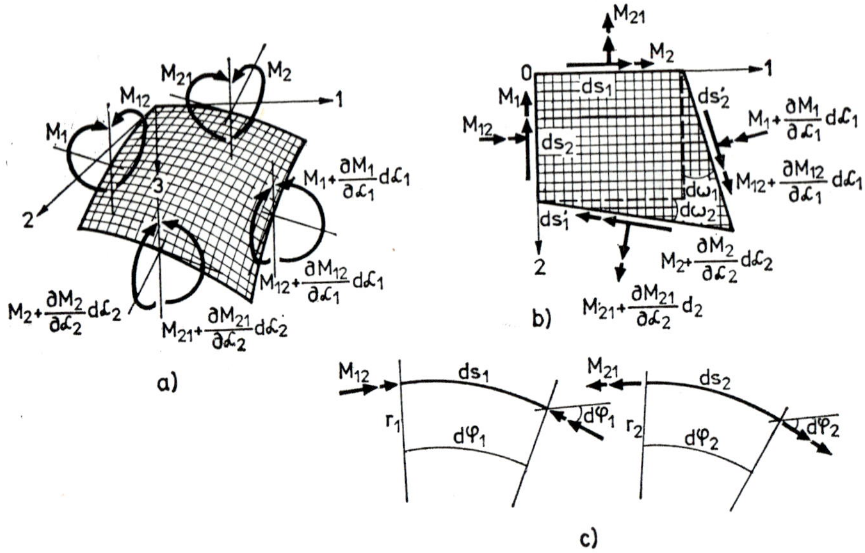

Fig. 3.6. – Equilibrium of bending and twisting moments :

a) shell element; b) projection of moment-vectors upon the 102 planes; c) projection of moment vectors upon the 103 and 203 planes.

$$m_{M12}^{1} = M_{12} \, ds_2 - \left(M_{12} + \frac{\partial M_{12}}{\partial \alpha_1} d\alpha_1\right) ds_2' \simeq - \frac{\partial (A_2 \, M_{12})}{\partial \alpha_1} d\alpha_1 \, d\alpha_2$$

$$m_{M21}^{1} = - \left(M_{21} + \frac{\partial M_{21}}{\partial \alpha_2} d\alpha_2\right) ds_1' \, d\omega_2 \simeq - M_{21} \frac{\partial A_2}{\partial \alpha_1} d\alpha_1 \, d\alpha_2$$

$$m_{Q1} \simeq 0$$

$$m_{Q2} = \left(Q_2 + \frac{\partial Q_2}{\partial \alpha_2} d\alpha_2\right) ds_1' \, ds_2 \simeq Q_2 \, A_1 \, A_2 \, d\alpha_1 \, d\alpha_2.$$

Thus, we get the equilibrium equation

$$\frac{1}{A_1 \, A_2} \left[M_1 \frac{\partial A_1}{\partial \alpha_2} - \frac{\partial (A_1 \, M_2)}{\partial \alpha_2} - \frac{\partial (A_2 \, M_{12})}{\partial \alpha_1} - M_{21} \frac{\partial A_2}{\partial \alpha_1} \right] + Q_2 = 0.$$

In a similar manner we can write the equation $\Sigma_m^2 = 0$.
For $\Sigma_m^3 = 0$ there results

$$m_{N12}^3 = \left(N_{12} + \frac{\partial N_{12}}{\partial \alpha_1} d\alpha_1\right) ds_2' \, ds_1 \simeq N_{12} A_1 A_2 \, d\alpha_1 \, d\alpha_2$$

$$m_{N21}^3 \simeq - N_{21} A_1 A_2 \, d\alpha_1 \, d\alpha_2$$

$$m_{M1}^3 = \left(M_1 + \frac{\partial M_1}{\partial \alpha_1} d\alpha_1\right) ds_2' \, d\psi_1 \simeq M_1 \frac{A_1 A_2}{r_{12}} d\alpha_1 \, d\alpha_2$$

$$m_{M2}^3 = - \left(M_2 + \frac{\partial M_2}{\partial \alpha_2} d\alpha_2\right) ds_1' \, d\psi_2 \simeq - M_2 \frac{A_1 A_2}{r_{21}} d\alpha_1 \, d\alpha_2$$

$$m_{M12}^3 = - \left(M_{12} + \frac{\partial M_{12}}{\partial \alpha_1} d\alpha_1\right) ds_2' \, d\varphi_1 \simeq - M_{12} \frac{A_1 A_2}{r_1} d\alpha_1 \, d\alpha_2$$

$$m_{M21}^3 = \left(M_{21} + \frac{\partial M_{21}}{\partial \alpha_2} d\alpha_2\right) ds_1' \, d\varphi_2 \simeq M_{21} \frac{A_1 A_2}{r_2} d\alpha_1 \, d\alpha_2.$$

The equation of equilibrium will be

$$N_{12} - N_{21} + \frac{M_1}{r_{12}} - \frac{M_2}{r_{21}} - \frac{M_{12}}{r_1} + \frac{M_{21}}{r_2} = 0,$$

or taking account of (3.18), we obtain the reduced equation

$$\frac{M_1}{r_{12}} - \frac{M_2}{r_{21}} = 0.$$

It may be observed that the equation of moments about the axis 03 can be identically verified for the lines of principal co-ordinates. For asymptotic lines it leads to the conclusion that over the whole surface of the shell it is necessary that M_1 be equal to M_2, which obviously is not true. Therefore, the last equation can be disregarded in the general equations of equilibrium. This is fully justified only for the lines of principal co-ordinates; for asymptotic co-ordinates the errors introduced are very small.

Finally, the equilibrium equations may be grouped as follows

$$\frac{1}{A_1 A_2}\left[\frac{\partial(A_2 N_1)}{\partial \alpha_1} - N_2 \frac{\partial A_2}{\partial \alpha_1} + N_{12}\frac{\partial A_1}{\partial \alpha_2} + \frac{\partial(A_1 N_{21})}{\partial \alpha_2}\right] - \frac{Q_1}{r_1} - \frac{Q_2}{r_{21}} + p_1 = 0 \quad (3.19\text{ a})$$

$$\frac{1}{A_1 A_2}\left[\frac{\partial(A_1 N_2)}{\partial \alpha_2} - N_1 \frac{\partial A_1}{\partial \alpha_2} + N_{21}\frac{\partial A_2}{\partial \alpha_1} + \frac{\partial(A_2 N_{12})}{\partial \alpha_1}\right] - \frac{Q_2}{r_2} - \frac{Q_1}{r_{12}} + p_2 = 0 \quad (3.19\text{ b})$$

$$\frac{N_1}{r_1} + \frac{N_2}{r_2} + \frac{N_{12}}{r_{12}} + \frac{N_{21}}{r_{21}} + \frac{1}{A_1 A_2}\left[\frac{\partial(A_2 Q_1)}{\partial \alpha_1} + \frac{\partial(A_1 Q_2)}{\partial \alpha_2}\right] + p_3 = 0 \quad (3.19\text{ c})$$

$$\frac{1}{A_1 A_2}\left[\frac{\partial(A_2 M_1)}{\partial \alpha_1} - M_2 \frac{\partial A_2}{\partial \alpha_1} + M_{12}\frac{\partial A_1}{\partial \alpha_2} + \frac{\partial(A_1 M_{21})}{\partial \alpha_2}\right] - Q_1 = 0 \quad (3.19\text{ d})$$

$$\frac{1}{A_1 A_2}\left[\frac{\partial(A_1 M_2)}{\partial \alpha_2} - M_1 \frac{\partial A_1}{\partial \alpha_2} + M_{21}\frac{\partial A_2}{\partial \alpha_1} + \frac{\partial(A_2 M_{12})}{\partial \alpha_1}\right] - Q_2 = 0. \quad (3.19\text{ e})$$

The number of unknows introduced by the static aspect of the problem is eight (if account is taken of the duality of the shear stresses and torsional moments) and that of the equilibrium equations is five. It follows that the problem is statically indeterminate and we should resort to the equations of deformation.

Disregarding the influence of the bending and torsional moments and that of the transverse shear forces leads to the so-called membrane theory. If in relations (3.19) we set

$$M_1 = M_2 = M_{12} = M_{21} = 0,\; Q_1 = Q_2 = 0$$

we get the following system of equations

$$\frac{\partial(A_2 N_1)}{\partial \alpha_1} - N_2 \frac{\partial A_2}{\partial \alpha_1} + N_{12}\frac{\partial A_1}{\partial \alpha_2} + \frac{\partial(A_1 N_{21})}{\partial \alpha_2} + A_1 A_2 p_1 = 0, \quad (3.20\text{ a})$$

$$\frac{\partial(A_1 N_2)}{\partial \alpha_2} - N_1 \frac{\partial A_1}{\partial \alpha_2} + N_{21}\frac{\partial A_2}{\partial \alpha_1} + \frac{\partial(A_2 N_{12})}{\partial \alpha_1} + A_1 A_2 p_2 = 0, \quad (3.20\text{ b})$$

$$\frac{N_1}{r_1} + \frac{N_2}{r_2} + \frac{N_{12}}{r_{12}} + \frac{N_{21}}{r_{21}} + p_3 = 0. \quad (3.20\text{ c})$$

The system of equations contains three unknows, and, accordingly, in membrane theory the problem becomes statically determinate, the equations of equilibrium being sufficient for the determination of the state of stress.

3.2.3. Strain equations

The state of strain of a shell can be defined if the displacements of a point on the middle surface and the variation of these displacements around this point are known. Thus, we define :

— the tangential displacements u and v upon the directions of the tangents to the coordinate lines α_1 and α_2; and

— the normal displacement w upon the normal to the middle surface of the shell.

The variations of these displacements around the respective point are characterized by :

— the axial strains ε_1 and ε_2;
— the shear strain γ_{12};
— the change in slope of the tangents to the co-ordinate lines χ_1, χ_2;
— the rotation about the normal χ_3;
— the variation of the normal curvatures $\varkappa_1$, $\varkappa_2$;
— the variation of curvature due to twist $\varkappa_{12}$.

Figure 3.7 represents the deformation of a differential element on the middle surface, where the tangential displacements have been separated from the vertical ones.

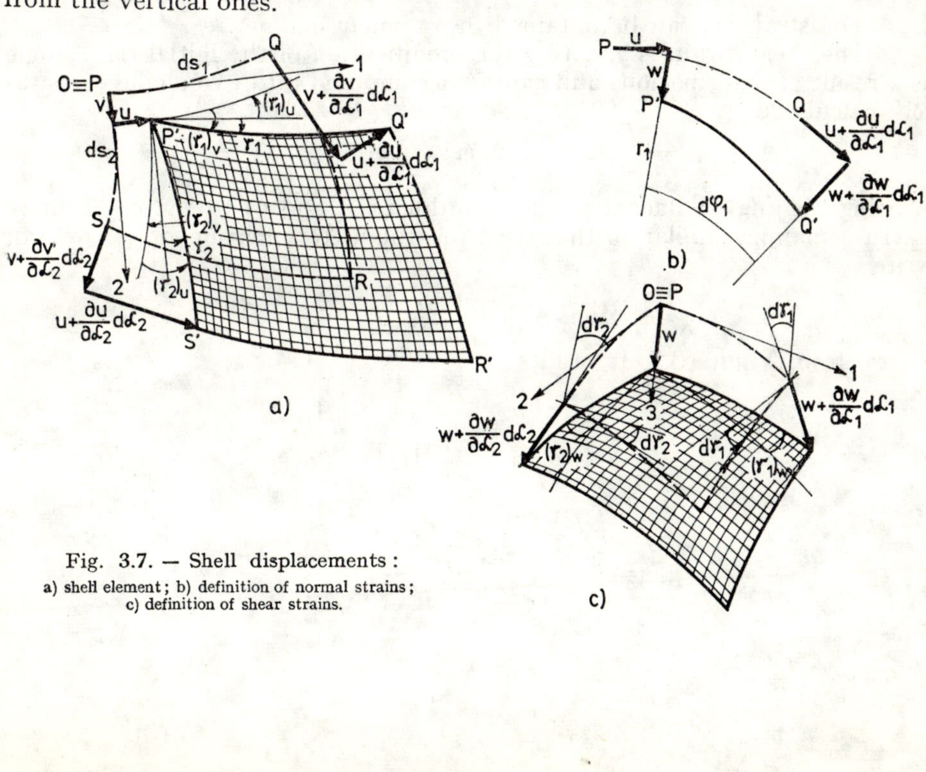

Fig. 3.7. — Shell displacements :
a) shell element; b) definition of normal strains; c) definition of shear strains.

The initial length ds_1 modifies during deformation due to the variation of the displacements u, v and w from one point to another.

Thus, the strain ε_1 has three components

$$\varepsilon_1 = (\varepsilon_1)_u + (\varepsilon_1)_v + (\varepsilon_1)_w$$

where (Fig. 3.7)

$$(\varepsilon_1)_u = \frac{\left(u + \dfrac{\partial u}{\partial \alpha_1} \partial \alpha_1\right) - u}{A_1 \, d\alpha_1} \simeq \frac{1}{A_1} \frac{\partial u}{\partial \alpha_1},$$

$$(\varepsilon_1)_v = \frac{\left(v + \dfrac{\partial v}{\partial \alpha_1} d\alpha_1\right) d\alpha_1}{A_1 \, d\alpha_1} \simeq \frac{1}{A_1 A_2} \frac{\partial A_1}{\partial \alpha_2} v,$$

$$(\varepsilon_1)_w = -\frac{\left(w + \dfrac{\partial w}{\partial \alpha_1} d\alpha_1\right) d\varphi_1}{A_1 \, d\alpha_1} \simeq -\frac{w}{r_1},$$

whence

$$\varepsilon_1 = \frac{1}{A_1} \frac{\partial u}{\partial \alpha_1} + \frac{1}{A_1 A_2} \frac{\partial A_1}{\partial \alpha_2} v - \frac{w}{r_1}.$$

The strain ε_2 can be obtained in a similar manner.

The shear strain is given by the modification of the initial right angle as a result of deformations and can be decomposed into two angles, separately calculated

$$\gamma_{12} = \gamma_1 + \gamma_2$$

γ_1 being the angle adjacent to the co-ordinate α_1 and γ_2 to the co-ordinate α_2. In a manner similar to that used for the determination of ε_1, we can write

$$\gamma_1 = (\gamma_1)_u + (\gamma_1)_v + (\gamma_1)_w$$

where, from Figure 3.7, it results

$$(\gamma_1)_u = -\frac{u}{\rho_1} = -\frac{1}{A_1 A_2} \frac{\partial A_1}{\partial \alpha_2} u$$

$$(\gamma_1)_v = \frac{\left(v + \dfrac{\partial v}{\partial \alpha_1} d\alpha_1\right) - v}{A_1 \, d\alpha_1} = \frac{1}{A_1} \frac{\partial v}{\partial \alpha_1}$$

and, from Figure 3.7 c, we have

$$(\gamma_1)_w = -\frac{w\,d\gamma_1}{A_1\,d\alpha_1} = -\frac{w}{r_{12}}$$

hence

$$\gamma_1 = -\frac{1}{A_1 A_2}\frac{\partial A_1}{\partial \alpha_2}u + \frac{1}{A_1}\frac{\partial v}{\partial \alpha_1} - \frac{w}{r_{12}}.$$

Similarly, we have

$$\gamma_2 = \frac{1}{A_2}\frac{\partial u}{\partial \alpha_2} - \frac{1}{A_1 A_2}\frac{\partial A_2}{\partial \alpha_1}v - \frac{w}{r_{21}}$$

and the total shear strain is

$$\gamma_{12} = \frac{1}{A_2}\frac{\partial u}{\partial \alpha_1} + \frac{1}{A_1}\frac{\partial v}{\partial \alpha_1} - \frac{1}{A_1 A_2}\left(\frac{\partial A_1}{\partial \alpha_2}u + \frac{\partial A_2}{\partial \alpha_1}v\right) - w\left(\frac{1}{r_{12}} + \frac{1}{r_{21}}\right) =$$

$$= \frac{A_1}{A_2}\frac{\partial}{\partial \alpha_2}\left(\frac{u}{A_1}\right) + \frac{A_2}{A_1}\frac{\partial}{\partial \alpha_1}\left(\frac{v}{A_2}\right) - \left(\frac{1}{r_{12}} + \frac{1}{r_{21}}\right)w.$$

The variation of the slope of the tangent to the line of co-ordinates α_1 following the shell deformation is

$$\chi_1 = (\chi_1)_u + (\chi_1)_v + (\chi_1)_w$$

where, from Figure 3.8, we obtain

$$(\chi_1)_u = \frac{u}{r_1}$$

$$(\chi_1)_v = \frac{d\gamma_2}{A_2\,d\alpha_2}v = \frac{v}{r_{21}}$$

$$(\gamma_1)_w = \frac{\left(w + \frac{\partial w}{\partial \alpha_1}\partial \alpha_1\right) - w}{A_1\,d\alpha_1} = \frac{1}{A_1}\frac{\partial w}{\partial \alpha_1}$$

hence

$$\chi_1 = \frac{u}{r_1} + \frac{v}{r_{21}} + \frac{1}{A_1}\frac{\partial w}{\partial \alpha_1}.$$

χ_2 can be obtained in a similar manner. The rotation about the normal χ_3 will be (Fig. 3.8 c)

$$\chi_3 = \frac{\gamma_1 - \gamma_2}{2} = \frac{1}{2}\left[\frac{1}{A_1}\frac{\partial v}{\partial \alpha_1} - \frac{1}{A_2}\frac{\partial u}{\partial \alpha_2} - \frac{1}{A_1 A_2}\frac{\partial A_1}{\partial \alpha_2} u + \right.$$

$$\left. + \frac{1}{A_1 A_2}\frac{\partial A_2}{\partial \alpha_1} v - w\left(\frac{1}{r_{12}} - \frac{1}{r_{21}}\right)\right] = \frac{1}{2}\frac{1}{A_1 A_2}\left[-\frac{\partial}{\partial \alpha_2}(A_1 u) + \right.$$

$$\left. + \frac{\partial}{\partial \alpha_1}(A_2 v)\right] - \frac{1}{2}\left(\frac{1}{r_{12}} - \frac{1}{r_{21}}\right) w.$$

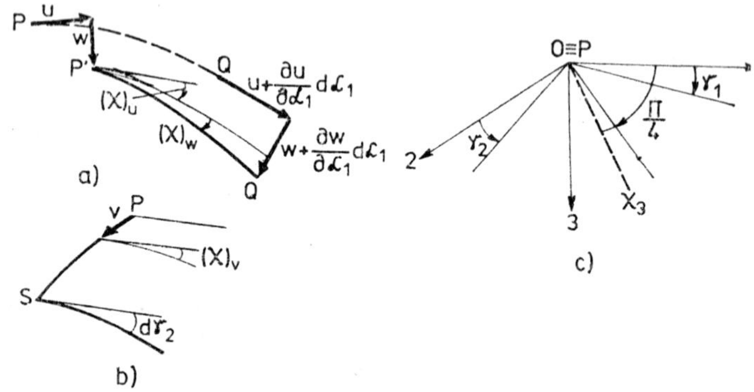

Fig. 3.8. — Changes in the slopes of the tangents : a) due to the displacements u and w; b) due to the displacement v; c) about the norma to the surface.

The variation of the curvature from one point to another can be determined from the variation of the tangent slopes. Figure 3.9 a is a vector representation of the variations of the tangent slopes. It can be observed that, as compared to Fig. 3.7, there exists the correspondence

$$u \leftrightarrow \chi_2,$$

$$v \leftrightarrow -\chi_1,$$

$$w \leftrightarrow \chi_3.$$

Since the slope variation corresponds to a change of the angles and if account is taken of the positive sign of the relations in the positive sense of the axis, the following correspondence exists

$$\gamma_1 \leftrightarrow -\varkappa_1,$$

$$\gamma_2 \leftrightarrow \varkappa_2.$$

Similarly

$$\varepsilon_1 \leftrightarrow \varkappa_1',$$

$$\varepsilon_2 \leftrightarrow -\varkappa_2'.$$

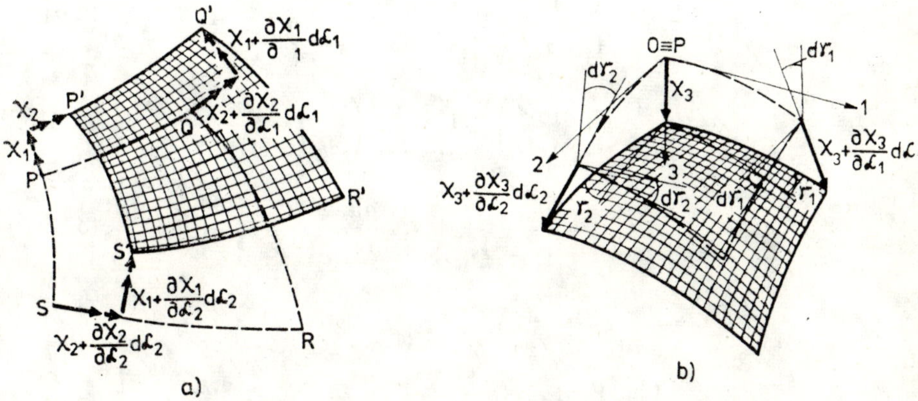

Fig. 3.9. — Changes in curvatures :
a) normal curvature ; b) torsional curvature.

Accordingly, using the relations deduced earlier, we obtain the variation of the curvature

$$\varkappa_1 = \frac{1}{A_1}\frac{\partial \chi_1}{\partial \alpha_1} + \frac{1}{A_1 A_2}\frac{\partial A_1}{\partial \alpha_2}\chi_2 + \frac{\chi_3}{r_{12}},$$

$$\varkappa_2 = \frac{1}{A_2}\frac{\partial \chi_2}{\partial \alpha_2} + \frac{1}{A_1 A_2}\frac{\partial A_2}{\partial \alpha_1}\chi_1 - \frac{\chi_3}{r_{21}},$$

$$\varkappa_1' = \frac{1}{A_1}\frac{\partial \chi_2}{\partial \alpha_1} - \frac{1}{A_1 A_2}\frac{\partial A_1}{\partial \alpha_2}\chi_1 - \frac{\chi_3}{r_1},$$

$$\varkappa_2' = \frac{1}{A_2}\frac{\partial \chi_1}{\partial \alpha_2} - \frac{1}{A_1 A_2}\frac{\partial A_2}{\partial \alpha_1}\chi_2 + \frac{\chi_3}{r_2},$$

and

$$\varkappa_{12} = \frac{\varkappa_1' + \varkappa_2'}{2}.$$

Taking into account that $r_{12} = r_{21}$, the strain conditions of the middle surface are

$$\varepsilon_1 = \frac{1}{A_1}\frac{\partial u}{\partial \alpha_1} + \frac{1}{A_1 A_2}\frac{\partial A_1}{\partial \alpha_2} v - \frac{w}{r_1}, \tag{3.21 a}$$

$$\varepsilon_2 = \frac{1}{A_2}\frac{\partial v}{\partial \alpha_2} + \frac{1}{A_1 A_2}\frac{\partial A_2}{\partial \alpha_1} u - \frac{w}{r_2}, \tag{3.21 b}$$

$$\gamma_{12} = \frac{A_1}{A_2}\frac{\partial}{\partial \alpha_2}\left(\frac{u}{A_1}\right) + \frac{A_2}{A_1}\frac{\partial}{\partial \alpha_1}\left(\frac{v}{A_2}\right) - \frac{2w}{r_{12}}, \tag{3.21 c}$$

$$\chi_1 = \frac{u}{r_1} + \frac{v}{r_{21}} + \frac{1}{A_1}\frac{\partial w}{\partial \alpha_1}, \tag{3.21 d}$$

$$\chi_2 = \frac{v}{r_2} + \frac{u}{r_{12}} + \frac{1}{A_2}\frac{\partial w}{\partial \alpha_2}, \tag{3.21 e}$$

$$\chi_3 = \frac{1}{2}\frac{1}{A_1 A_2}\left[-\frac{\partial}{\partial \alpha_2}(A_1 u) + \frac{\partial}{\partial \alpha_1}(A_2 v)\right], \tag{3.21 f}$$

$$\varkappa_1 = \frac{1}{A_1}\frac{\partial \chi_1}{\partial \alpha_1} + \frac{1}{A_1 A_2}\frac{\partial A_1}{\partial \alpha_2}\chi_2 + \frac{\chi_3}{r_{12}}, \tag{3.21 g}$$

$$\varkappa_2 = \frac{1}{A_2}\frac{\partial \chi_2}{\partial \alpha_2} + \frac{1}{A_1 A_2}\frac{\partial A_2}{\partial \alpha_1}\chi_1 - \frac{\chi_3}{r_{21}}, \tag{3.21 h}$$

$$\varkappa_{12} = \frac{1}{2}\left[\frac{1}{A_1}\frac{\partial \chi_2}{\partial \alpha_1} + \frac{1}{A_2}\frac{\partial \chi_1}{\partial \alpha_2} - \frac{1}{A_1 A_2}\left(\frac{\partial A_1}{\partial \alpha_2}\chi_1 + \right.\right.$$

$$\left.\left. + \frac{\partial A_2}{\partial \alpha_1}\chi_2\right) - \chi_3\left(\frac{1}{r_1} - \frac{1}{r_2}\right)\right]. \tag{3.21 i}$$

For the following calculations the deformations at depth α_3 are necessary; they are established function of those of the middle surface. Figure 3.10 shows a differential element, whose initial length of the middle fibre ds_1 has changed into ds_1', and the radius of curvature has changed from r_1 to r_1'. It results

$$ds_1(\alpha_3) = ds_1\left(1 - \frac{\alpha_3}{r_1}\right),$$

$$ds_1'(\alpha_3) = ds_1'\left(1 - \frac{\alpha_3}{r_1'}\right),$$

hence

$$\varepsilon_1(\alpha_3) = \frac{ds_1'(\alpha_3) - ds_1(\alpha_3)}{ds_1(\alpha_3)} = \frac{1}{1 - \dfrac{\alpha_3}{r_1}} \left[\frac{ds_1' - ds_1}{ds_1} - \right.$$

$$\left. - \alpha_3 \left(\frac{ds_1'}{ds_1} \frac{1}{r_1'} - \frac{1}{r_1} \right) \right] \simeq \varepsilon_1 - \alpha_3 \varkappa_1,$$

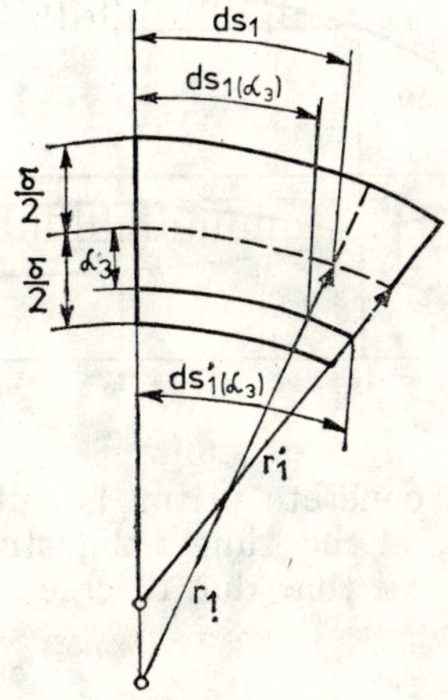

Fig. 3.10. – Variation of deformations across the shell thickness.

where account has been taken that α_3/r_1 can be neglected with respect to 1 and that

$$\frac{1}{r_1'} - \frac{1}{r_1} = \varkappa_1.$$

$\varepsilon_2(\alpha_3)$ and $\gamma_{12}(\alpha_3)$ result in a similar manner. Thus, the strains at depth α_3 will be

$$\varepsilon_{1(\alpha_3)} = \varepsilon_1 - \alpha_3 \varkappa_1, \qquad (3.22\ a)$$

$$\varepsilon_{2(\alpha_3)} = \varepsilon_2 - \alpha_3 \varkappa_2, \qquad (3.22\ b)$$

$$\gamma_{12(\alpha_3)} = \gamma_{12} - 2\alpha_3 \varkappa_{12}. \qquad (3.22\ c)$$

The geometric aspect has introduced 12 unknowns and has put at our disposal 9 equations. Consequently, the problem is still statically indeterminate and resort must be made to relationships between stresses and strains.

3.2.4. Relations between stresses and strains

The problems related to the deformation of concrete are particularly complex and constitute the object of many specialist works (see, for example [2]). In the following we shall restrict our considerations only to what is necessary for establishing calculation relations.

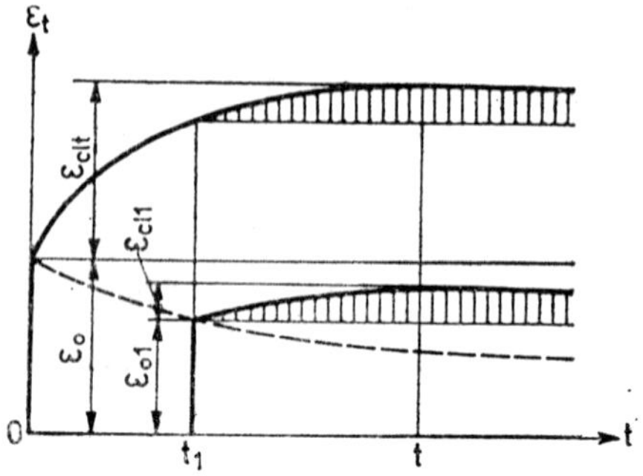

Fig. 3.11. — Increase of deformation in time due to creep.

If a concrete prism is subjected to an initial compression constant in time σ_0, at the time t the strain will consist of the instantaneous elastic strain ε_0 and that due to creep ε_{clt} (Fig. 3.11).

$$\varepsilon_t = \varepsilon_0 + \varepsilon_{clt}$$

The instantaneous strain will be

$$\varepsilon_0 = \frac{\sigma_0}{E_0},$$

E_0 being the instantaneous Young's modulus of the concrete. If a prism of the same lot as the first one is subjected at the time t_1 to the same constant compression stress the overall deformation at the time t will be

$$\varepsilon_{t1} = \varepsilon_{01} + \varepsilon_{clt1},$$

where

$$\varepsilon_{01} = \frac{\sigma_0}{E_{01}}$$

is smaller than ε_0, since the instantaneous Young's modulus has increased. It is found that the strains increase in time according to parallel curves and, consequently, the rate of deformation produced by creep does not depend on the age at which the load is applied but only on the concrete age when the deformation rate is determined [1], [2]; this observation was first made by Whitney on the basis of experimental work.

If we denote

$$\varphi_t = \frac{\varepsilon_{clt}}{\varepsilon_0} \tag{3.23}$$

φ_t being the creep characteristic, then

$$\varepsilon_t = \varepsilon_0 (1 + \varphi_t). \tag{3.24}$$

It follows from the above that the curves φ_t are parallel to each other (Fig. 3.12). The maximum value is obtained after about 3—5 years and is denoted by

$$\varphi_\infty = \overline{\varphi}.$$

The variation in time of φ_t has been more or less empirically calculated by many workers. However, the most frequently used are the relations established by Dischinger [5] on the basis of the parallelism of the curves φ_t

$$\varphi_t = \overline{\varphi}(1 - e^{-\alpha t}), \tag{3.25}$$

in which α is a coefficient determined such that a correspondence should exist with the experimental values. In the relation above it was assumed that the load was applied 28 days after the casting; for other times of loading

$$\varphi_{t,t_1} = \varphi_t - \varphi_{t_1} \tag{3.26}$$

Young's modulus E_{0t} can be calculated by means of the relation

$$E_{0t} = E_0 (1 + \nu\varphi_t) \tag{3.27}$$

where ν is a parameter which depends on the concrete properties and on the environment.

If with the passing of time additional stresses $\Delta\sigma_{ti}$ superpose, by applying the principle of superposition (valid, as shown in Chapter 2, in the case of linear creep) there results that (Fig. 3.13)

$$\varepsilon_t = \varepsilon_0(1 + \varphi_t) + \varepsilon_{01}(1 + \varphi_{t,t_1}) + \varepsilon_{02}(1 + \varphi_{t,t_2}) + \varepsilon_{03}(1 + \varphi_{t,t_3}) +$$

$$+ \ldots\ldots\ldots = \varepsilon_0(1 + \varphi_t) + \sum_{i=1}^{n} \varepsilon_{0i} (1 + \varphi_{t,t_i}) =$$

$$= \frac{\sigma_0}{E_0} (1 + \varphi_t) + \sum_{i=1}^{n} \frac{\Delta\sigma_{0i}}{E_{0i}} (1 + \varphi_{t,t_i}). \tag{3.28}$$

If the stresses increase continually in time, and τ is an intermediate time between the loading moment and the time t, then

$$\Delta\sigma = \frac{\partial\,\sigma_\tau}{\partial\tau}\,\mathrm{d}\tau$$

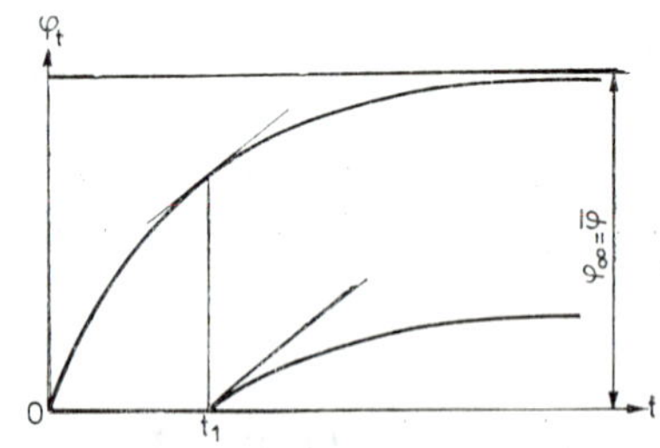

Fig. 3.12. — The characteristic factor of creep.

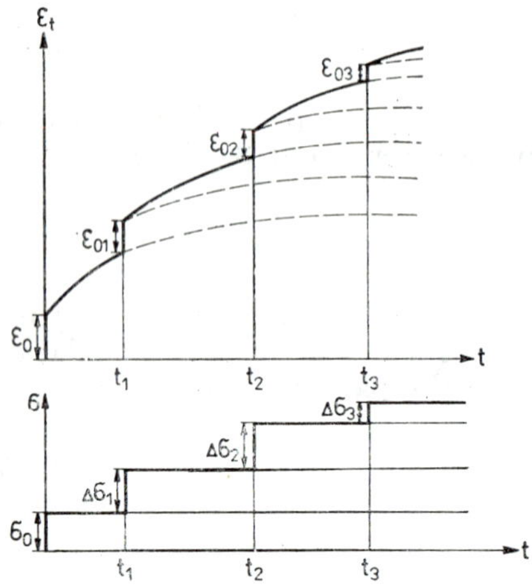

Fig. 3.13. — Loadings variable in time.

whenec

$$\varepsilon_t = \frac{\sigma_0}{E_0}(1+\varphi_t) + \frac{1}{E_0}\int_0^t \frac{\partial\,\sigma_\tau}{\mathrm{d}\tau}\left(\frac{E_0}{E_{0\tau}} + \varphi_t - \varphi_\tau\right)\mathrm{d}\tau. \tag{3.29}$$

Deriving this relation with respect to t, we get

$$\frac{\partial\,\varepsilon_t}{\partial t} = \frac{1}{E_{0t}}\,\frac{\partial\,\sigma_t}{\partial t} + \frac{\sigma_t}{E_0}\,\frac{\mathrm{d}\varphi_t}{\mathrm{d}t}. \tag{3.30}$$

For the shrinkage of concrete, in the analysis of structures a variation affine to that for creep [1], [2] is assumed

$$\varepsilon_{ct} = \frac{\bar{\varepsilon}_c}{\bar{\varphi}}\,\varphi_t \tag{3.31}$$

ε_c being the maximum value of the strain due to shrinkage.

Thus, the total strain results of the form

$$\frac{\partial\,\varepsilon_t}{\partial t} = \frac{1}{E_0}\left(\frac{E_0}{E_{0t}}\,\frac{\partial}{\partial t} + \frac{\mathrm{d}\varphi_t}{\mathrm{d}t}\right)\sigma_t - \frac{\bar{\varepsilon}_c}{\bar{\varphi}}\,\frac{\mathrm{d}\varphi_t}{\mathrm{d}t}, \tag{3.32}$$

which, in the case of uniaxial loading, furnishes the relationship between strains and stresses.

As, however, the stresses in the shell occur upon two directions, the influence of the biaxial state of stress on the behaviour of reinforced concrete must be defined. In [11] it has been shown that the limit of elastic behaviour increases in the range of compression upon two directions, is constant in the range of biaxial tensions and is somehow lower in the compression-tension range. The Young's moduli of concrete are not however basically modified and Poisson's coefficient remains practically constant.

Tests carried out on the influence of creep on the state of multiaxial stresses, described in [10], showed that Poisson's coefficient does not change in time.

Thus, relation (3.32) obtained for states of monoaxial stresses can be extended to the biaxial states of stresses and consequently relations of the type of Hooke's generalized law can be written

$$\frac{\partial \varepsilon_{1t}}{\partial t} = \frac{1}{E_0}\left(\frac{E_0}{E_{0t}}\frac{\partial}{\partial t} + \frac{d\varphi_t}{dt}\right)(\sigma_{1t} - \mu\sigma_{2t}) - \frac{\bar{\varepsilon}_c}{\bar{\varphi}}\frac{d\varphi_t}{dt} \tag{3.33 a}$$

$$\frac{\partial \varepsilon_{2t}}{\partial t} = \frac{1}{E_0}\left(\frac{E_0}{E_{0t}}\frac{\partial}{\partial t} + \frac{d\varphi_t}{dt}\right)(\sigma_{2t} - \mu\sigma_{1t}) - \frac{\bar{\varepsilon}_c}{\bar{\varphi}}\frac{d\varphi_t}{dt}, \tag{3.33 b}$$

$$\frac{\partial \gamma_{12t}}{\partial t} = \frac{1}{G_0}\left(\frac{E_0}{E_{0t}}\frac{\partial}{\partial t} + \frac{d\varphi_t}{dt}\right)\tau_{12t} \tag{3.33 c}$$

in the last relation account being taken of the proportionality

$$\frac{G_0}{G_{0t}} \simeq \frac{E_0}{E_{0t}}.$$

If we introduce the operator

$$J(\cdots) = \left(\frac{E_0}{E_{0t}}\frac{\partial}{\partial t} + \frac{d\varphi_t}{dt}\right)(\cdots) \tag{3.34}$$

then

$$\frac{\partial \varepsilon_{1t}}{\partial t} = \frac{1}{E_0} J(\sigma_{1t} - \mu\sigma_{2t}) - \frac{\bar{\varepsilon}_c}{\bar{\varphi}}\frac{d\varphi_t}{dt}, \tag{3.35 a}$$

$$\frac{\partial \varepsilon_{2t}}{\partial t} = \frac{1}{E_0} J(\sigma_{2t} - \mu\sigma_{1t}) - \frac{\bar{\varepsilon}_c}{\bar{\varphi}}\frac{d\varphi_t}{dt}, \tag{3.35 b}$$

$$\frac{\partial \gamma_{12t}}{\partial t} = \frac{1}{G_0} J(\tau_{12t}). \tag{3.35 c}$$

If these relations are resolved with respect to stresses and account is taken of (3.22), we get

$$J(\sigma_{1t})_{\alpha_3} = E_0 \frac{\partial}{\partial t}\left[\varepsilon_{1t} + \mu \varepsilon_{2t} - \alpha_3 (\varkappa_{1t} + \mu \varkappa_{2t}) + (1 + \mu) \frac{\bar{\varepsilon}_c}{\bar{\varphi}} \varphi_t \right], \quad (3.36\text{ a})$$

$$J(\sigma_{2t})_{\alpha_3} = E_0 \frac{\partial}{\partial t}\left[\varepsilon_{2t} + \mu \varepsilon_{1t} - \alpha_3 (\varkappa_{2t} + \mu \varkappa_{1t}) + (1 + \mu) \frac{\bar{\varepsilon}_c}{\bar{\varphi}} \varphi_t \right], \quad (3.36\text{ b})$$

$$J(\tau_{12t})_{\alpha_3} = E_0 \frac{1-\mu}{2} \frac{\partial}{\partial t} (\gamma_{12t} - 2\alpha_3 \varkappa_{12t}). \quad (3.36\text{ c})$$

If in both sides of the equality in relations (3.16) the operator $J(\ldots)$ is applied and account is taken of (3.36), the relationships between stresses and strains are obtained

$$J(N_{1t}) = D_0 \frac{\partial}{\partial t}\left[\varepsilon_{1t} + \mu \varepsilon_{2t} + (1 + \mu) \frac{\bar{\varepsilon}_c}{\bar{\varphi}} \varphi_t \right], \quad (3.37\text{ a})$$

$$J(N_{2t}) = D_0 \frac{\partial}{\partial t}\left[\varepsilon_{2t} + \mu \varepsilon_{1t} + (1 + \mu) \frac{\bar{\varepsilon}_c}{\bar{\varphi}} \varphi_t \right], \quad (3.37\text{ b})$$

$$J(N_{12t}) = D_0 \frac{1-\mu}{2} \frac{\partial \gamma_{12t}}{\partial t}, \quad (3.37\text{ c})$$

$$J(M_{1t}) = -K_0 \frac{\partial}{\partial t} (\varkappa_{1t} + \mu \varkappa_{2t}), \quad (3.37\text{ d})$$

$$J(M_{2t}) = -K_0 \frac{\partial}{\partial t} (\varkappa_{2t} + \mu \varkappa_{1t}), \quad (3.37\text{ e})$$

$$J(M_{12t}) = -K_0 (1 - \mu) \frac{\partial \varkappa_{12t}}{\partial t}. \quad (3.37\text{ f})$$

It can be seen that the transverse shear forces can be straightly derived from the equilibrium equations (3.19 d, e), if the bending and twisting moments are known. In the above relations

$$K_0 = \frac{E_0\, \delta^3}{12(1-\mu^2)}; \quad D_0 = \frac{E_0 \delta}{1-\mu^2}, \quad (3.38\text{ a, b})$$

are the bending and axial stiffnesses per unit length of the shell. Relations (3.37) give the relationship looked for between stresses and strains. Thus, the physical aspect of the problem supplies six relations without introducing new unknowns.

From relations (3.37 a — c), we have

$$\frac{\partial \varepsilon_{1t}}{\partial t} = \frac{1}{E_0 \delta} J(N_{1t} - \mu N_{2t}) - \frac{\bar{\varepsilon}_c}{\bar{\varphi}} \frac{d\varphi_t}{dt}, \tag{3.39 a}$$

$$\frac{\partial \varepsilon_{2t}}{\partial t} = \frac{1}{E_0 \delta} J(N_{2t} - \mu N_{1t}) - \frac{\bar{\varepsilon}_c}{\bar{\varphi}} \frac{d\varphi_t}{dt}, \tag{3.39 b}$$

$$\frac{\partial \gamma_{12t}}{\partial t} = \frac{2(1 + \mu)}{E_0 \delta} J(N_{12t}). \tag{3.39 c}$$

3.2.5. Synthesis of the three aspects

If we try to analyse the unknowns and the relations deduced so far, the situation can be depicted as follows:

Aspect	Unknowns	Equations
— statical	8	5
— geometrical	12	9
— physical	—	6
Total	20	20

It can be seen that we dispose of an equal number of equations and unknowns and the problem could be solved theoretically. Their number is however so great that the problem cannot be practically solved. Simplified methods have been therefore developed, which substantially reduce the number of unknowns by successive eliminations.

As in the theory of structures, three principal methods can be distinguished:

(a) *the force method,* in which the unknowns of the problem remain one or several of the forces

$$F(N_1, N_2, N_{12}, M_1, M_2, M_{12}, Q_1, Q_2) = 0; \tag{3.40 a}$$

(b) *the deformation method,* in which the unknowns of the problem remain the three displacements u, v and w, and the equations have the form

$$\begin{aligned} L_{11}(u) + L_{12}(v) + L_{13}(w) &= X, \\ L_{21}(u) + L_{22}(v) + L_{23}(w) &= Y, \\ L_{31}(u) + L_{32}(v) + L_{33}(w) &= Z. \end{aligned} \tag{3.40 b}$$

L_{ij} being differential operators;

(c) *the mixed method,* in which the unknowns are the displacement d and the force E, and the basic system is of the form

$$D_{11}(d) + D_{12}(E) = f_1(X, Y, Z),$$

$$D_{21}(d) + D_{22}(E) = f_2(X, Y, Z), \qquad (3.40\ \text{c})$$

D_{ij} being also differential operators.

Since the problem cannot be treated in a general manner, each shell having its specific features, in the following the equations of thin shells will be determined according to the manner in which they are generated.

3.3. Equations of complete cylindrical shells, symmetrically loaded

To define the surface, we choose the curvilinear co-ordinates (Fig. 3.14)

$$\alpha_1 = x\,;\ \alpha_2 = \varphi\,;\ \alpha_3 = z, \qquad (3.41\ \text{a})$$

and since

$$ds_1 = A_1\,d\alpha_1 = dx\,;\ ds_2 = R\,d\varphi \qquad (3.41\ \text{b})$$

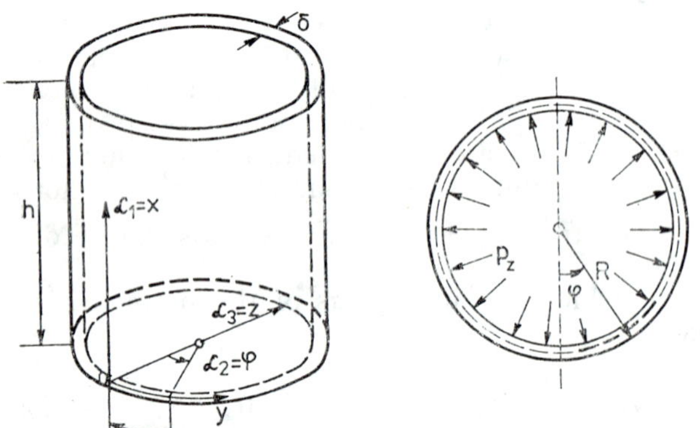

Fig. 3.14. — Complete cylindrical shell loaded symmetrically with respect to its axis.

we have

$$A_1 = 1\,;\ A_2 = R \qquad (3.41\ \text{c})$$

and the curvatures are

$$\frac{1}{r_1} = 0\,;\ \frac{1}{r_2} = \frac{1}{R}\,;\ \frac{1}{r_{12}} = \frac{1}{r_{21}} = 0. \qquad (3.41\ \text{d})$$

Since the cylindrical shell is symmetrically loaded, we can write

$$N_{x\varphi} = N_{\varphi x} = Q_{\varphi} = M_{x\varphi} = M_{\varphi x} = p_{\varphi} = 0$$

and the variation of all the forces with respect to $\alpha_2 = \varphi$ is zero.

From the equations of equilibrium (3.19a, c, d), we obtain

$$\frac{\partial N_x}{\partial x} + p_x = 0 \tag{3.42 a}$$

$$\frac{N_{\varphi}}{R} + \frac{\partial Q_x}{\partial x} + p_z = 0 \tag{3.42 b}$$

$$\frac{\partial M_x}{\partial x} - Q_x = 0 \tag{3.42 c}$$

equations (3.19b, c) being identically satisfied. In the above relations, p_x and p_z are the loads upon the axes x and z.

Within the geometric aspect, as a result of the symmetry of structure and loading, it follows that

$$v = \gamma_{x\varphi} = \chi_{\varphi} = \chi_z = \varkappa_{\varphi} = \varkappa_{x\varphi} = 0$$

and from equations (3.21 a, b, d, g) it results

$$\varepsilon_x = \frac{\partial u}{\partial x}; \quad \varepsilon_{\varphi} = -\frac{w}{R}, \tag{3.43 a,b}$$

$$\chi_x = \frac{\partial w}{\partial x}; \quad \varkappa_x = \frac{\partial^2 w}{\partial x^2}. \tag{3.43 c,d}$$

From the equations of the physical aspect relations (3.37 a, b, d, e) remain significant. Thus

$$J(N_{xt}) = D_0 \frac{\partial}{\partial t}\left[\varepsilon_{xt} + \mu\varepsilon_{\varphi t} + (1+\mu)\frac{\bar{\varepsilon}_c}{\bar{\varphi}}\varphi_t\right], \tag{3.44 a}$$

$$J(N_{\varphi t}) = D_0 \frac{\partial}{\partial t}\left[\varepsilon_{\varphi t} + \mu\varepsilon_{xt} + (1+\mu)\frac{\bar{\varepsilon}_c}{\bar{\varphi}}\varphi_t\right], \tag{3.44 b}$$

$$J(M_{xt}) = -K_0 \frac{\partial \varkappa_{xt}}{\partial t}, \tag{3.44 c}$$

$$J(M_{\varphi t}) = -K_0 \frac{\partial \varkappa_{\varphi t}}{\partial t}. \tag{3.44 d}$$

From equation (3.42 a) we straightly get

$$N_x = -\int p_x \, dx + C \tag{3.45}$$

and, consequently, the longitudinal forces are independent of the normal loading p_z. The effect of the two loadings can, therefore, be examined separately, using the principle of superposition.

Thus, if we consider only the transverse loadings, we get

$$J(N_{xt}) = D_0 \frac{\partial}{\partial t}\left[\varepsilon_{xt} + \mu\varepsilon_{\varphi t} + (1+\mu)\frac{\bar{\varepsilon}_c}{\bar{\varphi}}\varphi_t\right] = 0$$

whence

$$\frac{\partial \varepsilon_{xt}}{\partial t} = -\frac{\partial}{\partial t}\left[\mu\varepsilon_{\varphi t} + (1+\mu)\frac{\bar{\varepsilon}_c}{\bar{\varphi}}\varphi_t\right]$$

which, inserted into (3.44 b) gives

$$J(N_{\varphi t}) = E_0\,\delta\,\frac{\partial}{\partial t}\left(\varepsilon_{\varphi t} + \frac{\bar{\varepsilon}_c}{\bar{\varphi}}\varphi_t\right)$$

and if account is also taken of (3.43 b)

$$J(N_{\varphi t}) = -\frac{E_0\,\delta}{R}\frac{\partial}{\partial t}\left(w_t - R\frac{\bar{\varepsilon}_c}{\bar{\varphi}}\varphi_t\right). \tag{3.46}$$

From equation (3.43 d) we can write

$$J(M_{xt}) = -K_0\frac{\partial}{\partial t}\left(\frac{\partial^2 w_t}{\partial x^2}\right). \tag{3.47}$$

If equation (3.42 c) is inserted into (3.43 b), we obtain

$$\frac{N_\varphi}{R} + \frac{\partial^2 M_x}{\partial x^2} + p_z = 0$$

and if to this equation we apply the operator $J(\ldots)$, defined by relation (3.34), then

$$\frac{J(N_{\varphi t})}{R} + J\left(\frac{\partial^2 M_{xt}}{\partial x^2}\right) + J(p_{zt}) = 0. \tag{3.48}$$

If relations (3.46) and (3.47) are inserted into equation (3.48), we obtain

$$\frac{\partial}{\partial t}\left(\frac{\partial^4 w_t}{\partial x^4}+\frac{E_0\,\delta}{K_0 R^2}\,w_t\right)=\frac{J(p_{zt})}{K_0}+\frac{E_0\,\delta}{K_0 R^2}\,\frac{\bar{\varepsilon}_c}{\varphi}\,\frac{\mathrm{d}\varphi_t}{\mathrm{d}t}. \tag{3.49}$$

This equation represents the generalized form of the well-known equation of cylindrical shells symmetrically loaded in the elastic range [4], [14]

$$\frac{\mathrm{d}^4 w}{\mathrm{d}x^4}+\frac{E_0\,\delta}{K_0\,R^2}\,w=\frac{p_z}{K_0}. \tag{3.50}$$

3.4. Equations of shallow shells

An important domain with applications in constructions is that of shallow shells, the rise of which is small with respect to the span. Reissner [15] considers a shell to be shallow if $f/2a < 1/8$. Vlasov [18] suggests the ratio $f/2a < 1/5$ as limit of applicability of the equations of shallow shells. Tottenham [17] considers the same value as Reissner. In another paper, however, Reissner suggests that $f/2a < 1/12$.

To establish a more accurate value, J. Lachance and E. Popov [12] compared the exact solutions of the spherical dome with those obtained for shallow shells, with hinged and built-in supports. They arrived at the following conclusions:

— the manner of support does not practically influence the magnitude of errors;

— all forces have approximately the same errors;

— the forces are greater in the theory of shallow shells;

— for maximum errors of 5 per cent $f/2a \leqslant 1/13$, and for maximum errors of 10 per cent $f/2a \leqslant 1/10$.

In spite of all these very restrictive conditions of applicability of the theory of shallow shells, in most works [3], [4], [14] the limitation formulated by Vlasov is admitted, namely

$$\frac{f_{\max}}{d_{\min}} \leqslant \frac{1}{5}$$

where $f_{\max}$ is the maximum rise and $d_{\min}$ is the minimum dimension of the shell contour. In addition to the general assumptions used for shallow surfaces additional hypotheses have been introduced, on the basis of which Marguerre [13] and Vlasov [18] formulated the theory of shallow shells:

— the curvature and its variation are very small over the whole surface;

— the principal forces in the shell are those in its own plane, the transverse shear being much smaller;

— the deformations normal to the shell surface are greater than the in-plane deformations;

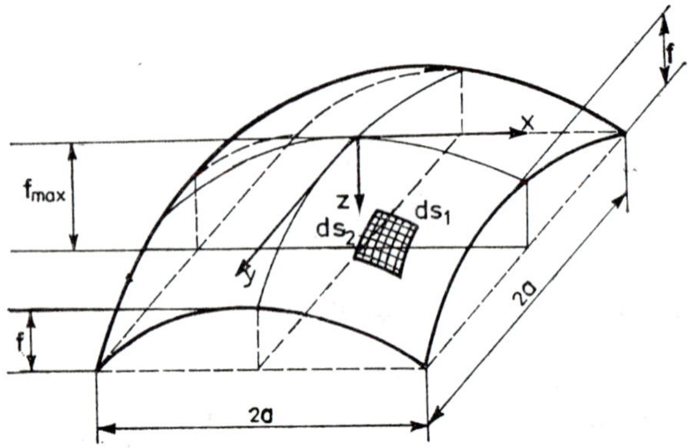

Fig. 3.15 — Shallow shell.

— the lengths measured over the surface are practically equal to their projections.

Thus, choosing a system of axes $xOyz$ (Fig. 3.15), we have

$$\alpha_1 = x\,;\ \alpha_2 = y\,;\ \alpha_3 = z,$$

$$ds_1 = A_1\, d\alpha_1 \simeq dx\,;\ ds_2 = A_2\, d\alpha_2 \simeq dy,$$

whence

$$A_1 = 1\,;\ A_2 = 1.$$

If the shell is considered to be subjected solely to vertical loads, from the equations of equilibrium, performing the above simplifications, we get

$$\frac{\partial N_x}{\partial x} + \frac{\partial N_{yx}}{\partial y} = 0, \tag{3.51 a}$$

$$\frac{\partial N_y}{\partial y} + \frac{\partial N_{xy}}{\partial x} = 0, \tag{3.51 b}$$

$$\frac{N_x}{r_x} + \frac{2N_{xy}}{r_{xy}} + \frac{N_y}{r_y} + \frac{\partial^2 M_x}{\partial x^2} + 2\frac{\partial^2 M_{xy}}{\partial x\, \partial y} + \frac{\partial^2 M_y}{\partial y^2} + p_z = 0, \tag{3.51 c}$$

$$\frac{\partial M_x}{\partial x} + \frac{\partial M_{yx}}{\partial y} - Q_x = 0, \tag{3.51 d}$$

$$\frac{\partial M_y}{\partial y} + \frac{\partial M_{xy}}{\partial x} - Q_y = 0. \tag{3.51 e}$$

According to the assumption above, in equations (3.21) the terms in u, v and χ_x have been neglected. We have

$$\varepsilon_x = \frac{\partial u}{\partial x} - \frac{w}{r_x}; \quad \varepsilon_y = \frac{\partial v}{\partial y} - \frac{w}{r_y}, \tag{3.52 a,b}$$

$$\gamma_{xy} = \frac{\partial u}{\partial y} + \frac{\partial v}{\partial x} - \frac{2w}{r_{xy}}, \tag{3.52 c}$$

$$\chi_x = \frac{\partial w}{\partial x}; \quad \chi_y = \frac{\partial w}{\partial y}, \tag{3.52 d,e}$$

$$\varkappa_x = \frac{\partial \chi_x}{\partial x} = \frac{\partial^2 w}{\partial x^2}; \quad \varkappa_y = \frac{\partial \chi_y}{\partial y} = \frac{\partial^2 w}{\partial y^2}, \tag{3.52 f,g}$$

$$\varkappa_{xy} = \frac{1}{2}\left(\frac{\partial \chi_y}{\partial x} + \frac{\partial \chi_x}{\partial y}\right) = \frac{\partial^2 w}{\partial x\, \partial y}, \tag{3.52 h}$$

The equations of the physical aspect are given by (3.37). Thus

$$J(N_{xt}) = D_0 \frac{\partial}{\partial t}\left[\varepsilon_{xt} + \mu \varepsilon_{yt} + (1 + \mu)\frac{\overline{\varepsilon}_c}{\varphi}\varphi_t\right], \tag{3.53 a}$$

$$J(N_{yt}) = D_0 \frac{\partial}{\partial t}\left[\varepsilon_{yt} + \mu \varepsilon_{xt} + (1 + \mu)\frac{\overline{\varepsilon}_c}{\varphi}\varphi_t\right], \tag{3.53 b}$$

$$J(N_{xyt}) = D_0 \frac{1 - \mu}{2}\frac{\partial \gamma_{xyt}}{\partial t}, \tag{3.53 c}$$

$$J(M_{xt}) = -K_0 \frac{\partial}{\partial t}(\varkappa_{yt} + \mu \varkappa_{xt}), \tag{3.53 d}$$

$$J(M_{yt}) = -K_0 \frac{\partial}{\partial t}(\varkappa_{yt} + \mu \varkappa_{yt}), \tag{3.53 e}$$

$$J(M_{xyt}) = -K_0(1 - \mu)\frac{\partial \varkappa_{xyt}}{\partial t}, \tag{3.53 f}$$

and from (3.39) we get

$$\frac{\partial \varepsilon_{xt}}{\partial t} = \frac{1}{E_0 \delta} J(N_{xt} - \mu N_{yt}) - \frac{\overline{\varepsilon}_c}{\varphi}\frac{d\varphi_t}{dt}, \tag{3.54 a}$$

$$\frac{\partial \varepsilon_{yt}}{\partial t} = \frac{1}{E_0 \delta} J(N_{yt} - \mu N_{xt}) - \frac{\overline{\varepsilon}_c}{\varphi}\frac{d\varphi_t}{dt}, \tag{3.54 b}$$

$$\frac{\partial \gamma_{xyt}}{\partial t} = \frac{2(1 + \mu)}{E_0} J(N_{xyt}). \tag{3.54 c}$$

In order to reduce the number of unknowns the Airy stress function is used, defined by the relations

$$N_x = \frac{\partial^2 f}{\partial y^2}; \quad N_y = \frac{\partial^2 f}{\partial x^2}. \tag{3.55a,b}$$

Using relations (3.51 a,b) we get

$$N_{yx} = -\int \frac{\partial N_x}{\partial x}\, dy - C_1(x) = -\frac{\partial^2 f}{\partial x\, \partial y} - C_1(x),$$

$$N_{xy} = -\int \frac{\partial N_y}{\partial y}\, dx - C_2(y) = -\frac{\partial^2 f}{\partial x\, \partial y} - C_2(y).$$

Since the shear forces ($N_{xy} = N_{yx}$) are dual, the integration constants must be equal, and since they cannot be at the same time function of both variables

$$C_1(x) = C_2(y) = C,$$

then

$$N_{xy} = N_{yx} = -\frac{\partial^2 f}{\partial x\, \partial y} - C. \tag{3.55 c}$$

If we introduce a new unknown of the form

$$F = f + Cxy \tag{3.56}$$

we get

$$N_x = \frac{\partial^2 F}{\partial y^2}; \quad N_y = \frac{\partial^2 F}{\partial x^2}; \quad N_{xy} = -\frac{\partial^2 F}{\partial x\, \partial y}. \tag{3.57a—c}$$

If to equation (3.51c) we apply the operator $J(\ldots)$, defined by relation (3.34), we obtain

$$J\left(\frac{N_{xt}}{r_x} + \frac{2N_{xyt}}{r_{xy}} + \frac{N_{yt}}{r_y} + \frac{\partial^2 M_{xt}}{\partial x^2} + 2\frac{\partial^2 M_{xyt}}{\partial x\, \partial y} + \frac{\partial^2 M_{yt}}{\partial y^2} + p_{zt}\right) = 0 \tag{3.58}$$

and if relations (3.57), (3.53d — f) and (3.52f — h) are introduced into (3.58) there results the equation

$$J\left(\frac{1}{r_x}\frac{\partial^2 F_t}{\partial y^2} - \frac{2}{r_{xy}}\frac{\partial^2 F_t}{\partial x\, \partial y} + \frac{1}{r_y}\frac{\partial^2 F_t}{\partial x^2}\right) - K_0 \frac{\partial}{\partial t}\left(\frac{\partial^4 w_t}{\partial x^4} + \right.$$

$$\left. + 2\frac{\partial^4 w_t}{\partial x^2\, \partial y^2} + \frac{\partial^4 w_t}{\partial y^4}\right) + J(p_{zt}) = 0 \tag{3.59}$$

which represents the first looked for equation.

The second equation is obtained from (3.52 a—c)

$$\frac{\partial^2 \varepsilon_x}{\partial y^2} = \frac{\partial^3 u}{\partial x\, \partial y^2} - \frac{1}{r_x}\frac{\partial^2 w}{\partial y^2}; \quad \frac{\partial^2 \varepsilon_y}{\partial x^2} = \frac{\partial^3 v}{\partial x\, \partial y^2} - \frac{1}{r_y}\frac{\partial^2 w}{\partial x^2};$$

$$\frac{\partial^2 \gamma_{xy}}{\partial x\, \partial y} = \frac{\partial^3 u}{\partial x\, \partial y^2} + \frac{\partial^3 v}{\partial x^2\, \partial y} - \frac{2}{r_{xy}}\frac{\partial^2 w}{\partial x\, \partial y}.$$

Eliminating the displacements u and v, we obtain the compatibility condition of the deformations

$$\frac{\partial^2 \varepsilon_x}{\partial y^2} + \frac{\partial^2 \varepsilon_y}{\partial x^2} - \frac{\partial^2 \gamma_{xy}}{\partial x\, \partial y} + \frac{1}{r_x}\frac{\partial^2 w}{\partial y^2} - \frac{2}{r_{xy}}\frac{\partial^2 w}{\partial x\, \partial y} + \frac{1}{r_y}\frac{\partial^2 w_t}{\partial x^2} = 0. \quad (3.60)$$

Deriving this equation with respect to t and taking account of (3.54) and (3.57), we get

$$\frac{1}{E_0\,\delta} J\left(\frac{\partial^4 F_t}{\partial x^4} + 2\frac{\partial^4 F^t}{\partial x^2 \partial y^2} + \frac{\partial^4 F_t}{\partial y^4}\right) + \frac{\partial}{\partial t}\left(\frac{1}{r_x}\frac{\partial^2 w_t}{\partial y^2} - \right.$$

$$\left. - \frac{2}{r_{xy}}\frac{\partial^2 w_t}{\partial x\, \partial y} + \frac{1}{r_y}\frac{\partial^2 w_t}{\partial\, x^2}\right) = 0 \quad (3.61)$$

which is the second looked for equation. If we introduce the operators

$$\nabla^2(\ldots) = \frac{\partial^2(\ldots)}{\partial\, x^2} + \frac{\partial^2(\ldots)}{\partial\, y^2}, \quad (3.62\text{ a})$$

$$\nabla^2_r(\ldots) = \frac{1}{r_x}\frac{\partial^2(\ldots)}{\partial y^2} - \frac{2}{r_{xy}}\frac{\partial^2(\ldots)}{\partial x\, \partial y} + \frac{1}{r_y}\frac{\partial^2(\ldots)}{\partial\, x^2}, \quad (3.62\text{ b})$$

equations (3.59) and (3.61) can be written under the form

$$J(\nabla^2_r F_t) - K_0 \frac{\partial}{\partial t}(\nabla^2 \nabla^2 w_t) + J(p_{zt}) = 0, \quad (3.63\text{ a})$$

$$\frac{1}{E_0\,\delta} J(\nabla^2 \nabla^2 F_t) + \frac{\partial}{\partial t}(\Delta^2_r w_t) = 0, \quad (3.63\text{ b})$$

which represent the generalization of the known Marguerre—Vlasov equations [3], [4], [13], [18] from the elastic range

$$\nabla_r^2 F - K_0 \nabla^2 \nabla^2 w + p_z = 0, \tag{3.64 a}$$

$$\frac{1}{E_0 \delta} \nabla^2 \nabla^2 F + \nabla_r^2 w = 0. \tag{3.64 b}$$

to the case of concrete with elastic and viscous properties.

Equations (3.63) also take into account the creep of concrete by the introduction of the time factor. The shrinkage of the concrete does not intervene in calculations and its influence on the shell behaviour will be introduced through the boundary conditions. A system of equations similar to (3.63) is also deduced in [9], but the time operator is of integral form.

References

1. Avram, N. C., *Curs de beton armat,* Part I, 1957, Part II, 1955, Institutul Politehnic Timişoara.
2. Avram, C., Făcăoaru, I., Filimon, I., Mîrşu, O., Tertea, I., *Rezistenţele şi deformaţiile betonului,* Editura tehnică, Bucureşti, 1971.
3. Beleş, A. A., Soare, V. M., *Elliptic and hyperbolic paraboloidal shells used in constructions,* Editura Academiei, Bucureşti and S. P. Christie & Partners, London, 1976.
4. Beleş, A. A., Soare, V. M., *Berechnung von Schalentragwerken,* Bauverlag, Wiesbaden-Berlin, 1972.
5. Dischinger, F., *Untersuchungen über die Knicksicherheit, die elastische Verformung und das Kriechen das beton bei Bogenbrücken,* Der Bauingineur, *18*, 1937.
6. Dobrescu, A., *Geometrie diferenţială,* Editura didactică şi pedagogică, Bucureşti, 1963.
7. Gioncu, V., *Comportarea şi calculul cupolelor din beton armat, rezemate pe arce cu tiranţi,* Doctorial thesis, Institutul Politehnic "Traian Vuia", Timişoara, 1971.
8. Gioncu, V., *Ecuaţiile neliniare ale plăcilor curbe subţiri din beton armat, rigidizate cu nervuri,* Buletinul Institutului politehnic Timişoara, *1*, 1972.
9. Gradowczyk, M. N., Distefano, I. N., *The viscoelastic theory of thin shallow shells,* Ingineur Archiv., *5*, 1965, 304—312.
10. Hannant, D. I., *Creep and creep recovery of concrete subjected to multiaxial compressive stress,* Journal of American Concrete Institute, *5*, 1969, 391—394.
11. Kupfer, H., Hilsdorf, H. K., Rüsch, H., *Behavior of concrete under biaxial stresses,* Journal of the American Concrete Institute, *8*, 1969, 656—666.
12. Lachance, L., Popov, E. P., *Limitations of shallow shell equations for spherical shells,* Symposium IASS Budapest, Vol. 2, 389—404.
13. Marguerre, K., *Zur Theorie der gekrümmten Platten großer Formänderung,* Jahrbuch 1939 der Deutschen Luftfahrtforschung, 1939, 413—418.
14. Mihailescu, M., *Învelitori subţiri. Manual pentru calculul construcţiilor, secţiunea VII,* Editura tehnică, Bucureşti, 1959.
15. Reissner, E., *On some aspects of the theory of thin elastic shells,* Journal Boston Society of Civil Engineers, 1955, 100.
16. Reissner E., *Symmetric bending of shallow shells of revolution,* Journal of Mathematics and Mechanics, *2*, 1960.
17. Tottenham, H., *Approximate solutions to shell problems, with particular reference to shells of double curvature,* Symposium IASS, Oslo, 1957, 210—220.
18. Wlasow, V. S., *Allgemeine Schalentheorie und ihre Anwendung in der Technik,* Akademie-Verlag, Berlin, 1958.

CHAPTER 4

Conditions of elastic supporting on the boundary

4.1. Constructional data on the supports

The forces acting on the shell boundary must be taken over by edge members. Their construction is determined by the type of shell, shape of its planform, as well as architectural and functional requirements. The following types of supports may be distinguished :

— on arches, for translational shells or shells of revolution on polygonal planform (Fig. 4.1),

— on straight or broken beams (Fig. 4.2) in the case of ruled or funicular surfaces,

— on trusses with the upper chord curved (Fig. 4.3) or straight, and

— on edge rings in the case of shells of revolution (Fig. 4.4).

In the case of rings, arches or beams, the supporting can be also made at intermediate points (Fig. 4.5). The edge members can be disposed perpendicular (Fig. 4.6), vertical or oblique to the shell surface ; the cross-section

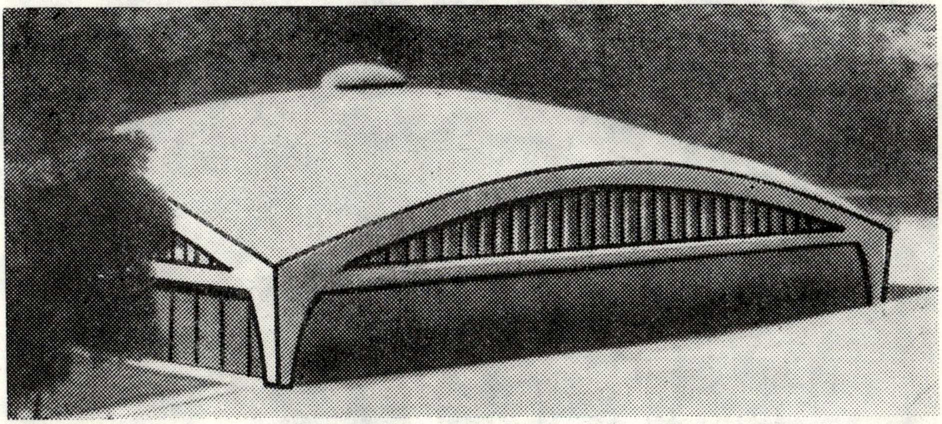

Fig. 4.1. — Supporting on arches.

Fig. 4.2. — Supporting on broken beams.

Fig. 4.3. — Supporting on trusses.

Fig. 4.4. — Supporting on stiffening rings.

Fig. 4.5. — Supporting at intermediate points.

Fig. 4.6. — Edge members perpendicular to the shell.

Fig. 4.7. — Arbitrary shape of edge members.

Fig. 4.8. — Connection between the shell and the edge member at the lower level.

Fig. 4.9. — Covered planform : a) by a single shell ; b) by a series of shells.

Fig. 4.10. — Continuous and isolated shells.

can be rectangular or of any form (Fig. 4.7) ; the shell can be fixed to the edge member at the upper, intermediate or lower levels (Fig. 4.8).

A given surface can be covered, by one or several shells (Fig. 4.9). The shells can be isolated or continuous (Fig. 4.10).

As concerns the manner of supporting at corners, a great number of solutions are available, since the supporting elements may suggestively express the manner in which the loads are transmitted to the soil.

The supporting can be achieved on :

— vertical columns

— abutments

— abutments and columns (Fig. 4.11).

As concerns the connection to the support, the supporting may be :

— hinged

— clamped (Fig. 4.12 a),

— elastically clamped (Fig. 4.12 b),

— free

As concerns the possibility of displacement, the shell corners can have :

— fixed supports

— supports which allow partially restrained displacements (Fig. 4.13).

The beams which meet at a node can be connected with one another in the horizontal plane by :

— hinge

— clamping

— elastic clamping (Fig. 4.14).

The type of corner supporting is selected according to the type of shell, the functional needs and architectural requirements.

Fig. 4.11. — Supporting of shells : on vertical columns and abutments.

Fig. 4.12. — Corner supporting types : a) clamping ; b) elastically built-in.

Fig. 4.13. — Partially restrained corner displacements.

Fig. 4.14. — Supporting of concurrent edge members at a corner.

4.2. Boundary conditions

As shown in Section 3.3 for complete cylindrical surfaces, the order of the differential equations obtained was five, of which one is represented by the time factor, the remaining ones being the variation of forces upon the shell surface. Thus, five integration constants result, which will be determined as follows :

— one, function of the time variable, for $t = 0$ (if the initial values are known) or $t = \infty$ (if the final value is known),

— four, function of the variable x for the two extreme values of the co-ordinate (the two ends of the cylinders), as a function of the boundary conditions.

In the case of shallow shells the order of the partial differential equations is ten, of which two represent the time and eight the variation as a function of the middle surface co-ordinates. The ten constants of integration can be determined as follows :

— two by integration with respect to time, from the conditions $t = 0$ or $t = \infty$ for each unknown, and

— eight from the boundary conditions on the four sides.

In the case of cylindrical shells the forces Q_x, M_x and the displacements w, χ_x appear at the two ends $x = x_1$ and $x = x_2$.

In the case of shallow shells on polygonal planform, five forces N_x, N_{xy}, M_x, M_{xy}, Q_x and four displacements u, v, w, χ_x appear. To reduce the number of boundary unknowns, Kirchhoff suggested the use of an equivalent static system, by introducing the generalized shear forces [3], [7]

$$\bar{N}_{xy} = N_{xy} + \frac{M_{xy}}{r_y} \tag{4.1 a}$$

and the generalized transverse shear forces

$$\bar{Q}_x = Q_x + \frac{\partial M_{xy}}{\partial y}. \tag{4.1 b}$$

In this manner the number of unknown forces and deformations for an edge was reduced to eight. Taking into account that the number of constants of integration, function of the co-ordinates x and y, is also eight, there results that only the boundary conditions on two opposite sides (four for each side) can be satisfied. Thus, for each of these sides four characteristic values remain, forces and deformations on which conditions can no longer be set.

For the remaining two sides the boundary conditions can be satisfied only by a suitable choice of the variation of the unknown functions F and w.

The problems pertaining to the integration with respect to time will be discussed in Chapter 5.

As concerns the manner in which the supports are considered in the analysis, two types of boundary conditions can be distinguished :

— homogeneous, if their functions or derivatives are zero on the boundary, and

— elastic, if they assume finite values on the boundary.

In the former case, the supports are considered either perfectly rigid or free, leading thus to boundary conditions such as hinge, clamping or free edge. In the latter case the edge members are considered to have finite rigidities and the edge displacements of the shell must be equal to those of these elements.

In the following paragraphs only the problem of elastic supporting will be dealt with since the homogeneous supporting conditions on the boundary can satisfy the requirements of correct design only in a very restricted number of cases.

4.3. Supporting on arches or beams

4.3.1. Supporting on edges

4.3.1.1. Assumptions. The conditions of elastic supporting for the general case can be hardly deduced and, therefore, simplifying assumptions are necessary, which should not introduce errors exceeding allowable limits and meanwhile permit simple expressions and a solution of the problem by conventional methods. These assumptions are as follows:

(a) the height of the cross-section is small with respect to the curvature radius ($h/R < 0.1$) and a linear distribution of stresses over the section can be supposed [10]; likewise, all terms of the order h/R can be neglected with respect to 1;

(b) as the arches are shallow, the curvature radii are large and can be considered constant all along the span of the edge member; also the projected lengths are practically equal to those measured on the curve;

(c) the edge members are of constant cross-section along the axis and are not cracked; if account is taken of the reduced stiffness due to cracking, an equivalent section having a corresponding stiffness can be established;

(d) the stresses have values within the range of proportional elastic strains and linear creep;

(e) as the deformations are small, the linear theory can be used;

(f) as in the case of the simplifications made for shallow shells, the terms

(f) as in the case of the simplifications made for shallow shells, multiplied by $1/R$ in the equilibrium and deformation equations can be neglected, with the exception of the effect of the axial forces and vertical displacements (whose influence is much greater than that of the remaining terms neglected);

(g) the forces in the shell are transmitted to the edge members in the plane of the latter [2]; thus, account is taken only of the connection excentricity of the shell with respect to the edge member across its height;

(h) in writing the boundary conditions, Poisson's ratio is neglected; in [1] the forces in an elliptical paraboloid have been calculated, considering for μ the values 0 and 0.25 ; the following values are given

μ	=	0.00	0.25,
w		0.15225	0.15183,
N_x		9.131013	0.131004,
N_y		1.29302	1.29034 ;

minor differences are found in the calculation of forces and deformations; in the calculation of bending moments, however, account must be taken of Poisson's ratio ;

(i) the lateral stiffness of the edge members is neglected ; the theoretical investigations described in [9], [13] show that for ordinary dimensions of the edge members, the influence of their lateral stiffness on the state of stress and strain is negligible.

4.3.1.2. Forces in edge members. At the shell edge $x = x_0$ (Fig. **4.15** a), the following forces appear (Fig. **4.15** b) :

— the axial force N_x and the generalized shear force $\bar{N}_{xy}$;

— the bending moment M_x and the generalized transverse shear orce $\bar{Q}_x$.

The principal axes $\bar{x}G\bar{z}$ of the edge member at the gravity centre G make with the vertical the angle β and the slope of the tangent to the surface at the edge $x = x_0$ is φ_0 (Fig. **4.16** a).

By means of the edge forces we can obtain the loading on the edge member (Fig. **4.16** b)

$$H_x = N_x \cos(\varphi_0 - \beta) - \bar{Q}_x \sin(\varphi_0 - \beta) \tag{4.2 a}$$

$$V_x = N_x \sin(\varphi_0 - \beta) + \bar{Q}_x \cos(\varphi_0 - \beta). \tag{4.2 b}$$

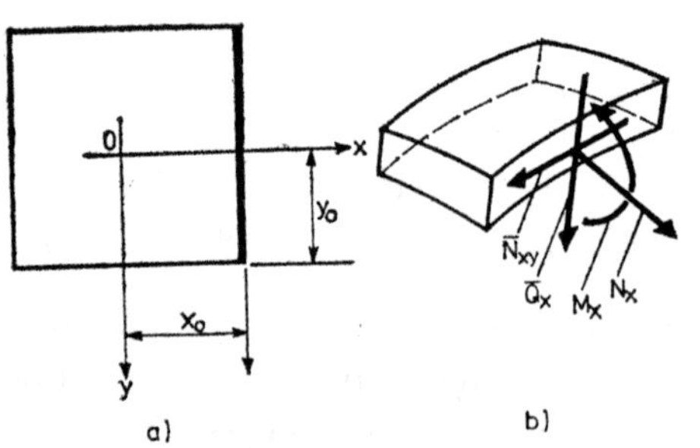

Fig. 4.15. — Values of the forces at the shell edge, a) the edge $x=x_0$; b) boundary forces.

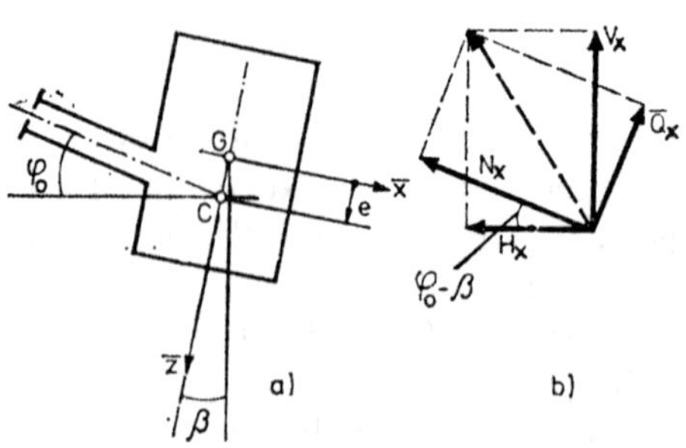

Fig. 4.16. — Loading of edge members : a) geometrical elements ; b) load components.

According to assumption (i) in sub-Section 4.3.1.1 the lateral stiffness of the edge member is practically zero; thus

$$H_x \simeq 0, \tag{4.3 a}$$

whence

$$N_x = \bar{Q}_x \frac{\sin(\varphi_0 - \beta)}{\cos(\varphi_0 - \beta)}, \tag{4.3 b}$$

and from (4.2 b) we get

$$V_x = \frac{\bar{Q}_x}{\cos(\varphi_0 - \beta)} \simeq \bar{Q}_x \tag{4. 4}$$

(we have considered $\cos(\varphi_0 - \beta) \simeq 1$, which is correct for the case of arches located normal to the shell plane, and a suitable approximation for other cases).

With respect to the system of intrinsic axes $G\bar{x}\bar{y}\bar{z}$ (Fig. 4.17a) the stresses occurring in the edge members are axial σ and tangential τ_{zx}, τ_{xz}. Their summation over the whole surface gives us the following forces (Fig. 4.17b)

— the axial force

$$P = \int_A \sigma \mathrm{d}A, \tag{4.5 a}$$

— the bending moment about the axis Gx

$$M = \int_A \sigma \bar{z} \mathrm{d}A, \tag{4.5 b}$$

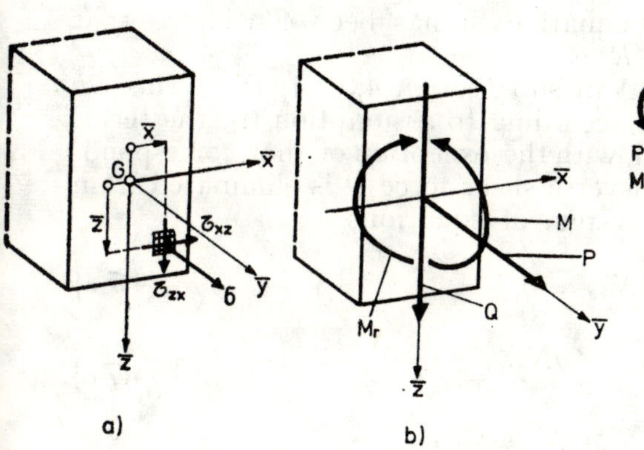

Fig. 4.17. — Forces in the edge members:
a) normal and shear stresses; b) forces.

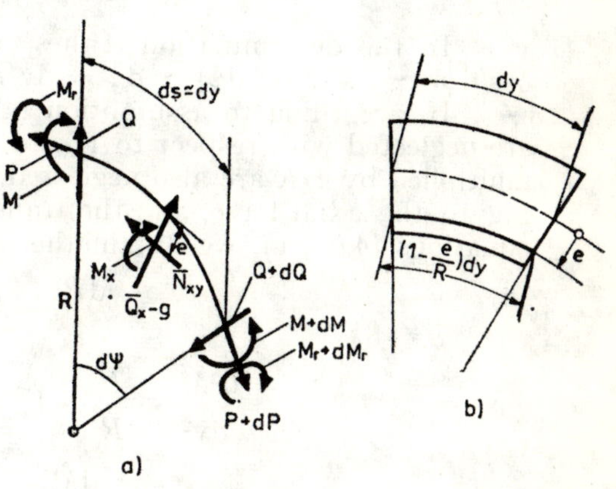

Fig. 4.18. — Equilibrium of the edge member:
a) forces and loadings; b) eccentricity of connection.

— the twisting moment about the axis Gy

$$M_r = \int_A (\tau_{zx}\bar{x} - \tau_{xz}\bar{z})\, \mathrm{d}A, \tag{4.5 c}$$

— the transverse shear force

$$Q = \int_A \tau_{zx}\, \mathrm{d}A \tag{4.5 d}$$

(the remaining transverse shear force and the moment acting in the lateral plane of the edge member are neglected).

The positive sense of these forces is shown in Figure 4.17b.

4.3.1.3. Equations of equilibrium. From the edge beam we cut out a differential element of length $\mathrm{d}s_2 \simeq \mathrm{d}y$, on which we examine the stress resultants and loadings in the shell (Fig. 4.18a), applied with respect to the line of the gravity center at the distance e, measured positively along the direction of the axis $G\bar{z}$ (Fig. 4.18 b). The own weight of the edge beam is g and it is considered that it acts in the plane of the edge member. The following equilibrium equations result

$$\frac{\mathrm{d}Q}{\mathrm{d}y} + \frac{P}{R} - \left(1 - \frac{e}{R}\right) V_x + g = 0 \tag{4.6 a}$$

$$\frac{\mathrm{d}P}{\mathrm{d}y} - \frac{Q}{R} - \left(1 - \frac{e}{R}\right) \bar{N}_{xy} = 0 \tag{4.6 b}$$

$$\frac{\mathrm{d}M}{\mathrm{d}y} - Q - \left(1 - \frac{e}{R}\right) e\bar{N}_{xy} = 0 \tag{4.6 c}$$

$$\frac{\mathrm{d}M_r}{\mathrm{d}y} + \frac{M}{R} + \left(1 - \frac{e}{R}\right) M_x = 0. \tag{4.6 d}$$

In the determination of these equations it has been considered that $\cos(\mathrm{d}\psi) \simeq 1$ and $\sin(\mathrm{d}\psi) \simeq \mathrm{d}\psi = \mathrm{d}y/R$.

If, according to assumption (a) in sub-Section 4.3.1.1, the terms e/h are neglected with respect to 1, and according to assumption (f), the terms multiplied by $1/R$ are also neglected, with the exception of that corresponding to the axial force, and the transverse shear force Q is eliminated from equations (4.6a, c), we obtain the system of equations

$$\frac{\mathrm{d}P}{\mathrm{d}y} - N_{xy} = 0, \tag{4.7 a}$$

$$\frac{\mathrm{d}^2M}{\mathrm{d}y^2} + \frac{P}{R} - V_x - e\frac{\partial N_{xy}}{\partial y} + g = 0, \tag{4.7 b}$$

$$\frac{\mathrm{d}M_r}{\mathrm{d}y} + M_x = 0, \tag{4.7 c}$$

consisting of three equations with three unknowns. Accordingly, if the values of the edge forces were known and the edge member were statically determinate, equations (4.7) would suffice to determine the state of stress. As the system of equations is of the fourth order, four indeterminate parameters will appear in calculation, which will be determined from two conditions for each end of the edge member. As, however, the edge forces are unknown resort must be also made to the strain equations.

4.3.1.4. Strain equations. We shall denote by u_G, v_G and w_G the displacements upon the axes $G\bar{x}$, $G\bar{y}$, $G\bar{z}$ (Fig. 4.19) of the gravity center of the edge member cross-section. Thus, we can determine the following deformations

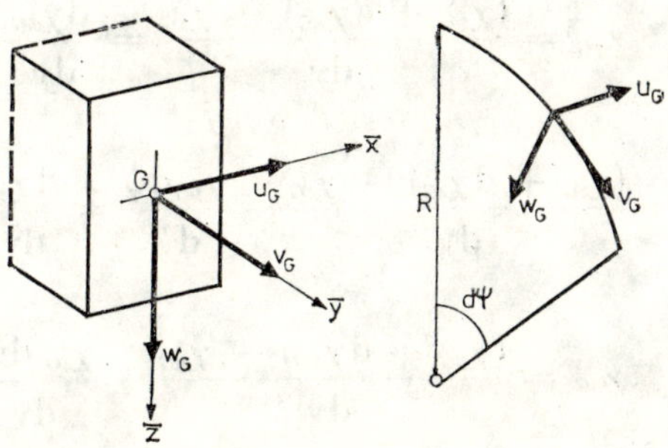

Fig. 4.19. — Displacements of the edge member.

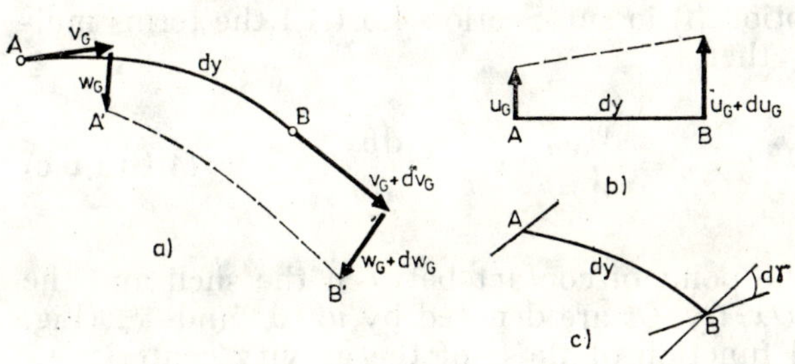

Fig. 4.20. — Variation of displacements: a) displacements u and w; b) displacements v; c) rotation θ.

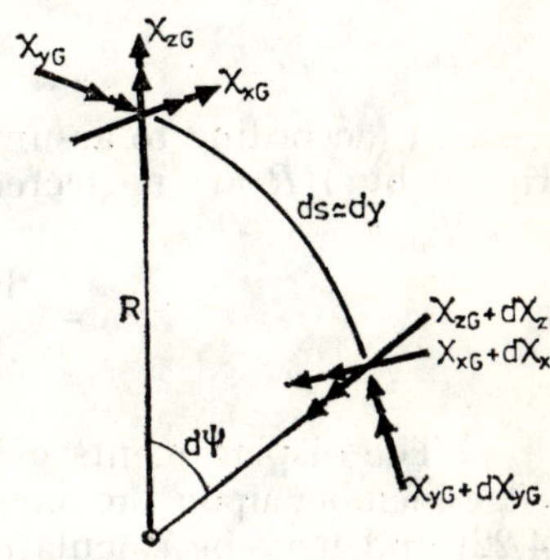

Fig. 4.21. — Changes in the tangent slopes.

— the axial strain (Fig. 4.20)

$$\varepsilon_G = \frac{(v_G + \mathrm{d}v_G) - \mathrm{d}v_G}{\mathrm{d}y} - \frac{w_G\,\mathrm{d}\psi}{\mathrm{d}y} = \frac{\mathrm{d}v_G}{\mathrm{d}y} - \frac{w_G}{R} \tag{4.8 a}$$

— the variation of the slope of the tangents

$$\chi_{xG} = \frac{dw_G}{dy} + \frac{v_G}{R}; \qquad \chi_{zG} = \frac{du_G}{dy}, \tag{4.8 b,c}$$

$$\chi_{yG} = \frac{d\gamma}{dy} = \theta_G, \tag{4.8 d}$$

θ_G being the specific rotation of the edge member. The vector representation of the variation of slopes (see Fig. 4.21) gives us the variation of curvatures

$$\varkappa_{xG} = \frac{(\chi_{xG} + d\chi_{xG}) - \chi_{xG}}{dy} = \frac{d\chi_{xG}}{dy} = \frac{d^2w_G}{dy^2} + \frac{1}{R}\frac{dv_G}{dy}, \tag{4.9 a}$$

$$\varkappa_{zG} = \frac{(\chi_{zG} + d\chi_{zG}) - \chi_{zG}}{dy} - \frac{\chi_{yG}d\psi}{dy} = \frac{d\chi_{zG}}{dy} - \frac{\chi_{yG}}{R} = \frac{d^2u_G}{dy^2} - \frac{\theta_G}{R}, \tag{4.9 b}$$

$$\varkappa_{yG} = \frac{(\chi_{yG} + d\chi_{yG}) - \chi_{yG}}{dy} + \frac{\chi_{zG}\,d\psi}{dy} = \frac{d\chi_{yG}}{dy} + \frac{\chi_{zG}}{R} =$$

$$= \frac{d\theta_G}{dy} + \frac{1}{R}\frac{du_G}{dy}. \tag{4.9 c}$$

If (according to assumption (f) in sub-Section 4.3.1.1.) the terms multiplied by $1/R$ are neglected, then

$$\varkappa_{xG} = \frac{d^2w_G}{dy^2}; \quad \varkappa_{zG} = \frac{d^2u_G}{dy^2}; \quad \varkappa_{yG} = \frac{d\theta_G}{dy}. \tag{4.10 a,b,c}$$

The displacements of the point of contact between the shell and the edge member upon the axes Ox, Oy, Oz are denoted by u_c, v_c and w_c (Fig. 4.22) and may be calculated function of those of the gravity center

$$u_c = u_G - e\theta_G, \tag{4.11 a}$$

$$v_c = \left(1 - \frac{e}{R}\right) v_G - e\frac{dw_G}{dy} \simeq v_G - e\frac{dw_G}{dy}, \tag{4.11 b}$$

$$w_c \simeq w_G; \; \theta_c = \theta_G. \tag{4.11c, d}$$

The shell displacements at the edges are u, v and w, directed upon the tangents and normals to the middle surface, and the rotation is χ_x. Their components upon the directions of the principal axes of the edge members are (Fig. 4.23)

$$u' = u \cos(\varphi_0 - \beta) - w \sin(\varphi_0 - \beta), \tag{4.12 a}$$

$$w' = u \sin(\varphi_0 - \beta) + w \cos(\varphi_0 - \beta). \tag{4.12 b}$$

Since the shell is shallow, $\cos(\varphi_0 - \beta) \simeq 1$; the tangential displacement u is much smaller than the normal one $w(u/w = 0.1 \ldots 0.3$[3]) and as in addition it is multiplied by $\sin(\varphi_0 - \beta)$, which is a very small value, the first term in equation (4.12 b) can be neglected in the differential equations; in the calculation of the final deformations account must however be taken of relation (4.12 b). Thus, we get

$$u' = u - w \sin(\varphi_0 - \beta), \tag{4.13 a}$$

$$w' = w. \tag{4.13 b}$$

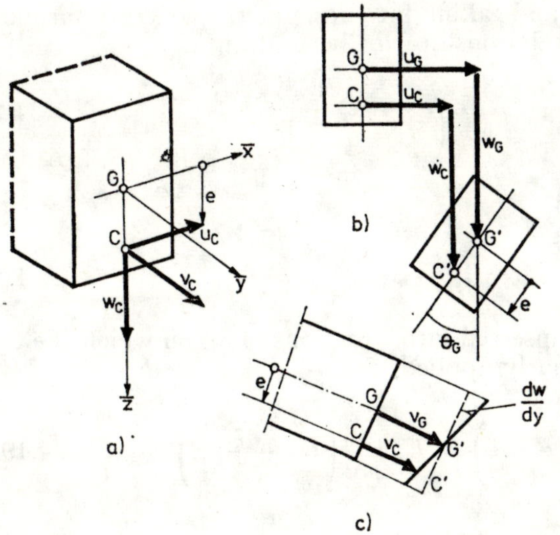

Fig. 4.22. — Displacements of the point C of connection of the edge member to the shell:
a) displacements of the point C; b) and c) displacements of the point C with respect to those of the center of gravity G.

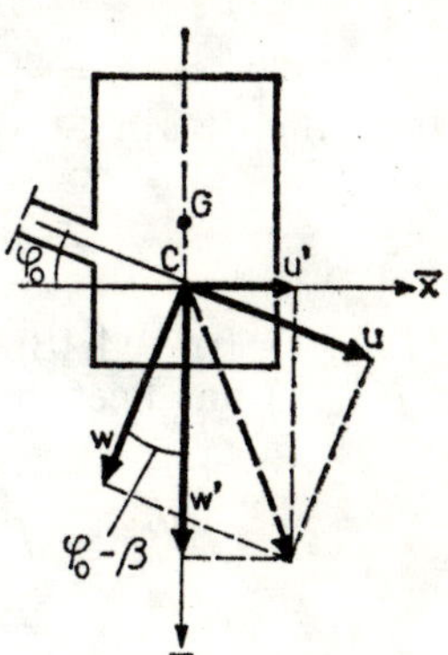

Fig. 4.23. — Summation of displacements.

The shell and the edge member must undergo the same deformation at their point of contact:

$$u' = u_c; \; v = v_c; \; w' = w_c; \; \chi_x = \theta_c \tag{4.14 a—d}$$

and, accordingly, the displacements of the gravity centers of the edge member will be

$$u_G = u - w \sin(\varphi_0 - \beta) + e\frac{\partial w}{\partial x}; \; v_G = v + e\frac{\partial w}{\partial y}, \tag{4.15 a,b}$$

$$w_G = w; \; \theta_G = \chi_x. \tag{4.15 c,d}$$

The axial strain and the changes in curvatures become

$$\varepsilon_G = \frac{\partial v}{\partial y} + e\frac{\partial^2 w}{\partial y^2} - \frac{w}{R}, \tag{4.16 a}$$

$$\varkappa_{xG} = \frac{\partial^2 w}{\partial y^2}; \; \varkappa_{zG} = \frac{\partial^2 u}{\partial y^2} + e\frac{\partial^3 w}{\partial x \partial y^2}; \; \varkappa_{yG} = \frac{\partial^2 w}{\partial x \partial y}. \tag{4.16 b,c,d}$$

4.3.1.5. Stress-strain relationships. Using considerations similar to those established previously and taking into account the concrete shrinkage and creep, the stress-strain relationship can be written as

$$J(\sigma_t) = E_0\frac{\partial}{\partial t}\left(\varepsilon_t + \frac{\bar{\varepsilon}_c}{\varphi}\varphi_t\right). \tag{4.17}$$

Further, the strain at depth z is

$$\varepsilon_{zx} = \varepsilon_G - \bar{z}\,\varkappa_{xG}. \tag{4.18}$$

If (4.17) and (4.18) are inserted into equations (4.5), on which the operator J (...) has been previously applied, then

$$J(P_t) = J\left(\int_A \sigma_t \, \mathrm{d}A\right) = E_0 A\frac{\partial}{\partial t}\left(\varepsilon_{Gt} + \frac{\bar{\varepsilon}_c}{\varphi}\varphi_t\right), \tag{4.19 a}$$

$$J(M_t) = -E_0 I\frac{\partial}{\partial t}(\varkappa_{xGt}), \tag{4.19 b}$$

$$J(M_{rt}) = G_0 I_r\frac{\partial}{\partial t}(\varkappa_{yGt}), \tag{4.19 c}$$

where E_0A, E_0I and G_0I_r are the axial, bending and torsional rigidities, respectively, of the edge member.

4.3.1.6. Synthesis of the three aspects. If relations (4.16) are introduced into (4.19), we get

$$J(P_t) = E_0 A \frac{\partial}{\partial t}\left(\frac{\partial v_t}{\partial y} + e\frac{\partial^2 w_t}{\partial y^2} - \frac{w_t}{R} + \frac{\bar{\varepsilon}_c}{\bar{\varphi}}\varphi_t\right), \tag{4.20 a}$$

$$J(M_t) = -E_0 I \frac{\partial}{\partial t}\left(\frac{\partial^2 w_t}{\partial y^2}\right), \tag{4.20 b}$$

$$J(M_{rt}) = G_0 I_r \frac{\partial}{\partial t}\left(\frac{\partial^2 w_t}{\partial x \partial y}\right), \tag{4.20 c}$$

and if account is also taken of (4.6 c), then

$$J(Q_t) = -E_0 I \frac{\partial}{\partial t}\left(\frac{\partial^3 w_t}{\partial y^3}\right) + eJ\left(\frac{\partial^2 F_t}{\partial x \partial y}\right). \tag{4.20 d}$$

As, however, from relation (3.52 b) we obtain at the time t

$$\frac{\partial}{\partial t}\left(\frac{\partial v_t}{\partial y}\right) = \frac{\partial}{\partial t}\left(\varepsilon_{yt} + \frac{w_t}{R}\right)$$

it can be observed that equation (4.20 a) can also be written under the form

$$J(P_t) = E_0 A \frac{\partial}{\partial t}\left(\varepsilon_{yt} + e\frac{\partial^2 w_t}{\partial y^2} + \frac{\bar{\varepsilon}_c}{\bar{\varphi}}\varphi_t\right)$$

and taking into account (3.54b) and (3.57b), relation (4.20 a) becomes

$$J(P_t) = \frac{A}{\delta} J\left(\frac{\partial^2 F_t}{\partial x^2}\right) + E_0 A e \frac{\partial}{\partial t}\left(\frac{\partial^2 w_t}{\partial y^2}\right). \tag{4.21}$$

If (3.57) and (4.21) are inserted into (4.7 a), we get

$$\frac{A}{\delta} J\left(\frac{\partial^3 F_t}{\partial x^2 \partial y}\right) + J\left(\frac{\partial^2 F_t}{\partial x\, \partial y}\right) + E_0 A e \frac{\partial}{\partial t}\left(\frac{\partial^3 w_t}{\partial y^3}\right) = 0. \tag{4.22}$$

Equation (4.22) can be integrated once with respect to y, the first boundary equation being thus obtained

$$\frac{A}{\delta} J\left(\frac{\partial^2 F_t}{\partial x^2}\right) + J\left(\frac{\partial F_t}{\partial x}\right) + E_0 A e \frac{\partial}{\partial t}\left(\frac{\partial^2 w_t}{\partial y^2}\right) + $$
$$+ J(C_{1t}) = 0, \tag{4.23}$$

where C_{1t} is a constant of integration with respect to y.

The second boundary condition is obtained from (4.3b); since both the transverse shear force Q_x and $\sin(\varphi_0 - \beta)$ assume small values at edges, we may consider that $N_x \simeq 0$ and hence $\frac{\partial^2 F}{\partial y^2} = 0$. It results that at the edge $x = x_0$ the stress function must be of the form

$$F = C_2 y + C_3. \qquad (4.24a)$$

As a similar condition can be also written for the edge $y = y_0$

$$F = C_2' x + C_3' \qquad (4.24\,b)$$

the stress function must be of the form

$$F = f + ax + by + cxy + d, \qquad (4.25\,a)$$

where f is a function which satisfies the differential equations of the problem and is zero on the boundary. Since the forces are calculated from relations (3.57), the expression $(ax + by + d)$ does not influence the state of stress and can be neglected. Thus

$$F = f + cxy; \qquad (4.25\,b)$$

by identification with (4.24) it results that $C_3 = C_3' = 0$ and that the function F may have a linear variation on the boundary. Thus, two cases may be distinguished:

— If the structure is symmetrical and symmetrically loaded (e.g. an elliptic paraboloid symmetrically loaded, Fig. 4.24 a), the function F must be symmetrical with respect to the axes and hence $c = 0$; it also results that $C_2 = C_2' = 0$ and thus the stress function is zero on the boundary

$$(F)_{x=x_0} = (f)_{x=x_0} = 0. \qquad (4.26a)$$

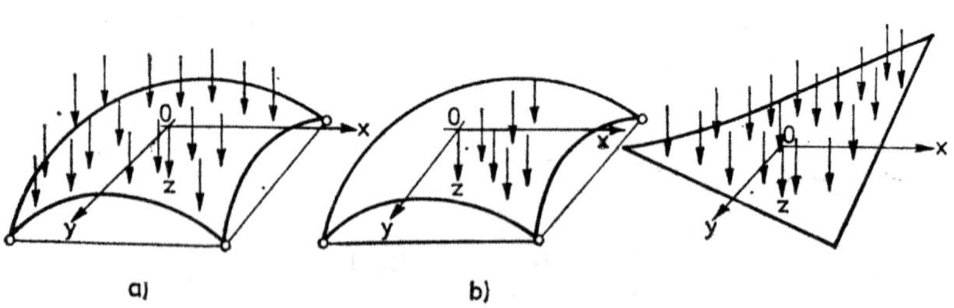

Fig. 4.24. — Structures and loadings:
a) symmetrical structure and symmetrical loading; b) symmetrical structure, unsymetrical loading; c) unsymmetrical structure, symmetrical loading.

From (4.25 b) it can be observed that a single plane of symmetry of the construction and loading is sufficient in order that condition (4.26 a) be satisfied.

If the structure has a constructional symmetry but is unsymmetrically loaded (elliptic paraboloid unsymmetrically loaded, Fig. 4.24 b), or if it is constructionally unsymmetric but symmetrically loaded (hyperbolic paraboloid symmetrically loaded, Fig. 4.24 c), the function F is no longer symmetric and on the edge $x = x_0$ it assumes the form

$$(F)_{x=x_0} = (f + cxy)_{x=x_0} = C_2 y. \qquad (4.26\ \text{b})$$

In such a case, the calculation can be performed by determining from the system of shell equations either the function f (zero on the boundary) and the constant C_2, or the function F_1 taking, however, into account that it varies linearly on the boundary.

In order to take the time factor into account, we write relation (4.26b) under the form

$$J(F_t) - J(C_{2t})y = 0 \qquad (4.27)$$

The third boundary condition can be obtained from equation (4.7 b) by introducing relations (4.20b,d) and (4.21)

$$-E_0 I \frac{\partial}{\partial t}\left(\frac{\partial^4 w_t}{\partial y^4}\right) - \frac{1}{R}\left[J\left(\frac{\partial F_t}{\partial x}\right) + J(C_{1t})\right] + K_0 \frac{\partial}{\partial t}\left(\frac{\partial^3 w_t}{\partial x^3} + \right.$$

$$\left. + 2\frac{\partial^3 w_t}{\partial x \partial y^2}\right) + eJ\left(\frac{\partial^3 F_t}{\partial x \partial y^2}\right) + J(g_t) = 0. \qquad (4.28)$$

The last condition is obtained from equation (4.7 c)

$$G_0 I_r \frac{\partial}{\partial t}\left(\frac{\partial^3 w_t}{\partial x \partial y^2}\right) - K_0 \frac{\partial}{\partial t}\left(\frac{\partial^2 w_t}{\partial x^2}\right) = 0. \qquad (4.29)$$

By grouping the unknowns, we finally obtain the system of boundary equations

$$J\left(\frac{A}{\delta}\frac{\partial^2 F_t}{\partial x^2} + \frac{\partial F_t}{\partial x}\right) + E_0 A e \frac{\partial}{\partial t}\left(\frac{\partial^2 w_t}{\partial y^2}\right) + J(C_{1t}) = 0, \qquad (4.30\ \text{a})$$

$$J(F_t) - J(C_{2t})y = 0, \qquad (4.30\ \text{b})$$

$$J\left(\frac{1}{R}\frac{\partial F_t}{\partial x} - e\frac{\partial^3 F_t}{\partial x \partial y^2}\right) + \frac{\partial}{\partial t}\left[E_0 I \frac{\partial^4 w_t}{\partial y^4} - K_0\left(\frac{\partial^3 w_t}{\partial x^3} + 2\frac{\partial^3 w_t}{\partial x \partial y^2}\right)\right] +$$

$$+ \frac{J(C_{1t})}{R} - J(g_t) = 0, \tag{4.30 c}$$

$$\frac{\partial}{\partial t}\left(G_0 I_r \frac{\partial^3 w_t}{\partial x \partial y^2} - K_0 \frac{\partial^2 w_t}{\partial x^2}\right) = 0. \tag{4.30 d}$$

The system of equations (4.30) gives the boundary conditions for the case of shells supported on edge arches. If the edge members are straight beams, only equation (4.30c) modifies

$$-eJ\left(\frac{\partial^3 F_t}{\partial x \partial y^2}\right) + \frac{\partial}{\partial t}\left[E_0 I \frac{\partial^4 w_t}{\partial y^4} - K_0\left(\frac{\partial^3 w_t}{\partial x^3} + 2\frac{\partial^3 w_t}{\partial x \partial y^2}\right)\right] -$$

$$-J(g_t) = 0. \tag{4.30 c'}$$

In a similar manner we deduce the boundary conditions for $y = y_0$

$$J\left(\frac{A}{\delta}\frac{\partial^2 F_t}{\partial y^2} + \frac{\partial F_t}{\partial y}\right) + E_0 Ae \frac{\partial}{\partial t}\left(\frac{\partial^2 w_t}{\partial x^2}\right) + J(C'_{1t}) = 0, \tag{4.31 a}$$

$$J(F_t) - J(C'_{2t})x = 0, \tag{4.31 b}$$

$$J\left(\frac{1}{R'}\frac{\partial F_t}{\partial y} - e\frac{\partial^3 F}{\partial x^2 \partial y}\right) + \frac{\partial}{\partial t}\left[E_0 I \frac{\partial^4 w_t}{\partial x^4} - K_0\left(\frac{\partial^3 w_t}{\partial y^3} +\right.\right.$$

$$\left.\left. + 2\frac{\partial^3 w_t}{\partial x^2 \partial y}\right)\right] + \frac{J(C'_{1t})}{R'} - J(g_t) = 0, \tag{4.31 c}$$

$$\frac{\partial}{\partial t}\left(G_0 I_r \frac{\partial^3 w_t}{\partial x^2 \partial y} - K_0 \frac{\partial^2 w_t}{\partial y^2}\right) = 0, \tag{4.31 d}$$

where C'_{1t} and C'_{2t} are integration constants corresponding to the edge $y = y_0$.

In the case of elastic deformations the operators $J(\ldots)$ and $\frac{\partial}{\partial t}(\ldots)$ vanish in equations (4.30) and (4.31).

Equations (4.30) can be particularized to the cases of homogeneous supporting on the boundary as follows

— free supporting ($A = 0$; $I = 0$; $I_r = 0$; $e = 0$; $g = 0$)

$$J\left(\frac{\partial F_t}{\partial x}\right) + J(C_{1t}) = 0; \; J(F_t) - J(C_{2t})\, y = 0, \qquad (4.32\text{ a,b})$$

$$\frac{\partial}{\partial t}\left(\frac{\partial^3 w_t}{\partial x^3} + 2\frac{\partial^3 w_t}{\partial x \partial y^2}\right) = 0; \frac{\partial}{\partial t}\left(\frac{\partial^2 w_t}{\partial x^2}\right) = 0, \qquad (4.32\text{ c,d})$$

which in fact represent the condition that the shear forces, the normal forces, the transverse shear forces and the bending moment are zero on the boundary;

— hinged supporting ($A = \infty$, $I = \infty$, $I_r = 0$; $e = 0$; $g = 0$)

$$J\left(\frac{\partial^2 F_t}{\partial x^2}\right) = 0; J(F_t) - J(C_{2t})y = 0, \qquad (4.33\text{ a,b})$$

$$\frac{\partial}{\partial t}(w_t) = 0; \frac{\partial}{\partial t}\left(\frac{\partial^2 w_t}{\partial x^2}\right) = 0, \qquad (4.33\text{ c,d})$$

and hence the transverse and longitudinal forces, the normal displacement and the bending moment are zero on the boundary;

— built-in supporting ($A = \infty$; $I = \infty$; $I_r = \infty$; $e = 0$; $g = 0$)

$$J\left(\frac{\partial^2 F_t}{\partial x^2}\right) = 0; \; J(F_t) - J(C_{2t})y = 0, \qquad (4.34\text{ a,b})$$

$$\frac{\partial}{\partial t}(w_t) = 0; \frac{\partial}{\partial t}\left(\frac{\partial w}{\partial x}\right) = 0, \qquad (4.34\text{ c,d})$$

which, as distinguished from (4.33), shows that at edges the rotations are zero.

If on the boundary the shell is supported at close intermediate points, the vertical deformation between these supports can be neglected and the dispalcement w is zero on the boundary. The system of supporting on vertical isolated columns does not modify the axial and lateral bending stiffness of the edge member. On the contrary, the torsional stiffness can be substantially changed, if the connexion between beam and columns is stiff (Fig. 4.25 a).

The rotations at the middle of the span produced by the moment (Fig. 4.25 b)

$$M_x = M \cos\frac{\pi y}{2a}$$

are given in [14], account being taken of the combined working between the two members, the beam and the column. The following rotations have thus been obtained :

— for the case of hinged connection to the foundation

$$\chi_x = \frac{M a_1 h_s}{3 E_0 I_s} \left(1 - \frac{1}{1 + \dfrac{24 I_s}{a_1 h_s I_r} \dfrac{a^2}{\pi^2}}\right) \simeq \frac{4 a^2}{\pi^2} \cdot \frac{M}{G_0 I_r} \cdot \frac{1}{1 + 2.4 \dfrac{I_s}{I_r . a_1} \dfrac{a^2}{h_s}} \tag{4.35 a}$$

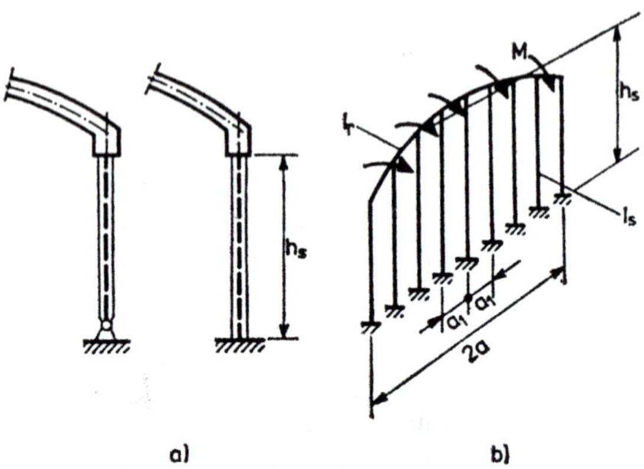

Fig. 4.25. — Supporting at intermediate points : a) supporting types ; b) geometrical elements.

— for the case of clamping to the foundation :

$$\chi_x = \frac{M a_1 h_s}{4 E_0 I_s} \left(1 - \frac{1}{1 + \dfrac{32 I_s}{a_1 h_s I_r} \cdot \dfrac{a^2}{\pi^2}}\right) \simeq \frac{4a^2}{\pi^2} \frac{M}{G_0 I_r} \frac{1}{1 + 3.2 \dfrac{I_s}{I_r} \cdot \dfrac{a^2}{a_1 h_s}} . \tag{4.35 b}$$

If the rotation of a replacing beam is calculated with the torsional moment of inertia I, induced by the same moment M_x, it results

$$\theta = \frac{\int M_{mr} \mathrm{dy}}{G_0 \bar{I}_x} = \frac{4 a^2}{\pi^2} \frac{1}{G_0 \bar{I}_r}$$

and identifying the two rotation, we obtain the equivalent torsional moment of inertia

$$\bar{I}_r = I_r \left(1 + k \frac{I_s}{I_r} \frac{a^2}{a_1 h_s}\right), \tag{4.36}$$

where k assumes the values

$k = 2.4$ for hinged connection to the foundation,

$k = 3.2$ for clamping to the foundation.

In this situation, the edge equations become

$$J\left(\frac{A}{\delta}\frac{\partial^2 F_t}{\partial x^2} + \frac{\partial F_t}{\partial x}\right) + J(C_{1t}) = 0, \quad (4.37\text{ a})$$

$$J(F_t) - J(C_{2t})y = 0, \quad (4.37\text{ b})$$

$$\frac{\partial w_t}{\partial t} = 0, \quad (4.37\text{ c})$$

$$\frac{\partial}{\partial t}\left(G_0\, \bar{I}_r \frac{\partial^3 w_t}{\partial x \partial y^2} - K_0 \frac{\partial^2 w_t}{\partial x^2}\right) = 0. \quad (4.37\text{ d})$$

4.3.2. **Supporting conditions at corners**

4.3.2.1. Consideration of the combined working with the supporting members. At a corner of a shell two edge members meet, which may be hinged or elastically clamped to the supporting system, or may be unsupported (Fig. 4.26).

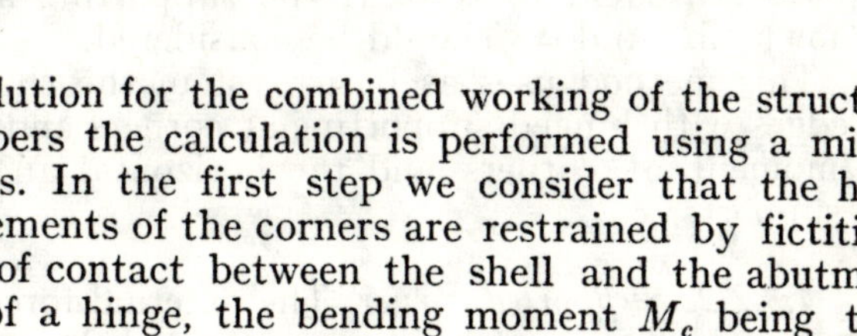

Fig. 4.26. — Types of supporting at corners.

In order to find a solution for the combined working of the structure with the supporting members the calculation is performed using a mixed method in successive steps. In the first step we consider that the horizontal and vertical displacements of the corners are restrained by fictitious supports, and at the point of contact between the shell and the abutment we assume the existence of a hinge, the bending moment M_c being thus introduced. In the second step the system is subjected to a vertical displacement Δ_V and in the third step to a horizontal displacement Δ_H. The unknowns of the problems are M_c, Δ_H and Δ_V, which are determined from the conditions

$$\theta_c^M M_c + \theta_c^{\Delta_V} \Delta_V + \theta_c^{\Delta_H} \Delta_H + \theta_c^P = 0, \quad (4.38\text{ a})$$

$$V_c^M M_c + V_c^{\Delta_V} \Delta_V + V_c^{\Delta_H} \Delta_H + V_c^P = 0, \quad (4.38\text{ b})$$

$$H_c^M M_c + H_c^{\Delta_V} \Delta_V + H_c^{\Delta_H} \Delta_H + H_c^P = 0, \quad (4.38\text{ c})$$

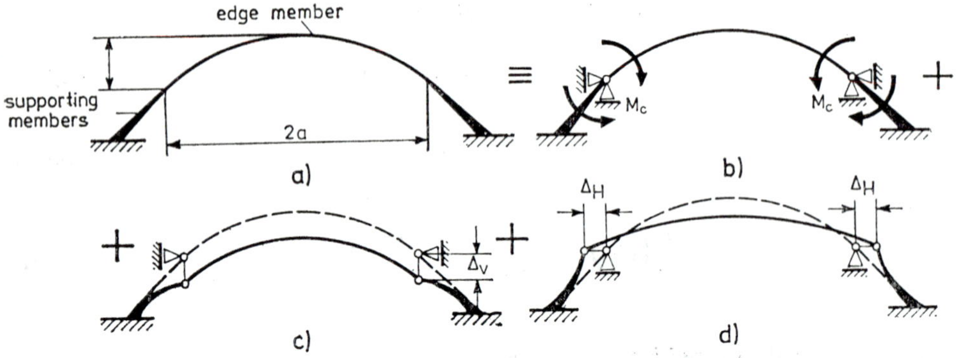

Fig. 4.27. — Method of calculation.

where:

— θ_c^M, $\theta_c^{\Delta_V}$, $\theta_c^{\Delta_H}$ and θ_c^P are the node relative rotations produced by the bending moment $M_0 = 1$, by the vertical displacement $\Delta_V = 1$, the horizontal displacement $\Delta_H = 1$ and the external loading, respectively;

— V_c^M, $V_c^{\Delta_V}$, $V_c^{\Delta_H}$, V_c^P are the fixing forces in the vertical support, produced by the unit unknowns and the applied loads;

— H_c^M, $H_c^{\Delta_V}$, $H_c^{\Delta_H}$ and H_c^P are the fixing forces in the fictitious horizontal support, produced by the unit unknowns and the applied loads.

Equation (4.38 a) represents the condition of continuity of the rotation of the shell corner and that of the supporting member; equations (4.38 b and c) are deduced from the condition that the fixing forces in the fictitious supports are equal to zero. If the supporting system is vertical only the unknowns M_c and Δ_H should be considered.

This method uses as basic system the shell elastically supported on the edges with hinged supporting at corners and as applied loads the bending moment at corners and the horizontal and vertical displacements of the supports.

4.3.2.2. Supported corner. The external forces acting on the corner can be decomposed upon the directions Ox and Oy; thus, we have (Fig. 4.28 a):

— the horizontal forces H_{cx}, H_{cy} (produced by horizontal thrusts) and vertical forces V_c (produced by vertical reactions), which represent the forces in the fictitious supports or are induced by the reactions of the supports;

— the bending moments M_{cx} and M_{cy} which replace the connection of the shell by the supporting members.

On the corner the following forces from the shell also act:

— axial forces due to the combined working of the edge member with the shell, the resultant of which is denoted by R_{Nx} and R_{Ny} (Fig. 4.28 b). It

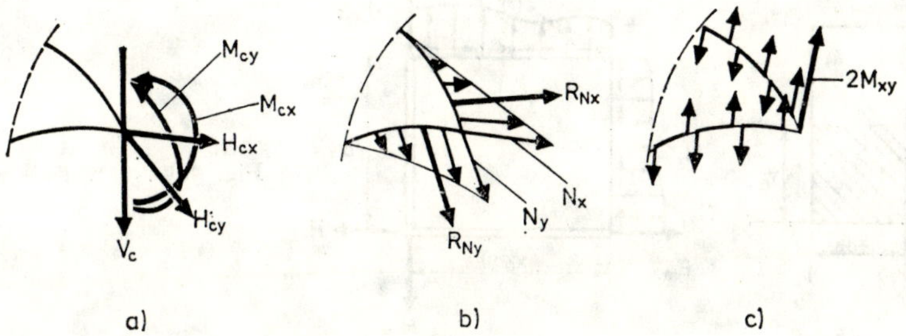

Fig. 4.28. — Corner forces:
a) in the edge members; b) in the shells, due to corner supporting; c) in the shell, due to twisting moments.

can be thus observed that at the corners the conditions $N_x = 0$, $N_y = 0$, valid along the edges, no longer hold along the edges, since as a consequence of the deformation of the edge members, a part of the shell is also subjected to loading;

— unbalanced transverse shear forces at the corners, resulting from the replacing of the edge torsional moments by couples of transverse shear forces, in the sense established by Kirchhoff (Fig. 4.28 c).

If the corner is separated from the remaining structure (Fig. 4.29) and the forces corresponding to the edge members 1 and 2 are examined, we can write the equilibrium equations

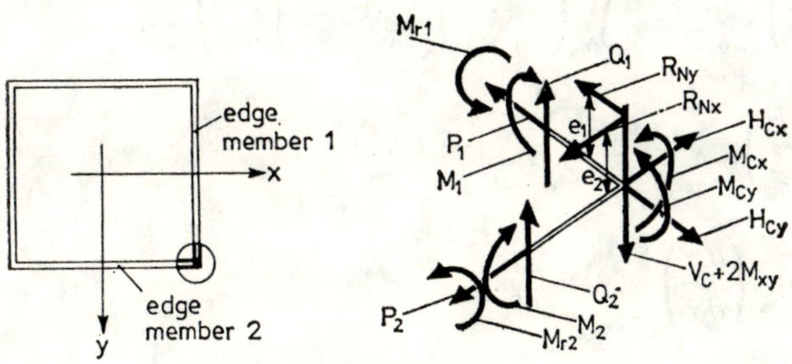

Fig. 4.29. — Corner equilibrium.

$$P_1 + R_{Ny} - H_{cy} = 0;\ P_2 + R_{Nx} - H_{cx} = 0, \qquad (4.39\ a,\ b)$$

$$Q_1 + Q_2 - 2M_{xy} - V_c = 0, \qquad (4.39\ c)$$

$$M_1 - M_{r2} + R_{Ny}e_1 - M_{cy} = 0, \qquad (4.39\ d)$$

$$M_2 - M_{r1} + R_{Nx}e_2 - M_{cx} = 0. \qquad (4.39\ e)$$

The sixth equilibrium equation (of rotation about the vertical axis) is identically satisfied.

In addition to the conditions of equilibrium (4.39), over-all equilibrium conditions can be also established. Thus, if we isolate a quarter of the shell (Fig. 4.30 a), we can write the following over-all equations of equilibrium

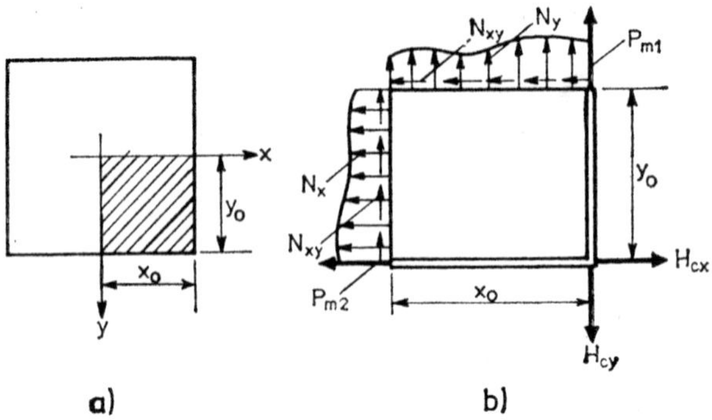

Fig. 4.30.—Over-all equilibrium.

$$H_{cx} - P_{m1} - \int_0^{x_0} (N_y)_{y=0} \mathrm{d}x - \int_0^{y_0} (N_{xy})_{x=0} \mathrm{d}y = 0, \qquad (4.40\text{ a})$$

$$H_{cy} - P_{m2} - \int_0^{y_0} (N_x)_{x=0} \mathrm{d}y - \int_0^{x_0} (N_{yx})_{y=0} \mathrm{d}x = 0, \qquad (4.40\text{ b})$$

P_{m1} and P_{m2} being the axial forces in the edge members at mid-spans. From equations (3.57) we get

$$H_{cy} - P_{m1} = \int_0^{x_0} \left(\frac{\partial^2 F}{\partial x^2}\right)_{y=0} \mathrm{d}x - \int_0^{y_0} \left(\frac{\partial^2 F}{\partial x\, \partial y}\right)_{x=0} \mathrm{d}y = \left(\frac{\partial F}{\partial x}\right)_{\substack{x=x_0\\y=0}} -$$

$$- \left(\frac{\partial F}{\partial x}\right)_{\substack{x=0\\x=y_0}} = \left(\frac{\partial F}{\partial x}\right)_{\substack{x=x_0\\y=0}} - C_2',$$

since according to (4.31 b), $\left(\dfrac{\partial F}{\partial x}\right)_{\substack{x=0\\y=y_0}} = C_2'$.

If the operator $J(\ldots)$ is applied to this equation and equation (4.22) is used for $y = 0$, then

$$J(H_{cyt}) = \left[\frac{A}{\delta} J\left(\frac{\partial^2 F_t}{\partial x^2}\right) + E_0 A e \frac{\partial}{\partial t}\left(\frac{\partial^2 w_t}{\partial y^2}\right) + J\left(\frac{\partial F_t}{\partial x}\right)\right]_{\substack{x-x_0\\y=0}} - J(C_{2t}')$$

and if account is also taken of (4.23), we obtain

$$J(H_{cyt}) = -J(C_{1t} + C'_{2t}). \tag{4.41a}$$

The equation upon the other direction can be similarly obtained

$$J(H_{cxt}) = -J(C'_{1t} + C_{2t}). \tag{4.41b}$$

In equations (4.41), the constants C_1, C_2 refer to the edge 1, and C'_1, C'_2 to the edge 2.

From relations (4.21) and (4.23), we have

$$J(P_{1t}) = -J\left(\frac{\partial F_t}{\partial x}\right) - J(C_{1t})$$

and from (4.39 a), at the instant t, we get

$$J(R_{Nyt}) = J(H_{cyt}) - J(P_{1t}) = J\left(\frac{\partial F_t}{\partial x}\right)_{\substack{x=x_0\\y=y_0}} - J(C'_{2t}), \tag{4.42 a}$$

whence the resultant of the forces N_y at the shell corner can be calculated. The other resultant can be similarly obtained.

$$J(R_{Nxt}) = J\left(\frac{\partial F_t}{\partial y}\right)_{\substack{x=x_0\\y=y_0}} - J(C_{2t}). \tag{4.42 b}$$

It can be observed that for a shell symmetrical as concerns the structure and loading, for which, as shown in sub-section 4.3.1.6., $C_2 = C'_2 = 0$, we obtain

$$J(R_{Nxt}) = J(R_{Nyt}) = \left(\frac{\partial F}{\partial x}\right)_{\substack{x=x_0\\y=y_0}} \tag{4.42 c}$$

If in conditions (4.39 c...e) (written for the instant t, to which the operator $J(\ldots)$ has been applied), we introduce relations (4.20), (4.42), we obtain the equations for the supporting at corners

$$(e_1 + e_2)\, J\left(\frac{\partial^2 F_t}{\partial x\, \partial y}\right) - \frac{\partial}{\partial t}\left(E_0 I_1 \frac{\partial^3 w_t}{\partial y^3} + E_0 I_2 \frac{\partial^3 w_t}{\partial x^3} - 2K_0 \frac{\partial^2 w_t}{\partial x\, \partial y}\right) - $$
$$- J(V_{ct}) = 0 \tag{4.43 a}$$

$$-e_1 J\left(\frac{\partial F_t}{\partial x} - C'_{2t}\right) + \frac{\partial}{\partial t}\left(E_0 I_1 \frac{\partial^2 w_t}{\partial y^2} + G_0 I_{r2} \frac{\partial^2 w_t}{\partial x\, \partial y}\right) + $$
$$+ J(M_{cyt}) = 0 \tag{4.43 b}$$

$$-e_2 J\left(\frac{\partial F_t}{\partial y} - C_{2t}\right) + \frac{\partial}{\partial t}\left(E_0 I_2 \frac{\partial^2 w_t}{\partial x^2} + G_0 I_{r1} \frac{\partial^2 w_t}{\partial x \partial y}\right) + $$
$$+ J(M_{cxt}) = 0. \tag{4.43 c}$$

Equation (4.43 a) permits one to determine the vertical reaction and (4.43 b, c) the bending and torsional moments at corners.

In deducing equations (4.43 b, c) the lateral stiffness of the arches or beams has been neglected, according to the assumptions used for obtaining the boundary conditions, the resultants R_{Nx} and R_{Ny} being taken over only by the torsional rigidity and bending in the vertical plane of the members which concur at the corner. However, near the supports the rigid connection and the reinforcement increase substantially the rigidity of these edge members and the forces R_{Nx} and R_{Ny} are transmitted towards the corners by lateral bending rather than by torsion. Therefore, in the case of rigid connection between the edge members, the effect of these forces can be neglected in equations (4.43 b, c); thus, we have the conditions

$$\frac{\partial}{\partial t}\left(E_0 I_1 \frac{\partial^2 w_t}{\partial y^2} + G_0 I_{r2} \frac{\partial^2 w_t}{\partial x\, \partial y}\right) + J(M_{cyt}) = 0, \qquad (4.43\text{ b}')$$

$$\frac{\partial}{\partial t}\left(E_0 I_2 \frac{\partial^2 w_t}{\partial x^2} + G_0 I_{r1} \frac{\partial^2 w_t}{\partial x\, \partial y}\right) + J(M_{cxt}) = 0. \qquad (4.43\text{ c}')$$

Along the edges, equation (4.23) can be used instead of (4.22) by integrating the latter equation. At the corners, however, the original equation (4.22) can be also used. As it results from equations (4.7 a) it can be written for both edges

$$\frac{\mathrm{d}P_1}{\mathrm{d}y} - N_{xy} = 0\,; \quad \frac{\mathrm{d}P_2}{\mathrm{d}x} - N_{yx} = 0$$

and since $N_{xy} = N_{yx}$, we have

$$\frac{\mathrm{d}P_1}{\mathrm{d}y} = \frac{\mathrm{d}P_2}{\mathrm{d}x}\,;$$

it follows that condition (4.22) can be used only for one edge, for example for the element 1

$$J\left(\frac{A_1}{\delta}\frac{\partial^3 F_t}{\partial x^2 \partial y} + \frac{\partial^2 F_t}{\partial x^2 \partial y}\right) + E_0 A_1 e_1 \frac{\partial}{\partial t}\left(\frac{\partial^3 w_t}{\partial y^3}\right) = 0. \qquad (4.44)$$

As was shown in sub-Section 4.3.2.1 at the corners strain conditions are also necessary. Thus, if the imposed displacements are decomposed upon the horizontal and vertical directions into the components Δ_{Hx}, Δ_{Hy} and Δ_V (Fig. 4.31), from the conditions of their equality with the displacements of the center of gravity of the edge members, we obtain

$$\frac{\partial u_{Gt}}{\partial t} = \frac{\partial \Delta_{Hxt}}{\partial t}\,; \quad \frac{\partial v_{Gt}}{\partial t} = \frac{\partial \Delta_{Hyt}}{\partial t}\,; \quad \frac{\partial w_{Gt}}{\partial t} = \frac{\partial \Delta_{Vt}}{\partial t}. \qquad (4.45\text{ a--c})$$

Relations (4.45 a, b) must be expressed function of the unknowns F and w. Using equation (3.52 b) we obtain

$$v = \int \left(\varepsilon_y + \frac{w}{r_y} \right) \mathrm{d}y + f_1(x),$$

$f_1(x)$ being an integration constant; if along the edge $x = x_0$, at a point $y = y_1$, the magnitude of the tangential displacement $v = v_1$ is known, we obtain

$$f_1(x) = - \left| \int \left(\varepsilon_y + \frac{w}{R} \right) \mathrm{d}y \right|_{y=y_1} + v_1$$

which introduced into the previous relation gives the magnitude of the shell displacement for the corner $y = y_0$

$$\underset{y=y_0}{v} = v_1 + \int_{y_1}^{y_0} \left(\varepsilon_y + \frac{w}{R} \right) \mathrm{d}y.$$

From (4.15 b, c) we obtain the displacement at the corner of the edge beam as a function of that of the shell

$$\underset{y=y_0}{v_G} = v_1 + \int_{y_1}^{y_0} \left(\varepsilon_y + \frac{w}{R} \right) \mathrm{d}y + e \frac{\partial w}{\partial y}.$$

Using relations (3.54 b) and (3.57 b) and introducing them into the corner condition, we obtain

$$\frac{1}{E_0 \, \delta} J \left(\int_{y_1}^{y_0} \frac{\partial^2 F_t}{\partial x^2} \mathrm{d}y \right) + \frac{\partial}{\partial t} \left(\frac{1}{R} \int_{y_1}^{y_0} w_t \, \mathrm{d}y + e_1 \frac{\partial w_t}{\partial y} \right) =$$

$$= \frac{\partial}{\partial t} \left[\Delta_{Hyt} - v_{1t} + \frac{\overline{\varepsilon}_c}{\overline{\varphi}} \varphi_t \, (y_0 - y_1) \right]. \qquad (4.46 \text{ a})$$

In a similar manner we obtain the condition upon the direction x

$$\frac{1}{E_0 \, \delta} J \left(\int_{x_1}^{x_0} \frac{\partial^2 F_t}{\partial y^2} \mathrm{d}x \right) + \frac{\partial}{\partial t} \left(\frac{1}{R'} \int_{x_1}^{x_0} w_t \, \mathrm{d}x + e_2 \frac{\partial w_t}{\partial x} \right) =$$

$$= \frac{\partial}{\partial t} \left[\Delta_{Hxt} - u_{1t} + \frac{\overline{\varepsilon}_c}{\overline{\varphi}} \varphi_t \, (x_0 - x_1) \right]. \qquad (4.46 \text{ b})$$

If the values of the tangential displacements are not known at the edges but at a point lying inside the shell (Fig. 4.32), then in a system of axes $O\xi\eta$ in which O is situated at this point and the axis $O\xi$ passes through the shell corner, we can write

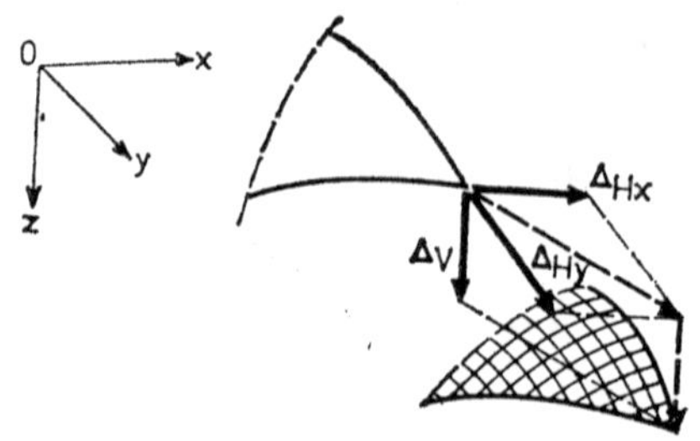

Fig. 4.31. — Corner displacements.

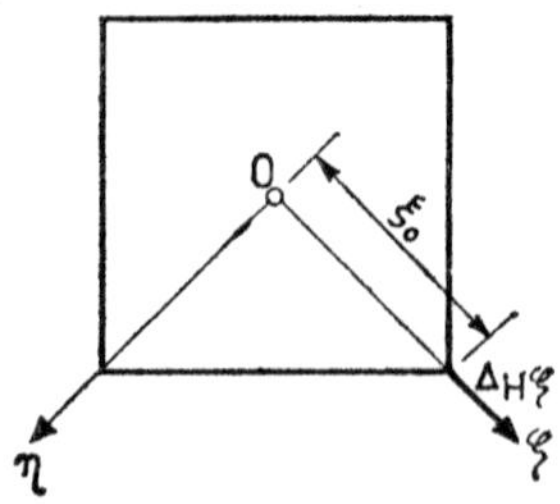

Fig. 4.32. — Displacements along diagonals.

$$\frac{1}{E_0\,\delta} J\left(\int_0^{\xi_0} \frac{\partial^2 F_t}{\partial \eta^2}\,\mathrm{d}\xi\right) + \frac{\partial}{\partial t}\left(\frac{1}{R_\xi}\int_0^{\xi_0} w_t\,\mathrm{d}\xi + e\,\frac{\partial w}{\partial \xi}\right) =$$

$$= \frac{\partial}{\partial t}\left(\Delta_{H\xi t} - v_{\xi t} + \frac{\bar{\varepsilon}_c}{\bar{\varphi}}\,\varphi_t\,\xi_0\right). \tag{4.46 c}$$

Taking account of (4.15 c), condition (4.45 c) becomes

$$\frac{\partial w_t}{\partial t} = \frac{\partial \Delta_{Vt}}{\partial t}. \tag{4.46 d}$$

If the beams are clamped to the edge member

$$\frac{\partial}{\partial t}\left(\frac{\partial w_t}{\partial x}\right) = \frac{\partial}{\partial t}\left(\frac{\partial w_t}{\partial y}\right) = 0. \tag{4.47}$$

If the beams are hinged to each other, we may write that $\frac{\partial^2 \mu}{\partial y^2} = 0$ and in a manner similar to that used for deducing equation (4.67) we get

$$\frac{1}{E_0 \delta} J\left(\frac{\partial^3 F_t}{\partial x^3} + 2\,\frac{\partial^3 F_t}{\partial x\,\partial y^2}\right) + \frac{\partial}{\partial t}\left(\frac{1}{R}\frac{\partial w_t}{\partial x} - \frac{2}{r_{xy}}\frac{\partial w_t}{\partial y}\right) = 0. \tag{4.48}$$

4.3.2.3. Free corner. If the corner is not connected to the supporting structure

$$H_{cx} = H_{cy} = V_c = M_{cx} = M_{cy} = 0 \tag{4.49}$$

and from (4.39) we obtain the conditions

$$P_1 + R_{Ny} = 0\,;\; P_2 + R_{Nx} = 0 \qquad (4.50\text{ a,b})$$

$$Q_1 + Q_2 - 2M_{xy} = 0\,;\; M_1 - M_{r2} = 0\,;\; M_2 - M_{r1} = 0 \qquad (4.50\text{ c--e})$$

while from (4.41) and (4.43) it follows that

$$J(C_{1t} + C'_{2t}) = 0\,;\; J(C'_{1t} + C_{2t}) = 0 \qquad (4.51\text{ a,b})$$

$$2(e_1 + e_2)\, J\left(\frac{\partial^2 F_t}{\partial x\,\partial y}\right) - \frac{\partial}{\partial t}\left(E_0 I_1 \frac{\partial^3 w_t}{\partial y^3} + E_0 I_2 \frac{\partial^3 w_t}{\partial x^3} - \right.$$

$$\left. - 2K_0 \frac{\partial^2 w_t}{\partial x\,\partial y}\right) = 0 \qquad (4.51\text{ c})$$

$$- e_1 J\left(\frac{\partial F_t}{\partial x} - C'_{2t}\right) + \frac{\partial}{\partial t}\left(E_0 I_1 \frac{\partial^2 w_t}{\partial y^2} + G_0 I_{r2} \frac{\partial^2 w_t}{\partial x\,\partial y}\right) = 0 \qquad (4.51\text{ d})$$

$$- e_2 J\left(\frac{\partial F_t}{\partial y} - C_{2t}\right) + \frac{\partial}{\partial t}\left(E_0 I_2 \frac{\partial^2 w_t}{\partial x^2} + G_0 I_{r1} \frac{\partial^2 w_t}{\partial x\,\partial y}\right) = 0 \qquad (4.51\text{ e})$$

If, however, horizontal forces and bending moments (resulting for instance from the prestressing of the edges) are applied at the corner, then relations (4.41) and (4.42) are valid and (4.43 a) is replaced by (4.51c).

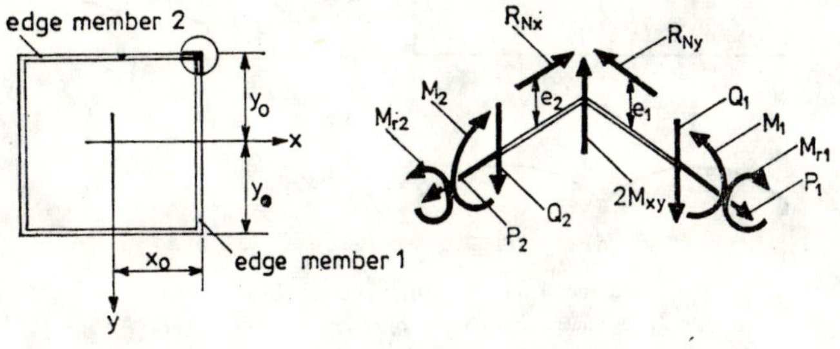

Fig. 4.33. — Free corner:
a) corner position in the second quadrant; b) force equilibrium.

If the free support is situated in the second quadrant ($y = -y_0$) (Fig. 4.33 a), equations (4.51d,e) are modified due the sign conventions. From Figure 4.33 b we get

$$M_1 + M_{r2} + R_{Ny}\, e_1 = 0\,;\; M_2 + M_{r1} + R_{Nx}\, e_2 = 0 \qquad (4.52\text{ a,b})$$

and thus

$$-e_1 J\left(\frac{\partial F_t}{\partial x} - C'_{2t}\right) + \frac{\partial}{\partial t}\left(E_0 I_1 \frac{\partial^2 w_t}{\partial y^2} - G_0 I_{r2} \frac{\partial^2 w_t}{\partial x\, \partial y}\right) = 0, \quad (4.53\text{ a})$$

$$-e_1 J\left(\frac{\partial F_t}{\partial y} - C_{2t}\right) + \frac{\partial}{\partial t}\left(E_0 I_2 \frac{\partial^2 w_t}{\partial x^2} - G_0 I_{r1} \frac{\partial^2 w_t}{\partial x\, \partial y}\right) = 0. \quad (4.53\text{ b})$$

Equation (4.44) is also valid for a free corner. As in the case of equations (4.33 b′, c′), in the case of laterally stiff connection of the members at the shell corners, the effect of the forces R_{Nx} and R_{Ny} in equations (4.41 d,c) and (4. 43 a,b) can be neglected.

4.4. Supporting on arches or beams for continuous shells

4.4.1. Supporting conditions at edges

In the following it is assumed that the continuous shells have the same dimensions and shapes (Fig. 4.34 a) and their common member is situated in the vertical plane (Fig. 4.34 b), in which a system of axes $O\bar{x}\bar{y}\bar{z}$ is chosen.

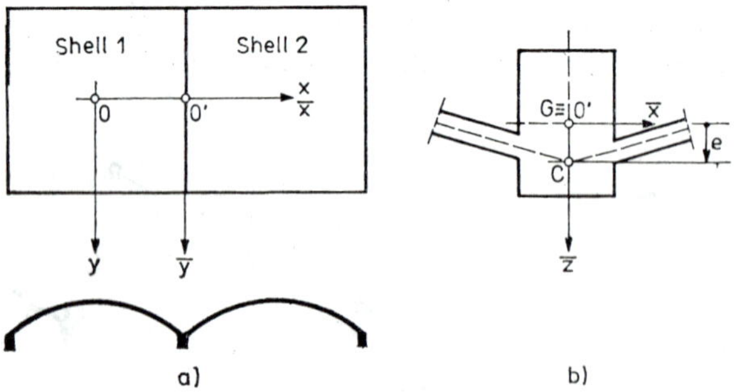

Fig. 4.34. — Continuous shells :
a) geometrical elements; b) common edge member.

The forces arising in the two shells are shown in Figure 4.35 a and are denoted by the subscripts 1 and 2, corresponding to the shells 1 and 2. The forces in the two shells load the common beam in its plane and perpendicular to it with the forces

$$H_x = (N_{x1} - N_{x2}) \cos \varphi_0 - (\bar{Q}_{x1} - \bar{Q}_{x2}) \sin \varphi_0 \quad (4.54\text{ a})$$

$$V_x = (N_{x1} + N_{x2}) \sin \varphi_0 + (\bar{Q}_{x1} + \bar{Q}_{x2}) \cos \varphi_0. \quad (4.54\text{ b})$$

Since we deal with shallow shells the second term in (4.54 a) and the first one in (4.54 b) can be neglected and we can write

$$H_x \simeq N_{x1} - N_{x2}\,;\ V_x \simeq \bar{Q}_{x1} + \bar{Q}_{x2}. \qquad (4.55\ \text{a,b})$$

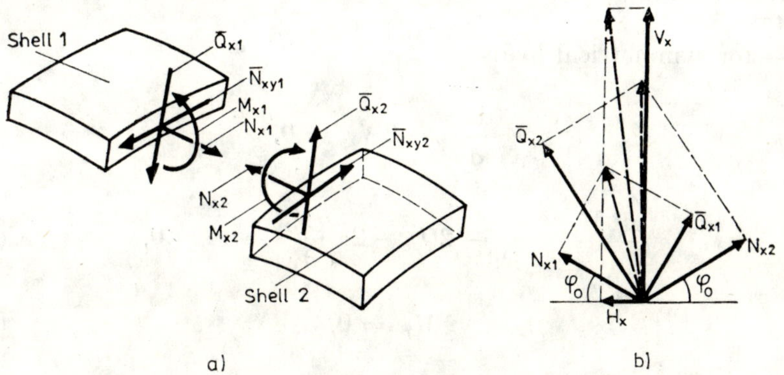

Fig. 4.35. — Loading of the edge beam:
a) edge forces in the two shells; b) load summation.

The shear forces subject the beam to the load

$$n_{xy} = \bar{N}_{xy1} + \bar{N}_{xy2} \qquad (4.55\ \text{c})$$

and from the bending moments we obtain

$$m_x = M_{x1} - M_{x2}. \qquad (4.55\ \text{d})$$

To simplify the calculations, two extreme cases are considered. The loadings of the two shells (supposed identical from the beginning) are symmetrical with respect to the axis Oy

$$N_{x1} = N_{x2} = N_x\,;\ \bar{Q}_{x1} = \bar{Q}_{x2} = \bar{Q}_x\,;$$

$$\bar{N}_{xy1} = \bar{N}_{xy2} = \bar{N}_{xy}\,;\ M_{x1} = M_{x2} = M_x$$

hence

$$H_x = 0\,;\ V_x = 2\bar{Q}_x\,;\ n_{xy} = 2\bar{N}_{xy}\,;\ \ m_x = 0. \qquad (4.56\ \text{a–d})$$

The loadings on the two shells are anti-symmetrical

$$N_{x1} = -N_{x2} = N_x\,;\ \bar{Q}_{x1} = -\,\bar{Q}_{x2} = \bar{Q}_x\,;$$

$$\bar{N}_{xy1} = -\,\bar{N}_{xy2} = \bar{N}_{xy}\,;\ M_{x1} = -\,M_{x2} = M_x$$

and accordingly

$$H_x = 2N_x\,;\; V_x = 0\,;\; n_{xy} = 0\,;\; m_x = 2M_x. \qquad (4.57\text{ a}-\text{d})$$

In a manner similar to that used for the system of equations (4.7), we obtain

— for symmetrical loads

$$\frac{\mathrm{d}P_c}{\mathrm{d}y} - 2\bar{N}_{xy} = 0, \qquad (4.58\text{ a})$$

$$\frac{\mathrm{d}^2 M_c}{\mathrm{d}y^2} + \frac{P_c}{R} - 2\bar{Q}_x - 2e\,\frac{\partial \bar{N}_{xy}}{\partial y} + g_c = 0, \qquad (4.58\text{ b})$$

$$M_{rc} = 0, \qquad (4.58\text{ c})$$

— for anti-symmetrical loads

$$P_c = 0\,;\; N_x = 0\,;\; M_c = 0\,;\; \frac{\mathrm{d}M_{rc}}{\mathrm{d}y} + 2M_x = 0. \qquad (4.59\text{ a}-\text{d})$$

Equation (4.59 h) has been deduced from the assumption that in this case the lateral stiffness of the beams is negligible with respect to that of the shell. In equations (4.58) and (4.59) the forces in the common member have been denoted by the subscript c.

The boundary displacements of the two shells must be equal to each other

$$u_1 = u_2 = u\,;\; v_1 = v_2 = v\,;\; w_1 = w_2 = w\,;$$

$$\chi_{x1} = \chi_{x2} = \chi_x.$$

There results that relations (4.16) are also valid for this case.

If the two shells are symmetrically loaded with respect to the axis y, we obtain the additional conditions

$$u = 0\,;\; \chi_x = \frac{\partial w}{\partial x} = 0. \qquad (4.60\text{ a,b})$$

If the shells are anti-symmetrically loaded, we have the conditions

$$v = 0\,;\; w = 0. \qquad (4.60\text{ c,d})$$

The relationships between stresses and strains are obtained in the same manner as in sub-Section 4.3.1.6.

$$J(P_{ct}) = \frac{A_c}{\delta} J\left(\frac{\partial^2 F_t}{\partial x^2}\right) + E_0 A_c e_c \frac{\partial}{\partial t}\left(\frac{\partial^2 w_t}{\partial y^2}\right). \tag{4.61 a}$$

$$J(M_{ct}) = -E_0 I_c \frac{\partial}{\partial t}\left(\frac{\partial^2 w_t}{\partial y^2}\right), \tag{4.61 b}$$

$$J(M_{rct}) = G_0 I_{rc} \frac{\partial}{\partial t}\left(\frac{\partial^2 w_t}{\partial x\, \partial y}\right), \tag{4.61 c}$$

where A_c, I_c, I_{rc} are the area and the bending and torsion moments of inertia of the common member, respectively.

The boundary conditions obtained from the equations of equilibrium (4.58) and (4.59) are derived in a manner similar to that established in sub-Section 4.3.1.6. To write the boundary conditions from strains (4.59) and (4.60) we start from relations (3.52a,b) Thus we have

$$u = \int\left(\varepsilon_x + \frac{w}{r_x}\right) \mathrm{d}x + f_1(y), \tag{4.62 a}$$

$$v = \int\left(\varepsilon_y + \frac{w}{r_y}\right) \mathrm{d}y + f_2(x), \tag{4.62 b}$$

where $f_1(y)$ and $f_2(x)$ are integration functions. If these displacements are introduced into relation (4.52c), we obtain

$$\frac{\mathrm{d}f_1(y)}{\mathrm{d}y} + \frac{\mathrm{d}f_2(x)}{\mathrm{d}x} + \iint\left(\frac{\partial^2 \varepsilon_x}{\partial y^2} + \frac{\partial^2 \varepsilon_y}{\partial x^2} - \frac{\partial^2 \gamma_{xy}}{\partial x\, \partial y} + \frac{1}{r_x}\frac{\partial^2 w}{\partial y^2} - \right.$$
$$\left. - \frac{2}{r_{xy}}\frac{\partial^2 w}{\partial x\, \partial y} + \frac{1}{r_y}\frac{\partial^2 w}{\partial x^2}\right) \mathrm{d}x\, \mathrm{d}y = 0$$

and as the term under the integral sign is zero (see relation (3.60)), we get

$$\frac{\mathrm{d}f_1(y)}{\mathrm{d}y} + \frac{\mathrm{d}f_2(x)}{\mathrm{d}x} = \text{constant}$$

hence

$$f_1(y) = a_1 y + b_1;\ f_2(x) = a_2 x + b_2. \tag{4.63 a,b}$$

Thus, instead of condition (4.59 a) we may use

$$\frac{\partial^2 u}{\partial y^2} = 0 \tag{4.64}$$

since

$$\frac{d^2 f_1(y)}{dy^2} = 0.$$

In this manner, from (4.62 a), we obtain

$$\int \left(\frac{\partial^2 \varepsilon_x}{\partial y^2} + \frac{1}{R} \frac{\partial^2 w}{\partial y^2} \right) dx = 0$$

and taking account of equations (3.54 a) and (3.57a)

$$\int \left[\frac{1}{E_0 \delta} J \left(\frac{\partial^4 F_t}{\partial y^4} \right) + \frac{1}{R} \frac{\partial}{\partial t} \left(\frac{\partial^2 w_t}{\partial y^2} \right) \right] dx = 0. \tag{4.65}$$

But as from (3.61) we get

$$\frac{1}{E_0 \delta} J \left(\frac{\partial^4 F_t}{\partial y^4} \right) + \frac{1}{R} \frac{\partial}{\partial t} \left(\frac{\partial^2 w_t}{\partial y^2} \right) = - \frac{1}{E_0 \delta} J \left(\frac{\partial^4 F_t}{\partial x^4} + \right.$$

$$\left. + 2 \frac{\partial^4 F_t}{\partial x^2 \partial y^2} \right) - \frac{\partial}{\partial t} \left(\frac{1}{r_y} \frac{\partial^2 w_t}{\partial x^2} - \frac{2}{r_{xy}} \frac{\partial^2 w_t}{\partial x \partial y} \right) \tag{4.66}$$

we can deduce the boundary conditions

$$\frac{1}{E_0 \delta} J \left(\frac{\partial^3 F_t}{\partial x^3} + 2 \frac{\partial^3 F_t}{\partial x \partial y^2} \right) + \frac{\partial}{\partial t} \left(\frac{1}{r_y} \frac{\partial w_t}{\partial x} - \frac{2}{r_{xy}} \frac{\partial w_t}{\partial y} \right) = 0. \tag{4.67}$$

Thus, the boundary conditions when the common edge is at $x = x_0$ are :

— for symmetrical loads

$$J \left(\frac{A_c}{\delta} \frac{\partial^2 F_t}{\partial x^2} + 2 \frac{\partial F_t}{\partial x} \right) + E_0 A_c e_c \frac{\partial}{\partial t} \left(\frac{\partial^2 w_t}{\partial y^2} \right) + J(C_{1t}) = 0 \tag{4.68 a}$$

$$\frac{1}{E_0 \delta} J \left(\frac{\partial^3 F_t}{\partial x^3} + 2 \frac{\partial^3 F}{\partial x \partial y^2} \right) + \frac{\partial}{\partial t} \left(\frac{1}{r_y} \frac{\partial w}{\partial x} - \frac{2}{r_{xy}} \frac{\partial w}{\partial y} \right) = 0 \tag{4.68 b}$$

$$J \left(\frac{1}{R} \frac{\partial F_t}{\partial x} - 2 e_c \frac{\partial^3 F_t}{\partial x \partial y^2} \right) + \frac{\partial}{\partial t} \left[E_0 I_c \frac{\partial^4 w_t}{\partial y^4} - \right.$$

$$\left. - 2 K_0 \left(\frac{\partial^3 w_t}{\partial x^3} + 2 \frac{\partial^3 w_t}{\partial x \partial y^2} \right) \right] + \frac{J(C_{1t})}{R} - J(g_{ct}) = 0, \tag{4.68 c}$$

$$\frac{\partial}{\partial t} \left(\frac{\partial w_t}{\partial x} \right) = 0, \tag{4.68 d}$$

— for anti-symmetrical loads

$$J\left(\frac{\partial^2 F_t}{\partial x^2}\right) = 0, \tag{4.69 a}$$

$$J(F_t) - J(C_{2t}\, y + C_{3t}) = 0, \tag{4.69 b}$$

$$\frac{\partial w_t}{\partial t} = 0, \tag{4.69 c}$$

$$\frac{\partial}{\partial t}\left(G_0 I_{rc} \frac{\partial^3 w_t}{\partial x\, \partial y^2} - 2K_0 \frac{\partial^2 w_t}{\partial x^2}\right) = 0. \tag{4.69 d}$$

If the common edge is located at $x = 0$, account must be taken that the shear forces and the transverse shear forces are of opposite sign; accordingly equations (4.68 a,c) become

$$J\left(\frac{A_c}{\delta}\frac{\partial^2 F_t}{\partial x^2} - 2\frac{\partial F_t}{\partial x}\right) + E_0 A_c e_c \frac{\partial}{\partial t}\left(\frac{\partial^2 w_t}{\partial y^2}\right) + J(C_{1t}) = 0 \tag{4.68 a'}$$

$$J\left(\frac{1}{R}\frac{\partial F_t}{\partial x} + 2e_c \frac{\partial^3 F_t}{\partial x\, \partial y^2}\right) + \frac{\partial}{\partial t}\left[E_0 I_c \frac{\partial^4 w_t}{\partial y^4} + 2K_0\left(\frac{\partial^3 w_t}{\partial x^3} + \right.\right.$$

$$\left.\left. + 2\frac{\partial^3 w_t}{\partial x\, \partial y^2}\right)\right] + \frac{J(C_{1t})}{R} - J(g_{ct}) = 0. \tag{4.68 c'}$$

If the edge common to the two adjacent shells is $y = y_0$ or $y = 0$, we may write in a similar manner the following equations

— for symmetrical loads

$$J\left(\frac{A_c}{\delta}\frac{\partial^2 F_t}{\partial y^2} \pm 2\frac{\partial F_t}{\partial y}\right) + E_0 A_c e_c \frac{\partial}{\partial t}\left(\frac{\partial^2 w_t}{\partial x^2}\right) + J(C'_{1t}) = 0, \tag{4.70 a}$$

$$\frac{1}{E_0 \delta} J\left(\frac{\partial^3 F_t}{\partial y^3} + 2\frac{\partial^3 F_t}{\partial x^2\, \partial y}\right) + \frac{\partial}{\partial t}\left(\frac{1}{r_x}\frac{\partial w_t}{\partial y} - \frac{2}{r_{xy}}\frac{\partial w_t}{\partial x}\right) = 0, \tag{4.70 b}$$

$$J\left(\frac{1}{R'}\frac{\partial F_t}{\partial y} \mp 2e_c \frac{\partial^3 F_t}{\partial x^2\, \partial y}\right) + \frac{\partial}{\partial t}\left[E_0 I_c \frac{\partial^4 w}{\partial x^4} \mp 2K_0\left(\frac{\partial^3 w_t}{\partial y^3} + \right.\right.$$

$$\left.\left. + 2\frac{\partial^3 w_t}{\partial x^2\, \partial y}\right)\right] + \frac{J(C'_{1t})}{R} - J(g_{ct}) = 0, \tag{4.70 c}$$

$$\frac{\partial}{\partial t}\left(\frac{\partial w_t}{\partial y}\right) = 0, \tag{4.70 d}$$

where the upper sign in equations (4.70 a and c) is taken for the case when the supporting is made at the edge $y = y_0$ and the lower sign is taken for $y = 0$;

— for anti-symmetrical loads

$$J\left(\frac{\partial^2 F_t}{\partial y^2}\right) = 0 \tag{4.70 a'}$$

$$J(F_t) - J(C'_{2t}x + C'_{8t}) = 0, \tag{4.70 b'}$$

$$\frac{\partial w_t}{\partial t} = 0 \tag{4.70 c'}$$

$$\frac{\partial}{\partial t}\left(G_0 I_{rc}\frac{\partial^3 w_t}{\partial x^2 \partial y} - 2K_0\frac{\partial^2 w_t}{\partial y^2}\right) = 0. \tag{4.70 d'}$$

4.4.2. Supporting conditions at the corners

At a corner of a shell the following cases may be distinguished:

— corner in which three edge members intervene, which can be supported or free, and

— corner in which four edge members intervene, which can be supported or free.

For the corner with three edge members, we shall consider only the case in which the edge members make between them (Fig. 4.36 a) angles of 90 degrees (Fig. 4.36 a). As shown in sub-Section 4.3.2.2. the corner will

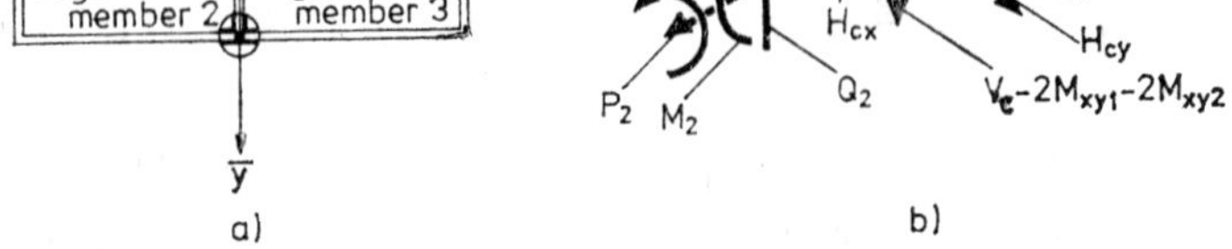

Fig. 4.36. — Corner supporting of two continuous shells: a) common corner; b) corner equilibrium.

be subjected to the forces H_{cx}, H_{cy}, V_c, which represent the fixing forces in the fictitious supports or the reactions in the supporting points; it will be also subjected to the resultants R_{Ny1} and R_{Ny2} and to the forces produced by the unbalanced torsional moments M_{xy1} and M_{xy2} (Fig. 4.36 b). Further, we cut out the corner from the remaining structure and put into evidence the stresses denoted by the subscripts 1, 2, 3, corresponding to the respective members (Fig. 4.36 b). The following cases can be distinguished:

— The loads carried by the two shells are symmetrical with respect to the axis Oy; thus, we have

$$H_{cx} = 0;\; M_{cx} = 0$$

$$P_2 = P_3;\; Q_2 = Q_3;\; M_2 = M_3;\; M_{r2} = M_{r3};\; R_{Ny1} = R_{Ny2};$$

$$M_{xy1} = M_{xy2}.$$

A system of equilibrium equations similar to (4.39) is then obtained

$$P_1 + 2R_{Ny} - H_{cy} = 0, \tag{4.71 a}$$

$$Q_1 + 2Q_2 + 4M_{xy} - V_c = 0, \tag{4.71 b}$$

$$M_1 - 2M_{r2} + 2R_{Ny}\, e_c - M_{cx} = 0. \tag{4.71 c}$$

In a manner similar to that used for relations (4.41) and (4.43), from (4.71) we get

$$J(H_{cyt}) = -\, J(C_{1t} - 2C'_{2t}) \tag{4.72 a}$$

$$(e_1 + 2e_2) J\left(\frac{\partial^2 F_t}{\partial x\, \partial y}\right) - \frac{\partial}{\partial t}\left(E_0 I_1 \frac{\partial^3 w_t}{\partial y^3} \pm 2EI_2 \frac{\partial^3 w_t}{\partial x^3} + \right.$$

$$\left. + 4K_0 \frac{\partial^2 w_t}{\partial x\, \partial y}\right) - J(V_{ct}) = 0 \tag{4.72 b}$$

$$-\, 2e_2 J\left(\frac{\partial F_t}{\partial y} + C'_{2t}\right) + \frac{\partial}{\partial t}\left(E_0 I_1 \frac{\partial^2 w_t}{\partial x^2} \pm 2G_0 I_{r2} \frac{\partial^2 w_t}{\partial x\, \partial y}\right) + J(M_{cxt}) = 0 \tag{4.72 c}$$

and

$$J(R'_{Nyt}) = J\left(\frac{\partial F_t}{\partial y} + C'_{2t}\right). \tag{4.73}$$

The sign (+) is taken for the corner $y = y_0$, while the sign (—) for the corner $y = 0$. In conditions (4.72), C_{2t} is the integration constant corresponding to the members 2 and 3.

If the corner is not supported and horizontal forces (such as for instance those produced by prestressing) are not applied

$$H_{cy} = V_c = M_{cx} = 0$$

from (4.72) we obtain

$$J(C_{1t}) = 2\,J(C_{2t}) \tag{4.74 a}$$

$$(e_1 + 2e_2)J\left(\frac{\partial^2 F_t}{\partial x\,\partial y}\right) - \frac{\partial}{\partial t}\left(E_0\,I_1\frac{\partial^3 w_t}{\partial y^3} \pm 2EI_2\frac{\partial^3 w_t}{\partial x^3} \pm 4K_0\frac{\partial^2 w_t}{\partial x\,\partial y}\right) = 0, \tag{4.74 b}$$

$$-\,2e_2\,J\left(\frac{\partial F_t}{\partial y} + C'_{2t}\right) + \frac{\partial}{\partial t}\left(E_0\,I_1\frac{\partial^2 w_t}{\partial y^2} \pm 2G_0\,I_{r2}\frac{\partial^2 w_1}{\partial x\,\partial y}\right) = 0. \tag{4.74 c}$$

Likewise, both in the case of supported corner and in that of free corner condition (4.44) can also be written.

The loads on the two shells are anti-symmetrical with respect to the axis Oy; we have

$$H_{cy} = V_c = 0;\ M_{cx} = 0$$

$$P_2 = -\,P_3 = 0;\ Q_2 = -\,Q_3 = 0;\ M_2 = -\,M_3 = 0;\ M_{r2} = -\,M_{r3} = 0$$

$$R_{Ny1} = -\,R_{Ny2};\ M_{xy1} = -\,M_{xy2}$$

and, similarly to (4.71), we obtain

$$P_1 = 0;\ Q_1 = 0;\ M_1 = 0;\ 2M_2 - M_{r1} = 0,$$

whence

$$J\left(\frac{\partial F_t}{\partial x}\right) + (C_{1t}) = 0, \tag{4.75 a}$$

$$e_1\,J\left(\frac{\partial^2 F_t}{\partial x\,\partial y}\right) - E_0\,I_1\frac{\partial}{\partial t}\left(\frac{\partial^3 w_t}{\partial y^3}\right) = 0, \tag{4.75 b}$$

$$\frac{\partial}{\partial t}\left(\frac{\partial^2 w_t}{\partial y^2}\right) = 0, \tag{4.75 c}$$

$$\frac{\partial}{\partial t}\left(2E_0\,I_2\frac{\partial^2 w_t}{\partial x^2} + G_0\,I_{r1}\frac{\partial^2 w_t}{\partial x\,\partial y}\right) + J(M_{cy}) = 0. \tag{4.75 d}$$

If four elements intervene at the corner and if the loads are symmetrical (Fig. 4.37), we have

$$H_{cx} = H_{cy} = 0;\ M_{cx} = M_{cy} = 0;$$

$$P_1 = P_2 = P_3 = P_4 = P;\ Q_1 = Q_2 = Q_3 = Q_4 = Q;$$

$$M_1 = M_2 = M_3 = M_4;\ M_{r1} = M_{r2} = M_{r3} = M_{r4} = 0;$$

$$M_{xy1} = M_{xy2} = M_{xy3} = M_{xy4} = 0.$$

The only significant equation is that of projection upon the vertical axis

$$4Q - V_c = 0.$$

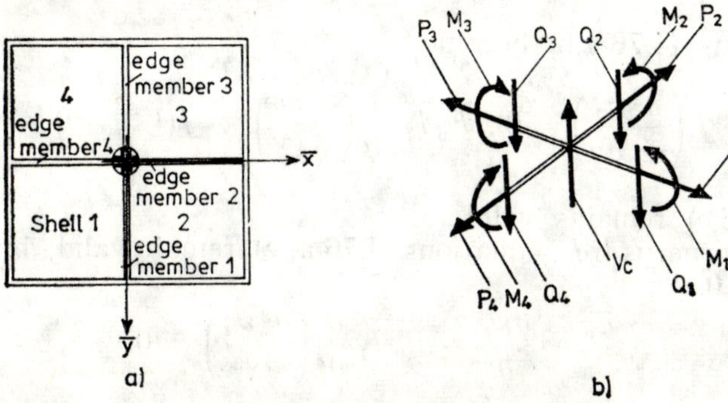

Fig. 4.37. — Corner supporting of four continuous shells: a) common corner; b) corner equilibrium.

Taking into account that as a result of symmetrical loads

$$\frac{\partial u}{\partial y} = \frac{\partial v}{\partial x}$$

from (3.52 c) we get

$$\gamma_{xy} = -\frac{2}{r_{xy}} w$$

and from (3.52 c) and (3.57 c)

$$\frac{\partial^2 F}{\partial x \partial y} - \frac{E_0 \delta}{r_{xy}} w = 0.$$

Thus, the conditions at the corner are

$$J\left(\frac{\partial^2 F_t}{\partial x \partial y}\right) - \frac{E_0 \delta}{r_{xy}} \frac{\partial w_t}{\partial t} = 0, \qquad (4.76\,a)$$

$$\frac{\partial}{\partial t}\left(\frac{E_0 \delta e_1}{r_{xy}} w - E_0 I_1 \frac{\partial^3 w_t}{\partial x^3}\right) - J(V_c) = 0, \qquad (4.76\,b)$$

$$\frac{\partial}{\partial t}\left(\frac{\partial^2 w_t}{\partial x \partial y}\right) = 0. \qquad (4.76\,c)$$

If the corner at which the four members meet is fixedly supported

$$\frac{\partial w}{\partial t} = 0 \tag{4.77 a}$$

and conditions (4.76 a,b) become

$$J\left(\frac{\partial^2 F_t}{\partial x\, \partial y}\right) = 0\,;\; E_0 I_1 \frac{\partial}{\partial t}\left(\frac{\partial^3 w_t}{\partial x^3}\right) + J(V_c) = 0 \tag{4.77 b,c}$$

relation (4.76 c) remains valid.

If the corner is free, equations (4.76 a, c) remain valid, but in (4.76 b) we set $V_c = 0$.

$$\frac{E_0\, \delta e_1}{r_{xy}} \frac{\partial w_t}{\partial t} - E_0 I_1 \frac{\partial}{\partial t}\left(\frac{\partial^3 w_t}{\partial x^3}\right) = 0. \tag{4.78}$$

Relations for anti-symmetrical loads can be deduced in a similar manner.

References

1. ABU-SITTA, S. H., *The stresses in doubly-curved shell roofs of positive Gaussian curvature*, Thesis submitted for the degree of Doctor of Philosophy, University College London, March, 1964.
2. ACADEMIA U.R.S.S. *Instrucţiuni pentru proiectarea acoperişurilor şi planşeelor din plăci curbe subţiri de beton armat.* (Translated from Russian), Editura tehnică, Bucureşti, 1963.
3. BELEŞ, A. A., SOARE, V. M., *Elliptic and hyperbolic paraboloidal shells used in constructions*, Editura Academiei, Bucureşti and S. P. Christie & Partners, London, 1976.
4. BELEŞ, A. A., SOARE, V. M., *Berechnung von Schalentragwerken*, Bauverlag, Wiesbaden-Berlin, 1972.
5. GHEORGHIU, A., *Statica construcţiilor*, Editura tehnică, Bucureşti, 1965.
6. GIONCU, V., *Condiţii de margine elastice la calculul plăcilor curbe subţiri din beton armat*, Buletinul ştiinţific al Institutului Politehnic Timişoara, *1*, 1972.
7. GIRKMANN, K., *Flächentragwerke*, Springer-Verlag, Wien, 1960.
8. KRAKOVSKII, M. B., JURAKOV, I. V., *Experimentalnoe issledovanie diafragm obolocek polojytelnoi Gaussovoi krivizni*, Prikladnaia mehanica,7, 1969, 123–127.
9. KRAKOVSKII, M. B., CINENKOV, I. V., *O sovmestnoi robote obolocek polojitelnoi Gaussovoi kriviznî s diafragmami*, Stroitelnaia mehanica i rasciot soorujenii, *6*, 1968, 3–7.
10. MAZILU, P., *Statica construcţiilor*, Editura tehnică, Bucureşti, 1959.
11. MIHAILESCU, M., *Învelitori subţiri. Manual pentru calculul construcţiilor, secţiunea VII*, Editura tehnică, Bucureşti, 1959.
12. SIMMONDS, S. H., QUAPP, D. H., *Behaviour of elliptical paraboloid shells having edge members with finite stiffness*, IASS Colloque, Madrid, 1969.
13. RABICH, R., *Der Einfluß realer Randbedingungen auf Schnittkräfte und Konstruktion der flachen Hyparschalen mit geraden, freitragenden Rändern.* Wissenschaftliche Zeitschrift der Technischen Universität Dresden, *6*, 1972, 1137–1142.
14. RABICH, R., *Berechnung von Kreiszylinderschalen mit Randgliedern*, VEB Verlag für Bauwesen, Berlin, 1965.
15. VAINERG, D. V., GULIAEV, V. I., DEHTIARIUK, E. C., *Rascet pologhih vypuklyh obolocek, vzaimodeistvuiushchih s opornymi konstruktsiami*, Rascet prostranstvennyh konstructsii *11*, 73–88.

CHAPTER 5

Effect of concrete creep and shrinkage

5.1. Separation of the time factor

An examination of the differential equations deduced in Chapter 3 and of the boundary conditions obtained in Chapter 4 shows that the principal factors affecting the state of stress and deformation are (i) the external actions (loadings and displacements of supports), associated to the effect of creep, and (ii) the concrete shrinkage, also affected by creep.

In order to integrate the differential equation systems with respect to time we use the method of the separation of variables. Thus, for the case of external actions we denote

$$e_t = e_0 f_{et}\,; \qquad p_t = p_0 f_{pt}\,, \tag{5.1a,b}$$

$$d_t = d_0 f_{dt}\,; \qquad \Delta_t = \Delta_0 f_{\Delta t}\,, \tag{5.1c,d}$$

where

e_t, d_t, p_t, Δ_t are the forces, displacements, loadings and imposed displacements at the time t, which characterize the state of stress and deformation over the whole of the shell surface,

e_0, d_0, p_0, Δ_0 are the forces, displacements, loadings and imposed displacements at the time $t = 0$,

$f_{et}, f_{dt}, f_{pt}, f_{\Delta t}$ are functions indicating the variation of the above quantities function of time (Fig. 5.1.).

The relationship between e_0, d_0, p_0 and Δ_0 is given by an analysis in the elastic range, in which the creep influence is disregarded. To determine the functions f_t we replace relations (5.1) in the differential equations of shells and in the boundary conditions. Thus, for instance, for the shallow shell equations (3.63) we have

$$\nabla_r^2\Big[F_0 J(f_{Ft})\Big] - K_0\,\nabla^2\nabla^2\left(w_0\,\frac{\mathrm{d}f_{wt}}{\mathrm{d}t}\right) + p_{z0}\,J\,(f_{pt}) = 0,$$

$$\frac{1}{E_0\delta}\,\nabla^2\nabla^2\Big[F_0 J(f_{Ft})\Big] + \nabla_r^2\left(w_0\,\frac{\mathrm{d}f_{wt}}{\mathrm{d}t}\right) = 0.$$

As, however, for $t = 0$ equations (3.64) must be satisfied

$$\nabla_r^2 F_0 - K_0 \nabla^2 \nabla^2 w_0 + p_{z0} = 0,$$

$$\frac{1}{E_0 \delta} \nabla^2 \nabla^2 F_0 + \nabla_r^2 w_0 = 0,$$

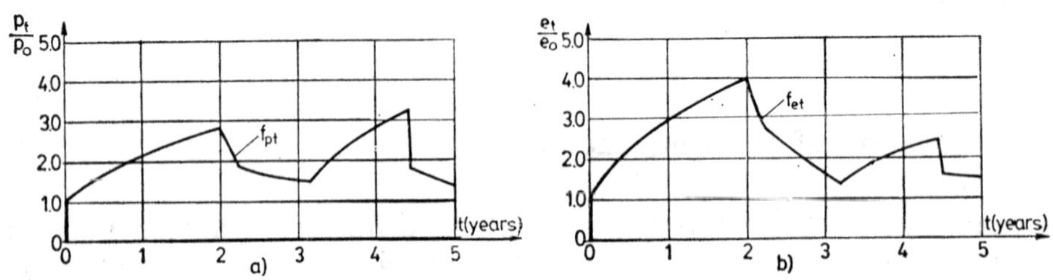

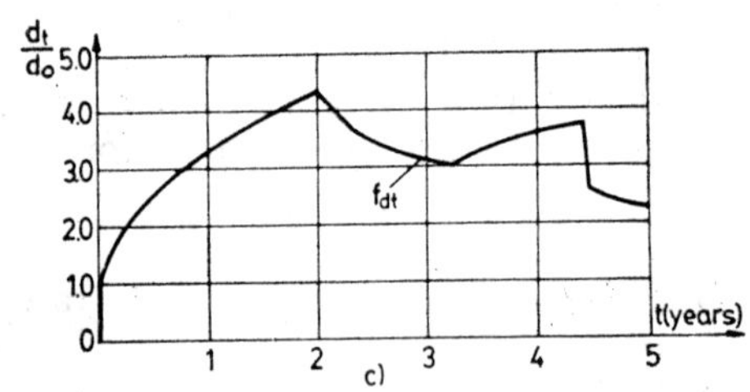

Fig. 5.1. — Variation in time due to the influence of creep and shrinkage :
a) on the loadings ; b) on the shell forces ; c) on the shell displacements.

by a comparison between the above relations, it results that

$$J(f_{Ft}) = \frac{\mathrm{d}f_{wt}}{\mathrm{d}t} = J(f_{pt}).$$

For the general case, taking also account of the boundary and corner conditions, we can write

$$J(f_{et}) = \frac{\mathrm{d}f_{dt}}{\mathrm{d}t} = J(f_{pt}) = \frac{\mathrm{d}f_{\Delta t}}{\mathrm{d}t}. \tag{5.2}$$

In the case of concrete shrinkage abstraction is made from the beginning of the creep effect, the shell being calculated for a deformation imposed by the shrinkage final magnitude ; the values e^c_∞ for stresses and d^c_∞ for displacements are thus obtained.

If we denote

$$e^c_t = e^c_\infty f^c_{et}, \quad d^c_t = d^c_\infty f^c_{dt}, \quad \Delta^c_t = \Delta^c_\infty f^c_{\Delta t}, \tag{5.3 a-c}$$

(the superscript c refers to shrinkage) and introduce these values into the differential equations, e.g. in (3.49), we get for complete cylindrical shells

$$\left(\frac{d^4 w_\infty}{dx^2} + \frac{E_0 \delta}{K_0 R^2} w_\infty\right) \frac{df^c_{wt}}{dt} = \frac{E_0 \delta}{K_0 R^2} \bar{\varepsilon}_c \frac{df^c_{\Delta t}}{dt}$$

and since w_∞ has been obtained from the equation

$$\frac{d^4 w_\infty}{dx^4} + \frac{E_0 \delta}{K_0 R^2} w_\infty = \frac{E_0 \delta}{K_0 R^2} \bar{\varepsilon}_c$$

we have

$$\frac{df^c_{wt}}{dt} = \frac{df^c_{\Delta t}}{dt}.$$

Denoting

$$M_{xt} = M_{x\infty} f^c_{Mt},$$

from equation (3.47) we have

$$M_{x\infty} J(f^c_{Mt}) = - K_0 \frac{d^2 w_\infty}{dx^2} \frac{df^c_{\Delta t}}{dt}$$

whence

$$J(f^c_{Mt}) = \frac{df^c_{\Delta t}}{dt}.$$

It follows that for concrete shrinkage, relations (5.2) are valid if in calculations account is taken of its final value. In such a case we have

$$\frac{df^c_{\Delta t}}{dt} = \frac{1}{\bar{\varphi}} \frac{d\varphi_t}{dt}.$$

Thus, by separating the time factor, the equation system can be resolved in two stages:

— to determine the influence of concrete creep and shrinkage we resolve the differential equation system (5.2), and

— to examine the state of stress and deformation as a function of actions and supporting conditions, a usual calculation in the elastic range is performed.

The state of stress and deformation at the time t will be given by relations (5.1 a, c).

5.2. Influence of concrete creep

5.2.1. Simple loadings

If the shell is subjected to simple loads (all the loading components change in time according to the same law), the equation system (5.2) becomes

$$J(f^p_{et}) = J(f_{pt}), \tag{5.4 a}$$

$$\frac{df^p_{dt}}{dt} = J(f_{pt}). \tag{5.4 b}$$

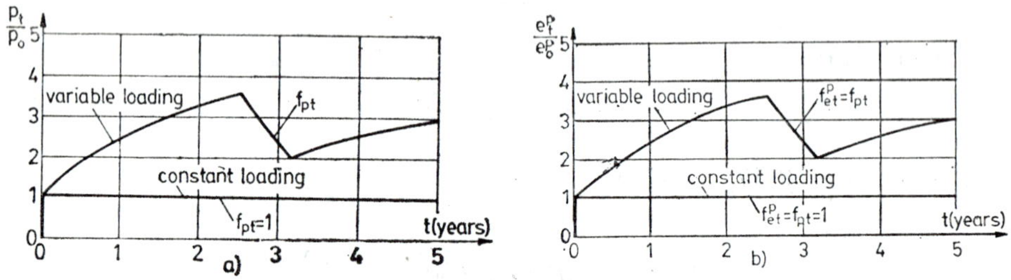

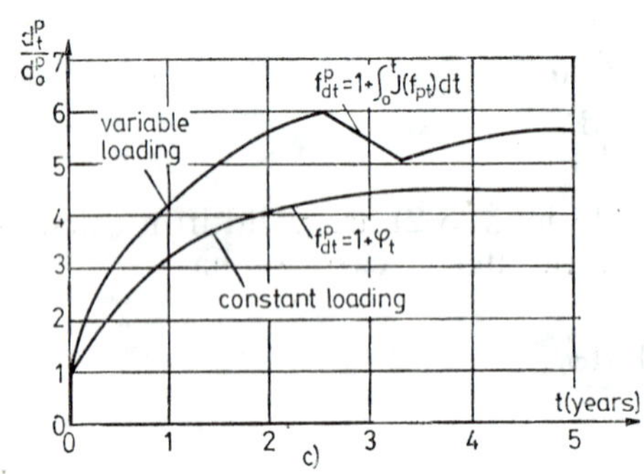

Fig. 5.2. — Simple loading, influence in time of creep:
a) on the loadings; b) on the shell forces; c) on the shell displacements.

Using (5.4 a) we get

$$f^p_{et} = f_{pt} + C_t$$

where C_t is a constant satisfying the equation

$$J(C_t) = 0.$$

For $t = 0$, we obtain $C_0 = 0$ and $\left(\frac{dC_t}{dt}\right)_{t=0} = 0$

and thus $C_t \equiv 0$ and

$$f^p_{et} = f_{pt} \tag{5.5}$$

and consequently the state of stress changes in time in the same manner as the loading.

From equation (5.4 b) we have

$$f^p_{dt} = \int J(f_{pt})\,\mathrm{d}t + C_t$$

and since for $t = 0$, $f_{d0} = 1$

$$f^p_{dt} = 1 + \int_0^t J(f_{pt})\,\mathrm{d}t. \tag{5.6}$$

If the loading is constant in time, $f_{pt} = 1$, from (3.34) we get

$$J(f^p_{dt}) = \frac{\mathrm{d}\varphi_t}{\mathrm{d}t}$$

hence

$$f^p_{dt} = 1 + \int_0^t \frac{\mathrm{d}\varphi_t}{\mathrm{d}t}\,\mathrm{d}t = 1 + \varphi_t. \tag{5.7}$$

From the above it results that in this case too the first correspondence (isomorphism) principle [14] can be applied :

"If a structure with linear viscous deformations is subjected to a simple loading, for which all external loadings vary in time according to the same law (Fig. 5.2 a), the forces at all points of the structure and the statically indeterminate reactions change in time according to the same law (Fig. 5.2b) and are equal at any instant to those released in the corresponding perfectly elastic structure under the action of the same forces. The displacements and deformations follow the same law as that of a prism with the same viscosity characteristic and the same variation of loading (Fig. 5.2c). For the case of loadings constant in time, the stresses in the structure with visco-elastic behaviour remain unchanged in time".

5.2.2. Imposed displacements

If a shell is given imposed displacements, from equations (5.2) we can write

$$J(f^{\Delta}_{et}) = \frac{\mathrm{d}f_{\Delta t}}{\mathrm{d}t}, \tag{5.8 a}$$

$$\frac{\mathrm{d}(f_{dt}^{\Delta})}{\mathrm{d}t} = \frac{\mathrm{d}f_{\Delta t}}{\mathrm{d}t}. \tag{5.8 b}$$

If the first equation is explicitly written, using relation (3.34) we get

$$\frac{E_0}{E_{0t}} \frac{\mathrm{d}f_{et}^{\Delta}}{\mathrm{d}t} + f_{et}^{\Delta} \frac{\mathrm{d}\varphi_t}{\mathrm{d}t} = \frac{\mathrm{d}f_{\Delta t}}{\mathrm{d}t} \tag{5.9}$$

which is an equation of the form

$$\frac{\mathrm{d}y}{\mathrm{d}x} + P(x) \cdot y + Q(x) = 0, \tag{5.10}$$

with the solution

$$y = \mathrm{e}^{-\int P\mathrm{d}x} \left(C - \int Q\mathrm{e}^{\int P\mathrm{d}x}\, \mathrm{d}x\right). \tag{5.11}$$

C being an integration constant. Thus, we have

$$f_{et}^{\Delta} = \mathrm{e}^{-\int \frac{E_0}{E_{0t}} \frac{\mathrm{d}\varphi t}{\mathrm{d}t} \mathrm{d}t} \left(C + \int \frac{\mathrm{d}f_{\Delta t}}{\mathrm{d}t} \mathrm{e}^{\int \frac{E_0}{E_{0t}} \frac{\mathrm{d}\varphi t}{\mathrm{d}t} \mathrm{d}t} \mathrm{d}t\right)$$

the integration constant being determined from the condition

$$t = 0;\ f_{e0}^{\Delta} = 1$$

whence

$$C = 1 - \left| \int \frac{\mathrm{d}f_{\Delta t}}{\mathrm{d}t} \mathrm{e}^{\int \frac{E_0}{E_{0t}} \frac{\mathrm{d}\varphi t}{\mathrm{d}t} \mathrm{d}t} \mathrm{d}t \right|_{t=0}$$

which introduced above gives

$$f_{et}^{\Delta} = \mathrm{e}^{-\int \frac{E_0}{E_{0t}} \frac{\mathrm{d}\varphi t}{\mathrm{d}t} \mathrm{d}t} \left(1 + \int_0^t \frac{\mathrm{d}f_{\Delta t}}{\mathrm{d}t} \mathrm{e}^{\int \frac{E_0}{E_{0t}} \frac{\mathrm{d}\varphi t}{\mathrm{d}t} \mathrm{d}t} \mathrm{d}t\right). \tag{5.12 a}$$

If the imposed displacements do not change in time, $f_{\Delta t} = 1$ and using (5.12 a) there results

$$f_{et}^{\Delta} = \mathrm{e}^{-\int \frac{E_0}{E_{0t}} \frac{\mathrm{d}\varphi t}{\mathrm{d}t} \mathrm{d}t}. \tag{5.12 b}$$

If it is considered that Young's modulus of concrete does not change in time

$$\frac{E_0}{E_{0t}} \simeq 1$$

relations (5.12) become

$$f^{\Delta}_{et} = e^{-\varphi_t}\left(1 + \int_0^t \frac{\mathrm{d}f_{\Delta t}}{\mathrm{d}t} e^{\varphi_t}\, \mathrm{d}t\right) \qquad (5.13\ a)$$

or for displacements invariable in time (for which $\mathrm{d}f_{\Delta t}/\mathrm{d}t = 0$)

$$f_{et} = e^{-\varphi_t} \qquad (5.13\ b)$$

the last being the known relaxation relation.

The displacements are given by equation (5.8 b)

$$f^{\Delta}_{dt} = f_{\Delta t} + C$$

and since for $t = 0$, $C_0 = 0$, we get

$$f^{\Delta}_{dt} = f_{\Delta t}. \qquad (5.14)$$

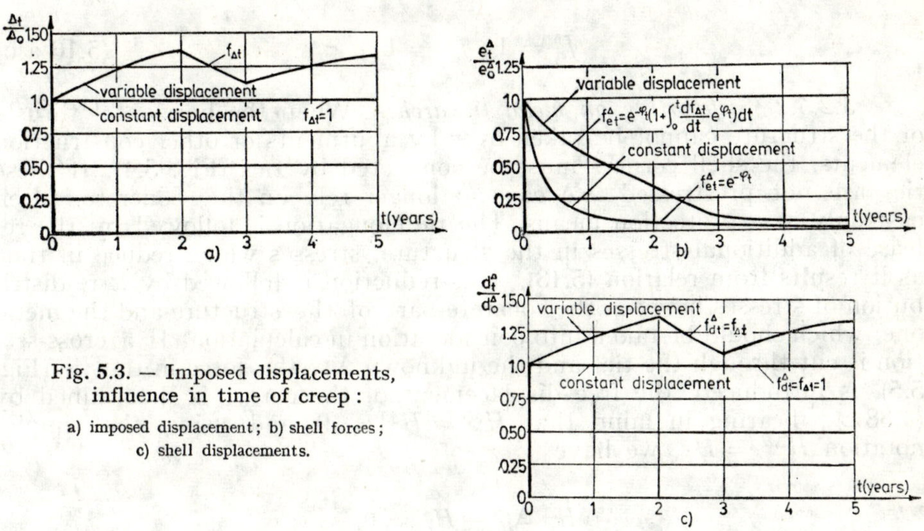

Fig. 5.3. — Imposed displacements, influence in time of creep :

a) imposed displacement; b) shell forces; c) shell displacements.

i.e. the shell displacements are affine to those imposed.

We are thus led to the second correspondence principle [14] :

"If a structure with linear viscous deformations is subjected to an imposed displacement which varies in time according to a known law

(Fig. 5.3 a) all deformations and displacements at any point of the structure change in time according to the same law (Fig. 5.3 c) and are equal to those produced in the perfectly elastic structure subjected to the imposed deformation corresponding to the respective time. The forces and the statically indeterminate reactions are all the time proportional to those in perfectly elastic structures (Fig. 5.3 b) and the proportionality coefficient is identical to that of a prism with the same viscosity characteristics and the same imposed deformation Δ_{it}."

5.2.3. **Shells on polygonal boundary**

5.2.3.1. Supporting on two-hinge arches. In the case of shells discharging on two-hinge arches, the loadings are usually simple and change in time according to the same law. Therefore, the state of stress and deformation changes in time according to the first correspondence principle

$$f_{et}^{p} = f_{pt}\,;\; f_{dt}^{p} = 1 + \int_0^t J(f_{pt})\,\mathrm{d}t \tag{5.15 a,b}$$

and in the case of constant loadings

$$f_{et}^{p} = 1\,;\; f_{dt}^{p} = 1 + \varphi_t. \tag{5.16 a,b}$$

5.2.3.2. Supporting on metal tie arches. When the horizontal thrusts of the structure cannot be taken over by abutments or other construction elements, the shell corners must be connected by ties (Fig. 5.4). If these ties are not prestressed, we can no longer rely on the concrete, often cast only as a protection means. The tie elongation is followed by the release of additional stresses in the structure, stresses which reduce in time as it results from relation (5.13). This reduction is followed by a re-distribution of stresses between the concrete part of the structure and the metal one, which should be taken into consideration in calculation. If a cross-section is cut through the ties and the unknown X_z^p, the force in the tie (Fig. 5.5), is introduced, the free displacement of the corner is determined by (4.38 c); bearing in mind that $H_c^M = H_c^{\Delta V} = 0$ and using the simpler notation $H_c^{\Delta H} = H_c^{\Delta}$, we have

$$H_c^{\Delta}\,\Delta_H^p + H_c^p = 0,$$

whence

$$\Delta_H^p = -\frac{H_c^p}{H_c^{\Delta}}. \tag{5.17 a}$$

Using the first correspondence principle (see sub-Section 5.2.1), we obtain at the time t

$$\Delta^{p}_{Ht} = -\frac{H^{p}_{c}}{H^{\Delta}_{c}}(1+\varphi_t). \qquad (5.17\ \text{b})$$

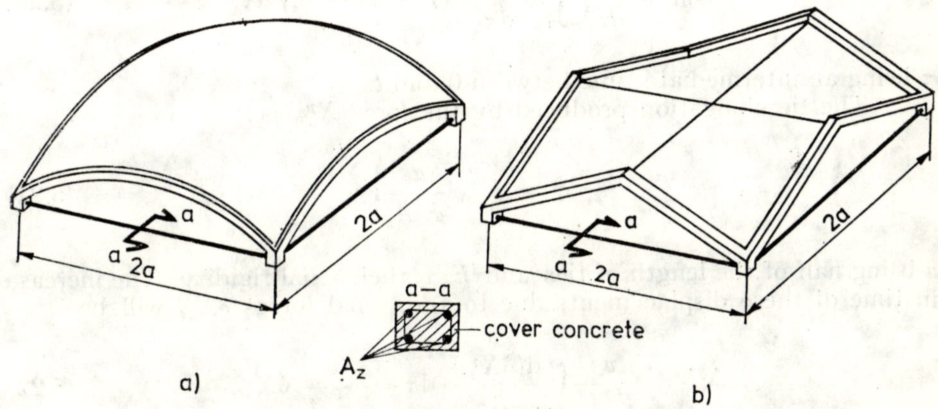

Fig. 5.4. — Edge members with steel ties :
a) arches; b) beams with broken axis.

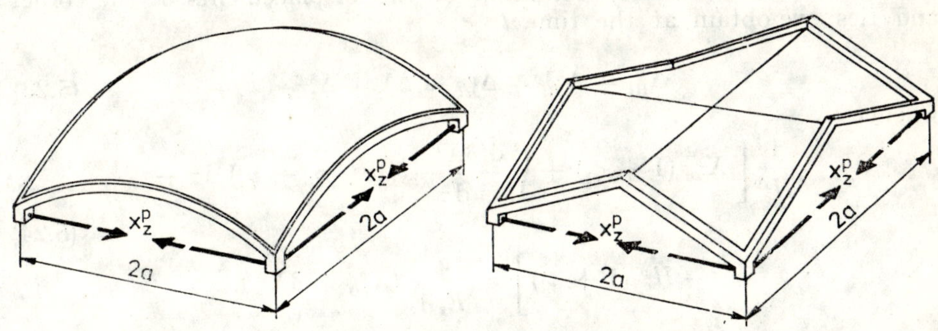

Fig. 5.5. — Forces in steel ties.

The displacement of the corner, produced by the force X^{p}_{z0} (at the time $t = 0$) is obtained in a similar manner from the relation

$$H^{\Delta}_{c}\,\Delta^{X}_{H} - X^{p}_{z0} = 0 \qquad (5.18)$$

whence

$$\Delta^{X}_{H} = \frac{X^{p}_{z0}}{H^{\Delta}_{c}} \qquad (5.19\ \text{a})$$

and at the time t

$$\Delta^{X}_{Ht} = \frac{X^{p}_{z0}}{H^{\Delta}_{c}}(1+\varphi_t). \qquad (5.19\ \text{b})$$

Since the force in the metal ties changes in time by the quantity δX^p_{zt}, considering the concrete Young's modulus constant in time, there results an increase of the displacement Δ^X_{Ht} by

$$\Delta^{\delta X}_{Ht} = \frac{1}{H^\Delta_c} \int_0^t \frac{d(X^p_{z\tau})}{d\tau} (1 + \varphi_t - \varphi_\tau)\, d\tau. \tag{5.20}$$

τ being an intermediate time between 0 and t.

The tie elongation produced by the force X^p_{z0} is

$$\Delta^X_z = X^p_{z0} \frac{a}{E_z A_z}, \tag{5.21}$$

a being half of the length of ties and $E_z A_z$ their axial rigidity. The increase in time of these displacements due to additional forces δX_{zt} will be

$$\Delta^{\delta X}_z = \frac{a}{E_z A_z} \int_0^t \frac{d(\delta X^p_{z\tau})}{d\tau}\, d\tau = \frac{a}{E_z A_z}\, \delta X^p_{zt}. \tag{5.22}$$

From the continuity condition of the displacements of the corner and ties, we obtain at the time t

$$\Delta^X_{Ht} + \Delta^{\delta X}_{Ht} + \Delta^p_{Ht} = \Delta^X_z + \Delta^{\delta X}_z, \tag{5.23}$$

whence

$$\frac{1}{H^\Delta_c} \left[X^p_{z0} (1 + \varphi_t) + \int_0^t \frac{d(\delta X^p_{z\tau})}{d\tau} (1 + \varphi_t - \varphi_\tau)\, d\tau - H^p_c (1 + \varphi_t) \right] = \frac{a}{E_z A_z} (X^p_{z0} + \delta X^p_{zt}). \tag{5.24}$$

At the time $t = 0$ we have

$$\frac{1}{H^\Delta_c} (X^p_{z0} - H^p_c) = \frac{a}{E_z A_z} X^p_{z0}, \tag{5.25}$$

from which we obtain the force in the ties in the initial stage

$$X^p_{z0} = \frac{H^p_c}{1 - \dfrac{H^\Delta_c\, a}{E_z A_z}} \tag{5.26}$$

Subtracting (5.25) from (5.24) we get

$$\frac{1}{H_c^\Delta}\left[X_{z0}^p \varphi_t + \int_0^t \frac{d(\delta X_{z\tau}^p)}{d\tau} (1 + \varphi_t - \varphi_\tau)\, d\tau - H_c^p \varphi_t \right] = \frac{a}{E_z A_z} \delta X_{zt}^p. \quad (5.27)$$

Differentiating this relation with respect to t we obtain

$$\frac{d(\delta X_{zt}^p)}{dt} + \frac{E_z A_z}{E_z A_z - H_c^\Delta a} \frac{d\varphi_t}{dt} \delta X_{zt}^p - \frac{E_z A_z}{E_z A_z - H_c^\Delta a} \frac{d\varphi_t}{dt} (H_c^p - X_{z0}^p) = 0. \quad (5.28)$$

Equation (5.28) is of the form (5.10) and the solution is given by (5.11). We thus obtain

$$\delta X_{zt}^p = C e^{-k_z \varphi_t} + (H_c^p - X_{z0}^p)$$

where

$$k_z = \frac{E_z A_z}{E_z A_z - H_c^\Delta a}. \quad (5.29)$$

For $z = 0$, $\varphi_t = 0$ and $\delta X_{zt}^p = 0$, we have

$$C = -(H_c^p - X_{z0}^p)$$

hence

$$\delta X_{zt}^p = (H_c^p - X_{z0}^p)(1 - e^{-k_z \varphi_t}) \quad (5.30)$$

and the total force in the ties is

$$X_{zt}^p = X_{z0}^p + \delta X_{zt}^p = X_{z0}^p \left[1 + \left(\frac{H_c^p}{X_{z0}^p} - 1 \right)(1 - e^{-k_z \varphi_t}) \right];$$

observing that from (5.26) we can write

$$X_{z0}^p = k_z H_c^p \quad (5.31)$$

we get

$$X_{zt}^p = X_{z0}^p \left[1 + \frac{1 - k_z}{k_z} (1 - e^{-k_z \varphi_t}) \right]. \quad (5.32)$$

It follows that the variation in time of tie forces is given by

$$f_{Xt}^p = 1 + \frac{1 - k_z}{k_z} (1 - e^{-k_z \varphi_t}). \quad (5.33)$$

The horizontal displacement of the corners must be equal to the tie elongation. Thus, for $t = 0$, we have

$$\Delta^p_{H0} = \frac{X^p_{z0}\, a}{E_z A_z} = \frac{H^p_c\, a}{E_z A_z - H^\Delta_c\, a} \tag{5.34}$$

from which, for $E_z A_z = 0$, we obtain the free displacement of corners, given by relation (5.17 a).

At the time t the displacement of the corners will be

$$\Delta^p_{Ht} = \frac{X^p_{zt}\, a}{E_z A_z} = \Delta^p_{H0}\left[1 + \frac{1 - k_z}{k_z}(1 - e^{-k_z \varphi_t})\right] \tag{5.35}$$

and, consequently, the variation in time of the displacement of corners is given by

$$f^p_{\Delta t} = 1 + \frac{1 - k_z}{k_z}(1 - e^{-k_z \varphi_t}). \tag{5.36}$$

In order to determine the influence of creep on the state of stress and deformation, relations (5.13 a) are used, taking account that from (5.36) we obtain

$$\frac{df_{\Delta t}}{dt} = (1 - k_z)\frac{d\varphi_t}{dt}\, e^{-k_z \varphi_t}.$$

Thus, we have

$$f^p_{et} = e^{-\varphi_t}\left[1 + (1 - k_z)\int_0^t \frac{d\varphi_t}{dt}\, e^{(1-k_z)\varphi_t}\, dt\right] = e^{-k_z \varphi_t} \tag{5.37 a}$$

and from (5.14) we get

$$f^p_{dt} = 1 + \frac{1 - k_z}{k_z}(1 - e^{-k_z \varphi_t}). \tag{5.37 b}$$

The forces in the shell decrease in time as shown in Figure 5.6 a, and they are the closer to total relaxation the smaller is the structure rigidity to the horizontal displacements H^Δ_c as compared to the rigidity of ties; likewise the larger is the tie cross-section the more significant is the decrease of force values. The stresses in ties and the displacements increase in time (Fig. 5.6 b,c).

Relations (5.37) take account of the creep effect only as concerns the displacements of corners produced by the elongation of ties. Thus, we first calculate the stresses and deformations of a shell resting on tie arches as for the case of supporting on two-hinge arches; then, we perform the calculation yielding the forces e_{p0} and the displacements d_{p0} to which the effect of tie elongation is added. We thus obtain the forces $e_{\Delta 0}$ and the displacements $d_{\Delta 0}$.

At the time t we have

$$e_{p\Delta t} = e_{p0} + e_{\Delta 0} e^{-k_z \varphi_t}, \tag{5.38 a}$$

$$d_{p\Delta t} = d_{p0}(1 + \varphi_t) + d_{\Delta 0}\left[1 + \frac{1 - k_z}{k_z}(1 - e^{-k_z \varphi_t})\right]. \tag{5.38 b}$$

Similar solutions are given in [10] for the case of metal tie arches.

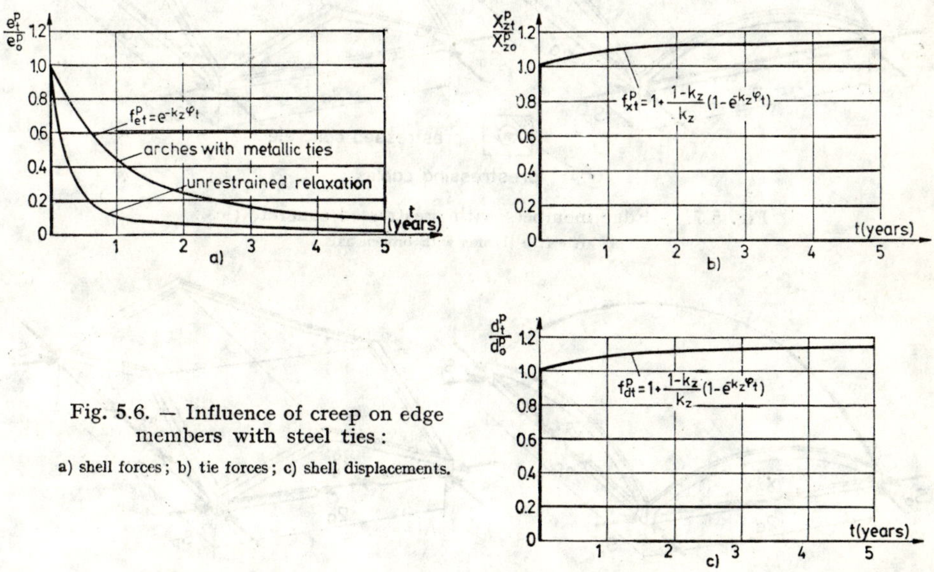

Fig. 5.6. — Influence of creep on edge members with steel ties:

a) shell forces; b) tie forces; c) shell displacements.

5.2.3.3. Supporting on prestressed concrete tie arches. In order to reduce the steel consumption in metal ties and since their large elongations imply stresses of large values in the shell and edge members, it is recommendable to use prestressed concrete for the construction of ties (Fig. 5.7).

If such a solution is chosen, the following stages can be distinguished:

— at the instant of prestressing the prestressing force S_{p0} and the own weight g act;

— shortly after prestressing, when stress losses due to shrinkage and creep have not yet occurred, the load increases by the value p_1 due to the execution of the shell cover and eventually to additional loadings (snow, wind, etc.);

— the structure is subjected in time to a service loading p and stress losses occur in concrete ties, the largest being when the loadings assume the smallest values; therefore, in calculation it is advisable to use only the service loadings corresponding to the shell own weight and to that of the cover;

— when the stress losses come to an end, the structure can be subjected to the maximum standard loadings p_c.

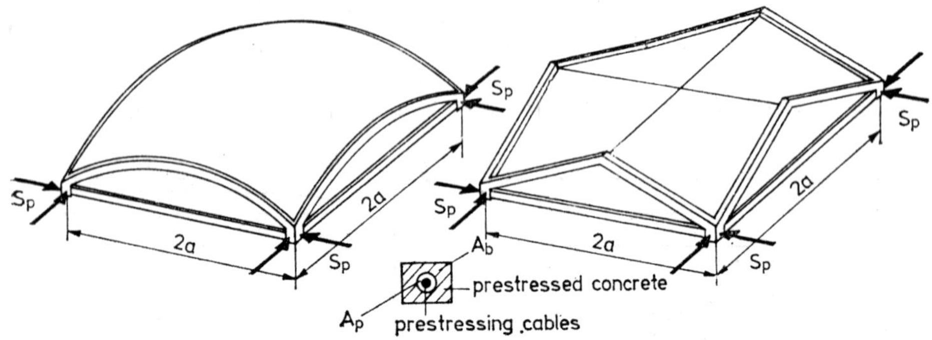

Fig. 5.7. — Edge members with prestressed concrete ties:
a) arches; b) beams with broken axis.

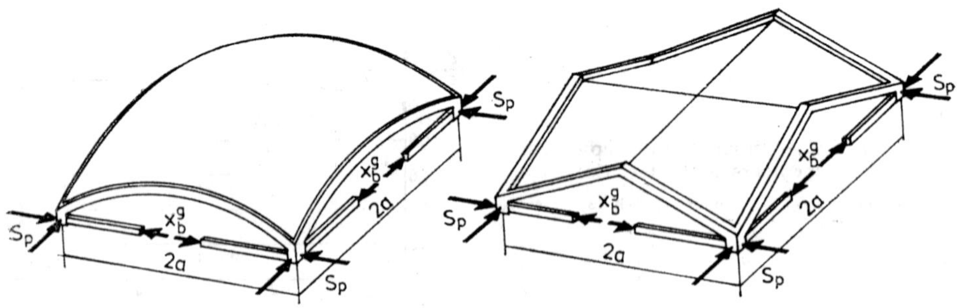

Fig. 5.8. — Forces in ties of prestressed concrete.

In the initial stage when the prestressing is applied, the shell is in the shuttering (in the case of monolithic casting) or on the scaffolding (when the shell is made of prefabricated units); by prestressing the shell is raised from these sustaining elements, the whole thrust due to own weight being taken over by the prestressing presses. Since the system is statically indeterminate, the distribution of the prestressing force between the concrete ties and the structure consisting of arches and the shell is made in proportion with their rigidities.

If a section is made through the concrete tie (Fig. 5.8) and the unknown X_b^g is introduced, in a manner similar to that used in sub-Section 5.2.3.1. we can determine the following:

— displacements of corners produced by external loadings

$$\Delta_H^g = -\frac{H_c^g}{H_c^\Delta}; \tag{5.39}$$

— displacements of corners produced by the prestressing force

$$\Delta_H^S = \frac{S_{p0}}{H_c^\Delta}; \tag{5.40}$$

— displacements of corners due to the unknown X_b^g

$$\Delta_H^X = \frac{X_b^g}{H_c^\Delta}; \tag{5.41}$$

— deformation of concrete ties due to the unknown X_b^g

$$\Delta_b^X = \frac{X_b^g\, a}{E_0 A_b}; \tag{5.42}$$

$E_0 A_b$ being their axial rigidity.

From the condition of equal displacements we get

$$\frac{S_{p0} + X_b^g - H_c^g}{H_c^\Delta} = \frac{X_b^g\, a}{E_0 A_b} \tag{5.43}$$

whence

$$X_b^g = -\frac{E_0 A_b}{E_0 A_b - H_c^\Delta\, a}(S_{p0} - H_c^g)$$

or introducing a notation similar to (5.29)

$$k_b = \frac{E_0 A_b}{E_0 A_b - H_c^\Delta\, a} \tag{5.44}$$

we have

$$X_b^g = -k_b(S_{p0} - H_c^g) = -k_b S_{pa} \tag{5.45}$$

where we have denoted

$$S_{pa} = S_{p0} - H_c^g; \tag{5.46}$$

S_{pa} is the active prestressing force, since the difference $S_{p0} - S_{pa}$ does nothing else than to balance the thrust of arches.

In view of the manner in which the prestressing acts, stresses in ties due to prestressing can appear only if

$$S_{p0} > H_c^p, \; S_{pa} > 0.$$

The horizontal displacements of the corners will be

$$\Delta_H^S = \frac{X_b^q\, a}{E_0 A_b} = \frac{k_b\, S_{pa}\, a}{E_0 A_b} = -\frac{S_{pa}\, a}{E_0 A_b - H_c^\Delta\, a}. \tag{5.47}$$

For the additional loadings p_1 which act after prestressing, prior to the stress losses due to concrete shrinkage and creep, the axial stiffness of ties is $E_0 A_b + E_p A_p$, where $E_p A_p$ is the axial stiffness of the prestressing reinforcement. By sectioning the ties, we have

$$\frac{X_a^{p_1} - H_{c_1}^p}{H_c^\Delta} = \frac{X_b^{p_1}\, a}{E_0 A_{bp}} \tag{5.48}$$

where

$$E_0 A_{bp} = E_0 A_b + E_p A_p \tag{5.49}$$

and hence

$$X_b^{p_1} = \frac{E_0 A_{bp}}{E_0 A_{bp} - H_c^\Delta a} H_c^{p_1} = k_{bp}\, H_c^{p_1} \tag{5.50}$$

where

$$k_{bp} = \frac{E_0 A_{bp}}{E_0 A_{bp} - H_c^\Delta a} \tag{5.51}$$

The force in the prestressing reinforcement will be

$$S_p = S_{p0} + \frac{E_p A_p}{E_0 A_{bp}} X_b^{p_1}. \tag{5.52}$$

In time, under the action of service loads p and creep, a redistribution of forces between concrete and reinforcement appears, which become

$$\begin{aligned} X_{bt}^p &= X_{bo}^p + \delta X_{bt}^p, \\ S_{pt} &= S_p + \delta S_{pt}. \end{aligned} \tag{5.53}$$

Since the deformations of the concrete and reinforcement must be equal at any time t, we have

$$\frac{a}{E_0 A_b}\left[X^p_{bo}(1+\varphi_t) - X^g_{bo} + \int_0^t \frac{\mathrm{d}\,(\delta X^p_{b\tau})}{\mathrm{d}\tau}(1+\varphi_t-\varphi_\tau)\,\mathrm{d}\tau\right] = \tag{5.54}$$

$$= \frac{a}{E_p A_p}(S_p - S_{p0} + \delta S^p_{pt}).$$

The left-hand side member represents the in-time deformation of the concrete section and the right-hand side member that of the prestressing reinforcement; in this relation account has been taken that part of the deformation appears when a combined working between the concrete tie and the prestressing reinforcement does not exist.

Thus, we have

$$\frac{E_p A_p}{E_0 A_b}\left[X^p_{bo}\,\varphi_t + X^{p-g}_{bo} + \int_0^t \frac{\mathrm{d}(X^p_{b\tau})}{\mathrm{d}\tau}(1+\varphi_t-\varphi_\tau)\,\mathrm{d}\tau\right] = S_p - S_{p0} + \delta S^{pt}_p$$

or taking account of (5.53) (for $p - g = p_1$)

$$\delta S^p_{pt} = \frac{E_p A_p}{E_0 A_b}\left[X^p_{bo}\,\varphi_t + \int_0^t \frac{\mathrm{d}(\delta X^p_{b\tau})}{\mathrm{d}\tau}(1+\varphi_t-\varphi_\tau)\,\mathrm{d}\tau\right]. \tag{5.55}$$

Since the forces in ties modify in time, a redistribution of the loadings between arch and ties will appear. If at the time t we imagine a section through the tie (Fig. 5.9), an equation expressing the equality of deformations (similar to 5.24) can be written

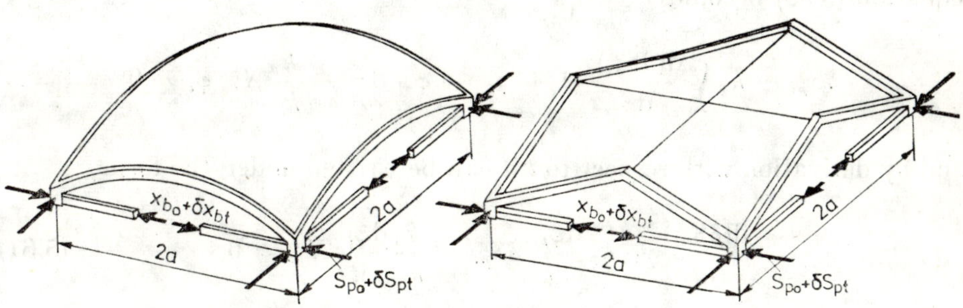

Fig. 5.9. — Variation in time of the forces in cables and concrete ties.

$$\frac{1}{H^\Delta_c}\left[(S_{p0} + X^p_{bo})(1+\varphi_t) + \int_0^t \frac{\mathrm{d}}{\mathrm{d}\tau}(\delta S^p_{p\tau} + \delta X^p_{bz})(1+\varphi_t-\varphi_\tau)\,\mathrm{d}\tau - \right.$$

$$- H^p_c (1 + \varphi_t)\Big] = \frac{a}{E_0 A_b}\left[X^p_{bo} (1 + \varphi_t) + \int_0^t \frac{\mathrm{d}(\delta X^p_{b\tau})}{\mathrm{d}\tau} (1 + \varphi_t - \varphi_\tau)\, \mathrm{d}\tau\right]. \tag{5.56}$$

The first paranthesis represents the displacement of the arch corner, and the second that of the concrete tie, for the time t; at the time $t = 0$, relation (5.56) becomes

$$\frac{S_{p0} + X^p_{bo} - H^p_c}{H^\Delta_c} = \frac{X^p_{bo}\, a}{E_0 A_b} \tag{5.57}$$

whence

$$\frac{1}{H^\Delta_c}\int_0^t \frac{\mathrm{d}}{\mathrm{d}\tau} (\delta S^p_{p\tau} + \delta X^p_{b\tau}) (1 + \varphi_t - \varphi_\tau)\, \mathrm{d}\tau = \frac{a}{E_0 A_b}\int_0^t \frac{\mathrm{d}(\delta X^p_{b\tau})}{\mathrm{d}\tau} (1 + \varphi_t - \varphi_\tau)\, \mathrm{d}\tau$$

hence

$$\int_0^t \frac{\mathrm{d}(\delta X^p_{b\tau})}{\mathrm{d}\tau} (1 + \varphi_t - \varphi_\tau)\, \mathrm{d}\tau = -k_b \int_0^t \frac{\mathrm{d}(\delta S^p_{p\tau})}{\mathrm{d}\tau} (1 + \varphi_t - \varphi_\tau)\, \mathrm{d}\tau. \tag{5.58}$$

If this relation is introduced into (5.55) we get

$$\delta S^p_{pt} + k_b \frac{E_p A_p}{E_0 A_b}\int_0^t \frac{\mathrm{d}(\delta S^p_{p\tau})}{\mathrm{d}\tau} (1 + \varphi_t - \varphi_\tau)\, \mathrm{d}\tau - \frac{E_p A_p}{E_0 A_b} X^p_{bo}\, \varphi_t = 0. \tag{5.59}$$

If we denote

$$k_p = \frac{E_p A_p}{E_0 A_o - H^\Delta_c\, a} = k_b \frac{E_p A_p}{E_0 A_b} \tag{5.60}$$

equation (5.59) becomes

$$\delta S^p_{pt} + k_p \int_0^t \frac{\mathrm{d}(\delta S^p_{p\tau})}{\mathrm{d}\tau} (1 + \varphi_t - \varphi_\tau)\, \mathrm{d}\tau - \frac{k_p}{k_b} X^p_{bo}\, \varphi_t = 0$$

and by derivation with respect to t it can be written under the form

$$\frac{\mathrm{d}(\delta S^p_{pt})}{\mathrm{d}t} + k_p \frac{\mathrm{d}\varphi_t}{\mathrm{d}t}\, \delta S^p_{pt} - \frac{k_p}{k_b}\frac{\mathrm{d}\varphi_t}{\mathrm{d}t} X^p_{bo} = 0. \tag{5.61}$$

The solution of this equation is of the form (5.11)

$$\delta S^p_{pt} = e^{-k_p \varphi_t} \left(C + \frac{1}{k_b} X^p_{bo}\, e^{k_p \varphi_t}\right).$$

For $t = 0$, $\varphi_t = 0$ and $\delta S^p_{pt} = 0$ we have

$$C = -\frac{1}{k_b} X^p_{bo}$$

and

$$\delta S^p_{pt} = \frac{X^p_{bo}}{k_b}(1 - e^{-k_p\varphi_t}) = -(S_{p0} - H^p_c)(1 - e^{-k_p\varphi_t}), \tag{5.62}$$

where account has been taken that from (5.57) we get

$$X^p_{bo} = -k_b(S_{p0} - H^p_c). \tag{5.63}$$

From relation (5.62) we can calculate the stress loss due to creep. The total force in the prestressing reinforcement will be

$$S_{pt} = S_{p0} + \frac{E_0 A_p}{E_0 A_{bp}} k_{bp}(H^p_c - H^g_c) - (S_{p0} - H^p_c)(1 - e^{-k_p\varphi_t}) =$$
$$= S_{po}\left[1 + k_p \frac{H^p_c - H^g_c}{S_{p0}} - \left(1 - \frac{H^p_c}{S_{p0}}\right)(1 - e^{-k_p\varphi_t})\right]. \tag{5.64}$$

The forces in the concrete ties can be obtained from equation (5.58)

$$\int_0^t \frac{d}{d\tau}(\delta X^p_{b\tau} + k_b\,\delta S^p_{p\tau})(1 + \varphi_t - \varphi_\tau)\,d\tau = 0$$

whence

$$\delta X^p_{bt} = -k_b\,\delta S^p_{pt} = k_b(S_{p0} - H^p_c)(1 - e^{-k_p\varphi_t}) \tag{5.65}$$

and the total force is

$$X^p_{bt} = X^p_{bo} + \delta X^p_{bt} = -k_b(S_{p0} - H^p_c)\,e^{-k_p\varphi_t} = X^p_{b0}\,e^{-k_p\varphi_t}. \tag{5.66}$$

The displacement of the corner at $t = 0$ will be

$$\Delta^p_{H0} = \frac{X^p_{b0}\,a}{E_0 A_b} = -\frac{k_b(S_{p0} - H^p_c)\,a}{E_0 A_b} = \frac{1}{E_0 A_b - H^\Delta_c\,a}(S_{p0} - H^\Delta_c)a \tag{5.67}$$

and at the time t its increase will be

$$\delta\Delta^p_{Ht} = \frac{\delta S_{pt}\,a}{E_p A_p} = -\frac{(S_{p0} - H^p_c)\,a}{E_p A_p}(1 - e^{-k_p\varphi_t}). \tag{5.68}$$

The total displacement is

$$\Delta^p_{Ht} = \Delta^p_{Ho} + \delta\Delta^p_{Ht} = -\frac{(S_{p0} - H^p_c)\,a}{E_0 A_b}\, k_b \left[1 + \frac{1}{k_p}\,(1 - \mathrm{e}^{-k_p\varphi_t})\right] = \tag{5.69}$$

$$= \Delta^p_{Ho}\left[1 + \frac{1}{k_p}\,(1 - \mathrm{e}^{-k_p\varphi_t})\right].$$

Thus

$$f^{pS}_{\Delta t} = 1 + \frac{1}{k_p}\,(1 - \mathrm{e}^{-k_p\varphi_t}) \tag{5.70}$$

and using (5.14) and (5.15) we get

$$f^{pS}_{et} = \mathrm{e}^{-}\left[1 + \int_0^t \mathrm{e}^{(1-k_p)\varphi_t}\,\frac{\mathrm{d}\varphi_t}{\mathrm{d}t}\,\mathrm{d}t\right] = \frac{\mathrm{e}^{-k_p\varphi_t} - k_p\mathrm{e}^{-\varphi_t}}{1 - k_p} \tag{5.71 a}$$

$$f^{pS}_{dt} = 1 + \frac{1}{k_p}\,(1 - \mathrm{e}^{-k_p\varphi_t}) \tag{5.71 b}$$

and from (5.66) we obtain

$$f^{pS}_{Xt} = \mathrm{e}^{-k_p\varphi_t}. \tag{5.71 c}$$

The previous relations can be simplified if account is taken that for $\alpha x \ll 1$ we have

$$\mathrm{e}^{-\alpha x} \simeq 1 - \alpha x.$$

Since k_p assumes very reduced values, the simplified relations for the creep final values are obtained

$$f^{pS}_{e\infty} \simeq \frac{1 - k_p\,(\bar{\varphi} - \mathrm{e}^{-\bar{\varphi}})}{1 - k_p} \simeq \frac{1 - k_p\bar{\varphi}}{1 - k_p}, \tag{5.72 a}$$

$$f^{pS}_{d\infty} \simeq 1 + \bar{\varphi}, \tag{5.72 b}$$

$$f^{pS}_{X\infty} \simeq 1 - k_p\bar{\varphi}. \tag{5.72 c}$$

Using relations (5.71) we can calculate the forces at any instant t and by means of (5.72) we can obtain the final values (for $t = \infty$) function of those obtained initially for $t = 0$. The variation of these forces is shown in Figure 5.10.

If the values (5.71 c,d) are compared to those yielded by Buseman's method of conjugated fibres [7], differences are found only for the coefficient k_p (since in the above relations the shell rigidity has also been considered) and for the force in the prestressing reinforcement (where account is taken that in shells part of the elastic deformation of the prestressing reinforcement — corresponding to the own weight of the structure — appears independently of that of the concrete).

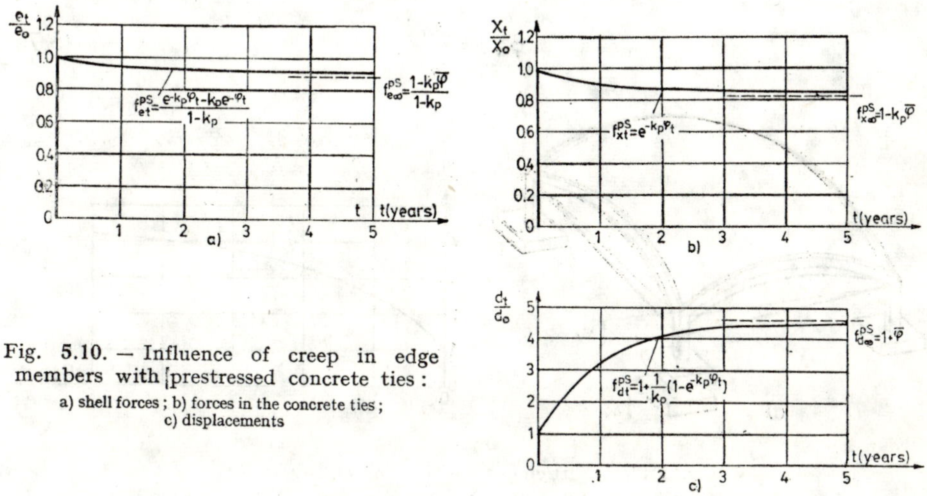

Fig. 5.10. — Influence of creep in edge members with prestressed concrete ties:
a) shell forces; b) forces in the concrete ties;
c) displacements

If in the determination of forces and deformations we use as basic system the shell supported on two-hinge arches, over which the effect of the displacement of supports is superposed, the state of stress and deformation at $t = \infty$ will be

$$e_{pS\infty} = e_{p_0} + e_{\Delta 0}\frac{1 - k_p\overline{\varphi}}{1 - k_p}, \tag{5.73 a}$$

$$d_{pS\infty} = (d_{p_0} + d_{\Delta 0})(1 + \overline{\varphi}). \tag{5.73 b}$$

5.2.3.4. Settlement in time of the foundation soil. The foundation soils consisting of rock, gravel or compact marl behave elastically and do not deform in time, such that the forces and displacements of the structure can be calculated by relations (5.13 b) and (5.14). If, however, the foundations are placed on soils consisting of clays, sandy clays or clayey fine sands, account should be taken of their behaviour in time since they present elasto-visco-plastic deformations [2]. The analysis can be performed in this case either by assuming that at the beginning the deformations are zero and then they increase in time [4], [13], or that elastic displacements also appear from the beginning [15].

In [2] it is suggested that by analogy with the concrete deformations in time (Fig. 2.2 b), the deformation at the time t be calculated by means of the relation (Fig. 5.11).

$$s_t = s_0(1 + \varphi_{st}), \tag{5.74}$$

where φ_{st} is a characteristic of the deformation in time of the soil, similar to the creep characteristic of concrete

$$\varphi_{st} = \frac{s_{cl}}{s_0} \tag{5.75}$$

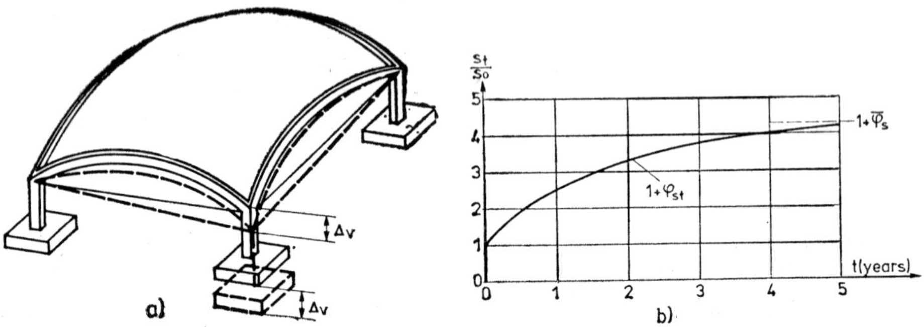

Fig. 5.11.— Settlement in time of clayey soils:
a) settlement in time of the shell; b) characteristic curve for clayey soils.

s_{cl} being the in-time deformation of the soil and s_0 the instantaneous one. For φ_{st}, the same work [2] suggests a relation similar to (3.25)

$$\varphi_{st} = \overline{\varphi}_s(1 - e^{-\beta t}), \tag{5.76}$$

where $\overline{\varphi}_s$ is the final value of the soil deformation in time and β a coefficient determined such that a correspondence with the experimental values exists.

For the initial value of the settlement s_0, the calculation is performed in the elastic range. In order to determine the in-time variation of the forces and deformations, account should be taken of the concrete creep and in-time settlement of the foundations. If (5.1 d) is identified with (5.74) we get

$$f_{\Delta t} = 1 + \varphi_{st} \tag{5.77}$$

and if this relation is inserted into (5.13 a) we have

$$f^{\Delta}_{et} = e^{-\varphi_t} \left(1 + \int_0^t \frac{d\varphi_{st}}{dt} e^{\varphi_t}\, dt\right). \tag{5.78}$$

Taking account of (5.76) we obtain

$$f_{el}^{\Delta} = e^{-\varphi_t} + \overline{\varphi}_s \Phi_{st} \tag{5.79}$$

where

$$\Phi_{st} = \beta e^{\overline{\varphi} e^{-\alpha t}} \int_0^t e^{-(\overline{\varphi} e^{-\alpha t} + \beta t)} \, dt. \tag{5.80}$$

The function Φ_{st} for various values of α and β is given, according to [2], in Table **5.1**

An inspection of relation (5.79) shows that the first term corresponds to ordinary relaxation given by relation (5.13b), whilst the second is due to the simultaneous influence of the creep and settlement of supports, which leads to a variation in time of the forces.

If the variation curves of the creep and settlement of supports are affine

$$\varphi_{st} = \frac{\overline{\varphi}_s}{\overline{\varphi}} \varphi_t \tag{5.81}$$

from (5.78) we get

$$f_{el}^{\Delta} = e^{-\varphi_t}\left(1 + \frac{\overline{\varphi}_s}{\overline{\varphi}} \int_0^t \frac{d\varphi_t}{dt} e^{\varphi_t} \, dt\right) = e^{-\varphi_t} + \frac{\overline{\varphi}_s}{\overline{\varphi}} (1 - e^{-\varphi_t})$$

hence

$$\Phi_{st} = \frac{1 - e^{-\varphi t}}{\overline{\varphi}} \tag{5.82}$$

a relation known [1], [8] in the calculation of structures on foundations settleable in time.

When the curves of the variation in time of the creep of concrete and soil are not affine, relation (5.79) is valid.

Table 5.1

Values of the function Φ_{st}

$\alpha = 0.3$							
t years	β 0.1	β 0.3	β 0.9	t years	β 0.1	β 0.3	β 0.9
0.00	0.0000	0.0000	0.0000	3.0	0.1270	0.2501	0.2495
0.25	0.0276	0.0768	0.1840	4.0	0.1458	0.2524	0.1919
0.50	0.0478	0.1293	0.2863	5.0	0.1646	0.2518	0.1522
0.75	0.0630	0.1657	0.3384	6.0	0.1839	0.2504	0.1257
1.00	0.0749	0.1913	0.3598	10.0	0.2656	0.2642	0.0819
1.25	0.0846	0.2093	0.3628	15.0	0.3610	0.2444	0.0702
1.50	0.0927	0.2222	0.3546	20.0	0.4333	0.2440	0.0678
1.75	0.0997	0.2314	0.3403	25.0	0.4817	0.2439	0.0673
2.00	0.1060	0.2380	0.3227	30.0	0.5124	0.2439	0.0672
2.50	0.1170	0.2461	0.2852	35.0	0.5313	0.2439	0.0672

Three main cases can be distinguished (Fig. 5.12), function of the values of the coefficients α and β in relations (3.25) and (5.76) which characterize the rate of deformation:

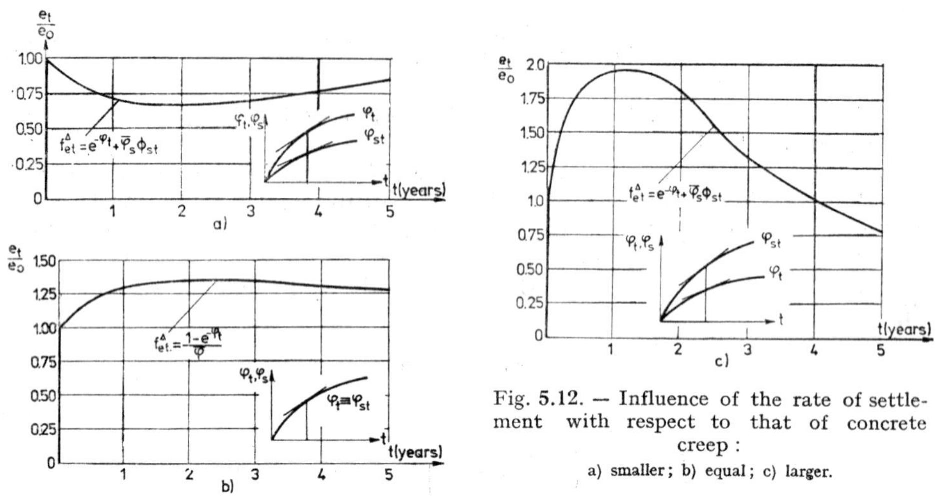

Fig. 5.12. — Influence of the rate of settlement with respect to that of concrete creep :
a) smaller; b) equal; c) larger.

— if $\alpha > \beta$, the deformation produced by the concrete creep increases faster than that of the soil, the relaxation in the first period is dominant and the value of stresses decreases at the beginning but afterwards the soil deformations become dominant and the values of forces increase;

— if $\alpha = \beta$, the rate of deformation is the same and the increase of forces is continual:

— if $\alpha < \beta$, the deformations of the soil increase faster than those of the concrete and a substantial increase in the value of forces appears, which, however, decreases with the passing of time.

5.2.4. **Thin shells of revolution**

5.2.4.1. Supporting on a boundary undeformable in time. If the shells of revolution are supported by members undeformable in time (Fig. 5.13)

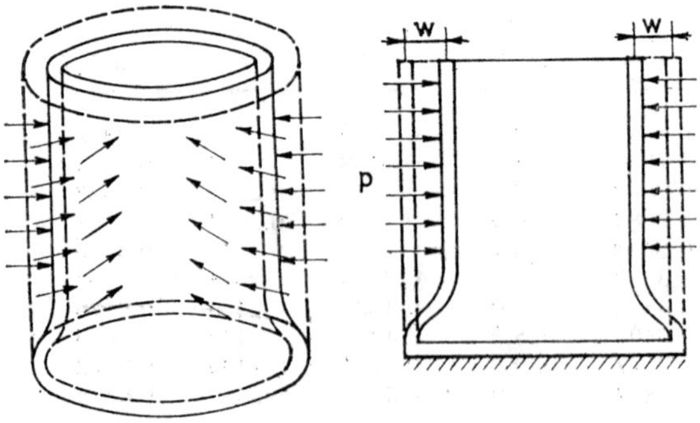

Fig. 5.13. — Supporting on a boundary undeformable in time.

and the loadings are simple, the state of stress and deformation changes according to the relations deduced in the frame of the first correspondence principle (5.2.1) and can be calculated by means of relations similar to (5.15) and (5.16).

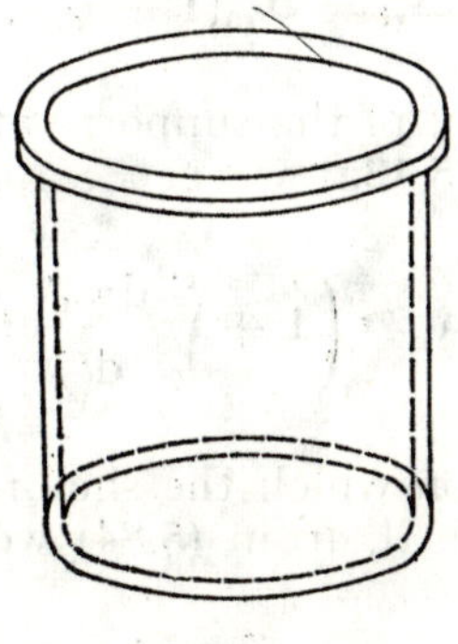

Fig. 5.14. — Supporting on a boundary deformable in time.

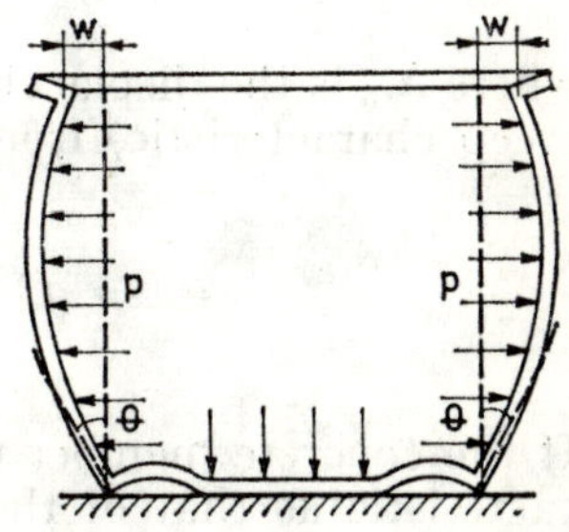

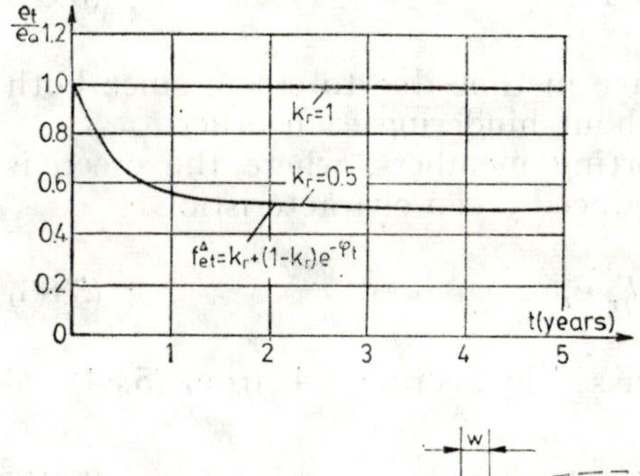

Fig. 5.15. — Influence of creep for supports deformable in time

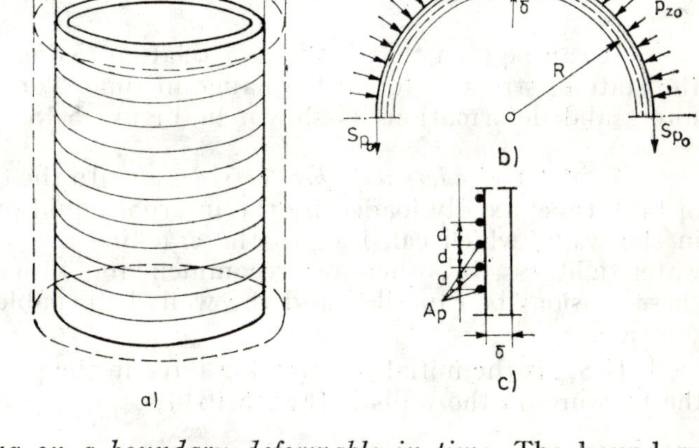

Fig. 5.16. — Cylindrical shells with prestressed walls: a) displacements due to prestressing; b) loads due to prestressing. c) prestressing reinforcement

5.2.4.2. Supporting on a boundary deformable in time. The boundary of a shell of revolution can deform due either to the elongation in time of the edge rings (Fig. 5.14), or of the members with which it works combinedly. The state of stress and deformation changes according to the relations obtained for the second correspondence principle.

If the member on which the shell is supported has in time a deformation of the form

$$\Delta_{rt} = \Delta_{r0}(1 + \varphi_{rt}), \tag{5.83}$$

where Δ_{r0} is the displacement of the supports at the time $t = 0$, and φ_{rt} the creep characteristic, from (5.13a) we get

$$f_{et}^{\Delta} = \mathrm{e}^{-\varphi_t}\left(1 + \int_0^t \frac{\mathrm{d}\varphi_{rt}}{\mathrm{d}t}\,\mathrm{e}^{\varphi_t}\,\mathrm{d}t\right). \tag{5.84}$$

If the concrete member upon which the shell rests has the same creep characteristic as that of the shell, from (5.84) we have

$$f_{et}^{\Delta} = 1 \tag{5.85}$$

and accordingly the forces do not change in time due to creep, since both members deform in the same way, without hindering each other.

If, however, for stretched supporting members, where the creep is much reduced by cracking, we use a reduced creep characteristic

$$\varphi_{t\mathrm{red}} = k_r\,\varphi_t \tag{5.86}$$

where k_r is a reduction coefficient discussed in Section 5.4, from (5.84) we obtain

$$f_{et}^{\Delta} = k_r + (1 - k_r)\,\mathrm{e}^{-\varphi_t}. \tag{5.87}$$

It can be seen that for $k_r = 1$ relation (5.85) is obtained. In this case the state of stress is found to change in time. The variation in time of the forces and deformations is shown in Figure 5.15.

5.2.4.3. Cylinders with prestressed walls. In the case of vertical cylinders of tank type, axially loaded by the internal liquid pressure, tensions appear in the walls, which can lead to the cracking of concrete and loss of their water tightness. It is therefore recommendable to use prestressing such that these tensions be cancelled and the walls be capable to work only in compression.

If S_{p0} is the initial prestressing force in the prestressing reinforcement, the pressure on the walls is (Fig. 5.16 b)

$$p_{z0} = \frac{S_{p0}}{Rd}, \tag{5.88}$$

d being the distance between the prestressing bars (Fig. 5.16 c).

In time, due to the increased values of the deformations w (Fig. 5.16 a), this prestressing force decreases

$$S_{pt} = S_{p0} + (\varepsilon_{\varphi t} - \varepsilon_{\varphi 0}) E_p A_p,$$

where $E_p A_p$ is the axial rigidity of the prestressing reinforcement, or taking account of (3.43b) we have

$$S_{pt} = S_{p0} - \frac{E_p A_p}{R} (w_t - w_0) \tag{5.89}$$

and from (5.88) we obtain

$$p_{zt} = p_{z0} - \frac{E_p A_p}{R^2 d} (w_t - w_0). \tag{5.90}$$

In these relations the most unfavourable assumption has been considered, namely that the reservoir is all the time empty, case in which the deformations produced by creep are the largest and hence the prestressing losses assume maximum values.

If this relation is inserted into (3.49), we get

$$\frac{\partial}{\partial t}\left(\frac{\partial^4 w_t}{\partial x^4} + \frac{E_0 \delta}{K_0 R^2} w_t\right) = \frac{1}{K_0}\left(\frac{\partial p_{zt}}{\partial t} + p_{zt} \frac{\mathrm{d}\varphi_t}{\mathrm{d}t}\right)$$

and by means of (5.90) we have

$$\frac{\partial}{\partial t}\left(\frac{\partial^4 w_t}{\partial x^4} + \frac{E_0 \delta + E_p \bar{A}_p}{K_0 R^2} w_t\right) + \frac{E_p \bar{A}_p}{K_0 R^2} \frac{\mathrm{d}\varphi_t}{\mathrm{d}t} w_t = \frac{1}{K_0}\left(p_{z0} + \frac{E_p \bar{A}_p}{R^2} w_0\right) \frac{\mathrm{d}\varphi_t}{\mathrm{d}t}, \tag{5.91}$$

where

$$\bar{A}_p = \frac{A_p}{d} \tag{5.92}$$

is the prestressing reinforcement area per unit length. The exact analytical solution of equation (5.91) is very difficult to be obtained and recourse must be made to an approximate method. It is considered that the normal displacement is of the form

$$w_t = w_0 f_{wt}, \tag{5.93}$$

where w_0 is a function only of x, and f_{wt} only of t. We thus have

$$\left(\frac{d^4w_0}{dx^4}+\frac{E_0\delta+E_p\bar{A}_p}{K_0R^2}w_0\right)\frac{\mathrm{d}f_{wt}}{\mathrm{d}t}+\frac{E_p\bar{A}_p}{K_0R^2}w_0\frac{\mathrm{d}\varphi_t}{\mathrm{d}t}f_{wt}=\frac{1}{K_0}\left(p_{z0}+\frac{E_p\bar{A}_p}{R^2}w_0\right)\frac{\mathrm{d}\varphi_t}{\mathrm{d}t}.$$

As, however, in the initial stage

$$\frac{\mathrm{d}^4w_0}{\mathrm{d}x^4}+\frac{E_0\delta}{K_0R^2}w_0=\frac{p_{z0}}{K_0},$$

then

$$\left(p_{z0}+\frac{E_p\bar{A}_p}{R^2}w_0\right)\frac{\mathrm{d}f_{wt}}{\mathrm{d}t}+\frac{E_p\bar{A}_p}{R^2}w_0\frac{\mathrm{d}\varphi_t}{\mathrm{d}t}f_{wt}=\left(p_{z0}+\frac{E_p\bar{A}_p}{R^2}w_0\right)\frac{\mathrm{d}\varphi_t}{\mathrm{d}t}$$

or

$$\frac{\mathrm{d}f_{wt}}{\mathrm{d}t}+k_p\frac{\mathrm{d}\varphi_t}{\mathrm{d}t}f_{wt}-\frac{\mathrm{d}\varphi_t}{\mathrm{d}t}=0 \tag{5.94}$$

where

$$k_p=\frac{\dfrac{E_p\bar{A}_p}{R^2}w_0}{p_{z0}+\dfrac{E_p\bar{A}_p}{R^2}w_0}. \tag{5.95}$$

Integration of equation (5.94) yields

$$f_{wt}=\mathrm{e}^{-k_p\varphi_t}\left(C+\int\frac{\mathrm{d}\varphi_t}{\mathrm{d}t}\,\mathrm{e}^{k_p\varphi_t}\,\mathrm{d}t\right)=\mathrm{e}^{-k_p\varphi_t}\left(C+\frac{1}{k_p}\,\mathrm{e}^{k_p\varphi_t}\right).$$

The constant C is determined taking account that for $t=0$, $f_{wt}=1$

$$C=1-\frac{1}{k_p}=\frac{k_p-1}{k_p}$$

and hence

$$f_{wt}=\frac{1-(1-k_p)\mathrm{e}^{-k_p\varphi_t}}{k_p}. \tag{5.96}$$

If the lower part of the cylinder is free to displace, then membrane theory is valid and by means of (3.42b), for a uniform prestressing across the height, we get

$$N_\varphi=-p_zR$$

and using (3.46) we have

$$w_0 = \frac{p_z R^2}{E_0 \delta}$$

which inserted into (5.95) yields

$$k_p = \frac{\dfrac{E_p \bar{A}_p}{E_0 \delta}}{1 + \dfrac{E_p \bar{A}_p}{E_0 \delta}} = \frac{E_p \bar{A}_p}{E_0 \delta + E_p \bar{A}_p}. \tag{5.97}$$

It can be noticed that in this case only the mode of approximation by relation (5.93) is valid; for other cases of supporting, f_{wt} is also a function of x and equation (5.94) is no longer valid. However, it can be considered as an acceptable solution since the edge perturbation damps rapidly enough.

By (5.89) we obtain

$$S_{pt} = S_{p0} - \frac{E_p A_p}{R} w_0 (f_{wt} - 1) = S_{p0} - \frac{E_0 \delta d}{R} w_0 (1 - e^{-k_p \varphi_t})$$

and for the case of free supporting

$$S_{pt} = S_{p0}\, e^{-k_p \varphi_t}. \tag{5.98}$$

For small values of $k_p \varphi_t$ we can write

$$e^{-k_p \varphi_t} \simeq 1 - k_p\, \varphi_t$$

hence

$$S_{pt} = S_{p0}(1 - k_p \varphi_t). \tag{5.99}$$

By means of (5.88) we get

$$p_{zt} = \frac{S_{pt}}{Rd} = \frac{S_{p0}}{Rd}\, e^{-k_p \varphi_t}$$

hence

$$f_{pt} = e^{-k_p \varphi_t}$$

and according to the first correspondence principle, for $t = \infty$, there results

$$f_{et} = f_{pt} = e^{-k_p \varphi_t} \simeq 1 - k_p\, \varphi_t. \tag{5.100 a}$$

Using (5.95), we have

$$f_{dt} = 1 + (1 - k_p)\,\varphi_t. \tag{5.100 b}$$

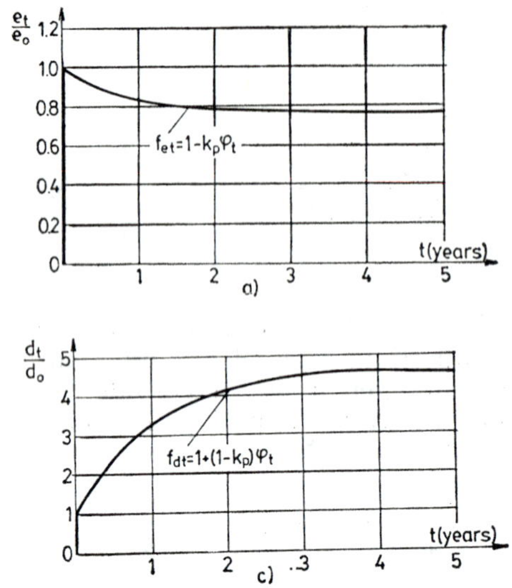

Fig. 5.17. — Influence of creep on cylinders with prestressed walls :
a) forces in the cylinder wall; b) forces in the prestressing cables; c) displacements of the cylindrical wall.

The variations in time of the forces in the walls and in the prestressing reinforcement are shown in Figure 5.17.

5.3. Influence of concrete shrinkage

5.3.1. Shells on polygonal boundary

5.3.1.1. Free shrinkage. When the shell corners displace freely (Fig 5.18a) stresses do not occur in the shell and hence $F_t = 0$.

From equation (3.63b), we have

$$\frac{\partial}{\partial t}(\nabla_r^2 w_t) = 0, \tag{5.101}$$

An examination of this equation shows that two solutions can exist :

— if w_t is constant in time, it must be zero, since at $t = 0$ the shrinkage is equal to zero, and

— if w_t varies with t, it is necessary that

$$\nabla_r^2 w_t = 0$$

whence, taking account of (3.62b), we have

$$w_t = ax + by + c.$$

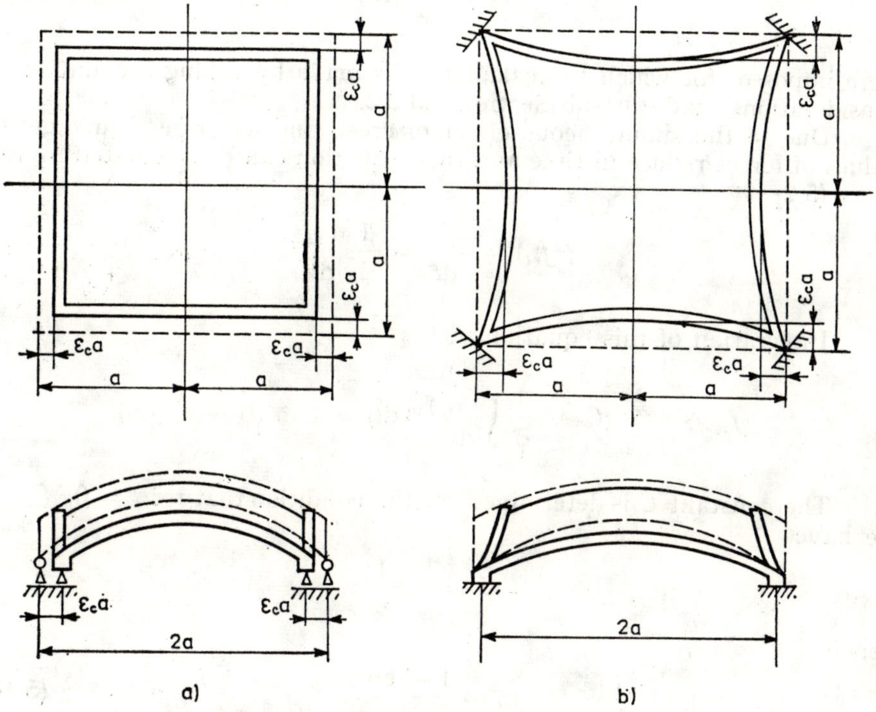

Fig. 5.18. – Influence of shrinkage:
a) free corners; b) fixed corners.

As w_t must be symmetrical with respect to the axes and as the last term would represent a rigid body displacement, it results that $a = b = c = 0$ and hence

$$w_t^c = 0. \tag{5.102}$$

The calculation of tangential displacements is carried out by means of relations (3.52 a, b) and (3.54 a,b); we have

$$u_t^c = -\frac{\overline{\varepsilon}_c}{\overline{\varphi}} \varphi_t x; \; v_t^c = -\frac{\overline{\varepsilon}_c}{\overline{\varphi}} \varphi_t y. \tag{5.103}$$

5.3.1.2. Supporting on two-hinge arches. When the corners are restrained to displace horizontally (Fig. 15.18b), the shell behaves as if the displacements

$$\Delta_{Ht} = \frac{\bar{\varepsilon}_c}{\bar{\varphi}} \varphi_t a \tag{5.104}$$

were imposed, for which the calculation is made by taking account of the considerations made in sub-Section 4.3.2.2.

Due to the simultaneous effect of creep and concrete shrinkage, the values of forces reduce in time and this reduction can be calculated by relations (5.2)

$$J(f^c_{et}) = \frac{\mathrm{d}f_{dt}}{\mathrm{d}t} = \frac{1}{\bar{\varphi}} \frac{\mathrm{d}\varphi_t}{\mathrm{d}t}.$$

Integration of this equation yields

$$f^c_{et} = \mathrm{e}^{-\varphi_t} \left(C + \frac{1}{\bar{\varphi}} \int \frac{\mathrm{d}\varphi_t}{\mathrm{d}t} \mathrm{e}^{\varphi_t} \mathrm{d}t\right) = \mathrm{e}^{-\varphi_t} \left(C + \frac{1}{\bar{\varphi}} \mathrm{e}^{\varphi_t}\right)$$

The constant C is determined on the condition that for $t = 0$, $f^c_{ct} = 0$; we have

$$C = -\frac{1}{\bar{\varphi}}$$

hence

$$f^c_{et} = \frac{1 - \mathrm{e}^{\varphi_t}}{\bar{\varphi}}. \tag{5.105}$$

This factor takes account of the reduction of the force values due to shrinkage as a consequence of creep. Relation (5.105) is also known in the calculation of bar structures.

The deformations are given by relations (5.2)

$$\frac{\mathrm{d}f^c_{dt}}{\mathrm{d}t} = \frac{\mathrm{d}f^c_{\Delta t}}{\mathrm{d}t} = \frac{1}{\bar{\varphi}} \frac{\mathrm{d}\varphi_t}{\mathrm{d}t}$$

hence

$$f^c_{dt} = \frac{\varphi_t}{\bar{\varphi}}. \tag{5.106}$$

The variation in time of forces and deformations is shown in Fig. 5.19.

5.3.1.3. Supporting on metal tie arches. In this case the creep shrinkage does not take place freely, being restrained at the corners by the axial stiffness of the metal ties. Proceeding as for the effect of the concrete creep (sub-Section 5.2.3.2.), the free displacement of the corners due to shrinkage will be at the time t

$$\Delta_H^c = -\bar{\varepsilon}_c\, a\, \frac{\varphi_t}{\bar{\varphi}}. \tag{5.107}$$

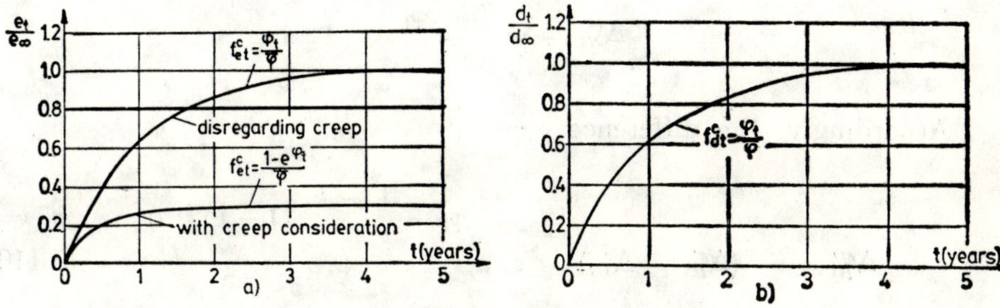

Fig. 5.19. – Influence of shrinkage in the case of restrained displacements of the corners : a) shell forcers ; b) shell deformations.

Similarly to (5.24), taking account that $X_{z0}^c = 0$, we have

$$\frac{1}{H_c^\Delta}\int_0^t \frac{\mathrm{d}(\delta X_{z\tau}^c)}{\mathrm{d}\tau}\,(1 + \varphi_t - \varphi_\tau)\,\mathrm{d}\tau - \bar{\varepsilon}_c\, a\, \frac{\varphi_t}{\bar{\varphi}} = \frac{a}{E_z A_z}\,\delta X_{zt}^c$$

wherefrom by differentiating with respect to t

$$\frac{\mathrm{d}(\delta X_{zt}^c)}{\mathrm{d}t} + k_z \frac{\mathrm{d}\varphi_t}{\mathrm{d}t}\,\delta X_{zt}^c - H_c^\Delta\, k_z\, \frac{\bar{\varepsilon}_c\, a}{\bar{\varphi}}\frac{\mathrm{d}\varphi_t}{\mathrm{d}t} = 0$$

and by integration we get

$$X_{zt} = C\mathrm{e}^{-k_z\varphi_t} + H_c^\Delta\, \frac{\bar{\varepsilon}_c a}{\bar{\varphi}}.$$

Since for $t = 0$, $\varphi_t = 0$ and $\delta X_{zt} = 0$

$$C = -\,H_c^\Delta\, \frac{\bar{\varepsilon}_c\, a}{\bar{\varphi}}$$

whence

$$\delta X_{zt}^c = H_c^\Delta\, \bar{\varepsilon}_c\, a\, \frac{1 - \mathrm{e}^{-k_z\varphi\, t}}{\bar{\varphi}} \tag{5.108}$$

The displacement of the corners is given by

$$\Delta^c_{Ht} = \frac{\delta X^c_{zt}\, a}{E_z A_z} = -\,\bar{\varepsilon}_c\, a\, \frac{1-k_z}{k_z}\, \frac{1-e^{-k_z\varphi_t}}{\bar{\varphi}}. \tag{5.109}$$

If the corners would not be connected, the free displacement would be

$$\Delta^{c\prime}_{Ht} = -\,\bar{\varepsilon}_c\, a\, \frac{\varphi_t}{\bar{\varphi}}.$$

Accordingly, the difference

$$\Delta^{c\prime\prime}_{Ht} = -\,(\Delta^{c\prime}_{Ht} - \Delta^c_{Ht}) = \bar{\varepsilon}_c\, a\, \frac{\varphi_t - \dfrac{1-k_z}{k_z}\,(1-\mathrm{e}^{-k_z\varphi_t})}{\bar{\varphi}} \tag{5.110}$$

can be looked upon as an imposed displacement which leads to a modification of the state of stress and deformation. Thus

$$f^c_{\Delta t} = \frac{\varphi_t - \dfrac{1-k_z}{k_z}\,(1-\mathrm{e}^{-k_z\varphi_t})}{\bar{\varphi}} \tag{5.111}$$

and from (5.2) we get

$$J(f^c_{et}) = \frac{1-(1-k_z)\,\mathrm{e}^{-k_z\varphi_t}}{\bar{\varphi}}\, \frac{\mathrm{d}\varphi_t}{\mathrm{d}t},$$

the solution of this equation being of the form

$$f^c_{et} = \mathrm{e}^{-\varphi_t}\, \{C + [\mathrm{e}^{\varphi_t} - \mathrm{e}^{(1-k_z)\varphi_t}]\}.$$

From the condition that for $t = 0$, $f^c_{et} = 0$ it results that $C = 0$. Hence

$$f^c_{et} = \frac{1-\mathrm{e}^{-k_z\varphi_t}}{\bar{\varphi}}. \tag{5.112}$$

If this value is compared to that for total restrain given by relation (5.105) we observe that φ_t has been replaced by $k_z\, \varphi_t$.

Using again (5.2) we get

$$f_{dt}^{c} = \frac{\varphi_t - \dfrac{1 - k_z}{k_z}(1 - e^{-k_z \varphi_t})}{\overline{\varphi}}. \tag{5.113}$$

If this relation is compared to that for the case of supporting on two-hinge arches (Fig. 5.20), given by relation (5.106), a decreased value of displacements can be noticed, resulting from the elastic deformation of metal

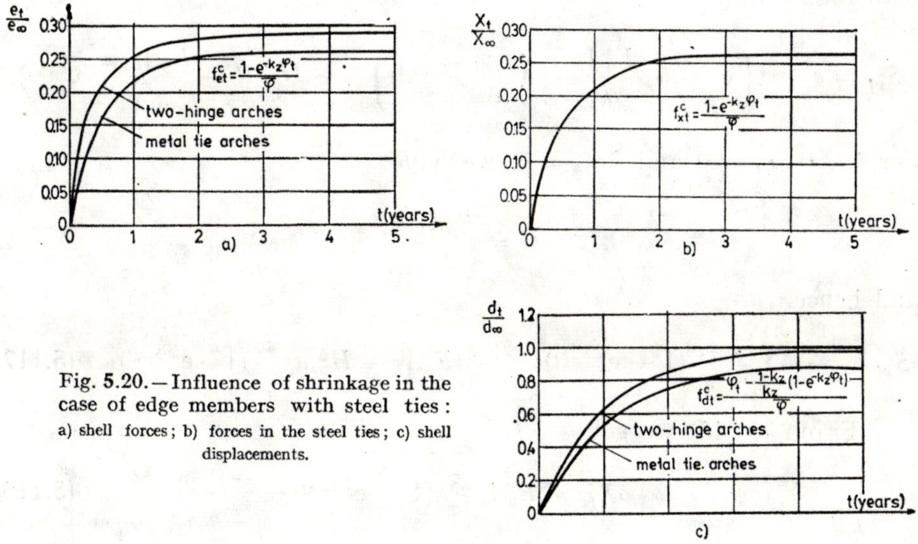

Fig. 5.20.—Influence of shrinkage in the case of edge members with steel ties: a) shell forces; b) forces in the steel ties; c) shell displacements.

ties. For the case of ties with $A_z = \infty$, that is for case of supporting on two-hinge arches, from (5.29) we have $k_z = 1$ and relations (5.112), (5.113) transform into (5.105) and (5.106).

5.3.1.4. Supporting on prestressed concrete tie arches. Since the deformations in concrete and reinforcement must be equal, in a manner similar to (5.54) we obtain

$$\frac{a}{E_0 A_b}\int_0^t \frac{d(\delta X_{b\tau}^c)}{d\tau}(1 + \varphi_t - \varphi_\tau)\, d\tau - \overline{\varepsilon}_c\, a\frac{\varphi_t}{\overline{\varphi}} = \frac{a}{E_p A_p}\,\delta S_{pt}^c. \tag{5.114}$$

Since in this case too, the following relation should exist

$$\delta X_{bt}^c = -\, k_b\, \delta S_{pt}^c \tag{5.115}$$

which is similar to (5.65), we have

$$S^c_{pt} + k_p \int_0^t \frac{d(\delta S^c_{p\tau})}{d\tau} (1 + \varphi_t - \varphi_\tau)\, d\tau + E_p A_p \bar{\varepsilon}_c \frac{\varphi_t}{\bar{\varphi}} = 0.$$

Differentiation with respect to t gives

$$\frac{d(\delta S^c_{pt})}{dt} + k_p \frac{d\varphi_t}{dt} \delta S^c_{pt} + k_p \frac{E_0 A_b}{k_b} \frac{\bar{\varepsilon}_c}{\bar{\varphi}} \frac{d\varphi_t}{dt} = 0 \qquad (5.116)$$

with the solution

$$S^e_{pt} = e^{-k_p\varphi t}\left(C - k_p \frac{E_0 A_b}{k_b} \frac{\bar{\varepsilon}_c}{\bar{\varphi}} \int \frac{d\varphi_t}{dt} e^{k_p\varphi_t} dt\right) = e^{-k_p\varphi t} \left(C - \frac{E_0 A_b}{k_b} \frac{\bar{\varepsilon}_c}{\bar{\varphi}} e^{k_p\varphi\, t}\right).$$

For $t = 0$, $\varphi_t = 0$ and $\delta S^c_{pt} = 0$, we have

$$C = \frac{E_0 A_b}{k_b} \frac{\bar{\varepsilon}_c}{\bar{\varphi}}$$

and hence

$$\delta S^c_{pt} = - \frac{E_0 A_b}{k_b} \frac{\bar{\varepsilon}_c}{\bar{\varphi}} (1 - e^{-k_p\varphi_t}) = - (E_0 A_b - H^\Delta_c\, u) \frac{\bar{\varepsilon}_c}{\bar{\varphi}} (1 - e^{-k_p\varphi t}). \qquad (5.117)$$

Fr om (5.115) we get

$$\delta X^c_{bt} = E_0 A_b \frac{\bar{\varepsilon}_c}{\bar{\varphi}} (1 - e^{-k_p\varphi t}) \qquad (5.118)$$

which represents a tensile force in the concrete.

The expressions obtained are similar to those given in [7] if we set $H^\Delta_c = 0$, that is if the shell effect is neglected.

The corner horizontal displacement will be

$$\Delta^c_{Ht} = \frac{\delta S^c_{pt}\, a}{E_p A_p} = - \frac{\bar{\varepsilon}_c\, a}{k_p} \frac{1 - e^{-k_p\varphi t}}{\bar{\varphi}}. \qquad (5.119)$$

The difference between the free displacement and that given by (5.100) produces in the shell a state of stress

$$\Delta^{c'}_{Ht} = \bar{\varepsilon}_c\, a \frac{\varphi_t - \frac{1}{k_p}(1 - e^{-k_p\varphi t})}{\bar{\varphi}} \qquad (5.120)$$

Thus, there results

$$f^c_{\Delta t} = \frac{\varphi_t - \dfrac{1}{k_p}(1 - e^{-k_p \varphi_t})}{\overline{\varphi}} \tag{5.121}$$

and from (5.2) we have

$$J(f^c_{et}) = \frac{1 - e^{-k_p \varphi_t}}{\overline{\varphi}} \frac{d\varphi_t}{dt}$$

with the solution

$$f^c_{et} = e^{-\varphi_t} \left\{ C + \frac{1}{\overline{\varphi}} \left[e^{\varphi_t} - \frac{1}{1 - k_p} e^{(1-k_p)\varphi_t} \right] \right\}.$$

For $t = 0$, $f^0_{ct} = 0$, and

$$C = \frac{k_p}{1 - k_p}$$

whence

$$f^c_{et} = \frac{1}{\overline{\varphi}} \left(1 - \frac{e^{-k_p \varphi_t} - k_p\, e^{-\varphi_t}}{1 - k_p} \right). \tag{5.122}$$

From (5.2) we also get

$$f^c_{dt} = \frac{\varphi_t - \dfrac{1}{k_p}(1 - e^{-k_p \varphi_t})}{\overline{\varphi}}. \tag{5.123}$$

Since k_p assumes small values, we admit the approximation

$$e^{-k_p \varphi_t} \simeq 1 - k_p \varphi_t$$

and accordingly

$$\delta S^c_{pt} = -(E_0 A_b - H^{\Delta}_c\, a) \frac{\overline{\varepsilon}_c}{\overline{\varphi}} k_p\, \varphi_t = -E_p A_p \frac{\overline{\varepsilon}_c}{\overline{\varphi}} \varphi_t \tag{5.124 a}$$

$$\delta X^c_{bt} = k_p\, E_0 A_b \frac{\overline{\varepsilon}_c}{\overline{\varphi}} \varphi_t \tag{5.124 b}$$

which represent stress losses in the prestressing reinforcement and in the concrete ties, respectively (Fig. 5.21). The state of stress and the normal displacements are given by

$$f^c_{et} = \frac{1 - \dfrac{1 - k_p\,\varphi_t}{1 - k_p}}{\overline{\varphi}} \simeq 0, \tag{5.125 a}$$

$$f^c_{dt} = 0. \tag{5.125 b}$$

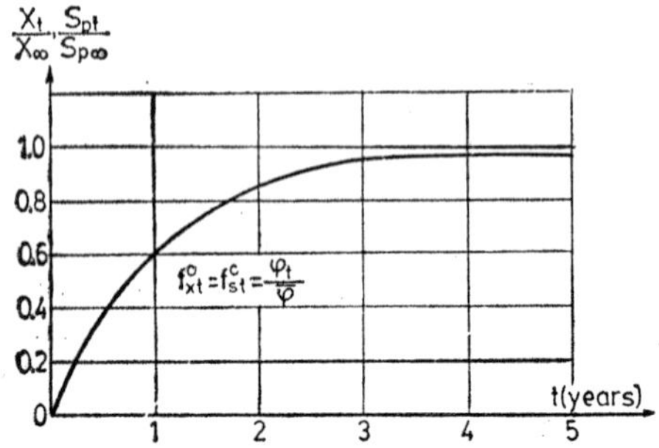

Fig. 5.21. — Influence of shrinkage in the case of edge members in the ties of prestressed concrete.

It follows that the state of stress is not practically altered by shrinkage, which occurs freely, since the concrete part of the ties is also deformed by shrinkage.

5.3.2. **Shells of revolution**

5.3.2.1. Free shrinkage. In the case of cylinders, if the wall is not fixed to the foundation slab, shrinkage can occur freely and the state of stress is zero. The displacements are given by

$$w_t = \frac{\overline{\varepsilon}_c}{\overline{\varphi}} R\varphi_t. \tag{5.126}$$

With spherical domes the displacements normal to the shell surface w_t and tangential upon the parallel lines u are zero, while the radial displacement is

$$v_t = \frac{\overline{\varepsilon}_c}{\overline{\varphi}} R\varphi_t. \tag{5.127}$$

5.3.2.2. Restrained shrinkage. In the case of a cylinder built-in in a foundation plate due to the fact that the casting of the latter is made after a sufficiently long time such that the deformations produced by shrinkage be practically consumed when the cylinder walls are executed, and due also to the friction between the foundation plate and soil, the displacement at the cylinder basis is restrained in time (Fig. 5.22).

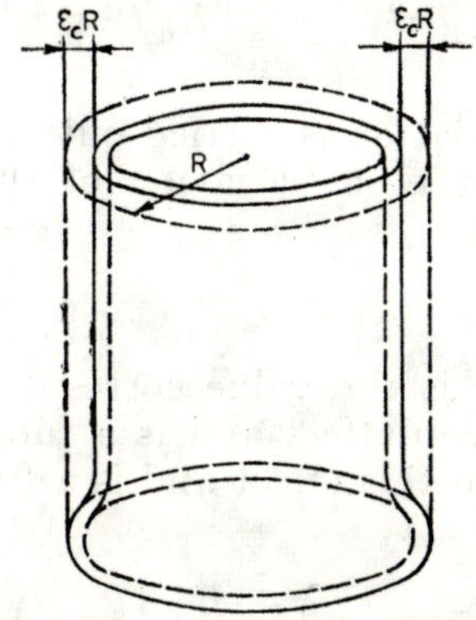

Fig. 5.22. – Influence of shrinkage on cylinders clamped to the foundation slab.

If the displacement were free, it would be given by (5.126); since at the basis it cannot occur, the calculation can be performed by considering an imposed displacement

$$\Delta^c_{Ht} = -\frac{\bar{\varepsilon}_c}{\bar{\varphi}} R\varphi_t \tag{5.128}$$

which yields a state of stress in which, however, account should be also taken of the creep effect, by the reduction coefficient given by relation (5.105).

The calculation can be similarly performed for spherical domes with non-deformable boundary.

5.3.2.3. Cylinders with prestressed walls. The prestressing force applied to walls reduces in time due to the concrete shrinkage.

The modified prestressing force is obtained in a manner similar to that given by (5.89) and taking account of (5.126)

$$\delta S^c_{pt} = -\frac{E_p A_p}{R} w_t \tag{5.129}$$

hence

$$\delta p_{zt} = -\frac{E_p \bar{A}_p}{R^2} w_t.$$

Introducing this load into (3.49) gives

$$\frac{\partial}{\partial t}\left(\frac{\partial^4 w_t}{\partial x^4} + \frac{E_0\,\delta}{K_0 R^2} w_t\right) = \frac{1}{K_0}\left(\frac{\partial p_{zt}}{\partial t} + p_{zt}\frac{\mathrm{d}\varphi_t}{\mathrm{d}t}\right) + \frac{E_0\,\delta}{K_0 R}\frac{\bar{\varepsilon}_c}{\bar{\varphi}}\frac{\mathrm{d}\varphi_t}{\mathrm{d}t},$$

or

$$\frac{\partial}{\partial t}\left(\frac{\partial^4 w_t}{\partial x^4}+\frac{E_0\,\delta+E_p\bar{A}_p}{K_0\,R^2}\,w_t\right)+\frac{E_p\bar{A}_p}{K_0\,R^2}\frac{\mathrm{d}\varphi_t}{\mathrm{d}t}\,w_t=\frac{E_0\,\delta}{K_0\,R}\frac{\bar{\varepsilon}_c}{\bar{\varphi}}\frac{\mathrm{d}\varphi_t}{\mathrm{d}t}. \quad (5.130)$$

The calculation is carried out using the separation of variables and considering for w_t a variation of the form

$$w_t = w_\infty\, f^c_{wt}, \quad (5.131)$$

where w_∞ is the value corresponding to shrinkage without taking account of the creep effect and is a function only of x, while the value f^c_{wt} takes account of this effect and is a function of time only. From (5.130) we thus get

$$\left(\frac{\mathrm{d}^4 w_\infty}{\mathrm{d}x^4}+\frac{E_0\,\delta+E_p\bar{A}_p}{K_0\,R^2}\,w_\infty\right)\frac{\mathrm{d}f^c_{wt}}{\mathrm{d}t}+\frac{E_p\bar{A}_p}{K_0\,R^2}\,w_\infty\frac{\mathrm{d}\varphi_t}{\mathrm{d}t}\,f^c_{wt}=\frac{E_0\,\delta}{K_0\,R}\frac{\bar{\varepsilon}_c}{\bar{\varphi}}\frac{\mathrm{d}\varphi_t}{\mathrm{d}t}.$$

As however, w_∞ is obtained from the equation

$$\frac{\mathrm{d}^4 w_\infty}{\mathrm{d}x^4}+\frac{E_0\,\delta}{K_0\,R^2}\,w_\infty=\frac{E_0\,\delta}{K_0\,R}\,\bar{\varepsilon}_c$$

it results

$$\left(E_0\,\delta\,\bar{\varepsilon}_c+\frac{E_p\bar{A}_p}{R}\,w_\infty\right)\frac{\mathrm{d}f^c_{wt}}{\mathrm{d}t}+\frac{E_p\bar{A}_p}{R}\,w_\infty\frac{\mathrm{d}\varphi_t}{\mathrm{d}t}\,f^c_{wt}=E_0\,\delta\,\frac{\bar{\varepsilon}_c}{\bar{\varphi}}\frac{\mathrm{d}\varphi_t}{\mathrm{d}t}.$$

With an allowable approximation over a large part of the wall we can admit the displacement obtained in the case of free displacement

$$w_\infty = \bar{\varepsilon}_c\,R$$

and using the notation (5.97) we get

$$\frac{\mathrm{d}f^c_{wt}}{\mathrm{d}t}+k_p\frac{\mathrm{d}\varphi_t}{\mathrm{d}t}\,f^c_{wt}-(1-k_p)\frac{1}{\bar{\varphi}}\frac{\mathrm{d}\varphi_t}{\mathrm{d}t}=0. \quad (5.132)$$

Integrating this equation gives

$$f^c_{wt}=\mathrm{e}^{-k_p\varphi_t}\left(C+\frac{1-k_p}{\bar{\varphi}}\int\frac{\mathrm{d}\varphi_t}{\mathrm{d}t}\,\mathrm{e}^{k_p\varphi_t}\,\mathrm{d}t\right)=\mathrm{e}^{-k_p\varphi_t}\left(C+\frac{1-k_p}{k_p}\,\mathrm{e}^{k_p\varphi_t}\right).$$

For $t = 0$, $f^c_{w0} = 0$, and hence

$$C = -\frac{1 - k_p}{k_p\,\overline{\varphi}}$$

and

$$f^c_{wt} = \frac{1 - k_p}{k_p\,\overline{\varphi}}\,(1 - \mathrm{e}^{-k_p\varphi_t}) = \frac{E_0\,\delta}{E_p\,\bar{A}_p}\;\frac{1 - \mathrm{e}^{k_p\varphi_t}}{\overline{\varphi}} \tag{5.133}$$

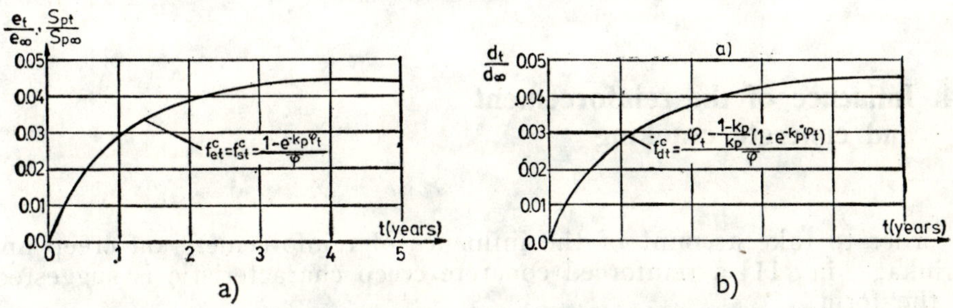

Fig. 5.23. – Influence of shrinkage on cylinders with prestressed walls : a) shell forces ; b) shell displacements.

It follows that using (5.129) we can obtain the stress loss in the prestressing reinforcement

$$\delta S^c_{pt} = -\,E_0\,\delta\,\mathrm{d}\,\bar{\varepsilon}_c\,\frac{1 - \mathrm{e}^{-k_p\varphi_t}}{\overline{\varphi}}\,. \tag{5.134}$$

The difference between the free displacement (5.126) and that given by (5.131) produces a state of deformation in the shell

$$w' = \frac{\bar{\varepsilon}_c}{\overline{\varphi}}\,R\left[\varphi_t - \frac{1 - k_p}{k_p}\,(1 - \mathrm{e}^{-k_p\varphi_t})\right] \tag{5.135}$$

identical to that given by (5.110) and, consequently, we get

$$f^c_{et} = \frac{1 - \mathrm{e}^{-k_p\varphi_t}}{\overline{\varphi}} \tag{5.136 a}$$

and

$$f^c_{dt} = \frac{\varphi_t - \dfrac{1 - k_p}{k_p}\,(1 - \mathrm{e}^{-k_p\varphi_t})}{\overline{\varphi}} \tag{5.136b}$$

If $k_p \varphi_t$ is considered to be very reduced, in a manner similar to that used in sub-Section 5.2.4.3., we have (Fig. 5.23)

$$\delta S_{pt}^c \simeq -k_p E_0 \delta d \frac{\bar{\varepsilon}_c}{\bar{\varphi}} \varphi_t, \tag{5.137}$$

$$f_{et}^c \simeq k_p \frac{\varphi_t}{\bar{\varphi}}; \qquad f_{dt}^c \simeq k_p \frac{\varphi_t}{\bar{\varphi}}. \tag{5.138 a,b}$$

5.4. Influence of the reinforcement and concrete cracking

In order to take account of the influence of reinforcement on creep and shrinkage, in [11] a reinforced concrete creep characteristic is suggested, of the form

$$\varphi_{ta} = \left(1 - \frac{\alpha_0 + \beta_0}{2}\right) \varphi_t \tag{5.139}$$

where

$$\alpha_0 = \frac{E_a A_a}{E_a A_a + E_0 A_b}; \quad \beta_0 = \frac{E_a I_a}{E_a I_a + E_0 A_b}, \tag{5.140 a,b}$$

A_a, I_a being the reinforcement area and inertia moment, respectively, and A_b, I_b, the area and inertia moment corresponding to the concrete cross--section. Tables for calculating the reinforced concrete creep characteristic φ_{ta} are given in [16].

As concerns the influence of cracking on the creep, in [8] and [9] it is suggested that instead of the creep characteristic φ_t a reduced value should be adopted, given by (5.86), where

$$k_r = \frac{0.85}{1 + \frac{\mu'}{\mu}} \sqrt{\frac{E_a}{E_0}}\, \mu \tag{5.141}$$

in which μ and μ' are the reinforcement percentages of the stretched and compressed zones, respectively, and E_0 and E_a the reinforcement and concrete Young's moduli, respectively.

References

1. ANASTASESCU, D., *Calculul cadrelor spațiale de beton armat pe reazeme deplasabile*, Doctoral thesis, Institutul Politehnic "Traian Vuia", Timișoara, 1973.
2. BOTA, O., *Conlucrarea arcelor și cadrelor din beton armat cu terenul de fundație, considerînd dezvoltarea simultană a deformațiilor elastice și vîscos-plastice*, Doctoral thesis, Institutul politehnic Cluj, 1973.
3. CHAMECKI, S., *Calcul des tassements progressifs des fondations, en tenant compte de l'interaction des structures et du sol*, Annales de l'Institut Technique du Bâtiment et des Travaux Publics, *261*, 1969.
4. DIMEL, E., *Einfluss des Betonkriechens auf Setzungszwängungen*, Beton und Stahlbetonbau, *6*, 1965.
5. GIONCU, V., *Comportarea și calculul cupolelor din beton armat rezemate pe arce cu tiranți*. Doctoral thesis, Institutul Politehnic Timișoara, 1971.
6. GIONCU, V., GULEȘIU, A., *Plăci curbe subțiri cu elemente marginale precomprimate*, The 6th conference on concrete, Constanța, 1973.
7. HERBERG, W., *Construcții din beton precomprimat*, (Translated from German) Editura tehnică, București, 1961.
8. KEINTZEL, E., *Metode simplificate pentru calculul construcțiilor multietajate*, Editura tehnică, București, 1969.
9. MAYER, H. G., *Berechnung der Kurzzeit- und Langzeitdurchbiegung von Stahlbetonbauteilen im Stadium I and II*. Dissertation, München.
10. MÖRSCH, E., *Statik der Gewölbe und Rahmen*, Teil A. Konrad Wittwer Verlag, Stuttgart, 1967.
11. MUGURUMA, H., *Two-dimensional creep deformation of concrete and its application to the creep stress analysis of prestressed concrete circular structures*, Symposium IASS. Warsaw, 1963.
12. NICOLAU, V., *Betonul armat*, Editura tehnică, București, 1962.
13. PIPPER, K., MARTENS, P., *Der Einfluss von Stutzensetzungen auf Stahlbeton Hochbauten*, Die Bautechnik, *12*, 1966.
14. SAVE, M., MASSONET, CH., *L'influence de la plasticité et de la viscosité sur la résistance et la déformation des constructions*, Association Internationale des Ponts et Charpentes, Neuvième Congrès, Amsterdam, 1972, Rapport introductif, pp. 1—24.
15. SKEMPTON, A. W., BJERRUM, L., *A contribution to the settlement analysis of foundations on clays*. Geotechnique, 7, 1957.
16. TERTEA, I., *Contribuții la studiul rigidității de durată a elementelor încovoiate din beton armat.* Doctoral thesis, Institutul Politehnic Timișoara, 1962.

CHAPTER 6

Application to the paraboloid of revolution on square planform

6.1. Geometrical elements

The paraboloid of revolution is obtained by the revolution of a parabola about a vertical axis (Fig. 6.1a). The surface equation in a system of rectangular axes which has its origin at the shell vertex is

$$z = \frac{1}{2R}(x^2 + y^2), \tag{6.1 a}$$

where R is the curvature radius at the shell crown. If the surface of revolution is cut by vertical or inclined planes which have common points on the basic circle, the paraboloid of revolution on polygonal planform is obtained; if the surface covered is a square, the paraboloid of revolution is on square planform (Fig. 6.1 b). Since the surface is shallow no essential differences exist between the behaviour of a paraboloid of revolution (Fig. 6.2 a), of a spherical dome (Fig. 6.2 b) or of a translational shell (Fig. 6.2 c) provided they have the same curvature radius and vault rise at the crown of the shell and the same spans. Indeed, since the equation of the spherical dome is

$$z = R\left(1 - \sqrt{1 - \frac{x^2 + y^2}{R^2}}\right), \tag{6.1 b}$$

for shallow surfaces $x^2 + y^2 \ll R^2$, and by a development into series and restriction to the first term, we obtain

$$z \simeq R\left[1 - \left(1 - \frac{x^2 + y^2}{2R^2}\right)\right] = \frac{1}{2R}(x^2 + y^2),$$

which is the equation of the paraboloid of revolution. Likewise, from the equation of the translational shell

$$z = z_1 + z_2 = R\left(1 - \sqrt{1 - \frac{x^2}{R^2}}\right) + R\left(1 - \sqrt{1 - \frac{y^2}{R^2}}\right), \tag{6.1 c}$$

we can obtain the equation of the paraboloid of revolution by developments into series similar to those used for the spherical dome.

Accordingly, the paraboloid of revolution, the spherical dome or the translational shell on square planform, with the same spans and vault rises at edges and crown, can be calculated in the same manner. The simplest

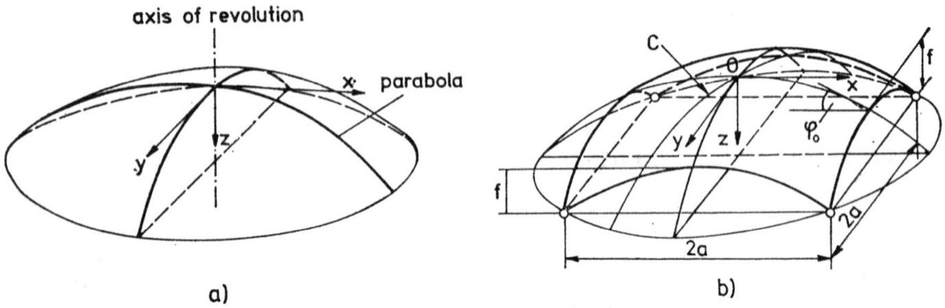

Fig. 6.1. — Paraboloid of revolution :
a) on circular planform ; b) on square planform.

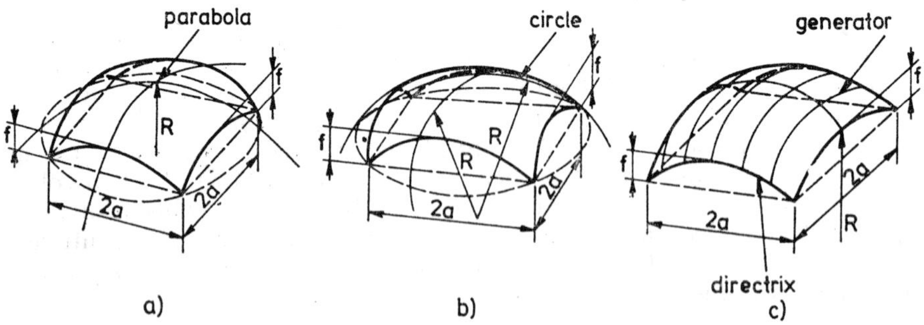

Fig. 6.2. — Domes on square planform :
a) paraboloid of revolution ; b) spherical dome ; c) surface of translation.

calculation equations are obtained for the paraboloid of revolution ; in exchange, due to the fact that the casing (for shells monolithically cast) or the scaffolding (for prefabricated units), can be much easier constructed if all the cross-sections upon a direction are identical, a translational shell is recommendable.

The curvature radius at the crown is

$$R = \frac{a^2}{2f}, \tag{6.2}$$

where

$$f \cong \frac{a}{5}$$

is the vault rise of the edge arch.

The thickness of the shell should be chosen in the range

$$400 < \frac{R}{\delta} < 800.$$

In [9] it is recommended that this ratio should not exceed 600.

6.2. Analysis problems

6.2.1. Membrane theory

If in equation (3.51 c) the bending moments are neglected and account is taken of the fact that for the paraboloid of revolution $r_x = r_y = R$ and $r_{xy} = 0$, we obtain the equilibrium equation given in the membrane theory

$$N_x + N_y = -\,pR. \tag{6.3 a}$$

If the stress function F is introduced, we get the equation

$$\nabla^2 F = -pR. \tag{6.3 b}$$

Since this equation can be straightly obtained from the equilibrium equations the problem is statically determinate. The validity conditions of the membrane theory are known [66]; in the case of domes on square planform, the membrane state of stress is perturbed only for large variations of the load and due to the supporting conditions on the boundary.

The integration of equation (6.3 b) by polynomials was performed in [27], [33], by means of double trigonometric series in [42] and by means of simple trigonometric series in [34], [47], [57], [58], [67], [70], [74]. The singularities which appear at the corners are discussed in detail in [22]. Approximate solutions based on the variational methods of Galerkin, Kantorovich and Trefftz are presented in [73]; numerical solutions obtained by means of the finite difference method are given in [63] and [68].

For the determination of the stress resultants, tables are given in [42], [47], [57], [59], [67].

The state of deformation of the paraboloid of revolution in the membrane theory has been studied in [69]. In this case the displacement normal to the shell middle surface is

$$w = \frac{pR^2}{E\delta}. \tag{6.4}$$

6.2.2. Bending theory with homogeneous supporting conditions

Taking account of the fact that for the paraboloid of revolution $\nabla_r^2(\ldots) = \frac{1}{R}\nabla^2(\ldots)$, the differential equations (3.64) become

$$\frac{1}{R}\nabla^2 F - K_0\nabla^2\nabla^2 w + p = 0, \tag{6.5a}$$

$$\nabla^2\nabla^2 F + \frac{E_0\delta}{R}\nabla^2 w = 0. \tag{6.5b}$$

Equation (6.5 b) can be integrated under the form

$$\nabla^2 F + \frac{E_0\delta}{R} w + \omega = 0, \tag{6.6}$$

where ω is an integration function which satisfies the condition

$$\nabla^2\omega = 0.$$

For rigid supports the boundary conditions (4.33) are valid; they can be also written under the form

$$N_x = 0; \quad N_y = 0; \quad w = 0; \quad \frac{\partial^2 w}{\partial x^2} = 0. \tag{6.7}$$

Since (6.6) can be set under the form

$$N_x + N_y + \frac{E_0\delta}{R} w + \omega = 0,$$

we obtain on the boundary

$$\omega = 0\,; \tag{6.8}$$

accordingly, the integration function is zero over the whole shell surface.

The system of equations (6.5) becomes

$$\nabla^2\nabla^2 w + \frac{E_0\delta}{K_0R^2}\,w = \frac{p}{K_0}\,, \tag{6.9 a}$$

$$\nabla^2 F + \frac{E_0\delta}{R}\,w = 0. \tag{6.9 b}$$

The first attempt at resolving the problem is that described in [11], where developments into double trigonometric series in a Navier type solution were used; the calculation performed on the basis of this method is also given in [9], [76]. The method of simple trigonometric series of Lévy type is used in most works [13], [14], [15], [16], [17], [25], [28], [29], [30], [31], [50], [77], [81], for the case of simple supporting on the boundary. For the case of clamping, solutions are given in [37] by means of simple series of fundamental functions and in [54] by power series. Numerical solutions were developed in [6], [8], by using finite difference equations for the case of hinged, built-in and free edges. In [70] such solutions are given for hinged edges. A variational calculus based on the method of matrix progression is given in [4].

Tables and diagrams for calculating the paraboloid of revolution on square planform are given in [17], [29], [31], [36]; the tables reproduced in [9] are based on [29]. Diagrams for antisymmetrical loading are given in [29].

Simplified methods were established in [30], [31], [45]. Observing that the distribution of forces over the shell is almost regular (the variations can be replaced by parabolas or straight lines), in [1], [2], [3] very simple formulae were established for calculating the paraboloid of revolution on square planform; these formulas are also reproduced in [22].

6.2.3. Bending theory with elastic supporting conditions

In [48] developments into double trigonometric series are used, the solution being given for the case of elastic clamping in torsion.

In [10], [19], [20], [24], [41], [60], [64] developments into simple series are used, the conditions of elastic supporting being satisfied only on two edges. The series, however, are slowly convergent and in [41] mention is made that 14 terms were necessary in the series development.

In order that the conditions of elastic supporting be satisfied on all sides, in [12], [46], [79], [80] developments into simple series are used upon two directions. The method is disadvantageous in that the series are slowly convergent. For example in [46] the terms m, $n=1$, 3, 5, 7 were considered, a system of 32 equations with the same number of 32 unknowns being obtained; although the number of unknowns is large, it is asserted that the number of terms considered is not sufficient.

Numerical methods, based on finite differences are used in [38], [39], [56], [55] and will be discussed in the following paragraphs.

In [61], [65] the continuous medium is replaced by a system of bars; by writing the displacements for this model a system of equations in u, v, w is obtained. The method employed resembles very much that of finite differences, except that it has a physical model of calculation, while the latter is only a mathematical transcribing of the differential equations.

In [51], [52], [53], [75] the methods used for the calculation of cylinders, which replace the curved surface by a prismatic one, are extended to shells with double curvature. The method is disadvantageous in that conditions of elastic supporting can be set on two sides only and, therefore, it can be used only for shells whose ratio of spans is larger than 1.5.

In [2] the method of matrix progression is used.

The differential equations established in [6], [7] are complex and could not be integrated; therefore, the calculation method suggested in these works is exclusively based on experimental data obtained on models.

6.2.4. Influence of concrete creep and shrinkage

For the case of translational shells the influence of creep was studied in [43], [44]; in these works only the cases of simple loadings or of displacements constant in time are studied.

6.3. Transcribing of the differential equations into finite differences

The differential equations of the paraboloid of revolution are given by (6.5).

In order to emphasize the factors which influence the state of stress and deformation and to simplify the calculations, the unknowns F and w

will be replaced by the new dimensionless unknowns Φ and W, defined by the relations

$$F = p_0 R \Delta^2 \Phi, \tag{6.10 a}$$

$$w = \frac{p_0 \Delta^4}{K_0} W, \tag{6.10 b}$$

$$p = p_0 \eta \left(\frac{x}{a}, \frac{y}{a} \right), \tag{6.10 c}$$

where $\eta(x, y)$ indicates the loading variation over the shell surface ($\eta = 1.00$ for uniformly distributed loading), and

$$\Delta = \frac{a}{k} \tag{6.11}$$

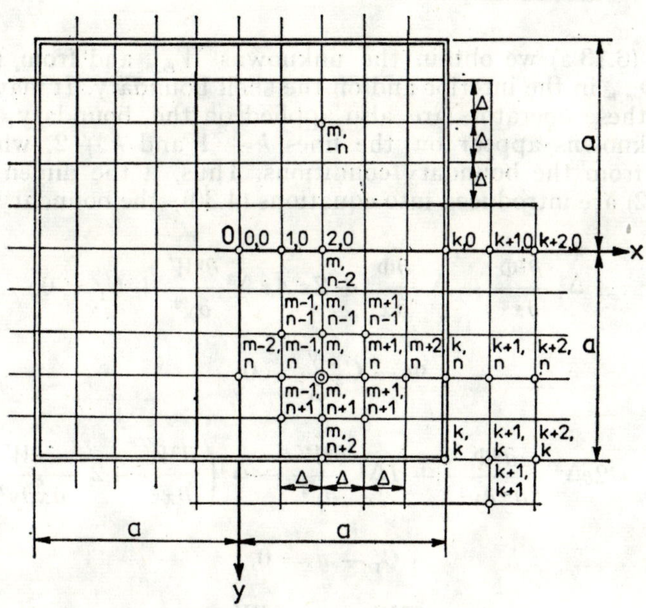

Fig. 6.3. — Mesh-grid points on the middle surface.

is the mesh size, k being the number of intervals (Fig. 6.3). If relations (6.10) are introduced into (6.5) we obtain the equations

$$\Delta^2 \nabla^2 \Phi - \Delta^4 \nabla^2 \nabla^2 W + \eta = 0, \tag{6.12 a}$$

$$\Delta^4 \nabla^2 \nabla^2 \Phi + \varepsilon \Delta^2 \nabla^2 W = 0, \tag{6.12 b}$$

where

$$\varepsilon = \frac{E_0 \delta \Delta^4}{K_0 R^2}, \tag{6.12 c}$$

is the stiffness characteristic of the paraboloid of revolution and is a dimensionless quantity. If in equations (6.12) the finite difference operators [66] are used, we get

$$\begin{array}{|ccc|}\hline 0 & 1 & 0 \\ 1 & \boxed{-4} & 1 \\ 0 & 1 & 0 \\ \hline\end{array}\, \Phi_{m,n} - \begin{array}{|ccccc|}\hline 0 & 0 & 1 & 0 & 0 \\ 0 & 2 & -8 & 2 & 0 \\ 1 & -8 & \boxed{20} & -8 & 1 \\ 0 & 2 & -8 & 2 & 0 \\ 0 & 0 & 1 & 0 & 0 \\ \hline\end{array}\, W_{m,n} + 3 = 0 \cdot \qquad (6.13\ a)$$

$$\begin{array}{|ccccc|}\hline 0 & 0 & 1 & 0 & 0 \\ 0 & 2 & -8 & 2 & 0 \\ 1 & -8 & \boxed{20} & -8 & 1 \\ 0 & 2 & -8 & 2 & 0 \\ 0 & 0 & 1 & 0 & 0 \\ \hline\end{array}\, \Phi_{m,n} + \begin{array}{|ccc|}\hline 0 & 1 & 0 \\ 1 & \boxed{-4} & 1 \\ 0 & 1 & 0 \\ \hline\end{array}\, \varepsilon W_{m,n} = 0 \qquad (6.13\ b)$$

From (6.13 a) we obtain the unknowns $W_{m,n}$ and from (6.13 b) the unknowns $\Phi_{m,n}$ in the interior and on the shell boundary. It may be observed that if these operators are also applied on the boundary, a series of external unknowns appear on the lines $k + 1$ and $k + 2$, which will be determined from the boundary conditions. Thus, if the dimensionless unknowns (6.12) are introduced into equations (4.30), the boundary conditions become

$$\bar{A}\,\Delta^2 \frac{\partial^2 \Phi}{\partial x^2} + \Delta \frac{\partial \Phi}{\partial x} + 2\varepsilon \bar{A}\bar{e}\Delta^2 \frac{\partial^2 W}{\partial y^2} + \bar{C}_1 = 0, \qquad (6.14\ a)$$

$$\Phi - \bar{C}_2 \frac{y}{\Delta} = 0, \qquad (6.14\ b)$$

$$\Delta \frac{\partial \Phi}{\partial x} - 2\bar{e}\Delta^3 \frac{\partial^3 \Phi}{\partial x \partial y^2} + \bar{I}\Delta^4 \frac{\partial^4 W}{\partial y^4} - \Delta^3\left(\frac{\partial^3 W}{\partial x^3} + 2 \frac{\partial^3 W}{\partial x \partial y^2}\right) +$$

$$+ \bar{C}_1 - \bar{g} = 0, \qquad (6.14\ c)$$

$$\bar{I}_r \Delta^3 \frac{\partial^3 W}{\partial x \partial y^2} - \Delta^2 \frac{\partial^2 W}{\partial x^2} = 0, \qquad (6.14\ d)$$

where we have introduced the notations

$$\bar{A} = \frac{A}{\delta\Delta}; \quad \bar{e} = \frac{eR}{2\Delta^2}; \quad \bar{I} = \frac{E_0 I}{K_0 \Delta}; \quad \bar{I}_r = \frac{G_0 I_r}{K_0 \Delta}; \qquad (6.15\ a\text{—}d)$$

$$\bar{C}_1 = \frac{C_1}{p_0 R \Delta}; \quad \bar{C}_2 = \frac{C_2}{p_0 R \Delta}; \quad \bar{g} = \frac{g}{p_0 \Delta}. \qquad (6.15\ e\text{—}g)$$

It may be observed that the function Φ can be determined on the boundary if the constant C_2 is known, without being necessary to apply the operator (6.13 b). It results that this operator will be used only on the line $k-1$, such that the fictitious unknowns will be only those on the line $k+1$.

If the finite difference operators [66] are introduced into equations (6.14), we obtain the relations

$$\left[\begin{array}{ccc} \bar{A}-\frac{1}{2} & \boxed{0} & \bar{A}+\frac{1}{2} \end{array}\right] \phi_{k,n} + \left[\begin{array}{c} 1 \\ \boxed{-2} \\ 1 \end{array}\right] 2\varepsilon\bar{A}\bar{e}w_{k,n} + \bar{C}_1 - 2\bar{A}n\bar{C}_2 = 0 \tag{6.16 a}$$

$$\boxed{1}\ \phi_{k,n} - n\bar{C}_2 = 0 \tag{6.16 b}$$

$$\left[\begin{array}{ccc} 2\bar{e} & 0 & -2\bar{e} \\ -(1+4\bar{e}) & \boxed{0} & 1+4\bar{e} \\ 2\bar{e} & 0 & -2\bar{e} \end{array}\right] \phi_{k,n} + \left[\begin{array}{ccccc} 0 & 0 & 2\bar{I} & 0 & 0 \\ 0 & 2 & -8\bar{I} & -2 & 0 \\ 1 & -6 & \boxed{12\bar{I}} & 6 & -1 \\ 0 & 2 & -8\bar{I} & -2 & 0 \\ 0 & 0 & 2\bar{I} & 0 & 0 \end{array}\right] w_{k,n} + 2\bar{C}_1 = 2\bar{g} \tag{6.16 c}$$

$$\left[\begin{array}{ccc} -\bar{I}_r & 0 & \bar{I}_r \\ 2(\bar{I}_r-1) & \boxed{4} & -2(\bar{I}_r+1) \\ -\bar{I}_r & 0 & \bar{I}_r \end{array}\right] w_{k,n} = 0 \tag{6.16 d}$$

where k denotes the points lying on the boundary $x = a$.

For conditions at the corners, account should be taken of the fact that due to the symmetry with respect to the diagonal, the moments applied at the corners and the horizontal displacements upon the two directions are equal

$$M_{cx} = M_{cy} = M_c, \tag{6.17}$$

$$\Delta_{Hx} = \Delta_{Hy} = \Delta_H, \tag{6.18}$$

$$R_{Nx} = R_{Ny} = R_N. \tag{6.19}$$

Of the conditions at corners presented in sub-Section 4.3.2.2, for the calculation of the paraboloid of revolution equations (4.44), (4.43 b), (4.46 b) are necessary.

There results

$$\bar{A}\Delta^3 \frac{\partial^3\Phi}{\partial x^2\partial y} + \Delta^2 \frac{\partial^2\Phi}{\partial x\partial y} + 2\varepsilon\bar{A}\bar{e}\Delta^3\frac{\partial^3 W}{\partial y^3} = 0, \tag{6.20 a}$$

$$\bar{I}\Delta^2 \frac{\partial^2 W}{\partial y^2} + \bar{I}_r\Delta^2\frac{\partial^2 W}{\partial x\partial y} = \bar{M}_c, \tag{6.20 b}$$

$$\Delta\int_0^a \frac{\partial^2\Phi}{\partial x^2}\,dy + \varepsilon\frac{1}{\Delta}\int_0^a W\,dy + 2\varepsilon\bar{e}\Delta\frac{\partial W}{\partial x} = (\bar{\Delta}_H + \bar{\Delta}_{H_{ct}}), \tag{6.20 c}$$

where

$$\bar{M}_c = \frac{M_c}{p\Delta^3}; \quad \bar{\Delta}_H = \frac{E_0\delta}{p_0 R\Delta}\Delta_H; \quad \bar{\Delta}_{H_{ct}} = \frac{E_0\delta}{p_0 R\Delta}\Delta_{H_{ct}}. \tag{6.21 a—c}$$

Equation (6.20 c) was deduced from (4.46 a), considering that $v_1 = 0$ for $y = 0$, which is valid only for symmetrical loadings. For antisymmetrical loadings and displacements, the point where the tangential displacements are zero is the origin of the system of axes and equation (4.46 c) must be used

$$\frac{\Delta}{\sqrt{2}}\int_0^{a\sqrt{2}} \frac{\partial^2\Phi}{\partial\eta^2}\,d\xi + \varepsilon\frac{1}{\Delta\sqrt{2}}\int_0^{a\sqrt{2}} W\,d\xi + \frac{1}{\sqrt{2}}\varepsilon\bar{e}\Delta\frac{\partial W}{\partial x} = \bar{\Delta}_H + \bar{\Delta}_{H_{ct}}. \tag{6.22}$$

If the finite difference operators are applied to equations (6.20) we have

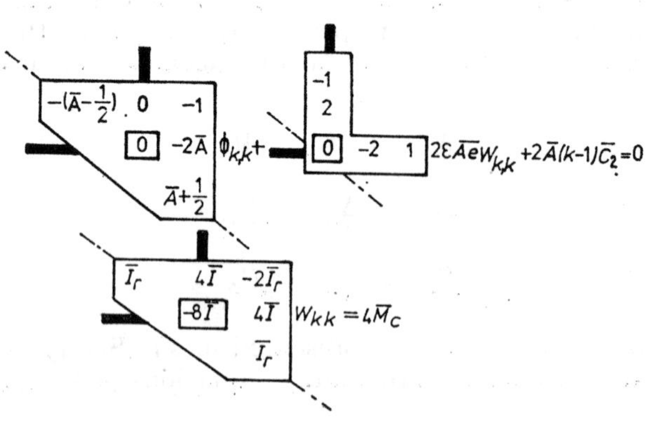

(6.23 a)

(6.23 b)

In equations (6.23) account has been taken of the symmetry with respect to the diagonal. By using the operators, condition (6.20 c) becomes

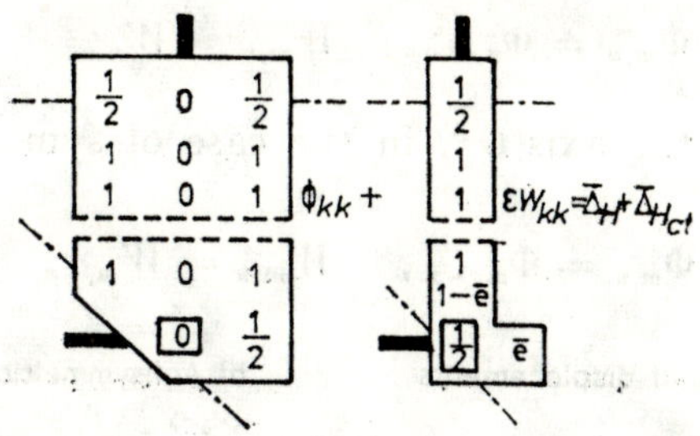

(6.23 c)

For antisymmetrical loadings or displacements, equation (6.22) can be used, where

$$x = \frac{\sqrt{2}}{2}(\xi - \eta)\,; \qquad y = \frac{\sqrt{2}}{2}(\xi + \eta) \tag{6.24 a,b}$$

$$\frac{\partial^2 \Phi}{\partial \eta^2} = \frac{1}{2}\left(\frac{\partial^2 \Phi}{\partial x^2} - 2\frac{\partial^2 \Phi}{\partial x \partial y} + \frac{\partial^2 \Phi}{\partial y^2}\right) = \left(\frac{\partial^2 \Phi}{\partial x^2} - \frac{\partial^2 \Phi}{\partial x \partial y}\right) \tag{6.24 c}$$

and account has been taken that due to symmetry $\dfrac{\partial^2 \Phi}{\partial x^2} = \dfrac{\partial^2 \Phi}{\partial y^2}$; hence equation (6.22) becomes

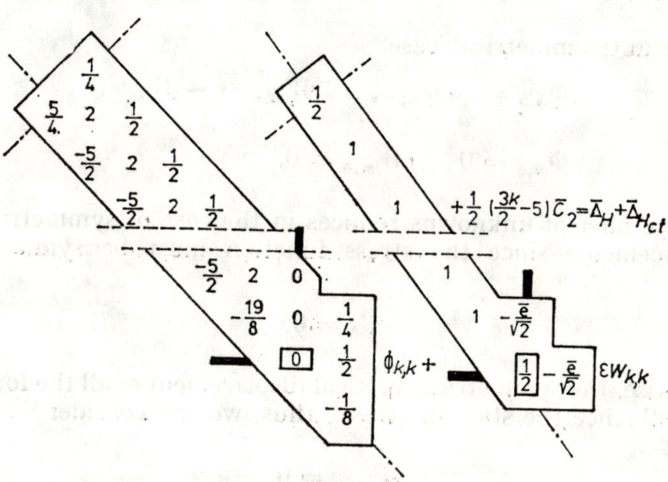

(6.23 c')

For symmetrical or antisymmetrical loadings it is sufficient to consider only one eighth of the shell surface (Fig. 6.4), since symmetry exists with respect to diagonals in both cases

$$\Phi_{m,n} = \Phi_{n,m}\,; \qquad W_{m,n} = W_{n,m} \tag{6.25 a, b}$$

and with respect to the axis Ox, in the case of symmetry, we have the relations

$$\Phi_{m,n} = \Phi_{m,\,-n}\,; \qquad W_{m,n} = W_{m,\,-n} \tag{6.25 c, d}$$

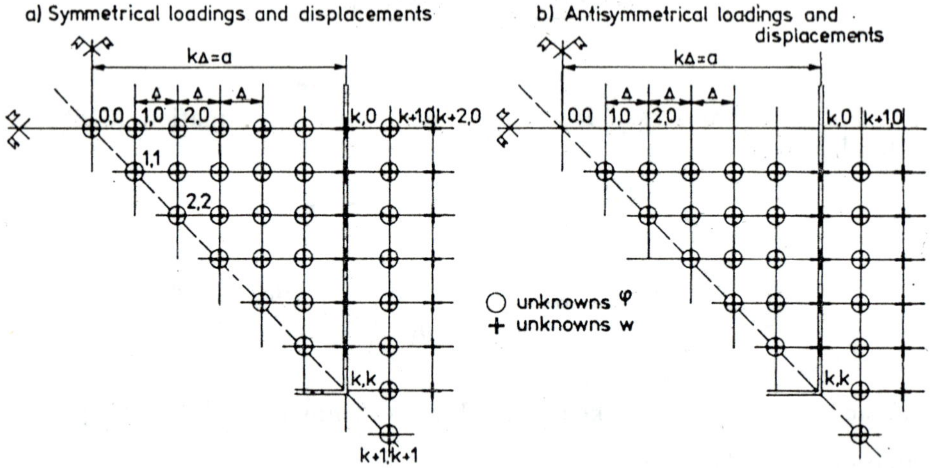

Fig. 6.4. — Eighth part of the shell to be used for symmetrical and antisymmetrical loadings.

and in the antisymmetrical case

$$\Phi_{m,n} = -\,\Phi_{m,\,-n}\,; \qquad W_{m,n} = -\,W_{m,\,-n} \tag{6.26 a,b}$$

and

$$\Phi_{m,0} = 0\,; \qquad W_{m,0} = 0. \tag{6.26 c,d}$$

The number of unknowns reduces in the case of symmetrical loading and displacements since the stress function must be symmetrical, and hence

$$\bar{C}_2 = 0.$$

Likewise, the symmetrical vertical displacement of all the four supports does not influence the state of stress; thus, we can consider

$$W_{k,k} = 0.$$

For antisymmetrical loadings and displacements, from (4.7 d) we get

$$P - \int N_{xy}\,\mathrm{d}y + C_1 = 0$$

and since the axial force in the edge beam must be antisymmetrical with respect to the axis $y = 0$, we obtain

$$C_1 = 0.$$

The unknowns which appear in the solution of the problem of symmetrical loadings and displacements are (Fig. 6.4)

$\Phi_{m;n}$	— internal $1 + 2 + 3 + \ldots + k$	$\frac{k(k+1)}{2}$
$\Phi_{k+1;n}$	— external on line 1	$k + 2$
$W_{m;n}$	— internal $1 + 2 + 3 + \ldots + k$	$\frac{k(k+1)}{2}$
$W_{k;n}$	— on the boundary	k
$W_{k+1;n}$	— external on line 1	$k + 2$
$W_{k+2,n}$	— external on line 2	
$\bar{C}_1$		1
		$N = (k+1)(k+4) + 2$

The equations intervening in the determination of the unknowns are

— (6.13 b) for $\Phi_{m,n}$	$\frac{k(k+1)}{2}$
— (6.16 a) for $\Phi_{k+1,n}$	$k + 1$
— (6.23 a) for $\Phi_{k+1;k+1}$	1
— (6.13 a) for $W_{m;n}$	$\frac{k(k+1)}{2}$
— (6.13 a) for $W_{k,n}$	k
— (6.16 d) for $W_{k+1,n}$	$k + 1$
— (6.23 c) for $W_{k+1;k+1}$	1
— (6.16 c) for $W_{k+2,n}$	$k + 1$
— (6.23 c) or (6.23 c′) for $\bar{C}_1$	1
Total	$(k+1)(k+4) + 2$

For antisymmetrical loadings and displacements, since the following boundary conditions are valid

$$\Phi^0_{0,0} = \Phi_{1,0} = \ldots\ldots = \Phi_{k-1,0} = \Phi_{k+1,0} = 0,$$

$$W_{0,0} = W_{1,0} = \ldots\ldots = W_{k-1,0} = W_{k+1,0} = W_{k+2,0} = 0,$$

the number of unknowns reduces by $k + 1 + k + 3 = 2(k + 2)$; thus, the total number of unknowns will be

$$N = (k + 1)(k + 4) + 2 - 2(k + 2) = (k + 1)(k + 2).$$

The number of unknowns corresponding to the internal nodes and on the boundary of the shell is $(k + 1)^2$, the remaining ones being unknowns corresponding to fictitious external nodes of the shell. The number of unknowns which intervene in the solution of the system can be reduced by eliminating the unknowns $\Phi_{k+1,n}$ and $W_{k+2,n}$.

6.4. Choice of the network and of the design parameters

The number of intervals k into which the shell half-side must be divided is chosen such that to obtain an allowable error in the determination of forces and deformations. This number also depends on the computer capacity.

To establish the influence of the number k on the state of stress, use has been made of the extrapolation method. Thus, for a shell with $\frac{f}{\delta} = 40$, $\varepsilon = 123$, $\bar{A} = 1.25$, $\bar{I} = 125$, $\bar{I}_r = 47.9$ and $\bar{e} = 0$ the half-side has been divided into 3,4 and 5 intervals. The probable value has been calculated by means of the extrapolation method. Table 6.1 lists these values for several characteristic stress resultants and displacements, for symmetric loadings and displacements of the supports. For the case in which the half-side is divided into 5 intervals, the error has been calculated in percentage and compared to the solution obtained by extrapolation. It can be observed that the errors are in an allowable range, with the exception of the bending moments M_x at the edge $x = a$ for which the errors are very large.

In [66] it has been shown that in order to obtain the exact value of the clamping moment, the mesh side must be yielded by the relation

$$\Delta = \frac{\pi}{4\lambda}; \quad \lambda = \frac{\sqrt[4]{3}}{\sqrt{R\delta}} \simeq \frac{1.86}{a}\sqrt{\frac{f}{\delta}}, \qquad (6.27a,b)$$

Table 6.1

Errors in the calculation of stresses and deformations when using finite differences

Action	Stress deformation	Shell region	Dimensional parameter	k = 3	k = 4	k = 5	Extrapolated value	Error %
Uniformly distributed loadings	w	$x = y = 0$	$\frac{pa^4}{K}$	2.2595	2.2374	2.2305	2.2234	0.32
	w	$x = a, y = 0$		2.7135	2.6504	2.5034	2.5034	5.85
	H_c	$x = a, y = a$	pa^2	1.5123	1.4885	1.4782	1.4610	1.16
	M_x	$x = a, y = 0$		0.092	−0.7907	−1.7740	−4.5532	− 61.0
	M_x	$x = 0, y = a$	$pa^2 \times 10^{-4}$	2.2995	2.4023	2.4408	2.4950	− 2.17
Symmetrical horizontal displacement of supports	w	$x = y = 0$	$\frac{E\delta a^3}{KR}\Delta_H$	0.1722	0.1678	0.1659	0.1627	1.97
	w	$x = a, y = 0$		0.2077	0.2050	0.2037	0.2012	1.25
	M_x	$x = a, y = 0$	$\frac{E\delta a}{R}\Delta_H$	1.8163	2.3391	2.7681	3.8230	− 27.6
	M_x	$x = 0, y = a$		0.4946	0.4949	0.4960	0.4995	− 0.70

whence

$$k = \frac{a\lambda}{\Delta} = \frac{4a\lambda}{\pi} \simeq 2.37\sqrt{\frac{f}{\delta}}, \tag{6.28}$$

from which, for the case examined, where $\frac{f}{\delta} = 40$, we obtain

$$k = 15.$$

The bending moments M_x are, however, very small as it will be shown in the following paragraphs and in design the reinforcement results constructively. Therefore, in the case of the paraboloid of revolution it can be said that a small error in the determination of these moments cannot be a main criterion for the selection of the mesh, as this would imply the resolution of large systems of equations for obtaining exact bending moments which cannot be used in the design of shells. Consequently, a division of the half-side into five intervals ($k = 5$) is considered to be satisfactory from the technical point of view.

By introducing the dimensionless unknowns a series of parameters defined by the dimensions of the shell and edge members have been emphasized, which influence directly the structure behaviour.

Thus, by performing the corresponding replacings, the shell parameter (6.12 c) can be written under the form

$$\varepsilon = \frac{48}{k^4}\left(\frac{f}{\delta}\right)^2, \tag{6.29}$$

where the ratio f/δ has been introduced as a shell characteristic. The ratios (6.15 a—d) can be also written under the form

$$\bar{A} = 4k\frac{a}{f}\,\frac{f}{\delta}\,\frac{b}{h}\,\frac{1}{\left(\frac{2a}{h}\right)^2}, \tag{6.30 a}$$

$$\bar{I} = 16k\left(\frac{a}{f}\right)^3\left(\frac{f}{\delta}\right)^3\frac{b}{h}\,\frac{1}{\left(\frac{2a}{h}\right)^4}, \tag{6.30 b}$$

$$\bar{I}_r = 96\,k\gamma\left(\frac{a}{f}\right)^3\left(\frac{f}{\delta}\right)^3\left(\frac{b}{h}\right)^3\frac{1}{\left(\frac{2a}{h}\right)^4}, \tag{6.30 c}$$

$$\bar{e} = \frac{k^2}{2}\,\frac{a}{f}\,\frac{e}{h}\,\frac{1}{\frac{2a}{h}}, \tag{6.30 d}$$

where γ is the coefficient which intervenes in the calculation of the twisting moment of inertia for bars of rectangular cross-section, being a function of the ratio $\frac{b}{h}$ [23].

Consequently, we can choose as calculation parameters either the values

$$\varepsilon;\ \bar{A};\ \bar{I};\ \bar{I}_r;\ \bar{e}$$

or those of the ratios

$$\frac{f}{\delta};\ \frac{a}{f};\ \frac{2a}{h};\ \frac{h}{b};\ \frac{e}{h}.$$

The first parameters are inconvenient in that by their combination only domains uninteresting in practice can be covered. The second group of parameters, however, puts at the disposal of designers estimations on the direct influence of the structure dimensions on the state of stress and deformation.

In order to cover practical ranges of dimensions we have considered the following values :

— for the shell

$$20 \leqslant \frac{f}{\delta} \leqslant 60\,; \quad 5 \leqslant \frac{a}{f} \leqslant 8,$$

— for the edge arches

$$30 \leqslant \frac{2a}{h} \leqslant 60\,; \quad \frac{1}{3} \leqslant \frac{b}{h} \leqslant \frac{2}{3}\,; \quad -\frac{1}{2} \leqslant \frac{e}{h} \leqslant \frac{1}{2}.$$

For the parameters shown previously the corresponding systems of equations have been resolved with a view to drawing up practical design tables. The paraboloid of revolution with the following characteristics

$$\frac{f}{\delta} = 40\,; \quad \frac{a}{f} = 5\,; \quad \frac{2a}{h} = 40\,; \quad \frac{b}{h} = \frac{1}{2}\,; \quad \frac{e}{h} = -\frac{1}{2}$$

has been chosen for the numerical example, for which the following values have been determined by means of (6.29) and (6.30), with $k = 5$

$$\varepsilon = \frac{48}{5^4}\, 40^2 \simeq 123,$$

$$\bar{A} = 4 \times 5 \times 5 \times 40 \times \frac{1}{2} \times \frac{1}{40^2} \simeq 1.25,$$

$$\bar{I} = 16 \times 5 \times 5^3 \times 40^3 \times \frac{1}{2} \times \frac{1}{40^4} \simeq 125,$$

$$\bar{I}_r = 96 \times 5 \times 0{,}229 \times 5^3 \times 40^3 \times \frac{1}{2^3} \times \frac{1}{40^3} \simeq 42.90,$$

$$\bar{e} = -\frac{5^2}{2} \times 5 \times \frac{1}{2} \times \frac{1}{40} \simeq -0.782.$$

6.5. Determination of the forces

We introduce the dimensionless notations

$$\Delta^2 n_{x\,m,n} = \begin{array}{|c|} 1 \\ \boxed{-2} \\ 1 \end{array}\, \phi_{m,n}\,; \quad \Delta^2 n_{y\,m,n} = \begin{array}{|ccc|} 1 & \boxed{-2} & 1 \end{array}\, \phi_{m,n}\,; \quad 4\Delta^2 n_{xy\,m,n} = \begin{array}{|ccc|} 1 & 0 & -1 \\ 0 & \boxed{0} & 0 \\ -1 & 0 & 1 \end{array}\, \phi_{m,n}\,, \qquad (6.31\ \text{a--c})$$

$$\Delta^2 m_{x\,m,n} = \begin{array}{|ccc|} 1 & \boxed{-2} & 1 \end{array}\, w_{m,n}\,; \quad \Delta^2 m_{y\,m,n} = \begin{array}{|c|} 1 \\ \boxed{-2} \\ 1 \end{array}\, w_{m,n}\,; \quad 4\Delta^2 m_{xy\,m,n} = \begin{array}{|ccc|} 1 & 0 & -1 \\ 0 & \boxed{0} & 0 \\ -1 & 0 & 1 \end{array}\, w_{m,n} \qquad (6.31\ \text{d--f})$$

The forces in the shell are calculated in the elastic range by means of the relations

$$N_x = k_N n_x\,; \quad N_y = k_N n_y\,; \quad N_{xy} = -\,k_N n_{xy}\,; \qquad (6.32\ \text{a--c})$$

$$M_x = -\,k_M(m_x + \mu m_y)\,; \quad M_y = -\,k_M(m_y + \mu m_x)\,;$$

$$M_{xy} = -\,k_M(1 - \mu)\,m_{xy}\,; \qquad (6.32\ \text{d--f})$$

where the multipliers K_N and K_M are the dimensional factors of the forces listed in Table 6.2.

The calculation of forces in the edge arches can be performed by using the forces in the shell for the edge $x = a$; thus from relations (4.20), we obtain

$$P = \frac{A}{\delta a} N_y a - \frac{E_0 A e}{K_0(1 - \mu^2)}(M_y - \mu M_x), \qquad (6.33\ \text{a})$$

$$M = \frac{E_0 I}{K_0 a}\,\frac{1}{1 - \mu^2}\,(M_y - \mu M_x)\,a, \qquad (6.33\ \text{b})$$

$$M_r = -\,\frac{G_0 I_r}{K_0 a}\,\frac{1}{1 - \mu}\,M_{xy} a. \qquad (6.33\ \text{c})$$

The horizontal thrust at the corners H_c is given by the relation

$$H_c = k_H \bar{C}_{1;2}\,, \qquad (6.34)$$

where k_H is a dimensional factor, given in Table 6.2.

6.6. Supporting on two-hinge arches

If the shell corners are supported on members capable to bear horizontal thrusts (Fig. 6.5 a), the edge members may be two-hinge arches (Fig. 6.5 b).

Table 6.2

Dimensionless factors of the stresses

k	Uniformly distributed loadings	Own weight of arches	Horizontal displacement of the corners	Vertical displacement of the corners	Corner moments
k_N	$pa\frac{a}{2f}$	$g\frac{a}{f}k$	$E_0\Delta_H\frac{k}{\frac{a}{f}\frac{f}{\delta}}$	$E_0\Delta_V\frac{k^4}{24\frac{a^2}{f^2}\frac{f}{\delta^3}}$	$\frac{M_c}{a^2}2k^3\frac{a}{f}$
k_M	$pa^2\frac{1}{k^2}$	$ga\frac{2}{k}$	$E_0a\Delta_H\frac{2}{k\frac{a^2}{f^2}\frac{f}{\delta}}$	$E_0a\Delta_V\frac{k^2}{12}$	$\frac{M_c}{a}4k$
k_H	$pa^2\frac{1}{2k}\frac{a}{f}$	$ga\frac{a}{f}$	$E_0a\Delta_H\frac{1}{\frac{a}{f}\frac{f}{\delta}}$	$E_0a\Delta_V\frac{k^3}{24\frac{a^2}{f^2}\frac{f^3}{\delta^3}}$	$\frac{M_c}{a}2k^2\frac{a}{f}$

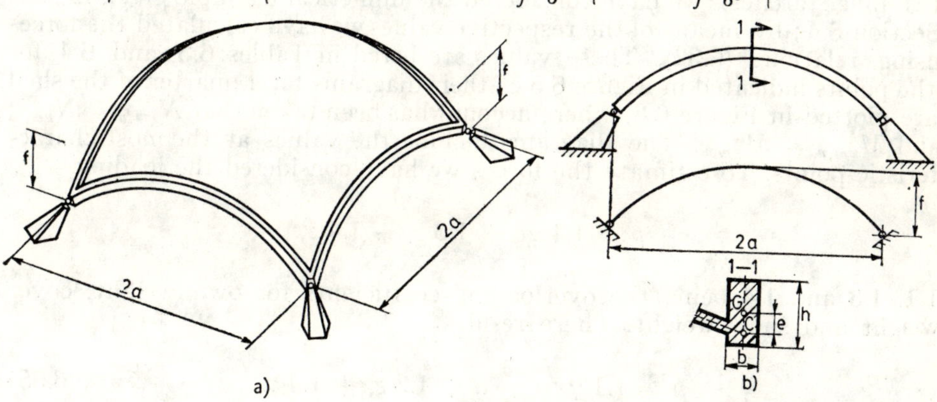

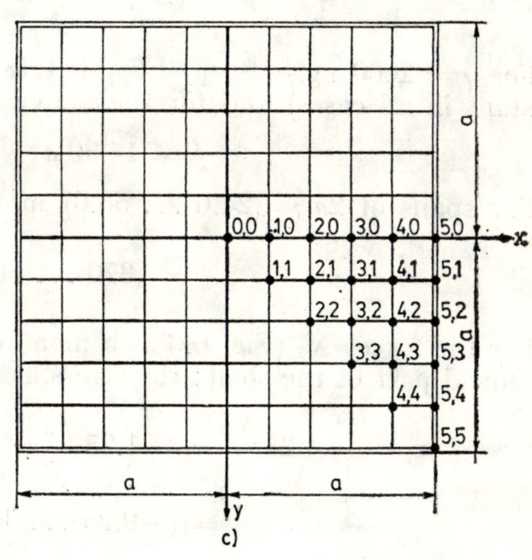

Fig. 6.5. – Paraboloid of revolution supported on two-hinge arches :

a) geometrical elements ; b) edge arches ; c) mesh-grid points on t he middle surface.

For an accurate design it is necessary to know the state of stress and deformation for :

— uniformly distributed loading, symmetrical or unsymmetrical;

— the own weight of arches;

— the horizontal displacements, symmetrical or unsymmetrical, of the corners (produced by the partial settlement of the supporting members or by temperature variations);

— the settlement of the supports;

— the influence of concrete creep and shrinkage.

6.6.1. Symmetrical uniformly distributed loading

6.6.1.1. The state of stress and deformation. In order to analyse the state of stress and deformation of a paraboloid of revolution supported on two-hinge arches, we have considered the numerical example given in sub-Section 6.4; by means of the respective values we have calculated the forces using relations (6.32). These values are listed in Tables 6.3 and 6.4 for the points indicated in Figure 6.5 c; their diagrams for a quarter of the shell are plotted in Figure 6.6, where account has been taken that $N_{xm,n} = N_{ym,n}$ and $M_{xm,n} = M_{ym,n}$. The diagrams include the values at the most characteristic points. To estimate the forces we have considered the loading

$$p = 1.1\,\gamma\delta + 1.3\,g_i + 1.4\,z,$$

1.1, 1.3 and 1.4 being the overloading coefficients for own weight, cover weight and snow weight. There results

$$p = 1.1\,\gamma \frac{f}{a}\,\frac{\delta}{f}\,a + 1.3\,g_i + 1.4\,z. \qquad (6.35)$$

For $\gamma = 2600$ kgf/m² and $1.3 g_i + 1.4 z \approx 200$ kgf/m² (considered as constant in all cases) and for the above data we have

$$p = 14.30\,a + 200\ (\text{kgf/m}^2). \qquad (6.36)$$

For spans of $2a = (24.0 \ldots 56.0)$ m the calculation loading will be

$$p = (370 \ldots 600)\ \text{kgf/m}^2.$$

For the forces N_x (Fig. 6.6 a) a monotone variation can be observed in the central part of the shell; the stress at the shell centre is given by

$$\sigma_c = -1.25\frac{pa}{\delta} = -1.25\,\frac{pa}{f}\cdot\frac{f}{\delta} = -1.25 \times 5 \times 40\,p =$$

$$= (-9.25 \ldots 15.0)\ \text{kgf/cm}^2.$$

The stresses at the edges are

$$\sigma = -1.0805 \frac{pa}{\delta} = -(8.0 \ldots 13.0) \text{ kgf/cm}^2,$$

and near the edges we have

$$\sigma = -2.0550 \frac{pa}{\delta} = -(15.2 \ldots 24.6) \text{ kgf/cm}^2.$$

Table 6.3

Stresses in the shell produced by uniformly distributed loadings

Points	$\frac{N_x}{pa}$	$\frac{N_y}{pa}$	$\frac{N_{xy}}{pa}$	$\frac{N_1}{pa}$	$\frac{N_2}{pa}$	$\frac{M_x}{pa^2 \times 10^{-4}}$	$\frac{M_y}{pa^2 \times 10^{-4}}$	$\frac{M_{xy}}{pa^2 \times 10^{-4}}$
0,0	−1.2500	−1.2500	0.0000	−1.2500	−1.2500	0.0002	0.0002	0.0000
1,0	−1.1970	−1.3030	0.0000	−1.3030	−1.1970	−0.0250	0.0244	0.0000
2,0	−1.0378	−1.4628	0.0000	−1.4628	−1.0378	−0.1102	0.0950	0.0000
3,0	−0.7755	−1.7353	0.0000	−1.7353	−0.7755	−0.1729	0.2283	0.0000
4,0	−0.4270	−2.0550	0.0000	−2.0550	−0.4270	1.3598	0.7336	0.0000
5,0	0.0000	−1.0805	0.0000	−1.0805	0.0000	−1.1627	1.3519	0.0000
1,1	−1.2498	−1.2498	−0.1064	−1.3562	−1.1434	−0.0012	−0.0012	0.0476
2,1	−1.0895	−1.4110	−0.2126	−1.5168	−0.9837	−0.0849	0.0663	0.0945
3,1	−0.8205	−1.6920	−0.3121	−1.7872	−0.7253	−0.1123	0.1907	0.1666
4,1	−0.4523	−2.0160	−0.3990	−2.1120	−0.3564	1.7131	0.6843	0.4735
5,1	0.0000	−0.7828	−0.6414	−1.1428	0.3600	−2.2782	0.7721	−0.0381
2,2	−1.2510	−1.2510	−0.4311	−1.6821	−0.8199	−0.0196	−0.0196	0.1799
3,2	−0.9670	−1.5495	−0.6484	−1.9741	−0.5475	0.0310	0.0945	0.2891
4,2	−0.5428	−1.8928	−0.8459	−2.3000	−0.1357	2.5242	0.5770	0.6577
5,2	0.0000	−0.2730	−1.1823	−1.3267	1.0537	−5.0152	−0.7219	−0.1121
3,3	−1.2665	−1.2665	−1.0293	−2.2958	−0.2372	0.2077	0.2077	0.3722
4,3	−0.7588	−1.6515	−1.4043	−2.6787	0.2684	3.0857	0.6471	0.3390
5,3	0.0000	0.1398	−1.5161	−1.5876	1.4478	−7.6701	−2.3805	−0.2359
4,4	−1.1590	−1.1590	−2.1338	−3.2928	0.9748	2.4912	2.4912	−0.9895
5,4	0.0000	−0.5600	−1.5096	−1.4712	0.9112	−7.6614	−2.8650	−0.3833
5,5	−4.0083	−4.0083	−1.2860	−5.2943	−2.7223	0.2111	0.2111	−0.4548

Table 6.4

Shear forces along the shell boundary

Points	5,0	5,1	5,2	5,3	5,4	5,5
$\frac{Q_x}{pa}$	−0.0585	−0.0691	−0.0945	−0.1134	−0.0837	0.1151

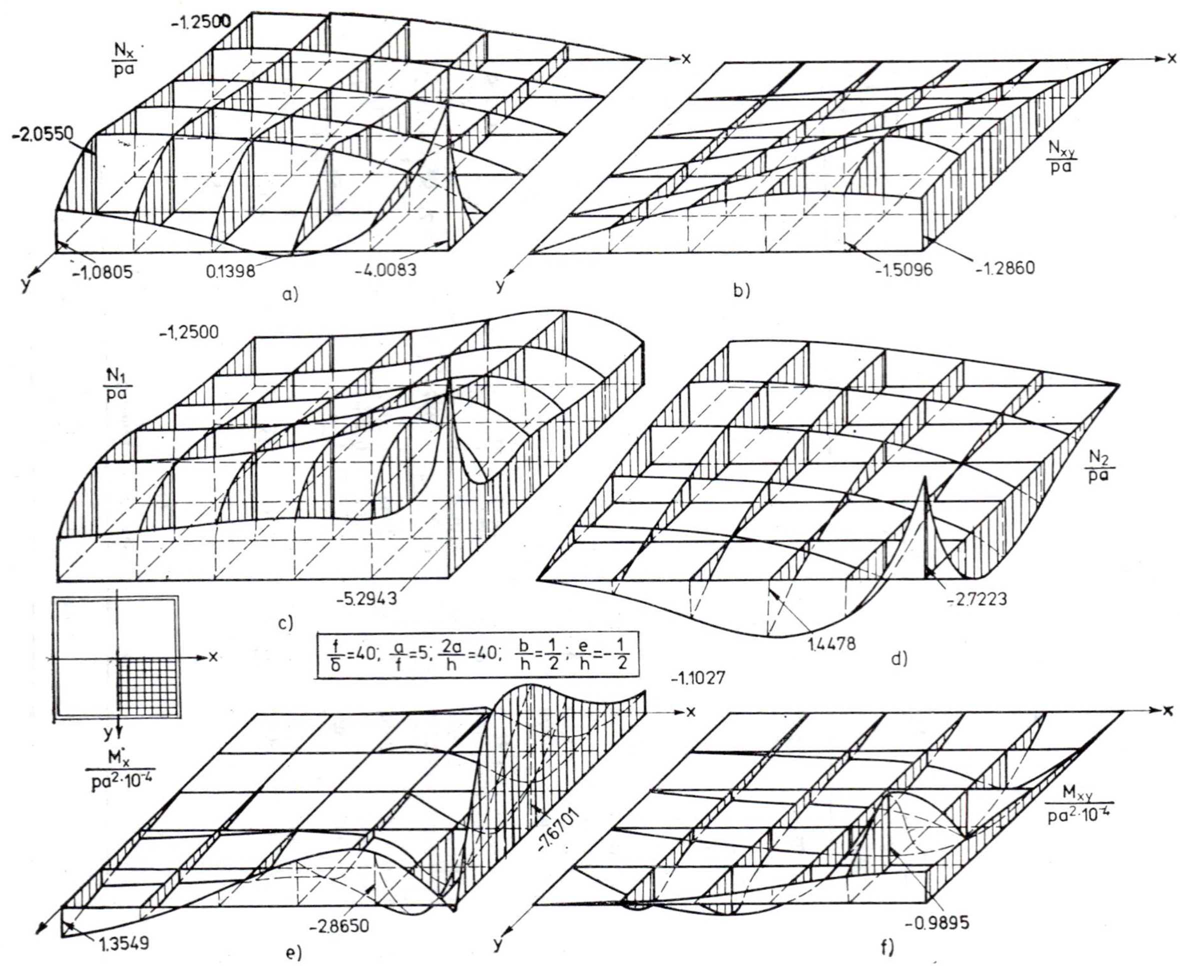

Fig. 6.6. — Shell forces due to symmetrical loadings :

a) axial forces N_x; b) **shear forces** N_{xy}; c) and d) principal forces N_1 and N_2; e) bending moments M_x; f) twisting moments M_{xy}.

At the shell edge the more marked variation of the in-plane forces is due to the combined working with the edge arches; the positive values of N_x are due to the bending moments in the arches which stretch the upper fibre; the values of these stresses are

$$\sigma = 0.1398 \frac{pa}{\delta} = (1.04 \ldots 1.68) \text{ kgf/cm}^2.$$

At the shell corners the stress is

$$\sigma = -4.0083 \frac{pa}{\delta} = -(30 \ldots 50) \text{ kgf/cm}^2.$$

It can be observed that the stresses due to uniformly distributed loads are reduced as compared to the concrete strength.

The variation of the shear forces N_{xy} is shown in Figure 6.6 b; it can be noticed that this variation is sufficiently monotone and that the values decrease towards the corners. Figures 6.6 c and d are plots of the principal forces N_1 and N_2. It can be noticed that the forces N_1 are compression forces over the whole shell surface, their maximum value being at the corners due to the combined working of the shell with the edge beams; the value of the stress is

$$\sigma = -5.2993 \frac{pa}{\delta} = -(40 \ldots 70) \text{ kgf/cm}^2$$

greater than those in the remaining part of the shell. However, there are boundary zones where tensile forces N_2 arise, with the corresponding maximum stresses

$$\sigma = 1.4478 \frac{pa}{\delta} = (10.7 \ldots 17.5) \text{ kgf/cm}^2$$

which are higher than the calculation tensile strength of concrete. It may be observed that at the corner, where according to the bending theory with rigid supports, maximum tensile stresses appear due to the combined working of the shell with the edges arches, these stresses are of compression.

The bending moments M_x (Fig. 6.6 e) are very quickly damped, being practically equal to zero at the shell centre; the maximum values at the shell edge are due to the rigid connection to the edge arches, the highest value being in the section $x = a$, $y = 0.6\, a$

$$M = -7.67 \times 10^{-4}\, pa^2 = -(41 \ldots 362) \text{ kgf m/m}.$$

The twisting moments M_{xy} (Fig. 6.6 f) assume maximum values near the edges, smaller than the bending moments.

Figure 6.7 is a plot of the in-plane forces in the shell elastically supported on the boundary, as compared to the values obtained by using the membrane theory, the theory of bending with rigid supports and the approximate formulas given by A. Aass [1]. According to Fig. 6.7 a, N_x assumes the same value for $y = 0$ and $x = 0$ (except the boundary) whatever be the calculation method employed. At the shell edge $y = a$ (Fig. 6.7 b),

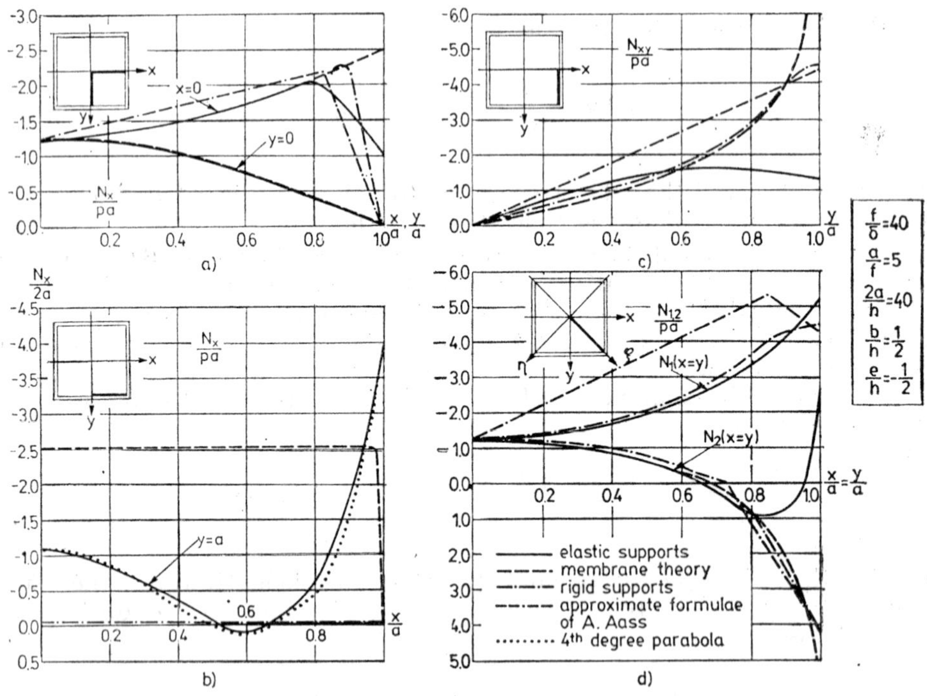

Fig. 6.7. — Comparison of the shell forces with those obtained by various methods : a) axial force N_x for $x = 0$, $y = 0$; b) Axial forces N_x for $y = a$; c) shear forces N_{xy} for $x = a$; d) principal forces N_1, N_2 for $x = y$.

N_x is equal to zero in the case of perfectly rigid supports whilst in the membrane theory it assumes constant values ; in the case of the combined working with the edge beams it has at the shell corners values higher than those given by other methods since at arch springings great axial forces exist, which are introduced throughout the shell. For the approximate calculation of N_x, for the edge $y = a$ we assume a variation according to a fourth degree parabola, symmetrical to the origin, having the form

$$N_x = a_0 + a_1 \frac{x^2}{a^2} + a_2 \frac{x^4}{a^4} \tag{6.37}$$

in which a_0, a_1 and a_2 are determined by knowing the values of the forces at the points $x = 0$; na; a, denoted by N_{xm}, N_{xn}, N_{xc}. Thus, we obtain the values

$$a_0 = N_{xm}, \tag{6.38 a}$$

$$a_1 = -\frac{n^2}{1-n^2}(N_{xc} - N_{xm}) + \frac{1}{n^2(1-n^2)}(N_{xn} - N_{xm}), \tag{6.38 b}$$

$$a_2 = \frac{1}{1-n^2}(N_{xc} - N_{xm}) - \frac{1}{n^2(1-n^2)}(N_{xn} - N_{xm}). \tag{6.38 c}$$

Inserting (6.38) into (6.37) we have

$$N_x = N_{xm} + A\left(\frac{x}{a}\right)(N_{xc} - N_{xm}) + B\left(\frac{x}{a}\right)(N_{xn} - N_{xm}) \tag{6.39}$$

where

$$A\left(\frac{x}{a}\right) = -\frac{n^2 - \dfrac{x^2}{a^2}}{1-n^2}\frac{x^2}{a^2}; \quad B\left(\frac{x}{a}\right) = \frac{1}{n^2(1-n^2)}\left(1 - \frac{x^2}{a^2}\right)\frac{x^2}{a^2} \quad \text{(6.40 a,b}$$

are functions independent of stresses. Considering as known the values at $x=0$, $x=0.6\ a$ and $x=a$ (N_{xm}, N_{xn}, N_{xc}), Figure 6.7 b shows the variation of the force N_x upon a fourth degree parabola. An almost perfect coincidence along the whole curve can be observed. Figure 6.7 c is a plot of the shear forces N_{xy}. One can observe substantial differences between the results obtained for elastic supports, rigid supports and by membrane theory, due to the combined working with the edge arches. In the membrane theory the value N_{xy} at the corners is indeterminate; in the bending theory with rigid supports the shear force assumes a finite value at the corner and along the edge, and has a variation practically equal to that given by the membrane theory; in the case of elastic supports, a part of the vertical loading is taken over by the axial forces N_x at the corners (Fig. 6.8 a) and the area of the shear force diagram is smaller (as may be observed from Fig. 6.7 c). The theoretical results correspond to the experimental results given in [5], [6], [7], where a decrease of the shear forces is reported towards the shell corners, in comparison with the membrane forces.

Figure 6.7 d shows diagrams of the principal forces N_1 and N_2 upon the shell diagonal $x = y$. A good coincidence of the values at the shell centre and large differences at the corners can be observed. If for N_1 (directed along the diagonal) no essential differences exist as compared to the case of rigid supports, for N_2 the differences are large, since the axial forces at the corners have an effect similar to that of a wedge of 90° loaded at the top (Fig. 6.8 a), introducing large compressions in both directions; thus, in the corner region the principal tensile stresses decrease considerably (being even of compression). This leads to an important reduction of the volume of tensile stresses at the corner. If it is assumed that at the point where N_2 is equal to zero (in all cases this point lies at approximately 0.483 a from the corner), considered as origin, and that towards the corner a parabolic variation exists (Fig. 6.7), then

$$N_2 = a_1 \left(\frac{\xi'}{a}\right) + a_2 \left(\frac{\xi'}{a}\right)^2 \tag{6.41}$$

and if we put the condition that this passes through the points $x = y = 0.8\,a$ and $x = y = a$, we have

$$a_1 = -1.4632\,N_{2c} + 8.5336 N_{2n}, \qquad (6.42\text{ a})$$

$$a_2 = 7.3159 N_{2c} - 17.6678 N_{2n}, \qquad (6.42\text{ b})$$

and

$$N_2 = \frac{\xi'}{a}\left[-(1.4632 N_{2c} - 8.5336 N_{2n}) + (7.3159 N_{2c} - 17.6678 N_{2n})\frac{\xi'}{a}\right], \tag{6.43}$$

where N_{2c} is the value of the principal force in the support, and N_{2n} in the section $x = y = 0.8\,a$.

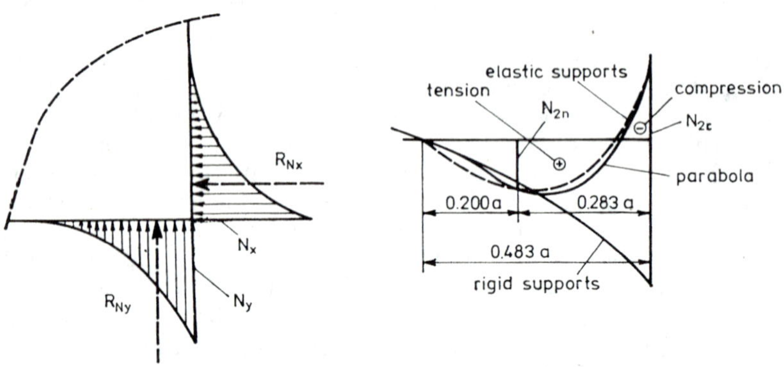

Fig. 6.8. — Forces in the corner region of the shell: a) the corner forces N_x and N_y; b) the principal forces N_1 and N_2.

The force N_2 vanishes for

$$\frac{\xi'_0}{a} = \frac{1.4632\,N_{2c} - 8.5336\,N_{2n}}{7.3159\,N_{2c} - 17.6678 N_{2n}} \tag{6.44}$$

provided it is a compression force at the corner. The volume of tensile forces will be

$$V_{ri} = \int_0^{\xi_0'} N_2(\xi')\,d\xi' = \frac{\xi_0'^2}{a}\left(\frac{a_1}{2} + \frac{a_2\xi_0'}{3a}\right) = \frac{\xi_0'^2}{a}\left[\left(-0.7316 + \right.\right.$$

$$\left.\left. + 2.4386\frac{\xi_0'}{a}\right) N_{2c} + \left(4.2668 - 5.8893\frac{\xi_0'}{a}\right) N_{2n}\right]. \qquad (6.45)$$

For rigid supports, with $N_{2a} = 0.99\ pa$, $N_{2c} = 4.46\ pa$ and $\frac{\xi_0'}{a} \approx 0.483\ a$, we obtain

$$V_{ri} = 0.793\,pa^2.$$

For elastic supports, with $N_{2a} = N_{2a} = 0.975\ pa$ and $N_{2c} = -2.7223\ pa$, from (6.44) we have

$$\xi_0' = 0.330\,a$$

and from (6.45) we get

$$V_{ri} = 0.226\,pa^2.$$

Thus, the tensile stresses are considerably reduced (in the case of elastic supports they represent only 29 per cent of those for rigid supports), and this may have a considerable effect on the reinforcing of the corner.

Figure 6.9 shows diagrams of the bending moments M_x, for $y = 0.6\ a$ (Fig. 6.9 a) and $y = a$ (Fig. 6.9 b). It is found that for elastic supports, the bending moments assume values lower than in the two extreme cases, due to the reduced twisting rigidity of the edge arches. As we have shown in 6.4.1, in the calculation of the moments M_x at the edge $x = a$, errors of about 60% may appear due to an insufficiently dense mesh; even in this situation the moments M_x remain smaller than those for homogeneous supports; for this reason we suggest that at the shell edges, the negative bending moments be determined as for the case of clamping and the positive ones as for the case of hinged supports. A constructional reinforcement is usually obtained in design even when these moments have values on the safe side, so that a more accurate analysis is not necessary. The moment M_x for $y = a$ (Fig. 6.9 b) changes its sign along the edge. Table 6.1 shows that an allowable error is introduced in its determination. Although it has lower values than on the side $x = a$, the exact knowledge of this moment is necessary for determining the axial forces in the edge arches. As for the axial force N_x, the variation of the moment M_x for $y = a$ can be written under the form of a fourth degree parabola, having the form of relation (6.39 a)

$$M_x = M_{xm} + A\left(\frac{x}{a}\right)(M_{xc} - M_{xm}) + B\frac{x}{a}(M_{xn} - M_{xm}), \qquad (6.46)$$

in which $A\left(\frac{x}{a}\right)$ and $B\left(\frac{x}{a}\right)$ have the significances given in (6.40), for $n = 0.8\,a$. From Fig. 6.9 b one can observe a fairly good agreement between the exact values and those calculated by (6.46).

Figure 6.9 c shows diagrams for the transverse shear forces Q_x along the edge $x = a$, in the case of elastic and rigid supports. Higher values can

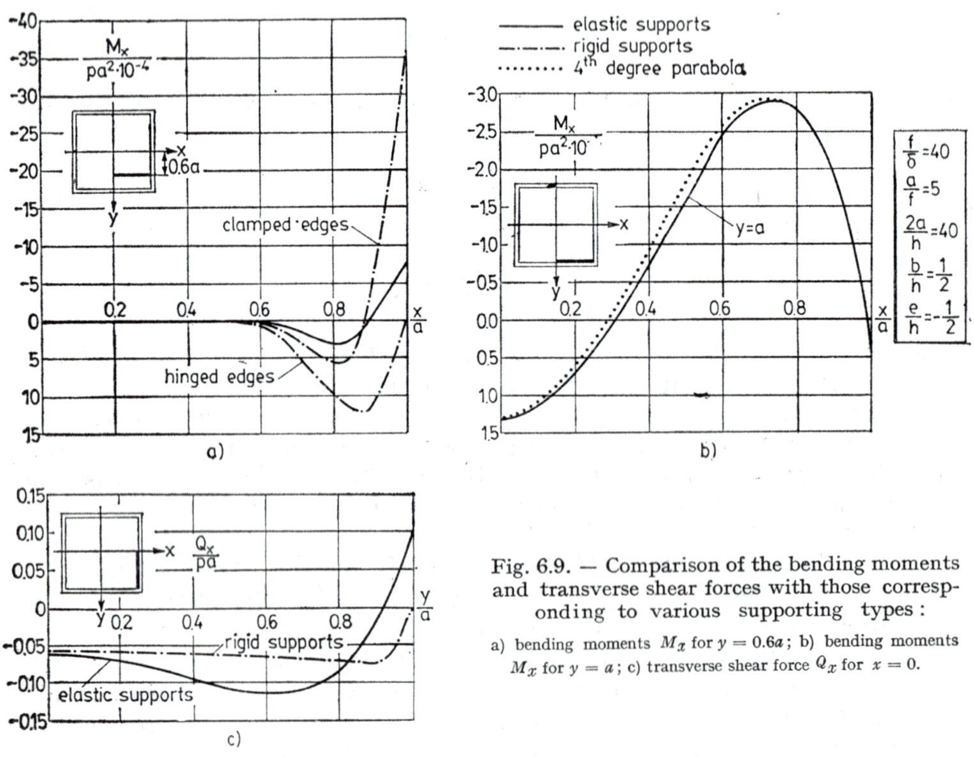

Fig. 6.9. — Comparison of the bending moments and transverse shear forces with those corresponding to various supporting types:

a) bending moments M_x for $y = 0.6a$; b) bending moments M_x for $y = a$; c) transverse shear force Q_x for $x = 0$.

be observed in the case of elastic supports than when the shell discharges on rigid gables. We obtain the shear stresses

$$\tau = 0.1134\frac{pa}{\delta} = (0.8 \ldots 1.4)\ \text{kgf/cm}^2$$

i.e. low values which do not require special provisions for reinforcement.

Table 6.5 gives the forces in the edge arches and Figure 6.10 shows their diagrams. The axial forces P (Fig. 6.10a) are tensile forces at the middle of the span and compression forces at the corners and the bending moments M (Fig. 6.10b) change their sign along the edge, the maximum moment being in the section $y = 0.8a$.

Table 6.5

Forces in edge arches produced by uniformly distributed loadings

Points	$\frac{P}{pa^2}$	$\frac{M}{pa^3 \times 10^{-2}}$	$\frac{M_r}{pa^3 \times 10^{-2}}$	$\frac{\sigma_i}{p \times 10^2}$	$\frac{\sigma_i}{p \times 10^2}$
5,0	0.1992	0.3904	0.0000	5.3417	−2.1545
5,1	0.1468	0.2849	0.0038	3.9100	−1.5602
5,2	−0.0589	0.0078	0.0113	−0.3963	−0.5461
5,3	−0.3433	−0.3146	0.0238	−5.7669	0.2741
5,4	−0.6676	−0.4388	0.0387	−9.5547	−1.1269
5,5	−0.9469	0.0459	0.0459	−7.1450	−8.0252

Using the axial forces and the bending moments, the stresses in the fibres on the lower and upper surface of the arches (Fig. 6.10) can be calculated by means of the relation

$$\sigma_{\text{inf. sup.}} = \frac{P}{A} \pm \frac{M}{W} = \frac{1}{4\frac{b}{h}} \left(\frac{2a}{h}\right)^2 \left(\frac{P}{a^2} \pm 3\frac{M}{a^3}\frac{2a}{h}\right). \tag{6.47}$$

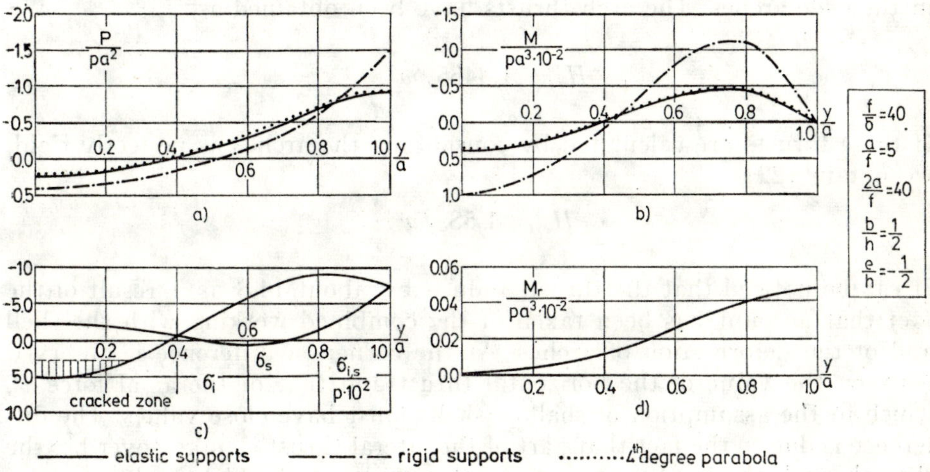

Fig. 6.10. — Forces in the edge arches :

a) axial forces P; b) bending moments M; c) stresses in the upper and lower fibers, σ_S and σ_S respectively; d) twisting moments M_r.

In the central zone of the arches, on the inner surface tensile stresses occur

$$\sigma_{\text{inf. }m} = 5.3417 \times 10^2 p \simeq (20 \ldots 32) \text{ daN/cm}^2,$$

which exceed the calculation tensile strength of the concrete (6.5—9.5) kgf/cm², corresponding to the qualities of concrete B 220—B 300 ordinarily used for reinforced concrete shells. Figure 6.10c shows the zone in which under a load of $p = 400$ kgf/cm² and $R_t = 9.5$ kgf/cm² the concrete tensile strength is exceeded; there results that on about (0.28—0.30) $2a$, the arch rigidities are smaller than those used in calculations. Figure 6.10d shows the diagram of the torsional moments M_r in arches; it is found that the maximum values are at the shell corners, at the connection with the adjacent arch. In the section where the bending moment is the highest ($y = 0.8$a), the ratio of the twisting moment to the bending moment is

$$\frac{M_r}{M} = \frac{0.0387}{0.4388} = 0.088$$

and as is known [62], if this ratio is smaller than 0.5, the influence of the twisting moment can be disregarded in design.

In Figure 6.10 a and b the values of the forces P and bending moments M, calculated by relations (6.33), have also been plotted, using fourth degree parabolas for N_y and M_y. A fairly good agreement is found; it results that approximate formulas can be also used for calculating the forces in the edge arches. The arch thrusts have been obtained as

$$H_c = 1.3465\, pa^2.$$

If these thrusts are calculated by considering the arches as perfectly rigid, we obtain [22]

$$H_c = 1.58\ pa^2.$$

It can be noticed that the thrusts reduce by about 14.8 as a result of the fact that account has been taken of the combined working with the shell and of the deformation of arches. At the corners a difference is observed between the value of the horizontal thrust and that of the axial force P, which in the assumption of shallow shells must have close values. The difference is due to the fact that part of the lateral thrust is taken over by the shell through the in-plane forces N_y, the resultant of which is obtained by

$$R_{N_y} = H_c - P = -(1.3465 - 0.9469) pa^2 = -0.3996\, pa^2.$$

If a triangular distribution of the force N_y at the corner (Fig. 6.11a) is assumed and if its maximum value is known, we can determine the width on which N_y acts at the corner

$$l \simeq \frac{-2 \times 0.3996\, pa^2}{-\,4.0083\, pa} \simeq 0.2\, a.$$

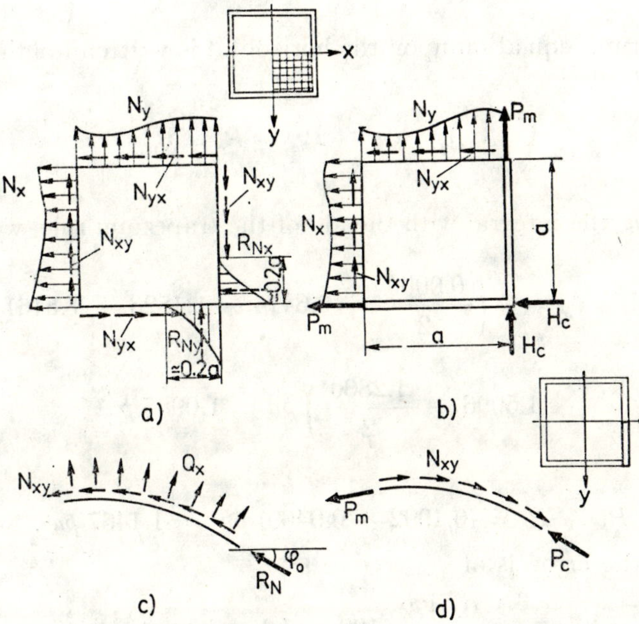

Fig. 6.11. — Over-all equilibrium:
a) for the shell; b) for the shell together with the edge arches; c) and d) for the edge arches.

In order to check the calculations we write the over-all equilibrium conditions on a quarter of the shell, account being also taken of the beams (Fig. 6.11b); upon the direction x we obtain

$$\int_0^a (N_x)_{x=0}\, \mathrm{d}y - P_m - H_c = 0, \tag{6.48}$$

(where the forces have been introduced bearing in mind their real senses). Integrating by means of the trapezium method, we have

$$\int_0^a (N_x)_{x=0}\, \mathrm{d}y = \Delta \left(\frac{1.2500}{2} + 1.3030 + 1.4628 + 1.7353 + 2.0550 + \right.$$

$$\left. + \frac{1.0805}{2} \right) pa = 1.5448\, pa^2$$

and

$$P_m + H_c = (0.1992 + 1.3465)\,pa^2 = 1.5457\,pa^2,$$

hence the error is of

$$\varepsilon = \frac{0.0009}{1.5448}\,100 \approx 0.06 \text{ per cent.}$$

If the equilibrium equ ation upon the horizontal is written for the arch (Fig 6.11d), we obtain

$$\int_0^a (N_{xy})_{x=a}\,dy - P_m - P_c = 0, \tag{6.49}$$

and calculating the integral with the aid of the trapezium rule, we get

$$\int_0^a (N_{xy})_{x=a}\,dy = \Delta\left(\frac{0.0000}{2} + 0.6414 + 1.1823 + 1.5161 + \right.$$

$$\left. + 1.5096 + \frac{1.2860}{2}\right) pa = 1.0985\,pa^2$$

and

$$P_m + P_c = (0.1992 + 0.9469)\,pa^2 = 1.1467\,pa^2.$$

Accordingly, the error is of

$$\varepsilon = \frac{0.0472}{1.1457}\,100 \approx 4.1 \text{ per cent.}$$

In order to verify the equilibrium upon the vertical, we consider a quarter of the shell. There results (Fig. 6.11c)

$$\int_0^a (N_{xy})_{x=a}\,\text{tg}\,\psi dy + \int_0^a (Q_x)_{x=a}\,dy + R_{N_y}\sin\psi_0 - \frac{pa^2}{2} = 0. \tag{6.50}$$

Taking into account that $\text{tg}\,\psi = \frac{y}{R} = \frac{y}{2.5a}$, we get

$$\int_0^a (N_{xy})_{x=a}\,\text{tg}\,\psi\,dy = \Delta\left(\frac{0.000}{2} + 0.6414 \times 0.08 + 1.1823 \times 0.16 + \right.$$

$$\left. + 1.5161 \times 0.24 + 1.5096 \times 0.32 + \frac{1.2860 \times 0.40}{2}\right) pa = 0.269\,pa^2$$

$$\int_0^a (Q_x)_{x=a}\, dy = \Delta\left(\frac{0.0585}{2} + 0.0691 + 0.945 + 0.1134 + \right.$$

$$\left. + 0.0837 - \frac{0.1151}{2}\right) pa = 0.067\, pa^2$$

$$R_{N_y} \sin \psi_0 \simeq 0.3996 \times 0.40 \simeq 0.160\, pa^2$$

$$\int_0^a (N_{xy})_{x=a} \operatorname{tg} \psi\, dy + \int_0^a (Q_x)_{x=a}\, dy + R_{N_y} \sin \psi_0 = (0.269 +$$

$$+ 0.067 + 0.160)\, pa^2 = 0.496\, pa^2.$$

Consequently, the error is of

$$\varepsilon = \frac{0.004}{0.5}\, 100 = 0.8 \text{ per cent.}$$

Table 6.6 uses the membrane theory and the bending theory with rigid and with elastic supports to show comparatively the proportion in which the vertical loads are taken over by the shear forces N_{xy}, the transverse shear forces Q_x and the corner forces N_y. An important modification of the role of the shear forces on the boundary is noticed as concerns the transfer of vertical loads, which are reduced by almost a half, as compared to the results given by membrane theory; this finding is in agreement with the experimental results described in [5]—[7].

Table 6.6

Transfer of forces on the boundary

Force	Membrane theory	Bending theory: rigid supports	Bending theory: elastic supports
N_{xy}	100%	96%	55%
Q_x	—	4%	13%
N_y	—	—	32%

In the bending theory with rigid supports the forces in the edge arches are determined by considering the shear forces N_{xy} as loads. In order to emphasize the differences which result from a calculation for rigid or elastic supports, for the above example, the axial forces P and the bending moments M have been determined, using the three-hinged arch as a basic system.

The thrusts obtained are

$$H_c = 1.313\, pa^2.$$

a difference of about 2.5% being noticed as compared to the calculation performed for elastic supports; it results that the reduction mentioned above is due to a greater extent to the consideration of the arch deformability than to the combined working with the shell. In exchange, substantial differences exist (Fig. 6.10a, b) for the axial stresses P and the bending moments M. Thus, the axial force P at the middle of the span is

$$P = 0.1992\, pa^2,$$

where account has been taken of the combined working with the shell, as compared to

$$P = 0.3529\, pa^2$$

where the combined working has been neglected. Likewise, the bending moments are in the first case

$$M = 0.3904 \cdot 10^{-2}\, pa^2$$

as compared to

$$M = 0.9821 \cdot 10^{-2}\, pa^2$$

in the second case. These substantial differences are due to the combined working of part of the shell with the arches, which increases their axial and flexural rigidity, and to the distribution of shear stresses which differs in the two cases (Fig. 6.7c).

Table 6.7 lists the values of the normal displacements w and Figure 6.12 shows their variation on a quarter of the shell. Notice that the edge values are comparable to those at the centre of the shell and that towards

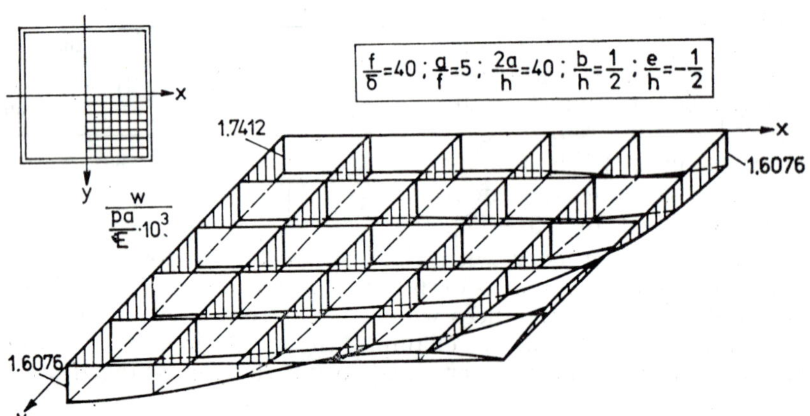

Fig. 6.12. — Vertical displacement.

the corners negative normal displacements occur due to the combined working with the edge arches. For service loads, in a manner similar to that used for ultimate loads, we obtain

$$p = \gamma\delta + g_i + z = (13.0a + 150)\ \text{kgf/m}^2$$

Table 6.7

The normal displacements $w / \frac{pa}{E_0} 10^3$ produced by symmetrical uniformly distributed loadings

n \ m	0	1	2	3	4	5
0	1.7412	1.7411	1.7521	1.8109	1.9492	1.6076
1	1.7411	1.7357	1.7307	1.7621	1.8475	1.3146
2	1.7521	1.7307	1.6789	1.6336	1.5817	0.5938
3	1.8109	1.7621	1.6336	1.4706	1.2398	−0.1386
4	1.9492	1.8475	1.5817	1.2393	0.8271	−0.3987
5	1.6076	1.3146	0.5938	−0.1386	−0.3987	0.0000

(we have considered $g_i = 75$ kgf/m² and $z = 75$ kgf/m²). Thus, the displacement at the centre of the shell, referred to the span will be (for $E_0 = 315000$ kgf/cm²)

$$\frac{w}{2a} = \frac{1.7412}{2} \frac{p}{E_0} 10^3 \approx \frac{1}{12000} \cdots \frac{1}{7000}$$

which indicates a high rigidity of these structures.

Figure 6.13 a shows the diagram of normal displacements w as compared to those obtained in the membrane and bending theories with rigid supports. Larger displacements are found at the centre of the shell, due to

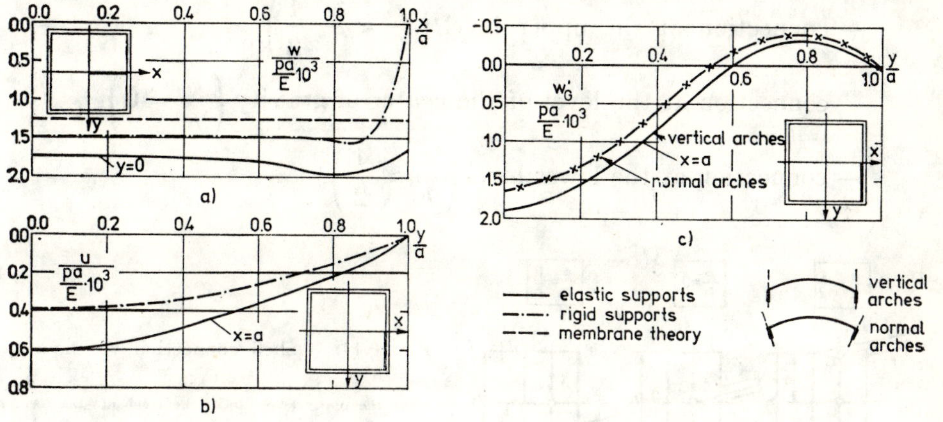

Fig. 6.13. — Comparison of the displacements with those obtained by various methods: a) normal displacements w for $y = 0$; b) tangential displacements u for $x = a$; c) vertical displacements w for $x = a$.

the elastic supporting, that is 1.39 times greater as compared to the membrane theory and 1.16 times as compared to the bending theory. It can be also seen that the edge arches cannot be considered as perfectly rigid in their plane, the edge displacements being comparable to those at the centre of the shell. Figure 6.13b represents the tangential displacement u for the edge $x = a$, as compared to that given when the bending theory with rigid supports is used; an increase of 1.54 times is found for these displacements. Since at the shell edge $u \approx \approx 0.354\ w$, in the calculation of the vertical displacements of these edge arches, if they are vertically placed, account must be also taken of this component (relation (4.12b))

$$u'_G \simeq u \operatorname{tg} \varphi_0 + w = u \frac{a}{R} + w.$$

Figure 6.13c shows the diagram of the vertical displacements of the edge arches and Table 6.8 lists their values; as compared to the normal displacements, differences of about 13.3 per cent can be noticed at the shell edge.

Table 6.8

The displacements $w / \frac{pa}{E_0} 10^3$ of the edge arches

Points	Arches normal to the plate	Vertical arches
5,0	1.6076	1.8537
5,1	1.3146	1.5460
5,2	0.5938	0.7864
5,3	−0.1386	0.0028
5,4	−0.3987	−0.3051
5,5	0.0000	0.0000

6.6.1.2. Influence of the level of connection of the shell to the edge arch
The shell can be connected to the edge arch at the upper or lower part, or at an intermediate level. In order to examine the influence of the connection level, three particular characteristic cases have been considered (Fig. 6.14):

— connection at the upper level $\left(\frac{e}{h} \approx -\frac{1}{2}\right)$,

— connection at the level of the center of gravity $\left(\frac{e}{h} = 0\right)$,

— connection at the lower level $\left(\frac{e}{h} \approx \frac{1}{2}\right)$.

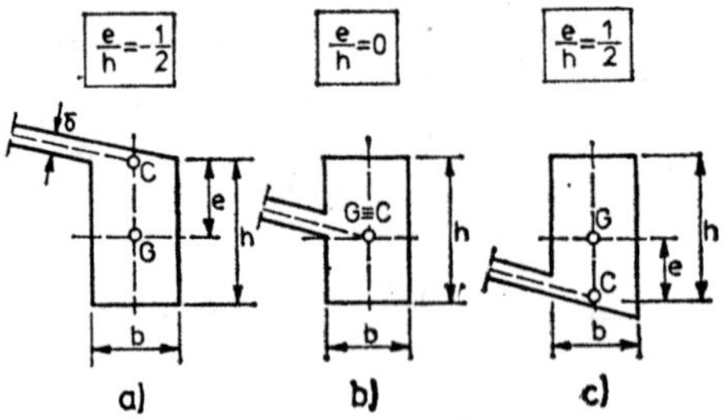

Fig. 6.14. — Shell connection to the edge beam: a) at the upper level; b) at the level of the center of gravity; c) at the lower level.

The other calculation characteristics considered are as for the case discussed in sub-Section 6.6.1.1.

Figure 6.15 shows diagrams of the in-plane forces and of the bending moments for the edge $x = a$ in the three cases. Important alterations of the forces can be noticed at the shell edges. Thus, at the middle of the span N_x becomes a tensile force if the connection is made at the lower level, due

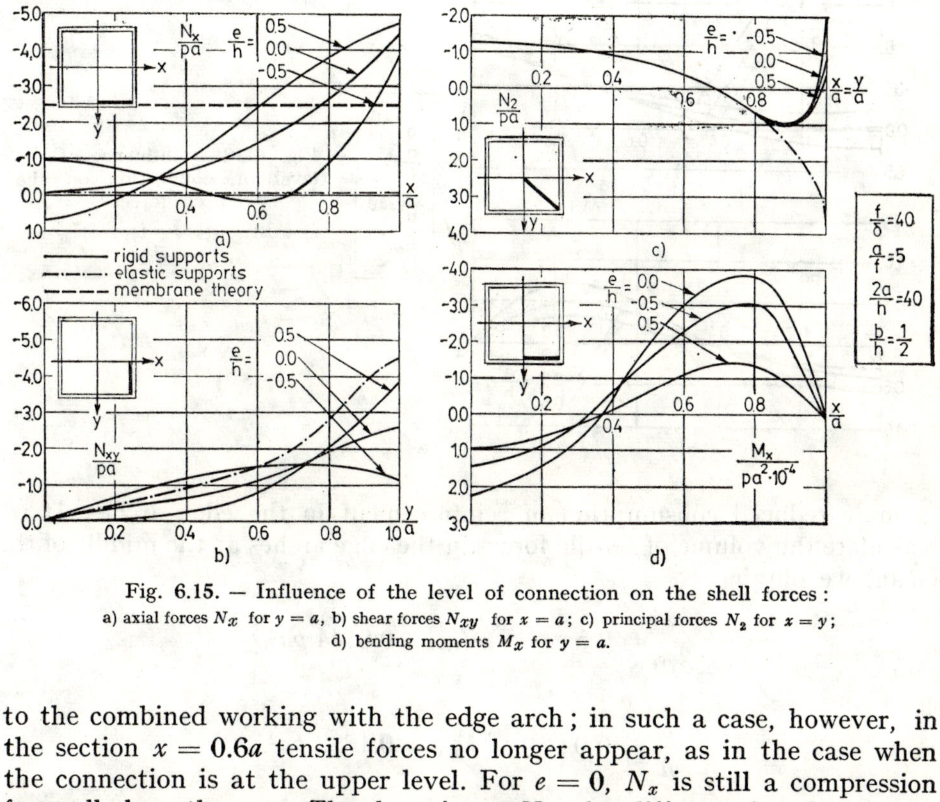

Fig. 6.15. — Influence of the level of connection on the shell forces : a) axial forces N_x for $y = a$, b) shear forces N_{xy} for $x = a$; c) principal forces N_2 for $x = y$; d) bending moments M_x for $y = a$.

to the combined working with the edge arch; in such a case, however, in the section $x = 0.6a$ tensile forces no longer appear, as in the case when the connection is at the upper level. For $e = 0$, N_x is still a compression force all along the span. The shear forces N_{xy} also differ at the edge $x = a$; for $x < 0.7a$ and the cases $e = 0.5h$ and $e = 0$ it estranges to a larger extent from the values corresponding to rigid supports than for $e = 0.5h$; in echange for $x > 0.7a$ the situation reverses. An inspection of Figure 6.15 c shows that the principal tensile forces N_2 along the diagonal are identical in all the three cases, with the exception of the corner region where differences exist, but they are all compression forces. The bending moments M_x for $y = a$ change with respect to the eccentricity, the lowest values being obtained for $e = 0.5\ h$ and the highest for $e = 0.0$.

The forces in the edge arches are represented in Figure 6.16; it can be observed that when $e = 0$ and $0.5\ h$ the axial forces P remain compression forces all along the span; as the bending moments M assume maximum values for $e = 0$ and minimum values for $e = 0.5\,h$, it results that the latter case yields the lowest values for tensile stresses and, consequently, requires

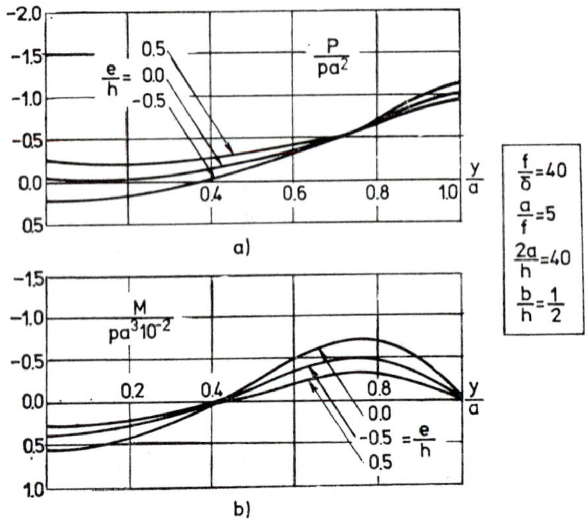

Fig. 6.16. — Influence of the level of connection on the arch forces:

a) axial forces P; b) bending moments M.

a more reduced consumption of reinforcement in the edge arches. If we calculate the volume of tensile forces in the edge arches at the middle of the span, we obtain

$$\frac{e}{h} = 0.5; \qquad V_{im} = 0.0144\,pa^2,$$

$$\frac{e}{h} = 0.0; \qquad V_{im} = 0.1682\,pa^2,$$

$$\frac{e}{h} - 0.5; \qquad V_{im} = 0.2379\,pa^2.$$

It results that whenever a connexion at the lower level is constructively possible, such a solution is more economic than a connexion at the upper level. It is worth noticing that in some constructions the edges have been prestressed by cables placed in arches [10], [78]; for such cases the connection of the shell at the lower level is obviously the most rational solution, since by prestressing the tensions in the shell edge zone can be also eliminated.

The thrusts of the arches have been obtained as follows

$$\frac{e}{h} = 0.5\,; \qquad H_e = 1.6074\,pa^2,$$

$$\frac{e}{h} = 0.0\,; \qquad H_e = 1.4783\,pa^2,$$

$$\frac{e}{h} - 0.5\,; \qquad H_e = 1.3465\,pa^2.$$

It is seen that in the first case the thrusts are by about 19.4 per cent greater than in the latter; therefore, when the systems which take over the thrusts are subject to displacements, the connexion of the shell at the upper level is recommendable.

6.6.1.3. Influence of the rigidity of arches. In order to examine the influence of the rigidity of arches on the state of stress and deformation, we consider that the shell is connected at the upper level ($e = -0.5h$). We also consider the following ratios to be constant

$$\frac{a}{f} = 5\,; \quad \frac{f}{\delta} = 40\,; \quad \frac{b}{h} = \frac{1}{2}$$

only the ratio $\frac{2a}{h} = 20\,;\,30\,;\,40\,;\,50\,;\,60$ being changed.

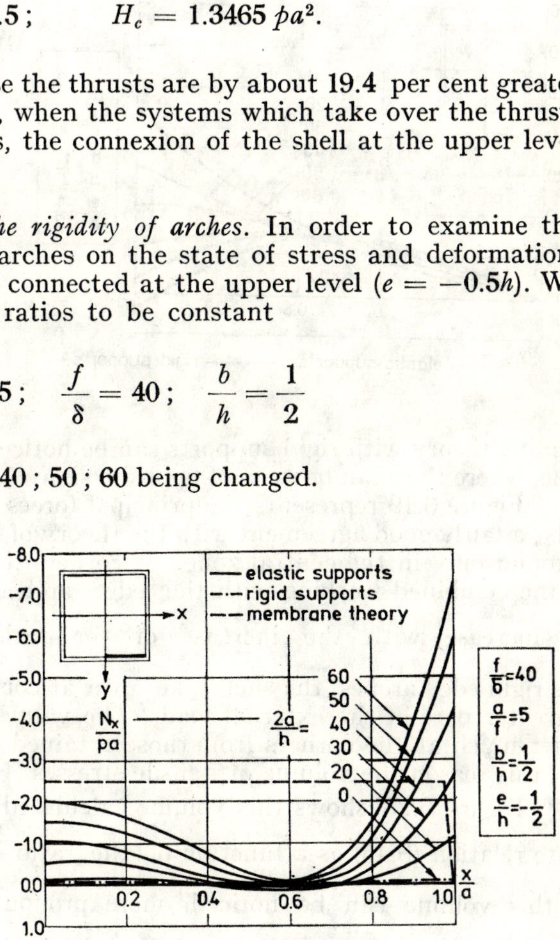

Fig. 6.17. — Influence of the rigidity of arches on the forces N_x.

Figure 6.17 is a plot of the axial forces N_x for the edge $y = a$; an important modification of their values as a function of the ratio $\frac{2a}{h}$ can be noticed; for $\frac{2a}{h} = 20$, the values are close to those for perfectly rigid supports whilst for $\frac{2a}{h} = 60$ the differences are very great.

Figure 6.18 shows diagrams of the shear forces N_{xy} for the edge $x = a$; an important modification of the forces as compared to those given in the

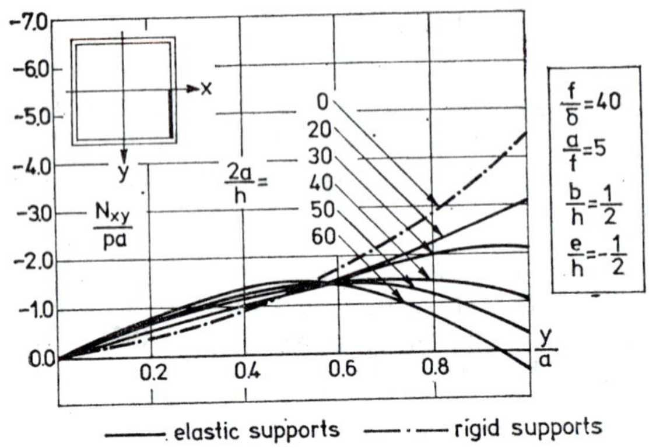

Fig. 6.18. — Influence of the rigidity of arches on the shear forces N_{xy}.

bending theory with rigid supports can be noticed, particularly in the corner zone, where they can be even of opposite sign.

Figure 6.19 represents the principal forces N_1 and N_2 upon the diagonals; a fairly good agreement with the theory of bending with rigid supports is found only in the central zone; at corners the differences are great due to the combined working with the edge arches. The compressive forces N_1 increase with the increase of the ratio $\frac{2a}{h}$, since in the case of less rigid edge arches, the shell takes over at corners, through the forces N_x, a greater part of the external loads. The values of the principal forces N_2 differ much at the corners from those obtained in the case of rigid supports. For this reason the volume of tensile stresses V_{ri} reduces at the corners.

Figure 6.20 shows this volume calculated by means of the approximate relation (6.45) as a function of the ratio $\frac{2a}{h}$. A substantial reduction of this volume can be noticed, more pronounced in the case of high $\frac{2a}{h}$ ratios. It can be also observed that beginning from $\frac{2a}{h} > 40$ the value remains practically constant and is only 28 per cent of that for rigid supports. This finding leads to a reduction of the reinforcement required at corners by a conventional calculation.

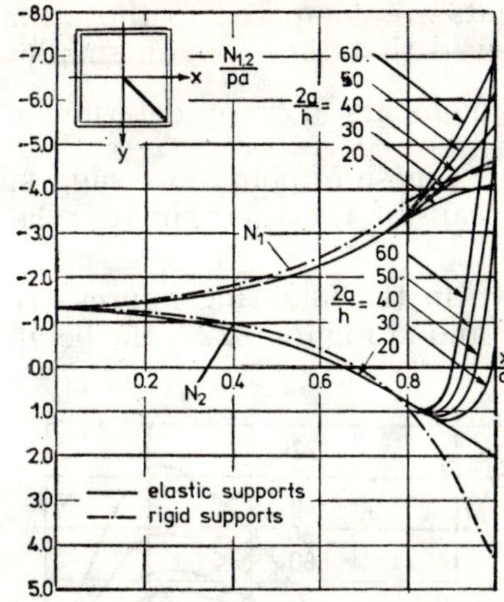

Fig. 6.19. — Influence of the rigidity of arches on the principal forces N_1, N_2.

Fig. 6.20. — Variation of the tensile stress volume at the shell corner, as a function of the arch rigidity.

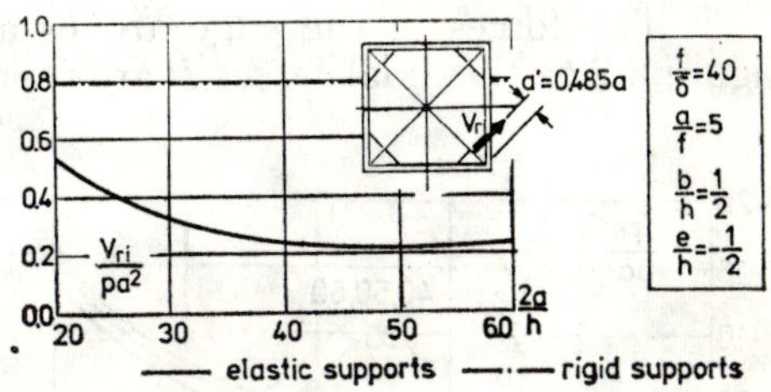

Figure 6.21 shows diagrams for the moments M_x for the edge $x = a$; it can be seen that maximum values are obtained in the sections $y = (0.6\ldots$ $\ldots 0.8)\, a$ and that, function of the rigidity of edge members, the moments at the middle of the span can be positive or negative.

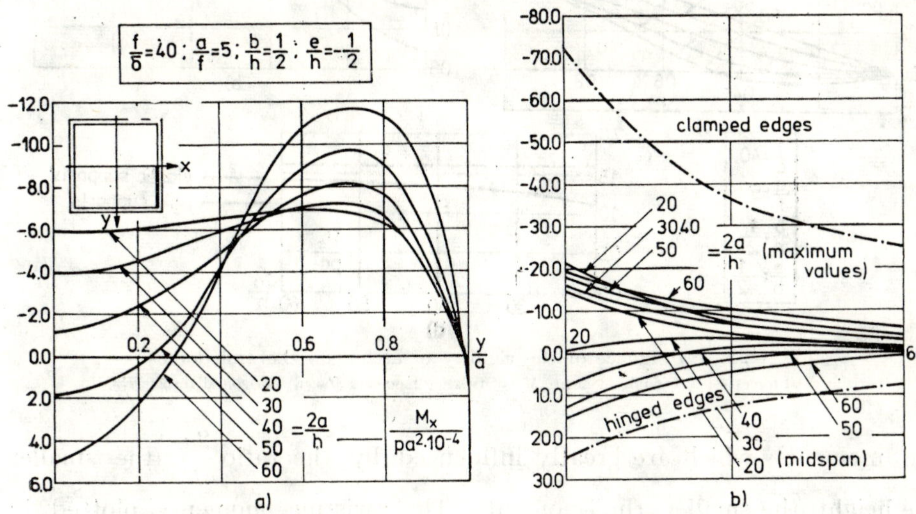

Fig. 6.21. — Influence of the rigidity of arches on the bending moments M_x:
a) influence of the parameter $2a/h$; b) influence of the parameter f/δ.

In Figure 6.21b one can examine the influence of the ratio $\frac{f}{\delta}$ on the bending moment M_x, positive at the middle of the span and negative near the corner zone. It is found that the highest values of the moments are obtained in the case of thicker plates. If these moments are compared to those for hinged and built-in supports, it can be observed that they remain smaller for any ratio $\frac{2a}{h}$. As, however, the bending moments M_x are determined with a large error, due to an insufficiently thick mesh of points, we suggest that the bending moments be calculated by means of the approximate relations given in [1].

The forces in the edge arches are shown in the following figures. In figure 6.22 a the axial forces P are represented and in Figure 6.22 b the bend-

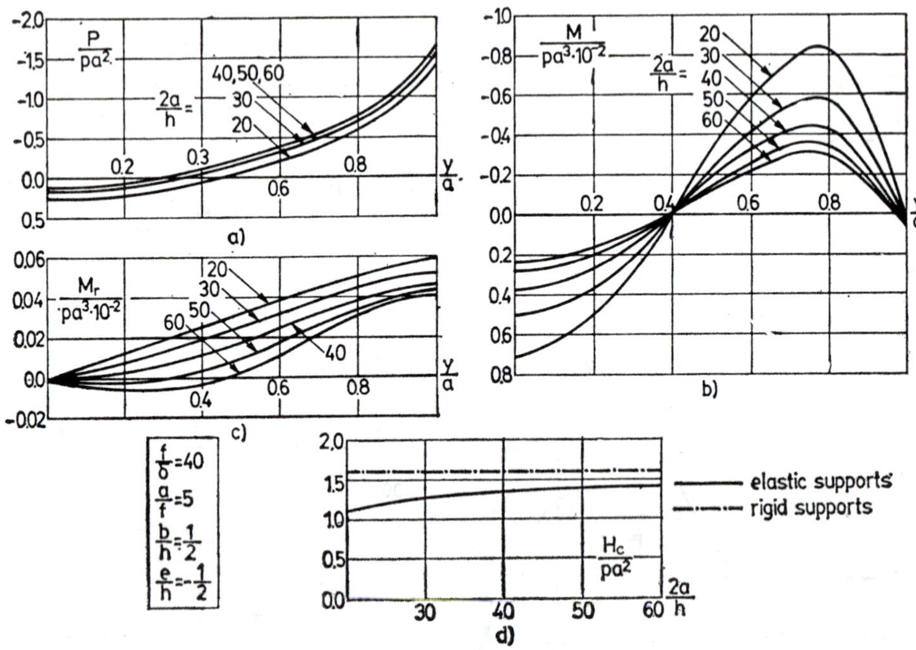

Fig. 6.22. — Influence of the rigidity of arches on the arch forces: a) axial forces P; b) bending moments M; c) twisting moments M_r; d) horizontal thrusts H_c.

ing moments, which are greatly influenced by the ratio $\frac{2a}{h}$ (the smaller the height, the smaller the moment). The twisting moments plotted in Figure 6.22 c remain in all the cases smaller than the bending ones

$$\frac{M_t}{M} = 0.06 \ldots 0.11$$

and can be disregarded in design.

Figure 6.22 d shows that the horizontal thrusts of the supports are smaller than those calculated for rigid supports (they are only 72 – 90 per cent of the latter).

Figure 6.23 represents the volume of tensile stresses at the middle of the arch span; it can be observed that for $\frac{2a}{h} \approx 40$, a minimum value of this volume is obtained.

If we consider, as shown in sub-Section 6.6.1.1 that the length of the zone in which the closed reinforcement in the lower part of the edge

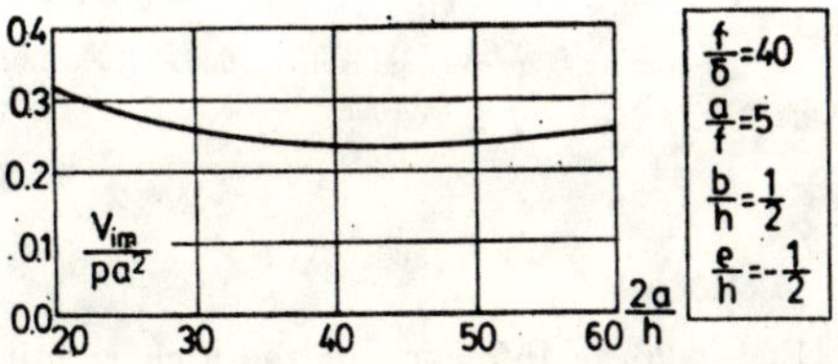

Fig. 6.23. — Variation of the tensile stress volume in arches as a function of the arch rigidity.

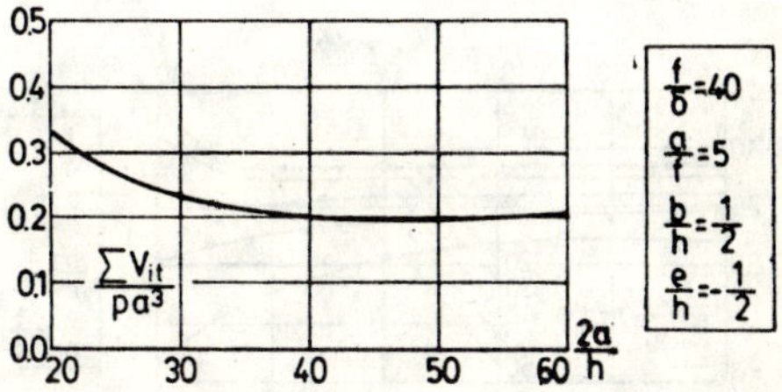

Fig. 6.24. — Variation of total volume of tensile stresses in the structure.

arches is placed is 0.6 a, then the resulting reinforcement will be proportional to the value 0.6 $V_{im}a$; likewise for the corner region, the reinforcement required by tensile stresses will be proportional to 0.25 $V_{ir}a$. Summing up these volumes we obtain

$$V_{it} = 0.6V_{im}a + 0.25\,V_{ir}a.$$

This relation is plotted in Figure 6.24. It is found that a minimum quantity of reinforcement is obtained, corresponding to the tensile forces in the edge arches for which

$$\frac{2a}{h} = 40 \ldots 50.$$

If we examine the manner in which the vertical loads are taken over by the corner forces N_{xy}, Q_x and N_y, function of the ratio $\frac{2a}{h}$, for $\frac{a}{f} = 5$; $\frac{f}{\delta} = 40$ and $\frac{b}{h} = \frac{1}{2}$, we find from Figure 6.25 and Table 6.9 that the smaller is the arch stiffness, the more decreased is the contribution of shear forces and the more increased that of the corner axial forces N_y.

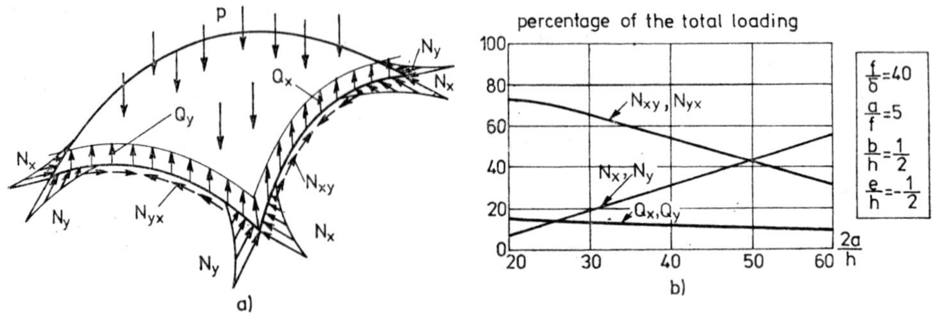

Fig. 6.25. — Transfer of loading by shell forces :

a) edge forces ; b) percentage contribution of the loading transfer.

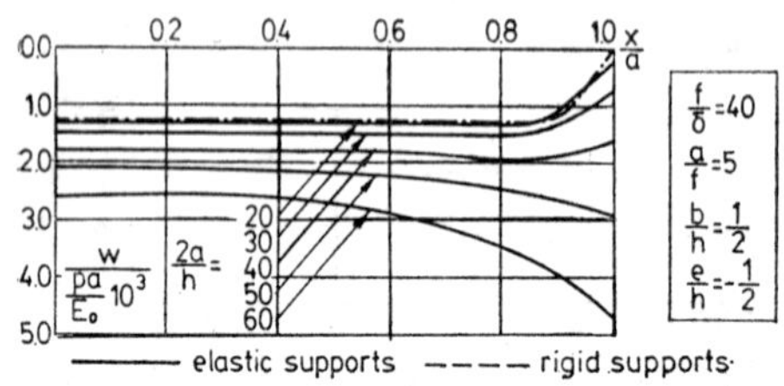

Fig. 6.26. — Influence of the arch rigidity on the normal displacements w.

As concerns the normal displacements w their diagrams of variation along the line $y = 0$ are given in Figure 6.26, function of the parameters $\frac{2a}{h}$. For $\frac{2a}{h} = 20$ the displacements are found to be practically equal to those of the rigid supports; the higher is the value of this ratio, the greater are the displacements at the shell center and edges.

Table 6.9

Transfer of loadings by edge forces referred to the rigidity of arches

$\frac{2a}{h}$	20	30	40	50	60
N_{xy}	75%	67%	55%	44%	33%
Q_x	17%	13%	13%	11%	10%
N_y	8%	20%	32%	45%	57%
Total	100%	100%	100%	100%	100%

6.6.1.4. Design tables for uniformly distributed symmetrical loading. Taking account of the conclusions resulting from the examination of the state of stress and strain, practical design tables have been drawn up, for the case $\frac{a}{f} = 5$ and $\frac{e}{h} = -\frac{1}{2}$ (connection at the upper level and rigid connection at corners between edge arches).

The axial forces N_x vary, as shown in Figure 6.27 a, where

$$N^p_{x0} = -\ 1.25\, pa\ ;\ N^p_{xd} = -1.15\, pa\ \text{(at } x = y = 0.8\ a) \qquad (6.51\ \text{a,b})$$

$$N^p_{xs} = -\left(2 + \frac{1}{200}\,\frac{f}{\delta}\right) pa\ \text{(at } x = 0.80\ a) \qquad (6.51\text{c})$$

$$N^p_{xm} = -\ k^p_{nxm}\, pa \qquad (6.51\ \text{d})$$

$$N^{p\prime}_{xn} = -\ k^p_{nxn}\, pa \qquad (6.51\ \text{e})$$

$$N^p_{xc} = -\ k^p_{nxc}\, pa \qquad (6.51\ \text{f})$$

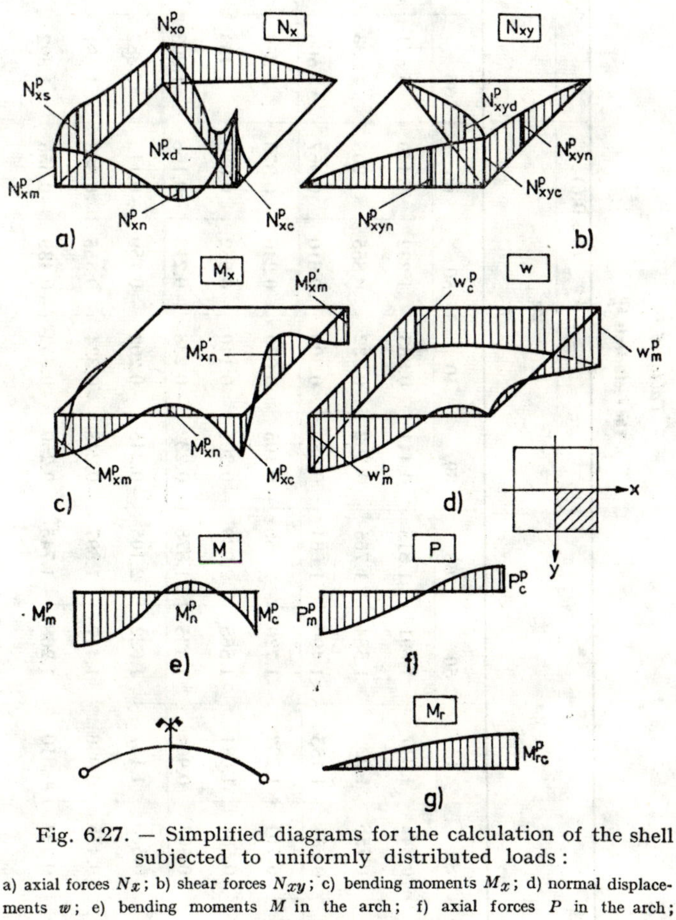

Fig. 6.27. — Simplified diagrams for the calculation of the shell subjected to uniformly distributed loads :

a) axial forces N_x ; b) shear forces N_{xy} ; c) bending moments M_x ; d) normal displacements w ; e) bending moments M in the arch ; f) axial forces P in the arch ; g) twisting moments M_r in the arch.

where k^p_{nxm}. k^p_{nxn} and k^p_{nxc} are given in Table 6.10.

Table 6.10

The coefficients k^p_{nx}

$\frac{f}{\delta}$	$\frac{b}{h}$	k^p_{nxm} $\frac{2a}{h}$				k^p_{nxn} $(n=0.6)$ $\frac{2a}{h}$				k^p_{nxc} $\frac{2a}{h}$			
		30	40	50	60	30	40	50	60	30	40	50	60
20	1/3	0.842	1.317	1.691	1.815	0.441	0.883	1.232	1.449	5.541	7.800	9.570	10.826
	1/2	0.758	1.222	1.584	1.765	0.202	0.532	0.855	1.205	4.333	6.437	8.261	9.695
	2/3	0.684	1.155	1.499	1.664	0.080	0.309	0.610	0.967	3.566	5.503	7.286	8.787
40	1/3	0.701	1.232	1.720	2.159	−0.105	0.070	0.246	0.379	3.356	5.239	6.983	8.486
	1/2	0.582	1.081	1.565	2.029	−0.205	−0.140	−0.052	0.030	2.433	4.008	5.560	7.072
	2/3	0.503	0.964	1.435	1.878	−0.232	−0.238	−0.213	−0.166	1.903	3.236	4.652	6.058
60	1/3	0.583	1.147	1.622	2.105	−0.245	−0.202	−0.159	−0.112	2.382	3.960	5.456	6.892
	1/2	0.475	0.936	1.417	1.897	−0.248	−0.324	−0.355	−0.385	1.681	2.868	4.162	5.458
	2/3	0.394	0.810	1.268	1.745	−0.250	−0.352	−0.439	−0.555	1.302	2.258	3.353	4.524

The variation of the forces N_x along the edge is given by the relation

$$N^p_{x(y=a)} = \left[k^p_{nxm} + (k^p_{nxc} - k^p_{nxm})\, A\left(\frac{x}{a}\right) + (k_{nxn} - k_{nxm})\, B\left(\frac{x}{a}\right)\right] pa, \qquad (6.52)$$

where $A\left(\frac{x}{a}\right)$ and $B\left(\frac{x}{a}\right)$ are given in Table 6.10a (the values are taken for $n = 0.6$).

Table 6.10a

The functions $A(x)$ $B(x)$

$\frac{x}{a}$	$n = 0.6$		$n = 0.8$	
	$A\left(\frac{x}{a}\right)$	$B\left(\frac{x}{a}\right)$	$A\left(\frac{x}{a}\right)$	$B\left(\frac{x}{a}\right)$
0.0	0.0000	0.0000	0.0000	0.0000
0.2	−0.0200	0.1667	−0.0667	0.1667
0.4	−0.0500	0.5833	−0.2133	0.5833
0.6	0.0000	1.0000	−0.2800	1.0000
0.8	0.2800	1.0000	0.0000	1.0000
1.0	1.0000	0.0000	1.0000	0.0000

The shear forces N_{xy} vary as shown in Figure 6.27 b, that is

$$N^p_{xyn} = -\,1.52\, pa\ (y = 0.6\ a) \qquad (6.53\text{ a})$$

$$N^p_{xyd} = -\,2.13\, pa\ (x = y = 0.8\ a) \qquad (6.53\text{ b})$$

$$N^p_{xyc} = k_{nxyc}\, pa \qquad (6.53\text{ c})$$

where k_{nxyc} is given in Table 6.11.

Table 6.11

The coefficients k^p_{nxyc}

$\frac{f}{\delta}$	$\frac{b}{h}$	$\frac{2a}{h}$			
		30	40	50	60
20	1/3	−1.000	−0.070	0.625	1.220
	1/2	−1.385	−0.451	0.347	0.935
	2/3	−1.645	−0.745	0.060	0.700
40	1/3	−1.700	−0.835	0.070	0.860
	1/2	−2.182	−1.286	−0.397	0.228
	2/3	−2.410	−1.640	−0.810	0.025
60	1/3	−2.220	−1.450	−0.465	0.350
	1/2	−2.530	−1.795	−1.010	−0.190
	2/3	−2.860	−2.110	−1.335	−0.590

The bending moments M_x vary as shown in Figure 6.27 c, where

$$M^{p\prime}_{xm} = \frac{1}{20.6} pa^2 \frac{1}{\frac{f}{\delta}} \qquad M^{p\prime}_{xn} = -\frac{1}{6.8} pa^2 \frac{1}{\frac{f}{\delta}} \tag{6.54 a,b}$$

$$M^p_{xm} = k^p_{mxm} \times 10^{-4}\, pa^2, \tag{6.54 c}$$

$$M^p_{xn} = k^p_{mxn} \times 10^{-4}\, pa^2 \; (x = 0.8a), \tag{6.54 d}$$

$$M^p_{xc} = k^p_{mxc} \times 10^{-4}\, pa^2, \tag{6.54 e}$$

in which k^p_{mxm}, k^p_{mxn} and k^p_{mxc} are listed in Table 6.12.

The vertical displacements vary as shown in Figure 6.27 d and can be calculated by means of the relations

$$w^p_c = k^p_{wc} \times 10^3 \frac{pa}{E_0}, \tag{6.55 a}$$

$$w^p_m = k^p_{wm} \times 10^3 \frac{pa}{E_0}, \tag{6.55 b}$$

k^p_{wc} and k^p_{wm} being given in Table 6.13.

The horizontal thrusts of the arches are given by the relation

$$H^p_c = k^p_H \cdot pa^2 \tag{6.56}$$

k^p_H being given in Table 6.14.

The bending moment in the edge arches varies as shown in Figure 6.27 c, where

$$M^p_m = k^p_{mm} \times 10^{-2}\, pa^3, \tag{6.57 a}$$

$$M^p_n = k^p_{mn} \times 10^{-2}\, pa^3, \tag{6.57 b}$$

$$M^p_c = k^p_{mc} \times 10^{-2}\, pa^3, \qquad (\text{for } y = 0.8 \text{ a}) \tag{6.57 c}$$

k^p_{mm}, k^p_{mn}, k^p_{mc} being given in Table 6.15.

The variation of the bending moment can be approximated by the relation

$$M^p = \left[k^p_{mm} + (k^p_{mc} - k^p_{mm})\, A\left(\frac{x}{a}\right) + (k^p_{mn} - k^p_{mm}) B\left(\frac{x}{a}\right)\right] \times 10^{-2} pa^3, \tag{6.58}$$

Table 6.12

The coefficients k^{p}_{mx}

$n = 0.8$

$\frac{f}{\delta}$	$\frac{b}{h}$	k^{p}_{mxm}, $\frac{2a}{h}$ = 30	40	50	60	k^{p}_{mxn}, $\frac{2a}{h}$ = 30	40	50	60	k^{r}_{nxc}, $\frac{2a}{h}$ = 30	40	50	60
20	1/3	5.685	12.498	22.915	36.118	−6.956	−14.345	−23.349	−45.648	0.883	1.768	3.589	5.936
	1/2	3.753	9.850	17.904	27.704	−6.210	−11.806	−21.243	−34.226	1.066	2.145	4.278	7.479
	2/3	2.327	6.885	15.006	22.798	−5.781	−10.474	−18.042	−28.230	1.072	2.306	4.441	7.756
40	1/3	0.544	2.148	4.344	7.345	−1.870	− 3.226	− 5.624	− 9.276	0.092	0.218	0.469	0.967
	1/2	0.064	1.352	3.195	5.710	−1.739	− 2.865	− 4.758	− 7.610	0.076	0.211	0.476	0.975
	2/3	−0.172	0.868	2.053	4.574	−1.640	− 2.623	− 4.244	− 6.634	0.061	0.184	0.438	0.914
60	1/3	0.016	0.720	1.462	2.651	−0.825	− 1.326	− 2.286	− 3.678	0.016	0.047	0.109	0.233
	1/2	−0.125	0.301	0.959	1.904	−0.754	− 1.212	− 1.962	− 3.084	0.012	0.037	0.094	0.212
	2/3	−0.195	0.146	0.678	1.458	−0.702	− 1.102	− 1.757	− 2.730	0.009	0.029	0.077	0.179

Table 6.13

The coefficients w^p

$\frac{f}{\delta}$	$\frac{b}{h}$	w_c^p				w_m^p			
		$\frac{2a}{h}$				$\frac{2a}{h}$			
		30	40	50	60	30	40	50	60
20	1/3	0.933	1.190	1.529	1.938	0.986	1.831	3.004	4.429
	1/2	0.848	1.050	1.310	1.620	0.756	1.427	2.321	3.399
	2/3	0.797	0.964	1.187	1.437	0.619	1.188	1.934	2.841
40	1/3	1.592	1.943	2.426	3.068	1.233	2.451	4.175	6.533
	1/2	1.478	1.741	2.114	2.597	0.913	1.854	3.191	5.015
	2/3	1.418	1.626	1.931	2.339	0.748	1.519	2.642	4.162
60	1/3	2.221	2.620	3.194	3.963	1.364	2.835	4.887	7.739
	1/2	2.099	2.389	2.818	3.403	1.020	2.107	3.713	5.933
	2/3	2.035	2.264	2.607	3.092	0.835	1.715	3.043	4.912

Table 6.14

The coefficients k_H^p

$\frac{f}{\delta}$	$\frac{b}{h}$	k_H^p			
		30	40	50	60
20	1/3	1.330	1.393	1.428	1.445
	1/2	1.313	1.378	1.416	1.436
	2/3	1.302	1.387	1.407	1.430
40	1/3	1.291	1.361	1.402	1.427
	1/2	1.276	1.347	1.389	1.416
	2/3	1.267	1.337	1.380	1.409
60	1/3	1.272	1.340	1.368	1.413
	1/2	1.260	1.330	1.373	1.402
	2/3	1.253	1.332	1.365	1.395

the functions $A\left(\frac{x}{a}\right)$ and $B\left(\frac{x}{a}\right)$ being given in Table 6.10 a (the values are taken for $n = 0.8$).

Table 6.15

The coefficients k_m^p

$\frac{f}{\delta}$	$\frac{b}{h}$	k_{mm}^p, $\frac{2a}{h}$ = 30	40	50	60	k_{mn}^p $n = 0.8$, $\frac{2a}{h}$ = 30	40	50	60	k_{mc}^p, $\frac{2a}{h}$ = 30	40	50	60
20	1/3	0.346	0.241	0.187	0.145	−0.344	−0.266	−0.186	−0.181	0.050	0.032	0.027	0.021
	1/2	0.398	0.279	0.211	0.161	−0.388	−0.299	−0.241	−0.196	0.091	0.058	0.048	0.040
	2/3	0.432	0.310	0.231	0.172	−0.418	−0.326	−0.260	−0.207	0.122	0.083	0.066	0.055
40	1/3	0.467	0.337	0.264	0.217	−0.502	−0.376	−0.307	−0.261	0.042	0.032	0.028	0.028
	1/2	0.526	0.390	0.305	0.250	−0.577	−0.439	−0.353	−0.296	0.052	0.046	0.042	0.042
	2/3	0.569	0.428	0.337	0.275	−0.635	−0.486	−0.391	−0.325	0.056	0.053	0.052	0.052
60	1/3	0.536	0.446	0.317	0.262	−0.605	−0.520	−0.374	−0.316	0.025	0.022	0.022	0.023
	1/2	0.597	0.459	0.366	0.302	−0.691	−0.537	−0.434	−0.364	0.027	0.027	0.028	0.031
	2/3	0.637	0.500	0.409	0.337	−0.748	−0.591	−0.484	−0.408	0.027	0.029	0.031	0.035

The axial force in the edge arches varies as shown in Figure 6.27 f and can be calculated by means of the relation

$$P^p = \frac{bh}{8a} N_x^p a + \frac{6a}{h} \frac{M^p}{a} \tag{6.59}$$

where N_x^p and M^p can be calculated using the above relations.

The twisting moments in arches vary as shown in Figure 6.27 g and their maximum value is equal to that of the corner bending moment.

6.6.2. Unsymmetrical uniformly distributed loads

6.6.2.1. Resolution into symmetrical and antisymmetrical loads. Since for the case of the paraboloid of revolution on square boundary no mention is made in literature of the manner in which the snow agglomerates due to the simultaneous action of the snow and wind, Figure 6.28 shows three types of unsymmetrical loads, which as concerns the state of stress, produce the

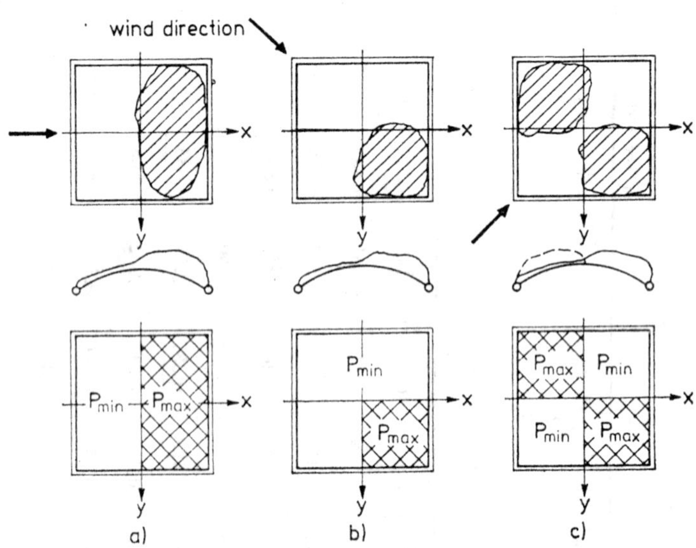

Fig. 6.28. — Unsymmetrical loadings on the shell: a) on half of the shell; b) on a quarter of the shell; c) on two opposite quarters of the shell.

most unfavourable situations. By p_{max} and p_{min} we have denoted the maximum loads which include the possibility of snow agglomeration and the minimum loads when the snow was totally or partially removed, respectively. The unsymmetrical loads can be resolved into symmetrical loads p_s

and antisymmetrical loads p_a (Fig. 6.29). For the case shown in diagrams *a* and *c*, we obtain

$$p_s = p_{\max} \frac{1 + \dfrac{p_{\min}}{p_{\max}}}{2} \tag{6.60 a}$$

$$p_a = p_{\max} \frac{1 - \dfrac{p_{\min}}{p_{\max}}}{2} \tag{6.60 b}$$

and for that plotted in diagram *b* we get

$$p_s = p_{\max} \frac{1 + 3\dfrac{p_{\min}}{p_{\max}}}{4} \tag{6.61 a}$$

$$p_a = p_{\max} \frac{1 - \dfrac{p_{\min}}{p_{\max}}}{4} \tag{6.61 b}$$

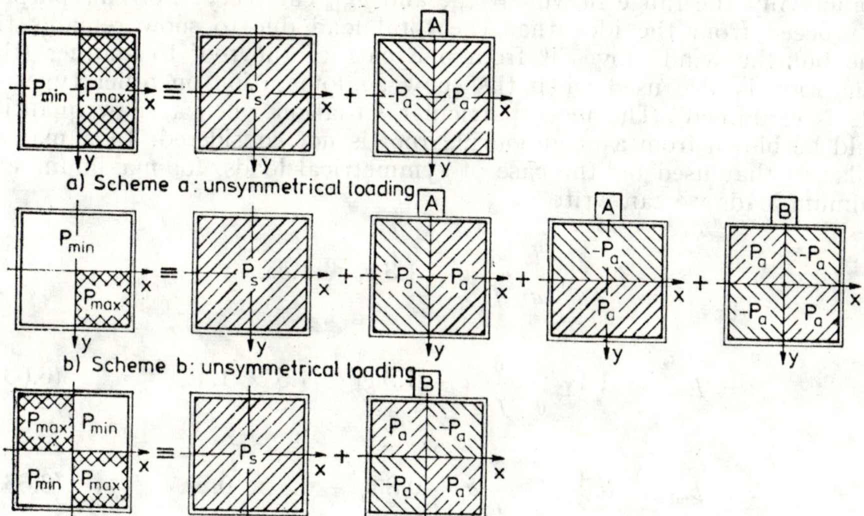

Fig. 6.29. — Combination of symmetric and antisymmetric loadings: a) loading on half of the shell; b) loading on a quarter of the shell; c) loading on two opposite quarters of the shell.

Since a solution for the state of stress and deformation for symmetrical loads has been found in 6.6.1, it remains to establish this state for antisymmetrical loads (Fig. 6.29a), with the aid of which all the cases of unsymmetrical loading considered (Fig. 6.29b) can be solved. Thus, we consider

– diagram *A*, in which the loads are antisymmetrical only with respect to the axis *Oy*, and

– diagram *B*, in which the loads are symmetrical with respect to both axes.

For diagram *A* of unsymmetrical loading a solution has been given in [29] for rigid supports and approximate formulae are given in [1], [2], [3].

As was shown in sub-Section 6.6.1.1, in the case of symmetrical loads, in the shell central zone no difference exists between the supporting on rigid gables and elastic arches; in exchange, at edges the differences are very large. Likewise it can be asserted that at the edge zones the state of stress will be identical in both diagrams of antisymmetrical loads since the manner in which the shell is loaded in the other quadrant cannot alter the behaviour of the shell at the edges. Therefore, for the examination of the state of stress in the central zone we can consider the cases of rigid supporting on the boundary, and for the edge zone the diagram *B* for antisymmetric loading, considering an elastic supporting on the boundary.

Taking into account that the own weight, which represents the greatest part of the total load, is a symmetrical load, we must determine which is practically the range in which p_{max} and p_{min} can very. For this purpose we proceed from the idea that the total load due to snow remains the same but the wind moves it from one part of the roof to another (this assumption is also used when the snow agglomeration on other types of roofs is examined). The more particular situation when a snow quantity would be blown from a neighbouring roof is not considered. In a manner similar to that used for the case of symmetrical loads, for maximum and minimum loads we can write

$$p = \gamma \frac{f}{a} \frac{\delta}{f} a + 1.3\, g_i + 1.4z, \qquad (6.62)$$

$$p_{max} = 1.1\gamma \frac{f}{a} \frac{\delta}{f} a + 1.3\, g_i + 1.5 \times 1.4z, \qquad (6.63\text{ a})$$

$$p_{min} = 0.9\gamma \frac{f}{a} \frac{\delta}{f} a + 0.8\, g_i + 0.5 \times 0.8z, \qquad (6.63\text{ b})$$

where, in the determination of p_{min} we have considered subunitary loading coefficients such that to obtain a more unfavourable situation.

For $\gamma = 2600$ kgf/cm³, $g_i = 75$ kgf/cm², $z = 75$ kgf/cm², $\frac{a}{f} = 5$ and $\frac{f}{\delta} = 20\ldots60$, we obtain

$$p_{\max} = (28.5\ldots9.5)a + 255, \qquad \text{(kgf/m}^2\text{)}$$

$$p_{\min} = (23.4\ldots7.8)a + 90,$$

$$p \;= (26.0\ldots8.7) + 200,$$

and for the spans $2a = 24\ldots56$ m, there results that the minimum and maximum loads can vary in the range

$$\frac{p_{\min}}{p_{\max}} = 0.60\ldots1.00; \qquad \frac{p_{\max}}{p} = 1.00\ldots1.20.$$

It is found that the influence of unsymmetrical loads decreases for larger spans, since with the increase of the shell thickness, the loads due to own weigth are larger.

6.6.2.2. The state of stress in the central zone. In the case of unsymmetrical loading we shall examine the modification of the state of stress with respect to that for symmetrical loading, in the sense that the compression stresses may increase or tensile stresses may appear either over the whole section or only on the inner and outer surfaces of the shell.

First, we shall try to see whether tensile stresses induced only by axial and shear forces can appear. Thus, for the case *a* of unsymmetrical loading (Fig. 6.29) the forces N_x and N_{xy} produced by the unsymmetrical loading given in the diagram *A* are equal to zero; in this manner, only the symmetrical loading which releases tensile stresses remains significant.

For the diagrams *b* and *c* for the case of unsymmetrical loading, expressions have been established in [39] for determining the loads which do not produce tensile stresses. There results that in diagram *b* for

$$\frac{p_{\min}}{p_{\max}} \leqslant \frac{0.3454 + 0.0329\sqrt{\frac{f}{\delta}}}{1.5954 + 0.0329\sqrt{\frac{f}{\delta}}} \tag{6.64 a}$$

and in diagram *c* for

$$\frac{p_{\min}}{p_{\max}} \leqslant \frac{0.6908 + 0.0658\sqrt{\frac{f}{\delta}}}{1.9408 + 0.0658\sqrt{\frac{f}{\delta}}} \tag{6.64 b}$$

tensile stresses may occur in the central area of the shell. Figure 6.30 is a plot of relations (6.64). It can be noticed that the most unfavourable situation corresponds to diagram c.

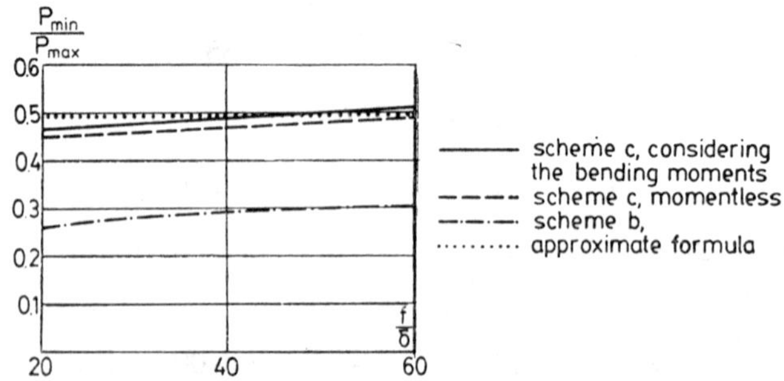

Fig. 6.30. — Unsymmetrical loading which does not produce tensile stresses in the central area of the shell.

In the previous relations account has not been taken of the influence of the bending moments; in [39] it has been shown that if these moments are also introduced, the differences obtained in comparison with (6.64) are small as it can also be seen in Figure 6.30. Since the variation with respect to $\frac{f}{\delta}$ is small, the calculation of the maximum and minimum forces in the central area of the shell can be performed on the safe side with the approximate relations (considered for $\frac{f}{\delta} = 60$)

$$N_1 = -\left(2.45 - 1.20\frac{p_{\min}}{p_{\max}}\right)p_{\max}a \tag{6.65 a}$$

$$N_2 = \left(1.20 - 2.45\frac{p_{\min}}{p_{\max}}\right)p_{\max}a. \tag{6.65 b}$$

The conditions that tensile forces should not occur in the central area is

$$\frac{p_{\min}}{p_{\max}} \geqslant 0.49 \tag{6.66}$$

as shown in Figure 6.30. This condition is fulfilled for usual loads.

6.6.2.3. The state of stress in the edge zone. As shown in sub-Section 6.6.2.1 the state of stress in the edge zone may be examined by superposing over the forces produced by symmetrical loads those corresponding to the antisymmetrical loads given in diagram B (Fig. 6.29).

For the shell with the characteristics given in Section 6.4, Figure 6.31, the forces in the edge zone are plotted in Figure 6.31 as compared to those produced by symmetrical loads; insignificant differences can be notic-

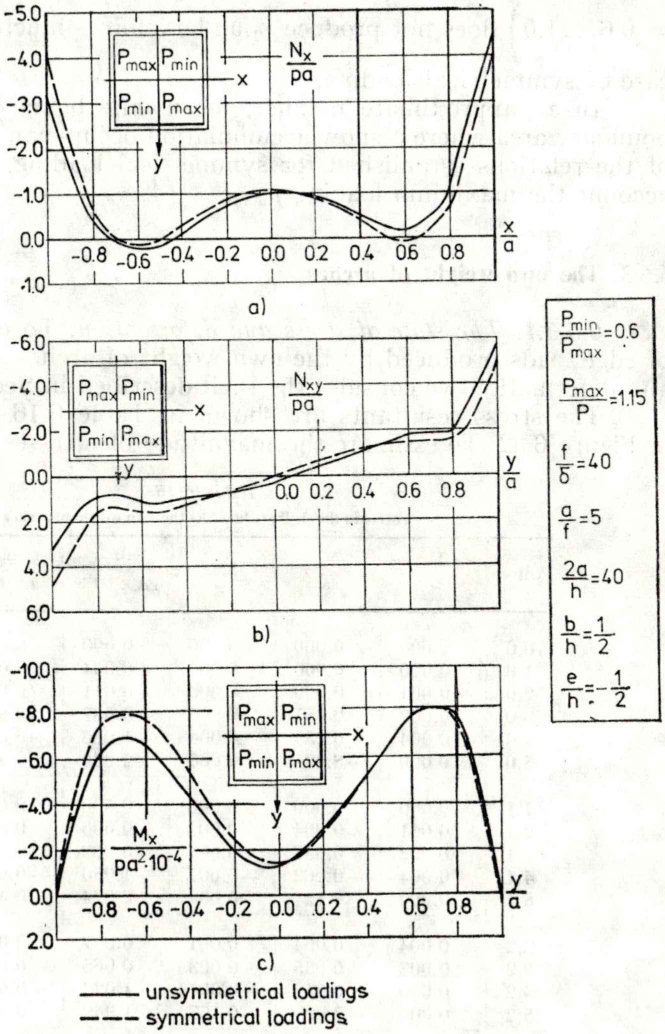

Fig. 6.31. — Influence of unsymmetrical loadings in the boundary zones of the shell:
a) axial forces N_x for $y = a$;
b) shear forces N_{xy} for $y = a$; c) loading moments M_x for $= a$.

ed. Similar conclusions result if the forces in edge arches are studied [39]. The curves plotted in diagrams correspond to the following values

$$\frac{p_{\min}}{p_{\max}} = 0.6; \qquad \frac{p_{\max}}{p} = 1.15.$$

It can be concluded that the unsymmetrical loading in the usual range of variation of the ratio of maximum and minimum loads $\left(\frac{p_{\min}}{p_{\max}} = 0.6\ldots1.0\right)$ does not produce boundary forces much larger than in the case of symmetrical loading.

In an approximate manner, meanwhile being on the safe side, the boundary area where a snow accumulation occurs can be studied by means of the relations established for symmetrical loading, taking however into account the maximum loading $p_{\max}$.

6.6.3. The own weight of arches

6.6.3.1. The state of stress and deformation. To examine the influence of edge loads produced by the own weight of arches on the state of stress and deformation we consider the shell described in Section 6.4.

The stress resultants are shown in Table 6.16 and in the diagrams of Figure 6.32. To estimate the magnitude of stresses produced by the own

Table 6.16

Forces in the shell produced by the own weight of arches

Points	$\frac{N_x}{g}$	$\frac{N_y}{g}$	$\frac{N_{xy}}{g}$	$\frac{M_x}{ga\times10^{-3}}$	$\frac{M_y}{ga\times10^{-3}}$	$\frac{M_{xy}}{ga\times10^{-3}}$
0,0	0.000	0.000	0.000	0.000	0.000	0.000
1,0	0.000	0.000	0.000	−0.004	0.004	0.000
2,0	0.001	0.000	0.000	−0.011	0.018	0.000
3,0	−0.002	0.057	0.000	−0.087	0.030	0.000
4,0	−0.004	−0.255	0.000	−1.066	−0.077	0.000
5,0	0.000	−8.22	0.000	2.050	0.461	0.000
1,1	0.000	0.000	0.000	0.000	0.000	0.009
2,1	0.001	0.004	0.001	−0.006	0.015	0.017
3,1	−0.002	0.057	0.002	−0.082	0.028	0.027
4,1	−0.004	−0.262	−0.001	−1.050	−0.081	0.083
5,1	0.000	−8.12	−0.084	2.024	0.448	0.040
2,2	0.004	0.004	0.001	0.007	0.007	0.034
3,2	0.003	0.055	0.003	−0.065	0.019	0.052
4,2	0.000	−0.243	−0.001	−1.022	−0.091	0.088
5,2	0.000	−7.92	−0.167	1.949	0.409	0.079
3,3	0.051	0.051	0.009	−0.051	−0.051	0.074
4,3	0,039	−0.231	0.013	−0.939	−0.159	0.131
5,3	0.000	−7.50	−0.244	1.845	0.346	0.116
4,4	−0.241	−0.241	−0.032	−0.913	−0.913	0.355
5,4	0.000	−6.88	−0.358	1.641	0.247	0.151
5,5	−6.411	−6.411	−0.882	−0.039	−0.039	0.166

weight as compared to those induced by loads uniformly distributed on the shell, we consider

$$g = 1.1 \cdot \gamma \cdot bh = 1.1\gamma \frac{b}{h} \frac{1}{\left(\frac{2a}{h}\right)^2} 4a^2 \simeq 3.6a^2 \text{ (kgf/m)}$$

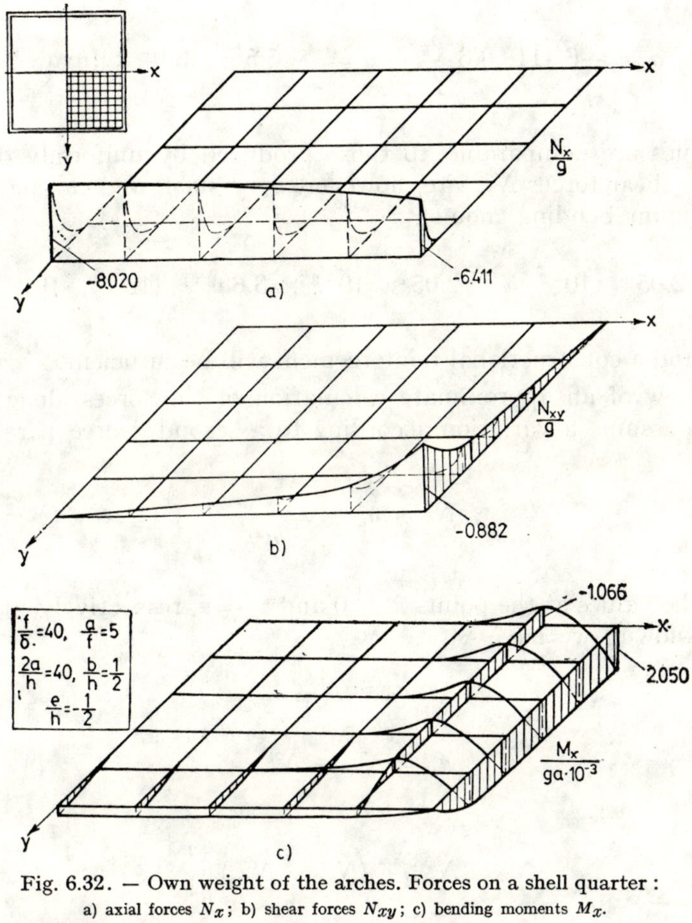

Fig. 6.32. — Own weight of the arches. Forces on a shell quarter : a) axial forces N_x ; b) shear forces N_{xy} ; c) bending moments M_x.

in which $\gamma = 2600$ kgf/m³ and $\frac{b}{h} = \frac{1}{2}$; $\frac{2a}{h} = 40$ (the values of the ratios considered in the previous example). We find that the own weight of arches produces edge stresses which damp very quickly, both in the case of axial and shear forces and in that of bending moments.

The maximum stresses at the edges will be

$$\sigma = -8.22\frac{g}{\delta} = -8.22 \cdot 3.6\frac{a}{f}\frac{f}{\delta}a = -(7.0\ \ldots\ 16.0)\ \mathrm{kgf/cm^2}$$

and at the corners we shall have

$$\sigma = -6.411 \cdot 3.6\frac{a}{f}\frac{f}{\delta}a = -(5.5\ldots 13.0)\ \mathrm{kgf/cm^2}.$$

These values are comparable to those produced by uniformly distributed loads. The shear forces N_{xy} are, however, very small and can be neglected. The maximum bending moments

$$M_x = 2.05 \times 10^{-3}\,ga = 2.05 \times 10^{-3} \times 3.6a^3 = (12.7\ldots 161)\ \mathrm{kgf/m}$$

are small and a constructional reinforcement will be sufficient.

In view of an approximate calculation of the forces along the edge $y = a$, we assume a variation according to a second degree parabola

$$N_x = a_0 + a_1\frac{x^2}{a^2} \tag{6.67}$$

provided the values at the points $x = 0$ and $x = a$, respectively at N_{xm} and N_{xc}, are known; we have

$$a_0 = N_{xm}, \tag{6.68 a}$$

$$a_1 = N_{xc} - N_{xm}, \tag{6.68 b}$$

and

$$N_x = N_{xm} + (N_{xc} - N_{xm})\frac{x^2}{a^2}. \tag{6.69}$$

Figure 6.33 shows the diagrams resulting from (6.69) for N_x and M_x, plotted in comparison with the exact values.

One can observe a fairly good agreement for N_x and some differences for M_x in the region $x = (0.6\ldots 0.8)a$; Since the moments are small we consider that this approximation can be admitted.

Figure 6.34 represents the axial forces P and the bending moments M in the edge arches; they are also given in Table 6.17. The horizontal thrust H_c is obtained as

$$H_c = 2.442\, ga.$$

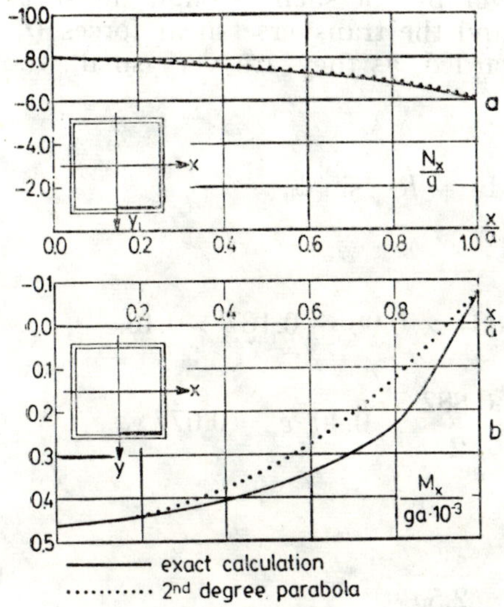

Fig. 6.33. — Approximation of the variation of the edge forces:
a) axial forces N_x for $y = a$; b) beinding moments M_x for $y = a$.

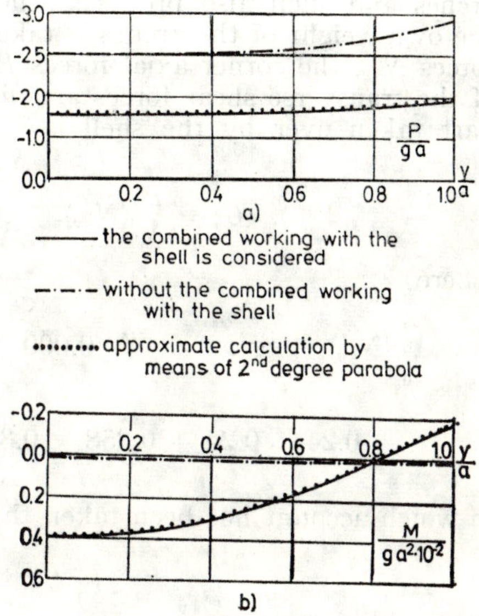

Fig. 6.34. — Forces in the edge arches due to own weight:
a) axial forces P; b) bending moments M.

If the arches are calculated without taking account of the contribution of the shell, we obtain [26]

$$H_c = \frac{g(2a)^2}{8f} = 2.5\, ga,$$

that is a value only 2.4 per cent higher than that obtained when the combined working with the shell is considered. For axial forces and bending moments there are however large differences. Thus, at mid-span the axial force, when the combined working with the shell is neglected, is

Table 6.17

Forces in edge arches produced by own weight

Points	$\frac{P}{ga}$	$\frac{M}{ga^2 \times 10^{-3}}$	$\frac{M}{ga^2 \times 10^{-3}}$
5,0	−1.584	3.925	0.000
5,1	−1.585	3.690	−0.404
5,2	−1.622	2.940	−0.795
5,3	−1.660	1.790	−1.173
5,4	−1.710	0.035	−1.520
5,5	−1.804	−1.675	−1.675

$$P_m = -H_c = 2.5\, ga$$

while from Table 6.17 it results that the axial force at mid-span is by 37 per cent smaller due to the combined working between the two members. As concerns the bending moments for uniformly distributed loads (such is the case of the own weight of shallow arches) the parabola is a coincidence curve and the bending moments are zero; if, however, account is taken of the combined working with the shell, the shear forces which appear between arches and shell also produce bending moments. It results that part of the own weight of the arches is taken over by the shell through the shear forces N_{xy}, the corner axial forces R_{N_y} and the transverse shear forces Q_x. If the transverse shear forces are disregarded, as they are very small, the part taken over by the shell is

$$G_g = \int_0^a (N_{xy})_{x=a} \operatorname{tg} \psi \, dy + R_{N_y} \sin \psi_0$$

where

$$\int_0^a (N_{xy})_{x=a} \operatorname{tg} \psi \, dy = \Delta \, (0.000 + 0.084 \times 0.08 + 0.167 \times 0.16 +$$

$$+ 0.244 \times 0.24 + 0.358 \times 0.32 + \frac{0.882}{2} \times 0.40) \, g = 0.077 \, ga,$$

in which account has been taken that

$$\operatorname{tg} \psi = \frac{y}{R} = \frac{y}{2.5a}$$

and

$$R_{N_y} = H_c - P_c = 0.640 \, ga$$

$$G_g = 0.077 \, ga + 0.640 \times 0.4 \, ga = 0.333 \, ga.$$

Consequently, it can be said that about 33 per cent of the weight of the edge arches is taken over by the shell.

Table 6.18 shows the normal displacements; significant values can be noticed only at the shell edges. In order to estimate the magnitude of these displacements under service loading

$$g^n = \gamma \, bh = 3.25 \, a^2 \qquad \text{(kgf/m)}$$

and with $E_0 = 315000$ kgf/cm², we obtain the maximum deflection at the shell edge, referred to the span (which varies between 24 and 56 m)

$$\frac{w}{2a} = \frac{5.575 \times 3.25a \times 10^3}{2 \times E_0} = \frac{1}{25\,000} \cdots \frac{1}{12\,400}.$$

These values are small but comparable to those due to the uniformly distributed loading (see sub-Section 6.6.1.1.).

Table 6.18

The normal displacements $w/\frac{g}{E_0}$ 10^3 produced by the own weight of arches

n \ m	0	1	2	3	4	5
0	0.587	0.587	0.604	0.675	1.110	5.575
1	0.587	0.587	0.565	0.588	0.941	5.280
2	0.604	0.565	0.468	0.346	0.488	4.431
3	0.675	0.588	0.346	−0.006	−0.192	3.135
4	1.100	0.941	0.488	−0.192	−0.801	1.570
5	5.575	5.280	4.431	3.135	1.570	0.000

Consequently, in the shell design the own weight of arches cannot be neglected (with the exception of the shear forces N_{xy} which are small).

6.6.3.2. Design tables for loading due to the own weight of arches. Taking account of the conclusions presented above, design tables have been compiled for the case

$$\frac{a}{f} = 5 \quad \text{and} \quad \frac{e}{h} = -\frac{1}{2} \quad \text{(connection at the upper level).}$$

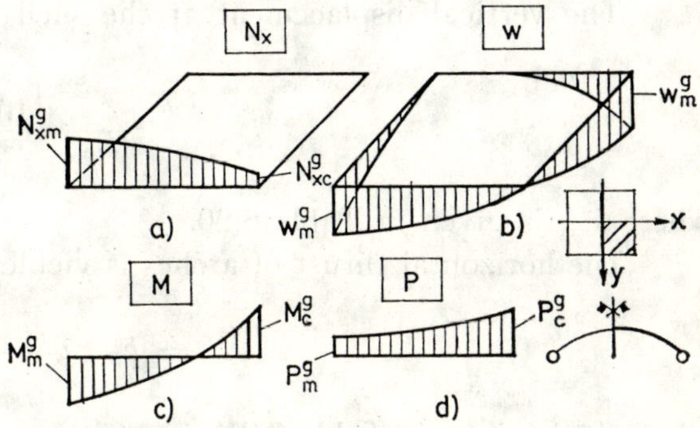

Fig. 6.35. — Simplified diagrams for the analysis of arches under the own weight:
a) axial forces N_x; b) normal displacements w; c) bending moment M in the arches; d) axial forces P in the arches.

The axial forces N_x vary as shown in Figure 6.35a being equal to zero over the whole of the shell surface, except the edge $y = a$

$$N^g_{xm} = - k^g_{nxm}\, g, \tag{6.70 a}$$

$$N^g_{xc} = - k^g_{nxc}\, g, \tag{6.70 b}$$

where k^g_{nxm} and k^g_{nxc} are given in Table 6.19; the variation along the edge is

$$N^g_x = \left[k^g_{nxm} + (k^g_{nxc} - k^g_{nxm})\frac{x^2}{a^2}\right] g. \qquad (6.70\text{ c})$$

Table 6.19

The coefficients k^g_{nx}

$\frac{f}{\delta}$	$\frac{b}{h}$	k^g_{nxm} $\frac{2a}{h}$ = 30	40	50	60	k^g_{nxc} $\frac{2a}{h}$ = 30	40	50	60
20	1/3	11.3	14.3	16.6	18.1	8.51	12.2	15.2	17.5
	1/2	9.00	12.1	14.4	16.2	6.12	9.20	12.2	14.6
	2/3	7.40	10.4	12.8	14.6	4.86	7.35	10.0	12.2
40	1/3	7.60	10.6	13.1	15.2	5.72	8.50	11.2	13.5
	1/2	5.66	8.22	10.6	12.8	4.20	6.40	8.56	10.7
	2/3	4.52	6.75	8.95	11.0	3.37	5.20	7.05	8.85
60	1/3	5.67	8.20	10.7	12.8	4.35	6.60	9.05	11.20
	1/2	4.12	6.20	8.26	10.3	3.12	5.03	6.86	8.65
	2/3	3.25	4.95	6.77	8.65	2.45	3.98	5.55	7.17

The vertical displacement at the shell boundary (Fig. 6.35 b) is

$$w^g_m = k^g_{wm} \frac{g}{E_0} \times 10^3 \qquad (6.71)$$

where k^g_{wm} is given in Table 6.20.

The horizontal thrust of arches is yielded by the relation

$$H^g_c = k^g_H\, ga \qquad (6.72)$$

where k^g_H is given in Table 6.21.

The bending moment in the edge arches varies as shown in Figure 6.35 c, where

$$M^g_m = k^g_{mm}\, ga^2 \times 10^{-3}, \qquad (6.73\text{ a})$$

$$M^g_c = -\, k^g_{mc}\, ga^2 \times 10^{-3}, \qquad (6.73\text{ b})$$

Table 6.20

The coefficients k^g_w

$\frac{f}{\delta}$	$\frac{b}{h}$	k^p_{wm} $\frac{2a}{h}$ 30	40	50	60
20	1/3	3.72	5.10	6.16	6.95
	1/2	2.92	4.24	5.35	6.25
	2/3	2.39	3.60	4.74	5.61
40	1/3	4.94	7.26	9.40	11.3
	1/2	3.65	5.58	7.58	9.45
	2/3	2.90	4.55	6.30	8.06
60	1/3	5.50	8.38	11.3	13.9
	1/2	3.97	5.78	8.70	11.1
	2/3	3.11	5.00	7.05	9.25

Table 6.21

The coefficients k^g_H

$\frac{f}{\delta}$	$\frac{b}{h}$	k^g_H $\frac{2a}{h}$ 30	40	50	60
20	1/3	2.38	2.43	2.46	2.46
	1/2	2.37	2.41	2.44	2.44
	2/3	2.37	2.41	2.43	2.43
40	1/3	2.42	2.44	2.46	2.47
	1/2	2.42	2.44	2.46	2.47
	2/3	2.42	2.44	2.46	2.46
60	1/3	2.44	2.46	2.47	2.47
	1/2	2.44	2.46	2.47	2.47
	2/3	2.44	2.46	2.47	2.47

where k^g_{mm} and k^g_{mc} are given in Table 6.22, and the variation of the moment along the edge is yielded by the relation

$$M^g = \left[k^g_{mm} + (k^g_{mc} - k^g_{mm}) \frac{x^2}{a^2} \right] ga^2\, 10^{-3}. \qquad (6.73\text{ c})$$

Table 6.22

The coefficients k^g_m

$\frac{f}{\delta}$	$\frac{b}{h}$	k^g_{mm} $\frac{2a}{h}$ 30	40	50	60	k^g_{mc} $\frac{2a}{h}$ 30	40	50	60
20	1/3	5.76	2.60	1.35	0.726	2.98	1.56	0.808	0.416
	1/2	7.09	3.38	1.82	1.03	4.34	2.82	1.65	0.945
	2/3	7.50	3.92	2.20	1.26	4.77	3.70	2.40	1.49
40	1/3	6.92	3.40	1.87	1.09	1.41	1.40	0.980	0.680
	1/2	7.62	3.92	2.31	1.44	1.47	1.68	1.50	1.15
	2/3	8.08	4.21	2.55	1.67	1.26	1.63	1.67	1.46
60	1/3	7.35	3.90	2.14	1.30	0.695	0.820	0.775	0.625
	1/2	8.09	4.12	2.44	1.57	0.544	0.744	0.856	0.835
	2/3	8.20	4.39	2.62	1.73	0.439	0.625	0.805	0.877

The axial force in the edge arches varies as shown in Figure 6.35 d and is given by the relation

$$P^g = \frac{bh}{\delta a} N^g_x a + \frac{6a}{h} \frac{M^g}{a}, \qquad (6.74)$$

where N^g_x and M^g are calculated by means of the previous relations.

6.6.4. Symmetrical horizontal displacements of the corners

6.6.4.1. The state of stress and deformation. When the supporting is on two-hinge arches, symmetrical horizontal displacements of the corners (Fig. **6.36** a) can appear as a consequence of the yielding of supports (rotation of foundations, displacement of hinge bearings, a.s.o. Fig. **6.36** b).

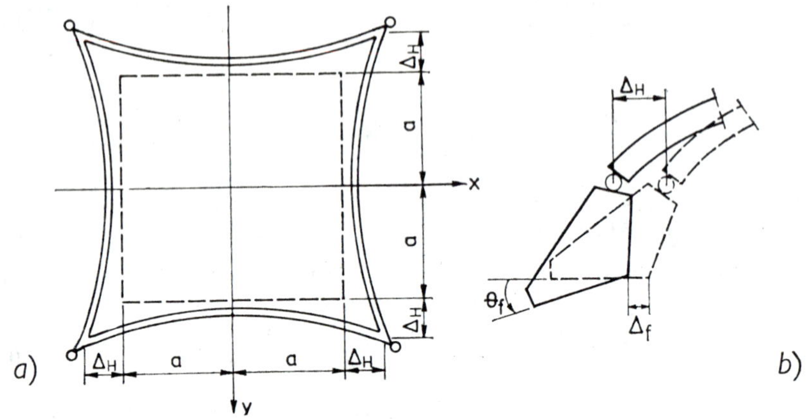

Fig. 6.36. — Symmetrical displacements of the arches.

Likewise, the temperature variation between that of execution and that of service also causes displacements which may be interpreted in the same way as the imposed corner displacements.

$$\Delta_H = \alpha_t \, \Delta t \, a$$

where α_t is the coefficient of thermal expansion and Δt the temperature difference.

In order to examine the influence of these horizontal displacements on the state of stress and deformation, the forces in the shell, listed in Table **6.23**, have been determined for the same calculation example as in the preceding paragraphs.

Figure **6.37** shows the variations of the shell forces; it can be observed that the influence of the horizontal displacement of the corners manifests over a relatively narrow region near to the shell boundaries.

In order to be able to determine the stress resultants, the values of the horizontal displacements must be estimated. In [78] a **3** cm displacement was considered for a span of $2a = 54.0$ m; thus

$$\frac{\Delta_H}{a} = \frac{1}{900} .$$

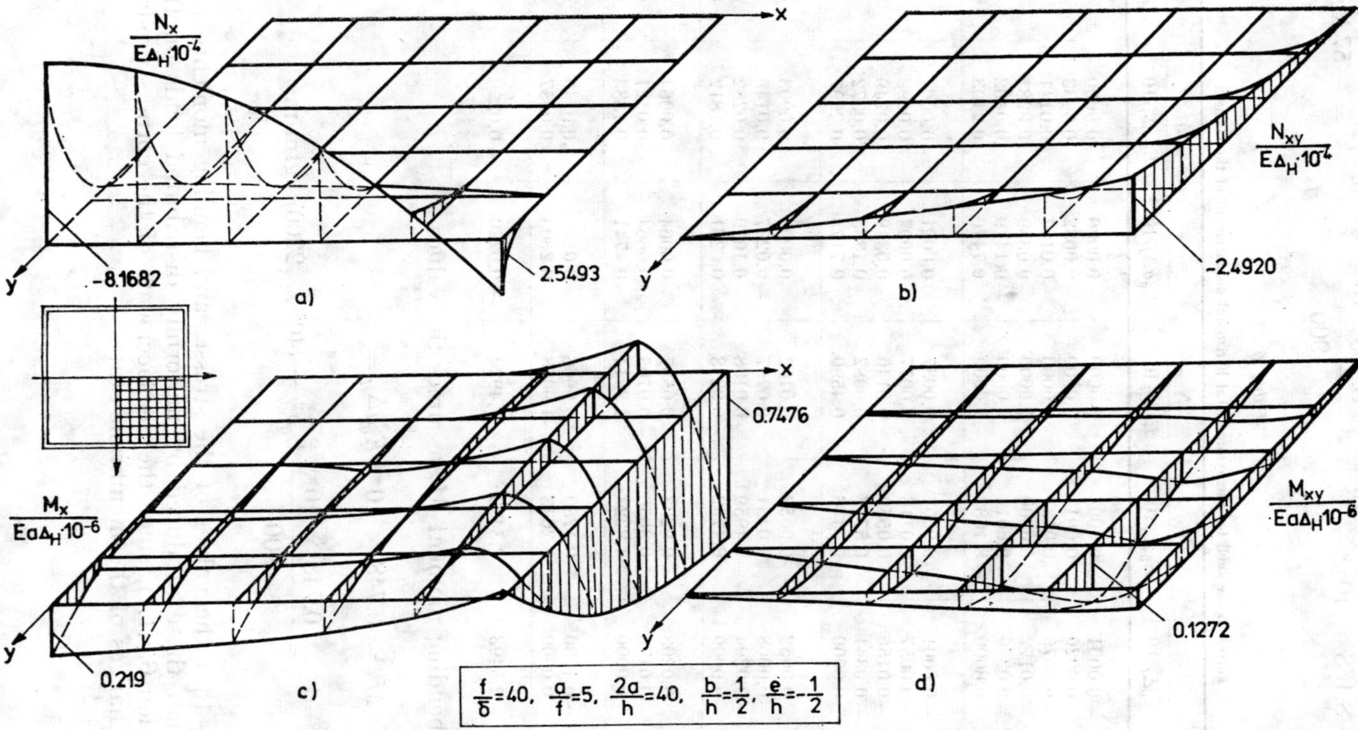

Fig. 6.37. — Symmetrical displacements of the supports; shell forces:
a) axial forces N_x; b) shear forces N_{xy}; c) bending moments M_x; d) twisting moments M_{xy}.

For this displacement the stresses in the shell at mid-span will be

$$\sigma_m = -8.168 \times 10^{-4}\frac{E_0\Delta_H}{\delta} = -\frac{8.168\times 10^{-4}}{900} E_0 \frac{a}{f}\frac{f}{\delta} = -57 \text{ kgf/cm}^2$$

Table 6.23

Forces in the shell for the symmetrical horizontal displacement of the corners

Points	$\frac{N_x}{E_0\Delta_H 10^{-4}}$	$\frac{N_y}{E_0\Delta_H 10^{-4}}$	$\frac{N_{xy}}{E_0\Delta_H 10^{-4}}$	$\frac{M_x}{E_0 a\Delta_H 10^{-4}}$	$\frac{M_y}{E_0 a\Delta_H 10^{-6}}$	$\frac{M_{xy}}{E_0 a\Delta_H 10^{6-}}$
0,0	−0.0001	−0.0001	0.0000	0.0000	0.0000	0.0000
1,0	0.0020	0.0017	0.0000	−0.0032	0.0033	0.0000
2,0	−0.0075	0.0137	0.0000	−0.0127	0.0141	0.0000
3,0	−0.0172	0.0600	0.0000	−0.0389	0.0281	0.0000
4,0	−0.0350	−0.6011	0.0000	−0.1419	0.0402	0.0000
5,0	0.0000	−8.1682	0.0000	0.7476	0.2193	0.0000
1,1	−0.0001	−0.0001	0.0037	0.0001	0.0001	0.0065
2,1	−0.0057	0.0116	0.0077	−0.0094	0.0099	0.0131
3,1	−0.0156	0.0559	0.0140	−0.0349	0.0249	0.0201
4,1	−0.0341	−0.5747	−0.0082	−0.1333	0.0372	0.0316
5,1	0.0000	−7.7446	−0.4590	0.7173	0.2097	0.0142
2,2	0.0052	0.0052	0.0162	0.0003	0.0003	0.0260
3,2	−0.0068	0.0434	0.0297	−0.0237	0.0149	0.0396
4,2	−0.0294	−0.4959	−0.0138	−0.1079	0.0282	0.0622
5,2	0.0000	−6.4702	−0.9218	0.6261	0.1812	0.0272
3,3	0.0203	0.0203	0.0537	−0.0064	−0.0064	0.0596
4,3	−0.0179	−0.3650	−0.0105	−0.0664	0.0121	0.0919
5,3	0.0000	−4.3224	−1.3914	0.4741	0.1333	0.0379
4,4	−0.1780	−0.1780	−0.0966	−0.0140	−0.0140	0.1272
5,4	0.0000	−1.2643	−1.9058	0.2603	0.0657	0.0450
5,5	2.5493	2.5493	−2.4920	−0.0220	−0.0220	0.0474

and the bending moment M_x assumes the values

$$M_x = 0.748 \times 10^{-6} E_0 a\Delta_H =$$

$$= \frac{0.748 \times 10^{-6}}{900} E_0 a^2 = (400\ldots2200) \text{ kgfm/m}.$$

It results that the values of the stresses and bending moments are much higher than those produced by uniformly distributed loads on the shell (sub-Section 6.6.1.1), since the displacements of the corners produce substantial changes of the membrane state.

Figure 6.38 shows the stresses at the shell boundary (which, as was shown earlier, are the only significant ones), in comparison with an approximate calculation in which the variation of axial forces and of bending moments was replaced by second degree parabolas

$$N_x = N_{xm} + (N_{xc} - N_{xm}) \frac{x^2}{a^2}, \tag{6.75a}$$

$$M_x = M_{xm} + (M_{xc} - M_{xm}) \frac{x^2}{a^2} \left(\text{or} \frac{y^2}{a^2} \right), \tag{6.75b}$$

(for M_x the parabolic variation is valid both for the edge $x = a$ and for $y = a$), for the shear force

$$N_{xy} = N_{xyc} \frac{x}{a} \tag{6.75c}$$

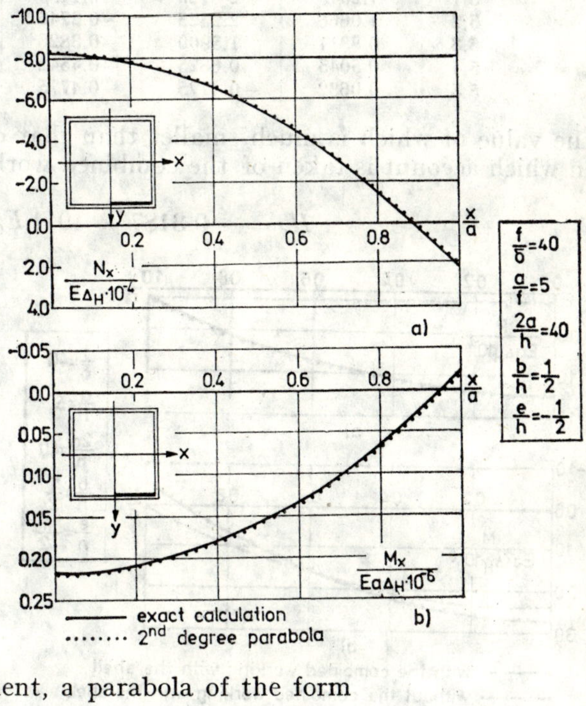

Fig. 6.38.—Approximation of the variation of boundary forces :
a) axial force N_x for $y = a$; b) bending moment M_x for $y = a$.

and for the torsional moment, a parabola of the form

$$M_{xy} = M_{xyc} \left[1 - \left(1 - \frac{x}{a} \right)^2 \right]. \tag{6.75 d}$$

A fairly good agreement between the approximate calculation and the exact one is found.

Table 6.24 and Figure 6.39 show the stresses in the edge arches. If these are calculated without taking account of the combined working of the shell, we obtain the thrust [26]

$$H_c = -\frac{15}{8}\frac{E_0 I}{f^2 a}\Delta_H = -\frac{5}{2}\frac{b}{h}\frac{a^2}{f^2}\frac{1}{\left(\dfrac{2a}{h}\right)} E_0 a \Delta_H = -0.1220 \times 10^{-4} E_0 a \Delta_H,$$

Table 6.24

Forces in the edge arches for the symmetrical horizontal displacement of the corners

Points	$\dfrac{P}{E_0 a \Delta_H 10^{-4}}$	$\dfrac{M}{E_0 a^2 \Delta_H 10^{-6}}$	$\dfrac{M_r}{E_0 a^2 \Delta_H 10^{-6}}$	$\dfrac{\sigma_i}{E_0 \dfrac{\Delta_H}{a}}$	$\dfrac{\sigma_s}{E_0 \dfrac{\Delta_H}{a}}$
5,0	1.2523	2.7400	0.000	0.3632	−0.1629
5,1	1.2049	2.6125	−0.1433	0.3472	−0.1544
5,2	1.0666	2.2325	−0.2746	0.2996	−0.1290
5,3	0.8311	1.5900	−0.3826	0.2191	−0.0861
5,4	0.5045	0.6825	−0.4542	0.1059	−0.0252
5,5	0.0632	−0.4775	−0.4775	−0.0408	0.0509

the value of which is much smaller than that obtained from a calculation in which account is taken of the combined working with the shell

$$H_c = -0.3187 \times 10^{-4} E_0 a \Delta_H.$$

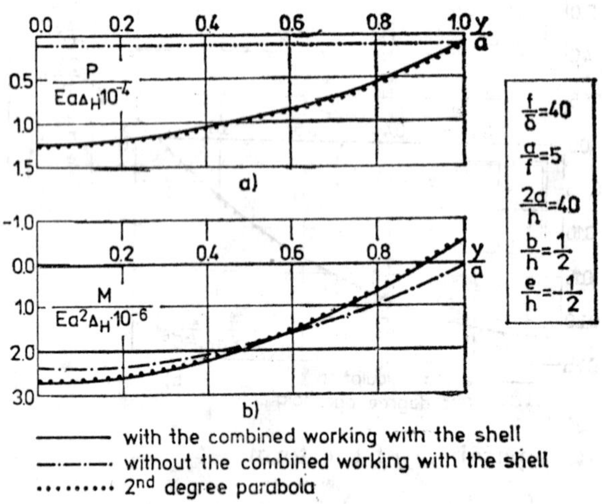

Fig. 6.39. — Forces in the edge arches due to symmetrical displacements of the supports: a) axial forces P; b) bending moments M.

Likewise the axial force at mid-span, when the combined working is not considered, is

$$P_m = -H_0 = -0.1220 \times 10^{-4} E_0 a \Delta_H,$$

that is much smaller than that given in Table 6.24, in which this combined working is considered

$$P_m = 1.2523 \times 10^{-4} E_0 a \Delta_H.$$

The bending moment at mid-span for the arch without shell is

$$M = H \frac{z}{f} \frac{f}{a} a = 2.440 \times 10^{-6} E_0 a^2 \Delta_H.$$

Accordingly, in the case of symmetrical horizontal displacement, only the axial forces change substantially as a sequence of the combined working with the shell.

The normal displacements on the shell surface are listed in Table 6.25 and their diagramatic representation is shown in Fig. 6.40. Their inspection shows that the highest values are at the shell boundary (37 per cent higher than at the shell centre).

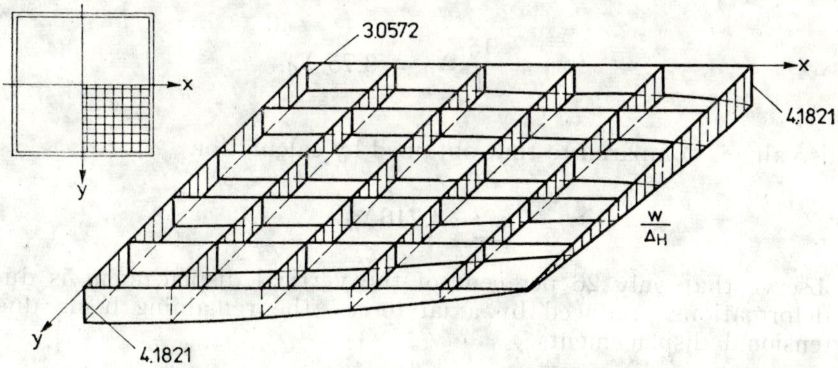

Fig. 6.40. — Normal displacements w due to symmetrical displacements of the supports.

Table 6.25

The normal displacements w/Δ_H produced by the symmetrical horizontal displacement of the corners

n \ m	0	1	2	3	4	5
0	3.0572	3.0572	3.0713	3.1419	3.3779	4.1821
1	3.0572	3.0499	3.0424	3.0768	3.2599	3.9764
2	3.0713	3.0424	2.9699	2.8964	2.9223	3.3786
3	3.1419	3.0768	2.8964	2.6449	2.4142	2.4458
4	3.3779	3.2599	2.9223	2.4142	1.8213	1.2740
5	4.1821	3.9764	3.3786	2.4458	1.2740	0.0000

Table 6.26 gives the displacement of the edge arches when they are normal or vertical to the shell surface; a difference of about 11 per cent is noticed and accordingly the tangential displacements cannot be neglected in the calculation of the vertical displacements.

Table 6.26

The displacements w/Δ_H of the edge arches produced by the symmetrical horizontal displacement of the corners

Points	Arches normal to the shell	Vertical arches
5,0	4.1821	4.7162
5,1	3.9764	4.4999
5,2	3.3786	3.8728
5,3	2.4458	2.8996
5,4	1.2740	1.6916
5,5	0.0000	0.0000

If we calculate the inextentional displacement of an arch with horizontal displacements of springings, whose length

$$L \simeq 2a\left(1 + \frac{2}{3}\frac{f^2}{a^2}\right)$$

remains constant, then

$$2a\left(1 + \frac{2}{3}\frac{f^2}{a^2}\right) =$$

$$= 2(a + \Delta_H)\left[1 + \frac{2}{3}\frac{(f - w_i)^2}{(a + \Delta_H)^2}\right],$$

whence neglecting the infinitely small quantities we get

$$w_i = \frac{15}{4}\Delta_H = 3.75\,\Delta_H.$$

If this value is compared to that obtained by calculation

$$w = 4.716\Delta_H,$$

we observe that only 26 per cent of the vertical displacement is due to the deformations produced by axial forces, the remaining being due to inextensional displacements.

If for Δ_H we take the value $\frac{a}{900}$, with the aid of which the forces were also calculated, we obtain

$$\frac{w}{2a} = \frac{1}{1800}$$

a displacement much greater than that produced by uniformly distributed loading.

6.6.4.2. Influence of the level of connection of the shell to the edge arch. The ways of connecting the shell to the edge arch are shown in Fig. 6.14. To study the influence of this connection level on the state of stress and deformation we consider, as in the case of uniformly distributed loading three cases

$$\frac{e}{h} = 0.5 ; \quad \frac{e}{h} = 0 ; \quad \frac{e}{h} = -0.5.$$

The remaining characteristics of the shell and arches are those given in sub-Section 6.6.4.2.

Figure 6.41 shows diagrams for the axial forces N_x and for the shear forces N_{xy} in the three cases of connection. Great differences can be notic-

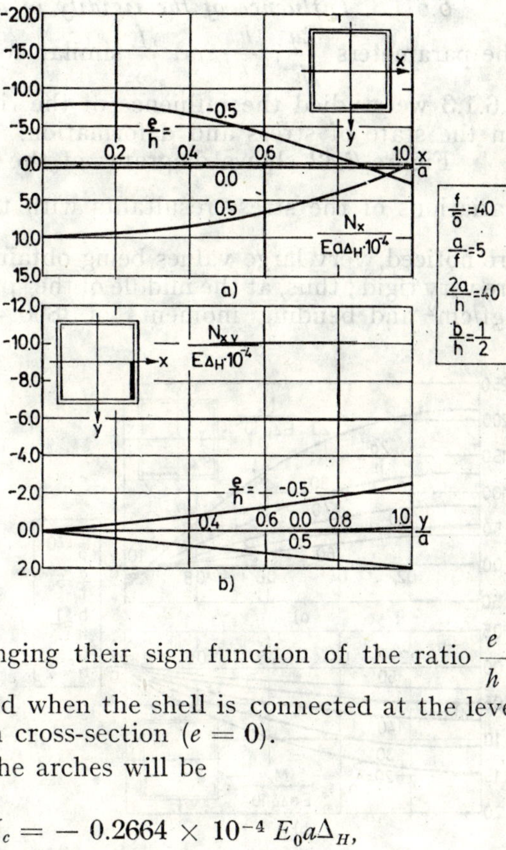

Fig. 6.41. — Influence of the connection level on the shell forces: a) axial forces N_x fory $= a$; b) shear forces N_{xy} for $x = a$.

ed, the forces N_x and N_{xy} changing their sign function of the ratio $\frac{e}{h}$, the smallest values being obtained when the shell is connected at the level of the gravity center of the arch cross-section ($e = 0$).

The horizontal thrusts of the arches will be

$$\frac{e}{h} = 0.5 ; \qquad H_c = -\ 0.2664 \times 10^{-4}\ E_0 a \Delta_H,$$

$$\frac{e}{h} = 0.0 ; \qquad H_c = -\ 0.1612 \times 10^{-4}\ E_0 a \Delta_H,$$

$$\frac{e}{h} = -0.5 ; \qquad H_c = -\ 0.3187 \times 10^{-4}\ E_0 a \Delta_H.$$

It follows that the most rigid structure (that for which the thrust is the greatest for a given displacement) is the one with the shell connected at the upper level and the least rigid one is that whose connection eccentricity is equal to zero. The differences that exist can be accounted for by the fact that the shell placed at the upper or lower part of the arch increases much the bending rigidity, which is decisive in the case of the horizontal displacement of the corners. Therefore, when imposed displacements of the corners appear, it is recommendable to adopt the solution which provides the connection at the gravity center level.

6.6.4.3. Influence of the rigidity of arches. Considering a variation of the parameters $\frac{2a}{h}$, $\frac{h}{b}$ and $\frac{f}{\delta}$ similar to that examined in sub-Section 6.6.1.3 we studied the influence of the rigidity of arches and of the shell on the state of stress and deformation.

Figure 6.42 shows diagrams of the stresses at the shell edge. Large variations of the stress resultants with the modification of the ratio $\frac{2a}{h}$ are noticed, very large values being obtained when the arches and the shell are very rigid; thus, at the middle of the span, stresses of $\sigma_m = -$ (170...200) kgf/cm² and bending moments of (800—25000) kgfm/m can be obtained

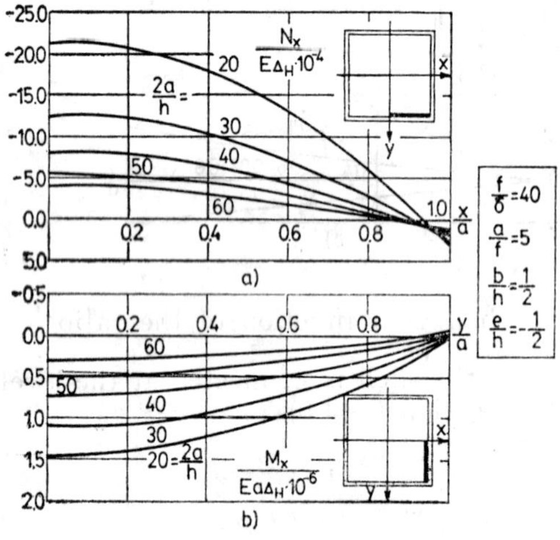

Fig. 6.42. — Influence of the stiffness of the edge on the arch forces : a) axial force N_x at $y = a$; b) bending moment M_x at $x = 0$.

for the displacement $\frac{\Delta_H}{a} = \frac{1}{900}$. It follows that if horizontal displacements of the corners are likely to appear, the solution is to choose as thin as possible shells $\left(\frac{f}{\delta} > 40\right)$ and as slender as possible arches $\left(\frac{2a}{h} > 40\right)$.

Figure 6.43 is a plot of the variation of the axial forces P and bending moments M at mid-span as a function of the parameter $\frac{2a}{h}$; their large variation with respect to $\frac{2a}{h}$ can be noticed. The dashed line shows the variation of forces if account is taken of the combined working with the shell; large differences for the axial force P and small differences for the bending moments M can be also observed.

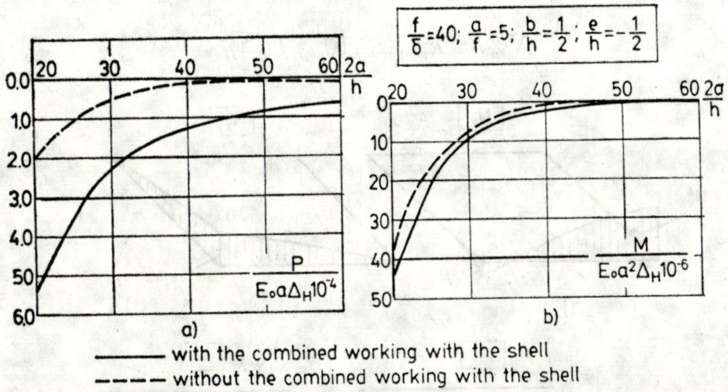

Fig. 6.43. — Influence of the stiffness of the arches on the arch forces: a) axial force P at $y = 0$; b) bending moment M at $y = 0$.

Figure 6.44 is a plot of the values of normal displacements at the shell surface as a function of the ratio $\frac{2a}{h}$. The variation is insignificant since most

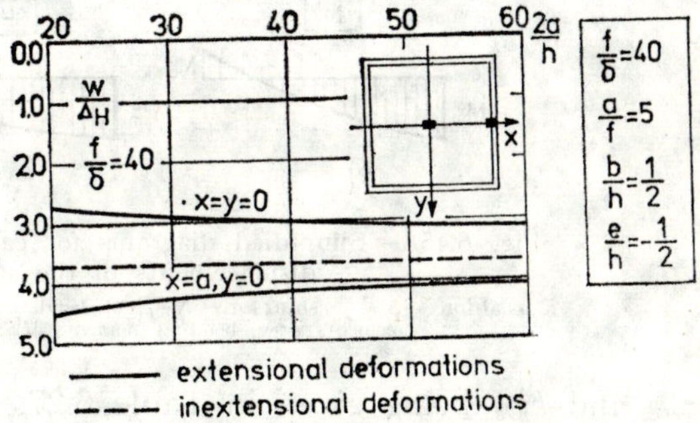

Fig. 6.44. — Influence of the stiffness of the arches on the normal displacements w.

of the normal displacements are due to inextensional displacements (dashed line).

6.6.4.4. Design tables for the symmetrical horizontal displacement of the corners. For the ratios

$$\frac{a}{f} = 5 \text{ and } \frac{e}{h} = -\frac{1}{2} \text{ (connection at the upper level)}$$

the following design values have been established :

The *axial forces* N_x vary as shown in Fig. 6.45a, being equal to zero on the whole of the shell surface except the edge $y = a$, where

$$N^{\Delta}_{xm} = -k^{\Delta}_{nxm} \times 10^{-4} E_0 \Delta_H, \tag{6.76 a}$$

$$N^{\Delta}_{xc} = k^{\Delta}_{nxc} \times 10^{-4} E_0 \Delta_H, \tag{6.76 b}$$

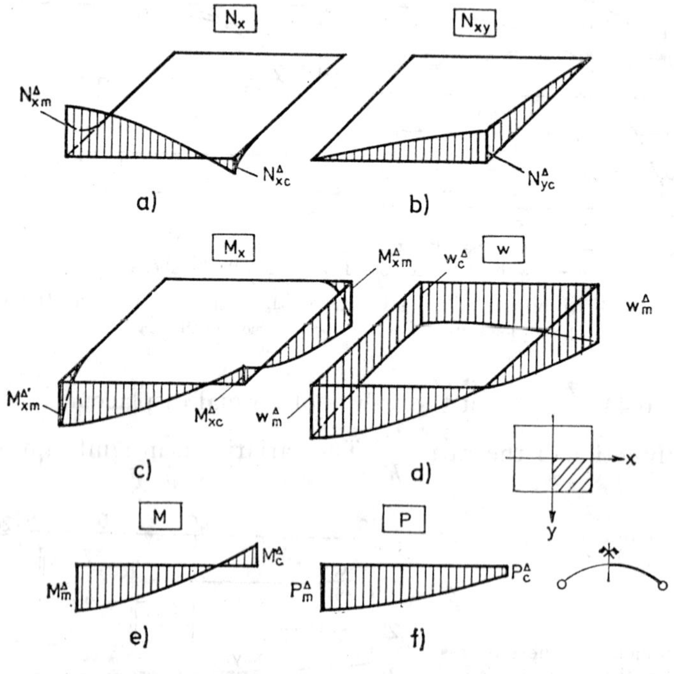

Fig. 6.45. — Simplified diagrams for calculating the symmetrical displacements of the supports :

a) axial forces N_x ; b) shear forces N_{xy} ; c) bending moments M_x ; d) normal displacements w ; e) bending moments M ; f) axial forces P.

k^{Δ}_{nxm} and k^{Δ}_{nxc} being given in Table 6.27. The variation of forces along the edge $y = a$ is given by the relation

$$N^{\Delta}_{x} = \left[k^{\Delta}_{nxm} + (k^{\Delta}_{nxc} - k^{\Delta}_{nxm}) \frac{x^2}{a^2} \right] \times 10^{-4} E_0 \Delta_H. \tag{6.76 c}$$

Table 6.27

The coefficients k^{Δ}_{nx}

$\frac{f}{\delta}$	$\frac{b}{h}$	k^{Δ}_{nx}, $\frac{2a}{h}$ = 30	40	50	60	k^{Δ}_{nxc}, $\frac{2a}{h}$ = 30	40	50	60
20	1/3	15.365	8.456	5.073	2.778	7.654	4.561	2.582	1.710
	1/2	18.654	10.961	6.748	4.000	10.333	7.438	4.874	3.361
	2/3	20.684	12.813	8.077	4.731	11.420	9.505	7.095	5.336
40	1/3	11.207	6.966	4.553	3.126	2.662	2.197	1.633	1.164
	1/2	12.673	8.168	5.603	4.020	2.564	2.549	2.396	1.946
	2/3	13.550	9.011	6.316	4.603	2.345	2.522	2.663	2.501
60	1/3	8.504	5.590	3.812	2.708	1.255	1.132	0.944	0.787
	1/2	9.425	6.298	4.458	3.317	0.953	0.952	1.002	1.006
	2/3	9.792	6.736	4.886	3.684	1.039	0.935	1.007	1.096

The *shear force* N_{xy} varies as shown in Figure 6.45b, where

$$N^{\Delta}_{xyc} = - k^{\Delta}_{nxc} \times 10^{-4} E_0 \Delta_H \tag{6.77 a}$$

and k^{Δ}_{nxyc} is given in Table 6.28. The variation of forces along the edge $y = a$ (or $x = a$) is given by the relation

$$N^{\Delta}_{xy} = N^{\Delta}_{xyc} \cdot \frac{x}{a} \left(\text{or } \frac{y}{a}\right). \tag{6.77 b}$$

Table 6.28

The coefficients k^{Δ}_{nxy}

$\frac{f}{\delta}$	$\frac{b}{h}$	k^{Δ}_{nxyr}, $\frac{2a}{h}$ = 30	40	50	60
20	1/3	5.30	2.89	1.80	1.04
	1/2	7.02	4.30	2.72	1.75
	2/3	7.90	5.20	3.56	2.38
40	1/3	2.98	1.94	1.32	0.906
	1/2	3.50	2.49	1.82	1.48
	2/3	3.64	2.66	1.96	1.52
60	1/3	2.04	1.45	1.00	0.704
	1/2	2.32	1.62	1.16	0.940
	2/3	2.40	1.72	1.24	1.03

The *bending moments* M_x vary as shown in Fig. 6.45c, where

$$M^{\Delta}_{xm} = k^{\Delta}_{mxm} \times 10^{-6} E_0 a \Delta_H \quad \text{(on the side } x = a) \tag{6.78 a}$$

$$M^{\Delta'}_{xm} = k^{\Delta'}_{mxm} \times 10^{-6} E_0 a \Delta_H \quad \text{(on the side } y = a) \tag{6.78 b}$$

$$M^{\Delta}_{xc} = - k^{\Delta}_{mxc} \times 10^{-6} E_0 a \Delta_H. \tag{6.78 c}$$

Table 6.29

The coefficients k^{Δ}_{mx}

$\frac{f}{\delta}$	$\frac{b}{h}$	k^{Δ}_{mxm} $\frac{2a}{h}$				k^{Δ}_{mxc} $\frac{2a}{h}$				k^{Δ}_{mxm} $\frac{2a}{h}$			
		30	40	50	60	30	40	50	60	30	40	50	60
20	1/3	1.111	0.931	0.879	0.833	−0.201	−0.215	−0.208	−0.191	1.871	0.714	0.366	0.231
	1/2	1.444	0.992	0.978	0.903	−0.278	−0.354	−0.367	−0.353	3.903	0.896	0.837	0.465
	2/3	1.680	1.303	1.097	0.976	−0.293	−0.441	−0.497	−0.500	5.431	2.835	1.470	0.805
40	1/3	0.229	0.173	0.140	0.124	−0.012	−0.020	−0.024	−0.026	0.820	0.448	0.233	0.128
	1/2	0.269	0.219	0.180	0.153	−0.010	−0.022	−0.033	−0.041	1.074	0.748	0.480	0.295
	2/3	0.285	0.245	0.208	0.178	−0.009	−0.020	−0.035	−0.048	1.180	0.916	0.666	0.458
60	1/3	0.081	0.068	0.055	0.046	−0.001	−0.003	−0.005	−0.006	0.332	0.244	0.156	0.097
	1/2	0.088	0.078	0.068	0.059	−0.001	−0.003	−0.005	−0.008	0.370	0.305	0.240	0.179
	2/3	0.090	0.082	0.074	0.067	−0.001	−0.002	−0.005	−0.008	0.387	0.333	0.282	0.231

the coefficients k_{mxm}, $k^{\Delta'}_{mxm}$, k_{mxm} being given in Table 6.29. The variation of the bending moment along the edge $x = a$ is

$$M^{\Delta}_{x} = \left[k^{\Delta}_{mxm} + (k^{\Delta}_{mxc} - k^{\Delta}_{mxm}) \frac{x^2}{a^2} \right] \times 10^{-6}\, E_0 a \Delta_H, \tag{6.78 d}$$

and along the edge $y = a$ we have

$$M^{\Delta'}_{x} = \left[k^{\Delta'}_{mxm} + (k^{\Delta}_{mxc} - k^{\Delta'}_{mxm}) \frac{x^2}{a^2} \right] \times 10^{-6}\, E_0 a \Delta_H. \tag{6.78 e}$$

The *vertical displacements* of the shell vary as shown in Figure 6.45 d and have the values

$$w^{\Delta}_{c} = k^{\Delta}_{wc} \Delta_H; \qquad w^{\Delta}_{m} = k^{\Delta}_{wm} \Delta_H, \tag{6.79 a,b}$$

where k^{Δ}_{wc} and k^{Δ}_{wm} are given in Table 6.30.

Table 6.30

The coefficients k^{Δ}_{w}

$\frac{f}{\delta}$	$\frac{b}{h}$	k^{Δ}_{wc}, $\frac{2a}{h}$ = 30	40	50	60	k^{Δ}_{wm}, $\frac{2a}{h}$ = 30	40	50	60
	1/3	2.970	3.078	3.137	3.167	4.558	4.549	4.554	4.529
20	1/2	2.971	3.073	3.138	3.172	4.641	4.611	4.606	4.582
20	2/3	2.956	3.060	3.150	3.175	4.668	4.645	4.651	4.611
	1/3	2.956	3.064	3.124	3.165	4.716	4.664	4.636	4.628
40	1/2	2.949	3.057	3.125	3.182	4.780	5.715	4.694	4.686
	2/3	2.943	3.052	3.115	3.158	4.816	4.750	4.715	4.701
	1/3	2.953	3.067	3.126	3.169	4.794	4.713	4.693	4.675
60	1/2	2.944	3.057	3.123	3.171	4.842	4.776	4.736	4.724
	2/3	2.944	3.053	3.119	3.164	4.878	4.805	4.762	4.744

The horizontal thrusts of the arches are yielded by the relation

$$H_c^{\Delta} = - k_H^{\Delta} E_0 a \Delta_H \tag{6.80}$$

where k_H^{Δ} is given in Table **6.31**.

Table 6.31

The coefficients $k_H^{\Delta}/10^{-4}$

$\frac{f}{\delta}$	$\frac{b}{h}$	$\frac{2a}{h}$ = 30	40	50	60
20	1/3	0.862	0.368	0.164	0.111
	1/2	1.186	0.516	0.263	0.181
	2/3	1.516	0.616	0.358	0.286
40	1/3	0.570	0.293	0.120	0.067
	1/2	0.760	0.319	0.170	0.095
	2/3	0.924	0.386	0.211	0.127
60	1/3	0.492	0.240	0.094	0.054
	1/2	0.633	0.247	0.126	0.075
	2/3	0.789	0.299	0.151	0.089

The bending moments in the arches vary as plotted in Figure **6.45**c, where

$$M_m^{\Delta} = k_{mm}^{\Delta} \times 10^{-6} E_0 a^2 \Delta_H, \tag{6.81a}$$

$$M_c^{\Delta} = k_{mc}^{\Delta} \times 10^{-6} E_0 a^2 \Delta_H, \tag{6.81b}$$

in which k_{mm}^{Δ} and k_{mc}^{Δ} are given in Table **6.32**, whilst the variation of the moment along the edge $y = a$ is of the form

$$M^{\Delta} = \left[k_{mm}^{\Delta} + (k_{mc}^{\Delta} - k_{mm}^{\Delta}) \frac{x^2}{a^2} \right] 10^{-6} E_0 a^2 \Delta_H. \tag{6.81c}$$

Table 6.32

The coefficients k_m^{Δ}

$\frac{f}{\delta}$	$\frac{b}{h}$	k_{mm}^{Δ}, $\frac{2a}{h}$ = 30	40	50	60	k_{mc}^{Δ}, $\frac{2a}{h}$ = 30	40	50	60
20	1/3	5.565	1.753	0.719	0.335	−1.147	−0.388	−0.154	−0.068
	1/2	8.654	2.744	1.117	0.525	−2.382	−0.963	−0.408	−0.190
	2/3	11.616	3.736	1.531	0.717	−3.338	−1.594	−0.738	−0.356
40	1/3	5.680	1.794	0.735	0.352	−0.540	−0.288	−0.145	−0.075
	1/2	8.652	2.740	1.260	0.546	−0.701	−0.478	−0.297	−0.174
	2/3	11.592	3.670	1.516	0.736	−0.777	−0.586	−0.414	−0.272
60	1/3	5.735	1.812	0.737	0.355	−0.212	−0.151	−0.101	−0.062
	1/2	8.725	2.735	1.120	0.541	−0.239	−0.203	−0.156	−0.113
	2/3	11.682	3.635	1.493	0.728	−0.248	−0.224	−0.184	−0.147

The axial forces in arches vary in the same way as in Figure 6.45 f and can be calculated from the relation

$$P^{\Delta} = \frac{bh}{\delta a} N_x^{\Delta} a + \frac{6a}{h} \frac{M^{\Delta}}{a}, \tag{6.82}$$

where N_x^{Δ} and M^{Δ} are given by relations (6.76 c) and (6.81 c).

6.6.5. Non-symmetrical horizontal displacement of the corners

6.6.5.1. Decomposition into symmetrical and antisymmetrical displacements. The different yielding of the corners can be produced either by the soil non-homogeneity or by a non-symmetrical loading which produces non-symmetrical horizontal thrusts. The most general situation when the displacements differ at each corner is difficult to be solved and, therefore, only the general cases when the displacements are symmetrical with respect to the diagonals were considered (Fig. 6.46).

If $\Delta_{H\,max,\,min}$ are the maximum and minimum horizontal displacements of the supports upon the direction of the axes Ox and Oy, they can be

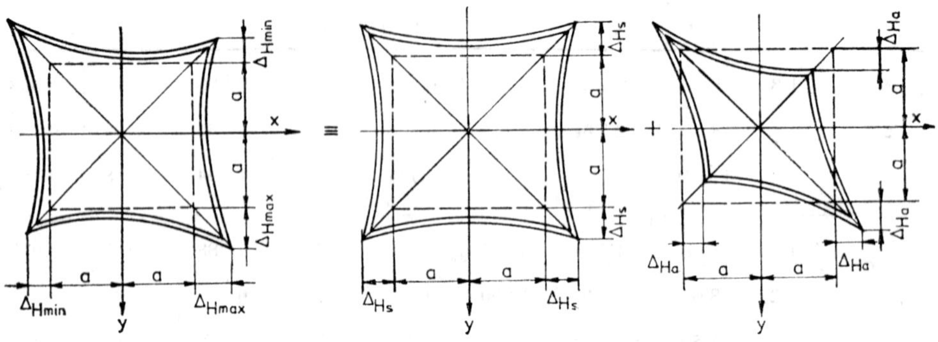

Fig. 6.46. — Unsymmetrical displacements of the corners.

decomposed into symmetrical Δ_{Hs} and antisymmetrical displacements Δ_{Ha} with respect to the axes Ox and Oy. Thus, we have

$$\Delta_{Hs} = \frac{\Delta_{H\,max} + \Delta_{H\,min}}{2} = \Delta_{H\,max}\,\frac{1 + \dfrac{\Delta_{H\,min}}{\Delta_{max}}}{2}, \qquad (6.83\text{ a})$$

$$\Delta_{Ha} = \frac{\Delta_{H\,max} - \Delta_{H\,min}}{2} = \Delta_{H\,max}\,\frac{1 - \dfrac{\Delta_{H\,min}}{\Delta_{H\,max}}}{2}. \qquad (6.83\text{ b})$$

The state of stress and deformation produced by the symmetrical horizontal displacements of the corners has been dealt with in the preceding paragraph; similar results have been established for antisymmetrical horizontal displacements.

6.6.5.2. The state of stress and deformation produced by the non-symmetrical horizontal displacement of the corners. To calculate the stress resultants and the deformations produced by non-symmetrical horizontal displacements of the corners those corresponding to symmetrical displacements (sub-Section 6.6.4.1.) and the antisymmetrical ones are superposed. Thus, for example, for forces, taking account of (6.83), there results

$$N = N_s + N_a = N_{s\,\max}\frac{1+\dfrac{\Delta_{H\min}}{\Delta_{H\max}}}{2} + N_{a\,\max}\frac{1-\dfrac{\Delta_{H\min}}{\Delta_{H\max}}}{2} =$$

$$= \frac{N_{s\,\max}+N_{a\,\max}}{2} + \frac{\Delta_{H\min}}{\Delta_{H\max}}\,\frac{N_{s\,\max}-N_{a\,\max}}{2} \tag{6.84}$$

in which

— N, N_s, N_a are the forces produced by non-symmetrical, symmetrical and antisymmetrical displacements of the corners, respectively;

— $N_{s\,\max}$ and $N_{a\,\max}$ are the forces produced by symmetrical and antisymmetrical displacements, respectively, with respect to $\Delta_{H\max}$. For non-symmetrical displacement of the corners the domain $\dfrac{\Delta_{H\min}}{\Delta_{H\max}} = 0.0\ldots1.0$ has been considered (Fig. 6.47a). For $\Delta_{H\min} = 0$, using relation (6.84) we obtain

$$N = \frac{N_{s\,\max}+N_{a\,\max}}{2},$$

while for $\Delta_{H\min} = \Delta_{H\max}$, there results

$$N = N_{s\,\max}.$$

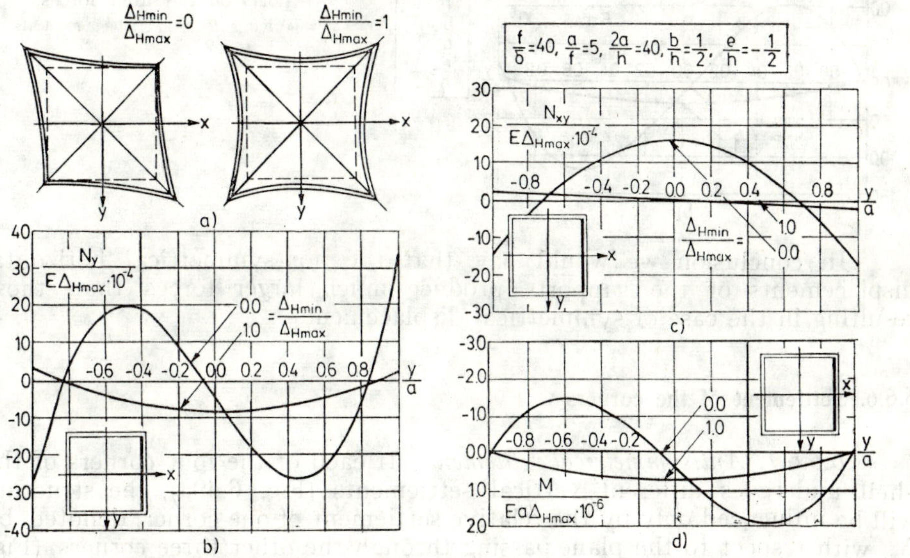

Fig. 6.47. — Influence of the unsymmetrical displacements of the corners on the shell forces: a) extreme cases considered; b) axial forces N_y at $y = a$; c) shear forces N_{xy} at $y = a$; d) bending moments M_x at $x = a$.

Between these two values, the forces vary linearly with respect to $\dfrac{\Delta_{H\,\min}}{\Delta_{H\,\max}}$.

The forces in the shell at the edge $x = a$ for the two extreme cases $\dfrac{\Delta_{H\,\min}}{\Delta_{H\,\max}} = 0$ and 1 are plotted in Figure 6.47 b, c, d.
Important modifications can be noticed, the forces changing their sign in some regions and having considerably different values; thus, for N_y the values at the corners are 12.9 times larger, for N_{xy} they are 6.9 larger and the maximum bending moments are 4 times larger, when we are confronted only with the displacement of two corners, as compared to the symmetrical displacement of all the corners.

Figure 6.48 shows the forces in the edge arches. Very large differences, as compared to the symmetrical horizontal displacements of the corners, can be also observed.

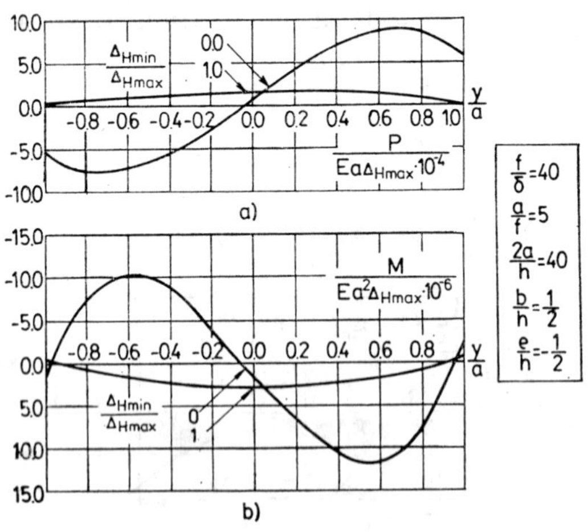

Fig. 6.48. — Influence of unsymmetrical displacements of the supports on the arch forces: a) axial forces P; b) bending moments M.

In conclusion we would say that the non-symmetrical horizontal displacements of the supports produce much larger forces than those resulting in the case of symmetrical displacements.

6.6.6. Settlement of the corners

6.6.6.1. Antisymmetrical settlements. If each of the four corners of the shell undergoes different vertical settlements (Fig. 6.49a), the structure will be influenced only by the relative settlement of one corner, denoted by Δ_v, with respect to the plane passing through the other three corners (Fig. 6.49b). In its turn this relative settlement can be decomposed as being the effect of the rotation of a rigid body and of the antisymmetrical settlement of the corners (Fig. 6.50). The rotation takes place about the straight line

$$\frac{x}{a} + \frac{y}{b} + 1 = 0$$

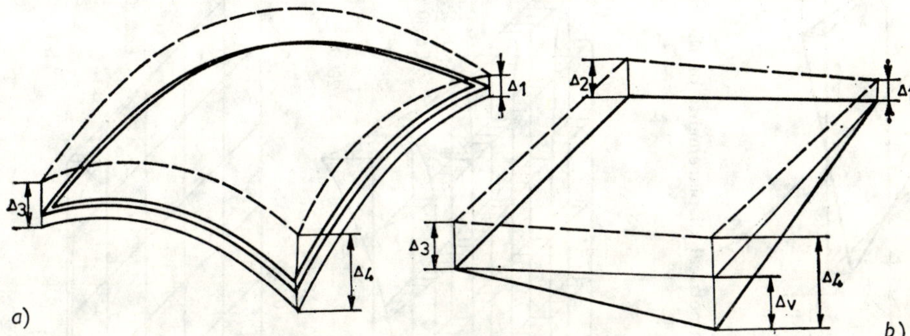

Fig. 6.49. — Settlements of the supports.

and the equation of the rotated plane is

$$\Delta_{vr} = \frac{\Delta_v}{4}\left(\frac{x}{a} + \frac{y}{a} + 1\right).$$

The antisymmetrical displacement of the corners will be

$$\Delta_{va} = \frac{\Delta_v}{4}.$$

Thus, the following vertical displacements of the corners result

$$\text{corner} \quad x = a; \quad y = a; \quad \Delta_{vr} + \Delta_{va} = \frac{3\Delta_v}{4} + \frac{\Delta_v}{4} = \Delta_v,$$

$$\text{corner} \quad x = a; \quad y = -a; \quad \Delta_{vr} - \Delta_{va} = \frac{\Delta_v}{4} - \frac{\Delta_v}{4} = 0,$$

$$\text{corner} \quad x = -a; \quad y = a; \quad \Delta_{vr} - \Delta_{va} = \frac{\Delta_v}{4} - \frac{\Delta_v}{4} = 0,$$

$$\text{corner} \quad x = -a; \quad y = -a; \quad \Delta_{vr} + \Delta_{va} = -\frac{\Delta_v}{4} + \frac{\Delta_v}{4} = 0.$$

As, however, the rotation of a rigid body does not influence the state of stress but only that of deformation, an antisymmetrical displacement of the corners having the value $\frac{\Delta_v}{4}$ will be sufficient to resolve the problem of the settlement of one support.

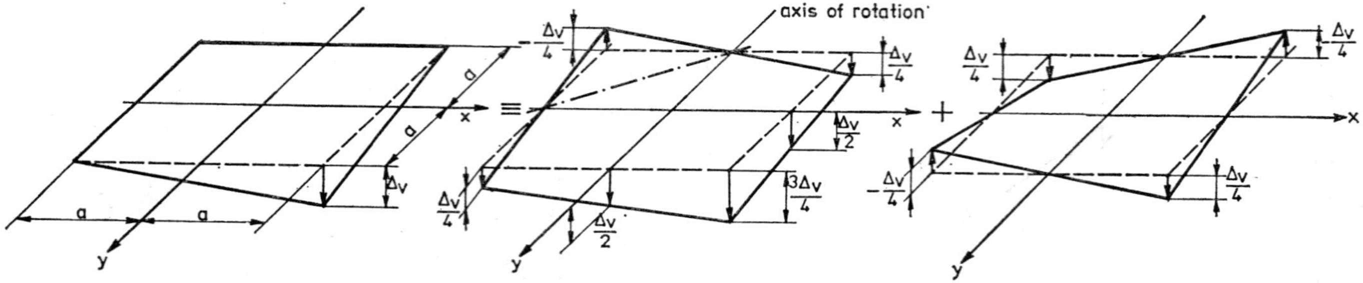

Fig. 6.50. — Reduction of the general settlements of the corners for unsymmetrical displacements of the corners.

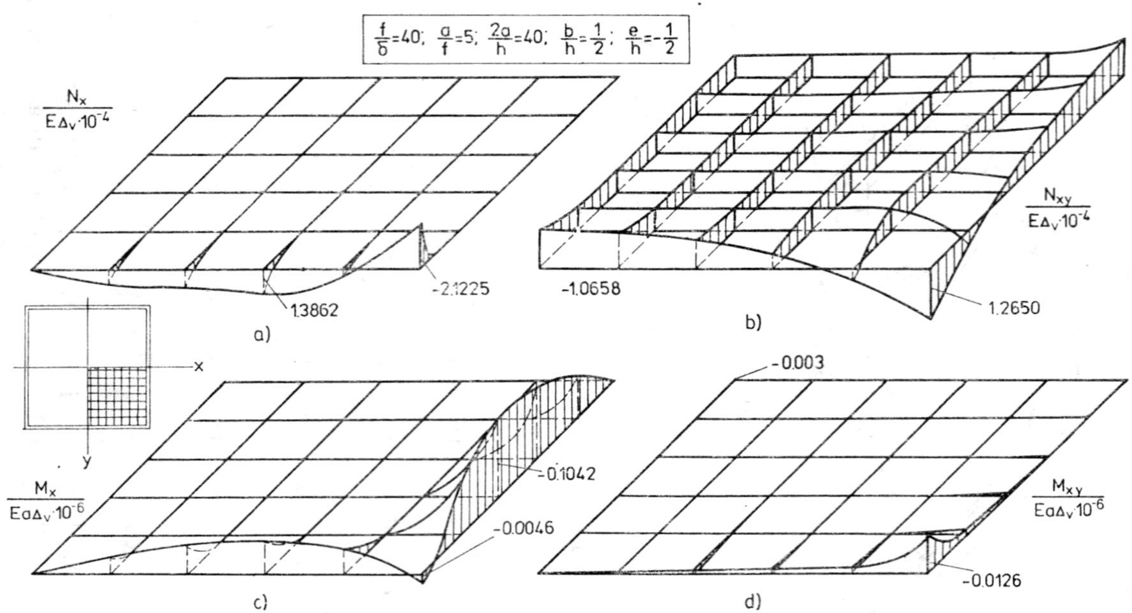

Fig. 6.51. — Settlement of a support ; shell forces :

a) axial forces N_x ; b) shear forces N_{xy} ; c) bending moments M_x ; d) twisting moments M_{xy}.

6.6.6.2. The state of stress and deformation due to the settlement of supports. For a shell with the geometrical characteristics defined in Section 6.5, we have calculated the stress resultants plotted in Figure 6.51. To estimate the forces due to the settlement of one corner, we consider the value

$$\frac{\Delta_v}{2a} = 0.002$$

given in [71], according to the NTu 127—55 Soviet standard. The maximum stress in concrete at the shell corner is

$$\sigma = \frac{N_2}{\delta} = \frac{N_x - N_{xy}}{\delta} = -\,3.3875 \times 10^{-4} \frac{E_0 \Delta_v}{\delta} =$$

$$= -3.3875 \times 10^{-4}\, E_0\, 0.004 \frac{a}{f} \frac{f}{\delta} = -\,85.5 \text{ kgf/cm}^2$$

and, for tension at the point 5.3, we have

$$\sigma = \frac{N_y}{\delta} = \frac{1.3862 \times 10^{-4}\, E_0 \Delta_v}{\delta} \simeq 35 \text{ kgf/cm}^2$$

(for a concrete with $E_0 = 315000$ kgf/cm²) ; these values are comparable or even higher than those for uniformly distributed loading produced by own weight and snow.

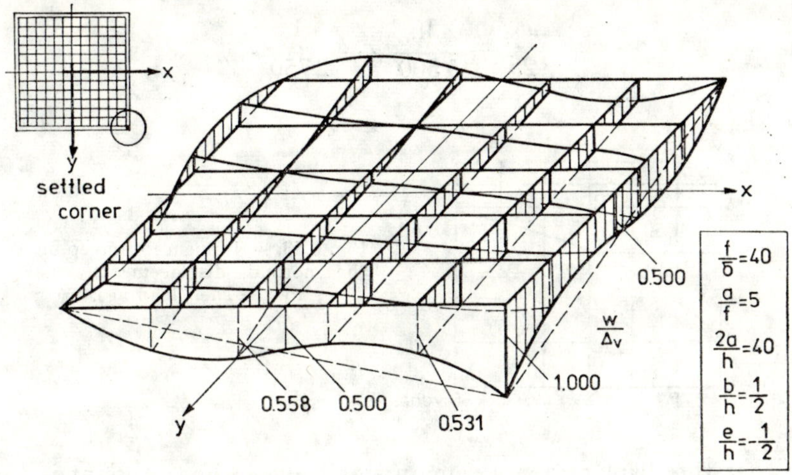

Fig. 6.52. — Normal displacements of the shell due to the settlement of a support.

Figure 6.52 shows the displacements normal to the shell surface due to a displacement of the corner $x = y = a$ by Δ_v. The shape of this diagram is similar to that of the displacement on an elastic medium (which in the present case is the shell).

It follows that in the case of supporting on two-hinge arches the settlement of one corner of the shell produces stresses comparable at the edges to those due to uniformly distributed loading.

6.6.7. **Influence of creep and shrinkage**

6.6.7.1. Uniformly distributed loadings and the own weight of the arches. If the loadings are simple, that is they change in time according to the same law, then, as shown in sub-Section 5.2.3.1., the state of stress changes in time proportional to the loadings. In the case of constant loadings, the state of stress does not change, and the displacements increase by the factor $1 + \varphi_t$.

For $\overline{\varphi} = 3.5$ and $\alpha = 0.3$, the variation in time of the deformations is plotted in Figure 6.53. It is found that the vertical displacements increase 4.5 times and, consequently, for the example presented in sub-Section 6.6.1.1. they are

$$\frac{w_\infty}{2a} = \frac{1}{2700} \cdots \frac{1}{1550}$$

and for the own weight of arches we have

$$\frac{w_\infty}{2a} = \frac{1}{5\,500} \cdots \frac{1}{2\,750}.$$

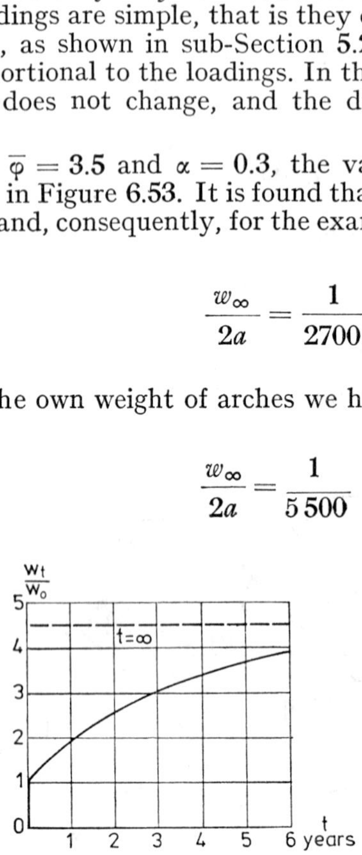

Fig. 6.53. — Influence of creep on the normal displacements due to the shell loadings.

Notice that the displacements remain small even when account is taken of the influence of creep.

6.6.7.2. Displacement of supports. Both in the case of horizontal displacements, and in that of vertical displacements the state of stress in the shell modifies in time according to the second principle of correspondence, enunciated in 5.2.2.

If the whole displacement takes place at the instant when the loading is applied (for example an instantaneous settlement appearing in sandy soils) the state of stress changes in time according to the known relaxation relation (5.13b)

$$f_{ct} = e^{-\varphi t}.$$

Since, as shown above, a great part of the tensioned zone of the arches is cracked, in order to take into account that only the compressed zone yields and in view of the fact that the forces in the shell are zero almost on the whole of the surface, we may replace the conventional creep characteristic by the reduced one given by (5.86), where k_r is given by (5.141).

For $\mu' = 0.2\mu$, $\mu = 0.02$ and $E_0 = 315000$ kgf/cm², $E_a = 2\,100\,000$ kgf/cm², we have

$$k_r = 0.258.$$

Figure 6.54 shows the variation in time of non-dimensional forces calculated with φ_t and $\varphi_{t\,red}$. A large difference can be observed between the two cases, in the latter case the reduction of forces being much smaller than in the former one.

If, however, a displacement in time of the soil also takes place, the state of stress changes according to relation (5.79). For the value $\bar{\varphi}_s = 5$

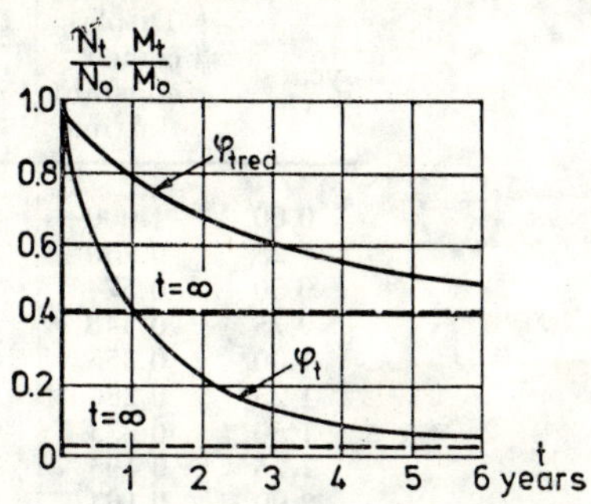

Fig. 6.54. — Influence of creep on the shell forces due to the displacements of supports.

(the displacements in time are five times greater than the instantaneous ones) and for $\bar{\varphi} = 4$ and $\alpha = 0.3$, the functions of the variation in time of forces are given in Table 6.33 and Figure 6.55. It is found that if the soil rate of deformation is smaller than that of the concrete ($\alpha = 0.3$ and $\beta = 0.1$), the forces decrease at the beginning, then after about two years increase and finally become of about 2.59 times greater than the initial ones; if we are faced with equal rates of increase $\alpha = 0.3$, $\beta = 0.3$, the forces increase in a period of about 2.5 years and then slightly decrease, the maximum values being 1.36 times the initial values; when the soil deformation rate is greater than that of the concrete ($\alpha = 0.3$, $\beta = 0.9$) the maximum values of the stresses are obtained at about one year from the beginning of the exploitation, being of about 2.1 times greater than the initial ones, but finally they decrease substantially. If account were not taken

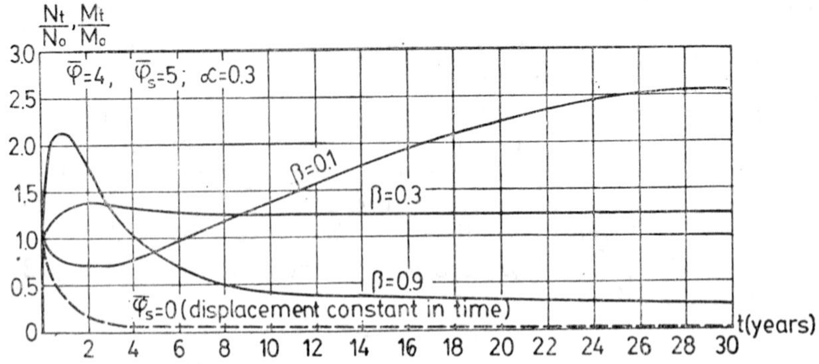

Fig. 6.55. — Influence of creep on the shell forces due to the settlement in time of the supports.

of the influence of the concrete creep the forces would have been of $1 + \overline{\varphi} = 1 + 5 = 6$ times greater than the initial ones, which show a significant reduction. It should be underlined that if the deformations of the concrete

Table 6.33

Change in time of the forces due to the displacements of supports produced by creep

years	Displacement constant in time	Displacement variable in time		
		$\beta = 0.1$	$\beta = 0.3$	$\beta = 0.9$
0.00	1.000	1.000	1.000	1.000
0.25	0.750	0.888	1.134	1.690
0.50	0.574	0.813	1.220	2.005
0.75	0.448	0.763	1.275	2.138
1.00	0.355	0.730	1.309	2.155
1.25	0.286	0.710	1.331	2.090
1.50	0.235	0.699	1.342	2.010
1.75	0.195	0.695	1.350	1.970
2.00	0.164	0.694	1.351	1.779
2.50	0.121	0.706	1.356	1.546
3.00	0.093	0.728	1.343	1.338
4.00	0.061	0.789	1.321	1.021
5.00	0.045	0.869	1.305	0.806
10.0	0.022	1.347	1.252	0.432
15.0	0.019	1.824	1.239	0.371
20.0	0.019	2.187	1.239	0.359
25.0	0.018	2.428	1.238	0.355
30.0	0.018	2.590	1.238	0.354

and soil are considered to be affine, as is usually done for other types of structures, the reduction is the greatest and, consequently, the calculation could not be on the safe side.

Consequently, if we consider that the horizontal displacement of supports $\frac{\Delta_H}{a} = \frac{1}{900}$, taken into account in the estimation of forces in sub-Section 6.6.4.1., consists of the instantaneous displacement $\frac{\Delta_{H_0}}{a} = \frac{1}{6 \times 900} = \frac{1}{5\,400}$ and the one which takes place in time $\frac{\Delta_{H_t}}{a} = \frac{5}{6 \times 900} = \frac{1}{1\,080}$, the maximum stresses will be (for $\bar{\varphi} = 4$, $\alpha = 0.3$) $\sigma_m = 25.0$ kgf/cm² ($\beta = 0.1$); 12.9 kgf/cm² ($\beta = 0.3$); 20.4 kgf/cm² ($\beta = 0.9$), that is much smaller than those obtained if the total displacement occurs instantaneously.

6.6.7.3. Influence of shrinkage. For a final shrinkage of

$$\bar{\varepsilon}_c = 3 \times 10^{-4}$$

using (5.104) we obtain a final imposed displacement of

$$\Delta_{Hct\infty} = 3 \times 10^{-4}\, xa.$$

The state of stress can be calculated using the values given in sub-Section 6.6.4., taking, however, account of the reduction factor due to creep, given by (5.105); for $\bar{\varphi} = 3.5$, we get

$$f^c_{\Delta\infty} = \frac{1 - e^{-3.5}}{3.5} = 0.277.$$

For the numerical example considered in sub-Section 6.6.4.1., the maximum stress at the middle of the arch span is of

$$\sigma_m = -0.277 \times 8.16 \times 10^{-4}\, \frac{E_0 \Delta_{Hct\,\infty}}{\delta} \simeq -4.3 \text{ kgf/cm}^2$$

and the maximum moment at the middle of the span is

$$M_x = 0.277 \times 0.748 \times 10^{-6}\, E_0 a \Delta_{Hct\infty} = (30 \ldots 160) \text{ kgfm/m}$$

(considering that $E_0 = 315000$ kgf/cm² and $2a = 24 \ldots 56$ m).

The maximum vertical displacement will be (at the shell edge)

$$\frac{w}{2a} = \frac{4.716 \times \Delta_{Hct\infty}}{2a} = \frac{1}{1\,410}.$$

It follows that the concrete shrinkage leads to relatively small values for stresses, whilst the normal displacements are comparable to those produced by uniformly distributed loadings.

6.7. Supporting on metal tie arches

If abutments capable of taking over the horizontal thrusts are not provided at the corners of the shell, ties connecting these corners and vertical columns must be used (Fig. 6.56 a). If the ties are not made of prestressed concrete,

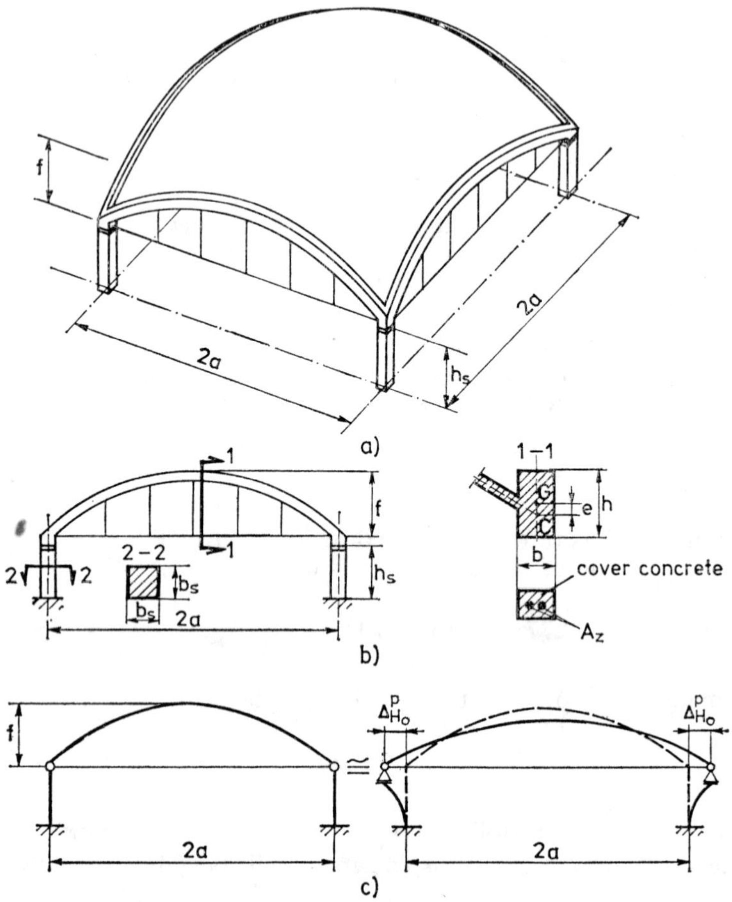

Fig. 6.56. — Paraboloid of revolution supported on arches with steel ties: a) geometrical elements; b) edge arches; c) scheme of calculation.

they must consist of metal profiles, covered with concrete (Fig. 6.56 b). Because of very strong stretching in the ties, leading to the cracking of the protection concrete, only the axial rigidity of the metal ties is considered.

In calculation the state of stress and deformation should be defined taking also account of the tie elongation resulting from the following actions:

— uniformly distributed loads (symmetrical and unsymmetrical);
— the own weight of the arches, and
— the influence of creep and shrinkage.

6.7.1. Uniformly distributed loads

6.7.1.1. The state of stress and deformation. The stresses and deformations can be calculated using the values obtained in the case of two-hinge arches (sub-Section 6.6.1.1.) over which the corresponding values obtained from the horizontal displacement of supports are superposed (sub-Section 6.6.4.1.). The horizontal displacement produced by the elongation of ties is given by relation (5.34), to which the influence of the column rigidity is added. If account is taken of (6.56) and (6.80) the horizontal displacement becomes

$$\Delta^p_{H_0} = \frac{k^p_H}{n\bar{A}_z + k^\Delta_H + \bar{I}_s}\,\frac{pa}{E_0} \qquad (6.85\text{ a})$$

and

$$k_z = \frac{n\bar{A}_z}{n\bar{A}_z + k^\Delta_H + \bar{I}_s}, \qquad (6.85\text{ b})$$

where

$$n = \frac{E_z}{E_0}; \quad \bar{A}_z = \frac{A_z}{a^2}; \quad \bar{I}_s = \frac{1}{4}\,\frac{h_s}{a}\left(\frac{b_s}{h_s}\right)^4 \qquad (6.86\text{ a, b, c})$$

(the notations are given in Figure 6.56).

In order to analyse the state of stress and deformation we consider the shell having the characteristics given in Section 6.5. For the case of tie forces, considering in an approximate manner that their value is equal to that of the thrust, we obtain

$$n\bar{A}_z = \frac{E_z}{E_0}\,\frac{A_z}{a^2} \simeq \frac{E_z}{E_0}\,\frac{H^p_c}{R_a a^2} = k^p_H\,\frac{E_z}{E_0}\,\frac{p}{R_a}$$

where R_a is the the reinforcement strength. From Table 6.14, it results for the above parameters that $k^p_{H_0} = 1.347$ whilst for $E_z = 2.1 \times$ $\times\ 10^6$ kgf/cm² we have $E_0 = 0.315 \times 10^6$ kgf/cm², $p = (360\ldots600)$ kgf/m² (see sub-Section 6.6.1.1.) and $R_a = 2100$ kgf/cm²

$$n\bar{A}_z = (1.5\ldots2.5)\,10^{-4}.$$

In order to analyse the influence of the rigidity of columns we consider the ratios $\frac{h_s}{a} = 0.3\ldots0.8$ and $\frac{b_s}{h_s} = \frac{1}{10}\ldots\frac{1}{20}$, whence

$$\bar{I}_s = (0.005\ldots0.2) \times 10^{-4},$$

which, if compared to the values of the term $n\bar{A}_z$, shows that they have a very small influence on the magnitude of the horizontal corner displacements. Hence, in the shell calculation the influence of the column rigidity may be disregarded (Fig. 6.56c), obtaining the relations

$$\Delta^p_{H_0} = \frac{k^p_H}{n\bar{A}_z + k^\Delta_H}\,\frac{pa}{E_0}, \tag{6.85'a}$$

$$k_z = \frac{n\bar{A}_z}{n\bar{A}_z + k^\Delta_H}, \tag{6.85'b}$$

For the numerical example we consider a mean value

$$n\bar{A}_z = 2 \times 10^{-4}.$$

The displacement of the support produced by the elongation of ties will be (with $k^p_H = 1.3465$ given in sub-Section 6.6.1.1 and $k^\Delta_H = 0.3187 \times 10^{-4}$ given in sub-Section 6.6.4.1)

$$\Delta_{H_0} = \frac{1.3465}{2.00 + 0.3187}\,10^4\,\frac{pa}{E_0} = 0.5807 \times 10^4\,\frac{pa}{E_0}.$$

The resulting forces are listed in Table 6.34 and shown in Figure 6.57. For the loads established in sub-Section 6.6.1.1. the maximum values of stresses at the middle of the arch span are

$$\sigma_m = -\,5.8238\,\frac{pa}{E_0} = -\,(43\ldots70)\ \text{kgf/cm}^2$$

the bending moments being

$$M = 42.2504 \times 10^{-4} = (225\ldots2000)\ \text{kgfm/m}.$$

It follows that the values obtained at the edges are much higher than those for the two-hinge arch (sub-Section 6.6.1.1) but at the shell center the forces do not change.

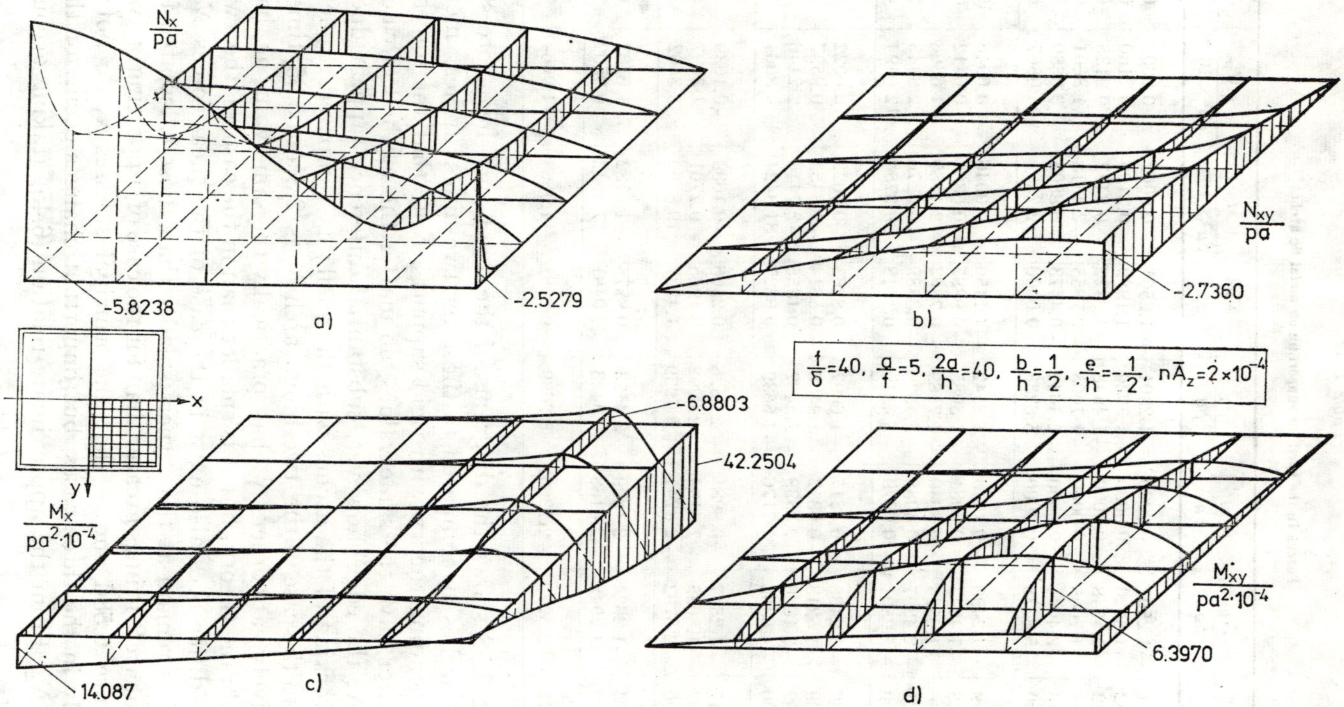

Fig. 6.57. — Symmetrical loading; shell force :

a) axial forces N_x ; b) shear forces N_{xy} ; c) bending moments M_x ; d) twisting moments M_{xy}.

Table 6.34

Forces in the shell for supporting on metal tie arches

Points	$\frac{N_x}{pa}$	$\frac{N_y}{pa}$	$\frac{N_{xy}}{pa}$	$\frac{N_1}{pa}$	$\frac{N_2}{pa}$	$\frac{M_x}{pa^2 \times 10^{-4}}$	$\frac{M_y}{pa^2 \times 10^{-4}}$	$\frac{M_{xy}}{pa^2 \times 10^{-4}}$
0,0	−1.2501	−1.2501	0.0000	−1.2501	−1.2501	0.0002	0.0002	0.0000
1,0	−1.1982	−1.3020	0.0000	−1.3020	−1.1982	−0.2108	0.2160	0.0000
2,0	−1.0422	−1.4548	0.0000	−1.4548	−1.0422	−0.8477	0.9138	0.0000
3,0	−0.7855	−1.7005	0.0000	−1.7005	−0.7855	−2.4318	1.8601	0.0000
4,0	−0.4473	−2.4041	0.0000	−2.4041	−0.4473	−6.8803	3.0680	0.0000
5,0	0.0000	−5.8238	0.0000	−5.8238	0.0000	42.2504	14.0867	0.0000
1,1	−1.2499	−1.2499	−0.1043	−1.3542	−1.1456	0.0046	0.0046	0.4251
2,1	−1.0928	−1.4043	−0.2081	−1.5085	−0.9887	−0.6308	0.6412	0.8552
3,1	−0.8296	−1.6595	−0.3040	−1.7589	−0.7302	−2.1389	1.6366	1.3338
4,1	−0.4721	−2.4397	−0.4038	−2.4329	−0.3889	−6.0276	2.8445	2.3085
5,1	0.0000	−5.2801	−0.9079	−5.4319	0.1518	39.3754	12.9494	0.7865
2,2	−1.2480	−1.2480	−0.4217	−1.6697	−0.8263	−0.0022	−0.0022	1.6897
3,2	−0.7909	−1.5243	−0.6312	−1.9438	−0.5614	−1.3453	0.9597	2.5887
4,2	−0.5599	−2.1808	−0.8539	−2.5462	−0.1855	−3.7416	2.2146	4.2697
5,2	0.0000	−4.0302	−1.7176	−4.6639	0.6327	31.3424	9.8004	1.4674
3,3	−1.2547	−1.2547	−0.9981	−2.2528	−0.2566	−0.1639	−0.1639	3.8332
4,3	−0.7692	−1.8635	−1.4104	−2.8292	0.1965	−0.7701	1.3497	5.6756
5,3	0.0000	−2.3702	−2.3241	−3.7939	1.4237	19.8609	5.3602	1.9650
4,4	−1.2624	−1.2624	−2.1899	−3.4523	0.9275	1.6782	1.6782	6.3970
5,4	0.0000	−1.2942	−2.6163	−3.3423	2.0481	7.4542	0.9502	2.2299
5,5	−2.5279	−2.5279	−2.7360	−5.2639	0.2081	−1.0664	−1.0664	2.2977

Figure 6.58 shows the diagrams of the axial and shear forces in the shell for tie arches as compared to those for two-hinge arches, membrane theory and bending theory with rigid supports. Note that the forces N_x at the shell center have the same values, no matter the method of calculation employed. At the edge, however, substantial differences appear due to the combined working of the arches with the shell; as compared to membrane theory and to the case of the two-hinge arch N_x is 2.3 and 5.35 times greater, respectively; at corners N_x has practically the same value as that given by the membrane theory, but it is smaller than in the case of the two-hinge arch. Large differences also exist in the case of the shear forces N_{xy}, that is their values remain at the corners smaller than those calculated for rigid supports, but are 2.1 times greater than for the case of supporting on two-hinge arches. Figure 6.58d shows that the principal stresses N_1 do not change substantially in the three cases, but important changes occur for the principal force N_2. From the approximate relation (6.45) (taking account that

$\xi_0' = 0.483\ a$, $N_{2c} = 0.2081\ pa$ and $N_{2a} = 0.9275\ pa$), we obtain the values of the volume of tensile stresses

$$V_{ir} = 0.330\ pa^2\,;$$

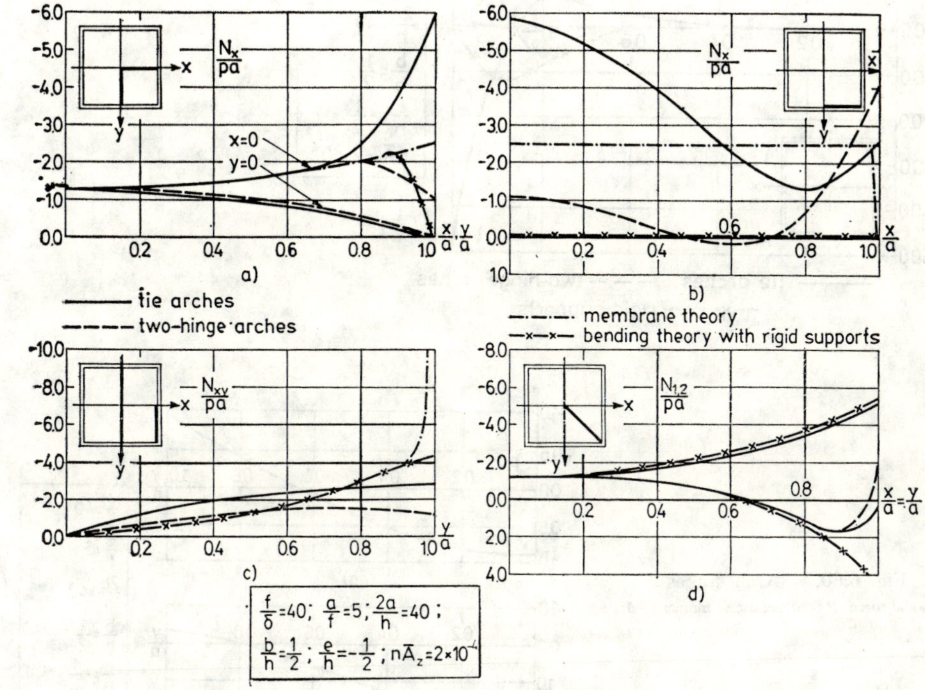

Fig. 6.58. — Comparison of the shell forces for some supporting cases: a) axial forces N_x for $x = 0$, $y = 0$; b) axial forces N_x for $y = a$; c) shear forces N_{xy} for $x = a$; d) principal forces N_1, N_2 for $x = y$.

this value is 1.46 times greater than that for supporting on two-hinge arches, but only 0.42 of that for rigid supporting.

Figure 6.59 is a plot of the bending moments M_x as compared to the cases of supporting on two-hinge arches or rigid gables to which the shell is hinged or built-in.

Table 6.35 gives the stress values plotted in Fig. 6.60. Using (5.31) the stress in the ties is

$$X_{z_0} = \frac{2 \times 10^{-4}}{(2 + 0.3187)\ 10^{-4}}\ 1.3465\ pa^2 = 1.1614\ pa^2$$

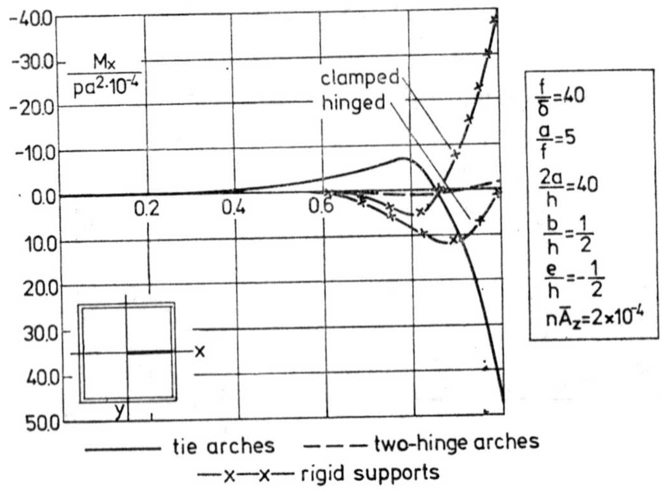

Fig. 6.59. — Comparison of the bending moments of the shell for various supporting cases.

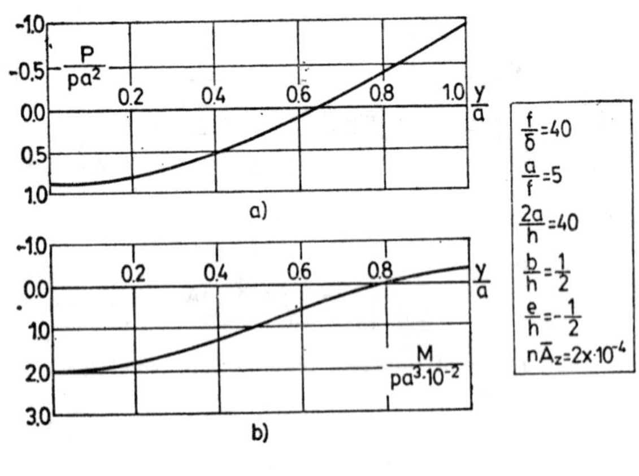

Fig. 6.60. — Arch forces : a) axial force P; b) bending moment M.

Table 6.35

Forces in metal tie edge arches

Points	$\frac{P}{pa^2}$	$\frac{M}{pa^3 \times 10^{-2}}$	$\frac{M_r}{pa^3 \times 10^{-2}}$	$\frac{\sigma_i}{p10^2}$	$\frac{\sigma_s}{p10^2}$
5,0	0.9264	1.9815	0.0000	26.4327	−11.6141
5,1	0.8465	1.8020	−0.0794	24.0719	−10.5262
5,2	0.5605	1.3042	−0.1482	17.0015	− 8.0371
5,3	0.1393	0.6087	−0.1984	6.9562	− 4.7257
5,4	−0.3746	−0.0425	−0.2251	− 3.4051	− 2.5903
5,5	−0.9102	−0.2314	−0.2314	− 9.9005	− 4.6633

This value is smaller by 13.5 per cent than that of the arch thrust produced by the elongation of ties. Referred to the total loading, the stress in the ties represents

$$\frac{1.1614\ pa^2}{4\ pa^2} \times 100 = 29 \text{ per cent.}$$

As concerns the stresses in the tie arches, important changes are noticed as compared to the case of two-hinge arches. The tensile stress on the inner surface at the middle of the arch span is

$$\sigma_{im} = 26.4327\ p \times 10^2 = (100\ldots160)\ \text{kgf/cm}^2 \gg R_t$$

It follows that the central zone of the edge arch is cracked over a portion of about 70 per cent of the span.

Figure 6.61 and Table 6.36 show the displacements normal to the shell surface. As it can be noticed the highest values appear at the edges; this shows once again that the assumption of perfectly rigid gables in their plane

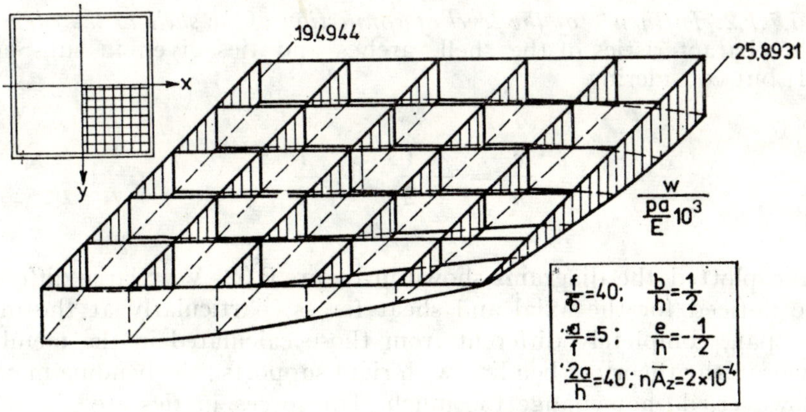

Fig. 6.61. – Normal displacements *w*.

Table 6.36

The normal displacements $w/\frac{pa}{E}\ 10^3$ in the case of supporting on metal tie arches

n \ m	0	1	2	3	4	5
0	19.4944	19.4934	19.5871	20.0559	21.5647	25.8931
1	19.4943	19.4465	19.3979	19.6291	20.7777	24.4056
2	19.5871	19.3979	18.9251	18.4530	18.5515	20.2133
3	20.0559	19.6291	18.4530	16.8295	15.2591	14.0642
4	21.5647	20.7777	18.5515	15.2591	11.4034	6.9994
5	25.8931	24.4056	20.2133	14.0642	6.9994	0.0000

is not applicable in this case. Table 6.37 gives the displacements of the arches, normal to the surface, or vertical in the two extreme cases of location with respect to the shell. Notice that when the arches are vertically placed, the value of the displacement at mid-span, referred to the span, is

$$\frac{w}{2a} = \frac{29.2540 \times 10^3}{2} \frac{p}{E_0} = \frac{1}{700} \cdots \frac{1}{400}.$$

Table 6.37

Displacements of the edge arches $w/\frac{pa}{E_0}$ 10^3

Points	Arches normal to the shell	Vertical arches
5,0	25.8931	29.2540
5,1	24.4056	27.6462
5,2	20.2133	23.2861
5,3	14.0642	16.7530
5,4	6.9994	9.4950
5,5	0.0000	0.0000

This value approaches that given by the limit state of serviceability. As compared to the values supplied by membrane theory or by bending theory with rigid supports, the displacements at the shell center are 15.5 times larger whilst at the edges, as compared to those of the two-hinge arch, they are 16.1 times larger.

6.7.1.2. Influence of the level of connection of the shell to the edge arch. For the characteristics of the shell, arches and ties given in sub-Section 6.7.1.1, but considering

$$\frac{e}{h} = -\frac{1}{2}\,;\ 0\,;\ \frac{1}{2}$$

we have plotted the diagrams shown in Figure 6.62. Very large differences can be noticed for the axial and shear forces, particularly at the middle of the span, completely different from those calculated in the membrane theory or in the theory of bending with rigid supports; the bending moments M_x, however, do not change too much. The forces in ties are

$$e = \frac{h}{2}\,; \qquad X_z = 1.4140\,pa^2,$$

$$e = 0\,; \qquad X_z = 1.3680\,pa^2,$$

$$e = -\frac{h}{2}\,; \qquad X_z = 1.1614\,pa^2,$$

the values being higher when the connection is at the lower level.

Considering this finding and the fact that when the shell connection is at the lower level great tensile stresses appear at the edges, in the case of arches with metal ties it is recommendable to have the shell connection at the upper level of the arch.

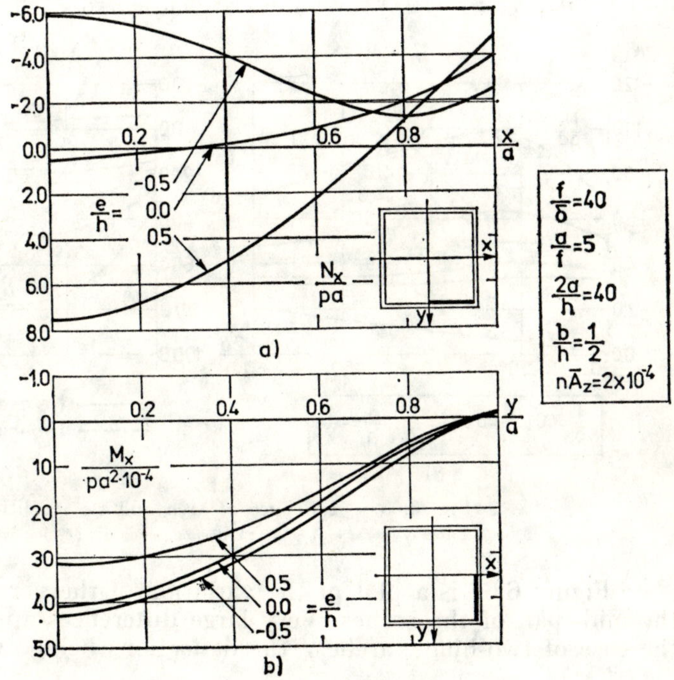

Fig. 6.62. — Influence of the connection level:
a) axial force N_x for $y = a$;
b) bending moment M_x for $x = a$.

6.7.1.3. Influence of the rigidity of arches and ties. The influence of the rigidity of arches and ties on the state of stress and deformation has been examined for a shell with $\frac{a}{f} = 5$ and $\frac{f}{\delta} = 40$, whilst for the edge arches it has been considered that $\frac{b}{h} = \frac{1}{2}$ and $\frac{e}{h} = -\frac{1}{2}$.

Figure 6.63 shows diagrams of the forces N_x and moments M_x account being taken of the ratios $\frac{2a}{h} = 20\ldots60$ and $n\bar{A}_z = (1.0\ldots5.0) \times 10^{-4}$. Notice that the forces change in a significant manner with the variation of the rigidity of ties. If we examine the influence of the rigidity of arches, we find that both N_x and M_x assume maximum values close to the ratios

$\frac{2a}{h} = 30-40$, since two opposite tendencies appear; on the one hand, the forces decrease with the increase of the ratio $\frac{2a}{h}$, and on the other hand, the influence of the corner displacements increases. It can be also seen that for $n\bar{A}_z > 2 \times 10^{-4}$ the values are closer to each other.

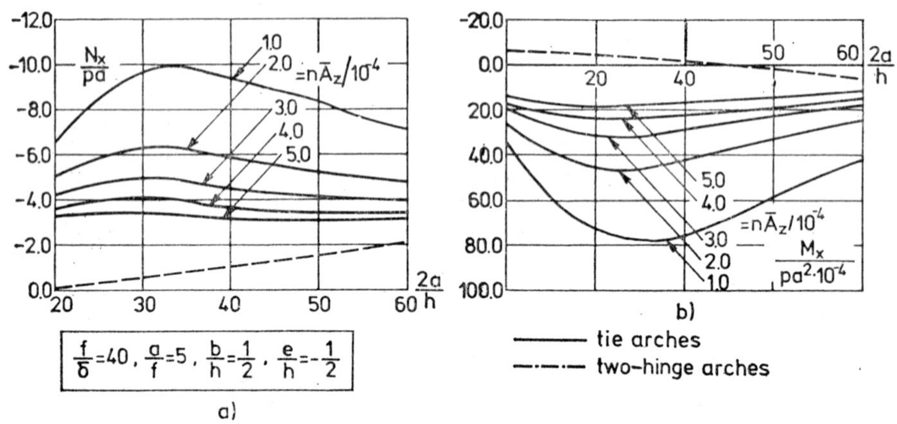

Fig. 6.63. — Influence of arch and tie rigidities:
a) axial forces N_x for $x = 0$, $y = a$; b) bending moments M_x for $x = 0$, $y = a$.

Figure 6.64 is a plot of the variation of the vertical displacement at the mid-span of the arches. Very large differences appear as compared to the case of two-hinge arches, the deflections being even 40 times higher.

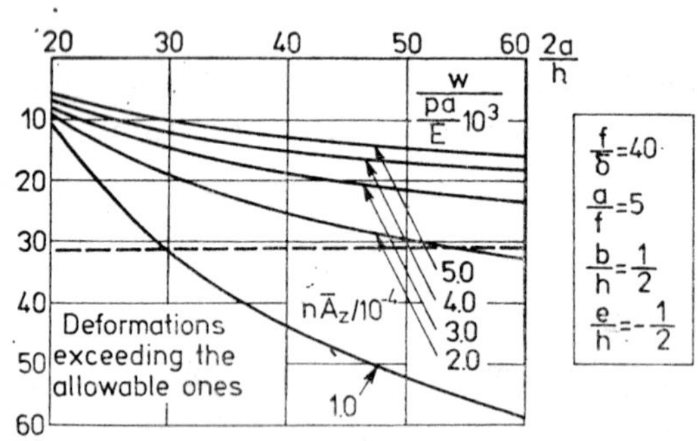

Fig. 6.64. — Influence of arch and tie rigidities on the normal displacements w.

Likewise, as compared to the deflections at the shell center, calculated in the membrane theory or in the theory of bending with rigid supports, the displacements can be 50 times greater.

6.7.2. Uniformly distributed unsymmetrical loads

As at the shell centre there are no differences between the state of stress corresponding to the supporting on ties and on two-hinge arches, the conclusions established in sub-Section 6.6.2.2. are valid. The changes at the shell edge and those of the forces in the edge arches can be studied with the aid of the unsymmetrical loading diagram of type *c* shown in Figure 6.29. As compared to the case of two-hinge arches, in ties, arches, unsymmetrical corner displacements occur because of the thrust differences. The unsymmetrical displacements may be decomposed into symmetrical and antisymmetrical ones (Fig. 6.46). If the ties are placed in the plane of the edge arches, the antisymmetrical displacements are free to occur and, consequently

$$H^{p}_{ca} + H^{s}_{ca} = 0$$

where

— H^{p}_{ca} is the horizontal thrust due to antisymmetrical loads

$$H^{p}_{ca} = k^{p}_{Ha}\, p_a\, a^2,$$

— H^{s}_{ca}, the horizontal thrust due to the antisymmetrical corner displacements, which can be written under the form

$$H^{p}_{ca} = -\, k^{\Delta}_{Ha}\, E_0 a\, \Delta_{Ha}.$$

The antisymmetrical horizontal displacements are obtained as

$$\Delta_{Ha} = \frac{k^{p}_{Ha}}{k^{\Delta}_{Ha}} \frac{p_a a}{E_0}$$

(the influence of column rigidities has been disregarded).

For the numerical example examined in the previous chapters we get the symmetrical corner displacements calculated in sub-Section 6.7.1

$$\Delta_{Hs} = 0.5807 \times 10^4 \frac{p_a a}{E_0}$$

and from the previous relation, we have

$$\Delta_{Ha} = 0.0498 \times 10^4 \frac{p_a a}{E_0}.$$

The antisymmetrical corner displacements, even when free, are found to be much smaller than the symmetrical ones, the structure being very rigid in shearing. If account is taken of relation (6.60 a) and if we consider that

$$\frac{p_{\min}}{p_{\max}} = 0.6\,; \qquad \frac{p_{\max}}{p} = 1.15$$

as shown in Sub-Section 6.6.2.3, then

$$\Delta_{Hs} = 0.5807 \times 10^4 \frac{p_{\max}a}{E_0} \frac{1 + \dfrac{p_{\min}}{p_{\max}}}{2} = 0.5350 \times 10^4 \frac{pa}{E_0},$$

$$\Delta_{Ha} = 0.0498 \times 10^4 \frac{p_{\max}a}{E_0} \frac{1 - \dfrac{p_{\min}}{p_{\max}}}{2} = 0.0115 \times 10^4 \frac{pa}{E_0}.$$

Thus

$$\Delta_{H\max} = \Delta_{Hs} + \Delta_{Ha} = 0.5465 \times 10^4 \frac{pa}{E_0},$$

$$\Delta_{H\min} = \Delta_{Hs} - \Delta_{Ha} = 0.5235 \times 10^4 \frac{pa}{E_0},$$

and

$$\frac{\Delta_{H\min}}{\Delta_{H\max}} = 0.957,$$

and, consequently, in the case of unsymmetrical loads, large differences between corner displacements do not exist.

In Figure 6.65 some characteristic forces are plotted. Notice that the forces increase in the region of maximum loads and decrease in the region of minimum loads, but the differences are not considerable. Therefore, in order to take the influence of unsymmetrical loads into account it is sufficient to carry out a calculation as for symmetrical loads, but considering the maximum loading, $p_{\max}$.

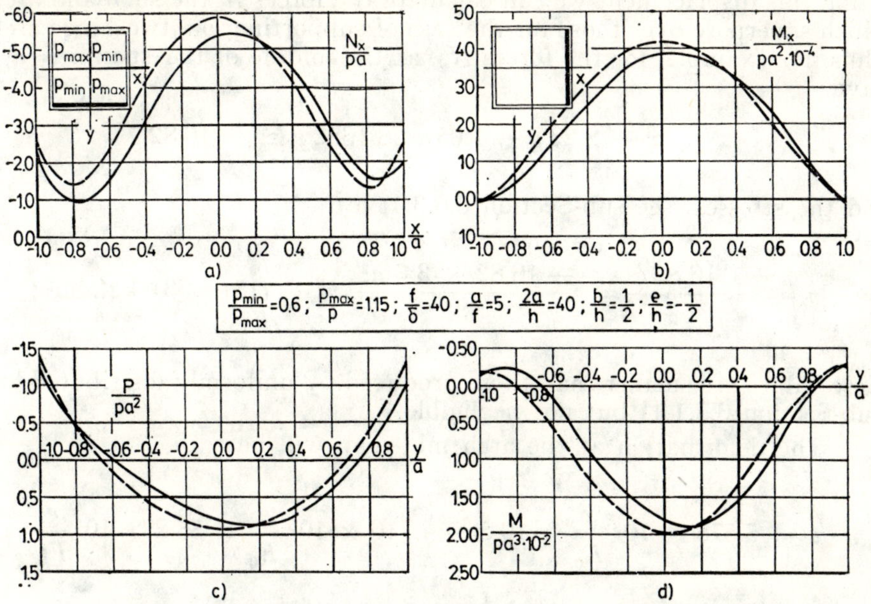

Fig. 6.65. — Influence of unsymmetrical loadings upon the shell forces : a) axial forces N_x for $y=a$; b) bending moments M_x for $y=a$; c) axial forces in edge members P ; d) bending moments in edge members M

6.7.3. The own weight of arches

In a manner similar to that used for symmetrically uniformly distributed loadings, the symmetrical horizontal displacement of the corners, resulting from the elongation of ties, can be determined by means of relation (5.34), where the horizontal thrust of the two-hinge arch is taken as being that corresponding to the arch weight (sub-Section 6.6.1). In a manner similar to that used for (6.85) we get

$$\Delta^q_{H_0} = \frac{k^q_H}{n\bar{A}_z + k^\Delta_H} \frac{g}{E_0} \tag{6.87}$$

and since from sub-Section 6.6.3.1 we obtain

$$k_H = 2.442$$

then

$$\Delta^q_{H_0} = \frac{1}{(2 + 0.319) \times 10^{-4}} \frac{2.442\, g}{E_0} = 1.050 \times 10^4 \frac{g}{E_0}.$$

Using this displacement we can calculate the forces in the shell and arches, which superpose over those for the case of supporting on two-hinge arches. Thus, for example, for the forces N_y, at the middle of the span $x = a$, we have

$$N_{ym} \simeq -8.22\,g - 1.05 \times 8.1682\,g \simeq -16.82\,g$$

and the stresses (see sub-Section 6.6.3.1) are

$$\sigma = -\frac{16.82\,g}{\delta} = \frac{-16.82 \times 3.6\,a^2}{\delta} = -(15\ldots33)\ \text{kgf/cm}^2;$$

these values are smaller than those produced by uniformly distributed loads (sub-Section 6.7.1.1) but not negligible.

The deformation at the arch mid-span will be

$$w = 5.575 \times 10^3 \frac{g}{E_0} + 10.5 \times 4.716 \times 10^3 \frac{g}{E_0} \simeq 55.2 \times 10^3 \frac{g}{E_0}$$

and for the service loading given in sub-Section 6.6.3.1 $g \simeq 3.25\,a^2$ kgf/m, $E_0 = 315000$ kgf/cm² and $2a = 24\ldots56$ m, there results

$$\frac{w}{2a} = \frac{1}{2500} \ldots \frac{1}{1240};$$

these values are also comparable to those obtained for uniformly distribued loadings.

It is evident from the above that in design account should be also taken of the influence of the own weight of arches on the state of stress and deformation.

6.7.4. **Influence of creep**

As was shown in sub-Section 5.2.3.1, a redistribution of stresses between metal ties and the concrete structure with visco-elastic properties takes place in time due to creep. The stresses in the shell and edge arches have been calculated by superposing over the values obtained for the case of supporting on two-hinge arches the stresses produced by the displacement of corners. In the former case the stresses do not change in time, the loadings being simple; in exchange in the latter case a strong stress relaxation exists. Thus, the stresses can be calculated using relation (5.38 a, b). The damping function is given by relation (5.37a), from which for the example discussed in sub-Section 6.7.1.1, using k_z given in (5.29), we obtain the following

$$k_z = \frac{n\bar{A}_z}{n\bar{A}_z + k_H^{\Delta}} = \frac{2 \times 10^{-4}}{(2 + 0.3187)\,10^{-4}} = 0.863.$$

$$f_{et}^{\Delta} = e^{-0.863\varphi_t}.$$

In the case of supporting on two-hinge arches, the displacements increase in time by the factor $(1 + \varphi_t)$, and the effect of corner displacement amplifies in time by the factor yielded by relation (5.37 b) from which, in our case, we obtain

$$f_{dt}^{\Delta} = 1 + \frac{1 - 0.863}{0.863}\,(1 - e^{-0.863\varphi_t}) = 1 + 0.1595\,(1 - e^{-0.863\varphi_t}).$$

Table 6.38 lists the functions f_{et}^{Δ} and f_{dt}^{Δ} calculated with the creep characteristic given in Table 5.1 and with that reduced by a coefficient $k = 0.258$ established in sub-Section 6.6.7.2, which takes account of the cracked tensioned zone of the arches. Large differences can be noticed in the stress relaxation, the displacements being, however, only slightly modified. Figure 6.66 illustrates, for the example treated in the preceding sections, the variation in time of the forces N_x and M_x; note that if account is not taken of the effect of the cracked zone of arches, the forces tend to assume the value of those for the case of supporting on two-hinge arches, since the forces produced by the displacement of corners become very small in time; on the contrary, if account is taken of this cracking, the stresses are much less reduced; in the same manner vary in time the stresses in edge arches.

Table 6.38

Variation of forces in time due to creep

t years	f_{et}^{Δ}	f_{dt}^{Δ}	$f_{et\,\mathrm{red}}^{\Delta}$	$f_{dt\,\mathrm{red}}^{\Delta}$
0.00	1.000	1.000	1.000	1.000
0.25	0.804	1.031	0.946	1.009
0.50	0.657	1.055	0.898	1.016
0.75	0.544	1.073	0.855	1.023
1	0.457	1.087	0.817	1.029
2	0.255	1.119	0.703	1.047
3	0.223	1.124	0.679	1.051
4	0.121	1.140	0.579	1.067
5	0.095	1.145	0.546	1.072
∞	0.049	1.152	0.458	1.087

The increase in time of the displacements is illustrated in Figure 6.67; it shows that values 1.45 times greater are obtained, such that re-calculating the values given in sub-Section 6.7.1.1, we have

$$\frac{w}{2a} = \frac{1}{480} \cdots \frac{1}{276}.$$

This leads to the possibility of obtaining values which exceed the ultimate ones.

The variation of forces in metal ties is illustrated in Figure 6.68; it can be seen that the forces increase by about 15 or 8.7 per cent, according as account is taken or not of the influence of arch cracking.

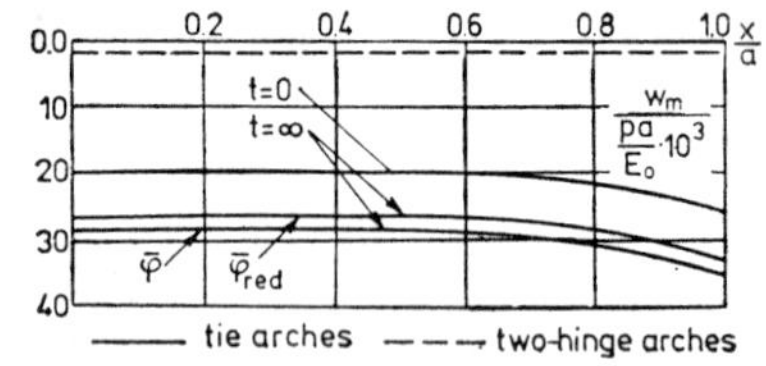

Fig. 6.67. — Influence of creep on the displacements w.

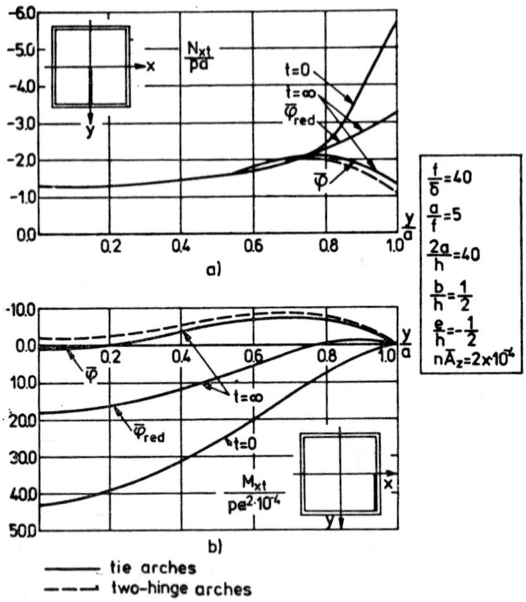

Fig. 6.66. — Influence of creep in the case of steel tie arches:
a) axial forces N_x for $x = 0$; b) bending moments M_x for $x = a$.

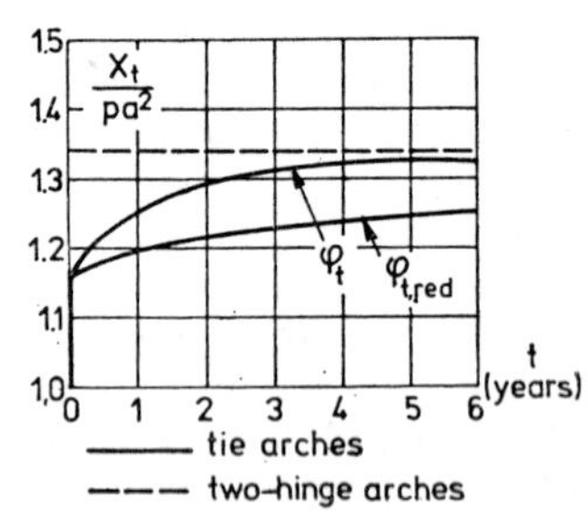

Fig. 6.68. — Influence of creep on the forces in the steel ties.

The variation in time of the forces N_x and M_x for various ratios $\frac{2a}{h}$ is plotted in Figure 6.69; the most important reductions in the force values appear for $\frac{2a}{h} = 30 \ldots 40$, since for these values the influence of the displacement of supports is the largest.

Since the cracking of the tensioned concrete zone can be hardly mastered by calculation, we would suggest that in design account should be taken of the fact that the forces can be reduced to those appearing in the two-hinge arch, where in some cases they change their sign.

6.7.5. **Influence of shrinkage**

As was shown in sub-Section 6.6.7.3, for the shrinkage

$$\overline{\varepsilon}_c = 3 \times 10^{-4}$$

the final displacement is

$$\Delta_{Het} = 3 \times 10^{-4}\, a$$

for which the shell can be calculated for an imposed displacement, account being taken, however, that the forces are reduced by the factor (5.112)

$$f^c_{e\infty} = \frac{1 - e^{-k_z\overline{\varphi}}}{\overline{\varphi}} = \frac{1 - e^{-0.863\overline{\varphi}}}{\overline{\varphi}} = 0.272.$$

If this reduction is compared with that obtained in sub-Section 6.6.7.3 for the case of supporting on hinged arches, we notice that the reduction of forces due to creep in the case of supporting on metal arches is only by 0.5 per cent smaller than that of the two-hinge arch but the order of magnitude of the forces remains the same.

The final displacement due to shrinkage is smaller than that of the two-hinge arch; from (5.113) we have

$$f^c_{d\infty} = \frac{\overline{\varphi} - \dfrac{1 - k_z}{k_z}\left(1 - e^{-k_z\overline{\varphi}}\right)}{\overline{\varphi}} = 0.957,$$

as compared to 1, obtained when the supporting is on two-hinge arches. It can be concluded that metal ties prevent almost completely the free deformation of the corners and the tie edge arches behave for concrete shrinkage as the two-hinge ones.

6.7.6. **Design formulas for uniformly distributed loads**

The analysis of the paraboloid of revolution on square boundary, supported on tie arches, can be performed by means of the relations given below for the case

$$\frac{a}{f} = 5 \text{ and } \frac{e}{h} = -\frac{1}{2}.$$

The stress resultants in the shell and edge arches vary as shown in Fig. 6.70 a—e and can be calculated by means of the relation

$$E_t^{pg\Delta} = E_0^p + E_0^g + E_0^\Delta\left[\Delta_{H_0}^{pg} e^{-k_z\varphi_t} + \frac{\overline{\varepsilon}_c a}{\overline{\varphi}}\left(1 - e^{-k_z\varphi_t}\right)\right]. \qquad (6.88)$$

The displacements vary as shown in Figure 6.70 f and can be calculated using the relation

$$D_t^{pg\Delta} = (D_0^p + D_0^g)(1 + \varphi_t) + D_0^{\Delta}\left\{\Delta_{H0}^{pg}\left[1 + \frac{1-k_z}{k_z}(1 - e^{-k_z\varphi_t})\right] + \right.$$
$$\left. + \frac{\overline{\varepsilon}_c a}{\overline{\varphi}}\left[\varphi_t - \frac{1-k_z}{k_z}(1 - e^{-k_z\varphi_t})\right]\right\} \tag{6.89}$$

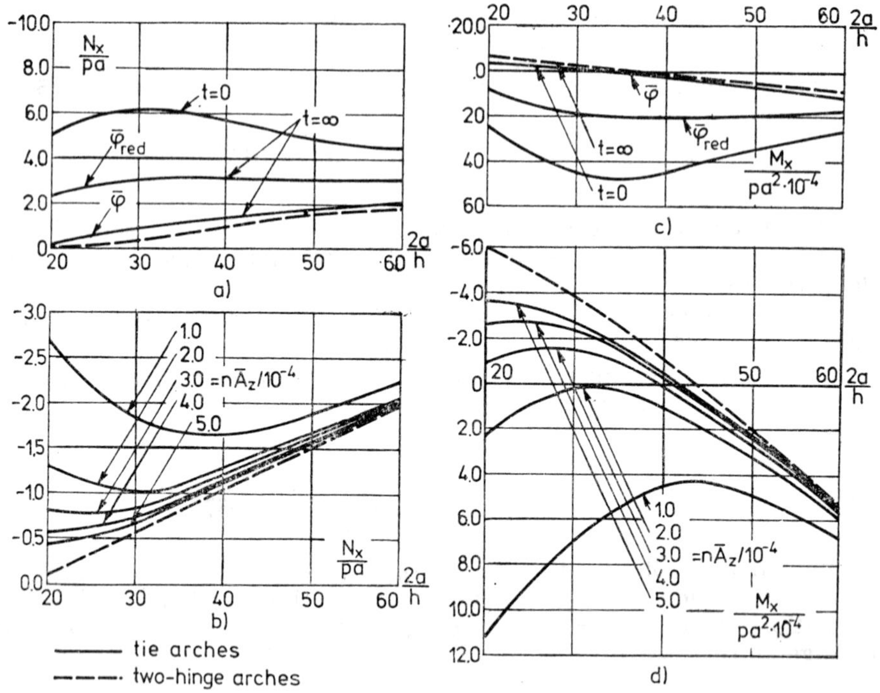

Fig. 6.69. — Influence of creep and arch stiffness on the shell forces :
a, b) axial forces N_x for $x = 0$, $y = a$; c, d) bending moments M_x for $x = 0$, $y = a$.

and the force in the metal ties by means of the formula

$$X_{zt}^{pg\Delta} = k_z(k_H^p pa^2 + k_{H}^g g)\left[1 + \frac{1-k_z}{k_z}(1 - e^{-k_z\varphi_t})\right] - k_H^{\Delta}\frac{\overline{\varepsilon}_c a}{\overline{\varphi}}(1 - e^{-k_z\varphi_t}), \tag{6.90}$$

where

— $E_t^{pg\Delta}$, $D_t^{pg\Delta}$, $X_{zt}^{pg\Delta}$ are the forces and displacements of the shell supported on tie arches produced by uniformly distributed loading, own weight of edge arches and elongation of ties, at the time t;

— E_0^p, D_0^p are the forces and displacements corresponding to the supporting on two-hinge arches, calculated as in sub-Section 6.6.1.4 for uniformly distributed loads, at the time $t = 0$;

— E_0^g, D_0^g are the forces and displacements corresponding to the supporting on two-hinge arches, calculated as in sub-Section 6.6.1.4 for the own weight of the edge arches;

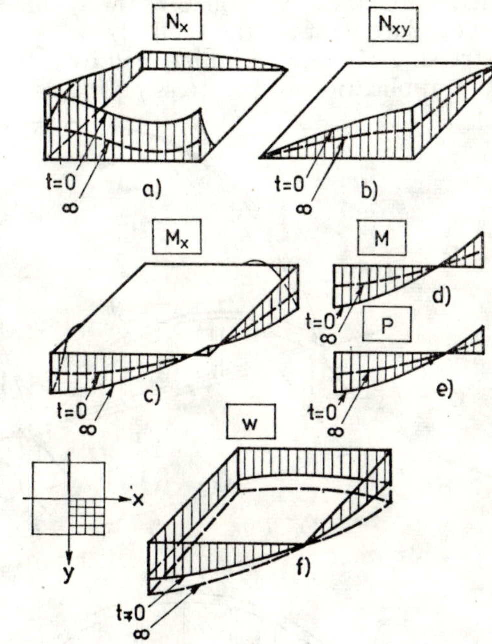

Fig. 6.70. — Simplified diagrams for the analysis of shells supported on arches with steel ties:

a) forces N_x; b) shear forces N_{xy}; c) bending moments M_x; d) bending moments M in the arches; e) axial forces P in the arches; f) normal displacements w.

— E_0^{Δ}, D_0^{Δ}, are the forces and displacements corresponding to the supporting on two-hinge arches, calculated as in sub-Section 6.6.4.4 for a unit symmetrical displacement of the supports;

— $\Delta_{H_0}^{pg}$ is the symmetrical horizontal displacement of the supports calculated by the relation

$$\Delta_{H_0}^{pg} = \frac{1}{E_0} \frac{k_H^p pa + k_H^g g}{n\bar{A}_z + k_H^{\Delta}} \tag{6.91}$$

k_H^p, k_H^g and k_H^{Δ} being given in Tables 6.14, 6.21 and 6.31 and n and $\bar{A}_z$ by relation (6.86);

— k_z can be calculated by means of (6.85 b);

— φ_t is a creep characteristic of concrete given by relation (3.25); if account is taken that the creep influence is reduced by the cracking of edge arches, instead of φ_t we must use $\varphi_{t\,red}$, given by relation (5.86);

— $\bar{\varphi}$, $\bar{\varepsilon}_c$ are the final quantities (for $t = \infty$) of the concrete creep and shrinkage characteristic.

In the relations above account has been taken of the influence of the concrete creep and shrinkage. The calculations must be performed both for $t = 0$ and for $t = \infty$.

6.8. Edge supporting on prestressed concrete tie arches

As it results from Section 6.7, the elongation of metal ties produces very large displacements in the shell. In order to avoid this inconvenience the prestressing of ties is recommended by introducing initial stresses as a result of the application of prestressing forces in the shell corners (Fig. 6.71 a).

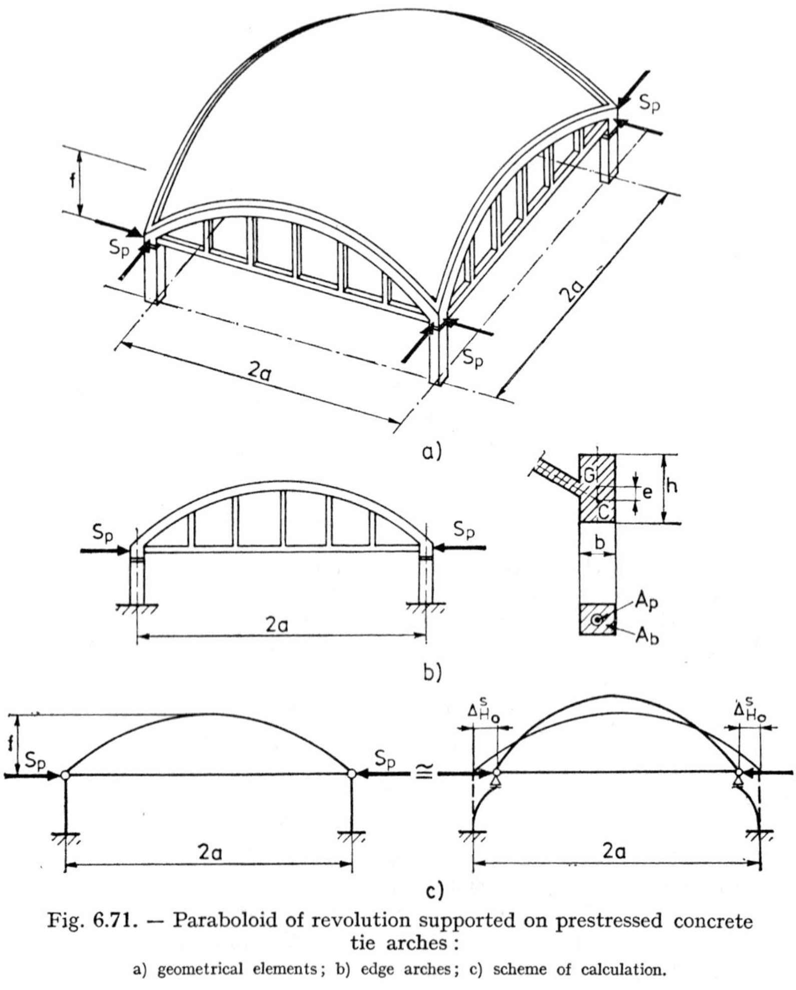

Fig. 6.71. — Paraboloid of revolution supported on prestressed concrete tie arches :

a) geometrical elements; b) edge arches; c) scheme of calculation.

The characteristics of the edge members are listed in Figure 6.71 b ; as in the case of metal ties the rigidities of supporting columns can be disregarded and the edge arches can be considered as being simply supported (Fig. 6.71c).

6.8.1. Prestressing of ties

6.8.1.1. The state of stress and deformation. The symmetrical horizontal displacement of the corners produced by the prestressing force can be calculated by means of relation (5.47); if account is also taken of (6.80), then

$$\Delta^S_{H_0} = -\frac{a}{A_b + k^{\Delta}_{H} a^2}\frac{S_{pa}}{E_0} = -\frac{1}{\bar{A}_b + k^{\Delta}_{H}}\frac{S_{pa}}{E_0 a}, \tag{6.92}$$

where

$$\bar{A}_b = \frac{A_b}{a^2} = \frac{\rho A}{a^2}; \qquad \rho = \frac{A_b}{A}. \tag{6.93 a,b}$$

A_b being the area of concrete ties and A that of the arch. We consider the shell characteristics given in sub-Section 6.4, whilst for concrete ties $\rho = 0.75$. Thus we get

$$\bar{A}_b = \rho\frac{A}{a^2} = 4\rho\frac{b}{h}\frac{1}{\left(\frac{2a}{h}\right)^2} = 9.3750 \times 10^{-4}.$$

Taking into account that $k_H = 0.3187 \times 10^{-4}$, see sub-Section 6.6.4.1, we have

$$\Delta^S_{H_0} = -\frac{1}{(9.3750 + 0.3187) \times 10^{-4}}\frac{S_{pa}}{E_0 a} = -0.1032 \times 10^4 \frac{S_{pa}}{E_0 a}.$$

For this value of the displacement of corners the forces in the shell can be calculated in the manner established in 6.6.4.1; the values of these forces are given in Table 6.39 and plotted in Figure 6.72. It can be seen that the prestressing force affects only a very restricted zone at the shell edges; Table 6.40 and Figure 6.73 give the force values in edge arches. In this case also a good agreement exists between the exact calculation and the approximate one, if for the forces produced by displacements variations under the form of second degree parabolas are used. Using the above relations, relation (5.44) becomes

$$k_b = \frac{\bar{A}_b}{\bar{A}_b + k^{\Delta}_{H}} \tag{6.94}$$

and for the values above we have

$$k_b = \frac{9.3750}{9.3750 + 0.3187} = 0.969.$$

Table 6.39

Forces in the shell produced by the prestressing of ties

Points	$\frac{N_x}{S_{pa}/a}$	$\frac{N_y}{S_{pa}/a}$	$\frac{N_{xy}}{S_{pa}/a}$	$\frac{M_x}{S_{pa}\times 10^{-2}}$	$\frac{M_y}{S_{pa}\times 10^{-2}}$	$\frac{M_{xy}}{S_{pa}\times 10^{-2}}$
0,0	0.0000	0.0000	0	0.0000	0.0000	0
1,0	0.0002	−0.0002	0	0.0003	−0.0003	0
2,0	0.0008	−0.0014	0	0.0013	−0.0015	0
3,0	0.0018	−0.0062	0	0.0040	−0.0029	0
4,0	0.0036	0.0620	0	0.0146	−0.0041	0
5,0	0.0000	0.8430	0	−0.0772	−0.0226	0
1,1	0.0000	0.0000	−0.0004	0.0000	0.0000	−0.0007
2,1	0.0006	−0.0012	−0.0008	0.0010	−0.0010	−0.0014
3,1	0.0016	−0.0058	−0.0014	0.0036	−0.0026	−0.0021
4,1	0.0035	0.0593	0.0008	0.0138	−0.0038	−0.0033
5,1	0.0000	0.7992	0.0474	−0.0740	−0.0216	−0.0015
2,2	−0.0006	−0.0006	−0.0017	0.0000	0.0000	−0.0027
3,2	0.0007	−0.0045	−0.0031	0.0024	−0.0015	−0.0041
4,2	0.0030	0.0512	0.0014	0.0111	−0.0029	−0.0064
5,2	0.0000	0.6677	0.0951	−0.0646	−0.0187	−0.0028
3,3	−0.0021	−0.0021	−0.0055	0.0007	0.0007	−0.0062
4,3	0.0018	0.0377	0.0011	0.0069	−0.0012	−0.0095
5,3	0.0000	0.4461	0.1436	−0.0489	−0.0138	−0.0039
4,4	0.0184	0.0184	0.0100	0.0014	0.0014	−0.0131
5,4	0.0000	0.1305	0.1977	−0.0269	−0.0068	−0.0046
5,5	−0.2631	−0.2631	0.2572	0.0023	0.0023	−0.0049

Using relation (5.45) the force in the concrete tie is

$$X_b = -\,0.969\, S_{pa}.$$

Table 6.40

Forces in edge arches due to the prestressing of ties

Points	$\frac{P}{S_{pa}}$	$\frac{M}{S_{pa}a\times 10^{-2}}$	$\frac{M_r}{S_{pa}\times a\times 10^{-2}}$
5,0	−0.1292	−0.2828	0.0000
5,1	−0.1243	−0.2696	0.0148
5,2	−0.1101	−0.2304	0.0283
5,3	−0.0857	−0.1641	0.0395
5,4	−0.0521	−0.0704	0.0469
5,5	−0.0065	0.0493	0.0493

If account is not taken of the combined working between shell and arches, the axial force at the middle of the span is

$$P_m = -\,S_{pa}\left(1 - \frac{1}{1 + \frac{15}{8f^2}\frac{I}{A_b}}\right) \simeq$$

$$\simeq -\,\frac{15}{8f^2}\,\frac{I}{A_b}\,S_{pa}.$$

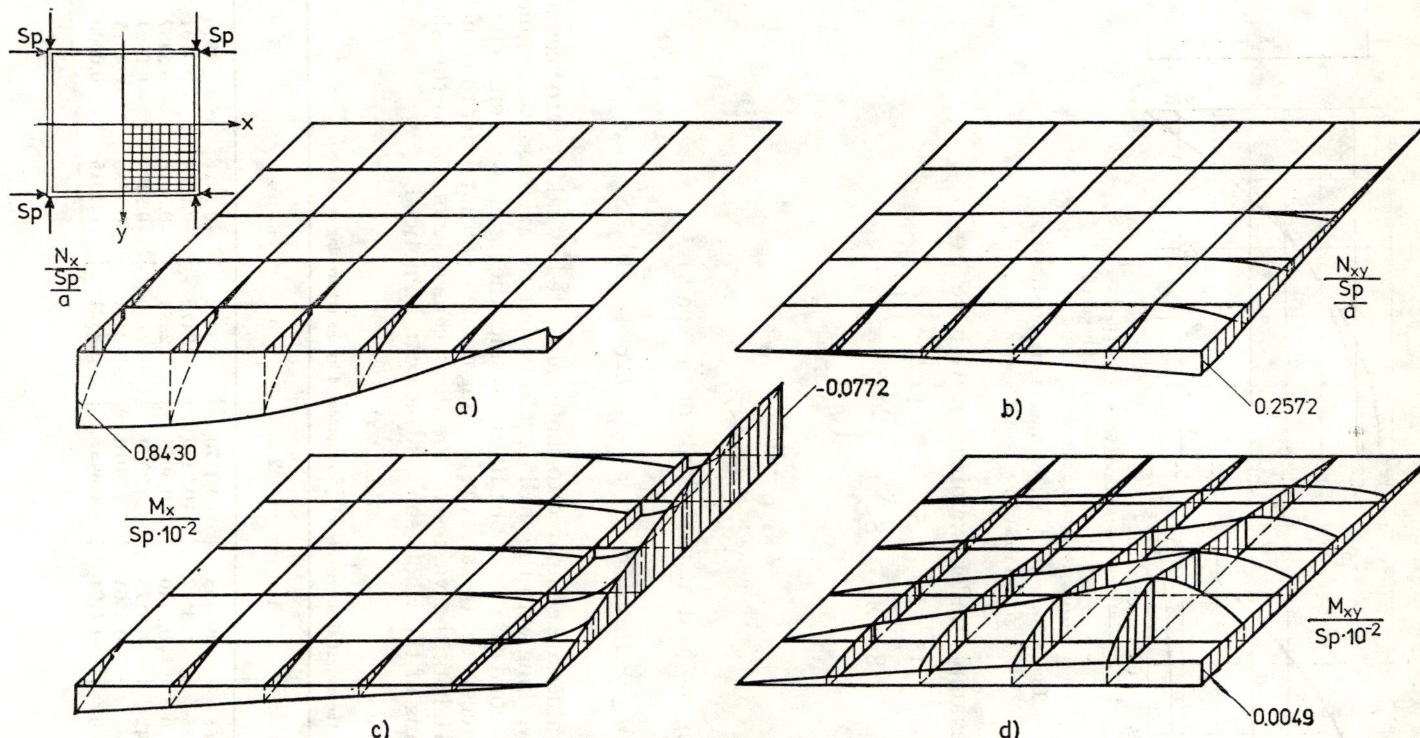

$$\frac{f}{\delta}=40;\ \frac{a}{f}=5;\ \frac{2a}{h}=40;\ \frac{b}{h}=\frac{1}{2};\ \frac{e}{h}=-\frac{1}{2};\ \rho=0.75$$

Fig. 6.72. — Prestressing of ties ; shell forces :

a) axial forces N_x ; b) shear forces N_{xy} ; c) bending moments M_x ; d) twisting moments M_{xy}.

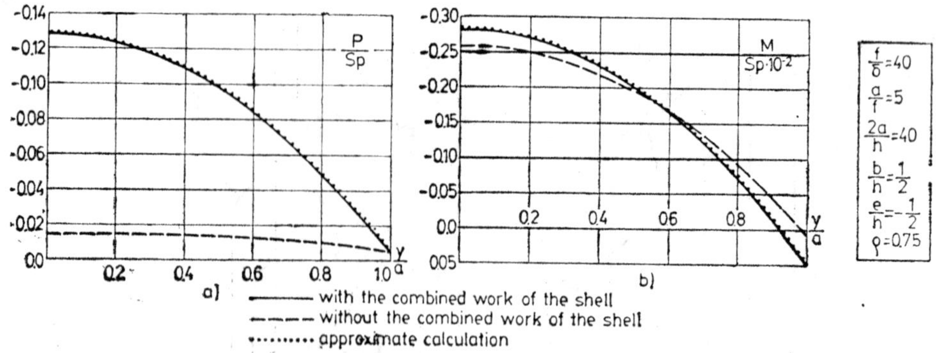

Fig. 6.73. — Arch forces due to tie prestressing:
a) axial forces P; b) bending moments M.

For the example under examination we have

$$\frac{15}{8f^2}\frac{I}{A_b} = \frac{5}{8\rho}\frac{a^2}{f^2}\frac{1}{\left(\frac{2a}{h}\right)^2} \simeq 0.0130,$$

hence

$$P_m = -0.013\, S_{pa},$$
$$X_b = -0.987\, S_{pa}$$

and the bending moment at the middle of the span is

$$M_m = P_m f = \frac{f}{a} P_m\, a = -0.2604 \times 10^{-2}\, S_{pa}.$$

If these values are compared to those calculated by taking into account the combined working with the shell, it results that the axial forces are much greater in the second case (of about 10 times) since the rigidity is increased; in exchange the forces in the ties and the bending moments do not differ too much.

Table 6.41 lists the values of the displacements normal to the shell surface. A raising of the whole shell surface can be noticed.

Table 6.41

The normal displacements $w/\frac{S_{pa}}{E_0 a}\,10^4$ produced by the prestressing of ties

n \ m	0	1	2	3	4	5
0	−0.3155	−0.3155	−0.3170	−0.3242	−0.3486	−0.4316
1	−0.3155	−0.3147	−0.3140	−0.3175	−0.3364	−0.4104
2	−0.3170	−0.3140	−0.3065	−0.2989	−0.3016	−0.3487
3	−0.3242	−0.3175	−0.2989	−0.2730	−0.2491	−0.2524
4	−0.3486	−0.3364	−0.3016	−0.2491	−0.1880	−0.1315
5	−0.4316	−0.4104	−0.3487	−0.2524	−0.1315	0.0000

6.8.1.2. Influence of the rigidity of arches and ties. In order to study the influence of the rigidity of arches and ties on the state of stress and deformation we have considered a shell with $\frac{a}{f} = 5$ and $\frac{f}{\delta} = 40$ and edge arches with $\frac{2a}{h} = 20;\ 30;\ 40;\ 50;\ 60,\ \frac{b}{h} = \frac{1}{2}$ and $\frac{e}{h} = -0.5$. The concrete ties have been considered to be of rectangular cross-section, with $\rho = 0.25,\ 0.50,\ 0.75,\ 1.00$, as compared to that of edge arches.

Figure 6.74 shows diagrams of the forces N_x and M_x in the shell and P and M in arches at mid-span. It can be observed that the forces

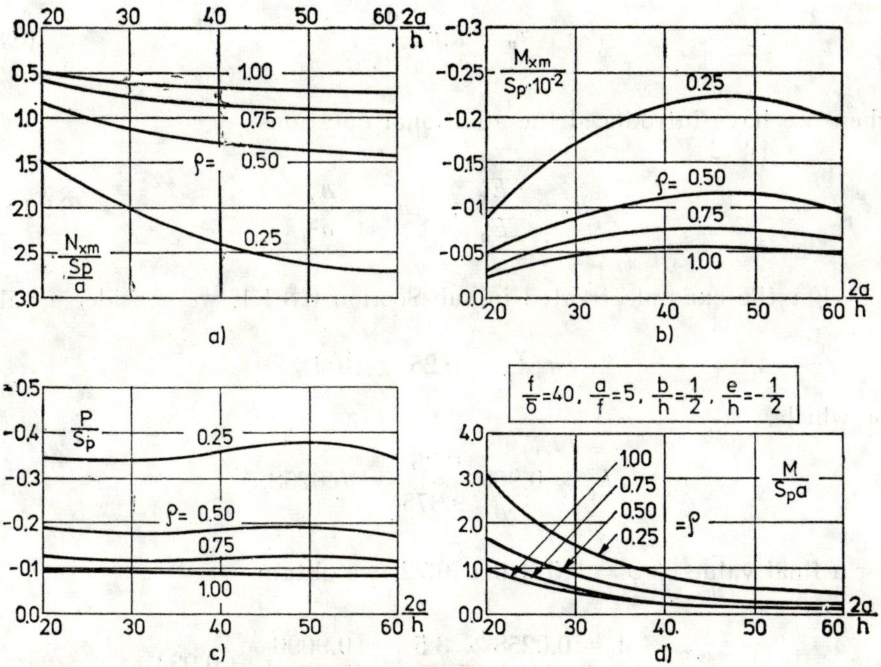

Fig. 6.74. — Influence of the stiffness of arches and ties:
a) axial forces N_x at $x = 0, y = a$; b) bending moments M_x at $x = 0, y = a$; c) axial forces P at $x = a, y = 0$; d) bending moments M at $x = a, y = 0$.

N_x increase with the increase of the ratio $\frac{2a}{h}$ and the decrease of ρ; for the bending moments M_x maximum values are observed, close to the ratios $\frac{2a}{h} = 40\ldots50$. The axial forces in the edge arches are practically constant with respect to $\frac{2a}{h}$ but are much influenced by the rigidity of ties. Large differences exist between the values obtained for $\rho = 0.25$ and $\rho = 0.50$ but then they decrease, since the increase of the tie cross-section no longer has sensible effects. It is therefore recommendable to choose for concrete ties the following values

$$A_b = (0.50\ldots0.75)\,A.$$

6.8.1.3. Influence of creep. Using relation (5.60), it results that

$$k_p = k_b n_p \frac{\bar{A}_p}{A_b}, \tag{6.95}$$

where we have introduced the additional notations

$$n_p = \frac{E_p}{E_0}\,; \quad \bar{A}_p = \frac{\bar{A}_p}{a^2}. \tag{6.96 a,b}$$

For the example treated in sub-Section 6.8.1.1, we consider a value

$$n_p \bar{A}_p = 0.25 \times 10^{-4}$$

for which

$$k_p = 0.969 \frac{0.25}{9.375} = 0.0258.$$

For a final value of $\bar{\varphi} = 3.5$, from (6.72) we obtain

$$f^{pS}_{e\infty} = \frac{1 - 0.0258 \times 3.5}{1 - 0.0258} = \frac{0.9096}{0.9742} = 0.934,$$

$$f^{pS}_{d\infty} = 1 + 3.5 = 4.5,$$

$$f^{pS}_{X\infty} = f^{pS}_{S\infty} = 1 - k_p\bar{\varphi} = 0.9096.$$

It follows that the change in time of the stresses in the shell is relatively small but the deformations become very large. The stress losses in the tie are found to be of about 9 per cent.

In order to extend the examination of the change in time of stresses produced by creep to other cases of edge construction, we have considered the ratios

$$\frac{2a}{h} = 20,\ 30,\ 40,\ 50,\ 60,$$

$$\rho = 0.50\,;\ 0.75\,;\ 1.00,$$

$$n\bar{A}_p = 0.25 \times 10^{-4}\,;\ 0.50 \times 10^{-4}\,;\ 1.00 \times 10^{-4},$$

for which the diagrams shown in Figure 6.75 have been plotted; note that the stress losses increase with the increase of the values of $\frac{2a}{h}$ and $n_p\bar{A}_p$ and

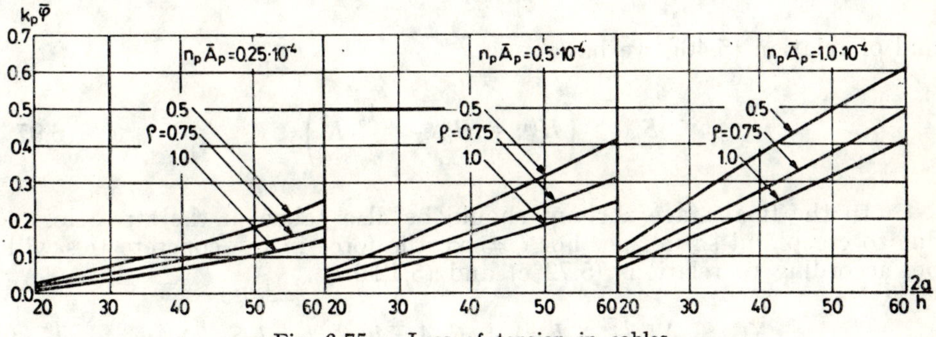

Fig. 6.75. — Loss of tension in cables.

decrease with the increase of ρ. It follows that for the stress losses to be small it is recommendable to use high-quality steel and very rigid arches and ties.

6.8.2. Uniformly distributed symmetrical loads

6.8.2.1. Determination of the prestressing forces. As was shown in sub-Section 5.2.3.3, at the instant at which the prestressing force is applied, the shell is subjected to its own weight alone. However, it must be verified whether tensile stresses higher than the concrete tensile strength do not occur in the concrete tie.

In the initial stage when the stress losses due to concrete creep and shrinkage have not yet occurred, for the additional loadings p_i the force in the concrete ties is given by (5.50). In order that the tensile stresses in the concrete tie should not exceed the concrete tensile strength, it is necessary that

$$\frac{X_b^g}{A_b} + \frac{X_b^{p_1}}{A_{bp}} \leqslant R_t$$

and introducing relations (5.45) and (5.50)

$$\frac{-k_b S_{pa}}{A_b} + \frac{k_{bp} H_c^{p_1}}{A_{bp}} \leqslant R_t$$

or taking account that

$$\frac{k_{bp}}{k_b} \frac{A_b}{A_{bp}} \simeq 1$$

and of relation (5.46), we have

$$S_{p_0} \geqslant \left(H_c^{p_1} + H_c^{p_2} - \frac{A_b}{k_b} R_t \right). \tag{6.97}$$

In the final stage account should be also taken of the stress losses due to creep and shrinkage. For $t = \infty$, the force in the concrete ties will be, according to relations (5.72 c) and (5.124b),

$$X_{b\infty}^p = X_{b_0}^p (1 - k_p \overline{\varphi}) + E_0 A_b \overline{\varepsilon}_c k_p = (- k_b S_{pa} +$$

$$+ k_{bp} H_c^{p-g}) (1 - k_p \overline{\varphi}) + E_0 A_b \overline{\varepsilon}_c k_p. \tag{6.98}$$

For the final calculation loadings p_c, the difference

$$p_m = p_c - p \tag{6.99}$$

will induce forces in the concrete ties, calculated from (5.50)

$$X_b^{pm} = k_{bp} H_c^{pm}. \tag{6.100}$$

In order that tensile stresses, which exceed the concrete tensile strength, should not appear in the concrete ties, it is necessary that

$$\frac{X_{bt}^p}{A_b} + \frac{X_b^{pm}}{A_{bp}} \leqslant R_t$$

whence

$$\frac{-k_b S_{pa} + k_{bp} H_c^{p-g}}{A_b}(1 - k_p\bar{\varphi}) + E_0\bar{\varepsilon}_c k_p + \frac{k_{bp} H_c^{pm}}{A_{bp}} \leqslant R_t$$

or, taking account of (5.46)

$$S_{p0} \geqslant H^p + \frac{1}{1 - k_p\bar{\varphi}}\left[H_c^{pm} - (E_0 A_b - H_c^{\Delta} a)\left(\frac{R_t}{E_0} - k_p\bar{\varepsilon}_c\right)\right] \quad (6.101)$$

where account has been taken that for currently used values, we have

$$\frac{k_{bp}}{k_b} \simeq 1 \text{ and } \frac{A_b}{A_{bp}} \simeq 1.$$

From relation (6.101) we obtain the minimum prestressing forces for which the concrete ties are not cracked. Taking account of (6.56) and (6.80), we obtain

$$S_{p_0} \geqslant k_H^p\, pa^2\left(1 + \frac{p_m}{p}\,\frac{1}{1 - k_p\bar{\varphi}}\right) - E_0 a^2 \frac{(\bar{A}_b + k_H^{\Delta})\left(\dfrac{R_t}{E_0} - k_p\bar{\varepsilon}_c\right)}{1 - k_p\bar{\varphi}}. \quad (6.102\text{ a})$$

If we neglect the concrete tensile strength and set the condition that tensile stresses should not appear in the concrete ties, we have (with $R_t = 0$)

$$S_{p_0} \geqslant k_H^p\, pa^2\left(1 + \frac{p_m}{p}\,\frac{1}{1 - k_p\bar{\varphi}}\right) + E_0 a^2 \bar{\varepsilon}_c\,(\bar{A}_b + k_H^{\Delta})\,\frac{k_p}{1 - k_p\bar{\varphi}}. \quad (6.102\text{ b})$$

6.8.2.2. State of stress and deformation. For the numerical example examined in the preceding chapters, we consider that the loading under which the shell will currently work will be its own weight and that of the cover.

For loadings we consider the following values

$$g = 0.75\,p;\quad p_c = 1.5\,p;\quad p_m = p_c - p = 1.5\,p - p = 0.5\,p.$$

To be able to work dimensionlessly, we also consider that

$$\frac{E_0}{p} = \frac{315\,000}{0.0450} \simeq 700 \times 10^4$$

$$\frac{R_t}{E_0} = \frac{9.5}{315\,000} \simeq 0.3 \times 10^{-4} \quad \text{(for B 300)}$$

$$k_H^p = 1.3465 \qquad \text{(see 6.6.1.1)}$$

$$\bar{\varepsilon}_c = 3 \times 10^{-4} \qquad \text{(see 6.6.8.1)}$$

$$\bar{\varphi} = 3.5 \qquad \text{(see 6.6.7.1)}$$

$$k_p = 0.0258 \qquad \text{(see 6.8.1.2)}$$

$$\bar{A}_t + k_H^\Delta = 9.6937 \times 10^{-4} \qquad \text{(see 6.8.1.1)}$$

Thus, we get from (6.102a) the minimum prestressing force

$$S_{p_0} \geqslant pa^2 \left[1.3465 \left(1 + 0.5 \frac{1}{1 - 0.0258 \times 3.5} \right) - \right.$$

$$\left. - \frac{700 \times 10^4 \times 9.6937 \times 10^{-4} \, (0.3 \times 10^{-4} - 0.0258 \times 3 \times 10^{-4})}{1 - 0.0258 \times 3.5} \right] =$$

$$= 1.9634 \, pa^2.$$

If the other stress losses (slipping in the anchorage, frictions on the path, reinforcement relaxation a.s.o.) are estimated to be about 10 per cent of the prestressing force, then

$$S_{p_0} \simeq 1.1 \times 1.9634 \, pa^2 \simeq 2.16 \, pa^2.$$

In the initial stage, when the prestressing force has its total value but the shell loading consists only of its own weight, we obtain from (5.46) the active prestressing force

$$S_{pa} = 2.16 \, pa^2 - 1.3465 \times 0.75 \, pa^2 \simeq 1.15 \, pa^2$$

and from (6.92) the horizontal corner displacements

$$\Delta_{E_0}^S = -0.1032 \times 10^4 \frac{1.15 \, pa^2}{E_0 a} = -0.1188 \times 10^4 \frac{pa}{E_0}.$$

If we calculate the forces in the shell and the edge arches as in the case of supporting on two-hinge arches under the loading g (see 6.6.1) and we superpose the values computed for displacements (see 6.6.4), we get the forces listed in Tables 6.42 and 6.43, plotted in Figure 6.76.

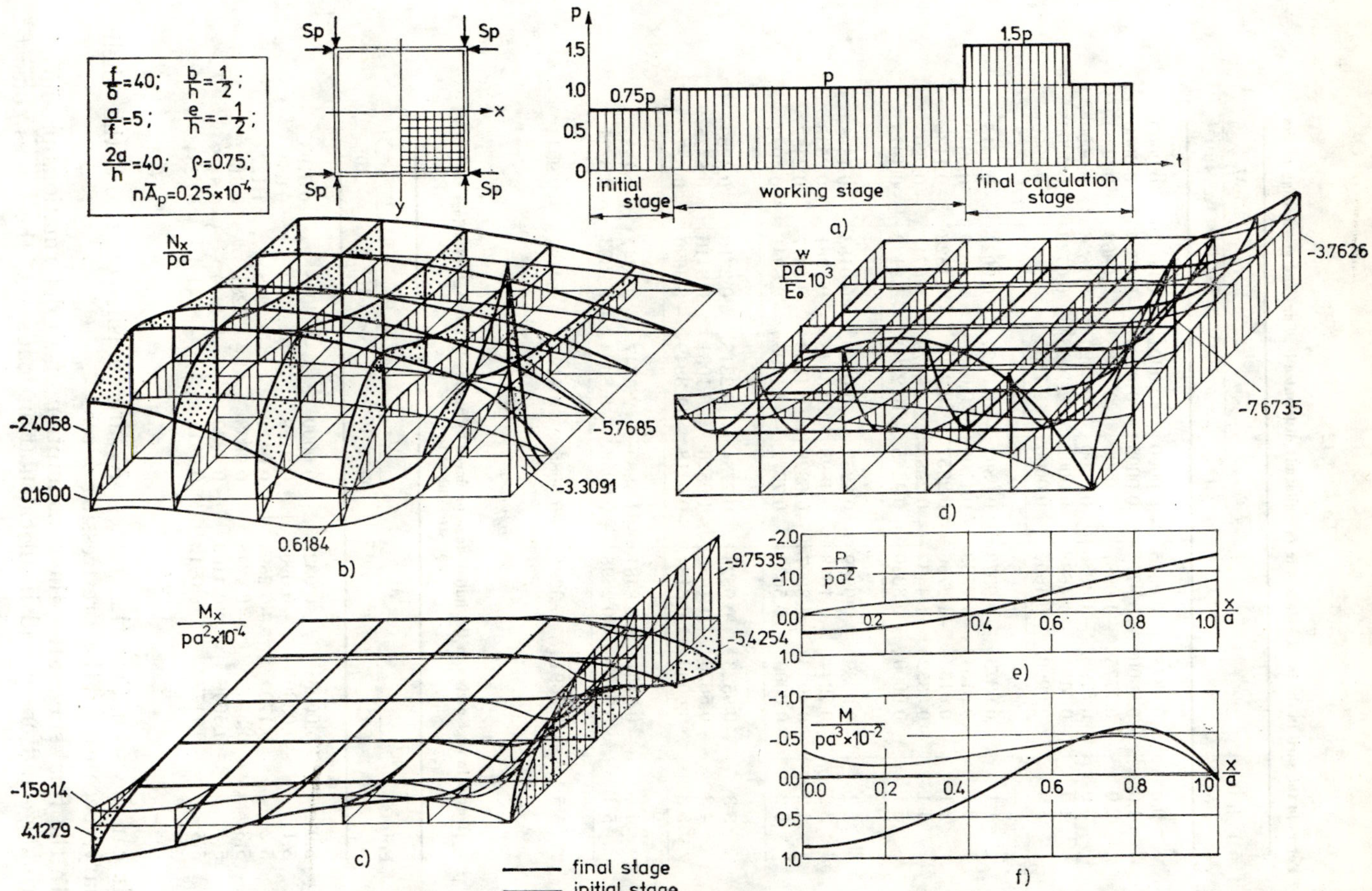

Fig. 6.76. — Shell forces in the initial and final stages produced by uniformly distributed loads and tie prestressing : a) variation in time of the loading ; b) axial forces N_x ; c) bending moments M_x ; d) normal displacements ; e) axial forces in edge members ; f) ing bendmoments in edge members.

Table 6.42

Forces in the shell in the initia l stage due to uniformly distributed loadings and prestressing of ties

Points	$\frac{N_x}{pa}$	$\frac{N_y}{pa}$	$\frac{N_{xy}}{pa}$	$\frac{M_x}{pa^2 \times 10^{-4}}$	$\frac{M_y}{pa^2 \times 10^{-4}}$	$\frac{M_{xy}}{pa^2 \times 10^{-4}}$
0,0	−0.9375	−0.9375	0.0000	0.0001	0.0001	0.0000
1,0	−0.9000	−0.9775	0.0000	0.0195	−0.0209	0.0000
2,0	−0.7775	−1.0987	0.0000	0.0683	−0.0963	0.0000
3,0	−0.5796	−1.3086	0.0000	0.3324	−0.1626	0.0000
4,0	−0.3161	−1.4698	0.0000	2.7056	0.0726	0.0000
5,0	0.0000	0.1600	0.0000	−9.7535	−1.5914	0.0000
1,1	−0.9373	−0.9373	−0.0802	−0.0021	−0.0021	−0.0415
2,1	−0.8164	−1.0539	−0.1706	0.0450	−0.0679	−0.0848
3,1	−0.6135	−1.2756	−0.2357	0.3304	−0.1528	−0.1138
4,1	−0.3352	−1.4437	−0.2983	2.8679	0.0713	−0.0203
5,1	0.0000	0.3330	−0.4265	−10.2302	−1.9122	−0.1973
2,2	−0.9389	−0.9389	−0.3252	−0.0183	−0.0183	−0.1695
3,2	−0.7244	−1.1673	−0.4898	0.3048	−0.1061	−0.2536
4,2	−0.4036	−1.3607	−0.6328	3.1750	0.0977	−0.2457
5,2	0.0000	0.5639	−0.7772	−11.1995	−2.6941	−0.4072
3,3	−0.9523	−0.9523	−0.7784	0.2318	0.2318	−0.4289
4,3	−0.5670	−1.1953	−1.0520	3.1031	0.3416	−0.8375
5,3	0.0000	0.6184	−0.9718	−11.3849	−3.3690	−0.6272
4,4	−0.8481	−0.8481	−1.5889	2.0347	2.0347	−2.2533
5,4	0.0000	−0.2698	−0.9058	−8.8384	−2.9293	−0.8221
5,5	−3.3091	−3.3091	−0.6685	0.4197	0.4197	−0.9042

Table 6.43

Forces in edge arches in the initial stage produced by uniformly distributed loadings and prestressing of ties

Points	$\frac{P}{pa^2}$	$\frac{M}{pa^3 \times 10^{-2}}$	$\frac{M_r}{pa^3 \times 10^{-2}}$	$\frac{\sigma_i}{p \times 10^2}$	$\frac{\sigma_s}{p \times 10^2}$
5,0	0.0006	−0.0327	0.0000	−0.3085	0.3193
5,1	−0.0330	−0.0967	0.0199	−1.1922	0.6641
5,2	−0.1709	−0.2594	0.0411	−0.3328	1.1229
5,3	−0.3562	−0.4248	0.0633	−6.9281	0.8172
5,4	−0.5606	−0.4102	0.0830	−8.4240	−0.5459
5,5	−0.7177	0.0912	0.0912	−4.8741	−6.6234

It can be seen that the forces N_y are tensile ones on the shell boundary, because of the prestressing force.

In the final stage after the consumption of all deformations produced by shrinkage and creep and if all calculation loads act, the forces consist of forces corresponding to the supporting on two-hinge arches, which do not vary in time, and of those produced by the displacement of the supports; the last ones are due to the working loads, which vary in time, and to the short-term loads p_m. Thus, there results that for the numerical example previously analysed, the forces corresponding to the supporting on two-hinge arches must be calculated for $p_c = 1.5\, p$, while those corresponding to the displacement of supports for

$$\Delta_{H_0}^{pS} \frac{1 - k_p\bar{\varphi}}{1 - k_p} + \Delta_H^{pm} = -$$

$$-\frac{1}{E_0 a} \frac{1}{\bar{A}_b + k_H^{\Delta}} \left[(S_{p_0} - k_H^p p a^2) \frac{1 - k_p\bar{\varphi}}{1 - k_p} - k_H^p p_m a^2 \right] = -$$

$$-\frac{1}{9.6937 \times 10^{-4}} \left[(1.9634 - 1.3465) \frac{1 - 0.0258 \times 3.5}{1 - 0.0258} p a^2 - \right.$$

$$\left. - 1.3465 \times 0.5\, p a^2 \right] = 0.0962 \frac{p a^2}{E_0},$$

where the factor of the reduction in time of forces

$$\frac{1 - k_p\bar{\varphi}}{1 - k_p} = \frac{1 - 0.0258 \times 3.5}{1 - 0.0258} = 0.934$$

is given by relation (5.72 a).

The force values obtained are plotted in Figure 6.76 and listed in Tables 6.44 and 6.45. If they are compared with the values obtained in the initial stage, significant changes can be noticed at the shell edge, where the forces even change their sign.

The force in the concrete ties in the initial stage results from (5.45)

$$X_{bi} = -k_b(S_{p_0} - k_H^p g a^2) = -0.969\,(2.16 -$$

$$- 1.3465 \times 0.75)\, p a^2 = - 1.1150\, p a^2$$

and the compressive stress is

$$\sigma = - \frac{1.1150\, p a^2}{A_b} = - \frac{1.1150\, p}{\bar{A}_b} = - \frac{1.1150 \times 0.045}{9.375 \times 10^{-4}} =$$

$$= -53.5 < R_{pr} = 130 \text{ kgf/cm}^2.$$

Table 6.44

Forces in the shell in the final stage produced by uniformly distributed loadings and prestressing of ties

Points	$\frac{N_x}{pa}$	$\frac{N_y}{pa}$	$\frac{N_{xy}}{pa}$	$\frac{M_x}{pa^2 \times 10^{-4}}$	$\frac{M_y}{pa^2 \times 10^{-4}}$	$\frac{M_{xy}}{pa^2 \times 10^{-4}}$
0,0	−1.8750	−1.8750	0.0000	0.0003	0.0003	0.0000
1,0	−1.7953	−1.9543	0.0000	−0.0683	0.0683	0.0000
2,0	−1.5574	−2.1929	0.0000	−0.2873	0.2780	0.0000
3,0	−1.1650	−2.5970	0.0000	−0.6334	0.6125	0.0000
4,0	−0.6439	−3.1401	0.0000	0.6797	1.4874	0.0000
5,0	0.0000	−2.4058	0.0000	5.4259	4.1279	0.0000
1,1	−1.8747	−1.8747	−0.1592	−0.0008	−0.0008	0.1339
2,1	−1.6349	−2.1154	−0.3101	−0.2178	−0.0045	0.2678
3,1	−1.2323	−2.5326	−0.4668	−0.5045	0.5251	0.4429
4,1	−0.6818	−3.0792	−0.5993	1.2877	1.3845	1.0143
5,1	0.0000	−1.9192	−1.0061	3.5827	3.1732	0.0788
2,2	−1.8760	−1.8760	−0.6451	−0.0265	−0.0265	0.5199
3,2	−1.4512	−2.3201	−0.9697	−0.1815	0.2848	0.8137
4,2	−0.8171	−2.8868	−1.2702	2.7780	1.1365	1.4846
5,2	0.0000	−1.0305	−1.8621	−1.5128	−0.6571	0.0928
3,3	−1.8978	−1.0978	−1.5398	0.2501	0.2501	1.1323
4,3	−1.1400	−2.5123	−2.1075	3.9916	1.0867	1.3905
5,3	0.0000	−0.2053	−2.4082	−6.9552	−2.2908	0.0101
4,4	−1.7555	−1.7555	−3.2100	3.6018	3.6018	−0.2643
5,4	0.0000	−0.9610	−2.4474	−8.9821	−3.6655	−0.1430
5,5	−5.7685	−5.7685	−2.1680	0.1057	0.1057	−0.2227

Table 6.45

Forces in edge arches in the final stage produced by uniformly distributed loadings and prestressing of ties

Points	$\frac{P}{pa^2}$	$\frac{M}{pa^3 \times 10^{-2}}$	$\frac{M_r}{pa^3 \times 10^{-2}}$	$\frac{\sigma_i}{p \times 10^2}$	$\frac{\sigma_s}{p \times 10^2}$
5,0	0.4188	0.8496	0.0000	11.5026	− 4.7968
5,1	0.3362	0.6789	−0.0081	9.2050	− 3.8303
5,2	0.0136	0.2257	−0.0094	1.6955	− 2.0592
5,3	−0.5070	−0.3189	−0.0011	− 6.5404	− 0.4188
5,4	−0.9529	−0.5927	0.0146	−13.3121	− 1.9324
5,5	−1.4143	0.0231	0.0231	−11.1095	−12.2798

The stress in the concrete ties in the final stage is obtained from relation (6.98), to which that corresponding to the loading p_m is also added.

Thus, we get

$$X_{bf} = - k_b[(S_{p_0} - k_H^p pa^2)(1 - k_p\bar{\varphi}) - p_m k_H^p a^2] + + k_p E_0 A_b \bar{\varepsilon}_e = -0.969\,[(1.9634 - 1.3465)(1 - 0.0258 \times 3.5) - - 0.5 \times 1.3465]\,pa^2 + 0.0258 \times 700 \times 10^4 \times 9.375 \times 10^{-4} \times \times 3 \times 10^{-4}\,pa^2 = 0.1573\,pa^2,$$

that is a tensile force, from which, however, we obtain the stresses

$$\frac{\sigma}{R_t} = \frac{0.1573\,pa^2}{A_b R_t} = \frac{0.1573}{\bar{A}_b}\frac{p}{E_0}\frac{E_0}{R_t} = $$

$$= \frac{0.1573}{9.375 \times 10^{-4}} \frac{1}{700 \times 10^4} \frac{1}{0.3 \times 10^{-4}} = 0.8$$

and, consequently, the ties are not subject to cracking.

Table 6.46

The normal displacements $w/\frac{pa}{E_0}\,10^3$ in the initial stage

n \ m	0	1	2	3	4	5
0	−2.3261	−2.3261	−2.3346	−2.3744	−2.5510	−3.7626
1	−2.3261	−2.3215	−2.3163	−2.3337	−2.4871	−3.7380
2	−2.3346	−2.3163	−2.2691	−2.2157	−2.2854	−3.5684
3	−2.3744	−2.3337	−2.2157	−2.0392	−1.9382	−3.0096
4	−2.5510	−2.4871	−2.2854	−1.9382	−1.5434	−1.8125
5	−3.7626	−3.7380	−3.5684	−3.0096	−1.8125	0.0000

Table 6.47

The normal displacements $w/\frac{pa}{E_0}\,10^3$ in the final stage

n \ m	0	1	2	3	4	5
0	−0.9335	−0.9335	−0.9362	−0.8963	−0.9002	−4.7505
1	−0.9335	−0.9405	−0.9652	−0.8902	−1.0462	−5.4750
2	−0.9362	−0.9652	−0.9740	−0.9662	−1.2553	−7.0130
3	−0.8963	−0.8902	−0.9662	−0.9852	−1.3510	−7.6735
4	−0.9002	−1.0462	−1.2553	−1.3510	−1.5002	−5.4452
5	−4.7505	−5.4750	−7.0130	−7.6735	−5.4452	−0.000

The displacements normal to the shell surface, calculated by using those for the supporting on two-hinge arches, over which the displacements produced by the horizontal displacements of the corners are given in Tables 6.46 (for the initial stage) and 6.47 (for the final stage, produced only by service loadings).

In the final stage the horizontal displacement of the corner deduced from standard loads is

$$\Delta_{H_0} = -\,0.1032 \times 10^4\,(1.9634 - 1.3465)\frac{pa}{E_0} = -\,0.0637\frac{pa}{E_0}.$$

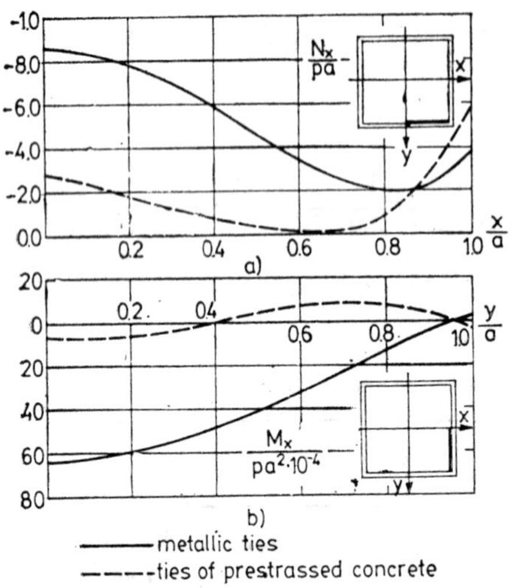

Fig. 6.77. — Comparison of forces for the case of supporting on steel tie arches or ties of prestressed concrete.

It follows from relations (5.7) and (5.72 b) that the displacements change in time by the factor $(1+\bar{\varphi})$ and from (5.125 b) that the normal displacements produced by the concrete shrinkage are practically equal to zero.

Note that the displacements normal to the shell surface remain negative in the final stage and at the edges they are greater than those occurring in the initial stage.

6.8.2.3. Comparison with the case of supporting on metal tie arches. Table 6.48 and Figure 6.77 show comparatively several significant values of forces calculated for the cases of supporting on metal tie arches (see the example given in sub-Section 6.7.1.1) or on prestressed concrete ties (sub-Section 6.8.2.2).

Great differences are noticed, mainly as concerns the bending moments.

Table 6.48

A comparison of forces for supporting on metal and prestressed concrete tie arches

Points	$\frac{N_y}{pa}$		$\frac{M_x}{pa^2\times 10^{-4}}$		$\frac{M_y}{pa^2\times 10^{-4}}$		$\frac{P}{pa^2}$		$\frac{M}{pa^3\times 10^{-2}}$	
	steel	pre-stressed concrete	steel	pre-stressed concrete	steel	pre-stressed concrete	steel	pre-stressed concrete	steel	pre-stressed concrete
5,0	−8.74	−2.41	63.4	5.43	21.1	4.13	1.390	0.419	2.98	0.850
5,1	−7.91	−1.919	59.1	3.58	19.4	3.17	1.271	0.336	2.71	0.679
5,2	−6.05	−1.031	47.0	−1.513	14.7	−0.657	0.841	0.014	1.964	0.226
5,3	−3.55	−0.205	29.7	−6.96	8.05	−2.29	0.209	−0.507	0.914	−0.319
5,4	−1.941	−0.961	11.2	−8.98	1.43	−3.67	−0.561	−0.953	−0.064	−0.593
5,5	−3.79	−5.769	− 1.60	0.106	− 1.60	0.106	−1.375	−1.414	−0.347	0.023

6.8.3. Design formulas

The prestressing force is determined by the relation

$$S_{p_0} \geqslant \left[k_H^p \left(1 + \frac{p_c - p}{p} \frac{1}{1 - k_p \bar{\varphi}} \right) - \frac{E_0}{p} (\bar{A}_b + k_H^{\Delta}) \frac{\frac{R_t}{E_0} - k_p \bar{\varepsilon}_c}{1 - k_p \bar{\varphi}} \right] p a^2 \qquad (6.103)$$

(to which the stress losses are added, except those due to shrinkage and creep), where

— k_H^p is given in Table 6.14,
— p_c is the calculation loading,
— p is the service loading (it is recommendable not to include that due to snow)
— k_p is given by relation (6.95),
— k_H^{Δ} is given in Table 6.31.

The forces in the shell and edge arches vary as shown in Figure 6.78 and can be calculated as follows :

a) in the initial stage

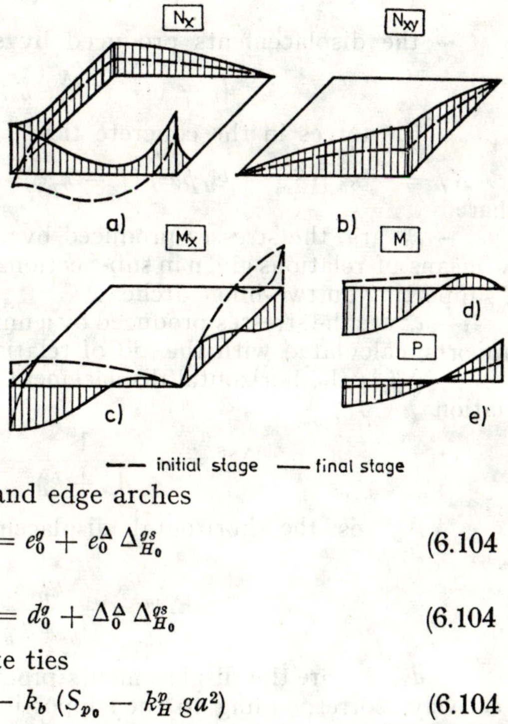

Fig. 6.78. — Simplified diagrams for the analysis of shells supported on prestressed concrete tie arches : a) axial forces N_x; b) shear forces N_{xy}; c) bending moments M_x; d) bending moments M in the arches; e) axial forces P in the arches.

— the forces in the shell and edge arches

$$e_i = e_0^g + e_0^{\Delta} \Delta_{H_0}^{gs} \qquad (6.104\ a)$$

— the displacements

$$d_i = d_0^g + \Delta_0^{\Delta} \Delta_{H_0}^{gs} \qquad (6.104\ b)$$

— the force in the concrete ties

$$X_i = -k_b (S_{p_0} - k_H^p g a^2) \qquad (6.104\ c)$$

where

— e_0^g and d_0^g are the forces and displacements of the shell supported on two-hinge arches produced by the own weight, including that of the edge arches, calculated by means of the relations established in sub-Sections 6.6.1.4 and 6.6.3.2.

— e_0 and d_0 are the forces and displacements of the shell resulting from a unit symmetrical horizontal displacement of supports, calculated with the relations given in sub-Section 6.6.4.4.

— Δ_H^{gs} is the symmetrical horizontal displacement of supports calculated by means of the relation :

$$\Delta_{H_0}^{gs} = - \frac{1}{\bar{A}_b + k_H^{\Delta}} \frac{S_{p_0} - k_H^p \, g a^2}{E_0 a} \tag{6.105}$$

— k_b is yielded by relation (6.94) ;

b) in the final stage, after the consumption of all stress losses and considering ultimate loads, the forces and displacements vary as in Figure 6.76 and can be calculated as follows

— the forces in the shell and edge arches

$$e_f = e_0^{pc} + e_0 \left(\Delta_{H_0}^{pS} \frac{1 - k_p \bar{\varphi}}{1 - k_p} + \Delta_{H_0}^{pm} \right) \tag{6.106 a}$$

— the displacements produced by standard loads

$$d_f = (d_0^p + d_0^{\Delta} \, \Delta_{H_0}^{pS}) \, (1 + \bar{\varphi}) \tag{6.106 b}$$

— the forces in the concrete ties

$$X_f = - k_b \, [(S_{p_0} - k_H^p p a^2) \, (1 - k_p \bar{\varphi}) - k_H^p p_m a^2] + k_p E_0 A_b \bar{\varepsilon}_c \tag{6.106 c}$$

where

— e_0^{pc} are the stresses produced by the calculation loadings obtained by means of relations given in sub-Sections 6.6.1.4 and 6.6.3.2, for the case of supporting on two-hinge arches ;

— e_0^{Δ} are the stresses produced by a unit horizontal displacement of the supports, calculated with the aid of relations given in sub-Section 6.6.4.4 ;

— $\Delta_{H_0}^{pS}$ is the horizontal displacement of the supports resulting from the relation

$$\Delta_{H_0}^{pS} = - \frac{1}{\bar{A}_b + k_H^{\Delta}} \frac{S_{p_0} - k_H^p \, p a^2}{E_0 a} \tag{6.107}$$

— $\Delta_{H_0}^{pm}$ is the horizontal displacement produced by the loading $p_m = p_c - p$

$$\Delta_{H_0}^{pm} = \frac{k_H^p}{\bar{A}_b + k_H^{\Delta}} \frac{p_m a}{E_0} \tag{6.108}$$

— d_0^p, d_0^{pm} are the displacements produced by the loadings p and p_m respectively, corresponding to the supporting on two-hinge arches (see sub-Sections 6.6.1.4 and 6.6.3.2) ;

— d_0^{Δ} is the displacement produced by a unit horizontal symmetrical displacement of the supports.

6.9. Edge supporting on frames with curved beams

If the connection between the edge arches and the columns is a rigid one, the supporting of the shell is made on frames with curved bars and ties (Fig. 6.79 a). In this case, besides the forces determined in the preceding

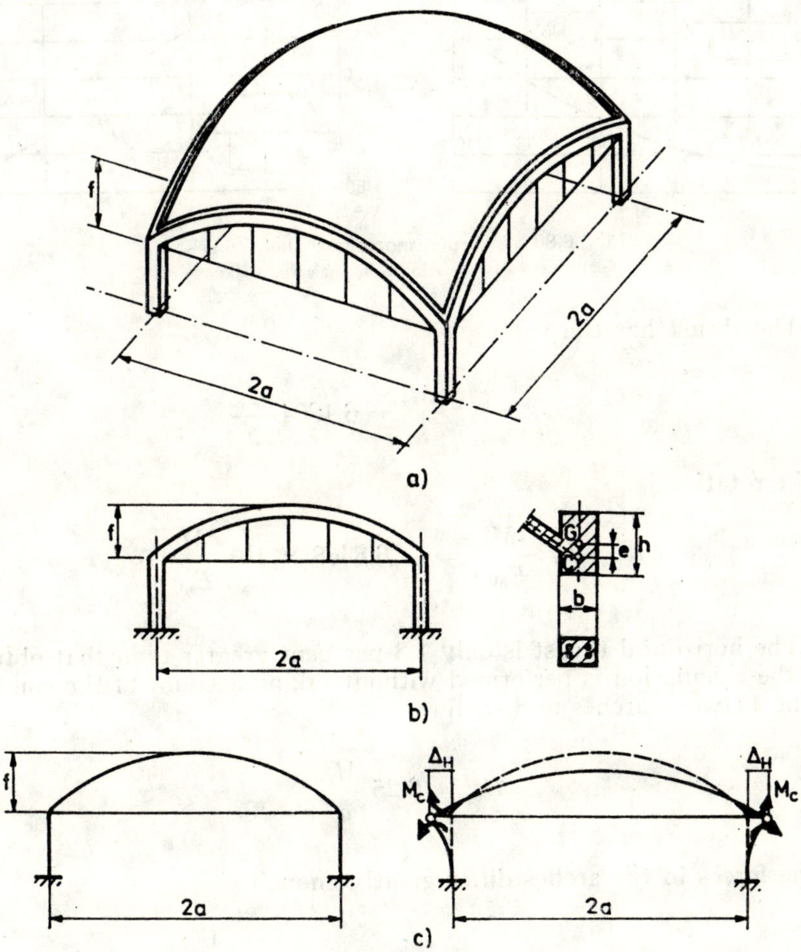

Fig. 6.79. — Paraboloid of revolution supported on frames with curved beam : a, b) geometrical elements ; c) scheme of calculation.

paragraphs, we must also determine the effect of the corner bending moments M_c, occurring as a result of the combined working between the structure and the supporting columns (Fig. 6.79 b).

6.9.1. Bending moments at the corners of the shell

For the shell with the characteristics given in Section 6.4, some diagrams obtained from the corner moment M_c are plotted in Figure 6.80.

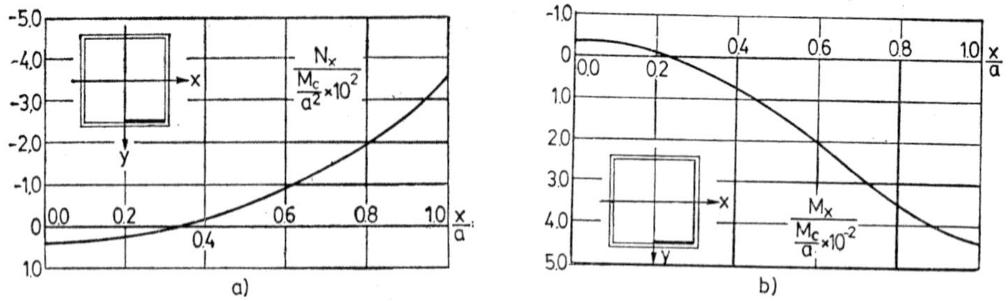

Fig. 6.80. — Corner moments; shell forces:
a) axial force N_x at $y = a$; b) bending moment M_x at $y = a$.

The thrust has the value

$$H_c^M = k_H^M \frac{M_c}{a} = 6.1804 \frac{M_c}{a}$$

and the rotation is

$$\theta_c^M = k_\theta^M \frac{M_c}{E_0 a^3} = -6.8468 \times 10^5 \frac{M_c}{E_0 a^3}.$$

The horizontal thrust is only 1.3 per cent greater than that obtained when the calculation is performed without taking account of the combined working between arches and shell

$$H_c^M = 6.25 \frac{M_c}{a},$$

but the forces in the arches differ greatly enough.

6.9.2. Uniformly distributed loads

In the case of supporting on frames with curved beams and metal ties, account should be taken of the combined working between the supporting columns and of the horizontal displacements of supports, produced by the elongation of ties. Thus, taking into account that the vertical displacements are zero, from (4.88 a and c) we have

$$\theta_c^M M_c + \theta_c^\Delta \Delta_H + \theta_c^p = 0 \qquad (6.109\text{ a})$$

$$H_c^M M_c + H_c^\Delta \Delta_H + H_c^p = 0 \qquad (6.109\text{ b})$$

where

— θ_c^M is the relative rotation of the node produced by a bending moment $M_c = 1$

$$\theta_c^M = \frac{1}{E_0 a^3}\left(-k_\theta^M + \frac{a^3 h_s}{4 I_s}\right) \qquad (6.110\text{ a})$$

h_s and I_s being the height, and the inertia moment of the supporting column, respectively;

— θ_c^Δ is the relative rotation of the node resulting from a horizontal displacement $\Delta_H = 1$

$$\theta_c^\Delta = \frac{1}{a}\left(-k_\theta^\Delta + \frac{3}{2}\frac{a}{h_s}\right); \qquad (6.110\text{ b})$$

the first term in paranthesis refers to the shell, the second to the supporting column;

— θ_c^p, the rotation resulting from the applied loads;

— M_c^M, the fixing force in the fictitious horizontal support resulting from a bending moment $M_c = 1$

$$H_c^M = -\frac{1}{a}\left(k_H^M + \frac{3}{2}\frac{a}{h_s}\right) \qquad (6.110\text{ c})$$

— H_c^Δ the fixing force resulting from a horizontal displacement $\Delta_H = 1$

$$H_c = E_0 a\,(n\bar{A}_z + k_H^\Delta + \bar{I}_s) \qquad (6.110\text{ d})$$

$n\bar{A}_z$ being yielded by (6.86 a, b) and $\bar{I}_s$ by (6.86 c),

— H_c^p the fixing force due to the applied loads.

In relations (6.110), the coefficients k_θ^M, k_θ^Δ, k_H^M and k_H^Δ are the dimensionless coefficients of rotations and thrusts resulting from the corner moments and corner displacements.

For the shell with the characteristics given in sub-Section 6.5.1 and with

$$n\bar{A}_z = 2 \times 10^{-4}; \; \frac{a}{h_s} = 2; \quad \frac{b_s}{h_s} = \frac{1}{15}$$

there results

$$\frac{a^3 h_s}{4 I_s} = 12.15 \times 10^5; \quad \bar{I}_s = 0.0246 \times 10^{-4}$$

and from (6.108), with $k_\theta^M = -6.8468 \times 10^5$ given in sub-Section 6.9.1, we get

$$\theta_c^M = \frac{1}{E_0 a^3} (6.8468 + 12.15)\, 10^5 = 18.9968 \times 10^5 \frac{1}{E_0 a^3}$$

with $k_\theta^\Delta = -6.1804$ calculated from the displacements given in sub-Section 6.6.4.1

$$\theta_c^\Delta = \frac{1}{a}\left(6.1804 + \frac{3}{2} 2\right) = 9.1804 \frac{1}{a}$$

and with $k_N^M = 6.1804$ calculated in sub-Section 6.9.1

$$H_c^M = -\frac{1}{a}\left(6.1804 + \frac{3}{2} 2\right) = -9.1804 \frac{1}{a}$$

and with $k_H^\Delta = 0.3187 \times 10^{-4}$ from sub-Section 6.6.4.1

$$H_c^\Delta = E_0\, a (2 + 0.3187 + 0.0246)\, 10^{-4} = 2.3433 \times 10^{-4} E_0\, a\,.$$

The system of equations (6.109) becomes

$$18.9968 \times 10^5 \frac{M_c}{E_0 a^3} + 9.1804 \frac{\Delta_H}{a} - 1.8214 \times 10^3 \frac{p}{E_0} = 0$$

$$-9.1804 \frac{M_c}{a} + 2.3433 \times 10^{-4} E_0\, a \Delta_H - 1.3465\, p a^2 = 0.$$

Note that due to the different sign convention, the condition of reciprocity is $H_c^M = -\theta_c$. By solving this system of equations we get

$$M_c = -2.25 \times 10^{-2}\, p a^3$$

$$\Delta_H = 0.4911 \times 10^4 \frac{pa}{E_0}.$$

A reduction of the horizontal displacement of the supports by 15.5 per cent can be noticed as compared to the case of supporting on tie arches for which the displacement is of

$$\Delta_H = 0.5807 \times 10^4 \frac{pa}{E_0}.$$

The diagrams of the forces in the shell, as compared with the case of supporting on the arches, are plotted in Figure 6.81. Substantial differences can be observed, especially in the corner area.

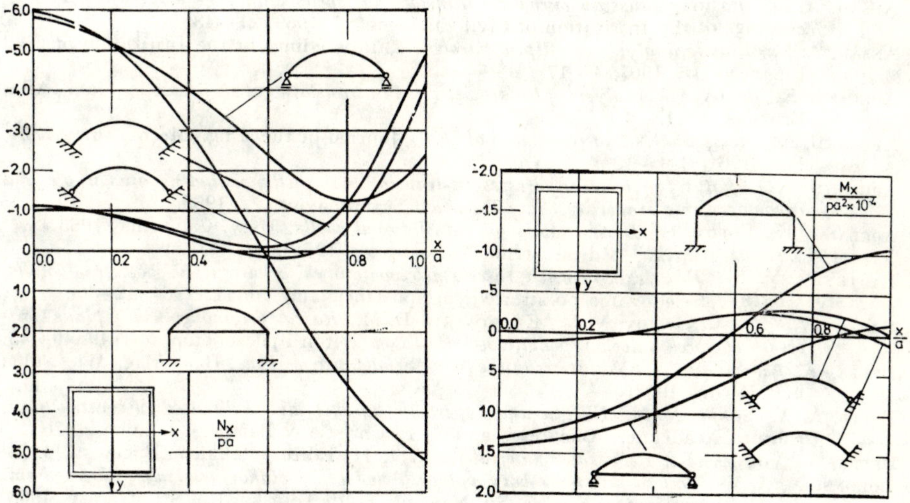

Fig. 6.81. — Comparison of shell forces for the case of supporting on steel tie arches or frames with curved beams.

References

1. Aass, A., *Simplified analysis of rectangular domes,* IASS Symposium, Budapest, 1965, Vol. 1, 5—28.
2. Aass, A., *An investigation into the linear, elastic behaviour of thin shallow elliptic paraboloid shells with a rectangular base, subjected to static loads,* Thesis submitted for the degree of Doctor of Philosophy, University of Southampton, CE/8/64, April, 1964.
3. Aass, A., *Simplified analysis of elliptic paraboloid shells,* Civil Eng. and Public Works Review, *712,* 1965, 1603—1611.
4. Aass, A., *A contribution to the bending theory of elliptic paraboloid shells,* Memoires, Vol. 23, 1963.

5. ABU-SITTA, S. H., *Experimental studies of shell models*, IASS Congress Mexico, 1967.
6. ABU-SITTA, S. H., *The stresses in doubly-curved shell roofs of positive Gaussian curvature*, Thesis submitted for the degree of Doctor of Philosophy, University College London, March, 1964.
7. ABU-SITTA, S. H., *The influence of practical boundary conditions on synclastic shells*, IASS Symposium, Budapest, 1965, Vol. 1, pp. 29–48.
8. ABU-SITTA, S. H., *Finite difference solutions of the bending theory of the elliptic paraboloid*, Bulletin IASS, *20*, 1964, 31–46.
9. ACADEMIA U.R.S.S., *Instrucţiuni pentru proiectarea acoperişurilor şi planşeelor din plăci curbe subţiri de beton armat* (Translated from Russian), Editura tehnică, Bucureşti, 1963.
10. AHM, P., *Design of the dome shell roof for Smithfield Poultry market*, Proceedings of the Institution of Civil Engineers, *1*, 1965, 79–108.
11. AMBARTSUMIAN, S. A., *K rascetu pologhih obolocek*, Prikladnaia matematica i mehanica, *5*, 1947, 527–532.
12. ANSAH, A. M., *Positive gaussian curvature translational shells with edge ribs supports*, Proceedings of the Institution of Civil Engineers, *5*, 1969, 21–43.
13. ANSAH, A. M., *Elastic analysis of elliptic paraboloid*, Proceedings of the Institution of Civil Engineers, *5*, 1967, 1–17.
14. APELAND, K., POPOV, E., *Analysis of bending stresses in translational shells*, Colloquium IASS, Brussels, 1961.
15. APELAND, K., *Stress analysis of translational shell*, Journal of the Eng. Mech. Div., EMI, Feb. 1961, 111–139.
16. APELAND, K., *Analysis of bending stresses in translational shells, including anisotropic and inhomogeneous properties*, Acta Polytech Scandinavice, *22*, 1963.
17. APELAND, K., POPOV, E., *Design tables for translational shells*, Univ. California, 1963.
18. AVRAM, C., *Grinzi continue*, Editura tehnică, Bucureşti, 1965.
19. BARTENEV, V. S., *Practiceskii metod rasceta jelesobetonnyh ortotropnyh obolocek dvoiakoi krivizny*, Issledovania po stroitelnym konstructsiam, Tomsk, 1964, 12–23.
20. BARTENEV, V. S., CINENKOV, V. V., KRAKOVSKII, D. M., *Rascat priamougolnyh v plane sfericeskih obolocek s ucetom podatlivosti diafragm*, Beton i jelezobeton, *6*, 1949, 40–43.
21. BELEŞ, A. A., SOARE, V. M., *Berechnung von Schalentragwerken*, Bauverlag, Wiesbaden und Berlin, 1972.
22. BELEŞ, A. A., SOARE, V. M., *Elliptic and hyperbolic paraboloidal shells used in constructions*, Editura Academiei, Bucureşti, and S. P. Christie & Partners, London, 1976.
23. BELEŞ, A., VOINEA, R., *Rezistenţa materialelor*, Vol. II, Editura tehnică, Bucureşti, 1958.
24. BOLDYSHEV, A. M., *Ucet sovmestnoi roboty pologhih obolocek dvoiakoi krivizny s diafragmami v vide dvuhasharnirnyh arkov*, Sb. Nauciníi Trudî Tomskoi Inj. Stroit. Inst., 1966, 24–29.
25. BOUMA, A. L., *Some applications of the bending theory regarding doubly curved shells*, Delft 1959, 202–234.
26. CARACOSTEA, A. D., *Statica construcţiilor, Manual pentru calculul construcţiilor, secţiunea VIII*, Ed. tehnică, Bucureşti, 1959.
27. CSONKA, P., *Membranschalen. Bauingenieur-Praxis*, Heft 16, Berlin–München, 1966.
28. DIKOVICI, V. V., *Tablitsy dlia rasceta pologhih kvadratnyh v plane obolocek vrashcenia pri zagrujhenii sploshnoi nagruzkoi*, Beton i jelezobeton, *12*, 1958, 464–468.
29. DIKOVICI, V. V., *Rascet pologoi priamogolnoi v plane obolocek vrashcenia*, Gosstroiizdat, Moscow, 1958.
30. DOGANOFF, I., *Betrachtungen über die Berechnungsverfahren rechteckiger Kugelkalotten*, Collogium IASS, Brussells, 1961.
31. DOGANOFF, I., *Berechnung von Kugelschalen über rechteckigem Grundriß*, Verner-Verlag, Düsseldorf, 1962.
32. FISCHER, I., *Theorie und Praxis der Schalenkonstruktionen*, Verlag von Wilhelm Ernest und Sohn, Berlin – München, 1967.
33. FISCHER, L., *Determination of membrane stresses in elliptic paraboloids using polynomials*, Journal of the American Concrete Institute, *4*, 1960, 433–441.
34. FLÜGGE, W., *Statique et dynamique des coques*, Eyrolles, Paris, 1960.

35. FLÜGGE, W., CONRAD, D. A., *A note on the calculation of shallow shells*, Journal of Applied Mechanics, *4*, 1959, 683–685.
36. GARANIN, I. S., *Rasciot pologhih obolocek*, Isdatelstvo literaturi po stroitelest, 1964.
37. GIONCU, V., *Paraboloidul de rotație pleoștit, pe contur dreptunghiular, cu diferite rezemări pe contur. Aplicație pentru margini încastrate*, Studii și cercetări de mecanică aplicată, *2*, 1965, 407–428.
38. GIONCU, V., *Comportarea și calculul cupolelor la beton armat pe contur pătrat, rezemate pe arce cu tiranți*, Doctoral thesis, Institutul politehnic "Traian Vuia", Timișoara, 1971.
39. GIONCU, V., *Calculul plăcilor curbe subțiri cu dublă curbură pozitivă, rezemate pe arce cu tiranți*, Studii și cercetări de mecanică aplicată, *5*, 1969, 1191–1217.
40. GIROUX, Y. M., BOUNES, G., *Finite element analysis of shells under non-uniform snow loads*, IASS Symposium, Madrid, 1969.
41. GLEZEROV E. I., GORDAN I. A., PAVILAINEN V. I., *Vliianie jestkosti konturnyh konstruktsii na napriajennoe sostoianie mnogovolnovyh obolocek*, Stroitelnaia mehanica i rasciot soorujenii, *4*, 1968, 39–43.
42. GORENSTEIN, V. V., REUTOV, I. N., *Tablitsy dlia rasceta obolocek dvoiakoi krivizni*, Stroitelnaia mehanica i rascet soorujenii, *4*, 1965, 40–44.
43. GRADOWCZYK, M. N., DISTEFANO, I. N., *The viscoelastic theory of thin shallow shells*, Ingineur Archiv., *5*, 1965, pp. 304–312.
44. HRUBAN, K., HRUBAN, I., *Effects of volume variations and of prestressing on a surface of translation*, World Conference on Shell Structures, San Francisco, 1962, 651–658.
45. HRUBAN, K., *Biegetheorie der Translationflächen und ihre Anwendung im Hallenbau*, Acta Technica Academiae Scientiarum Hungaricae, *3–4*, 1953, 425–464.
46. KESHAVA-RAO, M. N., SHARMA, S. P., *Analysis of a shallow elliptical paraboloid shell with edge beams*, The Indian Concrete Journal, *1*, 1965, 7–14.
47. KLIMOV, B., *Tafeln zur Berechnung der flachen elliptischen Paraboloid über rechteckigem Grundriß*, Beton und Stahlbetonbau, *1*, 1959, 9–12.
48. KRISTIC, M., *Die in Randträgen eingespannte doppelt gekrümmte Schale*. Die Bautechnik, *8*, 1961, 279–282.
49. LIPNIȚKII, M. E., GORENȘTEIN V., VINOGRADOV, G. G., *Jhelezobetonnoe prostranstvennie pokritia zdanii*, Izdatelstvo literaturi pe stroitelstvu, Leningrad, Moscow, 1965.
50. MAJUMDER, S., *Über die Lösung der Randwertproblems der Biegetheorie schwach gekrümmter Translation Schalen über rechteckigem Grundriß*, Dissertation, Berlin, 1968.
51. MILEIKOVSKI, I. E., KISIN, B. C., *Rascet pologhih obolocek dvoiakoi krivizny s opornymi diafragmami arocinovo tipa*, Stroitelnoe proectirovanie promyshlennyh predpriatii, *5*, 1965, 51–56.
52. MILEIKOVSKI, I. E., RAIZER, V. O., *Some practical methods of calculating roof folds and shells*, Congress IASS, Leningrad, Large Span Shells, vol. 1, 467–482.
53. MILEIKOVSKI, I. E., *Prakticeskie metody rasceta obolocek i skladok pokrytii*, Izdatelstvo literaturi pe stroitelstvu, Moscow, 1970.
54. NASH, W., SHENG, P. L., *Bending of thin shells in the form of an elliptic paraboloid*, Symposium IASS, Oslo 1958, 247–248.
55. NAZAROV, A. A., *Osnovi teorii i metody rasceta pologhih oblocek*, Izdatelstvo literaturi po stroitelstvu, Leningrad, Moscow, 1966.
56. PADILLA, I., SCHNOBRICH, W. C., *Doubly curved shallow shells with elastic supports*, Large span shells, IASS Congress, Leningrad, Vol. 1, 488–495.
57. PARME, A. L., *Hyperbolic paraboloids and other shells of double curvature*, Journal of the Structural Division, Sept. 1956.
58. DI PASQUALE, *Sulla determinazionne delle tensioni di membrana nei gusci a doppia curvatura su pianta rettangolare*, II, Cemento, *8*, 1958, 3–8.
59. DI PASQUALE, *Ulteriori considerazioni sul calcolo delle volte di translazione a doppia curvatura. Tabelle per la determinazione degli sforzi di membrana nei paraboloidi ellittico a proiezione rettangolare*, II, Cemento, *1*, 1959, 3–11.
60. PAVILAINEN, V. I., *Designing multiwave roofs of shells with positive Gaussian curvature*, Congress IASS, Leningrad, 1966, Large Span Shells, Vol. I, 496–505.

61. Rajendram, I., Simmonds, C. H., *Analysis of the shallow translational shells*, Symposium IASS, Budapest, Vol. 2, 405—418.
62. Robinson, J. R., *Effort tranchant-torsion*, Rapport introductif, Bulletin d'Information CEB, N° 71.
63. Salvadori, M. G., *Analysis and testing of translational shells*, JACI, June, 1957, 52—64.
64. Shah, H. C., *Analysis of shell roofs with a paraboloidal surface*, The Indian Concrete Journal, *8*, 1960, 314—319; *9*, 362—367; *12*, 487—490.
65. Simmonds, D. H., Quapp, D. H., *Behaviour of elliptical paraboloid shell having edge members with finite stiffness*, IASS Colloque Madrid, 1969.
66. Soare, V. M., *Application of finite difference equations to shell analysis*, Pergamon Press, London, 1967.
66a. Soare, V. M., *Application of finite difference equations to shell analysis*, 2nd ed. (in Romanian), Editura Academiei, București, 1968.
67. Soare, V. M., *Tafeln für Berechnung des elliptischen Paraboloids über rechteckigem Grundriß in der Membrantheorie*, Östereichisches Ingenieur-Archiv, *1*, 1961, 49—54.
68. Soare, V. M., *Unele aspecte ale calculului numeric în proiectarea plăcilor curbe subțiri*, Industria construcțiilor și a materialelor de construcții, *9*, 1957, 501—508; *10*, 610—612.
69. Soare, V. M., *The deformation of elliptical and rotational shells*, The Indian Concrete Journal, *9*, 1963, pp. 323—331.
70. Soare, V. M., *Contribuții la teoria încovoierii paraboloidului eliptic*, Dissertation Thesis, București, 1963.
71. Stănculescu, I., *Împingerea, stabilitatea și rezistența pămîntului*, Manual pentru calculul construcțiilor, secțiunea IX, Editura tehnică, București, 1959.
72. Timoshenko, S. A., Woinowsky-Krieger, S., *Teoria plăcilor plane și curbe*, Editura tehnică, București, 1968.
73. Tottenham, H., *Approximate solutions to shell problems, with particular reference to shells of double curvature*, Symposium IASS, Oslo, 1957, 210—220.
74. Tungl, E., *Membranspannungszustand im elliptischen Paraboloid*, Österreichisches Ingenieur-Archiv, *2—3*, 1956, 308.
75. Vasilkov, B. S., Boziev, I. A., *K rascetu jelezobetonnyh obolocek s ucetom poiavlenia trescina* Beton i zhelezobeton, *11*, 1969, 42—44.
76. Wlasow, W.S., *Allgemeine Schalentheorie und ihre Anwendung in der Technik* (Translated from Russian), Akademie-Verlag Berlin, 1958.
77. Wlasow, V. S., *Cylindrical shells and new ways of developing thinwalled spatial systems in structural mechanics*, Symposium IASS, Oslo, 1957, 121—146.
78. Zerna, W., Krätzig, W., Twelmeier, H., *Zur Festigkeitsuntersuchung des Schalentragwerkes der Städtischen Buhnen Dortmund*, Beton und Stahlbetonbau, *9*, 1964.
79. Zimmer, K., *Ein Beitrag zur Berechnung der randversteiften Kugelschale über rechteckigem Grundriß*, Wissenschaftliche Zeitschrift der Technischen Universität Dresden, *4*, 1967, 1083—1092.
80. Zimmer, K., *Die randversteifte, flache Kugelschale über rechteckigem Grundriß*, Bauplanung—Bautechnik, 7, 1969, 340—344.
81. Zimmer, K., *Schnittkraftdiagramme für flache Kugelschalen über rechteckigem Grundriß*. Bauplanung—Bautechnik, *8*, 1969, 399—401.

CHAPTER 7

Application to the hyperbolic paraboloid on square planform

7.1. Geometrical elements

Lately, the hyperbolic paraboloid has been extensively used in shell structures as its execution is simpler than that for other types of shells. It frames in the category of surfaces of double negative curvature and is a ruled surface. The shapes under which it can be cast are numerous and yet not all the possibilities of structural expression have been attempted. However, the most important and more often types used are the following

— hyperbolic paraboloid referred to generators (Fig. 7.1a), having the equation of the middle surface

$$z = \frac{f}{a^2} xy, \tag{7.1a}$$

— hipped hyperbolic paraboloid, supported at four points (Fig. 7.1b), having the equation of the middle surface

$$z = \pm \frac{f}{a^2} xy, \tag{7.1b}$$

(where the + sign refers to the quadrants 1 and 3, and the — sign to the quadrants 2 and 4 of the system of axes xoy), and

— umbrella-shaped hyperbolic paraboloid (Fig. 7.1c), having the equation of the middle surface

$$z = f\left(1 \mp \frac{x}{a}\right)\left(1 \mp \frac{y}{a}\right) \tag{7.1c}$$

(where the combination of signs — — refers to the quadrant 1, — + to the quadrant 2, + + to the quadrant 3 and + — to the quadrant 4 of the system of axes xoy). From relations (3.14a, c) we get

$$\frac{1}{r_x} = 0; \quad \frac{1}{r_y} = 0 \tag{7.2 a}$$

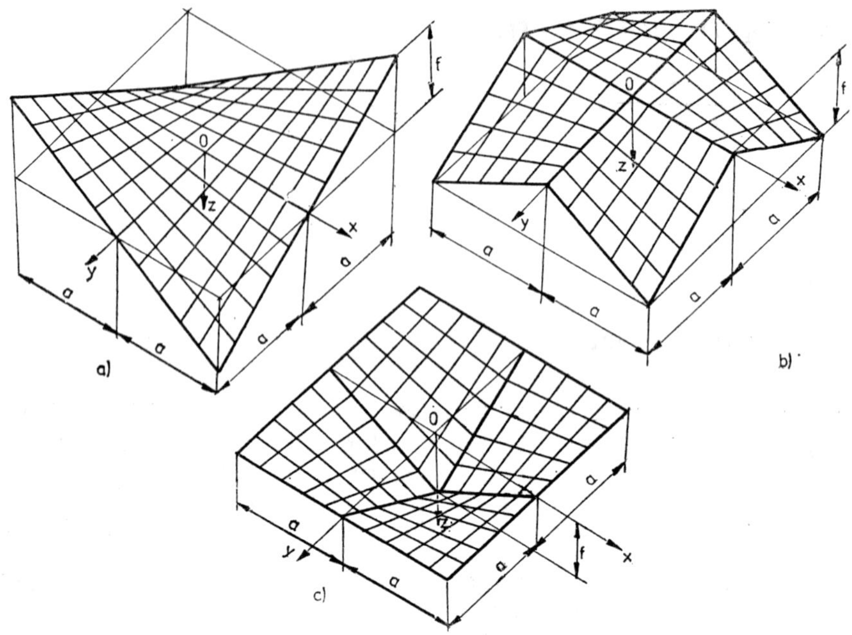

Fig. 7.1. — Hypar shell; geometrical elements:
a) referred to its generators; b) hipped hypar; c) umbrella-shaped type.

It follows that the co-ordinate lines are the asymptotic lines to the surface: likewise, we have

$$\frac{1}{r_{xy}} = \frac{1}{r_{yx}} = \frac{f}{a^2}. \tag{7.2b}$$

7.2. Analysis problems

7.2.1. Membrane theory

If in equation (4.51c) the bending moments are neglected and account is taken of relations (7.2), we obtain

$$N_{xy} = -\frac{pa^2}{2f} \tag{7.3}$$

and using (4.51 a,b) for vertical loads we have

$$N_x = -\int \frac{\partial N_{yz}}{\partial y}\,dx + C_1(y), \tag{7.4 a}$$

$$N_y = -\int \frac{\partial N_{xy}}{\partial x}\,dy + C_2(x), \tag{7.4 b}$$

C_1 and C_2 being integration constants. If the load is constant over the whole of the surface, then

$$N_x = C_1(y)\,; \quad N_y = C_2(x). \tag{7.5a, b}$$

It follows that a load applied on the boundary upon the direction of a generator propagates wholly along this one up to the other end, without influencing the state of stress in the neighbouring fibers. If one of the edges is free, then $C_1 = C_2 = 0$ and consequently the state of stress in the shell is characterized only by shear forces N_{xy}.

The first works which dealt with membrane theory were [1] and [36]; later the state of stress produced by various load types has been studied in [58], and then extended to the case of unequal sides in [4]. An elementary interpretation of the relations presented above has been given in [45], an analogy being made with the manner in which some arch systems work. Membrane theory is also discussed in [9] and extended to practical cases of loading and arbitrary planforms in [48] and [54]. The membrane theory has been treated in greater detail in [39].

7.2.2. Bending theory with homogeneous supporting conditions

If, in the general equations (3.64), account is taken of (7.2), we have

$$\frac{2f}{a^2}\frac{\partial^2 F}{\partial x\,\partial y} + K_0 \nabla^2 \nabla^2 w = p, \tag{7.6 a}$$

$$\frac{1}{E_0\delta}\nabla^2 \nabla^2 F - \frac{2f}{a^2}\frac{\partial^2 w}{\partial x\,\partial y} = 0. \tag{7.6 b}$$

An approximate method for resolving this system is to consider that membrane theory is variable over the whole of the surface and that on the boundary bending moments appear when the shell comes into contact with the edge members. Thus, in [29] the system of equations (7.6) has been approximately resolved neglecting some lower order derivatives; the following maximum moments have been obtained in the edge region

— for built-in edges (Fig. 7.2a)

$$M_x = -0.511 \frac{pa^2}{\sqrt[3]{\left(\frac{f}{\delta}\right)^4}}, \tag{7.7a}$$

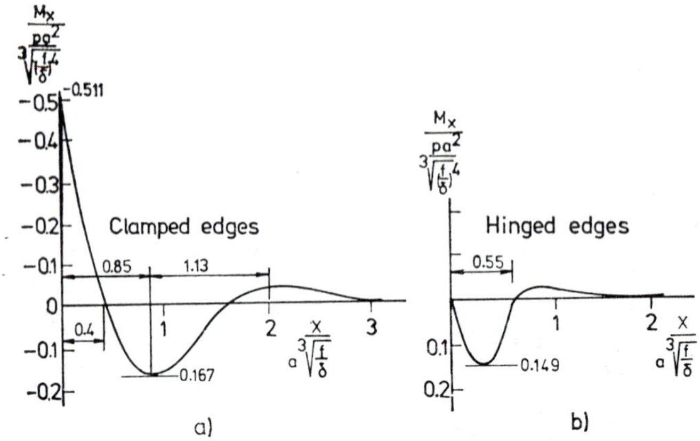

Fig. 7.2. — Bending moments in the boundary zones.

— for hinged edges (Fig. 7.2b)

$$M_x = 0.149 \frac{pa^2}{\sqrt[3]{\left(\frac{f}{\delta}\right)^4}}.$$

In [5] the edge bending moments are given under the form

$$M = -0.204 \frac{pa^2}{\left(\frac{f}{\delta}\right)}. \tag{7.8}$$

The same relation is reached at following the procedure established in [63] if some very small terms are neglected. In [35] the case of a moment applied along the edges and the manner in which this moment propagates in the shell are studied.

The solutions which resolve straightly the system of equations (7.6) can be grouped according to the type of surface :

(a) *Paraboloid referred to generators.* For the case of hinged supporting on the boundary, in [2], [38] and [62] simple trigonometric series have been used ; they are however disadvantageous in that they can satisfy real supporting conditions only on two opposite sides [55]; to satisfy supporting conditions on all the four sides, in [2] developments into simple series upon two directions have been used. The case of buit-in supporting on the boundary has been discussed in [11] by means of a variational method and in [24] and [31] using developments into series of fundamental functions. This case is also examined in [6] and [7] using both a variational method and finite differences. In [56] the hyperbolic paraboloid built-in on the boundary subjected to partial loads has been studied by using the finite difference method; it is shown that if the loading is uniformly distributed over the whole of the surface, the membrane theory constitutes an exact solution of equations (7.6).

In [46] a shell is examined, whose boundary displacements are restrained in vertical direction (the shell can be free or clamped in tangential direction); the edge rotations are also examined.

The free supporting, the simple supporting and the clamping on the boundary are also discussed in [13].

(b) *Hipped hyperbolic paraboloid, supported at four points.* A solution is given for this shell type in [20], [41] and [44] by means of series of characteristic functions; in [32] an initial counter-deflection of the shell center is determined such that to obtain finally stresses as close as possible to the membrane ones. In [10] tables are given for the calculation of stresses and strains, considering rigid supports for the edges $x = a$ and $y = a$ and neglecting the rigidity of the central beam along the lines $x = 0$ and $y = 0$.

(c) *Umbrella-shaped hyperbolic paraboloid.* The state of stress and strain in a hyperbolic paraboloid has been studied, considering two free adjacent edges and two edges perfectly built-in and subjected to restrained vertical displacements [21], [22]. In [8] curves are plotted for equal stresses and strains for various ratios $\frac{f}{\delta}$, the edges $x = a$ and $y = a$ being free and built-in along the lines $x = 0$ and $y = 0$. The same case of supporting, this time without central and edge beams, is examined in [42] and in [43] the influence of prestressing forces applied at the corners is discussed.

7.2.3. Bending theory with elastic supporting conditions

Since the influence of elastic boundary conditions will be examined in greater detail in the following paragraphs, we recall briefly the most significant works in this domain:

(a) *Hyperbolic paraboloid, referred to generators.* The first works which have dealt with the elastic supporting on the boundary are [12], [17]; in [14] the application of the finite difference method was discussed and in [3], [13], [15], [33] and [57] the state of stress and strain was analysed, function of the boundary conditions. Practical design diagrams are given in [50] and [51] for the case when the shell is supported at two or four points.

(b) *Hipped hyperbolic paraboloid, supported at four points.* In [53] the influence of the rigidity of edge members on the state of stress and strain was analysed by means of the finite element method.

(c) *Umbrella-shaped hyperbolic paraboloid.* The writing of the elastic boundary conditions and a comparison of the theoretical results with the experimental work constitute the object of [28]. In [37] the state of stress is analysed in an umbrella-shaped prefabricated hypar in the erection and final stages; the stresses due to edge prestressing are also considered.

The design of a roof, for which elastic conditions of supporting on the boundary were taken into account, was examined in [25] and [26]. The prestressing of edges in the case of combined working with the shell constitutes the object of [27].

The influence of creep and shrinkage for shells of negative double curvature was described in [30] and the stress losses produced by creep and shrinkage in the case of prestressed edges was analysed in [27].

In all these references, except [25], [26], [37], [50] and [51], homogeneous corner conditions for simple supporting or clamping were considered.

7.3. Umbrella-shaped hyperbolic paraboloid

The intersecting, or umbrella-shaped, hypars supported at one point, consist of four similar elements (Fig. 7.3), the equations of which are given by (7.1c).

7.3.1. Transcribing of the differential equations into finite differences

The differential equations of shells are given by (7.6); in order to work with dimensionless quantities, we introduce new unknowns defined by

$$F = \frac{2p_0 a^2}{f} \Delta^2 \Phi, \tag{7.9 a}$$

$$w = \frac{p_0 \Delta^4}{K_0} W, \tag{7.9 b}$$

$$p = p_0 \eta\left(\frac{x}{a}, \frac{y}{a}\right), \tag{7.9 c}$$

where Δ is given by relation (6.11). Thus, we readily obtain the equations

$$4\Delta^2 \frac{\partial^2 \Phi}{\partial x\, \partial y} + \Delta^4 \nabla^2 \nabla^2 W - \eta = 0, \tag{7.10a}$$

$$\Delta^4 \nabla^2 \nabla^2 \Phi - \varepsilon\, 4\Delta^2 \frac{\partial^2 W}{\partial x\, \partial y} = 0, \tag{7.10b}$$

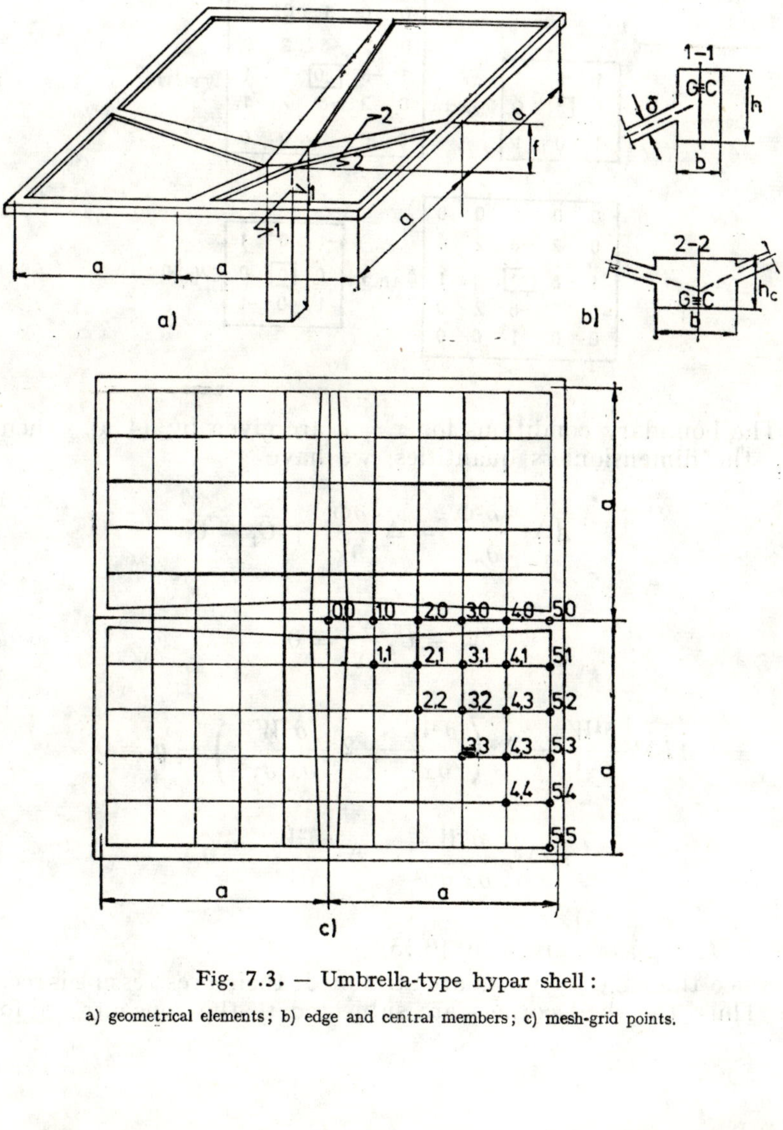

Fig. 7.3. — Umbrella-type hypar shell :

a) geometrical elements ; b) edge and central members ; c) mesh-grid points.

where

$$\varepsilon = \frac{E\delta f^2}{4K_0 a^4}\Delta^4 = \frac{3}{k^4}\left(\frac{f}{\delta}\right)^2 \tag{7.11}$$

is the stiffness characteristic of the hyperbolic paraboloid and is a dimensionless quantity. If the finite difference operators are applied to these equations, we get

$$\left|\begin{matrix} 1 & 0 & -1 \\ 0 & \boxed{0} & 0 \\ -1 & 0 & 1 \end{matrix}\right| \phi_{m,n} + \left|\begin{matrix} 0 & 0 & 1 & 0 & .0 \\ 0 & 2 & -8 & 2 & 0 \\ 1 & -8 & \boxed{20} & -8 & 1 \\ 0 & 2 & -8 & 2 & 1 \\ 0 & 0 & 1 & 0 & 0 \end{matrix}\right| W_{m,n} - \mathfrak{Z}_{m,n} = 0 \tag{7.12 a}$$

$$\left|\begin{matrix} 0 & 0 & 1 & 0 & 0 \\ 0 & 2 & -8 & 2 & 0 \\ 1 & -8 & \boxed{20} & -8 & 1 \\ 0 & 2 & -8 & 2 & 0 \\ 0 & 0 & 1 & 0 & 0 \end{matrix}\right| \phi_{m,n} + \left|\begin{matrix} -1 & 0 & 1 \\ 0 & \boxed{0} & 0 \\ 1 & 0 & -1 \end{matrix}\right| \varepsilon W_{m,n} = 0 \tag{7.12 b}$$

The boundary conditions for $x = a$ are given by (4.30); then, introducing the dimensionless quantities, we have

$$\bar{A}\Delta^2 \frac{\partial^2\Phi}{\partial x^2} + \Delta \frac{\partial\Phi}{\partial x} + \bar{C}_1 = 0, \tag{7.13 a}$$

$$\Phi - \bar{C}_2 \frac{y}{\Delta} = 0, \tag{7.13 b}$$

$$\bar{I}\Delta^4 \frac{\partial^4 W}{\partial y^4} - \Delta^3\left(\frac{\partial^3 W}{\partial x^3} + 2\frac{\partial^3 W}{\partial x\,\partial y^2}\right) - \bar{g} = 0, \tag{7.13 c}$$

$$\bar{I}_r \Delta^3 \frac{\partial^3 W}{\partial x\,\partial y^2} - \Delta^2 \frac{\partial^2 W}{\partial x^2} = 0, \tag{7.13 d}$$

where $\bar{A}$, $\bar{I}$, $\bar{I}_r$, $\bar{g}$ are given by (6.15).

Since the edge members are stretched, their prestressing is recommendable. Thus, the shell corners are subjected to the concentrated forces S_p

(Fig. 7.4) ; using relations (4.41) we obtain for the corner $x = a$, $y = a$ ($C_1 = C_2$ for symmetry considerations)

$$S_p = C_1 + C_2,$$

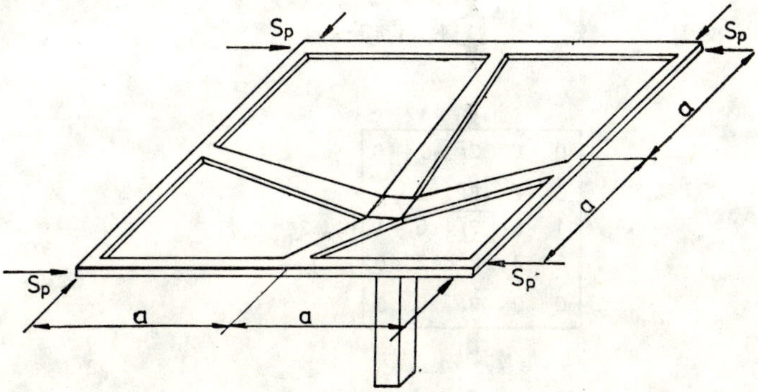

Fig. 7.4 — Prestressing of edge members.

whence

$$C_1 = S_p - C_2. \tag{7.14}$$

In order to simplify the writing of the equations, we denote $C_2 = C$. Conditions (7.13) then become

$$\bar{A}\Delta^2 \frac{\partial^2 \Phi}{\partial x^2} + \Delta \frac{\partial \Phi}{\partial x} - \bar{C} + \bar{S}_p = 0, \tag{7.15 a}$$

$$\bar{\Phi} - \bar{C}\frac{y}{\Delta} = 0, \tag{7.15 b}$$

$$\bar{I}\Delta^4 \frac{\partial^4 W}{\partial y^4} - \Delta^3 \left(\frac{\partial^3 W}{\partial x^3} + 2 \frac{\partial^3 W}{\partial x \, \partial y^2} \right) - \bar{g} = 0, \tag{7.15 c}$$

$$\bar{I}_r \Delta^3 \frac{\partial^3 W}{\partial x \, \partial y^2} - \Delta^2 \frac{\partial^2 W}{\partial x^2} = 0, \tag{7.15 d}$$

where

$$\bar{S}_p = \frac{S_p}{2p_0 \dfrac{a^2}{f} \Delta} \; ; \; \bar{C} = \frac{C}{2p_0 \dfrac{a^2}{f}}. \tag{7.16}$$

The operators of these equations are

$$\left[\begin{array}{ccc} \bar{A}-\frac{1}{2} & \boxed{0} & \bar{A}+\frac{1}{2} \end{array}\right] \Phi_{k,n}-(1+2\bar{A})\bar{C}+\bar{S}_p=0 \qquad (7.17a)$$

$$\boxed{1}\ \Phi_{k,n}-\bar{C}n=0 \qquad (7.17b)$$

$$\left[\begin{array}{ccccc} 0 & 0 & 2\bar{I} & 0 & 0 \\ 0 & 2 & -8\bar{I} & -2 & 0 \\ 1 & -6 & \boxed{12\bar{I}} & 6 & -1 \\ 0 & 2 & -8\bar{I} & -2 & 0 \\ 0 & 0 & 2\bar{I} & 0 & 0 \end{array}\right] W_{k,n}=2\bar{g} \qquad (7.17c)$$

$$\left[\begin{array}{ccc} -\bar{I}_r & 0 & \bar{I}_r \\ 2(\bar{I}_r-1) & \boxed{4} & -2(\bar{I}_r+1) \\ -\bar{I}_r & 0 & \bar{I}_r \end{array}\right] W_{k,n}=0 \qquad (7.17d)$$

For the edge $y = 0$, equations (4.70) are valid; if (4.70a) is written at the point $x = a$, $y = 0$ and account is taken that on the boundary $F = C_2 y$, then we have

$$C_1 = 2C_2 = 2C.$$

In this manner, introducing the dimensionless unknowns, equations (4.70) become

$$\bar{A}_c \Delta^2 \frac{\partial^2 \Phi}{\partial y^2} - \Delta \frac{\partial \Phi}{\partial y} + \bar{C} = 0, \qquad (7.18\text{ a})$$

$$\Delta^3 \left(\frac{\partial^3 \Phi}{\partial y^3} + 2 \frac{\partial^3 \Phi}{\partial x^2 \partial y} \right) - 4\varepsilon\Delta \frac{\partial W}{\partial x} = 0, \qquad (7.18\text{ b})$$

$$\bar{I}_c \Delta^4 \frac{\partial^4 W}{\partial x^4} + \Delta^3 \left(\frac{\partial^3 W}{\partial y^3} + 2 \frac{\partial^3 W}{\partial x^2 \partial y} \right) - \bar{g}_c = 0, \qquad (7.18\text{ c})$$

$$\Delta \frac{\partial W}{\partial y} = 0, \qquad (7.18\text{ d})$$

where ε is given by (7.11) and

$$\bar{A}_c = \frac{A_c}{2\delta\Delta}; \quad \bar{I}_c = \frac{EI_c}{2K_0\Delta}; \quad \bar{g}_c = \frac{g_c}{2p_0\Delta}. \qquad (7.19\text{ a—c})$$

A_c, I_c being the area and the inertia moment of the central beam and g_c its own weight. The operators of equations (7.27) are

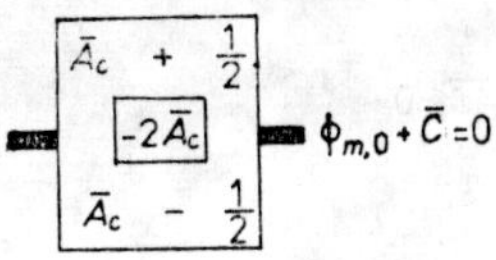

(7.20 a)

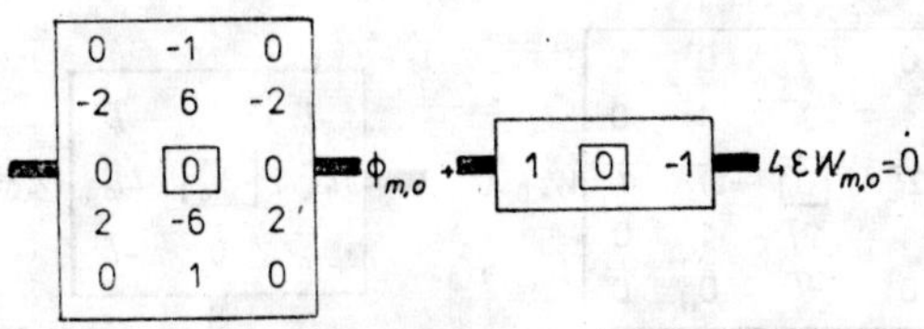

(7.20 b)

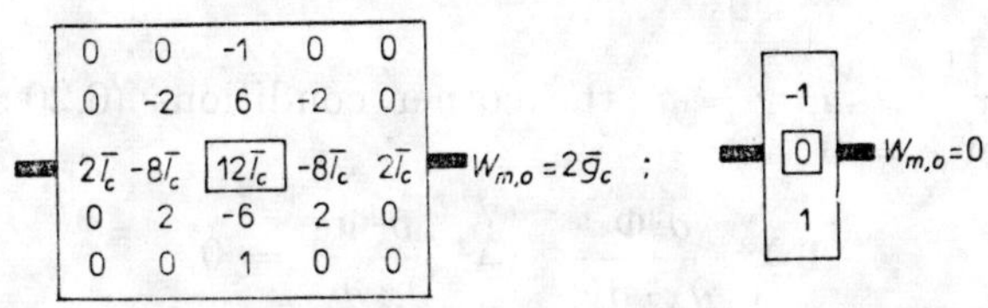

(7.20 c)

As the corner $x = 0$, $y = 0$ is supported, relations (4.77b) and (4.76c) can be used. Transcribed into dimensionless unknowns, these relations become

$$\Delta^2 \frac{\partial^2 \Phi}{\partial x\, \partial y} = 0\,; \quad \Delta^2 \frac{\partial^2 W}{\partial x\, \partial y} = 0. \qquad (7.21\ \text{a,b})$$

The operators of equations (7.21) are

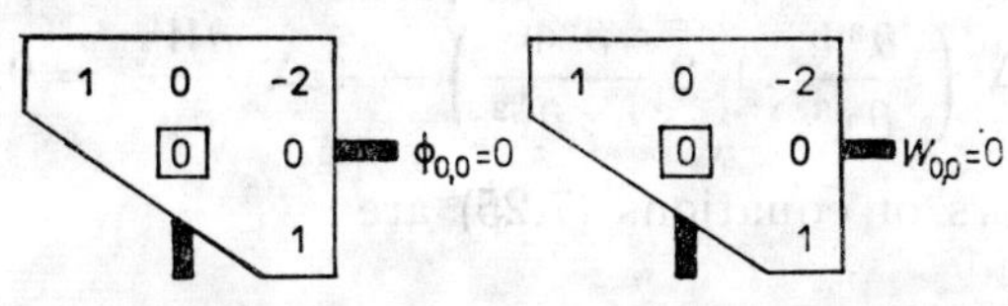

(7.22 a,b)

For the corner $x = a$, $y = 0$, where three elements concur, the corner conditions (4.44) and (4.47 b, c) are valid, which transcribed into dimensionless quantities become

$$\bar{A}\,\Delta^3 \frac{\partial^3 \Phi}{\partial x^2\, \partial y} + \Delta^2 \frac{\partial^2 \Phi}{\partial x\, \partial y} = 0, \qquad (7.23\ \text{a})$$

$$\bar{I}_o \Delta^3 \frac{\partial^3 W}{\partial x^3} - \bar{I}\Delta^3 \frac{\partial^3 W}{\partial y^3} + 2\Delta^2 \frac{\partial^2 W}{\partial x\, \partial y} = 0, \qquad (7.23\ \text{b})$$

$$\bar{I}_c \frac{\partial^2 W}{\partial x^2} - \bar{I}_r \frac{\partial^2 W}{\partial x \partial y} = 0. \qquad (7.23\ \text{c})$$

The operators of these equations are

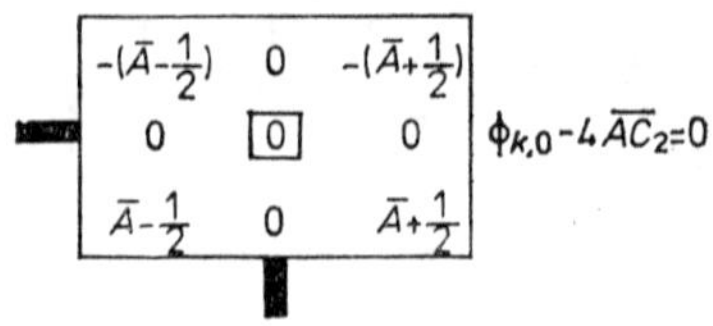

(7.24 a)

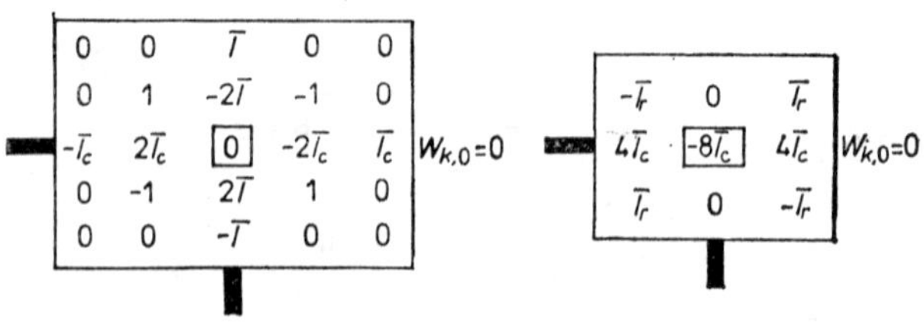

(7.24 b,c)

For the corner $x = a$, $y = a$, the corner conditions (6.20 a, b) are valid, in which we set $e = 0$

$$\bar{A}\,\Delta^3 \frac{\partial^3 \Phi}{\partial x^2\,\partial y} + \Delta^2 \frac{\partial^2 \Phi}{\partial x\,\partial y} = 0, \tag{7.25 a}$$

$$\bar{I}\,\Delta^2 \frac{\partial^2 W}{\partial y^2} + \bar{I}_r\,\Delta^2 \frac{\partial^2 W}{\partial x\,\partial y} = \bar{M}_c, \tag{7.25 b}$$

where $\bar{M}_c$ is given by (6.21a). In addition, condition (4.48) also intervenes, which in dimensionless quantities becomes

$$\Delta^3 \left(\frac{\partial^3 \Phi}{\partial x^3} + 2\,\frac{\partial^3 \Phi}{\partial x\,\partial y^2} \right) - 4\varepsilon\Delta\,\frac{\partial W}{\partial y} = 0. \tag{7.25 c}$$

The operators of equations (7.25) are

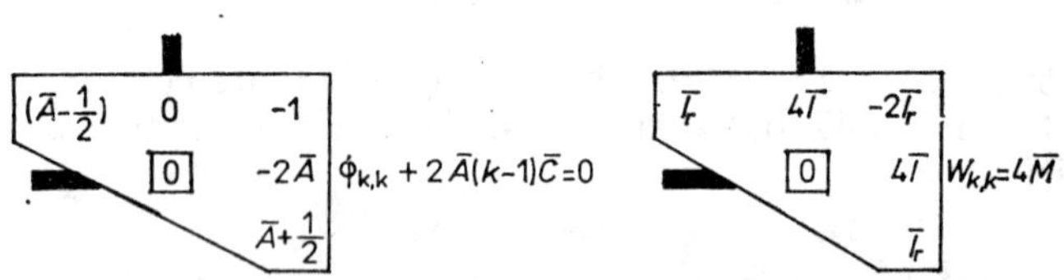

(7.26 a,b)

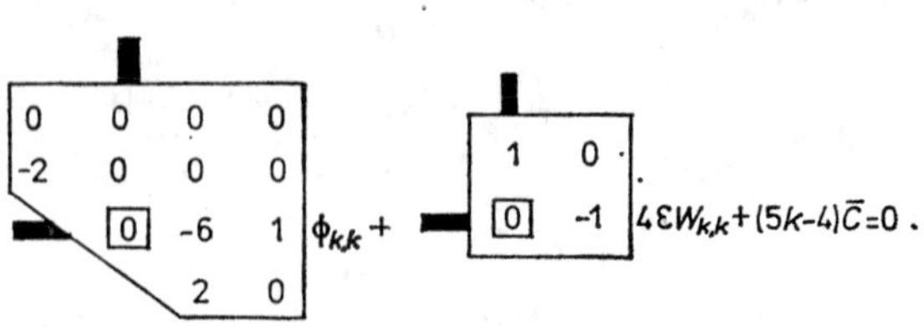

(7.26 c)

Because of the loading and structural symmetry it is enough to consider the unknowns for one eighth of the shell (Fig. 7.5). The number of unknowns which intervene in the solution of the problem is

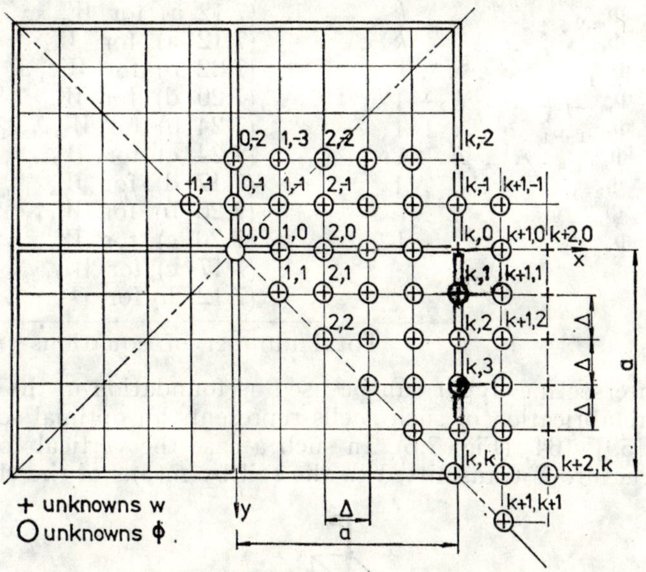

Fig. 7.5. – Eighth part of the shell for symmetrical loadings.

$\Phi_{m,n}$	— internal $1 + 2 + \ldots + k - 1$	$\dfrac{k(k-1)}{2}$
$\Phi_{m,0}$	— on the boundary $y = 0$	k
$\Phi_{k,n}$	— on the boundary $x = a$	k
$\Phi_{m,-1}$	— external on the line $n = -1$	$k + 3$
$\Phi_{k+1,n}$	— external on the line $m = k + 1$	$k + 2$
$\Phi_{m,-2}$	— external on the line $n = 2$	k
$\Phi_{k+2,k}$	— external on the line $m = k + 2$	1
$W_{m,n}$	— internal $1 + 2 + \ldots + k - 1$	$\dfrac{k(k-1)}{2}$
$W_{m,0}$	— on the boundary $y = 0$	k
$W_{k,n}$	— on the boundary $x = a$	k
$W_{m,-1}$	— external on the line $n = -1$	$k + 3$
$W_{k+1,n}$	— external on the line $m = k + 1$	$k + 2$
$W_{m,-2}$	— external on the line $n = -2$	k
$W_{k+2,n}$	— external on the line $m = k + 2$	$k + 1$
$\overline{C}$		1
	Total number of unknowns	$(k + 5)^2 - 8$

The equations by means of which these unknowns are determined are

(7.12 b) for $\Phi_{m,n}$ . . $\frac{k(k-1)}{2}$
(7.12 b) for $\Phi_{m,0}$ . . . . . . k
(7.25 b) for $\Phi_{k,n}$ . . . . . . k
(7.22 a) for $\Phi_{-1,-1}$ 1
(7.20 a) for $\Phi_{m,-1}$ . . . $k+1$
(7.24 a) for $\Phi_{k+1,-1}$ 1
(7.17 a) for $\Phi_{k+1,n}$ . . . $k+1$
(7.26 a) for $\Phi_{k+1,k+1}$ . . . 1
(7.20 b) for $\Phi_{m,-2}$ . . . . . k
(7.26 c) for $\Phi_{k+2,k}$ 1

(7.12 a) for $W_{m,n}$ . . $\frac{k(k-1)}{2}$
(7.12 a) for $W_{m,0}$ . . . . . . k
(7.12 a) for $W_{k,n}$ . . . . . k
(7.22 b) for $W_{-1,-1}$ 1
(7.20 d) for $W_{m,-1}$ . . $k+1$
(7.24 b) for $W_{k+1,-1}$ 1
(7.24 c) for $W_{k+1,0}$ 1
(7.17 d) for $W_{k+1,n}$ . . . . . k
(7.26 b) for $W_{k+1,k+1}$ . . . 1
(7.20 c) for $W_{m,-2}$ . . . . . k
(7.17 c) for $W_{k+2,n}$ . . $k+1$
(7.12 b) for $\bar{C}$ 1

Total number of equations $(k+5)^2-8$

The intersecting hypar can be used as foundation in the case of soft soils; the prefabrication of such shells represents an optimal solution [18], [19], [40], [59], [64] (Fig. 7.6). In such a case the vertical force P from the superstructure is transmitted to the soil by means of the shell and the

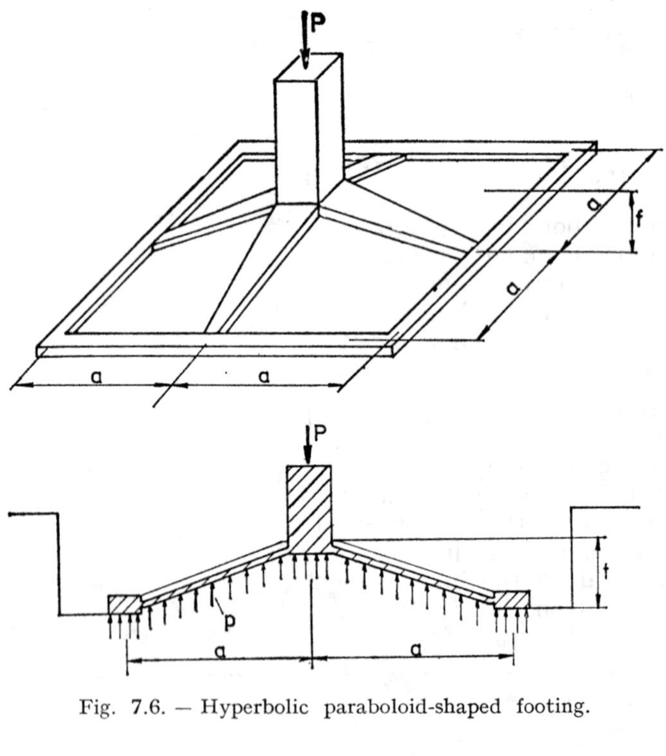

Fig. 7.6. — Hyperbolic paraboloid-shaped footing.

shell loading is constituted by the contact pressure between foundation and soil, which is a function of the soil deformation

$$p = f(w). \tag{7.27}$$

For the above relationship several laws have been suggested, of which two are given below, as they are better known :

— Winkler's bed coefficient method, where

$$p = cw, \tag{7.28 a}$$

c being the bed coefficient ; thus, the settlement of a point is not influenced by the pressures acting in its immediate vicinity (Fig. 7.7a).

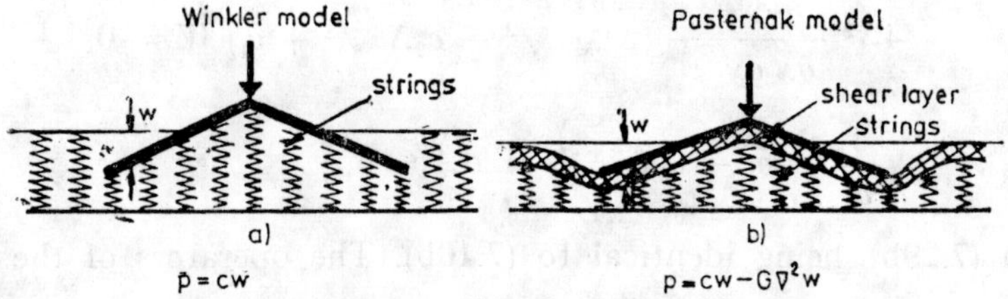

Fig. 7.7. — Supporting on elastic bed :
a) of Winkler type ; b) of Pasternak type.

— Pasternak's method [34], which takes account of the influence of pressures on the neighbouring points by introducing a shear layer (Fig. 7b), where

$$p = cw - G\nabla^2 W, \tag{7.28 b}$$

G being the transverse Young's modulus of the soil.

Equations (7.6) become in this case

$$\frac{2f}{a^2}\frac{\partial^2 F}{\partial x\,\partial y} + K(\nabla^2\nabla^2 - G\nabla^2 + c)w = 0, \tag{7.29 a}$$

$$\frac{1}{E_0\delta}\nabla^2\nabla^2 F - \frac{2f}{a^2}\frac{\partial^2 w}{\partial x\,\partial y} = 0. \tag{7.29 b}$$

Since equations (7.29) are homogeneous, we introduce the additional condition

$$P = \int_A p\,\mathrm{d}A = \int_A (c - G\nabla^2)\, w\, \mathrm{d}A, \tag{7.30}$$

which represents the equilibrium between the external force and the volume of pressures in the soil. If Winkler's method is adopted, in the above relations one should consider that $G = 0$.

If we introduce the dimensionless unknowns

$$F = \frac{2P\Delta^2}{f}\,\Phi\,;\;\; w = \frac{P\Delta^4}{K_0 a^2}\,W, \qquad (7.31\text{ a,b})$$

and the dimensionless coefficients

$$\bar{c}_1 = \frac{c\Delta^4}{K_0}\,;\;\; \bar{c}_2 = \frac{G\Delta^2}{K_0}, \qquad (7.32\text{ a,b})$$

which characterize the rigidity of the foundation soil with respect to that of the shell, equations (7.29a) and (7.30) become

$$4\Delta^2\,\frac{\partial^2\Phi}{\partial x\,\partial y} + (\Delta^4\nabla^2\nabla^2 - \bar{c}_2\Delta^2\nabla^2 + \bar{c}_1)\,W = 0, \qquad (7.33\text{ a})$$

$$\frac{1}{a^2}\int_A (\bar{c}_1 - \bar{c}_2\,\Delta^2\,\nabla^2)\,W\,\mathrm{d}A = 1, \qquad (7.33\text{ b})$$

equation (7.29b) being identical to (7.10b). The operators of these equations are

$$\left|\begin{array}{ccc} 1 & 0 & -1 \\ 0 & \boxed{0} & 0 \\ -1 & 0 & 1 \end{array}\right| \Phi_{m,n} + \left|\begin{array}{ccccc} 0 & 0 & 1 & 0 & 0 \\ 0 & 2 & -B & 2 & 0 \\ 1 & -B & \boxed{A} & -B & 1 \\ 0 & 2 & -B & 2 & 0 \\ 0 & 0 & 1 & 0 & 0 \end{array}\right| W_{m,n} = 0 \qquad (7.34\text{ a})$$

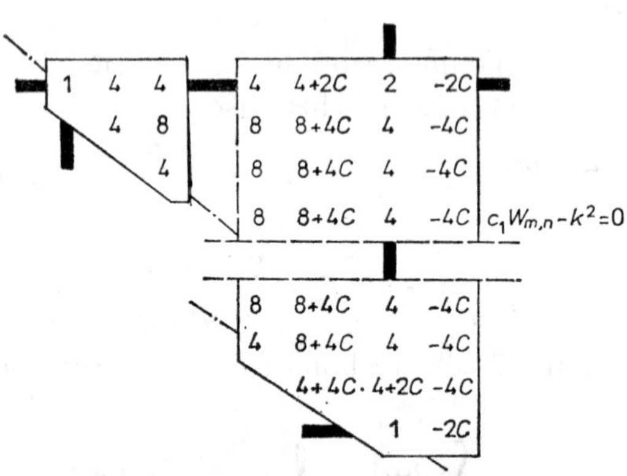

(7.34 b)

where we have introduced the following notations

$$A = 20 + \bar{c}_1 + 4\bar{c}_2\,;\;\; B = 8 + \bar{c}_2\,;\;\; C = \frac{\bar{c}_2}{\bar{c}_1}. \qquad (7.35\text{ a...c})$$

For equation (7.29b) the operator (7.12b) is used. The boundary and corner conditions are similar to those established previously. In the case of elastic bed the number of unknowns increases, since $W_{0,0}$ assumes a finite value; thus, it follows that

$$N = (k + 5)^2 - 7.$$

7.3.2. Choice of the network and resolving of the algebraic equation systems

The influence of the network magnitude k on the exactness of solutions has been studied in [14], using $k = 2, 4, 8, 16$. The following conclusions have been reached at :

— for calculating the state of stress in the shell plane a rarer network ($k < 8$) can be used for any type of supporting at corners :

— for bending moments the network must be thicker ($k > 8$) ;

— for calculating the displacements when the shell is supported on elastic edge members, even a division into 16 intervals is not enough.

Similar conclusions have been drawn in [57], where $k = 3, 4, 6$ has been used. In the same work $k = 4$ has been chosen for the examination of the state of stress and strain. In [3] the state of stress for $k = 2$ and 4 has been discussed. Practical diagrams of calculation for $k = 4$ are given in [50], [51]. The same value $k = 4$ has been also chosen in [46], [47] for studying the state of stress as a function of the rigidities of edge members.

From the above the following conclusions can be drawn :

— for the correct determination of the stresses in the shell plane it suffices to choose a network with $k = 4$ or 5;

— the bending moments require a thicker network, but as these moments have small values they cannot impose the network magnitude (see also the discussion in sub-Section 6.4.1) ;

— the displacements also require a thick network, but in view of the fact that they assume small values and that in the case of rare networks values larger than in the case of thick networks are obtained [15], they cannot constitute a criterion for the selection of k.

For these reasons point networks with $k = 5$ have been chosen.

The equation systems have been resolved for the following particular cases :

(a) umbrella-shaped hyperbolic paraboloid

$$\frac{f}{\delta} = 29.2\,;\ \frac{a}{f} = 3.43\,;\ \frac{2a}{h} = 48\,;\ \frac{b}{h} = 0.8\,;\ e = 0\,;\ h_c = h\,;\ b_c = 2b$$

whence for $k = 5$ we have

$$\varepsilon = 4.00\,;\ \bar{A} = \bar{A}_c = 0.694\,;\ \bar{I} = \bar{I}_c = 12.0\,;\ \bar{I}_r = 6.32\,;$$

(b) hyperbolic paraboloid on elastic bed

$$\frac{f}{\delta} = 3.33\,; \quad \frac{a}{f} = 3.1\,; \quad \frac{2a}{h} = 10.33\,; \quad \frac{b}{h} = 1.33\,; \; h_c = h\,; \; b_c = 0.75\,b.$$

The following geometrical parameters were obtained

$$\varepsilon = 0.0534\,; \; \bar{A} = 2.58\,; \; \bar{A}_c = 0.965\,; \; \bar{I} = 10.33\,; \; \bar{I}_c = 3.87\,; \; \bar{I}_r = 7.44.$$

7.3.3. Uniformly distributed loads

7.3.3.1. The state of stress and deformation. For the umbrella-shaped hyperbolic paraboloid (Fig. 7.3) with the geometrical parameters given in sub-Section 7.3.2 we obtained the stresses in the shell listed in Table 7.1 and plotted in Figure 7.8. To estimate the magnitude of stresses released in

Table 7.1

Forces in the shell for uniformly distributed loadings

Points	$\frac{N_x}{pa^2/f}$	$\frac{N_y}{pa^2/f}$	$\frac{N_{xy}}{pa^2/f}$	$\frac{M_x}{pa^2 \times 10^{-2}}$	$\frac{M_y}{pa^2 \times 10^{-2}}$	$\frac{M_{xy}}{pa^2 \times 10^{-2}}$
0,0	−1.3410	−1.3410	0.0000	−0.4788	−0.4788	0.0000
1,0	−1.5230	−0.9088	0.0080	−0.1091	−0.4586	0.0000
2,0	−1.3644	−0.4758	−0.2072	0.0839	0.1461	0.0000
3,0	−0.9228	−0.1708	−0.3379	0.1695	0.6126	0.0000
4,0	−0.3858	0.5418	−0.3186	0.2103	0.5404	0.0000
5,0	0.0000	2.1924	−0.1546	0.2068	0.0529	0.3242
1,1	−0.5034	−0.5034	−0.1548	0.3120	0.3120	0.1681
2,1	−0.2338	−0.1388	−0.4371	0.0305	0.1973	0.1740
3,1	−0.1828	−0.0572	−0.5982	−0.1871	0.0081	0.0363
4,1	−0.1714	0.3616	−0.5953	−0.0792	−0.0276	−0.1311
5,1	0.0000	1.8066	−0.2314	0.3543	0.0375	−0.1239
2,2	−0.0202	−0.0202	−0.5413	−0.1696	−0.1696	−0.0677
3,2	−0.0432	0.0168	−0.6016	0.3975	−0.3187	−0.0293
4,2	−0.0690	0.3414	−0.6516	0.2548	−0.2758	−0.0931
5,2	0.0000	1.2772	−0.3858	0.5805	0.0406	−0.0614
3,3	0.0880	0.0880	−0.6128	−0.4406	−0.4406	−0.0313
4,3	0.1120	0.4160	−0.6884	−0.2270	−0.2992	0.0276
5,3	0.0000	0.6896	−0.3735	0.6081	0.0576	0.0184
4,4	0.3562	0.3562	−0.5143	−0.0338	−0.0338	0.1495
5,4	0.0000	0.1954	−0.2380	0.3629	0.0937	0.0828
5,5	0.0000	0.0000	−0.0781	0.0839	0.0839	−0.1162

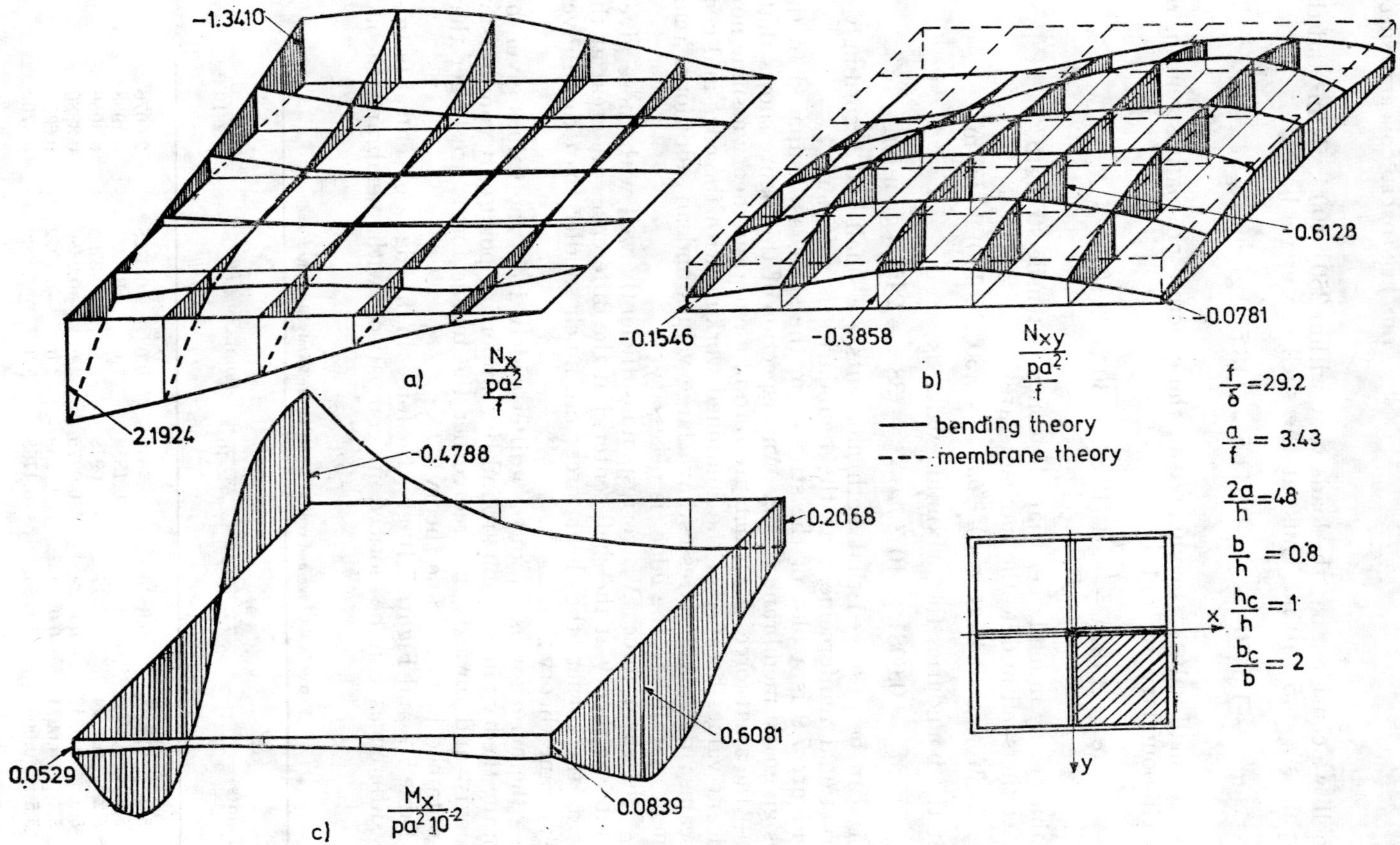

Fig. 7.8. — Uniformly distributed loadings ; shell forces :
a) axial forces N_x ; b) shear forces N_{xy} ; c) bending moments M_x.

the shell, we consider that the loads vary within 250—400 kgfN/m² and the half-span is $a = 5$—10 m. Thus, at the shell center we have

$$\sigma = -1.3410 \frac{pa^2}{f} = -(11.5 \ldots 18.5)\ \text{kgf/cm}^2 \ll R_{pr},$$

which are small values as compared to the concrete prismatic strength. At the shell boundary we obtain

$$\sigma = 2.1924 \frac{pa^2}{f} = (18.8 \ldots 30.2)\ \text{kgf/cm}^2 \gg R_t,$$

the values being much larger than the concrete tensile strength.

At the shell middle the moments are

$$M_x = -0.4788 \times 10^{-2}\, pa^2 = -(30 \ldots 190)\ \text{kgfm/m}$$

and at the boundaries the maximum value is

$$M_x = 0.6081 \times 10^{-2}\, pa^2 = -(38 \ldots 245)\ \text{kgf m/m}.$$

It can be observed that both moments are small and accordingly a constructional reinforcement at the boundaries is sufficient.

Figure 7.9 is a plot of the stresses in the shell, as compared to the values given by membrane theory. An inspection of this figure shows that:

— the axial forces N_x which are zero in membrane theory assume now significant values because of the combined working with the edge and central beams; the tensile stresses have large values and an additional reinforcement, parallel to the edge, is necessary;

— the shear forces N_{xy} correspond sufficiently well with those given by membrane theory at the shell center, but the differences are great at the edges; at the corners the shear forces are much smaller than those given by membrane theory;

— the main forces N_1 and N_2 differ widely from the values given by membrane theory; in a region around the supporting point only compression forces exist and towards the free corner the tensile forces are larger than those obtained in membrane theory.

Table 7.2 and Figure 7.10 give the forces in the edge and central beams. Large differences can be noticed in comparison with membrane theory,

Table 7.2

Forces in the edge and central beams for uniformly distributed loadings

Points	$\frac{P}{\frac{pa^3}{f}}$	$\frac{M}{pa^3 \times 10^{-2}}$	$\frac{M_r}{pa^3 \times 10^{-2}}$	Points	$\frac{P_c}{\frac{pa^3}{f}}$	$\frac{M_c}{pa^3 \times 10^{-2}}$
5,0	0.3045	0.0540	0.4849	0,0	−0.3725	−2.0076
5,1	0.2529	−0.0379	−0.1854	1,0	−0.4231	−0.1988
5,2	0.1774	−0.1147	−0.0918	2,0	−0.3790	0.3056
5,3	0.0958	−0.0829	0.0275	3,0	−0.2580	0.3830
5,4	0.0271	0.0969	0.1239	4,0	−0.1072	0.6378
5,5	0.0000	0.1758	−0.1758	5,0	0.0000	0.9709

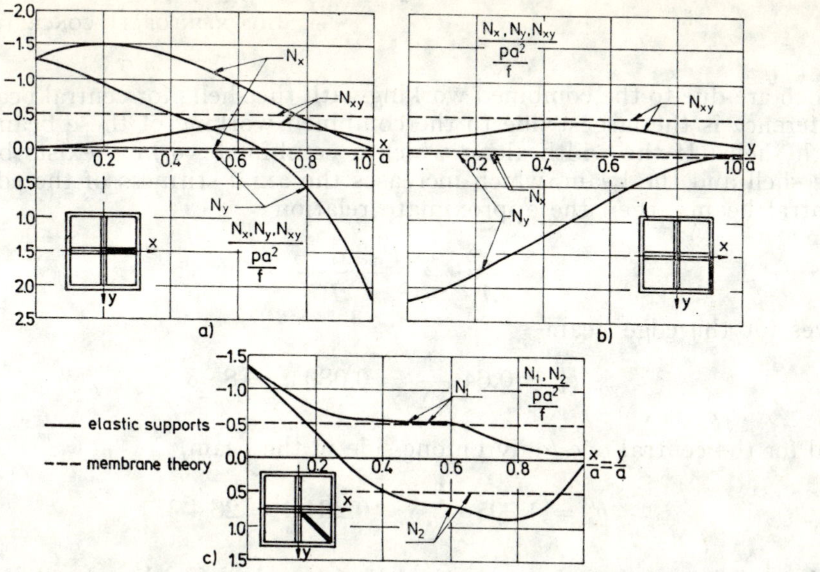

Fig. 7.9. — Comparison of shell forces with those obtained in membrane theory : a) the forces N_x, N_y, N_{xy} for $y = 0$; b) the forces N_x, N_y, N_{xy} for $x = a$; c) the principal forces N_1, N_2 for $x=y$.

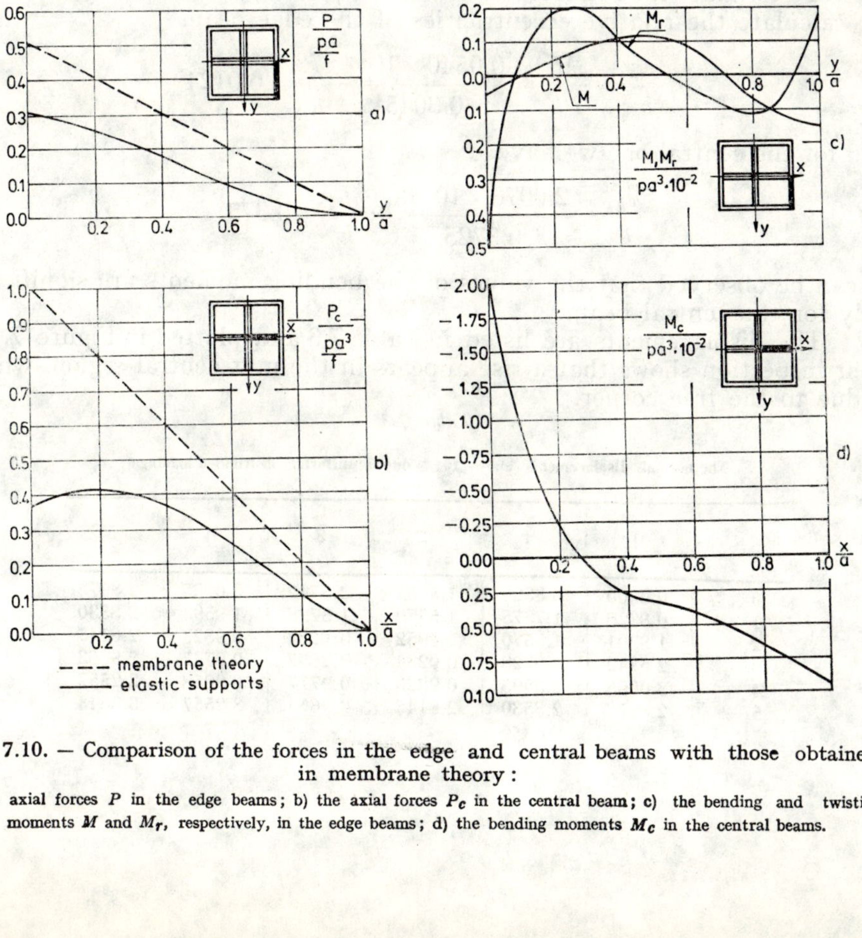

Fig. 7.10. — Comparison of the forces in the edge and central beams with those obtained in membrane theory :

a) the axial forces P in the edge beams; b) the axial forces P_c in the central beam; c) the bending and twisting moments M and M_r, respectively, in the edge beams; d) the bending moments M_c in the central beams.

which are due to the combined working with the shell; for central beams the difference is the largest due to the combined working of these beams with both shells. If the width along which a combined working exists between the shell and the beam, which increases the axial stiffness of the edge and central beams, then the approximate relation

$$\frac{b'_p \delta}{A} = \frac{P_{\text{membr}} - P}{P}$$

gives for the edge beam

$$b'_p = 0.64 \frac{A}{\delta\Delta} = 0.089\, a = 8.9\delta$$

and for the central one (only on one side of the beam)

$$b'_p = 1.905 \frac{A_c}{2\delta\Delta} = 0.264\, a = 26.4\, \delta.$$

Is is easily seen that the active width of the shell for the edge beam is in fairly good agreement with the usual prescriptions (8 ... 10), but those for the central beam are much larger.

To estimate the bending moments, comparatively with the axial forces, we calculate the relative eccentricities of the edge beam

$$\frac{e_0}{h} = \frac{M}{Ph} = \frac{0.0540 \times 10^{-2}}{0.3045} \frac{f}{h} = 0.0124$$

and for the central one we have

$$\frac{e_0}{h} = \frac{2.0076 \times 10^{-2}}{0.3725} = \frac{f}{h} = 0.375.$$

It can be observed that the values of the bending moments are significant only for the central beam.

The displacements are listed in Table 7.3 and plotted in Figure 7.11; their inspection shows that a rise appears in the unit central region, which is due to the free corner.

Table 7.3

The normal displacements $w \frac{pa}{k_0} 10^{-4}$ due to uniformly distributed loadings

n \ m	0	1	2	3	4	5
0	0.0000	0.8326	1.8301	2.5742	3.0005	2.8978
1	0.8326	1.7375	1.5570	1.3728	1.9593	2.8530
2	1.8301	1.5570	0.4952	0.0234	0.9823	2.8145
3	2.5742	1.3728	0.0234	−0.2657	0.9777	2.9663
4	3.0005	1.9593	0.9823	0.9777	0.2058	3.2557
5	2.8978	2.8530	2.8145	2.9663	3.2557	3.3843

In [28] and [37] the stresses in an umbrella-shaped hyperbolic paraboloid with elastic edges have also been calculated. The results are in agreement with those shown above.

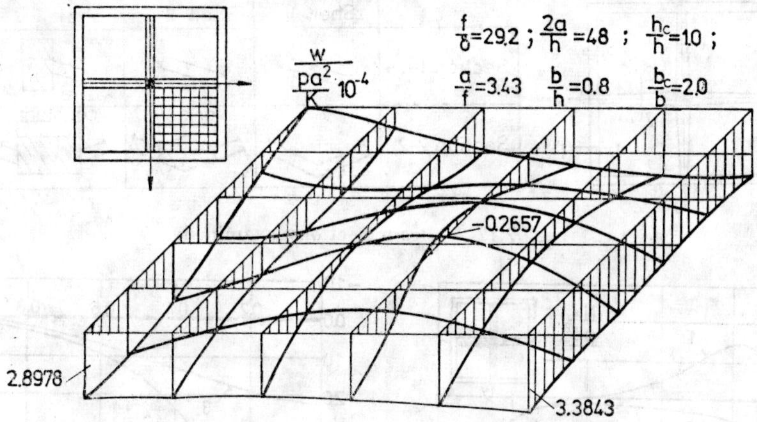

Fig. 7.11. – Normal displacements.

7.3.3.2. Influence of the rigidity of the edge and central beams. To examine the influence of the edge and central beams on the state of stress and strain in [26] three shells have been considered, with

$$\frac{f}{\delta} = 29.2 \text{ and } \frac{a}{f} = 3.43,$$

but having different boundary conditions (Fig. 7.12), i.e.,

– shell 1 has neither edge nor central beams;

– shell 2 has free edges but upon the contact line it has a beam whose moment of inertia varies with

$$\bar{A}_c = 0.370 \left(1 - \frac{x}{a}\right)^2 ; \; \bar{I}_c = 2.29 \left(1 - \frac{x}{a}\right)^4 ;$$

– shell 3, with edge and central beams having

$$\bar{A} = \bar{A}_c = 0.694 ; \; \bar{I} = \bar{I}_c = 12.0 ; \; \bar{I}_r = 6.32.$$

For shell 2 account has been taken of the variation of the central beam section, equations (7.37) being correspondingly modified.

Figure 7.13 gives comparatively some significant stresses. Figures 7.13 a and b are plots of the stresses along the edges $y = 0$ and $y = a$; large differences are found both at the shell center and the at edges (in the absence of edge beams, the stresses are about 4.5 times greater). The main stresses upon diagonals (Fig. 7.13c) differ much from those in the edge and

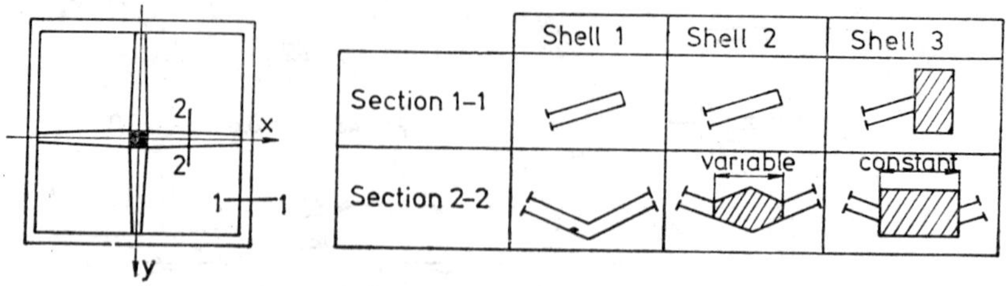

Fig. 7.12. — Beam sections examined.

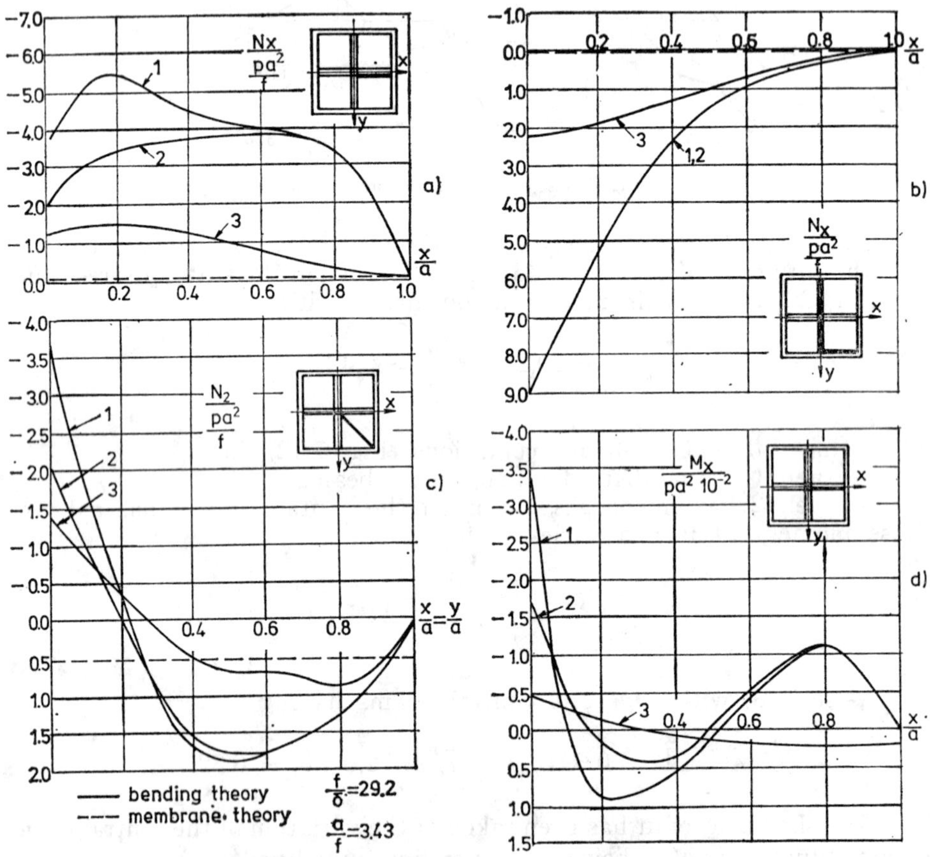

Fig. 7.13. — Stiffness influence on the edge members:
a) the axial forces N_x for $y = 0$; b) the axial forces N_x for $y = a$, c) principal forces N_2 for $x = y$; d) bending moments M_x for $y = 0$.

central shell and are much larger than those given by membrane theory, both in the compressed zone and in the stretched one; significant differences between the stresses in shells 1 and 2 exist only in the supporting region. Figure 7.13d shows diagrams of the bending moments M_x along the line $y=0$; large differences are noticed in the supporting region. Thus, the following conclusions can be drawn:

— The central beams have only a local influence in the supporting region; even in the absence of these beams the compression stresses do not assume too large values and accordingly too strong central beams are not necessary, a thickening of the shell in the connection area being sufficient. However, since the behaviour of the whole structure depends on the manner in which the connection between shell and column is made, the use of such beams cannot be completely abandoned, particularly when we are faced with large spans.

— The edge beams have a decisive influence on the behaviour of the structure as a whole. Since the tensile stresses can be sufficiently large, the prestressing of edges is recommendable, such that the cracking should not reduce the axial rigidity of beams.

7.3.3.3. Influence of concrete creep and shrinkage. Since the loadings are simple the state of stress does not modify as a consequence of creep; only the deformations increase by the factor $(1 + \varphi_t)$. Thus, for $\bar{\varphi} = 3.5$ the maximum displacements at the shell corner will be

$$w_\infty = 3.3843 \times 4.5 \frac{pa^4}{K_0} 10^{-4} = 15.2293 \frac{pa^4}{K_0} 10^{-4}.$$

For a concrete grade 300* and service loads $p=$ (200 ... 350) kgf/cm², we have

$$\frac{w}{a} = \frac{1}{880} \dots \frac{1}{500}.$$

Since the concrete shrinkage is not restrained, stresses do not occur, the normal displacements w are zero and the tangential ones are given by relation (5.103).

7.3.4. Own weight of beams

For the geometrical characteristics given in sub-Section 7.3.2, the central beam having the cross-section double that of the edge beam, $g = g_c/2$, using (6.19) and (7.28c), we obtain $\bar{g}=g_c$. Table 7.4 and Figure 7.14 show several characteristic stress values in the shell. It can be readily seen that tensions

* The Romanian standard notation for a concrete having 300 kgf/cm² cubic strength

appear at the edges and compressions along the intersection line; the tensile stress results as

$$\sigma = 0.3092 \frac{ga}{f} = 0.2 \ldots 1 \text{ kgf/cm}^2$$

Table 7.4

Forces in the shell due to the own weight of beams

Points	$N_x \Big/ \frac{ga}{f}$	$N_y \Big/ \frac{ga}{f}$	$\frac{M_x}{ga}$	$\frac{M_y}{ga}$
0,0	−0.0941	−0.0941	−0.1445	−0.1445
1,0	−0.1861	−0.0083	−0.0522	0.0729
2,0	−0.1442	−0.0146	0.0759	0.4060
3,0	−0.1172	−0.1090	−0.0059	0.6317
4,0	−0.0642	−0.1149	−0.0072	0.5691
5,0	0.0000	0.3092	0.0343	0.0744
5,1	0.0000	0.2436	0.2856	0.0554
5,2	0.0000	0.1651	0.5135	0.0822
5,3	0.0000	0.0801	0.5412	0.0345
5,4	0.0000	0.0072	0.4339	0.0893
5,5	0.0000	0.0000	0.1010	0.1010

Table 7.5

Forces in edge and central beams produced by their own weight

Points	$P / \frac{ga^2}{F}$	M/ga^2	Points	$P_c \Big/ \frac{ga^2}{f}$	$\frac{M_c}{ga^2}$
5,0	0.0430	0.0170	0,0	−0.0262	−0.5801
5,1	0.0339	−0.0043	1,0	−0.0517	−0.3355
5,2	0.0230	−0.0516	2,0	−0.0401	−0.0202
5,3	0.0112	−0.1851	3,0	−0.0326	−0.0848
5,4	0.0010	0.0063	4,0	−0.0178	−0.0897
5,5	0.0000	0.2029	5,0	0.0000	0.0974

the values being small as compared to those produced by the uniformly distributed load. The maximum bending moments $M_y = 0.6317\, ga \simeq 400 \ldots$ $\ldots 600$ kgf m/m are much greater than those due to uniformly distributed load. Similar conclusions are obtained for the stresses in edge beams (Table 7.5 and Fig. 7.15).

It follows thus that the axial stresses in the shell and beam produced by the own weight of edge beams are relatively small, but the bending moments are much higher than those produced by uniformly distributed loads.

Table 7.6 lists the displacements normal to the shell surface. The maximum deflection at the shell corners (taking also account of creep) results as

$$\frac{w}{a} = \frac{1}{2000} \cdots \frac{1}{1200};$$

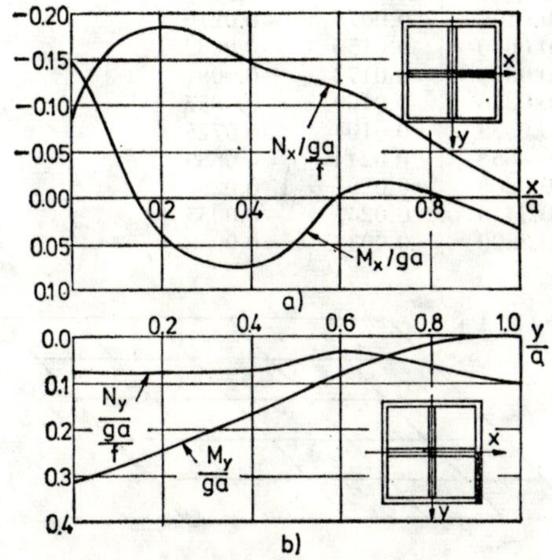

Fig. 7.14. — Own weight of the beams; shell forces:

a) the axial forces N_x and the bending moments M_x for $y=0$; b) the axial forces N_y and the bending moments M_y for $x = a$.

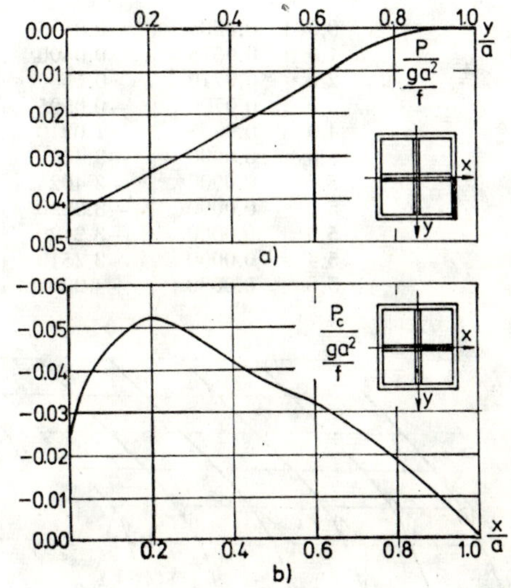

Fig. 7.15. — Forces in the edge beams due to their own weight:

a) the axial forces P in the edge beams; b) axial forces P_c in the central beams.

note that the values are small but comparable to those produced by uniformly distributed loadings.

Table 7.6

Normal displacements produced by the own weight of beams

Points	$\frac{w}{\frac{ga^3}{K_0}}$ 10^{-3}	Points	$\frac{w}{\frac{ga^2}{K_0}}$ 10^{-3}
0,0	0.0000	5,0	1.1519
1,0	0.2405	5,1	1.3777
2,0	0.5192	5,2	1.3085
3,0	0.7810	5,3	1.3246
4,0	1.1125	5,4	1.6471
5,0	1.1519	5,5	1.9589

7.3.5. **Prestressing of edge beams**

7.3.5.1. State of stress and strain. For the umbrella-shaped hyperbolic paraboloid with the geometrical characteristics shown in sub-Section 7.2.3. we have calculated the stresses in the shell listed in Table 7.7 and graphically represented in Figure 7.16. The stresses are found to be small along the line $y = 0$ and large at the edge $x = a$, as a consequence of the combined working with the edge beams; the shear stresses are small, except for the

Table 7.7

Forces in the shell produced by the prestressing of edges

Points	$\frac{N_x}{S_p/a}$	$\frac{N_y}{S_p/a}$	$\frac{N_{xy}}{S_p/a}$	$\frac{M_x}{S_p \times 10^{-2}}$	$\frac{M_y}{S_p \times 10^{-2}}$
0,0	0.0535	0.0535	0.0000	−0.0077	−0.0077
1,0	0.0575	0.0400	−0.0061	0.0009	−0.0160
2,0	0.0710	0.1160	−0.0106	0.0075	−0.0270
3,0	0.0790	−0.0505	−0.0036	0.0156	−0.0232
4,0	0.0805	−1.0210	0.0308	0.0173	0.0081
5,0	0.0000	−3.4840	0.0328	0.0169	0.0857
5,1	0.0000	−3.4025	0.0538	0.0104	0.0775
5,2	0.0000	−3.3290	0.0658	0.0244	0.0589
5,3	0.0000	−3.2120	0.0268	−0.0291	0.0291
5,4	0.0000	−3.2510	−0.3410	0.0248	−0.0035
5,5	0.0000	−4.2000	−9.3800	−0.0033	−0.0033

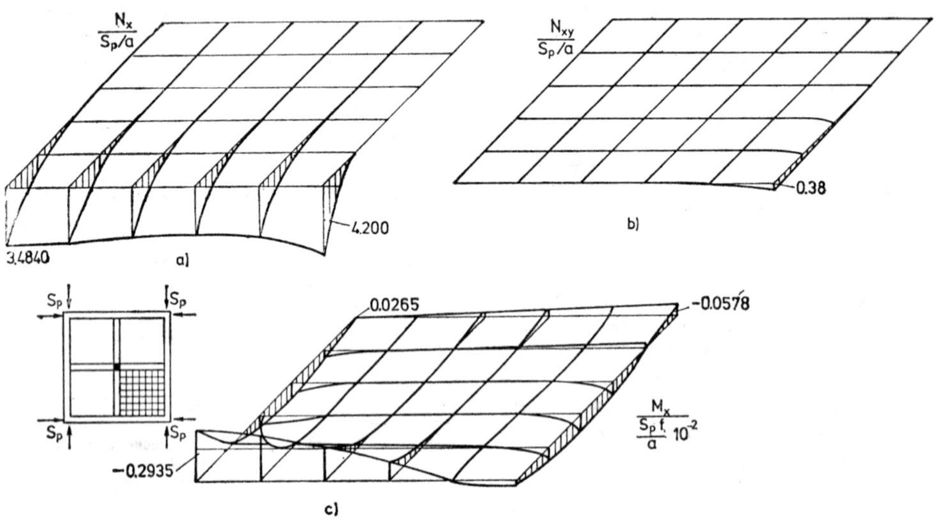

Fig. 7.16. — Prestressing of edge beams; shell forces:

a) the axial forces N_x for $x = a$, $y = 0$; b) the forces N_{xy} for $x = a$; c) bending moments M_x.

corner $x = y = 0$, since the simultaneous symmetrical prestressing of all corners does not produce significant angular deformations.

Table 7.8 and Fig. 7.17 show the stresses in the edge and central beams. A substantial reduction of the stresses in the edge beams can be noticed as a consequence of the combined working with the shell; thus, at the shell center the axial stress in the beam is only 48 per cent of the prestressing force. As shown in sub-Section 7.3.1.1, if we calculate the width along which a combined working of the edge beam with the shell exists, then we have

$$b_p' = \frac{S_p - P}{p} \frac{A}{\delta\Delta} \Delta = 1.07 \times 0.694 \frac{a}{5} = 0.148a = 14.8\ \delta$$

Table 7.8

Forces in beams produced by the prestressing of edges

Points	$\frac{P}{S_p}$	$\frac{M}{S_p a \times 10^{-2}}$	Points	$\frac{P_c}{S_p}$	$\frac{M}{S_p a \times 10^{-2}}$
5,0	−0.4843	0.2051	0,0	0.0149	0.0324
5,1	−0.4729	0.1870	1,0	0.0160	0.0148
5,2	−0.4627	0.1540	2,0	0.0197	0.0570
5,3	−0.4465	0.0824	3,0	0.0220	0.0840
5,4	−0.4519	−0.0179	4,0	0.0224	0.0794
5,5	−0.5838	−0.0068	5,0	0.0000	0.0200

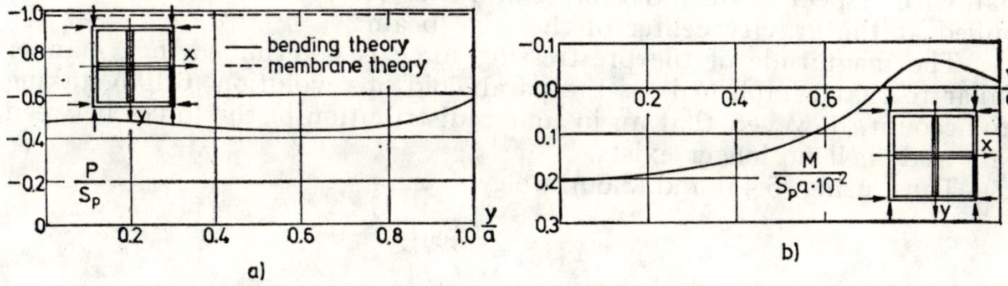

Fig. 7.17. — Forces in the edge beams due to their prestressing:

a) axial forces P; b) bending moments M.

the values being slightly greater than those prescribed in literature (8 ... 10) δ. At the corners the resultant of the forces N_y is given by the relation

$$R_{N_y} = S_p - P_c = S_p - 0.5838\ S_p = 0.4162\ S_p.$$

It follows that even at the shell corner more than 40 per cent of the prestressing force is taken over by the shell.

To estimate the values of the bending moments, we calculate the resulting eccentricity

$$\frac{e_0}{h} = \frac{M}{P_h} = \frac{0.2051 \times 10^{-2}\ S_p\ a}{0.4843\ S_p\ h} \simeq 0.102,$$

which gives us a relatively small value of these moments.

The normal displacements are listed in Table 7.9; a rise of the shell can be noticed, except for a region near the supporting column.

Table 7.9

The displacement $\omega / \frac{Spa^2}{K_0} 10^{-4}$ produced by the prestressing of edges

n \ m	0	1	2	3	4	5
0	0.0000	0.0135	0.0152	−0.0304	−0.1458	−0.3272
1	0.0135	0.0467	0.0729	0.0213	−0.1570	−0.4977
2	0.0152	0.0729	0.0908	−0.0554	−0.4249	−0.9790
3	−0.0304	0.0213	−0.0554	−0.4011	−1.0349	−1.7162
4	−0.1458	−0.1570	−0.4249	−1.0349	−1.9246	−2.5904
5	−0.3272	−0.4977	−0.9790	−1.7162	−2.5904	−3.4349

7.3.5.2. Determination of the prestressing force. In sub-Sections 7.3.1.1 and 7.3.3.1 it has been shown that the bending moments produced in edge beams by a uniformly distributed load and by the prestressing of edges are small with respect to the axial forces and thus the prestressing force can be applied at the gravity center of the edge beam.

The magnitude of the prestressing force is determined in a manner similar to that established for the paraboloid of revolution (6.103), taking into account, however, that an in-time redistribution of the forces between beam and shell no longer exists.

Thus, using (5.44) and (5.60), we get

$$k_p = 1; \; k_v = \frac{E_p A_p}{E_0 A_b}$$

and the stress losses are given by (5.72c) for creep and (5.124b) for shrinkage. The axial force in the edge beam in the final stage will thus be

$$P_\infty = P_0(1 - k_p \overline{\varphi}) + E_p A_p \overline{\varepsilon}_c, \tag{7.36}$$

where

$$P_0 = P^p + P^S = k_P^p \frac{pa^3}{f} + k_P^S S_{p_0} \tag{7.37}$$

in which k_P^p and k_P^S are dimensionless coefficients; in these relations p is the service load under which the stress losses appear (it is recommendable not to introduce the snow load). For additional loads

$$p_m = p_c - p, \tag{7.38}$$

p_c being the final load, the force in the edge beam will be

$$P^{pm} = k_P^p \frac{p_m a^3}{f}. \tag{7.39}$$

From the condition that the concrete tensile strength in the edge beams is not exceeded

$$\frac{P_\infty}{A_b} + \frac{P^{pm}}{A_{bp}} \leqslant R_t \tag{7.40}$$

we get the prestressing force

$$S_{p_0} \geqslant -\frac{1}{k_p^S}\left[k_p^p \frac{pa^3}{f}\left(1 + \frac{p_m}{p}\frac{1}{1-k_p\bar{\varphi}}\right) - \frac{E_0\, a^2 \bar{A}_b}{1-k_p\bar{\varphi}}\left(\frac{R_t}{E_0} - k_p\bar{\varepsilon}\right)\right]. \tag{7.41}$$

To this prestressing force one should add the remaining stress losses, since in (7.41) account is taken only of the stress losses produced by the concrete creep and shrinkage.

7.3.5.3. State of stress and strain produced by loads and prestressing of the edge beams. Tables 7.2 and 7.8 provide the values

$$k_p^p = 0.3045\,; \quad k_p^S = -0.4843$$

and from the characteristics indicated in sub-section 7.3.2 we obtain $A_b = 13.9 \times 10^{-4}$. Choosing the same values as in sub-Section 6.8.2.2. and using relation (7.41) we obtain the prestressing force

$$S_{p_0} \geqslant 0.832\frac{pa^3}{f}.$$

If account is not taken of the combined working of the shell with the edge beams, then

$$k_p^p = 0.5 \text{ and } k_p^S = -1.00,$$

and from relation (7.41) we get

$$S_{p_0} \geqslant 0.707\frac{pa^3}{f}.$$

Notice that in this case prestressing forces smaller by 15 per cent than those supplied by an exact analysis are obtained. If we choose a prestressing force of

$$S_{p_0} = 0.85\frac{pa^3}{f}$$

and estimate other stress losses in the initial stage at 10 per cent, we have

$$S_{p_0} \simeq 0.94\frac{pa^3}{f}.$$

The forces in the shell and edge beam in the initial stage when only the shell own weight and the prestressing force with its initial value act, as well as the forces in the final stage when the stress losses induced by service loads have come to an end and the structure is acted upon by design loads, are listed in Table 7.10 and plotted in Figure 7.18.

Table 7.10

Forces in beams produced by uniformly distributed loadings and prestressing of edges

Points	$\frac{P}{pa^3/f}$		$\frac{M}{pa^2 \times 10^{-2}}$	
	initial stage	final stage	initial stage	final stage
5,0	−0.2268	0.0768	0.2333	0.2345
5,1	−0.2563	0.0102	0.1474	0.0818
5,2	−0.3018	−0.0856	0.0588	−0.0427
5,3	−0.3478	−0.1880	0.0153	−0.0532
5,4	−0.4045	−0.2889	0.0559	0.1228
5,5	−0.5487	−0.4290	0.1255	0.2424

Note also the significant changes of the axial forces which remain tensile ones in a restricted region near the edges while the stresses do not exceed the concrete tensile strength.

The displacements normal to the shell surface are given in Table 7.11 for service loads. In order to take account of creep, the displacements must be multiplied by the factor $1 + \varphi_t$.

A raise of the corners can be observed due to the prestressing of the edge beam.

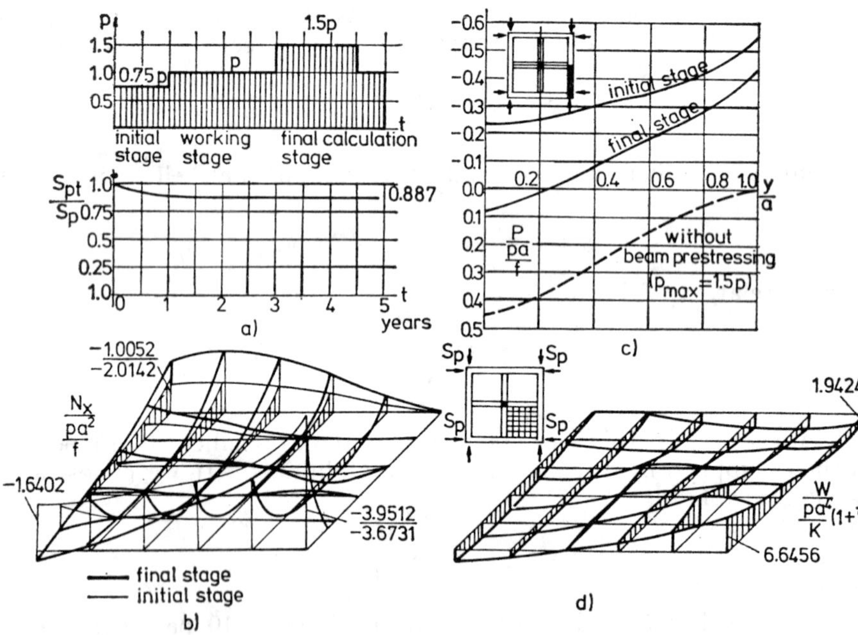

Fig. 7.18. — Uniformly distributed loads and tie prestressing :

a) variation in time of the loading and prestressing force ; b) shell forces ; c) forces in the edge beam ; d) normal displacements.

Table 7.11

The displacements $w/\frac{pa^4}{K_0}10^{-4}$ produced by uniformly distributed loadings and prestressing of edges

n \ m	0	1	2	3	4	5
0	0.0000	0.8720	1.8745	2.4856	2.5748	1.9424
1	0.8720	1.8739	1.7699	1.4350	1.5009	1.3997
2	1.8745	1.7699	−0.7603	−0.1384	−0.2584	−0.0442
3	2.4856	1.4350	−0.1384	−0.9055	−2.0442	−2.0450
4	2.5748	1.5009	−0.2584	−2.0442	−5.4140	−3.7083
5	1.9424	1.3997	−0.0442	−2.0450	−3.7083	−6.6456

7.3.6. Supporting on elastic bed

The type of shells used most frequently for foundations is the umbrella-shaped hyperbolic paraboloid (Fig. 7.6).

Studies on the influence of the soil characteristics on the pressure distribution beneath foundations have been carried out in [19]. Thus, for a foundation with geometrical parameters as those given in sub-Section 7.3.2, the following values of the foundation soil characteristics have been considered :

— a large deformation soil, with the bed coefficient

$$c = 1.20 \text{ kgf/cm}^3 \text{ and } G = 23.0 \text{ kgf/cm}^3$$

— a slightly deformable soil, with $c = 7.20$ kgf/cm³.

A hypar-shaped foundation has been analysed in four cases :

— a large deformation soil, according to Pasternak's model;

— a large deformation soil, with bed coefficient according to Winkler's model;

— a small deformation soil, according to Winkler's model;

— uniform pressure distribution beneath the foundation.

The dimensionless coefficients (7.32a,b) are

$$\bar{c}_1 = 0.002,\ \bar{c}_2 = 0.001 \text{ for the first soil;}$$

$$\bar{c}_1 = 0.024 \text{ for the second soil.}$$

In [19] the following conclusions have been reached at :

— the pressures determined according to Winkler's and Pasternak's models are practically the same;

— the pressures determined according to Winkler's model assume values close to those uniformly distributed, as is also pointed out in Table 7.12, which lists the settlements at the network points (see Fig. 7.5), the relative settlements w_r with respect to the shell center and the pressure p beneath the foundation;

— between the two soil types, with large ($c_1 = 0.002$) and small ($c_1 = 0.024$) deformation the differences in stresses are small (Fig. 7.19) ; the

Table 7.12

Settlements and pressures below the foundation in the form of hyperbolic paraboloids

Points	$w / \frac{Pa^2}{K_0} \frac{1}{625}$		$w_r / \frac{Pa^2}{K_0} \frac{1}{625}$		$p / \frac{P}{4a^2}$	
	Uniformly distributed	Winkler	Uniformly distributed	Winkler	Uniformly distributed	Winkler
0,0	125.5000	125.8656	0.0000	0.0000	1.0000	1.0005
1,0	125.3508	125.7162	−0.1492	−0.1493		1.0004
2,0	125.0872	125.4530	−0.4128	−0.4125		1.0002
3,0	124.8140	125.1810	−0.6860	−0.6846		0.9996
4,0	124.5796	124.9484	−0.9204	−0.9172		0.9977
5,0	124.3945	124.7655	−1.1055	−1.1003		0.9962
1,1	125.2124	125.5775	−0.2876	−0.2881		1.0027
2,1	124.9819	125.3472	−0.5181	−0.5184		1.0001
3,1	124.7434	125.1098	−0.7566	−0.7558		0.9990
4,1	124.5350	124.9033	−0.9650	−0.9625		0.9974
5,1	124.3712	124.7414	−1.1288	−1.1242		0.9961
2,2	124.8092	125.1743	−0.6908	−0.6913		0.9995
3,2	124.6271	124.9929	−0.8729	−0.8727		0.9981
4,2	124.4604	124.8277	−1.0395	−1.0379		0.9968
5,2	124.3222	124.6911	−1.1778	−1.1745		0.9957
3,3	124.5006	124.8663	−0.9994	−0.9993		0.9971
4,3	124.3770	124.7434	−1.1230	−1.1222		0.9961
5,3	124.2600	124.6275	−1.2400	−1.2301		0.9951
4,4	124.2884	124.6544	−1.2116	−1.2119		0.9992
5,4	124.1878	124.5540	−1.3122	−1.3116		0.9946
5,5	124.1033	124.4688	−1.3967	−1.3968		0.9939

$\frac{f}{\delta} = 3.33;\ \frac{a}{f} = 3.1;\ \frac{2a}{h} = 10.33;\ \frac{b}{h} = 1.33;\ \frac{h_c}{h} = 1.0;\ \frac{b_c}{b} = 0.75$

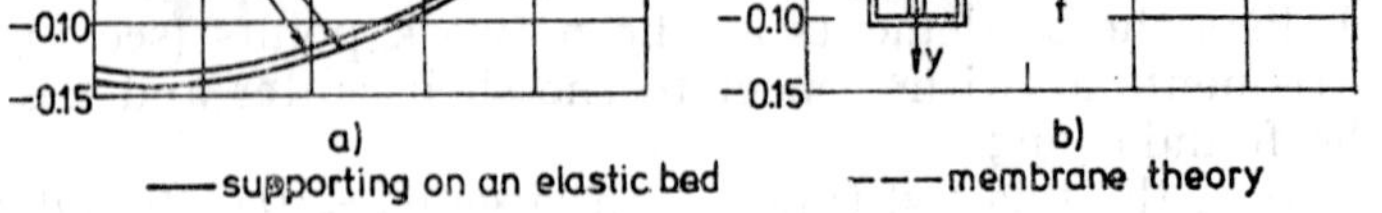

Fig. 7.19. — Hyperbolic paraboloids on elastic bed :

a) the axial forces N_x for $y = 0$; b) the axial forces N_y for $x = a$.

maximum difference with respect to the case of uniformly distributed pressure is of (5 ... 8) per cent and in the latter case the values are larger.

For the considerations mentionned above, in [19] it is suggested that in the analysis of forces, the pressures be assumed uniformly distributed beneath hypar-shaped foundation bases.

The conclusions described in [19] on the state of stress in the foundation are similar to those arrived at in sub-Section 7.3.1.1.

7.4. Hipped hyperbolic paraboloid

The hipped hyperbolic paraboloid consists of four identical units (Fig. 7.20), the equations of which are given by (7.1b).

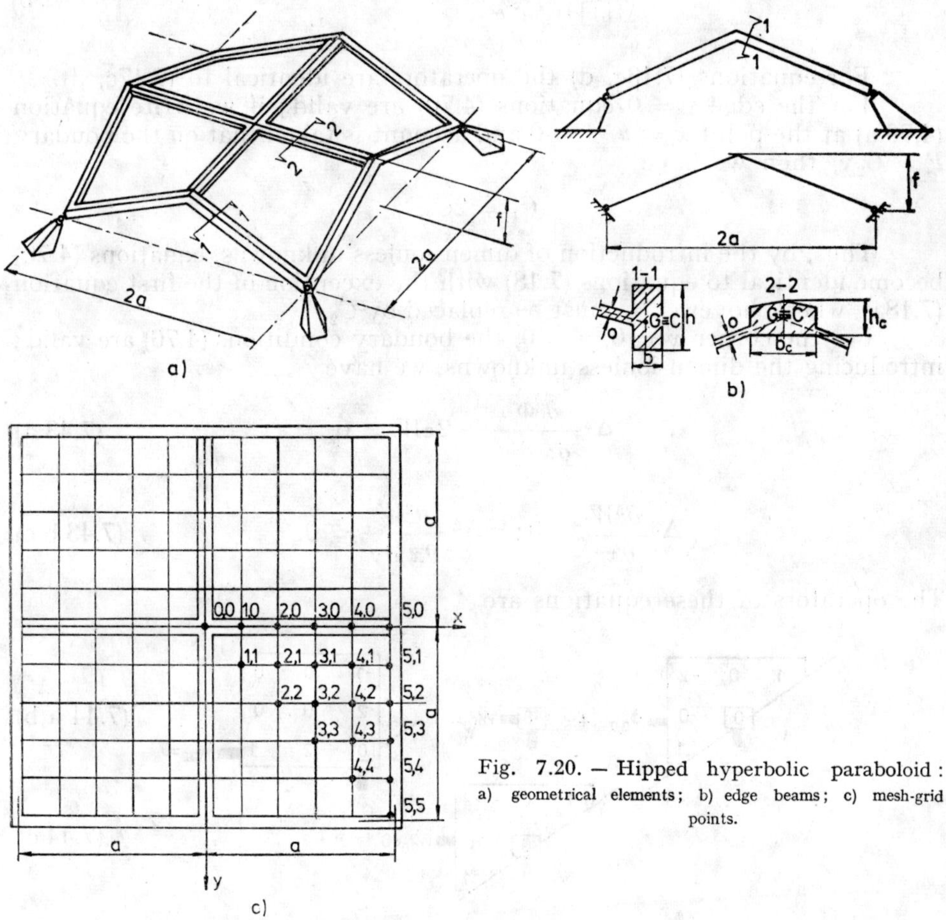

Fig. 7.20. — Hipped hyperbolic paraboloid: a) geometrical elements; b) edge beams; c) mesh-grid points.

7.4.1. Transcribing of the equations into finite differences

If we use dimensionless quantities similar to those given by (7.9), the equations of the shell are similar to equations (7.12).

The boundary conditions for $x = a$ are the same as for the umbrella-shaped hyperbolic paraboloid and are given by equations (7.13). The operators of equations (7.13 a, b) are

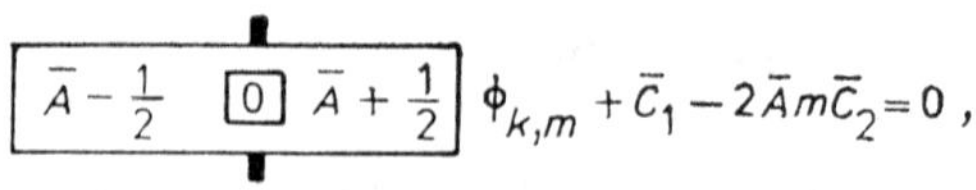

(7.42 a)

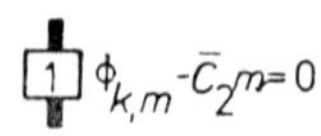

(7.42 b)

For equations (7.13c, d) the operators are identical to (7.17c, d).

For the edge $y = 0$ equations (4.70) are valid; if we write equation (4.70 a) at the point $x = a$, $y = 0$ and account is taken that on the boudary $F = C_2y$, then we have

$$C_1' = 2C_2.$$

Thus, by the introduction of dimensionless unknowns, equations (4.70) become identical to equations (7.18) with the exception of the first equation (7.18a), where, hovewer, C must be replaced by C_2.

For the corner $x = 0$, $y = 0$, the boudary conditions (4.76) are valid; introducing the dimensionless unknowns, we have

$$\Delta^2 \frac{\partial^2 \Phi}{\partial x\, \partial y} - 2\varepsilon W = 0, \tag{7.43 a}$$

$$\Delta^3 \frac{\partial^3 W}{\partial x^3} = 0; \quad \Delta^2 \frac{\partial^2 W}{\partial x\, \partial y} = 0. \tag{7.43 b,c}$$

The operators of these equations are

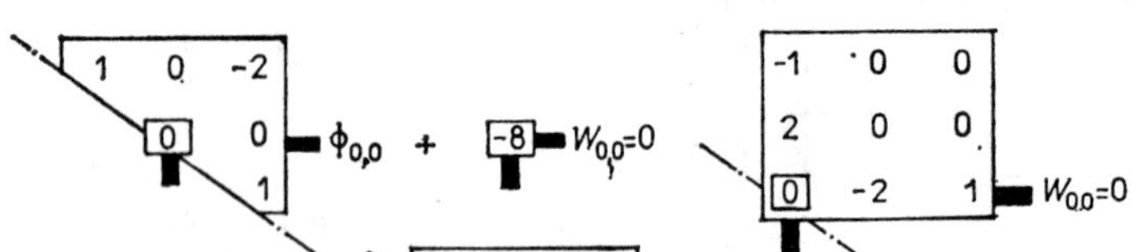

(7.44 a,b)

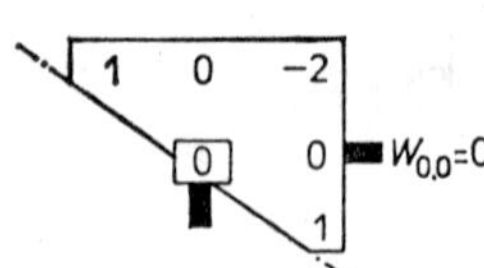

(7.44 c)

For the corner $x = a, y = 0$, where three units concur, the corner conditions (4.44) and (4.74 b, c) are valid, which transcribed in dimensionless unknowns and differential operators are identical to (7.23) and (7.24), with the exception of the first equations (7.24a), where $\bar{C}$ must be replaced by $\bar{C}_2$.

For the corner $x = a, y = a$, the corner conditions (7.25a, b) and the operators (7.26. a, b), respectively, are valid. Instead of condition (7.25a), valid for the freee corner of the umbrella-shaped hyperbolic paraboloid, we write the displacement condition at the corner, of the form (4.46)

$$\Delta \int_0^a \frac{\partial^2 \Phi}{\partial x^2}\, dy = \bar{\Delta}_H + \bar{\Delta}_{Hct}, \tag{7.45}$$

where $\bar{\Delta}_H$ and $\bar{\Delta}_{Hct}$ are given by (6.21 b, c). The operator of this equation, which replaces the operator (7.26c), is

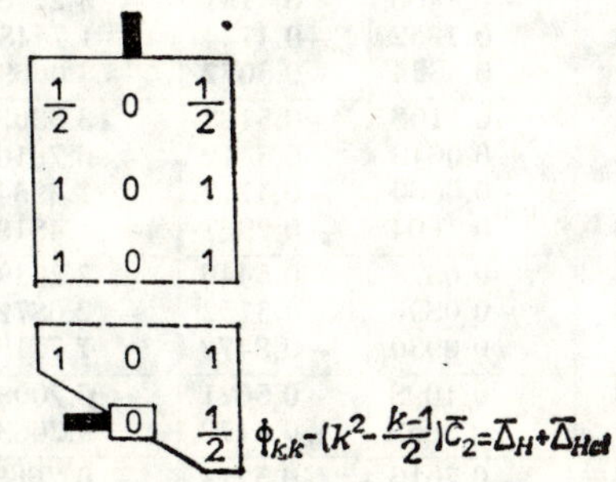

(7.46)

7.4.2. Choice of the network and resolving of the equation system

Taking account of the conclusions arrived at in sub-Section 7.3.2 a division of the half-side into 5 intervals, with $k = 5$, has been also adopted for this case.

For the numerical example, the following values have been taken into consideration (see also Fig. 7.20)

$$\frac{f}{\delta} = 40, \quad \frac{a}{f} = 5, \frac{2a}{h} = 40, \frac{b}{h} = \frac{1}{2}, \quad e = 0, \; h_c = h, \; b_c = 2b,$$

whence

$$\varepsilon = 7.68, \; \bar{A} = \bar{A}_c = 1.25, \; \bar{I} = \bar{I}_c = 125, \; \bar{I}_r = 43.$$

7.4.3. Uniformly distributed loadings

Resolving the system of equations we have obtained the forces in the shell. The values are listed in Table 7.13 and plotted in Figure 7.21. Note that along the edges sufficiently large tensile stresses exist, due to the combined work-

Table 7.13

Forces in the shell produced by uniformly distributed loadings

Points	$\frac{N_x}{\frac{pa^2}{f}}$	$\frac{N_y}{\frac{pa^2}{f}}$	$\frac{N_{xy}}{\frac{pa^2}{f}}$	$\frac{M_x}{pa^2\times 10^{-4}}$	$\frac{M_y}{pa^2\times 10^{-4}}$
0,0	−0.4656	−0.4656	0.6884	−14.7140	−14.7140
1,0	−0.7154	−0.9688	0.1806	−17.3430	−91.2662
2,0	−0.7546	−0.6350	−0.0923	− 9.7425	−73.5884
3,0	−0.5876	−0.2362	−0.3019	− 0.7946	−31.3194
4,0	−0.4710	0.1800	−0.3543	4.2471	− 9.3811
5,0	0.0000	0.6534	−0.2415	7.1812	2.0249
1,1	−0.6004	−0.6004	0.0414	50.2288	50.2288
2,1	−0.1232	−0.2394	−0.5707	19.6184	40.8565
3,1	0.0872	−0.8466	−0.4751	− 3.2246	18.2960
4,1	0.0058	−0.1352	−0.4744	1.7548	8.0625
5,1	0.0000	0.3824	−0.3077	− 3.0669	1.4054
2,2	−0.1106	−0.1106	−0.5138	13.3303	13.3303
3,2	−0.0762	−0.0646	−0.5412	− 6.7910	5.9791
4,2	0.0550	−0.0060	−0.4717	1.3954	6.0810
5,2	0.0000	0.1604	−0.2967	− 1.4519	1.8420
3,3	−0.0978	−0.0978	−0.5446	7.2938	7.2938
4,3	−0.0786	−0.0896	−0.5152	− 2.6872	− 2.8167
5,3	0.0000	−0.0930	−0.3473	7.7718	2.7051
4,4	−0.1098	−0.1098	−0.5621	− 5.7008	−5.7008
5,4	0.0000	−0.3958	−0.4173	9.2063	2.0687
5,5	−0.7616	−0.7616	−0.5214	− 0.2668	− 0.2668

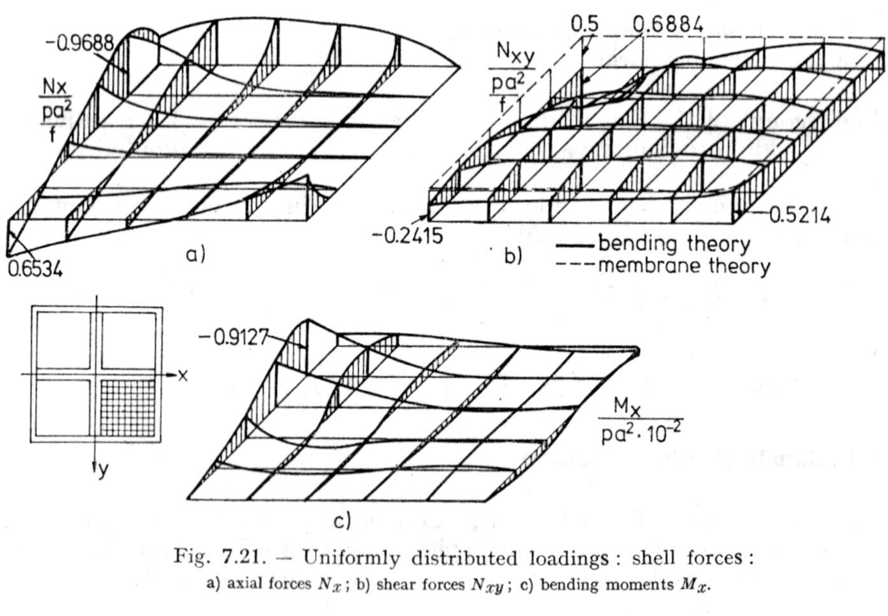

Fig. 7.21. — Uniformly distributed loadings : shell forces :
a) axial forces N_x ; b) shear forces N_{xy} ; c) bending moments M_x.

ing of the shell with the edge beams; the shear forces change their sign in the corner region $x = y = 0$, where the bending moments also assume maximum values.

Figure 7.22 is a comparative plot of the forces obtained by membrane theory, theory of bending with rigid supports (using the values given in [10]) and with elastic supports. Figure 7.22a shows the forces N_x along the edge $x = 0$; it can be observed that as distinguished from membrane theory whre they are equal to zero, significant values exist. Differences also exist between the bending calculation performed for supports rigid along the edges and free at the intersection of shells, but significant are only the differences in the corner region. Figure 7.22b shows the forces N_y along the edge $x = a$; it can be observed that as distinguished from the case of rigid supporting and that of membrane theory, tensile and compression forces occur, produced by the combined working with the edge beam. Large differences at the corners also exist for the shear forces N_{xy}, which are plotted in Figures 7.22c. The principal forces N_1 and N_2 along the diagonal $x = y$ are plotted in Fig. 7.22d. It can be easily seen that the values obtained in the three cases are close to each other only in the central region of the units, but at their corners large differences exist; thus, at the corner $x = y = 0$, tensile forces can appear along the direction in which, according to membrane theory, the forces are of compression; at the corner $x = y = a$ the two principal forces are compression ones due to the combined working between the shell and the edge beam.

The forces in the edge and central beams are listed in Table 7.14. Figure 7.23 shows these forces in comparison with those obtained by membrane theory. For this case the edge beam has been calculated under two assumptions, considering as loading the shear forces obtained by membrane theory. Firstly, account has been taken of the extensional and bending rigidities; the curves drawn by dotted lines have thus been obtained. Secondly, the beam has been considered as perfectly rigid as vertical displacements are concerned, the resulting forces being drawn by dashed line. It can be observed that the axial forces p in the edge beam, calculated taking into consideration the actual rigidities, are much closer to the second case

Table 7.14

Forces in edge and central beams due to uniformly distributed loadings

Points	$P \Big/ \frac{pa^3}{f}$	$\frac{M}{p^3\ 10^{-2}}$	$\frac{M_r}{pa^3\ 10^{-2}}$	Points	$P_c \Big/ \frac{pa^3}{f}$	$\frac{M_0}{pa^3 10^{-2}}$
5,0	0.1634	0.2420	1.7618	0,0	−0.2328	−6.2974
5,1	0.0956	0.4771	0.0318	1,0	−0.3577	−1.8686
5,2	0.0401	0.5268	0.0267	2,0	−0.3773	−0.6628
5,3	−0.0233	0.3937	0.0325	3,0	−0.2938	1.9966
5,4	−0.0990	0.1759	0.0491	4,0	−0.2355	2.8922
5,5	−0.1904	−0.0580	0.0580	5,0	−0.0000	3.5230

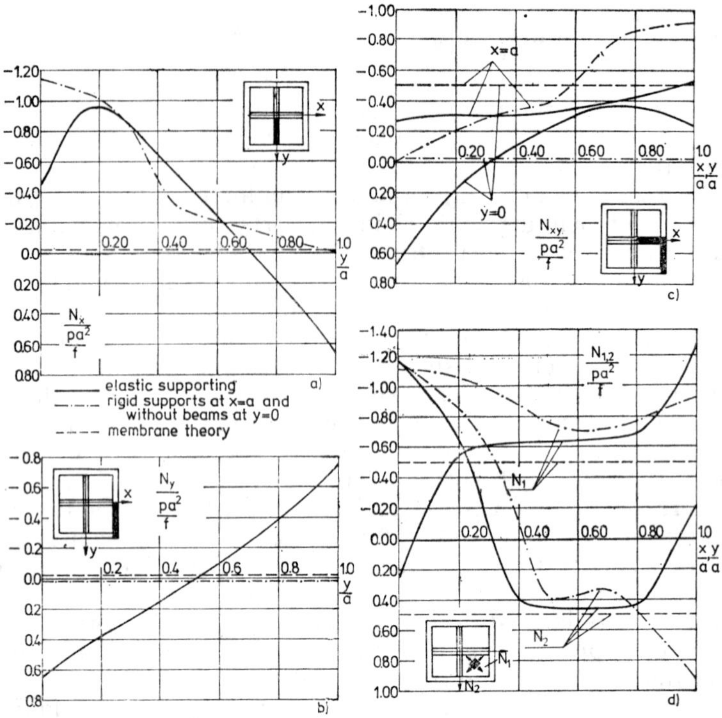

Fig. 7.22. — Comparison with various supporting conditions :

a) the axial forces N_x for $x = 0$; b) the axial forces N_y for $x = a$; c) the shear forces N_{xy} for $x = a$ and $y = 0$; d) the principal forces N_1, N_2 for $x = y$.

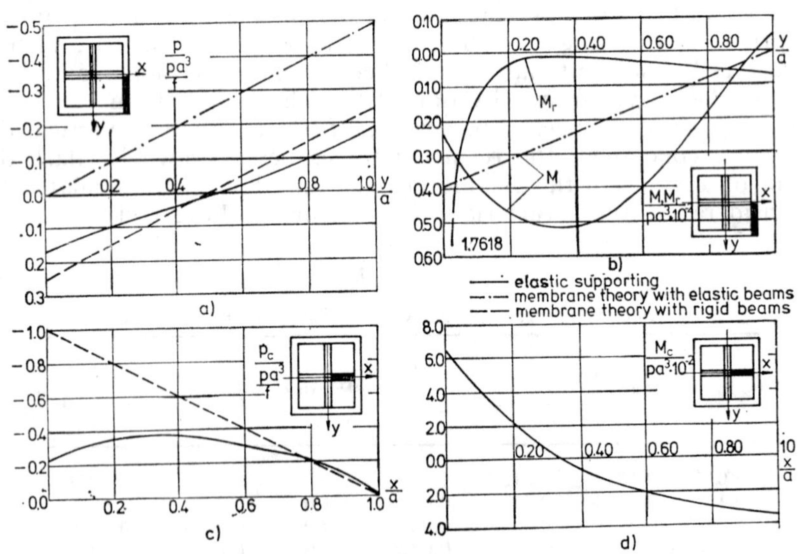

Fig. 7.23. — Forces in the edge and central beams :

a) the axial forces P in the edge beam; b) the bending and twisting moment M and M_r, respectively, in the edge beam; c) the axial forces P_c in the central beam; d) the bending moment M_c in the central beam.

Fig. 7.23a), but the moments are quite different (Fig. 7.23b). It can be also noticed that at the contact of the central beam with the edge beam the twisting moments are very large as compared to the bending ones, but in the remaining part of the beam they can be neglected. Figures 7.23c and d show the forces in the central beam; large differences can be noticed for the axial forces as compared to those calculated by membrane theory due to the combined working with the shell; the bending moments at mid-span are large and the eccentricity referred to the beam height is

$$\frac{e_c}{h} = \frac{6.3974 \times 10^{-2}}{0.2328} \frac{f}{h} \simeq 1.09.$$

Table 7.15 and Figure 7.24 show the displacements normal to the shell middle surface: a rise can be noticed at the shell center but the displacements at the edges are comparable to those in the central region,

Table 7.15

The displacements $w / \frac{pa^4}{k} 10^{-4}$ produced by uniformly distributed loadings

n \ m	0	1	2	3	4	5
0	−0.3585	−0.1027	0.3028	0.6552	0.8478	0.8091
1	−0.1027	1.7115	1.7785	1.2935	1.0528	0.7898
2	0.3028	1.7785	1.7028	1.1634	0.9386	0.6941
3	0.6552	1.2935	1.1634	0.7470	0.5842	0.5141
4	0.8478	1.0528	0.9386	0.5842	0.3285	0.2711
5	0.8091	0.7898	0.6941	0.5141	0.2711	0.0000

Figure 7.25 compares the displacements along the axis $y = 0$, obtained for the case of elastic supporting, to those for rigid supporting along the edge $x = 0$ and without beams along the intersection line $y = 0$. Differences can be noticed both in the central zone and at the edge $x = a$, due to the deformation of edge and central beams.

Since the loadings are simple the displacements are increased in time by creep by the factor $1 + \varphi_t$.

The horizontal thrust will be

$$H_c = 0.2663 \frac{pa^2}{f} = 1.3315\, pa^2;$$

the value is close to that determined for the paraboloid of revolution on square boundary.

The stress resultant N_y at the corner is

$$P_{Ny} = H_c - P_c = -\left(0.2662 - 0.1904\right) \frac{pa^3}{f} = -0.0759 \frac{pa^3}{f};$$

the value is close to that determined for the paraboloid of revolution on square boundary.

The stress resultant N_y at the corner is

$$P_{Ny} = H_c - P_c = -\left(0.2663 - 0.1904\right) \cdot \frac{pa^3}{f} = - 0.0759 \frac{pa^3}{f};$$

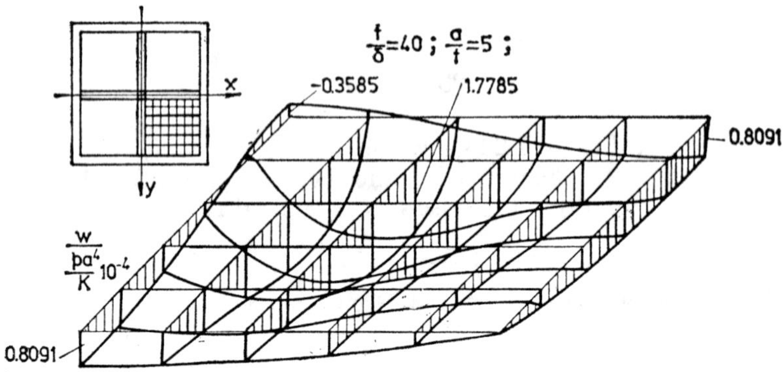

Fig. 7.24. — Normal displacements of the shell.

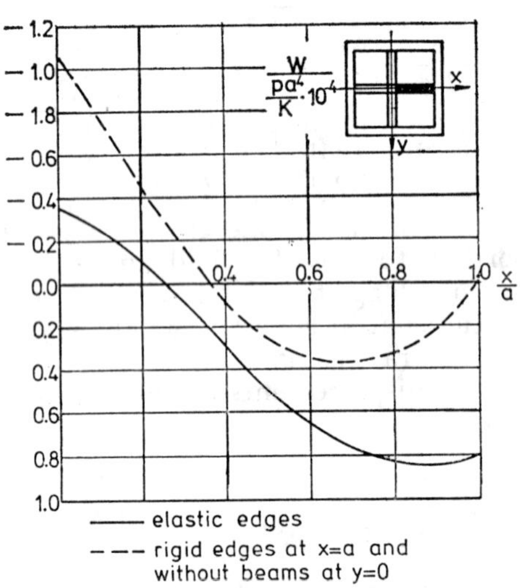

Fig. 7.25. — Comparison of the normal displacements with those corresponding to the case of supporting on gables.

taking into account that $f = \frac{a}{5}$ and tg $\varphi_0 = 20°$, it results that only 15 per cent of the overall vertical loading is taken over by the axial forces at the corners, the remaining being taken by the shear forces on the shell boundary.

The width over which these forces act, assuming a linear distribution and knowing their value at the corner (see Table 7.13), is

$$l = \frac{2 \times 0.0759}{0.7616} a \simeq 0.2.$$

The width is identical to that determined in 6.6.1 for the paraboloid of revolution on square boundary.

References

1. AIMOND, F., *Etude statique des voiles minces en paraboloïde hyperbolique travaillant sans flexion*, International Association for Bridge and Structural Engineering, Vol. 4, 1936, 1–112.
2. APELAND, K., *On the analysis of bending stresses in shallow hyperbolic paraboidal shells*, Proceedings, World Conference on Shell Structures, San Francisco 1962, 639–650.
3. BEG, M. I., *Finite difference approach to hyperbolic paraboloids*, Journal of the Structural Division, ST2, 1972, 429.
4. BELEȘ, A. A., SOARE, V. M., *Elliptic and hyperbolic paraboloidal shells used in constructions*, Editura Academiei, București, and Christie & Partners, London, 1976.
5. BLEICH, H. H., SALVADORI, M. G., *Bending moments on shell boundaries*, Journal of the Structural Division, ST8, 1959, 91–101.
6. BREBBIA, C. A., *On the bending solution for hyperbolic paraboloid shells; z = kxy*. University of Southampton, October, 1965.
7. BREBBIA, C. A., *On the calculation of shallow hyperbolic paraboloid shells*, Revue Roumaine de Sciences Techniques. Série de Mécanique Appliqué, *4*, 1967, 873–898.
8. BREBBIA, C. A., *Umbrella hyperbolic paraboloidal shells*, Congress International sobre la Aplication de Estructuras Laminaresen Arquitectura, Mexic, 1967.
9. CANDELA, F., *General formulas for membrane stresses in hyperbolic paraboidal shells*, ACI Journal, 4,)ct. 1960, 353–372.
10. CHANG, W. Y., CHEN, H. H., YANG, H. S., *Stress analysis of the four-pieces composite shallow hyperbolic paraboloid shell*, Chinese Journal of Civil Engineering, *3*, 1964, 1–14, *4*, 1964, 40–48.
11. CHETTY, S. M. K., TOTTENHAM, H., *An investigation into the bending analysis of hyperbolic paraboloid shells*, The Indian Concrete Journal, 7, 1964, 248–258.
12. CHRONOWICZ, A., *Reinforced concrete roof to swimming pool*, Civil Engineering and Public Works Review, March 1963, 319–324.
13. CROOL, J. G. A., SCRIVENER, J. C., *Edge effects in hyperbolic paraboloid shells*, Journal of the Structural Division, ST.3, 1969, 457–478.
14. CROOL, J. G. A., SCRIVENER, J. C., *Convergence of hypar finite difference solutions*, Journal of the Structural Division, ST.5, 1969, 809–830.
15. CROOL, J. G. A., SCRIVENER, J. C., *On the behaviour of ruled surface hyperbolic paraboloid shells*, Colloque IASS, Madrid, 1969.
16. DAS GUPTA, N. C., *Using finite difference equations to find the stresses in hypar shells*, Civil Engineering and Public Works Review, 655, 1961, 199–201.
17. DAS GUPTA, N. C., *Edge disturbances in hyperbolic paraboloid*, Civil Engineering and Public Works Review, *655*, 1963.
18. DANETIU, GH., GIONCU, V., *Fundații prefabricate realizate din plăci curbe subțiri*, Studiu preliminar și tehnico-economic, INCERC, 1971.
19. DANETIU, GH., GIONCU, V., RENNON, N., *Cercetări teoretice experimentale pe modele privind calculul și comportarea fundațiilor din plăci curbe de beton armat*, INCERC, 1972.

20. DORENBAUM, I. V., *Rascet pologoi obolociki opisannoi pe povernosti hiperboliceskovo paraboloida*, Stroitelnoe proektirovannie pomyshlennih predpriatii, *5*, 1965, 31–39.

21. GERARD, F. A., *The analysis of hyperbolic paraboloidal shell roofs.* Transactions of the E.I.C., *1*, 1959, 32–42.

22. GERARD, F. A., *Calculation of flexure and torsion in plates and hyperbolic paraboloidal shells, using a digital computer*, Transaction of the EIC, *3*, 1960, p. 101–107.

23. GIONCU, V., *Teoria de încovoiere a paraboloidului hiperbolic raportat la generatoare*, Studii şi cercetări de mecanică aplicată, *1*, 1964, 217–234; *2*, 1964, 339–359.

24. GIONCU, V., *Le paraboloïde hyperbolique rapporté à la génératrice: utilisation des fonctions fondamentales.* Acta Technica Academiae Scientiarum Hungaricae, *1–2*, 1966, 241–266.

25. GIONCU, V., *Proiectarea unor paraboloizi hiperbolici tip umbrelă la băile termale din Timişoara*, Construcţii, *3*, 1972, 1–8.

26. GIONCU, V., *Stresses and deflections in umbrella roof h.p. shells*, Bulletin IASS, *56*, 1974.

26 a. GIONCU, V., *Reinforced concrete hyperbolic paraboloid shells. Discussion.* Journal of the Structural Division, *ST 7*, 1976, p. 1518.

27. GIONCU, V., GULESIU, A., *Plăci curbe subţiri cu margini precomprimate.* The 6th Conference on Concrete, Constanţa, 1973.

28. GIROUX, Y. M., *Finite difference techniques for multiple shells with edge members*, International Congress on the Application of Shells in Architecture, Mexico, 1967.

29. HAAS, A. M., *Design of thin concrete shells*, John Wiley, New York, London, Sydney, 1967.

30. HRUBAN, K., HRUBAN, I., *Creep, shrinkage and thermal expansion problems of anticlastic shells*, Symposium IASS, Warsaw, 1963.

31. IYENGAR, K. T. S. R., SRINIVASAN, R. S., *Bending analysis of hyperbolic paraboloid shell*, The Structural Engineer, *12*, 1968, 397–401.

32. JENSSEN, O., *An example of how to obtain a nearly membrane state of stress in a shallow hyperbolic shell*, Acta Polytechnica Scandinavica, Ci30, 1965.

33. KATO W., NISHIMURA, T., *Analysis and design of the shell roof for the Nügata Prefectural Gymnasium*, World Conference on Shell Structures, San Francisco, 1962, 415–422.

34. KERR, A. D., *Elastic and viscoelastic foundation models*, Journal of Applied Mechanics, *3*, 1964.

35. KOLLAR, L., SZÖTS, M., *Edge disturbances of the shallow hyperbolic paraboloidal bounded by four generatrices*, Acta Technica Academiae Scientiarum Hungaricae, *1– 2*, 1970, 67–81.

36. LAFFAILE, B., *Les voiles minces en forme de paraboloïde hyperbolique*, La Genie Civil, *18*, 1934, 409–410.

37. MALERSKI, E., *Analiza statyczna prezekrycia ztoronego zo powlok H.P.*, Inzeiniria i budownictowo, *6*, 1971, 233–237.

38. MIHAILESCU, M., *Teoria de încovoiere la paraboloizii hiperbolici*, Studii şi cercetări de mecanică aplicată, *2*, 1956, 421–442.

39. MIHAILESCU, M., POCANSCHI, A., HORVATH, I., *Analiza în teoria de membrană a paraboloidului hiperbolic izolat, limitat de generatoare*, The 5th Conference on Concrete, Timişoara, 1972, 235–248.

40. MIHAI, C., MIHUL, A., *Fundaţii prefabricate de tip hipar cu inelul de vază precomprimat*, Revista construcţiilor şi a materialelor de construcţii, *4*, 1969.

41. MILEIKOSKI, I. E., DORENBAUM, I. V., *Metod rasceta pokrytii iz obolocek, ocerhnnih po povercennosti hiperboliceskogo paraboloida*, Stroitelnoe proektirovannie promishlennyh preapriatii *5*, 1965, 16–30.

42. MÎRZA, J., *Stresses and deformations in umbrella shells*, Journal of the Structural Division, ST2, 1967, 271–286.

43. MÎRZA, J., *Analysis of post-tensioned hyperbolic paraboloid shell roofs*, Journal of Prestressed Concrete Institute, *1*, 1967, 18–36.

44. NIKIREEV, V. M., SADURSKII, V. L., *Practiceskie metody rasceta obolocek*, Izdatelstvo literatury po stroitelstvu, Moscow, 1966.

45. PARME, A., *Hyperbolic paraboloids and other shells of double curvature*, Journal of the Structural Division, 1956.

46. RABICH, R., *Der Einfluß realer Randbedingungen auf Schnittkräfte und Konstruktion der flachen Hypar-Schalen mit geraden unterstützten Rändern*, Wissenschaftliche Zeitschrift der Technischen Universität Dresden, *6*, 1970, 1559–1964.

47. RABICH, R., *Der Einfluß realer Randbedingungen auf Schnittkräfte und Konstruktion der flachen Hyparschalen mit geraden, freitragenden Rändern*, Wissenschaftliche Zeitschrift der Technischen Universität Dresden, *6*, 1972, 1137–1142.
48. RAMIREZ, H. D., SCORDELIS, A. C., NGO, D., *Membrane stresses in hyperbolic paraboloid shells having a parallelogram shape in plan*, ACI Journal, *1*, 1970, 36–44.
49. REISSNER, E., *On some aspects of the theory of thin elastic shells*, Journal Boston Society of Civil Engineers, 1955, 100.
50. RUSSELL, R. R., GERSTLE, K. H., *Bending of hyperbolic parraboloid structures*, Journal of the Structural Division, ST3, 1967. 181–199.
51. RUSSELL, R. R., GERSTL, K. H., *Hyperbolic paraboloid structures on four supports*, Journal of the Structural Division, ST4, 1968, 955–1010.
52. SCHNOBRICH, W. C., *Analysis of hyperbolic paraboloid shells*, Concrete Thin Shells, 1972, 275–311.
53. SCHNOBRICH, W. C., *Analysis of hipped roof hyperbolic paraboloidal structures*, Journal of Structural Division, ST7, 1972, 1575.
54. SCORDELIS, A. C., RAMIREZ, H. D., NGO, D., *Membrane stresses in hyperbolic paraboloid shells having an arbitrary quadrilateral shape in plan*, ACI Journal, *1*, 1970, 36–44.
55. SOARE, V. M., *Application of finite difference equations to shell analysis*, 2nd ed. in Romanian), Editura Academiei, București, 1968.
56. SOARE, V. M., *Zur numerischen Behandlung von Hyparschalen nach der Biegetheorie*, Rev. Roum. Sci. Techn.-Méc. Appl., **10**, *1*, 47–74, 1965.
57. STAGEBOE, I., *Application of the bending theory regarding hyperbolic paraboloid shells with straight edges. Finite difference solutions*, Memoire, AIPC, 1969, 167–200.
58. TESTER, K. G., *Beitrag zur Berechnung der hyperbolischen Paraboloidschale*. Ingineur-Archiv., **16**, 1947, 39–44.
59. TETIOR, A. N., *Jelezobetonnie obolociki v kacestvo fundamentov*, Osnovania, fundamenty i mehanika gruntov, *1*, 1968.
60. TETIOR, A. N., *Fundamenty, obolociki dlya promislennyh zdanii*, Promishlennoe stroitelstvo, *3*, 1968.
61. VARGHESE, P., KAIMAL, S. S., *Model test of a hyperbolic paraboloid footing*, The Indian Concrete Journal, 7, 1967.
62. VISARION, V., *Învelitori subțiri în formă de paraboloid hiperbolic*. Studii și cercetări de mecanică aplicată, *2*, 1956, 441–464.
63. VREEDENBURGH, C. G. J., *The shell with double curvature considered as a plate on an elastic foundation*, Herron, *1*, 1962.
64. * * * *Recomandatsii po rascetu i proektirovaniiu fundamentov tipa obolocek*, Sverdlovsk, 1970.

Part 3

LIMIT CARRYING CAPACITY

CHAPTER 8

Limit state of strength

8.1. Analysis in the plastic stage of reinforced concrete shells

8.1.1. Plasticity condition for reinforced concrete under biaxial stresses

In shells the state of stress is biaxial and therefore the manner in which concrete fractures under compound stresses must be specified. Experimental investigations have been generally performed on plain concrete specimens but the results can be extended to reinforced concrete as well, since the criterion leading to the local failure of concrete is the same in both cases and in the fracture condition of reinforced concrete members the reinforcement yielding criterion must be also considered.

The experimental work described in [3], based on a comprehensive literature, points to a large scattering of the results, mainly due to the different testing conditions. The conclusions drawn on the influence of the state of biaxial stress indicate that the maximum increase of the crushing strength in compression is of 27 per cent for $\sigma_1/\sigma_2 = 1/2$ and of 16 per cent for $\sigma_1 = \sigma_2$ and that in the range of tension-compression and tension-tension stresses, the strength of concrete decreases as compared to the case of monoaxial stresses, the decreasing being greater when the concrete grade increases. In view of these experimental results the reaching of the prismatic strength R_{pr} corresponding to the monoaxial state of stress has been admitted as the plasticity criterion for concrete in compression and the neglecting of the tensile stresses as the plasticity criterion in tension.

These simplification are also justified by the fact that the change in the concrete strength is unknown when the forces change in the neighbouring sections, since the tests were carried out under constant stresses over the whole section. Thus, one obtains the plasticity condition plotted in Figure 8.1a; for reinforcement the diagram of an ideal elasto-plastic behaviour is admitted (Fig. 8.1b).

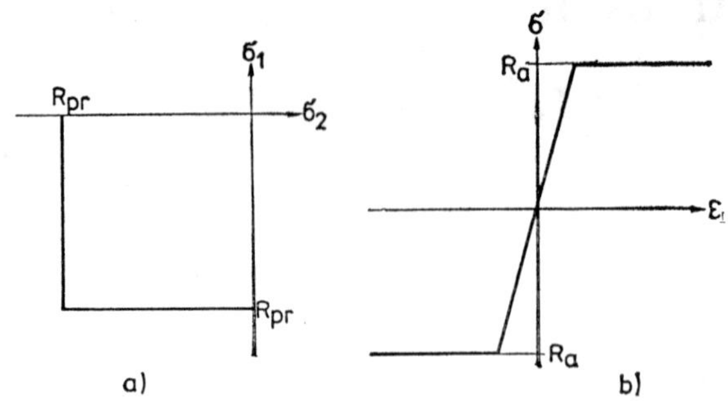

Fig. 8.1. — Plasticity criteria :
a) for concrete; b) for steel with yield flat portion.

8.1.2. Criteria for determining the limit state of strength

If a shell (in which no instability phenomenon occurs) is subjected to a load which increases proportionally up to failure, an elastic behaviour is noticed in general in the first stage (Fig. 8.2), even though in some regions of the shell the strength of concrete in tension has been exceeded and cracks have occurred (see Chapter 2). If the loads are increased, the plasticity condition will be reached at the most stressed point of the structure, either in concrete ($\sigma_b = R_{pr}$) or in the reinforcing bars ($\sigma_a = R_a$). A further increase of loads leads to the plastification of the neighbouring points, with the formation of yield lines. The total failure of the structure occurs when the shell is transformed into a mechanism, after the appearance of a sufficient number of yield lines.

In order to determine the limit state of strength of shells, two failure criteria can be defined :

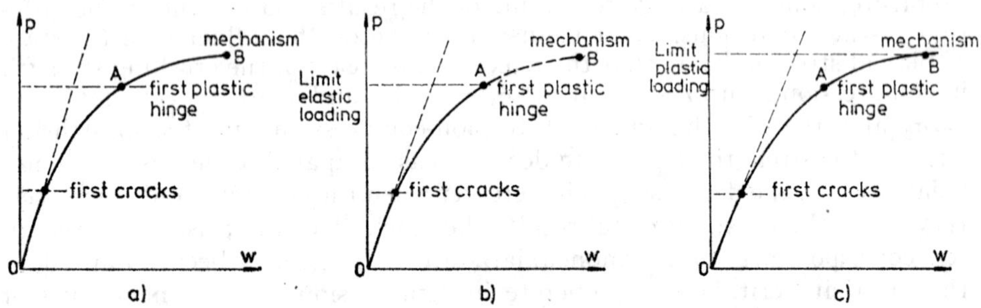

Fig. 8.2. — Conceptions concerning the limit loading :
a) shell behaviour up to failure ; b) elastic failure criterion ; e) plastic failure criterion.

— *the criterion of elastic failure,* according to which the shell ultimate carrying capacity is exhausted when in the most stressed section the plasticity condition has been reached ; it follows that from the diagram of Figure 8.2b only the portion OA is to be taken into consideration when the structure has an elastic behaviour ;

— *the criterion of plastic failure*, according to which the shell loses its carrying capacity when it is transformed wholly or partially into a mechanism; it follows that in this case the whole portion OB of the curve shown in Figure 8.2 c is to be taken into account and in the structure both elastic and plastic deformations exist. As is known [16], since the elastic deformations are much smaller than the plastic ones, in the determination of the limit carrying loading of plastic failure there are no essential differences between the elasto-plastic and the perfect plastic behaviour of a structure; the elastic deformation can thus be disregarded and the calculation can be performed as for a body with perfect plastic behaviour.

To carry out an analysis in the elastic range the following conditions must be fulfilled:

— *the static equilibrium condition*, which stipulates that the external loads must be balanced by internal forces and by reactions;

—*the continuity condition*, which requires that the body remains continuous throughout the deformation process;

— *the condition of elastic deformations*, according to which the criterion of the plasticity of stresses can be reached at a single point of the structure.

For an analysis in the plastic range the following conditions are necessary:

— *the static equilibrium condition*, with the same significance as in the case of the elastic analysis;

— *the mechanism condition*, according to which the structure transforms totally or partially into a mechanism, with the formation of lines along which the plasticity criterion is satisfied;

— *the plasticity condition*, from which it follows that in the failure stage the forces should not exceed the value corresponding to the material plastification.

It is found that in the plastic stage discontinuities of forces and deformations are allowed. Thus, discontinuities of the forces N and M [20] are allowed along the yield lines (Fig. 8.3a)

$$N_x^+ \neq N_x^-,\ M_x^+ \neq M_x^- (\text{for } b\text{—}b);\ N_y^+ \neq N_y^-;\ M_y^+ \neq M_y^- (\text{for } a\text{—}a)$$

since they are self-balanced on both sides of a yield line. In exchange, the forces which are balanced along this line must be equal (N_x, M_x for the line $a - a$, N_y, M_y for $b - b$). The deformations can also be discontinuous; thus, the rotations along a yield line can be different (Fig. 8.3b), that is

$$\frac{dw^+}{dx} \neq \frac{dw^-}{dx},\ \frac{dw^+}{dy} \neq \frac{dw^-}{dy}.$$

The normal displacements w are, however, continuous, since the effect of transverse shear forces is disregarded; the discontinuity of the tangential displacements u and v is admitted, as a consequence of the effect of membrane forces (Fig. 8.3 c)

$$u^+ \neq u^- ;\ v^+ \neq v^- .$$

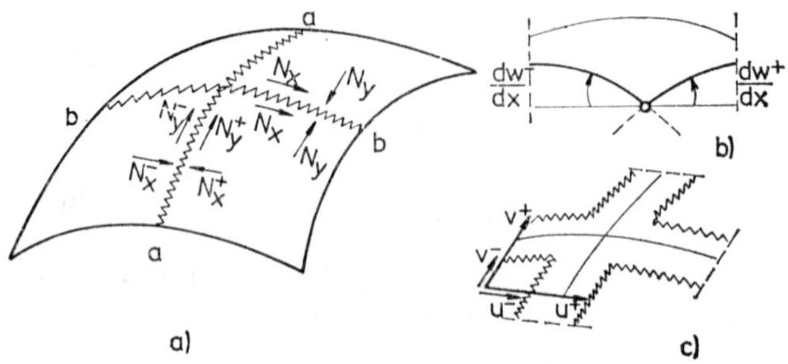

Fig. 8.3. — Discontinuities allowed in plastic design: a) for forces; b) for normal displacements; c) for tangential displacements.

In writing down the static equilibrium, mechanism and plasticity conditions a series of equalities and inequalities appear which can be hardly resolved simultaneously. Therefore, in the plastic analysis the conditions are grouped two by two. Thus, the following are obtained [21]:

— *The static theorem.* By satisfying the equilibrium and plasticity conditions a series of states of stress are determined in the shell, the maximum loading obtained being the limit load;

— *The kinematic theorem.* Choosing the equilibrium and mechanism conditions we obtain another series of loading values, of which the limit loading is the lowest.

In order that the failure load is uniquely determined both theorems must be satisfied; only in this case it represents the actual limit load of strength. It is thus found that if the two theorems are not satisfied, the loads determined from the static theorem will be smaller than the actual ones, while those calculated by means of the kinematic theorem will be greater.

8.1.3. **Considerations on the application of failure criteria**

Usually the analysis of shells is performed in the elastic stage and the failure criterion is the elastic one. For some types of shells, however, a number of theoretical and experimental investigations have lately been carried out, in an attempt to establish the limit load of strength on the basis of the plastic failure criterion; the static method is mainly used for metallic shells, while the kinematic one for those of reinforced concrete. It can be concluded that the plastic analysis of reinforced concrete shells is still at an investigation stage, as a number of aspects have not been sufficiently cleared up yet, such as:

— influence of compression forces on the rotation of plastic hinges;

— the action of transverse shear forces, which may lead to the collapse of the structure before the formation of plastic hinges;

— influence of large deformations before the transformation into a mechanism;

— influence of the loss of stability;

— validity of the assumption that the sections are still plane after deformation a.s.o.

In addition, mention is to be made of the reduced number of experimental investigations, mostly carried out on small scale models which can furnish but a partial image of the actual behaviour of the full scale structure. Many experimental investigations concerned with the establishing of the limit load showed that failure occurred locally, as a result of the crushing of a concrete section in compression or by shearing under the action of the transverse shear force, without the formation of a kinematic mechanism. Likewise, a plastic analysis is of smaller importance in the case of thin shells than for other structures (for instance in the case of plates), since the limit state of stability loss is predominant. A plastic analysis of shells may, however, be used for a more judicious proportioning of the main sizes of the structure.

In [1] the use of the plastic analysis is recommended in the design of shells but meanwhile a calculation in the elastic stage is also stipulated; a detailed calculation in the plastic range is made only for the case of long cylinders, domes and polyhedral shells, for which it seems that sufficient experimental data exist. In [2], it is requested that the determination of forces and displacements be carried out in the elastic range, while the plastic analysis may be used only as a check-up of the results: "It is not to be used as a sole criterion for design, except where it can be proven to be applicable" [2].

It follows that at the present state of the art the limit state of strength must be determined from the criterion of elastic failure; the limit load of the plastic failure criterion may be used only for an overall check-up of the structure safety and for a more judicious proportioning of its main sizes.

8.2. Limit state of strength in the criterion of elastic failure

8.2.1. Trajectories of principal forces and trajectorial reinforcement

In the analysis of shells account is taken of the fact that the most important forces are the in-plane forces; the bending moments which occur only at the edges are relatively small and are taken over by a reinforcement placed at the two faces of the shell.

However, the in-plane forces N_x, N_y and $N_{xy} = N_{yx}$, directed along the axes O_x and Oy (Fig. 8.4) do not represent the maximum values assumed by forces at a point of the shell. To establish these values, the state

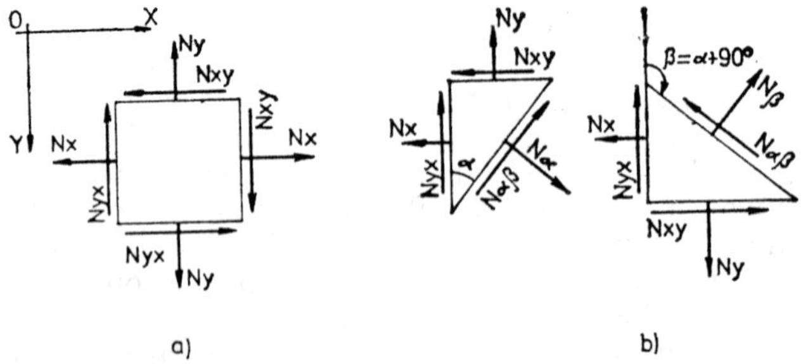

Fig. 8.4. — Shell forces: a) referred to the system of axes xOy; b) in inclined sections.

of stress in sections inclined with respect to the system of axes xOy must be examined. Thus, if we examine the angle α or the angle $\beta = \alpha + 90°$ (Fig. 8.4), then from the conditions of equivalence of the flow of forces we have

$$N_\alpha = N_x \cos^2 \alpha + N_y \sin^2 \alpha + 2N_{xy} \sin \alpha \cos \alpha, \tag{8.1a}$$

$$N_\beta = N_x \sin^2 \alpha + N_y \cos^2 \alpha - 2N_{xy} \sin \alpha \cos \alpha, \tag{8.1b}$$

$$N_{\alpha\beta} = (N_x - N_y) \sin \alpha \cos \alpha - N_{xy} (\cos^2 \alpha - \sin^2 \alpha). \tag{8.1c}$$

The axial forces assume maximum values in sections where the shear forces are zero; thus, from (8.1c) we obtain the direction of the principal forces

$$\alpha_1 = \frac{1}{2} \operatorname{arc\,tg} \frac{2N_{xy}}{N_x - N_y}; \qquad \alpha_2 = \alpha_1 + 90° \tag{8.2 a,b}$$

and their values are calculated by the relation

$$N_{1,2} = \frac{N_x + N_y}{2} \pm \sqrt{\left(\frac{N_x - N_y}{2}\right)^2 + N_{xy}^2}, \tag{8.3}$$

where N_1 always represents the largest value of the principal forces.

To study the manner in which the principal directions vary on the shell middle surface we start from a point M along one direction of the principal force N_1 to an infinitely neighbouring point M_1, where its direction is defined (Fig. 8.5). By constantly advancing in the direction of the principal force N_1, a curve is obtained; perpendicular to this one, there is a second family of curves, due to the principal forces N_2. The curves of the forces N_1 and N_2

constitute an orthogonal mesh (Fig. 8.5b) which defines the trajectories of the principal forces on the shell middle surface.

Figure 8.6 a shows the trajectories of the principal forces for the paraboloid of revolution supported on two-hinge arches, discussed in sub-Section 6.6.4.

Fig. 8.5. — Directions of principal forces.

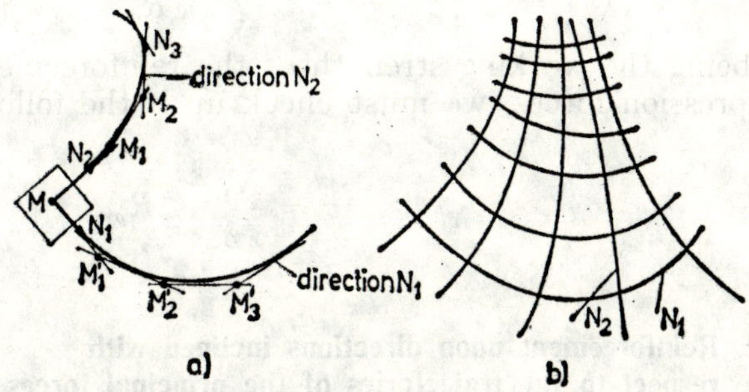

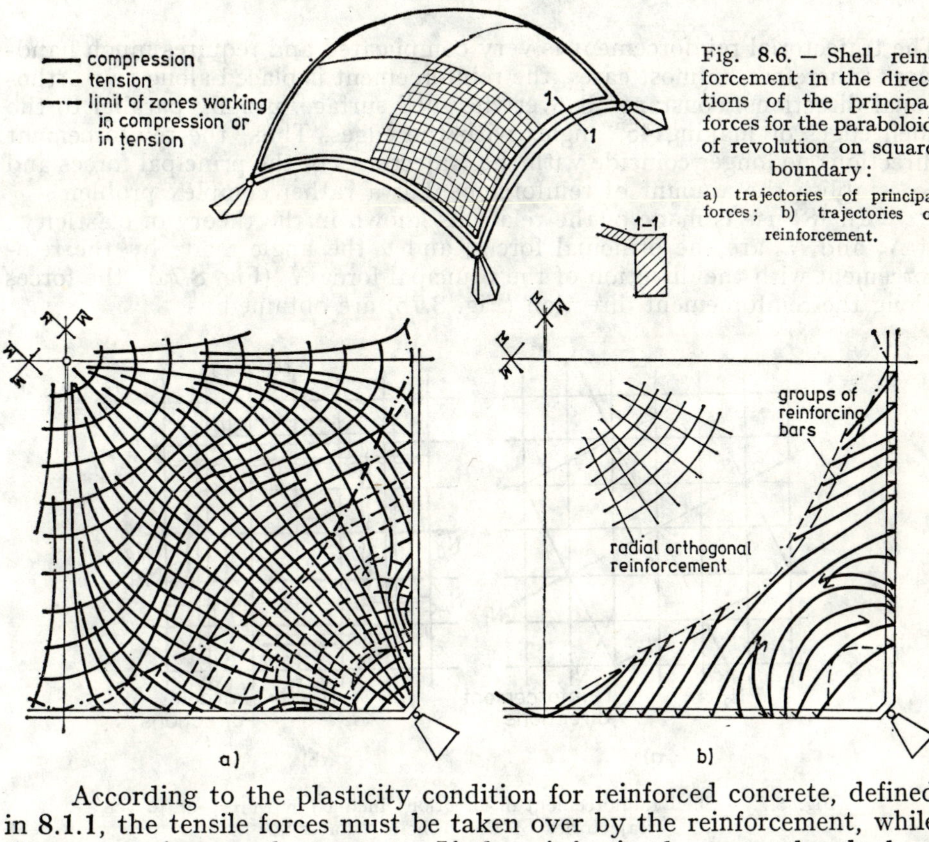

Fig. 8.6. — Shell reinforcement in the directions of the principal forces for the paraboloid of revolution on square boundary:
a) trajectories of principal forces; b) trajectories of reinforcement.

According to the plasticity condition for reinforced concrete, defined in 8.1.1, the tensile forces must be taken over by the reinforcement, while the compression ones by concrete. If the reinforcing bars are placed along the directions of the principal forces, the reinforcement is called trajectorial. In the case of principal tensile forces, the reinforcement amount per unit length is given by the equation

$$A_{a1,2} = \frac{N_{1,2}}{R_a}, \tag{8.4a}$$

R_a being the working strength of the reinforcement; if we are faced with compression forces, we must check up if the following relation is satisfied

$$\sigma = \frac{N_{1,2}}{\delta} \leqslant R_{pr}. \tag{8.4b}$$

8.2.2. Reinforcement upon directions inclined with respect to the trajectories of the principal forces

The trajectorial reinforcement is very complicated and requires much hand-work; therefore, in most cases, the reinforcement is placed along two orthogonal directions, constant all over the shell surface, usually parallel to the shell edges or making 45° angles with the edges. Thus, the reinforcement directions no longer coincide with the trajectories of the principal forces and to establish the amount of reinforcement is a rather complex problem.

In [8] use is made of the relations known in the theory of elasticity; if N_1 and N_2 are the principal forces, and α the angle made by the reinforcement with the direction of the principal force N_1 (Fig. 8.7a), the forces along the reinforcement direction (Fig. 8.7b) are obtained as

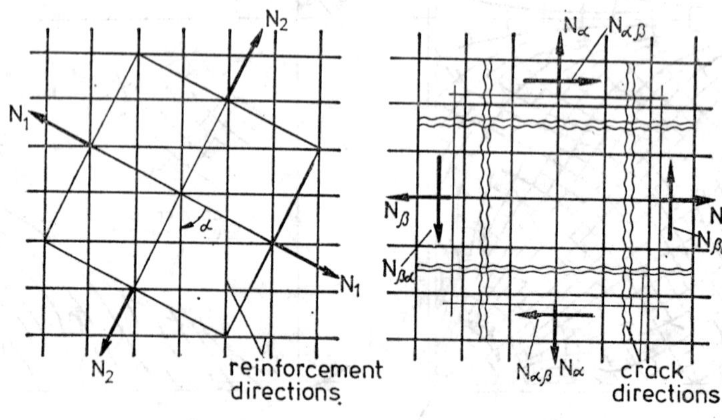

Fig. 8.7. — Shell reinforcement in directions inclined with respect to the trajectories of the principal forces:
a) directions of the principal forces and reinforcement; b) shell cracking along the reinforcement.

$$N_\alpha = N_1 \cos^2 \alpha + N_2 \sin^2 \alpha = \frac{N_1 + N_2}{2} + \frac{N_1 - N_2}{2} \cos 2\alpha, \qquad (8.5\text{a})$$

$$N_\beta = N_1 \sin^2 \alpha + N_2 \cos^2 \alpha = \frac{N_1 + N_2}{2} - \frac{N_1 - N_2}{2} \cos 2\alpha, \qquad (8.5\text{b})$$

$$N_{\alpha\beta} = (N_1 - N_2) \sin \alpha \cos \alpha = \frac{N_1 - N_2}{2} \sin 2\alpha. \qquad (8.5\text{c})$$

If N_α and N_β are tensile forces, the reinforcements are given by the relations

$$A_\alpha = \frac{N_\alpha}{R_a}, \quad A_\beta = \frac{N_\beta}{R_a}, \qquad (8.6\text{ a,b})$$

and if they are compression forces they will be taken over by concrete and reinforcement. The shear force is taken over by concrete and we must check up that

$$\tau = \frac{N_{\alpha\beta}}{\delta} < \tau_f \qquad (8.6\text{c})$$

where τ_f is the shearing strength of concrete.

The method implies many contradictions [22] : firstly, as is known, under the action of shear forces tensile forces occur along directions inclined at 45° and concrete breaks along these directions ; secondly, in the sections where the tensioned reinforcement is working cracks appear in concrete and the taking over of shear forces by concrete is uncertain (in [8] it is supposed that they are taken over by asperities in the cracked regions) ; thirdly, the failure occurs along the directions of the principal forces and not along that of the reinforcement as considered in [8].

In [15], these contradictions have been partially settled ; the shear force N_{xy} is decomposed into a tensile force along the direction of the reinforcement and a compression force N_b along the diagonals of the reinforcement directions (Fig. 8.8). The forces are given by

$$N_\alpha = N_1 \cos^2 \alpha + N_2 \sin^2 \alpha + (N_1 - N_2) \sin \alpha \cos \alpha, \qquad (8.7\text{a})$$

$$N_\beta = N_1 \sin^2 \alpha + N_2 \cos^2 \alpha + (N_1 - N_2) \sin \alpha \cos \alpha, \qquad (8.7\text{b})$$

$$N_b = 2(N_1 - N_2) \sin \alpha \cos \alpha. \qquad (8.7\text{c})$$

The method is disadvantageous in that the cracks produced by the tensile forces intersect the compression lines formed by N_{xy}; this means that a compression force must be transmitted through a crack [22]. Besides,

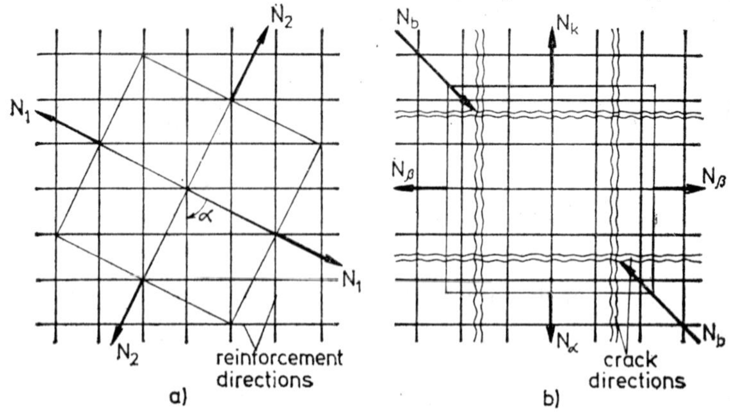

Fig. 8.8. — Shell cracking along the directions of the tensile forces.

the method assumes that the failure occurs along the reinforcement directions and not along that of the principal forces.

In [24], on the basis of the analysis carried out by Mohr's circle, the same results as in [15] are reached.

In [12] it is shown that concrete can take over shear forces only prior to cracking; after cracks have occurred in the respective areas only the reinforcement acts.

It is thus considered that no force acts in the cracks and the reinforcements are subjected only to axial forces. Three cases can be distinguished:

— if both principal forces are tensile ones, the cracks appear in both directions and the forces must be wholly taken over by the reinforcement;

— if both principal forces are compression forces they can be taken over by concrete alone;

— if the principal force N_1 is a tensile force and N_2 is a compression force (Fig. 8.9a), perpendicular cracks occur along the direction of N_1, and between two cracks the compression and shear forces can be taken over by concrete. The forces acting along the reinforcement directions can be written under the form (Fig. 8.9b)

$$N_\alpha = N_{\alpha a} + N_{\alpha b};\quad N_\beta = N_{\beta a} + N_{\beta b};\, N_{\alpha\beta} = N_{\alpha\beta b}, \qquad (8.8a, b, c)$$

where $N_{\alpha a}$ and $N_{\beta a}$ represent the forces taken oven by the reinforcement along the directions α and β, while $N_{\alpha b}$, $N_{\beta b}$ and $N_{\alpha\beta b}$, those corresponding to concrete. If two concrete prisms are considered between two cracks (Fig. 8.9c), then we may write the equilibrium equations

$$N_{\alpha b} = -N_2 \sin^2\alpha;\, N_{\beta b} = -N_2\cos^2\alpha;\, N_{\alpha\beta b} = N_2 \sin\alpha\cos\alpha, \qquad (8.9\,a\text{-}c)$$

which introduced into (8.8) yield

$$N_\alpha = N_{\alpha a} - N_2 \sin^2\alpha;\; N_\beta = N_{\beta\alpha} - N_2\cos^2\alpha;\; N_{\alpha\beta} = N_2\sin\alpha\cos\alpha \qquad (8.10\,a\text{-}c)$$

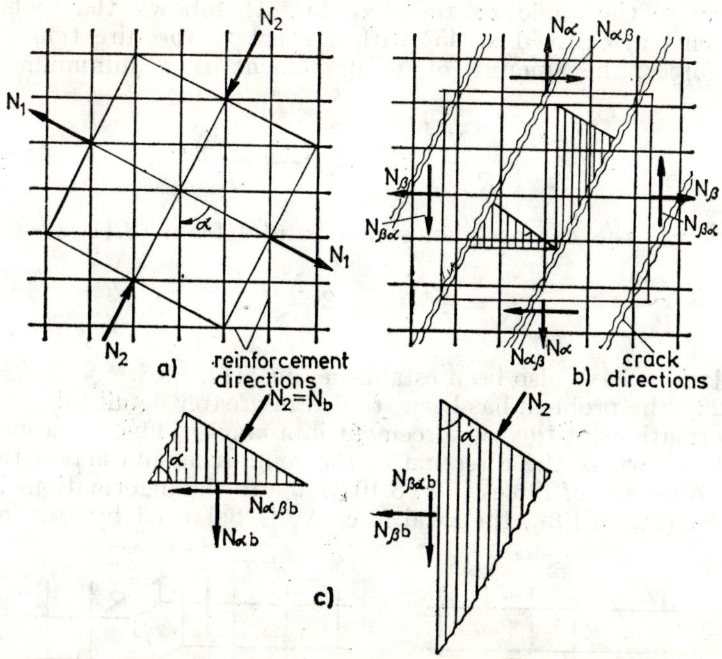

Fig. 8.9. — Shell reinforcement taking into account concrete cracking: a) directions of the principal forces and reinforcements; b) and c) forces in concrete and reinforcement.

Taking into account that from (8.10c) we have

$$N_2 = \frac{N_{\alpha\beta}}{\sin\alpha\cos\alpha} = \frac{|N_{\alpha\beta}|}{|\sin\alpha\cos\alpha|} \tag{8.11}$$

and that at the limit state of strength

$$N_{\alpha a} = A_\alpha R_a;\ N_{\beta b} = A_\beta R_a, \tag{8.12}$$

where A_α and A_β are the areas of reinforcements per unit length along the directions α and β, we obtain

$$A_\alpha = \frac{N_\alpha + |N_{\alpha\beta}|\,|\mathrm{tg}\,\alpha|}{R_a}, \tag{8.13a}$$

$$A_\beta = \frac{N_\beta + |N_{\alpha\beta}|\,|\mathrm{ctg}\,\alpha|}{R_a}. \tag{8.13b}$$

N_α and N_β being given by relations (8.5).

The smallest amount of reinforcement is obtained by calculating the minimum of the sum

$$A_\alpha + A_\beta = \frac{N_\alpha + N_\beta + |N_{\alpha\beta}|\,|\mathrm{tg}\,\alpha + \mathrm{ctg}\,\alpha|}{R_a}$$

with respect to the angle α; then $\alpha=45°$. It follows that when the reinforcements are placed at 45° with respect to the directions of the principal forces, the amount of reinforcement is a minimum and is equal to

$$A_\alpha = \frac{N_\alpha + |N_{\alpha\beta}|}{R_a}; \quad A_\beta = \frac{N_\beta + |N_{\alpha\beta}|}{R_a}, \tag{8.14 a, b}$$

and in concrete the compression stress results from (8.11)

$$\sigma_b = -\frac{N_2}{\delta} = -2\frac{|N_{\alpha\beta}|}{\delta}. \tag{8.14 c}$$

Similar relations have also been established in [17], [18].

In [22], the problem has been studied in greater detail taking account of the deformations of the reinforcement in a crack. Thus, for a monoaxial state of stress, where the direction of the reinforcements makes the angle α with the direction of forces (Fig. 8.10a), due to the deformations imposed by the crack (Fig. 8.10b), the axial force N_1 is balanced by two forces N_α

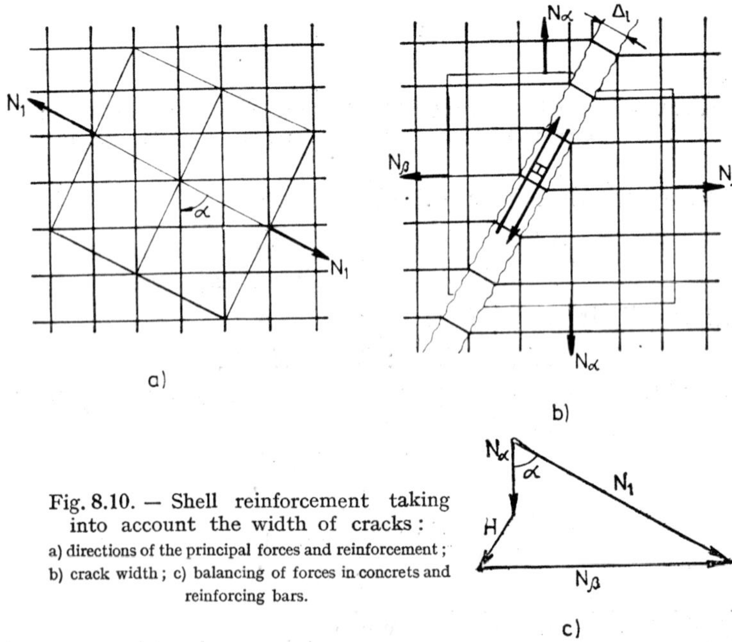

Fig. 8.10. — Shell reinforcement taking into account the width of cracks: a) directions of the principal forces and reinforcement; b) crack width; c) balancing of forces in concrets and reinforcing bars.

and N_β acting in the directions α and β, and through a transverse force H (Fig. 8.10c). Since the problem is statically indeterminate with three unknowns, resort is made to the deformation conditions. We finally obtain the values

$$N_\alpha = N_1 \frac{\cos^2\alpha}{F}; \quad N_\beta = N_1 \lambda \frac{\sin^2\alpha}{F}, \qquad (8.15\ \text{a,b})$$

$$H = N_1 \frac{\sin\alpha\cos\alpha}{F}(\cos^2\alpha - \lambda\sin^2\alpha), \qquad (8.15\ \text{c})$$

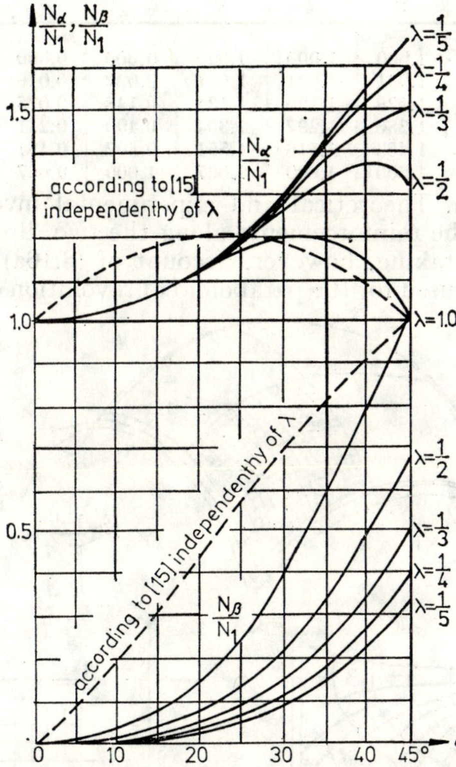

Fig. 8.11. — Forces in the directions of the reinforcing bars.

where the following notations have been introduced

$$\lambda = \frac{A_\beta}{A_\alpha}; \quad F = \sin^2\alpha + \lambda\cos^2\alpha. \qquad (8.16\ \text{a,b})$$

The values obtained are listed in Table 8.1; the force H produces the crushing of the concrete around the reinforcement. In Fig. 8.11 these values are plotted comparatively with those obtained in [15]; very large differences can be noticed. Although these values are established for monoaxial loading, in [22] it is suggested that they be also used for biaxial loading, as the cracking along the stretched direction is not altered by the compression along

Table 8.1

The values $\frac{N\alpha}{N_1}$, $\frac{N\beta}{N_1}$

α^0	$\frac{N\alpha}{N_1}$					$\frac{N\beta}{N_1}$				
	$\lambda = 1$	$\frac{1}{2}$	$\frac{1}{3}$	$\frac{1}{4}$	$\frac{1}{5}$	$\lambda = 1$	$\frac{1}{2}$	$\frac{1}{3}$	$\frac{1}{4}$	$\frac{1}{5}$
0°	1.000	1.000	1.000	1.000	1.000	0.000	0.000	0.000	0.000	0.000
10°	1.030	1.030	1.031	1.031	1.031	0.032	0.016	0.011	0.008	0.006
20°	1.115	1,125	1.128	1.130	1.131	0.148	0.075	0.043	0.037	0.030
30°	1.200	1.163	1.286	1.297	1.304	0.400	0.211	0.143	0.108	0.087
40°	1.139	1.366	1.463	1.516	1.551	0.802	0.481	0.343	0.267	0.218
45°	1.000	1.333	1.500	1.600	1.667	1.000	0.667	0.500	0.400	0.333

the other direction. Theoretical and experimental investigations are also reported in [4]. The reinforcements along the two directions are obtained by means of (8.6) taking, however, account of (8.16a). Figure 8.12 shows the reinforcements used for the paraboloid of revolution on square boundary.

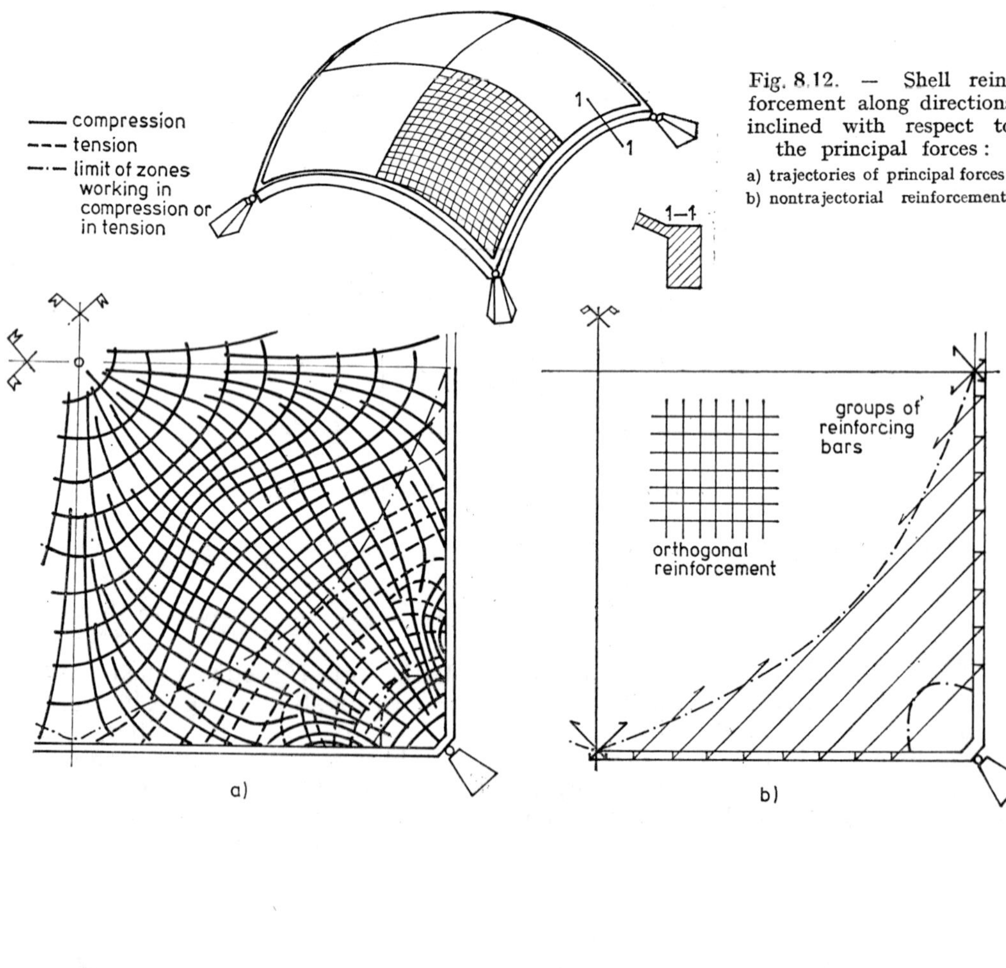

Fig. 8.12. — Shell reinforcement along directions inclined with respect to the principal forces:
a) trajectories of principal forces;
b) nontrajectorial reinforcement.

8.3. Ultimate state of strength in the plastic failure criterion

8.3.1. Use of the theory of yield lines in shell analysis

The theory of yield lines has been lately extended from plates to the analysis of reinforced concrete shells [23]. The main assumptions used and the main differences between the analysis of plates and that of shells are :

— The plastic deformations are concentrated in areas where the forces reach limit values (Fig. 8.13). As distinguished from the case of plates, where the bending moments are the principal forces, the membrane ones being secondary, and the concentrated deformations are rotations, in the case of shells the axial forces are the most significant forces and the concentrated deformations are stretchings or shortenings.

— The plastic deformations are concentrated along the lines of the principal forces, where shear forces do not exist ; thus, the singular deformations are zero. Since deviations from this assumption exist, in [6], [27], [28], the results are corrected by a coefficient experimentally determined ;

— The yield lines constitute a system which permits the transformation of the structure into a mechanism with one degree of freedom (Fig. 8.13 a,b). With plates, the yield lines between two parts must pass through the intersection of the rotation axes ; with shells, this condition is no longer necessary since the yield lines and the rotation axes do not lie in the same plane. Mention is to be made, however, that with shells, due to very large axial forces which reduce the rotation capacity of the section, or to large transverse shear forces which may appear during the formation of the mechanism, the failure can occur in certain critical sections before the formation of a collapse mechanism.

— The yield lines divide the shell into undeformed parts which may displace only as perfectly rigid bodies. In the case of plates, the rotations of these parts occur about certain axes which are the very supports of the plate. In the case of shells, when the supports are not displaceable (Fig. 8.13a), the axes of rotation pass through the supporting points. If the supports are displaceable (Fig. 8.13b), the axes of rotation must lie in a vertical plane which also contains the supports but is situated at a certain distance from the supports. All the axes of rotation are situated in a single plane, called plane of rotation axes, which is horizontal if the shell has two vertical planes of geometrical symmetry and of loading. It intersects the shell along a closed line, on which the concentrated deformations are zero and thus the plane of the rotation axes also constitutes the plane of the neutral axes of the bending of the shell portions ; the portions situated below this plane are stretched while those situated above are compressed.

— The deformations are small, so that during the mechanism motion changes in the distribution of forces do not occur. In [23] the influence of large deformations on the ultimate load is examined; it is suggested to also use this method for resolving stability problems.

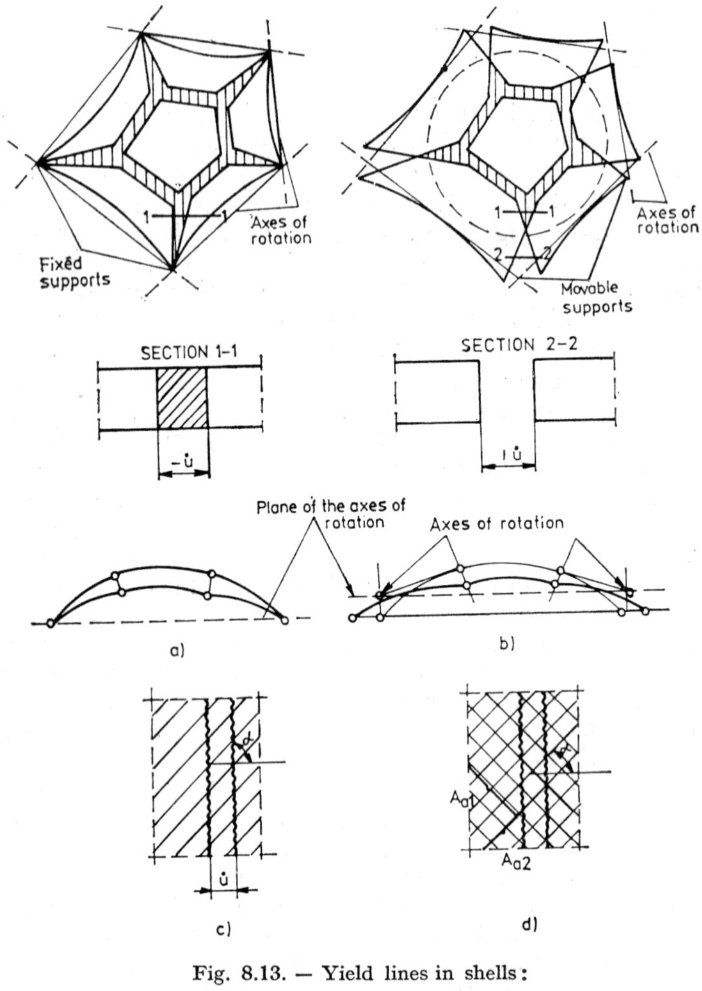

Fig. 8.13. — Yield lines in shells:

a) with fixed edges; b) with movable edges; c) yield line which intersects a single net of reinforcement; d) yield line which intersects an orthogonal net of reinforcement.

— The structure behaviour is perfectly elastic until the instant when the first plastic hinge occurs.

— The structure is acted upon by two systems of static loads, one system being represented by permanent loads, the other one by temporary loads; the first are constant in time, the second increase as a function of a single parameter, which varies from zero to a value corresponding to the failure of the structure.

As in the case of shells, the use of the kinematic method in the shell analysis implies the following calculation steps:

— All possible mechanisms of plastic failure are identified and the geometrical parameters $\xi_1, \xi_2 \ldots \xi_n$, on which the formation of the mechanism depends, are specified.

— For each mechanism we write the equation of plastic equilibrium, using the principle of virtual displacements

$$L_i = L_e, \tag{8.17a}$$

where L_i is the virtual work of the internal forces acting along the yield lines, and L_e the virtual work of the external loads acting on the shell at the instant at which the failure mechanism is formed.

By means of equation (8.17a) we write explicitly the ultimate load p_r as a function of the plastic forces and geometrical parameters of the mechanism.

— The parameters of the failure mechanism are determined from the condition of minimum of the ultimate load

$$\frac{\partial p_r}{\partial \xi_1} = 0; \quad \frac{\partial p_r}{\partial \xi_2} = 0. \tag{8.17b}$$

the ultimate minimum loading being thus obtained.

— Among all the mechanisms of plastic failure we choose that for which the smallest value of the ultimate load has been obtained which meanwhile is the effective crushing loading of the structure.

To calculate the virtual internal work, some aspects particular to reinforced concrete, must be specified. Thus, the virtual work of a reinforcement placed at an angle α with respect to the discontinuity line (Fig. 8.13c) is

$$L_m = R_a A_a \cos^2 \alpha, \tag{8.18a}$$

where R_a is the ultimate strength of the reinforcement and A_a the area of this reinforcement per unit inclined length. If the yield line intersects an orthogonal mesh of reinforcement (Fig. 8.13 d), we obtain

$$L_m = R_a A_{a1} \cos^2 \alpha + R_a A_{a2} \sin^2 \alpha. \tag{8.18b}$$

If the two reinforcements are equal ($A_{a1} = A_{a2} = A_a$), then

$$L_m = R_a A_a; \tag{8.18c}$$

hence the mechanical work of the forces in an orthogonal mesh, with equal reinforcements in both directions, does not depend on the inclination angle of the yield line with respect to this mesh.

If the load obtained from the criterion of elastic failure is p_e, then the ratio

$$r = \frac{p_r}{p_e}$$

denotes the reserve of strength of the structure as compared to that given by calculation in the elastic range and r is called the coefficient of plastic redistribution.

8.3.2. Application to paraboloids of revolution on square boundary supported on tie arches

In literature two different principles are mentioned for the analysis of paraboloids of revolution on square boundary in the plastic stage :

— it is assumed that the concrete is incompressible in compression and the failure mechanism appears only by the concrete failure in tension and the yielding of the stretched reinforcement, and

— it is considered that at the instant at which the failure mechanism forms the yield point in the reinforcement and the prismatic strength in concrete have been reached.

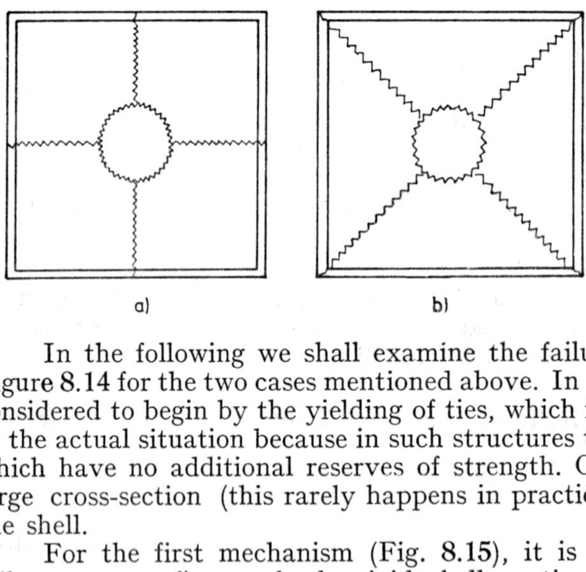

Fig. 8.14. — Failure mechanism for the paraboloid of revolution on square boundary :
a) the edge arches being affected;
b) the edge arches being not affected.

In the following we shall examine the failure mechanisms shown in Figure 8.14 for the two cases mentioned above. In both cases, the failure is considered to begin by the yielding of ties, which in most cases corresponds to the actual situation because in such structures ties are the only members which have no additional reserves of strength. Only when the ties are of large cross-section (this rarely happens in practice), crushing begins with the shell.

For the first mechanism (Fig. 8.15), it is considered that by the failure pattern five perfectly rigid shell portions are produced, rotating about the points denoted by A. For the sake of simplicity the central portion is assumed to have a square shape, but if actually it has a circular shape (or an irregular shape) no essential difference exists. If a virtual vertical

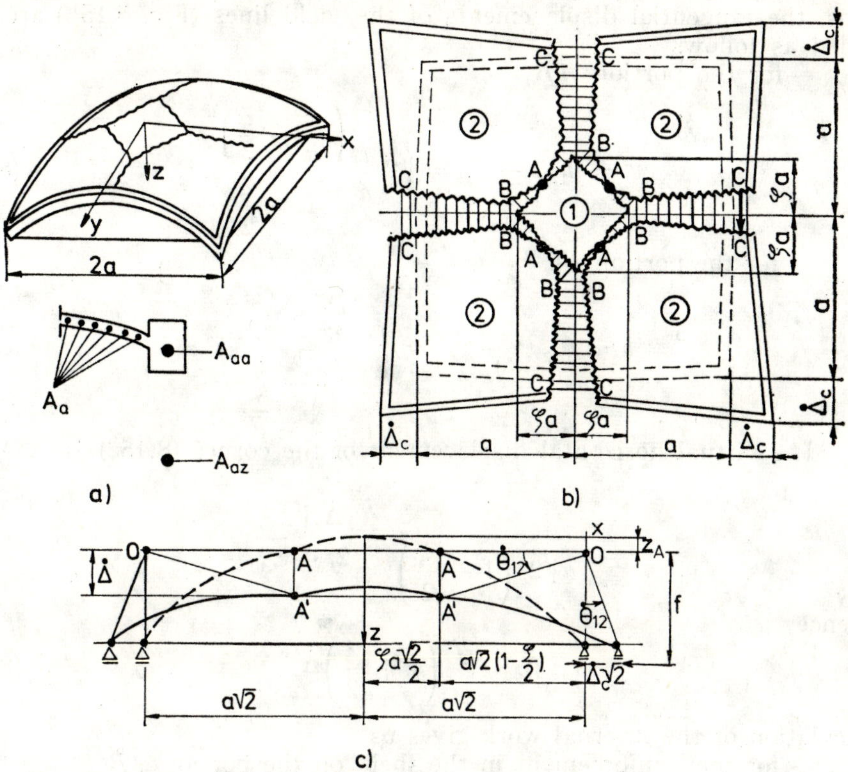

Fig. 8.15. — Failure mechanism by yielding of the reinforcement:
a) geometrical elements; b) failure pattern; c) failure mechanism.

displacement (Fig. 8.15c) is given to the central portion, the virtual rotations between parts 1 and 2 as well as between the two parts 2 will be

$$\dot{\theta}_{12} = \frac{\dot{\Delta}}{a\sqrt{2}\left(1-\frac{\xi}{2}\right)}; \qquad \dot{\theta}_{22} = \frac{\dot{\Delta}}{a\left(1-\frac{\xi}{2}\right)}. \tag{8.20 a,b}$$

The equation of the middle surface, corresponding to a system of axes situated at the top of the shell (Fig. 8.15a), is

$$z = \frac{f}{a^2}(x^2 + y^2), \tag{8.21}$$

which gives the distance of the point A, defined by $x=y=\frac{\xi a}{2}$, to the plane xOy

$$z_A = \frac{f\xi^2}{2}. \tag{8.22}$$

Thus, the tangential displacements of the yield lines (Fig. 8.15b) are obtained as follows

— for the portion AB

$$\dot{u} = \dot{\theta}_{12}(z - z_A) = \sqrt{2}\frac{f}{a}\frac{\left(\frac{x}{a} - \frac{\xi}{2}\right)^2}{1 - \frac{\xi}{2}}, \tag{8.23}$$

— for the portion BC

$$\dot{v} = \dot{\theta}_{22}(z - z_A) = \frac{f}{a}\frac{\frac{x^2}{a^2} - \frac{\xi^2}{2}}{1 - \frac{\xi}{2}}. \tag{8.24}$$

The virtual horizontal displacement of the corner (8.15c) is

$$\frac{\dot{\Delta}}{a\sqrt{2}\left(1 - \frac{\xi}{2}\right)} = \frac{\dot{\Delta}_c\sqrt{2}}{2f - z_A}$$

whence

$$\dot{\Delta}_c = \frac{f}{a}\left(1 + \frac{\xi}{2}\right)\dot{\Delta} \tag{8.25}$$

Calculation of the internal work gives us

— for the reinforcement in the shell, on the portion AB

$$L_{i1} = 8\int_{\frac{\xi a}{2}}^{\xi a} R_a A_a \dot{u}\sqrt{2}\,dx = \frac{2}{3}R_a A_a f\frac{\xi^3}{1 - \frac{\xi}{2}}\dot{\Delta}, \tag{8.26 a}$$

— for the reinforcement in the shell, on the portion BC

$$L_{i2} = 4\int_{\xi a}^{a} R_a A_a \dot{v}\,dx = \frac{2}{3}R_a A_a f\frac{2 - 3\xi^2 + \xi^3}{1 - \frac{\xi}{2}}\dot{\Delta}, \tag{8.26 b}$$

where A_a is the reinforcement area per unit length and R_a the corresponding ultimate strength

— for the reinforcement in the edge arch:

$$L_{i3} = 4R_a A_{aa}\dot{v} = 4R_a A_{aa}\frac{f}{a}\frac{1 - \frac{\xi^2}{2}}{1 - \frac{\xi}{2}}\dot{\Delta}, \tag{8.26 c}$$

where A_{aa} is the reinforcement area in the edge arch, and

— for ties:

$$L_{i4} = 4R_{az}A_{az}2\dot{\Delta}_c = 8R_{az}A_z\frac{f}{a}\left(1+\frac{\xi}{2}\right)\dot{\Delta} \qquad (8.26\text{ d})$$

where A_{az} is the area of the cross-section of the reinforcement in the ties and R_{az} is the corresponding ultimate strength.

We thus obtain the total internal work

$$L_i = 4R_{az}A_{az}\frac{f}{a}\frac{1}{1-\frac{\xi}{2}}\left[2-\frac{\xi^2}{2}+\frac{\alpha}{6}(2-2\xi^2+2\xi^3)+\alpha'\left(1-\frac{\xi^2}{2}\right)\right], \qquad (8.27)$$

where we have introduced the notations

$$\alpha = \frac{R_aA_aa}{R_{az}A_{az}}; \qquad \alpha' = \frac{R_aA_{aa}}{R_{az}A_{az}}. \qquad (8.28\text{ a,b})$$

The virtual external work is

$$L_e = 2pa^2\frac{1-\frac{\xi^3}{6}}{1-\frac{\xi}{2}}\dot{\Delta}. \qquad (8.29)$$

By equating the internal work to the external one, the ultimate loading is obtained

$$p_r = 2R_{az}A_{az}\frac{f}{a^3}\psi(\xi,\alpha,\alpha'), \qquad (8.30)$$

where

$$\psi(\xi,\alpha,\alpha') = \frac{2+\frac{\alpha}{3}+\alpha'-(1+\alpha+\alpha')\frac{\xi}{2}+\frac{\alpha}{3}\xi^3}{1-\frac{\xi^3}{6}}. \qquad (8.31)$$

The minimum of this functions will yield the failure pattern and ultimate loading. The minimum value is obtained from $\frac{\partial\psi}{\partial\xi}=0$, whence we get

$$\xi = 0 \text{ and } \psi_{\min} = 2+\frac{\alpha}{3}+1. \qquad (8.32\text{ a,b})$$

The ultimate loading is thus obtained when the failure pattern has no central panel and the collapse will occur by the rotation about the central point of the shell.

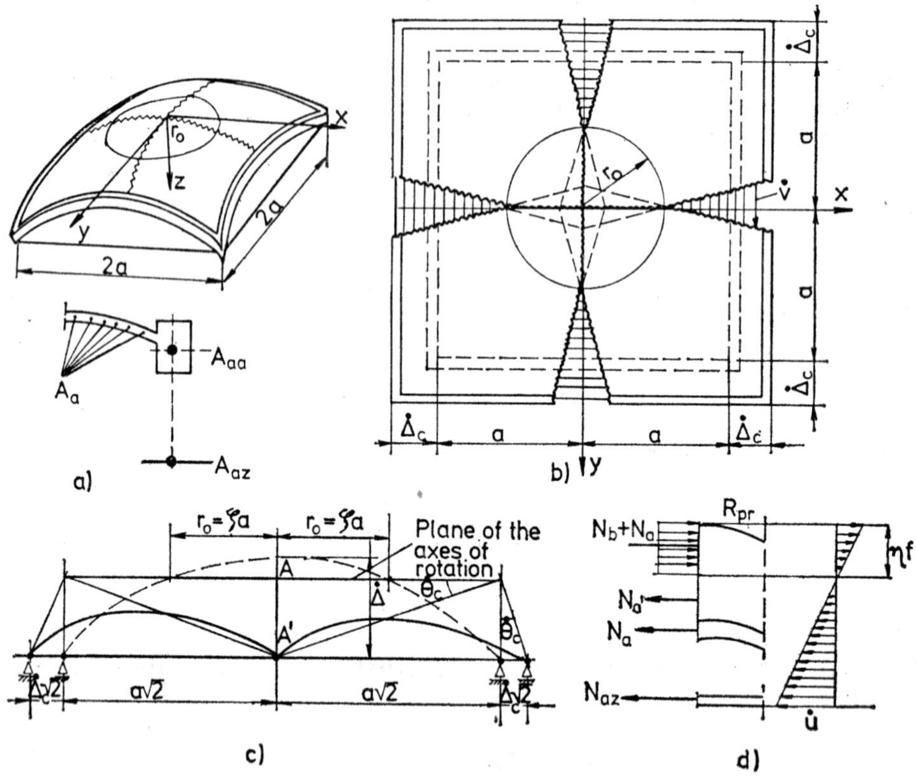

Fig. 8.16.— Failure mechanism by concrete crushing :
a) geometrical elements; b) yield lines; c) failure mechanism; d) shell forces.

For the case in which the compressed portion is assumed to be deformable the yield lines are shown in Figure 8.16. The plane of the rotation axes intersects the shell along a circle of radius r_0 lying at the distance ηf from its top; the portion situated inside this circle will be compressed, that situated outside it will be stretched. Taking into account equation (8.21), we obtain

$$r_0 = \sqrt{\eta}\, a. \tag{8.33}$$

If the failure mechanism is given a virtual vertical displacement (Fig. 8.16c), the horizontal displacement of the corner is obtained similarly to that given by (8.25)

$$\dot{\Delta}_c = \frac{f(2-\eta)}{2a}\dot{\Delta}. \tag{8.34}$$

The rotation of an element with respect to its axis of revolution is

$$\dot{\theta}_c' = \frac{\dot{\Delta}}{a\sqrt{2}}$$

and between two neighbouring elements we have

$$\dot{\theta}_c = \sqrt{2}\,\dot{\theta}_c' = \frac{\dot{\Delta}}{a}. \tag{8.35}$$

The virtual horizontal displacements along the yield lines are thus given by

$$v(z) = (z - \eta f)\,\dot{\theta}_c = \frac{f}{a}\left(\frac{x^2}{a^2} - \eta\right)\dot{\Delta}. \tag{8.36}$$

Note that for $x < r_0$, the virtual displacements are negative while for $x > r_0$ they are positive, according to the sign of the forces appearing in the elements.

The forces in the cross section are shown in Figure 8.16d, where it has been assumed that in the compressed portion the distribution of forces is constant and that the yield point has been reached in reinforcement.

Thus, in the particular sections we obtain the following :

— the resultant of compression

$$N_b = -2\int_0^{\sqrt{\eta}a} R_{pr}\delta\,\mathrm{d}x = -2R_{pr}\delta\sqrt{\eta}\,a, \tag{8.37a}$$

— the resultant of forces in the reinforcement of the compressed zone

$$N_a = -2\int_0^{\sqrt{\eta}a} R_a A_a\,\mathrm{d}x = -2R_a A_a\sqrt{\eta}\,a, \tag{8.37b}$$

— the resultant of forces in the reinforcement of the stretched zone

$$N_a' = 2\int_{\sqrt{\eta}a}^{a} R_a A_a\,\mathrm{d}x = 2R_a A_a(1 - \sqrt{\eta})a, \tag{8.37c}$$

— the resultant of forces in the reinforcement of edge arches

$$N_{aa} = 2R_a A_{aa}, \tag{8.37d}$$

— the resultant of forces in ties

$$N_{az} = 2R_{az}A_{az}. \tag{8.37e}$$

From the equilibrium condition of the section we obtain the position of the rotation axis

$$\sqrt{\eta} = \frac{1 + \alpha + \alpha'}{\bar{n} + 2\alpha}, \tag{8.38}$$

where α, α' have the significance given in (8.28) and

$$\bar{n} = \frac{R_{pr}\delta a}{R_{az}A_{az}}. \tag{8.39}$$

In order that the plane of the rotation axes intersects the shell, it is necessary that $\sqrt{\eta} \leqslant 1$; whence we have

$$1 + \alpha' - \alpha \leqslant n. \tag{8.40}$$

The work of the internal forces will be
— for concrete in the compressed zone

$$L_{i1} = -4\int_0^{\sqrt{\eta}a} R_{pr}\delta\dot{v}(z)\,dx = \frac{8}{3} R_{pr}\delta f \sqrt{\eta}^3\dot{\Delta}, \tag{8.41a}$$

— for reinforcement in the shell

$$L_{i2} = -4\int_0^{\sqrt{\eta}a} R_a A_a \dot{v}(z)\,dx + 4\int_{\sqrt{\eta}a}^{a} R_a A_a \dot{v}(z)dx = \frac{4}{3} R_a A_a f(4\sqrt{\eta}^3 - 3\eta + 1)\dot{\Delta}. \tag{8.41b}$$

— for reinforcement in the edge arches

$$L_{i3} = 4R_a A_{aa} \frac{f}{a}(1 - \eta)\dot{\Delta}, \tag{8.41c}$$

— for reinforcement of the edge ties

$$L_{i4} = 4R_{az}A_{az}2\dot{\Delta}_c = 4R_{az}A_{az}\frac{f}{a}(2 - \eta)\dot{\Delta}. \tag{8.41d}$$

The work of the external loads is

$$L_e = 4pa^2 \cdot \frac{\dot{\Delta}}{2} = 2pa^2\dot{\Delta}. \tag{8.42}$$

By equating the virtual internal work to the external one the failure load is obtained as

$$p_r = 2\frac{f}{a^3} R_{az}A_{az}\left[\frac{2}{3}(\bar{n} + 2\alpha)\sqrt{\eta}^3 - (\alpha + \alpha' + 1)\eta + 2 + \frac{\alpha}{3} + \alpha'\right] \tag{8.43}$$

and if we use relation (8.38) we have

$$p_r = 2\frac{f}{a^3} R_{az} A_{az} \left[2 + \frac{\alpha}{3} + \alpha' - \frac{1}{3} \frac{(1 + \alpha + \alpha')^3}{(\bar{n} + 2\alpha)^2}\right]. \tag{8.44}$$

Numerical calculations showed that the last term in the square bracket is very small as compared to the first ones and therefore can be disregarded [9], [10]; we thus get

$$p_r = 2\frac{f}{a^3} R_{az} A_{az} \left(2 + \frac{\alpha}{3} + \alpha'\right) \tag{8.45}$$

If (8.45) is compared to (8.43) we notice that in fact the simplification performed consists in the condition $\xi = 0$, that is we consider that the failure is practically produced by the rotation about the shell centre (Fig. 8.15d). If (8.45), derived by taking account of the deformability of the compressed zone of the concrete, is compared to (8.30) and (8.32), obtained by considering the concrete as perfectly rigid, we observe that the same values are obtained and therefore we may say that the consideration of the concrete compressibility does not change essentially the failure loads.

For the failure mechanism 2, which does not intersect the edge arches, the position of the yield lines, considering the resulting parts as perfectly rigid, is shown in Figure 8.17. If a virtual displacement $\dot{\Delta}$ is given to the central panel 1, the rotations between portions 1 and 2 as well as between 2 and 2 will be

$$\dot{\theta}_{12} = \frac{\dot{\Delta}}{a(1-\xi)}; \quad \dot{\theta}_{22} = \frac{\sqrt{2}\,\dot{\Delta}}{a(1-\xi)} \tag{8.46 a}$$

and the point A with respect to which these rotations occur has the coordinate

$$z_A = f\xi^2. \tag{8.47}$$

We thus obtain the following displacements

— for the portion AB

$$\dot{v}(x) = (z - z_A)\,\dot{\theta}_{12} = \frac{f}{a} \frac{\frac{x^2}{a^2}}{1-\xi} \dot{\Delta}, \tag{8.48 a}$$

— for the portion BC

$$\dot{v}'(x) = (z - z_A)\,\dot{\theta}_{22} = \sqrt{2}\,\frac{f}{a} \frac{\frac{2x^2}{a^2} - \xi^2}{1-\xi} \dot{\Delta}. \tag{8.48 b}$$

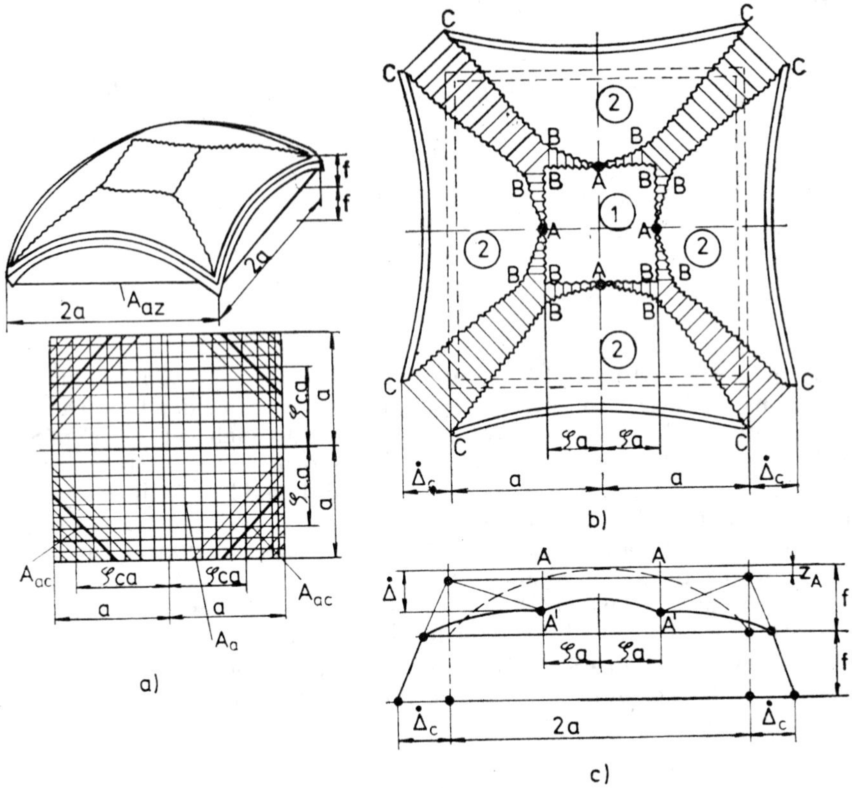

Fig. 8.17. — Failure mechanism by corner yield lines :
a) geometrical elements : b) yield lines ; c) failure mechanism.

The horizontal displacement of the corner (Fig. 8.17b) is

$$\Delta_c = \frac{f}{a}\,\frac{1-\xi^2}{1-\xi}\,\dot{\Delta} + \frac{f}{a}\,\frac{1}{1-\xi}\,\dot{\Delta} = \frac{f}{a}\,\frac{2-\xi^2}{1-\xi}\,\dot{\Delta}. \qquad (8.48\ \text{c})$$

The reinforcing of the shell is shown in Figure 8.17a ; it consists of an orthogonal reinforcement, parallel to the sides and one inclined at 45°, uniformly distributed, which, to simplify the calculations, has been replaced by a single bar placed at their centroid, defined by the coordinate ξ_c^a.
The work of internal forces is :

— for reinforcement in the portion AB

$$L_{i1} = 8\int_0^{\zeta a} R_a A_a \dot{v}(x)\,\mathrm{d}x = \frac{8}{3}\,R_a A_a f\,\frac{\xi^3}{1-\xi}\,\dot{\Delta} \qquad (8.49\ \text{a})$$

— for reinforcement in the portion BC (account being taken of equation (8.18c)),

$$L_{i2} = 4\int_{\xi a}^{a} R_a A_a \dot{v}'(x)\sqrt{2}\,dx = \frac{8}{3} R_a A_a f \frac{2 - 3\xi^2 + \xi^3}{1 - \xi}\dot{\Delta} \tag{8.49 b}$$

$$L_{i3} = 4R_a A_a A_{ac}\dot{v}'(\xi_c a) = 4\sqrt{2}\, R_a A_{ac} \frac{f}{a}\frac{2\xi_c^2 - \xi^2}{1 - \xi}\dot{\Delta} \tag{8.49 c}$$

A_{ac} being the area of all the bars at a corner of the shell; for ties

$$L_{i4} = 4R_{az}A_{az}2\dot{\Delta}_c = 8R_{az}A_{az}\frac{f}{a}\frac{2-\xi^2}{1-\xi}\dot{\Delta}. \tag{8.49 d}$$

In the following we consider that the ties are connected to the corners and that according to the failure pattern they are also subject to plastic deformations.

The virtual external work is

$$L_e = \frac{4}{3} pa^2(1 + \xi + \xi^2). \tag{8.50}$$

By equating the virtual internal work to the external one we obtain the failure load

$$p_r = \frac{6f}{a^3} R_{az}A_{az}\psi(\xi, \alpha, \alpha_c), \tag{8.51}$$

where

$$\psi(\xi, \alpha, \alpha_c) = \frac{2\left(1 + \frac{\alpha}{3} + \frac{\sqrt{2}}{2}\alpha_c\xi_c^2\right) - \left(1 + \alpha + \frac{\sqrt{2}}{2}\alpha_c\right)\xi^2 + \frac{2\alpha}{3}\xi^3}{1 - \xi^3} \tag{8.52}$$

α being provided by relation (8.28a), and

$$\alpha_c = \frac{R_a A_{ac}}{R_{az}A_{az}} \tag{8.53}$$

The loading per unit area is given by the minimum of the function ψ with respect to ξ, i.e. by $\frac{\partial\psi}{\partial\xi} = 0$. As distinguished from (8.31) this function has a minimum for $\xi \neq 0$, which can be only graphically determined since from the condition of the cancellation of the first derivative very complicated analytical solutions are obtained.

If no inclined reinforcement is placed at the shell corner ($\alpha_c = 0$) the function ψ becomes

$$\psi'(\xi, \alpha) = \frac{2\left(1 + \frac{\alpha}{3}\right) - (1 + \alpha)\xi^2 + \frac{2\alpha}{3}\xi^3}{1 - \xi}. \tag{8.54}$$

The failure mechanism in which plastic deformations and deformations of the concrete compressed zone are considered leads to a failure load somehow larger than that established previously.

If the ties along the two directions are not connected to the corners and the failure is produced without their being involved in the failure mechanism, relation (8.51) becomes

$$p = \frac{6f}{a^3} R_a A_{ac} \psi''(\xi, \alpha_c'), \tag{8.55}$$

where

$$\psi''(\xi, \alpha_c') = \frac{2\left(\frac{\alpha_c'}{3} + \frac{\sqrt{2}}{2}\xi_c^2\right) - \left(\alpha_c' + \frac{\sqrt{2}}{2}\right)\xi^2 + \frac{2\alpha_c'}{3}\xi^3}{1 - \xi^3} \tag{8.56}$$

and

$$\alpha_c' = \frac{A_a a}{A_{ac}}. \tag{8.57}$$

The minimum value of this loading is obtained from $\frac{\partial \psi''}{\partial \xi} = 0$.

Numerical example. Let us consider a shell with the following sizes :

— spans, $2a = 24.0$ m,
— vault rise, $f = 2.40$ m,
— shell thickness, $\delta = 0.10$ m.

The shell is reinforced by a mesh Ø mm/20 cm ($A_a = 1.41$ cm²/m), the edge arches have a reinforcing of 6 Ø 22 ($A_a = 22.81$ cm²) — both of Steel 37 — and the ties consist of a reinforcement 8 Ø 18 ($A_{az} = 20.36$ cm²) of PC 52 high strength steel.

With the above data, from (8.27) we obtain

$$\alpha = 0.60 \text{ and } \alpha' = 0.81,$$

and, thus, the first failure pattern we get

$$p_r = 2\frac{240}{1200^3} \times 2900 \times 20.36\left(2 + \frac{0.6}{3} + 0.81\right) \cong$$

$$\cong 0.049 \text{ kgf/cm}^2 = 490 \text{ kgf/cm}^2.$$

If the ultimate load is determined using the criterion of elastic failure, according to the considerations given in sub-Section 6.6.1.1, we obtain

$$R_{az}A_z = N_a = 1.3465\ pa^2,$$

whence

$$p = \frac{1}{1.3465}\,\frac{R_{az}A_{az}}{a^2} = 300\ \text{kgf/m}^2;$$

note that the value is 39 per cent smaller than that obtained from the criterion of plastic failure. The coefficient of plastic redistribution (8.19) will be

$$r = \frac{490}{300} = 1.63.$$

For the failure mechanism 2, where $A_{ac} = 22.5\ \text{cm}^2$ and $\xi_c = 0.9a$, from (8.53) we obtain the value $\alpha_c = 0.8$, and using (8.52) we have

$$\psi = \frac{3.315 - 2.165\xi^2 + 0.4\xi^3}{1 - \xi^3}.$$

Figure 8.18 shows the variation of ψ as a function of ξ; it is found that the minimum value is obtained for $\xi = 0.40$ and is $\psi\ \text{min} = 3.20$. Thus, for the numerical data of the example examined above, there results

$$p_r = 1570\ \text{kgf/m}^2.$$

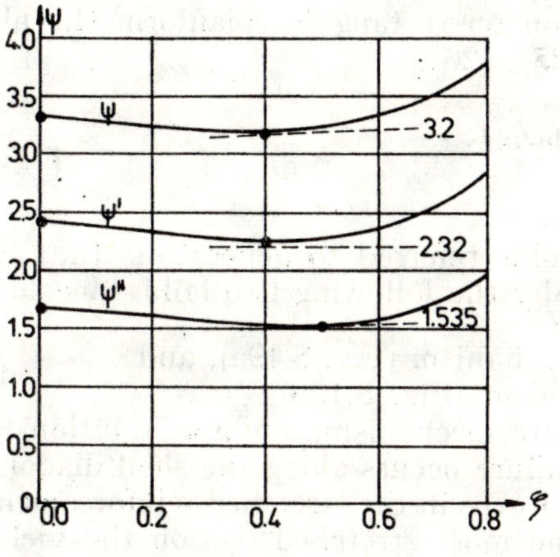

Fig. 8.18. — Determination of the minimum failure loading.

It can be seen that the value of the ultimate loading obtained by this condition is much greater than that given by (8.45).

If inclined reinforcement is not provided at the corner, from (8.54) we get

$$\psi'(\xi,\alpha) = \frac{2.4 - 1.6\xi + 0.4\xi}{1 - \xi^2}.$$

The minimum value of this function is provided by Figure 8.18 b and for $\xi = 0.40$ it is ψ min $= 2.32$. The ultimate loading will be given by

$$p_r = 1140 \text{ kgf/m}^2.$$

It should be noticed that even if inclined reinforcement is not provided at the corners, the ultimate load of the failure mechanism 2 does not decrease below that of mechanism 1.

If the ties are not connected at corners, using (8.57) we obtain $\alpha_c' =$ $= 0.75$; further from (8.56) we get

$$\psi'' = \frac{1.645 - 1.457\xi^2 + 0.50\xi^3}{1 - \xi^3}.$$

The minimum value of this function is given in Figure 8.18 c for $\xi = 0.48$ and is $\psi''_{\min} = 1.535$; thus, the ultimate loading is obtained from (8.55) as follows

$$p_r = 6 \times \frac{240}{1200^3} \times 2100 \times 22.5 \times 1535 = 605 \text{ kgf/m}^2,$$

which represents a considerable decrease in comparison with the case when the ties are involved in the failure mechanism.

Summing up, we may say that the failure mechanism which involves the edge arches gives the smallest ultimate loading and only if the ties are not connected at the corners may the failure mechanism 2 become significant.

For paraboloids of revolution on rectangular planform the ultimate loading is also discussed in [5], [25], [26].

8.3.3. Application to hyperbolic paraboloids on square boundary

In the case of hyperbolic paraboloids referred to generators, the ultimate state of strength can be attained by the following two failure mechanisms:

— cantilever type failure mechanism (Fig. 8.19a), and
— arch type failure mechanism (Fig. 8.19b).

For the cantilever-type failure mechanism, a simple solution is given in [14]; it is assumed that the failure occurs along the shell diagonal (see the demonstration in [7]) and the forces in the stretched reinforcement vary parabolically (Fig. 8.20). If in the most stretched section the yield point is reached in the reinforcement, and the compression force in the edge beam is P_c (Fig. 8.20c) (the total amount of all compression forces is concentrated in the edge beam), from the equation of equilibrium we obtain

$$2\frac{2}{3} R_a A_a x_0 = 2P_c \frac{\sqrt{2}}{2} \cos\alpha$$

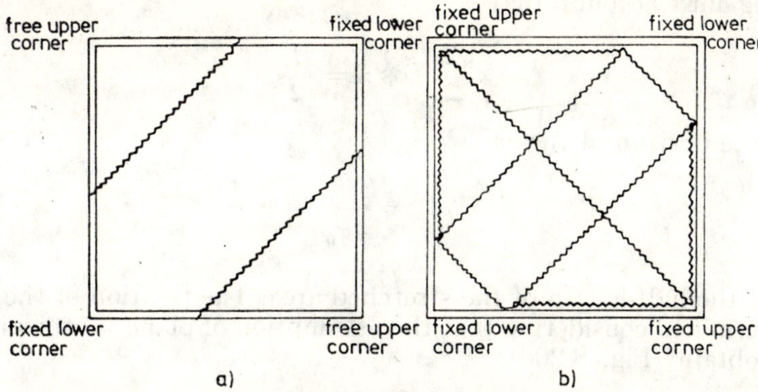

Fig.8.19. — Failure mechanism for the hyperbolic paraboloid :
a) of cantilever type; b) of arch type.

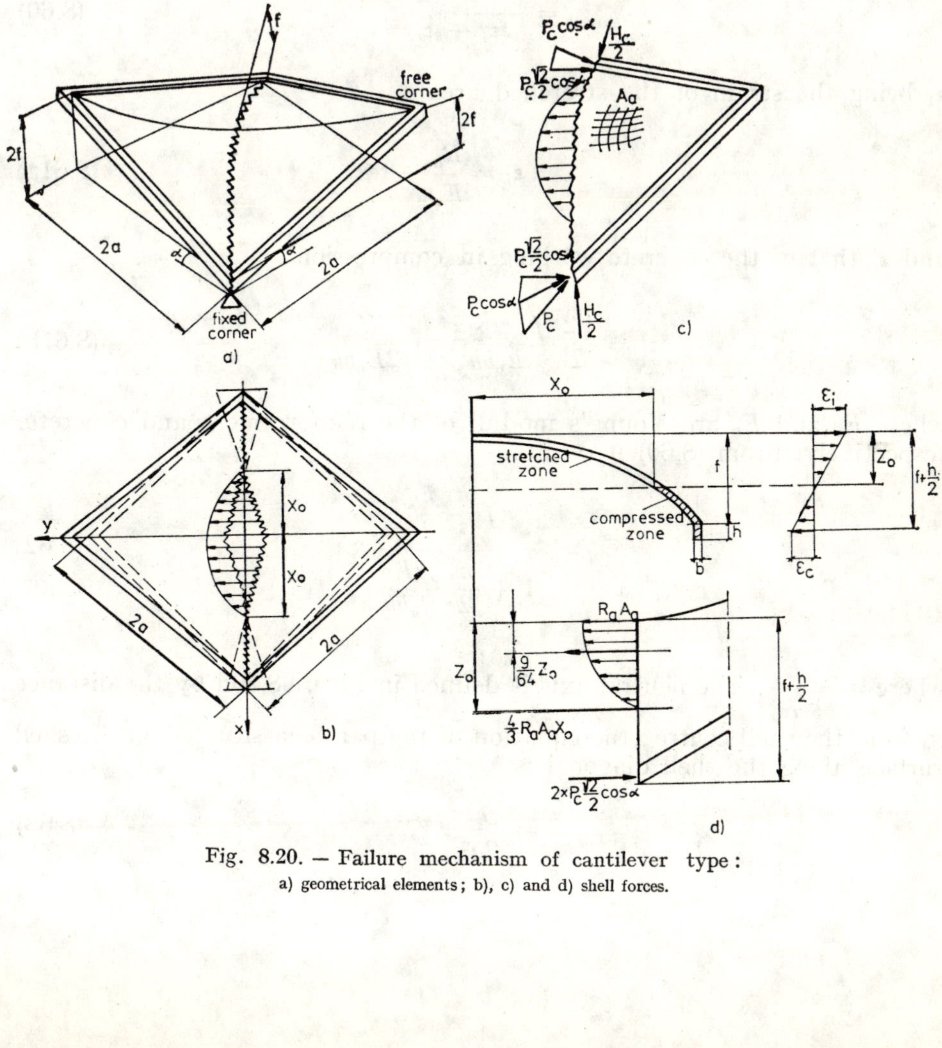

Fig. 8.20. — Failure mechanism of cantilever type :
a) geometrical elements; b), c) and d) shell forces.

and taking into account that

$$P_c \frac{\sqrt{2}}{2} \cos \alpha = \frac{H_c}{2}, \tag{8.58}$$

H_c being the horizontal thrust, we get

$$R_a A_a = \frac{3H_c}{4x_0}, \tag{8.59}$$

where x_0 is the half-length of the stretched area. The position of the neutral axis is determined considering that the assumption of plane sections is valid ; thus, we obtain (Fig. 8.20d)

$$z_0 = \frac{\varepsilon_i \left(f + \frac{h}{2}\right)}{\varepsilon_i + \varepsilon_c}, \tag{8.60}$$

ε_i being the strain of the stretched area

$$\varepsilon_i = \frac{R_a}{E_a} \tag{8.61a}$$

and ε_c that of the concrete working in compression

$$\varepsilon_c = \frac{\sqrt{2}}{2} \frac{p_c \cos \alpha}{E_0 bh} = \frac{H_c}{2E_0 bh}, \tag{8.61b}$$

where E_a and E_0 are Young's moduli of the reinforcement and concrete, respectively. From (8.60) it results

$$z_0 = \frac{f + \frac{h}{2}}{1 + \frac{n}{2} \frac{H_c}{R_a bh}}, \tag{8.62}$$

where $n = \frac{E_a}{E_0}$. The neutral axis is defined in Figure 8.20d by the distance x_0 from the shell centre ; the equation of the parabola situated on the shell surface along the shell diagonal is

$$z = \frac{f}{2a^2} x'^2, \tag{8.63}$$

hence

$$x_0 = \sqrt{2}\, a \sqrt{\frac{z_0}{f}}. \tag{8.64}$$

The position of the resultant of the tensile forces is at $x' = 3x_0/8$, and accordingly from (8.63) we get

$$z_G = \frac{9}{64} z_0. \tag{8.65}$$

From the moment equation written with respect to the centroid of the streched reinforcement we obtain

$$M_0 = \left(f + \frac{h}{2} - \frac{9}{64} z_0\right) 2P_c \frac{\sqrt{2}}{2} \cos\alpha = H_c \left(f + \frac{h}{2} - \frac{9}{64} z_0\right), \tag{8.66}$$

and using the external loads, we have

$$M_0 = \frac{2\sqrt{2}}{3} pa^3 + 2\sqrt{2}\, ga^2, \tag{8.67}$$

where p is the uniformly distributed loading and g the own weight of the edge beams. Equating (8.66) to (8.67) we have

$$H_c \left(f + \frac{h}{2} - \frac{9}{64} z_0\right) = \frac{2\sqrt{2}}{3} pa^3 + 2\sqrt{2}\, ga^2. \tag{8.68}$$

Equations (8.62) and (8.68) can thus be resolved with respect to H_c and z_0.

The ultimate load of the hyperbolic paraboloid supported on the boundary has been determined in [6]; the arch-type failure mechanism is represented in Figure 8.21 and has yield lines for the compression of concrete and for the tension of the reinforcement. The edges and an area near the corners remain unaffected by crushing, while the shell centre is divided into 6 panels. The ultimate loading is

$$p = \frac{f}{a^2} R_a A_a \psi(\xi, \bar{n}, \varepsilon). \tag{8.69}$$

where

$$\psi(\xi, \bar{n}, \varepsilon) = \frac{[3(1-\xi)^3 + \xi^2]\, \bar{n}^2 + \mu\xi^2 + \dfrac{3\xi}{\varepsilon}}{\xi^2(\xi^2 - 3\xi + 3)}, \tag{8.70}$$

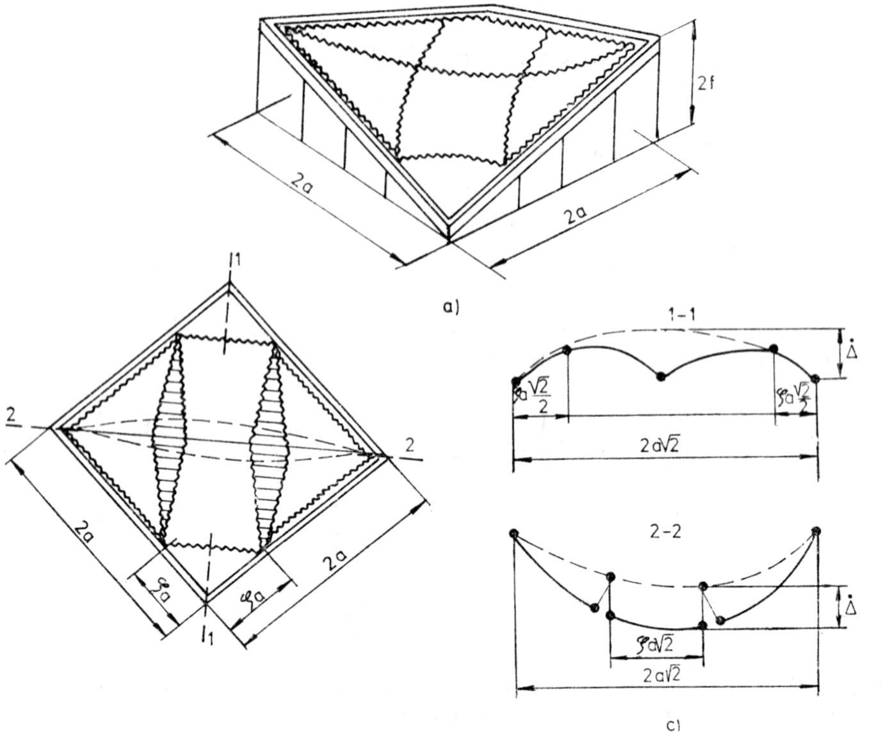

Fig. 8.21. — Failure mechanism of arch type:
a) geometrical elements; b) and c) failure mechanism.

$$\bar{n} = \frac{R_{pr}\delta}{A_a R_a}; \qquad \varepsilon = \frac{f}{\delta - a'}, \tag{8.71}$$

a' being the reinforcement covering and μ an experimental coefficient which shows that the yield lines do not wholly correspond to the trajectories of the principal stresses. For thin shells its value is 1.4 ... 1.7.

The loading minimum value is given by the condition $\frac{\partial \psi}{\partial \xi} = 0$, from which we get $\xi = 0.7$; thus

$$\psi_{\min} = 0.74\,\bar{n} + 0.64\,\mu + \frac{2.25}{\varepsilon} \tag{8.72}$$

In [6] the value $\mu = 1.7$ is recommended for the case of hyperbolic paraboloids. The results of experimental investigations on 7 models were in good agreement with the theory and the failure patterns were very close to those shown in Figure 8.21b.

For a hyperbolic paraboloid with $2a = 12$ m, $f = 1.20$ m, $\delta = 0.06$ m, $bxh = 0.20 \times 0.40$ m, with concrete mark B300, the shell being reinforced with OB38, with $R_a = 2.100$ kgf/cm, and loaded by a uniformly distributed loading $p = 400$ kgf/m², the weight of the edge beams being $g = 200$ kgf/m, for the failure mechanism of cantilever type, we obtain

$$n = 6.65,$$

and from (8.62) and (8.68) we get

$$1680 \times 10^3 z_0 + 3.325\, H_c z_0 = 1680 \times 10^3 \times 140,$$

$$140\, H_c - \frac{9}{64} H_c z_0 = 10.350 \times 10^3.$$

Resolving this second degree system gives

$$H_c = 96\,600 \text{ kgf and } z_0 = 94.5 \text{ cm}$$

and from (8.64) we obtain $x_0 = 7.52$ m; using (8.59) we have

$$A_a = 4.58 \text{ cm}^2/\text{m},$$

which represents the reinforcement at the shells centre; it may be reduced according to a parabolic law along the distance x_0. We thus obtain the total reinforcement area

$$A_t = 2 \times \frac{2}{3} \times 4.5 \times 7.53 = 45.2 \text{ cm}^2.$$

If the thurst is calculated by membrane theory, considering the weight of the edge arches as uniformly distributed,

$$p' = p + \frac{4g \cdot 2a}{4a^2} = p + \frac{2g}{a} = 400 + \frac{220}{6} \simeq 437 \text{ kgf/m}^2$$

we obtain

$$H_c = \sqrt{2}\, \frac{pa^2}{2g}\, 2a = 11\,000 \text{ kgf},$$

that is about 15 per cent greater than that determined from the ultimate state of strength. The reinforcement in the shell will be

$$A_a' = \frac{pa^2}{2fR_a} = 3.12 \text{ cm}^2/\text{m};$$

this value is smaller than that determined for the ultimate state, but is distributed along the total length of the diagonal; we thus obtain the total area of the reinforcement

$$A = 52.9 \text{ cm}^2,$$

larger than that obtained by calculating the ultimate state.

For a hyperbolic paraboloid, rigidly supported on the boundary, the collapse of which is produced by an arch type mechanism, the reinforcement being calculated by membrane theory, we get

$$n = \frac{130 \times 6}{2100 \times 0.0312} = 11.9\,; \qquad \varepsilon = \frac{120}{6 - 1.5} = 26.6$$

and thus from (8.72), with $\mu = 1.7$, we have

$$\psi_{\min} = 0.74 \times 11.9 + 0.64 \times 1.7 + \frac{2.25}{26.6} = 8.82 + 1.09 + 0.085 = 9.995 \simeq 10$$

It is easy to see that the last term in (8.72), which represents the effect of the bending moments at the shell boundary, is very small in this case. The ultimate loading is provided by (8.69).

$$p_r = \frac{120}{600^2} \times 2100 \times 0.0312 \times 10 = 0.218 \text{ kgf/cm}^2 = 2180 \text{ kgf/m}^2,$$

that is, it is about 5 times greater than that corresponding to unsupported edges, where the failure is produced by a cantilever-type mechanism.

The case of a failure mechanism which extends to the edge beams is studied in [27], [28].

References

1. Academia URSS, *Instrucţiuni pentru proiectarea acoperişurilor şi planşeelor din plăci curbe subţiri de beton armat.* (Translation from Russian), Editura tehnică, Bucureşti, 1963.
2. A. C. I. Committee 334, *Concrete shells structures. Practice and commentary*. Journal of American Concrete Institute, *9*, 1964, 1091–1108.
3. Avram C., Facaoaru I., Filimon I., Mîrşu O., Tertea I., *Rezistenţele şi deformaţiile betonului armat,* Editura tehnică, Bucureşti, 1971.
4. Baumann, Th., *Zur Frage der Netzbewehrung von Flächentragwerken,* Der Bauingenieur, *10*, 1972, 367.
5. Capurso, M., *Sul calcolo a rottura delle volte in cemento armato,* Giornale del Genio Civile, *2*, 1966, 83–100; *3*, 1966, 167–187.
6. Dehtiar, A. S., Rasskazov, A. C., *Predelenoe ravnovesie obolocek tipa ghiperbolicesko o paraboloida,* Stroitelnaia mehanica i rascet soorujenii, *1*, 1971, 65–66.
7. Dubinskii, A. M., Sarapov, G. V., *Nesuciaia sposobnost obolocek v vide ghiperboliceskovo paraboloida,* Prikladnaia mehanica, *4*, 1971, 44–50.
8. Flügge, W., *Statik und Dynamik der Schalen,* Springer Verlag Berlin, 1934.
9. Gioncu, V., *Comportarea şi calculul cupolelor de beton armat, rezemate pe arce cu tiranţi,* Doctoral thesis, Institutul politehnic Timişoara, 1971.
10. Gioncu, V., *Stabilité élassto-plastique des coques en béton armé,* Lucrările colocviului privind calculul plastic al structurilor, Iaşi, 1972, Vol. 1, 329–345.
11. Hodge, P. G., *Limit analysis of rotationally symmetric plates and shells,* International Series in Theoretical and Applied Mechanics, Prentice-Hall, 1963.
12. Johansen, K. W., *Discussion; Concrete shell roof construction,* Oslo, 1957, 270–271.

13. KUFNER, V., *Kinematicke raseni mezni unosnosti valcove nadrze.* Inzenyrske stavby, *8–9*, 1972, 345–349.

14. LEIBOUR, M., *Ultimate design of square hyperbolic paraboloid shells*, The Indian Concrete Journal, *9*, 1969, 334–341.

15. LEITZ, H., *Über die Anwendung der Elastizitätstheorie auf kreuzweise bewehrten Beton*, Beton und Eisen, *13*, 1926.

16. MASSONET, CH., SAVE, M., *Calcul plastic des constructions. Structures spatiales*, Centre Belgo-Luxembourgeois d'Information de l'Acier.

17. NIELSEN, M. P., *Yield conditions in the membrane state of reinforced concrete shells*, IASS Symposium on Non-Classical Shell Problems, Warsaw, 1963.

18. NIELSEN, M. P., *Determination of reinforcement in membrane-shells*, IASS Symposium, Budapest, 1965, Vol. 3, 205–212.

19. OLSZAK W., PERZYNA, P., SAWCZUK, A., *Teoria plasticităţii* (Translated from Polish), Editura tehnică, Bucureşti, 1970.

20. OLSZAK, W., SAWCZUK, A., *Inelastic behaviour in shells*, P. Noordhoff Ltd., Groningen, 1967.

21. PETCU, V., *Calculul structurilor de beton armat în domeniul plastic*, Editura tehnică, Bucureşti, 1972.

22. PETER, J., *Zur Bewehrung von Scheiben und Schalen für Hauptspannungen schiefwinklig zur Bewehrungsrichtung*, Dissertation, Stuttgart, 1964.

23. RJANIŢÎN, A. A., *Predelnoe ravnovesie pologhih obolocek.* Prostranstvennye konstructsii v SSSR, Stroiizdat, 1964, 129–136.

24. ROSENBLUETH, E., *Shell reinforcement not parallel to principal stresses*, ACI Journal, Sept. 1955.

25. TALARICO, G., *Sul calcolo a rottura delle volte sottili a doppia curvatura in cemento armato*, Giornale del Genio Civile, *10*, 1967, 696–718.

26. VARVAK, M. S., DEHTIAR, A. S., *Nesusciaia sposobnost ortotropnyh obolocek*, Stroitelnaia mehanica i rascet sooruzhenii, *3*, 1968, 14–17.

27. VARVAK, A. M., VARVAK, M. S., DEHTIAR, A. C., RASSKAZOV, A. O., *Predelnoe ravnovesie obolocek otritsatelnoi gaussovoi krivizny*, Prostrantvennye konstruktsii zdanii i sooruzhennii, Vypusk 1, Izdatelstvo, Literatury po stroitelstvu, Moscow, 1972.

28. VARVAK, P. M., VARVAK, M. S., DEHTIAR, A. C., RASSKAZOV, A. P., *Nesusciaia sposobnosy zhelezobetonnyh obolocek otritsatelnoi gaussovoi krivizny*, Trud VII vcesoiuznoi konferentsii po teorii obolocek i plastinok, Izdatelstvo Nauka, Moscow, 1970.

CHAPTER 9

Limit state of stability*

9.1. Problems specific to the stability of reinforced concrete shells

9.1.1. Schematization of structures

Nowadays, the tendency to reduce the own weight of shells and the use of high-grade materials and prefabricated units led to the construction of quite spectacular slender shapes. But the danger of losing their stability is thus increased and this may be a decisive factor for the ultimate carrying capacity of these structures. The importance of an accurate knowledge of the limit state of stability is also increased by the sudden character of the loss of stability, which may appear without prior clear indications such that proper measures cannot be taken in due time.

Shells are affected by imperfections which can be either of geometrical or of mechanical nature. Geometrical imperfections result from the non-coincidence between the surface prescribed and that constructed and can affect the whole of the surface or only some portions of it. Mechanical imperfections are produced by the modification of the middle surface as a consequence of some non-homogeneities, such as incorrect placing of the reinforcement, partial seggregations of the concrete a.s.o.

In addition, in the case of reinforced concrete shells some factors may affect the limit load of stability loss. Such factors are the physical non-homogeneity, due to the different behaviour of concrete and steel, the different strength of the concrete in tension and compression, which can lead to cracks in the streched regions and the concrete viscous deformations produced by creep and shrinkage.

An important schematization in the theory of structures is the defining of the concept of ideal structure by disregarding the imperfections of the actual structure. A criterion of classification is thus obtained, which

---

* For a detailed discussion of stability problems, references can be made to the book *Buckling of shell structures* (in Romanian), by V. Gioncu and M. Ivan, Ed. Academiei, Bucharest, 1978.

allows the grouping of different structures according to the manner in which they lose their stability.

A second important schematization consists in separating the elastic deformations from the inelastic (plastic or viscous) ones; thus, the structures can be studied on the basis of an elastic model and the influence of inelastic deformations can be then determined.

9.1.2. Types of loss of stability of ideal structures

According to the schematization above, the instability phenomena can be classified as follows [7], [12], [63], [120], [120 a]

— bifurcation of equilibrium, and

— limitation of equilibrium.

These phenomena can be discussed only by means of loading-deformation curves.

9.1.2.1. Bifurcation of equilibrium. In some structures two forms of equilibrium are possible, characterized by different loading-deformation curves (Fig. 9.1); their intersection corresponds to the bifurcation of equilibrium because at the respective point two forms of equilibrium can exist for the same load. The corresponding load is called critical load of equilibrium bifurcation; if this load is exceeded, the structure chooses itself the deformation curve corresponding to the minimum loading and the mode in which it works in this range is called postcritical behaviour.

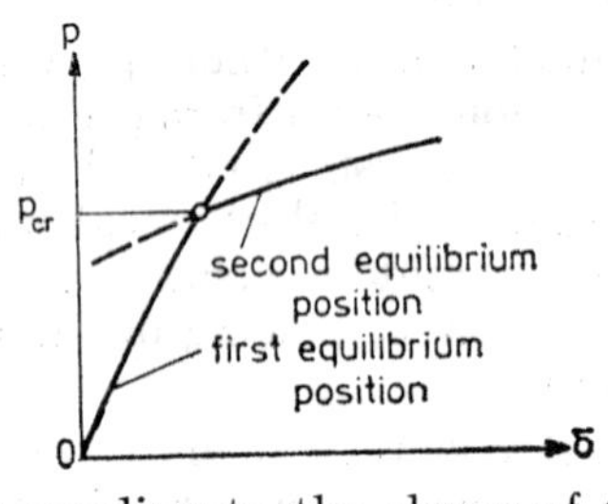

Fig. 9.1. — Bifurcation of equilibrium.

According to the shape of the postcritical curve three types of bifurcation of equilibrium can be distinguished:

— *Stable symmetrical bifurcation.* Figure 9.2a shows the intuitive model of this bifurcation. If the loading is below the value P_{cr}, the strut remains straight; afterwards, it deviates laterally and the curve of postcritical behaviour is given by the equation

$$P = \frac{c}{l}\,\frac{\theta}{\sin\theta} \simeq \frac{c}{l}\left[1 + \frac{1}{3}\left(\frac{\Delta}{l}\right)^2\right]. \tag{9.1}$$

Figure 9.2b shows the loading-deformation curve as a function of the displacement Δ, which occurs only after the loss of stability, and Figure 9.2 c

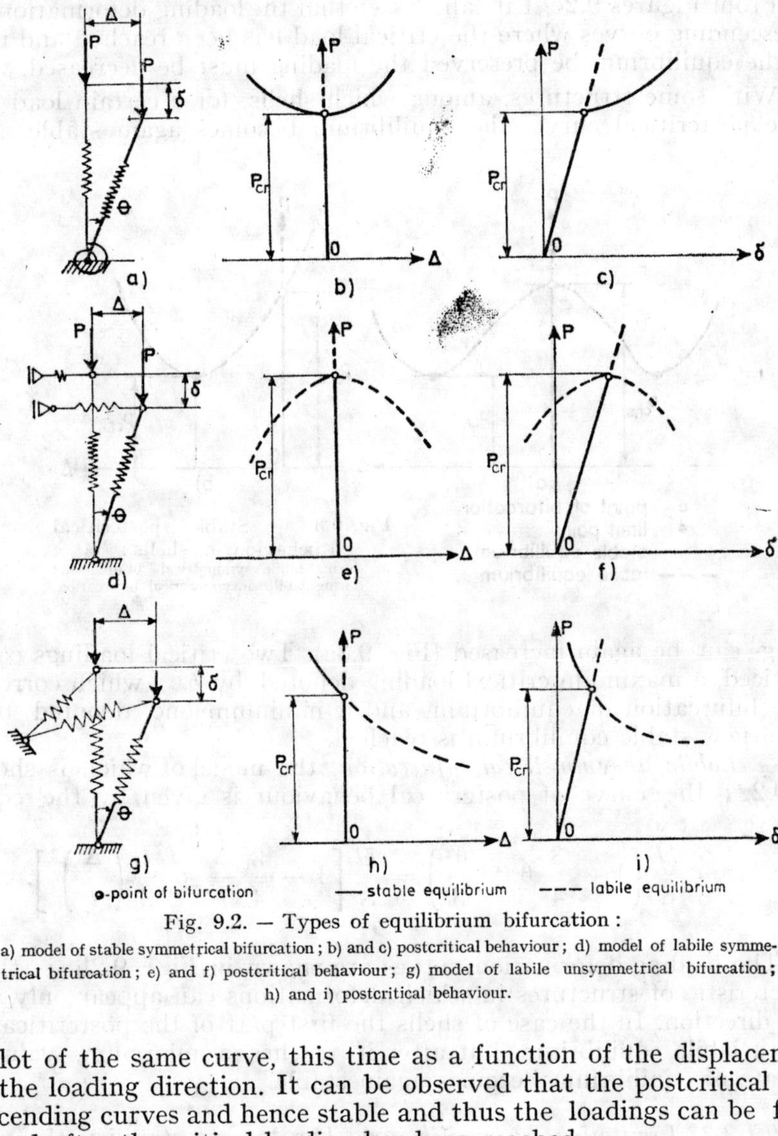

Fig. 9.2. — Types of equilibrium bifurcation :
a) model of stable symmetrical bifurcation ; b) and c) postcritical behaviour ; d) model of labile symmetrical bifurcation ; e) and f) postcritical behaviour ; g) model of labile unsymmetrical bifurcation ; h) and i) postcritical behaviour.

is a plot of the same curve, this time as a function of the displacement δ upon the loading direction. It can be observed that the postcritical curves are ascending curves and hence stable and thus the loadings can be further increased after the critical loading has been reached.

— *Labile symmetrical bifurcation.* Figure 9.2 d shows an intuitive model. The curve of postcritical behaviour is given by the equation

$$P = \frac{kl}{2}\cos\theta \simeq \frac{kl}{2}\left[1 - \frac{1}{2}\left(\frac{\Delta}{l}\right)^2\right]. \tag{9.2}$$

From Figures 9.2e, f it can be seen that the loading-deformation curves are descending curves where the critical load has been reached and in order that the equilibrium be preserved the loading must be decreased.

With some structures, among which shells, for a certain load plotted on the postcritical curve, the equilibrium becomes again stable and the

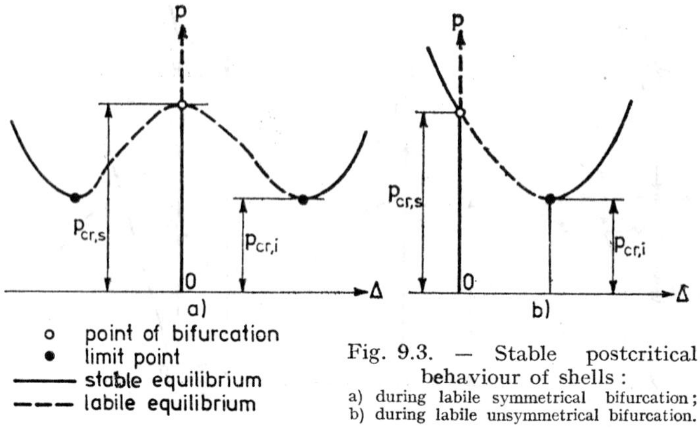

Fig. 9.3. — Stable postcritical behaviour of shells :
a) during labile symmetrical bifurcation;
b) during labile unsymmetrical bifurcation.

loading can be again increased (Fig. 9.3a). Two critical loadings can thus be noticed, a maximum critical loading denoted by $p_{cr,s}$, which corresponds to the bifurcation of equilibrium, and a minimum one, denoted by $p_{cr,i}$, when a new stable equilibrium is reached.

— *Labile unsymmetrical bifurcation*, the model of which is shown in Fig. 9.2g; the curve of postcritical behaviour is given by the equation

$$P = \frac{kl}{8}\left(1 - \frac{3}{4}\theta + \frac{\theta^2}{3}\right) = \frac{kl}{8}\left[1 - \frac{3}{4}\frac{\Delta}{l} + \frac{1}{3}\left(\frac{\Delta}{l}\right)^2\right]. \tag{9.3}$$

The loading-deformation curves are shown in Figs. 9.2h, i; they are characteristic of structures in which deformations can appear only upon a single direction. In the case of shells the first part of the postcritical curve shows a labile equilibrium, but after it reaches a minimum, value $p_{cr,i}$, the state of equilibrium becomes again stable.

9.1.2.2. Limitation of equilibrium. The loss of stability through the limitation of equilibrium is characteristic of structures which take the transverse loadings mainly by compression axial forces. A model for this manner of loss of stability is the broken beam shown in Figure 9.4 consisting of two bars, hinged at the ends and supported at mid-span on an elastic spring [48]; the axial stiffness of the bars is EA and simulates the extensional rigidity of shells, while the spring, with the elastic constant k, simulates the bending stiffness. From the equilibrium condition at the central node, in deformed position, we have

$$P = kw + \frac{EA}{a^3}\, w(w - f)\,(w - 2f), \tag{9.4}$$

which represents a third order equation in w. The extreme values of the function $P(w)$ are obtained for $\frac{dP}{dw} = 0$, whence

$$w^2 - 2fw + \left(\frac{2f^2}{3} + \frac{ka^3}{3EA}\right) = 0, \tag{9.5}$$

with the roots

$$w_{1,2} = f \pm \left(\frac{f^2}{3} - \frac{ka^3}{3EA}\right)^{\frac{1}{2}}. \tag{9.6}$$

It is found that for the loss of stability to be produced the elastic spring constant should satisfy the condition

$$k < \frac{EAf^2}{a^3}.$$

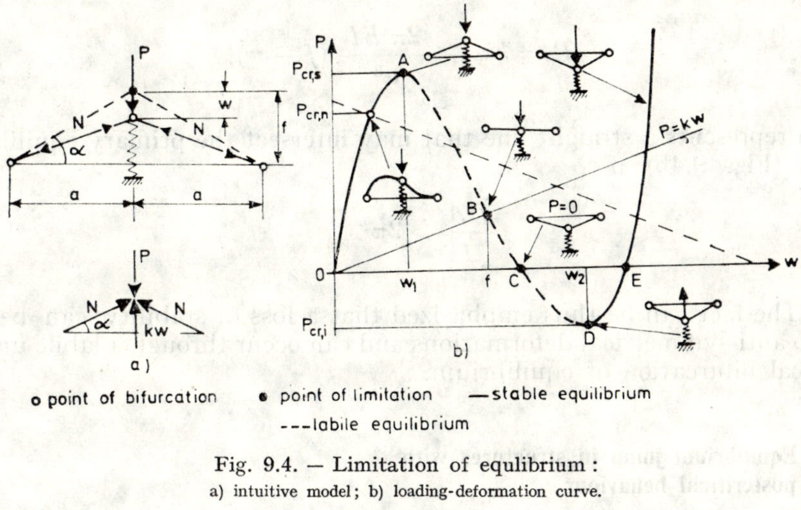

Fig. 9.4. – Limitation of equlibrium :
a) intuitive model; b) loading-deformation curve.

Figure 9.4b shows the curve given by relation (9.4) with all its characteristic points ; on the curve OA one can notice a practically linear portion, where the deformations are small and do not influence the stresses, followed by a curved portion produced by increased deformations. For the displacement w, given by (9.6), the maximum loading value is reached at and then, if the deformations increase over the portion AC, in order to preserve an equilibrium position the force P must decrease. In the position B the deflection f is completely cancelled by large deformations, and at the point C the force P is equal to zero, the equilibrium being achieved between the internal forces N and the force in the spring. On the portion CE the force P must change its sign in order to ensure the equilibrium state, being of maximum valued at the point D. On the curve EF the structure has a mirrored position with respect to the initial shape and can take over the loadings P through tensions in the bars and compressions in the spring.

Note that as distinguished from the case of bifurcation of equilibrium, where the critical loading is given by the intersection of two equilibrium curves, in the case of stability by limitation of equilibrium the load deformation curve is continuous, having maximum and minimum characteristic points, and the critical load which produces the loss of stability is given by the maximum of this curve (Fig. 9.4b).

If, however, the two bars lose individually their stability in the elastic range

$$N = \frac{\pi^2 EI}{a^2},$$

we get

$$P = kw + \frac{2\pi^2 EI}{a^3}(f - w), \tag{9.7}$$

which represents a straight line that may intersect the primary equilibrium curve (Fig. 9.4b) if

$$\frac{f^2 A}{I} > 2\pi^2.$$

The fact can be thus emphasized that a loss of stability can be also due to anti-symmetrical deformations and can occur through a labile unsymmetrical bifurcation of equilibrium.

9.1.3. **Equilibrium jump in structures with postcritical behaviour**

For the cases of loss of stability by labile symmetrical or unsymmetrical bifurcation as well as for that of limitation of equilibrium the curves of labile postcritical behaviour along which the loadings must decrease in order to obtain stable equilibrium positions are shown in Figures 9.2 e, h and 9.4 b). This decrease must correspond to a certain load-deformation law described by the labile stability curve (Fig. 9.5 a), such that the structure is capable of passing from point A to point B. If, however, between the load and deformation there exists another variation law the structure can no longer reach at the point B, but at another point C on the stable equilibrium branch. A relationship between loads and displacements usually exists only in the case of laboratory tests; the loadings on shell roofs are independent of displacements (e.g. own weight, snow, etc.) and remain constant all along the time in which the loss of stability appears. Therefore,

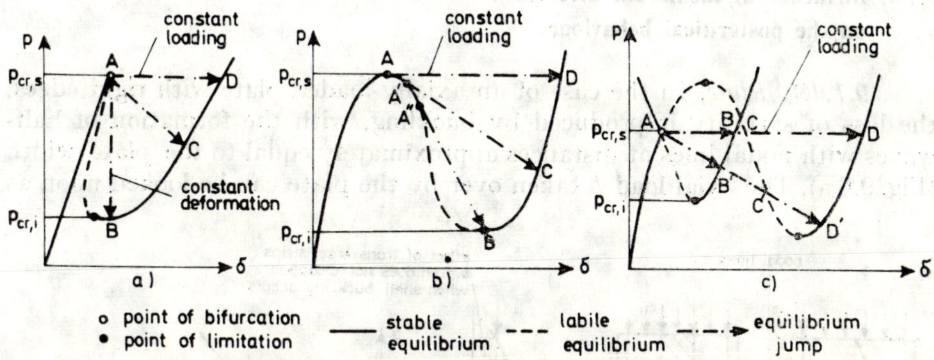

Fig. 9.5. — Equilibrium jump for structures with postcritical behaviour: a) for equilibrium bifurcation; b) for equilibrium limitation: c) for bifurcation coupled with equilibrium limitation.

from the point A, which corresponds to a certain equilibrium position, the structure suddenly passes to the position defined by the point D, corresponding to another position of stable equilibrium for the same maximum loading. This passing from a stable equilibrium position to another position, which also provides stable equilibrium, is produced by very large deformations and is called equilibrium jump.

After the producing of the equilibrium jump the load-deformation curve has again a stability branch and it would seem that the structure can be further loaded. This postcritical range, however, cannot be used with reinforced concrete shells for the following reasons:

— in the case of loss of stability by limitation of equilibrium, the deformations in the new equilibrium position are so large (of the order of twice the initial deflection, Fig. 9.4), that the structure no longer enjoys normal serviciability conditions;

— the rate at which the equilibrium jump takes place is very high and large initial forces appear, which may lead to the structure collapse;

— when the loss of stability occurs by bifurcation of equilibrium the deformations are relatively small and the postcritical range could be also exploited. In some structures, however, where the loss of equilibrium can be produced both by bifurcation and by limitation, the inertia forces which may appear during the bifurcation jump (Fig. 9.5 c) could carry the structure from the stable equilibrium position B to the labile equilibrium position C, where the stability is lost by limitation of equilibrium, and from here to the point of stable equilibrium D. It follows thus that when the loss of equilibrium begins by bifurcation, a final stage could be reached when the loss of equilibrium occurs by limitation, but this range cannot be exploited due to excessive deformations (see, for instance Fig. 9.43 d).

9.1.4. **Influence of membrane stresses on the postcritical behaviour**

9.1.4.1. Plate. In the case of an axially-loaded plate with rigid edges, the loss of stability is produced by buckling, with the formation of half-waves with nodal lines at distances approximately equal to the plate width (Fig. 9.6 a). The axial load p taken over by the plate can be looked upon as

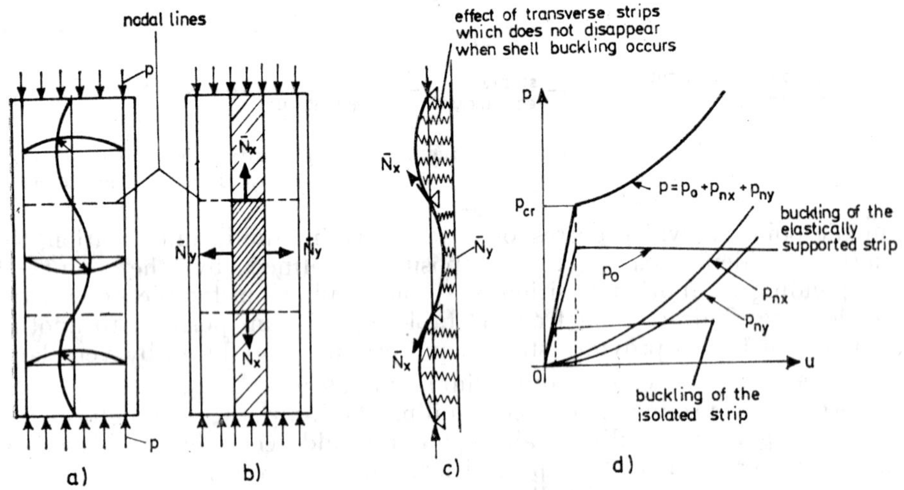

Fig. 9.6. — Influence of membrane forces in plates :
a) buckling of plates; b) buckling of a plate strip on elastic bed; c) effect of transverse strips; d) loading-deformation curve.

being that of a strip of unit width cut out from the plate, supported on an elastic bed consisting of perpendicular strips, connected to the plate rigid edges, and of nodal lines (Fig. 9.6 b)

$$p = p_0 + p_{Nx} + p_{Ny}, \tag{9.8}$$

where p_0 is the loading corresponding to the cut out strip, and p_{N_x} and p_{N_y} are the additional loadings produced by the favourable effect of membrane forces which appear when the plate is connected to rigid edges.

In Figure 9.6 d relation (9.8) is plotted as a function of the variation of the loading and axial displacement u; it can be observed that up to the instant when the isolated strip buckles, all the three components participate in the taking over of loadings. When the cut out strip, elastically connected through the intermedium of membrane forces, loses its stability it can no longer be loaded by additional forces, as it deforms under constant stress, and the whole loading is taken by membrane forces which increase much. Thus, after the loss of stability of flat plates has appeared membrane forces have a favourable effect and the loading can be further increased.

Since the deformations Δ, normal to the direction in which the force acts may occur in both senses, the loss of stability of plates takes place by a stable symmetrical bifurcation (Fig. 9.2 b,c).

9.1.4.2. Cylindrical shell. In the case of an axially loaded complete cylinder the form in which the loss of stability appears is that shown in Fig. 9.7, a series of half-waves being produced both upon the loading direc-

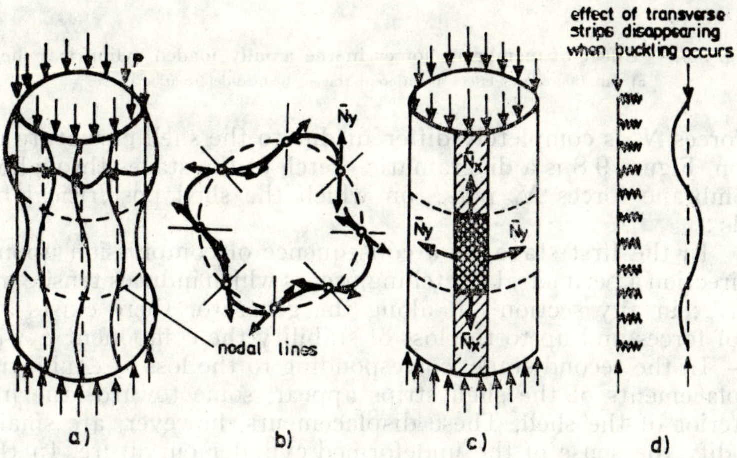

Fig. 9.7. — Buckling of the axially-loaded cylinder :
a) mode of buckling ; b) membrane forces ; c) buckling of a longitudinal strip ;
d) effect of transverse strips.

tion and upon the circular one [37]. As in the case of plates, nodal circles exist which are not subjected to displacements and the longitudinal strips may buckle alternatively towards the interior or the exterior of the shell. A relation similar to (9.8) can be also written for the cylinder, p_0 being the loading corresponding to a longitudinal strip cut out from the cylinder wall that works on an elastic medium, which would be represented by the effect of membrane forces, and p_{Nx} and p_{Ny} in relation 9.8 correspond to this effect. For p_0 and p_{N_x} no essential differences exist as compared to the case of flat plates; in exchange the component p_{Ny} representing the effect of the membrane forces N_y is completely different due to the shell curvature upon this direction. Figure 9.8 is a diagramatic sketch of the stages throughout which the membrane forces N_y pass, on which the shell postcritical behaviour depends:

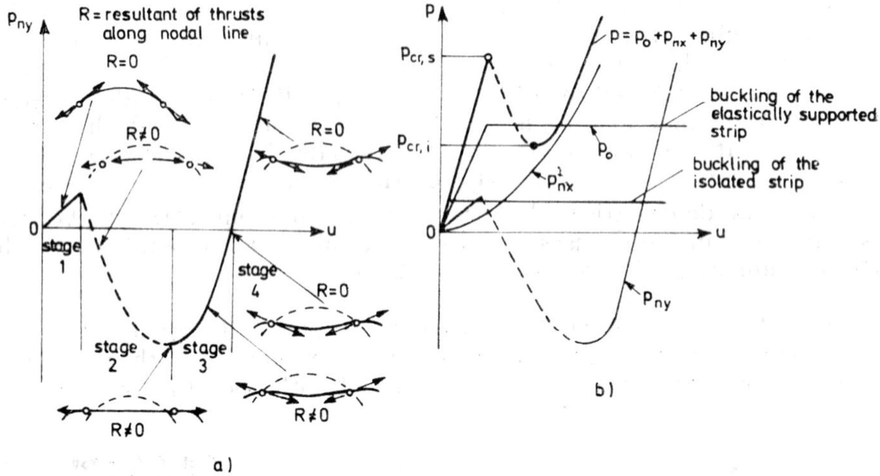

Fig. 9.8. — Effect of membrane forces in the axially loaded cylindrical shell: a) variation of this effect at different stages; b) load-deformation curve.

— In the first stage, as a consequence of compression upon longitudinal direction a perimetral stretching occurs which induces tensile membrane forces N_y; in any section cut along the generator there exists an equilibrium of forces and up to the loss of stability the component p_{Ny} increases.

— In the second stage, corresponding to the loss of equilibrium, lateral displacements of the shell strips appear, some towards the interior or the exterior of the shell. These displacements, however, are small and do not modify the sense of the undeformed cylinder curvature. In this stage, in the regions with deformations towards the interior the tensile membrane forces decrease, and may even work in compression, while in those with deformations towards the exterior the membrane forces increase. Thus, if the forces are examined along the vertical nodal lines, out-of-balance states can be noticed, and in order to restore the equilibrium the component p_{Ny} must be decreased; the decrease must take place till the curvature of the part deformed towards the inner surface becomes equal to zero.

— In the third stage the sign of the shell curvature changes and the unfavourable effect of the forces N_y decreases. But there still exists a nodal out-of-balance situation ; the unfavourable effect of these forces becomes zero when the thrusts of the two half-waves become equal.

— In the fourth stage, when the nodal equilibrium is restored in the form of half-waves symmetrical with respect to a middle surface, the

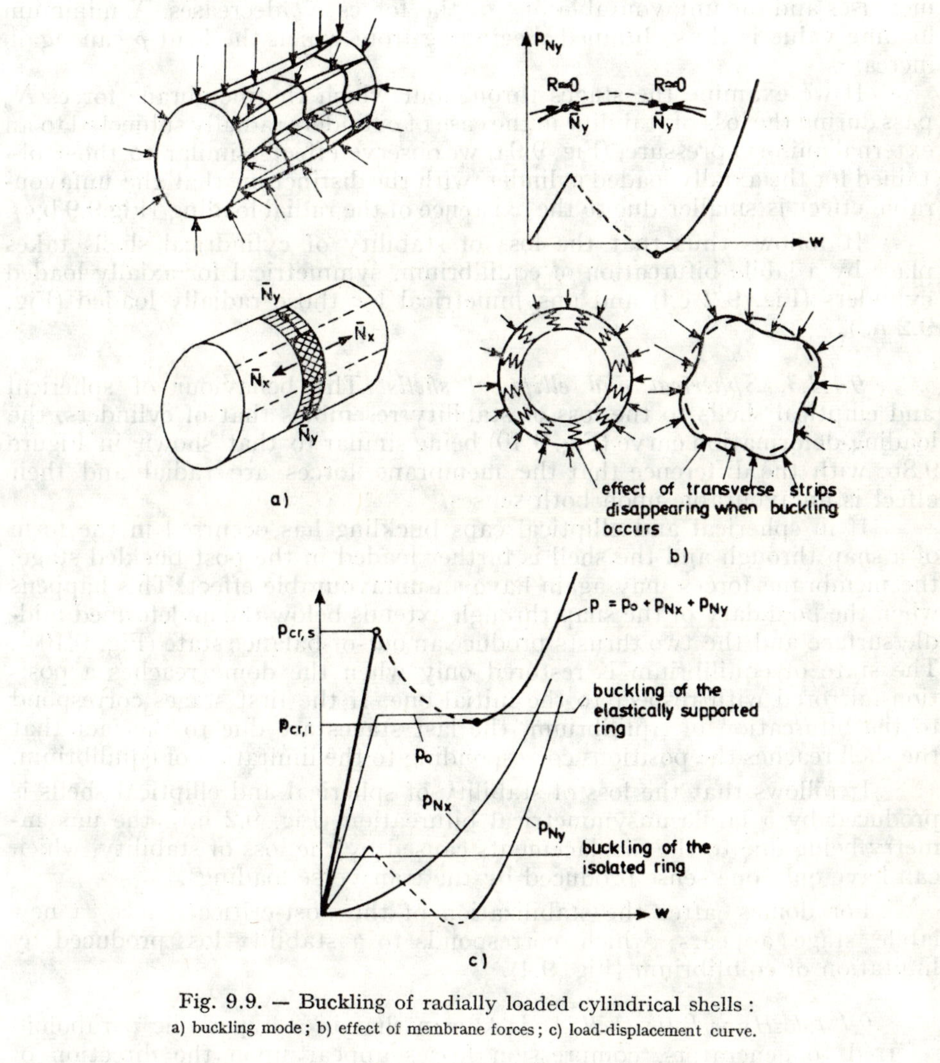

Fig. 9.9. — Buckling of radially loaded cylindrical shells :
a) buckling mode ; b) effect of membrane forces ; c) load-displacement curve.

effect of the membrane forces N_y becomes again favourable and p_{Ny} increases.

If the components p_0, p_{Nx} and p_{Ny}, shown in Figure 9.8b, are superposed, it can be observed that up to the instant of the loss of stability, their effects summate; afterwards, however, the unfavourable effect of the membrane forces N_y appears, which at the beginning is much greater than the favourable one produced by the membrane forces N_x. Thus, to reach a state of equilibrium, the axial force must decrease; for large deformations the situation is reversed, that is the favourable effect of the membrane forces N_x increases and the unfavourable one of the forces N_y decreases. A minimum loading value is thus obtained, beginning from which the load p can again increase.

If we examine the stages throughout which the membrane forces N_y pass during the loss of stability in the case of cylinders radially subjected to an external uniform pressure, (Fig. 9.9a) we observe effects similar to those obtained for the axially loaded cylinder, with the distinction that the unfavourable effect is smaller due to the existence of the radial loading (Fig.9.9 b,c).

It follows thus that the loss of stability of cylindrical shells takes place by a labile bifurcation of equilibrium, symmetrical for axially loaded cylinders (Fig. 9.2 e,f) and unsymmetrical for those radially loaded (Fig. 9.2 h,i).

9.1.4.3. Spherical and elliptical shells. The behaviour of spherical and elliptical shells to the loss of stability resembles that of cylinders, the loading-deformation curve (Fig. 9.10) being similar to that shown in Figure 9.8b, with the difference that the membrane forces are radial and their effect is unfavourable upon both senses.

If in spherical and elliptical caps buckling has occurred in the form of a snap through and the shell is further loaded in the post buckled stage, the membrane forces may again have an unfavourable effect. This happens when the boundary of the snap through extends below the undeformed middle surface and the two thrusts produce an out-of-balance state (Fig. 9.10c). The state of equilibrium is restored only when the dome reaches a position mirrored with respect to the initial one. If the first stages correspond to the bifurcation of equilibrium, the last stages are due to the fact that the shell reaches the positions corresponding to the limitation of equilibrium.

It follows that the loss of stability of spherical and elliptical shells is produced by a labile unsymmetrical bifurcation (Fig. 9.2 h,i), the unsymmetry being due to the displacements caused by the loss of stability, which can have only one sense produced by the transverse loadings.

For domes, after the stabilization of the post-critical curve, a new labile stage appears, which corresponds to a stability loss produced by limitation of equilibrium (Fig. 9.4).

9.1.4.4. Hyperbolic shell. It is known that in a hyperbolic paraboloid referred to generators, compression forces appear upon the direction of the diagonal which joins the lower corners and tensile forces upon the diagonal corresponding to the upper corners (Fig. 9.11a). The loss of stability of a hyperbolic paraboloid occurs upon the compressed direction through the formation of half-waves; if in this case too, a strip of unit width is cut out it behaves as if it would be supported on an elastic medium consisting of the strips stretched upon the opposite direction (Fig. 9.11 b). The loading p can be considered as consisting of that corresponding to the compressed

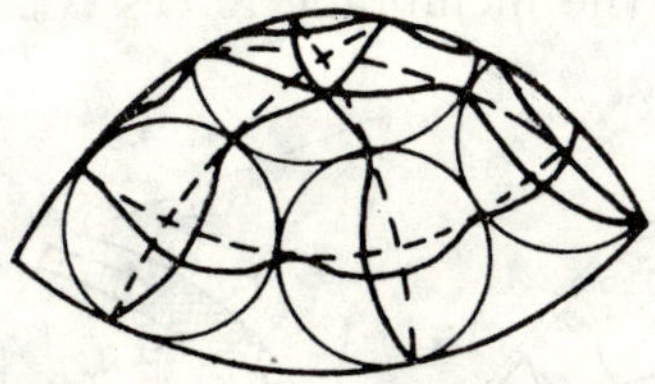

Fig. 9.10. — Buckling of spherical and elliptical shells :
a) buckling mode ; b) effect of membrane forces ; c) load-displacement curve.

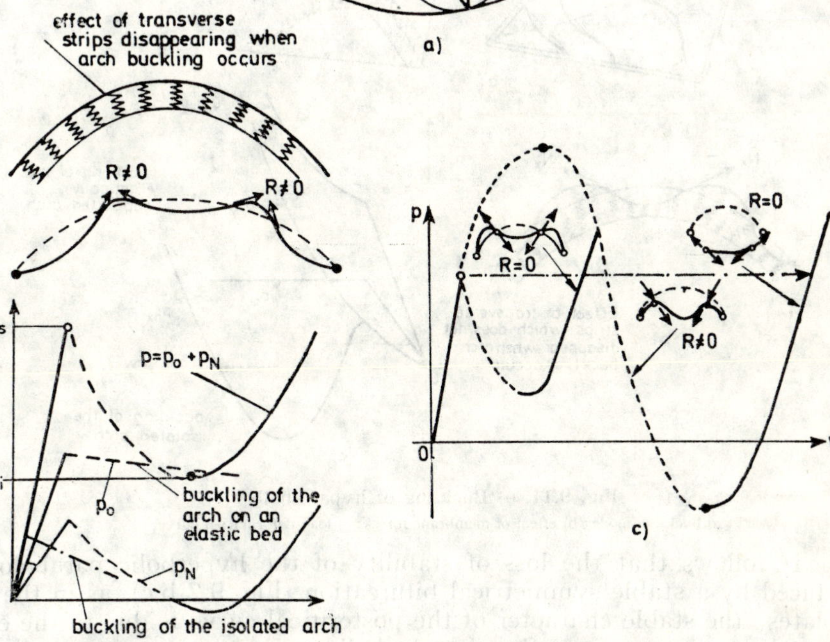

strip p_0 and that provided by the effect of the membrane forces p_{Nx} and p_{Ny}. A relation similar to (9.8) is thus obtained. After the loss of stability has occurred, the membrane forces N_y have a particularly favourable effect as they work as cables in tension and prevent thus the formation of waves with downwards displacements; in exchange, the membrane forces N_x have here too an unfavourable effect as they are confronted with out-of-balance nodes produced by the variation of the shell curvature, but this effect is smaller than that appearing in the case of the axially loaded cylinder, since the loads act transversally.

Figure 9.11c shows the components p_0, p_{Nx} and p_{Ny} and their superposition ; it is found that the effect of the membrane forces N_y is very important due to the shell curvature, and reduces to a great extent the unfavourable effect of the membrane forces N_x. For cylinders, where the shell curvature upon the direction of N_x is zero, only after large deformations have been produced, these forces are capable to reduce partly the unfavourable effect of the membrane forces N_y.

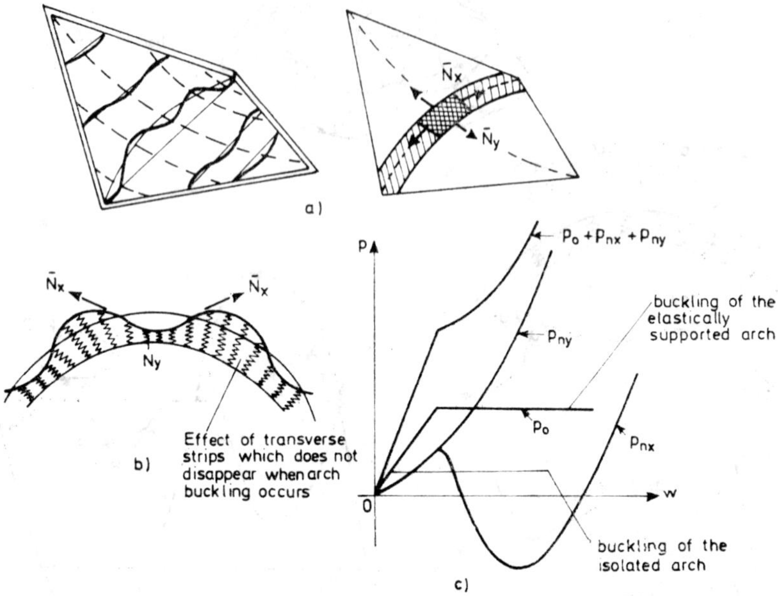

Fig. 9.11. — Buckling of hypar shells :
a) buckling mode ; b) effect of membrane forces ; c) load-deformation curve.

It follows that the loss of stability of the hyperbolic paraboloid is produced by a stable symmetrical bifurcation (Fig. 9.2 b,c), as in the case of plates ; the stable character of the postcritical curve is due to the effect of membrane forces upon the stretched direction.

9.1.5. Sensitivity to imperfections

As was shown in 9.1.1. shells are affected by unavoidable imperfections, amongst which the most important are the geometrical ones. Therefore, even mechanical imperfections or those of any other nature, can be assimilated to an initial deformation which represents a deviation of the actual surface from the theoretical one.

The influence of these initial deformations differs according to the type of stability loss. Thus

— In the case of stable symmetrical bifurcation, by which plates and hyperbolic paraboloids lose their stability due to imperfections, the load-deformation curve of the strip cut from the structure has a curvilinear character, which is retained by the final load-deformation curve. Thus, a point which clearly indicates the loss of stability is not obtained and the passing to the postbuckled state is described by a continuous curve (Fig. 9.12 a), the limit loading being not practically influenced by imperfections.

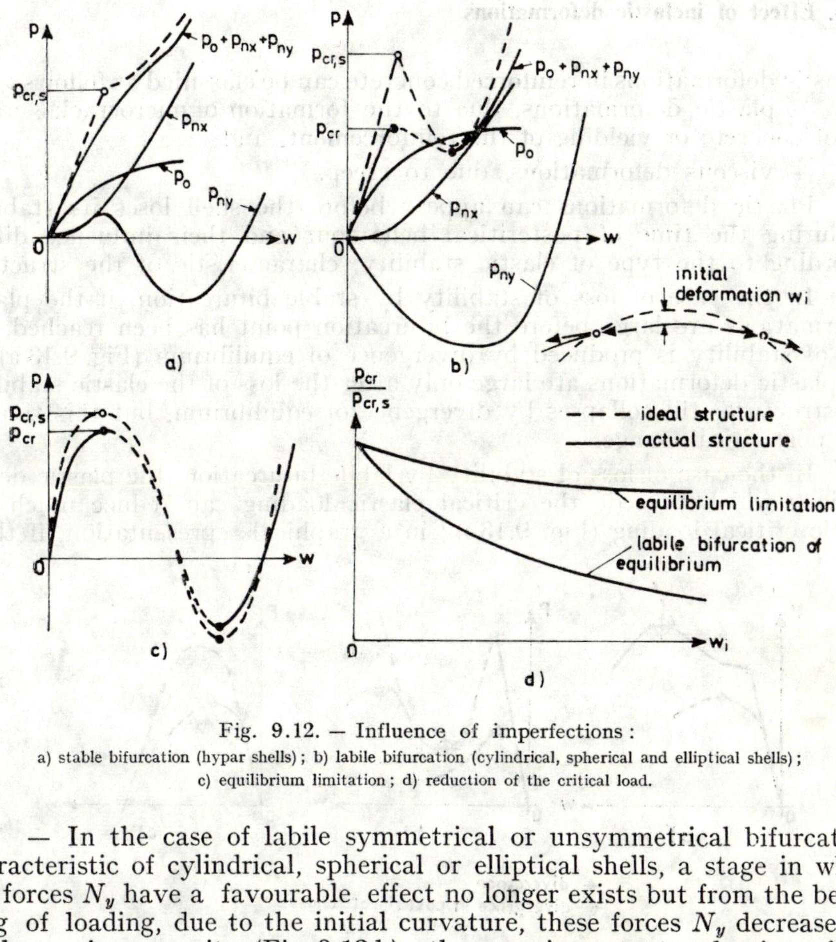

Fig. 9.12. — Influence of imperfections :
a) stable bifurcation (hypar shells) ; b) labile bifurcation (cylindrical, spherical and elliptical shells) ; c) equilibrium limitation ; d) reduction of the critical load.

— In the case of labile symmetrical or unsymmetrical bifurcation, characteristic of cylindrical, spherical or elliptical shells, a stage in which the forces N_y have a favourable effect no longer exists but from the beginning of loading, due to the initial curvature, these forces N_y decrease the shell carrying capacity (Fig. 9.12 b) ; thus, an important reduction of the critical bifurcation loading results, as compared to the case of an ideal structure.

— When the loss of stability is produced by a limitation of equilibrium, the influence of imperfections is relatively small (Fig. 9.12 c) since in this case the whole structure is involved and thus a deviation from the prescribed surfaces cannot have a substantial influence.

It can be concluded that the structures which lose their stability by labile bifurcation are the most sensitive to imperfections, the loadings of the actual structure being much reduced in comparison to those of the ideal structure without imperfections (Fig. 9.12 d).

9.1.6. **Effect of inelastic deformations**

Inelastic deformations in reinforced concrete can be classified as follows :

— plastic deformations, due to the formation of microcracks, crashing of concrete or yielding of the reinforcement, and

— viscous deformations, due to creep.

Plastic deformations can appear before the shell loses its stability or during the time of postcritical behaviour and their influence differs according to the type of elastic stability, characteristic of the structure.

In the case of loss of stability by stable bifurcation, if the plastic deformations are large before the bifurcation point has been reached, the loss of stability is produced by divergence of equilibrium (Fig. 9.13 a) ; if the plastic deformations are large only after the loss of the elastic stability, the structure still collapses by divergence of equilibrium, but this time in the postcritical range.

In the case of loss of stability by labile bifurcation, the plastic deformations which precede the critical elastic loading can reduce much the elastic critical loading (Fig. 9.13b) ; in a graphical representation, if these

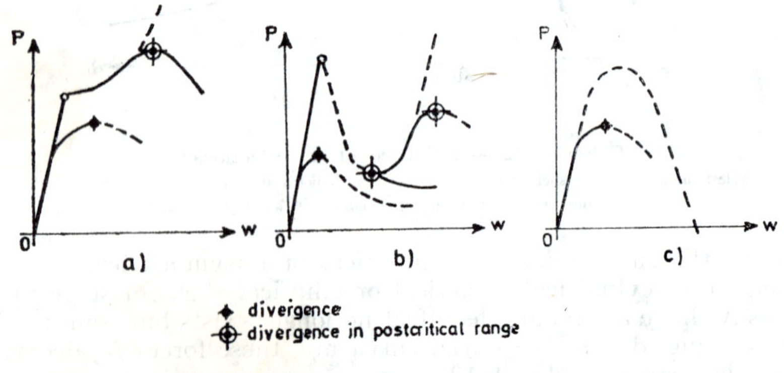

Fig. 9.13. — Influence of plastic deformations :
a) for stable bifurcation of equilibrium ; b) for labile bifurcation of equilibrium ;
c) for equilibrium limitation.

deformations appear in the postcritical range, they can partially or totally cancel the branch of postcritical stable equilibrium. With similar problems we are confronted in the case of the limitation of equilibrium (Fig. 9.13 c).

Creep deformations in concrete do not change the critical loading of equilibrium bifurcation, since we are faced with the intersection of two equilibrium curves of which only one is modified by creep. In exchange, in the case of labile bifurcation of actual shells with imperfections, for which

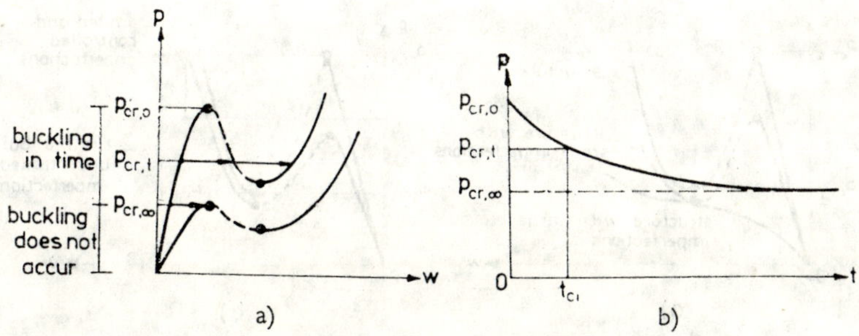

Fig. 9.14. — Influence of creep:
a) load-displacement curve; b) reduction of the critical load.

the load-deformation curve is continuous, the concrete initial deformations increase in time as a consequence of creep; therefore, the strains increase and the influence of creep is thus increased. This finally leads to the decrease in time of the critical loading (Fig. 9.14), down to a value $p_{cr\infty}$, corresponding to the consumption of creep deformations.

Under the loads $p < p_{cr,\infty}$ the structure is stable, and for $p > p_{cr,\infty}$ a critical time can be defined for which the structure loses its stability.

When the loss of stability is produced by limitation of equilibrium, the influence of creep assumes a maximum value.

9.1.7. **Determination of the limit loading**

The purpose of a stability analysis of a shell is to determine the maximum loading up to which, within a certain degree of safety, the danger of collapse does not exist.

For determining this maximum loading some considerations are necessary on the determination of the actual imperfections and on the manner in which the structure fails.

As it has been shown in sub-Section 9.1.1.5 imperfections do not essentially change the limit loading in the case of stable bifurcation. On the contrary, when the stability is lost by unstable bifurcation, the imperfections reduce much the critical loading; for very small imperfections it nears that of the ideal structure, $p_{cr,s}$, and for great imperfections it is close to $p_{cr,i}$ (Fig. 9.15 a). It follows that the determination of the critical loading must be made function of the magnitude of imperfections. We are thus faced with two distinct situations :

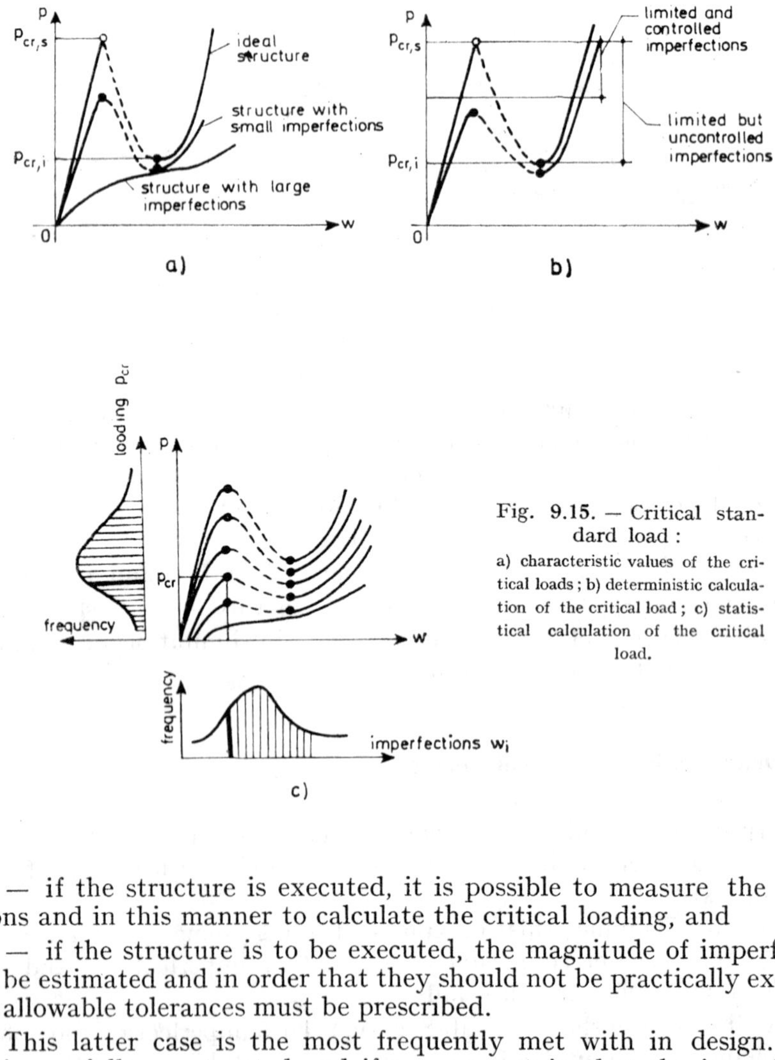

Fig. 9.15. — Critical standard load :
a) characteristic values of the critical loads ; b) deterministic calculation of the critical load ; c) statistical calculation of the critical load.

— if the structure is executed, it is possible to measure the imperfections and in this manner to calculate the critical loading, and

— if the structure is to be executed, the magnitude of imperfections must be estimated and in order that they should not be practically exceeded, some allowable tolerances must be prescribed.

This latter case is the most frequently met with in design. If the shell is carefully constructed and if we are certain that the imperfections are small, then it can be assumed that the limit loading lies within $p_{cr,s}$ and $p_{cr,i}$ (Fig. 9.15b). This however implies a statistical study on the magnitude of these imperfections (Fig. 9.15 c) which can be hardly carried out in view of the large sizes of reinforced concrete shells.

It should be also recalled that almost each reinforced concrete shell is a unicatum as concerns the shape and the technology of erection and a statistical investigation is almost inconceivable; exception is made eventually by some shells constructed in series of prefabricated units. The refore, when the loss of stability appears by labile bifurcation it is recommendable to consider the lower critical loading as limit loading (Fig. 9.13 b).

The second aspect which is to be considered in establishing the limit loading is the manner in which the structure fails, characterized for shells by their postcritical behaviour. As was shown in 9.14, amongst shells currently used in construction, the hyperbolic paraboloid is the only one for which the reaching of the critical loading does not mean the catastrophical collapse of the structure; as it will be shown in 9.7.1 the limit state will be reached when the edge members will also fail. However, since a snap through produces cracks which endenger a normal serviciability the limit loading is considered to be that of the shell loss of stability, but account must be taken that in actuality the limit loading can be much greater. The catastrophical collapse of structures consisting of hyperbolic paraboloids with rigid edge members takes place with a previous warning and thus adequate measures can be taken in due course. For other shells, which lose their stability by labile bifurcation and the equilibrium jump appears suddenly without a previous warning, account must be taken of this important aspect. The consideration of some imperfections by increasing the limit loading above the lower critical loading increases the danger of a loss of stability produced by a jump.

If, however, the limit loading is defined by the lower critical one the passing of the structure in the postcritical state is continual, without equilibrium jumps (Fig. 9.15 a), and with a previous warning of the danger of collapse. This, however, implies a correct knowledge of the lower critical loadings, influenced by a series of factors such as imperfections, creep, cracking, plastic deformations, boundary conditions, a.s.o.; otherwise the danger of an equilibrium jump still exists. We would say therefore that unless a certitude exists on the correct estimation of the lower critical loading, an increased safety coefficient is to be considered in the determination of the limit loading.

9.2. Non-linear theory of reinforced concrete shallow shells with imperfections

In addition to the general assumptions used in the determinations of thin shells, the following must be used:

— all the shell imperfections of geometrical or mechanical nature are assimilated to an initial deformation w_i, normal to the shell middle surface;

— the non-linear influence of the tangential displacements u and v, which are small as compared to the normal displacement w, is neglected;

— the concrete creep remains linear in the range of large deformations.

The equilibrium equations for the case of large deformations are written on the shell deformed element (Fig. 9.16); the element $PQRS$

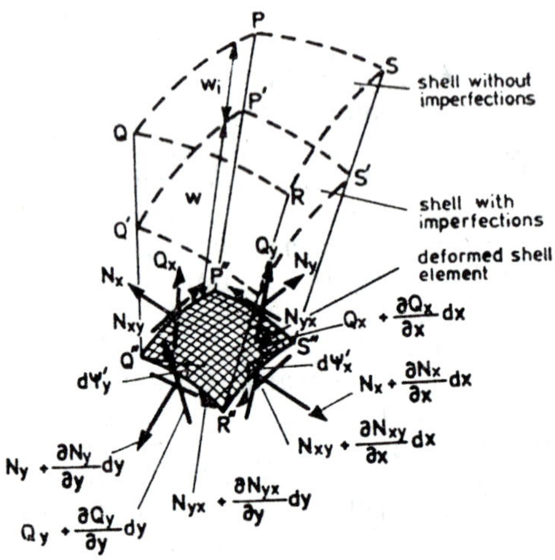

Fig. 9.16. — Equilibrium conditions of the deformed element.

represents the shell initial position, $P'Q'R'S'$ is the same element on the shell undeformed surface with imperfections, and $P''Q''R''S''$ is the same element on the shell deformed surface.

Since the influence of tangential displacements has been neglected, equations (3.51 a, b, d, e) remain valid in the frame of the non-linear theory; equation (3.51 c), which expresses the equilibrium of forces upon the normal to the shell, is the only one which changes.

Following the same method of approach as in sub-Section 3.2.2 and taking into account the simplifying assumptions made for shallow shells in 3.4, we set

$$N_x \frac{\partial \varphi'_x}{\partial x} + N_y \frac{\partial \varphi'_y}{\partial y} + N_{xy} \frac{\partial \psi'_x}{\partial x} + N_{yx} \frac{\partial \psi'_y}{\partial y} + \frac{\partial Q_x}{\partial x} + \frac{\partial Q_y}{\partial y} + p = 0. \quad (9.9)$$

where φ'_x, φ'_y, ψ'_x, ψ'_y are the angles shown in Figure 9.16.

If the equation of the shallow shell is given under the explicit form (3.1c), the equation of the deformed surface will be

$$z' = z + w_i + w. \quad (9.10)$$

thus, we have

$$\frac{\partial \varphi'_x}{\partial x} = \frac{\partial^2}{\partial x^2}(z + w_i + w) = \frac{1}{r_x} + \frac{\partial^2}{\partial x^2}(w_i + w), \tag{9.11a}$$

$$\frac{\partial \varphi'_y}{\partial y} = \frac{1}{r_y} + \frac{\partial^2}{\partial y^2}(w_i + w), \tag{9.11b}$$

$$\frac{\partial \psi'_x}{\partial x} = \frac{\partial^2}{\partial x \partial y}(z + w_i + w) = \frac{1}{r_{xy}} + \frac{\partial^2}{\partial x \partial y}(w_i + w), \tag{9.11c}$$

$$\frac{\partial \psi'_y}{\partial y} = \frac{1}{r_{yx}} + \frac{\partial^2}{\partial x \partial y}(w_i + w), \tag{9.11d}$$

which introduced into (9.9) together with (3.51d,e) give

$$\frac{N_x}{r_x} + \frac{2N_{xy}}{r_{xy}} + \frac{N_y}{r_y} + \frac{\partial^2 M_x}{\partial x^2} + 2\frac{\partial^2 M_{xy}}{\partial x\, \partial y} + \frac{\partial^2 M_y}{\partial y^2} + N_x \frac{\partial^2}{\partial x^2}(w_i + w) + \tag{9.12}$$
$$+ 2N_{xy}\frac{\partial^2}{\partial x \partial y}(w_i + w) + N_y \frac{\partial^2}{\partial y^2}(w_i + w) + p = 0.$$

This is in fact equation (3.51c), in which, however, the influence of initial and loading deformations has been considered.

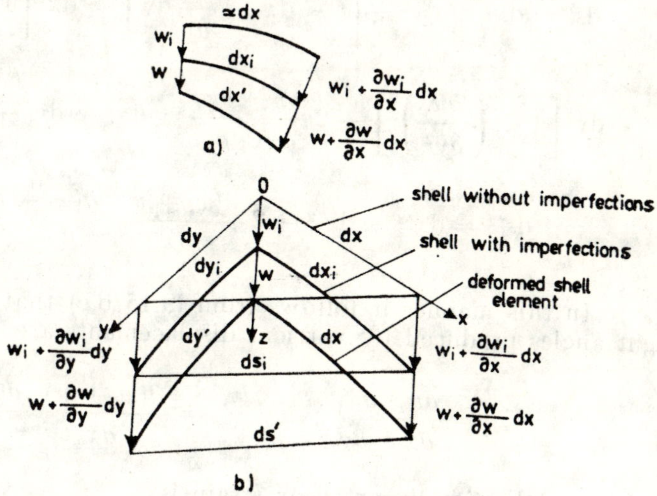

Fig. 9.17. — Geometry of the deformed element: a) axial deformations; b) angular deformations.

In order to determine the influence of normal displacements on strains we shall make use of Figure 9.17 a, which shows a differential element dx on the undisplaced middle surface, the same element dx_i on the middle surface with initial displacement and the element dx' on the surface deformed under loading; we have

$$dx' = \sqrt{dx^2 + \left[\frac{\partial^2(w_i + w)}{\partial x^2}\right]^2 dx^2} \simeq dx \left\{1 + \frac{1}{2}\left[\frac{\partial^2(w_i + w)}{\partial x^2}\right]^2\right\} \quad (9.13\text{ a})$$

$$dx_i = \sqrt{dx^2 + \left(\frac{\partial^2 w_i}{\partial x^2}\right)^2 dx^2} \simeq dx \left[1 + \frac{1}{2}\left(\frac{\partial^2 w_i}{\partial x^2}\right)^2\right]. \quad (9.13\text{ b})$$

Thus, the non-linear axial strain produced by large vertical displacements is

$$\varepsilon'_{xw} = \frac{dx' - dx_i}{dx} = \frac{1}{2}\left[\frac{\partial^2(w_i + w)}{\partial x^2}\right]^2 - \frac{1}{2}\left(\frac{\partial^2 w_i}{\partial x^2}\right)^2 \quad (9.14)$$

In a similar manner we obtain the strain ε_y. For the shear deformation γ_{xy}, Figure 9.17 b represents an element on the undeformed middle surface, on that with imperfections and on that with displacements produced by loadings. Thus, we obtain the lengths

$$ds^2 = dx^2 + dy^2 \quad (9.15\text{ a})$$

$$ds_i^2 = dx^2 + dy^2 + \left[\frac{\partial w_i}{\partial x} dx - \frac{\partial w_i}{\partial y} dy\right]^2 = dx^2\left[1 + \left(\frac{\partial w_i}{\partial x^2}\right)^2\right] + \quad (9.15\text{ b})$$

$$+ dy^2\left[1 + \left(\frac{\partial w_i}{\partial y^2}\right)^2\right] - 2\frac{\partial w_i}{\partial x}\frac{\partial w_i}{\partial y} = dx_i^2 + dy_i^2 - 2\frac{\partial w_i}{\partial x}\frac{\partial w_i}{\partial y} dxdy$$

$$ds'^2 = dx'^2 + dy'^2 - 2\frac{\partial(w_i + w)}{\partial x}\frac{\partial(w_i + w)}{\partial y} dxdy. \quad (9.15\text{ c})$$

In this manner it follows from (9.15 b,c) that the variation of the right angles produced by vertical displacements are

$$\gamma'_{xyi} = \frac{\partial w_i}{\partial x}\frac{\partial w_i}{\partial y}; \qquad \gamma'_{xy} = \frac{\partial(w_i + w)}{\partial x}\frac{\partial(w_i + w)}{\partial y} \quad (9.16\text{ a})$$

and hence the non-linear shear strain is

$$\gamma'_{xyw} = \frac{\partial(w_i + w)}{\partial x}\frac{\partial(w_i + w)}{\partial y} - \frac{\partial w_i}{\partial x}\frac{\partial w_i}{\partial y}. \quad (9.17)$$

The strains (3.52 a—c) become

$$\varepsilon_x = \frac{\partial u}{\partial x} - \frac{w}{r_x} + \frac{1}{2}\left[\left(\frac{\partial^2(w_i + w)}{\partial x^2}\right)^2 - \left(\frac{\partial^2 w_i}{\partial x^2}\right)^2\right] \tag{9.18 a}$$

$$\varepsilon_y = \frac{\partial v}{\partial y} - \frac{w}{r_y} + \frac{1}{2}\left[\left(\frac{\partial^2(w_i + w)}{\partial y^2}\right)^2 - \left(\frac{\partial^2 w_i}{\partial y^2}\right)^2\right] \tag{9.18 b}$$

$$\gamma_{xy} = \frac{\partial u}{\partial y} + \frac{\partial v}{\partial x} - \frac{2w}{r_{xy}} + \frac{\partial(w_i + w)}{\partial x}\frac{\partial(w_i + w)}{\partial y} - \frac{\partial w_i}{\partial x}\frac{\partial w_i}{\partial y} \tag{9.18 c}$$

the remaining deformation equations being valid.

The equations expressing the relationship between forces and strains remain unchanged as compared to the calculation performed in linear theory and are given by relations (3.53) and (3.54).

If to equation (9.12) we apply the operator $J(\ldots)$, defined by (3.34), and introduce relations (3.37), we get

$$J(\nabla_r^2 F_t) - K_0 \frac{\partial}{\partial t}(\nabla^2\nabla^2 w_t) + J\left[\frac{\partial^2 F_t}{\partial y^2}\frac{\partial^2(w_i + w_t)}{\partial x^2} - \right.$$
$$\left. - 2\frac{\partial^2 F_t}{\partial x \partial y}\frac{\partial^2(w_i + w_t)}{\partial x \partial y} + \frac{\partial^2 F_t}{\partial x^2}\frac{\partial^2(w_i + w_t)}{\partial y^2}\right] + J(p_t) = 0. \tag{9.19}$$

If in a manner similar to that used for obtaining equation (3.60) we eliminate from relations (9.18) the displacements u and v, we have

$$\frac{\partial^2 \varepsilon_x}{\partial y^2} + \frac{\partial^2 \varepsilon_y}{\partial x^2} - \frac{\partial^2 \gamma_{xy}}{\partial x \partial y} + \frac{1}{r_x}\cdot\frac{\partial^2 w}{\partial y^2} - \frac{2}{r_{xy}}\frac{\partial^2 w}{\partial x \partial y} + \frac{1}{r_y}\cdot\frac{\partial^2 w}{\partial x^2} +$$
$$+ \frac{\partial^2(w_i + w)}{\partial x^2}\frac{\partial^2(w_i + w)}{\partial y^2} - \left[\frac{\partial^2(w_i + w)}{\partial x \partial y}\right]^2 - \frac{\partial^2 w_i}{\partial x^2}\frac{\partial^2 w_i}{\partial y^2} + \left(\frac{\partial^2 w_i}{\partial x \partial y}\right)^2 = 0. \tag{9.20}$$

Differentiation of this equation with respect to t, in a manner similar to that used for (3.61), gives

$$\frac{1}{E_0 \delta} J(\nabla^2\nabla^2 F_t) + \frac{\partial}{\partial_t}(\nabla_r^2 w_t) + \frac{\partial}{\partial t}\left(\left\{\frac{\partial^2(w_i + w_t)}{\partial x^2}\frac{\partial^2(w_i + w_t)}{\partial y^2} - \right.\right.$$
$$\left.\left. - \left[\frac{\partial^2(w_i + w_t)}{\partial x \partial y}\right]^2 - \frac{\partial^2 w_i}{\partial x^2}\frac{\partial^2 w_i}{\partial y^2} + \left(\frac{\partial^2 w_i}{\partial x \partial y}\right)^2\right\}\right) = 0. \tag{9.21}$$

If we introduce the operator

$$L(A, B) = \frac{\partial^2 A}{\partial x^2} \frac{\partial^2 B}{\partial y^2} + \frac{\partial^2 A}{\partial y^2} \frac{\partial^2 B}{\partial x^2} - 2 \frac{\partial^2 A}{\partial x \partial y} \frac{\partial^2 B}{\partial x \partial y}, \tag{9.22}$$

equations (9.19) and (9.21) become

$$J(\nabla_r^2 F_t) - K_0 \frac{\partial}{\partial t} (\nabla^2 \nabla^2 w_t) + J[L(F_t, w_i + w_t)] + J(p_t) = 0, \qquad (9.23\,\text{a})$$

$$\frac{1}{E_0 \delta} J(\nabla^2 \nabla^2 F_t) + \frac{\partial}{\partial t} (\nabla_r^2 w_t) + \frac{1}{2} \frac{\partial}{\partial t} [L(w_t, 2w_i + w_t] = 0, \qquad (9.23\,\text{b})$$

which represent the non-linear equations of reinforced concrete shallow shells, with initial deformations. They are also a generalization of the known equations of the non-linear theory of shells [10], [81], [89], [136] to viscous deformations.

Particularizing these equations, various theories for the analysis of reinforced concrete shells are obtained :

— if the influence of deformations on the state of stress is neglected, the equations obtained correspond to the linear theory of thin shells

$$J(\nabla_r^2 F_t) - K_0 \frac{\partial}{\partial t} (\nabla^2 \nabla^2 w_t) + J(p_t) = 0, \qquad (9.24\,\text{a})$$

$$\frac{1}{E_0 \delta} J(\nabla^2 \nabla^2 F_t) + \frac{\partial}{\partial t} (\nabla_r^2 w_t) = 0. \qquad (9.24\,\text{b})$$

In this manner we re-find relations (3.63) which govern the linear state of stress and strain ;

— if the deformations are considered infinitely small and thus the non-linear product given by the last term in (9.23 b) is a higher order infinitely small quantity and can be neglected, then we obtain the equations corresponding to the linearized theory of stability or the second order theory

$$J(\nabla_r^2 F_t) - K_0 \frac{\partial}{\partial t} (\nabla^2 \nabla^2 w_t) + J[L(F_t, w_i + w_t)] + J(p_t) = 0, \qquad (9.25\,\text{a})$$

$$\frac{1}{E_0 \delta} J(\nabla^2 \nabla^2 F_t) + \frac{\partial}{\partial t} (\nabla_r^2 w_t) = 0, \qquad (9.25\,\text{b})$$

be means of which the critical loading corresponding to the bifurcation or divergence of equilibrium is determined, since these occur when the shell is subject to small displacements.

The general equations written under the form (9.23) correspond to the non-linear theory of stability, or the third order theory, which enables us to determine the critical loadings corresponding to the limitation of equilibrium. Also, it gives the possibility to study the postcritical curves since in both cases the shell deformations are very large.

When the elastic stability is studied by disregarding the viscous deformations, equations (9.23) become

$$\nabla_r^2 F - K_0 \nabla^2 \nabla^2 w + L(F, w_i + w) + p = 0, \tag{9.26 a}$$

$$\frac{1}{E_0 \delta} \nabla^2 \nabla^2 F + \nabla_r^2 w + \frac{1}{2} L(w,\ 2w_i + w) = 0. \tag{9.26 b}$$

9.3. Strain energy and total strain energy

In many cases the direct use of equations (9.26) for determining the elastic critical loading of shells raises particular difficulties and resort is to be made to energy methods.

Stability problems proceed from the examination of the state of equilibrium; it is known that for an elastic body to be in equilibrium its total strain energy Π must be a minimum [10], [118], [136]

$$\Pi = L_d - 2L_e = \min,$$

where L_d is the strain energy of deformation and $2L_e$ is the strain energy due to the external forces, which is the double of the work done by the external forces.

The strain energy of deformation of an elastic bidimensional body can be calculated by a relation of the form

$$L_d = \frac{1}{2} \iint (N\varepsilon + M\theta) \mathrm{d}x\mathrm{d}y,$$

where N is an axial or shear force, M is a bending or twisting moment, ε an axial or shear strain and θ a specific rotation. Thus, for a shell we obtain

$$L_d = \frac{1}{2} \iint \Big[N_x \varepsilon_x + N_y \varepsilon_y + \frac{1}{2} (N_{xy} + N_{yx}) \gamma_{xy} - M_x \varkappa_x - \\ - M_y \varkappa_y - (M_{xy} + M_{yx}) \varkappa_{xy} \Big] \mathrm{d}x\mathrm{d}y, \tag{9.27}$$

where account has been taken that the positive bending moments produce a negative rotation. If the effect of membrane forces is separated from that of the bending ones, then we have

$$L_d = L_{dm} + L_{di}. \qquad (9.28)$$

If account is also taken that from (3.54) we obtain for $t = 0$

$$\varepsilon_x = \frac{1}{E_0\delta}(N_x - \mu N_y)\,; \qquad \varepsilon_y = \frac{1}{E_0\delta}(N_y - \mu N_x), \qquad (9.29\text{ a, b})$$

$$\gamma_{xy} = \frac{2(1+\mu)}{E_0\delta} N_{xy}, \qquad (9.29\text{ c})$$

and that, again for $t = 0$, from (3.53 d-f) and (3.52 f-h), we get

$$M_x = -K_0\left(\frac{\partial^2 w}{\partial x^2} + \mu\frac{\partial^2 w}{\partial y^2}\right); \quad M_y = -K_0\left(\frac{\partial^2 w}{\partial y^2} + \mu\frac{\partial^2 w}{\partial x^2}\right), \qquad (9.30\text{ ab})$$

$$M_{xy} = -K_0(1-\mu)\frac{\partial^2 w}{\partial x\partial y}, \qquad (9.30\text{ c})$$

the strain energy of deformations becomes

$$L_{dm} = \frac{1}{2E_0\delta}\iint[N_x^2 + N_y^2 - 2\mu N_x N_y + 2(1+\mu)N_{xy}^2]\,\mathrm{d}x\mathrm{d}y, \qquad (9.31\text{ a})$$

$$L_{di} = \frac{K_0}{2}\iint\left[\left(\frac{\partial^2 w}{\partial x^2}\right)^2 + \left(\frac{\partial^2 w}{\partial y^2}\right)^2 + 2\mu\frac{\partial^2 w}{\partial x^2}\frac{\partial^2 w}{\partial y^2} + \right.$$
$$\left. + 2(1-\mu)\left(\frac{\partial^2 w}{\partial x\partial y}\right)^2\right]\mathrm{d}x\mathrm{d}y. \qquad (9.31\text{ b})$$

Using the stress function F, defined by relations (3.57), and introducing the operator (3.62 a), we have

$$L_{dm} = \frac{1}{2E_0\delta}\iint\left\{(\nabla^2 F)^2 - 2(1+\mu)\left[\frac{\partial^2 F}{\partial x^2}\frac{\partial^2 F}{\partial y^2} - \left(\frac{\partial^2 F}{\partial x\partial y}\right)^2\right]\right\}\mathrm{d}x\mathrm{d}y, \qquad (9.32\text{ a})$$

$$L_{di} = \frac{K_0}{2}\iint\left\{(\nabla^2 w)^2 - 2(1-\mu)\left[\frac{\partial^2 w}{\partial x^2}\frac{\partial^2 w}{\partial y^2} - \left(\frac{\partial^2 w}{\partial x\partial y}\right)^2\right]\right\}\mathrm{d}x\mathrm{d}y. \qquad (9.32\text{ b})$$

The work done by external forces will be

$$2L_e = \iint pw \, dx \, dy. \tag{9.33}$$

Thus, in order to have a stable state of equilibrium, the energy must be a minimum

$$H = L_{dm} + L_{di} - 2L_e = \min. \tag{9.34}$$

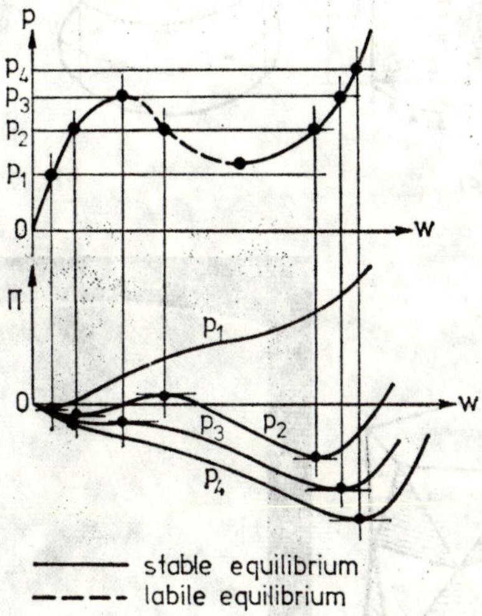

Fig. 9.18. — Relation between strain energy and the load-displacement curve.

Figure 9.18 shows a load-deformation curve and the total strain energy corresponding to different loadings. Thus, for the loading p_1, which corresponds to a single stable equilibrium position, the $\Pi - w$ curve has a single minimum; for the loading p_2 it assumes two minimum values, corresponding to stable equilibrium, and a maximum value for labile equilibrium; the loading p_3 has an inflection point corresponding to the maximum loading and a minimum value, and p_4 has a single stable equilibrium position.

9.4. Elastic stability of cylindrical shells

9.4.1. Axially-loaded long complete cylinders

9.4.1.1. Critical loading of equilibrium bifurcation. Axially-loaded thin-walled cylinders, of curvature radius R and length l (Fig. 9.19 a), lose their stability through the formation of several longitudinal half-waves and of one or several transverse waves (Fig. 9.19 b,c).

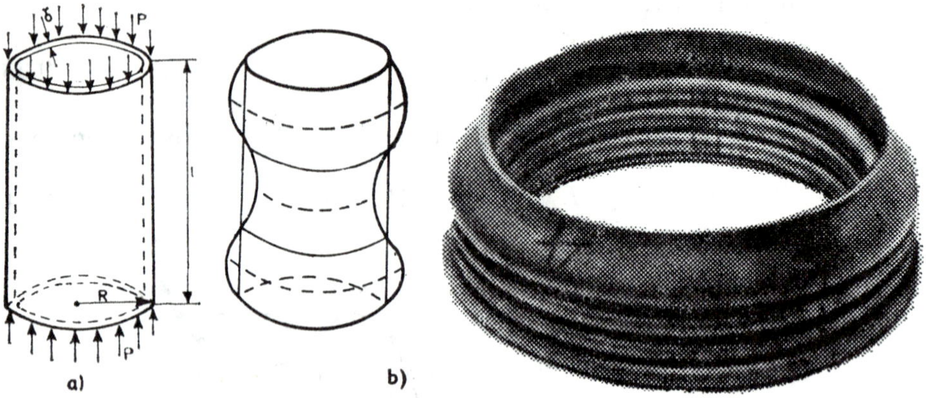

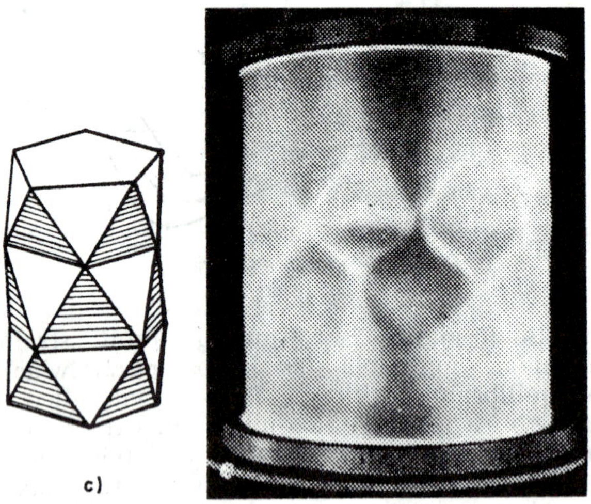

Fig. 9.19. — Buckling of the axially loaded cylindrical shell: a) cylinder geometry; b) axially-symmetrical buckling; c) diamond buckling.

As was shown in Section 9.2 the critical load of equilibrium bifurcation is determined from the linearized theory of stability or the second order theory, since the displacements are still small at the instant when the stability is lost. Since

$$\frac{1}{r_x} = 0\,; \quad \frac{1}{r_y} = \frac{1}{R}\,; \quad \frac{1}{r_{xy}} = 0, \tag{9.35 a, c}$$

and if for resolving the equations we choose functions of the form

$$F = F_0 + \bar{F}\,; \; w = w_0 + \bar{w}, \tag{9.36 a, b}$$

where F_0 and w_0 are the solutions to the linear equations and $\overline{F}$ and $\overline{w}$ are their increments as a consequence of deformations, and taking account that

$$F_0 \gg \overline{F} \text{ and } w_0 \ll \overline{W}$$

and that

$$\frac{\partial^2 F_0}{\partial y^2} = N_x = -p, \tag{9.36 c}$$

from (9.25) we obtain the following system of equations (with $w_i = 0$ for $t = 0$)

$$\frac{1}{R}\frac{\partial^2 \overline{F}}{\partial x^2} - K_0 \nabla^2 \nabla^2 \overline{w} - p\frac{\partial^2 \overline{w}}{\partial x^2} = 0, \tag{9.37 a}$$

$$\frac{1}{E_0 \delta} \nabla^2 \nabla^2 \overline{F} + \frac{1}{R}\frac{\partial^2 \overline{w}}{\partial x^2} = 0. \tag{9.37 b}$$

If from these equations we eliminate the stress function $\overline{F}$, we obtain

$$K_0 \nabla^2 \nabla^2 \nabla^2 \nabla^2 \overline{w} + \frac{E_0 \delta}{R^2}\frac{\partial^2 \overline{w}}{\partial x^2} + p \nabla^2 \nabla^2 \left(\frac{\partial^2 \overline{w}}{\partial x^2}\right) = 0. \tag{9.38}$$

If the loss of stability occurs with half-waves only upon the x-axis, we choose for the deformation curve w an expression of the form

$$\overline{w} = f \sin \frac{m\pi x}{l}, \tag{9.39}$$

where f is the maximum deformation and m the number of half-waves.

From (9.38) we get

$$K_0 \left(\frac{m\pi}{l}\right)^4 + \frac{E_0 \delta}{R^2} - p\left(\frac{m\pi}{l}\right)^2 = 0,$$

whence

$$p = K_0 \left(\frac{m\pi}{l}\right)^2 + \frac{E_0 \delta}{R^2}\frac{1}{\left(\frac{m\pi}{l}\right)^2}. \tag{9.40}$$

The lowest loading corresponds to the minimum value of the expression in the right-hand side of (9.40) with respect to the number of half-waves m which can be obtained for

$$\frac{m\pi}{l} = \sqrt[4]{\frac{E_0\delta}{R^2K_0}} = \sqrt[4]{12(1-\mu^2)}\frac{1}{\sqrt{R\delta}}, \tag{9.41}$$

from which we get the upper critical loading of bifurcation

$$p_{cr,s} = 2\sqrt{\frac{K_0E_0\delta}{R^2}} = \frac{1}{\sqrt{3(1-\mu^2)}}E_0\frac{\delta^2}{R}, \tag{9.42}$$

and the corresponding critical stress is

$$\sigma_{cr,s} = \frac{p_{cr,s}}{\delta} = \frac{1}{\sqrt{3(1-\mu^2)}}E_0\frac{\delta}{R}. \tag{9.43}$$

If the second manner in which the loss of stability occurs, that is half-waves also appear upon circumferential direction, the displacement normal to the cylinder surface will be

$$w = f \sin\frac{m\pi x}{l} \sin\frac{ny}{R}, \tag{9.44}$$

n being the number of half-waves along the cylinder circumference. Using (9.38) we get

$$K_0\left(\frac{m^2\pi^2}{l^2}+\frac{n^2}{R^2}\right)^4 + \frac{E_0\delta}{R^2}\frac{m^4\pi^4}{l^4} - p\left(\frac{m^2\pi^2}{l^2}+\frac{n^2}{R^2}\right)^2\frac{m^2\pi^2}{l^2} = 0, \tag{9.45}$$

whence

$$p = K_0\frac{\left(\frac{m^2\pi^2}{l^2}+\frac{n^2}{R^2}\right)^2}{\frac{m^2\pi^2}{l^2}} + \frac{E_0\delta}{R^2}\frac{\frac{m^2\pi^2}{l^2}}{\left(\frac{m^2\pi^2}{l^2}+\frac{n^2}{R^2}\right)^2}. \tag{9.46}$$

For $n = 0$, equation (9.46) coincides with (9.40) obtained for the axially-symmetric buckling. If we introduce the notations

$$\frac{m\pi R}{l} = \lambda, \quad k = \frac{\delta^2}{12\,R^2} \tag{9.47 a,b}$$

the loading p becomes

$$p = E_0\delta\left[\frac{k}{1-\mu^2}\frac{(\lambda^2+n^2)^2}{\lambda^2}+\frac{\lambda^2}{(\lambda^2+n^2)^2}\right]. \quad (9.48)$$

If relation (9.48) is graphically represented, we obtain the curve shown in Figure 9.20 a; for various values of n it tends asymptotically on the left side towards the critical loading of plates and on the right side towards that of a bar of circular cross-section. The minimum value of expression (9.48) is obtained for

$$\frac{(\lambda^2+n^2)^2}{\lambda^2}=\sqrt{\frac{1-\mu^2}{k}}=\frac{2R}{\delta}\sqrt{3(1-\mu^2)}, \quad (9.49)$$

whence

$$p_{cr,s}=\frac{1}{\sqrt{3(1-\mu^2)}}E_0\frac{\delta^2}{R}; \quad \sigma_{cr,s}=\frac{1}{\sqrt{3(1-\mu^2)}}E_0\frac{\delta}{R}. \quad (9.50\ \text{a,b})$$

It is easily seen that the same values have been obtained as for the case of axisymmetrical loss of stability and that relation (9.50 a) is a fairly good approximation of the critical loading value for mean values of $\frac{l}{mR}$. In [64] an enwrapping curve is given, which approximates still better the critical loading values as follows:

— for $\omega \leqslant 1$

$$p_{cr}=E_0\delta\sqrt{k^*}\left(\frac{1}{\omega^2}+\omega^2\right), \quad (9.51\ \text{a})$$

— for $\omega > 1$ and $\tilde{\omega} < 0.2725$

$$p_{cr}=E_0\delta\sqrt{k^*}\frac{2-\tilde{\omega}+\tilde{\omega}^2}{1+\tilde{\omega}}, \quad (9.51\ \text{b})$$

where we have used the notations

$$k^*=\frac{k}{1-\mu^2}; \quad \omega^2=\frac{1}{\lambda^2\sqrt{k^*}}; \quad \tilde{\omega}^2=\frac{\sqrt{k^*}}{\lambda^2}. \quad (9.52\ \text{a--c})$$

In Figure 9.20 b these values are also plotted; note that, as distinguished from relation (9.50), they are valid for the whole variation range.

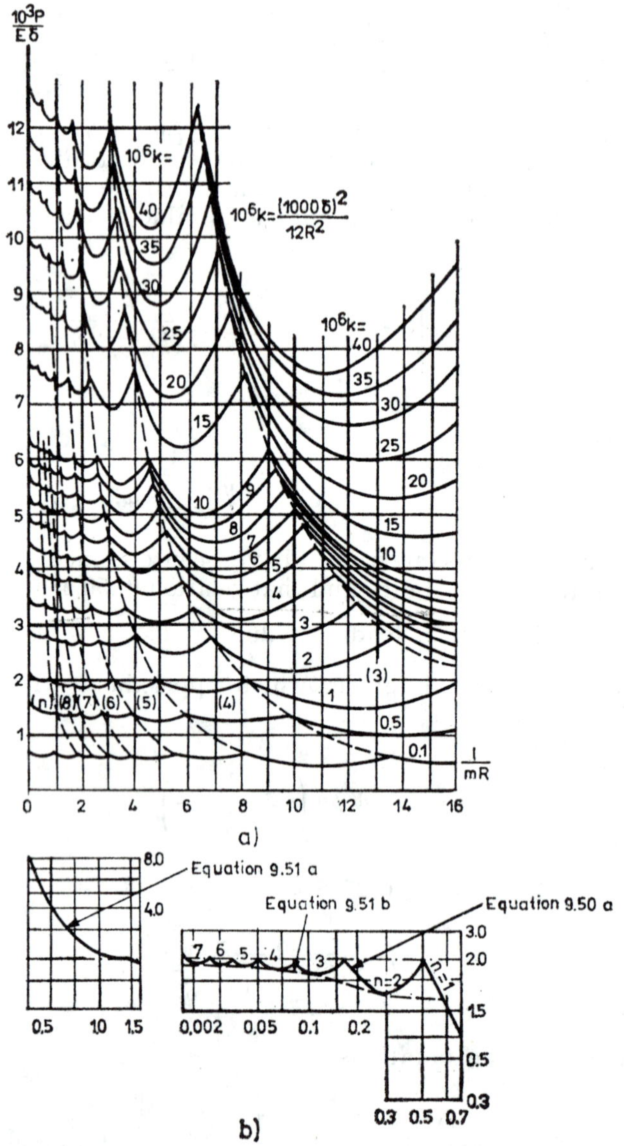

Fig. 9.20. — Critical load of axially loaded cylindrical shells :
a) garland curves ; b) approximate calculation.

Thus, for the critical loading of equilibrium bifurcation on long cylinders (for which relations (9.50) are sufficiently accurate), we obtain

— for $\mu = 0$

$$p_{cr,s} = 0.58\, E_0 \frac{\delta^2}{R}; \quad \sigma_{cr,s} = 0.58\, E_0 \frac{\delta}{R}, \tag{9.53 a,b}$$

— for concrete, with $\mu = 0.2$

$$p_{cr,s} = 0.59\, E_0 \frac{\delta^2}{R}, \quad \sigma_{cr,s} = 0.59\, E_0 \frac{\delta}{R}, \tag{9.53 c,d}$$

— for steel, with $\mu = 0.3$

$$p_{cr,s} = 0.605\, E_0 \frac{\delta^2}{R}; \quad \sigma_{cr,s} = 0.605\, E_0 \frac{\delta}{R}. \tag{9.53 e,f}$$

9.4.1.2. Postcritical behaviour. In order to be able to study the behaviour of shells after the critical loading of equilibrium bifurcation has been reached, we must consider the third-order non-linear differential equations (9.23), which for $t = 0$, and taking account of (9.35), become

$$\frac{1}{R} \frac{\partial^2 F}{\partial x^2} - K_0\, \nabla^2 \nabla^2 w + L(F,\ w) = 0, \tag{9.54 a}$$

$$\frac{1}{E_0 \delta} \nabla^2 \nabla^2 F + \frac{1}{R} \frac{\partial^2 w}{\partial x^2} + \frac{1}{2} L(w,\ w) = 0. \tag{9.54 b}$$

Using for the displacement w an expression of the form

$$w = f_0 + f_1 \sin \frac{m\pi x}{l} \sin \frac{ny}{R} + f_2 \sin^2 \frac{m\pi x}{l} \sin^2 \frac{ny}{R} \tag{9.55}$$

and introducing this displacement into equation (9.54 b), we obtain a differential equation in F, which can be integrated and in this manner the stress function can be expressed with respect to the parameters f_0, f_1, f_2, m and n. By means of the expression of the total strain energy (9.34), the state of equilibrium is obtained from the conditions

$$\frac{\partial \Pi}{\partial f_0} = 0; \quad \frac{\partial \Pi}{\partial f_1} = 0; \quad \frac{\partial \Pi}{\partial f_2} = 0. \tag{9.56 a,b,c}$$

After performing these calculations, in [136] the following equations have been obtained

$$\hat{p} = B_1 + B_2 \zeta^2 + B_3 \psi^2 \zeta^2 + B_4 \psi \zeta, \tag{9.57 a}$$

$$B_5 \zeta^2 \psi^3 + B_6 \zeta^2 \psi^2 + (B_7 + B_8 \zeta^2) \psi + B_9 \zeta = 0, \tag{9.57 b}$$

where the following notations have been introduced

$$\hat{p} = p\frac{R}{E\delta^2}; \quad \zeta = \frac{f_1}{\delta}; \quad \xi = \frac{f_2}{\delta}; \quad \psi = \frac{f_2}{f_1}, \qquad (9.58\ \text{a—d})$$

$$\theta = \frac{m\pi R}{nl}; \quad \eta = \frac{n^2\delta}{R}, \qquad (9.58\ \text{e—f})$$

$B_1 \ldots B_9$ being algebraic functions of the parameters θ and η [136]. In this way for a number m of longitudinal waves and a number n of transverse waves, a certain value is obtained for the loading p. The minimum loading is obtained from the conditions

$$\frac{\partial \hat{p}}{\partial \theta} = 0; \quad \frac{\partial \hat{p}}{\partial \eta} = 0. \qquad (9.59)$$

In [136], the determination of the minimum values has been performed by drawing curves for various values of the parameters θ and η; thus, for θ=0.6, Figure 9.21 a shows, according to [136], the enwrapping curve of

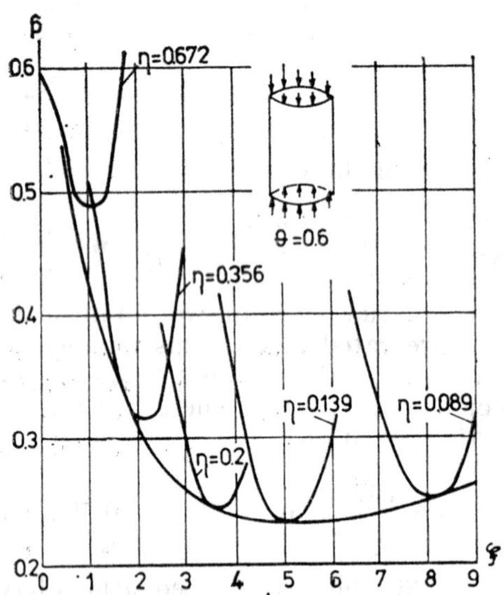

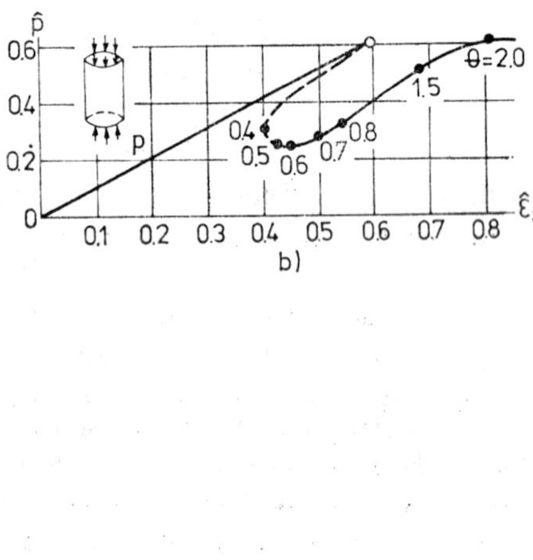

Fig. 9.21. — Postcritical behaviour: a) enwrapping curve; b) load-deformation curve.

the minimum values of loadings for various values of the parameter $\eta =$ $= 0.672$, 0.356, 0.200, 0.139, 0.089; the values are also given with respect to the parameter ζ. The minimum loading obtained is $p = 0.234$ and corresponds to a value $\zeta = f_1/\delta = 5$.

If additional values are considered for the parameter θ the curve plotted in Figure 9.21b is obtained, in which p is represented as a function of the specific shortening

$$\hat{\varepsilon}_x = \frac{R}{\delta l} \int_0^l \frac{\partial u}{\partial x} \, dx. \tag{9.60}$$

It is found that the lowest value of loading is obtained for $\theta = 0.6$ and the lowest value of strain for $\theta = 0.4$. Figure 9.21 b shows that for a deformed surface of the form (9.55), the lower critical loading and the corresponding stress are

$$p_{cr,i} = 0.234\ E_0 \frac{\delta^2}{R}; \quad \sigma_{cr,i} = 0.234\ E_0 \frac{\delta}{R} \cdot \tag{9.61 a,b}$$

In [68], [95] an expression of the following form has been used for deformations

$$w = f_0 + f_1 \sin \frac{m\pi x}{l} \sin \frac{ny}{R} + f_2 \left(\cos \frac{2m\pi x}{l} + \cos \frac{2ny}{R} \right); \tag{9.62}$$

the lower critical loading and the corresponding stress have been obtained as

$$p_{cr,i} = 0.194\ E_0 \frac{\delta^2}{R}; \quad \sigma_{c,ri} = 0.194\ E_0 \frac{\delta}{R} \cdot \tag{9.63 a,b}$$

In [69], [136], for a deformed surface with four parameters

$$w = f_0 + f_1 \sin \frac{m\pi x}{l} \sin \frac{ny}{R} + f_2 \cos \frac{2m\pi x}{l} + f_4 \cos \frac{2ny}{R} \tag{9.64}$$

the lower critical loading and the stress are given as

$$p_{cr,i} = 0.182\ E_0 \frac{\delta^2}{R}; \quad \sigma_{cr,i} = 0.182\ E_0 \frac{\delta}{R} \cdot \tag{9.65 a,b}$$

This last value is generally considered as the lower critical loading of axially-loaded long cylinders. Theoretical and experimental research works [38], [39], [104] have shown, however, that at the beginning a certain number of waves is formed which produce the bifurcation of equilibrium. When the loading begins to increase on the postcritical branch, a new decrease of the force is produced on another branch, corresponding to a new form of wave which has a smaller strain energy (Fig. 9.22). In practical calculations it is however difficult to take this effect into account and, therefore, the simplified curve of the postcritical behaviour is that shown in Figure 9.21b, which corresponds to the smallest value of the lower critical loading.

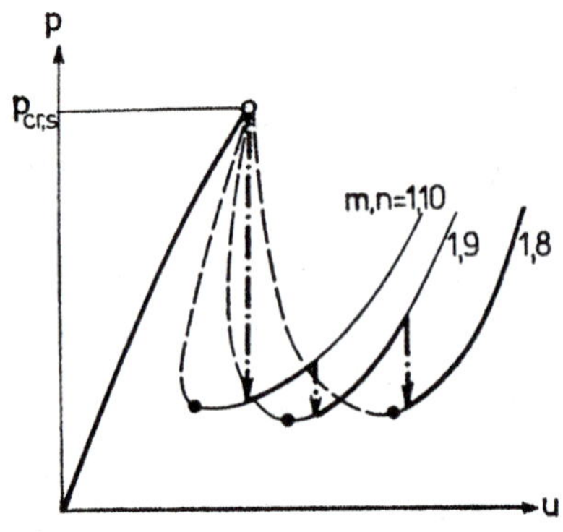

Fig. 9.22. — Multiple bifurcation by successive forming of new buckling forms.

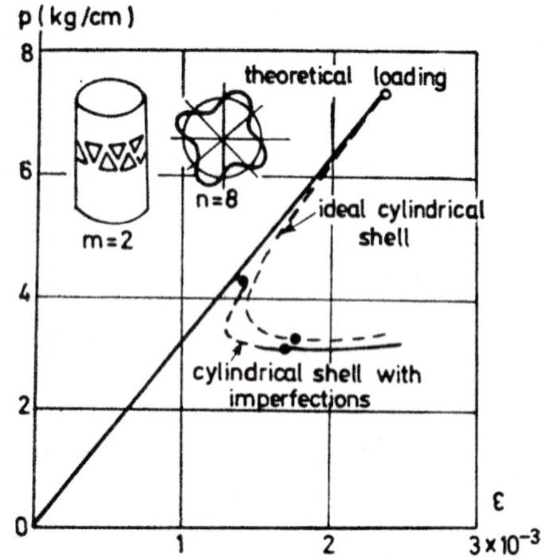

Fig. 9.23. — Ideal cylinder, actual cylinder with imperfections.

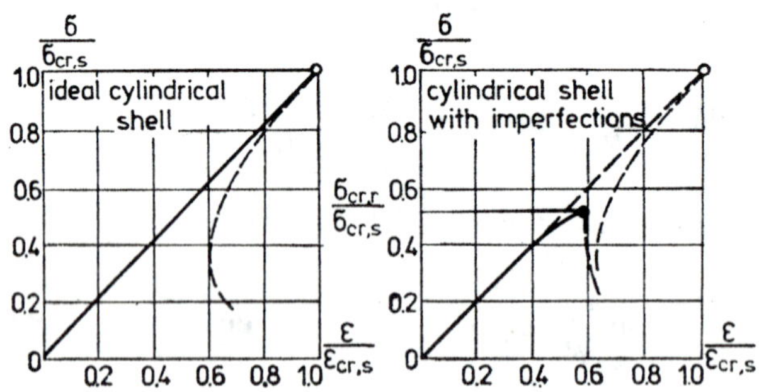

Fig. 9.24. — Postcritical curve:
a) for the ideal cylinder; b) for the actual cylinder with imperfections.

9.4.1.3. Influence of imperfections. Figure **9.23** shows, according to [**38**], the load-strain curve for an axially loaded cylinder with geometrical imperfections; a large decrease of the critical loading of equilibrium bifurcation produced by these imperfections can be noticed. In order to explain this reduction reference could be made to the theoretical investigations described in [**52**], where the expression of the postcritical curve has been determined, valid immediately after the bifurcation of equilibrium has occurred, having the shape of a parabola tangent to the straight line of the linear behaviour (Fig. **9.24** a)

$$\frac{\varepsilon}{\varepsilon_{cr,s}} = \frac{\sigma}{\sigma_{cr,s}} + \frac{2}{3}\left(1 - \frac{\sigma}{\sigma_{cr,s}}\right)^2. \tag{9.66}$$

It can be observed that in the range $\frac{\sigma}{\sigma_{cr,s}} > 0.5$ the difference between the stable and the labile states is very small and that for any deviation, whatever small, from the linear behaviour the critical loading is much reduced (Fig. 9.24 b).

For the determination of the reduced critical loading $\sigma_{cr,r}$, taking into account the influence of imperfections, in [52] the followin grelation has been suggested

$$\left(1 - \frac{\sigma_{cr,r}}{\sigma_{cr,s}}\right)^2 = \frac{3\sqrt{3(1-\mu^2)}}{2} \frac{\sigma_{cr,r}}{\sigma_{cr,s}} \frac{w_i}{\delta}, \tag{9.67}$$

w_i being the initial geometrical imperfection. Thus, if $\frac{w_i}{\delta} = 0.2$, from (9.67) we obtain

$$\sigma_{cr,r} \simeq 0.5\,\sigma_{cr,s}.$$

It follows that a very small imperfection (a deviation from the initial form by only the fifth part of the wall thickness) reduces the critical loading to half that of the cylinder without imperfections.

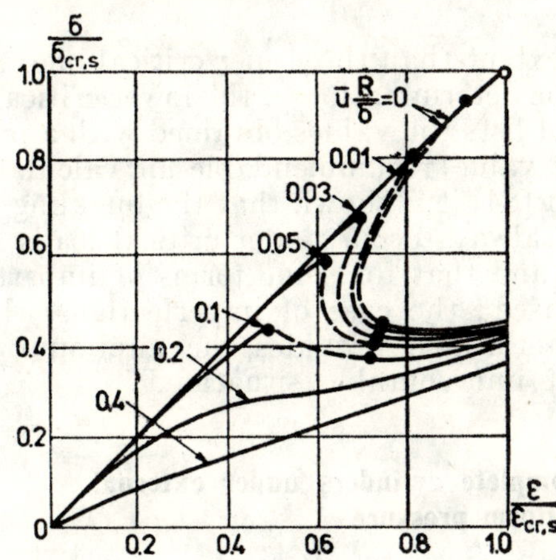

Fig. 9.25. — Influence of imperfections.

Using for the shapes of imperfections expressions similar to those for the loss of stability, in [31] the curves shown in Figure 9.25 have been obtained, as a function of a parameter of the initial deformation ; it can be noticed that for large initial deformations, the curves no longer present labile equilibrium portions and the passing to the buckled position is continual without equilibrium jumps.

The influence of imperfections on the critical loading does not depend on the factor $l/\sqrt{R\delta}$, but is a function of the parameter R/δ [38].

In [110] a simple relation is suggested for the calculation of the critical loading.

$$\frac{p_{cr,r}}{p_{cr,s}} = \frac{1}{\sqrt{1 + \frac{R}{100\,\delta}}} \tag{9.68}$$

which is in fairly good agreement with the experimental results.

As concerns the lower critical loading $p_{cr,i}$ from Figure 9.25 there results that it is also influenced by the magnitude of imperfections, but to a much

Table 9.1.

The axial lower critical loadings $p_{cr,i}\sqrt{\frac{E_0}{R}}$

Probability and design value	R/δ			
	250	500	1000	1500
probability 90%	0.18	0.16	0.14	0,11
probability 99%	0.14	0.12	0.10	0.07
design value	0.16	0.14	0.12	0.09

smaller extent than the upper critical one. Statistical investigations carried out on the determination of the lower critical loading are described in [138]; Table. 9.1 lists the values obtained with a probability of 90 and 99 per cent and the value recommendable in calculations.

In [84] it is shown that the buckling of a cylinder with imperfections does not always occur under critical loads smaller than those on the ideal cylinder and that for some forms of imperfections the critical loading can be increased; the case of imperfections which correspond to the form of the snap through provides the minimum critical loading and represents the most unfavourable situation.

9.4.2. Complete cylinders under external uniform pressure

9.4.2.1. Critical loading of equilibrium bifurcation. The critical loading of bifurcation is determined from the second order theory, taking into account relations (9.35) and introducing functions of the form (9.36). Account must be also taken that

$$\frac{\partial^2 F_0}{\partial x^2} = N_y = -qR. \tag{9.69}$$

Thus, from equations (9.25) we obtain

$$\frac{1}{R}\frac{\partial^2 \overline{F}}{\partial x^2} - K_0 \nabla^2\nabla^2 \overline{w} - qR\frac{\partial^2 \overline{w}}{\partial y^2} = 0, \tag{9.70 a}$$

$$\frac{1}{E_0\delta}\nabla^2\nabla^2\overline{F} + \frac{1}{R}\frac{\partial^2 \overline{w}}{\partial x^2} = 0. \tag{9.70 b}$$

If we eliminate the function $\overline{F}$ we get

$$K_0\nabla^2\nabla^2\nabla^2\nabla^2\overline{w} + \frac{E_0\delta}{R^2}\frac{\partial^2 \overline{w}}{\partial x^4} + qR\nabla^2\nabla^2\left(\frac{\partial^2 \overline{w}}{\partial y^2}\right) = 0 \tag{9.71}$$

Using for $\overline{w}$ an expression of the form (9.44), we have

$$q = \frac{K_0 R}{n^2}\left(\frac{m^2\pi^2}{l^2} + \frac{n^2}{R^2}\right)^2 + \frac{E_0\delta}{n^2R^2}\frac{1}{\left(1+\dfrac{n^2l^2}{m^2\pi^2R^2}\right)^2}. \tag{9.72}$$

As it can be seen, the minimum value of the critical loading is obtained for $m = 1$ and the tests carried out showed that the loss of stability of cylinders subjected to external pressures is produced by a single longitudinal half-wave [136]. In this manner, relation (9.72) becomes

$$q = \frac{E_0\delta}{R}\left[\frac{k}{1-\mu^2}n^2\left(1+\frac{\pi^2R^2}{n^2l^2}\right)^2 + \frac{\pi^4R^4}{l^4}\frac{1}{n^6}\frac{1}{\left(1+\dfrac{\pi^2R^2}{n^2l^2}\right)^2}\right] \tag{9.73}$$

where k is given by (9.47 b).

The critical loading of equilibrium bifurcation is obtained from the minimum value of the bracketed expression in relation (9.73). Two cases can be distinguished

— If

$$\left(\frac{\pi R}{nl}\right)^2 \leqslant 1 \tag{9.74}$$

then, from (9.73) we have

$$q = \frac{E_0\delta}{R}\left(\frac{k}{1-\mu^2}n^2 + \frac{\pi^4R^4}{l^4}\frac{l}{n^6}\right) \tag{9.75}$$

which becomes a minimum for

$$n = \sqrt[4]{6\pi^2\sqrt{1-\mu^2}}\sqrt{\frac{R}{l}}\sqrt[4]{\frac{R}{\delta}} \tag{9.76 a}$$

and which for $\mu = 0.3$ gives

$$n \simeq 2.7\sqrt{\frac{R}{l}}\sqrt[4]{\frac{R}{\delta}}. \tag{9.76 b}$$

If (9.76) is inserted into (9.73), we obtain the critical bifurcation loading

$$q_{cr,s} = \frac{0.855\sqrt[4]{1-\mu^2}}{1-\mu^2}\,\frac{E\delta^2}{Rl}\sqrt{\frac{\delta}{R}}, \tag{9.77 a}$$

or for $\mu = 0.3$, we have

$$q_{cr,s} = 0.92\,\frac{E\delta^2}{Rl}\sqrt{\frac{\delta}{R}}. \tag{9.77 b}$$

— If condition (9.74) is not fulfilled, the critical loading is provided by the diagrams shown in Figure 9.26 a.

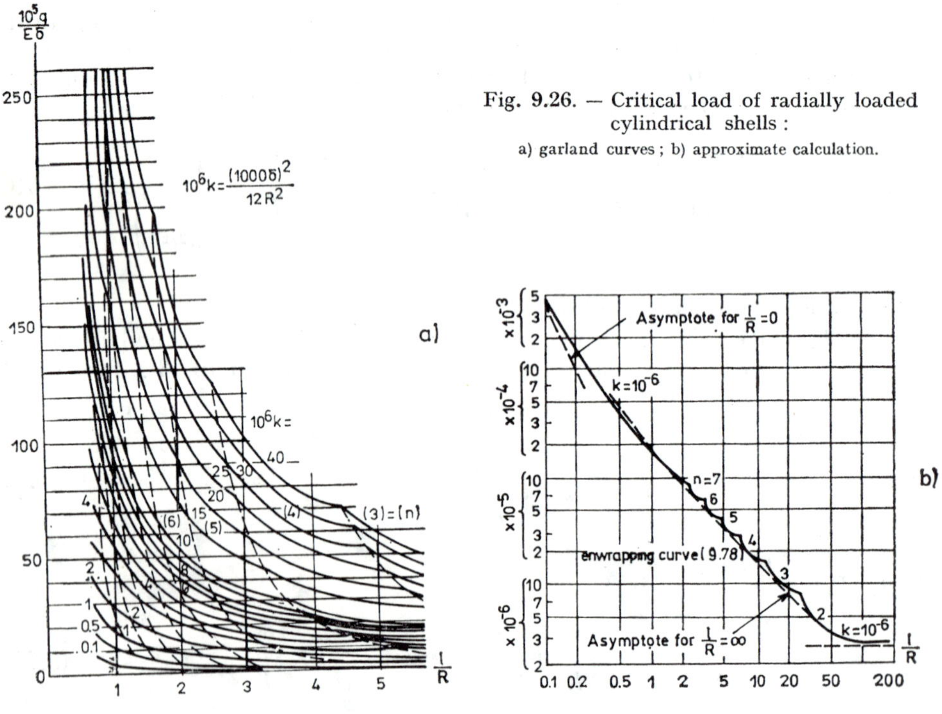

Fig. 9.26. — Critical load of radially loaded cylindrical shells :
a) garland curves ; b) approximate calculation.

In order to simplify the calculations in [64] the enwrapping curve (see Fig. 9.26 b) has been determined, the following relation being obtained

$$q_{cr,s} = \frac{E_0 \delta}{R} \lambda c^{3/4} \frac{1 + 3(1+\beta)^2 (1+\beta-\alpha)^2}{(1+\beta)(1+\beta-\alpha)} \tag{9.78}$$

where

$$\lambda = \frac{\pi R}{l}; \quad c = \frac{k^*}{3}; \quad \alpha = \lambda^{-1} c^{1/4}; \quad \beta = \lambda c^{1/4} \qquad (9.79\ a \ldots d)$$

k^* being given by relation (9.52 a).

Relations (9.77) and (9.78) provide the upper critical loading of equilibrium bifurcation.

9.4.2.2. Postcritical behaviour. To study the postcritical behaviour of a cylinder after the equilibrium bifurcation has appeared resort must be made to the third-order theory complete non-linear equations.

In [136] an expression of the following form has been chosen for the displacement w

$$w = f_0 + f_1 \sin\frac{\pi x}{l} \sin\frac{ny}{R} + f_2 \sin^2\frac{\pi x}{l}. \tag{9.80}$$

Calculating the total strain energy and its minimum with respect to the parameters f_0, f_1, f_2, we obtain the loading

$$\hat{q} = C_1\zeta^2 + C_2\xi^2 - C_3\zeta + C_4, \tag{9.81}$$

where ζ and ξ are given by (9.58 b, c), and

$$\hat{q} = \frac{q}{E}\frac{R^2}{\delta^2} \tag{9.82}$$

and $C_1 \ldots C_4$ are functions of θ defined by relation (9.58 e). For various values of ξ and θ, the curves shown in Figure 9.27 have been obtained for a shell with $\frac{R\delta}{l^2} = \frac{1}{260}$ and the critical loading is provided by their enwrapping curve. Thus, for the critical lower loading, we have

$$\hat{q}_{cr,i} = 0.034.$$

Calculating the same value, from (9.77 b) we have

$$\hat{q}_{cr,s} = 0.057.$$

For other values the ratio $\frac{q_{cr,i}}{q_{cr,s}}$ has been plotted in Figure 9.28 as a function $q_{cr,s}$ of the ratios l/R and R/δ; it is found that for the values $\frac{l}{R} > 4$ the two loadings coincide, whilst for $0.8 < \frac{l}{R} < 2$ the differences assume maximum values.

It can thus be observed that for a cylinder subjected to a lateral external pressure, the lower critical loading is 70—75 per cent of the upper

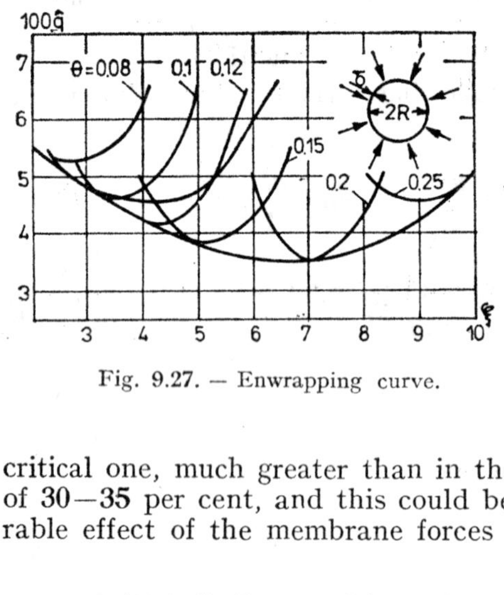

Fig. 9.27. — Enwrapping curve.

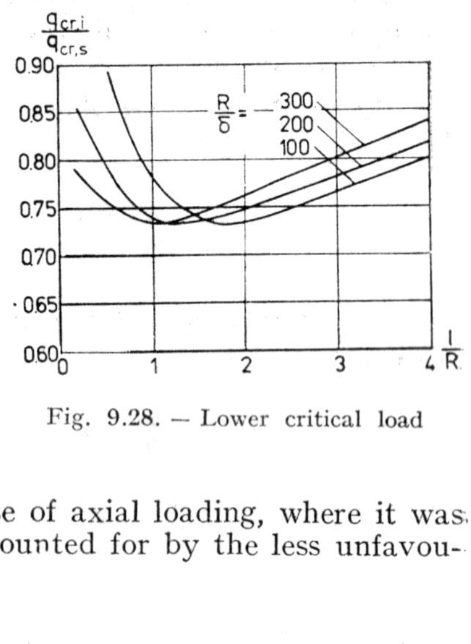

Fig. 9.28. — Lower critical load

critical one, much greater than in the case of axial loading, where it was of 30—35 per cent, and this could be accounted for by the less unfavourable effect of the membrane forces N_y.

9.4.2.3. Influence of imperfections. The influence of imperfections on the critical loading in the case of cylinders under external pressure has been studied in [32] in a manner similar to that used for axially loaded cylinders. Figure 9.29 shows the results obtained; it can be noticed that in the case of short cylinders a stable bifurcation is produced and the imperfections do not practically influence the upper critical loading; beginning from the value $\frac{l}{\sqrt{R\delta}} > 5.5$ the loss of stability appears by a labile bifurcation and the imperfections begin to reduce the upper critical loading.

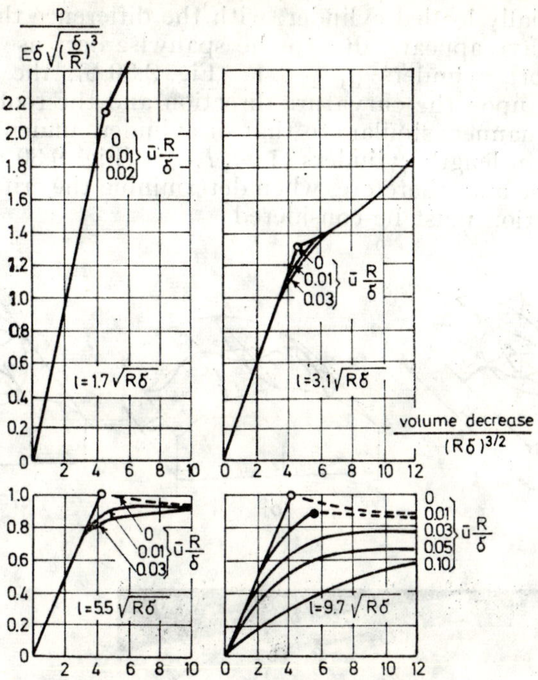

Fig. 9.29 — Influence of imperfections.

In order to be able to take account of these imperfections, in [138] it is recommended to consider the lower critical loading as a function of the upper one, determined by means of relation (9.77), using the diagram shown in Figure 9.26 a or by means of relation (9.78); the reductions given in Table 9.2 must be also considered.

Table 9.2.

The radial lower critical loadings $q_{cr,i}/q_{cr}$

R/δ	250	500	1000	1500
$q_{cr,i}/q_{cr,s}$	0.7	0.6	0.5	0.4

9.4.3. Roof cylinders

9.4.3.1. Manners of stability loss. The manner in which roof cylinders lose their stability is closely related to the ratio of the two sizes:

— for long cylinders ($l_1/l_2 > 4$) (Fig. 9.30 a), the main stresses in the shell are bending forces upon the direction l_1, the vault stresses being negligible; thus, the region in which the loss of stability appears is practically compressed only upon longitudinal direction and can be assimilated to a strip in an axially loaded cylinder, with the difference that with cylinder roofs a single wave appears, due to the spanwise decrease of stresses;

– for short cylinders ($l_1/l_2 < 1$) (Fig. 9.30 b), the most important forces are those upon the curvature direction and the roof loss of stability appears in a manner similar to that of cylinders under lateral pressure;

– for mean length cylinders ($1 < l_1/l_2 < 4$) (Fig. 9.30 c, d), both forces are of importance and, therefore, when determining the critical loading their simultaneous action must be considered.

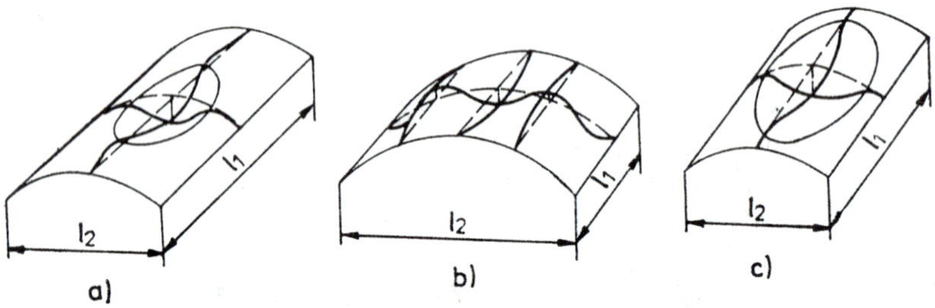

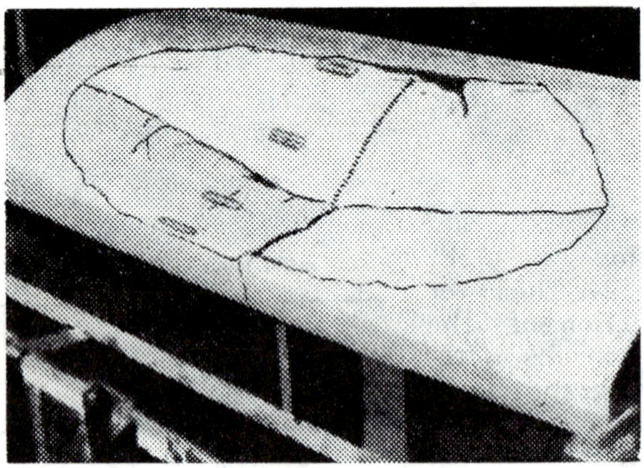

d)

Fig. 9.30. – Buckling of roof cylindrical shells: a) long cylinders; b) short cylinders; c) mean-length cylinders; d) buckled surface determined experimentally.

9.4.3.2. Critical loading of equilibrium bifurcation. In the case of a cylinder panel subjected to a uniform pressure no essential differences exist with respect to the stability of a complete cylinder under the same loading.

When the cylinder panel is axially loaded the manner in which the critical loading is influenced by the boundary conditions must be examined. Since equation (9.38) is also valid for the cylinder panel, we must choose a deformed shape similar to (9.44)

$$w = f \sin \frac{m\pi x}{l} \sin \frac{n\pi y}{b}, \tag{9.83}$$

which satisfies simply supporting conditions on the whole of the shell boundary (Fig. 9.31) ; the edges $x=0, l$ and $y=0, b$ are also capable to withstand axial and shear forces.

If (9.83) is introduced into (9.38), following a way similar to that used in 9.4.1.1, we get

$$p_{cr,s} = \frac{1}{\sqrt{3(1-\mu^2)}} E_0 \frac{\delta^2}{R} \tag{9.84}$$

the critical loading of the cylinder panel being similar to that of a complete cylinder, provided by relation (9.50 a).

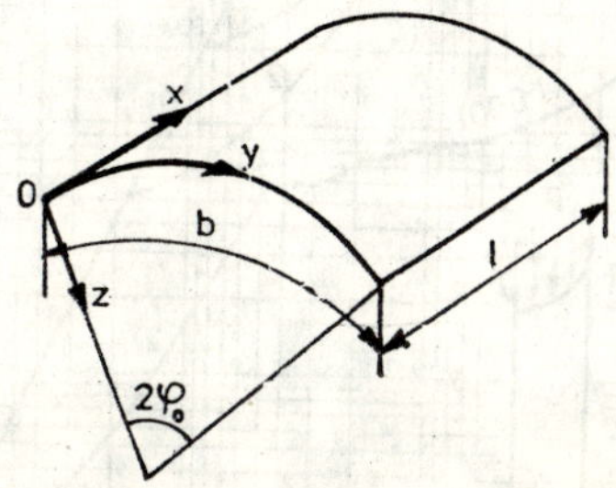

Fig. 9.31. — Geometrical elements.

For other supporting conditions however, significant changes in the critical loading can be noticed. Thus, in [23] an axially loaded cylinder panel, freely supported at the edges $y = 0, b$ and hinged at $x=0, l$ is considered. Figure 9.32 shows diagrams for calculating the critical load of bifurcation for various ratios δ/R, l/R and the angles at the centre φ_0. It can be seen that they differ much from those for a complete cylinder and the critical loadings are much smaller.

Other types of supporting are discussed in [57] ; thus, for the edges $y = 0, b$ the supporting conditions $N_y=0$; $N_{xy}=0$, are considered and for $w=0$, $x=0, l$, $N_{xy} = 0$; $w = 0$. For the remaining conditions the following combinations are considered ;

— $AA1$ — all edges are hinged ; u = const. for $x = 0 ; l$,
— $AA2$ — all edges are hinged ; N_x = const., for $x = 0 ; l$,
— $AI1$ — hinged at $x = 0 ; l$, clamped at $y = 0 ; b$, u = const. at $x = 0 ; l$,
— $AI2$ — hinged at $x=0, b$ clamped at $y=0, b$, N_x=const. for $x = 0 ; l$,
— $IA1$ — clamping at $x = 0 ; l$, hinged at $y = 0 ; b$, u = const. at $x = 0 ; l$,
— $IA2$ — clamping at $x = 0 ; l$, hinged at $y = 0 ; b$, N = const. at $x = 0 ; l$,
— $II1$ — clamping on the whole boundary, u = const. at $x = 0 ; l$,
— $II2$ — clamping on the whole boundary, N = const. at $x = 0 ; l$.

Figure 9.33 shows, according to [57], the critical loads corresponding to these supporting cases, as compared to the critical load of the complete cylinder subjected to axial loading. The following can be noted :

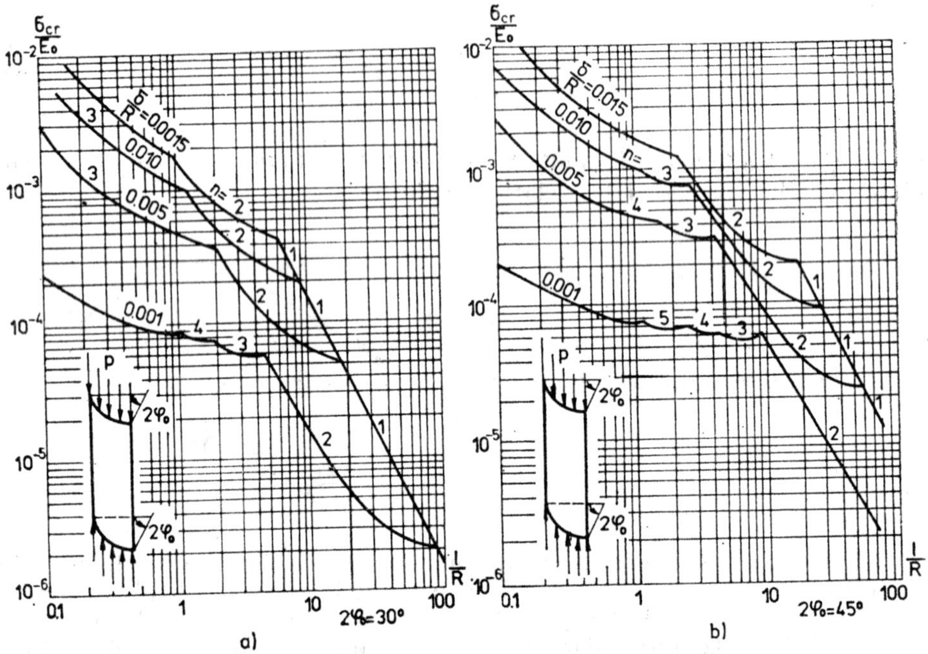

Fig. 9.32 — Critical load of the axially loaded cylindrical panel.

— the critical loadings differ rather slightly from these corresponding to the complete cylinder when the whole of the boundary is clamped, but they differ much when the longitudinal edges are hinged, and

— no large difference exists between the cases $u =$ const. and $N_x =$ $=$ const.

It can be also stressed from the above that large differences appear in the calculation of the upper critical loading of cylinder panels as compared to complete cylinders if the edges are not capable to take over the shear and traverse forces.

As was shown in sub-Section 9.4.3.1., in the case of mean length cylinders both manners in which the loss of stability appears must be taken into account.

The experimental work described in [124] confirms that the known interaction relation

$$\frac{\sigma_x}{\sigma_{cr,s,x}} + \frac{\sigma_y}{\sigma_{cr,s,y}} = 1 \tag{9.85 a}$$

is satisfactory (the subscripts x and y indicate the stress directions). The experimental work reported in [47] showed, however, that under axial loads close to the axial critical load, the presence of stressed upon circum-

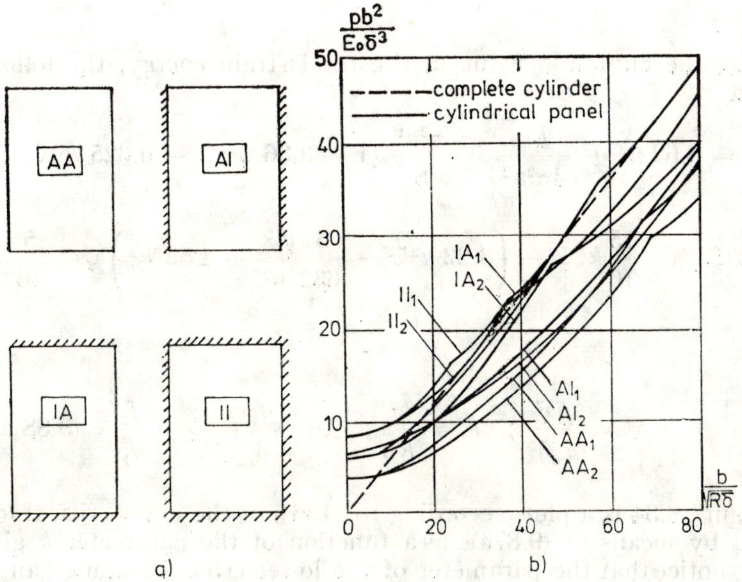

Fig. 9.33— Influence of supporting conditions:
a) types of supporting: b) critical loads.

ferential direction has a very small effect; likewise, even under small axial loads the circumferential loading which produced a loss of stability is greater than that corresponding to uniform pressure, owing to the modification of the buckled shape. Therefore, in [47] an interaction relation of the following form is suggested

$$\frac{\sigma_x}{\sigma_{cr,s,x}} + \left(\frac{\sigma_y}{\sigma_{cr,s,y}}\right)^2 = 1, \qquad (9.85\ b)$$

valid for cylinders of mean length, with $200 \leqslant \frac{R}{\delta} \leqslant 800$.

9.4.3.3. Postcritical behaviour. The postcritical behaviour of short cylinders can be assimilated to that of cylinders under external pressure, and the lower critical loading can be calculated by means of the upper critical one, taking account, of course, of the reductions given in Table 9.2.

The postcritical behaviour of mean-length and long cylinders is discussed in [136]; thus, proceeding from the following equation of the deformed shape

$$w = f_1 \sin \frac{n\pi x}{l} \sin \frac{n\pi y}{b} + f_2 \sin^2 \frac{n\pi y}{b} \tag{9.86}$$

and using the minimum value of the total strain energy, the following is obtained

$$p^* = 3.62\, n^2 + \frac{k^2}{4\pi^2 n^2} + \frac{\pi^2 n^2}{8} (1 + 3.36\, \psi^2)\zeta^2 - 0.625\, k\psi\zeta, \tag{9.87a}$$

$$1.47\, n^2\zeta^2\psi^3 - \frac{15}{16} k\zeta\psi^2 - \left(3.22\, n^2\zeta^2 - \frac{3}{632} \frac{k^2}{n^2} + 4.52\, n^2\right)\psi + \frac{5}{16} k\zeta = 0 \tag{9.87b}$$

where

$$p^* = \frac{pb^2}{E_0\delta^3}; \quad k = \frac{b^2}{R\delta}; \quad \zeta = \frac{f_1}{\delta}; \quad \psi = \frac{f_2}{f_1} \tag{9.88 a ... d}$$

Figura 9.34 is a plot, according to [136], of the lower critical loadings obtained by means of (9.87a), as a function of the parameter k given by (9.88 b); notice that the parameter of the lower critical loading can be calculated with the simple relation

$$p^*_{cr,i} = 0.26\, k. \tag{9.89}$$

However, in order to be consistent with the values obtained in the case of axially loaded cylinders, for which $p = 0.18\, k$, the following values are recommendable in design [136]

— if $k = \dfrac{b^2}{R\delta} \leqslant 20$, then

$$p^*_{cr,i} = 3.6; \quad p_{cr,i} = 3.6 E_0 \frac{\delta^3}{b^2}, \tag{9.90 a,b}$$

— if $k = \dfrac{b^2}{R\delta} > 20$, then

$$p^*_{cr,i} = 0.18\, k; \quad p_{cr,i} = 0.18\, E_0 \frac{\delta^2}{R}, \tag{9.90 c,d}$$

the last relation being identical to that for long cylinders.

The postcritical behaviour of a cylinder panel of $AA1$ type (see sub-Section 9.4.3.2) is examined in [57]; Figure 9.35 shows that in this case the lower critical loading is greater than that obtained in [136] by relation (9.89) although the upper critical loading is smaller. In [51] mention is

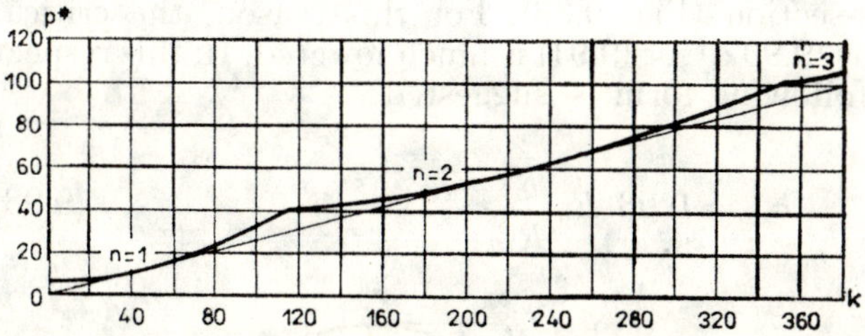

Fig. 9.34. — Enwrapping curve

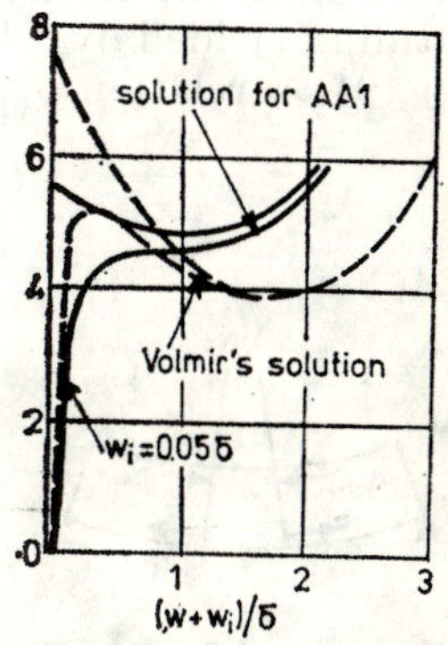

Fig. 9.35. — Postcritical behaviour.

made that in experimental work critical values higher than those given for axially loaded cylinders were found and therefore in [4] the lower critical loading was considered as

$$p_{cr,i} = 0.25\, E \frac{\delta^2}{R}, \tag{9.91}$$

which is in fairly good agreement with the theoretical value (9.89).

In the case of mean-length cylinders, where the stresses in both directions are of the same order of magnitude, the lower critical loading can be calculated with the help of an interaction relation similar to (9.85)

$$\frac{\sigma_x}{\sigma_{cr,i,x}} + \frac{\sigma_y}{\sigma_{cr,i,y}} = 1 \tag{9.92 a}$$

or

$$\frac{\sigma_x}{\sigma_{cr,i,x}} + \left(\frac{\sigma_y}{\sigma_{cr,i,y}}\right)^2 = 1 \tag{9.92 b}$$

the first relation being, however, to a larger extent on the safe side. As compared to relations (9.85), here the lower critical loadings have been substituted for the upper critical ones.

9.4.3.4. Influence of the cross-section deformation. In the case of an isolated cylinder, with edge beams of reduced stiffness, or without edge beams, due account should be taken of the cross-section flatenning produced by bending (the Brazier effect). Thus, due to the bending along the shell generators, in the cross-section forces which balance each other appear, deforming the shell cross-section (Fig. 9.36). For this reason, the critical loading yielded by relations (9.90 d) or (9.91) is much lowered. In this respect in [91] a relation of the following form is suggested

$$\sigma_{cr} = 0.08\ E_0 \frac{\delta}{R} \tag{9.93}$$

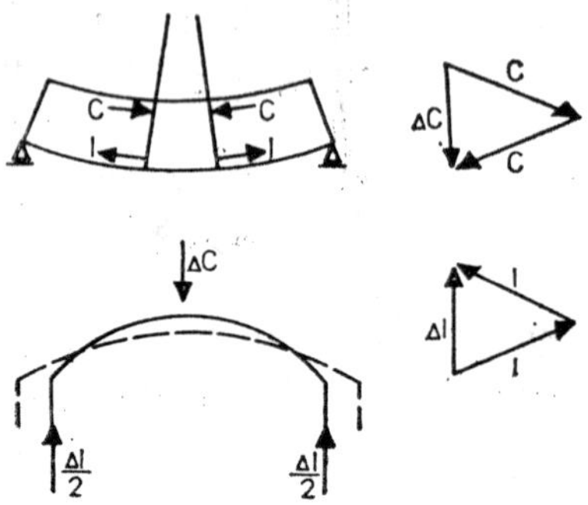

Fig. 9.36 – Effect of cross-section deformations.

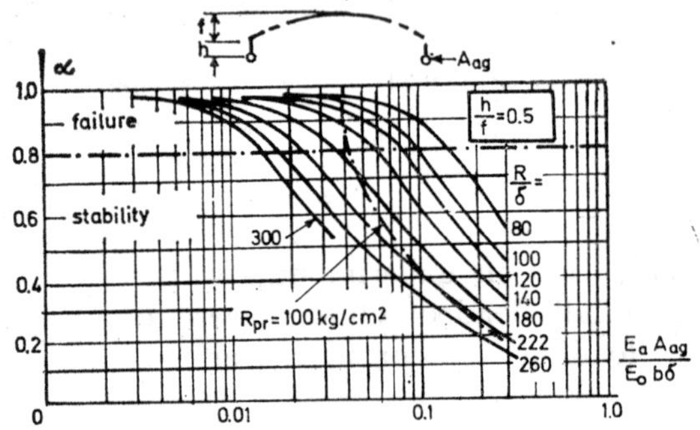

Fig. 9.37. – Influence of cracking of the stretched zone.

A more accurate calculation which reduced the inertia moment of the underformed section I_0 as a function of the cross-section deformations has been performed in [77] for a circular cylinder

$$I_1 = \gamma I_0, \tag{9.94}$$

where γ is a subunitary coefficient.

With the help of this modified inertia moment the critical stress can be calculated, values comparable to those furnished by (9.93) being obtained. The relations above are valid for the case of the elastic behaviour of cylinders. In [65] it is shown that the cracking of the stretched zone of reinforced concrete shells reduces much their stiffness and the deformation of the cross-section is still greater. In [65] the limit loading denoted by p_s, in which account is taken of this cross-section deformation, is calculated by the relation

$$p_s = \alpha p_r, \tag{9.95}$$

p_r being the loading corresponding to the limit state of strength produced by bending. The coefficient α is plotted in Figure 9.37 as a function of the parameters $\frac{R}{\delta}$, $\frac{h}{f}$, $\frac{E_a}{E_0}$ $\frac{A_{ag}}{b\delta}$. In these diagrams a demarcation is also shown of the regions in which the shell loses its carrying capacity either by crushing or by loss of stability.

9.5. Elastic stability of spherical shells

9.5.1. Stability of complete spheres

9.5.1.1. Critical loading of equilibrium bifurcation. A complete sphere without imperfections preserves its state of equilibrium produced by an external uniform radial pressure p by compression axial stresses, uniformly distributed over the whole surface

$$N = -\frac{pR}{2}, \tag{9.96}$$

For a certain value of the loading p, the sphere loses its stability by equilibrium bifurcation, and since the deformations are small the second order theory can be applied. Using equations (9.25) for $t = 0$, taking account that

$$\frac{1}{r_x} = \frac{1}{r_y} = \frac{1}{R}; \quad \frac{1}{r_{xy}} = 0 \tag{9.97 a,b}$$

and introducing the functions (9.36), we have

$$\frac{1}{R}\nabla^2 \overline{F} - K_0 \nabla^2 \nabla^2 \overline{w} - \frac{pR}{2}\nabla^2 \overline{w} = 0, \tag{9.98 a}$$

$$\frac{1}{E_0 \delta}\nabla^2 \nabla^2 \overline{F} + \frac{1}{R}\nabla^2 \overline{w} = 0 \tag{9.98 b}$$

Now, eliminating the stress function $\overline{F}$, we obtain the equation in $\overline{w}$

$$K_0 \nabla^2 \nabla^2 \nabla^2 \overline{w} + \frac{E_0 \delta}{R^2}\nabla^2 \overline{w} + \frac{pR}{2}\nabla^2 \nabla^2 \overline{w} = 0 \tag{9.99}$$

A very simple solution for determining the critical loading is given in [136]; noting that in all cases of loss of stability the following relation exists

$$\frac{\partial^2 \overline{w}}{\partial x^2} = -\lambda^2 \overline{w},$$

where λ is a parameter which will define the critical loading, for spherical shells it has been admitted that

$$\nabla^2 \overline{w} = -\lambda^2 \overline{w} \tag{9.100}$$

which introduced into (9.99) gives us

$$K_0 \lambda^6 + \frac{E_0 \delta}{R^2} \lambda^2 - \frac{pR}{2} \lambda^4 = 0$$

whence the following loading is obtained

$$p = \frac{2}{R}\left(K_0 \lambda^2 + \frac{E_0 \delta}{R^2} \frac{1}{\lambda^2}\right) \tag{9.101}$$

The minimum loading is obtained from $\frac{\partial p}{\partial \lambda} = 0$ whence

$$\lambda^4 = \frac{E_0 \delta}{K_0 R^2} \tag{9.102}$$

Further, using (9.101) the upper critical loading is

$$p_{cr,\,s} = \frac{4}{R^2}\sqrt{K_0 E_0 \delta} = \frac{2}{\sqrt{3(1-\mu^2)}} E_0 \left(\frac{\delta}{R}\right)^2 \tag{9.103}$$

From (9.96) we derive the compression upper critical stress

$$\sigma_{cr,\,s} = \frac{N}{\delta} = \frac{1}{\sqrt{3(1-\mu^2)}} E_0 \frac{\delta}{R}, \tag{9.104}$$

which is similar to that obtained for the axially loaded cylinder (relation (9.50 b)). The upper critical loading (9.103) has been obtained for the first time in [137] and then re-found in [101].

Introducing the corresponding values for μ, we get

— for $\mu = 0$

$$p_{cr,\,s} = 1.16\, E_0 \frac{\delta^2}{R^2}; \quad \sigma_{cr,\,s} = 0.58\, E_0 \frac{\delta}{R}, \tag{9.105 a,b}$$

for concrete, with $\mu = 0.20$

$$p_{cr,\,s} = 1.18\, E_0 \frac{\delta^2}{R^2}; \quad \sigma_{cr,\,s} = 0.59\, E_0 \frac{\delta}{R}, \tag{9.105 c,d}$$

— for steel, with $\mu = 0.30$

$$p_{cr,\,s} = 1.21\, E_0 \frac{\delta^2}{R^2}\,;\quad \sigma_{cr,\,s} = 0.605\, E_0 \frac{\delta}{R}. \tag{9.105 e, f}$$

9.5.1.2. Postcritical behaviour. Experimental work has shown that in actuality the values obtained for critical loadings are much smaller than those supplied by relations (9.105). The reason for which such dif-

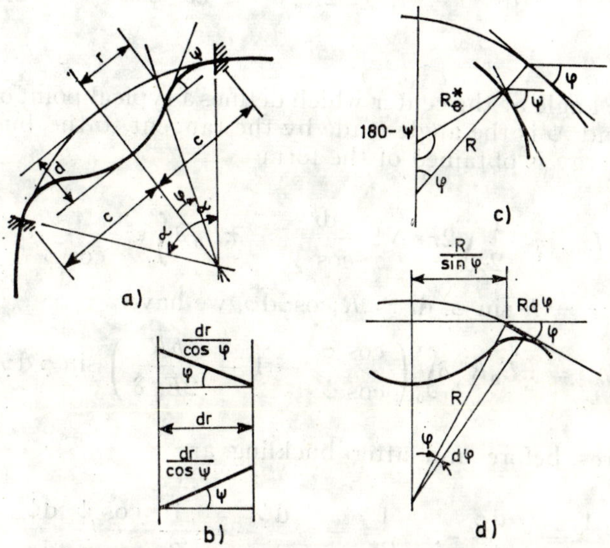

Fig. 9.38. — Buckling of spherical shells.

ferences appear has been explained for the first time in [67], where it has been proved that states of equilibrium exist with surfaces where a snap through occurred under loads smaller than the upper critical one.

Thus, it has been considered that from a complete sphere a part defined by the center angle 2α (Fig. 9.38 a) is such deformed that the edges are perfectly clamped to the remaining shell. The following assumptions are admitted :

— the angle α is small and the shell portion can be considered as being shallow,

— the deformation is symmetrical with respect to the axis of revolution,

— only displacements parallel to the axis of revolution are considered,

— the effect of compression before a snap through appears is neglected, and

— the coefficient of Poissin's ratio μ is neglected.

The calculation is performed with the help of the minimum total strain energy criterion (relation 9.34). In order to calculate the strain energy of the membrane forces the strain is determined, which consists of that appearing up to the snap through and that which appears during the snap through ; taking account of (9.96), we obtain (Fig. 9.38 b)

$$\varepsilon = \frac{\dfrac{dr}{\cos\psi} - \dfrac{dr}{\cos\varphi}}{\dfrac{dr}{\cos\varphi}} - \frac{pR}{2E_0\,\delta} = \frac{\cos\varphi}{\cos\psi} - 1 - \frac{pR}{2E_0\,\delta}, \qquad (9.106)$$

where φ is the angle at the center which defines a typical point on the deformed surface and ψ is the angle made by the tangent to the buckled surface. The strain energy is obtained of the form

$$L_{dm} = \frac{1}{2}\int_0^{\alpha} 2\pi r\, N\varepsilon \frac{dr}{\cos\varphi} = \pi E_0\,\delta \int_0^{\alpha} \varepsilon^2 \frac{r}{\cos\varphi} dr. \qquad (9.107)$$

As, however, $r = R\sin\varphi$, $dr = R\cos\varphi d\varphi$, we have

$$L_{dm} = \pi E_0 R^2\,\delta \int_0^{\alpha} \left(\frac{\cos\varphi}{\cos\psi} - 1 - \frac{pR}{2E_0\,\delta}\right)^2 \sin\varphi\, d\varphi. \qquad (9.108)$$

The curvatures before and after buckling are

$$\frac{1}{R} = \frac{d\varphi}{\dfrac{dr}{\cos\varphi}}\,; \quad \frac{1}{R^*} = \frac{d\psi}{\dfrac{dr}{\cos\Psi}} = \frac{1}{R}\frac{\cos\psi}{\cos\varphi}\frac{d\psi}{d\varphi} \qquad (9.109\ \text{a,b})$$

and, thus, the variation of curvature in the middle plane is

$$\varkappa_\varphi = \frac{1}{R^*} - \frac{1}{R} = \frac{1}{R}\left(\frac{\cos\psi}{\cos\varphi}\frac{d\psi}{d\varphi} - 1\right). \qquad (9.110)$$

In the plane perpendicular to the middle plane, from Fig. 9.38 c we obtain

$$\frac{R}{\sin(\pi - \psi)} = \frac{R_0^*}{\sin\varphi}\,; \quad \frac{1}{R_0^*} = \frac{1}{R}\frac{\sin\psi}{\sin\varphi} \qquad (9.111\ \text{a,b})$$

and, accordingly, the variation of curvature is

$$\varkappa_0 = \frac{1}{R_\theta^*} - \frac{1}{R} = \frac{1}{R}\left(\frac{\sin\psi}{\sin\varphi} - 1\right). \qquad (9.112)$$

The strain energy due to bending moments is

$$L_{di} = \frac{1}{2}\int 2\pi r\,(m_\varphi\,\varkappa_\varphi + m_\theta\,\varkappa_\theta)\,r\mathrm{d}\varphi = \frac{\pi E_\theta\,\delta^3}{12}\int_0^\alpha\left[\left(\frac{\cos\psi}{\cos\varphi}\,\frac{\mathrm{d}\psi}{\mathrm{d}\varphi} - 1\right)^2 + \left(\frac{\sin\psi}{\sin\varphi} - 1\right)^2\right]\sin\varphi\,\mathrm{d}\varphi. \tag{9.113}$$

The work corresponding to the final intensity of the loadings is

$$L = p\Delta V_b + \frac{p}{2}\Delta V_m, \tag{9.114}$$

where ΔV_b is the volume variation between the undeformed and the deformed shapes and ΔV_m is that corresponding to membrane stresses. It follows that (Fig. 9.38 d)

$$V_b = \int_0^\alpha \pi r^2\left(R\,\mathrm{d}\varphi\,\sin\varphi - \frac{\mathrm{d}r}{\cos\psi}\,\sin\psi\right)\mathrm{d}r = \pi r^3\int_0^\alpha \sin^2\varphi\,\cos\varphi(\mathrm{tg}\,\varphi - \mathrm{tg}\,\psi)\,\mathrm{d}\varphi. \tag{9.115}$$

The sphere radius, considered in the frame of the membrane state of stress, varies with the quantity

$$\Delta R = \varepsilon_m R = \frac{pR^2}{2E_0\,\delta} \tag{9.116}$$

and the variation of volume will be

$$\Delta V_m = 2\pi R^2\,(1 - \cos\alpha)\,\frac{pR^2}{2E_0\,\delta} = \frac{\pi p R^4}{E_0\delta}\,(1 - \cos\alpha). \tag{9.117}$$

It follows that the total strain energy is

$$\Pi = \pi R^3\left\{\frac{E_0\,\delta}{R}\int_0^\alpha\left(\frac{\cos\varphi}{\cos\psi} - 1 - \frac{pR}{2E_0\,\delta}\right)^2\sin\varphi\,\mathrm{d}\varphi + \frac{E_0}{12}\left(\frac{\delta}{R}\right)^3\int_0^\alpha\left(\frac{\cos\psi}{\cos\varphi}\,\frac{\mathrm{d}\psi}{\mathrm{d}\varphi} - 1\right)^2 + \left(\frac{\sin\psi}{\sin\varphi} - 1\right)^2\right]\sin\varphi\mathrm{d}\varphi + p\int_0^\alpha \sin^2\varphi\cos\varphi\,(\mathrm{tg}\,\varphi - \mathrm{tg}\,\psi)\mathrm{d}\varphi - \frac{p^2 R}{2E_0\,\delta}\,(1 - \cos\alpha)\right\}. \tag{9.118}$$

According to the first assumption, the angles α, φ and ψ are small and thus $\sin\varphi \simeq \operatorname{tg}\varphi \simeq \varphi$, $\cos\varphi \simeq 1 - \frac{\varphi^2}{2}$; $\cos\psi \simeq 1 - \frac{\psi^2}{2}$, and relation (9.118) becomes

$$\frac{\Pi}{\pi R^3} = \frac{E_0\,\delta}{4R}\int_0^\alpha\left[(\psi^2 - \varphi^2) - \frac{pR}{E_0\,\delta}\right]^2\varphi\mathrm{d}\varphi + \frac{E_0}{12}\left(\frac{\delta}{R}\right)^3\int_0^\alpha\left[\left(\frac{\mathrm{d}\psi}{\mathrm{d}\varphi} - 1\right)^2 + \left(\frac{\psi}{\varphi} - 1\right)^2\right]\varphi\mathrm{d}\varphi + p\int_0^\alpha \varphi^2(\psi - \varphi)\mathrm{d}\varphi - \frac{p^2R\alpha^2}{4E_0\,\delta}. \tag{9.119}$$

For the shape of the buckled surface, in [67], [16] a variation of the following form has been chosen

$$\psi = \varphi\left[1 - k\left(1 - \frac{\varphi^2}{\alpha^2}\right)\right]. \tag{9.120 a}$$

where

$$k = \frac{4d}{R\alpha^2}. \tag{9.120 b}$$

d being the maximum deformation at the center of the deformed shape (Fig. 9.38a). Relation (9.120 a) has been chosen such that to obtain $\psi = \varphi$ for $\varphi = \alpha$, the buckled portion being clamped to the remaining shell. It follows thus that the problem includes two indeterminate parameters, i.e. the angle α which determines the extent to which the surface is buckled and k, its depth. If relations (9.120) are replaced in (9.119) we obtain

$$\frac{\Pi}{\pi R^3} = \frac{E_0\delta}{R}\left[\alpha^6\left(\frac{1}{60}k^2 - \frac{1}{120}k^3 + \frac{1}{840}k^4\right) + \alpha^4\left(\frac{1}{6}k - \frac{1}{24}k^2\right)\frac{\sigma_0}{E_0} + \frac{1}{2}\alpha^2\left(\frac{\sigma}{E_0}\right)^2\right] + \frac{1}{18}E_0\left(\frac{\delta}{R}\right)^3\alpha^2k^2 - \frac{1}{6}\sigma\alpha^4k\frac{\delta}{R} - \frac{p^2R\alpha^2}{4E_0\,\delta}, \tag{9.121}$$

where account has been taken that

$$p = \frac{2\sigma\delta}{R}. \tag{9.122}$$

From the condition of minimum strain energy with respect to the parameter k, $\left(\frac{\partial\Pi}{\partial k} = 0\right)$, we have

$$\frac{\sigma}{E_0} = \frac{2}{3}\alpha^2 - \frac{6}{5}\frac{d}{R} + \left[\frac{32}{35}\left(\frac{d}{R}\right)^2 + \frac{4}{3}\left(\frac{\delta}{R}\right)^2\right]\frac{1}{\alpha^2}. \tag{9.123}$$

From the minimum strain energy with respect to the other variable α $\left(\frac{\partial \Pi}{\partial \alpha} = 0\right)$, account being taken of (9.123), we get

$$\alpha^2 = \left[\frac{16}{7}\left(\frac{d}{R}\right)^2 + \frac{10}{3}\left(\frac{\delta}{R}\right)^2\right]^{\frac{1}{2}}, \tag{9.124}$$

hence from (9.123) we have

$$\frac{\sigma R}{E_0 \delta} = \frac{4}{5}\left\{\left[\frac{16}{7}\left(\frac{d}{R}\right)^2 + \frac{10}{3}\left(\frac{\delta}{R}\right)^2\right]^{\frac{1}{2}} - \frac{3}{2}\frac{d}{\delta}\right\}. \tag{9.125}$$

The minimum critical loading is provided by the condition $\frac{d\sigma}{\partial d} = 0$, whence

$$\frac{32^2}{49}\left(\frac{d}{\delta}\right)^2 - \frac{9 \times 16}{7}\left(\frac{d}{\delta}\right)^2 - 30 = 0; \quad \frac{d}{\delta} = \sqrt{\frac{735}{8}}; \tag{9.126}$$

accordingly from (9.125) we obtain the lower critical stress

$$\sigma_{cr,i} = 0.183\, E_0 \frac{\delta}{R} \tag{9.127 a)}$$

and from (9.122) we get the lower critical loading

$$p_{cr \cdot i} = 0.366\, E_0 \left(\frac{\delta}{R}\right)^2. \tag{9.127 b)}$$

A comparison of these values with those obtained in the case of equilibrium bifurcation shows that they represent only 31 per cent of the latter.

The deformation of the shell, at the instant when the stability is lost by bifurcation, is

$$w_{cr,s} = \frac{p_{cr,s} R^2}{2E_0 \delta}(1 - \mu) = \sqrt{\frac{1-\mu}{3(1+\mu)}}\,\delta, \tag{9.128}$$

from which, for $\mu = 0$, $w_{cr,s} = 0.577\delta$, for $\mu = 0.2$, $w_{cr,s} = 0.47\delta$ and for $\mu = 0.3$, $w_{cr,s} = 0.424\delta$.

If the value given by (9.126) is substituted in (9.124), we have

$$\alpha = 3.82\sqrt{\frac{\delta}{R}}. \tag{9.129 a)}$$

Thus, the characteristic dimensions of the buckled surface (radius and depth, Fig. 9.38 a), can be written as

$$c \simeq 3.82\sqrt{R\delta}; \quad d \simeq 9.6\delta. \tag{9.129 b,c)}$$

It should be noted that the deformations produced by buckling are much greater than those due to loading at the instant when the loss of stability occurs.

A deficiency of the theory above is the fact noticed in [42], according to which the strain energy of the buckled system is larger than that of the unbuckled one ; as, however, during the equilibrium jump the structure does not gain, but loses energy, in [42] it has been suggested to determine the critical loading such that the energy levels before and after buckling be equal, the following mean value being obtained

$$p_{cr,\,m} = 0.9\, E_0 \left(\frac{\delta}{R}\right)^2. \tag{9.130}$$

Considering again the problem in the light of the observations discussed in [42], in [123] a value corrected with respect to (9.127) has been obtained

$$p_{cr,\,i} = 0.312\, E_0 \left(\frac{\delta}{R}\right)^2, \tag{9.131}$$

the difference in strain energy being attributed to the effect of geometrical imperfections.

In [100] an expression for the buckled surface given by

$$w_1 = Ce^{-n\rho}\,(1 - 0.7\, n\,\rho) \tag{9.132 a}$$

is admitted, where C and n are indeterminate parameters which define the buckled from and ρ is the dimensionless radius which defines a point on this buckled surface. The critical loading is

$$p_{cr,\,i} = 0.34\, E_0 \left(\frac{\delta}{R}\right)^2. \tag{9.132 b}$$

In [40] the buckled surface defined by the change of the tangent slope ψ (see Fig. 9.38a) is chosen as follows

$$\psi = C(\rho^3 - \rho) \tag{9.133 a}$$

for the internal region of the buckled surface, and

$$\psi = A\, e^{-k(\varphi-\alpha)} \sin k(\varphi - \alpha),$$

where

$$\rho = \frac{r}{c};\; k = \sqrt[4]{3(1-\mu^2)}\sqrt{\frac{R}{\delta}} \tag{8.134 a,b}$$

for the remaining part of the shell. The critical loading obtained is

$$p_{cr,\,i} = 0.32 E_0 \left(\frac{\delta}{R}\right)^2. \tag{9.135}$$

In [136] the buckled surface is given under the form

$$w_1 = d\left(1-\frac{r^2}{c^2}\right)^2 \tag{9.136}$$

and the critical loading is obtained as

$$p_{cr,\,i} = 0.31\,E_0\left(\frac{\delta}{R}\right)^2. \tag{9.137}$$

For the same form of buckled surface in [114] the following expression is given

$$p_{cr,i} = 0.34\,E_0\left(\frac{\delta}{R}\right)^2, \tag{9.138}$$

for which

$$d = 8.26\,\delta \text{ and } c = 2.88\sqrt{R\delta}. \tag{9.139 a,b}$$

In the same work [114], the buckled form has been expressed by the equation

$$w_1 = d\left(1-\frac{r^2}{c^2}\right)^3 \tag{19.140}$$

and correspondingly the critical loading is

$$p_{cr,i} = 0.435\,E_0\left(\frac{\delta}{R}\right)^2, \tag{9.141}$$

that is larger than that given by (9.136), although the forms of the buckling surfaces do not differ too much.

The important part played by the choice of the form of the buckled surface is thus underlined; in [102], for another form of the buckled surface, a value double that given in (9.127) is obtained.

Since in [67] the boundaries of the buckled surface have been considered as perfectly clamped, in [53], [79] the solution has been chosen of the form

$$w_1 = d\left(1-\frac{r^2}{c^2}\right) + A\,e^{\lambda(r-c)}\sin\lambda(r-c)\,;\quad \lambda = \frac{\sqrt[4]{3}}{R\delta}, \tag{9.142}$$

where the edge perturbation is included in the second term in the right-hand side; the criterion of minimum strain energy then gives

$$p_{cr,\,i} = 0.34\,E_0\left(\frac{\delta}{R}\right)^2 \tag{9.143}$$

and the dimensions of the buckled surface are

$$d = 16\delta\,;\; c \simeq 3.80\sqrt{R\delta}. \tag{9.144}$$

Note that though the same values for the critical loading and the buckled shell radius are approximately obtained, as compared with those given by (9.127) and (9.129 a), the depth of the buckled region is much larger than that given by (9.129b).

In [119], the shape of the buckled surface is considered in a more intricate form

$$w_1 = G_1\left[1-\left(\frac{r}{c}\right)^2\right]^2 + G_2\left(\frac{r}{c}\right)^2\left[1-\left(\frac{r}{c}\right)^2\right]^2 + G_3\left(\frac{r}{c}\right)^2\left[1 - 4\left(\frac{r}{c}\right)^2\right]\left[1-\left(\frac{r}{c}\right)^2\right]^2, \tag{9.145}$$

G_1, G_2, G_3 being indeterminate parameters; the critical loading is

$$p_{cr;\,i} = 0.293\,E_0\left(\frac{\delta}{R}\right)^2. \tag{9.146}$$

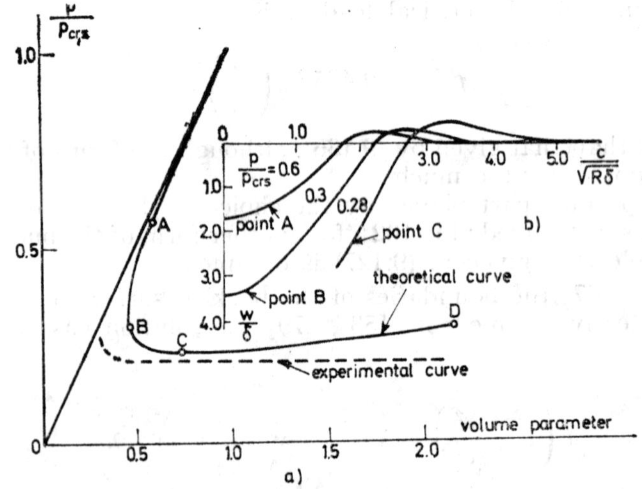

Fig. 9.39. — Postcritical behaviour.

Figure 9.39 shows, according to [119], some diagrams characteristic of buckling; it can be seen that the minimum loading is obtained for the value given by (9.146), and then, even if the buckled surface increases, the loading also increases. The radius of the buckled portion can be obtained from Figure 9.39 b and is as follows

$$c \simeq 2.72 \sqrt{R\delta}, \tag{9.147}$$

if we refer to the portion with inward displacement, or

$$c' = 5 \sqrt{R\delta}$$

if the whole area affected by buckling is considered.

In [61], the following relation is recommended for calculating the radius of the buckled surface

$$c = \frac{2\pi}{\sqrt[4]{12(1-\mu^2)}} \sqrt{R\delta} \simeq 3.38 \sqrt{R\delta}. \tag{9.148}$$

9.5.1.3. Influence of imperfections. A spherical shell can include initial imperfections, such as for instance deviations from the middle surface (Fig.

Fig. 9.40. — Influence of imperfections.

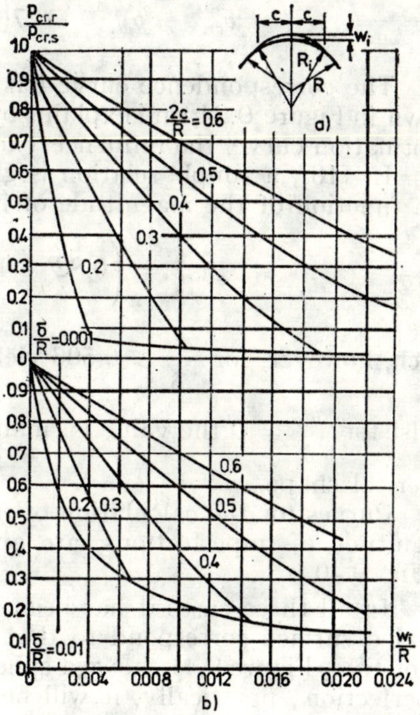

Fig. 9.41. — Buckled shape of spherical shells with imperfections

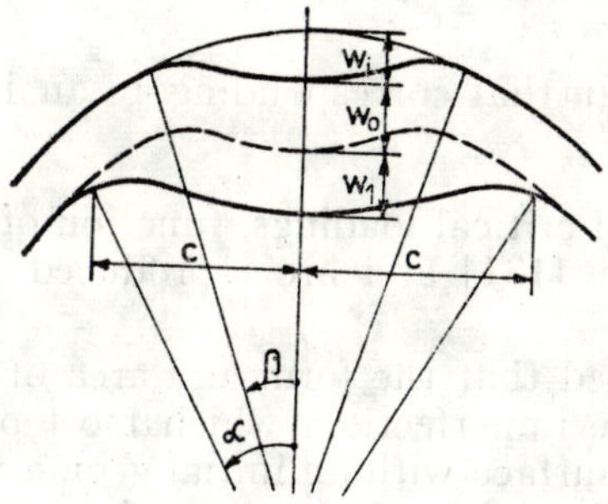

9.40 a), which reduce the critical loading of equilibrium bifurcation.

In a manner similar to that described in 9.4.1.3 for an axially loaded cylindrical shell, in [61] the reduced critical loading

p_{cr} has been determined for a dome in the case of symmetrical imperfections

$$\left(1 - \frac{p_{cr,r}}{p_{cr,s}}\right)^2 = \frac{9\sqrt{3(1-\mu^2)}}{8} \frac{\sigma_{cr,r}}{\sigma_{cr,s}} \frac{w_i}{\delta}, \tag{9.149 a}$$

or in that with unsymmetrical imperfections

$$\left(1 - \frac{p_{cr,r}}{p_{cr,s}}\right)^2 = \frac{81\sqrt{1-\mu^2}}{32} \frac{\sigma_{cr,r}}{\sigma_{cr,s}} \frac{w_i}{\delta}. \tag{9.149 b}$$

The last relation gives the smallest values and is practically equal to that for an axially loaded cylinder (relation 9.67). It can thus be noticed that very small imperfections reduce substantially the critical loading. As in the case of the postcritical deformation of an axially loaded cylinder, provided by relation (9.66), the following relation has been established in [61]

$$\frac{w}{w_{cr,s}} = \frac{p}{p_{cr,s}} + \frac{16}{27(1-\mu)} \left(1 - \frac{p}{p_{cr,s}}\right)^2. \tag{9.150}$$

The correspondence curve has the same shape as that for the strain, shown in Figure 9.24, and explains by its close resemblance with the primary deformation curve, the influence exerted even by very small imperfections.

In [16], a simple relation is given for calculating the critical loading as a function of the magnitude of imperfections

$$p_{cr,r} = \left(0.82 - 1.62 \frac{w_i}{\delta}\right) E_0 \left(\frac{\delta}{R}\right)^2, \tag{9.151}$$

which, however, for $\frac{w_i}{\delta} > 0.506$ yields negative values for critical loadings, whilst for $\frac{w_i}{\delta} = 0$ the value is smaller than that corresponding to an ideal spherical shape.

Curves for the calculation of reduced critical loadings, function of the magnitude of imperfections, are given in [131] and are reproduced here in Fig. 9.40 b.

In all these cases it has been assumed that the form and area of the buckled surface correspond to that of the imperfection, which most often is not true. Figure 9.41 shows a spherical surface with an initial geometrical imperfection; practically, it will be equally deformed in all sections up to the instant when buckling occurs and the buckled surface will have other dimensions and another shape than the initial imperfection; this last one may have a smaller or a larger circumference than that of the buckled surface. The problem has been approached in this manner in [114], where the critical parameter has been determined as a function of the size of imperfections, but resolving difficulties could not lead the calculation up to numerical solutions.

The relations above establish the influence of imperfections on the upper critical loading but, to a lesser extent, they can also reduce the lower critical loadings. Table 9.3 lists, according to [138], the values of critical loadings for practical analysis; account is here taken that for shells whose ratios R/δ are large the imperfections are greater and the respective critical loading is smaller.

Table 9.3

The lower critical loadings $p_{cr,i}/\frac{E_0\delta^2}{R^2}$

$\frac{R}{\delta}$	250	500	750	1000	1500
$\frac{p_{cr,i}}{E_0\left(\frac{\delta}{R}\right)^2}$	0.30	0.24	0.20	0.16	0.15

9.5.2. Stability of spherical domes on circular planform

9.5.2.1. Differences as compared to the complete sphere. The spherical dome is obtained by cutting a complete sphere by a horizontal plane (Fig. 9.42); thus, most of the results obtained for complete spheres can be also used in this case, considering however some differences that still exist and are as follows:

— with spherical domes, the loss of stability extends to the whole surface, or it appears only by a snap through (Fig. 9.43a), depending on the ratio existing between the radius of the spherical dome r_0 (Fig. 9.42) and that of the buckled surface c of the complete sphere which, as shown in 9.5.1.2, lies within the limits $c = (2.8 \ldots 3.8)\sqrt{R\delta}$. If $r_0 > c$, then buckling occurs in local portions; if $r_0 < c$ it will extend to the whole surface;

— with spherical domes the loss of stability can appear by deformations, symmetrical or unsymmetrical with respect to the dome symmetry axis, and extend to the whole surface (Fig. 9.43 b);

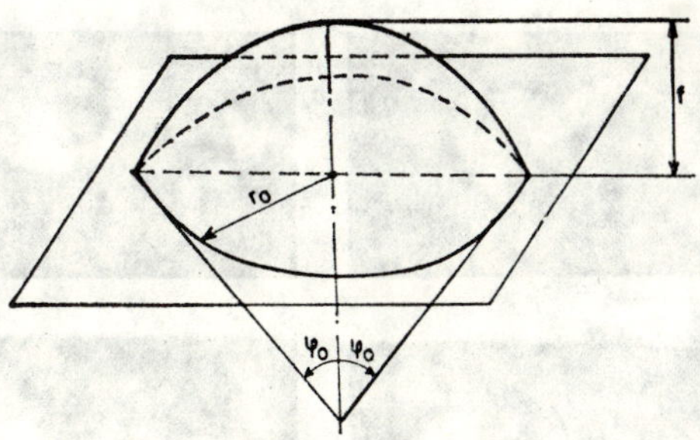

Fig. 9.42. — Spherical dome; geometrical elements.

— as distinguished from complete spheres, where the stresses and deformations are the same at any point on the surface and upon any direction, with spherical domes they differ as a function of the boundary conditions

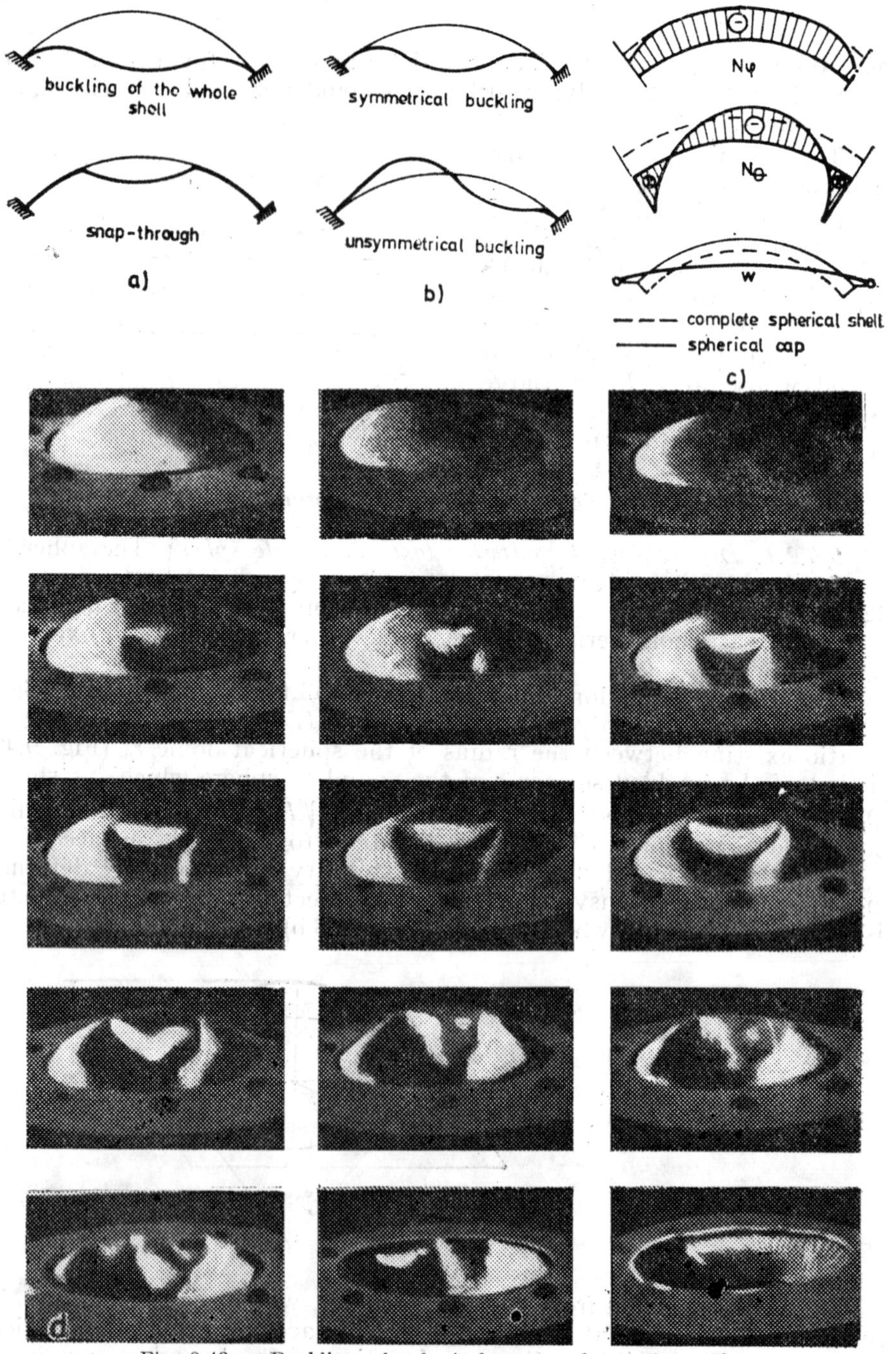

Fig. 9.43. – Buckling of spherical caps and complete spheres :
a) buckling or snap through ; b) symmetrical or unsymmetrical buckling ; c) various forces and displacements ; d) buckled surface obtained experimentally [72].

(Fig. 9.43 c) ; thus, for a dome provided with a stiffening ring, tensile stresses also appear at the edges, and the deformations normal to the shell surface can be much greater than those in a spherical dome due to the deformations of the stiffening ring ; the differences will be the larger, the larger is the portion of the buckled surface affected by deviations from the values obtained for the complete dome ;

— the postcritical behaviour of spherical domes differs from that of complete spheres, since, as shown in Figure 9.10, the shell can pass to an equilibrium position produced by deformations much greater than those of the complete sphere due to an equilibrium jump which extends to the whole dome surface (Fig. 9.43 d).

9.5.2.2. Manners of loss of stability. In order to establish the manner in which a spherical dome loses its stability we introduce the notation

$$\lambda_0 = \sqrt[4]{12(1-\mu^2)}\,\frac{r_0}{\sqrt{R\delta}} \simeq 1.86\,\frac{r_0}{\sqrt{R\delta}}\,. \qquad (9.152\,a)$$

If account is taken of the fact that in the case of complete spheres the radius of the surface affected by a snap through lies within the limits (see 9.5.1.2)

$$c = (2.8\,\ldots\,5.0)\sqrt{R\delta}$$

it results that for

$$\lambda_0 < 5.2\,\ldots\,9.3$$

the loss of stability will extend to the whole surface of the spherical dome.

The theoretical and experimental works discussed in literature are reviewed in [93], where the following classification of the manner in which the loss of stability appears is given :

— if $\lambda_0 < 3.5$ the load-deformation curve does not present maximum and minimum points and thus a critical loading cannot be defined (Fig. 9.44 a) ;

— if $3.5 < \lambda_0 < 5.3$ we can define a maximum and minimum loading and the loss of stability is produced in an ideal shell by the limitation of equilibrium (Fig. 9.44 b, see paragraph 9.1.2.2) ;

— if $5.3 < \lambda_0 < 8.8$, the loss of stability is produced by a bifurcation of equilibrium with antisymmetrical deformations (Fig. 9.44c), as that discussed in 9.1.2.2 ;

— for $\lambda_0 > 8.8$ buckled zones can appear resembling those occurring in complete spheres and the loss of stability is produced by labile unsymmetrical bifurcation of equilibrium, with local snaps through (Fig. 9.44 d).

Figure 9.45 provides, according to [93], the results of the main theoretical and experimental studies, indicating meanwhile for the latter the theory by means of which they were derived ; the limits of the shaded area indicate the upper and lower critical loading.

Taking account that the surface is shallow we may write

$$r_0 \simeq \sqrt{2Rf}$$

and from (9.152 a) we have

$$\lambda_0 = 2.63\sqrt{\frac{f}{\delta}} \cdot \qquad (9.152\,\text{b})$$

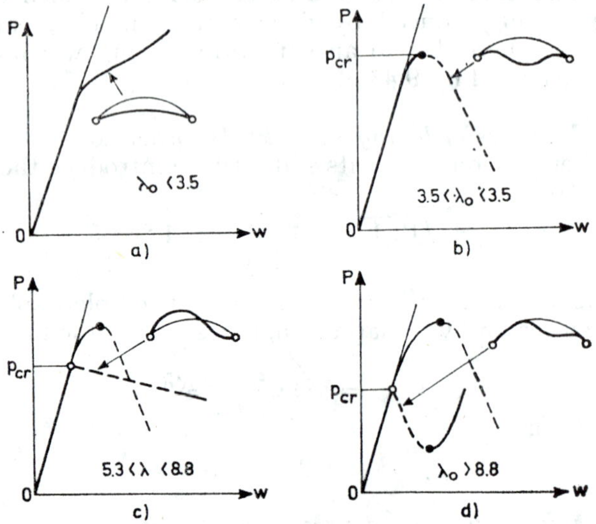

Fig. 9.44. — Buckling patterns of spherical domes:
a) continuous displacement without buckling; b) buckling by limitation; c) buckling by antisymmetrical bifurcation; d) buckling by bifurcation with snaps through.

For reinforced concrete domes the ratios $\frac{f}{\delta} = 10 \ldots 100$ are currently used; it follows that $\lambda_0 > 8.8$ and accordingly the domain in which the loss of stability occurs by snaps through is of practical interest.

9.5.2.3. Influence of the boundary conditions. The large difference between the upper critical loading of complete spheres and the critical loadings of spherical domes is in general accounted for only by the influence of imperfections. The experimental work discussed in [128], [129], [130], based on a great number of tests statistically analysed, showed however, that the critical loading of spherical domes is reduced, as compared to that of complete domes, not only by imperfections but also by the boundary conditions.

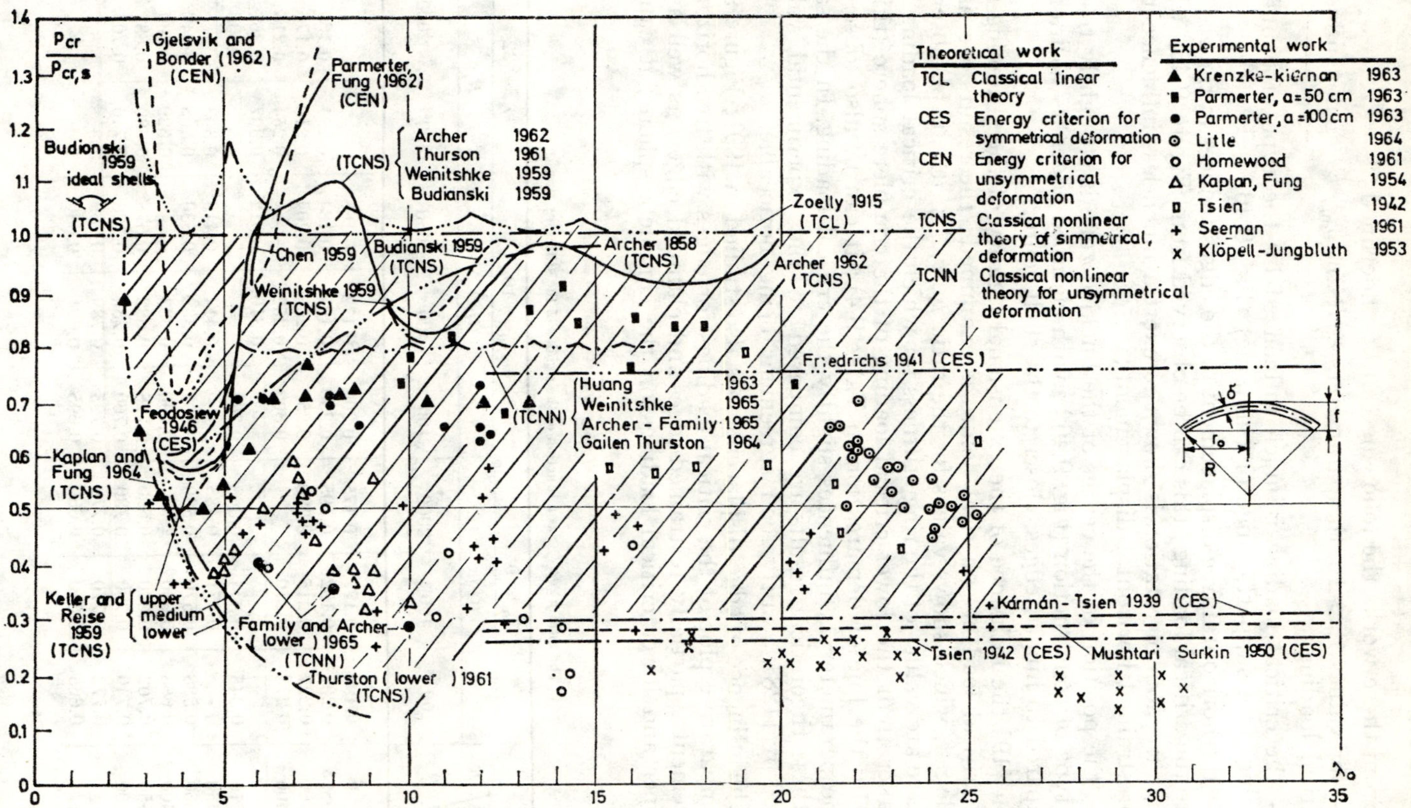

Fig. 9.45. — Comparison between methods of analysis and experimental research.

From these works the following can be underlined :

— for values $\lambda_0 > 10$, the parameters r_0/R and $r_0/\sqrt{R\delta}$ do not influence the critical loading ;

— the critical loading is much influenced by the type of boundary supporting (free support, hinge or clamping) (Fig. 9.46.) ;

— the horizontal free displacement of the edges reduces in the greatest measure the critical loading ; this can be observed from Figure 9.46, where the hinge freedom of rotation is shown to exert a much less influence than the unrestrained horizontal displacement ;

— the position of the center of the buckled zone is straightly related to the type of construction (Fig. 9.46.) ; with clamped edges its position is, as compared to hinged edges, closer to the shell center.

In [19] the influence of the extensional rigidity of the stiffening ring on the critical load of spherical domes is examined ; the results are listed in Table 9.4, which shows values for the ratio $p_{cr}/p_{cr,s}$; it can be observed that there are values of the ring stiffness for which the critical loading can be smaller than the lower critical loading of the complete sphere (this is shown by the line of demarcation in Table 9.4) ; it can be also observed that the parameter λ_0 influences slightly the critical loading. In the same paper these theoretical results are compared to the experimental values provided by [128], a fairly good agreement being noticeable.

The influence of edge displacement is also studied in [99] ; Figure 9.47 is a comparative plot of the critical loadings for edges with free horizontal displacements, partially restrained edges and clamped edges, as well as of the upper and lower critical loadings on the complete sphere ; it can be

Table 9.4

The ratio $p_{cr}/p_{cr,s}$ as a function of the rigidity of the stiffening ring

$\frac{A}{R\delta}\sqrt{\frac{R}{\delta}}$	$\lambda_0 = 9$			$\lambda_0 = 16$			$\lambda_0 = 32$	
	R/δ			R/δ			R/δ	
	100	400	2000	100	400	2000	400	2000
0	0.190	0.177	0.175	0.206	0.172	0.168	—	—
0.0895	0.207	0.192	0.195	0.230	0.191	0.184	0.191	0.160
0.180	0.227	0.215	0.220	0.252	0.208	0.204	0.210	0.176
0.400	0.278	0.270	—	0.302	0.252	—	0.254	0.215
					0.310	0.312	0.307	0.261
0.716	0.345	0.344	0.368	0.364				0.338
1.430	—	0.471	0.485	—	0.414	0.419	0.303	
2.860	0.588	0.570	0.580	0.591	0.532	0.530	0.505	0.447
6.400	0.668	0.650	—	0.690	0.633	—	0.629	0.569
11.450	0.702	0.690	0.690	0.728	0.682	0.678	0.689	0.637
25.600	0.740	0.730	0.730	0.760	0.733	0.728	0.740	0.705
∞	0.772	0.770	0.770	0.795	0.789	0.789	—	—
hinge	0.665	0.660	0.660	0.695	0.681	0.680	—	—

seen that for free edges the critical loadings are smaller than those corresponding to $p_{cr,\,i}$, but a partial clamping increases these loads and the lower critical one may become significant.

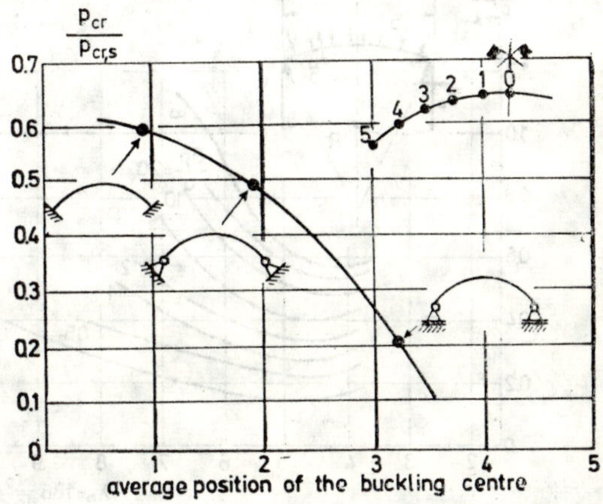

Fig. 9.46. — Influence of boundary conditions.

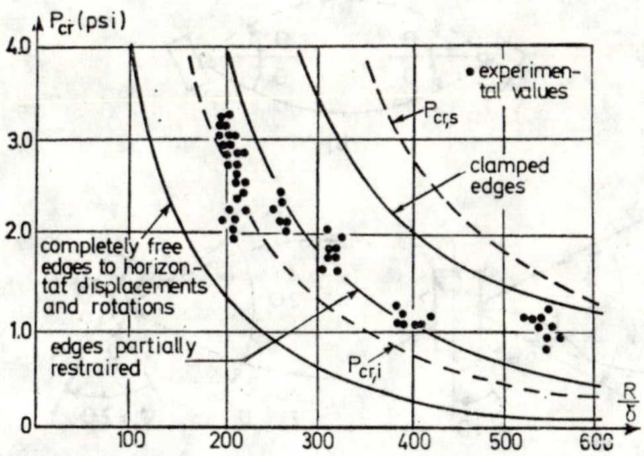

Fig. 9.47. — Critical loads for free edges, built-in edges and elastically clamped edges.

The influence of the elastic clamping on the changes of the tangent slopes was studied in [71], but only for $\lambda_0 < 8$; thus, for a dome resting on a cylindrical wall, Figure 9.48 plots the critical loads p_{cr} with respect to the upper critical load of the complete dome, as a function of the ratio of the wall to dome thickness.

The influence of edge stiffness on the lower critical loading is discussed in [53] and [80].

According to these papers, a hinge is assumed at the connection between the dome and the edge member (Fig. 9.49a) and the bending moment m, uniformly distributed along the boundary is introduced. In such a case the shell loses its stability and passes into a mirrored shape, making the angle 2θ with respect to the initial position (Fig. 9.49 b).

If the continuity condition of the deformation is written by the agency of the unknown moment m, the following cases can be put into evidence (Fig. 9.49 c) :

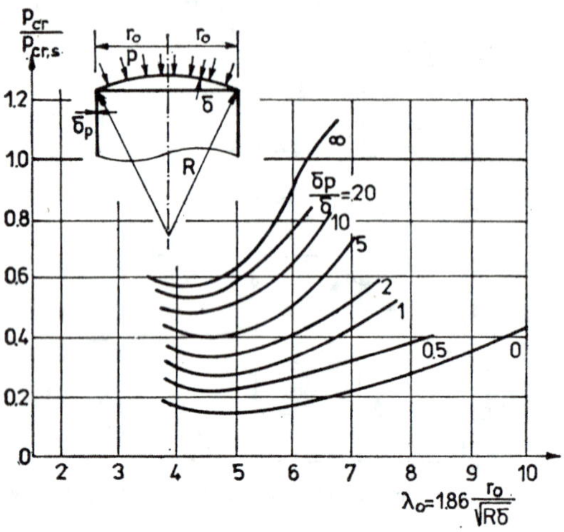

Fig. 9.48. — Dome clamped to the cylindrical wall.

Fig. 9.49. — Dome clamped into a stiffening ring : a) before buckling occurs ; b) after buckling in a mirrored position ; c) influence of the ring stiffness.

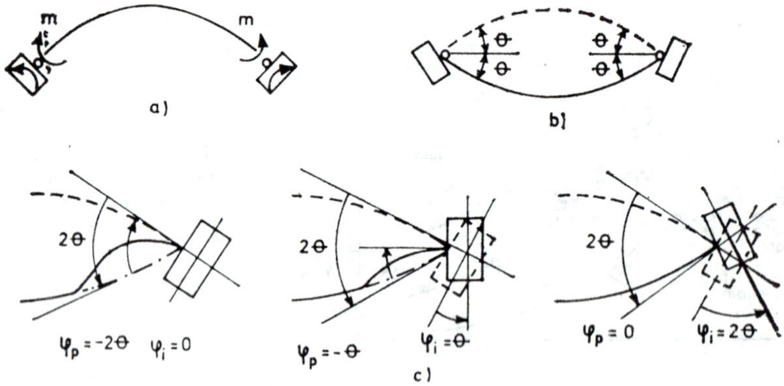

— if the ring is perfectly stiff, its rotation produced by the moment m will be zero, $\varphi_i = 0$, and the rotation of the shell will be $\varphi_p = -2\theta$;

— if the ring and the shell are of equal stiffnesses, then the rotations will be equal $\varphi_i = -\varphi_p = \theta$;

— if the ring is of zero stiffness, its rotation will be $\varphi_i = 2\theta$, and that of the shell $\varphi_p = 0$.

For the case of an intermediate stiffness the shell rotation can be calculated by means of the relation

$$\varphi_p = \frac{\theta_p}{\theta_p + \theta_i} 2\theta = \frac{1}{1 + \dfrac{\theta_i}{\theta_p}} 2\theta, \tag{9.153}$$

where θ_p and θ_i are the rotations produced by the moment $m = 1$ of the shell and of the ring.

In [53], the following notation has been introduced

$$\alpha = \frac{\varphi_p}{\theta} = \frac{2}{1 + \dfrac{\theta_i}{\theta_p}}, \tag{9.154}$$

which defines the shell degree of clamping to the ring, and function of the ratio θ_i/θ_p the domain $0 \leqslant \alpha \leqslant 2$ has been obtained.

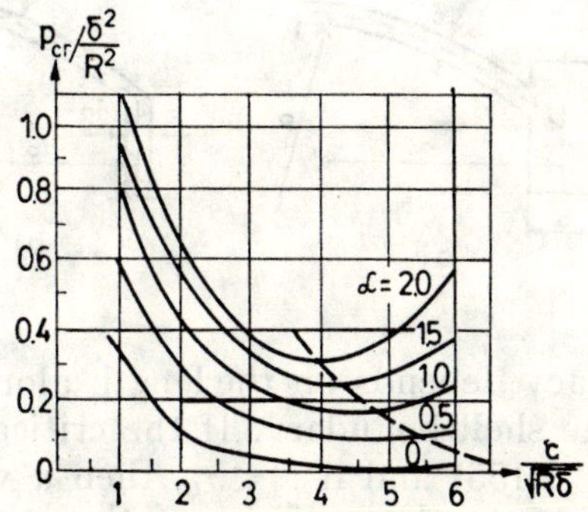

Fig. 9.50. — Influence of the ring stiffness on the critical load.

A plot of the critical loading, reproduced from [53], as a function of the coefficient α and radius of the buckled region, is shown in Figure 9.50. It is found that the lower critical loading decreases much with the decrease of the parameter α, that is with the clamping degree on the boundary, whilst the radius of the buckled region increases. In [44] and [45], a simple relation has been suggested

$$p_{cr,\alpha} = \xi_\alpha \, p_{cr,\,i}, \tag{9.155}$$

where $p_{cr,\,\alpha}$ is the lower critical loading, reduced by the decreased stiffness of the edges and ξ_α has been approximately determined from the curves plotted in Figure 9.50

$$\xi_\alpha = 0.44\alpha + 0.12. \tag{9.156}$$

Relation (9.155) is a fairly good approximation of the critical loading in the domain $0.5 \leqslant \alpha \leqslant 2$, but the error can be hardly determined when $0 < \alpha < 0.5$ due to the lack of intermediate values in this domain.

The radius of the buckled region is also given by the approximate relation

$$c_\alpha = \zeta_\alpha \, c, \tag{9.157}$$

c being the radius of this surface as a function of the edge member stiffness and ζ_α a coefficient determined from the diagram of Figure 9.50 with the same remark for the domain $0 < \alpha < 0.5$ as for

$$\zeta_\alpha = 1.52 - 0.26\alpha. \tag{9.158}$$

If the radius of the buckled region corresponds to r_0 (Fig. 9.42), the calculation is accurate; if, however, it is smaller the degree

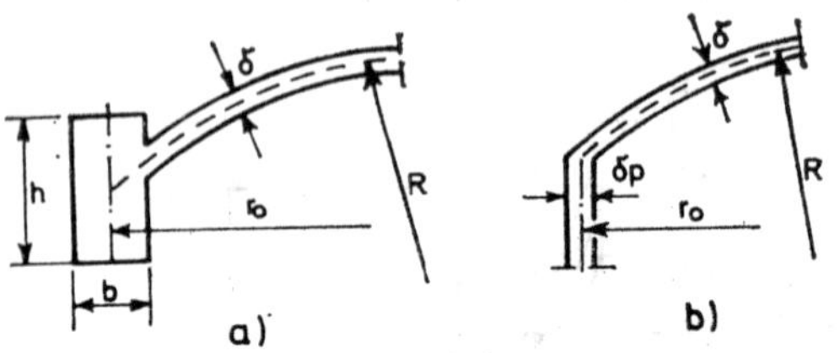

Fig. 9.51. — Geometrical elements of the supporting: a) on rings; b) on cylindrical walls.

of accuracy depends on the length along which the buckled region extends along the shell boundary. If the critical loading is calculated by means of relation (9.155) and if $c < r_0$, then a value smaller than the actual one is obtained since the stiffness of the remaining part of the shell is greater than that of the edges; if $c > r_0$ the critical loading is determined from Figure 9.50 as a function of α and $c = r_0$.

For the determination of the coefficient α the change of the tangent slope of a dome induced by a boundary unit moment is [11], [97]

$$\theta_p = \frac{4\sqrt{R\delta}}{E_0\,\delta^3}. \tag{9.159}$$

When a stiffening ring is provided at the edge (Fig. 9.51a), we have

$$\theta_i = \frac{12 r_0^2}{E_0\, b h^3} \tag{9.160}$$

and hence using (9.154) we get

$$\alpha = \frac{2}{1 + 3\dfrac{r^2\delta^2}{bh^3}\dfrac{1}{\sqrt{\dfrac{R}{\delta}}}}. \tag{9.161}$$

If the support is provided by a wall (Fig. 9.51 b), then the change of its tangent slope induced by a unit moment is [97]

$$\theta_i = 4\,\frac{1}{E_0\,\delta_p^2}\sqrt{\frac{r_0}{\delta_p}}, \tag{9.162}$$

hence

$$\alpha = \frac{2}{1 + \left(\dfrac{\delta}{\delta_p}\right)^2 \sqrt{\dfrac{\delta}{\delta_p}} \sqrt{\dfrac{r_0}{R}}}. \tag{9.163}$$

If from (9.161) or (9.163) we get $\alpha \simeq 2$, the edge members are stiffer than the shell and the loss of stability can occur due to a snap through at the shell center.

In studying the influence of the different force distribution in spherical domes as compared to complete spheres, in [44] and [45] account has been taken that in membrane theory the following relation holds

$$N_\varphi + N_0 = -\,pR, \tag{9.164}$$

where N_φ and N_θ are the meridian and hoop forces; thus, denoting

$$\beta = -\,\frac{N_\varphi}{pR} \tag{9.165}$$

we have

$$N = -\beta pR;\ N = -(1-\beta)pR. \tag{9.166 a,b}$$

For a buckled shape, such as that described in [136], given by relation (9.136), in [45] the total strain energy has been calculated considering that the stress variation is the same over the whole buckled region

$$\frac{\Pi}{\dfrac{3}{2}\,\dfrac{\pi R}{E_0\,\delta^4}} = \frac{23}{84}\,\frac{\xi^4}{k} - \frac{1}{2}\,\xi^3 + \frac{7}{30}\,k\xi^2 + \frac{4}{3}\,\frac{\xi^2}{k} + 6\left(\frac{1}{2} - \beta\right)^2 \bar{\sigma}^2 k -$$

$$-\,\frac{5}{6}\left(\frac{1}{2} - \beta\right)\bar{\sigma}k\xi - \left[1 - \frac{13}{12}\left(\frac{1}{2} - \beta\right)\right]\bar{\sigma}\,\xi^2, \tag{9.167}$$

where

$$\bar{\sigma} = \frac{pR^2}{2E_0\,\delta^2};\quad k = \frac{c^2}{E\delta};\quad \xi = \frac{d}{\delta}. \tag{9.168 a,c}$$

the parameters c and d being shown in Figure 9.38 a. To achieve an equilibrium, the strain energy must be a minimum. From conditions $\frac{\partial \Pi}{\partial \xi} = 0$ and $\frac{\partial \Pi}{\partial k} = 0$, we have the following equation system

$$\sigma^* \left\{\left(1 - \frac{13}{12}\left(\frac{1}{2} - \beta\right)\right] \varkappa + \frac{5}{12}\left(\frac{1}{2} - \beta\right)\right\} = \frac{7}{30} - \frac{3}{4}\varkappa + \frac{23}{42}\varkappa^2 + \tag{9.169 a}$$

$$+ \frac{4}{3}\frac{1}{k^2}$$

$$6\left(\frac{1}{2} - \beta\right)^2 \sigma^{*2} - \frac{5}{6}\left(\frac{1}{2} - \beta\right)\sigma^* = \frac{23}{84}\varkappa^2 - \frac{7}{30} + \frac{4}{3}\frac{1}{k^2}, \tag{9.169 b}$$

where

$$\frac{\bar{\sigma}}{\xi} = \sigma^*; \quad \frac{\xi}{k} = \varkappa. \tag{9.170}$$

The equation system (9.169) includes these unknowns σ^*, k, $\varkappa$; if it is solved with respect to σ^* and k and parametrically with respect to $\varkappa$, we obtain the values

$$\sigma^* = \frac{\varkappa C}{12\left(\frac{1}{2} - \beta\right)^2}\left[1 - \sqrt{1 - 12\left(\frac{1}{2} - \beta\right)^2 \frac{A}{C^2}}\right], \tag{9.171 a}$$

$$k = \frac{1}{\varkappa}\frac{1}{\sqrt{\frac{D\sigma^*}{\varkappa} + B}}, \tag{9.171 b}$$

where

$$A = \frac{23}{42} - \frac{3}{2}\frac{1}{\varkappa} + \frac{14}{15}\frac{1}{\varkappa^2}, \tag{9.172 a}$$

$$B = -\frac{23}{56} + \frac{9}{16}\frac{1}{\varkappa} - \frac{7}{40}\frac{1}{\varkappa^2}, \tag{9.172 b}$$

$$C = \frac{5}{4}\left(\frac{1}{2} - \beta\right) + 1 - \frac{13}{12}\left(\frac{1}{2} - \beta\right), \tag{9.172 c}$$

$$D = \frac{3}{4}\left[\frac{5}{12\varkappa}\left(\frac{1}{2} - \beta\right) + 1 - \frac{13}{12}\left(\frac{1}{2} - \beta\right)\right]. \tag{9.172 d}$$

From relations (9.167) and (9.170), we obtain

$$p = 2\sigma^* k\varkappa E \left(\frac{\delta}{R}\right)^2 ; \quad \varkappa = \frac{Rd}{c^2} \qquad (9.173\text{ a,b})$$

and hence the loading is a function of the parameters β and ϰ. In Figure 9.52 a the critical load is plotted as a function of $\frac{Rd}{c^2}$ for various values of β.

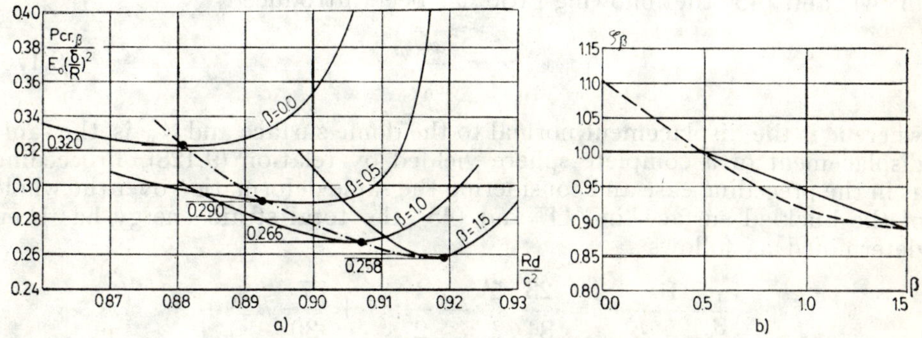

Fig. 9.52. — Influence of stress distribution :
a) determination of the critical loads ; b) reduction of the critical load.

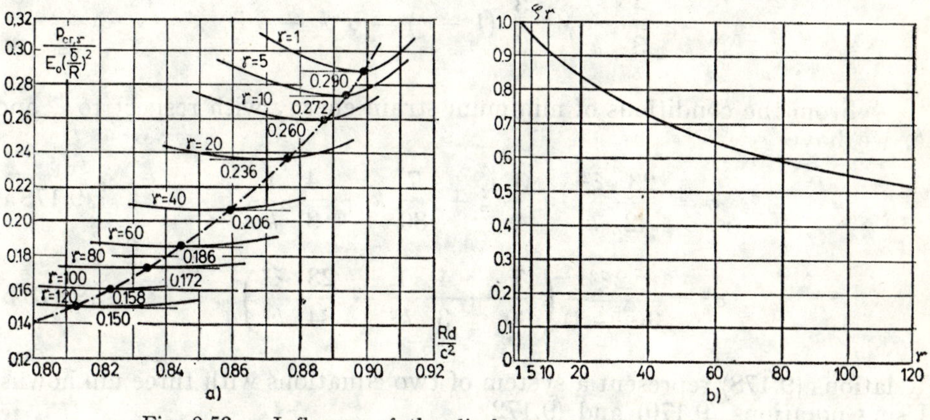

Fig. 9.53. — Influence of the displacements prior to buckling :
a) determination of the critical loads ; b) reduction of the critical load.

If we proceed from the lower critical loading of a complete sphere, for which $\beta = \frac{1}{2}$, from the minimum values of the curves we determine the critical loading

$$p_{cr,\beta} = \xi_\beta \, p_{cr,i}, \qquad (9.174)$$

where ξ_β is given in Figure 9.52b ; it is found that the exact variation can be replaced, meanwhile being on the safe side, by a simple relation of the form

$$\xi_\beta = 1.055 - 0.11\beta \leqslant 1.00 \tag{9.175}$$

The cases when $\beta < 0.5$ have been disregarded, since values larger than in the case of a complete sphere are obtained.

To study the influence of deformations occurring prior to buckling, much larger in the case of spherical domes than those for complete spheres, in [44] and [45] the following ratio has been introduced

$$\gamma = \frac{w}{w_0}, \tag{9.176}$$

where w is the displacement normal to the dome surface and w_0 is the same displacement of a complete sphere yielded by relation (9.128). Proceeding as in the preceding case and considering the same deformation over the whole of the buckled surface, in [44] and [45] the total strain energy has been determined as follows

$$\frac{\Pi}{\frac{3}{2}\pi\frac{R}{E_0\delta^4}} = \frac{23}{84}\frac{\xi^4}{k} - \frac{1}{2}\xi^3 + \frac{7}{30}k\xi^2 + \frac{4}{3}\frac{\xi^2}{k} + \frac{3}{2}(1-\gamma) - \bar{\sigma}^2 k - \bar{\sigma}\xi^2. \tag{9.177}$$

From the conditions of minimum strain energy with respect to ξ and k, we have

$$\bar{\sigma} = \frac{23}{42}\frac{\xi^2}{k} - \frac{3}{4}\xi + \frac{7}{30}k + \frac{4}{3}\frac{1}{k}, \tag{9.178 a}$$

$$\bar{\sigma}^2 = \frac{2\xi^2}{3(\gamma-1)}\left(\frac{7}{30} - \frac{4}{3}\frac{1}{k^2} - \frac{23}{84}\frac{\xi^2}{k^2}\right). \tag{9.178 b}$$

Relations (9.178) represent a system of two equations with three unknowns. Using notations (9.170) and (9.172)

$$\sigma^* = \frac{\varkappa}{3(\gamma-1)}\left[\sqrt{1+3(\gamma-1)A} - 1\right], \tag{9.179 a}$$

$$k = \frac{1}{\varkappa}\sqrt{\frac{1}{\frac{3}{4}\frac{\sigma^*}{\varkappa} + B}}, \tag{9.179 b}$$

relation (9.173a) enables us to obtain the loading p as a function of $\varkappa$, given by relation (9.173b) for various values of γ. Figure 9.53 a is a plot of the equilibrium curves, as a function of $\frac{Rd}{c^2}$ for various values of γ.

Similarly to relations (9.155) and (9.174), the critical loading can be written under the form

$$p_{cr,\gamma} = \xi_\gamma p_{cr,i}, \tag{9.180}$$

where ξ_γ is plotted in Figure 9.53b ; a substantial reduction of the critical loads with respect to γ can be noticed, which can reach even half of the initial value.

In the above the separate influence of the boundary conditions, which reduces the lower critical loading, has been determined. They can, however, act simultaneously and since a calculation which should take into consideration this fact is difficult to be performed in [44] and [45] a relation for calculating the lower critical load has been suggested under the form

$$p_{cr,\alpha\beta\gamma} = \xi_\alpha \xi_\beta \xi_\gamma p_{cr,i} \tag{9.181}$$

Since relation (9.181) is approximate, in [44] and [46] an experimental verification is given, a satisfactorily agreement being found.

9.5.2.4. Influence of imperfections. Tests carried out on spherical domes have showed that due to imperfections the critical loading which produces the loss of equilibrium does not reach the upper value $p_{cr,s}$ even if perfectly clamped edges are assumed. In laboratory tests it has been found that after the critical loading has been reached the load suddenly decreases (Fig. 9.54) since a jump to the postcritical equilibrium branch occurs ; the critical loading attained is usually much smaller than the lower critical loading on spherical domes. On the basis of experimental work, in [72] the critical loading on spherical domes is suggested to be calculated by means of the relation

$$p_{cr} = \left(1 - 0.175\ \frac{\varphi_0 - 20^\circ}{20^\circ}\right)\left(1 - \frac{0.07\ R}{400\ \delta}\right) p_{cr,i} \tag{9.182}$$

where φ_0 is the angle indicated in Figure 9.42. Relation (9.185) is valid for $400 \leqslant R/\delta \leqslant 2000$ and $20^\circ \leqslant \varphi \leqslant 60^\circ$, and $p_{cr.i}$ stands for the critical loading on complete sphereas.

The influence of imperfections on the upper critical loading of spherical domes has been examined in [41], [61], [66] and [122].

In [41] three types of imperfections are discussed, of symmetrical or antisymmetrical forms ; the conclusions are as follows ;

— symmetrical imperfections reduce substantially the critical loading, cnly for large values as compared to the shell thickness ;

— antisymmetrical imperfections exert a much greater influence; it is found that there exists a critical value for the magnitude of these imperfections, which is of about 0.18 δ, up to which the influence of imperfections is small, but afterwards the critical loading decreases much (Fig. 9.55b);

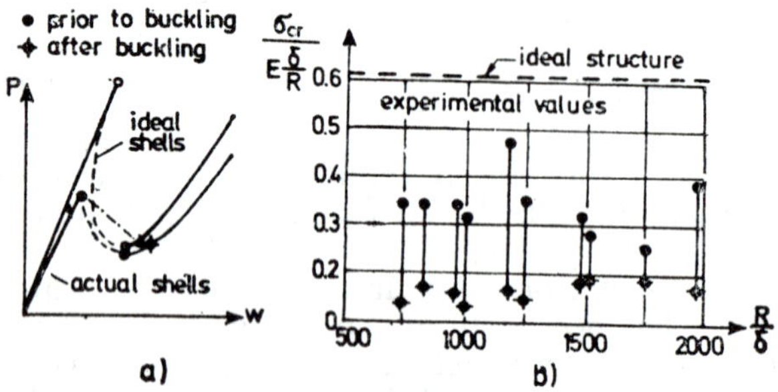

Fig. 9.54. — Ideal domes, actual domes with imperfections:

a) load-displacement curves;
b) exper mental data.

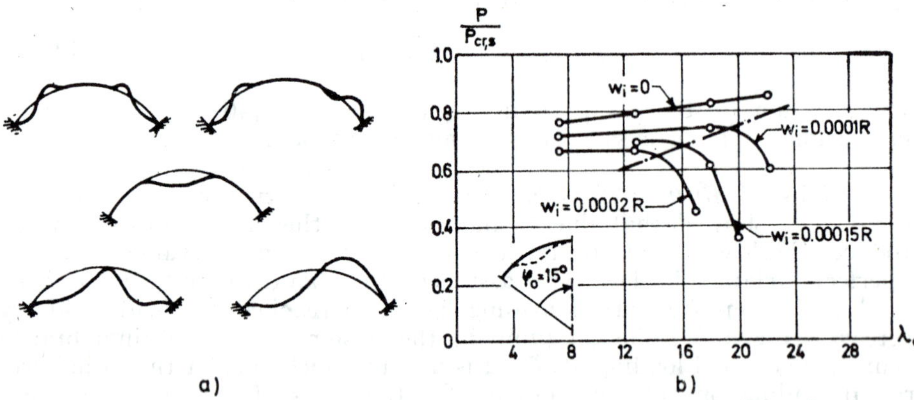

Fig. 9.55. — Influence of imperfections:

a) types of imperfections; b) influence of the magnitude of imperfections.

— the influence of imperfections is greater for steep domes than for the shallow ones.

Values for reducing the lower critical loading as a consequence of imperfections are given in Table 9.3.

9.5.3. Stability of spherical domes on rectangular planform

9.5.3.1. Manners of loss of stability. A dome on square planform (Fig. 9.56a) can lose its stability by the buckling of the whole surface, with symmetrical or unsymmetrical deformations (Fig. 9.56b), or by a local snap through (Fig. 9.56c).

The models tested and described in literature lost their stability by local buckling, with central snaps through, when the edges were very stiff

(Fig. 9.57a), extending along one edge (Fig. 9.57b) or both edges (Fig. 9.57c). Figure 9.58 shows the buckling shapes obtained in the tests described in [46], carried out on domes resting on tie arches.

The results obtained for complete spheres can be also used for domes on rectangular planforms, but some corrections similar to those used for

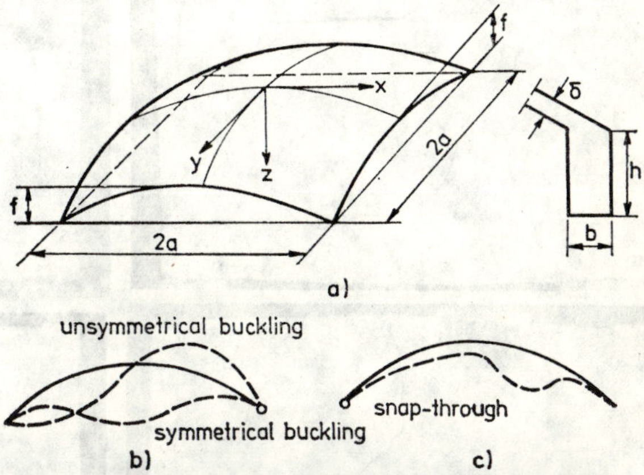

Fig. 9.56. — Domes on square boundary :

a) geometrical elements ; b) buckling of the whole shell ; c) buckling with snaps through.

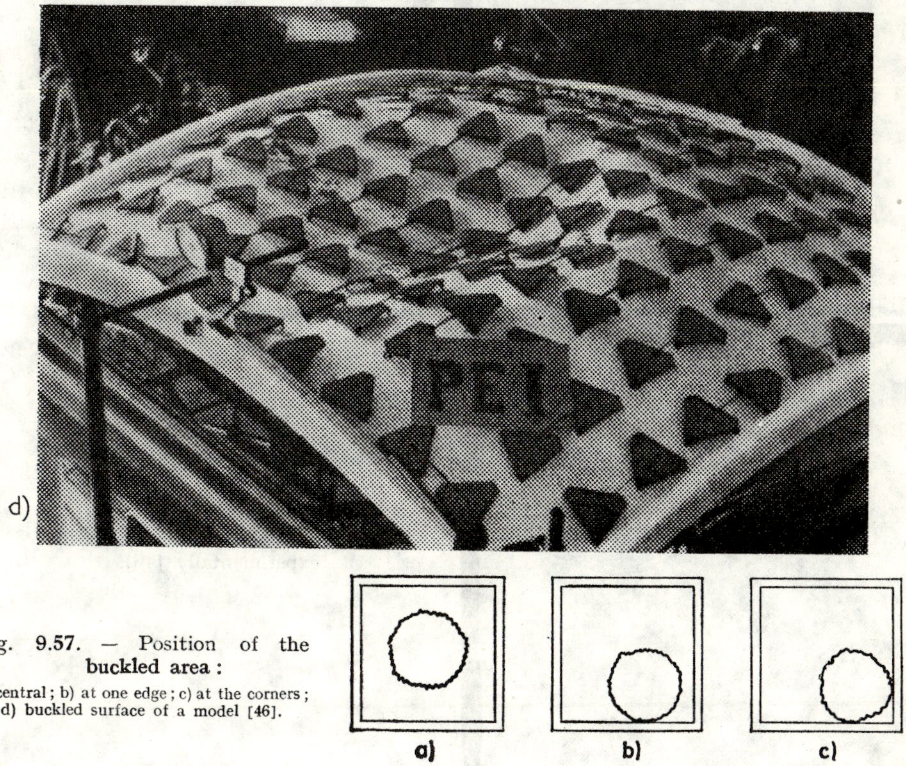

Fig. 9.57. — Position of the buckled area :

a) central ; b) at one edge ; c) at the corners ; d) buckled surface of a model [46].

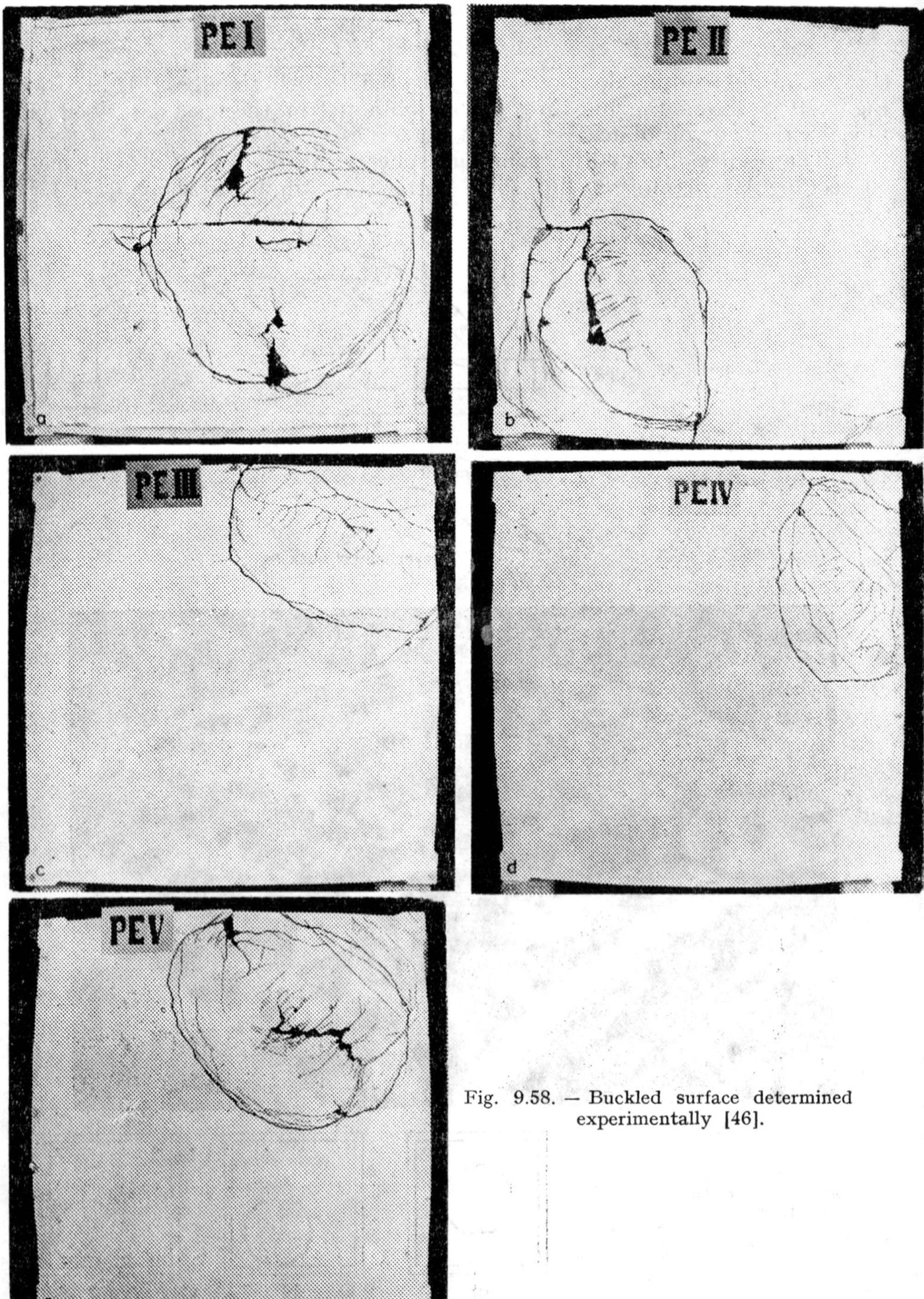

Fig. 9.58. – Buckled surface determined experimentally [46].

domes on circular planform must be applied, function of the boundary conditions. Figure 9.59 shows the values obtained in the testing of 44 models reported in literature [3], [22], [46], [54], [55], [105], [109], [115] and [125]; it can be observed that the investigations described in [22], [55] and [115] confirm experimentally that the lower critical loading of a complete spherical dome can be also used in this case, but in other tests the differences may reach even 80 per cent.

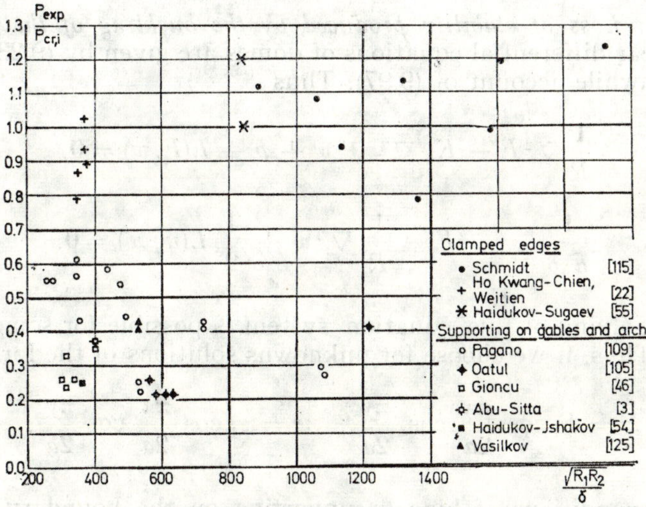

Fig. 9.59. — Experimental results.

If the model test conditions are examined, mention should be made that in the former case the edges were rigidly clamped to the test installation and thus practically they were built-in; in the latter case, however, we are faced with supporting on gables [105], [109], tie arches [3], [46], [125] or lattice girders [54]. It can be thus concluded that the lower critical loadings on domes on square planform correspond to those on complete spheres only when the edges are perfectly clamped; for other modes of supporting substantial differences exist, which cannot be solely accounted for by imperfections, being also affected by the supporting conditions. Firstly, if the buckled region contacts the shell edges, the loss of stability is also influenced by the twisting rigidity of the edge members which can be smaller than that of the shell, by contrast to the case of complete spheres where the stiffness is the same at any point. Secondly, the state of stress in the dome on square planform differs at any point. The maximum compressions are at the shell corners and are greater than those of complete spheres, where they are constant over the whole surface; with domes on square planform, clamped on the boundary, the membrane forces are also constant [10] and, therefore, no significant difference as compared to the case of complete spheres can be noted. Thirdly, the vertical displacements which occur prior to buckling are much greater (even one hundred times greater) than those in complete spheres due to the displacement of edges, leading to substantial changes of the curvature radii and, as a consequence, to a reduction of the critical loading. An inspection of the experimental values plotted in Figure 9.59 shows that the largest differences are obtained for domes supported on tie arches, due to the reduced twisting rigidity and to the large vertical deformations produced by the stretching of ties and the elastic settlements of arches.

9.5.3.2. Loss of stability produced by the buckling of the whole shell. The non-linear differential equations of domes are given by (9.23) for $t = 0$, taking meanwhile account of (9.97). Thus

$$\frac{1}{R}\nabla^2 F - K_0 \nabla^2 \nabla^2 w + p + L(F, w) = 0, \tag{9.183 a}$$

$$\frac{1}{E_0\delta} \nabla^2 \nabla^2 F + \frac{1}{R} \nabla^2 w + \frac{1}{2} L(w, w) = 0. \tag{9.183 b}$$

The resolving of this equation system is possible for some particular cases only. Thus, if we choose for unknowns solutions of the form

$$F = F_1 \cos\frac{\pi x}{2a} \cos\frac{\pi y}{2a}; \quad w = w_1 \cos\frac{\pi x}{2a} \cos\frac{\pi y}{2a}, \tag{9.184 a,b}$$

which fulfil conditions of hinged supporting on the boundary, we obtain the third degree equation [78], [81], [89], [107]

$$\frac{\pi^2}{18}\left(\frac{w}{\delta}\right)^3 - \frac{\pi^2}{4}\frac{f}{\delta}\left(\frac{w}{\delta}\right)^2 + \frac{\pi^2}{4}\left(1 + \frac{\pi^4}{192}\frac{\delta^2}{f^2}\right)\frac{f^2}{\delta^2}\frac{w}{\delta} - \frac{pa^4}{E\delta^4} = 0. \tag{9.185}$$

Note that the term $\frac{\pi^4}{192}\frac{\delta^2}{f^2}$ is small with respect to 1 and for $\frac{f}{\delta} > 3$, the error for this term is below 5 per cent. Thus, relation (9.165) can be written under a simpler form

$$\frac{\pi^2}{18}\left(\frac{w}{\delta}\right)^3 - \frac{\pi^2}{4}\frac{f}{\delta}\left(\frac{w}{\delta}\right)^2 + \frac{\pi^2}{4}\frac{f^2}{\delta^2}\frac{w}{\delta} - \frac{pa^4}{E\delta^4} = 0. \tag{9.186}$$

The extreme values of loadings are obtained for $\frac{\partial p}{\partial(w/\delta)} = 0$, whence we get the following algebraic equation

$$\left(\frac{w}{\delta}\right)^2 - 3\frac{f}{\delta}\frac{w}{\delta} + \frac{3}{2}\frac{f^2}{\delta^2} = 0 \tag{9.187}$$

with the roots

$$\frac{w}{\delta} = \frac{3}{2}\left(1 \pm \frac{\sqrt{3}}{3}\right)\frac{f}{\delta} \tag{9.188}$$

and the maximum and minimum loadings are

$$p_{\max,\,\min} = \pm\frac{\pi^2\sqrt{3}}{24}E\frac{\delta f^3}{a^4} = \pm\frac{\pi^2\sqrt{3}}{96}E\frac{f}{\delta}\left(\frac{\delta}{R}\right)^2. \tag{9.189}$$

If the maximum critical loading is compared with the upper critical loading determined for complete spheres

$$\frac{p_{\max}}{p_{cr\,s}} = \frac{\pi^2}{32}\frac{f}{\delta}$$

and consequently only for

$$\frac{f}{\delta} \leqslant \frac{32}{\pi^2} \simeq 3.2,$$

the nonlinear critical loading is smaller than the loading of equilibrium bifurcation of an ideal shell; such values are not however met with in practice. In [78], the consideration in calculation of several terms from the development into series of the unknowns has been examined; differences of only 1.87 per cent have been obtained for $p_{\max}$ when four terms are used for symmetrical deformations.

For unsymmetrical buckling in [44] and [45], functions of the following form are chosen for unknowns

$$F = F_1U_1V_1 + F_2U_2V_2, \tag{9.190 a}$$

$$w = w_1U_1V_1 + w_2U_2V_2, \tag{9.190 b}$$

where $U_1\ V_1$ and U_2V_2 are symmetrical and antisymmetrical functions which satisfy the supporting conditions. If these unknowns are inserted into equations (9.186) and Galerkin's method is applied, we obtain the equation system

$$\iint_D E_1U_1V_1 \mathrm{d}x\,\mathrm{d}y = 0 \qquad \iint_D E_1U_2V_2\,\mathrm{d}x\,\mathrm{d}y = 0, \tag{9.191a}$$

$$\iint_D E_2U_1V_1\,\mathrm{d}x\mathrm{d}y = 0 \qquad \iint_D E_2U_2V_2\,\mathrm{d}x\,\mathrm{d}y = 0, \tag{9.191b}$$

where

$$E_1 = \frac{1}{R}(F_1\nabla^2U_1V_1 + F_2\nabla^2U_2V_2) - K(w_1\nabla^2\nabla^2U_1V_1 + \tag{9.192 a}$$

$$+ w_2\nabla^2\nabla^2U_2V_2) + p + F_1w_1L(U_1V_1,\ U_1V_1) + (F_1w_2 + F_2w_1)\times$$
$$\times\ L(U_1V_1,\ U_2V_2) + F_2w_2\,L(U_2V_2,\ U_2\,V_2)$$

$$E_2 = \frac{1}{E\delta}\,(F_1\nabla^2\nabla^2 U_1V_1 + F_2\nabla^2\nabla^2 U_2V_2) + \tag{9.192b}$$

$$+\frac{1}{R}(w_1\nabla^2 U_1V_1 + w_2\nabla^2 U_2V_2) + \frac{1}{2}\,w_1^2 L(U_1V_1, U_1V_1) +$$

$$+ w_1w_2 L(U_1V_1, U_2V_2) + \frac{1}{2}\,w_2^2 L(U_2V_2, U_2V_2).$$

If account is taken that the functions U_1V_1 are symmetrical and U_2V_2 are antisymmetrical, part of the terms of equations (9.192) are equal to zero; further, if the following notations are introduced

$$A_1 = \iint_D (\nabla^2\nabla^2 U_1V_1)\,U_1V_1\,dx\,dy, \tag{9.193a}$$

$$A_2 = \iint_D (\nabla^2\nabla^2 U_2V_2)\,U_2V_2\,dx\,dy, \tag{9.193b}$$

$$B_1 = \iint_D (\nabla^2 U_1V_1)\,U_1V_1\,dx\,dy, \tag{9.193c}$$

$$B_2 = \iint_D (\nabla^2 U_2V_2)\,U_2V_2\,dx\,dy, \tag{9.193d}$$

$$C = \iint_D U_1V_1\,dx\,dy, \tag{9.193e}$$

$$D_1 = \iint_D [L(U_1V_1, U_1V_1)]\,U_1V_1\,dx\,dy, \tag{9.193f}$$

$$D_2 = \iint_D [L(U_2V_2, U_2V_2)]\,U_1V_1\,dx\,dy = \iint_D [L(U_1V_1, U_2V_2)]\,U_2V_2\,dx\,dy, \tag{9.193g}$$

we arrive at the system

$$KA_1w_1 - \frac{1}{R}B_1F_1 - F_1w_1D_1 - F_2w_2D_2 - Cp = 0, \tag{9.194a}$$

$$KA_2w_2 - \frac{1}{R}B_2F_2 - (F_1w_2 + F_2w_1)\,D_2 = 0, \tag{9.194b}$$

$$\frac{1}{E\delta} A_1F_1 + \frac{1}{R} B_1w_1 + \frac{1}{2} w_1D_1 + \frac{1}{2} w_2^2 D_2 = 0, \tag{9.194 c}$$

$$\frac{1}{E\delta} A_2F_2 + \frac{1}{R} B_2w_2 + w_1w_2D_2 = 0. \tag{9.194 d}$$

Eliminating the unknowns we obtain the following third degree equation

$$I_1\left(\frac{w_1}{\delta}\right)^3 + I_2\frac{f}{\delta}\left(\frac{w_1}{\delta}\right)^2 + I_3\left(\frac{f}{\delta}\right)^2\frac{w_1}{\delta} + I_4 - \frac{pa^4}{E\delta^4} = 0, \tag{9.195}$$

where

$$I_1 = -2a^4\frac{A_1}{C}\frac{D_2}{A_2}\left(\frac{D_1}{A_1}+\frac{D_2}{A_2}\right), \tag{9.196 a}$$

$$I_2 = -\frac{3a^4}{R\delta}\frac{A_1}{C}\left(\frac{B_1D_2+B_2D_1}{A_1A_2}+2\frac{B_2D_2}{A_2^2}\right), \tag{9.196 b}$$

$$I_3 = -\frac{a^4}{R^2\delta^2}\frac{A_1}{C}\left(4\frac{B_1B_2}{A_1A_2}+\frac{B_2^2}{A'_1A_2}\frac{D_1}{D_2}+6\frac{B_2^2}{A_2^2}\right), \tag{9.196 c}$$

$$I_4 = -\frac{a^4}{R^3\delta^3}\frac{A_1}{C}\frac{B_2^2}{A_2^2}\left(\frac{B_1A_2}{A_1D_2}+2\frac{B_2}{D_2}\right). \tag{9.196 d}$$

If we choose the functions

$$U_1V_1 = \cos\frac{\pi x}{2a}\cos\frac{\pi y}{2a};\; U_2V_2 = \sin\frac{\pi x}{a}\sin\frac{\pi y}{a}, \tag{9.197 a,b}$$

which satisfy conditions of simple supporting on the boundary, relation (9.195) becomes

$$-\frac{4\pi^2}{75}\left(\frac{w_1}{\delta}\right)^3+\frac{11\pi^2}{40}\frac{f}{\delta}\left(\frac{w_1}{\delta}\right)^2-\frac{27\pi^2}{64}\left(\frac{f}{\delta}\right)^2\frac{w_1}{\delta}+\frac{45\pi^2}{256}\frac{f^3}{\delta^3}-\frac{pa^4}{E\delta^4}=0. \tag{9.198}$$

The maximum and minimum values are obtained for

$$\frac{w_1}{\delta} = \frac{5}{32}(11\pm\sqrt{13})\frac{f}{\delta} \tag{9.199}$$

and the maximum and minimum loads are

$$p_{\max} = 0.1117\,E\frac{\delta f^3}{a^4};\quad p_{\min} = -0.2645\,E\frac{\delta f^3}{a^4}. \tag{9.200 a,b}$$

Figure 9.60 shows equilibrium curves for symmetrical and unsymmetrical buckling. It can be seen that the two curves meet at the point A, which is an unsymmetrical bifurcation point and the critical loading reduces to

$$p_{cr}^{\text{unsym}} = 0.585\, E_0 \frac{f\delta^3}{a^4} = 0.146\, E \frac{f}{\delta}\left(\frac{\delta}{R}\right)^2; \tag{9.201}$$

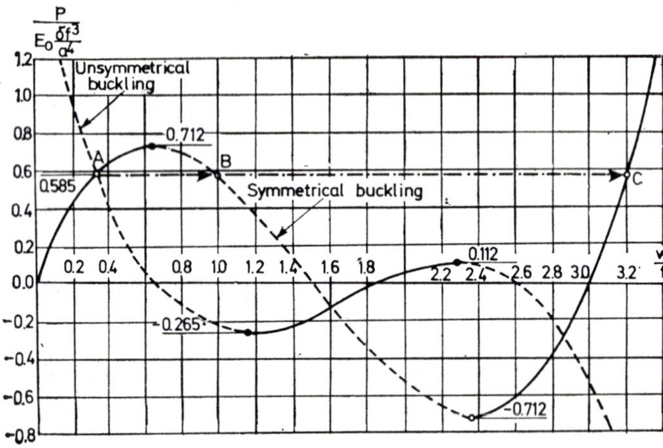

Fig. 9.60. — Buckling of the whole shell.

consequently, the symmetrical deformations of the shell transform suddenly into unsymmetrical deformations at the point A. If the loadings decrease, the branch of unsymmetrical deformations is followed; if, however, the loadings remain constant a jump to the point B on the labile equilibrium branch and then to the point C on the stable branch of the symmetrical buckling will be produced. Thus, the shell buckling will appear through the passing from a symmetrical deformed shape to an unsymmetrical one such that finally a symmetrical deformed shape occurs again. The unsymmetrical critical loading p_{cr}^{unsym} is smaller than that producing equilibrium bifurcation in complete spheres only for $\frac{f}{\delta} \leqslant 4$, but this domain is of no practical interest.

It follows from the above that for usual cases the critical loadings corresponding to the involvement of the whole shell are larger than those corresponding to the local buckling of ideal shells. The equilibrium curves plotted in Figure 9.60 are however of interest since they are characteristic of the postcritical behaviour of the shell.

9.5.3.3. Loss of stability by a local snap through. As shown in Figures 9.57 and 9.58 the loss of stability occurs at the edges if the edge members are not sufficiently rigid.

The critical loading will be influenced by the torsional rigidity of the edge beams; in [44] and [45] this loading is suggested to be also calculated by a relation of the form (9.155), where, however, in the determination of the coefficient α account has been taken that

$$\theta_i = \frac{4}{\pi^2} \frac{a^2}{GI_r} \left(1 + \frac{\pi}{2} \frac{G}{E} \frac{I_r}{I}\right), \tag{9.202 a}$$

$$\theta_p = \frac{1}{2\sqrt[4]{3}} \frac{a}{K\sqrt{\frac{f}{\delta}}}. \tag{9.202 b}$$

Accordingly, from (9.154) we have

$$\alpha = \frac{2}{1+\left(\frac{1}{I_r^*}+\frac{1.6}{I^*}\right)\sqrt{\frac{f}{\delta}}}, \tag{9.203}$$

where

$$I_r^* = \frac{GI_r}{Ka}, \quad I^* = \frac{EI}{Ka}, \tag{9.204 a,b}$$

I_r and I being the torsional and bending rigidities of the edge beams.

If from (9.203) we obtain $\alpha \simeq 2$, the edges are stiffer than the shell and a snap through will occur at the shell center.

As shown in 9.5.3.1, in the case of domes on square boundary the buckled region can occur as follows (Fig. 9.61);

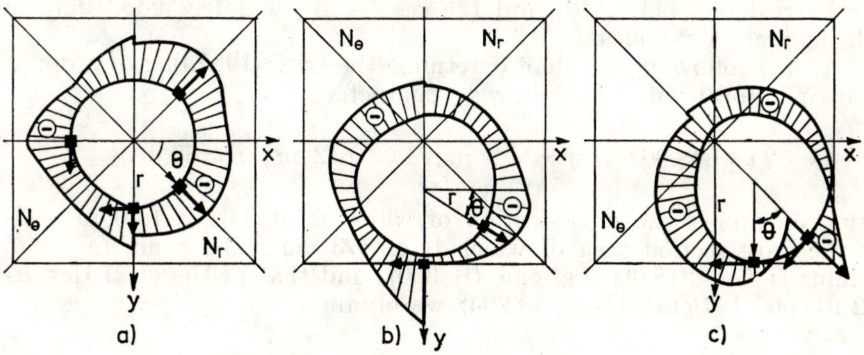

Fig. 9.61. — Position of the buckled area: a) central; b) at one edge; c) at the corners.

(a) at the shell center, its center corresponding to that of the buckled region,

(b) the buckled region reaches the shell edge only at one point, and

(c) the buckled region reaches the shell edge at two points.

If in this case too, we introduce the coefficient β defined by relation (9.165), function of the position of the buckled region and of the membrane forces (sub-Section 6.2.1), the following values can be distinguished: for the case (a) shown in Figure 9.61, $\beta=1/2$, since the forces are practically equal; for the case (b), at the point of contact with the edge, $\beta = 0$; for the case (c) the maximum value $\beta_{max} = 2.0$ occurs at the very shell corner; since, however, in the last case a buckling surface does not appear, the practical domain of variation

$$0 \leqslant \beta \leqslant 1.5$$

has been determined.

The critical loading can be determined by means of relation (9.174) taking also account of (9.175).

Usually, as shown by experiments reported in [44], [45], the buckling of domes on square boundary, resting on tie arches, occurs at the shell edges and reaches ordinarily both sides, since there the influence of the force distribution is the greatest. Therefore, it is recommendable to consider $\beta = 1.5$; we thus get from (9.175)

$$\xi_\beta = 0.89. \qquad (9.205)$$

The influence of displacements occurring prior to buckling is determined as in the case of a dome on circular planform, with the help of relation (9.180), ξ_γ being given by the diagram shown in Figure 9.53 b.

The lower critical loading of a dome on square planform, taking account of the influence of boundary conditions, is determined with the help of relation (9.181); to check the validity of this relation model tests have been carried out [44], [46] and the results are in fairly good agreement with the theoretical ones.

In the following, we shall determine the critical loading of a dome on square planform with the following characteristics

$$2a = 48.00 \text{ m}; \ f = 4.8 \text{ m}; \ \delta = 0.12 \text{ m}; \ R=60.0 \text{ m},$$

resting on arches the cross-section of which is of 0.60×1.20 m and on ties the cross-section area of which is of 173 cm². The concrete Young's modulus is $E = 315\,000$ kgf/cm² (B 300), and that of the shell ties $E_z = 2\,100\,000$ kgf/cm². Using (9.204) we obtain

$$I_r^* = 8.58; \ I^* = 25.00$$

and from relation (9.203), we have

$$\alpha = \frac{2}{1 + \left(\frac{1}{8.58} + \frac{1.6}{25.00}\right)\sqrt{\frac{4.80}{0.12}}} = 0.92 < 2.$$

it follows that the snap through occurs at the shell edge. Using (9.158) and (9.205) we have

$$\xi_\alpha = 0.12 + 0.44 \times 0.92 = 0.52\,; \;\; \xi_\beta = 0.89.$$

The elastic displacement of the complete sphere is

$$w_0 = \frac{1}{8}\frac{a^3}{f^2\delta}\frac{pa}{E} = 0.625 \times 10^3 \frac{pa}{E}$$

and that of the dome supported on tie arches is determined as shown in sub-Section 6.7.6. For the geometrical characteristics given above it is

$$w = 29.35 \times 10^3 \frac{pa}{E}.$$

Thus, from relation (9.176) we obtain

$$\gamma = \frac{29.35}{0.625} = 47.$$

The displacement of the dome supported on tie arches is thus found to be 47 times greater at the edges than that of complete domes; from the diagram shown in Figure 9.53b, we obtain $\xi_\gamma = 0.68$.

For $R/\delta = 500$, with the help of Table 9.3, we obtain the critical loading on a complete sphere

$$p_{cr,i} = 0.25 \times 315\,000 \left(\frac{0.12}{60.0}\right)^2 = 0.302 \text{ kgf/cm}^2 = 3020 \text{ kgf/m}^2,$$

and from (9.181) the critical loading on an ideal dome, supported on tie arches, is

$$p_{cr,\alpha,\beta,\gamma} = 0.52 \times 0.89 \times 0.68 p_{cr,i} = 0.315 p_{cr,i} \simeq 950 \text{ kgf/m}^2.$$

A substantial reduction of the lower critical loading can be noticed as compared to that of complete spheres, as a consequence of the edge effect. The largest decrease is due to the influence of the reduced torsional rigidity of the edge beams and to the large deformations occurring prior to buckling.

9.6. Elastic stability of elliptic shells

9.6.1. Critical loading of equilibrium bifurcation

Elliptical surfaces are obtained either by cutting an ellipsoid of revolution by vertical planes (Fig. 9.62a), or by a translation of a generator curve along two directrix curves (Fig. 9.62b).

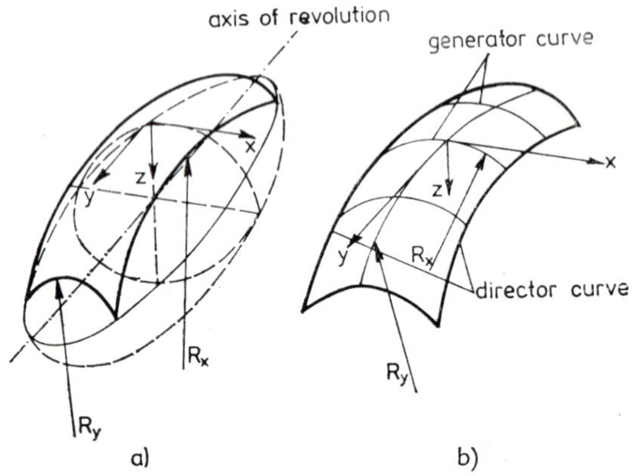

Fig. 9.62. — Elliptical shells : a) of revolution ; b) of translation.

In both cases the principal radii of curvature are different along the two directions

$$\frac{1}{r_x}=\frac{1}{R_x};\quad \frac{1}{r_y}=\frac{1}{R_y};\quad \frac{1}{r_{xy}}=\frac{1}{r_{yx}}=0. \tag{9.206}$$

Thus, the second order theory equations (9.25) become for $t=0$

$$\frac{1}{R_x}\frac{\partial^2 F}{\partial y^2}+\frac{1}{R_y}\frac{\partial^2 F}{\partial x^2}-K_0\nabla^2\nabla^2 w+\frac{\partial^2 F}{\partial x^2}\frac{\partial^2 w}{\partial y^2}+\frac{\partial^2 F}{\partial y^2}\frac{\partial^2 w}{\partial x^2}+p=0 \tag{9.207a}$$

$$\frac{1}{E_0\delta}\nabla^2\nabla^2 F+\frac{1}{R_x}\frac{\partial^2 w}{\partial y^2}+\frac{1}{R_y}\frac{\partial^2 w}{\partial x^2}=0.$$

Introducing the functions (9.36) and following an approach similar to that used for (9.37), we get

$$\frac{1}{R_x}\frac{\partial^2\overline{F}}{\partial y^2}+\frac{1}{R_y}\frac{\partial^2\overline{F}}{\partial x^2}-K_0\nabla^2\nabla^2\overline{w}+\frac{\partial^2 F_0}{\partial x^2}\frac{\partial^2\overline{w}}{\partial y^2}+\frac{\partial^2 F_0}{\partial y^2}\frac{\partial^2\overline{w}}{\partial x^2}=0 \tag{9.208a}$$

$$\frac{1}{E_0\delta}\nabla^2\nabla^2\overline{F}+\frac{1}{R_x}\frac{\partial^2\overline{w}}{\partial y^2}+\frac{1}{R_y}\frac{\partial^2\overline{w}}{\partial x^2}=0. \tag{9.208b}$$

As is known, in membrane theory the following relation is valid

$$\frac{N_x}{R_x} + \frac{N_y}{R_y} = -p \tag{9.209}$$

and thus the forces can be written as follows

$$N_x = -pR_x \frac{1}{1+\left(\frac{R_x}{R_y}\right)^2};\ N_y = -pR_y \frac{\left(\frac{R_x}{R_y}\right)^2}{1+\left(\frac{R_x}{R_y}\right)^2}. \tag{9.210 a,b}$$

If, as shown in sub-Section 9.5.1.1, we choose a solution of the form

$$\overline{F} = k\overline{w}, \tag{9.211}$$

where λ is an indeterminate parameter, from (9.208 b) we obtain

$$\frac{\lambda}{E_0\delta} \nabla^2\nabla^2\overline{w} + \frac{1}{R_x}\frac{\partial^2\overline{w}}{\partial y^2} + \frac{1}{R_y}\frac{\partial^2\overline{w}}{\partial x^2} = 0. \tag{9.212}$$

Introducing this relation into (9.208a), we get

$$\left[\left(\lambda + \frac{K_0E_0\delta}{\lambda}\right)\frac{1}{R_x} - p\frac{R_x}{1+\frac{R_x^2}{R_y^2}}\right]\left(\frac{\partial^2\overline{w}}{\partial y^2} + \frac{R_x}{R_y}\cdot\frac{\partial^2\overline{w}}{\partial x^2}\right) = 0. \tag{9.213}$$

Since the second paranthesis cannot be equal to zero, we obtain

$$p = \left(\lambda + \frac{K_0E_0\delta}{\lambda}\right)\left(\frac{1}{R_x^2} + \frac{1}{R_y^2}\right). \tag{9.214}$$

The minimum value of this expression is obtained from the condition that $\frac{\partial p}{\partial \lambda} = 0$, whence

$$\lambda = \sqrt{K_0E_0\delta} \tag{9.215}$$

hence

$$p_{cr,s} = 2\sqrt{K_0E_0\delta}\left(\frac{1}{R_x^2} + \frac{1}{R_y^2}\right) = \frac{E\delta^2}{\sqrt{3(1-\mu^2)}}\left(\frac{1}{R_x^2} + \frac{1}{R_y^2}\right), \tag{9.216}$$

which represents the critical load of bifurcation for elliptical surfaces. It is easy to see that if $R_y = \infty$

$$p_{cr,s} = \frac{E}{\sqrt{3(1-\mu^2)}} \left(\frac{\delta}{R_x}\right)^2, \tag{9.217a}$$

we obtain the critical loading of the cylindrical panel, and if $R_x = R_y$

$$p_{cr,s} = \frac{2E}{\sqrt{3(1-\mu^2)}} \left(\frac{\delta}{R}\right)^2, \tag{9.217b}$$

then, we obtain that for the spherical dome.

Similar solutions have been also obtained in [6] and [35].

9.6.2. Postcritical behaviour

Postcritical states, similar to those occurring in spherical domes, are also met with in the case of elliptical shells. Detailed theoretical studies do not exist, but in [25], [26] and [115] a relation of the following form has been suggested for calculating the lower critical loading

$$p_{cr,i} = cE_0 \frac{\delta^2}{R_x R_y}, \tag{9.218}$$

where c is the dimensionless coefficient determined for complete spheres. As compared to relation (9.127b) we note that the product $R_x R_y$ has been introduced at the denominator instead of R^2. The approximate relation (9.218) can be accepted only when the two curvature radii do not differ too much. Indeed, if the curvature radius is very great upon one direction, the surface shape is closer to that of a cylinder having a determinate critical loading, but according to (9.218) it tends to be equal to zero.

In [53] and [79], the lower critical loading of elliptical surfaces has been determined similarly to that of spheres, choosing an elliptical form for the buckled surface (Fig. 9.63). The parameters which influence the critical loading are β, given by relations (9.165), which defines the state of stress on the buckled surface and the ratio of the curvature radii R_x/R_y. Proceeding in a manner similar to that used for spherical shells the critical loadings have been determined from the minimum strain energy. Figure 9.64 reproduces after [53] the diagrams obtained. Notice that the ratio R_x/R_y influences to a much greater extent the critical loading than the parameter β; from Figure 9.64b one can observe that the use of relation (9.218), drawn by a dashed line, is not acceptable as it yields critical loadings much smaller than those met with in actuality.

The lower critical loading of elliptical shells has been also determined in [22] under the form

$$p_{cr,i} = c_r E_0 \frac{\delta^2}{R_x R_y}, \tag{9.219}$$

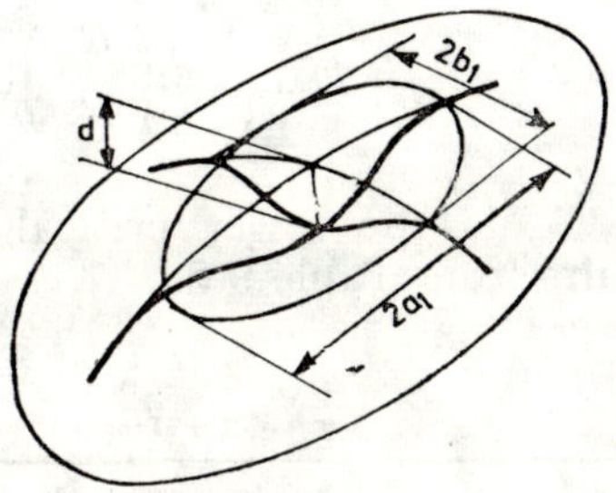

Fig. 9.63. — Buckling surfaces of elliptical shells.

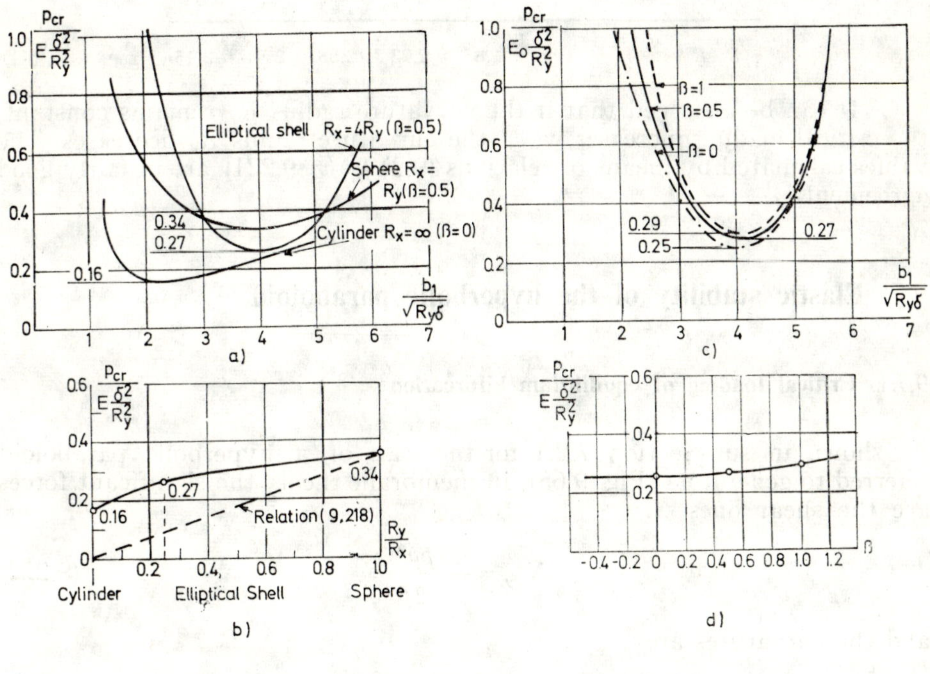

Fig. 9.64. — Influence of curvature radii and of forces:

a) critical loads as a function of the curvature radii; b) reduction of the critical loads with the ratio of radii; c) critical loads as a function of stress distribution; d) reduction of critical loads as a function of forces.

where

$$c_r = 0.288 + 0.013\left(\frac{R_x}{R_y} - 1\right) + 0.03\left(\frac{R_x}{R_y} - 1\right)^2 \qquad (9.220)$$

is valid for $R_x > R_y$. Relation (9.219) has been experimentally verified, a fairly good agreement being obtained.

In [33] the critical loading of the elliptical shell is given under the form

$$p_{cr,i} = \varphi\left(\frac{R_x}{R_y}\right)(p_{cr,i})_{R_x=R_y}, \qquad (9.221)$$

where $(p_{cr,i})_{R_x=R_y}$ is the lower critical loading of the sphere of radius R_x and φ results from Table 9.5.

Table 9.5

The function $\varphi(R_x/R_y)$

R_x/R_y	1	1.25	1.50	1.75	2.00	2.25	2.50
$\varphi(R_x/R_y)$	1	1.45	1.85	2.23	2.58	2.84	3.15

It can be observed that if the curvature radius R_x remains constant, the critical loading increases when the curvature radius R_y decreases. The values calculated by means of relations (9.219) or (9.221) are in fairly good agreement.

9.7. Elastic stability of the hyperbolic paraboloid

9.7.1. Critical loading of equilibrium bifurcation

As shown in sub-Section 7.2.1 for the case of a hyperbolic paraboloid referred to generators (Fig. 9.65), in membrane theory the significant forces are the shear ones

$$N_{xy} = -\frac{pab}{2f} \qquad (9.222)$$

and the curvatures are

$$\frac{1}{r_x} = \frac{1}{r_y} = 0; \quad \frac{1}{r_{xy}} = \frac{1}{r_{xy}} = \frac{f}{ab}. \qquad (9.223\text{ a,b})$$

From equations (9.25) of the linearized theory of stability by means of which one obtains the critical loading of bifurcation, and using functions of the form (9.36), we get the following equation system

$$\frac{2f}{ab}\frac{\partial^2\overline{F}}{\partial x\partial y} + K_0\nabla^2\nabla^2\overline{w} + \frac{p\,ab}{f}\frac{\partial^2\overline{w}}{\partial x\partial y} = 0, \tag{9.224a}$$

$$\frac{1}{E_0\delta}\nabla^2\nabla^2\overline{F} - \frac{2f}{ab}\frac{\partial^2\overline{w}}{\partial x\partial y} = 0. \tag{9.224b}$$

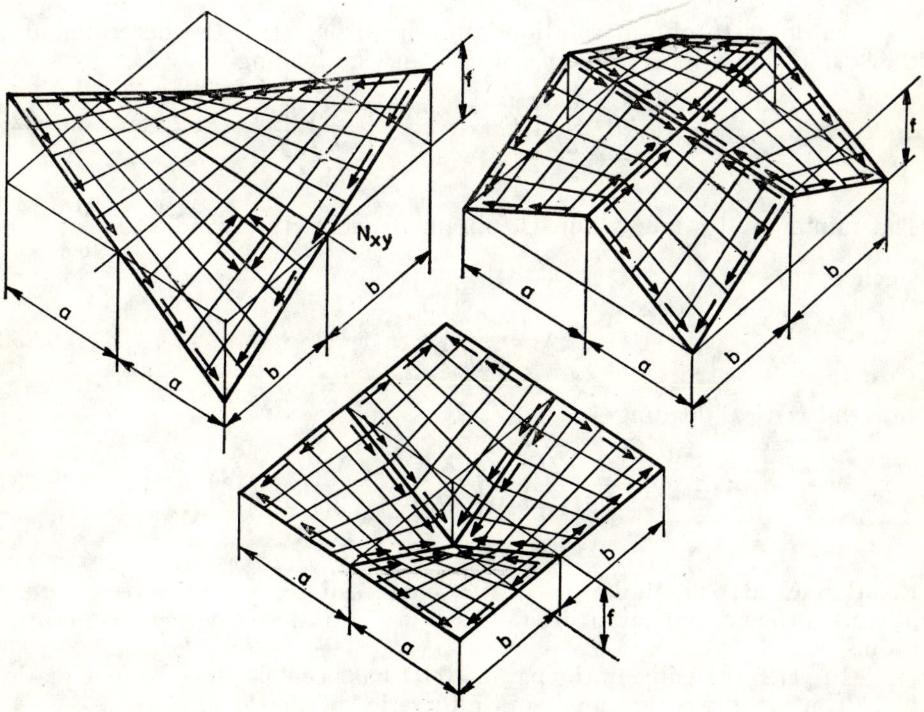

Fig. 9.65. — Geometry of the hyperbolic paraboloid.

To resolve this equation system, in [112] the unknowns $\overline{P}$ and $\overline{w}$ are put under the form

$$\overline{F} = A\omega; \quad \overline{w} = B\omega, \tag{9.225 a,b}$$

where ω is a function satisfying the equation

$$K_0\nabla\nabla\omega + \lambda\frac{\partial^2\omega}{\partial x\partial y} = 0, \tag{9.226}$$

λ being an indeterminate parameter. If (9.225) is introduced into (9.224) and account is also taken of (9.226), we obtain the equation system

$$\left[\frac{2f}{ab}A-\left(\lambda-\frac{p\,ab}{f}\right)B\right]\frac{\partial^2\omega}{\partial x\partial y}=0, \tag{9.227}$$

$$\left[\frac{1}{K_0E_0\delta}A\lambda+\frac{2f}{ab}B\right]\frac{\partial^2\omega}{\partial x\partial y}=0. \tag{9.228}$$

In order to obtain solutions differing from zero, the determinant of the system must be zero. Thus, we obtain the loading

$$p=\frac{f}{ab}\left[\lambda+\frac{K_0E_0\delta}{\lambda}\left(\frac{2f}{ab}\right)^2\right]. \tag{9.229}$$

The minimum loading value is obtained from the condition $\frac{\partial p}{\partial\lambda}=0$, whence

$$\lambda=\frac{2f}{ab}\sqrt{K_0E_0\delta} \tag{9.230}$$

and the critical loading is

$$p_{cr}=\frac{4f^2}{a^2b^2}\cdot\sqrt{K_0E_0\delta}=\frac{2E}{\sqrt{3(1-\mu^2)}}\left(\frac{\delta}{\frac{ab}{f}}\right)^2=\frac{2E}{\sqrt{3(1-\mu^2)}}\cdot\left(\frac{\delta}{R_{xy}}\right)^2. \tag{9.231}$$

Relation (9.231) is similar to (9.103), obtained for a complete sphere, if instead of the normal curvature radius R we introduce the torsion curvature radius R_{xy}.

In [112] the value of the parameter λ has been obtained from equation (9.226), using for ω developments into series of the form

$$\omega=\sum_m\sum_n C_{mn}\cos\frac{m\pi x}{2a}\cos\frac{n\pi y}{b}, \tag{9.232}$$

whence

$$E=\sum_m\sum_n C_{mn}\left[K_0\left(\frac{\pi}{2}\right)^4\left(\frac{m^2}{a^2}+\frac{n^2}{b^2}\right)^2\cos\frac{m\pi x}{2a}\cos\frac{n\pi y}{2b}+\right.$$

$$\left.+\lambda\left(\frac{\pi}{2}\right)^2\frac{mn}{ab}\sin\frac{m\pi x}{2a}\sin\frac{n\pi y}{2b}\right]=0. \tag{9.233}$$

If Galerkin's orthogonalization method is applied

$$\int_0^a \int_0^b E \cos \frac{m\pi x}{2a} \cos \frac{n\pi y}{2b} \, dx \, dy = 0 \tag{9.234}$$

we obtain the equation system

$$K_0 C_{mn} \left(\frac{\pi}{2}\right)^2 \left(\frac{m^2}{a^2} + \frac{n^2}{b^2}\right)^2 + \frac{mn}{ab} \lambda \sum_i \sum_j C_{ij} a_{ij} b_{ij} = 0 \tag{9.235}$$

where

$$a_{ij} = \int_0^a \sin \frac{i\pi x}{2a} \cos \frac{m\pi x}{2a} \, dx; \tag{9.236}$$

$$b_{ij} = \int_0^b \sin \frac{j\pi y}{2b} \cos \frac{n\pi y}{2b} \, dy = 0. \tag{9.237}$$

The system of non-homogeneous equations (9.235) has been resolved in [112], using 17 and 18 terms from the series expansion for even or odd numbers $(m+n)$ and for equal sides $(a=b)$. Setting the condition that the determinant of the system (9.235) be zero, we obtain the eigenvalues $\lambda_1, \lambda_2, \ldots, \lambda_n$. The critical loading is obtained from (9.229), replacing the corresponding minimum value obtained for λ; the curve is plotted in Figure 9.66. It can be seen that for $\frac{f}{\delta} \leqslant 30$ the buckling is produced by a single half-wave $(m=1)$ and the critical loading differs much from that given

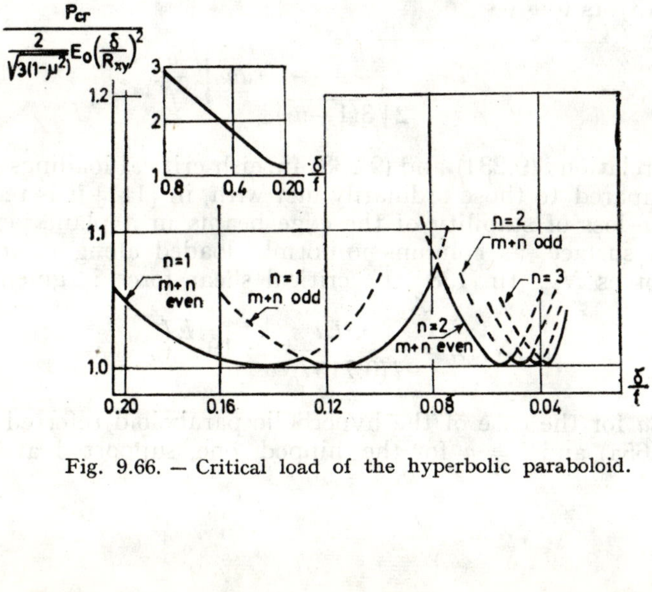

Fig. 9.66. — Critical load of the hyperbolic paraboloid.

by (9.231); if, however, $\frac{f}{\delta} > 30$, the curves are closer and closer to each other and relation (9.231) can be used with a sufficient approximation.

A similar procedure is used in [117] for determining the critical loading, written under the form

$$p_{cr} = \varphi \times 10^{-6} E_0, \tag{9.238}$$

where φ is given in Table 9.6, as a function of the parameters $\delta/2a$ and $f/2a$. This table also gives in brackets the number of buckling half-waves. A comparison of the critical loadings determined by relations (9.231) and (9.238) shows sufficiently large differences only when the ratio f/δ is small and this is in agreement with the diagrams of Figure 9.66.

Table 9.6

The coefficients φ

$\frac{f}{2a}$ \ $\frac{\delta}{2a}$	$\frac{1}{100}$	$\frac{1}{200}$	$\frac{1}{300}$	$\frac{1}{400}$
0.10	1.906(1)	0.311(1)	0.128(1)	0.075(1)
0.15	3.222(1)	0.649(1)	0.314(1)	0.167(2)
0.20	4.980(1)	1.207(1)	0.529(2)	0.289(2)
0.25	7.322(1)	1.976(2)	0.802(2)	0.466(2)
0.30	10.394(1)	2.681(2)	1.169(2)	0.660(3)

Expressions for the determination of the critical loading of the hyperbolic paraboloid, similar to (9.231), are also given in [96], [113] and [126].

The length of a half-wave induced upon the compressive direction is given in [113] as follows

$$l = \frac{\pi}{2\sqrt[4]{3(1-\mu^2)}} \sqrt{ab} \sqrt{\frac{\delta}{f}}. \tag{9.239}$$

Since relations (9.231) and (9.238) furnish critical loadings sufficiently high as compared to those ordinarily met with, in [111] it is recommended to verify the loss of stability of the edge beams in a plane perpendicular to the shell surface, as columns uniformly loaded along their length by the shear forces N_{xy}. In [138] the critical shear force is given as follows

$$N_{xy,cr} = \frac{\pi^2 EI}{l(0.715\,l)^2} \simeq 19\frac{EI}{l^3}, \tag{9.240}$$

where $l = 2a$ for the case of the hyperbolic paraboloid referred to generators (Fig. 9.65a) and $l = a$ for the hipped one, supported at four points

(Fig. 9.65b). For the case of the umbrella-shaped hyperbolic paraboloid we have [138].

$$N_{xy,cr} = \frac{E}{2a(1.12a)^2} \simeq 3.9\,\frac{EI}{a^3}. \tag{9.241}$$

In these relations the combined working of the beams with the shell is neglected; since this one must bear a particular influence on the critical loading, in [27] the buckling of the beams of the intersecting paraboloid (Fig. 9.65 b) has been studied; in this work the critical loading which produces the buckling of the edge beam is given as

$$p_{cr} = \frac{2}{\sqrt{3}} E_0 \left(\frac{\delta}{R_{xy}}\right)^2 \sqrt{2\left(1+\frac{2E_0I}{K_0a}\right)}, \tag{9.242}$$

where E_0I is the bending rigidity of the edge beam. A comparison of this value with that provided by (9.231) shows that if Poisson's ratio is neglected, the critical loading increases by the factor $\sqrt{2\left(1+\frac{2E_0I}{K_0a}\right)}$.

From (9.240) we obtain the buckling load of the edge beam, without considering the combined working of the shell, as

$$p_{cr} = 38\,\frac{E_0I}{a^3b}. \tag{9.243}$$

Figure 9.68 is a plot of the curves given by relations (9.231), (9.242) and (9.243) for the constant parameters $a/\delta = 50$ and $\frac{E_0I}{K_0a} = 10$ as a function of the ratio a/f. The smallest critical loading is found to be that for the buckling of the edge beams without considering the combined working

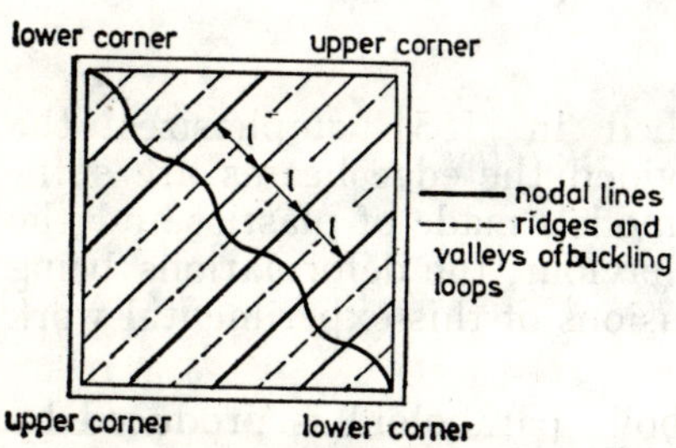

Fig. 9.67. — Buckling surfaces of the hyperbolic paraboloid.

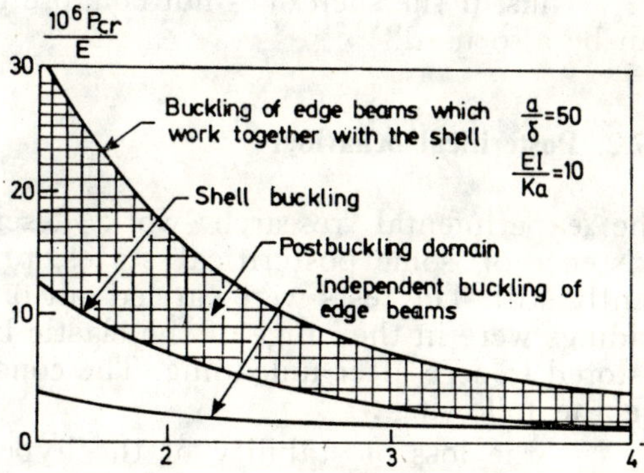

Fig. 9.68. — Postcritical range.

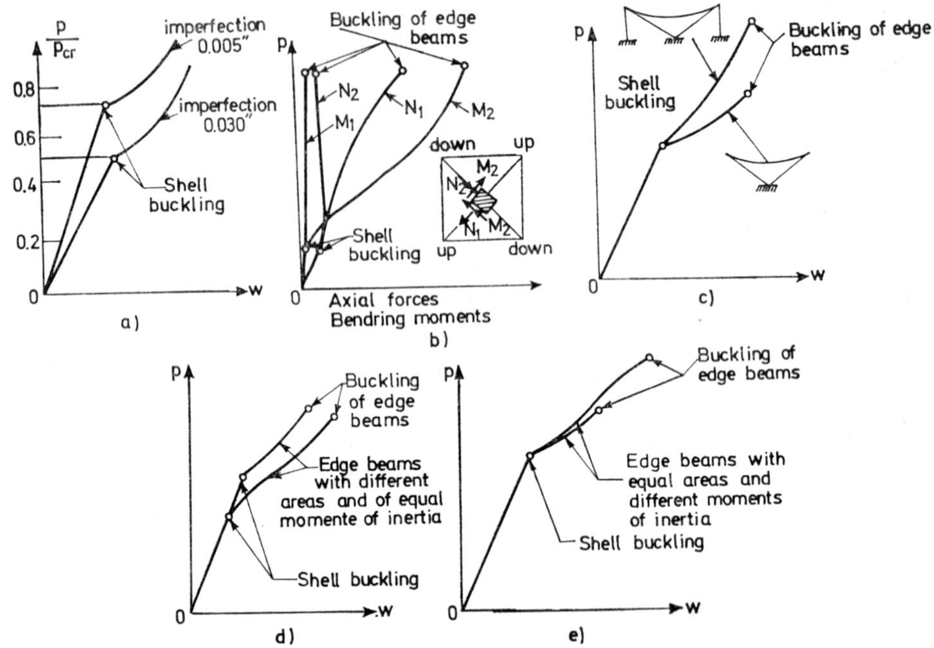

Fig. 9.69. — Postcritical behaviour determined experimentally [85]:
a) influence of imperfections; b) change in the values of forces after buckling; c) influence of supporting manner on the shell buckling and buckling of the edge beams; d) influence of extensional stiffness of edge beams; e) influence of bending stiffness of edge beams.

with the shell; if account is taken of this combined working the critical loading is much increased and the loading which produces the shell loss of stability becomes decisive.

Thus, if the shell does not collapse by buckling, the postcritical range can be also used.

9.7.2. **Postcritical behaviour**

The experimental research work described in [85] emphasizes the existence of some postcritical states, provided the edge beams are sufficiently stiff. The tests were carried out on models made of plastics and the loadings were in the range of the elastic behaviour, the deformations being restored to zero after unloading. The conclusions of this experimental work are the following:

— the loss of stability of the hyperbolic paraboloid is produced by the formation of waves upon the compressible direction, the wavelength being in fairly good agreement with that given by relation (9.239);

— imperfections reduce the critical loading ; thus, for a shell with small deviations from the middle surface, the critical loading was only 71 per cent of that given by relation (9.231), and for a shell the deviations of which were about six times greater, it was of 51 per cent (Fig. 9.69a) ;

— after the shell buckling, the forces change substantially, the compression stresses upon the compressed diagonal and the bending stresses upon the stretched diagonal decrease, but the tensile stresses upon the stretched diagonal and those produced by bending upon the compressed diagonal increase considerably (Fig. 9.69b) ; the shell works thus as a suspended roof and the cables represent the stretched directions ;

— the limit loading is given by the loss of stability of the edge beams (Fig. 9.69c) ; it is found that the critical loading does not depend on the manner of supporting, but for the limit one the situation differs since the buckling of the edge beam occurs as that of a hinged column or of a cantilever ;

— the critical loading is influenced by the extensional rigidity of beams (Fig. 9.69d), whilst the limit one by the bending rigidity (Fig. 9.69c).

It follows that after the loss of stability has occurred the hyperbolic paraboloid has stable postcritical states up to the loss of stability of the edge beams, which can be used if the forces remain in the elastic domain and the deformations are not too large.

As distinguished from shells with positive or zero curvature, lower critical loadings can no longer be observed and the critical loading of equilibrium bifurcation determined in sub-Section 9.7.1 can be considered in the determination of the limit loading. In view of the reduced number of experimental results, it is not recommendable at present to include in analysis the post-buckling domain, but the safety coefficient can be smaller (or the coefficient of the working conditions can be larger) than that corresponding to shells of positive or zero curvature. In [10] the case of a hyperbolic paraboloidal shell is recalled, which lost its stability ; by contrast to the case of some shells of positive or zero curvature which collapsed suddenly, only very large deformations appeared in this case leading finally to the cracking of the shell and the stopping of the work in the hall since debris were falling all the time.

9.8. Influence of inelastic deformations on the critical loading

9.8.1. Influence of cracking

The experimental work carried out on models made of plastics and cement mortar indicated largely differing critical loadings. Thus, in [86], for two models made of materials with perfectly elastic properties, the differences with respect to the theoretical values calculated in the elastic stage were of 4 and 8 per cent; for two units made of cement mortar, with the same geometrical dimensions, the differences were of 38 per cent, showing thus a substantial underestimation of the actual critical loading. In [47], tests carried out on groups of models of cylindrical shells made of plastics or cement mortar are reported; for the models made of plastics a good agreement with respect to the theoretical values was noticed, whilst for these of cement mortar the reduction of the critical loading as compared to that calculated was of about 50 per cent.

In both cases the reduction of critical loadings for cement mortar models was due to the presence of longitudinal cracks, which reduced substantially the transverse rigidity. Tests carried out on five models of spherical domes are also described in [47]; four of them were clamped on the boundary (two were made of cement mortar and too of perspex) and the fifth was elastically clamped on the boundary. The calculation of the critical load of equilibrium bifurcation given by (9.103), as a function of the initial Young's modulus, showed the values at which buckling occurred for the two plastics models as being 0.57 and 0.63 of this loading, whilst for the cement mortar models the values were 0.36 and 0.38. In [47] these differences are accounted for by the existence of bending moments in the shell, produced by unsymmetrical deformations, which however were not sufficiently large to produce the shell cracking. For the shell elastically supported on the boundary the differences were small.

Model tests on hyperboloids of revolution, in which cracks were produced in their upper region such that to examine their influence

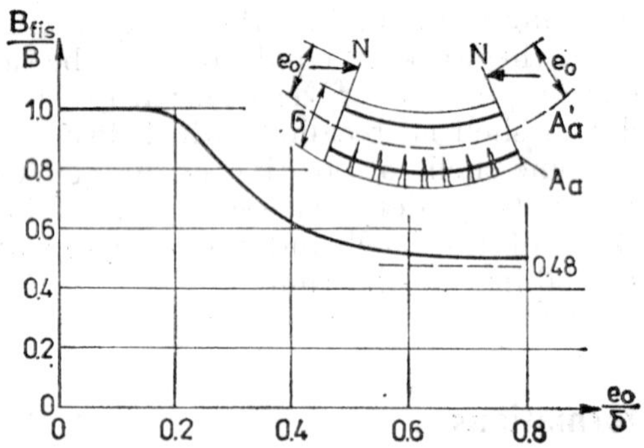

Fig. 9.70. — Reduction of shell rigidity due to cracking.

on the critical loading, were reported in [28]; it could be concluded that cracking did not modify the manner of buckling, and the critical loading decreased by about 20 per cent only when the shell upper region was strongly cracked. Tests carried out in England with a view to examining the effect of cracks in several cooling towers consisting of hyperboloids are described in [1]; the long cracks, extending over the whole shell height are shown to reduce the critical loading by about 33 per cent. To be noted is the fact that cracking is more likely to occur in cylinders and cones (surfaces of simple curvature) than in the hyperboloid of revolution (a surface of double curvature).

To take into account the influence of cracks, in [17] it is suggested to consider in the analysis half of the shell thickness. This means that the critical loading is reduced to a quarter that corresponding to the elastic analysis, but considering that the maximum reduction obtained in experimental investigations was of 50 per cent, this could be too much on the safe side.

In [34] it is suggested to consider a shell rigidity which appears in all relations used for calculating the critical loading

$$B = \sqrt{E_0 \delta K_0} = \frac{E_0 \delta^2}{\sqrt{12(1-u^2)}}, \tag{9.244}$$

which, reduced by cracking (Fig. 9.70) becomes

$$B_{\text{fis}} = \psi B, \tag{9.245}$$

where ψ is a rigidity reduction coefficient, listed in Table 9.7 as a function of $n\mu$, n being the equivalence coefficient ($n = E_a/E_b$) and μ the reinforcing coefficient (see also Fig. 9.71).

Cracking can also influence the critical loading through the increase of the initial displacements at the instant when the shell buckles. This

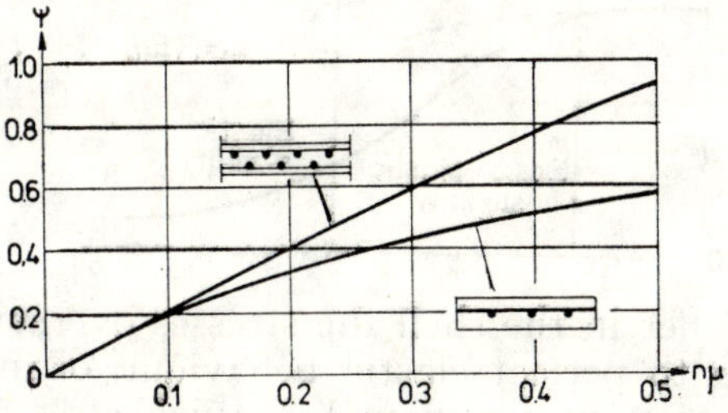

Fig. 9.71. — The coefficient ψ.

Table 9.7

The coefficients ψ

reinforcement \ $n\mu$	0.0	0.1	0.2	0.3	0.4
at the middle of the shell	0.00	0.21	0.33	0.43	0.52
on the inner and outer faces	0.00	0.22	0.40	0.60	0.77

aspect can be taken into account by considering in the analysis a corresponding initial displacement (for instance for domes on circular or square boundary the coefficient given by relation (9.176)).

The problem which concerns the influence of concrete cracking was not satisfactorily solved in the analysis of stability. It can be concluded that differences with respect to the elastic analysis of the critical loading exist. Such differences can be dealt with only by using an increased safety coefficient, larger for shells of simple curvature and smaller for those of double curvature.

9.8.2. **Influence of plastic deformations**

The specialist literature includes several studies on the loss of stability of thin metallic shells in the plastic range [9], [43], [90], [103]. According to [47], however, their applicability to reinforced concrete thin shells is not confirmed by the experimental work.

The behaviour of a thin shell is mainly prescribed by its slenderness, characterized by the ratio R/δ, and by the boundary conditions. For thick shells the limit loading will be given by the failure loading, produced by the formation of a mechanism; for thin shells with stiff edges, the loss of stability occurs in the elastic range (Fig. 9.72). A domain exists within

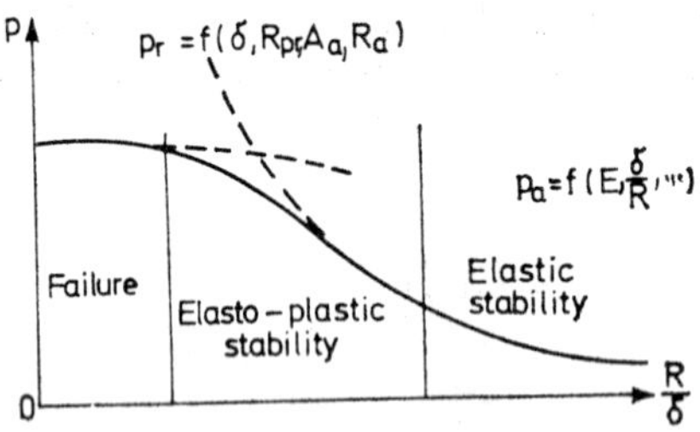

Fig. 9.72. — Elastic stability, elasto-plastic stability and failure of the shell.

which either in the shell the stresses overcome the concrete stresses corresponding to perfect elastic behaviour, or in the edge members plastic deformations occur (for example the yield stress in ties is reached) which produce large displacements; in this domain, the critical load will be smaller than that corresponding to plastic failure or to loss of elastic stability.

For stresses in the shell, which exceed the limit of elastic behaviour of the concrete ($\sigma > 0.5R_{pr}$) the relationship between stresses and strains is of the form

$$\sigma = R_{pr}\left[2\frac{\varepsilon}{\varepsilon_r} - \left(\frac{\varepsilon}{\varepsilon_r}\right)^2\right], \tag{9.246}$$

where R_{pr} is the concrete prismatic stress and ε_r the failure strain, given in [13] as follows

$$\varepsilon_r = (8.5R_{pr} - 0.009R^2_{pr}) \times 10^{-6} \tag{9.247}$$

(R_{pr} must be introduced in kgf/cm²). In [47] it is suggested to determine the critical loading by means of the tangent modulus, determined from (9.246)

$$E_t = \frac{2R_{pr}}{\varepsilon_r}\sqrt{1-\frac{\sigma}{R_{pr}}}. \tag{9.248}$$

If the critical loadings for the models of cement mortar domes, mentioned in sub-Section 9.8.1, are calculated again, much smaller differences are obtained, as compared to the elastic analysis, than those resulting when the instantaneous Young's modulus is used.

In [98] it is suggested to calculate the critical loading of reinforced concrete shells by means of the same tangent modulus given by the relation

$$E_t = E_0\sqrt{1-\frac{\sigma}{R_{pr}}}, \tag{9.249}$$

where E_0 is the instantaneous Young's modulus. Thus, the critical loading is obtained as

$$\sigma_{cr,ep} = \Phi\,(\sigma_{cr,e}), \tag{9.250}$$

where $\sigma_{cr,ep}$ is the elasto-plastic critical stress and σ_{cr} the elastic one.

For the analysis of the stability of concrete cylinders, in [91] a relation of Rankine type is suggested, under the form

$$\frac{1}{\sigma_{cr,ep}} = \frac{1}{\sigma_{cr,e}} + \frac{1}{R_{pr}}, \tag{9.251}$$

whence

$$\sigma_{cr,ep} = \frac{1}{1+\dfrac{\sigma_{cr,e}}{R_{pr}}}\,\sigma_{cr,e}. \tag{9.252}$$

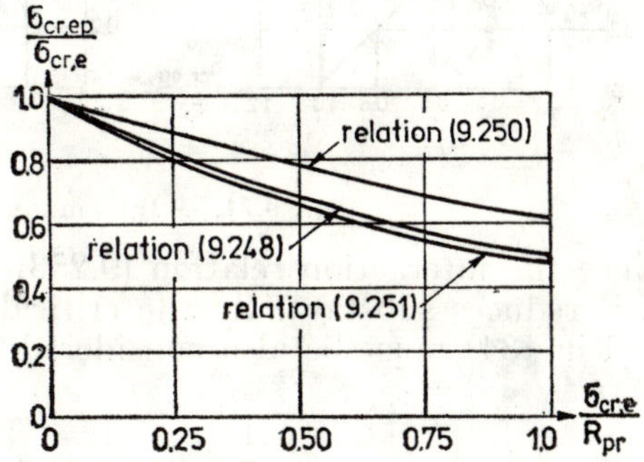

Fig. 9.73. — Influence of plastic deformations.

Figure 9.73 shows the diagrams plotted by means of relations (9.248), (9.250) (according to [98]) and (9.251); a fairly good agreement can be observed between the calculation performed by means of the tangent modulus given by (9.248), and the simple interaction relation (9.251).

If plastic hinges occur in the structure (for instance in ties), as a consequence of the plastic redistribution, the structure can be further loaded. The large deformations which appear reduce much the critical loading. For this case, in [44] it is suggested to use a relation of Merchant-Rankine type

$$\frac{1}{p_{cr,ep}} = \frac{1}{p_{cr,e}} + \frac{1}{p_r}, \tag{9.253}$$

where $p_{cr,ep}$ is the critical loading in the elasto-plastic range, $p_{cr,e}$ is that in the plastic range and p_r is the loading which leads to failure by a rigid-plastic mechanism, as shown in Chapter 8.

Relations of the type (9.253) are ordinarily used in the stability analysis of frames in the elasto-plastic range since they are simple and meanwhile give results on the safe side, as compared to the results obtained through a more correct but more lengthy calculation. Relation (9.253) represents for shells a generalization of relation (9.251), used for the stability of cylinders, which however is written with respect to critical loadings and not to stresses. By this replacing account is taken of the appearance of some plastic hinges in the structure by means of the rigid-plastic failure load. Relation (9.253) verifies the extreme cases : if $p_{cr,e}$ is very large, $p_{cr,ep} \simeq p_r$ and if p_r is very large, then $p_{cr,ep} \simeq p_{cr,e}$. For intermediate cases the reduction of the critical loading is shown in Figure 9.74.

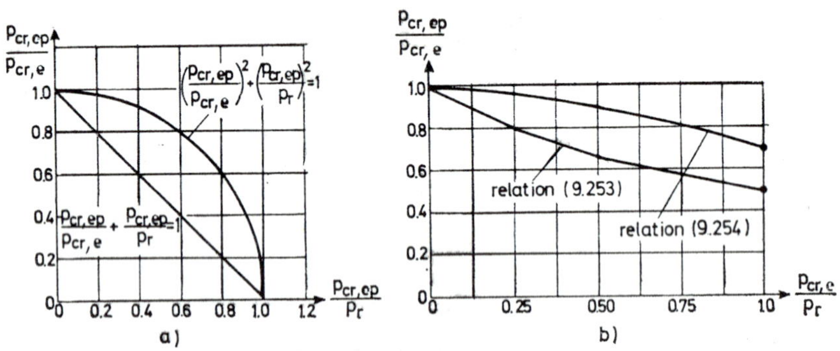

Fig. 9.74. — Interaction relations.

Since the interaction relation (9.253) is in many cases too conservative, as it reduces substantially the critical loading, the following relation suggested in [34] must be also considered

$$\frac{1}{p^2_{cr,ep}} = \frac{1}{p^2_{cr,e}} + \frac{1}{p^2_r}. \tag{9.254}$$

This relation is plotted in Figure 9.74 ; we notice that the reductions are smaller.

9.8.3. Influence of creep

As shown in 9.1.6 the influence of creep differs according as the loss of equilibrium occurs by bifurcation or by limitation.

In the case of equilibrium bifurcation, the critical loading is obtained by the linearized equations of stability (second order theory), given by system (9.25). For the case of a sphere, proceeding in a manner similar to that used for (9.98), we obtain

$$\frac{1}{R} J(\nabla^2 F_t) - K_0 \frac{\partial}{\partial t} (\nabla^2\nabla^2 w_t) + J[L(F_t, w_t)] + J(p_t) = 0, \quad (9.255\text{ a})$$

$$\frac{1}{E_0\delta} J(\nabla^2\nabla^2 F_t) + \frac{1}{R}\frac{\partial}{\partial t}(\nabla^2 w_t) = 0. \quad (9.255\text{ b})$$

Similarly to (9.36) we choose solutions of the form

$$F_t = F_{t_0} + \overline{F}_t; \quad w_t = w_{t_0} + \overline{w}_t,$$

where F_{t_0} and w_{t_0} correspond to the linear theory and $\overline{F}$ and $\overline{w}$ result from the fact that the equilibrium equations are written on the deformed element. We thus have

$$\frac{1}{R} J(\nabla^2 \overline{F}_t) - K_0 \frac{\partial}{\partial t} (\nabla^2\nabla^2 \overline{w}_t) + J[L(F_{t_0}, \overline{w}_t)] = 0, \quad (9.256\text{ a})$$

$$\frac{1}{E_0\delta} J(\nabla^2\nabla^2 \overline{F}_t) + \frac{1}{R}\frac{\partial}{\partial t}(\nabla^2 \overline{w}_t) = 0, \quad (9.256\text{ b})$$

where account has been taken that F_{t_0} and w_{t_0} satisfy equations (3.63) and that $\overline{F}_t \ll F_{t_0}$ and $\overline{w}_t \gg w_{t_0}$. Taking also account of (9.96) and (9.97) and eliminating the unknown $\overline{F}_t$ from (9.256), we finally obtain the equation

$$K_0 \frac{\partial}{\partial t} (\nabla^2\nabla^2\nabla^2 \overline{w}_t) + \frac{E_0\delta}{R^2}\frac{\partial}{\partial t}(\nabla^2 \overline{w}_t) + \frac{pR}{2} J(\nabla^2\nabla^2 \overline{w} = 0. \quad (9.257)$$

If similarly to (9.100) we admit that

$$\nabla^2 \overline{w}_t = -\lambda^2 \overline{w}_t \quad (9.258)$$

we get

$$\left(K_0\lambda^6 + \frac{E_0\delta}{R^2}\lambda^2\right)\frac{\partial \overline{w}_t}{\partial t} - \frac{pR}{2}\lambda^4 J(\overline{w}_t) = 0. \quad (9.259)$$

If we take account of expression (3.34) of the operator $J(\ldots)$ and we consider Young's modulus for concrete as constant in time, then

$$\left(K_0\lambda^2+\frac{E_0\delta}{R^2}\frac{1}{\lambda^2}-\frac{pR}{2}\right)\frac{\partial w_t}{\partial t}-\frac{pR}{2}\overline{w}_t\frac{d\varphi_t}{dt}=0. \tag{9.260}$$

Equation (9.260) is of the form of the differential equations (5.10), having the solution

$$\overline{w}\quad\overline{w}_0 e^{-\frac{\frac{pR}{2}}{\left(K_0\lambda^2+\frac{E_0\delta}{R^2}\frac{1}{\lambda^2}\right)-\frac{pR}{2}}\varphi_t}, \tag{9.261}$$

where the integration constant C in (5.11) has been determined from the condition that for $\varphi_t=0$, $w_t=w_0$. If we take account of (9.101), (9.261) becomes

$$w_t=w_0 e^{-\frac{p/p_{cr,e}}{1-p/p_{cr,e}}\varphi_t}, \tag{9.262}$$

where $p_{cr,e}$ is the elastic critical loading given by (9.103). It is found that in the case of the linearized theory of stability, or in other words for the critical loading of equilibrium bifurcation, a critical loading produced by creep cannot be defined since $w_t \to \infty$ only for $p \to p_{cr,i}$ [70], [75]. Relation (9.262) is plotted in Figure 9.75 for $\overline{\varphi}=3.5$; note that the displacements increase the

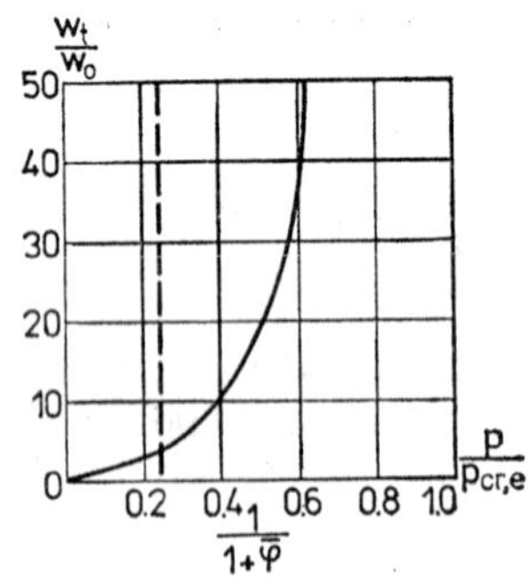

Fig. 9.75. — Increase of creep deformations in the case of equilibrium bifurcation.

more the closer is the loading to the elastic critical one. This increase begins to be substantial from $p/p_{cr,e}=0.2$, which corresponds well enough to the ratio $p/p_{cr,i}=1\ (1+\overline{\varphi})$. Therefore, some considerations used in the design of shells, which recommend to reduce the elastic critical loading by the factor $(1+\overline{\varphi})$, such that to include the unfavourable effect of creep [4], are justified, but this only as concerns the reduction of large deformations and not the reaching at a critical loading decreased by creep. Relation (9.262) has been deduced for the case of the sphere, but similar conclusions can be also drawn for other types of reinforced concrete shells.

In order to study the influence of creep when the loss of stability occurs by equilibrium limitation, we consider the broken girder shown in Figure 9.76a, similar to that drawn in Figure 9.4a, but, for the sake of simplicity, without considering the spring [59], [75]. Likewise, to obtain simpler relations, instead of the displacement w, we consider the following

$$v = f - w. \tag{9.263}$$

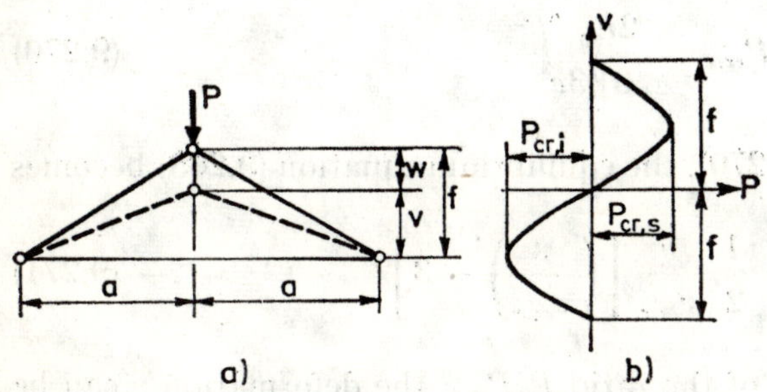

Fig. 9.76. — Rheological model of buckling by equilibrium limitation due to creep:
a) intuitive model; b) loading – deformation curve.

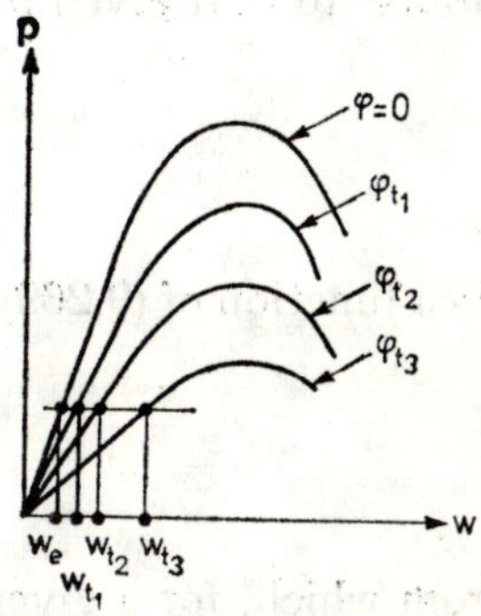

Fig. 9.77. — Influence of creep characteristic.

In this case the equilibrium equation becomes

$$P = 2N \frac{v}{a} \tag{9.264}$$

and the stress in the bar

$$\sigma = -\frac{N}{A} = -\frac{Pa}{2vA}. \tag{9.265}$$

The bar strain will be

$$\varepsilon = \frac{\Delta l}{l} \simeq \frac{1}{2a^2}(v^2 - f^2) \tag{9.266}$$

and taking into account that $\sigma = E_0 \varepsilon$, from (9.265) and (9.266) we obtain

$$\frac{v^2 - f^2}{2a^2} = -\frac{Pa}{2vEA}. \tag{9.267}$$

Similarly to (9.4), we get

$$P = \frac{E_0 A}{a^3} v(v^2 - f^2), \tag{9.268}$$

which is graphically represented in Figure 9.76 b.

The loading maximum value is obtained from the condition $\frac{dP}{dv} = 0$, whence

$$v_{cr,e} = \frac{f}{\sqrt{3}}, \tag{9.269}$$

similar to that given by (9.6). The elastic upper critical loading is

$$P_{cr,e} = \frac{2E_0 A f^3}{3\sqrt{3}a^3}. \tag{9.270}$$

As a function of (9.269) and (9.270), the equilibrium equation (9.268) becomes

$$\frac{P}{P_{cr,e}} = \frac{1}{2}\frac{v}{v_{cr,e}}\left[\left(\frac{v}{v_{cr,e}}\right)^2 - 3\right] \tag{9.271}$$

from which, for a given value of the ratio $P/P_{cr,e}$, the deformation v can be obtained.

For creep deformations in [75] relation (3.30) is put under the form

$$\frac{\partial \varepsilon_t}{\partial \varphi_t} = \frac{1}{E_0}\left(\frac{\partial \sigma_t}{\partial t} + \sigma_t\right). \tag{9.272}$$

Using (9.265) and (9.266), we get

$$\frac{\partial \sigma_t}{\partial \varphi_t} = \frac{Pa}{2A}\frac{1}{v_t^2}\frac{dv_t}{d\varphi_t}; \quad \frac{\partial \varepsilon_t}{\partial \varphi_t} = \frac{1}{a^2} v_t \frac{dv_t}{d\varphi_t}, \tag{9.273 a, b}$$

which introduced into (9.271) give the equation

$$\frac{1}{2}\frac{Pa^3}{E_0 A}\frac{d\varphi_t}{dv_t} + \frac{1}{v_t}\left(v_t^3 - \frac{Pa^3}{2E_0 A}\right) = 0. \tag{9.274}$$

Thus, integration gives us

$$\varphi_t = -\frac{2E_0 A}{Pa^3}\int\left(v_t^2 - \frac{Pa^3}{2E_0 A}\frac{1}{v_t}\right) dv_t + C = -\frac{2E_0 A}{3Pa^3} v_t^3 + \ln v_t + C.$$

Taking into account that for $t = 0$, $\varphi_t = 0$ and $v_0 = v_e$ (v_e being the elastic deformation), we have

$$C = \frac{2E_0 A}{3Pa^3} v^3 - \ln v_e$$

hence

$$\varphi_t = \frac{2E_0A}{3Pa^3}(v^3 - v_t^3) + \ln\frac{v_t}{v_e}. \qquad (9.275)$$

From relation (9.268), for a certain loading value we obtain the elastic displacement v_{cr}, and from (9.275), for a given time t for which the value φ_t is known, we deduce the quantity v_t; in this manner other P-loading — w_1 ($w_t = f - v_t$) deformation curves (Fig. 9.77) can be drawn for various values $p < p_{cr,e}$ and φ. It is easily seen that for a certain loading value the displacements increase substantially with the increase of the creep value φ_t; thus, for this value φ_{cr}, $w_i \to \infty$, and consequently $v_t \to -\infty$; whence

$$\frac{dv_t}{d\varphi_t} = -\infty \text{ or } \frac{d\varphi_t}{dv_t} = 0.$$

From (9.274) and (9.269) we obtain

$$v_{t,cr} = \sqrt[3]{\frac{Pa^3}{2E_0A}} = \frac{f}{\sqrt{3}}\sqrt[3]{\frac{P}{P_{cr,e}}}; \quad \frac{v_{t,cr}}{v_{cr,e}} = \sqrt[3]{\frac{P}{P_{cr,e}}}. \qquad (9.276)$$

If we introduce this relation into (9.276) we get the creep critical characteristic

$$\varphi_{t,cr} = \frac{1}{3}\left[\ln\frac{1}{\left(\frac{v}{v_{cr,e}}\right)^3}\frac{P}{P_{cr,e}} + \left(\frac{v}{v_{cr,e}}\right)^3\frac{1}{\frac{P}{P_{cr,e}}} - 1\right]. \qquad (9.277)$$

For a certain value of the ratio $P/P_{cr,e}$, from (9.271) we obtain v/v_{cr}, and if we introduce it into (9.277), we get the critical value of the creep characteristic. Figure 9.78 is a plot of relation (9.277) according to [75],

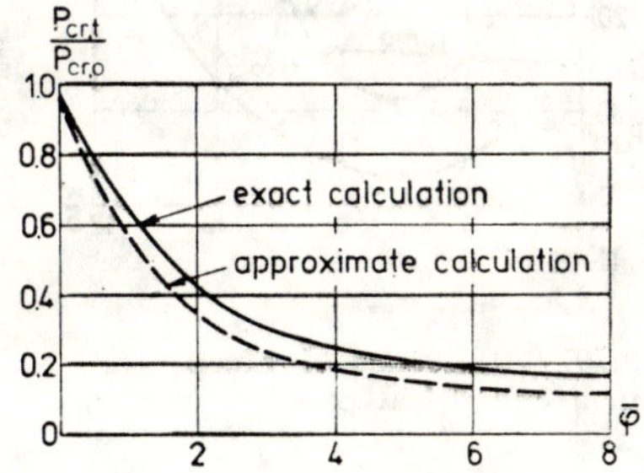

Fig. 9.78. — Approximate calculation of long-time critical loading.

[76]; knowing the ratio $P/P_{cr,e}$ of the given loading to the elastic critical one, we can obtain the value φ_{tcr}. Since the maximum value of the creep characteristic is $\bar{\varphi}$, we may distinguish three cases :

— if $\varphi_{tcr} < \overline{\varphi}$, the loss of stability can be produced by creep and the critical time can be calculated by means of equations (3.25)

$$t_{cr} = -\frac{1}{\alpha} \ln \left(\frac{1 - \varphi_{t,cr}}{\overline{\varphi}} \right); \tag{9.278}$$

— if $\varphi_{tcr} > \overline{\varphi}$, the loss of stability cannot be produced by creep;
— the case $\varphi_{tcr} = \overline{\varphi}$ is the limit between the two cases.

In [4] it is recommended to determine the critical loading by the following relation

$$\frac{P_{cr,d}}{P_{cr,e}} = \frac{1}{1 + \overline{\varphi}}, \tag{9.279}$$

its graphical representation being given in Figure 9.78; to be noticed that the values obtained in this manner are on the safe side and its use is thus justified for determining the critical loading for the loss of stability produced by the concrete creep $P_{cr,d}$.

Conclusions similar to those drawn for the model shown in Figure 9.76 have been also obtained for shells constructed of materials in which creep occurs [60], [92], [106]; such conclusions were reached at by examining the equilibrium limitation loading. Thus, Figure 9.79 shows, after [92], the equilibrium curves of a cylindrical panel for $t = 0$ and $t = \infty$, the panel being made of a material with $\overline{\varphi} = 2.535$. That in this case too the approximate relation (9.279) can be used is easily seen.

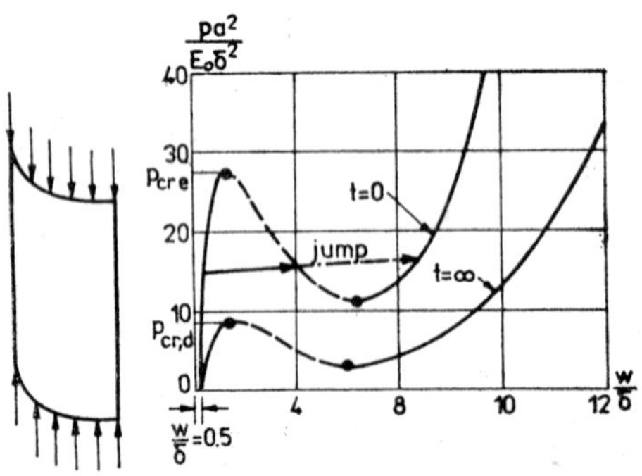

Fig. 9.79. — Influence of creep in a cylindrical panel.

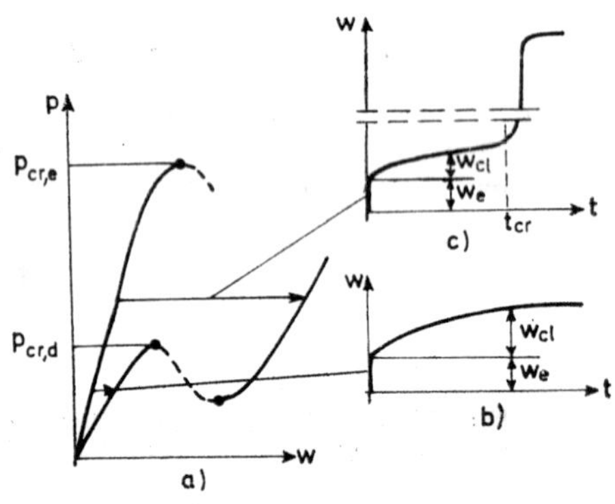

Fig. 9.80. — Influence of creep in the case of labile bifurcation of equilibrium:
a) load-displacement curve; b) displacements stabilized in time; c) displacements unstabilized in time.

If the loadings of the shell are smaller than the long-term critical loading, $p < p_{cr,d}$, over the elastic deformation the creep deformation superposes, which after some time becomes constant (Figure 9.80b); it can be concluded that the shell behaviour is now described by the equilibrium curve of long-term loadings (Fig. 9.80a). If, however, $p > p_{cr,d}$, after the elapse of a certain time, termed critical time, the deformations increase again (Fig. 9.80c), till in a graphical representation, we arrive again at the branch of stable equilibrium (Fig. 9.80a).

The rate and deformations are however so great that practically we are faced with an equilibrium jump produced by creep. The case $p = p_{cr,d}$ is the limit of the two distinct situations.

For shells with positive double or zero curvature (spherical, elliptical and cylindrical surfaces), where the influence of imperfections reduces much the critical loading and where the lower critical loading has been suggested as limit loading in design (see sub-Section 9.1.7), for which an equilibrium jump no longer appears, the problem of the influence of creep has not been satisfactorily resolved in literature. If one considers that in the presence of imperfections the loss of stability occurs by a limitation of equilibrium, the above conclusions are valid and the long-term critical loading can be approximated by relation (9.279). In the case of hyperbolic paraboloidal shells, which have stable post-critical states, an equilibrium

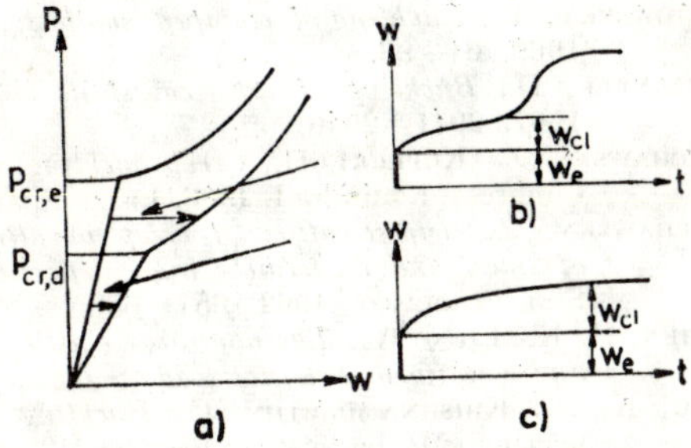

Fig. 9.81. — Influence of creep in the case of stable bifurcation of equilibrium:

a) load-displacement curve; b) and c) displacements stabilized in time.

jump does not occur for loadings $p > p_{cr,d}$ but the deformations increase in time (Fig. 9.81). In this case, therefore, it is no longer necessary to reduce the elastic loading to the long-term one, but only to verify the magnitude of deformations by a non-linear calculation.

References

1. ABEL, J. F., BILLINGTON, D., *Stability analysis of cooling towers: a review of current methods.* IASS Calgary, 1972, 455–472.
2. ABDANK, R., *Die Grundgesetze der Schalen und Dlechbeulung,* Bauplanung-Bautechnik, *6,* 1956, 243–251.
3. ABU-SITTA, S. H., *Experimental studies of shell models,* IASS Congress, Mexico, 1967.
4. ACADEMIA URSS, *Instrucțiuni pentru proiectarea acoperișurilor și planșeelor din plăci curbe subțiri de beton armat.* (Translation from Russian), Editura tehnică, București, 1963.
5. A. C. I. COMMITTEE 334, *Concrete shell structures. Practice and commentary,* Journal of the American Concrete Institute, *9,* 1964, 1091–1108.

6. Apeland, K., *A note on the stability problem of shallow translational shells,* Journal of Applied Mechanics, Sept. 1960, 586–588.
7. Appeltauer, I., Gioncu V., *Aspecte specifice ale fenomenelor de instabilitate în construcţii de beton armat,* The 5th Conference on Concrete, Timişoara, 1972, vol. II, 422–440 and vol. V, 176–270.
8. Archer, R., *Stability limits for a clamped spherical shell segment under uniform pressure,* Quarterly of Applied Mechanics, *4*, 1958.
9. Batterman, S. C., *Free edge plastic buckling of axially compressed cylindrical shells,* Journal of Applied Mechanics, *1*, 1968, 73–79.
10. Beleş, A. A., Soare, V. M., *Elliptic and hyperbolic paraboloidal shells used in constructions,* Editura Academiei, Bucureşti, and S. P. Christie & Partners, London, 1976.
11. Beleş, A. A., Soare, V. M., *Berechnung von Schalentragwerken,* Bauverlag, Wiesbaden-Berlin, 1972.
12. Bieniek, M. P., *Post-critical behavior,* Neuvième Congrès, AIPC., Amsterdam, 1972.
13. Bob, C., *Contribuţii la studiul articulaţiilor plastice în structurile de beton armat formate din elemente liniare,* Doctoral thesis, Institutul politehnic Timişoara, 1970.
14. Bradshaw, R. R., *Some aspects of concrete shell buckling,* Journal of the American Concrete Institute, March, 1963, 313–338.
15. Brebbia, C., *On the calculation of shallow hyperbolic paraboloid shells,* Revue Roumaine des Sciences Techniques—Mécanique Appliquée, *4*, 1967, 873–898.
16. Buchert, K. P., *Zur Stabilität großer, doppelt gekrümmter und versteifter Schalen,* Der Stahlbau, *2*, 1965, 55–62.
17. Buchert, K. P., *Preliminary stability analysis of concrete cooling towers,* IASS, Calgary, 1972.
18. Budiansky, B., *Buckling of clamped shallow spherical shells,* Symposium IUTAM, Delft, 1969, 64–93.
19. Bushnell, D., *Buckling of spherical shells ring-supported at the edge,* AIAA Journal, *11*, 1967, 2041–2046.
20. Bychawsky, Z., Kopecki, H., *Creep buckling of viscoelastic nonlinear spherical shell,* IASS Congress, Leningrad, 1966, Large Span Shells, Vol. 1, 402–420.
21. Bychawsky, Z., *Investigation of creep buckling of a cylindrical sheet panel in the range of small and moderately large deflections,* World Conference on Shell Structures, San Francisco, 1962, 651–658.
22. Chien, H. K., Lien, W., *The nonlinear elastic stability of elliptical paraboloid shallow shells under uniform external load,* Scientia Sinica, *2*, 1966, 273–288.
23. Chu, K. H., Krishnamoorthy, G., *Buckling of open cylindrical shells,* Journal of Engineering, Mechanics Division, EM2, 1967, 177–205.
24. Croll, I. G. A., *The buckling of hyperboloidal cooling towers under lateral loading,* IASS Symposium, Madrid, 1969.
25. Csonka, P., *The buckling of a spheroidal shell curved in two directions,* Acta Technica, *3/4*, 1956, 425–437.
26. Csonka, P., *Die Verformung und nachträgliche Verstärkung einer kuppelartigen Schale in Ungarn,* Die Bautechnik, *2*, 1958, 69–72.
27. Dayaratnam, P., Gerstle, K. H., *Buckling of hyperbolic paraboloid,* World Conference on Shell Structures, San Francisco, 1962, 289–296.
28. Der, T. J., Fidler, R., *A model study of the buckling behavior of hyperbolic shell,* Proceeding Inst. of Civil Eng., *9*, 1968, 105–118.
29. Distefano, J. N., Torregiani, C., *A simplified method to evaluate critical loads of hyperbolic paraboloidal shells,* IASS Symposium Budapest, 1965, Vol. 2, 237–248.
30. Donnell, L. H., *A new theory for the buckling of thin cylinders under axial compression and bending,* Trans. ASME, **56**, 1934, 795.
31. Donnell, L. H., Wan, C. C., *Effect of imperfection on buckling of thin cylinders and columns under axial compression,* Journal of Applied Mechanics, **72**, 1950, 73.
32. Donnell, L. H., *Effect of imperfection on buckling of thin cylinders under external pressure,* Journal of Applied Mechanics, Dec. 1956, 569–675.
33. Dostanova, S. H., Reizer, V. D., *Issledovanie ustoicivosti pologhih obolocek polojitelnoi krivizny metodom localnyh variatsii,* Stroitelnaia mehanika i rascet soorujenii, *1*, 1973, 35–39.

34. DULÁCSKA, E., *Beton-és vasbetonhéjak horpadásviszgálato*, Müszata Tudomany, *48*, 1974, 415–464.
35. DULÁCSKA, E., *On the critical load of shells*, Bulletin IASS, *39*, 1969, 31–36.
36. DUTHEIL, Y., *Vérification des pièces comprimées. Principes fondamentaux*, Construction métallique, *2*, 1966, 2.
37. ESSLINGER, M., *Eine Erklärung des Beulmechanismus von dünnwandigen Kreiszylinderschalen*, Der Stahlbau, *12*, 1967, 366.
38. ESSLINGER, M. E., GEIER, B. M., *Buckling and postbuckling behavior of thin-walled circular cylinders*, IASS Colloquium, Madrid, 1969, vol. IV.
39. ESSLINGER, M. E., GEIER, B. M., *Gerechnete Nachbeullasten als untere Grenze der experimentellen axialen Beullasten von Kreiszylindern*, Der Stahlbau, *12*, 1972, 353–360.
40. FEDOSEEV, V. L., *Ob ustoicivosti sfericeskoi obolociki, nahodiacsheisia pod deistviem vneshnego ravnomerno raspredelennogo davlenia*, Prikladnaia matematica i mehanika, *1*, 1954, 35–42.
41. FREASKAKIS, G., MORRIS, N. F., *Asymmetric buckling of imperfect spherical shells*, Journal of Engineering, Mechanics Division EM5, 1972, 1115–1131.
42. FRIEDRICHS, K. O., *On the minimum buckling load for spherical shells*, Theodore von Kármán Anniversary Volume, 258–272, 1941.
43. GERARD, G., *Plastic stability theory of thin shells*, Journal of Aeronautical Science, **24**, 1957, 269–274.
44. GIONCU, V., *Comportarea și calculul cupolelor din beton armat rezemate pe arce cu tiranți*, Doctoral thesis, Institutul Politehnic Timișoara, 1971.
45. GIONCU, V., *Stabilitatea elastică a cupolelor pe contur pătrat*, Studii și cercetări de mecanică aplicată, *2*, 1973, 387–419.
46. GIONCU, V., *Cercetări experimentale privind stabilitatea cupolelor pe contur pătrat*, Studii și cercetări de mecanică aplicată, *3*, 1973, 641–651.
47. GRIGGS, H., *Buckling of reinforced concrete shells*, Journal of Engineering, Mechanics Division, EM3, 1971, 687–700.
48. GJELSVIK, A., BODNER, S. R., *The energical criterion for the snapping through of arches*, Journal of Eng. Mechanics Div., EM5, 1962, 87–134.
49. GJELSVIK, A., BODNER, S. R., *Nonsymmetrical snap buckling of spherical caps*, Journal of Engineering, Mechanics Division, EM5, 1962, 135–165.
50. GOLDENBLAT, I., NICOLAEV, N. A., *Polzucesti i nesushciaia sposobnost obolocek*, Gosstroizdat, Moscow, 1960.
51. GVOZDEV, A. A., *Ustoicivosti tonkih obolocek*, Beton i jelezobeton, *10*, 1961, 441–445.
52. HAAS, A. M., VAN KOTEN, H., LEEUVEN, J., *Stability of thin concrete cylindrical shells under uniform axial compression*, IASS Colloquium, Madrid, 1969, Vol. IV.
53. HAAS, A. M., VAN KOTEN, H., *The stability of doubly curved shells having a positive curvature index*, Heron, **17**, *4*, 1970–1971.
54. HAIDUKOV, G. K., ISHAKOV, I. S., *Issledovanie na modeliah i rascet pologhih priamougolnyh obolocek polojitelnoi gausovoi krivizny po predelnomu ravnovesiu*, Beton i jelezobeton, *1*, 1966.
55. HAIDUKOV, G. K., SUGAEV, V. V., *Issledovanie predelnogo sostoianaia jelezobetonnyh pologhih obolocek pri bolșyh proghibah*, Beton i jelezobeton, *3*, 1970, 13–17.
56. HORNE, M. R., MERCHANT, W., *The stability of frames*, Pergamon Press, 1965.
57. HSUEH, P. S., CHAJES, A., *Buckling of axially loaded cylindrical panels*, Journal of Engineering, Mechanics Division, EM3, 1971, 919–934.
58. HUANG, N. C., *Unsymmetrical buckling of thin shallow spherical shells*, Journal of Applied Mechanics, Sept. 1964, 447–457.
59. HUANG, N. C., *Nonlinear creep buckling of some simple structures*. Journal Applied Mechanics Review, 1967.
60. HUANG, N. C., *Axisymmetric creep buckling of clamped shallow spherical shells*, Journal of Applied Mechanics, *2*, 1965, 323–330.
61. HUTCHINSON, J. M., *Imperfection sensitivity of external pressurized spherical shells*, Journal of Applied Mechanics, *1*, 1967, 49–55.
62. HUTCHINSON, J. M., *Initial post-buckling behavior of toroidal shell segments*, International J. Solids Structures, *1*, 1967, 97–115.

63. Hutchinson, J. M., Koiter, W. T., *Post-buckling theory*, Applied Mechanics Review, *12*, 1970, 1353–1366.
64. Ivan, G. M., *Contribuţii la calculul spaţial al conductelor metalice circulare*, Doctoral thesis, Institutul politehnic Timişoara, 1971.
65. Ivanyi, G., *Investigations on the bearing capacity of long cylindrical roofs of reinforced concrete*, IASS Colloquium, Madrid, 1969.
66. Kao, R., Perrone, N., *Asymmetric buckling of spherical caps with asymmetrical imperfections*, Journal of Applied Mechanics, *1*, 1971, 172–178.
67. Kármán, Th., Thien, H. S., *The buckling of spherical shells by external pressure*, Journal of Aeronautical Science, *7*, 1939, 43–50.
68. Kármán, Th., Thien, H. S., *The buckling of thin cylindrical shells under axial compression*, Journal of Aeronautical Sciences, *8*, 1941, 303–312.
69. Kempner, J., *Postbuckling behaviour of axially compressed circular cylindrical shells*, Journal of Aeronautical Sciences, *5*, 1954, 329–335.
70. Kempner, J., Pohle, F. V., *On the nonexistence of finite critical time for linear viscoelastic columns*, Journal of Aeronautical Science, *20*, 1953, 572–573.
71. Kinkel, H., *Durchschlaglasten elastisch eingespannter flacher Kugelschalen unter Außendruck*, Dissertation, Darmstadt, 1970.
72. Klöppel, K., Jungbluth, O., *Beitrag zum Durchschlagproblem dünnwandiger Kugelschalen*, (Versuche und Bemessungsformeln) Der Stahlbau, *6*, 1953, 121–130.
73. Klöppel, K., Roos, E., *Beitrag zum Durchschlagproblem dünnwandiger versteifter und unversteifter Kugelschalen für voll- und halbseitige Belastung*, Der Stahlbau, *3*, 1956, 49–60.
74. Kohli, J., *Beitrag axialsymmetrischen Ausbeuten einer einschaligen Hyperboloidschale*, Dissertation, Karlsruhe, 1968.
75 Kollár, L., *A kúszás hatása a szerkezetek kritikus terhére*. Mélyépitétudomanyi szemle, *10*, 1968, 472–479.
76. Kollár, L., *Remarks on the safety factor against shell buckling and the influence of creep on the critical load*, IASS Symposium, Weimar, 1968.
77. Kollár, L., *Hajlitott héj-ivek stabilitása*, Épitési és közlekedési tudomanyi Közlamények, *1/2*, 1961, 29.
78. Koltunov, M. A., *Utocinennoe reshenie ob ustoicivosti preamougolnyh panelei ghibkih, pologhih obolocek*, Vestnik Moskovskogo Universiteta, *3*, 1961, 37–45.
79. Van Koten, H., Haas, A. M., *The stability of doubly curved surfaces having a positive gaussian curvature*, Symposium IASS, Budapest, 1965, 361–388.
80. Van Koten H., Haas, A. M., *Influence of edge stiffness and the angle of buckled area on the stability of a spherical shell*, Large span shells, IASS Congress, Leningrad, 1966, Vol. 1, 656–666.
81. Kornishin, M. C., *Nelineinye zadaci teorii plastin i pologhih obolocek i metodi in reshenia*, Izdatelstvo Nauka, Moscow, 1964.
82. Kuznetsov, B. N., *Vliianie polzucesti materiala na rabotu pologhih obolocek*, Stroitelnoe proectirovanie promishlennyh predpriatii, *5*, 1965.
83. Langhaar, H. L., Boresi, A. P., Miller, R., *Stability of hyperbolic cooling tower*, Journal Engineering, Mechanics Division, EM5, 1970, 753–779.
84. Lee, L. H. N., *Effects of modes of initial imperfections on the stability of cylindrical shells under axial compression*, NASA TND–1510, Collected Papers on Instability of Shell Structures, 1962.
85. Leet, K. M., *Study of stability in the hyperbolic paraboloid*, Journal of the Engineering Mechanics Division, EM1, 1966, 121–142.
86. Litle, W. A., Pahl, P. J., Prato, C., Griggs, P. H., *A study of cylindrical shell buckling*, Congress IASS, Mexico, 1967.
87. Lovie, P. M., *Stability of members in dome structures*, Civil Engineering and Public Works Review, May 1968, 549–555.
88. Lu, L. W., *Frame buckling. Plastic design of multi-story frames*, Lehigh University, 1965.
89. Lukas, P. A., *Bolshie proghiby pologhih obolocek pri razlicinyh granicinyh usloviiah*, Rascet plastin i obolocek, *34*, Moscow, 1963.
90. Lunckick, M. E., *Plastic buckling pressure for spherical shells*, Journal of the Engineering Mechanics Division, EM6, 1962, 13–21.

91. LUNGDREN, H., *Cylindrical shells. Cylindrical Roofs*, Copenhagen, The Danish Technical Press, 1951.

92. MAHALOVA, N. A., MIHEEVA, N. P., PROCOPOVICI, I. E., *O vliianii polzucesti na ustoicivost ghibkih obolocek, primeniaemyh v kacestve elementov stroitelnyh constructsii*. Trudy VII vcesoiuznoi konferentsii pe teorii obolocek i plastinok. Izdatelstvo Nauka, Moscow, 1970, 392—396.

93. MAMNOUN, I. S., *Traglastberechnung dünnwandiger ausgesteifter Kugelschalen*, Dissertation, Karlsruhe, 1968.

94. MATEJA, O., *O badaniach statecznoscia hiperboloidalnych chlodni wiczwycz*, Inzyneria i Budownistwo, *11*, 1966, 428—431.

95. MICHELSEN, H. F., *The behaviour of thin cylindrical shells after buckling under axial compression*, Journal of Aeronautical Sciences, *12*, 1948, 738—744.

96. MIHAILESCU, M., *Despre stabilitatea învelitorilor subţiri în formă de paraboloizi hiperbolici*, Industria construcţiilor şi a materialelor de construcţii, *2*, 1954, 66—70.

97. MIHAILESCU, M., *Învelitori subţiri, Manual pentru calculul construcţiilor*, secţiunea VII, Editura tehnică, Bucureşti, 1959.

98. MOE, I., *Buckling of shell roofs*, Symposium IASS, Oslo 1957, 190—202.

99. MILKS, D. F., HARRENSTEIN, H. P., *On the design of uniformly loaded spherical caps based on loaded buckling analysis*, Congress Mexico, 1967.

100. MUSTARI, H. M., SURKIN, P. G., *O nelineinoi teorii ustoicivosti uprugovo ravnovesia tonkoi sfericeskoi obolociki pod deistviem ravmonerno raspredelennogo normalnovo davlenia*. Prikladnaia matematica i mehanika, *6*, 1950, 573—586.

101. MÜLLER, K. A., *Untersuchungen über die Stabilität der dünnwandigen Kugelschale bei allseitig gleichem und mit der Tiefe zunehmendem Druck im plastischen Spannungsbereich*, Dissertation, München, 1939.

102. MURRAY, F. J., WRIGHT, F. W., *The buckling of thin spherical shells*. Journal of the Aerospace Sciences, *3*, 1961, 223—236.

103. NEUBER, N., LANDGRAF, I., *Plastische Knickung der Kreiszylinderschale*, Der Bauingenieur, *34*, 1959, 44—48.

104. NEUFVILLE, R. L., CONNOR, I. I., *Postbuckling behavior of thin cylinders*, Journal of the Engineering Mechanics Division, EM2, 1968, 585.

105. OATUL, A. A., NIVOSELOV, A. P., *Experimentalnoe issledovanie kratkovremennoi i dlitelnoi ustoicivosti, modelei pologhih zhelezobetonnyh obolocek*, Stroitelnie konstruktsii, Vypusc XI, Kiev 1969, 79—86.

106. OGHIBALOV, P. M., KOLTUNOV, M. M., *Ustoicivosti ortotropnyh viazkouprugih obolocek*, Prikladnaia mehanica, *8*, 1967, 1—15.

107. OGHIBALOV, P. M., KOLTUNOV, M. M., *Obolociki i plastiny*, Izdatelstvo Moskovskovo Universiteta, 1969.

108. OSTAPENCO, A., *Behavior of unbraced frames. Plastic design of multistory frames*, Lehigh University, 1965.

109. PAGANO, M., CATAZARO, C., PEDICINI, G. C., *The collapse load of braced translation vaults and cylindrical barrel vaults*, Space Structures, London, 1966, 502—524.

110. PFLÜGER, A., *Zur axial gedrückten Kreiszylinderschale*. Abhandlungen der Braunschweigischen Wissenschaftlichen Gesellschaft, Band XIV, 1962, 91—108.

111. PORTLAND CEMENT ASSOCIATION, *Elementary analysis of hyperbolic paraboloid shells*, R/C, 35, 1960.

112. RALSTON, A., *On the problem of buckling of a hyperbolic paraboloidal shell loaded by its own weight*, Mathematics and Physics Journal, **35**, 1956, 53—59.

113. REISSNER, E., *On some aspects of the theory of thin elastic shells*, Journal Boston Society of Civil Engineering, 1955, 100.

114. ROOS, E., *Zur Berechnung vorgebeulter Kugelschalen unter gleichmäßigem Außendruck*, Der Stahlbau, *2*, 1971, 33—44.

115. SCHMIDT, H., *Ergebnisse von Beulversuchen mit doppelt gekrümmten Schalen-Modellen*, Shell Research, IASS Symposium, Delft, 1961, 159—181.

116. STEIN, M., MCELMAN, I. A., *Buckling of segments of toroidal shells*, AIAA Journal, *9*, 1965, 1704—1709.

117. LA TERGOLA, A., *Sulla stabilita dell'equilibrio dei guscio piatto a forma di paraboloide iperbolico*, Giornale del Genio Civile, *11—12*, 1967, 809—817.

118. TIMOSHENKO, S. P., GERE, I. M., *Teoria stabilității elastice*, Editura tehnică, București, 1967.
119. THOMPSON, J. M. T., *The post-buckling of a spherical shell by computer analysis*, World Conference on shell structures, San Francisco, 1962, 181–188.
120. THOMPSON, J. M. T., *A general theory for the equilibrium and stability of discrete conversative systems*, Zeitschrift für Angewandte Mathematik und Physik, *6*, 1969, 797–846.
120a. THOMPSON, J. M. T., HUNT, P. W., *A general theory of elastic stability*, Wiley-Interscience, 1973.
121. THURSTON, G. A., *Asymmetrical buckling of spherical caps under uniform pressure*, AIAA Journal, Oct. 1964, 1832.
122. THURSTON, G. A., PENNING, F. A., *Effect of asymmetric imperfections on the buckling of spherical caps under uniform pressure*, AIAA Journal, *2*, 1966, 319–327.
123. TSIEN, H. S., *A theory of the buckling of thin shells*, Journal of Aeronautical Sciences, Aug. 1942, 373–384.
124. UCHIYAMA, K., *The buckling of cylindrical shell roofs*, IASS Congress Leningrad, 1966, Large Span Shells, Vol. 1, 743–758.
125. VASILKOV, B. V., VLASOV, V. G., *Eksperimentalno-teoreticeskie issledovania modelei zhelezobetonnoi obolociki dvoiakoi krivizny*, Novie metody rasceta stroitelnyh konstruktsii, Stroiizdat, Moscow, 39–44.
126. VISARION, V., *Învelitori subțiri în formă de paraboloid hiperbolic*, Studii și cercetări de mecanică aplicată, *2*, 1956, 443–464.
127. VOLMIR, A., *O kriteriah ustoicivosti obolocek, Rascet prostranstvennyh konstruktsii*, Vip. IX, 1964.
128. WANG, L. R. L., LEANDRO RODRIQUER-ARGAIT, LITLE, W. A., *Effect of boundary conditions on shell buckling*, Journal of the Engineering Mechanics Division, EM6, 1966, 101–116.
129. WANG, L. R. L., *Discrepancy of experimental buckling pressures of spherical caps*, AIAA Journal, Feb. 1967, 357–359.
130. WANG, L. R. L., *Effect of edge restraint of the stability of spherical caps*, Journal AIAA, Apr. 1966, 718–719.
131. WEDELLSBORG, B. W., *Critical buckling load on large spherical shells*, Journal of the Structural Division, ST1, 1962, 111–121.
132. WEINITSCHKE, H. J., *On the stability problem for shallow spherical shells*, Journal of Mathematics and Physics, *1*, 1960, 209–231.
133. WEINITSCHKE, H. J., *On asymmetric buckling of shallow spherical shells*, Journal of Mathematics and Physics, *2*, 1965, 141–163.
134. WIANECKI, J., *Stabilité d'une coque en forme d'hyperboloïde de révolution sous des charges uniformément réparties sur les bords et symétriques par rapport à son axe*, Cahiers de la recherche, *19*, Eyrolles, Paris, 1963.
135. WILLICH G. P. R., *The elastic stability of thin spherical shells*, Journal of the Engineering Mechanics Division, EM1, 1959, 51–65.
136. WOLMIR, A., *Biegsame Platten und Schalen*, VEB Verlag für Bauwesen, Berlin, 1962.
137. ZOELLY, R., *Über ein Knickproblem an der Kugelschale*, Dissertation, Zürich, 1915.
138. * * * *Procinost, ustoicivost, kolebania*, Izdatelstvo Mashinostroenie, Moskow, 1968.